MW01715590

MARKETING

Dhruv Grewal
Babson College

Michael Levy
Babson College

Ajax Persaud
University of Ottawa

Shirley Lichti
Wilfrid Laurier University

Adaptation

Stéphane Gauvin
Université Laval

William Menvielle
Université du Québec à Trois-Rivières

Isabelle Garnier
Université Laval

Achetez en ligne
En tout temps, simple et rapide!
www.cheneliere.ca

Chenelière McGraw-Hill
CHENELIÈRE ÉDUCATION

Marketing

Traduction et adaptation de : *Marketing Canadian Edition* de Dhruv Grewal, Michael Levy, Ajax Persaud et Shirley Lichti © 2009 McGraw-Hill Ryerson Limited, a Subsidiary of The McGraw-Hill Companies (ISBN 978-0-07-098492-9)

© 2011 Chenelière Éducation inc.

Conception éditoriale : Sylvain Ménard
Édition : Éric Monarque
Coordination : Valérie Côté
Recherche iconographique : Marc-André Brouillard
Traduction : Louise Drolet, Laurence Perron et Johanne Tremblay
Révision linguistique : Jean-Pierre Leroux
Correction d'épreuves : Nicolas Therrien
Impression : Imprimeries Transcontinental

Des marques de commerce sont mentionnées ou illustrées dans cet ouvrage. L'Éditeur tient à préciser qu'il n'a reçu aucun revenu ni avantage conséquemment à la présence de ces marques. Celles-ci sont reproduites à la demande de l'auteur ou de l'adaptateur en vue d'appuyer le propos pédagogique ou scientifique de l'ouvrage.

Les cas présentés dans les mises en situation de cet ouvrage sont fictifs. Toute ressemblance avec des personnes existantes ou ayant déjà existé n'est que pure coïncidence.

Le matériel complémentaire mis en ligne dans notre site Web est réservé aux résidants du Canada, et ce, à des fins d'enseignement uniquement.

L'achat en ligne est réservé aux résidants du Canada.

Catalogage avant publication de Bibliothèque et Archives nationales du Québec et Bibliothèque et Archives Canada

Vedette principale au titre :

Marketing

Traduction de : Marketing, Canadian ed.
Comprend des réf. bibliogr. et un index.

ISBN 978-2-7651-0599-2

1. Marketing – Manuel d'enseignement supérieur. I. Grewal, Dhruv. II. Gauvin, Stéphane. III. Menvielle, William. IV. Garnier, Isabelle, 1973- .

HF5415.M3714 2011 658.8 C2011-940950-X

Chenelière McGraw-Hill

CHENELIÈRE ÉDUCATION

7001, boul. Saint-Laurent
Montréal (Québec) Canada H2S 3E3
Téléphone : 514 273-1066
Télécopieur : 450 461-3834 / 1 888 460-3834
info@cheneliere.ca

TOUS DROITS RÉSERVÉS.
Toute reproduction, en tout ou en partie, sous toute forme ou média et par quelque procédé que ce soit, est interdite sans l'autorisation écrite préalable de Chenelière Éducation inc.

ISBN 978-2-7651-0599-2

Dépôt légal : 2e trimestre 2011
Bibliothèque et Archives nationales du Québec
Bibliothèque et Archives Canada

Imprimé au Canada

1 2 3 4 5 ITIB 15 14 13 12 11

Nous reconnaissons l'aide financière du gouvernement du Canada par l'entremise du Programme d'aide au développement de l'industrie de l'édition (PADIÉ) pour nos activités d'édition.

Gouvernement du Québec – Programme de crédit d'impôt pour l'édition de livres – Gestion SODEC.

Membre du CERC

Membre de l'Association nationale des éditeurs de livres

AVANT - PROPOS

Qu'est-ce que le marketing?

La fonction du marketing comporte plusieurs facettes, mais son rôle fondamental est de créer de la valeur. En voici deux exemples.

Il n'y a pas si longtemps, l'eau était l'élément naturel fondamental par excellence. Du confort de votre foyer, vous n'aviez qu'à ouvrir le robinet chaque fois que vous vouliez boire de l'eau, vous laver, etc. S'inspirant des pratiques d'entreprises européennes comme Perrier, en France, et San Pellegrino, en Italie, des entreprises canadiennes comme Aberfoyle Springs, Clearly Canadian, Canadian Springs et Montclair ont créé de nouveaux produits ayant une valeur aux yeux des consommateurs en embouteillant de l'eau dans des contenants attrayants et faciles à emporter. Aujourd'hui, l'eau embouteillée représente une industrie planétaire de 85 milliards de dollars américains[1], et sa consommation dans le monde dépassait les 200 milliards de litres en 2009. Il s'agit d'une augmentation de 5,5 % sur 5 ans[2].

Pourquoi des gens sont-ils prêts à payer plus de 100 $ pour un jeans élimé alors qu'ils pourraient acheter un jeans Wrangler chez Walmart pour moins de 20 $? La réponse réside dans la valeur de la marque. Des marques comme Diesel et 7 for All Mankind ont créé une niche à grand renfort de publicité audacieuse ainsi que de finis et de styles inédits. Lorsque les faiseurs de tendances ont adopté ces marques, d'autres ont suivi.

Ces deux exemples, qui sont tirés de ce manuel, illustrent bien les défis que notre discipline doit relever. Si certains voient l'explosion du marché de l'eau embouteillée et du jeans délavé comme de bons exemples de création de valeur, un nombre grandissant de consommateurs et de professionnels se demandent s'il ne s'agit pas plutôt de bons exemples de destruction de l'environnement sans valeur ajoutée. Un marché peut exister en dépit du fait qu'il soit globalement indésirable. Nos sociétés sont de plus en plus conscientes de ce genre de dilemmes. Nous avons décidé de ne pas remettre en question le principe du libre choix individuel, mais nous profitons de l'occasion pour signaler que ces situations sont de plus en plus fréquentes et posent des questions difficiles aux gestionnaires marketing. Une ère nouvelle s'ouvre donc devant nous, et ce sont ces défis que nous tenterons de mettre en perspective dans cet ouvrage.

Quels que soient votre âge, votre sexe ou l'endroit où vous vivez, vous possédez déjà quelques notions de marketing. Vous faites face aux mécanismes du marketing depuis votre enfance lorsque, par exemple, vous accompagniez votre mère ou votre père à l'épicerie et réclamiez une marque de céréales aperçue chez votre ami ou à la télévision. Vous accordiez de la valeur à la prime offerte à l'intérieur de la boîte, tandis que vos parents accordaient de la valeur à l'information nutritionnelle apparaissant sur le côté de la boîte. Dès lors que vous commencez à explorer les multiples façons dont les entreprises et les marques créent de la valeur pour leurs clients, vous commencez aussi à mesurer le jeu complexe de décisions et d'activités nécessaires pour vous offrir les produits et les services que vous utilisez chaque jour.

L'omniprésence et la puissance d'Internet ont créé un marché de consommateurs plus informés et plus éclairés que jamais. Les personnes qui enseignent le marketing de l'avenir doivent tenir compte de l'aptitude du consommateur à évaluer la place de marché depuis son clavier et à distinguer le bon grain de l'ivraie. *Marketing* se penche sur les concepts et les outils fondamentaux qu'utilisent les praticiens du marketing pour créer de la valeur.

Marketing. Une approche pratique et intégrée Nous pouvons dire avec fierté que notre manuel intègre la définition du marketing qu'en donne l'Association canadienne du marketing. Il adopte une perspective axée sur la valeur et met l'accent sur le processus de création de valeur ajoutée, de communication de celle-ci aux consommateurs, de même que sur une gestion des relations avantageuse autant pour l'organisation que pour ses parties prenantes.

Caractéristiques de l'édition française Notre objectif est de mettre entre les mains des étudiants un texte rédigé en français qui décrit la réalité du marketing tel qu'il est pratiqué ici, au Québec, mais aussi au Canada anglais et aux États-Unis, des marchés voisins qui représentent des occasions d'affaires importantes pour les entreprises nationales ou des occasions d'emploi pour les finissants.

Nous avons évidemment adapté le texte lorsque le contexte québécois le justifie (par exemple, au Québec, il est interdit de faire de la publicité destinée aux enfants, une pratique qui est courante ailleurs en Amérique du Nord; ou encore, les entreprises sont liées par une garantie légale plus généreuse au Québec qu'ailleurs). Nous nous sommes cependant tenus au texte original en ce qui concerne la plupart des exemples, de sorte que le lecteur acquiert une meilleure compréhension de la diversité des pratiques commerciales. Et si nous avons apporté quelques précisions lorsque nous croyions que la présentation d'un concept pouvait être améliorée, nous avons consciemment évité de modifier le texte, même si parfois notre opinion pouvait différer de celle des auteurs originaux.

Le résultat final est un texte rigoureux sur le plan conceptuel, qui s'appuie sur un vaste panorama des pratiques du marketing ici et ailleurs. Qui plus est, le livre se présente, pour la première fois dans le monde francophone, en couleurs, détail aux yeux de certains, mais qui revêt une certaine importance, notamment en reproduisant les publicités dans leurs couleurs originales. Ainsi, les universités offrant des programmes d'études bilingues auront un matériel équivalent dans la langue de Shakespeare et celle de Molière.

Une approche pratique Cet ouvrage se distingue par son point de vue résolument pratique : les lecteurs n'y apprendront pas uniquement ce qu'est le marketing, mais aussi ses mécanismes et sa raison d'être. La matière y est présentée de façon que les étudiants acquièrent une solide compréhension des principes du marketing et qu'ils puissent les mettre en pratique pour résoudre des problèmes concrets, prendre des décisions éclairées et formuler des stratégies.

Les chapitres de ce manuel présentent de nombreux exemples qui montrent comment les entreprises utilisent la stratégie de marque, l'emballage, la fixation de prix, la vente au détail, le service et la publicité pour créer de la valeur à l'intention des consommateurs. À ce titre, nous présentons le concept de valeur dans le chapitre 1 et en traitons jusqu'à la fin du manuel. Des encadrés illustrent de façon détaillée des questions relatives à la déontologie, à la valeur ajoutée, au cybermarketing et au marketing entrepreneurial et de la petite entreprise.

La division des chapitres

Section 1

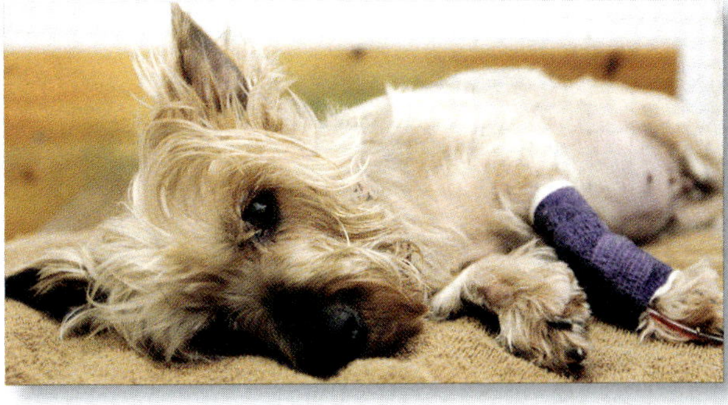

La première section du manuel, divisée en quatre chapitres, a pour thème central l'**évaluation du marché**. Après l'introduction au marketing du chapitre 1, le chapitre 2 porte sur la façon dont une organisation élabore un plan marketing. Entre autres thèmes principaux, ce chapitre s'intéresse aux moyens par lesquels une entreprise arrive à créer de la valeur, à offrir celle-ci au consommateur de façon efficace et à la lui faire connaître. Le chapitre 3 attire l'attention sur l'éthique en marketing et le marketing socialement responsable. Nous y présentons les modalités de la prise de décision éthique et relions les concepts clés en matière d'éthique au plan marketing, présenté dans le chapitre 2. Enfin, le chapitre 4, intitulé « L'analyse de l'environnement marketing », porte sur les moyens par lesquels les gestionnaires marketing arrivent à découvrir et à évaluer de façon systématique des occasions d'affaires. Les éléments clés de la planification stratégique sont présentés pour montrer comment analyser des occasions d'affaires et en tirer profit.

SECTION 1

Évaluer le marché

Section 2

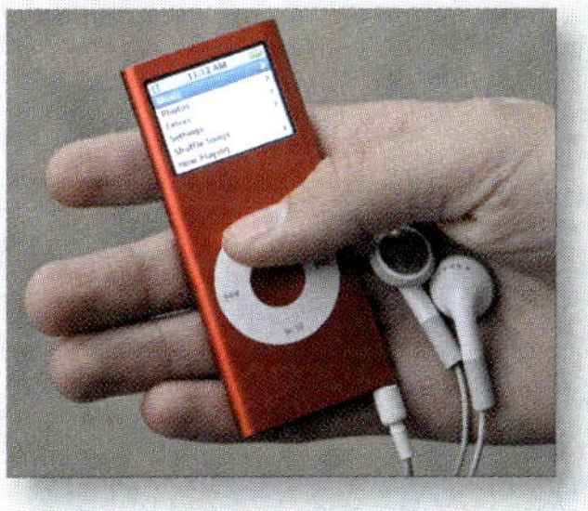

La deuxième section du manuel compte trois chapitres expliquant comment **comprendre le marché.** Le chapitre 5, consacré à la recherche en marketing et aux systèmes d'information marketing, présente les divers outils et techniques qu'utilisent les gestionnaires marketing pour déterminer des besoins et créer des produits et des services qui offriront de la valeur à leurs marchés cibles. Le chapitre 6 se penche sur le comportement du consommateur et s'intéresse à tous les mécanismes qui sous-tendent sa décision d'acheter un produit ou un service. Le chapitre 7, consacré au commerce interentreprises, exa mine tous les aspects ayant trait aux motifs et aux mécanismes des transactions interentreprises.

SECTION 2

Comprendre le marché

Section 3

La troisième section du manuel porte sur la façon de **cibler le marché**. Le chapitre 8 traite de la segmentation, du ciblage et du positionnement. Nous examinons comment les entreprises segmentent le marché, choisissent un marché cible et positionnent leur produit ou leur service en fonction des besoins et des désirs des consommateurs.

Section 4

Marketing consacre trois chapitres à la **création de valeur.** Les chapitres 9, « Les décisions relatives au produit, à la stratégie de marque et à l'emballage », et 10, « Le développement de nouveaux produits », couvrent le développement et la gestion de produits et de marques. Bien qu'un grand nombre des concepts ayant trait à l'élaboration et à la gestion de services soient semblables à ceux qui concernent les marques physiques, le chapitre 11 (« Le service : un produit intangible ») examine les défis propres au marketing des services.

Section 5

La fixation des prix est, au sein d'une entreprise, l'activité visant à **négocier la valeur** en générant de l'argent et en influant sur les revenus. Le chapitre 12 examine l'importance de déterminer le juste prix, le ratio entre le prix et la quantité vendue, l'analyse du point mort, les conséquences des guerres des prix et l'effet d'Internet sur la façon de magasiner.

SECTION 5
La valeur transactionnelle

CHAPITRE 12 Stratégies et concepts relatifs à la fixation des prix dans l'estimation de la valeur

Section 6

Si Walmart est devenue le plus grand détaillant du monde, c'est en grande partie grâce à son système de **distribution de la valeur**. La livraison de marchandises aux magasins est calculée de manière à répondre à la demande au moment précis où elle se manifeste. Pour ce faire, Walmart a mis en place de nombreux programmes novateurs auprès de ses fournisseurs et des systèmes perfectionnés de transport et d'entreposage. *Marketing* consacre deux chapitres à la distribution de valeur. Le chapitre 13 jette un coup d'œil sur les circuits et la stratégie de distribution de même que sur la chaîne d'approvisionnement. Le chapitre 14 se concentre sur le commerce de détail.

SECTION 6
L'offre de valeur : implanter le circuit de distribution et la chaîne logistique

CHAPITRE 13 Les circuits de distribution : la stratégie de distribution
CHAPITRE 14 La vente au détail

Section 7

Les méthodes visant à **communiquer la valeur** sont plus complexes aujourd'hui en raison des nouvelles technologies; les courriels, les blogues, le Web et la baladodiffusion enrichissent la stratégie de communication qui, jusqu'à récemment, misait uniquement sur la radio et la télévision pour relayer les messages aux consommateurs.

Marketing consacre deux chapitres à la communication de la valeur. Le chapitre 15 présente l'étendue du plan de communication intégré. Le chapitre 16 porte sur quelques outils de la communication, soit la publicité, la promotion des ventes et la vente personnelle.

Section 8

Le **marketing à l'échelle mondiale** concerne de plus en plus d'entreprises. En moins de 10 ans, Lululemon est devenue une entreprise internationale et une grande réussite canadienne dans l'industrie du vêtement de sport et d'entraînement. Cependant, le marketing mondial touche même les petites entreprises, car elles achètent des matières premières, des produits et des services auprès d'entreprises situées dans d'autres pays. Le chapitre 17 est entièrement consacré à ce sujet.

Présentation des auteurs

Auteurs de l'édition américaine originale

Les auteurs Michael Levy (à gauche) et Dhruv Grewal (à droite)

Dhruv Grewal

Dhruv Grewal, Ph. D. (Virginia Tech), est titulaire de la Chaire Toyota de commerce et affaires électroniques et professeur de mathématiques au Babson College. Sa recherche et son enseignement portent sur les fondements du marketing, la recherche en marketing, la vente au détail, la fixation des prix et les stratégies basées sur la valeur. En 2005, il recevait le Lifetime Achievement in Behavioral Pricing Award de la Fordham University. Il est membre distingué de l'Academy of Marketing Science. Il a également coécrit *Marketing Research* (2004, 2007).

Le professeur Grewal a donné des séminaires et des cours à l'intention des gestionnaires et collaboré à des projets de recherche pour le compte de diverses entreprises, dont IRI, TJX, Radio Shack, Monsanto, McKinsey, Motorola et pour de nombreux cabinets d'avocats. Il a donné des séminaires aux États-Unis, en Europe et en Asie.

Michael Levy

Michael Levy, Ph. D., est professeur de marketing du programme Charles Clarke Reynolds et directeur du Retail Supply Chain Institute au Babson College. Il a obtenu son doctorat en administration des affaires à la Ohio State University et fait ses études de 1er et 2e cycle en administration des affaires à la University of Colorado, à Boulder. Il a enseigné à la Southern Methodist University avant de devenir professeur et titulaire de la chaire de marketing à la Miami University.

Avant d'entreprendre une carrière universitaire, il a travaillé pour le compte de plusieurs détaillants et d'un distributeur d'articles ménagers du Colorado. Il a réalisé des projets de recherche auprès de nombreux détaillants et d'entreprises de technologie, dont Accenture, Federated Department Stores, Khimetrics, Mervyn's, Neiman Marcus, ProfitLogic (Oracle), Zale Corporation et plusieurs cabinets d'avocats.

Responsables de l'adaptation pour l'édition canadienne anglaise

Ajax Persaud

Ajax Persaud, Ph. D., est professeur agrégé de marketing et directeur du programme de M. Sc. en gestion de l'École de gestion Telfer de l'Université d'Ottawa. Il compte plus de 15 années d'expérience en enseignement postsecondaire dans des collèges et des universités situés au Canada et outre-mer. Le professeur Persaud a donné de nombreux cours de 1er et 2e cycle universitaire, notamment en marketing, marketing électronique, technologies numériques de marketing, marketing des hautes technologies, stratégie marketing, développement de nouveaux produits, finance entrepreneuriale, gestion de la R&D, gestion de la technologie et de l'innovation, économie et méthodes quantitatives. La qualité de son enseignement et de ses recherches lui a valu de nombreux prix et mentions d'excellence, dont un Prix d'excellence en éducation de l'Université d'Ottawa, en 2005.

Il a en outre donné de nombreux séminaires et ateliers à l'intention des gestionnaires, en plus d'offrir des services de conseil à de nombreuses petites entreprises en Guyane et au Canada. Donateur et bénévole au sein de sa collectivité, il s'investit auprès d'organismes voués à l'éducation et à l'aide aux enfants et aux jeunes défavorisés.

Shirley Lichti

Shirley Lichti, BA, MA, est chargée de cours à la School of Business and Economics de la Wilfrid Laurier University depuis 1993. Elle a donné divers cours de 1er et 2e cycle, dont une introduction au marketing, la construction et la gestion de produits, de services et de marques, le plan de communication intégré et le comportement du consommateur. Ayant œuvré durant 14 ans chez IBM, Mme Lichti a acquis une solide expérience en marketing, publicité, promotion et formation. Elle a travaillé au Canada, dans les Caraïbes et au Japon.

Shirley Lichti dirige également Marketing Magic, une entreprise de conseil et de formation en communications marketing établie à Waterloo. Elle s'est illustrée comme conférencière principale lors de nombreuses conférences et a élaboré et donné des séminaires et des ateliers de marketing au sein de nombreuses organisations. Sa clientèle comprend de petites entreprises comme le Festival de Stratford, et des membres du *Fortune 500*, notamment la Financière Manuvie, Banque Scotia et Lexus Canada.

Responsables de l'adaptation pour l'édition canadienne française

Stéphane Gauvin

Stéphane Gauvin, Ph.D., est professeur titulaire au département de marketing de la Faculté des sciences de l'administration de l'Université Laval. Son enseignement s'appuie largement sur les technologies Internet qui ont été primées au Québec, aux États-Unis et en France. Ses travaux de recherche portent sur l'impact qu'ont les technologies de l'information sur les pratiques d'affaires de même que sur la dynamique des groupes virtuels. M. Gauvin est Research Fellow de l'Institute for the Study of Business Markets et membre fondateur de l'Institut des affaires électroniques de l'Université Laval. Il a également agi à titre de consultant pour plusieurs entreprises et agences gouvernementales.

William Menvielle

William Menvielle, D.B.A, est professeur de marketing à l'Université du Québec à Trois-Rivières depuis 2004, où il enseigne les fondements du marketing, le marketing international, la communication marketing et le marketing stratégique. Il est aussi le premier diplômé du DBA de cette université.

Ses champs d'intérêt de recherche concernent la mesure de la satisfaction et le comportement d'achat sur Internet dans des contextes multiculturels.

Malgré sa jeune carrière, le professeur Menvielle est auteur ou coauteur de cinq ouvrages, d'une dizaine d'articles et d'une trentaine de communications scientifiques. Il est aussi lauréat de prix, de bourses et de distinctions, dont le deuxième accessit pour le Prix d'innovation pédagogique en sciences de la gestion 2008, sous l'égide de l'Agence universitaire de la Francophonie. Il a aussi dirigé ou dirige actuellement plus d'une vingtaine d'étudiants au MBA.

Isabelle Garnier

Isabelle Garnier, MBA, est chargée d'enseignement à l'Université Laval, au sein du département de marketing de la Faculté des sciences de l'administration. Elle coordonne, avec le professeur Gauvin, le cours de fondement de 1er cycle en marketing à l'Université Laval. À titre d'enseignante, Isabelle Garnier intervient principalement au niveau du baccalauréat en administration.

Ses centres d'intérêt de recherche portent principalement sur la recherche en marketing et l'intégration des nouvelles technologies dans ce domaine.

Tour de piste

Les objectifs d'apprentissage

Énumérés au début de chaque chapitre, les **objectifs d'apprentissage** présentent les principaux sujets qui en font l'objet. Au fil des pages, un rappel de chaque objectif d'apprentissage apparaît en marge lorsqu'il en est question la première fois. Ces objectifs sont présentés de nouveau en fin de chapitre et résumés de façon à consolider l'apprentissage des principaux points.

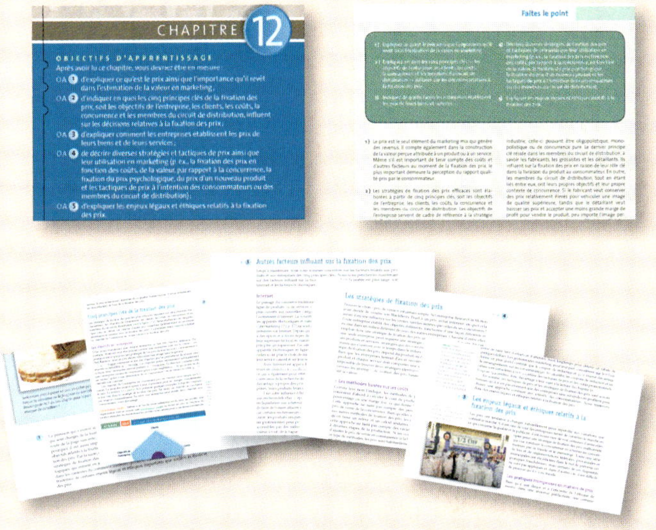

Les vignettes d'ouverture

En guise d'introduction, chaque chapitre commence par une mise en situation illustrant le contenu du chapitre. Ces mises en situation ont été soigneusement sélectionnées pour servir d'exemples de théorie mise en pratique par divers types d'entreprises.

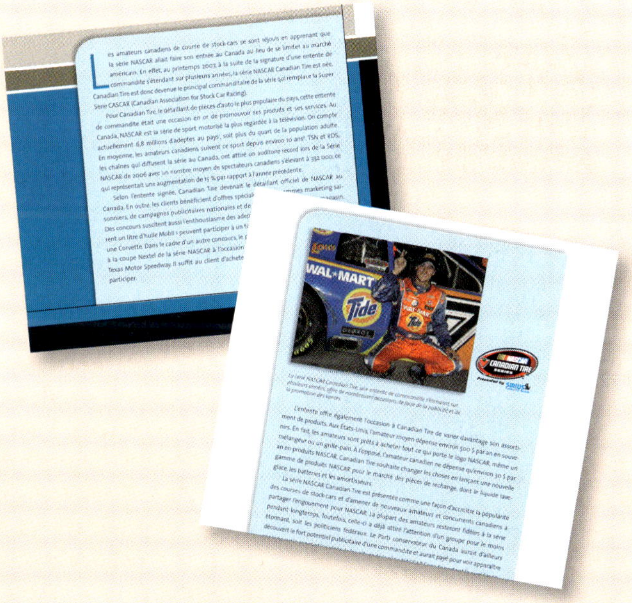

Les feuilles de route

Dans chaque chapitre, une feuille de route présente, sous forme de graphique, les principales étapes que franchiront les lecteurs avant d'arriver à la fin du chapitre. Dans le corps du chapitre, chaque étape est décrite en détail afin de permettre de mieux comprendre et intégrer la matière.

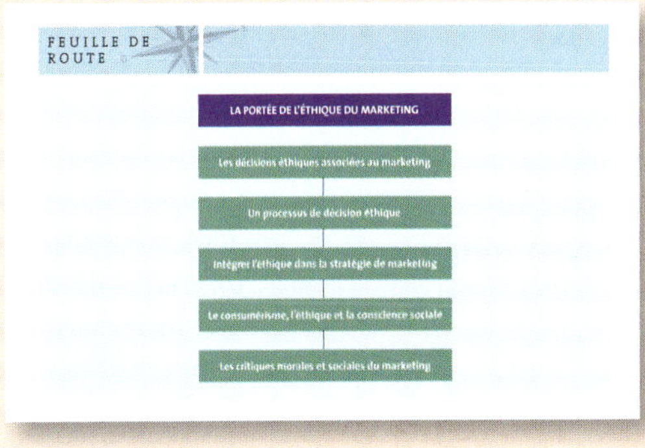

À découvrir dans *Marketing* : les rubriques

Outre son intérêt marqué pour la valeur, *Marketing* propose des cas et des portraits d'entreprises qui illustrent les différents thèmes — l'éthique, l'entrepreneuriat, le cybermarketing, les services et la mondialisation —, toujours présentés dans le contexte du marketing.

Question d'éthique *Marketing* consacre tout un chapitre à l'éthique dans la pratique du marketing. Placé dans la première section de l'ouvrage (chapitre 3), il illustre la notion de responsabilité sociale et présente les modalités de la prise de décision éthique, une démarche que les étudiants utiliseront tout au long des chapitres pour évaluer les situations délicates sur le plan de l'éthique. Le chapitre 3 donne le ton sur la question de l'éthique telle qu'elle est posée dans les chapitres suivants.

Chacun des chapitres 2 à 17 présente la **rubrique Question d'éthique**, qui soumet aux lecteurs un cas captivant et des questions qui susciteront la réflexion et la discussion.

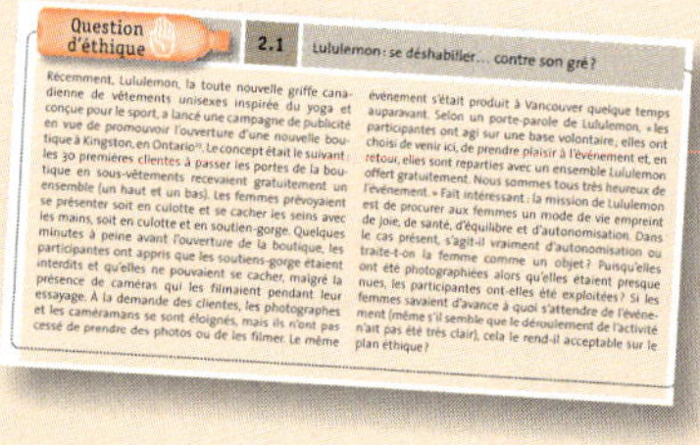
Question d'éthique 2.1 Lululemon : se déshabiller… contre son gré ?

Marketing entrepreneurial La plupart des innovations en marketing sont nées de l'esprit d'entreprise. Sans lui, l'entreprise ne peut se développer et survivre. *Marketing* alimente cet esprit d'entreprise en présentant des portraits de jeunes entreprises et d'entrepreneurs qui ont réussi, comme Lululemon, Kicking Horse Coffee, Kettleman's Bagels et bien d'autres.

Dans chaque chapitre, la **rubrique Marketing entrepreneurial** présente de jeunes entreprises qui ont déjà fait leur marque.

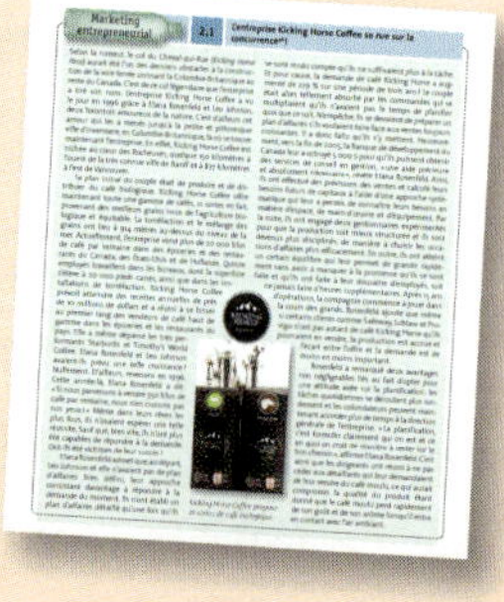

Cybermarketing La **rubrique Cybermarketing** explore l'utilisation grandissante d'Internet comme circuit de distribution et comme outil de marketing. Par exemple, le chapitre 6 présente un exposé sur le site canadien Expedia.ca, qui propose une façon différente de planifier un voyage en permettant aux utilisateurs de faire des choix selon divers critères : prix, centres d'intérêt particuliers, dates, hôtels et forfaits. Expedia.ca est aujourd'hui un acteur incontournable sur le marché des agences de voyages.

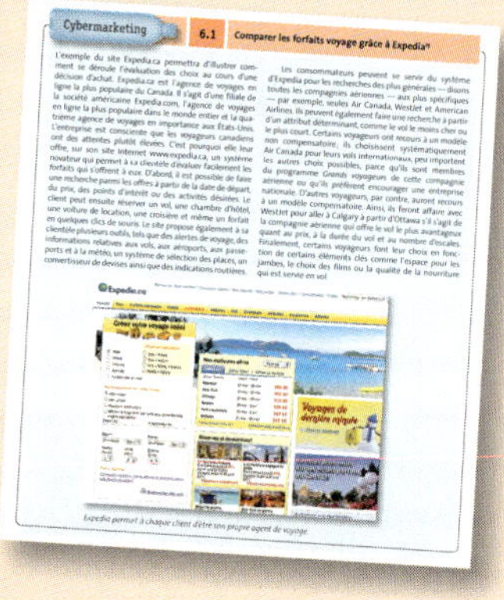
Cybermarketing 6.1 Comparer les forfaits voyage grâce à Expedia

Valeur ajoutée Le thème de la valeur est intégré dans le texte au moyen de la **rubrique Valeur ajoutée** présentée dans chaque chapitre. Ces textes illustrent comment les entreprises tirent leur épingle du jeu en donnant une valeur ajoutée à leurs produits et à leurs services.

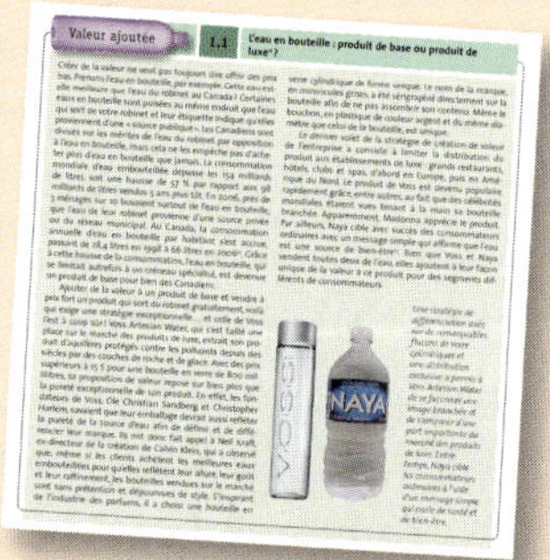
Valeur ajoutée 1.1 L'eau en bouteille : produit de base ou produit de luxe ?

Les rubriques de fin de chapitre

- **Faites le point.** Cette rubrique résume la matière du chapitre en lien avec les objectifs d'apprentissage.
- **Mots clés.** Cette rubrique liste les mots définis dans le chapitre et se trouvant dans le glossaire.
- **Révision des concepts.** Cette rubrique permet de réviser, à l'aide de questions, les concepts abordés dans le chapitre.
- **Marketing appliqué.** Cette rubrique aiguise le raisonnement critique des étudiants et permet, à l'aide de questions, d'appliquer les principes théoriques étudiés.
- **Cyberfuté.** Cette rubrique amène à mettre en pratique, sur Internet, la matière présentée dans les pages précédentes.
- **Études de cas.** En conclusion de chaque chapitre, cette rubrique présente un exemple de deux ou trois pages traitant d'une idée ou d'un concept de marketing, ou encore d'une entreprise.

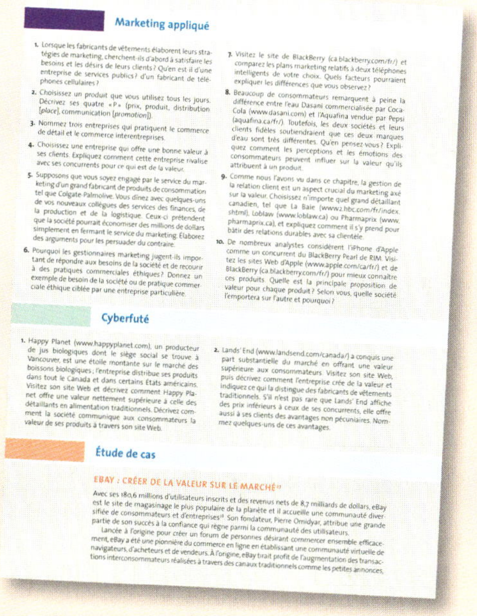

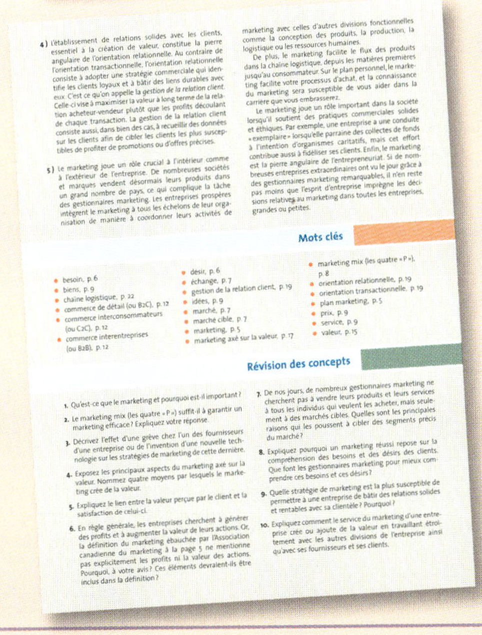

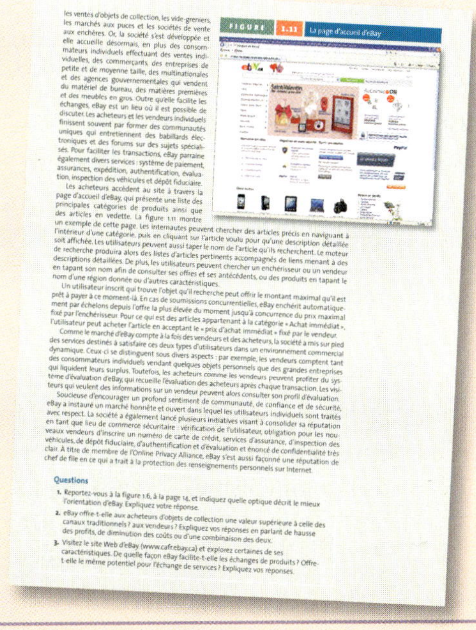

Remerciements

Remerciements de l'édition originale américaine

Dhruv Grewal désire remercier les personnes suivantes : James Littlefield, professeur de marketing, Virginia Tech; Kent B. Monroe, John M. Jones professor of marketing, University of Illinois; A. Coskun Samli, professeur de marketing, University of North Florida; Dianna L. Stone, professeur de management, University of Central Florida.

Michael Levy aimerait exprimer sa reconnaissance à : James L. Ginter, professeur émérite, The Ohio State University; Roger A. Kerin, Harold C. Simmons distinguished professor of marketing, Southern Methodist University; Mike Harvey, Hearin professor of global business, The University of Mississippi; Bernard J. LaLonde, professeur émérite, The Ohio State University; Barton A. Weitz, JCPenney eminent scholar, The University of Florida.

Remerciements de l'édition canadienne anglaise

Nous n'aurions pu accomplir seuls le travail que vous tenez entre vos mains. Nous souhaitons remercier particulièrement Stacey Biggar, qui, jusqu'à la fin du projet, a consacré ses précieux talents d'assistante de recherche, de rédactrice et de correctrice à la réussite de cet ouvrage. Nous n'aurions pu respecter toutes nos échéances sans elle. Nous remercions également les nombreux étudiants, chargés de cours et professeurs de la Wilfrid Laurier University, qui ont pris le temps de nous transmettre leurs commentaires et leurs impressions sur le contenu des chapitres, les cas et les exercices de la première version. Nous ne saurions passer sous silence la contribution importante de Bernadette Franjieh et Neil Parker, deux assistants de recherche qui nous ont accompagnés durant les premières ébauches, ni celle des nombreux étudiants qui ont composé notre comité de lecture, notamment Tracy Longchamps, Angie Kelly, Sushil Dahiya, Philip Plante-Ajah, Xu Xi Liu, Emilio Franco, Irfan Butt, Aaron Dobson, Sachit Harish, Danielle Sauve, Nadine Wasfi, Annie Nguyen, Shelina Jamal, Jenna Krishnan, Bernie Maclean et Savita Kapoor.

Nous adressons des remerciements particuliers à l'équipe talentueuse de McGraw-Hill Ryerson, Leanna MacLean, Emma Gain, Marcia Luke, Suzanne Simpson Millar, Erin Moore, Elizabeth Priest, James Booty et Joy Armitage Taylor, sans qui notre travail aurait sans doute été beaucoup plus fastidieux. Nous avons eu un grand plaisir à travailler avec vous.

Des quatre coins du pays, des confrères et des consœurs spécialistes du marketing nous ont fait parvenir leurs commentaires et leurs critiques constructives. Nous les saluons avec gratitude:

Cathy Ace, Simon Fraser University; Rick Appleby, Okanagan University College; Jim Beatty, George Brown College; Onur Bodur, Concordia University; Pat Browne, Kwantlen University College; Mark Cleveland, University of Western Ontario; Scott Colwell, University of Guelph; Brian Cronin, Seneca College; Paul Cubbon, University of British Columbia; Tanya Drollinger, University of Lethbridge; Lisa Giguère, Wilfrid Laurier University; Sarah Holding, Malaspina College; Geof Malleck, University of Waterloo; Gordon McFarlane, Langara College; Brent McKenzie, University of Western Ontario; R. Sachdev, University of Ontario Institute of Technology; Janice Shearer, Mohawk College; Simon Sigue, Athabasca University; Harvey Skolnick, Sheridan College; Peter Stasiuk, Durham College; Heather Stevens, George Brown College; Medhi Zahaf, Lakehead University.

Nous dédions également cet ouvrage à ceux dont l'influence a marqué les premières années de notre carrière :

Ken Danns, professeur, University of Guyana; Leland Paul, professeur, University of Guyana; Vinod Kumar, professeur, Eric Sprott School of Business, Carleton University; Uma Kumar, professeur, Eric Sprott School of Business, Carleton University.

Je souhaite remercier ma femme, Vidya, et mes enfants, Priya et Ryan, pour leur amour, leur soutien et leur sens de l'humour, sans lesquels l'écriture de ce livre n'aurait pas été aussi agréable. *– Ajax Persaud*

Gordon McDougall, professeur émérite, School of Business and Economics, Wilfrid Laurier University; Auleen Carson, professeur à la retraite, School of Business and Economics, Wilfrid Laurier University; David Goodwin, professeur, Digital Arts Communication, University of Waterloo; Brad Davis, professeur de marketing, School of Business Economics, Wilfrid Laurier University.

À mon mari, John, et à mon fils Stephen, qui, durant la démarche de recherche et d'écriture, m'ont patiemment encouragée et soutenue. *– Shirley Lichti*

Remerciements de l'adaptation française

Les auteurs souhaitent remercier toute l'équipe d'édition de Chenelière Éducation pour son excellent travail : Louise Drolet, Laurence Perron et Johanne Tremblay, pour la traduction; Jean-Pierre Leroux, réviseur; Nicolas Therrien, correcteur d'épreuves; Valérie Côté, chargée de projet; Éric Monarque, éditeur; et Sylvain Ménard, éditeur-concepteur.

Je tiens à souligner le travail d'assistante de recherche de Karine Desaulniers, étudiante au MBA à l'Université du Québec à Trois-Rivières, pour ses relectures, ses conseils et son coup de main fort professionnel tout au long de cet ouvrage. Je remercie également mon frère et complice Loick Menvielle, professeur de marketing à l'EDHEC (France), pour ses relectures et ses conseils.

Je dédie ce livre à ma conjointe Louise et à mes trois filles, Heidi, Camille et Élodie, sources d'inspiration et de soutien pour l'adaptation de cette version. *– William Menvielle*

Sommaire

Table des matières

SECTION 1 Évaluer le marché 2

SPEAK
SEE
HEAR

"I guess it is easy being green."
Presenting the 36 mpg Ford Escape Hybrid, the most fuel-efficient SUV on Earth.* How green is that?
www.fordvehicles.com
ESCAPE HYBRID
Ford

SECTION 2 Comprendre le marché 130

SECTION 3 Cibler le marché 226

SECTION 4 La création de valeur 266

STARBUCKS COFFEE

CHAPITRE 1

OBJECTIFS D'APPRENTISSAGE

Après avoir lu ce chapitre, vous devriez être en mesure :

OA 1 de définir le marketing et d'expliquer ses concepts clés ;

OA 2 d'expliquer comment les gestionnaires marketing ajoutent de la valeur à un produit ou à un service ;

OA 3 d'exposer les quatre optiques du marketing ;

OA 4 de définir le rôle de la gestion de la relation client dans la création de valeur ;

OA 5 d'expliquer l'importance du marketing tant à l'intérieur qu'à l'extérieur de l'entreprise.

SECTION 1

Évaluer le marché

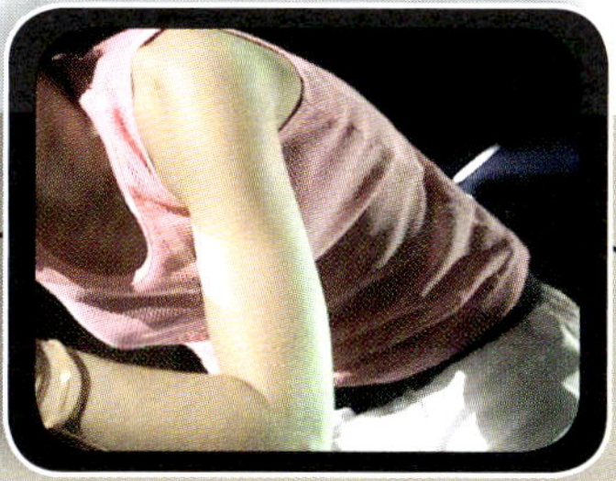

La définition du marketing

L'ordinateur de poche BlackBerry, créé par Research In Motion (RIM), est l'un des produits canadiens récents les plus populaires et les plus innovants[1]. En effet, le BlackBerry est plus qu'un gadget à la mode : c'est un service révolutionnaire qui a transformé non seulement la façon dont les chefs d'entreprise, les gestionnaires, les professionnels et les représentants de commerce communiquent et travaillent à l'échelle mondiale, mais aussi la rapidité avec laquelle les décisions sont arrêtées et mises en œuvre. Les cadres et les représentants commerciaux du monde entier affirment que le BlackBerry leur permet d'accéder à des informations clés et de communiquer avec leurs collègues de travail en temps réel n'importe où et n'importe quand. L'efficacité qui en résulte fait que les transactions commerciales sont conclues plus vite et que les décisions cruciales sont transmises aux décideurs même lorsqu'ils sont en train de jouer au golf. Le téléphone intelligent BlackBerry est devenu l'outil dont bien des gens d'affaires trouvent difficile de se passer.

Conçu par Mike Lazaridis, le BlackBerry est le fruit d'une idée que le créateur a consignée à l'ordinateur en trois heures, dans son sous-sol, en 1997. Ce document a révolutionné la manière dont les utilisateurs du monde entier communiquent, travaillent et même bougent leurs pouces. Aujourd'hui, le BlackBerry est disponible sur plus de 550 réseaux dans plus de 175 pays. Le téléphone intelligent BlackBerry est aux dirigeants d'entreprise ce que Google est à la navigation sur Internet : le dispositif de communication sans fil de pointe le plus populaire dans le monde. Il est raffiné, élégant, rapide et très prisé par les professionnels qui ont besoin d'un dispositif sans fil pour être branchés et accessibles partout où ils se trouvent. Le BlackBerry est plus qu'un simple dispositif de courriel sans fil : l'appareil sert à la fois de téléphone, d'agenda électronique, de logiciel de messagerie instantanée, de GPS, de navigateur Internet et de lecteur multimédia. Il permet aux professionnels mobiles de rester connectés aux personnes, aux données et aux ressources qui gouvernent leur journée en mettant une foule d'informations à portée de la main.

Mike Lazaridis et deux amis, Douglas Fregin et Mike Barnstijn, ont fondé Research In Motion Limited (RIM) en 1984, alors qu'ils étudiaient encore à l'université. Le siège social de l'entreprise se trouve à Waterloo, en Ontario, mais RIM a des bureaux à d'autres endroits en Amérique du Nord de même qu'en Europe et dans la zone Asie-Pacifique. Son éventail de produits, de services et de technologies intégrées primés englobe le BlackBerry, la gamme des dispositifs sans fil, des outils logiciels, des modems cellulaires et des licences de matériel et de logiciels. L'entreprise a développé des gammes de produits complètes, comme les téléphones intelligents BlackBerry, qui comprennent les séries BlackBerry ainsi que les séries BlackBerry Tour, Storm, Curve, Pearl et Bold. Ces gammes de produits sont offertes à des prix qui répondent aux besoins et aux désirs des entreprises et des consommateurs du monde entier.

Malgré la concurrence féroce que lui livrent certains dispositifs à prix similaires de Palm, de HP, de Sony, de Good Technology Inc. et de Microsoft ainsi que la poursuite liée à un brevet d'invention que lui a intentée NTP, RIM connaît une croissance fulgurante. Ses ventes, qui totalisaient 85 millions de dollars américains en 2000, atteignaient 15 milliards en 2010. Plus de 37 % de ses revenus de 2010 provenaient de ses ventes à l'extérieur de l'Amérique du Nord. Entre 2001 et 2010, les effectifs de la société sont passés d'environ 1 250 employés à plus de 14 000. À l'heure actuelle, RIM compte plus de 41 millions d'utilisateurs dans le monde entier.

BlackBerry

Outre le fait qu'elle réponde aux besoins de sa clientèle au moyen d'une gamme impressionnante de produits innovants, RIM a fait du service à la clientèle sa priorité absolue. En effet, la société a affecté un plus grand nombre d'employés au service à la clientèle, augmenté le nombre de contrats de service offerts aux utilisateurs et élaboré des programmes de formation à l'intention de ses entreprises clientes. En accordant ainsi la priorité à sa clientèle, RIM peut veiller à ce que le BlackBerry soit « toujours en service, toujours connecté » afin de satisfaire les utilisateurs qui réclament l'accès à des informations en temps réel.

Décrivez la valeur que le BlackBerry offre à ses utilisateurs. Quels sont, d'après vous, les principaux facteurs de la croissance et de la réussite phénoménales de RIM ? (Visitez le site www.rim.com pour en savoir plus.)

Qu'est-ce que le marketing ?

Depuis l'avènement de la première génération de iPods, vous faites du marketing chaque fois que vous achetez une chanson sur iTunes.

Contrairement aux autres sujets que vous avez pu étudier, vous connaissez déjà très bien le marketing. Vous entamez votre journée en acceptant de vous laver une tasse pour déguster un café bien chaud. Puis vous mettez de l'essence dans votre voiture. Vous assistez à un cours que vous avez choisi et payé. Le cours terminé, vous dînez à la cafétéria, faites un saut chez le coiffeur, téléchargez quelques chansons à partir du site iTunes d'Apple et allez au cinéma. Dans chaque cas, vous avez agi comme un acheteur et décidé si vous deviez ou non donner votre temps ou votre argent en contrepartie d'un service ou d'un produit particulier. Si, une fois de retour chez vous après le cinéma, vous décidez de vendre un CD aux enchères sur eBay, vous êtes devenu un vendeur. Et lors de chacune de ces transactions, vous avez fait du marketing.

Dans le chapitre 1, nous nous pencherons sur la nature du marketing et sur la façon dont il crée de la valeur pour les clients. Nous examinerons comment les quatre leviers d'action interconnectés d'un plan de marketing — les quatre « P », soit le produit (*product*), le prix (*price*), la distribution (*place*) et la communication (*promotion*) — permettent la création, l'échange, la transmission et la distribution de valeur. De même, nous verrons où le marketing est mis en œuvre et comment il a évolué vers le concept de marketing axé sur la valeur. Enfin, nous étudierons pourquoi le marketing est une fonction cruciale de toute entreprise prospère. Consultez la feuille de route pour connaître le contenu du chapitre.

L'Association canadienne du marketing indique que « le **marketing** est un ensemble de pratiques commerciales conçues pour planifier et présenter les produits ou les services d'une organisation de manière à développer des relations efficaces avec ses clients[2] ». Que signifie cette définition au juste ? Un marketing efficace n'est pas une activité aléatoire ; il exige une planification soigneuse et prend en compte les répercussions éthiques de toutes les décisions de l'entreprise sur les consommateurs et la société en général. Les entreprises élaborent un **plan marketing** (chapitre 2),

marketing (*marketing*) Série de pratiques commerciales dont le but est de prévoir quels produits et services devraient être lancés sur le marché et de présenter ces derniers de manière à établir une relation durable avec la clientèle visée.

plan marketing (*marketing plan*) Document comprenant une analyse de la situation actuelle, des opportunités qui s'offrent à l'entreprise et des menaces possibles, les objectifs à atteindre, les stratégies relatives aux quatre « P », le programme d'action ainsi que l'état des résultats (et autres états financiers) prévisionnels.

FEUILLE DE ROUTE

- **QU'EST-CE QUE LE MARKETING?**
- Le marketing mix
- Le contexte du marketing : l'environnement marketing, les consommateurs et l'entreprise
- Les optiques du marketing
- Le marketing axé sur la valeur
- Pourquoi le marketing est-il important ?

qui décrit les activités de marketing pour une période donnée. Ce plan précise, entre autres, comment le produit ou le service sera créé ou élaboré, quel en sera le prix ainsi que le lieu et le mode de distribution et de communication.

Dans tout échange, l'acheteur et le vendeur doivent être satisfaits de la valeur qu'ils retirent de la transaction. Dans notre exemple précédent, vous devez être satisfait, et même ravi, de la chanson iTunes que vous avez téléchargée et Apple doit être satisfaite du montant que vous lui avez versé. Les aspects clés du marketing sont illustrés dans la figure 1.1. Voyons comment ils se présentent dans la pratique.

besoin (*need*)
Sensation de manque lié à la condition humaine (se nourrir, se vêtir, avoir un toit, être en sécurité, avoir des relations affectives, combler ses aspirations, etc.).

désir (*want*)
Façon particulière dont une personne décide d'assouvir ses besoins. Cela dépend de ses connaissances, de sa culture et de sa personnalité.

Le marketing vise la satisfaction des besoins et des désirs des consommateurs

La compréhension et la satisfaction des besoins et des désirs des consommateurs sont essentielles au succès du marketing. Un **besoin** est une sensation de manque lié aux nécessités de la vie comme se nourrir, se vêtir, avoir un toit ou être en sécurité. Un **désir** est la façon particulière dont une personne décide de combler son besoin et qui est déterminée par ses connaissances, sa culture et sa personnalité. Par exemple, lorsque vous avez faim, vous avez besoin de nourriture. Certaines personnes voudront assouvir leur faim au moyen de spaghettis aux boulettes de viande tandis que d'autres préféreront une soupe et une salade. La compréhension des besoins des consommateurs est abordée en détail dans le chapitre 6, qui porte sur le comportement du consommateur.

OA 1

FIGURE 1.1 Les aspects clés du marketing

Si elle veut comprendre les besoins et les désirs des consommateurs, l'entreprise doit d'abord définir le type de clientèle ou de **marché** visé par son produit ou son service. En général, ce marché est constitué de tous les consommateurs qui veulent les produits ou les services d'une entreprise ou en ont besoin, et ont les moyens et la volonté de les acheter. Même si les gestionnaires marketing préféreraient vendre leurs produits et leurs services à tout le monde, cela ne serait pas pratique.

Les gestionnaires marketing divisent donc le marché en sous-groupes ou segments de population auxquels ils destinent leurs produits, leurs services ou leurs idées. Par exemple, bien que le marché des utilisateurs de dentifrice soit susceptible d'englober la plupart des habitants de la planète, les fabricants de Crest pourraient le diviser en catégories : les adolescents, les adultes et les personnes âgées, ou peut-être les fumeurs, les buveurs de café et les buveurs de vin. Si vous fabriquez un dentifrice qui enlève les taches de goudron et de nicotine, vous voudrez savoir pour quels segments du marché votre produit est le plus pertinent, puis vous assurer que votre stratégie de marketing répond aux besoins et aux désirs des groupes cibles, appelés **marché cible**. Le chapitre 8 explique comment les entreprises segmentent le marché en fonction des produits et des services qu'elles offrent, puis choisissent un segment comme cible ainsi que la meilleure façon d'atteindre ce segment. Pour cerner les groupes d'acheteurs qu'elle veut cibler, l'entreprise doit effectuer une étude de marché. Les types d'études de marché qui permettent aux gestionnaires marketing de prendre des décisions éclairées sur divers aspects du marketing mix sont décrits dans le chapitre 5.

marché (*market*)
Groupe d'individus auquel s'intéresse une entreprise en vue de lui vendre un produit, un service ou une idée.

marché cible (*target market*)
Segment du public ou groupe de clients à qui une entreprise cherche à vendre ses produits et ses services ; clients éventuels qui s'intéressent au produit ou au service et qui ont les moyens de se le procurer.

échange (*exchange*)
Activité commerciale entre un vendeur et un acheteur au cours de laquelle chacun échange des biens de manière que chacun y trouve son compte.

Le marketing entraîne un échange de valeur

Le marketing est fondé sur un **échange** de biens de valeur entre l'acheteur et le vendeur de sorte que chacun y trouve son compte. Comme le montre la figure 1.2, le vendeur offre un produit ou un service, en communique la valeur au consommateur puis en organise la distribution. L'acheteur complète l'échange en donnant de l'argent et de l'information au vendeur. Supposons que vous appreniez la sortie du dernier CD de Nelly Furtado en lisant votre magazine préféré ; vous y trouvez

Quand vous achetez un CD de Nelly Furtado, vous participez à un échange. Vous obtenez le CD et votre partenaire d'échange obtient de l'argent et des renseignements sur vous.

FIGURE 1.2 L'échange : la base de la relation vendeur-acheteur

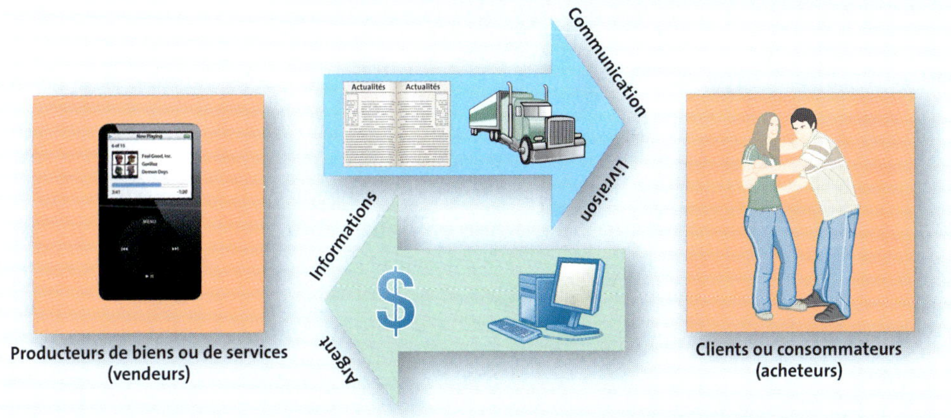

OA 2

FIGURE 1.3 Les décisions relatives au marketing mix

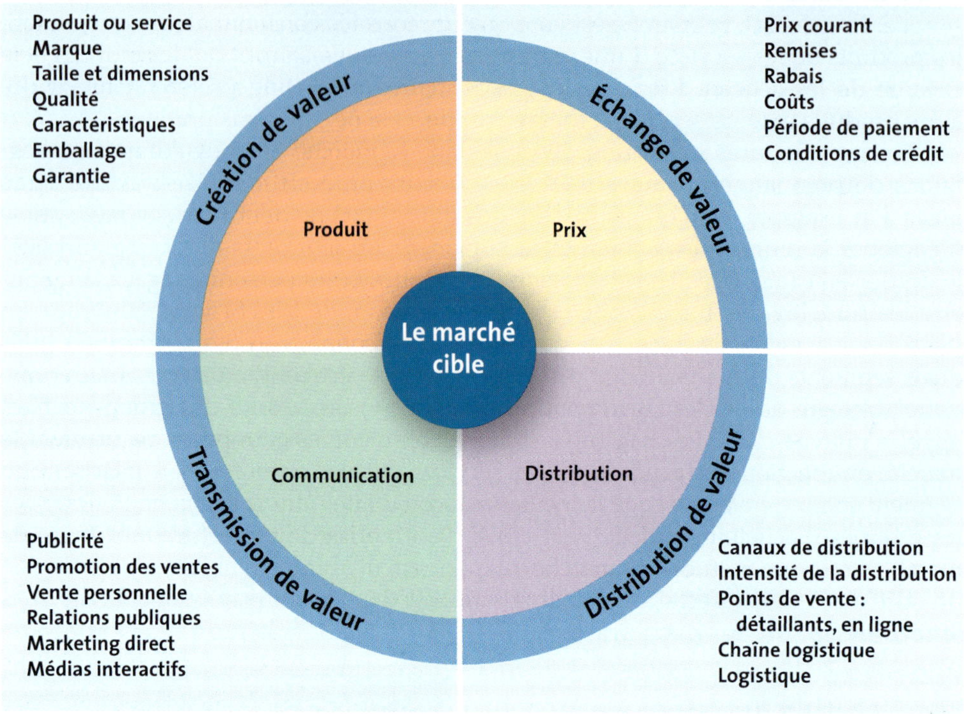

une critique du CD accompagnée d'une publicité indiquant que ce CD est vendu sur iTunes. Vous achetez le CD en ligne. Outre qu'elle recueille les informations nécessaires à la facturation et à l'expédition du CD, iTunes enregistre les détails de la transaction : elle pourra utiliser ces informations au cours des prochains mois pour vous annoncer le lancement d'un nouvel album ou la tenue d'un concert dans votre région. Par conséquent, non seulement iTunes fait de l'argent grâce à cette transaction, mais elle peut faire appel aux renseignements que vous lui donnez pour faciliter un échange futur et consolider sa relation avec vous — une valeur ajoutée tant pour vous que pour iTunes.

marketing mix (ou quatre « P ») (*marketing mix [four Ps]*) Dosage des moyens d'action dont une entreprise se sert pour satisfaire ses marchés cibles, soit le produit, le prix, la communication (*promotion*) et la distribution (*place*).

Les décisions relatives au produit, au prix, à la distribution et à la communication

Depuis toujours, le marketing se divise en un ensemble de décisions interconnectées concernant le produit, le prix, la distribution et la communication, comme le montre la figure 1.3[3]. Ensemble, ces décisions constituent le **marketing mix**, soit les moyens d'action mis en œuvre par une entreprise pour répondre aux désirs de ses marchés cibles. Mais à quoi correspond chacune de ces décisions ?

Clearly Canadian a créé un produit dont les consommateurs apprécient les bienfaits.

Le produit : la création de valeur L'un des principaux objectifs du marketing est de créer de la valeur en mettant au point une variété d'offres qui comprennent des biens, des services et des idées afin de répondre aux besoins des consommateurs. Prenons l'eau, par exemple. Il n'y a pas si longtemps, les consommateurs voyaient ce produit de base comme de l'eau, tout simplement. L'eau sortait du robinet, on la buvait et on se lavait avec. Mais s'inspirant de sociétés européennes comme Perrier (France) et San Pellegrino (Italie), plusieurs sociétés canadiennes, telles que Clearly Canadian, Canadian Springs et Montclair, ont développé un produit dont les consommateurs apprécient les bienfaits. En plus de rendre l'eau facilement accessible, cette valeur créée se trouve avant tout dans l'image de marque du produit, qui permet aux utilisateurs de clamer « Je suis en bonne santé », « Je suis intelligent » et « Je suis raffiné »[4].

Les **biens** sont des produits tangibles. Les vêtements Roots, la bière Boréale et le Kraft Dinner sont des exemples de biens parmi une multitude d'autres. ImaSight, une petite entreprise québécoise spécialisée dans la technologie d'imagerie, ajoute de la valeur à ses produits en concevant des images radiologiques numériques de haute qualité à faible coût que les médecins peuvent manipuler facilement afin d'établir des diagnostics plus précis (*voir la rubrique Marketing entrepreneurial 1.1, p. 21*).

bien (*goods*)
Produit physique, qui peut être touché.

Contrairement aux biens, les **services** sont des activités ou des prestations intangibles réalisées par des individus ou des machines, dont la production et la consommation sont simultanées et inséparables l'une de l'autre. Les voyages aériens, les services bancaires, les assurances, les soins de beauté et les divertissements font partie des services. Si vous assistez à un match de hockey ou de football, vous consommez un service. Si vous retirez de l'argent de votre compte dans un guichet automatique ou au comptoir, vous recourez à un service. Dans ce cas, les guichets ajoutent généralement de la valeur à votre expérience bancaire du fait qu'ils sont bien situés, rapides et faciles à utiliser.

service (*service*)
Offre intangible qui requiert une action, une performance ou un effort qui n'est pas matériel.

De nombreuses offres représentent une combinaison de produits et de services. Supposons que vous alliez chez Lunetterie New Look. Vous passez un examen de la vue (un service) et achetez de nouvelles lentilles cornéennes (un produit). Si vous aimez la musique de Norah Jones, vous pouvez assister à l'un de ses concerts, qui sera présenté une seule fois à un moment et à un endroit précis. Au concert, vous pouvez acheter un CD de la chanteuse — le bien tangible qui vous procure à la fois un produit et un service.

De nombreuses offres sont une combinaison de biens et de services. À un concert de Norah Jones, vous pouvez apprécier le concert (un service) et acheter son CD (un bien).

Les **idées** englobent les pensées, les opinions, les philosophies et les concepts qui peuvent aussi être commercialisés. Des groupes préconisant la sécurité à bicyclette vont dans les écoles, donnent des conférences et parrainent des concours d'affiches illustrant des casques de vélo à l'intention des enfants, leur principal marché cible. Ensuite, les parents ainsi que les frères et les sœurs, soit leur marché cible secondaire, s'investissent à travers leurs interactions avec les jeunes participants au concours. L'échange de valeur a lieu lorsque les enfants écoutent la présentation du commanditaire et portent leur casque en faisant du vélo. Cela signifie qu'ils ont adopté le principe de sécurité commercialisé par le groupe, ont « acheté » cette idée en quelque sorte.

Le prix : l'échange de valeur Tout a un prix, même si ce prix n'est pas toujours pécuniaire. Le **prix** représente tout ce que l'acheteur accepte de donner (argent, temps, énergie) en échange d'un produit. Les gestionnaires marketing doivent fixer soigneusement le prix d'un produit en se fondant sur la valeur que lui attribue l'acheteur potentiel. Par exemple, Air Canada peut vous emmener de Toronto à Vancouver ou à New York. Le prix de votre billet dépend du moment où vous l'achetez (à l'avance ou à la dernière minute), de l'époque de l'année, de la classe que vous choisissez (économique ou affaires) et, depuis peu, du fait que vous avez ou non des bagages enregistrés. Les passagers qui n'ont pas de bagages enregistrés obtiennent maintenant un rabais sur le prix de leur billet. Si cela vous arrange d'acheter votre billet à la dernière minute pour aller skier entre Noël et le jour de l'An et que vous voyagiez

idées (*ideas*)
Processus mental comprenant notamment les pensées, les opinions, la philosophie et les concepts.

prix (*price*)
Somme des efforts que le client est prêt à faire (quant au temps, à l'argent, à l'énergie) afin de se procurer un produit ou un service.

en classe affaires, vous pouvez vous attendre à payer de quatre à cinq fois plus que le billet le moins cher. Vous échangez alors un prix plus bas contre la commodité. Lorsqu'ils fixent les prix, les gestionnaires marketing doivent deviner combien les consommateurs sont prêts à payer afin qu'ils soient satisfaits de leur achat et que le vendeur touche un profit raisonnable.

La distribution : la livraison de valeur La distribution est la troisième variable, après le produit et le prix, laquelle représente toutes les activités nécessaires pour acheminer le produit depuis son lieu de fabrication jusqu'au consommateur visé. Les décisions à cet égard concernent la mise sur pied d'un système qui permettra de distribuer le plus efficacement possible des quantités exactes du produit ou du service aux bons endroits et au bon moment afin de minimiser les coûts à l'échelle du système tout en donnant aux consommateurs le niveau de service demandé[5]. De nombreux gestionnaires marketing négligent l'importance de la gestion de la distribution dont une bonne partie des activités a lieu dans les coulisses. Mais faute d'un système de distribution solide et efficace, la marchandise n'est pas disponible à l'endroit ou au moment où les consommateurs veulent l'acheter. Ils sont déçus et les ventes et les profits en souffrent. Nous verrons en détail les actions et les décisions relatives à la distribution dans le chapitre 13.

Pour comprendre comment la distribution ajoute de la valeur au produit, pensons à l'expérience de The Country Grocer, une petite épicerie indépendante qui a pignon sur rue à Ottawa. The Country Grocer a été la première épicerie canadienne indépendante à offrir ses produits en ligne. Son statut de commerce indépendant pourrait laisser croire que sa clientèle habite à quelques kilomètres du magasin. En fait, grâce à son site Internet, The Country Grocer réalise plus de 30 % de ses ventes en Arctique de l'Est (à Iqaluit) et environ 5 % aux États-Unis. Les clients passent leur commande sur le site Web et The Country Grocer veille à livrer leurs achats à temps[6].

The Country Grocer est la première épicerie canadienne indépendante à vendre ses produits en ligne.

La communication : la transmission de valeur Même les meilleurs produits et services ne se vendront pas si les gestionnaires marketing ne peuvent en communiquer la valeur à leurs clients. De très nombreuses entreprises de vente en ligne ont coulé à la fin des années 1990 en raison, entre autres, d'une mauvaise communication avec leur clientèle. Certaines de ces entreprises offraient des produits sensationnels à des prix très raisonnables, mais comme les clients ne les trouvaient pas sur Internet, elles ont fait faillite. La communication est le recours, de la part des gestionnaires marketing, à des techniques de présentation qui visent à informer les acheteurs potentiels, à les convaincre et à leur rappeler un produit ou un service afin d'influer sur leurs opinions ou de susciter chez eux une réaction. La communication marketing améliore généralement la valeur d'un produit ou d'un service, comme ce fut le cas pour les jeans Parasuco. Les publicités provocantes de l'entreprise contribuent à créer une image qui exprime plus que « Achetez ce vêtement, il vous ira bien. » Elles vendent plutôt la jeunesse, un style et du sex-appeal.

Parasuco est connue pour ses publicités provocantes qui ornent les panneaux d'affichage et son recours à des célébrités pour commercialiser ses vêtements en denim.

Le marketing est façonné par des forces et des acteurs extérieurs à l'entreprise

Il est important de reconnaître que les activités de marketing d'une entreprise sont influencées non seulement par des facteurs internes, mais aussi par des forces, des organisations et des individus extérieurs à l'entreprise, comme le montre la figure 1.4. Des forces externes comme les changements sociaux, technologiques, économiques, concurrentiels et réglementaires déterminent les activités de marketing d'une entreprise. Ainsi, les préoccupations liées à l'environnement de même qu'à l'obésité constituent deux tendances sociales qui sont en train de modifier les activités de mise en marché de la plupart des entreprises. En réaction à ces tendances, les gestionnaires marketing commencent à utiliser des emballages plus écologiques pour leurs produits; certains intègrent même des matériaux de rechange plus écologiques à leurs produits. En ce qui a trait à l'obésité, les gestionnaires marketing tentent de mettre leurs produits en valeur en y apposant des mentions telles que «non gras», «faible en gras», «sans matières grasses», «sans sucre» ou «sans cholestérol».

FIGURE 1.4 L'environnement marketing

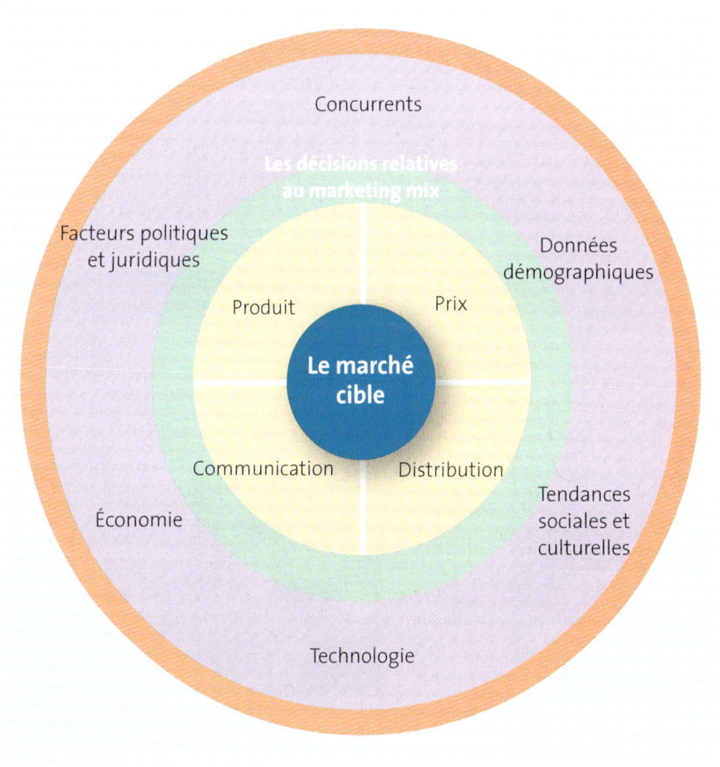

De même, les rapports d'une entreprise avec ses fournisseurs, ses distributeurs, d'autres intermédiaires (institutions financières, agences de publicité, spécialistes de la recherche en marketing, etc.) et les groupes de pression (comme Greenpeace ou People for the Ethical Treatment of Animals [PETA]) influent sur ses décisions en matière de marketing. Les fournisseurs exercent parfois une forte influence sur les activités de mise en

En jouant sur le sigle KFC, « Kentucky Fried Cruelty » (Cruauté Frite Kentucky), cette publicité de PETA dénonce les industries de la viande et de la fourrure. Elle encourage les clients à bouder ces produits.

marché d'une entreprise, entraînant ainsi des conséquences dévastatrices. Par exemple, Lululemon alléguait que ses chemises VitaSea contenant 24 % d'algues présentaient des qualités thérapeutiques. Or, des tests indépendants n'ont révélé aucune différence entre un t-shirt en coton ordinaire et le t-shirt VitaSea. La société s'est défendue en disant qu'elle avait cru son fournisseur sur parole et n'avait effectué aucun test pour vérifier ses dires. Néanmoins, des clients en colère, qui avaient l'impression d'avoir été trompés par l'entreprise, ont intenté des actions en justice contre Lululemon. Seul le temps dira dans quelle mesure la publicité négative découlant de ces fausses allégations a nui à la marque Lululemon[7]. Des groupes de pression comme PETA s'en prennent souvent aux pratiques de certaines entreprises (telles que Poulet Frit Kentucky) ou industries (telles que l'industrie de la viande) au moyen de publicités sans complaisance, comme celle qui figure ci-haut. Les publicités et les messages de PETA n'en ont pas moins détourné un grand nombre de consommateurs de ces produits et ont forcé les gestionnaires marketing à modifier certaines pratiques commerciales. Nous examinerons plus en détail l'influence de toutes ces forces dans le chapitre 4.

Le marketing est pratiqué tant par des individus que par des organisations

commerce de détail (ou B2C) (*business-to-consumers*) Activité économique entre une entreprise et un consommateur.

commerce interentreprises (ou B2B) (*business-to-business*) Activité économique (vente de produits ou de services) entre deux organisations.

commerce interconsommateurs (ou C2C) (*consumer-to-consumer*) Activité économique (vente de produits ou de services) entre deux consommateurs, comme on le voit souvent sur eBay, par exemple.

Imaginez comme votre vie serait compliquée si vous deviez acheter tout ce que vous consommez directement aux producteurs ou aux fabricants. Il vous faudrait aller d'une ferme à l'autre pour acheter votre nourriture et d'un fabricant à l'autre pour acheter la table, les assiettes et les couverts dont vous avez besoin pour manger. Heureusement, des intermédiaires comme les détaillants achètent de grandes quantités de marchandises aux producteurs et vous les revendent en petites quantités. Le processus par lequel les entreprises vendent leurs produits aux consommateurs est appelé **commerce de détail (ou B2C)**, tandis que l'échange de produits ou de services entre deux entreprises s'appelle **commerce interentreprises (ou B2B)**. Certaines entreprises comme General Electric (GE) s'adonnent à la fois au commerce de détail et au commerce interentreprises. Toutefois, avec l'apparition de divers sites d'enchères comme eBay, les consommateurs ont commencé à vendre leurs produits et leurs services à d'autres consommateurs, créant ainsi une troisième catégorie : le **commerce interconsommateurs (ou C2C)**. Ces différentes transactions sont illustrées dans la figure 1.5.

FIGURE 1.5 La pratique du marketing par les individus et les entreprises

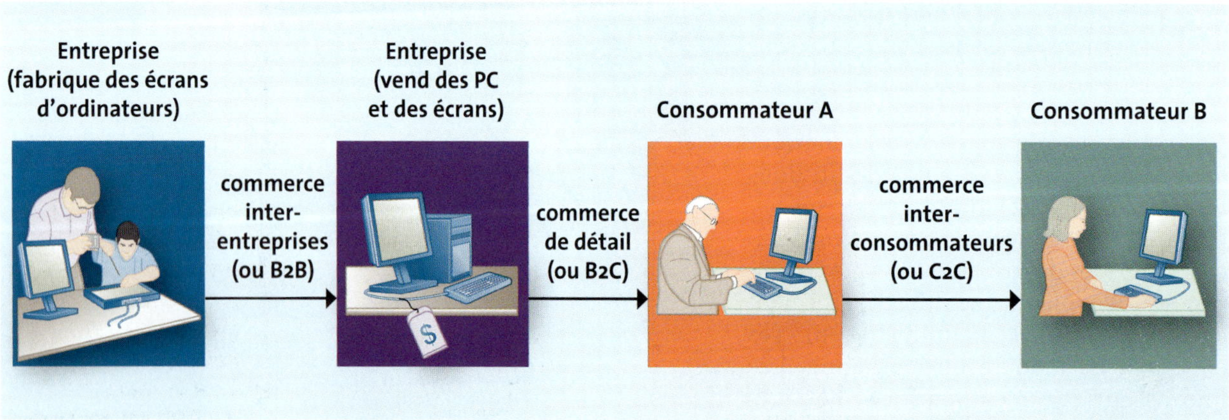

Les individus peuvent aussi mener des actions pour se commercialiser eux-mêmes. Ainsi, quand vous postulez pour un emploi, les recherches que vous faites sur l'entreprise, le CV et la lettre de présentation que vous soumettez avec votre demande, votre tenue vestimentaire et votre comportement pendant l'entrevue, tous ces éléments constituent des activités de marketing. Les comptables, les avocats, les planificateurs financiers, les médecins et d'autres fournisseurs de services professionnels commercialisent aussi leurs services.

Le marketing est pratiqué dans divers contextes

Beaucoup de gens croient que le marketing est une façon pour les entreprises de faire des profits, mais le marketing est aussi pratiqué par les organismes sans but lucratif (OSBL). Pensez à ce qui vous a poussé à choisir votre collège ou votre université indépendamment de votre famille, de vos amis et de l'aspect pratique. Il est probable que votre établissement d'enseignement ait mis au point un programme de marketing sophistiqué qui vise à attirer et à retenir des étudiants. Les hôpitaux, les salles de spectacles, les organismes caritatifs, les musées, les institutions religieuses, les politiciens et même les gouvernements ont recours au marketing pour communiquer leur message à leurs membres.

De plus, le marketing n'est pas seulement utile dans les pays ayant une économie bien développée. Il peut aussi stimuler les économies de pays en développement en mettant en contact des acheteurs et des vendeurs afin de créer de nouveaux marchés. A Piece of Africa, par exemple, achète des œuvres d'artistes africains et les vend à des clients du monde entier à travers son site Web, créant de la sorte un marché qui n'existerait pas autrement. Les clients ont ainsi accès à une foule de produits de divers pays, qui, auparavant, étaient offerts uniquement dans des galeries d'art à des prix exorbitants. Qui plus est, les artistes africains peuvent dépenser leurs revenus chez eux et stimuler de cette façon l'économie locale. Enfin, l'entreprise verse 3 % de ses recettes provenant de ventes en ligne à des projets humanitaires en Afrique, ce qui renforce son attrait en tant qu'entreprise responsable.

A Piece of Africa achète des œuvres à des artistes africains et les revend à des clients du monde entier à travers son site Web (www.bizinsa.com/apieceofafrica), créant ainsi un marché entièrement nouveau.

La campagne de la Fédération des producteurs de lait du Québec bâtie autour du slogan « Un verre de lait c'est bien, mais deux c'est mieux » a sensibilisé le public aux bienfaits du lait et augmenté la consommation de celui-ci en misant sur un humour décalé dans ses publicités.

Le marketing est souvent conçu de manière à profiter à une industrie tout entière et à aider une multitude d'entreprises simultanément. Au Québec, la Fédération des producteurs de lait du Québec a ainsi lancé une campagne très réussie et primée avec le fameux slogan dont tout le monde se souvient « Un verre de lait c'est bien, mais deux c'est mieux », campagne dirigée vers différents marchés cibles. Cette campagne non seulement a sensibilisé le public aux bienfaits du lait, mais a aussi augmenté la consommation de lait dans divers segments visés[8]. Dans l'ensemble, cette campagne bénéficie à toute l'industrie laitière, et pas juste à un exploitant de ferme laitière.

Maintenant que nous avons vu ce qu'est le marketing et comment il crée de la valeur, examinons comment il s'intègre dans l'univers du commerce ainsi que dans la société en général.

Le marketing crée de la valeur

Le marketing n'a pas acquis du jour au lendemain l'importance qu'il revêt en ce moment pour les individus, les entreprises et la société. Afin de comprendre comment il a évolué et acquis sa fonction commerciale actuelle, qui consiste à créer de la valeur, nous survolerons quatre orientations possibles du marketing et quelques jalons de l'histoire du marketing (*voir la figure 1.6*).

OA 3

FIGURE 1.6 L'évolution du marketing : production, vente, marché et valeur

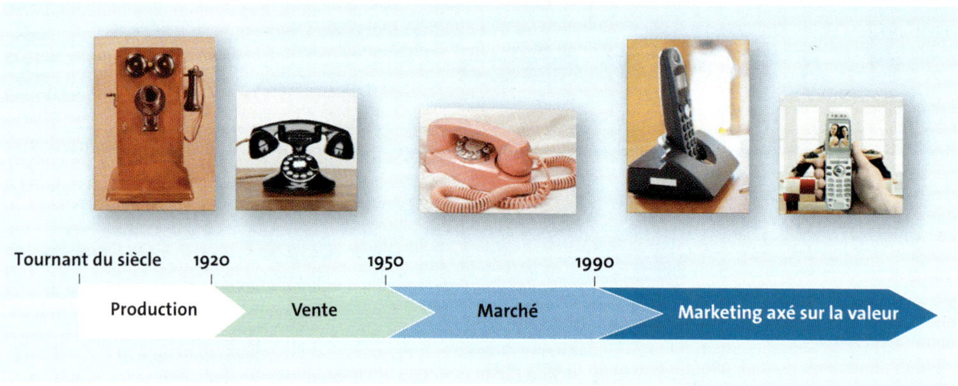

L'ère de la production Au tournant du XXe siècle, la plupart des entreprises cherchaient à maximiser la production et croyaient qu'un bon produit se vendrait de lui-même. En fait foi la célèbre phrase de Henry Ford, fondateur de la Ford Motor Company : « Le client peut choisir la couleur de sa voiture pourvu qu'elle soit noire. » Les fabricants cherchaient surtout à innover sans se préoccuper des besoins des consommateurs. Les magasins de détail étaient vus comme des endroits où entreposer les marchandises jusqu'à ce que des consommateurs veuillent les acheter. Les entreprises orientées vers le produit se concentraient sur l'élaboration et la distribution de produits innovants sans trop se demander si ces produits répondaient aux besoins de leurs clients.

L'ère de la vente Entre 1920 et 1950, les techniques de fabrication et de distribution sont devenues plus sophistiquées, mais la Crise de 1929 et la Seconde Guerre mondiale avaient habitué les clients à moins consommer. Les fabricants produisaient donc plus de marchandises que ce que les clients étaient prêts à acheter. Ils ont trouvé une solution en s'orientant vers la vente et en comptant énormément sur la vente personnelle et la publicité. Leurs stratégies de marketing se résumaient essentiellement à essayer de vendre le plus grand nombre de produits possible au lieu de se concentrer sur la fabrication de produits adaptés aux désirs des consommateurs.

L'ère de l'orientation marché Après la Seconde Guerre mondiale, les soldats sont rentrés chez eux, ont trouvé de nouveaux emplois et fondé des familles. Au même moment, les fabricants ont délaissé l'effort de guerre pour se concentrer sur les produits de consommation. Des communautés suburbaines se sont développées dans tout le pays, et le centre commercial, nouveau symbole suburbain, a remplacé petit à petit les quartiers d'affaires des villes; il est devenu le centre des opérations de détail et un endroit où flâner tout simplement. Certains produits, rares en temps de guerre, existaient désormais en abondance. Le Canada s'est transformé en un marché acheteur dans lequel le client était roi! Devant la profusion de produits qui s'offraient à eux, les consommateurs achetaient en tenant compte de facteurs comme la qualité, la commodité et le prix. Les fabricants et les détaillants se sont donc concentrés sur les besoins et les désirs des consommateurs avant de concevoir, de fabriquer ou de tenter de vendre leurs produits et leurs services.

L'ère du marketing de la valeur Aujourd'hui, les entreprises les plus prospères sont orientées vers le marché[9]. Cela signifie qu'elles ont cessé de vouloir maximiser la productivité ou les ventes et s'efforcent plutôt de découvrir et de satisfaire les besoins et les désirs de leurs clients. Toutefois, les meilleures entreprises de marketing reconnaissent qu'un bon marketing ne consiste pas seulement à explorer et à satisfaire les désirs des consommateurs. En effet, pour être concurrentielles, les entreprises doivent offrir une valeur plus grande que celle de la concurrence.

La **valeur** est le rapport entre les avantages et les coûts, ou ce que l'on obtient en échange de ce que l'on donne[10]. Dans le contexte du marketing, les clients veulent un rendement honnête sous forme de biens ou de services pour leur argent durement gagné et leur précieux temps. Ils veulent des produits ou des services qui répondent à leurs besoins ou désirs particuliers et qui sont offerts à des prix concurrentiels.

valeur (*value*)
Rapport entre les avantages et les coûts d'un produit ou d'un service, ou encore ce que le consommateur obtient en retour de ce qu'il a donné.

Le défi que doivent relever les entreprises consiste à découvrir les biens et les services que les consommateurs recherchent et à les leur offrir tout en réalisant des profits.

Toute entreprise qui pratique un marketing axé sur la valeur doit adapter sa stratégie en fonction de ce à quoi ses clients attribuent de la valeur. Ainsi, les avantages d'un produit ou d'un service pourraient englober la rapidité, la commodité, la taille, la précision, le prix, l'économie ou la convivialité. Parfois, offrir une plus grande valeur signifie donner une grande quantité de marchandises en échange d'une somme d'argent relativement minime, comme un Whopper de Burger King à 0,99 $ ou un diamant dont le prix de détail a été réduit de 40 % chez Costco. Mais la valeur d'un produit dépend de l'acheteur potentiel et ce produit n'est pas toujours bon marché. Les acheteurs satisfaits d'une Lexus sont persuadés que leur voiture a une valeur intéressante parce qu'ils ont obtenu une foule d'avantages à un prix raisonnable. De même, des adolescents peuvent être prêts à payer un surplus pour l'iPod d'Apple en raison de son design extraordinaire même s'il existe des substituts plus abordables. C'est là le pouvoir du marketing en général et de la marque en particulier. L'histoire de l'eau en bouteille présentée dans la rubrique Valeur ajoutée 1.1 montre comment les gestionnaires marketing augmentent la valeur perçue d'un produit plutôt ordinaire comme l'eau. L'histoire de la technologie ImaSight relatée dans la rubrique Marketing entrepreneurial 1.1, à la page 21, illustre d'autres aspects de la valeur qui vont au-delà du coût et du prix.

Valeur ajoutée 1.1 — L'eau en bouteille : produit de base ou produit de luxe[11] ?

Créer de la valeur ne veut pas toujours dire offrir des prix bas. Prenons l'eau en bouteille, par exemple. Cette eau est-elle meilleure que l'eau du robinet au Canada ? Certaines eaux en bouteille sont puisées au même endroit que l'eau qui sort de votre robinet et leur étiquette indique qu'elles proviennent d'une « source publique ». Les Canadiens sont divisés sur les mérites de l'eau du robinet par opposition à l'eau en bouteille, mais cela ne les empêche pas d'acheter plus d'eau en bouteille que jamais. La consommation mondiale d'eau embouteillée dépasse les 154 milliards de litres, soit une hausse de 57 % par rapport aux 98 milliards de litres vendus 5 ans plus tôt. En 2006, près de 3 ménages sur 10 buvaient surtout de l'eau en bouteille, que l'eau de leur robinet provienne d'une source privée ou du réseau municipal. Au Canada, la consommation annuelle d'eau en bouteille par habitant s'est accrue, passant de 28,4 litres en 1998 à 66 litres en 2006[12]. Grâce à cette hausse de la consommation, l'eau en bouteille, qui se limitait autrefois à un créneau spécialisé, est devenue un produit de base pour bien des Canadiens.

Ajouter de la valeur à un produit de base et vendre à prix fort un produit qui sort du robinet gratuitement, voilà qui exige une stratégie exceptionnelle… et celle de Voss l'est à coup sûr ! Voss Artesian Water, qui s'est taillé une place sur le marché des produits de luxe, extrait son produit d'aquifères protégés contre les polluants depuis des siècles par des couches de roche et de glace. Avec des prix supérieurs à 15 $ pour une bouteille en verre de 800 millilitres, sa proposition de valeur repose sur bien plus que la pureté exceptionnelle de son produit. En effet, les fondateurs de Voss, Ole Christian Sandberg et Christopher Harlem, savaient que leur emballage devrait aussi refléter la pureté de la source d'eau afin de définir et de différencier leur marque. Ils ont donc fait appel à Neil Kraft, ex-directeur de la création de Calvin Klein, qui a observé que, même si les clients achètent les meilleures eaux embouteillées pour qu'elles reflètent leur allure, leur goût et leur raffinement, les bouteilles vendues sur le marché sont sans prétention et dépourvues de style. S'inspirant de l'industrie des parfums, il a choisi une bouteille en verre cylindrique de forme unique. Le nom de la marque, en minuscules grises, a été sérigraphié directement sur la bouteille afin de ne pas assombrir son contenu. Même le bouchon, en plastique de couleur argent et du même diamètre que celui de la bouteille, est unique.

Le dernier volet de la stratégie de création de valeur de l'entreprise a consisté à limiter la distribution du produit aux établissements de luxe : grands restaurants, hôtels, clubs et spas, d'abord en Europe, puis en Amérique du Nord. Le produit de Voss est devenu populaire rapidement grâce, entre autres, au fait que des célébrités mondiales étaient vues tenant à la main sa bouteille branchée. Apparemment, Madonna apprécie le produit. Par ailleurs, Naya cible avec succès des consommateurs ordinaires avec un message simple qui affirme que l'eau est une source de bien-être[13]. Bien que Voss et Naya vendent toutes deux de l'eau, elles ajoutent à leur façon unique de la valeur à ce produit pour des segments différents de consommateurs.

Une stratégie de différenciation axée sur de remarquables flacons de verre cylindriques et une distribution exclusive a permis à Voss Artesian Water de se façonner une image branchée et de s'emparer d'une part importante du marché des produits de luxe. Entre-temps, Naya cible les consommateurs ordinaires à l'aide d'un message simple qui parle de santé et de bien-être.

Dans les paragraphes suivants, nous explorerons plus en détail la notion de marketing axé sur la valeur. Plus précisément, nous examinerons diverses stratégies qui permettent aux entreprises d'attirer les consommateurs en leur offrant une valeur supérieure à celle de leurs concurrents. Ensuite, nous expliquerons comment les entreprises se font concurrence en jouant sur la valeur de leurs produits. Enfin, nous étudierons comment elles transforment le concept de valeur dans leurs activités de marketing axées sur la valeur.

FIGURE 1.7 La valeur

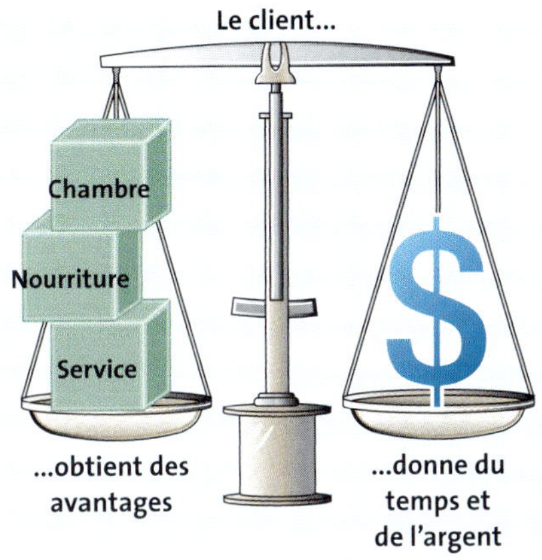

Qu'est-ce que le marketing axé sur la valeur ?

Les consommateurs font des choix explicites ou implicites entre les avantages perçus d'un produit ou d'un service et son coût. Ils recherchent naturellement les options qui associent les meilleurs avantages aux coûts les plus bas. Les entreprises tentent de trouver un équilibre optimal entre maximiser les avantages offerts à leurs clients et minimiser leurs coûts, comme l'illustre la figure 1.7.

Pour mieux comprendre le concept de valeur et pratiquer un **marketing axé sur la valeur**, une entreprise doit aussi savoir ce que les clients perçoivent comme les principaux avantages d'un produit ou d'un service et comment améliorer ceux-ci. Par exemple, réserver une chambre à l'hôtel Four Points Sheraton pourrait comporter certains avantages tels que la qualité exceptionnelle du service, la possibilité de faire la réservation à partir du site Web de l'entreprise et la qualité globale des chambres et des repas. En termes plus généraux, la qualité du service, la commodité et la qualité de la marchandise pourraient constituer des avantages critiques.

marketing axé sur la valeur (*value-based marketing*) Stratégie qui vise à offrir aux consommateurs un produit ou un service dont les avantages dépassent grandement les coûts perçus (argent, temps, efforts) d'achat et d'utilisation, tout en assurant un bon rendement à l'entreprise.

L'autre aspect de l'équation concerne la capacité de l'entreprise à fournir soit un meilleur produit ou service au même coût, soit le même niveau de qualité et de commodité à un coût moindre. Au regard du marketing axé sur la valeur, les éléments de coût potentiels pour le client de l'hôtel Sheraton engloberaient le prix de la chambre et des repas, le temps requis pour réserver une chambre ou remplir une fiche à l'hôtel et le risque de faire les frais d'une surréservation en arrivant à l'hôtel.

Comment les entreprises se font concurrence sur la valeur

Avec une formule aussi simple, les gestionnaires marketing devraient pouvoir créer de la valeur systématiquement, n'est-ce pas ? Eh bien, ce n'est pas aussi évident. Dans notre monde en constante évolution, il est assez difficile de créer et d'offrir constamment de la valeur. Les perceptions des consommateurs changent rapidement, de nouveaux concurrents arrivent sans cesse sur le marché et les pressions mondiales modifient constamment les possibilités. C'est pourquoi les gestionnaires marketing doivent rester vigilants face au marché et personnaliser leurs offres de façon à répondre aux besoins de leurs clients et à devancer la concurrence.

Le marketing axé sur la valeur, toutefois, ne consiste pas uniquement à concevoir des produits et des services exceptionnels ; il doit être au cœur de toutes les fonctions de l'entreprise. Par exemple, Walmart n'attire pas les clients qui essaient d'impressionner leurs amis au moyen de leurs achats. Cette firme attire plutôt des clients qui recherchent un endroit pratique où trouver tout ce dont ils ont besoin à des prix modiques. Or, c'est là une valeur qu'elle leur offre systématiquement. Mais une bonne valeur ne se limite pas à des prix abordables. Même si Walmart vend des chaudrons, des casseroles et des cafetières à bas prix, les mordus de cuisine peuvent préférer le choix de produits, la qualité et les conseils experts des vendeurs d'un magasin Paderno. Les prix n'y sont pas aussi bas que chez Walmart,

FIGURE 1.8 Le marketing axé sur la valeur

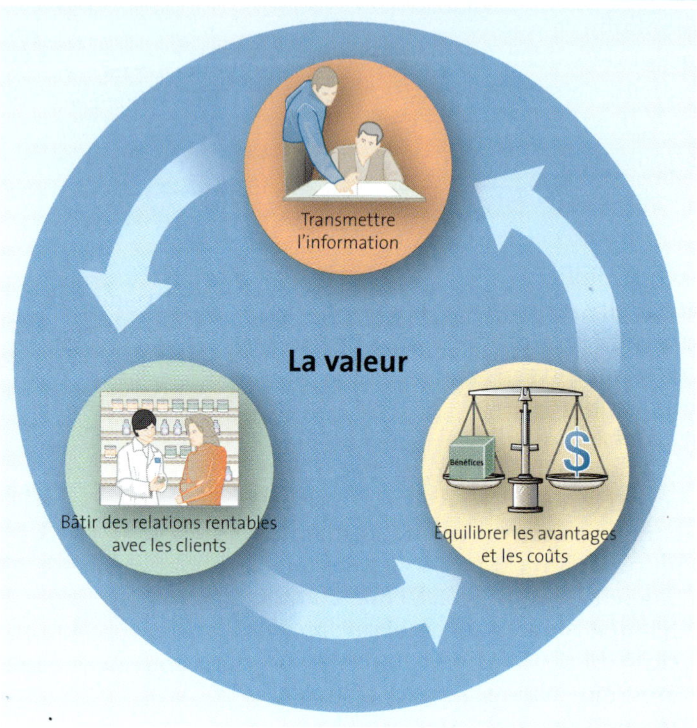

mais les clients de Paderno estiment qu'ils obtiennent une valeur intéressante en raison du choix de produits, de la qualité et du service offerts dans ce magasin. Même les organismes sans but lucratif doivent s'efforcer de créer de la valeur pour faire en sorte d'offrir des services de qualité aux parties prenantes tout en minimisant les collectes de fonds.

Que font les entreprises pour adopter une approche axée sur la valeur ?

Les entreprises adoptent une approche axée sur la valeur en se concentrant sur trois activités (*voir la figure 1.8*). Premièrement, elles diffusent les données sur leurs clients et leurs concurrents à tous les échelons de l'entreprise ainsi qu'aux entreprises qui participent à la distribution du produit ou du service sur le marché, comme les fabricants et les sociétés de transport. Deuxièmement, elles s'efforcent d'équilibrer les avantages et les coûts du produit ou du service pour les consommateurs. Troisièmement, elles cherchent à bâtir une relation rentable avec leurs clients.

La transmission de l'information Dans une entreprise qui pratique un marketing axé sur la valeur, les gestionnaires marketing partagent l'information relative à leurs clients et à leurs concurrents, recueillie grâce à la gestion de la relation client (*customer relationship management*, ou *CRM*), et la transmettent à toutes les divisions de l'entreprise. Ainsi, les dessinateurs de mode de Zara, un détaillant de vêtements espagnol, rassemblent des renseignements sur les achats et étudient les tendances des consommateurs afin de déterminer ce qu'ils voudront porter au cours des semaines suivantes. En même temps, les logisticiens, à qui il incombe d'acheminer la marchandise jusqu'aux magasins, utilisent cet historique des achats pour prévoir les ventes et attribuer les articles appropriés aux magasins individuels. L'échange et la coordination de ce type d'information constituent un facteur de succès essentiel à toute entreprise. Imaginez ce qui pourrait arriver si le service des communications de Zara prévoyait une promotion spéciale, mais omettait de communiquer ses prévisions des ventes aux personnes chargées de créer les vêtements ou de les livrer aux magasins.

Les dessinateurs de mode de Zara, un détaillant de vêtements espagnol, rassemblent des renseignements sur les achats et étudient les tendances des consommateurs afin de déterminer ce qu'ils voudront porter au cours des semaines suivantes. Ils communiquent ensuite cette information à d'autres divisions afin de prévoir les ventes et de coordonner les livraisons.

Équilibrer les avantages et les coûts Les spécialistes du marketing axé sur la valeur comparent constamment les avantages perçus par les clients avec le coût de leurs offres. À cette fin, ils révisent les données disponibles sur les clients afin de trouver des moyens d'améliorer leur niveau de satisfaction et, ainsi, de les fidéliser. Cette approche axée sur la valeur a permis à Canadian Tire et à Walmart d'éclipser d'autres grands magasins de même qu'à WestJet et à Southwest Airlines de surclasser d'autres gros transporteurs. En outre, comme nous le remarquions dans l'introduction du chapitre, RIM, en plus d'offrir à sa clientèle la gamme de produits innovants et performants BlackBerry, lui fournit un excellent service à des prix compétitifs. En concluant des ententes avec des entreprises de communication sans fil comme AT&T et BellSouth, l'entreprise s'est taillé une place solide sur le marché avant l'arrivée de concurrents comme Nokia. L'astuce de RIM, qui a consisté à faire de la valeur perçue par le client la pièce maîtresse de sa stratégie de marketing, est l'un des facteurs qui lui ont permis de battre ses concurrents.

Pour offrir à ses clients une meilleure valeur, la compagnie britannique easyJet ne sert pas de repas à bord de ses avions et utilise des aéroports secondaires.

Jusqu'à tout récemment, prendre l'avion entre des pays d'Europe coûtait parfois plus cher que de partir d'Europe pour aller aux États-Unis. Mais des compagnies « sans chichis » et à prix modiques comme Ryanair et easyJet[14], ayant pris exemple sur Southwest Airlines et JetBlue, offrent désormais aux clients ce qu'ils veulent : des billets d'avion à prix modiques pour les vols intra-européens. Comme leurs homologues américaines, Ryanair et easyJet ne servent aucun repas à bord et utilisent généralement des aéroports excentrés comme Stansted, situé à environ 55 kilomètres au nord-est de Londres. De nombreux clients estiment que les avantages l'emportent largement sur les inconvénients mineurs.

Prenons, par exemple, le prix d'un billet Londres-Salzbourg à 65 $ ou Londres-Stockholm à 70 $. Ce sont des valeurs comme celles-là qui ont permis aux compagnies américaines de vol à prix réduits de s'emparer d'environ 25 % du marché. Elles sont si populaires que certaines compagnies aériennes traditionnelles ont fondé leurs propres compagnies sans fioriture et à faibles coûts : Singapore Airlines et Qantas, une société australienne, ont créé respectivement Tiger et Jetstar.

OA 4

Bâtir des relations rentables avec la clientèle Depuis à peu près une décennie, les gestionnaires marketing ont compris qu'ils devaient se concentrer sur leurs relations avec la clientèle plutôt que sur leurs transactions avec elle[15]. Dans le cadre d'une **orientation transactionnelle**, la relation acheteur-vendeur est vue comme une série de transactions individuelles, de sorte que tout ce qui se produit avant ou après la transaction compte peu. Par exemple, la vente de voitures d'occasion est habituellement axée sur les transactions; le vendeur cherche à obtenir le prix le plus élevé pour la voiture et l'acheteur, le prix le plus bas, et ni l'un ni l'autre ne s'attendent à négocier de nouveau ensemble par la suite.

orientation transactionnelle (*transactional orientation*) Lien qui unit l'acheteur au vendeur quant aux transactions qui sont effectuées. Ainsi, tout se qui ce produit avant ou après la transaction a peu d'importance.

En revanche, une **orientation relationnelle** repose sur le principe que les acheteurs et les vendeurs devraient établir une relation à long terme. Dans ce cas, la rentabilité à long terme de la relation l'emporte sur le profit réalisé au terme de chaque transaction. Par exemple, UPS travaille avec ses expéditeurs pour élaborer des solutions de transport efficaces. Au fil du temps, UPS s'intègre à la trame des organisations des expéditeurs et leurs opérations s'entremêlent. Dans ce scénario, UPS et les organisations clientes ont établi une relation à long terme.

orientation relationnelle (*relational orientation*) Principe selon lequel la transaction entre le vendeur et l'acheteur devrait se fonder sur l'hypothèse d'une relation à long terme.

Les entreprises adeptes du marketing axé sur la valeur utilisent aussi un processus appelé **gestion de la relation client**, une philosophie d'entreprise et un ensemble de stratégies, de programmes et de systèmes qui visent à repérer les meilleurs clients et à les fidéliser[16]. Les entreprises qui font systématiquement de la gestion de la relation client recueillent des données sur les besoins de leur clientèle, puis s'en servent pour cibler leurs meilleurs clients et leur offrir les produits, les services et les promotions qu'ils semblent apprécier le plus.

gestion de la relation client (*customer relationship management [CRM]*) Ensemble des approches, des stratégies et des systèmes publicitaires visant à reconnaître les clients loyaux et à encourager la loyauté des principaux clients de l'entreprise.

FIGURE 1.9 L'importance du marketing

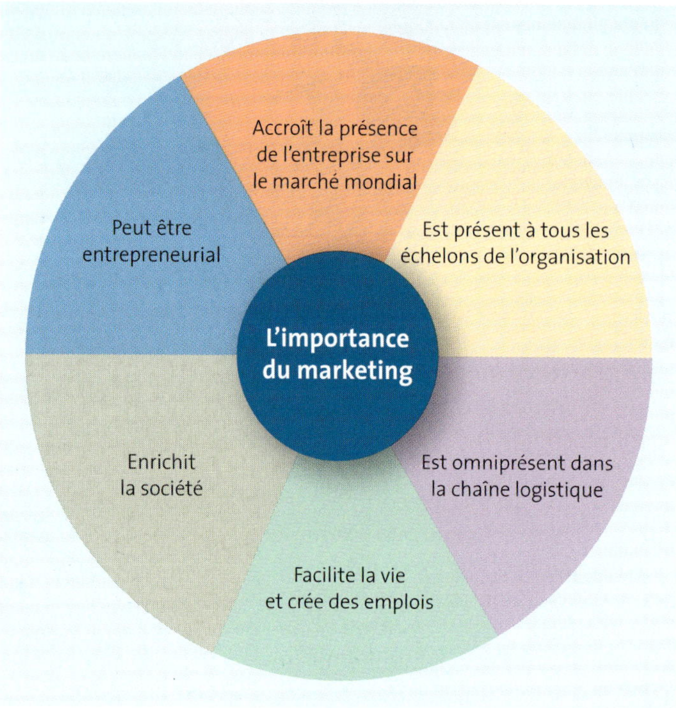

Pourquoi le marketing est-il important ? OA 5

Jadis, le marketing était seulement une pensée consécutive à la production. Les premiers principes de marketing ressemblaient à ceci : « Maintenant que nous avons fabriqué le produit, comment allons-nous nous en débarrasser ? » De nos jours, le marketing est devenu une fonction importante qui touche tous les aspects d'une entreprise ou d'une organisation, comme l'illustre la figure 1.9. Les gestionnaires marketing travaillent avec d'autres services comme les services de recherche et développement (R&D), de l'ingénierie et de la production, pour faire en sorte que des produits innovants et de qualité, adaptés aux besoins des clients, soient disponibles en quantité suffisante, aux bons prix et aux bons endroits, c'est-à-dire partout où les clients souhaitent les acheter. Le marketing permet d'instaurer des relations intéressantes entre l'entreprise et ses fournisseurs, ses distributeurs et d'autres entreprises externes engagées dans le processus de commercialisation. Il cerne les éléments appréciés par les clients locaux et permet à l'entreprise d'acquérir une envergure mondiale.

Le marketing a aussi un impact appréciable sur les consommateurs. Sans marketing, ceux-ci auraient du mal à connaître les nouveaux produits et services. Vous pourriez même décider d'embrasser une carrière en marketing à la fin de vos études.

Le marketing accroît la présence de l'entreprise sur le marché mondial

Il y a une décennie, les produits Coca-Cola étaient vendus dans bien des pays, mais ce n'était pas le cas de Levi's et de beaucoup d'autres marques américaines et canadiennes. Or, aujourd'hui, la plupart des marques de jeans, y compris Levi Strauss & Co. et Parasuco, sont fabriquées ailleurs qu'au Canada et aux États-Unis et vendues presque partout sur la planète. Grâce à MTV et à d'autres entreprises de divertissements, au tourisme étranger à faible coût et à Internet, vous partagez un grand nombre de vos comportements de consommateur avec des étudiants de collèges et d'universités du monde entier.

Les dernières tendances en matière de mode, de musique et même de nourriture se propagent rapidement dans le monde entier.

Ces marques sont vendues dans une multitude de pays.

Inspectez le contenu de votre sac la prochaine fois que vous irez magasiner. Qu'il contienne des aliments ou des vêtements, vous y trouverez des produits fabriqués dans de nombreux pays : produits mexicains, jeans italiens, t-shirts chinois. Les fabricants et les détaillants de toute la planète continuent de faire des percées sur le marché canadien. Des sociétés comme Honda, Sony et Heineken réussissent aussi bien au Canada que dans leur pays d'origine. Le détaillant de mode H&M est présent dans 37 pays, dont le Canada[17]. Zara, son principal concurrent espagnol, a des boutiques dans 71 pays, y compris le Canada[18]. Starbucks a même adapté son

Marketing entrepreneurial 1.1 ImaSight : la clarté du numérique[19]

ImaSight, une petite entreprise québécoise, est en train de devenir un acteur clé dans l'industrie de la radiographie numérique. En quoi les techniques de radiographie mises au point par ImaSight innovent-elles ? L'entreprise a conçu un dispositif à couplage de charges (DCC) unique et breveté qui sert à former des images. Ce dispositif produit des images extrêmement nettes à un coût très modique. ImaSight entrevoit des débouchés intéressants dans les petites cliniques médicales et les hôpitaux qui ont besoin d'une option plus efficace et moins onéreuse que la radiographie traditionnelle sur film. Le marché visé inclut également les vétérinaires, les chiropraticiens et même les pays en voie de développement. Examinons de plus près la valeur qu'ImaSight offre aux consommateurs.

En temps normal, les radiographies sont prises à l'aide de films et il faut beaucoup de temps pour prendre une photo, la développer, puis établir un diagnostic. De plus, lorsque l'image n'est pas nette, il faut prendre de nouvelles radios, ce qui oblige les patients à revenir au laboratoire. Les radios doivent ensuite être transmises au médecin, ce qui engendre souvent des délais allant jusqu'à plusieurs jours. Des images de mauvaise qualité peuvent donner lieu à des diagnostics erronés, et les médecins ne peuvent transmettre facilement les radios à des collègues qui ne sont pas sur place. En outre, dans le cadre de la radioscopie traditionnelle, le développement des radios requiert l'emploi de produits chimiques nocifs et il faut un endroit où entreposer les épreuves.

L'imagerie numérique est en train de modifier tous ces paramètres, et ImaSight, une société fondée en 2001 par Jean Casault, a mis au point une technologie révolutionnaire. Le DCC, un outil d'imagerie numérique de pointe propre à ImaSight 4600, produit en quelques secondes des images très nettes sur un écran d'ordinateur. Toutes les images sont traitées et sauvegardées automatiquement. Les techniques flexibles d'accentuation de l'image éliminent la nécessité de nouvelles prises. Cette technologie réduit de 67 % le temps nécessaire pour prendre une radio et la transmettre au médecin. Le traitement des films et les contraintes de temps ne sont plus un problème. La diminution des nouvelles prises accroît le rendement et diminue substantiellement les coûts d'exploitation et d'entretien. À l'instar des appareils de radiographie numérique plus onéreux, l'ImaSight 4600 produit une image électronique qui peut être affichée sur un grand écran, transmise par courriel à des spécialistes, archivée dans un serveur de réseau ou gravée sur un CD et remise au patient… à un coût très inférieur. Le dispositif permet aux spécialistes de poser des diagnostics plus précis, car ils peuvent faire un zoom avant et un zoom arrière sur l'image, grossir une zone, annoter l'image, l'imprimer ou l'envoyer par courriel à d'autres professionnels. La flexibilité, l'efficacité et l'amélioration des diagnostics, voilà des avantages extraordinaires dont sont dépourvus les appareils de radiographie traditionnels.

Cette nouvelle technologie peut servir à moderniser les cliniques médicales qui utilisent la radiographie traditionnelle pour une petite fraction du coût. Selon John Brooks, le PDG d'ImaSight, pour obtenir des images numériques d'une qualité comparable à celle que l'on obtient avec le dispositif ImaSight 4600, il faudrait débourser au moins 100 000 $ sur le marché d'aujourd'hui. Un hôpital vétérinaire pourrait se convertir au système ImaSight 4600 pour moins de 50 000 $. Cette technologie permet aux spécialistes de voir plus de patients, de mieux aménager l'espace dans les hôpitaux et les cliniques médicales et d'éliminer l'emploi de produits chimiques coûteux et nocifs.

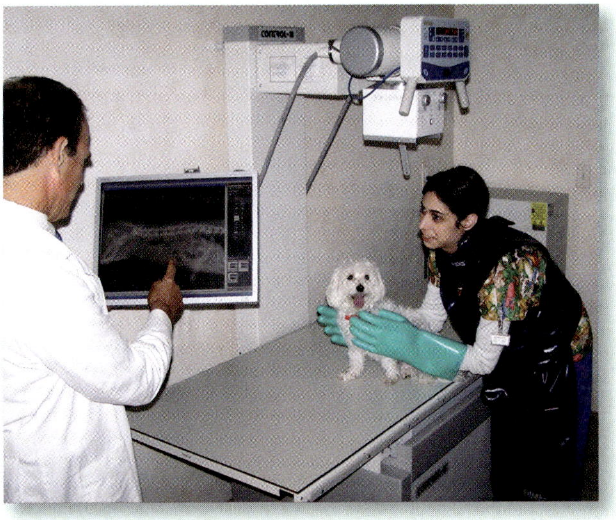

Le logiciel d'imagerie ImaSight 4600 Vision est conçu pour aider les professionnels à poser un meilleur diagnostic sans les obliger à apprendre à utiliser un imagiciel compliqué.

menu afin de mieux répondre aux désirs de sa clientèle japonaise. Comment le marketing contribue-t-il à l'expansion mondiale d'une entreprise ? La compréhension des clients est un aspect critique du marketing. Sans les connaissances découlant de l'analyse des besoins et des désirs des nouveaux clients segment par segment et région par région, l'une des principales tâches du marketing, une entreprise aurait de la difficulté à se déployer sur le marché mondial.

Au Japon, Starbucks a modifié son menu de manière à répondre plus efficacement aux désirs de sa clientèle.

Le marketing est présent à tous les échelons de l'organisation

Dans les entreprises qui pratiquent un marketing axé sur la valeur, le service du marketing travaille étroitement avec d'autres fonctions de l'entreprise pour concevoir et promouvoir les produits, en fixer les prix et les distribuer. Pensons à la Scion, une nouvelle voiture lancée par Toyota à l'intention des jeunes moins fortunés que l'on appelle parfois la génération Y[20]. Le service du marketing de Scion a collaboré avec les ingénieurs pour faire en sorte que la Scion dépasse les attentes des clients en ce qui a trait à la conception tout en demeurant abordable. De plus, la société a coordonné l'offre du produit avec une stratégie de communication innovante. Comme la génération Y est reconnue pour résister à la publicité conventionnelle, Toyota a lancé une course automobile virtuelle qui permettait aux participants d'obtenir des points lorsqu'ils envoyaient des cybercartes Scion. Plus ils «visitaient» d'endroits, plus ils accumulaient de points. À la fin de la course, on a additionné les points de chaque conducteur et comparé les pointages des participants. Le conducteur ayant accumulé le plus de points a gagné un système de navigation valant plus de 2 000 $. Comme la Scion était une nouvelle voiture, le service du marketing a dû travailler avec le service de la distribution pour que la publicité et les promotions soient diffusées sur les territoires de tous les distributeurs et que des voitures soient expédiées aux endroits où ces promotions étaient offertes. Les gestionnaires marketing ont donc la responsabilité de coordonner tous ces aspects de l'offre et de la demande.

Le marketing est omniprésent sur la chaîne logistique

Les entreprises travaillent rarement seules. Les fabricants achètent des matières premières et des composants à des fournisseurs et les transforment avant de les revendre à des détaillants et à d'autres commerces (*voir la figure 1.10, p. 23*). Chaque fois que des matières premières ou des produits sont achetés ou vendus, ils sont acheminés ailleurs et doivent donc être entreposés dans un bâtiment géré par une organisation de plus. Le groupe d'entreprises qui fabrique et livre une gamme donnée de produits et de services est appelé **chaîne logistique**. Nous aborderons plus en détail la gestion de la chaîne logistique dans le chapitre 13, mais pour l'instant, examinons son importance en ce qui a trait au marketing.

chaîne logistique (*supply chain*) Ensemble des entreprises qui produisent et distribuent une série de biens et de services.

Il n'est pas rare que certains participants de la chaîne logistique adoptent une orientation transactionnelle dans laquelle chaque maillon de la chaîne agit dans son

Toyota a lancé une course automobile virtuelle dans laquelle les participants gagnaient des points chaque fois qu'ils envoyaient une cybercarte Scion. À la fin du concours, le conducteur ayant accumulé le plus de points a gagné un système de navigation valant plus de 2 000 $.

propre intérêt. Ainsi, les fabricants veulent vendre le plus cher possible tandis que les détaillants veulent acheter au prix le plus bas. Les membres de la chaîne logistique ne collaborent pas et ne coordonnent pas leurs actions. Or, pour que la chaîne logistique offre une valeur importante au client, les parties doivent établir des relations à long terme entre elles de manière à échanger des renseignements, à élaborer des prévisions conjointes et à coordonner l'expédition des marchandises. La gestion efficace des maillons d'une chaîne logistique a souvent d'énormes répercussions sur la capacité d'une entreprise à satisfaire sa clientèle, un facteur qui entraîne une hausse de la rentabilité pour toutes les parties concernées.

FIGURE 1.10 La chaîne logistique

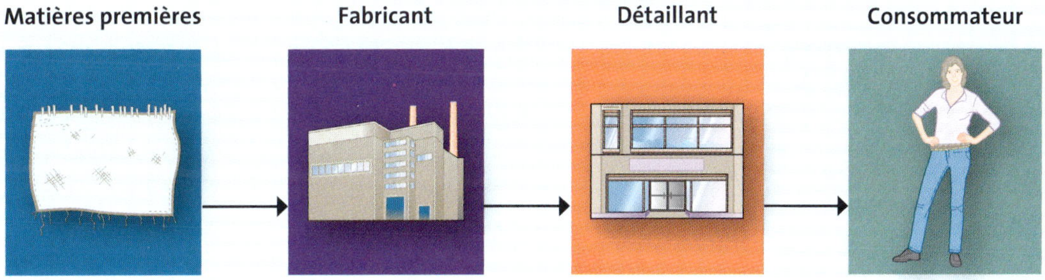

Prenons Loblaw, la plus grande entreprise de distribution alimentaire du Canada, et ses rapports avec ses fabricants et ses partenaires commerciaux. Il y a quelques années, la chaîne logistique de Loblaw présentait plusieurs lacunes qui augmentaient ses coûts de manière substantielle[21]. Ainsi, ses prévisions de la demande erronées incitaient ses partenaires commerciaux à stocker d'énormes quantités de marchandises afin de répondre à une demande imprévisible. En raison d'une utilisation inefficace des données sur les clients, le réapprovisionnement des stocks était basé sur des estimations plutôt que sur des données réelles. Chaîne logistique décousue, collaboration et échange d'informations limités et approvisionnement variable, tous ces facteurs faisaient que les prévisions des ventes et les plans de production et de réapprovisionnement étaient fondés sur des données peu fiables. Depuis ce temps, la société a apporté des changements visant à améliorer l'efficacité de sa chaîne logistique. Sa participation à un projet pilote destiné à l'industrie alimentaire et relié à l'identification par radiofréquence (RFID) lui permettra de comprendre et d'observer comment le RFID peut générer des profits. Ce projet est mené par le Centre RFID canadien.

Le marketing facilite la vie et ouvre des perspectives de carrière

Les gestionnaires marketing vous fournissent à vous, en tant que consommateur, des choix de produits et de services ainsi que des renseignements sur ceux-ci de manière à répondre à vos besoins. Ils assortissent leur offre d'un prix qui vous satisfait de votre achat. Après la vente, ils vous proposent des garanties et des politiques de remboursement raisonnables. Les gestionnaires marketing se chargent aussi de mettre à votre disposition des endroits agréables et pratiques où magasiner. Bref, ils vous facilitent la vie, créant ainsi une valeur ajoutée.

Le marketing ouvre également une foule de perspectives de carrière exigeant des compétences variées. Parmi les postes créatifs, ceux d'artistes, de graphistes, d'artistes de la voix off, d'animateurs, de compositeurs et de rédacteurs ne représentent que quelques-unes des possibilités dont peuvent profiter les personnes talentueuses. Dans un autre domaine, le marketing requiert des analystes de bases de données, des responsables d'études de marché et des gestionnaires des stocks capables d'assimiler rapidement des données, de les recouper et de détecter les tendances susceptibles de propulser une entreprise au sommet du marché ou de la détruire. Dans le domaine commercial, le marketing emploie des stratèges, des gestionnaires de projets, des chefs de produit et de marque, des associés aux ventes et des analystes capables de concevoir et de mettre en œuvre des stratégies de commercialisation complexes qui sont de nature à augmenter le résultat net.

Le marketing enrichit la société

Le marketing devrait-il se concentrer sur des facteurs autres que la rentabilité financière, comme la citoyenneté d'entreprise ? Beaucoup de sociétés canadiennes parmi les plus réputées semblent le croire, car elles encouragent leurs employés à participer à des activités profitables pour leurs communautés et à s'investir dans des actions responsables et des organismes de charité. Ainsi, Petro-Canada investit massivement dans des programmes de partenariats communautaires axés sur l'éducation, l'environnement et les collectivités locales. L'un des commanditaires officiels des Jeux olympiques d'hiver de Vancouver en 2010, Petro-Canada se consacre aussi à soutenir les athlètes et les entraîneurs canadiens[22]. Les sociétés canadiennes reconnaissent qu'une forte orientation sociale sauvegarde à la fois leurs intérêts et ceux de leurs clients. Cette orientation indique aux consommateurs qu'ils peuvent faire affaire avec une entreprise en toute confiance. De plus, les investisseurs voient les entreprises responsables et ayant un sens éthique comme des investissements sûrs. De la même façon, les entreprises ont compris que leur priorité devrait être de manifester une conscience sociale en menant des actions responsables, car cela accroît leur bénéfice net à la longue[23].

Le marketing peut être entrepreneurial

Si le marketing joue un rôle primordial dans le succès des sociétés importantes, il est aussi en grande partie responsable du succès de nombreuses initiatives commerciales lancées par des entrepreneurs ou par des individus qui les organisent, les gèrent et en assument les risques[24]. La clé du succès de bon nombre de ces entrepreneurs réside dans le fait qu'ils mettent sur pied des entreprises visant à combler des besoins insatisfaits. Research In Motion, de Mike Lazaridis, de même que l'émission *The Oprah Winfrey Show* et les autres entreprises d'Oprah Winfrey constituent des exemples d'entreprises et de leurs fondateurs qui ont réussi parce qu'ils ont compris les besoins de leurs clients et la notion de création de valeur.

Mike Lazaridis, co-PDG de Research In Motion, est l'inventeur du BlackBerry.

Comme nous le notions dans l'introduction, Mike Lazaridis est l'inventeur du BlackBerry, un dispositif et une plateforme de communication sans fil, et le fondateur de Research In Motion, une société très prospère. Cette dernière continue de prendre de l'expansion et est reconnue comme le chef de file mondial de la communication sans fil surtout parmi les chefs d'entreprise, les gestionnaires et les professionnels. En 2007, le magazine *Forbes* citait le nom de Mike Lazaridis parmi ceux des personnes richissimes de la planète[25].

Un autre entrepreneur et formidable stratège en marketing a pour nom Oprah Winfrey. Devenue milliardaire avant 50 ans par son seul mérite, Oprah Winfrey, autrefois la plus jeune et la première lectrice de nouvelles afro-américaine à la station WTVF-TV de Nashville, au Tennessee, est la troisième femme de l'histoire à diriger son propre studio de production. La bannière Oprah Winfrey regroupe Harpo Productions, Inc.; *O, The Oprah Magazine*; le magazine *O at Home*; Harpo Films; le réseau de télévision Oxygen. De plus, ses œuvres philanthropiques sont nombreuses et variées. Grâce à la fondation Oprah Winfrey, des femmes du monde entier peuvent compter sur une championne pour défendre leurs droits en matière d'éducation et d'autonomisation. Ses efforts humanitaires en Afrique aident des milliers d'enfants à prendre un meilleur départ dans la vie, et ses démarches aux États-Unis ont incité l'ex-président Bill Clinton à promulguer le «projet de loi Oprah», qui visait la création d'une base de données nationale sur les pédophiles condamnés[26].

Ces deux brillants entrepreneurs avaient une vision de la façon dont certaines combinaisons de produits et de services pouvaient répondre à des besoins insatisfaits. Tous deux ont entrevu les perspectives du marketing (c'est-à-dire les besoins à combler), effectué des études de marché approfondies et élaboré des produits et des services pour ensuite en communiquer la valeur à des consommateurs potentiels.

Oprah Winfrey a vu grand : Harpo Productions, Inc.; O, The Oprah Magazine*; le magazine* O at Home*; Harpo Films; le réseau de télévision Oxygen, sans parler des œuvres philanthropiques de la fondation Oprah Winfrey.*

Faites le point

1) Définissez le marketing et expliquez ses concepts clés.
2) Expliquez comment les gestionnaires marketing ajoutent de la valeur à un produit ou à un service.
3) Décrivez les quatre ères du marketing.
4) Définissez le rôle de la gestion de la relation client dans la création de valeur.
5) Expliquez l'importance du marketing tant à l'intérieur qu'à l'extérieur de l'entreprise.

1) Le marketing se définit comme un « ensemble de pratiques commerciales conçues pour planifier et présenter les produits ou les services d'une organisation de manière à développer des relations efficaces avec ses clients ». Il vise à *créer de la valeur* de multiples façons. Lorsque les gestionnaires marketing parviennent à créer de la valeur, leurs clients croient que les produits et les services de l'entreprise ont une valeur, c'est-à-dire qu'ils leur attribuent une valeur supérieure à leur coût.

Les gestionnaires marketing ajoutent aussi de la valeur aux produits et aux services à travers divers modes de *communication*, comme la publicité et la vente personnelle. Ces modes de communication leur permettent de renseigner les clients sur les bienfaits de leurs produits et services, accroissant ainsi leur valeur perçue.

Les gestionnaires marketing facilitent la *transmission de valeur* en s'assurant que les bons produits et services sont disponibles aux bons endroits, aux bons moments et dans les quantités requises par les clients. Les meilleurs gestionnaires marketing ne cherchent pas à conclure une seule transaction avec leurs clients. Ils reconnaissent la valeur des clients loyaux et s'efforcent d'établir des *relations durables* avec eux.

2) La valeur représente la différence entre les bénéfices et le coût total de l'offre. Les entreprises peuvent accroître leur valeur en augmentant les avantages perçus d'un produit ou d'un service ou en en réduisant le coût, ou les deux. Les meilleures entreprises adoptent une approche axée sur la valeur dans tout ce qu'elles font. Toute mesure qui n'augmente pas les avantages de l'offre ou n'abaisse pas son coût devrait sans doute être abandonnée. Les gestionnaires marketing ont également découvert qu'un des meilleurs moyens de conserver une avance durable sur leurs concurrents consiste à offrir à leurs clients une valeur appréciable.

Les entreprises adoptent une approche axée sur la valeur lorsqu'elles cherchent à en apprendre le plus possible sur leurs clients et sur leurs besoins et désirs. Elles transmettent cette information à tous les membres de la chaîne logistique, en aval comme en amont, afin que la chaîne tout entière puisse se concentrer sur les clients. La clé d'un véritable marketing axé sur la valeur est la capacité à concevoir des produits et des services dont les avantages et les coûts sont parfaitement équilibrés : ni trop ni trop peu.

Enfin, les spécialistes du marketing axé sur la valeur ne se soucient pas nécessairement des profits qu'ils réaliseront au moment de la prochaine vente. Ils s'efforcent plutôt de bâtir une relation durable avec leurs clients afin de les fidéliser.

3) Les entreprises *orientées vers la production* ont tendance à croire qu'un bon produit se vendra tout seul. Les fabricants cherchent sans cesse à innover plutôt qu'à satisfaire les besoins des consommateurs et ils continuent de produire en tenant pour acquis que ces derniers achèteront leurs produits. Le marketing orienté vers la production, en supposant qu'il existe, consiste simplement à informer le client de l'existence d'un produit.

Les entreprises *orientées vers la vente* comptent sur des équipes de vente pour vendre leurs produits. Elles maximisent la production, puis recourent intensivement à la vente personnelle et à la publicité pour distribuer et vendre les produits. Dans ce cas, le marketing est axé uniquement sur la vente des produits.

Pour les entreprises dont l'approche est *axée sur le marché*, les clients sont rois. Ils décident de ce qui leur convient le mieux et réclament des caractéristiques précises. Au lieu de se contenter de produire et de vendre, les fabricants qui adoptent cette approche se renseignent sur les besoins et les désirs de leurs marchés cibles et créent des produits adaptés à ceux-ci. Le marketing joue alors un rôle crucial en publicisant les différents attributs, ou la valeur créée, de chaque produit.

Aujourd'hui, la plupart des entreprises prospères ont transcendé les autres stratégies et adopté une approche *axée sur la valeur*. En plus de découvrir les besoins et les désirs de leurs clients, elles doivent absolument leur offrir une meilleure valeur que leurs concurrents. La valeur est le rapport entre les avantages et les coûts d'un produit ou d'un service ou encore ce que le consommateur obtient en échange de ce qu'il a donné. Le marketing joue ici un rôle important non seulement en créant et en offrant un bien de valeur, mais aussi en communiquant la valeur de ce bien par rapport à celle d'autres produits sur le marché et en échangeant cette valeur avec les clients.

4) L'établissement de relations solides avec les clients, essentiel à la création de valeur, constitue la pierre angulaire de l'orientation relationnelle. Au contraire de l'orientation transactionnelle, l'orientation relationnelle consiste à adopter une stratégie commerciale qui identifie les clients loyaux et à bâtir des liens durables avec eux. C'est ce qu'on appelle la *gestion de la relation client*. Celle-ci vise à maximiser la valeur à long terme de la relation acheteur-vendeur plutôt que les profits découlant de chaque transaction. La gestion de la relation client consiste aussi, dans bien des cas, à recueillir des données sur les clients afin de cibler les clients les plus susceptibles de profiter de promotions ou d'offres précises.

5) Le marketing joue un rôle crucial à l'intérieur comme à l'extérieur de l'entreprise. De nombreuses sociétés et marques vendent désormais leurs produits dans un grand nombre de pays, ce qui complique la tâche des gestionnaires marketing. Les entreprises prospères intègrent le marketing à tous les échelons de leur organisation de manière à coordonner leurs activités de marketing avec celles d'autres divisions fonctionnelles comme la conception des produits, la production, la logistique ou les ressources humaines.

De plus, le marketing facilite le flux des produits dans la chaîne logistique, depuis les matières premières jusqu'au consommateur. Sur le plan personnel, le marketing facilite votre processus d'achat, et la connaissance du marketing sera susceptible de vous aider dans la carrière que vous embrasserez.

Le marketing joue un rôle important dans la société lorsqu'il soutient des pratiques commerciales solides et éthiques. Par exemple, une entreprise a une conduite « exemplaire » lorsqu'elle parraine des collectes de fonds à l'intention d'organismes caritatifs, mais cet effort contribue aussi à fidéliser ses clients. Enfin, le marketing est la pierre angulaire de l'entrepreneuriat. Si de nombreuses entreprises extraordinaires ont vu le jour grâce à des gestionnaires marketing remarquables, il n'en reste pas moins que l'esprit d'entreprise imprègne les décisions relatives au marketing dans toutes les entreprises, grandes ou petites.

Mots clés

- besoin, p. 6
- biens, p. 9
- chaîne logistique, p. 22
- commerce de détail (ou B2C), p. 12
- commerce interconsommateurs (ou C2C), p. 12
- commerce interentreprises (ou B2B), p. 12
- désir, p. 6
- échange, p. 7
- gestion de la relation client, p. 19
- idées, p. 9
- marché, p. 7
- marché cible, p. 7
- marketing, p. 5
- marketing axé sur la valeur, p. 17
- marketing mix (les quatre « P »), p. 8
- orientation relationnelle, p. 19
- orientation transactionnelle, p. 19
- plan marketing, p. 5
- prix, p. 9
- service, p. 9
- valeur, p. 15

Révision des concepts

1. Qu'est-ce que le marketing et pourquoi est-il important ?
2. Le marketing mix (les quatre « P ») suffit-il à garantir un marketing efficace ? Expliquez votre réponse.
3. Décrivez l'effet d'une grève chez l'un des fournisseurs d'une entreprise ou de l'invention d'une nouvelle technologie sur les stratégies de marketing de cette dernière.
4. Exposez les principaux aspects du marketing axé sur la valeur. Nommez quatre moyens par lesquels le marketing crée de la valeur.
5. Expliquez le lien entre la valeur perçue par le client et la satisfaction de celui-ci.
6. En règle générale, les entreprises cherchent à générer des profits et à augmenter la valeur de leurs actions. Or, la définition du marketing ébauchée par l'Association canadienne du marketing à la page 5 ne mentionne pas explicitement les profits ni la valeur des actions. Pourquoi, à votre avis ? Ces éléments devraient-ils être inclus dans la définition ?
7. De nos jours, de nombreux gestionnaires marketing ne cherchent pas à vendre leurs produits et leurs services à tous les individus qui veulent les acheter, mais seulement à des marchés cibles. Quelles sont les principales raisons qui les poussent à cibler des segments précis du marché ?
8. Expliquez pourquoi un marketing réussi repose sur la compréhension des besoins et des désirs des clients. Que font les gestionnaires marketing pour mieux comprendre ces besoins et ces désirs ?
9. Quelle stratégie de marketing est la plus susceptible de permettre à une entreprise de bâtir des relations solides et rentables avec sa clientèle ? Pourquoi ?
10. Expliquez comment le service du marketing d'une entreprise crée ou ajoute de la valeur en travaillant étroitement avec les autres divisions de l'entreprise ainsi qu'avec ses fournisseurs et ses clients.

Marketing appliqué

1. Lorsque les fabricants de vêtements élaborent leurs stratégies de marketing, cherchent-ils d'abord à satisfaire les besoins et les désirs de leurs clients ? Qu'en est-il d'une entreprise de services publics ? d'un fabricant de téléphones cellulaires ?
2. Choisissez un produit que vous utilisez tous les jours. Décrivez ses quatre « P » (prix, produit, distribution [*place*], communication [*promotion*]).
3. Nommez trois entreprises qui pratiquent le commerce de détail et le commerce interentreprises.
4. Choisissez une entreprise qui offre une bonne valeur à ses clients. Expliquez comment cette entreprise rivalise avec ses concurrents pour ce qui est de la valeur.
5. Supposons que vous soyez engagé par le service du marketing d'un grand fabricant de produits de consommation tel que Colgate-Palmolive. Vous dînez avec quelques-uns de vos nouveaux collègues des services des finances, de la production et de la logistique. Ceux-ci prétendent que la société pourrait économiser des millions de dollars simplement en fermant le service du marketing. Élaborez des arguments pour les persuader du contraire.
6. Pourquoi les gestionnaires marketing jugent-ils important de répondre aux besoins de la société et de recourir à des pratiques commerciales éthiques ? Donnez un exemple de besoin de la société ou de pratique commerciale éthique ciblée par une entreprise particulière.
7. Visitez le site de BlackBerry (ca.blackberry.com/fr/) et comparez les plans marketing relatifs à deux téléphones intelligents de votre choix. Quels facteurs pourraient expliquer les différences que vous observez ?
8. Beaucoup de consommateurs remarquent à peine la différence entre l'eau Dasani commercialisée par Coca-Cola (www.dasani.com) et l'Aquafina vendue par Pepsi (aquafina.ca/fr/). Toutefois, les deux sociétés et leurs clients fidèles soutiendraient que ces deux marques d'eau sont très différentes. Qu'en pensez-vous ? Expliquez comment les perceptions et les émotions des consommateurs peuvent influer sur la valeur qu'ils attribuent à un produit.
9. Comme nous l'avons vu dans ce chapitre, la gestion de la relation client est un aspect crucial du marketing axé sur la valeur. Choisissez n'importe quel grand détaillant canadien, tel que La Baie (www2.hbc.com/fr/index.shtml), Loblaw (www.loblaw.ca) ou Pharmaprix (www.pharmaprix.ca), et expliquez comment il s'y prend pour bâtir des relations durables avec sa clientèle.
10. De nombreux analystes considèrent l'iPhone d'Apple comme un concurrent du BlackBerry Pearl de RIM. Visitez les sites Web d'Apple (www.apple.com/ca/fr/) et de BlackBerry (ca.blackberry.com/fr/) pour mieux connaître ces produits. Quelle est la principale proposition de valeur pour chaque produit ? Selon vous, quelle société l'emportera sur l'autre et pourquoi ?

Cyberfuté

1. Happy Planet (www.happyplanet.com), un producteur de jus biologiques dont le siège social se trouve à Vancouver, est une étoile montante sur le marché des boissons biologiques ; l'entreprise distribue ses produits dans tout le Canada et dans certains États américains. Visitez son site Web et décrivez comment Happy Planet offre une valeur nettement supérieure à celle des détaillants en alimentation traditionnels. Décrivez comment la société communique aux consommateurs la valeur de ses produits à travers son site Web.
2. Lands' End (www.landsend.com/canada/) a conquis une part substantielle du marché en offrant une valeur supérieure aux consommateurs. Visitez son site Web, puis décrivez comment l'entreprise crée de la valeur et indiquez ce qui la distingue des fabricants de vêtements traditionnels. S'il n'est pas rare que Lands' End affiche des prix inférieurs à ceux de ses concurrents, elle offre aussi à ses clients des avantages non pécuniaires. Nommez quelques-uns de ces avantages.

Étude de cas

EBAY : CRÉER DE LA VALEUR SUR LE MARCHÉ[27]

Avec ses 180,6 millions d'utilisateurs inscrits et des revenus nets de 8,7 milliards de dollars, eBay est le site de magasinage le plus populaire de la planète et il accueille une communauté diversifiée de consommateurs et d'entreprises[28]. Son fondateur, Pierre Omidyar, attribue une grande partie de son succès à la confiance qui règne parmi la communauté des utilisateurs.

Lancée à l'origine pour créer un forum de personnes désirant commercer ensemble efficacement, eBay a été une pionnière du commerce en ligne en établissant une communauté virtuelle de navigateurs, d'acheteurs et de vendeurs. À l'origine, eBay tirait profit de l'augmentation des transactions interconsommateurs réalisées à travers des canaux traditionnels comme les petites annonces, les ventes d'objets de collection, les vide-greniers, les marchés aux puces et les sociétés de vente aux enchères. Or, la société s'est développée et elle accueille désormais, en plus des consommateurs individuels effectuant des ventes individuelles, des commerçants, des entreprises de petite et de moyenne taille, des multinationales et des agences gouvernementales qui vendent du matériel de bureau, des matières premières et des meubles en gros. Outre qu'elle facilite les échanges, eBay est un lieu où il est possible de discuter. Les acheteurs et les vendeurs individuels finissent souvent par former des communautés uniques qui entretiennent des babillards électroniques et des forums sur des sujets spécialisés. Pour faciliter les transactions, eBay parraine également divers services : système de paiement, assurances, expédition, authentification, évaluation, inspection des véhicules et dépôt fiduciaire.

FIGURE 1.11 La page d'accueil d'eBay

Les acheteurs accèdent au site à travers la page d'accueil d'eBay, qui présente une liste des principales catégories de produits ainsi que des articles en vedette. La figure 1.11 montre un exemple de cette page. Les internautes peuvent chercher des articles précis en naviguant à l'intérieur d'une catégorie, puis en cliquant sur l'article voulu pour qu'une description détaillée soit affichée. Les utilisateurs peuvent aussi taper le nom de l'article qu'ils recherchent. Le moteur de recherche produira alors des listes d'articles pertinents accompagnés de liens menant à des descriptions détaillées. De plus, les utilisateurs peuvent chercher un enchérisseur ou un vendeur en tapant son nom afin de consulter ses offres et ses antécédents, ou des produits en tapant le nom d'une région donnée ou d'autres caractéristiques.

Un utilisateur inscrit qui trouve l'objet qu'il recherche peut offrir le montant maximal qu'il est prêt à payer à ce moment-là. En cas de soumissions concurrentielles, eBay enchérit automatiquement par échelons depuis l'offre la plus élevée du moment jusqu'à concurrence du prix maximal fixé par l'enchérisseur. Pour ce qui est des articles appartenant à la catégorie « Achat immédiat », l'utilisateur peut acheter l'article en acceptant le « prix d'achat immédiat » fixé par le vendeur.

Comme le marché d'eBay compte à la fois des vendeurs et des acheteurs, la société a mis sur pied des services destinés à satisfaire ces deux types d'utilisateurs dans un environnement commercial dynamique. Ceux-ci se distinguent sous divers aspects : par exemple, les vendeurs comptent tant des consommateurs individuels vendant quelques objets personnels que des grandes entreprises qui liquident leurs surplus. Toutefois, les acheteurs comme les vendeurs peuvent profiter du système d'évaluation d'eBay, qui recueille l'évaluation des acheteurs après chaque transaction. Les visiteurs qui veulent des informations sur un vendeur peuvent alors consulter son profil d'évaluation.

Soucieuse d'encourager un profond sentiment de communauté, de confiance et de sécurité, eBay a instauré un marché honnête et ouvert dans lequel les utilisateurs individuels sont traités avec respect. La société a également lancé plusieurs initiatives visant à consolider sa réputation en tant que lieu de commerce sécuritaire : vérification de l'utilisateur, obligation pour les nouveaux vendeurs d'inscrire un numéro de carte de crédit, services d'assurance, d'inspection des véhicules, de dépôt fiduciaire, d'authentification et d'évaluation et énoncé de confidentialité très clair. À titre de membre de l'Online Privacy Alliance, eBay s'est aussi façonné une réputation de chef de file en ce qui a trait à la protection des renseignements personnels sur Internet.

Questions

1. Reportez-vous à la figure 1.6, à la page 14, et indiquez quelle optique décrit le mieux l'orientation d'eBay. Expliquez votre réponse.
2. eBay offre-t-elle aux acheteurs d'objets de collection une valeur supérieure à celle des canaux traditionnels ? aux vendeurs ? Expliquez vos réponses en parlant de hausse des profits, de diminution des coûts ou d'une combinaison des deux.
3. Visitez le site Web d'eBay (www.cafr.ebay.ca) et explorez certaines de ses caractéristiques. De quelle façon eBay facilite-t-elle les échanges de produits ? Offre-t-elle le même potentiel pour l'échange de services ? Expliquez vos réponses.

CHAPITRE 2

OBJECTIFS D'APPRENTISSAGE

Après avoir lu ce chapitre, vous devriez être en mesure :

OA 1 de décrire la façon dont une entreprise élabore et met en œuvre un plan marketing ;

OA 2 de réaliser une analyse FFOM et d'expliquer son rôle dans la planification marketing ;

OA 3 d'expliquer comment une entreprise choisit les groupes de personnes à viser par ses actions marketing ;

OA 4 d'expliquer comment le marketing mix permet d'augmenter la valeur économique du client ;

OA 5 d'expliquer comment une entreprise arrive à développer ses activités.

Élaborer des stratégies de marketing

Les dirigeants de Disney ont remarqué que l'achalandage de leurs parcs thématiques ne cessait de diminuer[1]. Les visiteurs ont admis que les longues files d'attente ainsi que le prix d'entrée élevé étaient probablement en cause. Disney a donc dû relever le défi lancé : ajuster sa stratégie en vue de rendre l'expérience plus agréable aux visiteurs et faire en sorte qu'il vaille la peine de payer 63 $ pour un laissez-passer d'une journée sur les lieux.

Pour ce faire, Disney a élaboré une stratégie basée sur l'utilisation des technologies qui rend l'expérience vécue par les visiteurs plus adaptée à leurs besoins et plus personnalisée que jamais. L'entreprise a tout mis en œuvre afin de réinventer complètement le concept, d'influer sur le comportement des visiteurs et d'éviter que des foules se massent aux mêmes endroits sur l'emplacement. À cet effet, Disney a eu recours au système GPS, à des capteurs intelligents, à la technologie sans fil ainsi qu'à des appareils mobiles.

Les dirigeants de l'entreprise ont investi dans des technologies telles que l'« ami Mickey » pour que l'expérience Disney soit plus agréable et profitable à ses clients.

C'est d'ailleurs le cas de l'« ami Mickey », une peluche de 26 centimètres qu'il est possible de louer ou d'acheter sur les lieux. Cette peluche est munie d'une unité centrale, d'une horloge interne, de petits haut-parleurs et d'un capteur infrarouge. Lorsqu'un client se déplace dans le parc thématique avec sa peluche Mickey, le capteur reçoit des données transmises à partir de balises dissimulées dans les lampadaires, sur les toits et dans les buissons.

Au moment où la peluche capte les données, elle se met à rire et à vibrer, ce qui signifie qu'elle a un « secret » à confier à son utilisateur. Ces secrets ont trait aux files d'attente les moins longues dans les environs, à l'heure du prochain défilé, ou alors il s'agit de remarques anecdotiques sur l'endroit où se trouve son utilisateur.

La peluche Mickey contient également 700 messages préenregistrés, tant des blagues que des jeux, qui visent à divertir les enfants pendant qu'ils attendent en file. La peluche parle même l'espagnol !

L'utilisation de données pour personnaliser l'expérience des clients ne s'arrête pas là. Par exemple, Disney prévoit maintenant envoyer des messages textes à ses clients sur leur cellulaire ou leur téléphone intelligent pour confirmer une réservation prise dans un restaurant, pour les informer de l'heure des feux d'artifice ou encore des heures de départ au golf. En outre, si un visiteur passe beaucoup de temps à visiter l'exposition sur les dinosaures au parc thématique Animal Kingdom et qu'il se procure un souvenir à la boutique, il souhaiterait peut-être recevoir un courriel lui annonçant la sortie d'un DVD sur le sujet.

Dans ce chapitre, nous étudierons les divers niveaux de planification stratégique ainsi que chacune des étapes de la planification marketing stratégique. Par la suite, nous chercherons à analyser une situation de marketing précise sous plusieurs angles en plus d'évaluer des occasions d'affaires. En outre, nous analyserons des stratégies adoptées par les gestionnaires marketing pour faire en sorte que l'entreprise qui les emploie grandisse. Finalement, nous chercherons à savoir comment le marketing mix permet d'augmenter la valeur économique d'un client. La feuille de route qui suit vous présente le contenu du chapitre 2.

FEUILLE DE ROUTE

Les niveaux de planification stratégique dans l'entreprise

Un plan marketing efficace ne s'obtient pas par hasard. Les entreprises comme Disney planifient avec soin les stratégies qu'elles vont adopter en vue de réagir aux changements relatifs à leur concurrence et à leur clientèle. Dans la plupart des entreprises, la planification stratégique se fait au moins à deux niveaux : au niveau de l'entreprise et au niveau fonctionnel (*voir le tableau 2.1*). La planification au niveau de l'entreprise est réalisée par la haute direction et porte surtout sur l'orientation que doit prendre l'entreprise. Ainsi, les cadres supérieurs prennent les décisions relatives aux affaires de l'entreprise, définissent la mission ou la vision de cette dernière et fixent les buts à atteindre. La planification stratégique au niveau de l'entreprise s'intéresse à l'orientation de l'entreprise à long terme, laquelle varie périodiquement pour s'adapter aux changements qui s'opèrent sur le marché. En général, la structure de gestion des grandes entreprises s'articule autour de fonctions d'affaires comme les services des ressources humaines, de recherche et développement, des finances, de la production et du marketing. Habituellement, chacune de ces fonctions doit se charger d'une partie de la planification. Le service du marketing, quant à lui, élabore des plans marketing en lien avec les produits, les marques et les marchés concernant l'entreprise. Ces plans marketing peuvent être annuels, triennaux ou quinquennaux.

En plus de la planification stratégique au niveau de l'entreprise et au niveau fonctionnel, les grandes entreprises qui œuvrent dans plusieurs secteurs d'activité peuvent faire en sorte que chacune de leurs unités d'affaires stratégique élabore des plans stratégiques pour les produits qu'elles proposent et les marchés qu'elles occupent. Une **unité d'affaires stratégique** (*strategic business unit)* est une division de l'entreprise qui peut être gérée et menée de façon pratiquement indépendante par rapport aux autres divisions étant donné qu'elle met en marché une série de produits destinés à un groupe de consommateurs précis. Par exemple, Disney compte quatre unités d'affaires stratégique : les médias, les parcs thématiques et les complexes touristiques, la production cinématographique (les studios d'enregistrement) et les produits de grande consommation. Chacune de ces unités vise un segment de marché précis et propose des produits différents pour lesquels elle élabore des plans stratégiques.

unité d'affaires stratégique (*strategic business unit [SBU]*)
Division de l'entreprise qui peut être gérée et menée de façon indépendante par rapport aux autres divisions. Elle peut également avoir une mission et des objectifs différents.

TABLEAU 2.1 Les niveaux de planification stratégique

Niveau de planification	Champ d'application	Durée	Responsabilité
Planification au niveau de l'entreprise	L'entreprise en entier	À long terme (5 ans)	Définir la mission, fixer les buts et définir le portefeuille d'activités de l'entreprise.
Planification au niveau de l'unité d'affaires stratégique (planification divisionnaire) (ne s'applique qu'aux grandes entreprises qui œuvrent dans plus d'un secteur d'activité)	Une seule unité d'affaires stratégique au sein de l'entreprise	À moyen ou à long terme (de 3 à 5 ans)	Fixer des buts à atteindre et déterminer l'éventail de produits et les marchés de l'unité.
Planification au niveau fonctionnel	Un éventail de produits, un seul produit, une seule marque ou un seul marché	À court ou à moyen terme (de 1 à 3 ans)	Élaborer un plan marketing pour chacun des produits, des marques ou des marchés.

Il est important de comprendre que le service du marketing peut être sollicité pour la planification stratégique tant au niveau de l'entreprise qu'au niveau des unités d'affaires stratégique, car sa tâche consiste à augmenter la valeur d'un produit, aussi bien aux yeux du consommateur qu'à ceux de l'entreprise. Le service du marketing peut informer la haute direction des occasions d'affaires et d'éventuelles menaces pour l'entreprise. De la même façon, il peut aviser les unités d'affaires stratégique des changements relatifs aux habitudes de consommation ou les aider à mettre sur pied un service à la clientèle et des programmes de fidélisation communs à toutes les unités. Nous allons maintenant nous intéresser au processus de planification marketing touchant à un produit, à une marque ou à un marché en particulier.

OA 1

La planification marketing stratégique

planification marketing stratégique (*strategic marketing planning process*)
Série d'étapes que le spécialiste du marketing suit lorsqu'il élabore un plan marketing stratégique.

phase de planification (*planning phase*)
Étape à laquelle les responsables du marketing et autres cadres supérieurs définissent la mission ou la vision de l'entreprise, évaluent la situation actuelle en déterminant la façon dont les divers acteurs associés à l'organisation influent sur la réussite de l'entreprise et, enfin, cernent et évaluent les possibilités d'affaires en procédant à la segmentation, au ciblage, au positionnement et à l'élaboration du marketing mix (les quatre « P »).

La **planification marketing stratégique** (*voir la figure 2.1*) est une série d'étapes que le gestionnaire marketing suit lorsqu'il élabore un plan marketing[2]. Le plan marketing, quant à lui, est un document comprenant une analyse de la situation actuelle, des opportunités d'affaires qui s'offrent à l'entreprise et des menaces possibles, les objectifs à atteindre, les stratégies relatives aux quatre « P », le programme d'action ainsi que l'état des résultats pro forma et prévus (et autres états financiers)[3]. La figure 2.1 présente les trois principales phases du processus de planification stratégique, soit la planification, la mise en œuvre et le contrôle.

Au cours de la première étape de la **phase de planification**, les gestionnaires marketing travaillent de concert avec les cadres supérieurs en vue de définir la mission ou la vision de l'entreprise ainsi que ses objectifs. Ensuite, ils évaluent la situation

FIGURE 2.1 L'élaboration d'un plan marketing

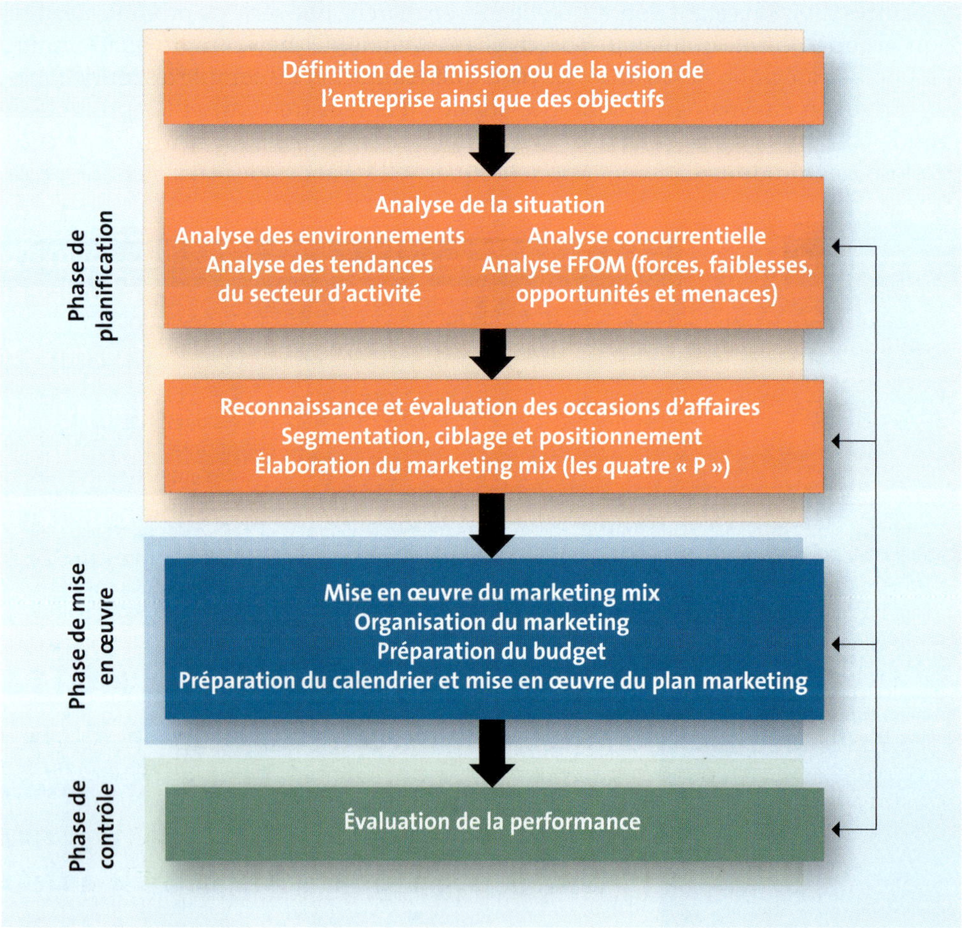

en déterminant la façon dont les divers acteurs associés à l'organisation influent sur la réussite de l'entreprise (étape 2). La troisième étape, qui relève toujours des gestionnaires marketing, consiste à reconnaître et à évaluer les occasions d'affaires en procédant à la segmentation, au ciblage et au positionnement (SCP), puis à concevoir le marketing mix (les quatre « P »). Comme son nom le dit, la **phase de mise en œuvre** est l'étape au cours de laquelle les gestionnaires marketing mettent en œuvre le marketing mix ; ainsi, ils affectent les ressources, se chargent de l'organisation du marketing et établissent un calendrier et un horaire dans lesquels ils insèrent les diverses actions de mise en marché définies. La dernière phase de la planification marketing stratégique est la **phase de contrôle**. Elle vise à évaluer la performance de la stratégie de mise en marché et à y apporter des corrections, s'il y a lieu.

phase de mise en œuvre (*implementation phase*)
Étape au cours de laquelle les directeurs du marketing mettent en œuvre le marketing mix, affectent les ressources et se chargent de l'organisation du marketing.

phase de contrôle (*control phase*)
Étape de la planification stratégique au cours de laquelle les directeurs évaluent la performance de leur stratégie commerciale et y apportent des corrections, s'il y a lieu.

Comme le révèle la figure 2.1, il n'est pas toujours nécessaire de passer par chacune des étapes de la planification stratégique. Par exemple, une entreprise pourrait choisir d'évaluer la performance de sa stratégie puis passer directement à l'étape de l'analyse des environnements sans avoir à revoir sa mission de départ.

Même si la formule peut varier, le plan marketing comprend généralement les éléments présentés dans la figure 2.2. Vous trouverez un exemple de plan marketing élaboré à partir de ce modèle en annexe à la fin du manuel.

FIGURE 2.2 Exemple des grandes lignes d'un plan marketing

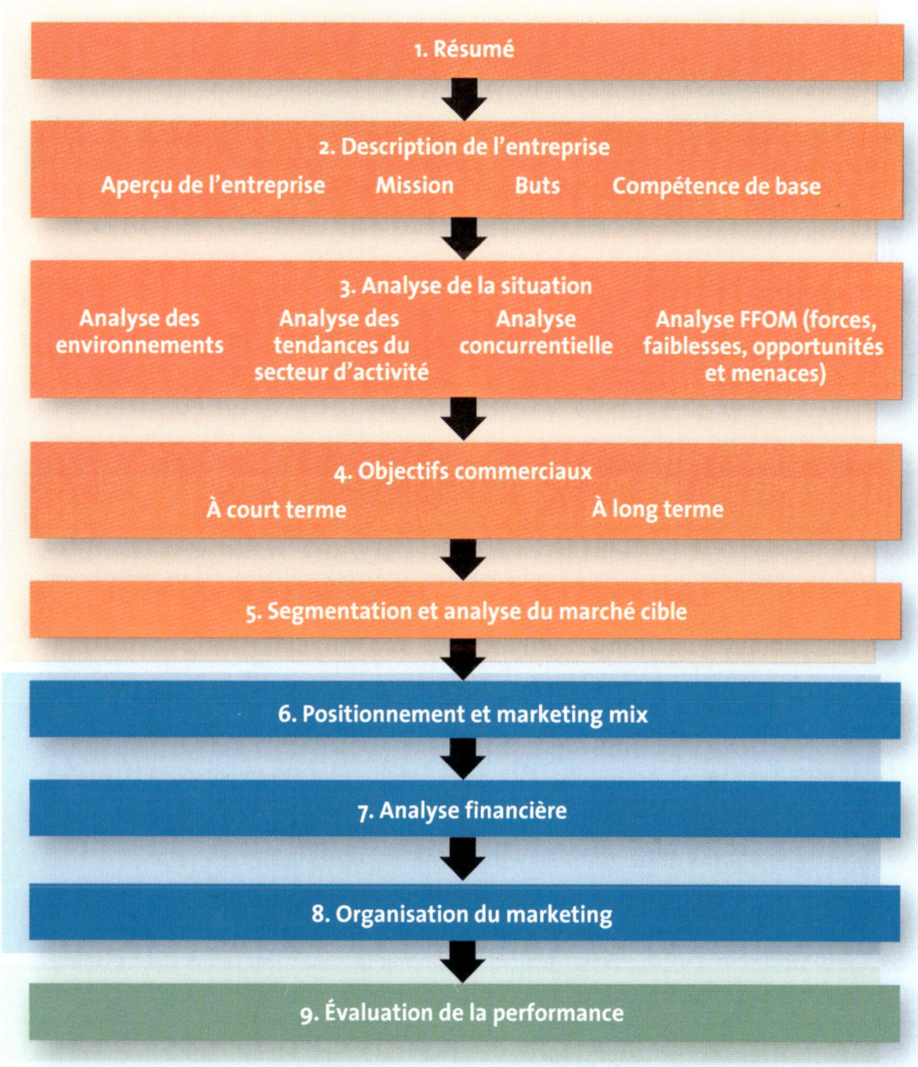

Étape 1 : définir la mission de l'entreprise

mission (*mission statement*)
Description générale des objectifs de l'entreprise et du champ d'activité qu'elle veut couvrir dans le but de répondre à deux questions principales : de quel genre d'entreprise s'agit-il ? Comment faire pour atteindre les buts et les objectifs qui ont été fixés ?

L'énoncé de **mission** est une description générale des objectifs de l'entreprise et du champ d'activité qu'elle veut couvrir[4] dans le but de répondre à deux questions principales : de quel genre d'entreprise s'agit-il ? Comment faire pour atteindre les buts et les objectifs qui ont été fixés ? Les plus hauts échelons de l'entreprise doivent répondre à ces questions fondamentales avant que les gestionnaires marketing ne puissent faire leur travail. La plupart des organisations veulent que les actions prennent de la valeur et que les dividendes augmentent de manière que leurs actionnaires s'enrichissent le plus possible[5].

Par contre, il n'est pas rare que les propriétaires de petites entreprises aient d'autres objectifs, comme celui d'atteindre un certain revenu ou celui de ne pas prendre de risque. Le tableau 2.2 donne plusieurs exemples d'énoncés de mission.

TABLEAU 2.2 Exemples d'énoncés de mission

La **Fondation des maladies du cœur du Canada** a pour mission d'améliorer la santé des Canadiens, en favorisant la recherche, la promotion de la santé et les représentations en faveur de la santé afin de prévenir et de réduire les invalidités et les décès dus aux maladies cardiovasculaires et aux accidents vasculaires cérébraux.
Coca-Cola énonce sa mission ainsi : La Coca-Cola Company existe dans le but de bénéficier aux gens qu'elle touche et de les désaltérer. Notre proposition est simple, concrète et intemporelle. Nous croyons que si nous avons des idées rafraîchissantes, donnons de la valeur à nos produits et semons la joie et le plaisir autour de nous, nous parviendrons à prendre soin de nos marques, particulièrement Coca-Cola. C'est d'ailleurs la clé qui nous permettra de respecter notre principal engagement, celui de procurer un rendement élevé aux propriétaires de l'entreprise. Ainsi, dans notre énoncé de mission, nous reconnaissons qu'il est essentiel que tous nos intervenants y trouvent leur compte, que ce soient les clients, les fournisseurs, les employés ou les actionnaires. À cet effet, la responsabilité d'accroître la valeur des produits de l'entreprise aux yeux des consommateurs revient au service du marketing.
Disney, qui compte de nombreuses unités d'affaires strategiques, indique dans sa mission qu'elle s'engage à créer pour ses clients des expériences divertissantes empreintes de créativité et basées sur les contes.

Sources : « Qui sommes-nous ? », www.fmcœur.com ; www2.coca-cola.com/ourcompany/ourpromise.html ; « Company Overview », www.corporate.disney.go.com

Les organismes sans but lucratif, comme la Fondation des maladies du cœur du Canada, ont des objectifs non pécuniaires, comme celui d'améliorer la santé des Canadiens, en favorisant la recherche, la promotion de la santé et les représentations axées sur la santé. Coca-Cola, de son côté, estime important que toutes les parties intéressées y trouvent leur compte, notamment les clients, les fournisseurs et les employés[6]. Pour ce qui est de Disney, sa mission est assez générale pour englober tous les secteurs d'activité dans lesquels elle œuvre, aussi différents soient-ils. Dans ces trois cas, le service du marketing a la responsabilité d'augmenter la valeur des produits de l'entreprise auprès des consommateurs et des autres participants.

avantage concurrentiel durable (*sustainable competitive advantage*)
Situation de supériorité d'une entreprise qui lui permet de soutenir la concurrence.

D'autres objectifs clés sont souvent compris dans l'énoncé de mission d'une entreprise, dont l'objectif de créer un **avantage concurrentiel durable**, c'est-à-dire de découvrir en quoi elle excelle suffisamment pour éclipser la concurrence. Même si n'importe quelle activité commerciale peut être à la base de l'avantage concurrentiel, certaines activités sont durables alors que d'autres, comme les bas prix, peuvent être reproduites rapidement par la concurrence[7]. Prenons l'exemple du transport aérien, une industrie où la concurrence est féroce. Les transporteurs bon marché comme WestJet savent qu'ils ne peuvent détenir un avantage durable sur les gros transporteurs comme Air Canada s'ils ne misent que sur leurs bas prix.

C'est pourquoi WestJet concentre ses efforts commerciaux sur le fait qu'elle offre un service courtois et de qualité. Ainsi, il n'est pas surprenant que cette compagnie aérienne soit reconnue partout au pays pour l'amabilité de ses employés et son excellent service[8]. Il est difficile pour les concurrents de WestJet de reproduire l'image qu'elle projette (bas prix, excellent service), ce qui en fait son avantage concurrentiel durable.

L'avantage concurrentiel s'avère en quelque sorte un rempart autour de la position d'une entreprise sur un marché donné. Il est donc difficile pour les concurrents d'atteindre les clients qui se trouvent à l'intérieur de ces «murs» (donc le marché cible des gestionnaires marketing). Évidemment, si un tel «mur» a été bâti autour d'un marché intéressant, les entreprises concurrentes essaieront de le démolir. Avec le temps, l'avantage concurrentiel perd de sa force en raison de l'énergie déployée par les concurrents, mais plus le rempart est haut, plus longtemps il sera possible de conserver une avance sur la concurrence, de supporter la pression exercée par elle et de faire des profits. C'est pourquoi la détention d'un avantage concurrentiel durable constitue la clé d'une bonne performance financière à long terme.

Étape 2: analyser la situation à l'aide de la matrice FFOM

OA 2

analyse de la situation (*situation analysis*) Deuxième étape du plan marketing qui consiste à analyser les forces et les faiblesses (environnement interne) ainsi que les opportunité et les menaces (environnement externe) propres à l'entreprise.

Une fois que l'entreprise a défini sa mission, elle doit passer à l'**analyse de la situation**, c'est-à-dire à l'analyse de l'environnement interne (forces et faiblesses) et de l'environnement externe (opportunités et menaces), représentée par le sigle FFOM.

Regardons comment une entreprise comme la Walt Disney Company (Disney) pourrait procéder à l'analyse FFOM illustrée dans le tableau 2.3. Les forces, dans le quadrant supérieur gauche, correspondent aux attributs positifs propres à l'entreprise. En plus du fait que Disney est l'une des marques les plus connues, ses multiples secteurs d'activité constituent une autre de ses forces. En effet, Disney compte quatre unités d'affaires stratégiques distinctes: les médias, les parcs thématiques et les complexes touristiques, la production cinématographique (les studios d'enregistrement) et les produits de grande consommation. Cette diversité multiplie les occasions d'affaires, et donc de croissance de l'entreprise, tout en réduisant les risques. Son vaste réseau télévisuel, lequel comprend les chaînes ABC Family, Lifetime TV, A&E TV, Toon Disney, SOAPnet et ESPN, attire des téléspectateurs dont l'âge et les champs d'intérêt sont variés. Voici un portrait du taux de pénétration des chaînes qui appartenaient à Disney en 2006: ESPN, 92 millions d'abonnés; ABC Family, 91 millions d'abonnés; Disney Channel, 89 millions d'abonnés; Toon Disney, 57 millions

TABLEAU 2.3 L'analyse FFOM de Disney

Environnement	Évaluation	
	Positive	**Négative**
Interne	**Forces** • Multiples secteurs d'activité — quatre unités d'affaires stratégiques: les médias, les parcs thématiques et les complexes touristiques, la production cinématographique (les studios d'enregistrement) et les produits de grande consommation • Image de marque bien connue du public	**Faiblesses** • Confiance excessive dans ses relations avec les câblodistributeurs • Fluctuations saisonnières • Activités risquées à l'étranger, par exemple le rendement médiocre du Hong Kong Disneyland Resort • Liens ténus entre certains secteurs d'activité
Externe	**Opportunités** • Développement des marchés internationaux • Expansion de l'entreprise aux États-Unis • Expansion de l'entreprise de croisières	**Menaces** • Augmentation des pressions exercées par la concurrence • Piratage du contenu multimédia • Forte concurrence des autres parcs d'attractions • Risques relatifs aux réglementations

d'abonnés[9]. Disney est propriétaire de Disneyland, en Californie, du Walt Disney World Resort et de la Disney Cruise Line, tous deux en Floride. En plus de gérer ces grands noms du tourisme, la firme perçoit des redevances du Tokyo Disney Resort. Mais ce n'est pas tout, car non seulement Disney détient 41 % du capital d'Euro Disney, mais elle produit également des films qu'elle distribue partout dans le monde grâce à ses maisons de production (Walt Disney Pictures, Touchstone, Miramax et Dimension, notamment). Finalement, le segment des produits de grande consommation gère la licence Walt Disney et ces produits sont vendus directement aux clients dans les magasins Disney ou par des catalogues affiliés.

Les opportunités, dans le quadrant inférieur gauche du tableau 2.3, correspondent aux aspects positifs du milieu externe dans lequel œuvre Disney. Tout comme ses forces, les opportunités de l'entreprise sont multiples, et d'abord celle de pouvoir faire croître la marque Disney et ses unités d'affaires stratégiques tant aux États-Unis que partout ailleurs dans le monde.

Le nom Disney est connu à travers le monde, et lorsqu'un produit porte le nom de cette marque, le client qui l'achète sait qu'il sera diverti. Pour vous donner une idée de la popularité de Disney, les ventes annuelles de produits de grande consommation à l'échelle internationale s'élèvent à environ 10 milliards de dollars américains[10]. Mais au-delà de la popularité, encore faut-il que le marché s'intéresse aux produits que Disney offre ; ce qui est le cas. En 2010, malgré la crise, l'industrie de la croisière se portait bien[11] et Disney en a donc profité avec la Disney Cruise Line. Pour sa part, Walt Disney World Resort attire une foule record pendant les fêtes. L'achat de Pixar Animation Studios donne à Disney le titre de chef de file en matière de films d'animation. Or, la sortie de films tels *Pirates des Caraïbes* ou *Trouver Nemo* génère toujours des recettes considérables. Disney a également lancé deux chaînes télévisées en Inde, Disney Channel et Toon Disney, en plus des chaînes disponibles dans sept autres régions de l'Asie-Pacifique (Australie, Japon, Malaisie, Corée du Sud, Singapour, Brunei et les Philippines), régions du monde à la recherche de ce type de divertissements. Ainsi, les occasions d'affaires sont illimitées pour ce marché et pour les autres marchés que Disney a pénétrés.

Toute entreprise a des faiblesses, et Disney ne fait pas exception à cette règle. Les faiblesses, dans le quadrant supérieur droit du tableau 2.3, correspondent aux caractéristiques négatives de l'entreprise. En premier lieu, la croissance de Disney dépend grandement de la relation qu'entretient l'entreprise avec ses câblodistributeurs. Sans eux, l'expansion de Disney serait menacée. En deuxième lieu, les fluctuations saisonnières inhérentes à l'industrie du tourisme ont une certaine influence sur le rendement des parcs thématiques et des complexes touristiques. En troisième lieu, les activités qui sont exercées à l'étranger sont très risquées. Par exemple, Euro Disney n'a pas connu un franc succès à son ouverture. De la même façon, le Hong Kong Disney Resort n'a pas répondu aux attentes des dirigeants. Une récente étude a révélé que 70 % de la population voyait d'un mauvais œil l'ouverture de ce complexe et que l'organisation connaissait déjà des problèmes, notamment en ce qui a trait au prix du billet d'entrée ainsi qu'aux relations de travail. Une telle situation risque de ternir l'image de Disney et de compromettre la croissance de l'entreprise en Asie[12]. En dernier lieu, le lien étroit entre les divers secteurs d'activité de Disney fait que le risque de réaction en chaîne est accru. Ainsi, si un film ne connaît pas le succès escompté, les produits liés à ce film ne se vendront pas très bien non plus. Entre 2004 et 2006, les recettes provenant de la production cinématographique et de la vente de produits de consommation ont connu une chute de plus de 15 %. Si Disney connaît un mauvais rendement sur une période prolongée, les recettes et la rentabilité de l'entreprise seront gravement compromises.

La sortie en DVD de films tels Pirates des Caraïbes *ou* Trouver Nemo *génère toujours des recettes considérables.*

Finalement, les menaces, dans le quadrant inférieur droit du tableau 2.3, correspondent aux aspects négatifs de l'environnement externe dans lequel œuvre une entreprise donnée. Dans le cas de Disney, les pressions exercées sur l'entreprise dans tous ses secteurs d'activité peuvent avoir une influence négative sur son rendement. Par exemple, les réseaux de télévision (comme CBS et Fox), la télévision par satellite et les réseaux de câblodistribution livrent une concurrence féroce aux studios et aux services de radiodiffusion de Disney. Une telle concurrence pourrait amener Disney à avoir de la difficulté à augmenter ses recettes publicitaires. De plus, en raison des percées technologiques, il est de plus en plus facile pour les consommateurs de pirater les produits de Disney (films, chansons, DVD, émissions de télévision, etc.). Voilà un autre facteur qui pourrait compromettre les recettes et la rentabilité de l'entreprise. Les parcs thématiques et les complexes touristiques de Disney font aussi face à une forte concurrence, notamment de la part des parcs Paramount et des autres parcs d'attractions situés un peu partout aux États-Unis. La dernière menace que doit affronter Disney est l'abondance de réglementations qui caractérise l'industrie, tant aux États-Unis qu'ailleurs dans le monde. Ces réglementations pourraient empêcher Disney de diffuser certaines émissions, entre autres parce que la durée des annonces publicitaires est restreinte pendant les émissions jeunesse. En outre, les accidents qui surviennent aux parcs thématiques mènent à des réglementations plus sévères en ce qui a trait aux mesures de sécurité[13].

Étape 3 : reconnaître et évaluer les occasions d'affaires

OA 3

Une fois la situation analysée, l'entreprise doit reconnaître et évaluer les possibilités d'affaires en vue d'augmenter ses ventes et ses profits à l'aide du processus de **segmentation, ciblage et positionnement (ou SCP)**. Pour ce faire, l'entreprise doit d'abord connaître les besoins et les désirs des consommateurs ; c'est pourquoi elle doit procéder à l'étude du marché. Ensuite, elle doit séparer le marché ou les consommateurs en sous-groupes, qui correspondent à des segments de marché, déterminer les segments qui seront visés, puis décider comment positionner ses produits et ses services de manière à répondre aux besoins des marchés cibles.

segmentation, ciblage et positionnement (ou SCP) (*STP*)
Processus utilisé par les entreprises pour cerner et évaluer les possibilités qui s'offrent à elles en vue d'augmenter les ventes et les profits.

La segmentation Un marché comprend de nombreux types de consommateurs. La plupart des entreprises n'arrivent donc pas à satisfaire tout le monde. Par exemple, parmi les internautes, certains font des recherches en ligne, d'autres font des achats, d'autres encore se divertissent et bon nombre d'entre eux font les trois. Chacun de ces groupes peut constituer un **segment de marché**, soit un ensemble de consommateurs qui réagissent sensiblement de la même manière aux actions de marketing d'une entreprise. L'action de diviser le marché en groupes de consommateurs selon leurs besoins, leurs désirs ou des éléments qui les caractérisent porte le nom de **segmentation du marché**. Ces consommateurs désirent donc généralement se procurer des produits et des services conçus à leur intention. Par exemple, la Pleasure Island de Disney cible les célibataires et les couples, l'Epcot cible les adultes et les familles avec des adolescents et le Magic Kingdom, des familles avec de jeunes enfants. Les entreprises déterminent les segments de marché de diverses façons. Ainsi, Disney peut se servir de caractéristiques démographiques, comme le sexe, l'âge et le revenu, pour cerner les familles que pourrait intéresser le Magic Kingdom, mais utiliser des caractéristiques psychologiques ou comportementales (aimer faire la fête, aimer danser, etc.) pour trouver les célibataires et les couples ciblés par la Pleasure Island. L'entreprise peut également segmenter le marché en fonction des facteurs socioculturels, dont il est question dans le chapitre 8.

segment de marché (*market segment*)
Groupe de consommateurs qui réagissent sensiblement de la même manière aux actions de mise en marché de l'entreprise.

segmentation du marché (*market segmentation*)
Division du marché en groupes de consommateurs selon leurs besoins, leurs désirs ou des éléments qui les caractérisent. Ces consommateurs désirent généralement se procurer des produits et des services conçus à leur intention.

Le ciblage Lorsque les marchés cibles sont déterminés, l'entreprise évalue le facteur d'attraction de chacun des segments et choisit parmi ces derniers le segment

Frito Lay cible plusieurs marchés grâce à ses diverses sortes de croustilles.

ciblage (*target marketing/ targeting*) Évaluation des attraits de divers segments de marché en vue de tenter de percer l'un d'eux.

sur lequel elle se concentrera. Pour ce faire, l'entreprise a recours au **ciblage**. Comme nous l'avons mentionné précédemment, Disney a compris que le Magic Kingdom intéresse principalement les jeunes familles; elle a donc concentré ses efforts commerciaux sur ce groupe de consommateurs. De la même manière, les fabricants de croustilles ont divisé le marché en plusieurs sous-marchés, ou segments. Par exemple, Frito Lay Canada produit ses croustilles Doritos à l'intention d'un segment de marché composé d'adolescents et ses Lay's au wasabi et au cari à l'intention d'un segment composé de la clientèle canadienne d'origine asiatique[14]. Les critères servant à évaluer le facteur d'attraction d'un segment cible sont expliqués dans le chapitre 8.

positionnement sur le marché (*market positioning*) Définition des variables du marketing mix visant à amener les clients ciblés à comprendre clairement l'utilité du produit et ce qu'il représente comparativement aux produits concurrents.

Le positionnement Finalement, une fois que l'entreprise a choisi les segments de marché sur lesquels elle se concentrera, elle doit déterminer la façon de se positionner au sein de ces derniers. Le **positionnement sur le marché** réside dans la définition des variables du marketing mix qui permettra aux clients ciblés de comprendre clairement l'utilité du produit et ce qu'il représente comparativement aux produits concurrents. Le positionnement consiste donc dans l'impression produite par la marque ou le produit sur le consommateur. Évidemment, tous les gestionnaires marketing souhaitent que leur marque ou leur produit dégage ce que l'entreprise souhaite qu'il dégage, mais bien peu y arrivent totalement. Ainsi, il est important d'avoir à l'esprit que le positionnement souhaité diverge souvent du positionnement réel. Dans le cas de Disney, celle-ci se définit comme une entreprise de divertissement, et c'est aussi ce que la plupart des clients perçoivent. Le Walt Disney World Resort, en Floride, est à la tête de 4 parcs thématiques, de 17 hôtels et complexes touristiques ainsi que de plusieurs terrains de golf, parcs aquatiques, complexes sportifs, complexes de restauration et de commerces de détail.

Après avoir trouvé ses segments cibles, l'entreprise doit évaluer chacune des possibilités stratégiques. Généralement, celle-ci obtient un meilleur succès si elle se concentre sur les possibilités qui permettent de tirer parti de ses forces par rapport à celles de la concurrence. Finalement, à la quatrième étape de la planification marketing stratégique, l'entreprise met en œuvre le marketing mix et affecte les ressources à divers produits et services.

Définition des objectifs Normalement, le gestionnaire marketing a la responsabilité de définir les objectifs commerciaux spécifiques d'un produit ou d'une marque, et ce, pendant toute la durée du plan marketing. Ces objectifs peuvent porter sur les parts de marché, les recettes et la rentabilité cibles, sur le nombre de produits vendus ou sur la notoriété de la marque. Selon le plan marketing, les objectifs sont habituellement fixés pour une durée de un à cinq ans.

OA 4 L'élaboration du marketing mix

Une fois les possibilités de croissance cernées puis évaluées à l'aide du processus de SCP, l'action commence véritablement. L'entreprise sait quoi faire, comment le faire et quelles ressources elle doit allouer à tel ou tel autre produit. À cette étape du processus de planification, les chefs de produits élaborent le marketing mix (les quatre « P ») pour chacun des produits et des services en fonction des caractéristiques auxquelles le marché cible attribue de l'importance (*voir la figure 2.3, p. 41*). Chaque élément des quatre « P » doit être couvert afin que la stratégie de marketing soit cohérente.

FIGURE 2.3 L'élaboration du marketing mix

Le produit et la création de valeur Les produits, incluant les services, constituent le premier des quatre « P ». Étant donné que la clé du succès d'un programme de marketing réside dans la création de valeur, l'entreprise tente d'élaborer des produits et des services dont la valeur est suffisamment élevée pour que certains consommateurs veuillent les acheter.

C'est d'ailleurs le cas de Sirius, qui a compris que le marché de la radiodiffusion regorge d'occasions d'affaires. Cette entreprise est l'une des deux seules qui œuvrent dans le domaine de la radio satellite, un service auquel, pour en profiter, les clients doivent s'abonner. Le client peut alors choisir les postes répondant le plus à ses besoins, postes auxquels il pourra avoir accès à la maison, dans la voiture ou par l'intermédiaire d'un appareil portable. Sirius affiche à l'écran le titre de la chanson et le nom de l'artiste qui l'interprète et propose même une offre spéciale aux mordus de sports, soit la transmission en direct des résultats de leur sport préféré.

Sirius a créé de la valeur pour un produit et une marque qui n'existaient pas.

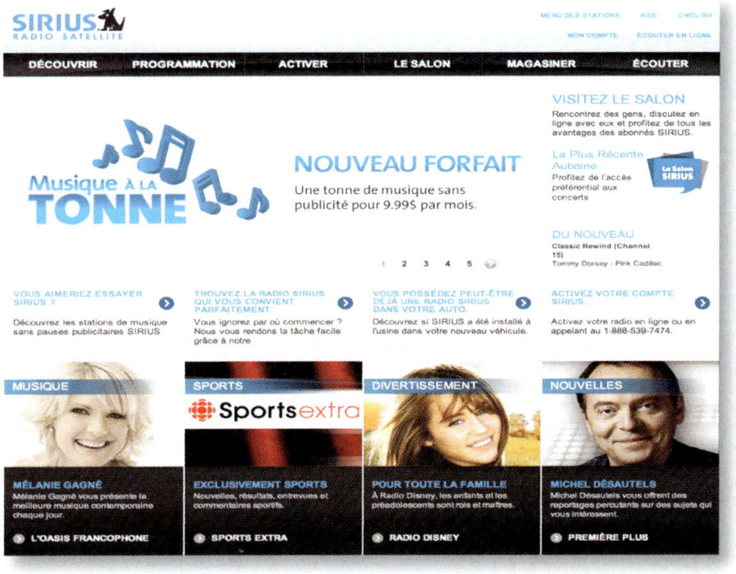

La radio satellite de Sirius compte au-delà de 120 postes de musique ou de radio parlée ainsi qu'un répertoire très élaboré. Contrairement à la radio dite « terrestre », Sirius, grâce à sa diffusion sur tout le continent, peut programmer des émissions dont l'audience serait autrement trop petite pour qu'elles soient rentables, comme *Three Time Radio Hour*. Ainsi, Sirius a su créer de la valeur pour la radio traditionnelle en offrant un service payant constitué de récepteurs spécialisés qui offrent une vaste gamme de stations de radio, de manière que les clients de Sirius vivent une expérience sur mesure.

Le prix et l'optimisation des revenus Souvenez-vous que le prix est le deuxième élément du marketing mix. Selon le principe de l'échange, l'entreprise offre un produit ou un service, ou encore une combinaison des deux, pour lequel elle reçoit de l'argent en retour. Le marketing de la valeur est une pratique au cours de laquelle l'entreprise fixe le prix d'un produit de façon que le client considère qu'il en a pour son argent. Il existe plusieurs stratégies de fixation des prix. La première stratégie est la **fixation des prix basée sur les coûts**, qui consiste à calculer le coût de production d'un bien, puis à y ajouter un montant fixe, une marge, ce qui donne le prix de vente du bien en question. Par exemple, la plupart des librairies universitaires achètent les manuels scolaires à un prix de gros, qu'ils majorent ensuite d'un certain pourcentage (habituellement entre 20 % et 30 %). La deuxième stratégie est la **fixation des prix basée sur la concurrence**, qui consiste à fixer le prix d'un produit ou d'un service à une valeur inférieure, égale ou supérieure à celle de la concurrence. Ainsi, la librairie Chapters, par exemple, peut décider d'offrir les 10 meilleurs « vendeurs » selon *The Globe & Mail* à deux dollars de moins que Zellers ou Walmart.

fixation des prix basée sur les coûts (*cost-based pricing*)
Stratégie qui consiste d'abord à calculer le coût de production d'un bien, puis à y ajouter un pourcentage ou une marge fixe, ce qui donne le prix de vente du bien en question. Cette approche ne tient pas compte des perceptions des consommateurs ou des prix de vente de la concurrence.

fixation des prix basée sur la concurrence (*competitor-based pricing*)
Stratégie visant à fixer le prix d'un produit ou d'un service à une valeur inférieure, égale ou supérieure à celle de la concurrence.

fixation des prix basée sur la valeur (*value-based pricing*)
Méthode de fixation des prix qui consiste d'abord à estimer la valeur perçue par le client, puis à fixer un prix en fonction de cela.

Même si ces stratégies sont relativement simples à mettre en œuvre, aucune d'entre elles n'est infaillible. Il n'est donc pas garanti que le client trouve l'achat avantageux. Pour y parvenir, il est nécessaire d'opter pour la troisième stratégie, à savoir la **fixation des prix basée sur la valeur**. Cette approche consiste à mesurer la valeur perçue par le client, puis à fixer un prix en fonction de celle-ci. Reprenons l'exemple de la librairie universitaire. Cette dernière pourrait se rendre compte que les étudiants n'ont pas tous les mêmes besoins en ce qui touche aux manuels scolaires. Certains veulent un manuel neuf, alors que d'autres sont prêts à se contenter d'un manuel d'occasion à condition que le prix soit réduit. Si la librairie offre le choix aux étudiants, les deux parties seront satisfaites.

Malheureusement, la fixation des prix basée sur la valeur est l'un des concepts les moins bien compris dans l'entreprise, même s'il s'agit d'une des seules stratégies qui influent directement sur les profits effectués par celle-ci. Évidemment, il est primordial que l'entreprise sache avec précision quel produit vendre, où le distribuer et quelle approche adopter afin de réussir à le vendre. Il n'en demeure pas moins que la fixation du prix est centrale, car il s'agit de la seule activité de marketing qui exerce une influence directe sur les revenus en faisant entrer l'argent dans la caisse. Il faut bien comprendre que toute la difficulté de la fixation d'un prix juste réside dans l'estimation de la valeur perçue par le consommateur. Si le prix d'un produit est trop élevé, le volume des ventes sera faible, mais si le prix est trop bas, la marge de profit et les profits pourraient inutilement être trop faibles. Ainsi, le prix d'un produit devrait être fixé à partir de la valeur que le client lui attribue. La prise de décision et les stratégies relatives à l'établissement des prix sont des thèmes abordés dans le chapitre 12.

La distribution et la distribution de la valeur Le troisième « P », qui signifie *place* en anglais, fait référence à la distribution du produit ou du service que l'entreprise offre aux consommateurs. Une fois la valeur créée, l'entreprise doit veiller à ce que le produit ou le service se trouve là où le client le veut, au moment où il le veut. La société Lee Valley Tools (*décrite dans la rubrique Cybermarketing 2.1, p. 43*) en est un parfait exemple. Effectivement, elle a su combiner son commerce et son catalogue avec son site Internet de manière à créer de la valeur pour son réseau de distribution. Lee Valley Tools, l'un des chefs de file mondiaux de la vente

Cybermarketing 2.1 Lee Valley Tools : générer de la valeur grâce à un circuit de distribution intégré

Les données recueillies en 2006 par Statistique Canada révèlent que 60 % des entreprises canadiennes n'ont toujours pas de site Web et, parmi les 40 % qui en ont un, la grande majorité s'en sert pour véhiculer des renseignements sur l'entreprise et ses produits plutôt que pour pratiquer le commerce électronique[15]. La société Lee Valley Tools fait partie de l'infime minorité des entreprises qui, en plus d'avoir un site Internet, s'en sert pour le commerce électronique. Cette firme a su générer de la valeur pour ses produits en combinant de façon harmonieuse sa vente par correspondance, sa vente au commerce et sa vente électronique. Ce faisant, Lee Valley Tools comprend maintenant davantage les besoins et les préférences de ses clients en vue de mieux répondre à leurs exigences. Ainsi, son site Internet permet de communiquer avec les clients de manière à entretenir de bonnes relations avec eux, à leur montrer à se servir des outils qu'ils ont achetés et à entretenir ces outils de la bonne façon, ainsi qu'à leur donner des renseignements techniques et des conseils en matière de jardinage et de travail du bois. Les clients en sont venus à faire confiance à l'entreprise, mais également aux renseignements qui apparaissent sur son site Web. Son site a donc permis à Lee Valley Tools d'évoluer et, dans le processus, de créer de la valeur pour l'entreprise aux yeux des clients sans avoir à débourser une somme supplémentaire. Le site, qui est à la base du dialogue entre l'entreprise et ses clients, permettra de bâtir une relation solide et durable entre eux. Il ne faut donc pas s'étonner que les clients de Lee Valley Tools soient fidèles.

L'entreprise a été créée il y a 30 ans par Leonard Lee. Il s'agissait alors d'un fournisseur par correspondance d'outils de jardinage et pour le travail du bois. Au fil des ans, Lee a ouvert 11 magasins dans les diverses régions du Canada et, en 2000, il a lancé un site de commerce électronique parfaitement fonctionnel. Située à Ottawa, Lee Valley Tools n'a cessé de prendre de l'expansion pour devenir l'un des leaders mondiaux de la vente par correspondance et de la vente au détail d'outils innovateurs. Ayant commencé avec 3 employés, l'entreprise en compte maintenant près de 1 000. Le secret de son succès durable ? Les trois principes préconisés par Lee depuis qu'il a fondé l'entreprise : satisfaire le client, le traiter comme un ami et faire preuve d'intégrité. Ainsi, selon sa garantie de satisfaction, un client peut se faire rembourser sans frais tout produit acheté au cours des trois derniers mois. En outre, en Amérique du Nord, le montant entier est remboursé, en plus des frais d'expédition du colis[16].

En plus de commander des produits, Lee Valley Tools se sert de son site Web pour renseigner les clients sur les séances de formation qui ont lieu au magasin. Au cours de ces formations, les clients apprennent à utiliser et à entretenir leurs outils et peuvent assister à une démonstration d'un outil qui n'est pas encore sur le marché. Par ailleurs, le site de l'entreprise contient toute une série d'articles sur le travail du bois et le jardinage afin que les clients en apprennent davantage sur ces sujets et profitent pleinement de leur loisir de prédilection. Également, les clients peuvent s'abonner au bulletin d'information de l'entreprise, lequel véhicule des renseignements techniques, les dates des futurs événements et salons commerciaux, les dernières nouvelles à propos de l'entreprise et bon nombre d'articles sur des thèmes liés au travail du bois et au jardinage. Les clients peuvent même faire parvenir un témoignage de leur expérience avec un outil donné. Les lettres sont recueillies puis affichées sur le site Web pour que tous puissent en profiter. Tout compte fait, Lee Valley Tools élargit sa clientèle un client à la fois.

Les clients peuvent se procurer des outils pour le travail du bois et le jardinage par catalogue, par téléphone, sur Internet ou au magasin.

par correspondance et de la vente au détail d'outils pour le travail du bois et le jardinage, a vu Internet comme un mode de distribution supplémentaire pour compléter ses activités commerciales. Elle a donc mis sur pied un site Web commercial fonctionnel (www.leevalley.com/fr/), grâce auquel elle peut percer un segment de marché plus vaste de façon efficace et économique. En outre, les clients qui visitent le site Web ont accès à des renseignements plus détaillés en ce qui concerne les produits, les formations ainsi que les conseils relatifs au travail du bois et au jardinage. Ainsi, Lee Valley Tools a su intégrer ses divers circuits de distribution de façon que l'expérience client soit harmonieuse, un générateur de valeur non négligeable pour l'entreprise[17].

La communication et la communication de la valeur Le dernier des quatre « P » du marketing mix signifie « promotion » en anglais; toutefois, nous lui préférons en français le terme « communication ». La promotion, en français, est en effet un outil, parmi tant d'autres, de communication marketing. Les gestionnaires marketing présentent la valeur de ce qu'ils ont à offrir aux consommateurs, ce qu'on appelle la proposition de valeur, par l'intermédiaire de divers médias, dont la télévision, la radio, les magazines, la promotion des ventes, la publicité, la force de vente et Internet (une bénédiction pour les détaillants spécialisés). Les entreprises éloignées des grands centres peuvent dorénavant agrandir leur marché cible et viser le marché mondial. Les Canadiens qui vivent à l'étranger — en Afrique, en Australie ou en Nouvelle-Zélande, par exemple — peuvent commander leurs produits canadiens préférés en quelques clics seulement sur le site ontarien www.thecountrygrocer.com[18]. De la même façon, Kicking Horse Coffee, située au cœur des Rocheuses canadiennes, arrive à vendre chaque semaine plus de 20 000 kilos de ses 21 sortes de café biologique et équitable à des clients et à des détaillants au Canada, aux États-Unis et même en Hollande.

Le café Kicking Horse est maintenant le café haut de gamme le plus vendu dans les épiceries du pays, plus encore que celui du redoutable Starbucks[19]. Ces détaillants, ainsi que des milliers d'autres comme eux, ont su ajouter de la valeur à leur produit grâce à leurs stratégies de communication efficientes et efficaces.

Ainsi, les gestionnaires marketing doivent trouver les modes de communication les plus efficients et efficaces, ce qui nous rappelle l'importance de comprendre le client, de créer de la valeur et de transmettre un message au client.

Depuis quelque temps, un nombre croissant d'entreprises se servent d'Internet et de leur propre site Web pour faire de la publicité et communiquer avec leurs clients afin de bâtir une relation solide avec eux. Par exemple, les internautes qui se rendent sur le site de Sears Canada (www.sears.ca/accueil) courent la chance de gagner un ensemble laveuse-sécheuse Elite[MD] HE5t de Kenmore ou l'un des trois voyages à destination de la Jamaïque, de Cuba ou de Sainte-Lucie. Aucun achat n'est requis : l'internaute n'a qu'à s'inscrire, puis à répondre à une question réglementaire[20]. Des études sur le sujet ont démontré que ce type de campagne publicitaire est bien plus efficace qu'une publicité par correspondance ou qu'une annonce télévisée. Néanmoins, les gestionnaires marketing doivent rechercher un équilibre entre l'efficacité des moyens de communication employés et les coûts qu'ils entraînent. Prenons le cas de Google, qui offre un service appelé AdWords Select, lequel établit les frais exigés des annonceurs en fonction du nombre de clics de souris effectués sur leur publicité au lieu de la méthode plus traditionnelle qui vise à facturer le client en fonction du moment, de l'endroit ou de la fréquence de la publicité[21]. Bien des entreprises d'ici allouent une portion appréciable de leur budget de marketing non seulement à Internet, mais aussi à la promotion des ventes, car les consommateurs canadiens accordent une importance de plus en plus grande à la valeur des biens qu'ils se procurent. En fait, au Canada, les entreprises dépensent maintenant davantage pour la promotion des ventes que pour la publicité[22].

Les entreprises doivent assurer la cohérence entre leurs stratégies promotionnelles et la vision de l'organisation, ce qui n'est pas aussi simple que cela peut paraître. La rubrique Question d'éthique 2.1 porte sur une tactique promotionnelle choisie par Lululemon en vue de renforcer sa présence dans la vente au détail au Canada, tactique qui a d'ailleurs soulevé bien des préoccupations.

Question d'éthique 2.1 Lululemon : se déshabiller… contre son gré ?

Récemment, Lululemon, la toute nouvelle griffe canadienne de vêtements unisexes inspirée du yoga et conçue pour le sport, a lancé une campagne de publicité en vue de promouvoir l'ouverture d'une nouvelle boutique à Kingston, en Ontario[23]. Le concept était le suivant : les 30 premières clientes à passer les portes de la boutique en sous-vêtements recevaient gratuitement un ensemble (un haut et un bas). Les femmes prévoyaient se présenter soit en culotte et se cacher les seins avec les mains, soit en culotte et en soutien-gorge. Quelques minutes à peine avant l'ouverture de la boutique, les participantes ont appris que les soutiens-gorge étaient interdits et qu'elles ne pouvaient se cacher, malgré la présence de caméras qui les filmaient pendant leur essayage. À la demande des clientes, les photographes et les caméramans se sont éloignés, mais ils n'ont pas cessé de prendre des photos ou de les filmer. Le même événement s'était produit à Vancouver quelque temps auparavant. Selon un porte-parole de Lululemon, « les participantes ont agi sur une base volontaire ; elles ont choisi de venir ici, de prendre plaisir à l'événement et, en retour, elles sont reparties avec un ensemble Lululemon offert gratuitement. Nous sommes tous très heureux de l'événement. » Fait intéressant : la mission de Lululemon est de procurer aux femmes un mode de vie empreint de joie, de santé, d'équilibre et d'autonomisation. Dans le cas présent, s'agit-il vraiment d'autonomisation ou traite-t-on la femme comme un objet ? Puisqu'elles ont été photographiées alors qu'elles étaient presque nues, les participantes ont-elles été exploitées ? Si les femmes savaient d'avance à quoi s'attendre de l'événement (même s'il semble que le déroulement de l'activité n'ait pas été très clair), cela le rend-il acceptable sur le plan éthique ?

Étape 4 : mettre en œuvre le marketing mix et affecter des ressources

Après avoir élaboré la stratégie de marketing mix, les gestionnaires marketing doivent prévoir les ressources qui seront nécessaires en vue de mettre en œuvre le plan prévu. Ainsi, un budget doit être établi, de même qu'un calendrier des tâches à accomplir. Il faut également se charger de l'organisation du marketing. À cette étape du processus, les gestionnaires marketing doivent prendre des décisions clés quant à l'affectation des rares ressources aux divers produits et services. Plusieurs outils leur permettent d'y arriver. Au cours d'une analyse de portefeuille, par exemple, les cadres évaluent les différents produits et activités de l'entreprise, son portefeuille, et affectent les ressources à leur disposition en fonction des produits susceptibles d'être les plus rentables. La matrice BCG est un outil d'analyse de portefeuille répandu qui a été créé par le Boston Consulting Group. Le principe de la matrice BCG est expliqué un peu plus loin. L'analyse de portefeuille est généralement effectuée au niveau de l'unité d'affaires stratégique ou de chaque ligne de produits de l'entreprise, mais les cadres peuvent également choisir d'y avoir recours pour évaluer une marque ou même un produit en particulier.

Par exemple, Les Compagnies Loblaw ltée comprennent la vente de produits généraux, de produits de pharmacie, de la marque Le Choix du Président^MD^, de produits financiers ainsi que de services[24]. Chacune de ces activités constitue une unité stratégique sectorielle. Par contre, une ligne de produits est un ensemble de biens que les consommateurs peuvent utiliser de la même manière, ou qu'ils trouvent semblables dans une certaine mesure. Ainsi, plusieurs **lignes de produits** composent l'unité d'affaires stratégique des services financiers Le Choix du Président : les opérations bancaires PC^MD^, la carte Mastercard^MD^ PC^MD^, les prêts hypothécaires et les contrats d'assurance.

ligne de produits (*product line*)
Constituante d'une gamme de produits. Chaque ligne correspond à un groupe de produits similaires.

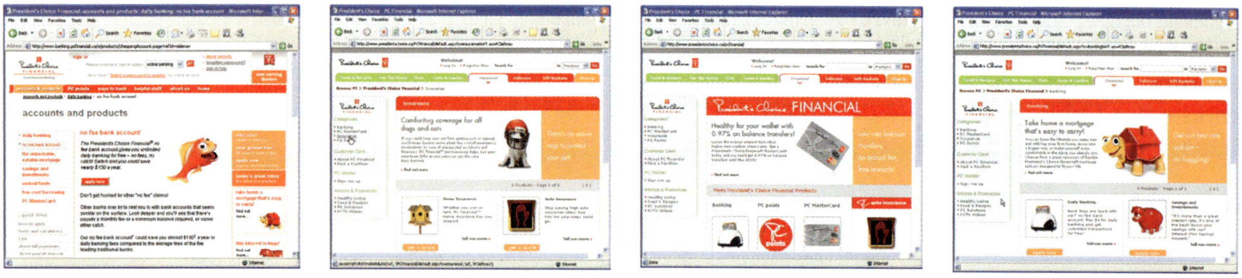

Ces captures d'écrans présentent certains secteurs d'activité du Choix du Président, l'une des entreprises des Compagnies Loblaw ltée.

part de marché relative (*relative market share*)
Mesure de la position d'un produit sur un marché en particulier que l'on calcule en divisant les ventes du produit analysé par celles de la plus grande entreprise de l'industrie.

taux de croissance du marché (*market growth rate*)
Taux d'accroissement annuel d'un marché sur lequel un produit est présent.

L'ANALYSE DE PORTEFEUILLE À L'AIDE DE LA MATRICE BCG (BOSTON CONSULTING GROUP)

Selon l'une des méthodes d'analyse de portefeuille les plus populaires, celle élaborée par le Boston Consulting Group (BCG), l'entreprise divise ses produits selon deux axes, tels qu'illustrés dans la figure 2.4[25]. Les cercles représentent des marques et la taille de chaque cercle est directement proportionnelle aux ventes annuelles de la marque qu'il représente. L'axe horizontal correspond à la **part de marché relative**, la mesure de la position d'un produit sur un marché en particulier que l'on calcule en divisant les ventes du produit analysé par celles de la plus grande entreprise de l'industrie. L'axe vertical, quant à lui, correspond au **taux de croissance du marché**, le taux d'accroissement annuel d'un marché sur lequel un produit est présent. Ainsi, le taux de croissance du marché mesure à quel point le marché est avantageux. Finalement, chaque quadrant porte un nom choisi en fonction de la quantité de ressources que l'entreprise investit et de la quantité de celles qu'elle génère.

FIGURE 2.4 La matrice BCG

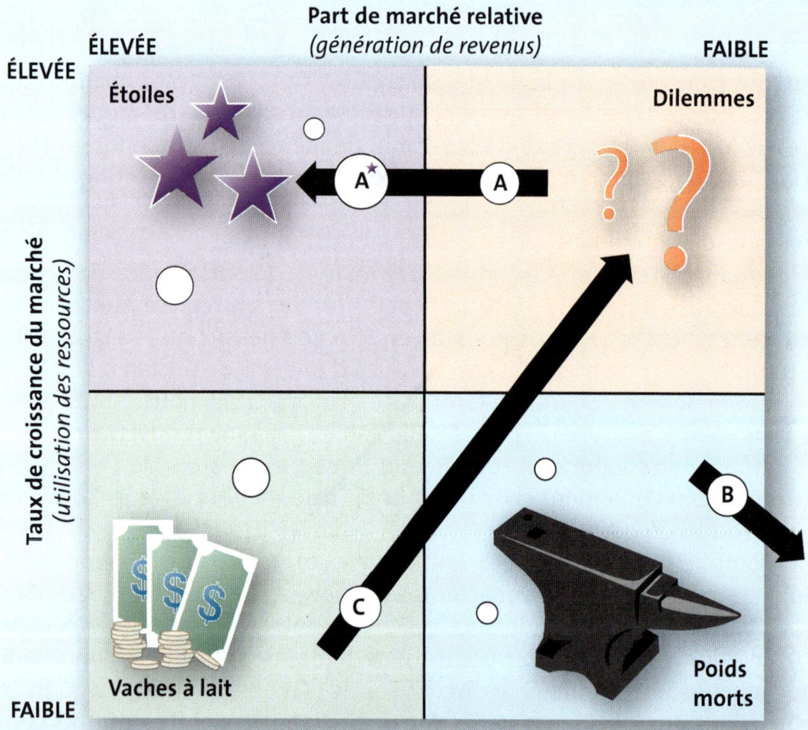

Les étoiles Les étoiles, dans le quadrant supérieur gauche, font partie des marchés dont le taux de croissance et la part de marché relative sont élevés. Toutefois, ce type de produits nécessite des investissements importants en ce qui a trait tant aux dépenses de communication qu'à l'établissement de nouvelles installations de production afin d'alimenter une croissance rapide. À mesure que la croissance ralentit, les étoiles passeront de grandes consommatrices à grandes génératrices de ressources avant de devenir des vaches à lait.

Les vaches à lait Les vaches à lait, dans le quadrant inférieur gauche, font partie des marchés dont le taux de croissance est faible, mais dont la part de marché relative est élevée. Étant donné qu'elles ont déjà nécessité des investissements importants afin que leur part de marché relative soit élevée, elles génèrent maintenant un surplus de ressources, qu'il est possible d'utiliser pour financer les produits qui se portent moins bien, comme ceux se trouvant dans la case des dilemmes.

Les dilemmes Les dilemmes, dans le quadrant supérieur droit, font partie des marchés dont le taux de croissance est élevé, mais dont la part de marché relative est plutôt faible. Il s'agit souvent des produits qui nécessitent le plus d'effectifs, car ils doivent maintenir et peut-être même augmenter leur part de marché. L'entreprise doit alors décider s'il faut investir les revenus générés par les vaches à lait dans les dilemmes afin que ceux-ci deviennent des étoiles ou s'il vaut mieux retirer les ressources mises en place et soustraire progressivement le produit du marché. La marque A, par exemple, se situe actuellement dans les dilemmes, mais en y investissant des ressources, l'entreprise souhaite en faire une étoile.

Les poids morts Les poids morts, dans le quadrant inférieur droit, font partie des marchés dont le taux de croissance et la part de marché relative sont faibles. Bien que ces produits puissent générer suffisamment de ressources pour subvenir à leurs propres besoins, les poids morts ne peuvent devenir des étoiles et devraient être retirés progressivement du marché, à moins qu'ils ne servent à faire mousser les ventes d'un autre produit ou qu'ils ne nuisent à la concurrence. Dans le cas présent, l'entreprise a décidé de cesser de fabriquer les produits de la marque B.

Même si elle aide à comprendre le concept d'affectation des ressources, la matrice BCG, ainsi que d'autres méthodes semblables, est souvent difficile à mettre en pratique. En fait, il est malaisé de mesurer la part de marché relative et le taux de croissance du marché. De plus, d'autres mesures peuvent servir à représenter la position concurrentielle d'un produit et l'attrait relatif d'un marché. Il y a également un autre enjeu : le risque d'entraîner une prophétie autogénérée, ou effet Pygmalion, en plaçant un produit dans un quadrant plutôt que dans un autre. En effet, imaginons qu'un produit soit classé dans les poids morts alors qu'il pourrait être dans les dilemmes. Il se peut que l'entreprise cesse d'investir dans ce produit et qu'elle perde des ventes jusqu'à ce qu'elle finisse par abandonner le produit, alors que si elle avait investi suffisamment de ressources, le produit en question aurait pu être rentable.

Étant donné les limites que présentent de telles matrices, bon nombre d'entreprises ont choisi d'y substituer des approches plus équilibrées. En outre, au lieu de laisser les échelons supérieurs prendre toutes les décisions relatives à l'affectation des ressources, de plus en plus d'entreprises confient cette responsabilité à des échelons inférieurs et se servent d'un système de freins et de contrepoids. Ainsi, les directeurs de chacun des paliers sont forcés de négocier avec ceux des paliers qui les précèdent et qui les suivent avant de prendre une décision sans appel.

En plus d'affecter les ressources, les gestionnaires marketing doivent établir un calendrier où apparaissent toutes les activités commerciales de l'entreprise ainsi que le personnel attitré à chacune d'entre elles. Le phénomène du goulot d'étranglement est ainsi évité et les activités de marketing mix peuvent se dérouler rondement et dans les délais. Également, les gestionnaires marketing doivent structurer l'organisation chargée de mettre en œuvre le plan marketing. Cette dernière prend habituellement la forme d'un organigramme, tel qu'illustré dans l'exemple de plan marketing en annexe se trouvant à la fin du manuel. Dans la plupart des entreprises bien établies, l'organisation du marketing existe déjà et il suffit d'assigner les rôles qu'elle comprend aux employés du service du marketing. En outre, l'organisation du marketing est en général responsable des décisions quotidiennes relativement à la mise en œuvre du plan marketing.

Étape 5 : évaluer l'efficacité du plan marketing

La dernière étape du processus de planification consiste à évaluer les résultats du plan marketing et de sa mise en œuvre. L'entreprise doit alors déterminer si les objectifs relatifs à la performance ont été atteints ou non. La réussite ou l'échec, selon le cas, est-il attribuable à des facteurs assujettis au contrôle de l'entreprise ? Par exemple, l'entreprise a-t-elle investi un trop gros montant dans l'achat des pièces ou des ingrédients ? Le rendement a-t-il été influencé par des facteurs économiques ou par la concurrence, comme le lancement d'un nouveau produit sur le marché ? La compréhension des causes d'une bonne ou d'une mauvaise performance (qu'elle ait dépassé, atteint ou raté les objectifs fixés) permet à l'entreprise d'apporter des ajustements adéquats.

Normalement, les gestionnaires marketing commencent par évaluer le programme de mise en œuvre. Leur analyse peut ensuite révéler que la stratégie choisie (ou même l'énoncé de mission) doit être repensée. Des problèmes peuvent survenir si l'entreprise met en œuvre une mauvaise stratégie, même de la bonne manière, mais aussi si l'entreprise met en œuvre une bonne stratégie, mais de la mauvaise manière.

Afin d'évaluer une marque, le gestionnaire peut mesurer la notoriété de la marque (donc le niveau de connaissance d'une marque dans l'esprit du consommateur), le nombre de clients qui se sont procuré le produit ou encore le taux de répétition des achats. Pour ce qui est du rendement d'un article en particulier, le gestionnaire peut en mesurer les ventes, la rentabilité ou le ratio de rotation[26].

Pour illustrer comment une entreprise évalue sa performance et apporte des ajustements en conséquence, nous allons nous pencher sur le cas des Hôtels Fairmont, la plus importante compagnie de gérance d'hôtels de luxe en Amérique du Nord. Tout récemment, l'entreprise a créé un entrepôt de données sur ses clients, de manière à rendre le profil des clients accessible à tous les établissements Fairmont, à cibler des segments de marché en leur faisant parvenir des communications personnalisées, des primes et des rabais, à mieux gérer le programme de fidélisation de même qu'à recruter de nouveaux clients et à encourager leur fidélité. Cet entrepôt de données présente une liaison transparente à partir du site Web des Hôtels Fairmont et du système informatisé de réservation et de gestion des propriétés, en plus de recueillir des renseignements sur les clients à partir de tous les points de communication (les médias utilisés par les clients pour entrer en contact avec Fairmont). Bref, grâce à la création d'un tel entrepôt de données, Fairmont peut maximiser ses recettes en se concentrant sur le marketing et la stratégie de marque destinés aux segments de grande valeur. Aussi, pour la première fois, les Hôtels Fairmont peuvent mesurer l'efficacité des initiatives de marketing propres aux segments visés[27].

La planification stratégique ne suit pas un ordre séquentiel

Le processus de planification présenté dans la figure 2.1 (*voir p. 34*) laisse croire que les gestionnaires prennent les décisions stratégiques en suivant un ordre séquentiel précis. Autrement dit, après avoir défini la mission de l'entreprise, ils analyseraient la situation, trouveraient les occasions d'affaires, évalueraient les choix qui s'offrent à eux, fixeraient des objectifs, affecteraient les ressources disponibles, planifieraient la mise en œuvre de la stratégie et, finalement, évalueraient son rendement et feraient les ajustements nécessaires. En réalité, il est possible de passer d'une étape à une autre, peu importe l'ordre dans lequel elles se trouvent. Par exemple, au cours de l'analyse de la situation, le gestionnaire pourrait découvrir qu'un autre choix s'offre à lui, même si ce choix ne fait pas partie de l'énoncé de mission. Le cas échéant, il faudrait revoir l'énoncé de mission en question. L'élaboration du plan de mise en œuvre peut également révéler une affectation insuffisante de ressources à un produit donné, ce qui empêcherait l'atteinte de son objectif. Dans un pareil cas, l'entreprise devra changer d'objectif ou augmenter la quantité de ressources affectée au produit en question. Le gestionnaire de produits pourrait également choisir de ne pas investir dans ce produit.

Maintenant que nous avons examiné les étapes de la planification marketing stratégique, passons aux stratégies qui ont permis d'assurer la réussite de bon nombre d'entreprises.

Les stratégies de croissance

OA 5

Les entreprises cherchent à percer divers segments de marché dans le cadre de leur stratégie de croissance générale, laquelle peut comprendre les quatre principales stratégies qui apparaissent dans le tableau 2.4[28].

Les lignes servent à distinguer les stratégies dont peut se servir l'entreprise sur le marché actuel de celles dont l'entreprise peut se servir pour pénétrer de nouveaux marchés. Les colonnes, quant à elles, distinguent ce que l'entreprise a à offrir sur le marché actuel des nouvelles occasions qui se présentent à elle. Examinons chacune des cases du tableau en détail.

TABLEAU 2.4 Les stratégies relatives au marché ainsi qu'aux produits et aux services

Marchés	*Produits et services*	
	Actuel	**Nouveau**
Actuel	Pénétration du marché	Développement de produits
Nouveau	Développement de marchés	Diversification

La pénétration de marchés

La **stratégie de pénétration de marchés** se sert du marketing mix existant et est axée sur la clientèle déjà établie. On peut mettre en œuvre une telle stratégie en attirant de nouveaux clients vers le marché cible déjà intégré ou en incitant les clients actuels à fréquenter davantage l'entreprise ou à faire davantage d'achats à chaque visite. La stratégie de pénétration de marchés requiert généralement plus d'efforts que les autres stratégies de croissance, notamment une augmentation de la publicité, des soldes et des offres promotionnelles ou une meilleure distribution dans les endroits où l'on vend déjà les produits et les services de l'entreprise.

stratégie de pénétration de marchés (*market penetration strategy*) Stratégie de croissance qui se sert du marketing mix existant et qui est axée sur la clientèle déjà établie.

Par exemple, les Hôtels Fairmont offrent à leur clientèle nombre de promotions et de rabais pendant toute l'année. Ainsi, avec ses tarifs estivaux spéciaux, Fairmont fait une offre alléchante à ses clients pendant l'été : toutes les personnes qui font une réservation pour au moins deux nuits avant une date précise et qui paient avec une carte American Express reçoivent un crédit pouvant aller jusqu'à 50 $ pour se procurer de la nourriture et des boissons ou encore obtiennent le double de points de voyage de l'une des compagnies aériennes participantes. Pour profiter de cette offre, le client doit faire sa réservation pour un séjour qui aura lieu entre mai et septembre[29]. En outre, le Club du Président Fairmont offre à ses 800 000 membres, dont la moitié sont des Canadiens, bien des avantages, dont celui de pouvoir réserver leur chambre et y faire livrer des vêtements, des chaussures et de l'équipement Adidas dans la taille voulue, et ce, au sein du programme « Fairmont en forme »[30].

Le développement de marchés

La **stratégie de développement de marchés** se sert d'une offre déjà existante pour atteindre de nouveaux segments de marché, qu'ils soient intérieurs ou internationaux. La croissance internationale est souvent plus risquée que la croissance locale

stratégie de développement de marchés (*market development strategy*) Stratégie de croissance se servant d'une offre déjà existante pour atteindre de nouveaux segments de marché, qu'ils soient intérieurs ou internationaux.

En ouvrant de nouveaux hôtels et complexes hôteliers dans des pays comme la Chine (celui-ci se trouve à Shanghai), Fairmont a recours à une stratégie de développement de marchés.

car, en général, la réglementation, les traditions, le fonctionnement de la chaîne logistique et la langue y sont différents. En 2007, les Hôtels Fairmont ont formé une cœntreprise avec le Jin Jiang International Group, la plus grande chaîne d'hôtels chinoise, dans le but de rouvrir le Peace Hotel. Cet hôtel, situé à Shanghai, constitue un attrait incontournable depuis plus d'un siècle. Cette cœntreprise, qui se nomme le Jin Jiang Fairmont Hotel, a ouvert ses portes à l'été 2010. Pour ce qui est de l'avenir, l'entreprise prévoit ouvrir de nouveaux hôtels Fairmont à Vancouver, au Caire, à Abou Dhabi, en Afrique du Sud ainsi qu'en Asie et au Moyen-Orient, où ils sont présents, mais encore très peu[31].

Dans le même ordre d'idées, Forever 21, une marque créée à Los Angeles, pionnière du « chic bon marché » et qui vend des vêtements tendance inspirés des collections aux adolescents et aux étudiants, a récemment ouvert son premier magasin phare au Canada, juste en face du Eaton Centre, à Toronto. Forever 21 compte suivre les traces de la firme suédoise H&M et de la firme espagnole Zara et ouvrir davantage de boutiques partout au Canada[32].

Le développement de produits

stratégie de développement de produits (*product development strategy*) Stratégie de croissance selon laquelle une entreprise propose à un marché cible un nouveau produit ou service.

La troisième stratégie de croissance possible est le **développement de produits**, où une entreprise propose à un marché cible un nouveau produit ou service. Par exemple, les Hôtels Fairmont souhaitaient que leur clientèle passe des circuits existants au site Web. L'entreprise a alors fait en sorte que son site simplifie le processus de réservation, le raccourcisse et offre en plus des forfaits à valeur ajoutée ainsi que des offres promotionnelles pertinentes. Pour améliorer encore davantage le service offert par Internet, elle met maintenant à la disposition de sa clientèle un réseau sécurisé sans fil dans toutes ses installations. Selon le vice-président à la technologie, « certains de nos clients hébergent leur propre serveur et choisissent de travailler à l'hôtel, de la salle de réunion ou de leur chambre. Certains utilisent même le serveur de messagerie. » Le principe sous-jacent est de permettre aux clients qui se trouvent à l'hôtel pour affaires d'être aussi productifs dans leur chambre que s'ils étaient à leur bureau[33].

La diversification

stratégie de diversification (*diversification strategy*) Stratégie d'expansion par laquelle une entreprise lance un nouveau produit ou service ou développe un segment de marché qu'elle ne couvre pas encore.

La **stratégie de diversification**, la dernière stratégie de croissance présentée dans le tableau 2.4 (*voir p. 49*), consiste à lancer un nouveau produit ou service sur un segment de marché que l'entreprise ne couvre pas encore. Les occasions de diversification peuvent être connexes ou non. Lorsque la diversification est connexe, le marché cible ou le marketing mix actuel a des points communs avec la nouvelle occasion d'affaires. En d'autres mots, l'entreprise pourrait faire des achats auprès de vendeurs de son réseau, se servir du même système d'information, de distribution ou de gestion ou encore faire passer dans les mêmes journaux des annonces publicitaires destinées à des marchés cibles semblables au marché dont font partie ses clients actuels. Au contraire, lorsque la diversification n'est pas connexe, le marché cible ou le marketing mix actuel ne présente pas de point commun avec le nouveau. Dans le cadre de leur stratégie de diversification connexe, les Hôtels Fairmont ont fait l'acquisition des Hôtels Delta, la plus grande chaîne hôtelière de luxe du Canada, laquelle accueille une clientèle qui constitue un segment de marché inférieur à celui ciblé par Fairmont[34]. De plus, les Hôtels Fairmont possèdent 35 % de la société de placement immobilier Legacy[35].

Finalement, la rubrique Marketing entrepreneurial 2.1 (*voir p. 51*) décrit le secret du succès de Kicking Horse Coffee, soit leur stratégie de croissance.

Marketing entrepreneurial **2.1**

L'entreprise Kicking Horse Coffee se rue sur la concurrence[36] !

Selon la rumeur, le col du Cheval-qui-Rue (*Kicking Horse Pass*) aurait été l'un des derniers obstacles à la construction de la voie ferrée unissant la Colombie-Britannique au reste du Canada. C'est de ce col légendaire que l'entreprise a tiré son nom. L'entreprise Kicking Horse Coffee a vu le jour en 1996 grâce à Elana Rosenfeld et Leo Johnson, deux Torontois amoureux de la nature. C'est d'ailleurs cet amour qui les a menés jusqu'à la petite et pittoresque ville d'Invermere, en Colombie-Britannique, là où se trouve maintenant l'entreprise. En effet, Kicking Horse Coffee est nichée au cœur des Rocheuses, quelque 150 kilomètres à l'ouest de la très connue ville de Banff et à 877 kilomètres à l'est de Vancouver.

Le plan initial du couple était de produire et de distribuer du café biologique. Kicking Horse Coffee offre maintenant toute une gamme de cafés, 21 sortes en fait, provenant des meilleurs grains issus de l'agriculture biologique et équitable. La torréfaction et le mélange des grains ont lieu à 914 mètres au-dessus du niveau de la mer. Actuellement, l'entreprise vend plus de 20 000 kilos de café par semaine dans des épiceries et des restaurants du Canada, des États-Unis et de Hollande. Quinze employés travaillent dans les bureaux, dont la superficie s'élève à 20 000 pieds carrés, ainsi que dans les installations de torréfaction. Kicking Horse Coffee prévoit atteindre des recettes annuelles de près de 10 millions de dollars et a réussi à se hisser au premier rang des vendeurs de café haut de gamme dans les épiceries et les restaurants du pays. Elle a même dépassé les très performants Starbucks et Timothy's World Coffee. Elana Rosenfeld et Leo Johnson avaient-ils prévu une telle croissance ? Nullement. D'ailleurs, revenons en 1996. Cette année-là, Elana Rosenfeld a dit : « Si nous parvenons à vendre 350 kilos de café par semaine, nous n'en croirons pas nos yeux ! » Même dans leurs rêves les plus fous, ils n'osaient espérer une telle réussite. Sauf que, bien vite, ils n'ont plus été capables de répondre à la demande. Ont-ils été victimes de leur succès ?

Elana Rosenfeld admet que, au départ, Leo Johnson et elle n'avaient pas de plan d'affaires bien défini, leur approche consistant davantage à répondre à la demande du moment. Ils n'ont établi un plan d'affaires détaillé qu'une fois qu'ils se sont rendu compte qu'ils ne suffisaient plus à la tâche. Et pour cause, la demande de café Kicking Horse a augmenté de 229 % sur une période de trois ans ! Le couple était alors tellement absorbé par les commandes qui se multipliaient qu'ils n'avaient pas le temps de planifier quoi que ce soit. N'empêche, ils se devaient de préparer un plan d'affaires s'ils voulaient faire face aux ventes toujours croissantes. Il a donc fallu qu'ils s'y mettent. Heureusement, vers la fin de 2005, la Banque de développement du Canada leur a octroyé 5 000 $ pour qu'ils puissent obtenir des services de conseil en gestion, « une aide précieuse et absolument nécessaire », révèle Elana Rosenfeld. Ainsi, ils ont effectué des prévisions des ventes et calculé leurs besoins futurs de capitaux à l'aide d'une approche systématique qui leur a permis de connaître leurs besoins en matière d'espace, de main-d'œuvre et d'équipement. Par la suite, ils ont engagé deux gestionnaires expérimentés pour que la production soit mieux structurée et ils sont devenus plus disciplinés, de manière à choisir les occasions d'affaires plus efficacement. En outre, ils ont atteint un certain équilibre qui leur permet de grandir rapidement sans avoir à manquer à la promesse qu'ils se sont faite et qu'ils ont faite à leur douzaine d'employés, soit ne jamais faire d'heures supplémentaires. Après 15 ans d'opérations, la compagnie commence à jouer dans la cours des grands. Rosenfeld ajoute que même si certains clients comme Safeway, Loblaw et Provigo n'ont pas autant de café Kicking Horse qu'ils pourraient en vendre, la production est accrue et l'écart entre l'offre et la demande est de moins en moins important.

Rosenfeld a remarqué deux avantages non négligeables liés au fait d'opter pour une attitude axée sur la planification : les tâches quotidiennes se déroulent plus rondement et les cofondateurs peuvent maintenant accorder plus de temps à la direction générale de l'entreprise. « La planification, c'est formuler clairement qui on est et ce en quoi on croit de manière à rester sur le bon chemin », affirme Elana Rosenfeld. C'est ainsi que les dirigeants ont réussi à ne pas céder aux détaillants qui leur demandaient de leur vendre du café moulu, ce qui aurait compromis la qualité du produit étant donné que le café moulu perd rapidement de son goût et de son arôme lorsqu'il entre en contact avec l'air ambiant.

Kicking Horse Coffee propose 21 sortes de café biologique.

Les macrostratégies

Les stratégies de croissance ne constituent pas le seul moyen pour une entreprise d'améliorer son rendement. En effet, les macrostratégies, ou stratégies englobantes, se concentrent sur des facteurs d'excellence en vue de créer de la valeur et des avantages concurrentiels durables. Comme l'illustre la figure 2.5 (*voir p. 52*), bien des entreprises spécialisées en marketing ont recours à trois de ces stratégies, aussi appelées « disciplines axées sur la valeur », afin d'avoir un avantage durable sur leurs concurrents[37] :

excellence du service à la clientèle (*customer excellence*)
Approche où une importance particulière est accordée à la loyauté des clients et à la qualité du service à la clientèle.

excellence des opérations (*operational excellence*)
Importance accordée par une entreprise à l'efficience en ce qui a trait aux opérations et à la gestion de la chaîne logistique.

excellence du produit (*product excellence*)
Importance accordée à la fabrication de produits de haute qualité. Une valorisation de la marque efficace et un bon positionnement sont la clé.

- L'**excellence du service à la clientèle** accorde une importance particulière à la loyauté des clients et à la qualité du service à la clientèle.
- L'**excellence des opérations** accorde une importance particulière à l'efficience en ce qui a trait aux opérations et à la gestion de la chaîne logistique.
- L'**excellence du produit** accorde une importance particulière à la fabrication de produits de haute qualité. Une valorisation de la marque efficace et un bon positionnement en sont la clé.

L'excellence du service à la clientèle

L'excellence du service à la clientèle est atteinte lorsqu'une entreprise parvient à élaborer des stratégies axées sur la valeur dans le but de garder sa clientèle loyale et d'offrir un service à la clientèle sans égal.

Retenir les clients loyaux La loyauté d'un client, c'est lorsque celui-ci est dévoué à une entreprise en particulier. Parfois, les moyens utilisés par une entreprise pour conserver un avantage concurrentiel durable contribuent à attirer des clients et à retenir les clients loyaux. Par exemple, une marque bien établie, une marchandise unique et un service à la clientèle exemplaire sont autant d'éléments qui raffermissent la loyauté de la clientèle. De plus, avoir une clientèle fidèle est en soi un avantage concurrentiel. Plus qu'une simple préférence[38], la loyauté, c'est lorsque le client refuse d'encourager la concurrence. Par exemple, les clients loyaux de Nike continuent de se procurer des chaussures de sport de cette marque, même si les Reebok sont peut-être plus faciles à trouver, plus variées ou moins chères.

De plus en plus d'entreprises se rendent compte de l'importance de l'excellence du service en veillant à ce que la loyauté de la clientèle soit au centre de leur stratégie

FIGURE 2.5 Les macrostratégies de développement de la valeur économique du client

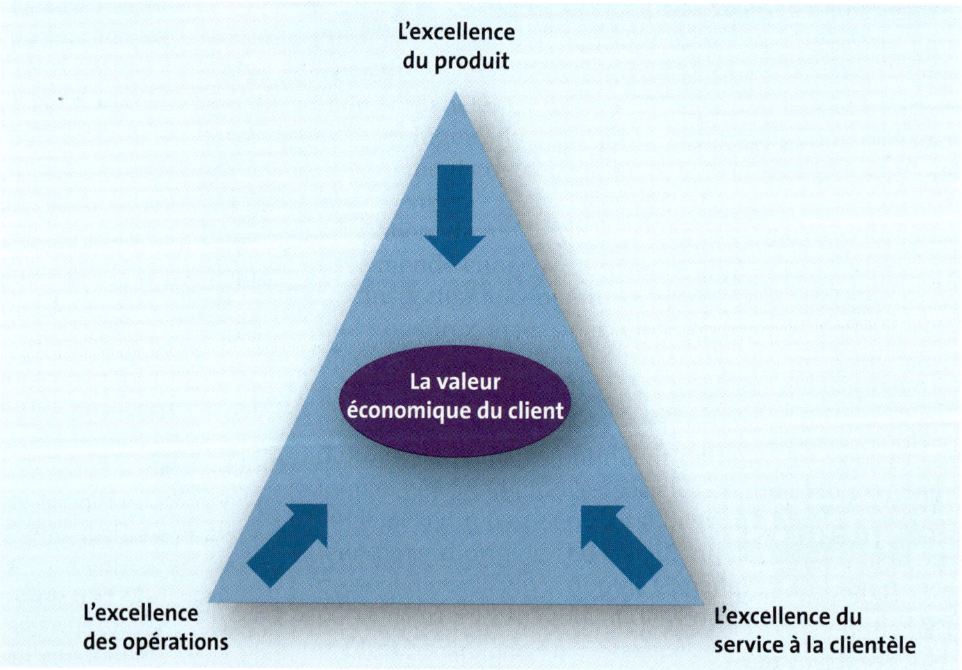

de marketing. Par exemple, un bon nettoyeur ne songe pas aux 2 $ que lui rapportent le nettoyage et le pressage d'une chemise ; il cherche plutôt à satisfaire le client qui lui donne 25 $ par semaine, 50 semaines par année pendant 10 ans. Par conséquent, ce client vaut non pas 2 $, mais 12 500 $. Voir l'apport à long terme d'un client plutôt que de considérer chacune de ses transactions est la clé de tout bon programme de fidélisation de la clientèle[39].

L'établissement émetteur de cartes de crédit le plus puissant du monde, MBNA, comprend l'importance de bien servir et de retenir ses plus loyaux clients[40]. Selon l'entreprise, une chute du taux de désertion (le client quitte la banque pour une autre) de 5 % entraîne une augmentation de la valeur économique moyenne du client de 125 %. Pour sa part, MBNA considère que, en réduisant son taux de désertion de 10 %, la période moyenne pendant laquelle les clients y seraient fidèles doublerait et que les profits seraient 16 fois plus élevés. En général, les experts s'entendent pour dire que les entreprises peuvent augmenter leurs profits de pratiquement 100 % si elles parviennent à retenir 5 % de clients de plus[41].

Les gestionnaires marketing ont plusieurs méthodes à leur disposition pour encourager la loyauté des clients. L'élaboration d'une stratégie de positionnement claire et précise est une de ces méthodes. Par exemple, les clients loyaux de Sympatico, le service Internet haute vitesse de Bell, sont tellement satisfaits du service à la clientèle rapide, efficace et utile de l'entreprise qu'ils ne changeront pas de fournisseur, même s'ils peuvent économiser quelques dollars. L'établissement d'un lien émotionnel entre le client et l'entreprise par le truchement d'un programme de fidélisation constitue une autre façon d'encourager la loyauté des clients[42]. Les programmes de fidélisation, qui font partie d'un programme plus général de gestion de la relation client que nous avons vu dans le chapitre 1, prédominent dans bien des industries (les industries aérienne, hôtelière, cinématographique et commerciale). En effet, 75 % des Canadiens et des Américains participent à au moins un programme de fidélisation[43]. Toutefois, les avantages dont profitent ces clients sont limités, car seul un faible pourcentage d'entre eux accumulent suffisamment de points pour pouvoir obtenir une récompense. Les programmes de fidélisation sont donc une véritable manne pour les gestionnaires marketing. Ainsi, les entreprises sont en mesure de comparer les données sur les membres avec celles sur les achats effectués en vue de dresser un profil de la clientèle. Les entreprises se servent souvent de ces données pour personnaliser leurs offres et donc mieux répondre aux besoins de leur clientèle loyale.

Par exemple, en analysant le contenu de leurs bases de données, les institutions financières comme la Banque de Montréal établissent un profil des clients qui ont déserté l'entreprise afin de pouvoir savoir quels clients sont susceptibles de le faire. Ensuite, l'entreprise peut mettre en œuvre des programmes de fidélisation pour que ces clients restent loyaux à leur banque.

Le service à la clientèle Le gestionnaire marketing peut également choisir de créer un avantage concurrentiel durable en offrant un excellent service à la clientèle[44], même s'il peut s'avérer difficile de rester constant. Étant donné que le service à la clientèle est assuré par des employés, il est évident que les risques d'irrégularité sont plus élevés que si le travail était fait par des machines. Les entreprises qui souhaitent offrir un service à la clientèle de qualité doivent donc inculquer les valeurs nécessaires à leurs employés, et ce, sur une longue période, de manière qu'elles fassent partie de la culture organisationnelle.

Même si les efforts et le temps requis sont considérables, une fois qu'une entreprise a acquis la réputation d'offrir un bon service à la clientèle, elle possède un avantage durable sur les autres entreprises, car ses concurrents sentiront de la pression si elles veulent en faire autant. La rubrique Valeur ajoutée 2.1 (*voir p. 54*) présente la démarche poursuivie par Richard Branson, le fondateur de la compagnie aérienne Virgin Atlantic, lorsqu'il a voulu offrir à ses clients un service à la clientèle d'exception.

L'excellence des opérations

Les opérations d'une entreprise sont considérées comme excellentes (la deuxième macrostratégie) lorsque la gestion de ses opérations et de sa chaîne logistique atteignent l'efficience. Tous les gestionnaires marketing s'efforcent de donner à leurs clients la marchandise qu'ils veulent au moment où ils la veulent, dans les quantités requises et à un prix plus bas que celui des concurrents. De cette façon, ils assurent de la valeur à leur produit, une bonne rentabilité à l'entreprise ainsi que la satisfaction

Valeur ajoutée 2.1 Le service à la clientèle de la compagnie aérienne Virgin Atlantic

Virgin Atlantic, la deuxième compagnie aérienne longue distance en importance dans le monde, offre des vols des aéroports Heathrow et Gatwick, à Londres, vers 22 destinations internationales, dont Shanghai, les Caraïbes et, évidemment, les États-Unis[45]. L'approche client de Virgin Atlantic est précisée dans l'énoncé de mission de l'entreprise: « Favoriser la croissance d'une compagnie aérienne rentable avec qui ses clients aiment faire affaire et où ses employés aiment travailler. »

À une époque où les services aériens s'amenuisent et où les passagers sont mécontents, Virgin Atlantic a entrepris de se distinguer des concurrents en offrant aux clients le meilleur service possible au meilleur prix possible, et ce, dans toutes les classes. En outre, la compagnie aérienne a entrepris de le faire différemment des autres. Résultat: les clients, les agents et les employés loyaux connaissent la valeur d'un bon service à la clientèle.

Qu'est-ce qui distingue le service offert par Virgin Atlantic de celui des concurrents? Observez le tableau ci-dessous. Si le service offert aux clients en classe économique est bon, celui offert aux clients en classe supérieure est bien meilleur. Et que dire du service en première classe!

Virgin Atlantic fidélise sa clientèle grâce à l'excellent service qu'elle lui offre.

Classe	Caractéristiques
Première classe	• Massage et manucure offerts pendant le vol • Accès aux salons privés et aux verts à l'aéroport • Accès au spa et à l'institut de beauté offrant un service complet • Accès au bar pendant le vol • Sièges à dossier complètement inclinable • Service de limousine au moment du changement d'avion • Enregistrement direct compris dans le prix du billet
Classe supérieure	• Comptoir d'enregistrement réservé • Traitement accéléré • Bagages traités prioritairement • Espace pour les jambes 20 centimètres plus long que la normale
Classe économique	• Repas complets en vol • Station de divertissement individuelle à chaque siège (28 chaînes qui proposent des films, des émissions de télévision et des jeux) • Rafraîchissements gratuits • Trousse gratuite contenant une paire de chaussettes, un masque de repos, une brosse à dents, un peigne, des articles de toilette et des collants à apposer sur le dossier du siège qui indiquent « Ne pas déranger », « S.V.P., me réveiller pour les repas » ou « S.V.P., me réveiller au moment de la vente de produits hors taxe »

des besoins de leurs clients. En outre, l'excellence des opérations permet à l'entreprise d'offrir son produit à un plus bas prix que la concurrence ou, lorsqu'elle ne peut le faire, d'investir dans le but d'offrir un meilleur service, une plus vaste gamme de produits ou une plus belle présentation visuelle.

Il est possible d'atteindre un certain degré d'excellence des opérations en instaurant un système de distribution et d'information perfectionné ainsi qu'en nouant de bonnes relations avec les vendeurs. Tout comme la relation client, la relation avec les vendeurs doit être bâtie sur une longue période et ne doit pas pouvoir être minée facilement par un concurrent[46]. Telus, la deuxième entreprise de télécommunications en importance au Canada, compte 6,5 millions d'abonnés à son réseau sans fil, 4 millions d'abonnés à son réseau conventionnel avec fil et 1,2 million d'abonnés à son service internet[47]. Dans cette industrie, le service à la clientèle est déterminant, car la concurrence par les prix est féroce. En évaluant son logiciel de gestion du service à la clientèle, Telus s'est rendu compte qu'il était lourd et inefficace, ce qui gênait son utilisation par les conseillers du service à la clientèle. Par exemple, ces derniers devaient suivre une formation intensive de longue durée avant de pouvoir se servir du logiciel avec aisance. De plus, certains renseignements devaient être entrés plusieurs fois dans le système et il fallait de nombreuses applications pour arriver à servir ne serait-ce qu'un client. Le risque d'erreur était élevé et le temps passé à répondre aux demandes des clients était nettement trop long. Ce temps « perdu » aurait pu être utilisé pour la vente incitative ou la vente croisée. Afin de remédier à la situation, Telus a investi 6,5 millions de dollars pour munir plus de 1 000 unités de service à la clientèle d'un bureau « intelligent », une application simple et efficace.

Certaines entreprises possèdent un avantage durable sur les autres grâce à l'excellence de leurs opérations, laquelle passe par l'excellence en matière d'opérations et de gestion de la chaîne logistique.

Depuis, les résultats sont impressionnants : la durée de la formation des anciens employés comme des nouveaux a été considérablement réduite, de même que le nombre de transferts d'appels. L'entreprise estime d'ailleurs les économies réalisées à plus de 1,3 million de dollars. En outre, la vente incitative et la vente croisée, tous produits confondus, ont fait un bond de 25 %. La vente de l'un de ces produits a même connu une hausse de 125 %. Finalement, Telus a obtenu la deuxième place au *Concours de l'informatique et de la productivité pour l'avenir* (CIPA) pour l'amélioration de l'excellence de ses opérations[48].

L'excellence du produit

L'excellence du produit, soit la troisième macrostratégie, découle du choix de la marque et du positionnement du produit. Certaines entreprises peinent à créer un avantage concurrentiel à partir de leur produit ou de leur service, surtout lorsque la concurrence parvient aisément à offrir la même chose.

Par contre, d'autres entreprises ont pu maintenir leur avantage concurrentiel en investissant dans la marque. Elles ont positionné leur produit ou leur service en faisant appel à une image précise et originale de même qu'en renforçant cette image à l'aide de leur marchandise, de leurs services et de la promotion qu'elles en ont faite. Prenons, par exemple, le *Globe and Mail* et les marques canadiennes les plus connues d'Interbrand, soit RBC Groupe Financier, Pharmaprix, Bell, Tim Hortons, Molson, Rona et Loblaw. Toutes ces entreprises sont des chefs de file au sein de leur industrie, entre autres parce que leur marque est forte et bien positionnée sur le marché[49].

Lexus crée de la valeur aux yeux des clients en produisant une voiture luxueuse de bonne qualité.

Lexus est l'une des marques d'automobiles les plus connues. L'entreprise a été créée en 1983 lorsque le président de Toyota, Eiji Toyoda, a affirmé qu'il était « temps de créer une voiture de luxe à la hauteur des meilleurs constructeurs du monde ». C'est ainsi que la Lexus LS 400 et l'ES250 ont fait leur apparition sur le marché en 1987. Dès 1990, la LS 400 était applaudie par la presse spécialisée et les experts dans le domaine. Ce modèle faisait dès lors partie des meilleures voitures du monde[50]. De nos jours, Lexus est synonyme de luxe et de qualité. Comment Toyota a-t-elle pu faire passer la Lexus d'un simple concept à une voiture rivale des Mercedes, BMW et Porsche qui existent depuis si longtemps ? Elle a développé la marque Lexus tout en se concentrant sur les variables déterminantes qui font qu'une personne décide de s'acheter ou non une nouvelle voiture de luxe : le revenu, la voiture qu'elle possède déjà, l'âge de cette voiture et la distance qui sépare le client potentiel du concessionnaire.

Forte de ces renseignements, l'entreprise a créé une campagne de marketing intégrée s'adressant à des marchés précis. Par exemple, dans le cadre de l'une de ses premières campagnes, Lexus a fait parvenir une trousse de sécurité ou un panier à pique-nique aux clients potentiels qui ont fait un essai routier chez l'un de ses concessionnaires. Même si ces articles promotionnels sont coûteux, l'entreprise les a trouvés nécessaires afin que les clients potentiels, qui sont souvent pressés, prennent le temps de passer chez le concessionnaire[51].

Par contre, dans la plupart des cas, une seule stratégie (les bas prix ou l'excellence du service à la clientèle) n'est pas suffisante si l'on veut obtenir un avantage concurrentiel durable[52]. Il faut donc que l'entreprise ait plus d'une approche afin de bâtir un « mur » qui soit le plus haut possible entre elle et ses concurrents. La compagnie aérienne WestJet, par exemple, y est parvenue en répondant aux besoins de ses clients, en leur offrant un bon service et des prix concurrentiels ainsi qu'en établissant une bonne relation avec eux. L'entreprise s'est toujours positionnée comme étant un transporteur aérien qui offre un bon service dont la valeur est appréciable : les clients sont conduits à destination à l'heure prévue à un prix raisonnable. Toutefois, les clients de WestJet n'ont pas d'attentes trop élevées ; ils n'espèrent pas à qu'on leur serve de la nourriture ou qu'on leur désigne leur place et ils savent que la compagnie aérienne ne dessert qu'un certain nombre d'aéroports[53]. Grâce aux stratégies déployées, WestJet a maintenant une clientèle nombreuse et loyale en plus de très hauts remparts qui la protègent de la concurrence.

Tout au long du présent chapitre, nous avons examiné la façon dont les entreprises élaborent leurs stratégies de marketing à l'aide d'un plan marketing. Plus particulièrement, nous avons appris comment une entreprise analyse la situation, l'évalue, puis élabore une stratégie de segmentation, de ciblage et de positionnement en conséquence. Ensuite, nous avons étudié le marketing mix et la manière dont il peut être utilisé pour augmenter la valeur économique du client. Finalement, nous avons vu en détail diverses stratégies de croissance ainsi que trois macrostratégies déterminantes que bien des entreprises ont mises en œuvre avec succès.

La compagnie aérienne WestJet offre à ses clients un bon service à bon prix et prend plaisir à le faire, ce qui crée de la valeur pour son service.

Faites le point

1) Décrivez la façon dont une entreprise élabore et met en œuvre son plan marketing.

2) Réalisez une analyse FFOM pour une entreprise de votre choix et expliquez son rôle dans la planification marketing.

3) Expliquez comment une entreprise choisit les groupes de personnes à solliciter.

4) Indiquez comment le marketing mix permet d'augmenter la valeur économique du client.

5) Expliquez comment une entreprise arrive à étendre ses activités.

1) Le plan marketing comprend une analyse de la situation actuelle, des objectifs, les stratégies de marketing mix ainsi que les états financiers qui en découlent. Il est issu d'un processus qui comprend trois phases: la planification, la mise en œuvre et le contrôle. Pendant la phase de planification, les gestionnaires marketing définissent la mission ou la vision de l'entreprise en vue de répondre à la question suivante: «Dans quel domaine œuvrons-nous et que voulons-nous devenir?» Au cours de cette phase, ils doivent évaluer la situation du marché, reconnaître et évaluer les occasions d'affaires en procédant à la segmentation, au ciblage et au positionnement, puis procéder au marketing mix (les quatre «P»). Pendant la deuxième phase, soit la mise en œuvre, l'entreprise précise davantage les moyens qui seront utilisés sur le plan opérationnel pour appliquer sa mission ou sa vision. Les gestionnaires se concentrent alors sur la mise en œuvre du marketing mix, sur l'affectation des ressources, sur l'organisation du marketing de même que sur le calendrier et le plan d'action. Finalement, pendant la phase de contrôle, l'entreprise procède à l'évaluation de la performance afin de cerner ce qui a fonctionné et ce qui n'a pas fonctionné, et ce, dans le but de s'améliorer.

2) Souvenez-vous que le sigle FFOM signifie «forces, faiblesses, opportunités et menaces». L'analyse FFOM a lieu au cours de la deuxième étape de la planification stratégique, soit l'analyse de la situation. En déterminant les points forts de l'entreprise (les forces), les points à améliorer (les faiblesses), les secteurs d'activité où elle pourrait avoir une bonne performance (les opportunités) et les aspects qui pourraient lui nuire (les menaces), les gestionnaires arrivent à évaluer la situation du marché avec justesse et peuvent ainsi planifier une stratégie de marketing en fonction de celle-ci.

3) Une fois que l'entreprise connaît les opportunités qui s'offrent à elle, elle doit choisir celles sur lesquelles elle se concentrera. Pour y arriver, les gestionnaires marketing se servent du processus de segmentation, de ciblage et de positionnement (SCP). L'entreprise segmente alors le marché de manière à le diviser en groupes de consommateurs selon leurs besoins, leurs désirs ou des éléments qui les caractérisent. Ces consommateurs désirent donc généralement se procurer des produits et des services conçus à leur intention. Une fois le marché segmenté, l'entreprise tente d'intéresser certains groupes en fonction de sa capacité à en satisfaire les besoins mieux que ses concurrents ou de façon plus rentable. C'est ce qu'on appelle le ciblage. Finalement, l'entreprise positionne ses produits ou ses services en fonction des variables du marketing mix de manière que les clients comprennent clairement l'utilité du produit et ce qu'il représente comparativement aux produits concurrents.

4) Le marketing mix correspond aux quatre «P» (produit, prix, communication [*promotion*] et distribution [*place*]) et chacun de ceux-ci contribue à la valeur économique du client. Pour créer de la valeur, l'entreprise doit offrir une série de produits et de services à un certain prix, de façon que le marché cible perçoive le produit ou le service comme ayant un bon rapport qualité/prix. Ainsi, l'entreprise agit sur les deux premiers «P», le produit et le prix, afin de créer la meilleure valeur possible. Pour ce qui est de la communication, il s'agit de renseigner les clients et de les aider à se former une image positive de l'entreprise ainsi que des produits et services qu'elle propose. Finalement, la distribution vise à créer de la valeur en acheminant le produit ou le service adéquat aux clients au moment où ceux-ci en ont besoin et en quantité suffisante.

5) Il existe quatre stratégies générales de croissance: la pénétration de marchés, le développement de marchés, le développement de produits et la diversification. La stratégie de pénétration de marché cherche à diriger les efforts de l'entreprise vers la clientèle déjà établie en se servant du marketing mix existant. En d'autres mots, cette stratégie vise à inciter les clients à acheter davantage. Si la stratégie déployée est celle du développement de marchés, l'entreprise se servira du marketing mix existant pour attirer de nouveaux segments de marché, comme c'est le cas, par exemple, pour la croissance d'une entreprise sur le plan international. Le développement de produits est une stratégie de croissance selon laquelle une entreprise propose à un marché cible un nouveau produit ou service. Finalement, la diversification est une stratégie selon laquelle une entreprise lance un nouveau produit ou service sur un segment de marché qu'elle ne couvre pas encore. Parfois, l'entreprise n'a pas besoin de sortir de son champ d'expertise pour déployer une telle stratégie. C'est le cas, notamment, lorsqu'un fabricant de vêtements pour femme se met à créer des vêtements pour hommes. Cependant, la stratégie de diversification peut être plus risquée, comme lorsqu'une entreprise décide d'œuvrer dans un secteur d'activité qui lui est inconnu. Les grandes firmes de marketing ont également recours à trois macrostratégies afin de se munir d'un avantage concurrentiel durable : l'excellence du service, en encourageant la fidélité des clients et en offrant un service à la clientèle de haute qualité ; l'excellence des opérations, grâce à une gestion efficiente de la chaîne logistique et des opérations ; et l'excellence du produit, qu'il est possible d'atteindre grâce au choix de la marque et au positionnement.

Mots clés

- analyse de la situation, p. 37
- avantage concurrentiel durable, p. 36
- ciblage, p. 40
- excellence des opérations, p. 52
- excellence du produit, p. 52
- excellence du service à la clientèle, p. 52
- fixation des prix basée sur la concurrence, p. 42
- fixation des prix basée sur la valeur, p. 42
- fixation des prix basée sur les coûts, p. 42
- ligne de produits, p. 45
- mission, p. 36
- part de marché relative, p. 46
- phase de contrôle, p. 35
- phase de mise en œuvre, p. 35
- phase de planification, p. 34
- planification marketing stratégique, p. 34
- positionnement sur le marché, p. 40
- segmentation, ciblage et positionnement (ou SCP), p. 39
- segmentation du marché, p. 39
- segment de marché, p. 39
- stratégie de développement de marchés, p. 49
- stratégie de développement de produits, p. 50
- stratégie de diversification, p. 50
- stratégie de pénétration de marchés, p. 49
- taux de croissance du marché, p. 46
- unité d'affaires stratégique, p. 33

Révision des concepts

1. Décrivez brièvement en quoi consiste chacune des trois phases de la planification marketing stratégique : la planification, la mise en œuvre et le contrôle.
2. Qu'entend-on par « énoncé de mission ou de vision » ? À quoi cet énoncé sert-il et en quoi influe-t-il sur la planification marketing ?
3. Que signifie FFOM ? Donnez deux avantages de l'analyse FFOM. À votre avis, quelles différences y a-t-il entre l'analyse FFOM d'une entreprise et l'analyse menée pour un produit en particulier ?
4. Quels renseignements sont nécessaires en vue de procéder à une analyse FFOM ? Comment font les gestionnaires marketing pour se procurer de tels renseignements ?
5. Pourquoi la segmentation, le ciblage et le positionnement (ou SCP) sont-ils essentiels à la découverte et à l'évaluation des occasions d'affaires ? En quoi influent-ils sur l'élaboration du marketing mix (les quatre « P ») ?
6. Décrivez les quatre stratégies de croissance pour lesquelles les entreprises optent généralement. Servez-vous d'une chaîne de restaurants rapides ou d'épiceries (p. ex., Loblaw, Safeway ou Metro) pour illustrer chacune des stratégies.
7. Parmi les quatre stratégies de croissance dont il a été question dans le chapitre, laquelle est la plus risquée ? Laquelle est la plus facile à mettre en œuvre ? Pourquoi ?
8. Décrivez les trois macrostratégies, ou disciplines axées sur la valeur, auxquelles une entreprise peut avoir recours en vue de prendre de l'expansion. Quelles autres stratégies lui permettraient d'être compétitive ?
9. En quoi consistent les quatre éléments qui font partie de la matrice BCG ? Dans quelle situation les « étoiles » sont-elles plus rentables que les « vaches à lait » ?
10. Au départ, dans la matrice BCG, pourquoi tous les produits sont-ils des dilemmes avant de se retrouver dans la case des étoiles, des vaches à lait ou des poids morts ?

Marketing appliqué

1. Comment la compagnie aérienne WestJet est-elle parvenue à se créer un avantage concurrentiel durable ?
2. Procédez à l'analyse FFOM de votre collège ou de votre université.
3. Décrivez les principaux marchés cibles des Canadiens de Montréal, de Victoria's Secret et de Gatorade. Comment ces entreprises positionnent-elles leurs produits en vue d'attirer l'attention de leurs marchés cibles respectifs ?
4. Pensez à votre produit, à votre fournisseur de service ou à votre détaillant préféré. Comment les gestionnaires marketing arrivent-ils à leur créer de la valeur à partir du marketing mix ? Justifiez votre réponse.
5. Choisissez trois détaillants, dont le premier augmente sa valeur grâce à l'excellence de son produit, le deuxième grâce à l'excellence de ses opérations et le dernier grâce à l'excellence de son service à la clientèle. Expliquez comment ces détaillants créent de la valeur.
6. Rendez-vous sur le site Web de votre banque et essayez de comprendre comment celle-ci se sert de SCP en vue d'offrir à ses clients divers types de comptes bancaires (produits) dont les frais (prix) sont différents.
7. Les méthodes de fixation des prix basée sur la valeur nécessitent d'abord une mesure de la valeur du produit ou du service perçue par le client. Par la suite, l'entreprise fixe ses prix en fonction de cette valeur perçue. Puis, songez à votre fournisseur de services de téléphonie cellulaire. À votre avis, quelle est la valeur du forfait que vous vous êtes procuré ? Sa valeur est-elle proportionnelle au prix que vous le payez ? Pourquoi ?
8. Avec quelques associés, vous songez à ouvrir un centre de santé/détente à proximité de l'université. Expliquez comment vous devriez vous y prendre pour segmenter le marché, quels segments vous souhaiteriez attirer et comment vous positionneriez votre service sur le marché cible choisi.
9. Décrivez la méthode de fixation des prix que vous utiliseriez pour facturer vos clients pour les produits et les services proposés. Quels sont les avantages et les inconvénients de la méthode que vous avez choisie ?
10. Énumérez, de la plus importante à la moins importante, les stratégies que vous utiliseriez pour promouvoir votre spa. Quels sont les avantages et les inconvénients de vos deux plus importantes stratégies ?

Cyberfuté

1. Petro-Canada est considérée comme une entreprise progressiste en raison des valeurs qu'elle véhicule et de son énoncé de mission. Rendez-vous sur son site Web (www.petro-canada.ca/fr/default.aspx) et lisez la partie qui porte sur l'entreprise, sa mission et ses valeurs. Examinez les éléments qui vous semblent progressistes. À votre avis, une telle attitude confère-t-elle une position particulière à Petro-Canada pouvant lui donner un avantage concurrentiel durable ?
2. De plus en plus d'entreprises œuvrent dans l'industrie des agences de rencontre. Parcourez le site Web de Lavalife (www.lavalife.com) afin de connaître les stratégies que de telles entreprises emploient pour aider leurs clients à rencontrer l'âme sœur. Ensuite, à l'aide d'une analyse FFOM, évaluez les éléments du milieu qui peuvent avoir une influence sur les services d'agences de rencontre en ligne.

Étude de cas

L'ÉQUIPE DE SOCCER DE TORONTO : DE LA RENAISSANCE À L'EXCITATION[54]

Lors de leur première partie de soccer à domicile, le 28 avril 2007, le club de Toronto a fait salle comble et joué sous les cris d'encouragement de 20 148 spectateurs[55]. Les partisans de tous les âges et de tous les milieux s'étaient unis pour soutenir leur équipe préférée qui affrontait les Wizards de Kansas City[56]. Nombreux sont ceux qui arboraient de pied en cap les couleurs du club de Toronto et qui agitaient au-dessus de leur tête le foulard rouge et blanc. La foule s'est électrisée quand Andy Welsh, un joueur de Toronto, a eu l'occasion de marquer mais s'est vu refuser le touché. Malgré la foule en délire, les Wizards l'ont emporté 1 à 0[57].

Cette partie a marqué le retour du soccer professionnel au Canada, lequel avait disparu en 1984, l'année où les Blizzards de Toronto avaient dû se retirer en raison du démantèlement de la ligue. Malgré les obstacles, l'avenir du sport était prometteur. L'excitation créée par la Coupe du monde de la Fédération internationale de football amateur (FIFA) se faisait encore sentir et le soccer avait atteint le premier rang des sports les plus télévisés au Canada. À tout moment, les amateurs peuvent regarder l'une des 500 parties de soccer diffusées sur les chaînes câblées. C'est plus que n'importe où ailleurs dans le monde[58]. L'engouement des partisans de l'équipe de Toronto était tel que même les plus anciens amateurs anglais en étaient impressionnés[59].

Pour faire revivre l'équipe de Toronto, il fallait dénicher un endroit où auraient lieu les parties de soccer. En effet, une entente ne pouvait être signée qu'à la condition qu'un stade soit trouvé. Des négociations ont alors débuté entre les divers paliers de gouvernement (municipal, provincial et fédéral), des entreprises privées et la Ligue majeure de soccer (LMS). Cela a nécessité une grande organisation ainsi que des plans d'affaires concrets. En octobre 2006, une entente préliminaire pour construire un stade au coût de 62,8 millions de dollars a été conclue par cinq financiers principaux. C'est ainsi que le stade extérieur BMO Field de 20 000 places a vu le jour, juste à temps pour la première partie du club[60].

La firme Maple Leafs Sports and Entertainment (MLSE), propriétaire de plusieurs équipes sportives, a été fort utile à la nouvelle équipe de soccer en raison de son expertise. Parmi les équipes canadiennes les plus populaires qu'elle dirige, il y a les Raptors de Toronto. Même si une bonne performance sur le terrain peut attirer de nouveaux partisans, la MLSE savait que gagner n'est pas tout. Par exemple, les Maple Leafs de Toronto n'ont pas gagné la Coupe Stanley depuis 1967, mais chaque année, la franchise s'assure de la valeur et ne cesse de faire salle comble à l'Air Canada Centre.

Au bout du compte, pour ce qui est de l'équipe de soccer de Toronto, c'est le nombre de partisans qui témoignerait de la réussite du club. L'important, c'était de veiller à ce que le nombre de nouveaux partisans soit supérieur au nombre de personnes qui délaisseraient l'équipe. Avant même que cette dernière ne mette un pied sur le nouveau terrain, l'entreprise a dû élaborer une stratégie en vue de garantir la réussite à long terme du club de Toronto. Cette stratégie comprenait deux objectifs : créer une marque forte pour faire connaître la nouvelle équipe et ajouter une valeur dépassant celle que les partisans demandent dans toutes les interactions se déroulant avec eux.

La première étape en vue de créer une marque consistait à s'assurer que l'équipe pouvait représenter Toronto, mais aussi le reste du Canada. Il a donc été décidé que l'emblème de l'équipe serait rouge et blanc et que le nom serait simple, afin que les partisans trouvent aisément des surnoms à l'équipe[61]. Plus tard, lorsque la saison a commencé, le réseau CBC a télédiffusé les matchs afin que les partisans puissent les regarder chez eux. Dans la communauté, la MLSE a travaillé dur pour pouvoir aider les moins nantis. Elle a notamment amassé des fonds qu'elle a remis à Right to Play, un organisme humanitaire qui fait participer les jeunes à des activités sportives[62].

L'une des questions cruciales relativement à la valeur du club était le prix des billets. Avec 20 000 billets à écouler et une demande incertaine, la MLSE a dû faire preuve de stratégie. Le prix de départ a été fixé en fonction des standards établis par la ligue, en espérant que les entreprises locales et les partisans se procureraient une bonne partie des abonnements. Ainsi, l'abonnement coûtait entre 285 $ et 1 820 $ par partie, les billets réguliers entre 525 $ et 1 840 $ et les billets pour enfants entre 304 $ et 874 $. Pour ce qui est des groupes, les billets pouvaient coûter aussi peu que 19 $ par partie. Le club de soccer de Toronto souhaitait attirer l'attention des mordus du soccer, ceux qui regardent les parties aux chaînes de télévision italiennes ou européennes et qui ont une équipe préférée à l'étranger, ceux qui sont enflammés par le sport. Les bas prix, les nouvelles acquisitions de l'équipe en matière de joueurs ainsi que le calendrier préliminaire de la saison ont engendré, fait surprenant, une forte demande. Ainsi, 14 000 abonnements se sont rapidement envolés. Fait encore plus surprenant, la foule était très diversifiée et comprenait bon nombre de jeunes professionnels[63]. Les 6 000 billets restants ont été réservés pour être vendus sous forme de billets simples ou de billets de mi-saison, afin de permettre aux partisans de toutes les classes sociales d'assister à un match.

Une autre décision clé a consisté à faire venir des équipes très connues à Toronto. C'est ainsi que des équipes internationales de haut calibre telles que le SL Benfica et l'Aston Villa se sont déplacées, entraînant, certes, un trou béant dans le budget de l'organisation, mais aussi la présence d'un grand nombre de partisans dans les gradins. Même si ces équipes ont coûté plus cher qu'elles n'ont rapporté, la croissance des matchs au sein de la franchise était assurée. En outre, la facilité d'accès des grands décideurs de l'organisation a créé une valeur supplémentaire pour celle-ci. Effectivement, même avant la première partie de l'équipe, les partisans ont été invités à rencontrer les joueurs et l'entraîneur Mo Johnston afin de discuter de soccer avec eux. La popularité de ces événements a été telle qu'ils ont été multipliés[64].

L'équipe de Toronto a connu un début de saison plutôt lent, perdant 1 à 0 contre le Chivas USA, en Californie, le 7 avril 2007. Les défaites se sont ensuite succédé. Les joueurs de l'équipe ne semblaient pas en mesure de marquer et se sont inclinés quatre parties d'affilée. Ces défaites n'ont toutefois pas fait taire les partisans, qui ont continué d'être passionnés et d'encourager leur équipe. Tous les matchs se sont d'ailleurs joués à guichets fermés. Finalement, le 11 mai 2007, joueurs et partisans ont été récompensés, les premiers pour leur travail acharné et les seconds pour leur foi inébranlable. C'est ainsi que le club de Toronto a battu celui de Chicago 3 à 1[65]. Les cris de joie résonnaient dans le stade en entier.

Une fois que tous les billets ont été vendus et que la malédiction a cessé de s'abattre sur la MLSE, cette dernière a pu se consacrer à l'avenir de l'équipe. Comment faire pour que la réussite de la jeune équipe torontoise se poursuive ? Comment faire pour que les partisans soient toujours aussi nombreux ?

Questions

1. À votre avis, quelle est la mission de l'entreprise ? Considérez-vous qu'elle est pertinente ? Justifiez vos réponses.
2. Évaluez la situation dans laquelle se trouve le club de soccer de Toronto à l'aide de l'analyse FFOM. Dans quelle mesure les objectifs de l'entreprise peuvent-ils mener à une réussite à long terme ?
3. Selon vous, quel est l'avantage concurrentiel de l'équipe ? Dans quelle mesure cet avantage est-il durable ?
4. À votre avis, quel est le marché cible de l'organisation ?
5. Comment l'organisation pourrait-elle s'y prendre pour fidéliser les partisans de l'équipe de Toronto ?

CHAPITRE 3

OBJECTIFS D'APPRENTISSAGE

Après avoir lu ce chapitre, vous devriez être en mesure :

OA 1 d'expliquer pourquoi les gestionnaires marketing devraient se soucier de l'éthique ;

OA 2 de définir les caractéristiques d'une entreprise socialement responsable ;

OA 3 de décrire les modalités de la prise de décision éthique ;

OA 4 d'expliquer comment une entreprise peut intégrer l'éthique et la responsabilité sociale dans sa stratégie de marketing ;

OA 5 de décrire comment les consommateurs encouragent des pratiques commerciales éthiques et responsables.

L'éthique et le marketing responsable

Menu Foods[1], une entreprise qui a son siège social à Mississauga, en Ontario, est le plus gros fabricant nord-américain d'aliments humides pour animaux de compagnie vendus sous une marque de distributeur. Elle fournit ses produits à 17 des 20 plus gros détaillants en Amérique du Nord sous des marques de distributeurs comme Master Choice, Compliments et Select. La société fabrique aussi des produits vendus sous plusieurs marques nationales comme Iams, de Procter & Gamble, et Hill's Pet Nutrition, de Colgate-Palmolive. Ses produits sont commercialisés dans tout le pays par l'intermédiaire de détaillants comme Safeway, Walmart, PetSmart et Pet Valu.

Le marché nord-américain de la nourriture pour animaux de compagnie est estimé à 18 milliards de dollars américains pour 2010[2]. Depuis sa création en 1971, Menu Foods s'est efforcée d'établir et de préserver son renom en tant que fabricant de nourriture pour animaux de compagnie de qualité. L'entreprise ne s'est heurtée à aucun problème relatif à la sécurité alimentaire jusqu'au 16 mars 2007, date à laquelle elle a effectué un rappel de ses aliments du type « morceaux en sauce ». Cet incident malencontreux n'était pas dû à des installations insalubres, à un mauvais processus de fabrication, à une inspection peu rigoureuse ou à d'autres problèmes similaires. C'est plutôt le gluten de blé contaminé provenant de l'un de ses fournisseurs, l'entreprise chinoise ChemNutra, qui était en cause. La US Food and Drug Administration (FDA) a déterminé que la mélamine chimique contenue dans le gluten de blé était la cause de la maladie entraînant la mort de milliers de chiens et de chats qui avaient mangé des produits de Menu Foods.

Les retombées du rappel ont été désastreuses pour Menu Foods, ses actionnaires et ses clients. Ainsi, la société a rappelé plus de 60 millions de boîtes et de sacs de nourriture pour chiens et pour chats vendus sous près d'une centaine de marques. Le coût du rappel est estimé à 40 millions de dollars. Les actions de la société ont perdu près de la moitié de leur valeur en une semaine, passant de 7,40 $ le jour précédant le rappel à 3,90 $ le 20 mars, soit une baisse de 47 % ! Le rappel a mis en colère les clients fidèles de l'entreprise, et beaucoup d'entre eux ont déclaré qu'ils n'achèteraient plus jamais de produits fabriqués par Menu Foods.

Des propriétaires d'animaux de compagnie ont engagé des recours collectifs contre la société à Toronto, à Montréal, à Chicago et ailleurs en Amérique du Nord. Pebbles, que l'on voit sur la photo ci-dessous, est un Yorkshire-Terrier de Los Angeles mort le 22 mars 2007 après avoir mangé de la nourriture contaminée par le gluten de blé.

Laissons de côté les coûts financiers et les torts faramineux causés à la réputation de Menu Foods et voyons comment l'entreprise a réagi face à cette crise. Paul Henderson, PDG de Menu Foods et principal porte-parole de l'entreprise, a diffusé des communiqués et donné des conférences de presse pour expliquer la situation. Il a reconnu que les premiers rapports de maladies et de décès occasionnés par une insuffisance rénale étaient parvenus à Menu Foods vers la fin de février, mais que la société avait repoussé le rappel bien après les premières plaintes confirmant les soupçons selon lesquels la mort de chiens et de chats était attribuable à la nourriture et non à d'autres causes.

Menu Foods a alors procédé à des tests qui tenaient compte des causes de l'insuffisance rénale reconnues par l'industrie. Tous les tests se sont révélés négatifs. C'est seulement par la suite que la société a donné l'alerte, même si aucun test n'avait mis en lumière de lien entre la nourriture et le décès d'animaux. Menu Foods a effectué un rappel préventif et le PDG a expliqué que la société se préoccupait avant tout de la santé et du bien-être des animaux.

Aussitôt après l'annonce du rappel, Menu Foods a avisé ses clients et les propriétaires d'animaux de compagnie de ne plus donner les aliments faisant l'objet du rappel à leurs animaux et de les retourner aux détaillants en échange d'un remboursement complet. La société leur a aussi conseillé de consulter un vétérinaire dans les plus brefs délais si leur animal manifestait des signes de maladie après avoir ingéré la nourriture contaminée. Menu Foods a offert de payer les factures des consultations chez le vétérinaire. Elle a mis son site Web à jour, augmenté les capacités de son centre d'appels afin de mieux répondre aux demandes d'information des consommateurs et communiqué avec plus de 200 000 clients pour apaiser leur inquiétude.

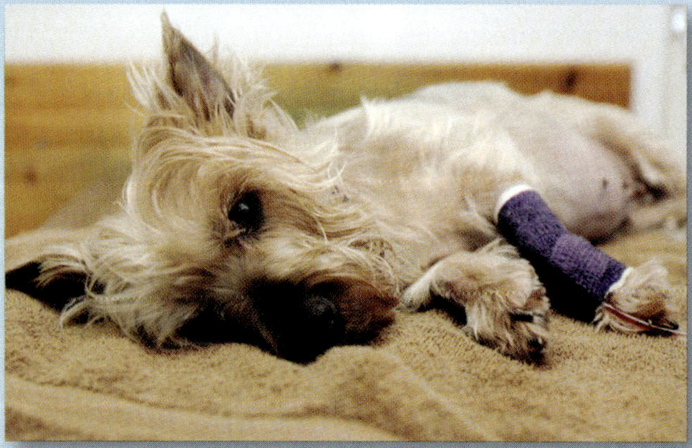

Pebbles est devenu la « tête d'affiche » représentant les victimes canines et félines de Menu Foods.

Simultanément, elle a communiqué avec les détaillants par courriel et par téléphone pour s'assurer que tous les produits rappelés avaient été retirés des tablettes. Henderson a annoncé que Menu Foods travaillait avec la FDA et des laboratoires commerciaux afin de déterminer la cause des décès. L'entreprise a également engagé une agence de marketing et de communication pour l'aider à faire face à la crise de façon à minimiser les incidences de celle-ci sur l'avenir de l'entreprise.

Une semaine environ après le rappel, la FDA a annoncé qu'elle avait trouvé la cause du problème. Henderson a signalé que Menu Foods avait cessé d'utiliser le gluten de blé de ChemNutra le 6 mars, au moment où elle avait observé une « coïncidence » entre les plaintes reçues et l'introduction d'un ingrédient provenant d'un nouveau fournisseur. Il a affirmé que le nombre de tests effectués sur toutes les matières premières et tous les produits finis ayant été augmenté, les autres produits de l'entreprise étaient inoffensifs et réapparaîtraient bientôt sur les tablettes des magasins. Il a aussi annoncé que la société travaillait de concert avec le Congrès américain, la FDA, le Pet Food Institute et d'autres parties prenantes pour prévenir des incidents similaires dans l'avenir. En dépit des mesures prises par Menu Foods, des critiques ont soutenu que la société avait attendu trop longtemps, soit près de trois semaines, avant de faire le rappel. Ils prétendaient que, dans ces cas, la rapidité, la franchise et la transparence sont cruciales et que la société aurait dû réagir plus vite. Par contre, d'autres personnes ont estimé que Menu Foods avait fait de son mieux dans les circonstances. Néanmoins, le rappel a eu des conséquences catastrophiques. Le prix des actions a plongé par trois fois au cours des six premiers mois pour se situer tout juste au-dessus de 2 $. En fin de compte, la société a perdu environ 80 % de ses contrats de vente sous des marques de distributeurs. On ne connaît pas encore les répercussions à long terme de cet incident. Selon vous, Menu Foods a-t-elle fait face à la crise d'une manière éthique et responsable ? Effectuez une recherche rapide sur Internet pour obtenir les derniers détails sur cette histoire.

Quel objectif est le plus important pour une entreprise : faire des profits ou attirer des clients et les garder[3] ? Bien qu'une entreprise ne puisse pas survivre sans réaliser de profits, si la quête du profit est le seul moteur de ses actions, ses décisions à court terme pourraient lui faire perdre des clients à la longue. Comme nous venons de le voir, Menu Foods a tenté de préserver des liens solides avec ses clients en rappelant près de 100 marques de produits pour animaux de compagnie. Elle renonçait ainsi à faire des profits au lieu de viser un bénéfice net à court terme.

Si les clients estiment qu'ils ne peuvent plus faire confiance à une entreprise ou si celle-ci n'agit pas de façon responsable, ils lui retireront leur appui en cessant d'acheter ses produits ou ses services ou d'investir dans ses actions. Pour les gestionnaires marketing, la capacité de l'entreprise à susciter et à préserver la confiance des consommateurs en menant des transactions éthiques doit compter plus que tout.

FEUILLE DE ROUTE

LA PORTÉE DE L'ÉTHIQUE DU MARKETING

- Les décisions éthiques associées au marketing
- Un processus de décision éthique
- Intégrer l'éthique dans la stratégie de marketing
- Le consumérisme, l'éthique et la conscience sociale
- Les critiques morales et sociales du marketing

Dans ce chapitre, nous examinerons d'abord ce qu'est l'éthique du marketing et la raison pour laquelle une conduite éthique est tellement importante pour le succès du marketing. Nous expliquerons ensuite comment les entreprises peuvent créer un climat éthique au sein de leurs effectifs et l'incidence des comportements individuels sur la capacité de l'entreprise à adopter un comportement éthique. Afin de vous aider à prendre des décisions éthiques en matière de marketing, nous vous fournirons aussi un modèle décisionnel. Ensuite, nous examinerons certains problèmes éthiques dans le contexte de la planification marketing stratégique (*voir le chapitre* 2). Enfin, nous vous présenterons des scénarios mettant en lumière les défis éthiques auxquels les gestionnaires marketing doivent souvent faire face. Référez-vous à la feuille de route pour vous guider dans le chapitre.

éthique des affaires (*business ethics*) Branche de la philosophie qui étudie les règles et les principes d'éthique au sein d'une entreprise, les problèmes qui pourraient survenir ainsi que les responsabilités et les engagements des personnes qui œuvrent dans cette entreprise.

éthique du marketing (*marketing ethics*) Ensemble des problèmes d'éthique inhérents au marketing.

La portée de l'éthique du marketing

L'**éthique des affaires** est une branche qui étudie les règles et les principes d'éthique dans un contexte commercial, les divers problèmes éthiques pouvant survenir au sein des entreprises ainsi que les responsabilités ou les obligations spéciales de leurs membres[4]. La bande dessinée ci-dessous illustre l'importance de prendre des décisions éthiques. L'**éthique du marketing**, en revanche, se penche sur les problèmes d'éthique inhérents au marketing. Comme le marketing est souvent montré du doigt comme étant la principale cause d'un bon nombre de préoccupations d'ordre éthique (comme la promotion de produits de mauvaise qualité), quiconque participe à des activités de marketing doit

reconnaître les implications morales de ses gestes. Ces activités peuvent comprendre des enjeux sociétaux comme la vente de produits ou de services non écologiques, des enjeux mondiaux comme le recours à des ateliers clandestins et des enjeux individuels comme la publicité trompeuse et la commercialisation de produits dangereux[5].

Les problèmes éthiques associés aux décisions de marketing

OA 1

Contrairement à ce qu'on observe au sein des autres fonctions commerciales comme la comptabilité ou les finances, les gestionnaires marketing interagissent directement avec le public. Comme ils jouissent d'une grande visibilité, il ne faut pas s'étonner que les professionnels du marketing et des ventes obtiennent parfois un score médiocre dans les évaluations des professions les plus dignes de confiance. Lors d'un sondage Gallup réalisé en 2009, les répondants ont accordé un score beaucoup plus élevé à la plupart des professions autres que celles liées au marketing. Les vendeurs d'automobiles ont obtenu le score le plus bas et les publicitaires un score à peine plus élevé, mais inférieur à celui des avocats[6] (*voir la figure 3.1*). Pour les gestionnaires marketing, qui dépendent de la confiance durable que mettent leurs clients en eux, ce faible score est très décevant.

Tout n'est pas perdu, cependant. Un autre sondage a révélé que les deux tiers des Canadiens s'intéressent aux questions relatives à l'éthique et à la conscience sociale des entreprises, et les trois quarts des entreprises canadiennes s'investissent activement dans des activités responsables[7]. Toutefois, un grand nombre de consommateurs demeurent très sceptiques face au secteur des affaires, et en particulier

FIGURE 3.1 Perception des valeurs éthiques observées à l'égard de diverses professions

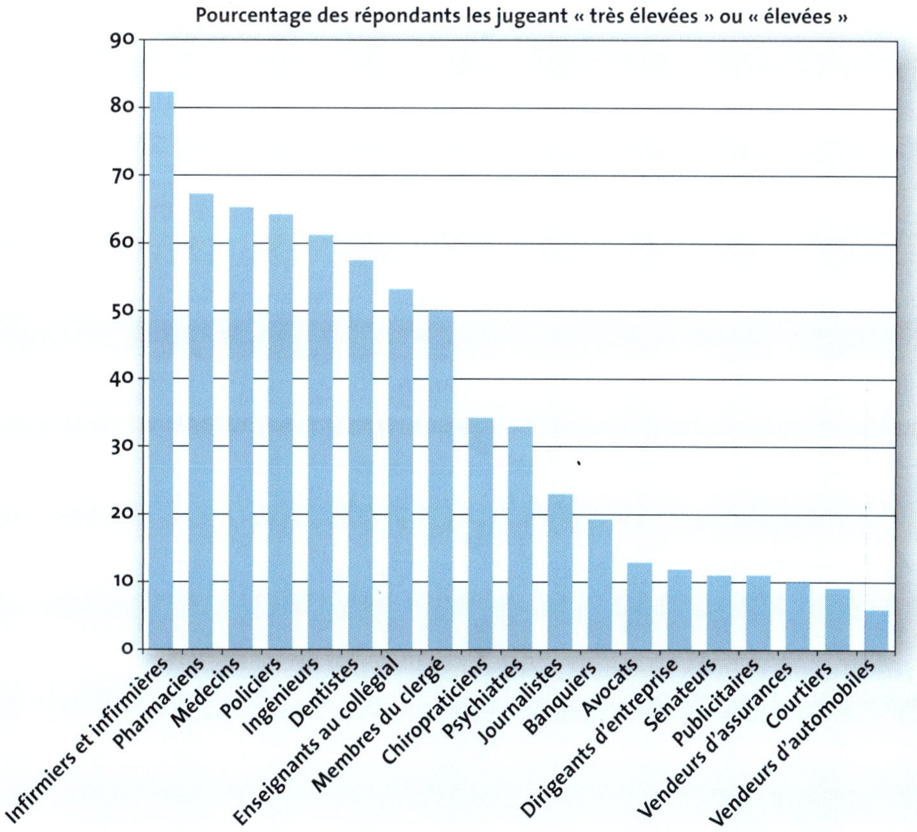

face au marketing. Mais étant donné que les gestionnaires marketing interagissent régulièrement avec un grand nombre d'entités extérieures à l'entreprise, ils ont une occasion en or de susciter la confiance du public. Comme le croient avec raison de nombreux responsables du marketing, il est très rentable de créer un climat éthique en faisant de la santé et du bien-être des consommateurs la priorité de l'entreprise.

Créer un climat éthique sur le lieu de travail

climat éthique (*ethical climate*)
Valeurs véhiculées au sein d'une entreprise ou d'une division de l'entreprise, lesquelles orientent les décisions qui sont prises et le comportement de chacun.

L'établissement d'un puissant **climat éthique** au sein d'une entreprise de marketing (ou du service du marketing d'une entreprise) passe par l'élaboration d'un ensemble de valeurs régissant la prise de décision et les comportements. Tous les membres de l'organisation doivent posséder la même compréhension de ces valeurs, de la manière dont elles se traduisent dans les activités commerciales de l'organisation, et utiliser un langage similaire et cohérent pour en discuter.

Une fois ces valeurs comprises, l'entreprise doit élaborer un ensemble de règles explicites et implicites qui régiront toutes ses transactions. La haute direction doit s'engager à créer un climat éthique, mais tous les employés doivent démontrer le même engagement, car l'origine des conflits éthiques réside souvent dans les valeurs contradictoires des individus. Chaque individu prône ses propres valeurs et celles-ci provoquent parfois des conflits entre employés, voire des conflits intérieurs. Ainsi, une vendeuse peut se sentir poussée à réaliser une vente parce qu'elle doit pourvoir aux besoins de sa famille même si elle sent que le produit qu'elle vend ne convient pas à tel ou tel client. Une fois les règles établies, un système de récompenses (pour les comportements appropriés, c'est-à-dire en accord avec les valeurs préconisées par l'entreprise) et de punitions (pour les comportements inappropriés) doit être mis en place.

De nombreuses professions, y compris le marketing, ont leur propre code de déontologie auquel adhèrent les membres de la profession, entreprises ou individus. Le code de déontologie et les normes de pratique élaborés par l'Association canadienne du marketing (ACM) (*voir l'encadré 3.1*), présentent les normes de comportement générales et les valeurs précises auxquelles les gestionnaires marketing devraient souscrire. Chaque sous-secteur du marketing, comme la recherche, la publicité ou la fixation des prix, possède son propre code de déontologie qui aborde les problèmes précis pouvant survenir pendant la conduite des affaires dans ce secteur.

Examinons maintenant le rôle des employés et la façon dont ils contribuent à créer un climat éthique au sein de l'entreprise.

ENCADRÉ 3.1 Le code de déontologie de l'Association canadienne du marketing

CODE DE DÉONTOLOGIE ET NORMES DE PRATIQUE DE L'ASSOCIATION CANADIENNE DU MARKETING

[...]

B. RAISON D'ÊTRE DU CODE DE DÉONTOLOGIE ET DES NORMES DE PRATIQUE DE L'ACM

Ce Code de déontologie et des normes de pratique (le « Code ») de l'ACM est conçu pour établir et maintenir les normes de conduite en marketing au Canada.

Les agents de marketing reconnaissent que l'établissement et le maintien de normes de pratique rigoureuses constituent des responsabilités fondamentales envers le public. De telles normes sont essentielles pour que l'industrie mérite et conserve la confiance des consommateurs. Enfin, elles sont la pierre d'assise de la réussite d'une industrie du marketing autonome et viable au Canada.

Les membres de l'Association canadienne du marketing reconnaissent leur obligation — envers le public, envers l'intégrité de la discipline et envers les autres membres — d'adopter une pratique professionnelle respectueuse des normes les plus élevées sur le plan de l'honnêteté, de la vérité, de l'exactitude et de l'équité.

[...]

E. RESPONSABILITÉ ENVERS LA COMMUNICATION MARKETING

Les agents de marketing sont responsables du contenu de leurs communications marketing et des pratiques de leurs fournisseurs et des agences de publicité qui exécutent des communications marketing en leur nom. Cette responsabilité s'étend aux fournisseurs qui ne sont pas membres de l'ACM.

[...]

H. Principes Déontologiques Prédominants

[...]

H2 Véracité : Les communications marketing doivent être claires et véridiques. Les agents de marketing ne doivent pas sciemment faire de représentations fausses ou trompeuses à un consommateur ou à une entreprise.

[...]

I. PRATIQUES DE MARKETING UNIVERSELLES

Ces pratiques s'appliquent quels que soient le secteur industriel, la sous-discipline ou le support publicitaire employé.

I1 Véracité des représentations

I1.1 Les agents de marketing ne doivent pas présenter sous un faux jour un produit, un service ou un programme de marketing et ne doivent pas induire en erreur par un énoncé, une démonstration ou une comparaison.

[...]

I2 Clarté

Les communications en marketing doivent être exécutées de manière à être simples et faciles à comprendre.

[...]

I5 Dissimulation

I5.1 Les agents de marketing ne doivent pas participer à des communications marketing sous un faux prétexte.

[...]

J. PROTECTION DES RENSEIGNEMENTS PERSONNELS

Tous les agents de marketing doivent observer la *Loi sur la protection des renseignements personnels et les documents électroniques* (LPRPDÉ) et/ou les lois provinciales sur la protection des renseignements personnels qui s'appliquent, de même que les dix principes de confidentialité suivants des Normes nationales du Canada et les cinq exigences supplémentaires exposées dans cette section.

[...]

J5 Origine des renseignements personnels

Les agents de marketing doivent fournir aux consommateurs l'origine de leurs renseignements personnels sur demande.

[...]

L. CONSIDÉRATIONS SPÉCIALES SE RAPPORTANT AU MARKETING DESTINÉ AUX ADOLESCENTS

[...]

L2 Responsabilité

Le marketing destiné aux adolescents impose aux agents du marketing des responsabilités spéciales. Ces derniers doivent faire preuve de discrétion et de sensibilité dans leur pratique de marketing destiné aux adolescents en tenant compte de l'âge, des connaissances, de la complexité et de la maturité des adolescents. Les agents de marketing doivent s'efforcer de ne pas tirer profit des adolescents et de ne pas les exploiter.

[...]

P. PROTECTION DE L'ENVIRONNEMENT

Les agents de marketing reconnaissent qu'il leur incombe de gérer continuellement leur entreprise de manière à minimiser les répercussions de leurs activités sur l'environnement.

[...]

Q. PROCÉDURE DE MISE EN APPLICATION DU CODE DE DÉONTOLOGIE ET DES NORMES DE PRATIQUE

Q1 Sur réception de la plainte d'un client alléguant une infraction au présent Code, qu'il s'agisse d'un membre de l'Association canadienne du marketing ou non, l'Association communiquera avec l'entreprise et utilisera ses procédures de médiation pour tenter de régler la plainte.

[...]

Source : Association canadienne du marketing, www.the-cma.org/french/ (page consultée le 6 avril 2011).

Il est parfois difficile de comprendre pourquoi des gens agissent de façon immorale et parfois illégale, mais lorsqu'ils le font, cela peut faire du tort à un grand nombre de personnes. La photo ci-dessus montre Conrad Black s'entretenant avec des journalistes pendant son procès.

L'influence de l'éthique personnelle

Toute entreprise est constituée d'individus ayant chacun leurs propres besoins et désirs. Nous verrons les raisons qui poussent les gens à prendre des décisions contraires à l'éthique et la manière dont les entreprises peuvent élaborer un processus décisionnel qui fait en sorte que leurs employés opèrent plus souvent des choix éthiques.

Les origines des comportements contraires à l'éthique Chaque personne est un produit de sa culture, de son éducation, de ses gènes et de diverses autres influences. Malgré toutes ces influences, la compréhension des êtres humains quant à ce qui est moral ou immoral ne cesse jamais de mûrir. Par exemple, un enfant de six ans pourrait penser que ce n'est pas grave de frapper son petit frère sur la tête avec un jouet; mais les adultes sont censés reconnaître que les interactions violentes avec autrui sont contraires à l'éthique. Chaque personne voit les choses à sa manière en fonction de son degré de compréhension des dilemmes éthiques.

Les scandales récents qui ont entaché la réputation de sociétés comme Enron, WorldCom, Bre-X, Nortel Networks et Hollinger Corp. poussent beaucoup de personnes à se poser deux questions simples en apparence: qu'est-ce qui amène les gens à agir de façon aussi nuisible? Est-ce que tous les individus qui adoptent ce type de comportement sont tout bonnement immoraux? Les réponses à ces questions sont complexes.

Dans bien des cas, ces gens sont obligés de choisir entre deux résultats contradictoires. Par exemple, le chef de marque d'un fabricant d'automobiles découvre, en parlant avec un membre de l'équipe du développement, que le nouveau modèle hybride écoénergétique, qui doit sous peu être produit en grandes quantités, présente un défaut de conception potentiellement dangereux. Le chef de marque peut retarder la production et corriger le défaut de conception, ce qui aura pour effet de décaler le calendrier de production, de différer les recettes et peut-être d'entraîner des licenciements et la perte de sa prime. Son autre choix consiste à aller de l'avant et à produire le véhicule malgré son défaut de conception en espérant qu'il n'occasionnera pas de blessures chez les consommateurs ni de perte de revenus pour l'entreprise. Ce type de dilemme avec ses résultats contradictoires survient presque quotidiennement dans des milliers d'environnements d'entreprise différents.

Lors d'un sondage, on a demandé à des directeurs marketing s'ils avaient observé des comportements contraires à l'éthique chez leurs collègues de travail. Ils ont répondu qu'ils avaient vu des employés utiliser des tactiques de vente sous pression, mensongères ou trompeuses (45 %); fausser le montant des profits, des ventes ou des recettes de l'entreprise (35 %); taire ou détruire des renseignements susceptibles de nuire aux ventes ou à l'image de l'entreprise (32 %); et faire de la publicité fausse ou trompeuse (31 %)[8]. Est-ce que tous ces gestionnaires marketing jugeaient leur conduite contraire à l'éthique? Lorsqu'ils prennent des décisions liées au marketing, les gestionnaires se trouvent souvent devant le dilemme suivant: faire ce qui est bénéfique pour eux et peut-être pour l'entreprise à court terme ou faire ce qui est juste et profitable pour l'entreprise et la société à long terme.

Quel est le prix « réel »? Le gérant a-t-il augmenté artificiellement le prix de ces t-shirts pour les solder aussitôt?

Ainsi, parce qu'il est convaincu que les profits de l'entreprise vont grossir dans les mois suivants, un gestionnaire peut croire qu'il est bénéfique pour lui-même, sa division et ses employés d'exagérer légèrement le montant des profits actuels. Une autre gestionnaire, qui se sent contrainte d'augmenter les ventes dans un magasin de détail, commande de nouveaux produits dont elle gonfle les prix artificiellement pour les brader aussitôt. Les consommateurs sont ainsi amenés à croire à tort qu'ils font une affaire parce qu'ils considèrent le prix initial comme le prix « réel ». Chaque décision était peut-être défendable au moment où la personne l'a prise, mais elle peut aussi entraîner des conséquences éthiques et juridiques graves pour l'entreprise.

Pour éviter ces conséquences, l'entreprise doit aligner ses objectifs à long terme sur les objectifs à court terme de chacun de ses membres.

Dans l'exemple de la voiture hybride évoqué précédemment, le désir à court terme du chef de marque de toucher une prime se heurte à l'objectif à long terme de l'entreprise, qui est d'offrir à sa clientèle des voitures sécuritaires et fiables. Comme nous l'avons expliqué précédemment, pour que les objectifs individuels s'alignent sur ceux de l'entreprise, celle-ci doit bénéficier d'un bon climat éthique et se doter de règles explicites régissant ses transactions, y compris d'un code de déontologie ainsi que d'un système de récompenses et de punitions. Dans les paragraphes suivants, nous étudierons le lien entre l'éthique et la responsabilité sociale de l'entreprise.

Le lien entre l'éthique et la responsabilité sociale de l'entreprise

OA 2

responsabilité sociale de l'entreprise (*corporate social responsibility*) Actions volontaires de l'entreprise menées dans le but d'évaluer les répercussions éthiques, sociales et environnementales de ses opérations et d'aborder les préoccupations des parties prenantes.

La **responsabilité sociale de l'entreprise** désigne les actions volontaires menées par une entreprise dans le but d'évaluer les répercussions éthiques, sociales et environnementales de ses opérations et d'aborder les préoccupations des parties prenantes[9]. Pour qu'une entreprise adopte un comportement responsable, ses employés doivent aussi appliquer des normes morales élevées et reconnaître l'incidence de leurs décisions individuelles sur les actions collectives de l'entreprise. Les entreprises qui jouissent d'un excellent climat éthique sont généralement plus responsables.

Idéalement, non seulement les entreprises devraient adopter des programmes socialement responsables, mais encore leurs employés devraient démontrer un comportement éthique (*voir le rectangle violet du tableau 3.1, p. 72*). Or, on estime généralement que la responsabilité sociale va au-delà des normes éthiques auxquelles souscrit une entreprise. Par exemple, les employés d'une entreprise peuvent mener leurs activités d'une manière éthique, mais n'être pas considérés comme socialement responsables parce que leurs activités ont très peu d'impact sur d'autres personnes que les parties prenantes les plus proches d'eux, soit leurs clients, leurs collègues de travail et les actionnaires (*voir le rectangle vert*). Dans ce cas, on suppose qu'ils s'abstiendraient sans doute de participer à des actions bénévoles, comme le nettoyage d'un parc local ou l'entraînement de la ligue de baseball des jeunes du quartier, actions qui soutiennent les intérêts de la collectivité au sein de laquelle œuvre l'entreprise.

De même, certaines entreprises perçues comme étant socialement responsables n'en mènent pas moins des actions jugées contraires à l'éthique (*voir le rectangle jaune*). Une entreprise peut être vue comme une entreprise responsable parce qu'elle fait de généreux dons à des organismes de charité, alors qu'elle se livre à des pratiques promotionnelles douteuses. Le Bureau de la concurrence a imposé des pénalités à Sears Canada et à Suzy Shier, deux entreprises très responsables socialement, en raison de leurs pratiques commerciales discutables[10]. Suzy Shier a fait une entorse aux règlements en offrant ses vêtements à rabais au moyen d'étiquettes indiquant le prix « courant » et le prix « spécial », alors que ces vêtements n'avaient pas été vendus en quantités importantes ni pendant une période raisonnable au prix courant. Sur le plan de l'éthique, comment appelle-t-on une entreprise qui fait des profits de manière illicite mais verse une fraction substantielle de ceux-ci à des organismes de charité ? Bien sûr, les pires entreprises sont celles qui adoptent des comportements à la fois contraires à l'éthique et socialement inacceptables (*voir le rectangle orange*). Premier Fitness Clubs s'est vu imposer une amende de 30 000$ en avril 2007 pour avoir enfreint quatre dispositions de la *Loi sur les normes d'emploi* de l'Ontario relatives aux salaires dus à d'anciens employés. De plus, en novembre 2007, l'entreprise a payé une pénalité de 200 000$ au Bureau de la concurrence et consenti à modifier certaines pratiques commerciales trompeuses[11]. Ces deux cas vont à l'encontre des normes concernant les pratiques commerciales socialement acceptables.

Consommateurs et investisseurs manifestent un intérêt de plus en plus marqué pour les produits et les services offerts par des entreprises citoyennes ainsi que pour

TABLEAU 3.1 L'éthique et la responsabilité sociale

	Pratiques socialement responsables	Pratiques socialement irresponsables
Pratiques éthiques	L'entreprise adopte des pratiques à la fois éthiques et socialement responsables.	L'entreprise adopte des pratiques éthiques, mais ne s'investit pas dans la collectivité.
Pratiques contraires à l'éthique	L'entreprise adopte des pratiques commerciales discutables, mais fait des dons substantiels à la collectivité.	L'entreprise adopte des pratiques qui ne sont ni éthique ni socialement responsables.

les fonds éthiques. Le Conference Board du Canada affirme que la responsabilité sociale est le principal enjeu auquel font face les entreprises au XXIe siècle. L'importance de cet enjeu est étayée par la découverte que la majorité des Canadiens récompensent ou punissent les entreprises selon qu'elles témoignent d'une bonne ou d'une mauvaise conscience sociale. Environ 55 % des Canadiens disent avoir acheté consciemment un produit ou un service à une entreprise plutôt qu'à une autre parce qu'elle était une entreprise citoyenne. 52 % des Canadiens ont refusé d'encourager des entreprises qu'ils jugeaient socialement irresponsables[12].

La Banque Royale du Canada (RBC) reconnaît le bien-fondé économique de souscrire aux principes du développement durable, qui pourraient s'avérer bénéfiques à court et à long terme pour ses actionnaires, ses clients et ses employés tout en protégeant l'environnement pour les générations futures. Cette conviction

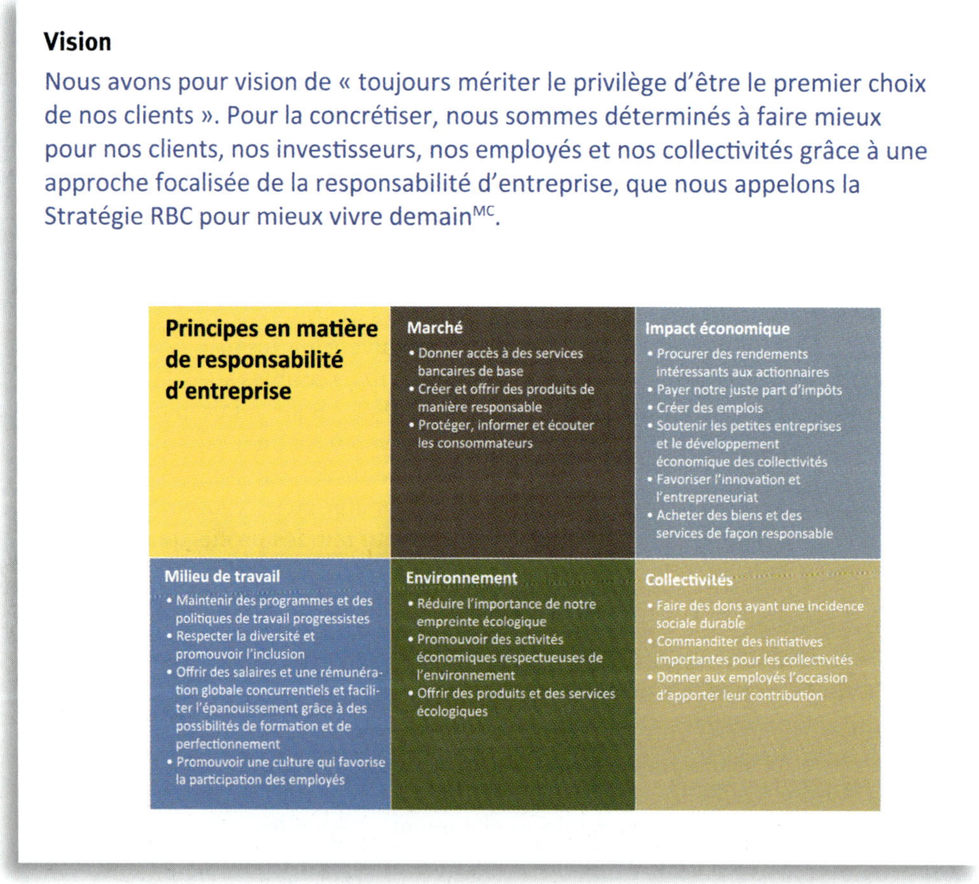

Vision

Nous avons pour vision de « toujours mériter le privilège d'être le premier choix de nos clients ». Pour la concrétiser, nous sommes déterminés à faire mieux pour nos clients, nos investisseurs, nos employés et nos collectivités grâce à une approche focalisée de la responsabilité d'entreprise, que nous appelons la Stratégie RBC pour mieux vivre demain[MC].

Principes en matière de responsabilité d'entreprise

Marché
- Donner accès à des services bancaires de base
- Créer et offrir des produits de manière responsable
- Protéger, informer et écouter les consommateurs

Impact économique
- Procurer des rendements intéressants aux actionnaires
- Payer notre juste part d'impôts
- Créer des emplois
- Soutenir les petites entreprises et le développement économique des collectivités
- Favoriser l'innovation et l'entrepreneuriat
- Acheter des biens et des services de façon responsable

Milieu de travail
- Maintenir des programmes et des politiques de travail progressistes
- Respecter la diversité et promouvoir l'inclusion
- Offrir des salaires et une rémunération globale concurrentiels et faciliter l'épanouissement grâce à des possibilités de formation et de perfectionnement
- Promouvoir une culture qui favorise la participation des employés

Environnement
- Réduire l'importance de notre empreinte écologique
- Promouvoir des activités économiques respectueuses de l'environnement
- Offrir des produits et des services écologiques

Collectivités
- Faire des dons ayant une incidence sociale durable
- Commanditer des initiatives importantes pour les collectivités
- Donner aux employés l'occasion d'apporter leur contribution

La responsabilité sociale de l'entreprise selon la Banque Royale du Canada.

Source : www.rbc.com/responsabilite/pdf/RBC-CRR-Report-2009-f.pdf, p. 7.

de la RBC l'a incitée à acheter 1 000 mégawattheures d'énergie verte, éliminant ainsi 640 tonnes d'émissions de gaz à effet de serre, soit l'équivalent de 7 % de ses émissions annuelles. L'entreprise a aussi diminué sa consommation de papier d'environ 20 tonnes en offrant à sa clientèle le choix de recevoir des relevés électroniques plutôt qu'imprimés[13].

Une conduite responsable procure aux entreprises des bénéfices à la fois tangibles et intangibles (*voir la rubrique Valeur ajoutée 3.1*). Le fait de mener des actions qui appuient les intérêts de la collectivité ne peut que favoriser la prospérité de celle-ci.

Valeur ajoutée 3.1 — ALDO lutte contre le sida dans le monde entier grâce à sa campagne *See No Evil, Hear No Evil, and Speak No Evil (Ne rien voir, ne rien entendre, ne rien dire)*[14]

ALDO, un détaillant mondial de chaussures et d'accessoires, participe à la lutte contre le sida depuis 1985. L'entreprise s'est associée à *YouthAIDS* — un programme de sensibilisation et de prévention du VIH et du sida — et à 21 vedettes de Hollywood pour sensibiliser les jeunes et les éduquer à propos du VIH et du sida. Grâce à sa célèbre campagne *ALDO lutte contre le sida*, l'entreprise a récolté plus de 3,5 millions de dollars pour soutenir les initiatives lancées par *YouthAIDS* dans plus de 60 pays. À ce jour, la campagne a protégé plus de 585 000 personnes contre le VIH et le sida.

La campagne *ALDO lutte contre le sida* vise les jeunes, qui sont le groupe le plus à risque en ce qui concerne l'infection par le VIH. Chaque jour, on signale 14 000 nouveaux cas d'infection : plus de la moitié sont des jeunes âgés entre 15 et 24 ans et la plupart ignorent qu'ils sont porteurs du virus pouvant s'avérer mortel. ALDO et *Youth AIDS* sont déterminés à renverser cette tendance. La campagne est un moyen simple mais efficace de recueillir des fonds et de transmettre leur message. De nombreuses vedettes consacrent du temps, de l'énergie et leur talent à la cause. *YouthAIDS* met sur pied des programmes innovants et efficaces de lutte contre le VIH et le sida et ALDO recueille des fonds à travers la vente de plaques de soutien et de fourre-tout spéciaux. En misant sur le slogan *Ne rien entendre, ne rien voir, ne rien dire*, la campagne de 2007 visait à briser le silence entourant le VIH et le sida, à éduquer les jeunes et à les responsabiliser. Les plaques, fixées à des cordons de cuir et portant les mots *HEAR* (entendre), *SEE* (voir) ou *SPEAK* (parler) sur une face et un ruban symbolisant la lutte contre le sida sur l'autre, sont vendues dans les boutiques ALDO du monde entier et sur le site www.aldoshoes.com/ca-fre/pages/storesection/afaCA. Le prix des fourre-tout, le produit choisi pour la plus récente campagne, et des plaques est de 3 $, et la totalité des recettes est versée à *YouthAIDS*. Le clou de la campagne consiste en une série de photos en noir et blanc réalisées par le photographe de réputation internationale Peter Lindbergh. Lancée dans plus de 22 pays, cette campagne vise des millions de personnes sur les grands marchés mondiaux, incluant New York, Los Angeles, San Francisco, Montréal, Toronto, Londres, Johannesburg, Sydney et Singapour. En utilisant ses actifs comme un facteur d'accroissement, ALDO a transformé la vie de millions de gens dans le monde entier.

Grâce à la vente de plaques de soutien HEAR (entendre), SEE (voir) et SPEAK (parler), ALDO récolte des millions de dollars visant à soutenir des programmes de prévention du sida.

Prenons, par exemple, des entreprises comme Tim Hortons et Saturn Canada, qui ont mis en place des programmes cohérents pour venir en aide aux enfants canadiens. La Fondation Tim Horton pour les enfants a été créée en 1975 pour souligner l'amour que Tim Horton portait aux enfants et son désir d'aider les moins fortunés. C'est dans cet esprit que les propriétaires de restaurants Tim Hortons recueillent des dons publics tout au long de l'année et organisent un Jour des camps annuel au cours duquel ils font don à la Fondation de toutes les recettes provenant de la vente de cafés. En 2009, la Fondation a amassé plus de 9,4 millions de dollars, qui lui ont

Le 300e terrain de jeux construit dans le cadre du programme Saturn est celui de l'école publique Cambridge Street, à Ottawa.

permis d'envoyer 14 000 enfants issus de milieux défavorisés dans des camps de vacances[15].

Une autre initiative concernait Saturn et son programme *Terrain de jeux Saturn*. Cette démarche s'est inscrite dans la philosophie du fabricant d'automobiles, qui était de répondre aux besoins des collectivités au sein desquelles il œuvrait. Employés et clients étaient invités à contribuer à la création de lieux récréatifs sécuritaires et amusants pour les enfants canadiens. Au fil des ans, plus de 300 terrains de jeux ont été construits ou restaurés dans le cadre du programme déployé par Saturn[16].

De plus en plus, des entreprises comme RBC, Tim Hortons, Saturn Canada et bien d'autres intègrent des programmes socialement responsables dans la planification de leurs initiatives stratégiques. Mais malheureusement, le fait d'être une entreprise citoyenne ne garantit pas que tous les employés ou toutes les divisions de l'entreprise agiront d'une manière éthique. Cela veut seulement dire que l'entreprise consacre du temps et des ressources à des projets communautaires qui ne visent pas directement à générer des profits.

On ne peut s'attendre à ce que tous les membres d'une entreprise adoptent toujours un comportement éthique. Cependant, un modèle de prise de décision éthique peut inciter les employés à œuvrer pour la réalisation d'objectifs éthiques communs.

OA 3

Le processus de décision éthique

La figure 3.2 illustre un processus décisionnel simple. Examinons chacune des étapes de ce processus.

Étape 1 : cerner les problèmes

La première étape du processus de décision éthique consiste à cerner les problèmes. À titre d'exemple, nous explorerons l'usage (ou le non-usage) que fait un cabinet de recherche en marketing des renseignements fournis par ses clients. L'un des problèmes potentiels réside dans la manière de recueillir ces renseignements. Par exemple, le cabinet a-t-il informé les répondants du but réel de son étude ? Un autre problème concerne la façon dont les résultats seront utilisés : pourraient-ils servir à tromper le public ou même à lui nuire ?

FIGURE 3.2 Le processus de décision éthique

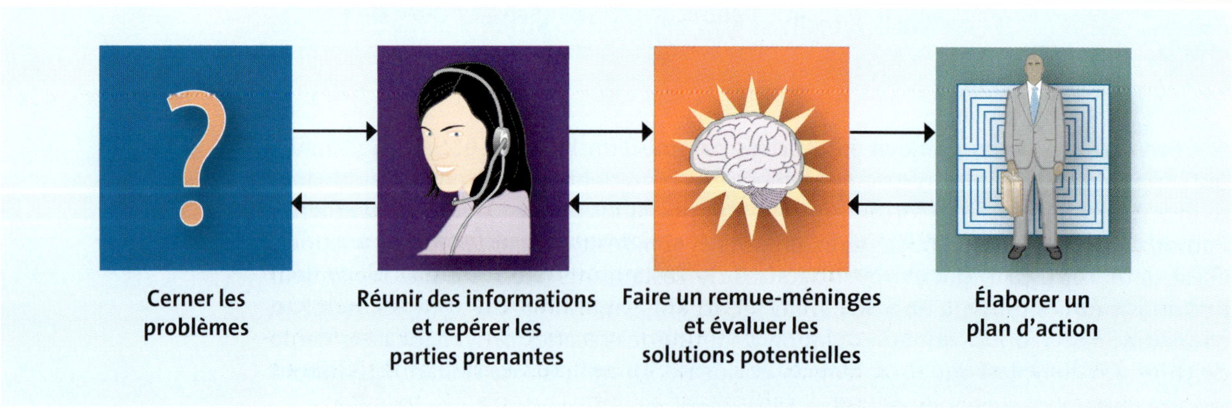

Étape 2 : réunir des informations et repérer les parties prenantes

À cette étape, l'entreprise se concentre sur la collecte d'informations liées à la question éthique, y compris tous les renseignements juridiques pertinents. Pour obtenir une vue d'ensemble, elle doit aussi repérer les individus et les groupes qui sont concernés par la manière dont le problème sera résolu.

Les parties prenantes englobent généralement les employés actuels et retraités de l'entreprise, les fournisseurs, le gouvernement, les groupes clients, les actionnaires, les environnementalistes et les membres de la collectivité au sein de laquelle l'entreprise exerce ses activités. De nombreuses sociétés vont plus loin et analysent aussi les besoins de l'industrie et de la collectivité mondiale, de même que ceux de parties prenantes « exceptionnelles », comme les générations futures.

Le tableau 3.2 représente une matrice d'analyse des parties prenantes adaptée à notre exemple[17]. Remarquez que chaque partie intéressée a une responsabilité envers les autres. Dans ce cas-ci, le responsable de la recherche en marketing assume une responsabilité professionnelle envers le public, les sujets de recherche et l'entreprise cliente, tandis que cette dernière endosse une responsabilité déontologique envers le chercheur, les sujets et le public. Reconnaître cette interdépendance des responsabilités garantit que l'entreprise tiendra compte du point de vue de chaque partie en prenant sa décision.

TABLEAU 3.2 Matrice d'analyse des parties prenantes applicable à un cabinet de recherche en marketing

Partie prenante	Préoccupations de la partie prenante	Résultats ou incidences sur la partie prenante	Stratégies potentielles pour obtenir l'appui de la partie prenante et atténuer l'incidence de la décision
Le public	• Obtention de résultats inexacts ou biaisés • Publication de résultats erronés, trompeurs ou isolés de leur contexte	• Perte de confiance dans les responsables de la recherche en marketing • Perte de confiance dans le processus de recherche en marketing	• Afficher des résultats exacts. • Indiquer le contexte de l'étude et la méthodologie employée. • Respecter le code de déontologie de l'Association canadienne du marketing.
Les sujets ou répondants	• Intrusion dans leur vie privée ; leur vie privée ne sera pas respectée s'ils participent au sondage • Utilisation de la recherche en marketing comme prétexte pour vendre des produits ou des services	• Perte de confiance dans le processus de recherche en marketing • Refus de participer à d'autres études de marché • Divulgation de renseignements inexacts	• Respecter le code de déontologie de l'Association canadienne du marketing. • Protéger les renseignements confidentiels des répondants. • Déclarer des résultats globaux plutôt que des résultats individuels.
Le client	• Étude de marché inutile • Utilisation d'un échantillon inadéquat pour faire des généralisations applicables au marché cible • Transmission à d'autres de données sensibles	• Réduction des dépenses de recherche en marketing et de la dépendance envers celle-ci • Prise de décisions en matière de marketing non fondées sur des recherches ou fondées sur des recherches inadéquates	• Faire en sorte que le responsable de la recherche en marketing signe une entente de confidentialité. • Respecter le code de déontologie de l'Association canadienne du marketing.

Étape 3 : faire un remue-méninges et évaluer les solutions potentielles

Une fois que l'entreprise de marketing a repéré les parties prenantes et leurs problèmes et réuni les informations disponibles, toutes les parties qui sont engagées dans la décision doivent faire un remue-méninges afin d'élaborer diverses solutions. Dans notre exemple, voici quelques solutions envisageables : suspendre le projet de recherche, rendre les réponses anonymes, mettre sur pied une formation sur le code de déontologie de l'ACM à l'intention de tous les responsables de la recherche, et ainsi de suite. La direction pourra ensuite réviser et raffiner ces solutions jusqu'à l'étape finale.

Étape 4 : élaborer un plan d'action

L'objectif de cette dernière étape du processus de décision éthique consiste à peser les diverses solutions et à choisir un plan d'action qui représente la solution la meilleure et la plus éthique pour les parties prenantes. La direction classera les solutions par ordre de préférence en précisant les avantages et les inconvénients de chacune. Elle doit aussi explorer tout problème juridique potentiel associé à chaque solution et, bien sûr, rejeter d'emblée toute activité illégale.

Afin de choisir un plan d'action approprié, les directeurs du marketing évaluent chaque solution à l'aide d'un processus analogue au questionnaire d'évaluation éthique présenté dans la figure 3.3. Ici, le rôle du gestionnaire marketing consiste à s'assurer qu'il a respecté tous les critères liés à la prise de décision et à évaluer son degré de certitude quant à la conformité de sa décision avec les critères établis. Si le gestionnaire marketing doute de sa décision, il doit réexaminer les autres solutions potentielles.

FIGURE 3.3 Questionnaire d'évaluation éthique

	Degré de certitude face à une décision				
	Incertain				Certain
Critères	1	2	3	4	5
1. Ai-je/Avons-nous réfléchi à toutes les questions éthiques associées à la décision à prendre ?					
2. Ai-je/Avons-nous consulté le plus grand nombre de personnes possible qui ont le droit de donner leur avis ou sont concernées par la prise de décision et l'élaboration de ce plan d'action ?					
3. Cette décision respecte-t-elle les droits et la dignité des parties prenantes ?					
4. Cette décision est-elle celle qui engendre le plus d'avantages et le moins d'inconvénients pour les parties prenantes ?					
5. Cette décision est-elle conforme aux règles morales généralement admises ?					
6. Cette décision me/nous paraît-elle satisfaisante ?					

Source : Adapté de Kate McKone-Sweet, Danna Greenberg et Lydia Moland, *Approaches to Ethical Decision-making*, Babson Park, Mass., Babson College Case Development Center, 2003.

Les décideurs qui ont recours à ce processus de décision éthique prennent en compte les questions éthiques pertinentes, évaluent les solutions possibles et choisissent un plan d'action qui les empêchera de commettre de graves fautes d'éthique. Le recours au code de signalisation tricolore pour identifier et comparer les aliments sains, dont il est question dans la rubrique Question d'éthique 3.1 (*voir p. 78*), met en lumière les enjeux éthiques auxquels les entreprises font face lorsqu'elles commercialisent leurs produits.

OA 4 Intégrer l'éthique dans les stratégies de marketing

Le processus de décision éthique n'est pas simple, mais il peut le devenir si les décideurs de l'entreprise s'habituent à réfléchir aux conséquences éthiques de leurs actions d'un point de vue stratégique. Nous examinerons ici comment la prise de décision éthique peut être intégrée dans le processus de planification marketing stratégique défini dans le chapitre 2. La figure 3.4 (*voir p. 77*) résume ce processus en soulignant les pièges éthiques potentiels à chaque étape.

FIGURE 3.4 Les questions éthiques et le plan marketing

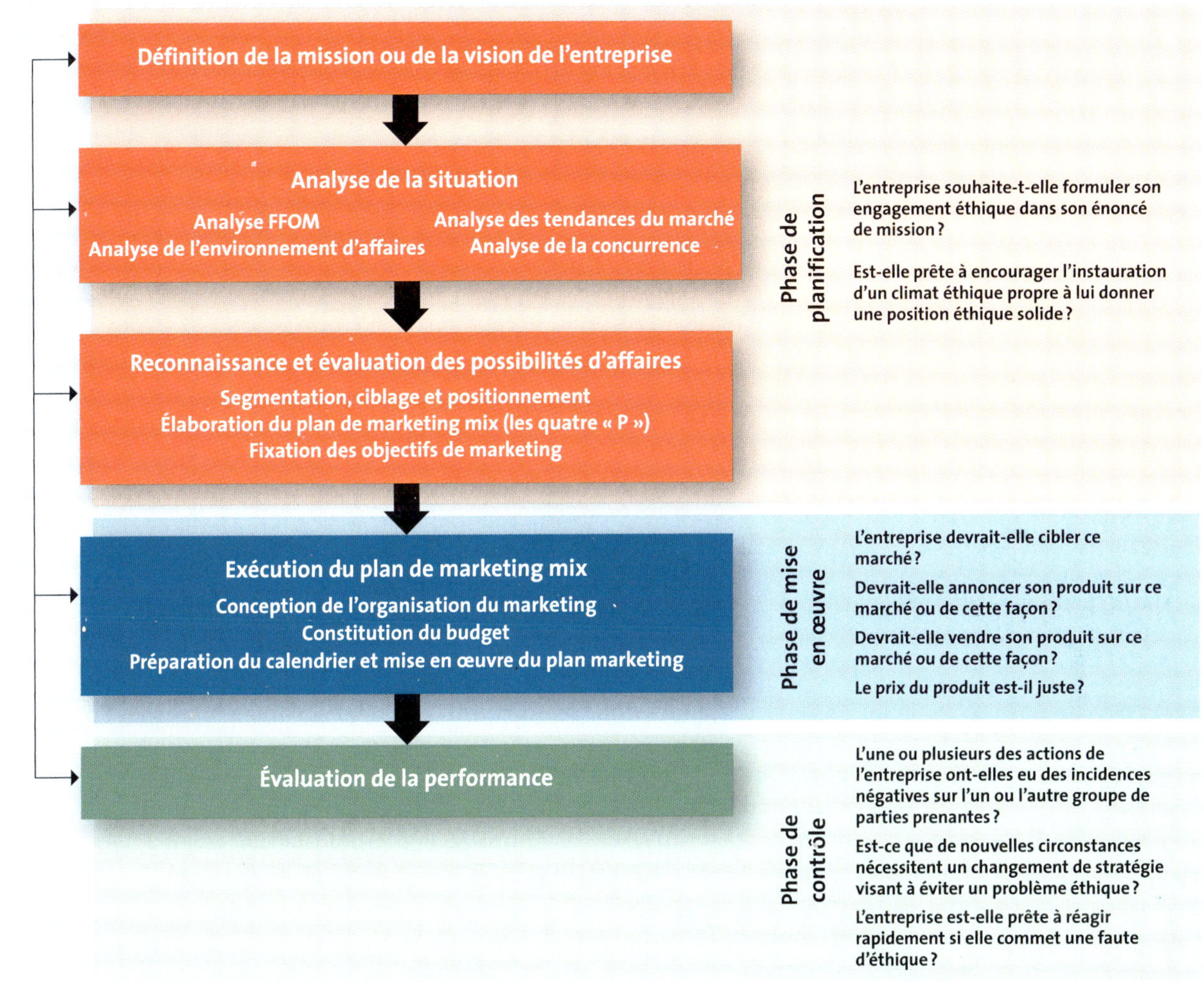

Les questions varient à chaque phase de la planification marketing stratégique. Par exemple, au cours de la phase de planification, l'entreprise doit déterminer le niveau d'engagement envers ses politiques et ses normes éthiques qu'elle est prête à annoncer publiquement. À la phase de mise en œuvre, elle ne se demande plus si elle « peut » offrir des produits ou des services d'une manière responsable et éthique, mais si elle « devrait » mettre en place des pratiques commerciales particulières. Au cours de la phase de contrôle, la tâche principale de l'entreprise consiste à s'assurer que toutes les questions éthiques potentielles soulevées pendant la phase de planification ont été abordées et que tous les employés de l'entreprise adoptent une conduite éthique. Examinons de plus près comment une entreprise peut intégrer l'éthique à chaque phase de la planification marketing stratégique.

La phase de planification

Les gestionnaires marketing peuvent intégrer l'éthique dès le début du processus de planification simplement en incluant des énoncés éthiques dans les énoncés de mission ou de vision de l'entreprise. De nombreuses entreprises canadiennes, comme la Banque Royale ou Sleep Country, ont formulé des programmes et des politiques responsables et éthiques clairs, et elles reconnaissent que les profits et la conscience sociale vont de pair. Certaines entreprises intègrent à leur énoncé de mission les

Question d'éthique 3.1 Un code de signalisation tricolore pour contrer la tendance à l'obésité[18]

L'obésité se répand à la vitesse d'une pandémie au Canada. Une étude rapportée par Statistique Canada mentionnait que près d'un quart des Canadiens adultes, soit 5,5 millions d'individus, étaient obèses, alors que plus du tiers de la population (8,6 millions d'individus) pouvaient être considérés comme faisant de l'embonpoint. La lutte contre l'obésité a engendré la prolifération de régimes alimentaires, de programmes d'exercice, de livres sur les régimes et la perte de poids, et de centres d'entraînement physique. Cette situation n'existe pas uniquement au Canada, puisque le Royaume-Uni et les États-Unis livrent des batailles similaires. La plus récente trouvaille pour contrer cette épidémie d'obésité est un système inventé par la Food Standards Agency (FSA) britannique et rappelant les feux de signalisation tricolores, qui permet d'identifier et de classer les aliments en fonction de leur contenu en matières grasses, en gras saturés, en sucre et en sel.

Le code de signalisation tricolore apposé sur les emballages des produits Kraft indique leur contenu en matières grasses, en sucre et en sel.

Le concept est plutôt simple. Un cercle rouge sur l'emballage indique que l'aliment contient une grande quantité d'un élément qui devrait être évité ou consommé seulement à l'occasion. Un cercle jaune veut dire que l'aliment est riche ou faible en cet élément et qu'il s'agit d'un bon choix. Un cercle vert signifie que l'aliment est faible en nutriments nuisibles. Plus un aliment comporte de cercles verts, plus il représente un choix sain. Selon la FSA, ce code a pour but de permettre aux consommateurs d'opérer des choix éclairés qui les aideront à équilibrer leur régime alimentaire. De plus, les cercles de couleur leur permettent de contrôler ce qu'ils mangent, de comparer les produits plus facilement, ce qui, à la longue, les amènera à faire des choix plus sains. Le code de signalisation tricolore ne remplace pas l'information nutritionnelle normalement présentée sur les emballages, mais il la complète. La FSA affirme même que les études qu'elle a menées sur une période de 20 mois démontrent que les consommateurs raffolent de ce système. Elle a donc lancé une campagne publicitaire dynamique pour sensibiliser les consommateurs au code de signalisation tricolore. Une fois qu'ils seront informés et comprendront le nouveau code, ils pourront le réclamer à leur épicier.

Que pense l'industrie alimentaire (les épiceries et les fabricants de produits alimentaires) de ce système? Elle estime qu'il est nul et devrait être mis au rancart immédiatement, et qu'elle fera tout ce qu'il faut pour le détruire. Un représentant de la FSA a décrit l'opposition de l'industrie alimentaire à son système comme étant « la plus féroce jamais vue ». Le directeur des communications de Kellogg's a déclaré qu'« en principe nous ne pourrions jamais accepter le code de signalisation tricolore ».

L'industrie alimentaire préfère le système des « repères nutritionnels journaliers » (RNJ) élaboré par les fabricants et les détaillants de produits alimentaires. Une coalition de fabricants comme Kellogg's, Tesco, Danone, Unilever, Nestlé et Kraft prépare une campagne d'envergure afin de faire connaître ce système. La FSA soutient qu'elle recommandera aux fabricants de produits alimentaires d'utiliser le code de signalisation tricolore sur leurs emballages. De nombreux groupes de consommateurs estiment que la présence de plusieurs codes différents sur les emballages pourrait embrouiller les consommateurs. En fait, le National Heart Forum britannique accuse les entreprises alimentaires d'utiliser des valeurs RNJ erronées afin de faire passer leurs aliments pour plus sains qu'ils ne le sont en réalité. Ainsi, des repères pour adultes sont utilisés dans des produits destinés aux enfants, alors que les valeurs appropriées aux enfants diffèrent de celles des adultes. De même, les valeurs RNJ qui figurent sur le cola de marque Tesco s'appliquent à un format de 100 millilitres, alors que cette boisson est vendue en format de 330 millilitres.

Le National Heart Forum a déclaré que, « à une époque où les consommateurs réclament de l'aide pour se nourrir plus sainement, certains fabricants et détaillants les déçoivent en utilisant des étiquettes trompeuses. Certains semblent même trafiquer les étiquettes de manière à promouvoir leurs produits plutôt que d'informer les consommateurs. » Les entreprises centrées sur le client ne devraient-elles pas donner aux consommateurs ce qu'ils veulent : le code de signalisation tricolore ? La réaction de l'industrie alimentaire est-elle éthique ? Ce code serait-il efficace au Canada ? En quoi le questionnaire d'évaluation éthique présenté dans la figure 3.3 (*voir p. 76*) pourrait-il être utile aux détaillants et aux fabricants dans cette situation ?

préceptes éthiques qui façonnent leur organisation. Les énoncés de mission d'organisations telles que The Body Shop ou Ben & Jerry's reflètent l'excellent climat éthique dont bénéficient ces entreprises. Même de très grandes entreprises comme General Mills ont élaboré un énoncé de « valeurs » qui définit leurs priorités et leur engagement à promouvoir ces valeurs dans toutes leurs actions.

L'énoncé de mission de Ben & Jerry's reflète l'excellent climat éthique dont jouit l'entreprise.

Chaque année, General Mills publie un rapport dans lequel elle explique dans quelle mesure elle a respecté ses propres normes de conduite éthique[19]. Dernièrement, l'entreprise a annoncé qu'elle utiliserait désormais des grains entiers dans toutes ses marques de céréales, devenant ainsi le premier fabricant de céréales de grande consommation à le faire. Ce changement a été applaudi par les nutritionnistes qui prétendent que les grains entiers augmentent radicalement les qualités nutritives des céréales. Ce n'est pas nécessairement pour stimuler la demande que General Mills a opéré ce changement, mais plutôt, conformément à son énoncé de valeurs, pour améliorer la santé des consommateurs[20].

General Mills utilisera désormais des grains entiers dans toutes ses marques de céréales, ce qui augmentera leurs qualités nutritives.

À la phase de planification, les énoncés de mission éthiques peuvent jouer un autre rôle en orientant l'analyse FFOM d'une entreprise. Ainsi, Fetzer Vineyards (*voir la rubrique Marketing entrepreneurial 3.1, p. 80*) a élaboré un énoncé de mission somme toute assez ambitieux.

La phase de mise en œuvre

Un aspect important de l'engagement continu de Fetzer Vineyards à respecter son énoncé de mission est la cohérence des valeurs définies dans celui-ci avec celles de son principal marché cible.

Toutefois, il arrive que, en choisissant un marché cible pour ses produits, une entreprise soit accusée de violer les normes éthiques. Lorsqu'il segmente un marché, le gestionnaire marketing détermine quels aspects du produit, du service et des efforts de marketing sont importants pour des groupes particuliers de consommateurs. Ces groupes peuvent être sensibles aux initiatives promotionnelles de l'entreprise, mais ne pas constituer un marché cible approprié. L'entreprise peut distribuer ses produits sur ce marché, mais elle ne devrait pas le faire.

Procter & Gamble (P&G) s'est associée avec le détaillant de vêtements pour préadolescents Limited Too afin de promouvoir sa brume pour le corps Secret. Cette promotion s'appuyait sur un concours ouvert aux fillettes de 7 à 14 ans seulement. Or, alors même qu'il visait ce groupe cible, le produit comportait une mise en garde indiquant qu'il devait être gardé hors de la portée des enfants. De plus, la brume était annoncée dans des magazines pour adolescents et préadolescents qui attiraient des lectrices de moins de 12 ans[21]. Il est clair que cette campagne de communication destinée à des fillettes était inappropriée, comme en témoigne la mise en garde qui se trouve sur l'étiquette du produit P&G, et elle a pris fin lorsque la Children's Advertising Review Unit du Better Business Bureau, le conseil américain des bureaux d'éthique commerciale, est intervenue pour demander à P&G de cesser la campagne commerciale de son produit auprès des enfants. Si P&G avait pris en compte tous les dilemmes éthiques potentiels pendant la phase de mise en œuvre de sa planification marketing stratégique, elle aurait pu éviter le problème consistant à promouvoir sa brume auprès des enfants tout en les mettant en garde contre ce même produit.

Marketing entrepreneurial 3.1 La mission de Fetzer Vineyards bénéfique à tous

L'énoncé de mission de Fetzer Vineyards commence comme ceci :

> « Nous fabriquons nos vins de manière responsable. Buvez-les de façon responsable. »

En 1958, Barney et Kathleen Fetzer ont acheté un ranch délabré à Mendocino, en Californie, l'ont converti en vignoble et ont fondé Fetzer Vineyards. Au fil du temps, les Fetzer ont acheté d'autres vignobles et ils occupent aujourd'hui le sixième rang parmi les producteurs de vins de qualité aux États-Unis. L'entreprise Fetzer Vineyards est unique parce qu'elle s'est donné pour mission non seulement de produire des vins d'excellente qualité, mais aussi de protéger l'environnement et de profiter à la société.

L'énoncé de mission continue ainsi :

- « Notre entreprise cultive, fabrique et met en marché des vins d'une qualité et d'une valeur excellentes de manière responsable et dans le respect de l'environnement.
- Tout en travaillant dans le respect de l'esprit humain et en accord avec lui, nous nous engageons à partager nos connaissances sur la manière d'apprécier la nourriture et le vin et de les consommer avec modération et de façon responsable.
- Nous sommes déterminés à promouvoir la croissance et le développement continus de nos employés et de notre entreprise »[22].

Tout en s'efforçant d'être à la hauteur de cet ambitieux énoncé de mission, Fetzer Vineyards a saisi des occasions que d'autres entreprises ayant une orientation similaire auraient sans doute ratées. Ainsi, l'entreprise s'est engagée à n'utiliser que des raisins biologiques dans sa gamme de vins Bonterra, qui ne contiennent donc aucun pesticide, fongicide ou fertilisant. Cette décision lui a permis de faire des économies puisqu'elle n'a plus besoin d'acheter des produits chimiques ni de superviser la quantité de produits utilisée dans les vignobles[23]. Fetzer Vineyards a aussi mis sur pied des programmes d'éducation innovants pour ses employés, notamment un programme d'anglais langue seconde qui connaît beaucoup de succès. Déjà compatibles avec son énoncé de mission, ces initiatives bénéficient tant à l'entreprise qu'à ses employés et à la collectivité. Fetzer Vineyards est une entreprise prospère qui offre des produits plus sains à ses clients, un meilleur accès à l'instruction à ses employés et un environnement plus salubre à sa collectivité immédiate.

Fetzer Vineyards fabrique des vins biologiques.

La leçon à retenir ici : même les grandes entreprises qui ont des années d'expérience en marketing et un excellent code de déontologie peuvent faire des erreurs ou prendre de mauvaises décisions. C'est pourquoi les gestionnaires marketing devraient toujours être vigilants.

La question de l'allocation des ressources pendant la phase de mise en œuvre s'avère parfois un terrain miné sur le plan de l'éthique. L'industrie pharmaceutique est sans doute l'industrie la plus exposée aux accusations relatives à une allocation des ressources peu éthique. Les militants engagés dans la lutte contre le sida déclarent que les entreprises pharmaceutiques ne cherchent pas assez à mettre au point des médicaments abordables contre le sida à l'intention des citoyens pauvres du tiers monde. Certains responsables de la santé publique ont aussi tiré la sonnette d'alarme pour dénoncer le manque de recherches sur la prochaine génération d'antibiotiques à une époque où les bactéries deviennent de plus en plus résistantes aux médicaments existants. Les détracteurs de l'industrie pharmaceutique pointent aussi le doigt vers le nombre croissant de médicaments destinés à améliorer la qualité de vie, comme les médicaments pour lutter contre le dysfonctionnement érectile, l'obésité, la calvitie masculine ou la mycose des ongles. Ils voient dans cette augmentation une cause possible de l'absence de nouveaux traitements des maladies graves. Pourtant, les entreprises pharmaceutiques nient avec véhémence avoir détourné des fonds voués à la recherche sur des médicaments contre des maladies graves pour financer des médicaments susceptibles d'améliorer la qualité de vie.

Miriam Papps est membre de Students Against Sweatshops, un groupe d'étudiants de l'université de Waterloo qui invite les étudiants à évaluer le comportement éthique des entreprises avant d'acheter leurs produits.

Les décisions relatives au sourçage entraînent aussi des problèmes pour certaines entreprises. Beaucoup d'entreprises réputées sont accusées de fabriquer leurs produits dans des ateliers clandestins. Établir sa production dans un pays du tiers monde est sans doute logique, puisque cela permet à l'entreprise de tirer parti des faibles coûts de production offerts dans les pays plus pauvres, mais cela ouvre aussi une boîte de Pandore sur le plan de l'éthique, le principal problème ayant trait à la responsabilité. En effet, à qui incombe-t-il de veiller à ce que les travailleurs des usines où sont fabriqués les produits soient traités équitablement et touchent un salaire suffisant ? Dernièrement, Coca-Cola a fait face à une forte opposition de la part d'étudiants d'universités tant américaines que canadiennes relativement à ses pratiques commerciales en Colombie et ailleurs. Des étudiants de plus d'une douzaine de collèges et d'universités canadiens ont fait pression sur le conseil d'administration de leur institution pour l'inciter à ne pas renouveler son contrat avec Coca-Cola[24]. Même des personnes emblématiques comme Mary-Kate et Ashley Olsen ainsi que Kathy Lee Gifford ont été prises en défaut pour avoir omis d'assumer leurs responsabilités quant aux conditions des travailleurs des usines qui fabriquent les produits portant leur marque. Récemment, des organismes à vocation environnementale se sont joints aux attaques, soutenant que de nombreuses usines outre-mer ne respectaient pas les plus hautes normes environnementales.

Une fois la stratégie mise en œuvre, il faut établir des contrôles pour s'assurer que l'entreprise a vraiment fait ce qu'elle se proposait de faire. Ces activités ont lieu dans la phase suivante de la planification marketing stratégique.

La phase de contrôle

Comme n'importe quelle activité propre à la phase de contrôle de la planification marketing stratégique, les actions des gestionnaires doivent être évaluées dans une perspective éthique. Il importe de mettre des systèmes en place pour vérifier si chaque question potentiellement éthique soulevée au cours du processus de planification a été résolue avec succès. Les systèmes établis pendant la phase de contrôle doivent aussi être flexibles. L'apparition de nouvelles technologies et de nouveaux marchés engendre sans cesse de nouvelles questions éthiques. De nombreuses entreprises ont élaboré des plans d'intervention d'urgence au cas où quelqu'un trafiquerait leurs produits ou dans l'éventualité où un accident surviendrait dans une usine. Ces plans visent à montrer aux consommateurs, aux employés et à toutes les autres parties prenantes que l'entreprise connaît bien les problèmes potentiels et est équipée pour y faire face adéquatement. Les entreprises qui réagissent dès les premières heures pendant une crise, en activant un plan organisé et en exprimant leur compassion aux consommateurs touchés, subissent moins d'effets négatifs à long terme en ce qui a trait à leur réputation, à leur crédibilité et au degré de confiance des consommateurs à leur égard[25].

L'éthique demeure donc un élément crucial du processus de planification marketing stratégique qui devrait être intégré dans tous les processus décisionnels d'une entreprise. La rubrique Cybermarketing 3.1 (*voir p. 82*) présente le cas de Turnitin, un service de prévention du plagiat qui soulève plusieurs questions éthiques importantes.

Des scénarios pour mieux comprendre l'éthique

Dans les paragraphes suivants, nous vous présenterons divers scénarios destinés à vous amener à développer votre aptitude à reconnaître les questions éthiques. Il

Cybermarketing **3.1** **Le logiciel Turnitin : prévention du plagiat ou non-respect de la propriété intellectuelle[26] ?**

Turnitin est le premier service Internet de détection du plagiat. Il a été créé par un groupe de chercheurs de l'université de Californie à Berkeley afin de surveiller le plagiat des travaux de recherche au sein des grands groupes d'étudiants du premier cycle. Aujourd'hui, l'entreprise est la ressource la plus utilisée et la plus réputée pour empêcher la propagation du plagiat sur Internet. Turnitin a reçu une attention particulière de la part des médias canadiens et américains pour diverses raisons. Il semblerait que les enseignants en raffolent, mais non les étudiants. La facilité avec laquelle l'information peut être copiée-collée ou téléchargée à partir d'Internet explique l'attrait du service de détection aux yeux des enseignants à qui il permet d'attraper les tricheurs. Selon Turnitin, son logiciel est utilisé par des milliers d'institutions dans plus de 90 pays pour dépister les plagiaires. L'entreprise prétend que les enseignants qui ont recours à ses services notent une réduction importante du plagiat au sein de leurs classes.

Aujourd'hui, Turnitin a élargi ses services de manière à offrir un ensemble complet de logiciels conçus pour concrétiser l'énorme potentiel éducatif d'Internet. L'entreprise soutient que sa gamme de produits éducatifs contribue à éliminer le mauvais usage d'Internet en tant qu'outil de recherche. Elle permettrait aussi aux enseignants d'enseigner et de noter les travaux des étudiants plus efficacement grâce à des logiciels comme le système d'évaluation par des pairs PeerMark ou d'autres tels GradeBook et GradeMark. De plus, les logiciels Turnitin sont entièrement compatibles avec WebCT, Blackboard, Moodle, Angel et d'autres logiciels de gestion de l'enseignement.

Turnitin s'enorgueillit de sa base de données — comportant rapports, articles, comptes rendus et autres travaux — qui renferme des millions de travaux d'étudiants. Le logiciel établit aussi des comparaisons entre les travaux des étudiants et des bases de données universitaires et professionnelles non disponibles sur Internet public, qui englobent des millions d'articles et de résumés provenant de plus de 80 000 journaux et périodiques. Turnitin est un service payant fonctionnant par abonnement dont les usagers peuvent acheter divers types de licences : campus simple, plusieurs campus, département ou individuel selon leurs besoins. Les avantages et les inconvénients de chaque type de licence varient.

La question que se posent la plupart des détracteurs de l'entreprise est de savoir comment Turnitin construit sa base de données. Certains étudiants dont les travaux ont été archivés par l'entreprise poursuivent cette dernière en justice, arguant qu'ils détiennent les droits d'auteur sur leurs travaux et que Turnitin ne devrait pas utiliser et vendre ceux-ci sans leur autorisation explicite. D'autres prétendent que les étudiants canadiens ne devraient pas être obligés d'enregistrer leurs travaux dans une base de données américaine parce que cela bafoue leurs préoccupations légitimes concernant leur sécurité, leur vie privée et leurs droits d'auteur.

Un professeur canadien de l'université Wilfrid-Laurier a mis au point une approche unique et efficace pour combattre le plagiat. Elle consiste à éduquer les nouveaux étudiants dès la première semaine au sujet du plagiat — ce qu'il est, comment le détecter et le prévenir — en faisant appel à leurs pairs pour transmettre le message. Les premiers résultats laissent croire que ce programme entraîne des changements importants. Les institutions canadiennes devraient-elles exiger que les étudiants soumettent leurs travaux au logiciel Turnitin afin de surveiller le plagiat ou devraient-elles adopter des méthodes semblables à celles qu'utilise l'université Wilfrid-Laurier ? Considérez-vous les services de Turnitin comme éthiques même si l'on contraint les étudiants à soumettre leurs travaux au logiciel ?

n'existe pas de solution parfaite aux dilemmes présentés ici, de même qu'il n'existe pas de solution parfaite aux nombreuses situations éthiques que vous rencontrerez au cours de votre carrière. Ces scénarios visent plutôt à aiguiser votre sens de l'éthique de même que votre capacité de raisonnement à cet égard.

L'encadré 3.2 (*voir p. 83*) présente des tests simples qui vous permettront d'évaluer les scénarios. En répondant à ces questions, vous pourrez évaluer votre propre réaction sur le plan éthique.

Scénario 1 : Qui appelle ?

Star38, une entreprise californienne, a inventé un logiciel qui permet à certains usagers du téléphone de passer outre aux systèmes d'identification de l'appelant. Pour 9,99 $ par mois et 0,07 $ la minute, l'appelant peut se connecter au site de l'entreprise, taper le numéro de son correspondant et le numéro qui doit s'afficher sur son appareil. En payant un supplément, l'appelant peut inscrire un faux nom à côté du faux numéro de téléphone. Star38 a l'intention de vendre son service à des agences de

ENCADRÉ 3.2 Les six tests de l'action éthique

Le test de la publicisation
- Accepterais-je que l'action que je m'apprête à mener fasse la une de mon journal local ou d'un magazine national ?
- Que ressentirais-je après avoir mené cette action si tout le monde était au courant, y compris les personnes qui me sont les plus chères ?

Le test du mentor
- Que ferait la personne que j'admire le plus dans cette situation ?

Le test de l'admirateur
- Accepterais-je que la personne que j'admire le plus me voie agir ainsi ?
- Serais-je fier de cette action devant une personne dont j'admire énormément la vie et la personnalité ?
- Quelle action ou attitude de ma part susciterait la fierté à mon égard de la personne que j'admire le plus ?

Le test de la transparence
- Pourrais-je expliquer clairement l'action que j'envisage de mener en exposant mes raisons avec honnêteté et transparence d'une façon qui soit satisfaisante pour un juge juste et impartial ?

Le test du reflet dans le miroir
- Pourrai-je encore me regarder dans le miroir et respecter la personne que j'y vois ?

Le test de la règle d'or
- Aimerais-je être visé par cette action et par toutes ses conséquences potentielles ?
- Est-ce que je traite les autres comme j'aimerais être traité ?

Source : Tom Morris, *The Art of Achievement : Success in Business and in Life*, New York, Fine Communications, 2003.

recouvrement, à des détectives privés et à des organismes d'application de la loi.

Est-ce là un plan d'affaires éthique ? Votre réponse changerait-elle si Star38 vendait ses services à n'importe qui ?

Marvin Smith, qui dirige une agence de recouvrement à Winnipeg, envisage de s'abonner au service Star38. Devrait-il le faire[27] ?

Scénario 2 : Accorder du crédit à des personnes peu solvables

Un cataloguiste, qui vend des articles pour la maison et des meubles, des vêtements ainsi que des jouets pour enfants, cherchait un moyen d'atteindre un nouveau public et de stopper le déclin de ses ventes et de ses recettes. Il a fait appel à un cabinet de recherche en marketing, qui a repéré un créneau nouveau mais potentiellement risqué : les familles constituées d'un seul adulte à faible revenu. Ce créneau semblait prometteur en raison du nombre important de ce type de familles, même si la plupart d'entre elles disposaient de ressources financières limitées.

Le cabinet de recherche a proposé au cataloguiste d'offrir une politique de crédit généreuse permettant aux consommateurs d'acheter des marchandises à crédit jusqu'à concurrence de 500 $ sans vérification de leur solvabilité, pourvu qu'ils souscrivent au paiement direct de leur facture à partir d'un compte chèques. Comme il s'agissait de consommateurs peu solvables, les taux d'intérêt associés aux comptes de crédit seraient extrêmement élevés. Les responsables de la recherche estimaient que, même si le cataloguiste enregistrait des pertes, les comptes payés seraient assez nombreux pour rendre son entreprise extrêmement rentable.

Selon vous, le cataloguiste devrait-il mettre en œuvre cette nouvelle stratégie ?

Scénario 3 : La réputation ternie du bijoutier

Gemmes de Rêve, une bijouterie fantaisie familiale, vendait ses produits uniquement à des grossistes. Récemment, toutefois, Gemmes de Rêve a été approchée par la charismatique Barbara Jobin, qui a convaincu ses propriétaires de vendre leurs produits à travers un réseau de distributeurs qu'elle avait mis sur pied. Les distributeurs recrutaient des gens pour organiser des « soirées bijoux » dans leur foyer. Enchantée des recettes générées par ces soirées maison, la famille Drouin, propriétaire de Gemmes de Rêve, a alors projeté d'élargir le réseau de distribution.

Toutefois, Mme Drouin venait tout juste de recevoir une lettre de condoléances de la part d'une cliente qui avait assisté à une soirée bijoux. Inquiète, elle a communiqué avec l'auteure de la lettre, qui lui a expliqué que Barbara Jobin était venue à la soirée bijoux organisée dans l'église et avait raconté l'histoire de Gemmes de Rêve. Dans cette histoire, Mme Drouin était une jeune veuve qui se débattait pour sauver son entreprise après le décès de son mari au cours d'un voyage missionnaire. La femme, qui avait acheté pour 200 $ de bijoux à la soirée, a confié à Mme Drouin qu'elle espérait que cela l'aiderait. Mme Drouin était stupéfaite. Elle et son mari bien vivant venaient de célébrer leur 50e anniversaire de mariage.

Que devait faire Mme Drouin maintenant ?

Scénario 4 : Pas étonnant que ce soit si bon

Délicieux Cola est un nouveau produit fabriqué par Boissons ABC et commercialisé avec le slogan « Détendez-vous avec Délicieux Cola ». Au contraire des autres colas sur le marché, Délicieux Cola ne contient pas de caféine. Il se positionne donc comme la boisson parfaite à consommer à la fin de la journée ou encore le week-end pour aider les consommateurs à décompresser. La réaction des consommateurs, et surtout des consommatrices, est fabuleuse et les ventes de Délicieux Cola grimpent rapidement.

Or, Boissons ABC n'a pas indiqué dans la liste d'ingrédients de Délicieux Cola que la boisson contient une petite quantité d'alcool, car elle n'est pas tenue de le faire sauf si le contenu en alcool est supérieur à 1 %. Dans ce cas, la boisson n'est pas considérée comme alcoolisée.

Mia Rodriguez, la directrice commerciale de Délicieux Cola, vient d'être mise au courant de la situation. Elle s'inquiète de l'impact de cette omission sur les consommateurs plus sensibles à l'alcool ou qui ne devraient pas en consommer, comme les femmes enceintes et les anciens buveurs.

Que devrait faire Mia ? Que feriez-vous à sa place ?

Scénario 5 : L'idée brillante de Brillant Bébé

Bartok produit une gamme de jouets pour bébés sous la marque Brillant Bébé. Dernièrement, Santé Canada a annoncé le rappel du module pour siège d'auto Brillant Bébé, un produit très populaire. Selon cet organisme, ce module comprend de petites pièces avec lesquelles un bébé pourrait s'étouffer. Le PDG de Bartok, Réjean Bartok, a convoqué une réunion de la direction afin d'élaborer une stratégie en réaction au rappel.

Michel Laframboise, le directeur financier de Bartok, a déclaré que le rappel pourrait occasionner des pertes de 1 million de dollars pour la gamme Brillant Bébé.

Signalant qu'aucun décès ni blessure n'avait été associé au produit, mais seulement un risque de blessure, il a proposé que l'entreprise écoule les stocks restants du module au Mexique, un pays dépourvu d'organisme de réglementation. Suzanne Marquis, la directrice commerciale de Bartok, a de son côté suggéré qu'on vende le produit au Mexique sous une marque et un emballage différents afin d'éviter toute association avec le nom Brillant Bébé. Bien que légèrement méfiant, Réjean Bartok, a accepté de cautionner ce plan afin d'éviter des pertes financières.

Qu'auriez-vous recommandé au PDG ?

Le consumérisme, l'éthique et la responsabilité sociale

OA 5

Comme nous l'avons démontré tout au long de ce chapitre, les entreprises qui n'accordent pas une attention suffisante à leur conduite éthique et ne manifestent pas une solide conscience sociale sont souvent la cible de groupes de consommateurs et d'autres groupes de pression qui leur font une publicité négative et vont même jusqu'à boycotter leurs produits. *Consumer Reports* et *Protégez-vous* sont deux revues sérieuses qui visent à informer les consommateurs et à les protéger contre les produits dangereux et les pratiques commerciales douteuses. *Consumer Reports* affirme que sa mission est de tester, d'informer et de protéger. Le **consumérisme**, un mouvement social qui vise à protéger les consommateurs contre les pratiques commerciales empiétant sur leurs droits, ainsi qu'une conscience et un activisme écologiques accrus sont les deux facteurs clés qui ont soutenu la tendance à une plus grande responsabilité sociale de l'entreprise au Canada. Aujourd'hui, plus de 75 % des sociétés canadiennes ont élaboré des politiques et des projets responsables visant à soutenir leurs collectivités[28].

consumérisme (*consumerism*) Mouvement social visant la protection des consommateurs contre les pratiques commerciales qui vont à l'encontre de leurs droits.

De nombreuses entreprises ont établi des programmes relatifs à la responsabilité sociale qui permettent aux consommateurs de se départir de façon sécuritaire des produits qu'ils achètent afin de minimiser leur impact sur l'environnement. Ainsi, Mountain Equipment Co-op a mis sur pied un programme qui invite ses clients à rapporter leurs vieux vêtements de polyester au magasin, où ils seront recyclés[29], et Loblaw vend des sacs réutilisables entièrement faits de matériaux recyclés[30]. De même, des entreprises comme Dell et Hewlett Packard récupèrent désormais le matériel informatique usagé en vue de le recycler. Toutes les cartouches d'encre HP sont accompagnées d'instructions sur la façon de retourner les cartouches vides. Les fabricants de cellulaires commencent aussi à promouvoir le recyclage des vieux téléphones et des piles usagées et encouragent les consommateurs à les rapporter à des centres de recyclage dans tout le pays. Même les gouvernements se sont mis de la partie.

Le Choix du Président propose à ses clients des sacs verts, à usages multiples.

Le gouvernement de l'Île-du-Prince-Édouard a instauré un programme de récupération des accumulateurs au plomb[31] (qui englobent les batteries de tous les types de véhicules : automobiles, camions, motoneiges, motos, véhicules hors route, tondeuses autoportées) et adopté un règlement qui oblige les détaillants à majorer de 5 $ le prix d'une batterie neuve, sauf si le client rapporte sa vieille batterie dans les 30 jours. De son côté, le gouvernement de l'Ontario a établi un programme de consignation des bouteilles de vin et de spiritueux en vertu duquel les consommateurs reçoivent un remboursement quand ils rapportent leurs bouteilles vides au Beer Store au lieu de les déposer dans le bac de récupération ou le bac à ordures.

Les consommateurs se tournent de plus en plus vers les produits et les services des entreprises socialement responsables. La plupart des grandes entreprises ayant compris ce fait, elles annoncent activement leurs initiatives dans ce sens. The Cooperators, une coopérative d'assurances ayant son siège social à Guelph, en Ontario, a acquis la réputation de se soucier des besoins de ses membres et de leur qualité de vie au sein de leurs collectivités. La coopérative finance des événements liés à la sécurité, comme des cliniques d'inspection des sièges d'auto pour bébés, des programmes de sécurité à bicyclette et des initiatives contre l'alcool au volant, et parraine le programme Parents-Secours® du Canada dans le cadre de son programme de développement économique communautaire. Comme bien d'autres entreprises qui ont constitué des programmes relatifs à la responsabilité sociale, The Co-operators se concentre sur ce qu'on appelle le triple résultat net, soit la durabilité financière, sociale et environnementale d'une entreprise[32].

La question qu'il faut se poser est la suivante: les consommateurs font-ils leur part pour promouvoir et appuyer les divers programmes relatifs à la responsabilité sociale qui visent à protéger l'environnement? Quand vous achetez un nouvel appareil photo numérique ou un nouveau cellulaire, vous demandez-vous ce qu'il adviendra de votre vieil appareil? Quand vous achetez un roman *Harry Potter*, savez-vous que l'auteure britannique J.K. Rowling a insisté pour que ses livres soient imprimés sur du papier respectueux des forêts anciennes[33]? Les consommateurs américains ont boycotté les éditeurs américains et commandé *Harry Potter et le Prince de sang-mêlé* à la société canadienne Raincoast Books, qui imprime ses livres depuis 2003 sur du papier recyclé[34]. Qu'en pensez-vous? Les gestionnaires marketing devraient-ils s'engager davantage à éduquer les consommateurs sur les aspects négatifs de la consommation ou est-ce plutôt aux consommateurs de jouer un rôle proactif?

Les critiques éthiques et sociales du marketing

Jusqu'ici, nous avons vu que les gestionnaires marketing, à tort ou à raison, sont souvent critiqués pour certaines de leurs pratiques commerciales. C'est le cas particulièrement lorsqu'ils trahissent la confiance de leurs clients ou du public, volontairement ou non, en adoptant des pratiques commerciales illégales ou contraires à l'éthique. Ainsi, les entreprises qui font la promotion de leurs produits et de leurs services auprès de groupes vulnérables, comme les personnes dépendantes de l'alcool, de la cigarette ou du jeu ou encore les personnes âgées incapables de prendre une décision éclairée, sont souvent considérées comme peu scrupuleuses et immorales. Bien qu'il ne soit pas illégal de promouvoir des produits et des services auprès de ces groupes, cela soulève de sérieuses questions au sujet de la conduite éthique des entreprises. Une publicité de Dolce & Gabbana a été interdite dans plusieurs pays européens pour des motifs éthiques, car elle renforçait les stéréotypes sur le viol et la sexualité. Bien que cette publicité ne fût pas illégale, Dolce & Gabbana a réagi à cette opposition en la retirant. Certains gestionnaires marketing s'adonnent à des pratiques illégales comme la publicité-leurre, qui vise à tromper les consommateurs sur les prix, les ventes et les caractéristiques de leurs produits.

Même si les entreprises sont souvent forcées de payer des pénalités lorsqu'elles sont condamnées, leurs comportements inappropriés détruisent la confiance des clients envers les gestionnaires marketing. Ces derniers sont aussi critiqués pour leur tendance à exagérer grossièrement les avantages des produits, une pratique prédominante chez ceux qui se spécialisent dans les produits de beauté, les produits antivieillissement et certains produits naturels. Enfin, on blâme les gestionnaires marketing parce qu'ils donnent aux clients l'impression que leur valeur tient davantage aux produits qu'ils achètent qu'à ce qu'ils sont comme personnes. Par exemple, les jeunes enfants et les adolescents se sentent souvent plus populaires ou meilleurs que leurs amis lorsqu'ils portent des vêtements, des chaussures et des accessoires estampillés par des griffes à la mode.

Faites le point

1) Expliquez pourquoi les gestionnaires marketing devraient se soucier de l'éthique.

2) Définissez les caractéristiques d'une entreprise socialement responsable.

3) Décrivez les modalités de la prise de décision éthique.

4) Expliquez comment une entreprise peut intégrer l'éthique et la responsabilité sociale dans sa stratégie de marketing.

5) Décrivez comment les consommateurs encouragent des pratiques commerciales éthiques et responsables.

1) La principale raison pour laquelle il faut se soucier de prendre des décisions éthiques tient au fait que c'est tout bonnement la meilleure chose à faire! Chaque employé devrait avoir à cœur de faire partie d'une entreprise responsable, mais cela est particulièrement important pour les gestionnaires marketing, qui interagissent le plus directement avec leurs clients et leurs fournisseurs, ce qui leur donne amplement l'occasion d'aborder des questions éthiques. Il est souvent difficile de prendre de bonnes décisions éthiques parce que celles-ci peuvent entrer en conflit avec les objectifs spécifiques ou généraux de l'organisation.

2) Individus et entreprises peuvent (et doivent) agir de manière éthique, mais il est possible que les incidences de leurs actes ne touchent personne d'autre que les parties prenantes immédiates, comme les employés, les clients et les fournisseurs. Pour être socialement responsable, une entreprise doit aussi mener des actions qui profitent à l'ensemble de la collectivité, comme venir en aide aux victimes d'un cataclysme tel qu'un ouragan. Les entreprises responsables s'efforcent de conduire leurs opérations de façon à éliminer ou à minimiser leur impact négatif sur l'environnement et sur les groupes vulnérables de consommateurs comme les enfants, les personnes âgées et les personnes handicapées. Elles informent aussi les consommateurs des effets potentiellement nocifs de leurs produits, font la promotion de leurs produits et de leurs services d'une manière honnête et responsable et prennent rapidement des mesures correctives s'il s'avère que leurs produits et leurs services présentent des défauts dangereux.

3) Premièrement, une entreprise peut intégrer l'éthique et la responsabilité sociale dans son énoncé de mission. Deuxièmement, elle devrait élaborer des politiques et des procédures afin de veiller à ce que tous les membres de l'entreprise adoptent une conduite éthique et responsable. Troisièmement, l'entreprise peut modeler ses politiques en matière d'éthique sur un code de déontologie éprouvé comme celui de l'Association canadienne du marketing. Quatrièmement, lorsqu'elle prend des décisions à caractère éthique, l'entreprise peut utiliser un questionnaire d'évaluation éthique comme celui de la figure 3.3 (*voir p. 76*). L'entreprise peut aussi reconnaître et récompenser ses employés qui prennent des décisions éthiques.

4) L'entreprise peut veiller à intégrer les questions relatives à l'éthique et à la responsabilité sociale dans son processus de planification et même dans son énoncé de mission, du moment où la haute direction s'engage à favoriser un excellent climat éthique au sein de l'organisation. Lorsqu'elle élabore une stratégie de marketing, l'entreprise devrait se demander non seulement si elle « peut » mettre en œuvre telle ou telle politique, mais aussi si elle « devrait » le faire. Elle doit s'assurer que son plan de marketing mix — les quatre « P » — respecte les normes les plus élevées de responsabilité sociale, c'est-à-dire qu'elle doit développer des produits sécuritaires, fixer des prix équitables, promouvoir ses produits honnêtement et les distribuer sans discrimination excessive. Enfin, au cours de la phase de contrôle, les gestionnaires marketing doivent se demander s'ils ont véritablement agi d'une manière éthique et responsable. Dans le cas contraire, ils devraient voir à redresser la situation rapidement.

5) Le consumérisme, qui vise à protéger les consommateurs des pratiques commerciales qui lèsent leurs droits, est un élément moteur qui stimule la tendance à une amélioration de l'éthique et de la responsabilité sociale. Malheureusement, de nombreux consommateurs ne profitent pas pleinement des multiples programmes relatifs à la responsabilité sociale mis sur pied par les entreprises et les gouvernements pour favoriser une plus grande responsabilité environnementale. De plus, les consommateurs ont formulé de nombreuses critiques relatives à l'éthique et à la responsabilité sociale des gestionnaires marketing, surtout quand ils trahissent leur confiance en recourant à des pratiques commerciales inappropriées.

Mots clés

- climat éthique, p. 68
- consumérisme, p. 85
- éthique des affaires, p. 66
- éthique du marketing, p. 66
- responsabilité sociale de l'entreprise, p. 71

Révision des concepts

1. Expliquez ce que sont l'éthique et la responsabilité sociale de l'entreprise dans l'optique du marketing. Qu'est-ce qui distingue principalement l'éthique et la responsabilité sociale ?
2. Nommez quatre facteurs qui déterminent si une personne ou une entreprise se conduit d'une manière éthique. Indiquez les mesures qu'une entreprise peut prendre pour démontrer son engagement à se conduire d'une manière responsable.
3. Décrivez comment une entreprise peut intégrer l'éthique et la responsabilité sociale dans sa stratégie de marketing.
4. Expliquez comment la campagne *ALDO lutte contre le sida* ajoute de la valeur à l'offre de l'entreprise aux consommateurs.
5. Peut-il arriver qu'une société pourvue d'un code de déontologie commette des fautes en matière d'éthique ? Pourquoi et dans quel cas cela peut-il se produire ?
6. Qu'est-ce que le consumérisme ? Nommez deux organisations qui sont des championnes du consumérisme au Canada. Comment le consumérisme encourage-t-il un comportement éthique et la responsabilité sociale au sein des entreprises canadiennes ?
7. Est-il possible d'éliminer ou de réduire les critiques relatives à la responsabilité sociale et à l'éthique des entreprises ? Quelles actions pourraient améliorer les choses à cet égard ?
8. Dans le monde universitaire, le plagiat serait plus fréquent de nos jours en raison du volume d'informations disponible sur Internet et de la facilité avec laquelle les étudiants peuvent les télécharger et les échanger entre eux de manière quasi indétectable. En plus d'utiliser des services comme le logiciel Turnitin décrit dans la rubrique Cybermarketing 3.1 (*voir p. 82*), quelles mesures les universités peuvent-elles prendre pour lutter contre cette tendance ?
9. De nombreux analystes laissent entendre que le marketing responsable n'est pas seulement une mode, qu'il peut réellement augmenter les profits et la rentabilité de l'entreprise. Expliquez comment le marketing responsable peut le faire. Pouvez-vous nommer une ou deux sociétés canadiennes qui soutiennent que leurs programmes relatifs à la responsabilité sociale ont entraîné une hausse de leurs profits et de leur rentabilité ?
10. De nombreux gestionnaires marketing ont élaboré des programmes visant à aider les consommateurs à se départir de leurs produits usagés d'une manière sécuritaire et écologique, soit en les recyclant, soit en les apportant à un détaillant ou à un centre de recyclage. Pourtant, des tonnes de matériaux recyclables aboutissent dans les dépotoirs partout au Canada. Quels facteurs pourraient expliquer le comportement des consommateurs qui ne se départent pas de leurs produits d'une manière écologique ?

Marketing appliqué

1. Pourquoi les gestionnaires marketing font-ils plus souvent face à des dilemmes éthiques que les membres d'autres fonctions de l'entreprise, comme les finances, la comptabilité ou l'immobilier ?
2. Expliquez pourquoi une entreprise pharmaceutique devrait instaurer et préserver un climat éthique au sein de son organisation. Appuyez votre réponse sur un ensemble d'arguments.
3. Une compagnie d'assurances fait de généreux dons à des organismes de charité et parraine des programmes de sensibilisation au cancer. Par ailleurs, elle n'accueille pas favorablement les réclamations de consommateurs âgés qui se fondent sur une police à laquelle ils souscrivent depuis des années. Évaluez cette entreprise en ce qui concerne l'éthique et la responsabilité sociale.
4. Un fabricant de vêtements canadien négocie avec une entreprise brésilienne en vue de faire fabriquer une nouvelle gamme de chandails. Le fabricant veut un chandail d'excellente qualité à un coût raisonnable, mais craint que les travailleurs brésiliens soient sous-payés et

obligés de travailler de longues heures dans de mauvaises conditions. Élaborez une matrice d'analyse semblable à celle du tableau 3.2 (*voir p. 75*) afin d'évaluer l'incidence de cette décision sur les parties prenantes.

5. À partir du scénario que vous avez élaboré à la question 4, répondez au questionnaire d'évaluation éthique de la figure 3.3 (*voir p. 76*). Expliquez les raisons pour lesquelles vous avez indiqué tel ou tel degré de certitude à chaque question.

6. Voici l'énoncé de mission d'une entreprise qui fabrique des barres de céréales et d'autres goûters bons pour la santé : « Notre objectif est de vendre des produits savoureux et sains et d'apporter des bienfaits à la société tout en réalisant des profits. » Or, bien que les produits de l'entreprise soient biologiques, ils contiennent beaucoup de calories. L'entreprise verse une petite fraction de ses profits à Centraide. Évaluez son énoncé de mission.

7. Le fabricant de céréales évoqué à la question 6 songe à lancer une campagne publicitaire à l'intention des enfants ; cette campagne serait diffusée à la télévision le samedi matin. Expliquez pourquoi il devrait ou ne devrait pas le faire, selon vous.

8. Un inspecteur-hygiéniste a trouvé des crottes de rongeur dans un lot de céréales provenant du même fabricant. Comment celui-ci devrait-il réagir ?

9. Un détaillant de vêtements pour dames est jugé coupable d'avoir pratiqué une politique de prix discutable. Malgré la pénalité substantielle qui lui a été imposée, il ne modifie pas ses pratiques. Expliquez comment le consumérisme pourrait forcer ce détaillant à se comporter d'une manière plus éthique dans l'avenir.

10. Les consommateurs qui réprouvent la chasse aux bébés phoques ont exprimé leur mécontentement en réclamant un boycottage international des poissons et des fruits de mer canadiens. Bien que cette action puisse inciter l'industrie de la chasse aux phoques à modifier ses pratiques, elle pourrait aussi entraîner des pertes d'emplois. L'approche adoptée par les consommateurs est-elle la plus éthique ?

Cyberfuté

1. Il se peut qu'aucune discipline ne soit autant scrutée en ce qui a trait aux normes de conduite éthique que le marketing direct, une technique de promotion qui utilise des véhicules impersonnels comme le téléphone, la poste ou Internet pour vendre des produits ou des services[35]. Les questions éthiques relatives au marketing direct couvrent un large spectre parce que cette technique tire parti de toutes les formes de communication. L'Association canadienne du marketing, qui prend la question de l'éthique très au sérieux, a mis sur pied plusieurs programmes pour faire en sorte que ses membres respectent son code de déontologie. Allez sur le site de l'ACM (www.the-cma.org/french/) et cliquez sur l'onglet « Activités et réalisations ». Dans la liste des actions entreprises, quelles mesures l'Association a-t-elle adoptées pour aider les consommateurs et l'industrie à créer un marché plus éthique ?

2. Un nombre croissant d'entreprises claironnent leur engagement à mettre en œuvre des programmes de responsabilité sociale. L'organisme Corporate Social Responsibility Newswire suit ces initiatives de près et affiche sur son site Web des articles sur les agissements de diverses entreprises. Allez sur le site d'Industrie Canada (www.ic.gc.ca/eic/site/csr-rse.nsf/fra/h_rs00573.html). Parmi la liste des entreprises répertoriées comme ayant intégré le marketing vert, rédigez une description de l'entreprise choisie et de son initiative en matière de responsabilité sociale.

Étude de cas

QUELLE EST LA TAILLE DE VOTRE EMPREINTE CARBONE[36] ?

Les changements climatiques inquiètent de plus en plus les individus, les collectivités, les entreprises et les gouvernements. Depuis la révolution industrielle seulement, « les concentrations de dioxyde de carbone ont augmenté de 30 %, celles de méthane, de 145 % et celles d'oxyde nitreux, de 15 %[37] ». Tout cela est dû à notre mode de vie de plus en plus mécanisé et axé sur la technologie. Il nous faut la voiture la plus grosse, la plus rapide et la plus solide et nous réfléchissons rarement aux répercussions potentielles de nos choix sur l'environnement, en particulier le recours aux combustibles fossiles comme le charbon, le pétrole et le gaz naturel, qui sert à produire l'électricité nécessaire aux usines et aux voitures. En un siècle, nous avons défriché plus de terres pour l'utilisation humaine que pendant toute l'histoire de l'humanité. Nous avons détruit des forêts et des zones humides qui absorbent et stockent les gaz à effet de serre et régulent naturellement l'atmosphère. C'est pourquoi le problème des changements climatiques doit être abordé à l'échelle planétaire. Le dioxyde de carbone reste des centaines d'années dans l'atmosphère et les émissions se mélangent aisément, peu importe leur provenance.

Tout n'est pas perdu, cependant. Étant plus conscients des toxines qu'ils rejettent dans leur environnement, de nombreux citoyens ont décidé d'effectuer de petits changements qui peuvent s'additionner dans le cadre de l'effort pour réduire les émissions de gaz à effet de serre à l'échelle de la planète.

Au Royaume-Uni, faire ce qu'il faut pour l'environnement est devenu une nouvelle passion et, pour certains, une obsession. Dans un pays réputé pour ses modes, la mode la plus récente consiste à se poser la question suivante : de quelle taille est mon empreinte carbone ? L'empreinte carbone est une « mesure de l'impact des activités humaines sur l'environnement en ce qui touche la production de gaz à effet de serre mesurée en unités de dioxyde de carbone[38] ». Nos actions polluantes permettent de mesurer notre empreinte individuelle.

En moyenne, un Britannique génère environ six tonnes de gaz carbonique par an. La nouvelle obsession des Britanniques s'est avérée bénéfique pour l'environnement, puisque beaucoup d'entre eux ont relevé le défi de réduire des chiffres aussi ahurissants.

Que vous viviez à Aberdeen ou au pays de Galles, vous trouverez des taxis carboneutres à peu près partout, qui sont prêts à vous emmener à des magasins carboneutres qui vendent des produits carboneutres[39]. Beaucoup de citoyens sollicitent l'aide d'écoconseillers pour évaluer leur maison et leur suggérer des façons de diminuer leur empreinte.

Là où moins, c'est mieux, l'achat de crédits compensatoires de carbone devient de plus en plus populaire. Vieux d'une décennie, ce système gagne en popularité depuis peu. Il constitue une autre façon pour les individus de compenser les dommages causés par leurs émissions de carbone. Les fournisseurs de crédits compensatoires fixent les prix en fonction de ce qu'il en coûte pour atténuer les dommages causés par les émissions, puis investissent ce montant dans un projet écologique en votre nom. Ce système de crédits compensatoires repose sur le principe que, même s'il ne peut effacer les dommages déjà causés, il nous permet de faire un peu plus pour améliorer notre environnement.

Les programmes de crédits compensatoires englobent des actions comme reboiser pour absorber l'excès de CO_2, produire de l'électricité à partir de l'énergie solaire et utiliser des ampoules et des voitures écoénergétiques. Sauver l'environnement n'est désormais plus un enjeu individuel. En effet, de nombreuses entreprises relèvent ce défi qu'elles voient comme une partie intégrante de leurs obligations envers la société. La firme Dell, par exemple, vient de lancer le programme *Plante un arbre pour moi*, qui permet aux acheteurs d'ordinateurs de contribuer à un fonds de conservation. Le coût est de 6,30 $ pour un ordinateur de bureau et de 2,10 $ pour un ordinateur portable. Ce programme repose sur le principe que les arbres plantés pour cette somme compenseront la pollution causée par la fabrication de l'ordinateur en moins de 70 ans[40]. Des agences de voyage comme Travelocity se sont même fixé comme but d'obtenir que 10 % de leurs clients achètent des crédits de carbone[41]. Air Canada a suivi le mouvement en s'associant avec Zerofootprint, un fournisseur de crédits compensatoires qui investit dans des projets de reboisement, afin de donner à ses clients la possibilité d'acheter des crédits de carbone pour compenser leur voyage. Zerofootprint utilise une calculatrice pour déterminer la part des émissions de CO_2 du client pour son voyage. Air Canada offre à ses clients une manière facile de payer le coût des crédits de carbone au moment de l'achat de leur billet ou à un autre moment. Si l'on tient compte des caractéristiques techniques actuelles des appareils d'Air Canada, un passager devra débourser 19,20 $ pour compenser sa part des émissions de carbone au cours d'un vol aller-retour entre Toronto et Londres et 12,80 $ pour un aller-retour entre Vancouver et Montréal[42].

La Carbon Neutral Company, qui est l'un des premiers fournisseurs mondiaux de crédits de carbone et cabinets de consultants en climat, se spécialise dans les programmes de crédits compensatoires, les stratégies de réduction des émissions de CO_2 et les services de marketing. Cette société recherche des fournisseurs et offre un programme de compensation carbone basé sur des projets d'efficacité énergétique et forestiers. Elle a investi dans plus de 170 projets mis en œuvre sur cinq continents. Elle procure à ses clients les ressources nécessaires pour mieux évaluer leur risque carbone et leur propose un programme de réduction, d'évitement et de compensation qui répond à leurs objectifs commerciaux[43].

Au Canada, des agences gouvernementales et des entreprises ont mis sur pied des initiatives destinées à réduire leur empreinte carbone. Par exemple, le gouvernement de l'Ontario travaille de concert avec le Conseil du recyclage de l'Ontario (www.rco.on.ca) et des associations de détaillants et de grossistes pour réduire de moitié le nombre de sacs en plastique utilisés dans la province d'ici à 2012. Les Ontariens recevront des incitations financières pour qu'ils se servent des sacs en tissu ou en toile réutilisables. Si son programme est efficace, le nombre de sacs en plastique utilisé chaque jour en Ontario passera de 7 à 3,5 millions, soit quatre sacs par jour par personne[44]. Le gouvernement fédéral espère réduire les émissions des consommateurs moyens grâce à des stratégies comme l'application de normes d'efficacité énergétique à tous les véhicules et petits camions construits après 2011. Il prévoit instituer des normes écoénergétiques ou améliorer les normes existantes pour des appareils comme les lave-vaisselle, les déshumidificateurs, les spas et les fournaises au gaz tout en supprimant les ampoules à incandescence d'ici à 2012. Des entreprises comme Loblaw vendent des sacs d'épicerie écologiques, dont le sac vert Le Choix du Président, afin de réduire le nombre de sacs en plastique qui encombrent les dépotoirs.

Étant plus conscients des émissions nocives que nous libérons dans notre environnement, nous devrions tous faire notre part pour en réduire les effets. Les changements ne se réaliseront pas en un jour, mais plutôt un jour à la fois. Alors, la prochaine fois que vous prendrez vos clés de voiture, demandez-vous quelle est la taille de votre empreinte carbone.

Questions

1. À votre avis, dans quelle mesure l'achat de crédits de carbone est-il efficace pour réduire les émissions de CO_2 ?
2. Quel rôle les consommateurs peuvent-ils jouer dans la lutte contre les émissions de gaz à effet de serre ? Donnez trois exemples autres que ceux qui figurent dans l'étude de cas.
3. Suggérez d'autres moyens que l'achat de crédits de carbone pour réduire notre empreinte carbone.

CHAPITRE 4

OBJECTIFS D'APPRENTISSAGE

Après avoir lu ce chapitre, vous devriez être en mesure :

OA 1 d'expliquer de quelle façon les compétences fondamentales, les clients et les partenaires d'une entreprise influent sur la stratégie de marketing de cette dernière ;

OA 2 de reconnaître et d'expliquer les éléments que comporte le macroenvironnement d'une entreprise ;

OA 3 de comprendre comment les gestionnaires marketing élaborent différents scénarios afin de planifier les stratégies de marketing possibles et de prendre des décisions.

L'analyse de l'environnement marketing

Même s'il a fallu bien du temps avant que les consommateurs n'adoptent une attitude plus responsable face à la planète, il semble que, de nos jours, pratiquement tout le monde est devenu écologique. Loblaw, qui a lancé des produits écoresponsables pour la première fois il y a 20 ans, a perçu chez les consommateurs un désir d'en faire plus pour l'environnement. Elle a donc mis en marché une gamme de sacs à provisions réutilisables fabriqués à partir de 85 % de matière recyclée. À un prix aussi bas que 0,99 $, il n'a fallu que trois semaines à Loblaw pour écouler ses stocks[1].

Les sacs de tissu et autres sacs réutilisables ne datent pas d'hier; ils existent depuis plusieurs décennies. Toutefois, le documentaire *An Inconvenient Truth* (*Une vérité qui dérange*), réalisé par Al Gore, a eu un impact majeur sur l'attitude du consommateur. L'environnement marketing était alors tout à fait prêt pour commencer à utiliser autre chose que des sacs en plastique. Évidemment, la sensibilisation accrue des consommateurs y est aussi pour quelque chose.

Le sac Le Choix du Président coûte 0,99 $ et rapporte 50 points Le Choix du Président à chaque utilisation.

D'autres pays ont amorcé un changement avant le Canada, dont l'Irlande, qui a imposé une taxe sur les sacs en plastique en 2002, et l'Afrique du Sud, qui a proscrit ceux-ci en 2003[2]. En 2007, San Francisco est devenue la première ville nord-américaine à bannir les sacs en plastique des épiceries et des pharmacies[3]. La petite ville de Leaf Rapids, dans le nord du Manitoba, a suivi l'exemple de San Francisco pour ainsi devenir la première municipalité canadienne à interdire ces sacs[4]. Au printemps 2007, le gouvernement ontarien a annoncé son partenariat avec le Conseil du recyclage de l'Ontario en vue de réduire de moitié le nombre de sacs en plastique en circulation sur une période de cinq ans[5].

En outre, Loblaw a récemment poussé un peu plus loin son engagement en ouvrant à Milton la première épicerie ontarienne sans sac. Les Ontariens utiliseraient quotidiennement environ sept millions de sacs en plastique, soit quatre par personne[6].

Afin d'encourager les consommateurs à se servir de leurs propres sacs à provisions, certains commerçants ont recours à des mesures incitatives. Ainsi, ceux qui font leurs courses chez Loblaw accumulent 50 points Le Choix du Président pour chaque sac réutilisable, à condition de payer avec la carte Mastercard[MD] Le Choix du Président[MD] ou la carte bancaire Le Choix du Président[MD]. De même, Mountain Equipment Co-op donne 0,05 $ à une œuvre de charité en lien avec l'environnement chaque fois qu'un client se sert de ses propres sacs pour ses achats. Avec un tel changement de l'environnement marketing, de nombreux gestionnaires marketing doivent repenser leurs stratégies de vente de produits et de services.

Le cadre d'analyse de l'environnement marketing

Comme nous l'avons mentionné précédemment, les gestionnaires marketing sont de plus en plus conscients des changements qui s'opèrent chez les consommateurs relativement aux programmes et aux produits écoresponsables. Ils ont donc adapté leurs produits et leurs services de manière à répondre aux nouveaux besoins des consommateurs. En portant une attention particulière à leurs besoins et en surveillant constamment le milieu dans lequel l'entreprise évolue, un bon gestionnaire marketing est en mesure de découvrir des occasions d'affaires potentielles. Bon nombre d'entre eux puisent leurs idées de nouveaux produits et services en examinant et en étudiant l'environnement marketing, comme cela est signalé dans l'étude de cas de Simply Audiobooks apparaissant à la fin du chapitre. L'analyse de l'environnement marketing aide également les gestionnaires marketing à évaluer de façon continue les forces et la valeur de leurs produits et de leurs services ou encore toute faiblesse issue d'un changement qui s'est opéré dans l'environnement.

La feuille de route (*voir p. 95*) illustre comment les entreprises s'y prennent pour procéder à l'analyse de leur environnement marketing à partir d'un cadre précis. L'analyse de l'environnement marketing inclut donc une analyse du microenvironnement, c'est-à-dire des environnements internes (les caractéristiques de l'entreprise telle que la structure de son management, ses objectifs stratégiques, etc.) et externes (les fournisseurs, les intermédiaires, les consommateurs, etc.) immédiats de l'entreprise, et du macroenvironnement, c'est-à-dire l'environnement externe élargi de celle-ci. Cependant, comme nous l'avons déjà indiqué, le consommateur ne doit pas être mis de côté au cours de cette analyse. En effet, ce dernier est influencé directement par les actions faites par une entreprise, par celles de ses concurrents ou de ses partenaires d'affaires, lesquels travaillent à la fabrication et à la distribution des produits et des services offerts aux consommateurs.

L'entreprise, et indirectement les consommateurs, est influencée par le macroenvironnement qui l'entoure. Ce milieu se compose de ses concurrents de même que

FEUILLE DE ROUTE

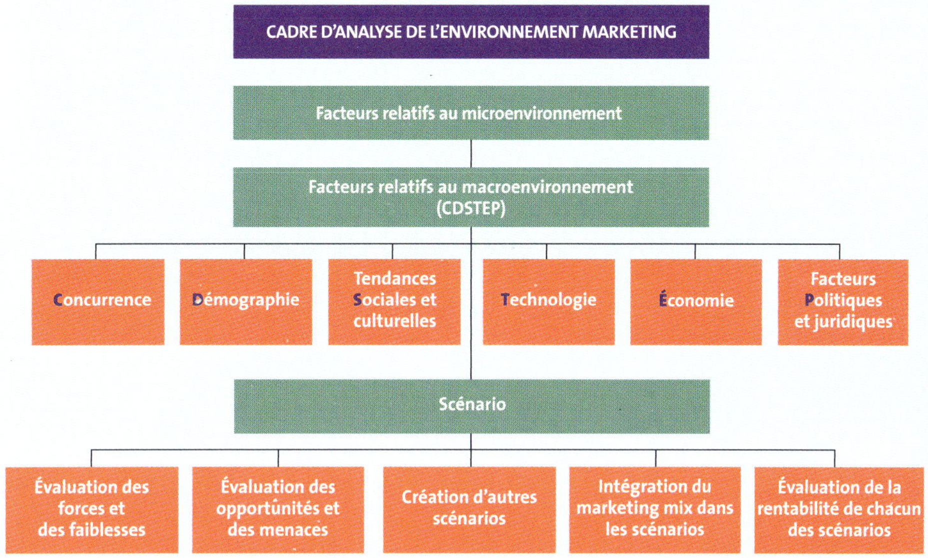

des facteurs démographiques, socioculturels, technologiques, économiques, politiques et juridiques. Chacun de ces éléments ainsi que les liens qui les unissent seront étudiés plus en détail au fil du présent chapitre.

Le consommateur est le point central de tout effort de marketing. Ainsi, l'un des objectifs du marketing axé sur la valeur est d'offrir au consommateur une plus grande valeur que ce que peut lui offrir la concurrence. Pour ce faire, il est nécessaire que le gestionnaire marketing évalue le processus d'affaires de l'entreprise sous l'angle du consommateur[7]. Les besoins de ce dernier, de même que ses désirs et sa capacité à se procurer un bien ou un service, découlent d'un ensemble de facteurs qui changent avec le temps. Les entreprises ont recours à bon nombre d'outils pour être au courant de ce que font leurs concurrents et communiquer avec leurs partenaires. En outre, elles surveillent attentivement le macroenvironnement dans lequel elles évoluent afin de comprendre comment ces différents facteurs influencent les consommateurs et de planifier leurs réponses stratégiques en conséquence. Il arrive même qu'une entreprise réussisse à prévoir les tendances du marché.

Par exemple, les compagnies pharmaceutiques ont réussi à bien observer les consommateurs en vue de répondre à leurs besoins ainsi qu'aux tendances du marché. En effet, en étudiant le vieillissement des baby-boomers, ces compagnies ont mis en marché des médicaments formulés spécialement pour eux, lesquels réduisent le taux de cholestérol, améliorent les performances sexuelles, ralentissent le vieillissement, interrompent la chute de cheveux, et ainsi de suite. Que vont-elles encore inventer ? Il suffit de réfléchir aux besoins et aux désirs de cette génération pour que la réponse s'impose d'elle-même : toute une gamme de médicaments centrés sur le bien-être, dont certains qui augmentent l'intelligence, feront leur apparition, les premiers étant assurément des médicaments visant à préserver la mémoire[8].

Tirer profit de ses compétences OA 1

Dans le microenvironnement d'une entreprise, le premier facteur qui influence le consommateur est l'entreprise en elle-même. Les grandes firmes qui excellent dans l'utilisation des outils marketing concentrent leurs efforts sur les besoins du consommateur de manière à répondre à ceux qui correspondent aux principales compétences de l'entreprise. La force d'Apple, par exemple, réside dans la conception, la fabrication, la distribution et la promotion des ordinateurs Macintosh, mais Apple a su tirer profit de ses compétences en vue de percer le marché des baladeurs audionumériques grâce à son iPod. Apple a réussi parce qu'elle a remarqué l'intérêt des consommateurs pour les baladeurs à la fois élégants et pratiques. Ces appareils se sont même hissés au rang d'accessoire personnel. Les gestionnaires marketing peuvent avoir recours à certains outils, comme l'analyse FFOM, présentée dans le chapitre 2, afin de déterminer si une opportunité d'affaires semble avantageuse ou non en général, et plus spécifiquement au regard des compétences fondamentales de l'entreprise.

Établir des relations avec ses partenaires d'affaires

Les partenaires de l'entreprise représentent le deuxième facteur qui agit sur la prise de décision au sein d'une entreprise. Par exemple, les constructeurs automobiles font affaire avec divers syndicats, compagnies de transport, concessionnaires et avec différents fournisseurs à qui ils achètent de la tôle, des pneus et des pièces, en vue de commercialiser avec succès leurs voitures. Même les entreprises comme Dell, qui fabrique elle-même ses ordinateurs avant de les vendre aux consommateurs, doivent avoir recours à des fournisseurs, à des services de conseil en gestion, à des services publicitaires ainsi qu'à des compagnies de transport. Les parties qui travaillent de concert avec l'entreprise principale sont considérées comme ses partenaires.

juste-à-temps (JAT) (*just-in-time [JIT]*) Méthode de gestion des stocks selon laquelle une moins grande quantité de marchandise est livrée plus souvent que dans le cadre d'une gestion des stocks traditionnelle ; l'entreprise reçoit donc la marchandise « juste à temps » pour qu'elle serve à la fabrication d'un autre produit. Porte aussi le nom de « réaction rapide » dans le domaine de la vente au détail.

Penchons-nous sur le rôle que jouent ces partenaires et sur la façon dont ils travaillent avec l'entreprise principale en vue de créer un système de production efficace. Des entreprises telles que Toyota, Dell, General Motors et Ford ont compris depuis longtemps l'importance de la fonction que remplissent leurs partenaires. Toyota, comme plusieurs autres constructeurs automobiles, a recours au **juste-à-temps (JAT)**, une méthode de gestion des stocks selon laquelle une quantité minimale de marchandise est stockée parce que l'entreprise passe ses commandes à ses fournisseurs de manière qu'elles arrivent juste à temps pour aller à la production. Par contre, même le meilleur JAT peut se heurter à des obstacles, comme cela est illustré dans la rubrique Valeur ajoutée 4.1.

Valeur ajoutée 4.1 Quand Toyota a besoin d'un coup de main

Un bon matin, le principal fournisseur de soupapes de liquide de frein des 20 usines japonaises de Toyota a été la proie des flammes[9]. Ces usines, qui ont recours au juste-à-temps et dont la marge de manœuvre est d'environ quatre heures, produisent habituellement 14 000 voitures par jour. À l'annonce de l'incendie, Toyota a été placée devant un dilemme qui aurait pu entraîner l'interruption de sa production pendant plusieurs semaines. En quelques heures seulement, elle a réussi à se munir du plan de la soupape, à improviser un système d'usinage et à mettre sur pied une chaîne de production de fortune. Une telle réussite est attribuable à une intervention et à une coordination rapides des divers fournisseurs et des autres membres de la chaîne logistique.

Quatre jours après l'incendie, 36 fournisseurs de Toyota et plus de 150 sous-traitants étaient parvenus à créer près de 50 petites chaînes de production de la soupape de liquide de frein, preuve de la qualité des relations entre Toyota et ses fournisseurs et partenaires. Grâce à ses divers partenaires, Toyota n'a pas eu besoin d'interrompre ses activités très longtemps et le désastre a été évité.

À cette usine Toyota de Georgetown, au Kentucky, les pièces et les matériaux arrivent juste à temps pour être utilisés dans les chaînes de production.

Le macroenvironnement

OA 2

En plus de comprendre les besoins de ses clients, de l'entreprise et de ses partenaires en affaires, le gestionnaire marketing doit comprendre le **macroenvironnement**, soit le milieu externe dans lequel l'entreprise évolue, lequel est composé de la concurrence, de la démographie, des tendances sociales et culturelles, des percées technologiques, de la conjoncture économique et des facteurs politiques et juridiques (ou CDSTEP), comme l'illustre la figure 4.1. En lisant la rubrique Marketing entrepreneurial 4.1 (*voir p. 98*), vous apprendrez que le succès d'une entreprise peut dépendre de sa compréhension du macroenvironnement.

macroenvironnement (*macroenvironmental factors*) Aspects de l'environnement extérieur qui exercent une influence sur l'entreprise. Ils comprennent notamment la concurrence, la démographie, les tendances sociales et culturelles, les percées technologiques, l'économie et les facteurs relatifs à la politique et aux règlements.

La concurrence

Il est impératif pour un gestionnaire marketing de comprendre les concurrents de l'entreprise, dont leurs forces et leurs faiblesses ainsi que leurs réactions possibles aux actions de mise en marché de son entreprise. Le fait de savoir prévoir quand aura lieu le lancement d'un nouveau produit ou une campagne publicitaire permet à l'entreprise d'être compétitive en mettant au point un produit semblable ou, inversement, en s'adressant aux consommateurs d'une manière totalement différente de celle de ses rivaux. Une bonne compréhension des concurrents permet également à l'entreprise de découvrir les nouvelles tendances du marché ou d'affermir sa position sur les marchés déjà conquis.

Les entreprises ont recours à la **veille stratégique** dans le but de recueillir et de traiter des renseignements concernant leur positionnement sur le marché, en tenant compte des concurrents. Ainsi, la veille stratégique, également appelée « veille économique », permet aux entreprises de prévoir le développement des marchés au lieu de se contenter d'y réagir[10]. Une étude canadienne menée par la firme Ipsos Reid pour l'Association de recherche et d'intelligence marketing a révélé que même si le niveau de connaissance des diverses composantes de la veille stratégique parmi les décideurs et les dirigeants va de moyen à élevé, ces derniers n'y ont recours que de manière restreinte. Il se révèle nécessaire d'investir davantage de ressources et d'énergie dans

veille stratégique (*competitive intelligence [CI]*) Collecte et traitement de renseignements portant sur le positionnement dans le marché relativement aux concurrents. Elle permet aux entreprises d'anticiper le développement des marchés au lieu de seulement y réagir.

FIGURE 4.1 Le macroenvironnement

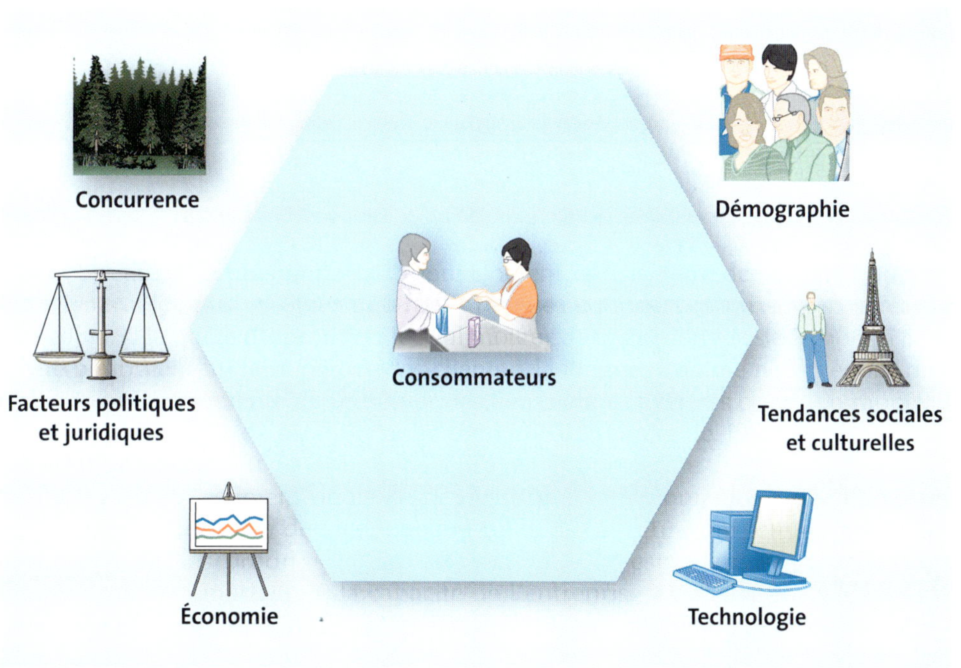

Marketing entrepreneurial 4.1 Dussault Custom Ink : un heureux mariage de rock et de hip-hop[11] !

Jason Dussault, de Vancouver, est le propriétaire et créateur de Dussault Custom Ink. Il s'agit d'une ligne de vêtements de ville uniques, haut de gamme et d'avant-garde. Dussault a passé sa jeunesse à écouter divers styles de musique, du rock au hip-hop, à visionner des films d'horreur jusqu'à la fin de la nuit et à dessiner. Déjà à cette époque, il souhaitait percer le monde de la mode à sa façon, en alliant l'art avec la mode et son amour du rock, de manière que les gens veuillent vraiment porter ses vêtements. Mais ce qu'il souhaitait par-dessus tout, c'était d'« ouvrir une boutique où les clients peuvent entrer et dire : "Wow ! J'adore ce modèle, mais je changerais telle ou telle chose" », affirme Jason Dussault. Il est maintenant possible de le faire chez Dussault Custom Ink, à Vancouver. « Peu importe ce que vous recherchez, nous pouvons le faire sur mesure pour vous », ajoute-t-il.

Plusieurs vedettes, dont le légendaire Gene Simmons, sont attirées par les vêtements Dussault Custom Ink.

Depuis l'ouverture de sa boutique en 2005, Jason Dussault n'obtient que du succès. Sa ligne de vêtements est la plus vendue à la boutique L2 Leone, une véritable institution à Vancouver qui accueille une clientèle dont les goûts sont particulièrement raffinés. La plupart des griffes veulent que les vedettes portent leurs vêtements, ou les paient pour le faire, mais il semblerait que ces dernières soient naturellement attirées par les chandails à capuchon, les jeans et les chandails à manches courtes de Dussault Custom Ink. Pourquoi ? Selon Dussault, c'est parce que ses vêtements ont une allure rock authentique, ce que plus d'un recherche. Une acheteuse de mode à qui l'on a posé la question a répondu que c'est parce que les vêtements de Dussault sont, d'un côté, contradictoires, éclectiques et audacieux et, de l'autre, conçus avec la douceur du velours. Ils reflètent un style et une culture de « mauvais garçon » issu de la rue, mais ils sont aussi ludiques. Parmi ses clients les plus connus, Jason Dussault compte Pamela Anderson, Jessica Alba, Nicole et Lionel Ritchie, Kid Rock, Gene Simmons et les membres du groupe The Black Eyed Peas.

Dussault Custom Ink a commencé à se faire connaître aux États-Unis en 2007, lors d'un congrès sur la magie qui avait lieu à Las Vegas. C'était l'occasion rêvée pour l'entreprise de s'informer des plus récentes tendances parmi les grands noms de la mode. Au cours de sa première participation à ce congrès, Jason Dussault a remporté le prix du kiosque le plus original. Depuis ce succès, il est devenu une célébrité, titre qu'il a bien mérité, et est convoité par les réseaux de télévision, les stations de radio et les webzines tels qu'Extra, Citytv, Much Music, e-talk Daily et AllHipHop.com. Il a maintenant sa propre boutique à Las Vegas et a lancé sa collection MoneyBag en collaboration avec Gene Simmons.

Si Dussault a si bien réussi, c'est en partie grâce à sa compréhension éclairée du monde de la mode et de la compétition qui y fait rage. L'analyse concurrentielle effectuée lui a révélé un segment de marché ignoré par ses concurrents. Ainsi, après avoir procédé à une analyse de la viabilité économique et des tendances démographiques chez les jeunes de la région, Dussault s'est attelé à la tâche. L'idée était d'attirer les jeunes qui savent ce qu'est avoir du style et qui ont un certain revenu disponible. Le secret du succès de Dussault : l'attention portée aux détails et le fait qu'il conçoit chaque paire de jeans comme une œuvre d'art disponible en quantité limitée. Chacune de ses pièces est autographiée, datée et numérotée à l'intérieur de l'une des poches arrière. Par exemple, la collection Dussault Edition One est constituée en tout de 1 500 paires de jeans uniques. Alors, disons que les personnes qui ont l'une de ces paires de jeans Dussault sont susceptibles de la chérir toute leur vie. Dussault a choisi de créer si peu de modèles afin d'être forcé de suivre les dernières tendances, de se tenir au courant de la culture pop et de lancer de nouvelles modes. D'ailleurs, la demande de la collection Dussault Edition One est encore élevée, même si les 1 500 paires de jeans ont déjà été vendues.

Lorsqu'un client entre dans la boutique Dussault Custom Ink, il peut choisir lui-même le fil qui servira à broder un dessin sur la poche arrière de son futur jean parmi une gamme de couleurs pratiquement illimitée. Ce dessin, c'est la marque de commerce de Jason Dussault, et chaque paire de jeans détient un secret : un vieux morceau de tissu cousu à l'intérieur du jean, à la taille, doux pour la peau et qui s'agence avec les couleurs de la broderie. Le client est le seul à connaître ce secret. Quant à ses chandails à capuchon Dussault Custom Ink, Jason Dussault les décrit ainsi : « La doublure est faite de soie chinoise et le dos du vêtement est décoré de pièces de tissu brodé. De plus, comme nous aimons l'odeur de l'eau de Javel, nous nous en servons pour décolorer le tissu et lui donner une texture et une apparence uniques. Les parties qui sont peintes à la main se craquellent avec le temps, sans perdre de leur beauté, tout comme les vedettes du grand écran. » À son avis, les vêtements Dussault peuvent être portés n'importe où, n'importe quand, tant pendant le jour qu'en soirée. De plus, les collections Dussault sont fabriquées au Canada.

▶

D'où lui vient toute cette inspiration ? Des films d'horreur dont il raffole, comme *The Outsiders*, *Les guerriers de la nuit* et *La maison des 1 000 morts*. En outre, il est entouré d'acheteurs de mode, de rockeurs, de tatoueurs, de rappeurs et de concepteurs graphiques. L'inspiration qu'il puise dans son entourage fait que ses collections allient parfaitement magie, nostalgie et allure futuriste.

Toutefois, l'inspiration a un prix. En effet, un chandail à capuchon pour homme coûte 630 $ et la version pour femme vaut 430 $. Le prix des modèles sur mesure peut s'élever à 2 500 $, les jeans sont vendus 270 $ et les chandails à manches courtes 84 $. À ces prix-là, il est inutile d'ajouter que le succès de Dussault dépend en quelque sorte de sa bonne compréhension du macroenvironnement, dont la concurrence, l'économie et la démographie.

la veille stratégique au cours des prochaines années. De plus, les résultats de l'étude indiquent que moins de la moitié des décideurs ont été en mesure d'affirmer que leur entreprise prend part à plusieurs activités de veille stratégique[12].

Les stratégies de collecte de renseignements sur la concurrence sont variées et peuvent être relativement simples — par exemple, envoyer un employé chez un concurrent pour qu'il examine la marchandise, les prix et l'achalandage — ou plus complexes, comme celles-ci :

- Étudier la documentation des concurrents à l'intention des consommateurs (sites Web, communiqués de presse, journaux de l'industrie, rapports annuels, réseaux télématiques, demandes de permis, demandes de brevets et salons commerciaux).
- Rencontrer leurs clients, leurs fournisseurs, leurs partenaires et leurs anciens employés en vue de leur poser des questions sur l'entreprise.
- Analyser leurs stratégies de marketing, leur mode de distribution, leur méthode de fixation des prix de même que leurs besoins en personnel.

De nos jours, ces stratégies de veille stratégique plus complexes sont à la fois implicites et évidentes dans l'industrie du rasoir. Même si les hommes et les femmes se rasent depuis des milliers d'années, ce n'est qu'en 1901 qu'est apparue sur le marché une fine lame de métal jetable suffisamment mince pour tailler les poils. Au cours de sa première année d'activité, la Gillette Safety Razor Company, l'ancien nom de Gillette, est parvenue à vendre 50 rasoirs. L'année suivante, elle en vendait 12 millions. Il est clair que l'entreprise a réussi à prévoir un besoin grandissant pour un tel produit. Aujourd'hui, les hommes américains dépensent près de deux milliards de dollars par an en rasoirs et en lames jetables. En 2003, Gillette a changé les règles du jeu une nouvelle fois et lancé le Mach3, un rasoir à trois lames incroyablement populaire[13]. Il faut dire que Gillette est le chef de file du marché canadien, dont elle possède 76 % des parts.

Qui a copié qui ? Gillette et Schick ont toutes deux lancé un rasoir semblable pratiquement au même moment.

Pour ne pas être surpassée, Energizer Holdings, qui possède la marque Schick, a lancé la même année le rasoir Quattro, le tout premier rasoir à quatre lames. La lutte qui s'est ensuite déclarée pour le titre de « meilleur rasoir » et pour des parts de marché a entraîné une coûteuse bataille sur les plans de la promotion et des prix. Des rasoirs d'une valeur de 10 $ ont été distribués gratuitement et des coupons de réduction pour les lames correspondantes ont fait leur apparition un peu partout sur le marché[14]. Lorsqu'une entreprise comme Gillette ou Schick fait face à une telle situation, il devient crucial qu'elle tienne à l'œil la concurrence en ayant recours à la veille stratégique. Si Schick ne s'était pas préoccupée du lancement du Mach3, peut-être n'aurait-elle jamais créé le Quattro.

Même si tous s'entendent pour dire que la veille stratégique est essentielle de nos jours, certaines méthodes sont examinées à la loupe en raison de leurs implications éthiques ou légales. Revenons sur l'exemple de l'affrontement entre Gillette et Schick. Au mois d'août 2003, quelques heures seulement après le lancement du Quattro, Gillette intentait un procès à Schick pour contrefaçon de brevet en affirmant que le Quattro violait le brevet déposé sur la technologie du Mach3[15]. Pour présenter une requête aussi rapidement, Gillette devait être au courant du lancement du Quattro avant même qu'il n'ait lieu, mais la véritable question, qui porte sur l'éthique, est la suivante : comment Gillette a-t-elle appris le lancement du Quattro ? Dans le dossier remis à la cour deux semaines après le dépôt de sa requête, Gillette a affirmé qu'un « ingénieur de l'entreprise partageait les résultats de ses analyses portant sur dix cartouches du rasoir Quattro obtenues auprès de l'entreprise ». Shick a donc demandé à Gillette comment elle était parvenue à obtenir ses cartouches avant même que le rasoir ne soit lancé sur le marché, une question d'éthique justifiée. Il semble que cette question n'ait pas eu beaucoup d'influence sur l'issue de la requête, car la cour d'appel des États-Unis a jugé, le 29 avril 2005, que le brevet de Gillette pouvait s'appliquer aux rasoirs à quatre et même à cinq lames, qu'il ne se limitait pas au nombre de lames du Mach3[16]. Depuis cette décision de la cour, Gillette et Shick continuent à se faire une concurrence féroce. En effet, Gillette a lancé le Fusion en deux versions, manuelle et à piles, en plus de surenchérir sur le Quattro en ajoutant une cinquième lame à ce modèle. Schick, en prévision du lancement du Fusion, a créé trois versions du Quattro de style différent — le Chrome, le Midnight et le Power — afin d'attirer les hommes en misant sur l'esthétique du produit[17].

Voici un autre exemple d'abus de la veille stratégique : le dossier Air Canada contre WestJet. Dans ce cas, Air Canada a accusé les dirigeants de WestJet d'avoir utilisé le mot de passe d'un ancien employé d'Air Canada pour accéder à son site Web et télécharger des renseignements confidentiels de celui-ci. WestJet a alors poursuivi Air Canada à son tour, alléguant que celle-ci avait engagé un détective privé qui aurait fouillé le bac de recyclage d'un cadre de WestJet, à son domicile. Au cours du procès, WestJet a assumé la responsabilité des gestes inacceptables qu'elle avait exécutés, lesquels allaient à l'encontre de l'éthique. Mais le pire, c'est probablement que les hauts dirigeants de WestJet étaient au courant de tout et qu'ils n'ont rien fait pour que cela cesse, jusqu'à ce qu'Air Canada découvre le pot aux roses. WestJet s'est excusée auprès de son concurrent et de Robert Milton, un cadre supérieur d'Air Canada. Elle a été condamnée à verser 5 millions de dollars à Air Canada pour ses frais d'enquête et de justice ainsi que 10 millions de dollars à des œuvres de charité pour la cause des enfants au nom des deux compagnies aériennes[18].

données démographiques (*demographics*)
Données dénombrables portant sur la population et les groupes sociaux, particulièrement celles qui caractérisent les divers marchés de consommation (p. ex., âge, sexe, revenus, scolarité).

Les données démographiques

Les **données démographiques** portent sur la population et les groupes sociaux, particulièrement celles qui caractérisent les divers marchés de consommation. Les éléments démographiques les plus courants sont l'âge — qui comprend les cohortes générationnelles —, le sexe, le groupe ethnique et le revenu. Ces données sont facilement accessibles par l'entremise d'agences spécialisées en études de marché, comme ACNielsen, Ipsos Reid, Léger Marketing et Statistique Canada. Par exemple, ACNielsen recueille

Les gestionnaires marketing positionnent leurs produits et leurs services différemment selon la cohorte générationnelle qui est ciblée.

des renseignements sur les téléspectateurs en vue de les revendre aux divers réseaux et annonceurs potentiels. Par la suite, les réseaux se servent des renseignements qu'ils se sont procurés pour fixer leurs frais publicitaires, et les annonceurs pour choisir les émissions les plus intéressantes afin d'y placer leurs publicités. Ainsi, un réseau qui présente une émission populaire auprès du groupe fort convoité des 18 à 35 ans peut exiger des frais publicitaires très élevés. Toutefois, il se peut que les annonceurs veuillent savoir si l'émission en question est plus populaire auprès des femmes ou des hommes, des habitants de la ville ou de ceux de la campagne. Les données démographiques représentent donc un portrait « instantané » du consommateur type d'un marché cible en particulier.

Dans les paragraphes qui suivent, il sera question de la façon dont les entreprises se servent des données démographiques pour évaluer les besoins des consommateurs et ainsi se positionner en vue d'accroître la valeur des produits et des services les plus recherchés.

cohorte générationnelle (*generational cohort*) Groupe d'individus d'une même génération. Ils ont ordinairement les mêmes habitudes de consommation, car ils ont vécu les mêmes expériences et sont rendus à la même étape de leur vie.

Les cohortes générationnelles Une **cohorte générationnelle** est un groupe d'individus d'une même génération, lesquels ont généralement les mêmes habitudes de consommation, car ils ont vécu les mêmes expériences et sont rendus à la même étape de leur vie. Par exemple, les baby-boomers (les personnes nées après la Seconde Guerre mondiale, entre les années 1946 et 1964) et les individus de la génération X (ceux nés entre 1965 et 1976) sont deux groupes attirés par les produits et les services orientés vers un mode de vie plutôt confortable. Toutefois, ils le sont pour des raisons différentes[19]. En effet, les baby-boomers vieillissants ont toujours porté des jeans et des pantalons décontractés et sont à l'origine d'une plus grande liberté vestimentaire au travail. En quelque sorte, ils veulent paraître plus jeunes. Les membres de la génération X, quant à eux, portent ces vêtements parce qu'ils ne se sentent pas interpellés par les symboles de la consommation ostentatoire auxquels leurs parents se sont attachés. Finalement, la notion de « cohorte générationnelle » est complexe, en bonne partie parce qu'il existe de nombreuses manières de définir ces cohortes. On peut en effet les définir selon la date de naissance des individus qui la composent, soit selon l'âge qu'ils ont aujourd'hui. Par exemple, les aînés correspondent aux personnes âgées de 65 ans et plus, ce qui inclut désormais une partie des baby-boomers, qui, eux, sont nés entre 1946 et 1964. Bien qu'il existe de nombreuses cohortes possibles, nous nous intéresserons à cinq d'entre elles (*voir la figure 4.2*), qui nous sont apparues les plus intéressantes.

FIGURE 4.2 Quelques cohortes générationnelles

Cohorte générationnelle	Préadolescents 	Génération Y 	Génération X 	Baby-boomers 	Aînés 
Années de naissance	Entre 1999 et 2003	Entre 1977 et 1995	Entre 1965 et 1976	Entre 1946 et 1964	Avant 1946
Âge, en 2011	De 8 à 12 ans	De 16 à 34 ans	De 35 à 46 ans	De 47 à 65 ans	65 ans et plus

aînés (*seniors*)
Individus âgés de 65 ans et plus. En Amérique du Nord, les aînés représentent la cohorte générationnelle qui connaît la croissance la plus rapide.

Les aînés Les personnes âgées, soit les personnes ayant 65 ans et plus, représentent la cohorte générationnelle qui connaît la croissance la plus rapide au Canada[20]. De 1981 à 2006, le nombre d'**aînés** est passé de 2,4 millions à 4,3 millions (de 9,6% à 13,7% de la population)[21]. Selon Statistique Canada, au cours des années 2006 à 2026, le nombre de personnes âgées devrait passer de 4,3 millions à 8 millions pour atteindre 21,2% de la population canadienne. Si elles constituent un grand marché, cela signifie-t-il nécessairement qu'elles représentent un marché cible important? D'un côté, les aînés sont plus susceptibles de se plaindre, de nécessiter une attention particulière et de prendre davantage de temps avant de faire un achat, comparativement aux cohortes générationnelles plus jeunes. D'un autre côté, ces personnes ont le temps de magasiner et elles ont de l'argent à dépenser.

Autrefois, les aînés étaient des personnes très prudentes avec leurs économies, parce qu'elles souhaitaient léguer quelque chose à leurs enfants. Il semblerait toutefois que cette tendance soit à la baisse. Peut-être avez-vous déjà aperçu une voiture portant un autocollant «Je dépense l'héritage de mes enfants»[22]? Ainsi, de nos jours, les aînés effectueraient autant d'achats que les générations plus jeunes. Mais quels types de dépenses font-elles? Le plus souvent, les aînés se procurent des voyages, des résidences secondaires, des voitures de luxe, des appareils électroniques, des placements, du mobilier et des vêtements. Par exemple, l'utilisation de l'ordinateur par les aînés a septuplé, passant de 3,4% en 1997 à 23% en 2004. En près de 10 ans, l'utilisation d'Internet par cette cohorte a été multipliée par 4, passant de 11% en 2000 à 40,7% en 2009[23].

Plus particulièrement, les aînés préfèrent les articles fabriqués au Canada et les marques connues (mais, en général, elles n'apprécient pas les objets griffés), les articles de valeur, la qualité et l'allure classique. D'habitude, ils sont loyaux et prêts à payer cher, mais ils sont très soucieux de la qualité du produit et n'aiment pas quand le magasinage est compliqué, se montrant à cet égard sensibles à l'emplacement des boutiques. Étant donné que la plupart des aînés n'ont pas besoin des produits de base, ils préfèrent acheter quelques articles de qualité supérieure plutôt que plusieurs articles d'une qualité inférieure[24].

baby-boomers
(*baby-boomers*)
Cohorte démographique née après la Seconde Guerre mondiale, soit entre 1946 et 1964.

Les baby-boomers Après la Seconde Guerre mondiale, le taux de natalité a grimpé en flèche, ce qui a donné lieu à un groupe de 10 millions de Canadiens nés entre 1946 et 1964 connus sous le nom de **baby-boomers**. Même si cette cohorte couvre une période de natalité de 20 ans, les spécialistes s'entendent sur le fait que les individus nés au cours de cette période ont plusieurs traits en commun, traits qui les distinguent de la cohorte générationnelle née avant la guerre. Premièrement, ils sont individualistes. Deuxièmement, ils accordent une grande importance aux loisirs. Troisièmement, ils considèrent qu'ils seront toujours en mesure de prendre soin d'eux-mêmes, ce qui se manifeste en partie à travers leur sentiment de sécurité économique, malgré le fait qu'ils soient quelque peu imprudents quant à la façon dont ils dépensent leur argent. Quatrièmement, ils veulent à tout prix rester jeunes. Et cinquièmement, les baby-boomers auront toujours un faible pour le rock. Leur obsession de la jeunesse, en ce qui concerne aussi bien l'attitude que l'apparence, donne lieu à un marché florissant. En effet, les baby-boomers dépensent 30 milliards de dollars chaque année pour des produits antivieillissement. Ils ont ainsi stimulé l'activité de nombreuses entreprises, de l'alimentation aux cosmétiques en passant par le secteur pharmaceutique et les biotechnologies[25]. Les soins de beauté donnés dans les salons s'adressaient autrefois à une clientèle uniquement féminine. Cependant, sachant que, chaque minute, sept baby-boomers atteignent les 50 ans, bon nombre de fournisseurs se rendent compte des avantages qu'il y a à se repositionner et à se lancer dans le domaine du rajeunissement. De plus en plus d'hommes se font plaisir en s'offrant des soins de beauté, notamment la manucure, le traitement facial et la pédicure, ce qui était impensable pour les générations précédentes. En outre, bien des baby-boomers, même les plus vieux, se promènent en voiture sport et font du tourisme d'aventure.

Peu importe leur âge, les baby-boomers auront toujours un faible pour le rock

La génération X Vient ensuite la **génération X**, qui comprend les individus nés entre 1965 et 1976. Cette cohorte représente environ 14 % de la population, soit près de 5 millions de Canadiens[26]. Très différents de leurs parents baby-boomers, les « X » ont constitué la première génération d'enfants ayant la « clé au cou », c'est-à-dire des enfants dont les deux parents travaillaient. En grandissant pendant une récession, ils risquaient davantage que les générations précédentes de se retrouver sans emploi, d'atteindre un niveau d'endettement élevé et de vivre plus longtemps avec leurs parents que les baby-boomers, lesquels, lorsqu'ils étaient jeunes, étaient impatients de quitter le nid familial pour voyager et s'éloigner de leurs parents[27].

génération X (*generation X*) Génération des individus nés entre 1965 et 1976.

Les membres de la génération X détiennent un très gros pouvoir d'achat, car ils ont tendance à se marier et à s'acheter une maison à un âge plus avancé que les générations précédentes. Ces individus accordent une importance nettement moins grande au magasinage que leurs parents et sont bien plus désabusés, ce qui en fait des acheteurs avisés. La génération X recherche ce qui est pratique. Elle est sceptique face aux messages publicitaires et au discours des vendeurs. Il est difficile de vendre un produit ou un service aux membres de la génération X, mais si le bouche-à-oreille des proches en qui ils ont confiance est positif, cela peut donner suffisamment de crédibilité à une entreprise pour qu'elle cible cette cohorte générationnelle. Issus de familles dont les deux parents étaient sur le marché du travail et qui avaient donc peu de temps à allouer aux achats, les X ont compris très jeunes de quoi il retourne et ont su prendre des décisions d'achat éclairées dès l'adolescence. Résultat, ils en savent davantage sur les produits et sont plus prudents que les autres cohortes générationnelles. Aussi, la génération X s'intéresse moins aux produits de prestige que les générations antérieures, non pas parce qu'elle n'a pas les moyens de se les procurer, mais parce qu'elle n'en voit pas l'intérêt. Finalement, de nombreuses entreprises, comme Harley-Davidson et la chaîne hôtelière Starwood, ont conçu des produits spécialement pour cette génération.

La génération Y Nés entre 1977 et 1995, les « Y » représentent environ 20 % de la population, soit 7 millions de Canadiens[28]. Il s'agit de la cohorte générationnelle dont l'âge des individus qui la composent varie le plus, allant des adolescents aux jeunes adultes qui ont fondé une famille[29]. La **génération Y**, également appelée « écho-boom », a grandi à une époque soumise davantage aux médias et plus axée sur les grandes marques que leurs parents. C'est pourquoi ses membres doutent des

génération Y (*generation Y*) Génération des individus nés entre 1977 et 1995 ; génération la plus imposante depuis l'explosion démographique de l'après-guerre.

Pour la génération Y, l'exécution simultanée de plusieurs tâches n'a rien de bien impressionnant.

messages lancés dans les médias, ce qui en fait une génération encore plus difficile à atteindre. Si un Y trouve que la vente d'un produit est trop pressante, il ne se procurera pas le produit en question. Aussi, peu importe où ils vivent, les individus appartenant à cette génération regardent la télévision une heure de moins par jour que le foyer moyen, sont d'accord avec l'utilisation d'Internet à des fins personnelles au travail et veulent se voir offrir un choix santé dans un restaurant-minute[30]. Internet et la technologie n'ont plus de secret pour la génération Y, friande d'électronique numérique comme les téléphones cellulaires, les baladeurs et appareils photo numériques ainsi que les jeux vidéo. Au cours des dix prochaines années, nombre d'individus issus de la génération Y vont fonder une famille, ce qui en fait des cibles parfaites pour la vente de maisons et de biens ménagers durables comme les électroménagers, le mobilier de même que l'équipement et les outils de jardinage. La plupart des experts s'entendent pour dire qu'Internet est à l'origine du grand nombre de ressemblances entre les individus de la génération Y, si diversifiée soit-elle.

Pour attirer l'attention de la première génération d'individus liés par ce média international qu'est le Web, les entreprises les plus futées cernent les tendances du marché d'un pays et les reproduisent dans un autre. De nombreuses entreprises, comme Abercrombie & Fitch, Tommy Hilfiger, DKNY, American Eagle et Hard Candy, ciblent spécialement la génération Y.

Le tableau 4.1 présente une intéressante comparaison entre les baby-boomers et leurs enfants, issus des générations X et Y.

préadolescents (*tween*) Individus nés entre 1996 et 2000 ; ce ne sont ni des enfants ni des adolescents. L'appellation anglaise provient du fait qu'un *tween* n'est plus un enfant, mais il n'est pas encore *teen* (adolescent, à partir de 13 ans — *thirteen*). Il est *between* (entre les deux), qui devient *be tween* (être *tween*).

Les préadolescents (tweens) Les **préadolescents** ne sont ni des enfants ni des adolescents, ils se trouvent entre les deux, d'où leur nom anglais de *tweens*, pour *in the between*. L'importance particulière que revêt cette cohorte générationnelle aux yeux des gestionnaires marketing vient du fait que les préadolescents ont un pouvoir

TABLEAU 4.1 Une comparaison des diverses cohortes générationnelles

Baby-boomers	Génération X	Génération Y
Font de la diversité leur principale cause	Accepte la diversité	Célèbre la diversité
Sont idéalistes	Est pragmatique et désabusée	Est optimiste et réaliste
Sont enclins aux mouvements de masse	Est autosuffisante et individualiste	Se réinvente et est individualiste
Se conforment aux règles	Refuse de suivre les règles	Réécrit les règles
Privilégient l'excellence au travail	Privilégie l'excellence dans la vie	Privilégie l'excellence liée au mode de vie
Sont devenus des institutions	Se méfie des institutions	Trouve inutiles les institutions
Ont grandi avec la télévision	A grandi avec l'ordinateur	A grandi avec Internet
Possèdent des éléments de technologie	Se sert de la technologie	Tient la technologie pour acquise
Exécutent une tâche à la fois	Exécute plusieurs tâches à la fois	Exécute avec aisance plusieurs tâches à la fois
Ont reçu une éducation ressemblant à celle qu'on trouve dans *La famille Plouffe*	Se compose d'individus qui, enfants, avaient la clé au cou	Est choyée par les parents
Ont des liens étroits avec les autres baby-boomers	A des liens étroits avec les amis plutôt qu'avec la famille	A des liens étroits avec les amis et la famille

d'achat immense, lequel est estimé à 2,9 milliards de dollars par an au Canada et à 260 milliards aux États-Unis[31]. En Chine, cette tendance est encore plus évidente, car la politique de l'enfant unique de 1979 a eu pour conséquence que les parents et les grands-parents ont centré leur attention sur les besoins de ce « petit empereur », pour lequel ils dépensent près de 40 % du revenu du ménage[32]. Ces jeunes ressemblent peut-être à des enfants et agissent peut-être comme tels, mais ils arrivent tout de même à surprendre leurs parents et les gestionnaires marketing en consommant comme des adolescents. Tout comme leurs frères et sœurs de la génération Y, le pouvoir des préadolescents est attribuable à l'influence qu'ils ont sur les achats effectués par leurs parents.

Au Canada, les préadolescents dépensent leur argent principalement pour se procurer des aliments et des boissons, des appareils électroniques (consoles et jeux vidéo, baladeurs numériques, téléphones cellulaires et ordinateurs) ainsi que des vêtements. Ils sont au fait des nouveaux produits grâce à la télévision et à leurs amis. En outre, même si les préadolescents se réjouissent de l'attention que leur accordent les gestionnaires marketing, ils composent une cohorte générationnelle qu'il n'est pas facile d'intéresser. Trois préadolescents sur quatre prennent les décisions d'achat conjointement avec leurs parents[33]. Aussi, les préadolescents sont réputés prompts ; ils font tout à la vitesse de l'éclair[34]. Il s'agit de la première génération née après l'apparition d'Internet ; c'est d'ailleurs pourquoi la technologie n'a pas de secret pour eux. En effet, les préadolescents sont capables, simultanément, de communiquer avec leurs amis par messagerie instantanée, de parler au cellulaire et de regarder la télévision. Les gestionnaires marketing arrivent à atteindre cette cohorte surtout par l'entremise de la télévision et d'Internet, mais étant donné que les parents limitent le nombre d'heures que leurs enfants ont le droit de passer devant la télévision, Internet reste pour eux le choix le plus avantageux. Par contre, les gestionnaires marketing doivent se montrer prudents : si les préadolescents s'ennuient, c'est peine perdue, car ils changent d'activité immédiatement. Les entreprises doivent donc les rejoindre rapidement et faire preuve de sincérité. Bon nombre d'entre elles, notamment McCain, avec ses pizzas surgelées, et Sony, avec la console PlayStation 3, sont parvenues à concevoir des campagnes médiatiques novatrices qui leur ont permis d'attirer l'attention des préadolescents.

Attention aux préadolescents : ils sont rapides, font plusieurs tâches à la fois, savent tout de la technologie et s'ennuient facilement.

Peut-être vous demandez-vous quels sont les goûts de cette génération de préadolescents ? En alimentation, ils sont attirés par des produits comme le ketchup vert de Heinz et les Tubes de Yoplait. Pour ce qui est des jouets et des vêtements, les préadolescents sont responsables du succès phénoménal de Build-A-Bear[MD] Workshop, des bijoux Claire's ainsi que des vêtements et des accessoires Justice de la compagnie Tween Brands. Toutefois, étant donné que les préadolescents ont peu d'argent qui leur appartienne en propre, ils connaissent sa valeur, ce qui en fait des cibles de choix pour les détaillants comme Gap, Walmart et Old Navy.

Le revenu En 2007, le revenu familial médian, après impôts, au Canada s'élevait à environ 61 800 $[35]. Il est possible de diviser la population canadienne en plusieurs groupes selon leur revenu ou selon d'autres facteurs comme le milieu dans lequel un individu évolue, son niveau de scolarité ou sa profession (classe supérieure, classe moyenne, classe ouvrière ou à faible revenu et classe inférieure au seuil de pauvreté ou sous celui-ci). Les consommateurs qui appartiennent à la classe supérieure sont

Ce bateau électrique muni d'un canon à eau conçu par l'entreprise Hammacher Schlemmer est une embarcation rechargeable suffisamment puissante pour naviguer sur les lacs et les étangs pendant un maximum de six heures. De plus, son canon à eau motorisé produit un jet d'eau continu qui peut atteindre les 10 mètres. Vous pouvez vous procurer ce bateau électrique pour la modique somme de 1 995,95 $.

nantis et leurs habitudes de dépenses sont peu influencées par la conjoncture économique. Leur revenu discrétionnaire est élevé et ils sont portés à se procurer des biens de luxe. Habituellement, le revenu familial de la classe supérieure dépasse les 70 000 $ par an. Ces individus ont plus de chances d'avoir fait des études supérieures et de se trouver un poste de cadre que ceux des autres classes. Quant aux familles de la classe moyenne, elles ont un revenu annuel qui se situe entre 30 000 $ et 70 000 $, la majorité étant plus près de la limite supérieure de cette tranche de revenus. Elles vivent à l'aise la plupart du temps, mais dépensent prudemment et sont souvent soucieuses du rapport qualité-prix.

Les familles de la classe ouvrière, qui comprennent les familles à faible revenu, gagnent entre 20 000 $ et 30 000 $ annuellement, ce qui est à peine suffisant pour répondre aux besoins fondamentaux des ménages. De leur côté, les ménages de la classe inférieure gagnent moins de 20 000 $ et ont souvent besoin d'une aide financière afin de répondre à leurs besoins essentiels. Les familles les plus riches, qui représentent 20 % de la population, détenaient 75 % de la richesse totale des ménages en 2005, contre 73 % en 1999 et 69 % en 1984[36]. Cette augmentation du nombre de familles nanties pourrait être attribuable au vieillissement de la population, à l'augmentation du nombre de ménages à deux revenus ainsi qu'à la hausse du niveau de scolarité. En outre, la répartition du revenu au Canada varie selon la province, le niveau de scolarité, le sexe et la profession de ses habitants. Ce grand éventail de revenus crée de nombreuses occasions sur le plan du marketing, tant pour les couches supérieures que pour les couches inférieures du marché.

Alors que certaines entreprises ne ciblent que les segments les plus riches de la population, d'autres ont remporté un franc succès en visant les classes dont le revenu est moyen ou faible. Comparons, par exemple, le bateau électrique muni d'un canon à eau conçu par le détaillant spécialisé Hammacher Schlemmer avec la politique des bas prix quotidiens de Walmart, qui exerce un attrait considérable, ce qui lui a d'ailleurs valu le titre de plus grand détaillant de jouets dans le monde. Les consommateurs qui se procurent des jouets chez Walmart recherchent des articles à prix modique, alors que ceux qui achètent chez Hammacher Schlemmer veulent absolument trouver des produits uniques et originaux, comme un parapente radioguidé.

Il existe un autre élément relatif au revenu : le concept de rapport qualité-prix. Pourquoi les consommateurs d'aujourd'hui sont-ils plus soucieux du rapport qualité-prix que leurs prédécesseurs ? Au cours des 30 années qui ont suivi la Seconde Guerre mondiale, la plupart des familles ont connu une croissance marquée de leur revenu, mais entre 1980 et 2005, cette croissance a commencé à ralentir. Au cours de cette période, le revenu médian des ménages les plus riches, soit 20 % de la population, a connu une augmentation de 16,4 %. À l'inverse, le revenu médian des ménages les plus pauvres, soit 20 % de la population, a chuté de 20,6 %. Les familles se trouvant au centre, qui représentent également 20 % de la population, en sont restés au même point avec une augmentation de seulement 0,1 %[37]. En 2005, les familles les plus riches avaient, en moyenne, un revenu environ 10 fois plus élevé que les familles les plus pauvres.

Le niveau de scolarité Des études ont démontré que plus le niveau de scolarité est élevé, meilleurs sont le poste obtenu et le revenu[38]. En outre, le revenu annuel moyen aussi est plus élevé chez les personnes qui possèdent un diplôme. Par exemple, 60 % des Canadiens qui n'ont qu'un diplôme d'études secondaires gagnent moins de 20 000 $ par an et 60 % des Canadiens qui ont un diplôme universitaire ont un salaire de plus de 80 000 $ par an. En 2000, le revenu annuel moyen des Canadiens possédant un diplôme universitaire s'élevait à plus de 72 000 $. Ceux possédant un diplôme d'études collégiales gagnaient alors en moyenne moins de 50 000 $ et ceux possédant un diplôme d'études secondaires, ou moins, avaient un revenu annuel moyen d'environ 36 000 $[39]. Dans le cas de certains produits, les gestionnaires marketing peuvent combiner plusieurs facteurs, comme le niveau de scolarité avec la profession et le revenu, afin d'être en mesure de prédire de manière assez juste les comportements d'achat des consommateurs. Ainsi, une personne qui étudie au cégep ou à l'université et qui occupe un emploi à temps partiel n'aura pas un revenu personnel très élevé, mais elle ne dépensera pas son revenu disponible de la même façon, à revenu égal, qu'une personne possédant un diplôme d'études secondaires et ayant un emploi dans une usine. Les étudiants au cégep ou à l'université sortent dans les clubs et sont souvent sportifs, alors que les diplômés du secondaire ont tendance à regarder les sports à la télévision et à sortir dans les bars. Ainsi, les spécialistes du marketing connaissent assez bien le lien qui unit le niveau de scolarité, le revenu et la profession.

Le sexe Autrefois, les rôles sexuels étaient clairs, mais avec le temps ils se sont brouillés. Ce changement d'attitude agit sur la façon dont nombre d'entreprises conçoivent et présentent leurs produits et leurs services. Par exemple, un nombre grandissant d'entreprises font preuve de neutralité pour ce qui est du sexe des personnes au moment du positionnement de leurs produits et tentent le plus souvent possible de transcender les frontières entre les sexes.

De nos jours, les femmes ne sont plus les seules à faire les courses.

Des voitures aux photocopieurs en passant par les chandails et les édulcorants, les femmes prennent la majorité des décisions d'achat et exercent une influence sur la plupart des décisions qu'elles ne prennent pas. Par exemple, malgré l'idée préconçue selon laquelle seuls les hommes aiment aller à la quincaillerie, les femmes ont tellement d'importance pour Rona que le géant de la rénovation a tenu compte d'elles lors de la conception de ses magasins[40]. En outre, les femmes sont à la tête de plus de 20 % des ménages au pays[41]. Il est clair que le segment de marché des travailleuses est vaste, complexe et lucratif. Cela ne signifie pas pour autant que les gestionnaires marketing aient oublié les hommes. L'époque où les annonces publicitaires montraient une mère et ses enfants seuls à la maison est révolue. Pour illustrer les changements qui se sont produits au sein de la famille, les publicités d'articles pour enfants présentent maintenant un père qui interagit avec ses enfants et qui prend des décisions d'achat. Même si l'écart quant au revenu entre les femmes et les hommes est de plus en plus mince, ces derniers obtiennent toujours un salaire plus élevé. En effet, en 2005, une femme âgée de 25 à 29 ans qui entrait sur le marché du travail gagnait 15 % de moins qu'un homme, soit 85 cents par dollar[42].

Étant donné que les femmes constituent une part importante de sa clientèle, le géant de la rénovation Rona a tenu compte d'elles lors de la conception de ses magasins.

Les tendances sociales et culturelles

De nombreuses tendances sociales et culturelles façonnent les valeurs des consommateurs du Canada, des États-Unis et de partout ailleurs. Parmi les préoccupations sociales, on observe notamment celles qui ont trait à l'environnement, à la vie privée ainsi qu'au manque de temps. Quant aux influences culturelles, on note l'origine ethnique, les différences culturelles et les sous-cultures (*voir la figure 4.3, p. 108*).

La consommation écologique[43] L'**écomarketing (ou marketing vert ou marketing durable)** est un effort stratégique d'une entreprise qui consiste à proposer aux consommateurs des produits qui respectent l'environnement. Même si cette tendance « écologique » ne date pas d'hier, elle est aujourd'hui en pleine croissance. Bon nombre de consommateurs soucieux de la qualité de l'air et de l'eau, mais aussi des risques

écomarketing (ou marketing vert ou marketing durable) (*green marketing*) Stratégie utilisée par une entreprise et qui consiste à présenter ses produits ou ses services comme avantageux pour l'environnement.

FIGURE 4.3 Les tendances sociales

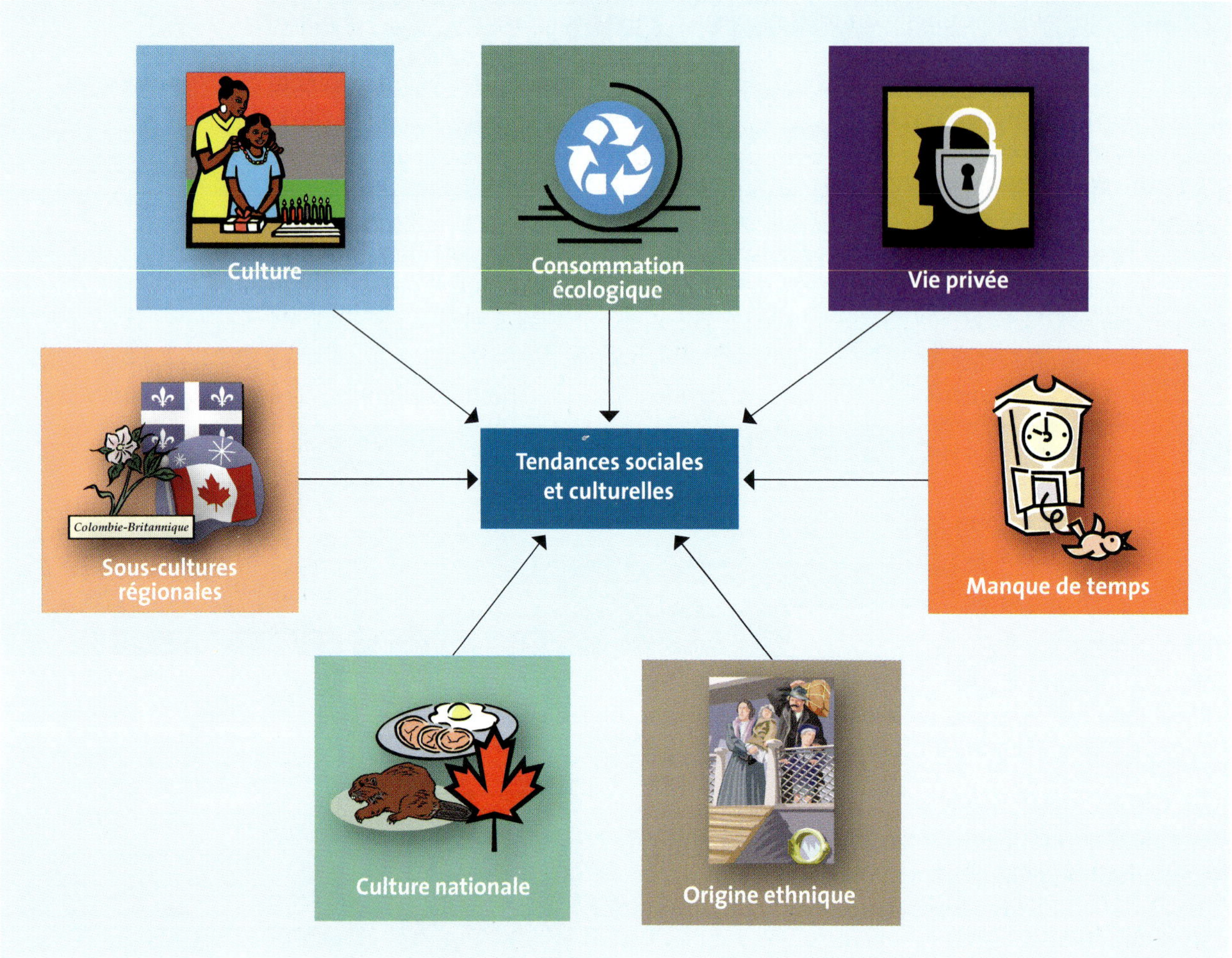

En raison de leurs préoccupations environnementales et de la hausse du prix de l'essence, les consommateurs demandent de plus en plus aux constructeurs de concevoir des voitures hybrides économiques en essence.

associés à la consommation du bœuf et du saumon, croient fermement que chaque petit geste peut contribuer à changer les choses. Selon une étude, 90 % des Canadiens considèrent que nous pouvons tous intervenir afin de réduire la pollution de l'air. Par exemple, plus de la moitié des ménages canadiens recyclent maintenant les bouteilles de boissons gazeuses, les boîtes en carton et les journaux. Dans bien des villes du pays, le traitement des pelouses aux pesticides est interdit et nombreux sont les individus qui utilisent des produits de remplacement respectant l'environnement. Malgré ces efforts, si, en 2006, les habitants et les entreprises de l'Ontario n'ont recyclé que 25 % de leurs déchets, c'est qu'il reste beaucoup à faire[44].

L'augmentation de la demande de produits écologiques s'est avérée une bénédiction pour les entreprises qui sont spécialisées dans la vente de tels produits. C'est le cas en particulier depuis que les gestionnaires marketing incitent les consommateurs à remplacer leur ancienne laveuse et leur ancien lave-vaisselle par des modèles qui économisent l'eau et l'électricité. Et que dire du détersif sans phosphate et des piles rechargeables sans mercure ? L'intérêt que porte le Canada au recyclage a aussi entraîné la création de marchés pour les produits recyclés, notamment les matériaux de construction, les emballages, les articles en papier et même les chandails et les chaussures de sport. Une telle augmentation de la conscience énergétique a fait que l'utilisation d'électroménagers ainsi que de systèmes d'éclairage, de chauffage et de climatisation écoénergétiques s'est répandue dans les foyers et les bureaux du pays. Les consommateurs qui ont leur santé à cœur continuent de carburer aux aliments biologiques, aux produits nettoyants et d'hygiène corporelle naturels, aux dispositifs de filtration de l'air et de l'eau, à l'eau en bouteille, aux engrains biologiques de même qu'aux produits de lutte antiparasitaire sans substance chimique. En confiant aux consommateurs une responsabilité à l'égard de l'environnement, ces produits écologiques gagnent un peu de valeur par rapport aux autres produits. Comme l'explique la vignette apparaissant en début de chapitre, les consommateurs réagissent avec enthousiasme aux efforts des entreprises pour inciter la population à recycler et à réutiliser les sacs à provisions et bien d'autres articles.

La vie privée Un nombre croissant de consommateurs venant de tous les coins du monde sentent que leur vie est de moins en moins privée. Si, grâce à Internet, il est maintenant plus facile d'avoir accès aux renseignements personnels des consommateurs, l'amélioration des supports informatiques et de la manipulation de l'information a grandement simplifié les enquêtes de solvabilité. En outre, on rappelle constamment aux consommateurs que leur identité ne leur appartient pas nécessairement, comme le démontre avec humour la série d'annonces publicitaires de Citibank, dans laquelle des utilisateurs crédules se font usurper leur identité. Dans l'une de ces annonces, une vieille dame à l'air doux décrit sa nouvelle camionnette d'une voix hors champ grave et masculine. Même si ces publicités visent à promouvoir une nouvelle carte de crédit à l'épreuve du vol d'identité, très peu de consommateurs jouissent d'une telle protection. Au début de l'année 2007, la société mère de HomeSense et de Winners a annoncé que son système informatique avait fait l'objet d'une attaque et que les renseignements personnels de plusieurs millions de clients du Canada et des États-Unis avaient été volés[45]. Il n'est donc pas étonnant que plus des trois quarts des Canadiens soient inquiets quant à la confidentialité des renseignements personnels qu'ils transmettent par Internet[46].

Le manque de temps Conquérir un marché cible a toujours été un défi de taille, mais de nos jours, certaines tendances compliquent encore davantage la tâche qui consiste à attirer l'attention du marché en question. D'abord, dans la majorité des familles, les deux parents travaillent et les enfants sont de plus en plus occupés. Par exemple, en 2005, les Canadiens travaillaient en moyenne 8,9 heures par jour, mais 25 % des répondants avouaient accorder plus de 10 heures par jour à leurs fonctions professionnelles. En conséquence, les Canadiens ont moins de temps à consacrer à leurs loisirs ou à leur famille. En outre, cette année-là, ils ont passé avec les membres de leur famille 200 heures de moins que 20 ans auparavant[47].

Ensuite, bien plus de choix s'offrent aux consommateurs d'aujourd'hui quant à la façon d'occuper leurs temps libres, lesquels se font plutôt rares. À l'époque de *Bobino*, il n'y avait que trois ou quatre chaînes de télévision et l'on pouvait compter les chaînes de radio AM sur les doigts d'une seule main. De nos

Dans les années 1950, alors qu'on présentait Bobino à la télévision, les téléspectateurs n'avaient le choix qu'entre trois ou quatre chaînes.

Les caisses libre-service accélèrent le magasinage, mais affectent-elles la qualité du service à la clientèle ?

jours, il existe des centaines de chaînes, tant à la radio qu'à la télévision. Mais ces médias ont de la concurrence depuis l'apparition des DVD, des lecteurs MP3, des cellulaires, des téléavertisseurs, des ordinateurs personnels et d'Internet. En outre, de nombreux consommateurs essaient de régler leur problème de manque de temps par l'exécution de multiples tâches simultanément (p. ex., regarder la télévision ou écouter de la musique en parlant au téléphone ou en faisant ses devoirs). Ainsi, il est difficile pour eux de fixer leur attention sur les annonces publicitaires.

Les gestionnaires marketing doivent donc relever le défi d'attirer l'attention des consommateurs et s'ajuster à eux en investissant autrement. Par exemple, ils peuvent délaisser la publicité dans la presse écrite pour prendre d'assaut les écrans de cinéma, les biscuits chinois, les tapis roulants de retrait des bagages, les panneaux d'affichage et les espaces publicitaires dans les aéroports, sur les taxis, les autobus et autres véhicules destinés au transport en commun[48]. Les détaillants font leur part en rendant leurs produits accessibles partout et en tout temps. Ainsi, Sears Canada et La Baie sont maintenant des détaillants multicanaux à part entière depuis qu'ils vendent leurs produits en magasin, par catalogue et sur Internet. D'autres détaillants, comme Metro, Pharmaprix et Walmart, ont choisi de prolonger leurs heures d'ouverture afin que leurs clients puissent faire leurs courses après leur journée de travail. De plus, l'automatisation de certains services, comme les caisses libre-service et les commandes électroniques, accélère le magasinage tout en offrant aux clients des produits et des renseignements sur les commandes.

L'origine ethnique Les données de Statistique Canada indiquent que la composition ethnique du pays change depuis vingt ans et continuera de changer au cours des dix prochaines années. Les études récentes sur le sujet démontrent qu'un Canadien sur cinq n'est pas né au pays, ce qui correspond à près de 70 % de la croissance démographique. Si la tendance se maintient, d'ici 2030, 100 % de la croissance démographique du Canada sera attribuable à l'immigration[49]. Les groupes ethniques issus de l'immigration et dont la croissance est la plus forte sont les Chinois (venant de Hong Kong, de la Chine continentale et de Taiwan) et les Asiatiques du Sud (issus de l'Inde, du Pakistan, du Sri Lanka et du Bangladesh). On estime que le nombre de personnes faisant partie de ces groupes ethniques et minorités visibles s'élèvera à 8,5 millions d'ici 2017, soit 23 % de la population canadienne, en raison de l'immigration et d'un taux de natalité croissant au sein de plusieurs groupes ethniques[50]. Bien des immigrants qui viennent d'arriver au Canada choisissent de s'installer à Montréal, à Toronto ou à Vancouver, mais les villes de Calgary, d'Edmonton, de Winnipeg et de London sont aussi de plus en plus populaires. Généralement, les immigrants qui viennent de la Chine ou de l'Asie du Sud sont jeunes, instruits et nantis. Actuellement, plus du quart des Néo-Canadiens sont âgés de moins de 14 ans ; il y a donc beaucoup de chances qu'ils exercent une influence considérable sur l'économie du pays au cours des prochaines années. Finalement, les Asiatiques du Sud constituent les groupes ethniques les plus nombreux en Ontario[51]. Pour le gestionnaire marketing, le nombre croissant de personnes appartenant à des groupes ethniques venant de l'étranger représente à la fois un défi et une occasion d'affaires des plus intéressants.

Le Canada est une véritable mosaïque dont les habitants viennent des quatre coins du monde.

Il s'agit d'un défi parce que le gestionnaire marketing se doit de comprendre la culture, les valeurs et les habitudes de consommation des divers groupes ethniques en vue de trouver quel est le meilleur moyen d'entrer en communication avec eux et de leur proposer des produits. Un article paru récemment dans *Marketing Magazine* révèle que les grandes banques canadiennes approcheraient « toutes de la même façon » les marchés chinois et asiatique du Sud en pleine expansion. En effet, le directeur de la création chez Fat Free Communications, une agence de publicité torontoise, a déclaré que la plupart des banques « tiennent compte de la communauté de manière très superficielle, ce qui agace bon nombre de personnes qui appartiennent à cette communauté ». Chris Bhang, vice-président chez Allard Johnson Communications, conseille vivement aux gestionnaires marketing d'« utiliser un langage courant, d'être créatifs et d'être pertinents ».

Quant aux occasions d'affaires que présente le nombre croissant de personnes issues de différents groupes ethniques, les chiffres parlent d'eux-mêmes. Effectivement, ces groupes dépenseraient plus de 42 milliards de dollars en biens et services. En outre, les ménages d'origine chinoise dépenseraient environ 63 500 $ par an, comparativement aux Canadiens dont la moyenne des dépenses se situe aux environs de 58 500 $. En général, les Canadiens d'origine étrangère feraient davantage d'achats coûteux (p. ex., une voiture, des vêtements, du mobilier) que les Canadiens nés au pays. De plus, bon nombre d'entre eux ont un penchant pour les produits de marque, car ils considèrent qu'il s'agit d'un gage de qualité[52].

La Banque Royale du Canada (RBC) a vite compris que le marché multiethnique assurera probablement sa croissance future ; c'est pourquoi elle a développé plusieurs nouveaux produits spécialement pour lui. Par exemple, normalement, la cote de solvabilité est déterminée par la banque à partir des antécédents résidentiels, professionnels et de crédit, mais il est évident que ce genre de renseignements n'est pas accessible si le client vient tout juste d'immigrer au Canada. C'est pourquoi RBC offre aux nouveaux arrivants la possibilité de se procurer une carte Visa RBC Banque Royale afin de les aider à constituer un dossier de solvabilité au Canada. Plus encore, RBC a rendu possible l'ouverture d'un compte par Internet. Les futurs immigrants peuvent ainsi y déposer leurs actifs et établir un lien avec la banque avant même d'être arrivés au pays. En outre, le site Bienvenue au Canada (www.rbc.com/canada) propose une version anglaise, française et chinoise. L'entreprise a même diffusé des annonces publicitaires qui présentent un couple d'immigrants et leur enfant qui visitent des maisons à vendre, qui magasinent afin d'acheter une voiture et qui passent des entrevues pour décrocher un emploi. On voit ensuite cette famille qui rencontre un conseiller de la RBC de la même origine qu'elle, puis l'annonce se termine par le slogan « RBC est là pour nous faire passer en PREMIER ». Cinq annonces semblables ont été créées, mettant en vedettes des gens de cinq origines et de cinq langues différentes, soit l'anglais, le pendjabi, l'hindi, le mandarin et le cantonais[53]. Malgré ces efforts, la RBC ainsi que d'autres banques canadiennes ont encore du travail à faire. Selon l'étude *Diversity in Canada* menée par le Solutions Research Group, ce serait le groupe TD Canada Trust qui détiendrait la plus grande part du marché multiethnique. Il s'agit de la banque la plus populaire auprès des Asiatiques du Sud, dont 43 % en font leur institution financière principale, ce qui est supérieur aux parts de marché de la CIBC, de la RBC et de la Banque Scotia réunies. Il est à noter que TD Canada Trust est également la banque la plus populaire auprès des Canadiens d'origine chinoise, rejoignant 29 % d'entre eux[54].

La culture De façon générale, la **culture** est l'ensemble des valeurs, des croyances, des mœurs et des coutumes communes à un groupe d'individus et qui se transmettent de génération en génération[55]. Transmise par le langage, la littérature et les institutions, la culture passe de génération en génération et constitue un apprentissage qui s'acquiert avec le temps. Nous prenons tous part à plusieurs cultures : l'héritage culturel de notre famille, la culture valorisée à l'école ou au travail, etc. Dans un sens plus large, nous participons également à la culture de notre ville et de notre pays.

culture (*culture*)
Ensemble des valeurs, des croyances, des mœurs et des coutumes communes à un groupe d'individus et qui se transmettent de génération en génération ; il y a deux niveaux culturels : ce qui est perceptible (p. ex., le comportement, l'habillement, les symboles, les particularités physiques, les rites) et les valeurs sous-jacentes (p. ex., la façon de penser, les croyances et les impressions).

Le gestionnaire marketing doit savoir s'il est possible de miser sur la culture pour attirer l'attention d'un groupe que pourraient intéresser les produits et les services qu'il propose. Les cultures auxquelles nous appartenons exercent une influence sur les biens que nous achetons de même que sur les conditions (les motifs, la manière, le lieu et le moment) dans lesquelles nous les achetons. Le gestionnaire marketing doit garder en tête les deux dimensions de la culture lorsqu'il élabore ses stratégies de marketing, soit la culture nationale et celle propre à une région.

culture nationale (*country culture*)
Traits propres à un pays, incluant les vêtements, les symboles, les rites, la langue, les particularités culinaires et les particularités relatives aux couleurs ainsi que certains aspects plus subtils, lesquels sont moins faciles à reconnaître et à comprendre (les normes, les valeurs, les mythes et les croyances).

La culture nationale Les caractéristiques perceptibles d'une **culture nationale** — les objets, les comportements, l'habillement, les symboles, les traits, les rites, la langue, les particularités culinaires et les particularités relatives aux couleurs, etc. — sont faciles à reconnaître. Mais il y a certains aspects qui sont plus subtils et donc moins évidents.

Volkswagen a ciblé avec succès un segment jeune, soucieux de l'environnement et légèrement en marge de la société en lançant la TDI, une voiture turbodiesel à injection. Pour ce faire, dans sa campagne publicitaire, elle a opté pour le slogan « 1 000 kilomètres avec un seul plein », lequel faisait appel subtilement à un aspect culturel qui caractérise le segment ciblé.

Les sous-cultures régionales La région où vit une population influe sur la façon dont celle-ci répond à divers rituels culturels et même sur la façon dont elle se sent concernée par une certaine catégorie de produits. Ainsi, en tant que résidants du Québec, vous avez 25 % moins de chances d'acheter un mets préparé ou un mets à réchauffer que les résidants de l'Ontario. Cela s'explique par le désir des Québécois de cuisiner. Également, les Québécois sont moins sensibles au prix que les Ontariens. C'est probablement pourquoi au Québec les supermarchés les plus populaires sont IGA et Metro, alors qu'en Ontario il s'agit de No Frills et de Food Basics[56]. De telles différences sont autant d'indices qui permettent au gestionnaire marketing d'établir un lien étroit avec les consommateurs au lieu de s'adresser à tous les Canadiens de la même façon.

Voici un autre exemple de différence liée à une sous-culture : la manière dont on parle des boissons gazeuses. En effet, 37 % des Canadiens anglais parlent de « soda » lorsqu'il est question de boissons gazeuses, alors que 40 % d'entre eux utilisent le mot « pop » et 17 % disent « Coke », même s'il s'agit d'un cola de marque Pepsi. Si vous dînez en Colombie-Britannique, vous n'aurez aucun problème à être compris si vous demandez du « pop », mais au Québec, vous feriez mieux de commander une « liqueur ». Imaginez un peu à quel point il est complexe pour les gestionnaires marketing de concevoir du matériel promotionnel qui transcende ces frontières régionales[57] !

Pour rendre la vie plus facile à bien des consommateurs qui manquent de temps, les gestionnaires marketing font souvent appel à la technologie, un élément du macroenvironnement qui sera abordé dans les pages qui suivent.

Les avancées technologiques

avancées technologiques (*technological advances*)
Nouveautés technologiques qui ont grandement contribué à la production de biens et à la prestation de services de qualité au cours des dernières décennies.

Les **avancées technologiques** sont innombrables depuis les dernières décennies, ce qui a considérablement augmenté la valeur des produits et des services proposés aux consommateurs. Depuis la naissance du premier bébé de la génération Y en 1977, le monde a connu de grandes réussites technologiques, comme le téléphone cellulaire, le lecteur MP3, l'accès à Internet, l'assistant numérique personnel (ANP, ou PDA en anglais), le Wi-Fi et l'appareil photo numérique. Récemment, les écrans plats, les téléviseurs à haute définition ainsi que la vidéo à la demande ont révolutionné notre matière de regarder la télévision, et les répercussions de tels appareils devraient se faire sentir encore davantage au cours des prochaines années. La figure 4.4 (*voir p. 113*) suivante, présente certaines percées technologiques majeures. Quant à la vente au détail, les entreprises sont maintenant en mesure de suivre le chemin d'un article depuis le moment où il est fabriqué, et tout au long du circuit de distribution, jusqu'à ce qu'il arrive en magasin, puis qu'il aboutisse chez son acheteur. Pour ce faire, les entreprises ont recours à l'identification par radiofréquence (RFID) à l'aide

FIGURE 4.4 Les avancées technologiques

	Téléphone cellulaire 	Écran à cristaux liquides 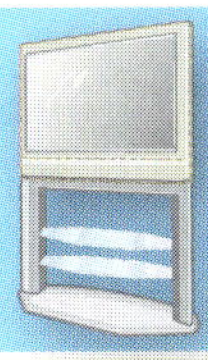	Lecteur MP3 	Accès Internet 
Année du lancement	1984	1988	1991	1993

Sources : Dan Nystedt, « U.S. Marks since New Cell Phone Record in 2005 », *InfoWorld*, www.infoworld.com, 7 avril 2006 ; « World Fact Book », www.cia.gov, 25 août 2006 ; Ilse Jurrien, « Consumer Electronic Sales Record in 2006 », www.letsgodigital.org, 5 janvier 2006.

d'une puce placée dans l'article vendu. Étant donné qu'il est dorénavant possible de savoir le nombre exact de produits qui se trouvent à une étape précise de la chaîne logistique, les détaillants peuvent communiquer avec leurs fournisseurs — ce qu'ils feront probablement par Internet — afin qu'ensemble ils arrivent à atteindre leurs objectifs relativement à l'inventaire.

En 2005, les ménages canadiens ont dépensé en moyenne près de 900 $ en cellulaires et autres appareils sans fil, en appareils photo numériques ainsi qu'en frais d'accès Internet, pour un total de plus de 3 milliards de dollars[58] (*voir la rubrique Cybermarketing 4.1, p. 115*). D'autres avancées technologiques ont été réalisées en ce qui a trait à la façon dont les médias entrent dans les foyers canadiens. Les films les plus populaires paraissent maintenant sur des disques Blu-ray ou sur des DVD et les plus récents résultats sportifs sont diffusés en haute définition (TVHD). Les consoles de jeu aussi ont fait beaucoup de chemin avant d'atteindre le haut niveau des PlayStation 3 de Sony et Xbox 360 de Microsoft, lesquels sont munis d'une unité centrale plus rapide que jamais et ont une qualité visuelle jusqu'alors inégalée. Ces appareils permettent même le réseautage en ligne et la mise en mémoire de données et de photos. La console Wii, de Nintendo, a également révolutionné le monde des jeux vidéo, notamment grâce à sa télécommande qui détecte les mouvements effectués dans trois directions. Au lieu d'être assis, les joueurs peuvent véritablement prendre part à l'action qui se déroule à l'écran et s'élancer pour tenter de frapper un coup de circuit au baseball ou sauter pour faire un smash au volley-ball. Les trois consoles dont il a été question précédemment présentent des images en trois dimensions, ce qui augmente énormément le niveau de difficulté des jeux. Bref, ces avancées technologiques ont engendré non seulement des produits de grande qualité, mais aussi une forte réaction du public, un renouveau pour toute l'industrie de même que de nouvelles occasions pour elle de s'adresser aux consommateurs. Finalement, lorsque les gestionnaires marketing lancent un nouveau produit ou qu'ils ont recours à un nouveau média, ils se préoccupent beaucoup des différents niveaux d'adoption de la technologie.

conjoncture (*economic situation*)
Changements dans la situation économique qui influent sur la manière dont les consommateurs font leurs achats et dépensent leur argent, tant sur le plan national qu'à l'étranger.

inflation (*inflation*)
Augmentation continue du prix des biens et des services.

fluctuations des devises étrangères (*foreign currency fluctuations*)
Changements de la valeur d'une devise par rapport à une autre. Ces fluctuations peuvent avoir une influence sur la manière dont les consommateurs du pays touché dépensent leur argent.

La conjoncture économique

Les spécialistes du marketing surveillent attentivement la **conjoncture**, tant sur le plan national que sur le plan international, car cette dernière exerce une influence sur la façon dont les consommateurs achètent des produits et dépensent leur argent. Parmi les principaux facteurs qui peuvent faire fluctuer l'économie, il y a le taux d'inflation, le taux de change et le taux d'intérêt.

L'**inflation** réside dans l'augmentation continue du prix des biens et des services[59]. Cette hausse des prix entraîne une chute du pouvoir d'achat. En clair, le dollar perd de la valeur et ne permet plus d'acheter autant.

Dans le même ordre d'idées, les **fluctuations des devises étrangères** peuvent avoir une incidence sur la façon dont dépensent les consommateurs. Par exemple, en date du 21 janvier 2007, le dollar canadien valait 0,6179 dollar américain, le taux de

Les touristes de plusieurs pays affluent vers les États-Unis pour magasiner, car la valeur de la devise américaine est faible comparativement à la leur.

change le plus bas jamais observé entre ces deux devises. Au début du mois de mai 2007, la valeur du dollar canadien avait grimpé de nouveau pour atteindre 0,9071 dollar américain[60]. Par la suite, le huard a atteint la parité avec le dollar américain dès le début de septembre de la même année, avant de s'élever à 1,10 $, puis de redescendre près de la parité à la fin de l'automne. À mesure que le dollar canadien prend de la valeur par rapport au dollar américain, le prix des produits fabriqués au pays et exportés aux États-Unis augmente pour les Américains, alors que les produits que nous importons de ce pays sont meilleur marché.

taux d'intérêt (*interest rate*)
Pourcentage appliqué à une somme empruntée.

Enfin, le **taux d'intérêt** correspond au pourcentage appliqué à une somme empruntée. Par exemple, lorsqu'un individu emprunte de l'argent à la banque, il accepte de rembourser son prêt en plus des intérêts qui se sont accumulés. Quant aux intérêts, il s'agit des frais facturés au client de la banque à qui cette dernière a accepté de prêter de l'argent. De la même manière, si un client de la banque ouvre un compte d'épargne, il percevra des intérêts sur le montant qu'il y a dans son compte. Les intérêts qui lui sont versés sont en quelque sorte les frais qu'on lui paye pour avoir « prêté » de l'argent à la banque. Si le taux d'intérêt grimpe, alors les consommateurs seront incités à épargner, car ils recevront un plus gros montant pour avoir prêté leur argent à la banque. Toutefois, lorsque le taux d'intérêt chute, il n'est pas rare de voir les consommateurs emprunter davantage aux banques.

Comment ces trois importants facteurs économiques — l'inflation, les fluctuations des devises étrangères et le taux d'intérêt — influent-ils sur la mise en marché d'un produit ou d'un service par une entreprise ? Tout changement relatif à l'un de ces trois facteurs simplifie la mise en marché pour certains et la complique pour d'autres. Ainsi, lorsque le taux d'inflation augmente, les consommateurs achètent probablement autant de nourriture, mais il se pourrait fort bien qu'ils choisissent le bœuf haché au lieu du filet mignon. En conséquence, les supermarchés et les restaurants abordables profitent du taux d'inflation élevé, alors que les restaurants luxueux sont désavantagés. Les consommateurs achètent également moins de biens non essentiels. Par exemple, la vente de bijoux coûteux, de voitures luxueuses et de forfaits vacances extravagants diminuera, alors que, curieusement, les consommateurs s'offriront davantage de petits luxes, comme les produits de beauté et les divertissements à domicile.

Il semblerait donc que, au lieu de se récompenser avec une nouvelle Lexus ou des vacances dans un spa, les consommateurs achètent des produits de beauté et louent des films.

Autre conséquence, peut-être étonnante, de l'augmentation de la valeur du dollar canadien par rapport au dollar américain : les fabricants de chez nous en sortent gagnants et ceux de nos voisins du Sud y perdent, car le coût des matières premières que l'on importe des États-Unis est inférieur. Dans une telle conjoncture inflationniste, les Américains recherchent des produits fabriqués chez eux, ce qui signifie que les fabricants canadiens et les détaillants américains qui se spécialisent dans la vente de produits canadiens doivent faire un choix : maintenir leur marge de profit ou accepter de vendre à plus bas prix en vue de conserver leur clientèle.

Finalement, lorsque le taux d'intérêt grimpe, les consommateurs ont tendance à économiser davantage, ce qui facilite la vente de produits, comme les fonds communs de placement, par les institutions financières. Toutefois, les consommateurs sont moins portés à faire l'achat de produits et de services non essentiels, car le taux d'intérêt élevé les pousse à éviter de dépenser. Ainsi, même si la division des investissements d'une institution financière bénéficie d'une telle conjoncture, le service de l'hypothèque, quant à lui, en souffrira, car les gens n'achètent pas de maison quand ils ont l'impression que l'argent qu'ils doivent emprunter perd de la valeur.

Cybermarketing 4.1 La voix sur IP, un monde de possibilités[61] ?

En premier est apparu le téléphone fixe, que nous avons tous déjà utilisé. Puis, il y a eu le téléphone cellulaire, que la plupart d'entre nous se sont procuré. La nouveauté de l'heure, c'est le téléphone VoIP, ou téléphone IP, gadget que, pour l'instant, seuls quelques-uns possèdent. Si environ 15 % des ménages canadiens possèdent la téléphonie par câble ou la téléphonie IP, il s'agit tout de même d'une tendance en pleine croissance[62]. Essentiellement, cette technologie permet d'utiliser Internet pour des fonctions vocales comme la téléphonie, la messagerie vocale instantanée et la téléconférence. Quant à la technologie IP de PC à téléphone, elle a pour but de se servir de la connexion Internet d'un ordinateur pour faire des appels sur n'importe quel téléphone traditionnel, où qu'il se trouve dans le monde. Finalement, qu'y a-t-il de si impressionnant ?

D'abord, ce type de téléphone permet d'économiser bien des frais, parce que le numéro de téléphone du client correspond à son téléphone IP plutôt qu'à son emplacement physique. Ainsi, il est possible de traîner son téléphone partout et même de déménager sans payer de frais interurbains. Il suffit de pouvoir brancher son téléphone sur une prise conçue à cet effet et le tour est joué ! De plus, il n'y a aucun délai de branchement. Grâce au téléphone IP, il est possible d'avoir accès au répertoire téléphonique du bureau, par exemple, ce qui permet à son utilisateur d'avoir à portée de la main une liste de numéros de téléphone constamment à jour. En outre, pendant les déplacements, le numéro reste le même et le service ne sera jamais interrompu. Il est même possible de l'emporter en voyage ! Et si l'utilisateur ne souhaite pas s'encombrer de son téléphone, il peut se servir du téléphone logiciel, une fonction qui permet de faire ou de recevoir des appels professionnels à partir de son ordinateur portable. Par exemple, si quelqu'un vous appelle au travail, c'est votre portable qui sonnera, comme si vous étiez à votre bureau. Vous pouvez même réacheminer des appels ou faire des conférences téléphoniques, peu importe l'endroit où vous vous trouvez. Non seulement il est facile de vous joindre, mais les frais seront les mêmes que si l'on vous appelait au travail ou à la maison. Même si les consommateurs choisissent le plus souvent la téléphonie IP pour réduire leurs dépenses, c'est loin d'être le seul avantage qu'elle offre.

Effectivement, en plus d'être d'une grande utilité, la technologie VoIP pourrait accroître la productivité et favoriser la collaboration entre collègues, car il est possible de combiner la fonction vocale, la vidéo et la transmission de données par l'entremise d'une seule voie de communication. En outre, cette technologie est d'autant plus pratique qu'il est possible de l'adapter sans problème à une vaste gamme d'appareils sans fil, notamment l'ANP. Selon John Arnold, le fondateur de J Arnold & Associates, une société-conseil de Toronto spécialisée dans le VoIP, le but de cette nouvelle technologie est de pousser plus loin son intégration dans le système dorsal des entreprises. Prenons l'exemple d'une chaîne logistique dont le système dorsal relatif à l'inventaire aurait détecté une diminution du stock sous un seuil critique. Grâce à la technologie de la voix sur IP, le système pourrait planifier une conférence téléphonique entre le fournisseur et le vendeur et composer leurs numéros de téléphone après s'être assuré de la disponibilité des deux parties. Ces dernières pourraient même se servir de leur téléphone IP afin d'accéder à un logiciel d'affichage d'images pour revoir l'apparence des produits. Même s'il s'agit d'une projection dans l'avenir, ces percées technologiques représentent un monde de possibilités dans le domaine commercial. Mais quelle place une telle technologie a-t-elle ici, au Canada ?

L'arrondissement scolaire 67 en Colombie-Britannique, celui de l'Okanagan Skaha, a révolutionné le réseau de communication scolaire. Cet arrondissement, qui n'avait que 5 employés chargés des technologies de l'information et qui ne s'occupait que de 19 établissements, a travaillé de concert avec la ville de Penticton afin d'installer lui-même des câbles à fibre optique tout le long du réseau téléphonique de la ville. Cela lui a permis d'économiser les frais de location de tels câbles que lui aurait facturés une entreprise de télécommunications. Danny Francisco, le directeur des technologies de l'information pour l'arrondissement scolaire, affirme que, grâce à ce projet, l'arrondissement et la ville sont en mesure de traiter des appels en VoIP. L'école de l'arrondissement travaille actuellement au branchement du système de haut-parleurs sur le réseau VoIP pour pouvoir se munir d'un combiné et d'un récepteur IP ou recevoir des messages textuels sur l'ordinateur.

Le cabinet Fraser Milner Casgrain a fait installer près de 700 téléphones IP, seulement dans ses bureaux de Toronto, afin de faciliter la tâche de ses avocats. Ces téléphones mettent à leur disposition un répertoire téléphonique complet auquel ils ont accès par Internet sur l'écran de leur combiné. Le cabinet a également fait installer des téléphones IP au domicile de ses avocats. Il est donc plus facile de leur rediriger un appel lorsqu'ils ne sont pas au bureau. Les messages vocaux sont transmis sous forme de courriel, simplifiant ainsi le suivi effectué auprès des clients. Finalement, Fraser Milner Casgrain se sert également de la technologie VoIP pour organiser ses vidéoconférences et prévoit munir son système d'une fonction supplémentaire consistant à envoyer des renseignements sur le client qui appelle grâce à la fonction d'identification de l'appelant. Les avocats pourront ainsi avoir accès à des renseignements importants sur leurs clients avant même de prendre l'appel.

Pour conclure, l'École nationale de ballet du Canada, située à Toronto, possède un réseau de pointe qui permet d'utiliser la téléphonie IP. L'école envisage même de transmettre aux étudiants leur horaire et le menu de la cafétéria directement par téléphone. De plus, des logiciels téléphoniques ont été installés sur les ordinateurs portables des employés afin que ces derniers puissent demeurer en communication avec l'École pendant qu'ils se rendent à des auditions.

L'environnement politique et réglementaire

environnement politique et réglementaire (*political/regulatory environment*) Analyse des partis politiques, des organisations gouvernementales et paragouvernementales ainsi que des mesures législatives et légales qui encouragent ou entravent les échanges commerciaux.

L'**environnement politique et réglementaire** comprend les partis politiques, les organisations gouvernementales et paragouvernementales ainsi que les mesures législatives et légales. Les organisations doivent comprendre parfaitement toute législation en ce qui a trait à la concurrence loyale, à la protection des consommateurs ou toute autre réglementation inhérente à l'industrie dans laquelle elles œuvrent. Depuis un demi-siècle, le gouvernement a édicté des lois qui encouragent tant la concurrence que le commerce équitable en interdisant la création de monopoles ou d'alliances qui mettraient en péril la saine concurrence relative des marchés, en encourageant une tarification équitable pour les fournisseurs et les consommateurs ainsi qu'en faisant la promotion des accords de libre-échange.

D'autres lois ont été adoptées en vue de protéger les consommateurs de multiples façons. Premièrement, les fabricants doivent éviter la publicité trompeuse ou mensongère, laquelle pourrait léser le consommateur. Par exemple, il est interdit d'affirmer qu'un médicament permet de guérir une maladie si, en fait, la substance en question présente d'autres risques pour la santé. Deuxièmement, les fabricants ont l'obligation de mentionner ou d'éliminer toute substance nocive ou dangereuse (p. ex., l'amiante) qui peut présenter un risque pour la santé du consommateur. Troisièmement, les organisations doivent adopter des pratiques commerciales justes et raisonnables lorsqu'elles communiquent avec les consommateurs. Par exemple, les méthodes de recouvrement de créances doivent être raisonnables et tous les frais de crédit doivent être facturés au su du consommateur, comme cela est mentionné dans la rubrique Question d'éthique 4.1, à la page 118.

Enfin, le gouvernement vote des lois relatives à certaines industries en particulier. Ces lois peuvent être axées sur l'augmentation de la concurrence, comme la déréglementation de l'industrie énergétique et de celle du téléphone. Elles peuvent aussi avoir été adoptées à la suite d'un événement marquant, comme lorsque le gouvernement américain a édicté des lois relativement à la sécurité et à la stabilisation du transport aérien, après les attentats du 11 septembre 2001, afin que les compagnies aériennes demeurent en activité. Les tableaux 4.2 (*ci-dessous*) et 4.3 (*voir p. 117*) présentent des listes de lois parmi les plus importantes qui touchent au marketing.

TABLEAU 4.2 Les principales législations fédérales édictées en vue de préserver la concurrence et de protéger les consommateurs

Loi sur l'accès à l'information Loi sur la faillite et l'insolvabilité	Loi sur le Conseil canadien des normes
Loi sur les lettres de change Loi sur la radiodiffusion Loi sur les produits agricoles au Canada Loi sur les corporations canadiennes Loi sur le financement des petites entreprises du Canada	Loi sur les petits prêts Loi sur l'étiquetage des textiles Loi sur les marques de commerce Loi sur la marque de commerce nationale et l'étiquetage exact Loi sur les poids et mesures Loi sur les liquidations
Règlement sur les produits laitiers du Canada Loi sur les droits de la personne Loi sur la concurrence Loi sur l'emballage et l'étiquetage des produits de consommation Loi sur le droit d'auteur Code criminel Loi sur le ministère de la Consommation et des Affaires commerciales Loi sur l'inspection de l'électricité et du gaz	Loi sur les aliments et drogues Loi de l'impôt sur le revenu Loi sur l'intérêt Loi sur Investissement Canada Loi sur l'enregistrement des lobbyistes Loi sur les brevets Loi sur les langues officielles Loi sur la protection des renseignements personnels et les documents électroniques (LPRPDE) Loi sur la protection des renseignements personnels

TABLEAU 4.3 Les pratiques commerciales répréhensibles en vertu de la Loi sur la concurrence

Pratique répréhensible	Description
Relative au prix	
Fixation des prix	Manœuvre des vendeurs en vue de fixer le prix de vente d'un produit ou d'un service à une valeur inférieure, égale ou supérieure à celle de la concurrence.
Discrimination par les prix	Fixation de prix différenciés pour un même produit destiné à des revendeurs (grossistes, distributeurs, détaillants) ou à des consommateurs finaux différents.
Vente à prix prédatoire (ou d'éviction)	Vente d'un ou de plusieurs biens à un prix déraisonnablement bas pour détruire la concurrence.
Maintien des prix de revente	Tentative des fabricants ou des maillons de la chaîne logistique pour convaincre les sous-acquéreurs de vendre le produit qu'ils se sont procuré au prix qu'ils leur conseillent.
Collusion des soumissionnaires	Connivence entre des vendeurs en vue de fixer le prix de vente d'un produit en fonction des offres d'achat ou des propositions de prix.
Relative à la promotion	
Publicité mensongère	Toute représentation, omission, pratique ou tout acte compris dans une publicité qui est susceptible de tromper l'acheteur qui agit raisonnablement dans les circonstances.
Publicité-leurre	Pratique commerciale trompeuse qui consiste à attirer le client en annonçant une offre spéciale portant sur un produit (le leurre), puis à faire pression sur lui pour qu'il achète un autre produit (produit de substitution) en dénigrant le produit bon marché, en le comparant défavorablement ou en ne disposant que d'un stock symbolique du produit annoncé.
Vente à la boule de neige	Mesure incitative visant à demander aux consommateurs de donner le nom d'autres clients potentiels.
Relative à la distribution	
Refus de vendre	Refus de vendre un produit ou un service à un acheteur légitime.
Exclusivité	Refus de vendre un produit ou un service à un autre membre de la chaîne logistique, à moins qu'il ne consente à signer une entente d'exclusivité.
Vente pyramidale	Manœuvre dans laquelle des représentants sont payés pour en recruter d'autres. Chaque nouveau représentant paye un certain montant pour avoir le droit de recruter d'autres personnes. Une partie de la somme recueillie est remise aux recruteurs précédents. Il n'est pas rare que les participants doivent acheter des produits en quantités précises, ou qu'on leur vende une certaine quantité de produits sans qu'ils puissent retourner la marchandise.

La création de scénarios

OA 3

Maintenant que nous connaissons l'influence que peut avoir le macroenvironnement sur une entreprise, sa concurrence, ses partenaires et, plus encore, sur la façon dont ces acteurs ciblent les consommateurs, nous pouvons nous pencher sur la **création de scénarios**. Il s'agit d'un processus au cours duquel on combine ces divers éléments en vue de prévoir les résultats susceptibles d'être obtenus à la suite de la mise en œuvre du marketing mix[63]. Grâce aux éléments stratégiques dont il a été question dans le chapitre 2, la création de scénarios permet à une entreprise de prévoir ce qui se passera et de surveiller tout changement en vue de s'adapter au contexte commercial, lequel est en constante évolution. Toute entreprise doit, à un moment ou à un autre, faire face aux changements relatifs à la culture, à la démographie, aux aspects social, technologique, économique et politique d'un marché de même qu'aux opportunités

création de scénarios (*scenario planning*) Combinaison de plusieurs éléments du macroenvironnement en vue de déterminer les effets de leur utilisation sur le marketing mix d'une entreprise. Elle permet à une entreprise de prévoir et de surveiller les fluctuations constantes du marché ainsi que de s'adapter à celles-ci.

Question d'éthique 4.1 Le prêt sur salaire, un fier service rendu au consommateur ou une pratique de prêt à des conditions abusives[64] ?

Les consommateurs qui ont une mauvaise cote de crédit ou un urgent besoin d'argent pour tenir jusqu'à leur prochaine paie représentent des cibles de choix pour les sociétés de prêt sur salaire. Ces entreprises offrent leurs services aux clients dits « à risque » en leur prêtant de l'argent à un taux d'intérêt supérieur à celui du marché. En ce qui concerne de nombreux consommateurs qui ont déclaré faillite ou pour qui les temps sont durs, les sociétés de prêt sur salaire leur rendent un fier service. Un changement dans la situation économique d'une personne peut également amener celle-ci à avoir recours à un tel service (p. ex., la perte d'un emploi, une dépense imprévue ou une fête à venir).

Selon l'Association canadienne des prêteurs sur salaire, ses 23 compagnies adhérentes servent près de 2 millions de Canadiens chaque année dans leurs 500 centres de services financiers à travers le pays. Elles se spécialisent dans les petits prêts à court terme, lesquels permettent au client de couvrir une dépense imprévue. En outre, les membres de l'Association s'engagent à respecter un code de pratiques exemplaires de gestion des plus stricts dont l'observance est rigoureusement évaluée par un commissaire indépendant à l'éthique et à l'intégrité. Malgré cela, une douzaine de plaintes ont été déposées contre divers prêteurs sur salaire canadiens. Selon les plaignants, les frais et les intérêts facturés pour les prêts à court terme (souvent de une à deux semaines) étaient nettement supérieurs au taux d'intérêt maximal permis par la loi, lequel s'élève à 60 %. En effet, le coût total du prêt sur salaire (intérêts et frais de service) présentait dans certains cas un taux d'intérêt annuel pouvant aller jusqu'à 1 000 % ! Selon l'Agence de la consommation en matière financière du Canada (ACFC), les consommateurs doivent souvent payer, en plus des intérêts, divers frais d'administration, de traitement, de service additionnel, de vérification, de courtage, d'encaissement, de remboursement anticipé, de départ, de localisation, d'insuffisance de fonds, de reconduction (ou des frais de renouvellement, de crédit ou de supplément). Ainsi, un prêt sur salaire de 300 $ peut coûter entre 30 $ et 105 $ de frais, selon les frais qui s'appliquent (*pour plus de détails, consulter le site www.fcac-acfc.gc.ca*). Dans une récente affaire judiciaire en Colombie-Britannique, une société de prêt sur salaire a demandé à la cour de faire une distinction entre le taux d'intérêt et les frais de service exorbitants communément facturés aux consommateurs. Elle a également souligné que le Code criminel ne devrait s'appliquer qu'aux usuriers et non aux sociétés de prêt sur salaire. Le juge a rejeté les arguments de l'entreprise. Au cours du procès, la cour a appris que la société de prêt sur salaire pratiquait un taux d'intérêt fixé à 21 % et qu'elle exigeait 9,50 $ par tranche de 50 $ en frais de traitement. À cela s'ajoutaient 75 $ de frais si le chèque était refusé et 25 $ par tranche de 100 $ en frais de retard, le cas échéant. Les détracteurs de ce type de société affirment que les individus qui ont recours au prêt sur salaire sont dans bien des cas déjà vulnérables et incapables de se libérer de leurs dettes. Ils doivent donc continuer à emprunter de l'argent pour surnager, ou alors ils perdent l'élément d'actif qu'ils ont placé en garantie.

Malgré ces critiques, les sociétés de prêt sur salaire continuent de dire qu'elles proposent un service légitime et fort utile qui permet aux consommateurs de se sortir d'une impasse financière ponctuelle. Elles affirment également que l'environnement dans lequel elles œuvrent est sympathique, professionnel et ouvert, qu'il comprend des milliers d'exploitants d'une petite entreprise et que leurs clients sont très satisfaits de leurs services. Finalement, ces sociétés emploient des milliers de Canadiens. Par conséquent, les prêteurs sur salaire proposent-ils un service nécessaire ou sont-ils de véritables prédateurs, comme l'affirment leurs détracteurs ?

Les prêteurs sur salaire : des créanciers ou de véritables requins ? À vous de trancher.

et aux menaces qui en découlent. Ainsi, il est essentiel que le gestionnaire marketing sache prévoir les changements qui vont s'opérer, les interpréter et tirer profit des ressources à sa disposition s'il veut pouvoir répondre à ces changements et, de cette manière, élaborer des stratégies axées sur la valeur qui seront efficaces[65].

Les exercices de création de scénarios, comme celui apparaissant dans la figure 4.5 (*voir p. 119*), permettent de tirer une série de conclusions envisageables en fonction des occasions d'affaires qui s'offrent à l'entreprise. En évaluant les divers plans d'action et les répercussions de leur adoption, les gestionnaires peuvent mieux se préparer aux événements à venir. Pour vous montrer en quoi consiste la création de scénarios, nous allons nous intéresser au cas de Loblaw et tenter de découvrir quelle direction, quant à la stratégie à adopter, le géant de l'alimentation pourrait prendre au cours des prochaines années.

FIGURE 4.5 Le processus de création de scénarios

Étape 1 : l'évaluation des forces et des faiblesses

La première étape de la création de scénarios correspond à la première moitié de l'analyse FFOM, soit l'analyse des forces et des faiblesses de l'entreprise. Cela équivaut à faire un audit de l'entreprise ainsi que de ses produits et de ses services.

Les forces Loblaw présente de nombreuses forces, dont l'envergure de l'entreprise n'est pas la moindre. Après tout, il s'agit du plus important détaillant de produits alimentaires du pays. Mais dans quelle mesure[66] ?

- Loblaw fait partie des meilleures marques canadiennes. Les marques Le Choix du Président et sans nom sont parmi les plus populaires au Canada. L'entreprise est reconnue non seulement pour ses produits d'épicerie, mais aussi pour ses opérations bancaires, pour ses services financiers MasterCard, pour ses polices d'assurance automobile et habitation de même que pour son service d'appels interurbains par l'entremise des Services financiers Le Choix du Président.
- Loblaw est bien positionnée sur le marché et l'apparence de ses épiceries est plus moderne que celle de ses concurrents.
- Ses magasins de tailles variées et présentant un portefeuille de produits varié s'adaptent aux différentes clientèles cibles.
- En 2009, ses ventes se sont élevées à plus de 30,7 milliards de dollars, dont les profits sont évalués à 656 millions et les actifs à plus de 14,9 milliards[67].
- Loblaw emploie plus de 138 000 personnes aux quatre coins du pays.
- Loblaw compte 613 magasins d'entreprise, 416 franchises et 413 magasins associés. Elle est propriétaire de Loblaws, Provigo, Maxi, Dominion (dans la province de Terre-Neuve-et-Labrador), Cash and Carry, Zehrs Markets, The Real Canadian Superstore, Wholesale Club, Atlantic Superstore, ainsi qu'Extra Foods, No Frills, SuperValu, Valu-Mart, Fortinos, Atlantic Save Easy, Shop Easy Foods, T&T Supermarket, Presto et Votre épicier indépendant.
- Loblaw est le distributeur d'environ 8 000 magasins indépendants en plus de ses magasins détenus en propre, de ses franchises et de ses magasins associés.

Loblaw est le plus important détaillant de produits alimentaires du Canada.

Par contre, être un « géant » ne constitue pas toujours une force. Une très grande compagnie peut parfois réagir avec une extrême lenteur aux changements du milieu ou encore présenter un processus de prise de décision lourd attribuable à la hiérarchie à respecter. Toutefois, dans le cas de Loblaw, son envergure constitue l'une de ses principales forces, probablement parce que l'entreprise a été en mesure de mettre sur pied rapidement un système d'inventaire et de distribution, de prendre de l'expansion dans le commerce de détail et de négocier avec ses fournisseurs de façon plus efficace que ses concurrents.

Les faiblesses Même si Loblaw a peu de faiblesses, celles-ci n'en sont pas moins importantes.

- Bien des analystes de l'industrie considèrent que les fruits et légumes frais constituent l'une des faiblesses de Loblaw, car l'entreprise est en retard sur ses concurrents. De nos jours, le mot « frais » est en vogue au pays, dans la vente au détail de produits alimentaires et de consommation. Loblaw doit donc s'améliorer si elle ne veut pas avoir à faire face à une concurrence féroce[68]. Le fait que Walmart ait remarqué cette faiblesse évidente chez Loblaw et qu'elle se lance maintenant dans la vente de produits alimentaires et de consommation confirmerait-il les dires des analystes ? Il semblerait que ce soit le cas. En effet, l'entreprise a ouvert des supermarchés appelés Fresh Market en commençant par London et Hamilton, en Ontario.
- Loblaw doit augmenter l'efficacité de ses opérations en vue de concurrencer Walmart et les autres entreprises, comme Pharmaprix, qui pénètrent le marché, lequel est déjà plutôt saturé.
- Elle doit repenser sa stratégie de commercialisation et de distribution des produits non alimentaires afin de devenir plus compétitive.
- Une autre faiblesse de Loblaw se trouve dans sa tentative ratée pour être compétitive dans la vente de produits non alimentaires (p. ex., les produits pour la maison, la cuisine, la chambre, la salle de bains, les appareils électroniques). Effectivement, Loblaw a tenté de passer d'un supermarché à un commerce centralisé, mais tout ne s'est pas déroulé de la manière prévue, notamment en raison de difficultés relatives à la chaîne logistique, de mauvais choix ou du manque d'approbation des clients.

Étape 2 : l'évaluation des opportunités et des menaces

La seconde moitié de l'analyse FFOM vise à examiner les opportunités et les menaces de l'entreprise.

Les opportunités Suivant l'analyse des tendances qui émergent sur le marché, voici quelques-unes des opportunités qui s'offrent à Loblaw :

- Loblaw peut accroître considérablement la quantité de légumes et de fruits frais offerte afin d'être plus compétitive, puisque les consommateurs accordent une importance croissante aux produits frais.
- Elle peut agrandir l'espace réservé à la pharmacie et aux cosmétiques en vue de concurrencer des entreprises comme Pharmaprix, PharmaPlus ou London Drugs sur ce marché très lucratif.

- L'entreprise peut diversifier les services offerts (p. ex., créer un service de consultations médicales à même le magasin), et notamment les services financiers, afin de proposer à ses clients une expérience de magasinage du type « tout sous un même toit », puisque ces derniers manquent cruellement de temps pour remplir toutes leurs obligations familiales et professionnelles.
- Elle peut maintenir sa présence sur le marché très porteur de la nourriture multiethnique, notamment après l'acquisition de T&T Supermarket, qui est le plus grand détaillant de nourriture asiatique.

Les menaces Toute entreprise est placée devant plusieurs menaces redoutables. Loblaw ne fait pas exception à la règle. Voici quelques-unes de ces menaces :

- L'incursion de Walmart sur le marché canadien des produits alimentaires et de consommation, particulièrement en ce qui a trait aux fruits et légumes frais, représentera un défi de taille pour Loblaw au cours des années à venir, car il s'agit de l'une de ses faiblesses. Walmart est forte d'un portefeuille bien garni, d'une chaîne logistique efficace, d'une expérience mondiale et d'une capacité à négocier avec ses fournisseurs bien meilleure que la plupart de ses concurrents. Il y a donc gros à parier que Loblaw ne sera pas en mesure d'offrir des prix plus avantageux que ce géant des bas prix.
- En plus de Walmart, des entreprises comme Pharmaprix vont intensifier leurs efforts et exercer une pression encore plus grande sur Loblaw afin qu'elle perde des parts de marché.
- Dans certaines catégories, de petits détaillants locaux arrivent à ronger le marché de Loblaw. De tels détaillants peuvent parfois supplanter Loblaw quant au service et à l'assortiment de produits offerts, mais leurs prix sont rarement aussi bas.
- Loblaw doit suivre l'évolution économique, qui influe grandement sur le pouvoir d'achat des consommateurs.
- Elle doit également suivre l'évolution des coûts du travail avec la hausse du salaire minimum dans plusieurs provinces, notamment en Ontario et au Québec.

Étape 3 : la reconnaissance des divers scénarios possibles

À partir de l'analyse effectuée dans le cadre des étapes 1 et 2, les dirigeants peuvent prévoir certains scénarios susceptibles de se concrétiser au cours des cinq prochaines années. Voici deux scénarios possibles :

- Loblaw diversifie sa gamme de produits non alimentaires (vêtements, appareils électroménagers, électronique, etc.) pour concurrencer des commerces comme Walmart, Bureau en Gros et Future Shop.
- L'entreprise change ses succursales afin d'offrir d'autres services à ses clients et ajoute un clinique médicale, une station-service de même qu'une clinique d'optométrie et une lunetterie. Ainsi, les clients peuvent véritablement vivre une expérience de magasinage centralisé. Loblaw pourrait aussi changer ses heures d'ouverture et faire en sorte que les succursales urbaines soient ouvertes jour et nuit.

Chaque scénario demande une évaluation attentive ainsi qu'une longue réflexion permettant de cerner les risques, les avantages et les coûts associés aux changements à apporter. Pour savoir quels scénarios sont les plus avantageux, il serait utile d'associer les compétences de l'entreprise au pouvoir d'attraction du scénario. En termes clairs, si l'entreprise a les compétences nécessaires pour profiter de l'occasion qui se présente et que cette dernière soit attirante, elle doit la saisir.

Ainsi, Loblaw pourrait évaluer les avantages qu'il y aurait à étendre sa gamme de vêtements offerte. L'entreprise ferait donc une concurrence directe à Walmart et à Zellers. De plus, grâce à des modifications apportées à ses succursales, les clients pourraient magasiner pendant qu'ils attendent de voir le médecin, mais également pendant qu'ils attendent que leur ordonnance soit prête. Évidemment, les coûts liés à de tels changements seraient considérables. Aussi, ces changements pourraient détourner Loblaw de ses principales activités et nuire à ses forces. C'est pourquoi l'entreprise se doit d'étudier soigneusement le marché en vue d'apprendre ce que les Canadiens ressentent à l'idée de voir de l'électronique et des vêtements chez Loblaw.

Étape 4 : la mise en œuvre du marketing mix relativement aux scénarios élaborés

Au cours de cette étape, l'entreprise élabore une stratégie pour chacun des scénarios créés à l'étape 3. Par souci de simplicité, nous allons nous attarder uniquement au scénario selon lequel Loblaw modifierait ses succursales et leurs heures d'ouverture. Ce scénario est à la fois curieux et clair. En effet, puisque Loblaw possède plus de 1 000 magasins aux quatre coins du pays, que ses magasins comprennent une pharmacie et que la marque est connue et appréciée des consommateurs, il est fort probable que ces derniers verraient les changements comme une occasion de centraliser leur magasinage. Cela pourrait les amener à franchir plus souvent les portes du Loblaw. En outre, la prolongation des heures d'ouverture permettrait de répondre aux besoins des consommateurs qui trouvent difficile de magasiner pendant les heures d'ouverture habituelles. Par contre, deux difficultés se présentent : celle de faire les bons choix relativement à la stratégie d'expansion et celle de faire accepter de tels changements aux clients.

Étape 5 : l'évaluation de la rentabilité de chacun des scénarios

Une fois l'élaboration des stratégies relatives aux divers scénarios terminée (étape 3) et le marketing mix mis en œuvre (étape 4), les dirigeants doivent évaluer la rentabilité de chaque occasion qui s'offre à l'entreprise. Pour ce faire, ils compareront les revenus prévus avec les coûts prévus. Les projets dont les profits prévus sont les plus élevés sont les plus avantageux. Par conséquent, si Loblaw découvre que les revenus prévus excèdent les coûts prévus, pour ce qui est, par exemple, d'étendre la gamme de produits offerts ou de modifier les succursales, alors le scénario est viable.

Loblaw doit prévoir divers scénarios afin de trouver celui qui lui permettrait le mieux de concurrencer Walmart et Sobeys.

Faites le point

1) Expliquez de quelle façon les compétences fondamentales, les clients et les partenaires d'une entreprise exercent une influence sur la stratégie de marketing de cette dernière.

2) Nommez et expliquez les éléments qui composent le macroenvironnement d'une entreprise.

3) Expliquez comment les gestionnaires marketing ont recours à des scénarios pour prendre des décisions de marketing et planifier les stratégies qui y sont associées.

1) Les entreprises qui connaissent beaucoup de succès concentrent leurs efforts sur la satisfaction des besoins de leurs clients, ce qui correspond aux compétences fondamentales de l'entreprise. Toute action menée par l'entreprise doit donc miser sur ses forces et prendre le consommateur comme point central. Sans ce dernier, aucun produit ou service ne pourrait être vendu. Ainsi, l'entreprise doit découvrir les désirs et les besoins de ses clients, pour ensuite être en mesure de lui proposer un produit ou un service à un bon rapport qualité-prix qui réponde à ces critères. S'il n'existait qu'une entreprise pour servir de nombreux clients, la tâche du gestionnaire marketing serait tellement simple ! Toutefois, puisque cette occasion se présente rarement, les entreprises n'ont d'autre choix que de surveiller leurs concurrents afin de découvrir comment ils s'y prennent pour attirer et retenir les consommateurs. Sans ses partenaires, l'entreprise trouverait très difficile, sinon impossible, d'œuvrer dans le domaine du marketing. C'est pourquoi une bonne entreprise travaille de concert avec des fournisseurs, des firmes de recherche en marketing, des consultants et des distributeurs en vue de découvrir ce que les consommateurs désirent et de parvenir à le leur offrir au moment et à l'endroit où ils le veulent. Chacune de ces activités — la détermination de ses forces, l'analyse des besoins des consommateurs et le travail en collaboration avec d'autres sociétés partenaires — permet d'ajouter une certaine valeur aux produits et aux services d'une entreprise.

2) Pour réussir, le gestionnaire marketing doit être au courant de tout ce qui se passe à l'extérieur de l'entreprise. Par exemple, quelles sont les chances qu'un restaurant qui se spécialise dans la vente de hamburgers soit populaire dans un quartier où les habitants sont principalement d'origine indienne ? Très faibles, non ? Les gestionnaires marketing doivent donc être attentifs à de tels enjeux s'ils veulent connaître du succès. Par la suite, ils doivent tenir compte de la concurrence ainsi que des données démographiques (l'âge, le revenu, la taille du marché, le niveau de scolarité, le sexe et l'origine ethnique) en vue de reconnaître les divers groupes de clients. Dans toute société, les principales tendances sociales influent sur le mode de vie des habitants. Comprendre ces tendances (p. ex., l'écologie, la vie privée et le manque de temps) permet aux gestionnaires marketing de mieux servir les consommateurs. En outre, la technologie évolue extrêmement vite et a une énorme influence sur la façon dont nous menons notre vie. Ainsi, les chefs de produits et autres spécialistes du marketing contribuent à la mise au point d'outils technologiques utiles au quotidien. De plus, les avancées technologiques aident les gestionnaires marketing en leur permettant d'offrir aux consommateurs un nombre grandissant de produits et de services de façon rapide et efficace. L'économie agit également sur la manière dont les gens dépensent leur revenu disponible. Quand la conjoncture est favorable, la commercialisation croît relativement bien, mais quand les temps sont plus durs, seules les compétences éprouvées en marketing permettent de garantir un succès à long terme. Évidemment, les entreprises doivent respecter la loi, mais bien des questions légales ont aussi une influence directe sur le marketing. Les lois qui régissent l'industrie se divisent en deux catégories : les lois relatives à la concurrence (comme la Loi antitrust) et celles qui ont trait à la protection des consommateurs contre les pratiques déloyales ou dangereuses (comme le règlement selon lequel les paquets de cigarettes doivent afficher une mise en garde contre les risques du tabagisme).

3) La création de scénarios permet de combiner les renseignements touchant à l'influence du macroenvironnement sur une entreprise, sur sa concurrence, sur ses partenaires et sur les consommateurs en vue de prévoir les résultats qui peuvent être obtenus à la suite de la mise en œuvre du marketing mix. La création de scénarios comporte cinq étapes. Au cours des deux premières étapes, l'entreprise évalue ses forces et ses faiblesses ainsi que ses opportunités et ses menaces (analyse FFOM) en fonction du macroenvironnement dans lequel elle évolue, de la concurrence, de ses partenaires et de ses clients. La troisième étape consiste à élaborer les divers scénarios possibles. Au cours de la quatrième étape, l'entreprise met en œuvre le marketing mix relativement aux scénarios élaborés. Finalement, l'entreprise évalue la rentabilité de chacun des scénarios ; ceux dont le potentiel est le plus élevé seront susceptibles de se concrétiser.

Mots clés

- aînés, p. 102
- avancées technologiques, p. 112
- baby-boomers, p. 102
- cohorte générationnelle, p. 101
- conjoncture, p. 113
- création de scénarios, p. 117
- culture, p. 111
- culture nationale, p. 112
- données démographiques, p. 100
- écomarketing (ou marketing vert ou marketing durable), p. 107
- environnement politique et réglementaire, p. 116
- fluctuations des devises étrangères, p. 113
- génération X, p. 103
- génération Y, p. 103
- inflation, p. 113
- juste-à-temps (JAT), p. 96
- macroenvironnement, p. 97
- préadolescents, p. 104
- taux d'intérêt, p. 114
- veille stratégique, p. 97

Révision des concepts

1. L'analyse du microenvironnement conduit à identifier deux grandes catégories d'informations. Nommez ces deux catégories, que l'on retrouve notamment à l'étape 1 de la création de scénarios.
2. Nommez et décrivez les éléments que comporte le macroenvironnement.
3. Nommez cinq différences entre les baby-boomers, les individus de la génération X et ceux de la génération Y.
4. Si un magasin prolonge ses heures d'ouverture de façon permanente, à quels facteurs du macroenvironnement touche-t-il ?
5. Nommez quelques tendances culturelles et sociales importantes qui exercent une influence sur le marché canadien.
6. Mis à part la question de la langue, pourquoi une publicité diffusée à la fois en Ontario et au Québec ne remporterait-elle pas le même succès dans les deux provinces ?
7. Pourquoi les gestionnaires marketing s'intéressent-ils aux nouvelles technologies que les consommateurs utilisent à domicile ?
8. Que signifie la « création de scénarios » ? Nommez trois avantages de celle-ci.
9. Décrivez les cinq étapes du processus de création de scénarios.
10. Quelle est la différence entre les forces d'une entreprise et ses opportunités ?

Marketing appliqué

1. Vous décidez d'ouvrir une boutique. Décrivez-la. Qui sont vos concurrents ? Comment vous y prendriez-vous pour les tenir à l'œil ?
2. À quelle cohorte générationnelle appartenez-vous ? Qu'en est-il de vos parents ? Si vous décidiez d'acheter une nouvelle voiture, en quoi votre approche serait-elle différente de celle de vos parents ? Et si c'était une tenue que vous alliez porter à une fête ? Comment les entreprises peuvent-elles mettre à profit leur connaissance des cohortes générationnelles en vue de mieux vendre leurs produits et leurs services ?
3. Comment les entreprises peuvent-elles se servir des données démographiques comme le revenu, la taille du marché, le niveau de scolarité ou l'origine ethnique pour atteindre davantage leurs clients cibles ?
4. Nommez certains changements qui se sont opérés relativement aux rôles sexuels. Expliquez ensuite de quelle façon ces changements peuvent influer sur les pratiques commerciales : (a) des détaillants de vêtements pour hommes ; (b) des centres de rénovation ; et (c) des instituts de beauté haut de gamme.
5. Nommez quelques percées technologiques et expliquez en quoi elles ont contribué à modifier les activités quotidiennes des consommateurs.
6. Estimez-vous que les entreprises envahissent votre vie privée ou craignez-vous qu'elles en soient capables ? Justifiez votre réponse.
7. Pourquoi les entreprises canadiennes qui vendent des produits aux États-Unis se soucient-elles de la valeur du dollar américain ?
8. Les consommateurs qui manquent de temps ont trouvé diverses façons d'en gagner, notamment celles-ci : (a) simplifier volontairement leur mode de vie ; (b) se servir des nouvelles technologies pour sentir qu'ils maîtrisent davantage leur vie ; (c) utiliser leurs déplacements de façon productive ; (d) avoir recours à l'exécution simultanée de multiples tâches. Nommez et décrivez des produits et des services qui permettent aux consommateurs de mettre en œuvre ces stratégies.
9. Nommez une entreprise qui, à votre avis, arrive à bien s'adresser à divers groupes culturels. Justifiez votre réponse.

10. Vous venez d'être engagé au sein du service du marketing d'un grand magasin connu. Peu de temps après votre embauche, votre patron vous demande de superviser une étude menée sur le terrain. Une fois sur place, vous constatez que l'étude vise à observer des clients dans le cadre d'un événement réservé aux détenteurs de la carte de crédit du magasin. Tous ceux qui assistent à l'événement privé doivent glisser leur carte dans un appareil prévu à cet effet, en retour de quoi ils reçoivent un livret de bons de réduction. Les clients fantômes, qui ont été engagés par l'entreprise, reçoivent quant à eux un appareil portable qui contient les renseignements personnels et les habitudes d'achat d'un client en particulier. Ainsi, chaque client fantôme connaît le nom, l'adresse, le revenu, le nombre de membres du foyer et les habitudes de consommation du client qu'il doit suivre. Vous êtes réticent à prendre part à cette étude, d'autant plus que les clients présents ne savent pas qu'ils sont « espionnés » et que des étrangers ont accès à une telle quantité de renseignements confidentiels. Vous êtes aussi inquiet du fait que les clients fantômes ne sont pas des employés permanents ni même des employés d'une agence de recherche en commercialisation. Que devriez-vous faire ?

Cyberfuté

1. Seventh Generation est la marque de produits ménagers non toxiques et écologiques la plus populaire du Canada (elle est entre autres vendue chez Home Depot). Rendez-vous sur son site Internet (www.seventhgeneration.com) et découvrez la philosophie qui est à l'origine de l'entreprise. Ensuite, parcourez le site afin de connaître les produits qu'elle offre. Résumez certaines tendances relatives aux consommateurs et expliquez de quelle façon les produits de Seventh Generation répondent aux besoins et aux désirs de ses clients.
2. Internet est une arme à double tranchant pour les consommateurs. D'un côté, le Web leur offre un accès rapide à d'innombrables entreprises et sources d'information. De l'autre, les consommateurs doivent sacrifier une certaine partie de leur vie privée pour accéder à l'information qu'on leur propose. L'organisation Privacy Rights Clearinghouse informe les consommateurs sur leurs droits et les options d'exclusion. Rendez-vous sur son site Web (www.privacyrights.org) et consultez le guide de survie à l'intention des internautes qui veulent garder la maîtrise de leur vie privée. Dans ce document, choisissez trois stratégies que vous seriez prêt à adopter pour protéger votre vie privée, puis expliquez-les.

Étude de cas

SIMPLY AUDIOBOOKS[69] : CHANGER NOTRE FAÇON DE LIRE

Un survol

Simply Audiobooks est une entreprise de location de livres audio en ligne dont le public cible comprend les voyageurs et les navetteurs. Les clients peuvent ainsi louer des livres de fiction ou des ouvrages documentaires sur CD, qu'ils peuvent ensuite écouter pendant qu'ils sont en déplacement, que ce soit pendant les vacances ou pour se rendre au travail. Ce service permet d'économiser sur le prix du livre et d'éviter l'attente à la bibliothèque. Fondée en 2003 par Sean Neville et Sanjay Singhal, la compagnie a commencé ses activités vers le milieu de l'année. À cette époque, les deux associés faisaient parvenir les livres audio à leurs clients à partir du sous-sol de Neville. Ce dernier est président-directeur général, tandis que Singhal est président-directeur de la commercialisation. Aujourd'hui, Simply Audiobooks emploie plus de 50 personnes et génère des revenus qui dépassent les 6 millions de dollars. L'entreprise, qui figure parmi les 50 plus prospères détaillants sur Internet, a remporté le prix Entrepreneur de l'année d'Ernst & Young en 2005 et occupe la 6e place du Profit Hot 50, le classement des sociétés canadiennes qui connaissent la plus forte croissance. En outre, Simply Audiobooks est l'entreprise indépendante la plus prospère sur le marché de la location de livres audio.

Les gens derrière le concept

Sean Neville et Sanjay Singhal possèdent tous deux une maîtrise en administration des affaires de l'université Cornell, mais ils ne sont pas de la même promotion. Ils ont aussi tous deux suivi un cours d'entrepreneuriat dans lequel ils devaient élaborer un plan d'affaires pour une entreprise en démarrage. Comme ils l'ont appris dans leurs cours, il est généralement plus facile de démarrer une entreprise à partir d'un modèle déjà existant que l'on adapte à une industrie en particulier. Et c'est exactement ce qu'ils ont fait pour lancer leur entreprise. Avant Simply Audiobooks, Neville,

Simply Audiobooks est une entreprise solide dont les fondateurs ont compris les facteurs de l'environnement de leurs clients, ce qui leur assure un franc succès.

âgé de 35 ans, était vice-président aux ventes et au marketing dans une entreprise de matières plastiques située à Toronto. Il rêvait depuis longtemps de se lancer en affaires et cherchait à acheter soit une petite entreprise en difficulté, soit une petite entreprise dont les propriétaires prenaient leur retraite ou voulaient vendre, tout simplement.

Singhal, âgé de 44 ans, possède, en plus de sa maîtrise en administration des affaires, une maîtrise en génie. Il a pris part au démarrage de trois entreprises avant Simply Audiobooks, mais une seule a été couronnée de succès, celle qui se servait de la messagerie vocale. Avant Simply Audiobooks, il venait de vendre ses parts de Mpathix, une entreprise torontoise, et cherchait à saisir une autre occasion d'affaires.

Simply Audiobooks, l'idée originale de Neville, est née alors qu'il se rendait à son travail à l'usine de matières plastiques située près de l'aéroport international Lester B. Pearson de Toronto. Pendant son long trajet, il était souvent pris dans des embouteillages monstres sur l'autoroute 401 à l'heure de pointe. Il aurait bien aimé écouter le plus récent livre audio de Jim Collins intitulé *De la performance à l'excellence*, mais il n'était pas prêt à en payer le prix. La bibliothèque municipale ne possédait pas non plus ce livre sur le commerce et Neville n'avait vraiment pas le temps de faire le tour de la ville pour le dénicher. C'est donc à partir de ce problème et de sa bonne connaissance du modèle de gestion de la firme américaine Netflix, la plus importante compagnie de location de films en ligne en Amérique du Nord, que l'idée de lancer une entreprise de location de livres audio en ligne a germé, avant de devenir Simply Audiobooks. Ainsi, le concept qu'il avait appris dans son cours d'entrepreneuriat, soit prendre un modèle de gestion existant et l'adapter à son industrie, acquérait maintenant un sens nouveau et stimulant. En outre, le fait qu'il ait dû écouter des livres audio sur cassettes dans le cadre de son cours sur le commerce des valeurs mobilières au Canada lui a permis de comprendre que le mode de distribution de Netflix devait être peaufiné afin de s'adapter aux livres, lesquels varient grandement quant à leur taille. Se mettant au travail sans tarder, Neville a analysé avec soin le modèle de gestion de Netflix et l'industrie du livre audio. Il s'est rendu compte que le fait d'imiter le modèle de gestion d'une entreprise comporte certains risques, notamment celui d'être poursuivi par Netflix pour contrefaçon. Une fois ce risque écarté, Neville a démissionné pour se consacrer au lancement de Simply Audiobooks. Ne restait plus qu'à trouver des fonds de même qu'une personne ayant une bonne expérience en démarrage d'entreprise et certaines relations sur le marché des capitaux. C'est là que Sanjay Singhal entre en scène.

La possibilité que Netflix intente une action en justice contre Simply Audiobooks, comme elle l'avait fait contre Blockbuster en 2006, n'a pas dissuadé Neville et Singhal. « Nous avons poursuivi notre projet en nous disant : "Tant pis, nous verrons bien ce qui se produira et nous réagirons en conséquence", mais j'en avais appris assez pendant mon cours de droit pour savoir que la poursuite pour contrefaçon ne pouvait tenir la route », affirme Singhal. Néanmoins, les deux associés ont trouvé des renseignements fort utiles pour leur entreprise dans la dizaine de milliers d'archives portant sur des compagnies américaines comme Netflix et Audible, laquelle vend des livres audio à télécharger sur Internet. Cela leur a permis de découvrir que personne n'avait pensé au concept de location-livraison, d'où l'intérêt d'exploiter cette niche.

Au départ, ils visaient la vente aux entreprises au Canada, mais seulement quelques mois après le lancement de la société, ils se sont aperçus que leur meilleure clientèle était américaine. En effet, le marché américain compte pour 94 % des ventes de Simply Audiobooks. Les livres audio sont envoyés aux consommateurs à partir des bureaux de Buffalo et de Las Vegas. Pour ce qui est du Canada et du Royaume-Uni, ces marchés ne comptent que pour 4 % et 2 % des ventes, respectivement.

Le modèle de gestion

Chacun des membres achète un plan d'adhésion qui lui permet de louer jusqu'à quatre livres, en tout temps. Les plans d'adhésion coûtent entre 11,95 $ par mois pour un livre et 36,95 $ par mois pour quatre livres. Les documents sont livrés automatiquement selon l'ordre de disponibilité et de priorité. Ainsi, chaque fois que l'entreprise reçoit les titres retournés par un client, elle est en mesure, le jour même, de lui envoyer le prochain titre disponible qui figure sur sa liste. Pour une plus grande efficacité relativement à la gestion des stocks, les livres les plus longs sont divisés en tomes. Cette politique est conçue pour permettre à l'entreprise de faire parvenir le plus de livres possible au plus grand nombre de clients possible, à un prix toujours abordable. Les membres peuvent mettre un terme à leur plan d'adhésion en tout temps sans frais.

Lorsqu'un client commande un livre audio, l'entreprise paie les frais d'expédition et joint au document envoyé un paquet de retour affranchi, de manière que le client puisse renvoyer à l'entreprise le paquet facilement et sans frais. Par conséquent, une fois que le client a écouté le livre audio sélectionné, il n'a qu'à le remettre dans la boîte et à poster le tout.

Le client ne paie ni frais d'expédition, ni frais de manutention, ni frais de retard. En outre, il peut garder ses livres audio aussi longtemps qu'il le désire. La gestion des commandes se fait par un service de courrier recommandé et la plupart des commandes sont livrées dans les deux à cinq jours ouvrables.

Le marché

Sean Neville affirme que les livres audio conviennent parfaitement aux navetteurs. Il ajoute que, en moyenne, le trajet pour se rendre au travail ou pour retourner à la maison prend 24 minutes. À ce rythme, le navetteur moyen peut écouter un livre audio en entier (environ quatre heures) en cinq jours. Selon Sanjay Singhal, le client idéal est une personne d'âge mûr qui habite en ville ou en banlieue, dont le niveau de scolarité et le revenu sont supérieurs à la moyenne et qui adore lire pendant ses déplacements. Pour ce type de consommateurs, la location illimitée de livres audio est bien plus intéressante que l'achat ou encore l'attente à la bibliothèque pour mettre la main sur le livre désiré. Au départ, le plan était de faire de Simply Audiobooks une entreprise canadienne, mais un programme pilote mené aux États-Unis a su convaincre Neville et Singhal de procéder autrement.

Les livres audio constituent un marché où la concurrence est féroce, lequel se compose d'une dizaine d'entreprises indépendantes, en plus des éditeurs grand public comme Random House et des petites boutiques familiales qui ne font pas de commerce électronique. On compte parmi les entreprises indépendantes Recorded Books, Books Free, JiggerBug, Audio-to-Go, Books in Motion, Kitabe et Aubible (une société commerciale publique dont la taille est 10 fois supérieure à celle de Simply Audiobooks). Selon Singhal, la taille de Simply Audiobooks correspond à la somme de celle des commerces indépendants, sauf Audible. Les deux dirigeants de l'entreprise croient que leur succès est attribuable à leur agilité et au budget considérable qu'ils consacrent à la publicité. « Nous savons qu'il est primordial d'agir rapidement si nous voulons conserver notre avance sur la concurrence. Lorsqu'une série d'événements convergent et créent une occasion d'affaires, comme YouTube, tout le monde peut saisir cette occasion. Si on n'est pas le premier, ou si on n'est pas bien meilleur que les autres, on se fera piétiner. En seulement six mois, nous avions déjà des concurrents qui faisaient du copier-coller à partir de notre site Internet », affirme Singhal. Après un an d'activité, Simply Audiobooks avait une taille suffisante pour dépasser ses concurrents quant à la publicité et au marketing, ce qui a eu pour effet d'accroître encore davantage son avance sur eux.

Pour ce qui est de l'aspect électronique, le nom de domaine revêt une grande importance, car il a le pouvoir d'attirer les consommateurs vers le site Internet d'une entreprise ou vers celui du concurrent. C'est du moins ce que Simply Audiobooks a appris... à ses dépens. En effet, l'entreprise n'a pas pris la peine de réserver l'adresse simplyaudio.com, une formulation plus courte de son nom. Cette adresse a ensuite été prise par JiggerBug, l'un de ses concurrents américains qui s'est lancé en affaires l'année suivant la fondation de Simply Audiobooks. « Bon nombre de consommateurs se sont retrouvés sur le site www.jiggerbug.com alors qu'en fait c'était avec nous qu'ils voulaient faire affaire », se remémore Singhal. Heureusement, JiggerBug avait omis de réserver le nom de domaine écrit fautivement avec un seul *g* ; ils ont donc conclu un marché. Finalement, Singhal a invité le président-directeur général de JiggerBug à dîner dans une grilladerie de Las Vegas où ils ont échangé les noms de domaine.

La clé du succès

L'une des principales raisons du succès de Simply Audiobooks est probablement la tendance croissante des consommateurs à opter pour la propriété temporaire au détriment de la propriété définitive. Selon Reiner Evers, le fondateur de www.trendwatching.com, une entreprise spécialisée dans les habitudes de consommation, « il y a un intérêt croissant pour tout ce qui a trait à la propriété temporaire, car de nos jours la possession de biens n'est plus un symbole de statut social et la location est vue comme un choix judicieux. Aussi, les consommateurs désirent maintenant faire l'essai du plus grand nombre possible de choses ; c'est pourquoi le concept de Netflix les attire. » En 2005, l'Audio Publishers Association (APA) a estimé le marché des livres audio à 871 millions de dollars américains, une augmentation de 4,7 % par rapport à l'année précédente. Une autre estimation situe la valeur de ce marché à 2 milliards de dollars américains. L'APA a également découvert que près de 25 % de la population américaine écoutait des livres audio. Voici une autre raison du succès de Simply Audiobooks : vu la popularité de Netflix, les consommateurs n'étaient pas étrangers à leur concept consistant à louer des livres audio par Internet. La réussite de Netflix a également conduit un plus grand nombre de consommateurs vers le site de Simply Audiobooks. Fait intéressant, si les technologies Internet ont joué un rôle majeur dans la création et la croissance de l'entreprise, la technologie derrière les livres audio, quant à elle, n'a eu qu'une maigre influence sur la réussite de Simply Audiobooks. La majorité des livres audio est toujours disponible en formats cassette et CD et les consommateurs semblent les préférer aux versions téléchargeables. Selon Singhal, les trois autres raisons du succès de Simply Audiobooks sont les suivantes : les compétences et les personnalités complémentaires des trois premiers employés, et celles des employés engagés par la suite ; le demi-million de dollars amassé aux débuts de l'entreprise, lequel a permis de gérer celle-ci de façon adéquate et d'investir en publicité ; enfin, son modèle de gestion dont la formule de l'abonnement prépayé lui permet d'une certaine façon d'emprunter l'argent aux clients pour l'investir dans l'entreprise, de sorte qu'elle est toujours suffisamment financée.

L'avenir

Les fondateurs de l'entreprise souhaitent s'en tenir à ce qu'ils font le mieux en vue de devenir un véritable poids lourd dans l'industrie du livre audio, au lieu d'étendre ses services à la location de films ou de jeux vidéo et de perdre de vue l'objectif de départ. Le but de Simply Audiobooks est vend tout de même des livres audio sur cassette ou sur CD et offre la possibilité à ses clients de les télécharger sur leur lecteur MP3 ou sur leur téléphone cellulaire. Ce service ne correspond toutefois qu'à une infime partie des services offerts par l'entreprise. En plus de son service principal, soit la location de livres audio par Internet, Simply Audiobooks a ouvert sa première boutique traditionnelle en achetant Spoken Word, le plus important magasin qui ne vend que des livres audio. Par la suite, l'entreprise en a ouvert une deuxième à Oakville, en Ontario. En outre, Simply Audiobooks exporte désormais son concept, ayant ouvert des bureaux à Manchester, en Angleterre. Elle souhaite maintenant s'attaquer aux marchés australien, néo-zélandais et indien. Neville et Singhal croient que l'ouverture de boutiques « physiques » est une manière supplémentaire de faire connaître les livres audio aux consommateurs et de les inciter à se rendre sur leur site Internet. L'entreprise n'a pas écarté la possibilité de louer autre chose que des livres, mais ce ne sera certainement pas des films ou des jeux vidéo.

Sanjay Singhal, le président-directeur de la commercialisation de Simply Audiobooks, constate que bien des entreprises spécialisées dans la location évitent d'ouvrir des boutiques traditionnelles. À son avis, ce type de commerce offre des occasions de croissance plus qu'intéressantes. En outre, ils y ont recours non seulement pour vendre des livres audio sur cassette et sur CD, mais aussi pour offrir aux clients de les télécharger à prix réduit sur leur iPod ou sur leur lecteur MP3. Il n'est pas rare que ces clients préfèrent se rendre en magasin et payer pour télécharger des livres audio plutôt que de visiter le site Web de Simply Audiobooks et le faire eux-mêmes. Singhal voit d'un bon œil l'ouverture des boutiques Simply Audiobooks et ne craint pas pour la réussite de ce projet, car il considère que le marché du livre audio est bien différent de celui du DVD. La principale différence réside dans le fait que près de 30 % des livres audio sont vendus en format cassette. Les CD et les DVD ont donc encore au moins 10 bonnes années devant eux.

Questions

1. Expliquez brièvement comment le fait de connaître le macroenvironnement et les circonstances personnelles entourant la vie, dans ce cas-ci de Sean Neville et de Sanjay Singhal, les a incités à poursuivre et à développer l'idée qui a donné naissance à Simply Audiobooks.
2. Nommez les éléments du microenvironnement de Simply Audiobooks qui, selon vous, ont contribué à son succès.
3. Nommez et décrivez les éléments du macroenvironnement qui ont eu une influence sur la création et la croissance de Simply Audiobooks.

CHAPITRE 5

OBJECTIFS D'APPRENTISSAGE

Après avoir lu ce chapitre, vous devriez être en mesure :

OA 1 d'expliquer comment les gestionnaires marketing utilisent les systèmes d'information marketing pour offrir une meilleure valeur à leurs clients ;

OA 2 de décrire les questions éthiques soulevées par la recherche en marketing ;

OA 3 de définir les étapes de la recherche en marketing ;

OA 4 d'expliquer ce qui distingue les données primaires et les données secondaires, et de déterminer dans quel cas chaque type de données doit être utilisé ;

OA 5 de décrire les différences entre la recherche exploratoire et la recherche formelle.

SECTION 2

Comprendre le marché

La recherche en marketing et les systèmes d'information marketing

L'un des plus gros opérateurs de casinos du monde, Harrah's Entertainment, opère sous divers noms plus de 50 casinos dans 13 États américains et 5 pays. Ses installations comprennent généralement un hôtel et un centre de congrès, des restaurants et des aires de divertissement[1]. Par exemple, le Casino Windsor, propriété de Harrah's Entertainment, dispose d'un hôtel quatre diamants, d'une luxueuse salle de spectacles où se produisent des artistes exceptionnels et de plusieurs restaurants de renommée internationale.

Même si vous n'aimez pas les jeux d'argent ou les réprouvez, de nombreux consommateurs apprécient ce divertissement. En Ontario, Casino Windsor verse 20 % de ses recettes brutes provenant du jeu au gouvernement, qui investit cet argent dans des programmes de santé et d'éducation, entre autres.

Harrah's Entertainment doit son succès à sa compréhension des besoins et des désirs de sa clientèle. À cette fin, l'entreprise recueille une pléthore d'informations sur les préférences et les activités liées au jeu de ses millions de clients. Dans le souci d'offrir à ceux-ci une meilleure valeur et de les fidéliser, Harrah's Entertainment a ordonné à ses gestionnaires d'explorer cette banque d'informations au moyen d'une technique d'analyse sophistiquée appelée « forage de données ». Fait étonnant, ils ont découvert que ce n'étaient pas les flambeurs qui contribuaient le plus au bénéfice net de Harrah's, mais les personnes âgées et les travailleurs d'âge moyen — enseignants, machinistes et employés de banque. En effet, l'analyse des données a révélé que ces clients, qui représentent 26 % de la clientèle de Harrah's Entertainment, rapportaient la plus grosse part de ses revenus, soit 82 %.

De plus, l'analyse a démontré que ces clients n'étaient pas attirés par les primes typiquement associées au jeu telles que les nuitées, les repas gratuits et les divertissements autres que le jeu. Harrah's Entertainment a donc constitué un programme d'encouragement

Le forage de données a révélé que les clients les plus rentables de Harrah's Entertainment étaient des travailleurs d'âge moyen et des personnes âgées telles que Josephine Crawford, 84 ans, qui a retiré plus de 10 millions de dollars d'une machine à sous au casino Harrah's Entertainment d'Atlantic City, au New Jersey.

offrant trois niveaux de service à divers segments de sa clientèle en fonction de son calibre de jeu : Total Or, Total Platine et Total Diamant.

Casino Windsor a souscrit au programme de récompenses Total en juin 2007. Ses clients peuvent désormais accumuler des crédits de récompense applicables à des vacances, à des événements sportifs et à des produits. Mais ils peuvent aussi obtenir une chose qui leur tient à cœur, c'est-à-dire un meilleur service, grâce à une réduction des files d'attente. Alors que les opérateurs de casinos concurrents tentent d'attirer des clients en multipliant les aménagements comme les spas luxueux, les centres commerciaux chics ou les spectacles prodigieux, Harrah's Entertainment se fait de fidèles adeptes en pourvoyant aux besoins de ceux qui préfèrent faire un saut au casino après le travail pour miser dans les machines à sous.

Les clients Total Or doivent faire la file à la réception et dans les restaurants, tandis que les clients Total Platine sont dirigés vers des files plus courtes et que les clients Total Diamant évitent la plupart des files. Bien sûr, l'entreprise a largement publicisé son programme à trois niveaux, incitant ainsi ses clients à se hisser aux niveaux supérieurs. Harrah's Entertainment a fait un excellent usage de la recherche en marketing ! Grâce à l'achat récent de Cæsars Entertainment Inc., elle aura de multiples occasions d'élargir son programme de récompenses Total et sa base de données clients et, bien sûr, d'augmenter ses profits[2].

recherche en marketing (*marketing research*) Processus qui consiste à recueillir, à enregistrer, à analyser et à interpréter des données qui pourraient aider les décideurs en ce qui concerne les biens, les idées et les services de marketing.

Comme le montre l'exemple de Harrah's Entertainment, la **recherche en marketing** est un préalable important à toute prise de décision éclairée. Elle consiste en un ensemble de techniques et de principes permettant de recueillir, d'enregistrer, d'analyser et d'interpréter systématiquement des données utiles aux décideurs engagés dans la commercialisation de produits, de services ou de concepts[3]. À l'étape de l'élaboration des stratégies, la recherche en marketing peut fournir aux directeurs du marketing des informations précieuses, qui clarifieront leurs décisions relatives à la segmentation, au positionnement, au produit, à la distribution, au prix et à la publicité. La recherche en marketing est aussi cruciale pour comprendre des concepts comme les comportements d'achat des consommateurs et interentreprises (chapitres 6 et 7), le marketing international et les différences culturelles (chapitre 17), le développement de nouveaux produits, la valorisation de la marque et le service à la clientèle (chapitres 9 à 11) et pour évaluer l'efficacité des stratégies de fixation des prix, de promotion et de distribution des produits et des services (chapitres 12 à 16).

FEUILLE DE ROUTE L'utilisation des systèmes d'information marketing

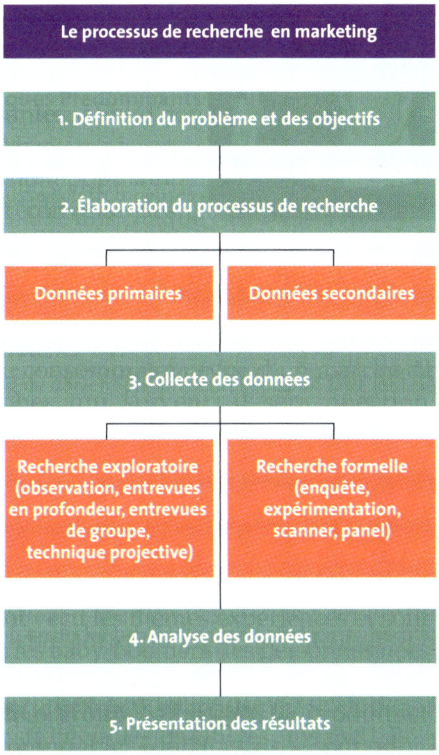

Comme l'indique la feuille de route, nous examinerons comment les systèmes d'information marketing créent de la valeur pour les entreprises et leurs clients. Nous aborderons également certaines conséquences éthiques du recours au marketing des données clients, avant d'expliquer en détail le processus de recherche en marketing et ses diverses composantes.

Les entreprises investissent des millions de dollars chaque année dans la recherche en marketing. Au Canada, cette industrie est évaluée à près d'un demi-milliard de dollars. Angus Reid, COMPAS, le Centre de recherche Decima, EKOS Research Associates, IpsosReid, Léger Marketing, Pollara et le Conseil de recherche stratégique comptent parmi les plus gros noms de l'industrie canadienne du sondage et de la recherche en marketing, évaluée à plusieurs millions de dollars. Selon le *Marketing News Report*, les 25 plus grosses sociétés de recherche en marketing du monde, dont les revenus combinés s'élevaient à 11,7 milliards de dollars américains en 2003, contrôlent environ 62 % des dépenses mondiales relatives aux services de recherche[4]. Pourquoi les gestionnaires marketing accordent-ils autant de valeur à cette recherche ? Premièrement, celle-ci contribue à réduire une partie de l'incertitude dans laquelle ils travaillent constamment. Les gestionnaires de talent reconnaissent les cas où la recherche peut les aider à prendre des décisions, puis ils font le nécessaire pour obtenir les renseignements dont ils ont besoin. Deuxièmement, la recherche en marketing établit un lien crucial entre les entreprises et leur environnement, et ce lien leur permet d'adopter une approche axée sur la clientèle en élaborant des stratégies qui s'appuient sur les suggestions et la rétroaction continue de leurs clients. Troisièmement, la surveillance constante de leurs concurrents permet aux entreprises de réagir rapidement à leurs actions concurrentielles. Quatrièmement, la recherche en marketing permet de cerner des possibilités nouvelles et des façons inédites et plus adéquates de répondre aux besoins et aux désirs des consommateurs en évaluant les modifications de l'environnement d'affaires.

Les politiciens et les organismes sans but lucratif font des recherches pour mieux comprendre leurs électeurs et leurs clients.

Si vous croyez que la recherche en marketing s'applique uniquement aux entreprises privées, réfléchissez-y bien. Les organismes sans but lucratif et les gouvernements ont eux aussi recours à la recherche pour mieux servir leurs clients et leurs électeurs. Les partis politiques découpent et segmentent l'électorat depuis des décennies afin de concevoir des messages adaptés aux divers profils démographiques.

Les politiciens cherchent désespérément à comprendre les membres de l'électorat afin de trouver des moyens de les atteindre. Ils ne veulent pas seulement connaître leurs opinions politiques ; ils veulent aussi comprendre leurs habitudes relatives aux médias — à quelles revues ils sont abonnés, par exemple — afin de pouvoir les cibler plus efficacement[5].

OA 1 Offrir une meilleure valeur grâce aux systèmes d'information marketing

système d'information marketing (SIM) (*marketing information system [MIS]*) Série de procédures et de techniques visant la collecte, l'analyse et la diffusion d'informations dans l'entreprise afin de les utiliser dans le processus décisionnel.

Dans le monde économique moderne et branché qui est le nôtre, les gestionnaires marketing ont recours à des méthodes de plus en plus raffinées de collecte et d'utilisation d'informations commerciales dans le but d'offrir une meilleure valeur à leurs clients. Un **système d'information marketing (SIM)** est un ensemble de procédés et de techniques de collecte, d'analyse et de diffusion des données susceptible de faciliter la prise de décisions commerciales. Un SIM permet de recueillir des données provenant de sources tant internes qu'externes et de les mettre systématiquement à la disposition des gestionnaires afin qu'ils puissent prendre des décisions éclairées. Par exemple, la Banque Scotia met à profit son système d'information sur les transactions bancaires de ses clients pour segmenter et cibler ses clients en leur offrant divers types de comptes (p. ex., comptes d'opérations au comptant, comptes sur marge) présentant diverses caractéristiques et catégories de frais établies en fonction du volume de transactions mensuelles. D'une autre façon, Lœws Cineplex, l'une des plus grandes chaînes de cinéma du monde, a fait appel à Siebel, l'un des premiers fournisseurs mondiaux de logiciels de commerce électronique à canaux multiples, pour concevoir un système permettant de vendre aux entreprises des billets à rabais qu'elles pourront offrir à leurs employés comme récompenses ou primes d'encouragement. Lœws Cineplex a vendu des billets à plus de 16 000 entreprises et grandement amélioré son service à la clientèle, ce qui a entraîné une hausse de 17 % de ses ventes auprès de ses meilleurs clients[6]. Ce système a également permis à l'entreprise de mieux répondre aux besoins de ses meilleurs clients commerciaux et, ainsi, d'améliorer la valeur globale de son offre.

Lœws Cineplex a utilisé un système d'information marketing pour connaître l'impact des ventes de groupe sur l'entreprise.

Malgré son coût élevé, un SIM peut s'avérer un investissement rentable s'il est employé judicieusement. De nos jours, la plupart des entreprises ne se contentent plus d'utiliser leur système d'information marketing pour produire de simples rapports de routine; beaucoup s'en servent pour générer des analyses personnalisées ou des projets de recherche en marketing individuels. Par exemple, Harrah's Entertainment pourrait vouloir comparer le nombre de clients attirés par deux promotions différentes ciblant la même région. En conduisant une recherche sur le nombre de clients à partir des codes postaux de la région ciblée, un analyste en marketing pourrait comparer l'efficacité de chaque programme de marketing ou pousser son analyse plus loin en déterminant les recettes totales générées par ces clients, ventilées entre le jeu, le logement et d'autres services comme les restaurants, les bars, les boutiques et la massothérapie. De cette façon, le SIM permettrait de déterminer les aspects les plus appréciés de l'expérience Harrah's Entertainment qui étaient visés par chaque promotion.

entrepôt de données (*data warehouse*)
Structure informatique contenant des millions et même des milliards de données.

forage de données (*data mining*)
Utilisation d'une série d'outils d'analyse statistique afin de découvrir soit de nouvelles tendances quant aux informations relatives aux clients accumulées dans les bases de données de l'entreprise, soit des liens entre ces variables.

Depuis que l'emploi du système d'information marketing s'est généralisé, les organisations de toutes natures ont accès à de grandes quantités d'informations. L'une des ressources les plus précieuses que ces entreprises ont à leur disposition est leur imposante banque de données clients et d'historiques d'achats. Toutefois, il peut être difficile de comprendre les millions et même les milliards de données individuelles qui sont sauvegardées dans de gros fichiers informatiques appelés **entrepôts de données**. C'est pourquoi les entreprises recourent au forage de données pour extraire des informations utiles de leurs bases de données.

Les gestionnaires marketing ont recours au forage de données pour étudier les comportements d'achat des consommateurs.

Le **forage de données** s'appuie sur divers outils d'analyse statistique pour mettre au jour des modèles jusque-là inconnus dans les données ou les relations entre les variables. C'est en appliquant cette technique, par exemple, que Harrah's Entertainment a découvert que ses clients les plus rentables n'étaient pas, contre toute attente, des flambeurs. Le propriétaire d'un centre de jardinage pourrait découvrir, grâce au forage de données, que 25 % des clients qui achètent un tuyau d'arrosage achètent aussi un arroseur. Le forage de données donne à American Express un aperçu inestimable des comportements d'achat des détenteurs de cartes, ce qui lui permet de raffiner ses programmes de marketing. C'est ainsi que l'entreprise fait la promotion de valises auprès des clients qui voyagent souvent. Le forage de données peut être utilisé par un vaste éventail d'organisations, publiques et privées, à but lucratif ou non.

L'utilisation éthique des données clients

OA 2

Comme nous l'avons souligné dans le chapitre 3, le maintien d'une véritable éthique commerciale exige plus qu'une allusion symbolique à l'éthique dans l'énoncé de mission. L'orientation éthique doit faire partie intégrante de la stratégie commerciale et des processus décisionnels d'une entreprise. Dans le chapitre 3, nous avons expliqué que les gestionnaires marketing ont le devoir de comprendre et d'aborder les préoccupations des parties prenantes de l'entreprise. Rappelez-vous le tableau 3.2 (*voir page 75*), qui illustre la nécessité pour les sociétés de recherche en marketing d'inclure les besoins des parties prenantes dans leur processus décisionnel.

Comme la technologie évolue rapidement, surtout en ce qui a trait à la capacité d'une entreprise à relier des ensembles de données et à construire de gigantesques bases de données sur des millions de clients, les analystes en marketing doivent veiller à ne pas abuser de la grande accessibilité de ces données parfois très délicates. Les récentes atteintes à la sécurité survenues à la Banque CIBC, à Winners et HomeSense et au Club Monaco montrent à quel point il est facile de faire un mauvais usage de ces données. En janvier 2007, la Banque CIBC a signalé qu'elle avait perdu un fichier informatique contenant des renseignements sur 470 000 comptes de clients et ex-clients de la société de fonds mutuels Talvest, une filiale de Gestion d'actifs CIBC. Le fichier avait disparu lors de son transfert entre les succursales de Montréal et de Toronto. Il contenait des renseignements confidentiels sur les clients et les ex-clients de l'institution tels que leur nom, leur adresse, leur signature, leur date de naissance, leurs numéros de comptes bancaires et leur numéro d'assurance sociale. La Banque CIBC a prévenu la police, le commissaire à la protection de la vie privée et l'organisme de réglementation des services financiers. Elle a aussi communiqué avec les clients de Talvest par courrier pour les aviser du problème et leur expliquer les mesures qu'elle avait prises pour protéger leurs renseignements personnels. Elle leur a promis de les dédommager pour toute perte financière découlant du bris de sécurité et de leur offrir un service gratuit de surveillance du crédit afin de détecter toute transaction potentiellement frauduleuse. La banque a également créé un site Web et un centre d'appels pour répondre aux demandes d'information des clients[7]. Les analystes en marketing doivent tirer une leçon de cet incident : elle concerne l'obligation absolue de respecter et de protéger la vie privée de leurs clients. Depuis les dons de charité jusqu'aux dossiers médicaux en passant par le pistage sur Internet, les consommateurs sont plus désireux que jamais de préserver leur droit fondamental à la vie privée.

De plus en plus, les consommateurs veulent avoir la certitude de contrôler les renseignements qui sont recueillis sur eux par divers moyens : site Web, enregistrement d'un produit ou formulaire de remboursement. L'anxiété de ces derniers a atteint un tel sommet que le gouvernement canadien a promulgué la Loi sur la protection des renseignements personnels, qui régit la collecte, l'utilisation, la divulgation et la conservation des renseignements personnels par des institutions fédérales, et la Loi sur la protection des renseignements personnels et les documents électroniques, qui gouverne la collecte, l'utilisation, la divulgation et la conservation des renseignements personnels par certains éléments du secteur privé[8]. Lorsqu'ils effectuent une étude de marché, les responsables de la recherche en marketing doivent garantir aux répondants que les renseignements recueillis seront considérés comme confidentiels et utilisés uniquement à des fins de recherche. Sans cette garantie, les consommateurs seraient réticents à répondre honnêtement aux questions ou même à participer à des sondages.

De nombreuses sociétés ont recours au forage de données sur les marchés d'affaires. Par exemple, IMS Canada s'en sert pour explorer les profils d'ordonnances et les habitudes des médecins, et elle vend ensuite cette information aux sociétés pharmaceutiques. En gros, IMS Canada obtient ses données auprès de plus de 4 000 pharmacies de détail canadiennes en concluant des accords avec les sièges sociaux des chaînes pharmaceutiques et auprès des fournisseurs de logiciels pharmaceutiques. Les données relatives aux ordonnances compilées par IMS comprennent le nom du fabricant, la dose et la forme du médicament, le fait qu'il s'agit d'une nouvelle ordonnance ou d'un renouvellement, la quantité prescrite, le lieu de la transaction, le nombre de renouvellements prescrits, le numéro identificateur du médecin et le nom du tiers payant s'il y a lieu. Les données identifiables portant sur les patients ne figurent pas dans cette base de données. Les sociétés pharmaceutiques se servent souvent de cette information pour promouvoir leurs médicaments auprès des médecins. Bien que de nombreux médecins et consommateurs ne soient pas au courant de cette pratique, l'Association médicale canadienne a exprimé de graves préoccupations concernant le caractère éthique de la transmission des profils d'ordonnances des médecins aux sociétés pharmaceutiques. IMS Canada prétend que ces sociétés utilisent ses données essentiellement pour élaborer et évaluer leurs stratégies commerciales[9].

Ces exemples montrent qu'il est extrêmement important que les analystes en marketing souscrivent à des pratiques éthiques. L'Association canadienne du marketing a élaboré trois lignes de conduite en matière de recherche en marketing. Premièrement, elle interdit l'utilisation de la recherche comme prétexte pour vendre un produit ou un service ou recueillir des fonds. Deuxièmement, elle préconise d'éviter les assertions inexactes ou l'omission de résultats pertinents afin de préserver l'intégrité de la recherche. Troisièmement, elle encourage le traitement équitable des clients et des fournisseurs. De nombreux codes de déontologie élaborés par diverses sociétés de recherche en marketing soulignent le devoir des responsables de la recherche en marketing de respecter les droits des répondants. En somme, la recherche en marketing devrait servir uniquement à produire des informations impartiales et factuelles.

Le processus de recherche en marketing

OA 3

Avant de mener un projet de recherche en marketing, les gestionnaires prennent en compte plusieurs facteurs. Tout d'abord, ils se demandent si la recherche sera utile : leur fournira-t-elle des informations autres que celles qu'ils détiennent déjà et réduira-t-elle l'incertitude associée au projet ? Ensuite, la haute direction adhère-t-elle pleinement au projet et est-elle prête à accepter les résultats de la recherche ? Ces deux questions ont un lien avec la valeur de la recherche. Étant donné que la recherche en marketing peut être très onéreuse, si les résultats ne sont pas utiles ou que la direction ne les accepte pas, elle entraînera un gaspillage d'argent.

Pensons à l'approche adoptée par Whirlpool pour vendre ses laveuses sur le marché européen[10]. Bien qu'une vaste étude de marché ait mis en lumière des différences régionales importantes quant aux préférences des consommateurs, les gestionnaires étaient déterminés à lancer la « World Washer » sur tous les marchés de l'Union européenne. Or, en lançant la même machine dans diverses régions, ils n'ont pas tenu compte des variations de préférences de leur marché cible. Par exemple, les Britanniques font des lessives plus fréquentes et préfèrent des machines plus silencieuses que leurs voisins du reste de l'Europe. Tandis que Whirlpool allait de l'avant avec sa stratégie « World Washer », ses concurrents européens continuaient d'innover en tenant compte des préférences régionales. Même si l'entreprise jugeait son projet de recherche valable, il ne l'était pas particulièrement, puisque la stratégie qu'elle avait décidé de déployer allait à l'encontre des résultats obtenus.

Alors que Whirlpool allait de l'avant avec sa stratégie « World Washer », ses concurrents européens continuaient d'innover en tenant compte des préférences régionales.

Comme une étude de marché est coûteuse en argent et en temps, il est important de déterminer à l'avance la nature des informations requises pour répondre à des questions précises et la façon de recueillir ces informations. Les analystes en marketing mesurent la valeur d'un projet en comparant soigneusement les avantages liés à l'obtention des réponses à certaines questions avec le coût de la recherche. Revenons à l'étude de marché menée par Whirlpool en Europe. Supposons que l'entreprise ait eu le choix entre mener des entrevues en profondeur avec plusieurs centaines de propriétaires de laveuses au coût de 200 $ par entrevue et effectuer un sondage en ligne auprès du même nombre de répondants, mais à un coût minime de 2 $ par entrevue réalisée. Quelle méthode de collecte des données Whirlpool devrait-elle utiliser ? Il est clair que les questionnaires Internet sont beaucoup moins coûteux, mais les entrevues en profondeur fournissent des informations plus complètes que celles provenant des questionnaires Internet. Comme le montre cet exemple simple, la recherche en marketing comporte forcément un certain compromis. Les analystes peuvent toujours concevoir une étude plus onéreuse et recueillir des renseignements meilleurs ou plus complets, mais en fin de compte ils devraient choisir la méthode qui leur fournira les informations requises au coût le plus bas. Le processus de recherche en marketing peut se diviser en cinq étapes (*voir la figure 5.1, p. 138*). Bien que ces étapes soient présentées comme une progression, il est évident que le processus de recherche ne se déroule pas toujours ainsi. Parfois, les analystes sautent des étapes ou reviennent en arrière selon leurs besoins. Par exemple, les gestionnaires marketing peuvent se fixer un objectif précis, puis passer immédiatement à la collecte des données et à l'analyse

FIGURE 5.1 Le processus de recherche en marketing

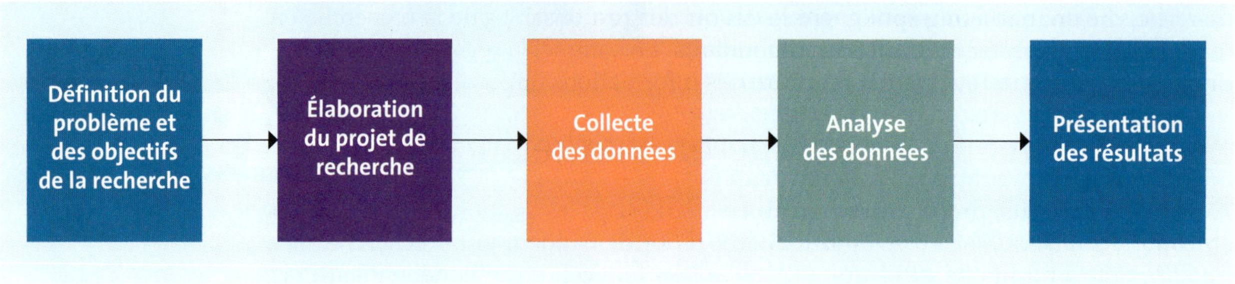

préliminaire. S'ils découvrent de nouvelles informations à l'étape de la collecte des données ou si les résultats de l'analyse mettent en lumière de nouveaux besoins en matière de recherche, ils pourront redéfinir leurs objectifs et recommencer à zéro.

Un jour, un important fabricant d'automobiles a entrepris d'explorer la réaction des consommateurs à son nouveau logo. Cela lui a permis de découvrir, au cours d'entrevues de groupe préliminaires, que certains répondants le croyaient en faillite! Évidemment, les responsables de la recherche en marketing ont dû se réunir de nouveau et repartir dans une direction différente en s'appuyant sur un tout autre objectif.

Au début du projet de recherche, une autre étape cruciale consiste à planifier l'ensemble du projet. En élaborant leur questionnaire, les gestionnaires marketing devraient réfléchir à la collecte des données et prévoir les types d'analyses susceptibles de produire des résultats significatifs pour les décideurs. Par exemple, les questions ouvertes peuvent ralentir le processus de codage et compliquer la réalisation de certaines analyses statistiques complexes. Si les décideurs veulent obtenir une analyse complexe rapidement, un questionnaire axé sur des questions ouvertes n'est peut-être pas le meilleur choix. En planifiant le processus de recherche en entier avant de démarrer le projet, les analystes en marketing s'éviteront d'avoir à modifier inutilement leur plan en cours de route. Examinons maintenant plus en détail chacune des étapes du processus de recherche en marketing.

Le principal avantage lié à l'utilisation des données primaires recueillies au cours d'entrevues de groupe est qu'elles peuvent être adaptées aux questions de recherche pertinentes. Cependant, la collecte des données primaires est généralement plus coûteuse et plus longue que la collecte des données secondaires.

Étape 1 : définir le problème et les objectifs de la recherche

Définir correctement le problème de marketing est l'un des éléments les plus importants du processus de recherche en marketing. Pourquoi? Si vous définissez le problème incorrectement, il est probable que vous aboutirez à une solution inadéquate même si le reste du processus se déroule à la perfection. De même, si vous cernez le problème correctement mais bâclez les autres étapes du processus, vous pourriez vous retrouver avec des résultats inutilisables, voire trompeurs. Une fois le problème cerné, les gestionnaires marketing doivent définir les objectifs de la recherche ou les questions pour lesquelles ils veulent obtenir des réponses. Une définition imprécise des objectifs de la recherche peut entraîner un gaspillage des efforts et des ressources[11]. Trois principaux facteurs sont responsables d'une conception médiocre de la recherche: axer la recherche sur des questions non pertinentes, se concentrer sur des questions auxquelles la recherche en marketing ne peut répondre et choisir des questions auxquelles les réponses sont déjà connues. Une recherche en marketing opportune et focalisée peut aider les sociétés à raffiner leurs stratégies et leurs campagnes de marketing. C'est pourquoi les analystes en marketing font des efforts considérables pour cerner le problème et distinguer les symptômes du problème réel.

Prenons le cas de Véronique, propriétaire d'une petite boutique de vêtements pour fillettes de 10 à 16 ans, située au centre-ville d'Ottawa. Véronique croyait que le déclin des ventes qu'elle observait dans son magasin était dû à une publicité inadéquate ou médiocre. Elle a donc multiplié les promotions afin de stimuler les ventes et de regagner les clientes qu'elle avait perdues. Malheureusement, ses efforts n'ont produit que des bienfaits temporaires puisque les ventes ont continué de décliner une fois les promotions terminées. Ayant engagé un analyste en marketing, elle a compris que le déclin de ses ventes ne représentait qu'un symptôme du vrai problème: une marchandise démodée. En effet, le groupe actuel des 10-16 ans avait des goûts très différents de ceux de ses prédécesseurs.

Étape 2 : élaborer le projet de recherche

L'objectif du projet de recherche de Rasoirs Supérieurs est d'évaluer sa position sur le marché par rapport à celle de ses concurrents.

La deuxième étape du processus de recherche en marketing est celle de l'élaboration du projet. À cette étape, les analystes déterminent le type de données dont ils ont besoin ainsi que le moyen de les obtenir. Rappelez-vous que les objectifs du projet déterminent le type de données requises, comme nous l'avons expliqué à l'étape 1. Examinons comment se déroule cette deuxième étape à l'aide d'un exemple hypothétique sur la mise en marché de rasoirs jetables.

Rasoirs Supérieurs, une entreprise nationale de produits de rasage pour hommes, entreprend d'évaluer sa position sur le marché par rapport à ses concurrents. Le but précis de son projet de recherche est double: déterminer la part de marché qu'elle détient à l'heure actuelle et évaluer l'évolution de cette position au cours des prochaines années. La définition du type de données nécessaires pour atteindre ce premier objectif, soit la part de marché de l'entreprise, est assez simple. Il suffit de relever les ventes de l'entreprise au cours d'une période donnée et de les comparer avec le total des ventes au sein de l'industrie.

Par contre, il s'avère plus compliqué trouver le type de données nécessaires pour atteindre le second objectif, qui est d'évaluer dans quelle mesure la position de l'entreprise sur le marché s'améliorera, se stabilisera ou se dégradera. Les gestionnaires marketing de l'entreprise pourraient vouloir évaluer le degré de fidélité des clients à la marque en se disant que, si ce degré est élevé, l'entreprise peut être plus optimiste face à l'avenir que si ce degré est faible. La part de marché détenue par Rasoirs Supérieurs par rapport à celle de ses concurrents au fil du temps peut aussi l'éclairer sur la position future de l'entreprise sur le marché.

De plus, la société voudra savoir quelles entreprises sont en train d'accroître leur part de marché et quelles entreprises perdent du terrain.

C'est pourquoi, ayant énoncé avec précision ses objectifs et ses besoins, Rasoirs Supérieurs doit se demander si elle a besoin de données secondaires ou de données primaires pour prendre sa décision.

Les données secondaires Les **données secondaires** sont des renseignements qui ont déjà été recueillis auprès d'autres sources et sont déjà accessibles. Les données de recensement, les factures de vente et les informations provenant d'associations commerciales, d'Internet, de livres et d'articles de journaux sont des sources accessibles et ordinairement peu coûteuses de données secondaires. Le tableau 5.1 (*voir p. 140*) présente à titre indicatif une liste de sources de données secondaires utiles à la recherche en marketing.

données secondaires (*secondary data*) Données qui ont été préalablement recueillies et qui sont facilement accessibles.

OA 4

TABLEAU 5.1 Exemples de sources de données secondaires

GUIDES, INDEX ET ANNUAIRES
- Business Periodical Index
- Canadian Almanac and Directory
- Canadian Business Directory
- Canadian News Index
- Canadian Trade Index
- Fraser's Canadian Trade Directory
- Index des périodiques canadiens
- Predicasts F&S Index
- Répertoire des associations du Canada
- Scott's Canadian Associations Directories
- Standard Periodical Directory

PUBLICATIONS DE STATISTIQUE CANADA ET D'AUTRES ORGANISMES GOUVERNEMENTAUX
- *Annuaire du Canada*
- Catalogue de Statistique Canada
- *Commerce de détail annuel*
- *Dépenses alimentaires des familles du Canada*
- *L'observateur économique canadien*
- Ministère de la Diversification de l'économie de l'Ouest
- Ministère des affaires étrangères et du commerce extérieur
- Ministère du Développement économique, du Commerce et du Tourisme
- *Recueil statistique des études de marché*
- STAT-USA
- US Census

PÉRIODIQUES ET JOURNAUX
- *Advertising Age*
- *Adweek*
- *American Demographics*
- *Business Horizons*
- *Canadian Business*
- *Canadian Consumer Information Gateway*
- *Financial Post*
- *Financial Post Magazine*
- *Forbes*
- *Fortune*
- *Harvard Business Review*
- *Journal of Advertising*
- *Journal of Marketing Management*
- *Journal of Personal Selling and Sales Management*
- *LexisNexis Canada*
- *Marketing and Media Decisions*
- *Marketing Magazine*
- *Marketing News*
- *Progressive Grocer*
- *Sales and Marketing Management*
- *The Globe and Mail*
- *The Wall Street Journal*

SOURCES COMMERCIALES
- Aberdeen Group
- ACNielsen
- Conference Board du Canada
- D&B (Dun & Bradstreet) Canada
- Financial Post Publishing
- FindSVP
- Forrester Research
- Gale Research
- IAB (Interactive Advertising Bureau)
- Jupiter Research
- MacLean-Hunter Research Bureau
- MapInfo Canada
- Predicasts International

BASES DE DONNÉES
- CANSIM (Statistique Canada)
- CompuServe
- Dialog
- Dow Jones
- Dow Jones Factiva
- Infoglobe
- INFOMART
- Information Resources Inc.
- System for Electronic Document Analysis and Retrieval (SEDAR)
- The Source

Source : adapté de Crane *et al.*, *Marketing*, 6e éd., Whitby, Ont., McGraw-Hill Ryerson, 2007.

données souscrites (*syndicated data*) Données accessibles moyennant des frais et vendues par des entreprises telles Information Resources Inc., National Purchase Diary Panel et ACNielsen.

De plus, les gestionnaires marketing peuvent acheter des **données souscrites** auprès de sociétés de recherche en marketing telles qu'Information Resources Inc. (IRI), National Purchase Diary Panel, ACNielsen et Léger Marketing. Le tableau 5.2 (*voir p. 141*) présente des renseignements sur diverses sociétés qui vendent ce type de données. Dans notre exemple sur les rasoirs, ce type d'information pourrait englober les prix de divers rasoirs, les chiffres des ventes, la croissance ou le déclin des ventes dans chaque catégorie et les dépenses relatives à la publicité. Comme les sociétés qui vendent des marchandises emballées à des grossistes n'ont pas toujours les moyens de réunir des données pertinentes en s'adressant directement aux détaillants, les données souscrites sont une ressource précieuse pour eux.

Certains fournisseurs de données souscrites offrent aussi des informations sur les variations de préférences à l'égard d'une marque et sur l'utilisation d'un produit dans les foyers, qu'ils obtiennent auprès de panels. La rubrique Valeur ajoutée 5.1 (*voir p. 142*) décrit les renseignements pratiques que Léger Marketing offre à ses clients canadiens et américains.

TABLEAU 5.2 Les fournisseurs de données souscrites au Canada et aux États-Unis et leurs services

Ipsos Canada, Centre de recherche Decima, Léger Marketing, Angus Reid, SES Research, EKOS Research Associates, The Strategic, Counsel, Pollara et COMPAS	Ils offrent des services d'enquête par sondage et de recherche en marketing sur tous les aspects du marketing — fidélité, valorisation de la marque, analyse des médias, fixation des prix, positionnement, amélioration de l'image, satisfaction de la clientèle, groupes échantillons, conseils de clientèle en ligne, sondages, etc. — dans de nombreuses industries.
Sondages BBM (www.bbm.ca)	Ils fournissent des données relatives à la mesure de l'audience et aux comportements des consommateurs ainsi que des renseignements aux diffuseurs, aux publicitaires et aux organismes sur les comportements de l'audience pendant et après les émissions.
PMB Print Measurement Bureau (www.pmb.ca)	Il offre des données provenant d'une seule source sur les lecteurs d'imprimés, l'exposition aux médias non imprimés, l'utilisation des produits et les habitudes de vie des Canadiens. Chaque année, le Bureau se sert d'un échantillon de 24 000 répondants pour évaluer le lectorat de plus de 115 publications et l'utilisation de plus de 2 500 produits et marques.
ACNielsen (www.nielsen.com)	À travers ses services d'étude quantitative des marchés (Market Measurement Services), l'entreprise suit les ventes de marchandises emballées offertes aux points de vente, dans des commerces de détail de types et de tailles variés.
J.D. Power and Associates (www.jdpower.com)	Célèbre pour ses évaluations des automobiles, la société effectue des recherches commerciales sur la qualité et la satisfaction de la clientèle pour diverses industries.
Mediamark Research Inc. (www.mediamark.com)	Cette firme effectue des recherches sur l'audience de divers médias et sur la planification marketing relative à des marques annoncées.
National Purchase Diary Panel (www.npd.com)	Ce service de pistage offre à diverses industries des informations sur les mouvements des produits et les comportements des consommateurs.
NOP World (www.nopworld.com)	L'étude de recherche *mKidsUS* suit les propriétaires de téléphones cellulaires et l'utilisation qu'ils en font, scrute leur affinité avec les marques et les habitudes de loisirs des jeunes Américains de 12 à 19 ans.
Research and Markets (www.researchandmarkets.com)	Cette société s'annonce comme un « guichet unique » pour la recherche en marketing et les données provenant de la plupart des plus gros éditeurs, consultants et analystes.
The Roper Centre for Public Opinion Research (www.ropercenter.uconn.edu)	L'Enquête sociale générale est l'une des plus longues enquêtes en cours sur les indicateurs sociaux, culturels et politiques.
Simmons Market Research Bureau (www.smrb.com)	Il rend compte des produits achetés par les consommateurs américains, de leurs marques préférées et de leurs habitudes de vie, attitudes et préférences en matière de médias.
Yankelovich (www.yankelovich.com)	Son *MONITOR* suit les attitudes, les valeurs et les habitudes de vie qui façonnent le marché américain.

Un projet de recherche en marketing commence souvent par une consultation des sources de données secondaires pertinentes, comme les propres dossiers de l'entreprise, les études antérieures réalisées par celle-ci, les journaux, les magazines et d'autres sources comme celles qui sont énumérées dans les tableaux 5.1 (*voir p. 140*) et 5.2. En général, les données secondaires sont accessibles facilement et à un faible coût. Par exemple, Statistique Canada fournit gratuitement ou pour un coût minime les chiffres des ventes de divers types de commerces de détail. Ces données sont parfois les seules sources fiables et accessibles pour une petite entreprise qui cherche à évaluer la taille de son marché potentiel. Pour cette dernière, il serait assez ardu de réunir par elle-même des données complètes et précises. Les analystes en marketing doivent s'assurer que les données secondaires, surtout celles qui proviennent de sources externes, sont récentes et pertinentes, et qu'elles peuvent clarifier le problème ou les objectifs de la recherche.

Valeur ajoutée 5.1 Léger Marketing accélère la prise de décision stratégique[12]

Vous êtes-vous déjà demandé comment les entreprises font pour connaître l'opinion des consommateurs sur une émission de télévision, un nouveau produit ou l'industrie des télécommunications sans fil ? Il y a de bonnes chances que l'information provienne de sondages menés par Léger Marketing. L'une des plus importantes sociétés canadiennes de sondage et de recherche en marketing indépendante opérant au Canada et aux États-Unis offre à ses clients la compétence d'une équipe de 115 experts dans les secteurs pharmaceutique, financier, des télécommunications, des communications et des médias, du commerce de détail, du commerce électronique et des affaires publiques. Cette société dispose également d'une capacité opérationnelle impressionnante avec 4 centres d'appels et 200 stations ITAO (interview téléphonique assistée par ordinateur) à Montréal, à Winnipeg, à Edmonton et à Calgary, qui réalisent des enquêtes téléphoniques partout au Canada et aux États-Unis dans des délais très courts. De plus, elle met à la disposition de ses clients 7 salles pour les entrevues de groupe et un auditorium de 40 places spécialement conçu pour les tests publicitaires.

Léger Marketing offre à ses clients des conseils stratégiques dans des domaines très variés, incluant l'analyse des médias et l'analyse publicitaire, la planification marketing, la recherche en marketing, le lancement de produit, l'analyse par segmentation, le positionnement, la satisfaction de la clientèle et les stratégies de fidélisation, de fixation des prix et d'emballage, le client mystère et l'évaluation de l'image. L'entreprise offre aussi l'audit de site Web, que les gestionnaires marketing peuvent utiliser pour évaluer et améliorer la performance de leurs sites Internet. Elle propose ces services au moyen de divers outils comme BUILD UP, pour simuler le lancement d'un nouveau produit ou service, EFFICOM et EFFIPUB, pour mesurer l'efficacité publicitaire et l'impact d'une campagne publicitaire, POSITION OPTIMIZER, pour évaluer le positionnement d'une marque, WEB PERFORM, pour évaluer la performance d'un site Web ainsi que le service « 48 heures » pour les entreprises qui ont besoin d'une information fiable rapidement.

Enfin, Léger Marketing dispose d'un conseil de clientèle virtuel de 350 000 consommateurs représentant divers segments de la population canadienne. Ce panel impressionnant permet à l'entreprise de réaliser des sondages auprès du grand public et de segments de consommateurs particuliers. On s'étonne à peine, dans ce cas, que Léger Marketing offre un service « 48 heures » aux entreprises et aux décideurs qui ont besoin d'obtenir sans délai une information fiable sur leurs campagnes publicitaires, leurs produits et leurs marques provenant d'un large échantillon représentatif.

Léger Marketing fournit en 48 heures aux gestionnaires marketing les données qu'ils demandent.

À d'autres moments, toutefois, les données secondaires ne répondent pas aux besoins des analystes en marketing. Comme, à l'origine, les données ont été recueillies à d'autres fins que la recherche en cours, elles ne sont pas toujours tout à fait pertinentes. Par exemple, le recensement de Statistique Canada est une fabuleuse source de données démographiques sur une zone de marché particulière, accessible à faible coût. Cependant, comme le questionnaire détaillé du recensement est soumis à la population seulement une fois tous les dix ans, les données peuvent être périmées[13]. Supposons qu'en 2011 une société veuille ouvrir un commerce de revêtement du sol ; elle devra se fier aux données du recensement recueillies en 2006, soit cinq ans plus tôt. Si elle veut s'établir dans une région où l'on prévoit une augmentation rapide des mises en chantier au cours des années suivantes, ces données seront trop anciennes pour lui être utiles. Les analystes en marketing doivent aussi examiner attentivement la façon dont les données secondaires ont été recueillies ; en effet, malgré la pléthore de données disponibles sur Internet, leur grande accessibilité ne garantit pas leur validité.

La rubrique Cybermarketing 5.1 porte sur l'identification par radiofréquence (RFID) comme moyen de recueillir des renseignements additionnels.

Cybermarketing 5.1 RFID : mes sous-vêtements signalent-ils mes allées et venues[14] ?

Que diriez-vous si vous vous rendiez compte, un jour, que vos sous-vêtements permettent de vous suivre à la trace ? C'est de la science-fiction ? Pas tout à fait. L'identification par radiofréquence (RFID) fonctionne grâce à une puce. Dans certains cas, cette puce est si petite qu'elle peut être insérée dans une étiquette de papier fixée sur un produit. Contrairement au lecteur de code à barres, qui recueille des données en balayant l'image visuelle d'un code à barres, le lecteur RFID capte un signal provenant d'une étiquette RFID plus petite que la tête d'une fourmi. Cette étiquette se compose d'une puce en silicone, d'une antenne pour la transmission des données et d'une pochette qui forme l'enveloppe extérieure de l'étiquette. L'étiquette RFID peut être lue automatiquement d'une distance de plusieurs mètres et n'a pas besoin d'être alignée sur le lecteur. Elle peut être intégrée à un produit, à un animal ou à une personne aux fins d'identification à l'aide d'ondes radio. À l'heure actuelle, le principal facteur qui motive l'utilisation de l'étiquette RFID est l'amélioration de la gestion de la chaîne logistique dans les grandes entreprises. Cette technologie accroît la vitesse et la précision avec lesquelles on peut suivre et gérer l'inventaire, ce qui permet à l'entreprise de faire des économies. Walmart, le plus important détaillant du monde, est l'un des principaux promoteurs de cette technologie. En novembre 2003, cette société a informé ses 100 principaux fournisseurs qu'ils devraient utiliser la technologie RFID pour continuer de faire affaire avec elle.

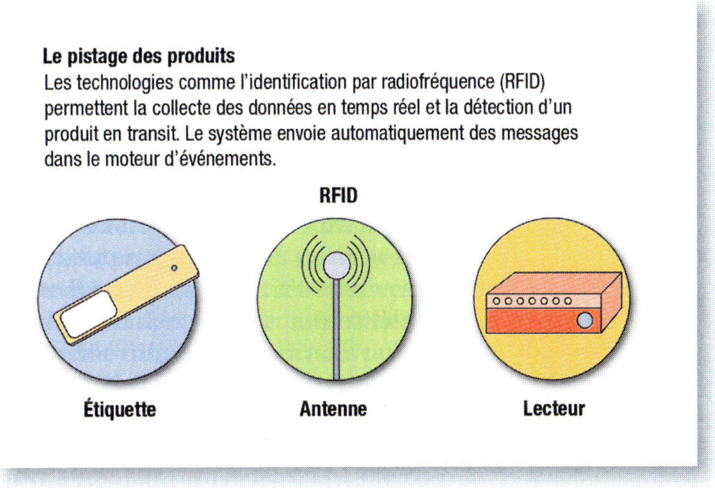

Les étiquettes RFID peuvent être lues à une distance de plusieurs mètres même si elles ne sont pas dans la ligne de visée du lecteur.

Outre la gestion de la chaîne logistique et de l'inventaire, la technologie RFID peut être utilisée dans de nombreux contextes — passeports, paiements de transit, suivi d'un produit, automobiles, identification des animaux, implants humains, bibliothèques, cartes d'identité des étudiants, permis de conduire —, et même au cours d'événements sportifs — chronométrage des courses à pied, des marathons, des triathlons et des courses de vélo, de vélo de montagne, de patins à roues alignées et de ski de fond. Par exemple, la technologie RFID est déjà utilisée pour les paiements de transit à Montréal et la traçabilité par l'Agence canadienne d'identification du bétail ainsi que par Toyota, qui a doté sa Camry 2007 d'un système de démarrage sans clé : la voiture démarre automatiquement alors que la clé est encore dans le sac ou la poche du conducteur dès qu'il se trouve à moins d'un mètre de la voiture.

Malgré les avantages considérables de la technologie RFID en ce qui a trait à au suivi de la chaîne logistique, et même si elle peut réduire les coûts et augmenter la rentabilité des entreprises, elle suscite une vive controverse et incite même les défenseurs de la vie privée des consommateurs, dont certains décrivent les étiquettes

RFID comme des « puces espionnes », à boycotter certains produits. Quatre aspects de cette technologie les préoccupent particulièrement. Premièrement, l'acheteur ne sera pas nécessairement conscient de la présence de l'étiquette ou capable de la retirer. Par la suite, l'étiquette pourra être utilisée pour les retours, les rappels ou le recyclage, de sorte que l'on pourra suivre l'acheteur tant que l'étiquette demeurera sur l'objet. Deuxièmement, l'étiquette peut être lue à distance à l'insu de la personne. Troisièmement, si un article portant une étiquette RFID est payé par carte de crédit ou conjointement avec une carte de fidélité, l'entreprise peut établir un lien entre l'identité unique de l'article et celle de l'acheteur. Quatrièmement, le système d'étiquettes à code de produit électronique crée des numéros de série uniques pour tous les produits. En gros, on peut suivre notre trace partout dans le monde à notre insu, sans notre consentement et sans savoir qui nous suit, qui a accès à l'information, avec qui cette information est échangée et quel usage en est fait.

Les deux expériences récentes que nous décrirons maintenant mettent en lumière un usage sinistre de la technologie RFID. Dans le premier cas, Gillette a eu recours à cette technologie dans le cadre d'un programme pilote visant à tester une « tablette intelligente » dans un magasin Tesco, à Cambridge, en Angleterre. On photographiait automatiquement les consommateurs qui prenaient sur une tablette un rasoir portant une étiquette RFID, et ce, afin de voir si la technologie pouvait servir à prévenir le vol à l'étalage. Lorsque les consommateurs ont eu vent de cette expérience, ils ont boycotté Gillette et Tesco. Dans le second cas, mis au jour par le *Chicago Sun-Times*, on a équipé des tablettes d'un Walmart situé à Broken Arrow, en Oklahoma, de lecteurs RFID permettant de suivre le mouvement des rouges à lèvres Max Factor Lipfinity. À Cincinnati, en Ohio, à 1 200 kilomètres de là, des chercheurs de Procter & Gamble pouvaient voir les acheteuses prendre un rouge à lèvres sur la tablette et les observer en temps réel grâce aux images filmées au moyen d'une cybercaméra. Certains professionnels de l'industrie croient que la technologie RFID pourrait révolutionner la recherche en marketing. Pouvez-vous décrire quelques scénarios possibles ?

données primaires (*primary data*) Données recueillies expressément dans le but de répondre à une question de recherche et de satisfaire les besoins en information soulevés par cette question.

Les données primaires Dans bien des cas, l'information dont les analystes en marketing ont besoin n'est disponible qu'à travers la recherche de **données primaires**, soit des données recueillies pour répondre à des objectifs de recherche précis. Les gestionnaires marketing recueillent ces données à l'aide de diverses techniques, comme l'observation des comportements d'achat, les entrevues de groupe ou individuelles et les enquêtes postales, téléphoniques ou en ligne. La collecte des données primaires peut contribuer à éliminer certains problèmes inhérents aux données secondaires.

Un grand avantage de la collecte des données primaires tient au fait qu'elle peut être adaptée aux questions de recherche. Cependant, elle présente aussi des inconvénients. Tout d'abord, elle est généralement plus coûteuse et plus longue que la collecte des données secondaires. En outre, les gestionnaires marketing doivent souvent être très bien formés et qualifiés pour planifier la recherche et recueillir des données primaires objectives, valides et fiables. (*Pour un résumé des avantages et des inconvénients de chaque type de recherche, voir le tableau 5.3, p. 145*) Par exemple, les données seront biaisées si l'échantillon ne représente pas la population entière, si les questions reflètent le biais de l'analyste en marketing, si ce dernier essaie d'influencer les répondants, si les répondants sont mal choisis ou répondent en fonction de ce qu'ils croient que le responsable veut entendre. Examinons maintenant ce qu'on entend par « fiabilité » et « validité » des données.

La collecte des données primaires oblige l'analyste en marketing à prendre plusieurs décisions importantes concernant les méthodes qu'il emploiera (*voir la figure 5.2, p. 145, qui présente une liste des diverses méthodes*), les meilleurs plans d'échantillonnage compte tenu de l'objectif de la recherche, les types d'outils de recherche (questionnaire, observation, etc.), la conception de l'outil de recherche (décrite ci-dessous) et la meilleure façon de communiquer avec les répondants potentiels (téléphone, courriel, entrevue ou courrier). Négliger l'un ou l'autre de ces aspects cruciaux de la collecte des données primaires pourrait diminuer grandement la fiabilité et la validité de la recherche.

fiabilité (*reliability*) Obtention des mêmes résultats lorsqu'une étude est répétée dans les mêmes conditions que l'étude initiale.

En termes simples, la **fiabilité** désigne le fait d'obtenir les mêmes résultats lorsqu'une étude est répétée dans les mêmes conditions que l'étude initiale[15]. Supposons qu'un samedi du mois d'août vous arrêtiez des personnes au hasard dans un centre commercial et leur demandiez de remplir un court questionnaire sur les raisons pour lesquelles elles ont choisi de magasiner dans ce centre commercial en particulier.

TABLEAU 5.3 Avantages et inconvénients de la collecte des données secondaires et primaires

Type	Exemples	Avantages	Inconvénients
Collecte des données secondaires 	• Données de recensement • Factures de vente • Données Internet • Livres • Articles de revues • Données souscrites	• Elle permet de gagner du temps parce que les données secondaires sont disponibles. • Elle réduit le coût de la collecte des données.	• Elle ne répond pas toujours aux besoins des analystes en marketing. • L'information est parfois désuète. • Les sources ne sont pas toujours originales; les données recueillies ne sont pas toujours utiles. • Les méthodes de collecte des données sont parfois inadéquates; les questions peuvent être biaisées.
Collecte des données primaires 	• Observation du comportement des consommateurs • Entrevues de groupe • Enquêtes	• Elle répond aux besoins immédiats des analystes en marketing; elle est propre au sujet de recherche. • Contrairement à la collecte des données secondaires, elle donne un aperçu des comportements des consommateurs.	• Elle est habituellement plus coûteuse. • Elle requiert souvent plus de temps. • L'élaboration d'un plan et la collecte de données objectives, valides et fiables exigent souvent des analystes hautement qualifiés et expérimentés.

Votre analyse des données révèle que ce sont surtout les bonnes affaires potentielles qui attirent les clients dans ce centre commercial. Si vous refaites cette étude dans le même centre commercial avec le même questionnaire un autre samedi et que vous demandiez au hasard à des consommateurs de remplir le questionnaire, vous devriez obtenir le même résultat: la possibilité d'y faire de bonnes affaires. Si vous obtenez un résultat différent, vous devrez remettre en question la fiabilité de votre étude.

FIGURE 5.2 La recherche exploratoire et la recherche formelle

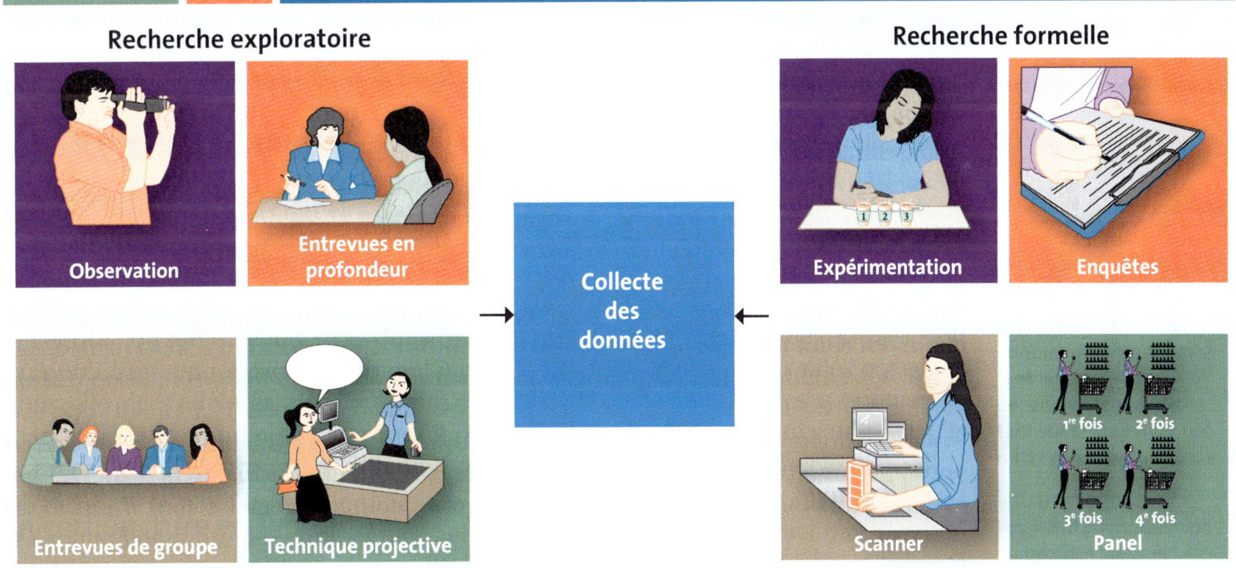

La **validité** est la capacité d'une étude à mesurer ce qu'elle est censée mesurer[16]. Par exemple, si vous vous pesez deux fois de suite sur un pèse-personne et que vous lisez le même poids, vous direz qu'un pèse-personne est fiable parce qu'il reproduit la même mesure. En fait, vous devrez demander à quelqu'un d'autre de se peser pour vérifier qu'un pèse-personne peut afficher une autre valeur. Un pèse-personne qui affiche la même valeur pour les mêmes objets et des valeurs différentes pour des objets de poids différents sera fiable, qu'il affiche en livres, en kilogrammes ou dans n'importe quelle échelle de mesure — on n'aura qu'à faire la conversion au besoin. On pourrait croire que

validité (*validity*) Qualité d'une étude qui mesure ce qu'elle est censée mesurer.

le poids d'un individu est une mesure valide de son état de santé. Mais en fait on devrait probablement s'intéresser davantage aux changements de poids (gains ou pertes). Par contre, le poids d'un individu n'est pas un prédicteur valide de succès scolaire.

Dans un contexte d'affaires, on dira habituellement qu'un échantillonnage aléatoire et un questionnaire bien construit permettent de prendre des mesures fiables de l'opinion du marché, comme la proportion de consommateurs qui connaissent le nom d'une marque. L'expérience et les théories ont montré par ailleurs que si les répondants sont représentatifs de la population, on obtiendra des indicateurs valides qui permettront de générer des prévisions de parts de marché.

échantillonnage (*sampling*) Processus de sélection d'un échantillon de la population.

échantillon (*sample*) Segment ou sous-ensemble de la population qui représente parfaitement la population à l'étude.

Le plan d'**échantillonnage** est un aspect très important de la recherche en marketing, qui peut avoir un effet sur la fiabilité et la validité d'une étude. Comme il est souvent trop difficile, peu pratique ou coûteux d'étudier un groupe entier de consommateurs, les gestionnaires marketing sélectionnent généralement un **échantillon**, soit un segment ou un sous-ensemble de la population qui représente adéquatement la population entière visée par l'étude. Supposons que vous vouliez étudier la fidélité des adolescents canadiens envers une marque de vêtement. Votre population sera composée de tous les adolescents canadiens, et le sous-ensemble de garçons sélectionnés pour votre étude composera votre échantillon. La manière de sélectionner l'échantillon est aussi très importante. Le responsable de la recherche doit se poser trois questions cruciales. Qui est visé par le sondage ? Quelle taille doit avoir l'échantillon? Quelle procédure d'échantillonnage faut-il utiliser: l'échantillonnage aléatoire simple, l'échantillonnage de commodité, l'échantillonnage stratifié, l'échantillonnage en grappes, etc. ? Chaque procédure comporte des avantages et des inconvénients, et la sélection de l'une ou l'autre dépendra des objectifs de la recherche. Bien qu'il existe une formule statistique pour calculer la taille de l'échantillon requis, en principe celui-ci doit être suffisamment grand pour garantir la fiabilité de l'étude. Jusqu'à un certain point, plus un échantillon est grand, plus les résultats sont fiables.

Étape 3 : recueillir des données

La collecte des données commence seulement après l'élaboration du plan de recherche. Selon la nature du problème à résoudre, la collecte peut se faire au moyen de la recherche exploratoire ou de la recherche formelle.

recherche exploratoire (*exploratory research*) Recherche menée en vue de tenter de comprendre un phénomène. Ce type de recherche permet également d'amasser des renseignements lorsque le problème n'est pas bien défini.

recherche formelle (*conclusive research*) Recherche permettant de valider l'idée de départ. On s'appuie sur ce type de recherche pour poursuivre le plan d'action.

hypothèse (*hypothesis*) Affirmation ou proposition provisoire concernant la relation entre plusieurs variables. L'hypothèse fait l'objet de recherches.

Comme son nom l'indique, la **recherche exploratoire** vise à mieux comprendre le phénomène de l'intérêt; elle fournit aussi des renseignements initiaux quand le problème n'est pas clairement défini. Elle peut englober des méthodes informelles, comme la révision des données secondaires disponibles, ou des méthodes plus formelles relevant de la recherche qualitative, comme les techniques d'observation, les entrevues en profondeur, les entrevues de groupe et la technique projective (*voir la figure 5.2, p. 145*).

Si l'entreprise est prête à aller au-delà de ses hypothèses préliminaires, elle amorcera sans doute une **recherche formelle**, qui lui fournira l'information nécessaire pour confirmer ces hypothèses et permettra aux gestionnaires de mener les plans d'action appropriés. Comme la recherche formelle est souvent de nature quantitative, elle offre aux analystes en marketing un moyen de confirmer leurs intuitions grâce à des sondages et à des études formelles s'appuyant sur l'expérimentation et la recherche par panel ou par scanner, ou une combinaison de ces méthodes (*figure 5.2, côté droit*).

Dans un cadre plus structuré, la recherche formelle permet à l'analyste en marketing de vérifier ses prédictions ou **hypothèses** (des énoncés ou des propositions qui prédisent la relation entre plusieurs variables) au moyen d'expériences ou d'enquêtes. Voici un exemple d'hypothèse : un client satisfait est un client fidèle, où la satisfaction du client est corrélée positivement avec sa fidélité.

De nombreux projets de recherche s'appuient d'abord sur la recherche exploratoire, avant de passer à la recherche formelle. Essayons de comprendre cette progression en examinant ces deux types de recherches plus en détail.

Les méthodes de recherche exploratoire

OA 5

En règle générale, les gestionnaires ont recours à plusieurs méthodes de recherche exploratoire : l'observation, les entrevues en profondeur, les entrevues de groupe et la technique projective (*figure 5.2, p. 145, côté gauche*).

L'observation L'**observation** est une méthode de recherche exploratoire qui consiste à évaluer des comportements d'achat et de consommation en personne ou à travers des technologies comme la surveillance par caméra ou d'autres dispositifs de repérage. Par exemple, les analystes en marketing peuvent observer les clients pendant qu'ils magasinent ou vaquent à leurs occupations quotidiennes, moments où ils utilisent une variété de produits. L'observation peut être très brève (p. ex., observer pendant deux heures des adolescents qui achètent des vêtements dans un centre commercial) ou durer des jours ou des semaines (p. ex., des analystes en marketing vivent avec des familles et observent les produits qu'ils emploient). L'observation est particulièrement utile lorsque les consommateurs sont incapables de décrire leurs expériences. À quelle autre méthode les analystes pourraient-il recourir pour déterminer avec quels jouets éducatifs des bébés jouent ou pour confirmer des détails relatifs à des achats que les consommateurs ont en grande partie oubliés ?

observation (*observation*) Mode de recherche, souvent exploratoire, qui comprend une évaluation des comportements d'achat et de consommation. Historiquement employée directement par un observateur, cette méthode s'est appuyée sur l'utilisation de la caméra. Aujourd'hui, la principale source de données de ce type provient d'Internet.

Cette famille est observée par une équipe de recherche pendant qu'elle fait la cuisine.

Comme il est mentionné dans la rubrique Question d'éthique 5.1 (*voir p. 148*), les analystes en marketing peuvent même recourir à des techniques d'observation pour comprendre ce qui distingue les clients qui fréquentent des commerces de détail.

L'**étude ethnographique** est une technique qui consiste à observer des personnes pendant qu'elles vaquent à leurs occupations quotidiennes à la maison, au travail et au sein de la collectivité. Les analystes en marketing y ont souvent recours lorsqu'ils croient que les répondants potentiels seront incapables de décrire d'une manière utile leur usage d'un produit ou d'un service. De plus en plus employé par les entreprises (p. ex., Unilever, Procter & Gamble, Miller Lite), ce mode de recherche fournit des indices et des détails intimes que les répondants pourraient ne pas vouloir révéler. Les études ethnographiques doivent être réalisées par des analystes marketing hautement qualifiés et expérimentés, qui se servent de caméras vidéo, de dispositifs audio et de carnets pour enregistrer leurs observations en détail. Ceux-ci doivent par la suite dépouiller des heures de bandes vidéo et audio ou la quantité colossale de notes prises.

étude ethnographique (*ethnography*) Observation et analyse de groupes humains dans leur vie quotidienne (à la maison, au travail, en communauté).

Procter & Gamble envoie des équipes de prise de vues dans des foyers du monde entier pour mieux comprendre les habitudes de vie des consommateurs[17]. Cet exercice fournit à l'entreprise de précieux indices sur leurs comportements, que des méthodes traditionnelles comme les entrevues individuelles ou de groupe ne pourraient pas capter. Par exemple, comme la mémoire est sélective, des sujets peuvent déclarer qu'ils se brossent les dents trois fois par jour durant deux minutes. Or, si les équipes de prise de vues filment une réalité différente, cela sera susceptible de déboucher sur le développement de nouveaux produits. En observant des gens qui triaient des vêtements afin de faire une lessive, les analystes en marketing ont noté que des tas de vêtements n'étaient pas lavés à la machine. Ce constat a entraîné la création de Dryel, une trousse de nettoyage à sec pour la maison[18].

Question d'éthique 5.1 Des relations intimes avec les acheteurs[19]

D'après vous, est-il acceptable sur le plan éthique de filmer les déplacements et les activités des clients pendant qu'ils font leurs courses ? Votre opinion changerait-elle si les clients étaient avisés qu'on les observe ?

Le succès du marketing commence par la connaissance des clients : plus une entreprise connaît intimement ses clients, plus elle aura de chances de bien les servir. La clé pour connaître ses clients consiste à se mettre à leur place. Il s'agit d'un exploit extrêmement difficile, voire impossible, mais c'est le défi auquel les gestionnaires marketing font face, surtout dans un monde où la concurrence est féroce et mondiale. Les professionnels de la recherche en marketing savent aussi qu'il y a souvent une énorme différence entre ce que les consommateurs répondent dans les sondages et les entrevues de groupe et leurs véritables comportements d'achat.

C'est pourquoi de nombreuses entreprises conduisent des recherches dans les magasins. Celles-ci s'appuient sur des entrevues impromptues avec des acheteurs dans les centres commerciaux, des essais en magasin, la distribution d'échantillons gratuits, les étalages sur le lieu de vente ou encore la simple observation des consommateurs afin de mieux comprendre leurs attitudes et leurs comportements. Récemment, Frito-Lay Canada a installé des GPS sur des chariots d'épicerie afin d'étudier les habitudes d'achat des consommateurs pendant qu'ils se déplacent dans le magasin. En fait, ce dispositif lui indique les allées parcourues par l'acheteur, le temps passé devant certains étalages, etc. Frito-Lay a ensuite converti cette information en stratégies décisionnelles. Elle s'est rendue chez ses détaillants pour mettre en œuvre des tactiques de marchandisage élaborées en fonction de ces résultats. Signalons par ailleurs que le recours à d'autres méthodes d'observation des consommateurs dans leurs lieux de vie et à leur insu est de plus en plus fréquent.

Dans certains cas, les analystes en marketing demandent le consentement des consommateurs qu'ils observent et filment, mais ce n'est pas toujours le cas. Le dilemme éthique auquel ces analystes font face touche la question de savoir si le recours à des techniques d'observation à l'insu des sujets (comme les clients dans un centre commercial ou dans un commerce de détail) viole la règle du traitement équitable. L'observation méthodique des consommateurs à leur insu peut fournir aux entreprises des informations importantes qu'elles ne découvriraient pas autrement. Mais les résultats justifient-ils le procédé ?

entrevue en profondeur (*in-depth interview*) Technique de recherche exploratoire au cours de laquelle un professionnel pose des questions, écoute et note les réponses de son interlocuteur, puis pose d'autres questions afin de clarifier une réponse ou d'aborder un thème plus en profondeur.

Les entrevues en profondeur Une **entrevue en profondeur** est une technique exploratoire au cours de laquelle un professionnel de la recherche en marketing pose des questions et note les réponses du sujet, puis lui pose d'autres questions afin de clarifier une réponse ou de développer un thème. Par exemple, au lieu de se contenter d'observer des adolescents qui font des achats de vêtements, l'intervieweur peut les arrêter un à la fois pour leur poser quelques questions : « Nous avons remarqué que vous êtes entrée dans cette boutique et en êtes ressortie très vite sans avoir rien acheté. Pourquoi ? » Si l'adolescente répond que personne n'est venu la servir, l'intervieweur pourrait poursuivre en disant : « Ah bon ? Cela vous est-il déjà arrivé ? » ou « Vous attendiez-vous à ce qu'une vendeuse s'occupe de vous ? » Les réponses fournissent souvent aux gestionnaires

Une entrevue avec un consommateur.

marketing des indices qui leur permettent de mieux saisir la nature de leur industrie ainsi que les tendances et les préférences des consommateurs. Ils se servent ensuite de ces précieux indices pour élaborer leurs stratégies de marketing.

L'entrevue en profondeur comporte de nombreux avantages. Il donne un contexte concret au phénomène de l'intérêt, en particulier lorsqu'il met en cause des experts de l'industrie ou des consommateurs expérimentés. Il peut aussi mettre en lumière ce que les consommateurs pensent vraiment d'un produit ou d'un service au point de vue individuel, un aspect rarement abordé par d'autres méthodes axées sur les discussions de groupe. Enfin, les gestionnaires marketing peuvent utiliser les résultats des entrevues en profondeur pour élaborer des sondages.

Les entrevues de groupe Au cours d'une **entrevue de groupe**, l'analyste en marketing réunit un petit groupe de personnes (généralement entre 8 et 12) pour une discussion intensive sur un sujet donné. En se basant sur une méthode d'enquête non structurée, un animateur qualifié dirige la conversation en fonction d'un plan préétabli du sujet étudié.

entrevue de groupe (*focus group interview*)
Technique de recherche qui consiste à réunir un petit groupe d'individus (habituellement entre 8 et 12 personnes) afin de faire le point sur un sujet en particulier. La discussion est guidée par un animateur formé à cet effet qui pose aux participants des questions informelles.

La plupart du temps, les chercheurs enregistrent les interactions sur une bande vidéo ou audio, ce qui les amènera par la suite à dépouiller les entrevues afin de repérer des modèles de réponses verbales ou non verbales.

Les entrevues de groupe permettent surtout de réunir des données qualitatives sur les réactions initiales des consommateurs à un produit ou à un service nouveau ou existant, sur leurs opinions concernant les offres des concurrents ou sur leurs réactions à un stimulant commercial, comme une nouvelle campagne de publicité ou du matériel de promotion sur le lieu de vente.

Par exemple, Lexus a mené des entrevues de groupe pour élaborer la campagne publicitaire de son modèle ES 300. Elle devait à tout prix trouver un message percutant et choisir le bon média pour transmettre ce message lors du lancement du véhicule. Ayant réalisé de nombreuses entrevues de groupe avec des propriétaires de Lexus et d'automobiles de marques concurrentes, Lexus a entrepris de cerner la signification du mot « luxe » pour les acheteurs de voitures. Pour les propriétaires d'une Lexus, ce mot évoquait « un oasis personnel de tranquillité et de liberté ». Forte de cette information, Lexus a lancé une campagne de presse ciblée et axée sur l'« incessante quête de la perfection » de l'entreprise pour le lancement du modèle ES 300[20].

Avec ses 3 100 pièces et son prix de 300 $, l'Imperial Destroyer de la série Star Wars de Lego a été développé avec l'aide de groupes de discussion en ligne.

Les groupes de discussion en ligne se taillent peu à peu une place dans la boîte à outils des analystes en marketing. Lego, par exemple, a invité plus de 10 000 enfants à participer à un groupe de discussion virtuel afin de recueillir des idées de nouveaux produits[21]. Les participants regardaient de courtes listes de jouets et cliquaient sur ceux qui leur plaisaient. Ils classaient leurs choix par ordre de préférence et proposaient même des idées nouvelles. Ces idées étaient ensuite transmises à d'autres clients potentiels et comparées avec celles des créateurs de jouets de Lego.

En retour, ces suggestions ont stimulé la créativité d'autres clients potentiels. Résultat, l'Imperial Destroyer de la série Star Wars était, à sa sortie, complètement différent de tout ce que Lego avait créé en plus de 75 années d'existence. Avec ses 3 100 pièces et son prix de 300 $, ce jouet était l'ensemble le plus gros et le plus cher jamais vendu par l'entreprise. La première série, qui devait durer un an, s'est vendue en moins de cinq semaines.

La technique projective La **technique projective** est un type de recherche qualitative qui consiste à soumettre un scénario à des sujets et à leur demander de livrer leurs impressions sur celui-ci. Par exemple, l'analyste en marketing peut montrer à des sujets l'image d'un consommateur qui regarde un étalage dans un supermarché. Une zone de texte vide apparaît au-dessus de sa tête. Le sujet doit alors noter dans la zone de texte les réflexions que suscite en lui cette image. L'image permet au sujet de se projeter dans la situation et de dévoiler ses pensées ou ses émotions en les décrivant dans la zone de texte.

technique projective (*projective technique*)
Type de recherche qualitative qui consiste à fournir un scénario à des sujets afin qu'ils donnent leurs impressions sur celui-ci.

À ce stade-ci, vous devez vous demander quelles méthodes qualitatives de collecte des données sont employées le plus souvent. En général, les entrevues de groupe et les entrevues en profondeur sont plus fréquentes que les techniques d'observation, en particulier les études ethnographiques.

Le choix d'une méthode dépend de plusieurs facteurs importants comme l'objectif de la recherche, le coût et la durée de la celle-ci de même que les délais impartis. La présence d'analystes internes qualifiés ou la nécessité de faire appel à une société de recherche en marketing, surtout dans le cas de méthodes comme l'étude ethnographique et la technique projective, entrent aussi en ligne de compte. En général, les gestionnaires marketing doivent faire un compromis de manière à obtenir les résultats souhaités en temps opportun et à un coût raisonnable. Les entreprises combinent souvent plusieurs méthodes afin d'obtenir des résultats qui leur permettront d'élaborer un plan d'action.

Les méthodes de recherche formelle

La recherche formelle vise à confirmer une hypothèse de départ et à permettre aux décideurs d'élaborer un plan d'action[22]. Ce type de recherche peut être descriptif: par exemple, mener une enquête pour établir le profil d'un utilisateur ou d'un non-utilisateur typique d'une marque donnée. Il peut aussi être expérimental: un fabricant de boissons gazeuses effectue un test de dégustation pour savoir quelle boisson verte et riche en caféine plaît le plus aux clients. La collecte des données de scanner provenant d'un magasin ou d'informations provenant d'un groupe de clients appelé « panel », qui notent tous leurs achats, s'inscrit aussi dans la recherche formelle. Dans les paragraphes qui suivent, nous étudierons chacune de ces techniques: l'enquête, la recherche expérimentale, la recherche par scanner et la recherche par panel.

enquête (*survey*)
Façon méthodique de recueillir des renseignements, le plus souvent au moyen d'un questionnaire.

questionnaire (*questionnaire*)
Série de questions visant à recueillir des renseignements auprès du participant en vue d'atteindre un objectif de recherche; les questions peuvent être structurées ou non.

question non structurée (*unstructured question*)
Question ouverte qui permet au participant de répondre dans ses propres mots.

question structurée (*structured question*)
Question fermée pour laquelle une série de réponses précises sont proposées au participant.

L'enquête Une **enquête** est une collecte méthodique des données habituellement effectuée au moyen d'un questionnaire. Quant au **questionnaire**, il consiste en une série de questions visant à recueillir des renseignements auprès des répondants afin d'atteindre l'objectif de la recherche. Les questionnaires peuvent être soumis par téléphone, par courrier ou par télécopieur ou encore en ligne; on peut même les faire passer en personne, comme dans le cas des entrevues impromptues réalisées dans les centres commerciaux. Leurs questions peuvent être structurées ou non.

Une **question non structurée** est une question ouverte à laquelle le sujet répond dans ses propres mots. Une question non structurée telle que « Quelles caractéristiques vous poussent à choisir une marque de shampooing plutôt qu'une autre? » entraîne une réponse non structurée. Toutefois, l'analyste en marketing pourrait poser la même question dans un format structuré en fournissant un choix de catégories préétablies de réponses comme le prix, le parfum, le pouvoir nettoyant et le contrôle des pellicules, puis demander aux sujets d'évaluer l'importance de chaque caractéristique.

Une **question structurée** est une question fermée pour laquelle un choix de réponses précises est proposé au répondant (*voir la figure 5.3, p. 151*).

L'élaboration d'un questionnaire est à la fois un art et une science. Les questions doivent être soigneusement formulées en fonction d'un ensemble de questions de recherche.

De plus, pour qu'un questionnaire donne des résultats significatifs, ses questions ne doivent en aucune façon être trompeuses (elles ne doivent pas donner lieu à de multiples interprétations) et elles doivent aborder un seul sujet à la fois. Elles doivent être formulées dans des termes familiers et faciles à comprendre pour les répondants. Plus précisément, elles doivent être ordonnées d'une manière adéquate: les questions générales d'abord, suivies des questions plus précises, puis des questions démographiques. Enfin, la disposition et l'apparence du questionnaire doivent être professionnelles et faciles à suivre, et celui-ci doit comporter des instructions adéquates aux endroits appropriés. Le tableau 5.4 (*voir p. 151*) présente quelques conseils sur les questions à éviter au moment de l'élaboration d'un questionnaire.

Les enquêtes commerciales peuvent être menées en ligne ou hors ligne, mais les enquêtes en ligne permettent aux analystes en marketing de construire rapidement

FIGURE 5.3 Exemples de question structurée et de question non structurée

ÉTUDE SUR LES SHAMPOOINGS

Nous travaillons pour une entreprise de produits grand public qui désire mieux comprendre comment vous utilisez votre shampooing.

1. **Quelles caractéristiques vous poussent à choisir une marque de shampooing plutôt qu'une autre ?**

Non structurée →

2. **Veuillez évaluer l'importance des caractéristiques ci-dessous.**

Structurée →

	Peu importante			**Très importante**	
Prix	1	2	3	4	5
Parfum	1	2	3	4	5
Pouvoir nettoyant	1	2	3	4	5
Contrôle des pellicules	1	2	3	4	5

TABLEAU 5.4 Les questions à éviter au cours de l'élaboration d'un questionnaire

Problème	Bonne question	Mauvaise question
Évitez les questions auxquelles le répondant ne peut pas répondre facilement ou avec précision.	À quand remonte votre dernière visite à l'épicerie ?	Combien avez-vous dépensé en épicerie le mois dernier ?
Évitez les questions indiscrètes, sauf en cas d'absolue nécessité.	Prenez-vous des vitamines ?	Vous teignez-vous les cheveux ?
Évitez les questions portant sur plusieurs sujets qui exigent une seule réponse.	1. Pensez-vous que Michæl Ignatieff ferait un bon premier ministre ? 2. Pensez-vous que Jack Layton ferait un bon premier ministre ?	Pensez-vous que Michæl Ignatieff ou Jack Layton ferait un bon premier ministre ?
Évitez les questions suggestives qui orientent les répondants vers une réponse particulière ne tenant pas compte de leurs convictions réelles.	Évaluez le caractère sécuritaire d'une Volvo sur une échelle de 1 (non sécuritaire) à 10 (très sécuritaire).	Volvo est la voiture la plus sécuritaire sur la route, n'est-ce pas ?
Évitez les questions unilatérales qui présentent seulement un aspect de la question.	Dans quelle mesure les aliments prêts à manger sont-ils responsables de l'obésité chez les adultes, selon vous ? 1 : Pas responsables / 5 : Principale cause.	Les aliments prêts à manger sont responsables de l'obésité chez les adultes : D'accord/Pas d'accord.
Évitez les questions comportant des suppositions laissant présumer que le point de référence est le même pour tous les répondants.	Faut-il permettre aux enfants de boire du Coca-Cola à l'école ?	La caféine étant un stimulant, faut-il permettre aux enfants de boire du Coca-Cola à l'école ?
Évitez les questions complexes et celles qui peuvent sembler peu familières aux répondants.	Quelle marque de montre portez-vous d'habitude ?	À votre avis, les montres mécaniques sont-elles meilleures que les montres à quartz ?

Source : adapté d'A. Parasuraman, Dhruv Grewal et R. Krishnan, *Marketing Research*, 2e éd., Boston, Houghton Mifflin, 2007, chap. 10.

une base de données à partir d'un grand nombre de réponses, tandis que les enquêtes hors ligne adoptent une approche plus directe qui englobe des interactions avec le marché cible.

Le pourcentage des enquêtes quantitatives en ligne s'accroît constamment. Bien qu'Internet n'ait pas démontré son efficacité pour ce qui est des groupes de discussion, les enquêtes en ligne ont beaucoup à offrir aux gestionnaires qui doivent composer avec des délais serrés[23], et notamment les avantages suivants :

Les enquêtes en ligne permettent aux analystes en marketing de construire rapidement une base de données à partir d'un grand nombre de réponses à un coût relativement bas.

- **Le taux de réponse est relativement élevé.** Il se situe généralement entre 1 % et 2 % pour les enquêtes postales et entre 10 % et 15 % pour les enquêtes téléphoniques[24]. Par contre, pour ce qui est des enquêtes en ligne, le taux de réponse peut atteindre 30 % à 35 %, voire plus dans le cas des recherches liées au commerce interentreprises.
- **Les répondants sont moins portés à mentir.** Quel que soit le média utilisé, certains répondants mentent. Vous êtes-vous déjà demandé combien d'adjoints administratifs remplissaient les questionnaires d'enquête postale pour leurs supérieurs ? Et quelles sortes de réponses ils fournissaient ? Comme il est plus facile de garder l'anonymat en ligne que par téléphone ou par courrier, les répondants sont plus enclins à répondre avec franchise.
- **Elles sont peu coûteuses.** Une entrevue téléphonique d'une durée moyenne de 20 minutes peut coûter entre 30 $ et 40 $, tandis qu'une entrevue en ligne coûte de 7 $ à 10 $. Ces coûts continueront sans doute de baisser à mesure que les utilisateurs se familiariseront avec le processus d'enquête en ligne.
- **Les résultats sont traités et reçus rapidement.** Les rapports et les sommaires peuvent être élaborés en temps réel et livrés directement aux gestionnaires sous forme de comptes rendus simples, faciles à assimiler et complets avec couleurs, graphiques et tableaux. Les enquêtes téléphoniques ou postales traditionnelles nécessitent plusieurs opérations laborieuses — collecte des données, mise en tableaux, rédaction du sommaire et distribution — avant que quiconque ne puisse en comprendre les résultats.
- **Elles font un meilleur usage des éléments multimédias.** Les enquêtes en ligne permettent aux gestionnaires marketing de présenter leurs produits à l'aide de graphiques, de sons et de mouvements, puis de poser des questions basées sur leur présentation. Ils jouissent ainsi d'une plus grande latitude pour poser leurs questions, ce qui a tendance à améliorer le taux de réponse et à susciter des réponses plus franches.

Les analystes en marketing peuvent aussi utiliser Internet pour recueillir des données autres que celles qui proviennent des enquêtes quantitatives. Si des consommateurs acceptent qu'une entreprise fasse la promotion de ses produits auprès d'eux, celle-ci peut recueillir des données sur leur utilisation de son site Web et d'autres applications Internet. De plus, elle peut recourir à des questionnaires à réponses libres pour obtenir plus de données qualitatives en profondeur.

L'enquête est largement utilisée dans le cadre de la recherche descriptive pour étudier les attitudes, les préférences, les comportements et les connaissances des consommateurs à l'égard de divers produits et marques. Elle est généralement plus rentable que d'autres méthodes pour atteindre un vaste échantillon de consommateurs. Les questionnaires d'enquête génèrent des données quantitatives faciles à analyser à l'aide de méthodes statistiques complexes qui servent à étudier les relations entre les variables. Toutefois, ce type de recherche présente aussi quelques lacunes. Ainsi, il est possible que les consommateurs soient incapables de répondre à certaines questions, ne se rappellent pas une information ou même n'interprètent pas les questions de la même manière que l'analyste en marketing. Certains consommateurs peuvent même essayer de fournir les réponses qu'ils croient que ce dernier souhaite obtenir. Lorsque les répondants omettent de répondre à certaines questions, cela crée un autre problème majeur, surtout au stade de l'analyse des données. Des données incomplètes rendent l'analyse et l'interprétation des données plus compliquées et plus délicates.

La recherche expérimentale La **recherche expérimentale** est un type de recherche quantitative qui consiste à manipuler systématiquement une ou plusieurs variables afin de détecter la ou les variables qui influent sur les autres variables. Supposons que Rockaberry veuille déterminer le prix le plus rentable d'un nouveau dessert qu'elle désire intégrer à son menu. Elle l'affiche à des prix différents dans quatre restaurants. En général, plus un mets est cher, moins il se vend. Or, au cours de l'expérience, l'entreprise constate que le dessert le plus rentable n'est pas le plus cher, mais celui dont le prix se situe juste en dessous. Manifestement, certains clients ont estimé que le prix du dessert le plus cher était trop élevé et ne l'ont pas choisi. Les deux desserts les moins chers se sont vendus assez bien, mais Rockaberry a réalisé un profit moins élevé sur chaque vente. Dans cette expérience, les variations de prix du nouveau dessert semblent avoir modifié le nombre de ventes et, donc, influé sur sa rentabilité.

recherche expérimentale (*experimental research*) Type de recherche quantitative au cours de laquelle on manipule au moins une variable en vue de savoir si elle produit un effet sur les autres variables.

La recherche par scanner La **recherche par scanner** est un type de recherche quantitative qui s'appuie sur les données obtenues par le balayage des codes universels des produits (CUP) aux caisses des magasins. Chaque fois que vous allez à l'épicerie, vos achats sont enregistrés au moyen d'un lecteur optique. Les données relatives à vos achats sont sans doute vendues à de grosses sociétés de recherche en marketing comme Information Resources Inc. ou ACNielsen. Ces sociétés utilisent cette information en vue d'aider les grandes entreprises de biens emballés pour la vente au détail (p. ex., Kellogg's, Pepsi, Sara Lee) à évaluer ce qui se passe sur le marché. Ainsi, une entreprise peut voir ce qui se produit si elle réduit ses prix de 10 % pendant un mois. Les ventes ont-elles augmenté, diminué ou sont-elles restées égales ?

recherche par scanner (*scanner research*) Type de recherche quantitative au cours de laquelle les codes universels des produits (CUP) saisis aux caisses enregistreuses sont analysés.

La recherche par panel La **recherche par panel** est un type de recherche quantitative qui consiste à recueillir des renseignements auprès d'un groupe de consommateurs (le panel) pendant un certain temps. Les données recueillies peuvent provenir d'une enquête ou de documents afférents aux achats. Elles fournissent aux entreprises de biens emballés pour la vente au détail un tableau complet des produits que les consommateurs individuels achètent ou n'achètent pas. Par conséquent, une différence majeure entre la recherche par scanner et la recherche par panel réside dans la nature de l'agrégation. En effet, la recherche par scanner est ordinairement centrée sur la consommation hebdomadaire d'un produit pour une unité d'analyse donnée (p. ex., un magasin, une chaîne de magasins et une région). Par contre, la recherche par panel est axée sur la consommation hebdomadaire totale d'une personne ou d'un groupe de personnes. Le tableau 5.5 (*voir p. 154*) met en lumière certaines différences entre les méthodes de recherche exploratoire et les méthodes de recherche formelle.

Toutefois, peu importe la procédure, la collecte des données peut être onéreuse pour les entrepreneurs dont le budget est restreint. La rubrique Marketing entrepreneurial 5.1 (*voir p. 156*) propose différentes méthodes de collecte adaptées à cette situation.

Comme dans le cas de la recherche exploratoire, le choix d'une méthode de recherche formelle dépend avant tout des objectifs de la recherche, qui sont considérés à la lumière d'autres facteurs, comme le coût, les délais impartis et l'utilité des résultats. Les enquêtes menées à l'aide de questionnaires comptent parmi les méthodes de recherche formelle les plus courantes.

recherche par panel (*panel research*) Type de recherche quantitative qui consiste à recueillir des renseignements auprès d'un groupe relativement stable de consommateurs (le panel). Les données recueillies peuvent provenir d'un sondage ou de documents relatifs aux achats effectués. Certains panels sont utilisés ponctuellement — ils permettent de constituer rapidement un échantillon présumé représentatif d'une population d'intérêt. D'autres sont consultés par intervalles, parfois sur le même sujet (p. ex., dans le cas d'études de cohortes où l'on s'intéresse aux comportements relatifs à la santé), parfois sur des sujets divers.

Étape 4 : analyser les données

L'étape suivante du processus de recherche en marketing, soit l'analyse et l'interprétation des **données**, doit être à la fois complète et méthodique. Pour en tirer des informations utiles, les analystes en marketing doivent analyser et traiter les données recueillies. Dans ce contexte, les données prennent la forme de chiffres bruts ou d'**informations** factuelles qui, en soi, n'ont qu'une valeur limitée pour ces gestionnaires. Cependant, une fois organisées, analysées, interprétées et mises en forme, elles se changent en informations qui deviennent utiles à leur prise de décision. Par exemple, les lecteurs de caisses des épiceries recueillent des données sur les achats

donnée (*data*) Chiffre brut ou toute autre information factuelle dont la portée est restreinte.

information (*information*) Donnée organisée, analysée, interprétée puis convertie de façon qu'elle soit utile aux décideurs.

TABLEAU 5.5 Les différences entre la recherche exploratoire et la recherche formelle

Composante du projet de recherche	Recherche exploratoire	Recherche formelle
Objectif de la recherche	Général : fournir des indices sur une situation	Spécifique : confirmer des hypothèses et faciliter le choix d'un plan d'action
Besoins en matière de données	Vagues	Clairs
Sources des données	Peu définies	Bien définies
Forme de collecte des données	Libre, brute	Habituellement structurée
Échantillon	Relativement petit, souvent non aléatoire ; choisi de façon subjective afin de maximiser la généralisation des suppositions	Relativement étendu et aléatoire ; choisi de façon objective afin de permettre la généralisation des résultats
Collecte des données	Souvent flexible ; aucune procédure fixe	Habituellement rigide ; procédure bien définie
Analyse des données	Informelle ; généralement non quantitative	Formelle ; généralement quantitative
Inférences ou recommandations	Plus provisoires que définitives	Plus définitives que provisoires

Source : A. Parasuraman, Dhruv Grewal et R. Krishnan, *Marketing Research*, 2e éd. Tous droits réservés © 2007 Hougton Mifflin Company. Adapté avec la permission des auteurs.

des consommateurs individuels. Mais c'est seulement lorsque ces données ont été classées en catégories et analysées qu'elles fournissent des renseignements sur la nature des produits et des services qui ont été achetés ensemble ou sur les ventes découlant d'une activité promotionnelle menée en magasin.

Un peu avant Noël, un grand magasin avait lancé une promotion relative à une chemise blanche et à une cravate pour hommes, qui étaient vendues ensemble à prix réduit lorsque le client payait avec la carte de crédit du magasin. L'analyse subséquente des données brutes de scanner a révélé que, même si la promotion visait les hommes, les articles en question avaient été achetés surtout par des femmes. Fort de cette information, le magasin a envoyé des lettres personnalisées aux femmes pour les remercier et leur annoncer une promotion pour la Saint-Valentin, soit un veston pour homme assorti à la chemise et à la cravate achetées en décembre.

Les données doivent être converties en informations pour permettre de décrire, d'expliquer, de prédire ou d'évaluer une situation particulière. Voici un exemple. Wendy, un détaillant de vêtements pour préadolescents situé au centre-ville d'Ottawa, a appris que le gros de sa clientèle vivait dans les quartiers situés à la périphérie du centre-ville. Cette information a revêtu une nouvelle signification lorsque Wendy a constaté que sa coûteuse et ingénieuse campagne par publipostage n'avait attiré aucun de ces clients. En effet, lorsqu'elle a analysé les données recueillies au moyen d'un sondage, l'entreprise a découvert que ses principaux clients étaient des professionnels qui entraient dans son magasin en passant ou bien en se rendant à leur travail, et non les habitants des immeubles de luxe du centre-ville ciblés par sa campagne par publipostage.

L'analyse des données peut être aussi simple que de calculer la moyenne des achats de divers segments de consommateurs ou aussi complexe que de prévoir les ventes pour chaque segment de marché en recourant à des techniques statistiques élaborées. Coinstar, chef de file mondial des machines à compter la monnaie libre-service, analyse les données de recherche en marketing d'une manière de plus en plus sophistiquée. L'entreprise a installé des machines dans plus de 10 000 supermarchés au Canada, aux États-Unis et au Royaume-Uni. Les consommateurs se servent de ces machines, qui peuvent compter jusqu'à 600 pièces à la minute, pour traiter des volumes importants de petite monnaie qu'ils échangent contre un bon pouvant être converti en espèces ou en épicerie.

Depuis sa création en 1991, la société cherche constamment de nouveaux emplacements rentables car ses services sont de plus en plus populaires. Au début, trouver des emplacements de choix en se fondant sur des intuitions fonctionnait bien, mais dernièrement, les analystes en marketing de Coinstar ont élaboré des modèles de régression permettant de repérer et d'évaluer les emplacements potentiels de ses « machines vertes ». Cette approche a grandement amélioré la capacité de Coinstar à trouver des places et à prédire celles qui offriraient le meilleur potentiel de croissance et de rentabilité. La société peut désormais compter sur les quelque 7,7 milliards de dollars en petite monnaie qui dorment dans les foyers en attendant d'être convertis en papier monnaie ou en épicerie[25].

Coinstar, chef de file mondial des machines à compter la monnaie libre-service, utilise des modèles de régression complexes pour déterminer et évaluer les futurs emplacements de ses machines.

L'analyste en marketing doit analyser et interpréter les données d'une manière objective sans essayer de dissimuler ou de fausser les résultats qui ne répondent pas à ses attentes. Le fait de les interpréter de travers ou de trafiquer les statistiques pour les rendre conformes à ses intuitions ou à ses prédictions risque de déboucher sur une décision peu pertinente susceptible d'être préjudiciable aux gestionnaires marketing. La tentation de mentir en s'appuyant sur des statistiques est forte ; l'analyste en marketing doit en être conscient et tout faire pour y résister.

Étape 5 : présenter les résultats

À l'étape finale du processus de recherche en marketing, l'analyste prépare les résultats et les présente aux décideurs concernés. Un rapport de recherche typique comprend un sommaire, le corps du rapport (qui décrit les objectifs de la recherche, la méthodologie et les résultats détaillés), les conclusions, les limites de l'étude ainsi que les tableaux, les figures et les annexes pertinents. Pour être efficace, un rapport écrit doit être bref, intéressant, méthodique, précis, lucide ; de plus, il ne doit pas comporter d'erreurs[26]. Il doit être rédigé dans un style approprié à ses destinataires, style qui ne laisse aucune place au jargon. Il doit aussi comprendre des recommandations que les gestionnaires pourront réellement mettre en œuvre.

Lorsque eBrain, une société de recherche en marketing d'Arlington, en Virginie, a mené une enquête auprès de 1 522 femmes pour sonder leur expérience d'acheteuses d'appareils électroniques, les analystes en marketing ont dû annoncer des résultats plutôt stupéfiants. En effet, environ les trois quarts des répondantes ont déclaré avoir été mieux servies quand elles magasinaient avec un homme ; 40 % ont même affirmé qu'elles magasinaient seulement avec un homme dans leur sillage. L'un de leurs principaux griefs concernait l'attitude condescendante du personnel. Les analystes ont transmis ces résultats, sans les édulcorer, aux gérants de magasins d'appareils électroniques. Ceux-ci ont alors implanté des programmes tenant compte du fait que les femmes sont responsables de plus de la moitié des ventes annuelles d'appareils électroniques (qui s'élèvent à 97 milliards de dollars) et, au-delà de ce chiffre, qu'elles influent sur les trois quarts des achats dans ce domaine.

Plusieurs détaillants ont réagi en conséquence[27]. Target s'est associée à Sony pour mettre au point la gamme de produits électroniques Liv, qui cible sa clientèle féminine habituelle, âgée entre 25 et 40 ans. La chaîne de magasins SoundTrack a entraîné ses employés à vanter les avantages des produits plutôt que leurs caractéristiques. De plus, elle a qualifié son service de livraison de « Traitement tapis rouge », pour signifier littéralement que les livreurs feraient tout pour protéger les planchers des maisons des consommateurs. Circuit City a ouvert deux magasins pilotes baptisés « Iris » afin d'attirer la clientèle féminine et Best Buy a adapté la décoration de ses magasins dans ce même but. La Source offre désormais des produits de santé et de détente représentés par la gamme Lifeline. Home Depot et Rona ont élargi leurs allées et veillé à ce que leurs magasins soient plus conviviaux pour les femmes.

Marketing entrepreneurial 5.1 La recherche en marketing avec un budget restreint

Imaginez que votre entreprise doit réaliser une recherche en marketing avec un budget très restreint. Heureusement, il n'est pas nécessaire que la recherche en marketing soit coûteuse, même si elle exige toujours dynamisme et savoir-faire. Voici quelques façons de trouver l'information dont vous et votre entreprise pourriez avoir besoin sans faire sauter la banque.

Objectif : De quelle information avez-vous besoin ?

- ***Réseau.*** Utilisez le répertoire téléphonique de votre cellulaire et appelez vos amis et vos collègues de travail. Dans la plupart des cas, les analystes en marketing connaissent des gens de l'industrie qui pourront partager leurs connaissances avec eux. Ces gens peuvent aider ces gestionnaires à cerner les objectifs de leurs futurs projets de recherche.

Analyse de la clientèle : Qui sont vos clients et que veulent-ils ?

- ***Clientèle.*** Parlez avec des clients actuels et potentiels. Si vous leur posez les bonnes questions, ils vous donneront les réponses que vous cherchez. Cette approche, quoique coûteuse en temps, est remarquablement peu chère parce qu'elle requiert seulement le travail d'un analyste en marketing. Celui-ci doit formuler soigneusement ses questions, toutefois. En effet, les répondants ont tendance à donner des réponses qui vont dans le sens de ce que l'analyste veut entendre ou qui leur paraissent socialement acceptables.
- ***Internet.*** Utilisez un moteur de recherche comme Google et tapez simplement quelques mots clés appropriés.
- ***Statistique Canada.*** Cet organisme gouvernemental est une importante source d'information. Sur le site www.statcan.ca, tous les rapports sur l'industrie, sur la démographie et sur l'économie sont accessibles gratuitement. Bien qu'il ne soit pas réputé pour sa convivialité, ce site renferme un large éventail d'informations.

Analyse concurrentielle : Que font vos concurrents ?

Sources secondaires : La liste figurant dans le tableau 5.1 (*p. 140*) en présente un grand nombre.

- ***Sites Web.*** Visitez les sites Web de vos concurrents, s'il y a lieu. Explorez leurs produits et leurs services, leurs politiques de prix, leur équipe de gestion et leur philosophie. Lisez leurs communiqués de presse. Vous pourrez même deviner quels volets de l'entreprise sont florissants en parcourant leurs offres d'emplois.
- ***Fichiers de la Commission des valeurs mobilières des États-Unis (SEC).*** Si vos concurrents sont des sociétés publiques, elles doivent remplir le Formulaire 10K chaque année et le remettre à la SEC. Visitez les sites www.finance.yahoo.com ou moneycentral.msn.com/home.asp. Vous y trouverez les chiffres des ventes et des dépenses de vos concurrents et d'autres renseignements importants dans les notes de bas de page.
- ***Bases de données électroniques des bibliothèques universitaires.*** La plupart des universités canadiennes souscrivent à plusieurs bases de données électroniques susceptibles de vous renseigner sur les sociétés canadiennes. Les étudiants, actuels ou anciens, et le personnel peuvent généralement y accéder à distance et sans frais. En voici quelques exemples : Canadian Business Resource, Canadian Business & Current Affairs, Factiva, Financial Post Datagroup, MarketResearch.com, Mergent Online, Mergent WebReports, ProQuest Asian Business et ProQuest European Business. Un grand nombre de ces sources affichent le profil de l'entreprise, des données financières, ses coordonnées ainsi que de brèves histoires ou études de cas qui rendent compte de ses succès, de ses échecs ou de ses innovations.
- ***Rendez-vous sur place.*** Si vos concurrents opèrent de petites entreprises familiales, allez les voir. Munissez-vous d'un crayon et d'un carnet et flânez devant le magasin. Comptez les clients qui entrent et le pourcentage qui en ressort avec un achat. Utilisez votre jugement. Les clients ont-ils acheté des articles dont la marge bénéficiaire est plus élevée ? Découvrez à quels endroits vos concurrents font leur publicité et ce qu'ils annoncent.
- ***Codes SCIAN.*** Pour obtenir une vision plus complète de la concurrence, consultez les codes du Système de classification des industries de l'Amérique du Nord (SCIAN). Ce système répertorie les entreprises d'un secteur donné de l'industrie au moyen d'un code de six chiffres. Consultez les sites du gouvernement (www.strategis.ic.gc.ca) et de Statistique Canada (www.statcan.ca) pour trouver le code SCIAN dont vous avez besoin et obtenir un rapport sur l'industrie concernée. Par exemple, pour trouver les magasins de vêtements pour femmes, vous devez utiliser le code 44812. Les deux premiers chiffres, 44 et 45, désignent le commerce de détail. Le troisième chiffre indique une subdivision de cette catégorie. Par exemple, les détaillants qui vendent des vêtements et des accessoires entrent dans la catégorie 448, tandis que les magasins généraux portent le code 452. Les magasins de vêtements et d'accessoires (448) se subdivisent en magasins de vêtements (4481), magasins de chaussures (4482) et bijouteries et magasins de bagages et de maroquinerie (4483). Le cinquième chiffre permet de subdiviser ces commerces en magasins de vêtements pour hommes (44811) et magasins de vêtements pour femmes (44812).

Classification en fonction du type de marchandise

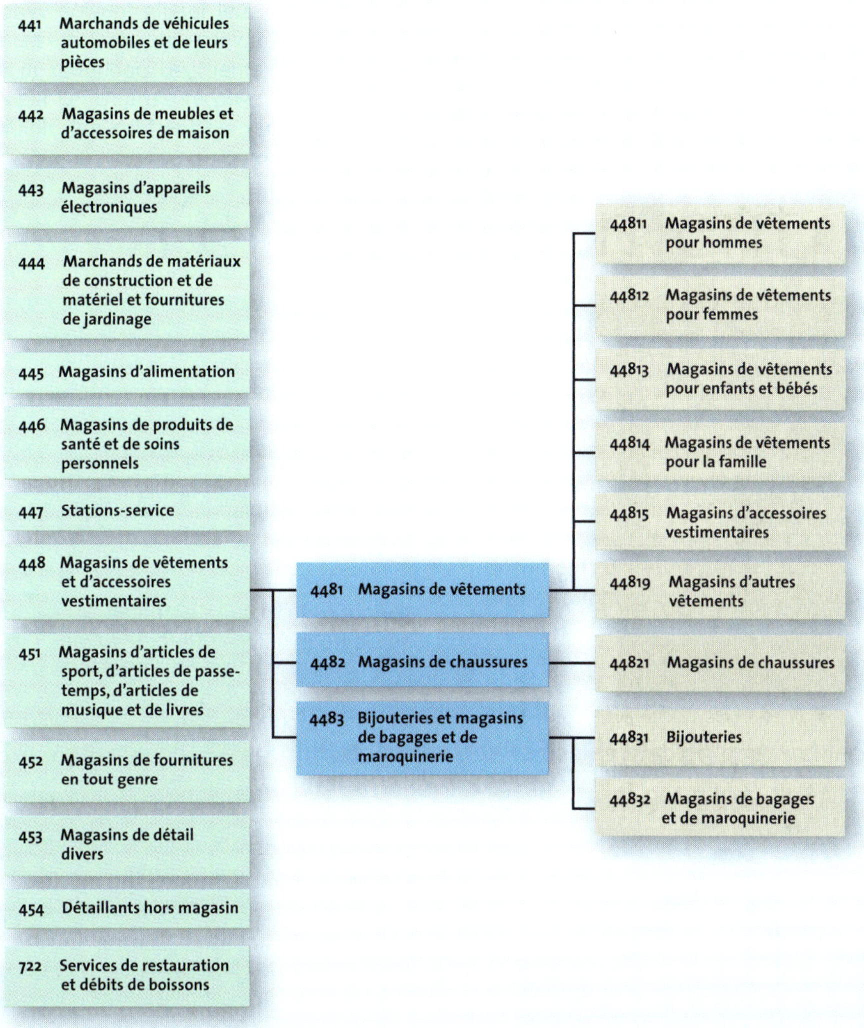

Le sixième chiffre (non montré ici) sert à préciser les différences entre les trois pays nord-américains qui utilisent ce système de classification, soit les États-Unis, le Mexique et le Canada.

Rapports d'entrevues de groupe, d'enquêtes et d'analyse : Quels renseignements détaillés pouvez-vous en extraire ?

- ***Précision.*** Déterminez avec précision l'information dont vous avez besoin. Il est très onéreux de lancer des recherches qui ne sont pas utiles aux décideurs ou qui ne donnent pas d'orientation stratégique.
- ***Enquêtes.*** Choisissez la méthode qui vous donnera la meilleure valeur. Les enquêtes téléphoniques coûtent environ 40 $ par entrevue réalisée, les enquêtes postales, entre 5 000 $ et 15 000 $ en moyenne pour 200 réponses. Les enquêtes par courrier électronique et en ligne coûtent habituellement beaucoup moins cher.
- ***Entrevues de groupe.*** Bien que les entrevues de groupe soient parfois plus coûteuses, il existe des façons de faire des économies. Élaborez vos propres questions et évitez d'embaucher un modérateur ou un facilitateur de l'extérieur. Vous devez toutefois trouver les bons participants.
- ***Rapports d'analyse.*** Des centaines d'entreprises spécialisées vendent des rapports préécrits couvrant une grande variété de sujets à toutes sortes de prix. Voici l'adresse Internet de deux des plus connues : www.forrester.com et www.hoovers.com.

Faites le point

1) Expliquez comment les gestionnaires marketing utilisent les systèmes d'information marketing pour offrir une meilleure valeur à leurs clients.

2) Décrivez les questions éthiques soulevées par la recherche en marketing.

3) Définissez les étapes du processus de recherche en marketing.

4) Expliquez ce qui distingue les données primaires et les données secondaires et déterminez dans quels cas chaque type de données doit être utilisé.

5) Décrivez les différences entre la recherche exploratoire et la recherche formelle.

1) Un système d'information marketing (SIM) est un ensemble de procédés et de techniques de collecte, d'analyse et de présentation des données susceptibles de faciliter la prise de décision marketing. Le SIM permet de recueillir des données de sources tant internes qu'externes qui sont directement accessibles aux gestionnaires et qui les aident à prendre des décisions éclairées. De plus, il permet aux entreprises de mieux comprendre les besoins et les désirs de leurs clients à travers l'analyse de leurs achats. Ces données pointues peuvent ensuite être converties en programmes d'achat et de promotion adaptés à la clientèle.

2) Les analystes en marketing sont tenus envers les répondants et la société dans son ensemble d'adopter une conduite éthique. Cela implique qu'ils doivent prendre toutes les mesures nécessaires pour protéger la confidentialité des données recueillies auprès des consommateurs et la vie privée des participants aux études de marché. Ils ne doivent pas mentir sur les objectifs d'une étude, par exemple en faisant passer une présentation publicitaire pour une étude de marché. Enfin, ils doivent publier intégralement les résultats des études. S'ils laissent de côté des données ou des parties de l'étude, cela pourrait fausser l'interprétation des résultats.

3) Le processus de recherche en marketing comporte cinq étapes. La première étape consiste à définir le problème et les objectifs de la recherche ainsi que les besoins. Cette étape paraît si simple que les gestionnaires l'abordent souvent trop rapidement. Or, elle est cruciale pour le succès de tout projet de recherche parce que, fondamentalement, la recherche doit répondre aux questions qui importent pour la prise de décision. Au cours de l'élaboration du projet de recherche, qui constitue la deuxième étape, les analystes en marketing circonscrivent le type de données, primaires ou secondaires, dont ils ont besoin en fonction des objectifs définis à l'étape 1. Ensuite, ils déterminent le type de recherche qui leur permettra de recueillir ces données. À la troisième étape, ils choisissent une procédure de collecte des données et la mettent en œuvre. Selon les objectifs de la recherche et les résultats de la collecte des données secondaires, ils opteront pour une recherche exploratoire ou pour une recherche formelle. Le premier type de recherche comprend généralement l'observation, les entrevues en profondeur et la technique projective. Par contre, si le projet requiert une recherche formelle, les analystes en marketing pourront mener une enquête ou une expérimentation, ou effectuer une recherche par scanner ou par panel. La quatrième étape correspond à l'analyse et à l'interprétation des données, tandis que la dernière étape consiste dans la présentation des résultats. Bien que ce processus semble se dérouler d'une manière linéaire, il n'est pas rare que les analystes en marketing reviennent à des étapes antérieures en fonction de ce qu'ils découvrent à chaque étape.

4) Les données secondaires sont des renseignements provenant de sources comme le recensement, les dossiers internes des entreprises, Internet, des livres, des articles, des associations commerciales ou des services groupés de transmission de données. Quant aux données primaires, ce sont des données recueillies pour répondre à des objectifs de recherche précis, habituellement au moyen de techniques d'observation, d'entrevues individuelles ou de groupe, d'enquêtes ou d'expériences. Un projet de recherche commence presque toujours par la collecte des données secondaires, qui porte sur des informations déjà connues et des résultats de recherches antérieures. De plus, comparativement à la collecte des données primaires, la collecte des données secondaires est plus rapide, plus facile et moins onéreuse, et elle requiert moins de compétences méthodologiques. Toutefois, comme ces données ont souvent été recueillies pour résoudre d'autres problèmes que celui que l'on cherche à résoudre, il est possible que l'information soit dépassée, biaisée ou simplement qu'elle ne soit pas assez spécifique pour répondre aux questions de recherche. En revanche, la collecte des données primaires peut être conçue pour répondre à des questions très précises. Cependant, elle peut s'avérer coûteuse en argent et en temps.

5) De nombreux gestionnaires ont recours à des méthodes exploratoires pendant la première étape du processus de recherche en marketing afin d'obtenir une vision plus claire de la situation. Ces méthodes englobent l'observation, les entrevues en profondeur, les entrevues de groupe et la technique projective. La recherche formelle permet de confirmer les hypothèses formulées au cours de la recherche exploratoire et d'établir un plan d'action. L'expérimentation, l'enquête, la recherche par scanner et la recherche par panel sont des méthodes de recherche formelle. La méthode retenue par les gestionnaires dépend surtout des objectifs de la recherche, qui doivent être équilibrés avec d'autres facteurs comme le coût, les délais impartis et l'utilité des résultats.

Mots clés

- donnée, p. 153
- données primaires, p. 144
- données secondaires, p. 139
- données souscrites, p. 140
- échantillon, p. 146
- échantillonnage, p. 146
- enquête, p. 150
- entrepôt de données, p. 135
- entrevue de groupe, p. 149
- entrevue en profondeur, p. 148
- étude ethnographique, p. 147
- fiabilité, p. 144
- forage de données, p. 135
- hypothèse, p. 146
- information, p. 153
- observation, p. 147
- questionnaire, p. 150
- question non structurée, p. 150
- question structurée, p. 150
- recherche en marketing, p. 132
- recherche expérimentale, p. 153
- recherche exploratoire, p. 146
- recherche formelle, p. 146
- recherche par panel, p. 153
- recherche par scanner, p. 153
- système d'information marketing (SIM), p. 134
- technique projective, p. 149
- validité, p. 145

Révision des concepts

1. Qu'est-ce qu'un système d'information marketing ? Expliquez comment une entreprise peut créer une meilleure valeur pour sa clientèle et pour elle-même grâce à ce système.
2. Décrivez brièvement les étapes du processus de recherche en marketing. Expliquez pourquoi il est important de cerner clairement le problème et les objectifs de la recherche au tout début du processus.
3. Qu'est-ce qui distingue les données secondaires des données primaires ? Quels sont les avantages de chaque type de données ? Dans quel cas devrait-on utiliser chaque type ?
4. Au moment de la collecte de données, les analystes en marketing peuvent mener soit une recherche exploratoire, soit une recherche formelle, ou les deux. Quelles considérations guident leur choix des méthodes de collecte des données ?
5. Les technologies de l'information et de la communication, y compris Internet, sont en train de révolutionner non seulement la pratique du marketing, mais aussi les méthodes de recherche en marketing. C'est ainsi que de nombreuses sociétés ont recours à diverses techniques d'observation (GPS, RFID, caméras vidéo, écoute, étude ethnographique, etc.) pour recueillir des données sur leurs clients. Expliquez les questions éthiques qui soustendent l'utilisation croissante de techniques d'observation axées sur la technologie.
6. La recherche en marketing a pour but d'aider les gestionnaires marketing à prendre de meilleures décisions sur divers aspects de leur travail. La qualité des résultats de la recherche est subordonnée à celle des données sur lesquelles ils sont basés. Que peuvent faire ces gestionnaires en vue d'obtenir des données d'une qualité supérieure ?
7. Expliquez les principaux avantages et désavantages de l'utilisation d'Internet pour la recherche en marketing par opposition aux méthodes traditionnelles hors ligne.
8. Expliquez en quoi la façon dont une étude de marché est conçue pourrait diminuer sa fiabilité et sa validité. Une étude de marché fiable peut-elle ne pas être tout à fait valide ? Une étude valide peut-elle ne pas être tout à fait fiable ? Justifiez vos réponses.
9. À votre avis, qu'est-ce qui distingue les méthodes de recherche exploratoire, plutôt qualitatives, des méthodes de recherche formelle, plutôt quantitatives ? Quelle méthode un analyste en marketing doit-il préférer et pourquoi ?
10. Expliquez certains problèmes et difficultés auxquels les analystes en marketing font face à l'étape de l'analyse et de l'interprétation des données du processus de recherche. Devraient-ils signaler ces problèmes lorsqu'ils présentent leur rapport de recherche ? Pourquoi ?

Marketing appliqué

1. Un grand magasin recueille des données sur les achats de sa clientèle et les consigne dans un entrepôt de données. Si vous étiez l'acheteur des vêtements pour enfants de ce magasin, quelles données extrairiez-vous de l'entrepôt afin de mieux faire votre travail ?
2. Nommez un organisme sans but lucratif qui pourrait bénéficier de la recherche en marketing et décrivez un projet de recherche qu'il pourrait mettre en œuvre. Expliquez en quoi ce projet serait utile à l'organisation.
3. Les analystes en marketing ne suivent pas toujours dans l'ordre les étapes du processus de recherche. Donnez un exemple de projet de recherche qui pourrait ne pas se dérouler dans l'ordre.
4. Un nouveau magasin de vêtements pour hommes veut savoir s'il existe un marché intéressant pour ce type de marchandise dans la ville où il envisage de s'établir. Les responsables de la recherche en marketing recueilleront-ils des données primaires ou des données secondaires, ou une combinaison des deux, pour répondre à cette question ?
5. Une entreprise de haute technologie vient d'inventer une technologie qui permet de corriger la vision sans chirurgie ni lentilles cornéennes. L'entreprise doit estimer la demande relative à ce service. Utilisera-t-elle des données primaires ou des données secondaires, ou un mélange des deux ?
6. La directrice d'une banque remarque que, au moment où les clients arrivent au comptoir, ils semblent irrités et impatients. Comme elle veut en savoir plus sur ce problème, elle vous engage pour concevoir un projet de recherche dont l'objectif est de déterminer ce qui agace la clientèle. Quel type de recherche lui recommanderiez-vous : une recherche exploratoire ou une recherche formelle ?
7. Ayant développé une nouvelle boisson, Snapple veut déterminer si elle doit la mettre en marché dans tout le Canada. L'entreprise a fondé sa campagne publicitaire sur deux études distinctes : des entrevues de groupe pour trouver le message publicitaire approprié à la nouvelle boisson ainsi qu'un sondage pour évaluer l'efficacité de sa campagne publicitaire axée sur la nouvelle boisson Snapple. Quelle étude était exploratoire et laquelle était formelle ?
8. Quelles autres études Snapple devrait-elle réaliser, selon vous ?
9. Supposons que votre université veuille modifier sa procédure d'établissement des horaires afin de mieux servir les étudiants. Quelles sources de données secondaires pourrait-elle utiliser pour conduire une recherche sur ce sujet ? Expliquez l'usage qu'elle pourrait faire de ces sources. Décrivez une méthode que vous pourriez employer pour recueillir des données primaires sur ce sujet. Lui recommanderiez-vous de suivre un ordre précis pour obtenir chaque type de données ? Justifiez votre réponse.
10. Projetant de lancer un nouveau shampooing, Tony tente de déterminer les caractéristiques et le prix qui seraient attrayants pour les consommateurs. L'entreprise lance un appel d'offres à quatre sociétés de recherche en marketing. Trois d'entre elles lui soumettent les propositions décrites ci-dessous. Quelle société Tony devrait-elle engager ? Expliquez pourquoi vous préférez cette société aux autres.

Société A	Société B	Société C
Tony a eu recours aux services de cette société dans le passé. Celle-ci estime qu'elle peut effectuer le travail en deux mois pour 200 000 $. Elle a l'intention de mener une enquête téléphonique et d'utiliser des données secondaires.	Le principal concurrent de Tony utilise les services de cette société, qui prétend pouvoir effectuer le travail en un mois pour 150 000 $. Elle compte réaliser une enquête téléphonique et utiliser des données secondaires. Au cours d'une discussion sur son tarif et le délai estimé, la société mentionne qu'elle s'appuiera sur les résultats d'un rapport récent publié par l'un des concurrents de Tony.	Cette société bien connue se concentre depuis peu sur les entreprises de biens emballés pour la vente au détail. Elle propose un prix de 180 000 $ et un délai d'un mois. Elle compte mener une enquête sur le Web et utiliser des données secondaires.

Cyberfuté

1. Visitez le site du Centre de recherche Decima (www.decima.com) et celui d'Ipsos Canada (www.ipsos.ca/fr), deux sociétés de sondage. Explorez leurs sites pour trouver les résultats d'un sondage récent qui sont accessibles gratuitement et imprimez-les. Cernez le ou les objectifs du sondage. Expliquez l'un des principaux résultats et interprétez les données sur lesquelles il s'appuie.

2. Visitez le site Web d'Eopinions.com (www.eopinions.com), un centre d'échange de données statistiques sur divers produits et services. Lisez les évaluations et les commentaires relatifs à une entreprise que vous connaissez bien. Expliquez dans quelle mesure ce site peut être utile à un gestionnaire marketing de cette entreprise, qui doit réaliser une recherche en marketing sur l'entreprise et ses concurrents. Précisez s'il doit recueillir des données secondaires ou des données primaires, et effectuer une recherche exploratoire ou formelle.

Étude de cas

LA RECHERCHE STIMULE LES VENTES DE PRODUITS IAMS[28]

Le chien est plus que jamais le meilleur ami de l'homme. En effet, les Canadiens passent davantage de temps avec leurs animaux de compagnie qu'il y a trois ans. On trouve des animaux de compagnie dans plus de la moitié des foyers canadiens[29]. Dernièrement, les sommes que les Canadiens sont prêts à dépenser pour leurs animaux de compagnie ont décuplé. Selon Louis McCann, directeur général du Conseil consultatif mixte de l'industrie des animaux de compagnie (PIJAC), dont le siège social est à Ottawa, la valeur de la florissante industrie des animaux de compagnie est passée d'environ 3,5 milliards de dollars en 2001 à 4,5 milliards aujourd'hui[30].

Plus encore qu'auparavant, les propriétaires d'animaux de compagnie considèrent ceux-ci comme des membres de la famille. Une enquête a révélé que la moitié d'entre eux choisiraient leur animal pour unique compagnon sur une île déserte[31].

En conséquence, lorsque le premier fabricant mondial de produits domestiques, Procter & Gamble, a voulu acquérir d'autres entreprises, l'industrie des animaux de compagnie lui a paru attrayante. La société a donc fait l'acquisition de Iams en 1999, et celle-ci s'est ajoutée à son unité d'affaires mondiale Health Care. Fondée en 1946[32] par le spécialiste de la nutrition animale Paul Iams, la marque était reconnue et respectée même si elle n'était vendue que dans des magasins spécialisés comme PetSmart et Petcetera et des cliniques vétérinaires.

Procter & Gamble a élargi radicalement ses canaux de distribution pour englober les gros détaillants et les épiceries comme Loblaw, Walmart et Costco. Ayant analysé les premières performances de vente, Procter & Gamble a découvert que la marque Iams était bien connue — plus de 85 % des propriétaires d'animaux la connaissaient. Nicolas Lopez, alors chef de marque chez Iams, affirme que les clients de la marque lui étaient extrêmement fidèles. Toutefois, le nombre de propriétaires ayant essayé la marque était très peu élevé et seulement 25 % des propriétaires d'animaux achetaient des produits Iams.

Il a donc fallu mener une recherche pour déterminer des façons d'amener plus de clients à essayer le produit. Lopez explique que les efforts de recherche ont commencé par des entrevues en profondeur menées auprès de propriétaires d'animaux dans des parcs. Ces entrevues ont permis de comprendre pourquoi certains clients achetaient les produits Iams et de parler avec des propriétaires d'animaux qui ne les achetaient pas.

Alors qu'ils s'entretenaient avec des propriétaires qui n'avaient pas encore essayé les produits Iams, les analystes en marketing ont tenté de saisir ce qui les retenait. Grâce à ces entrevues, Lopez a appris que les gens aimaient tellement leurs animaux qu'ils étaient prêts à payer beaucoup plus cher pour un produit qui convenait parfaitement à leur animal. Cette idée a été très utile par la suite au moment de l'élaboration d'une nouvelle campagne de marketing.

À la suite de ces entrevues, Procter & Gamble a effectué une étude par observation en passant du temps dans les foyers des consommateurs. L'objectif était d'observer les interactions des gens avec leurs animaux et de déterminer ce que la marque Iams changeait dans la vie de ces animaux. Selon Lopez, les observateurs ont été directement témoins de la tendance à l'« humanisation des animaux de compagnie », lesquels occupaient désormais une place beaucoup plus importante dans la maison. Dans certains cas, les animaux étaient considérés et traités comme des enfants.

Naturellement, ces propriétaires ont voulu savoir s'ils avaient fait les bons choix relatifs aux divers aspects de la vie de leur animal, y compris sa nourriture. L'équipe de recherche a pris note de leurs commentaires concernant les changements qu'ils avaient observés chez leurs animaux après leur avoir donné des produits Iams : poil plus brillant, meilleure digestion, meilleure santé, regain d'énergie. Les propriétaires prétendaient que leur chien paraissait en meilleure santé.

Forte des idées glanées au cours des entrevues en profondeur et de l'étude par observation, l'équipe de Iams s'est entretenue avec des scientifiques de Procter & Gamble au sujet des formules des produits et en a appris davantage sur la technologie éprouvée qui sous-tendait chaque bienfait cité par les propriétaires d'animaux. Ces connaissances ont permis à l'équipe de concevoir une campagne de marketing adaptée aux consommateurs, qui reliait plus étroitement les avantages scientifiques de la marque aux bienfaits observés chez les animaux nourris avec des aliments Iams depuis quelques semaines, par exemple le contrôle du tartre. La campagne était axée sur le concept suivant : « Grâce aux produits Iams, votre animal présentera des signes visibles de meilleure santé après seulement quatre semaines. » Procter & Gamble s'est concentrée sur cinq principaux signes de bonne santé : la digestion, la peau et le poil, le tonus musculaire, la brillance du regard et le niveau d'énergie.

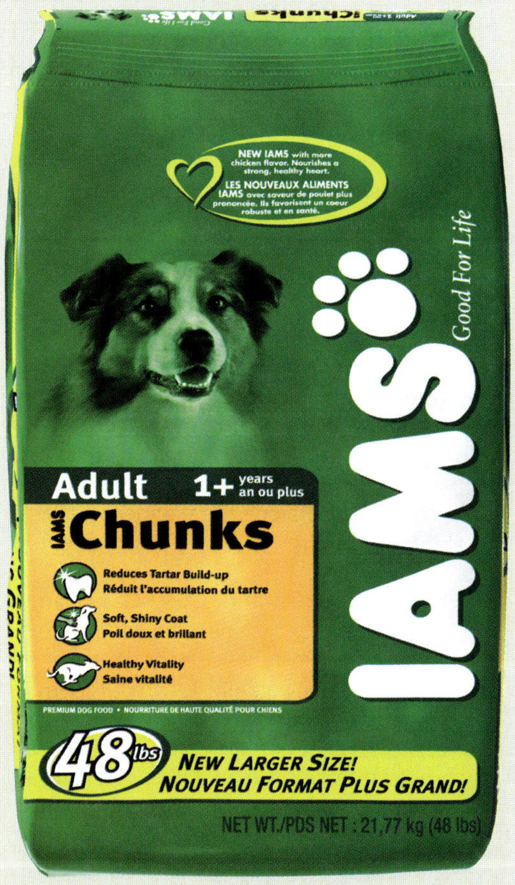

En observant les interactions des propriétaires d'animaux avec ceux-ci, Procter & Gamble a pu axer sa campagne publicitaire sur les bienfaits visibles pour la santé des produits Iams.

Dans le cadre de cette campagne, Procter & Gamble a offert des produits Iams à des personnalités de la radio en leur demandant de surveiller les cinq signes de bonne santé chez leur animal de compagnie. Ces personnalités ont ensuite diffusé sur les ondes les résultats obtenus.

Ces efforts de recherche ont porté des fruits. La campagne de marketing a été un véritable succès et la part de marché occupée par Iams a augmenté de 2,5 % en trois ans.

Questions

1. Comment Procter & Gamble a-t-elle défini le problème relatif à la marque Iams lors de la première étape du processus de recherche ?
2. Quel type de recherche la société a-t-elle menée : une recherche exploratoire ou une recherche formelle ? Proposez des méthodes de recherche autres que les entrevues en profondeur et les études par observation qui auraient permis à Procter & Gamble de répondre aux mêmes questions. Quelle méthode ou quelles méthodes privilégieriez-vous ?
3. Pourquoi des données secondaires n'auraient-elles pas été très utiles pour permettre à Procter & Gamble de découvrir la meilleure façon de convaincre les consommateurs d'adopter les produits Iams ?

CHAPITRE 6

OBJECTIFS D'APPRENTISSAGE

Après avoir lu ce chapitre, vous devriez être en mesure :

OA 1 de décrire les étapes du processus décisionnel du client ;

OA 2 de savoir estimer le temps que met le consommateur à se renseigner sur un produit ou un service avant de l'acheter ;

OA 3 de comprendre dans quelle mesure le niveau d'implication du client dans la décision d'achat varie en fonction du type de décision à prendre ;

OA 4 de comprendre comment les facteurs psychologiques, sociaux, culturels et situationnels influent sur le comportement d'achat d'un consommateur.

Le comportement du consommateur

Sony a lancé son tout premier baladeur, le Walkman bleu et argenté apparaissant à la page suivante, au Japon, le 1er juillet 1979. À partir de ce moment, et jusqu'à la fin des années 1980, les concurrents, qui ne voulaient pas être dépassés, ont décidé de livrer à Sony une compétition féroce, comme Toshiba avec le Walky et AIWA avec le Cassette Boy. Non seulement le baladeur de Sony a remporté la bataille, mais en plus, le mot *walkman* est devenu le terme générique pour parler de ce type de lecteur de musique portatif, comme *rollerblade* est devenu le terme générique désignant les patins à roues alignées. Toutefois, vers 1990, le baladeur cassette a commencé à devenir désuet ; c'est pourquoi Sony a lancé le Discman, un baladeur CD. Cet appareil a peu à peu remplacé le baladeur cassette et assuré à Sony le titre de chef de file de l'industrie. En 2000, Sony avait déjà fabriqué plus de 150 millions de baladeurs dans environ 300 modèles pour tous les segments de marché, du nourrisson à la personne âgée et de l'aventurier au sédentaire. Le baladeur de Sony et son statut emblématique n'allaient toutefois pas tarder à être mis à l'épreuve. En effet, Apple, un nouvel arrivant dans le domaine des lecteurs de musique portatifs, a lancé son premier iPod au mois d'octobre 2001[1].

Au cours de son premier trimestre, Apple a vendu plus de 14 millions de iPod, un nombre qui aurait pu être bien plus élevé si l'entreprise n'avait pas sous-estimé la demande des clients. Ces nouveaux appareils électroniques se sont vendus comme des petits pains chauds. Des millions de consommateurs ont laissé tomber leur baladeur ou leur lecteur MP3 traditionnel pour se procurer un iPod, lequel est devenu le lecteur le plus vendu dans le monde. Dès 2007, le iPod possédait près de 80 % des parts de marché aux États-Unis et plus de 55 % des parts de marché au Canada, tous types de lecteurs portatifs confondus. Même au Japon, le berceau du baladeur Sony, les parts de marché du iPod s'élèvent à près de 50 %, comparativement à 20 % pour le Walkman. Sony a reconnu sa défaite aux mains du iPod non seulement à l'étranger, mais aussi au Japon. Tout comme le baladeur de Sony autrefois, le iPod d'Apple représente maintenant tous les types de lecteurs MP3, mais il lui a fallu bien moins de temps avant de mériter ce titre.

Le iPod a eu une influence considérable tant sur les consommateurs que sur les entreprises. Il est d'ailleurs à l'origine d'une toute nouvelle industrie qui gravite autour de lui, celle des étuis à iPod, des accessoires, des haut-parleurs, des adaptateurs, etc. Levi Strauss a même lancé, en 2006, une paire de jeans compatibles avec le populaire lecteur MP3. Dans le même ordre d'idées, BMW est à l'origine de la première interface iPod pour l'automobile, ce qui permet au conducteur des plus récents modèles BMW de faire fonctionner son iPod par l'entremise des commandes intégrées au volant de la voiture ou encore des touches de sa chaîne stéréo. Certains fabricants d'appareils stéréo indépendants, dont JVC, Pioneer, Kenwood et Alpine, proposent des systèmes intégrés compatibles avec le iPod. Vers le milieu de l'année 2007, quatre grands noms de l'aviation, soit United Airlines, Continental Airlines, Delta Airlines et Emirates Airlines, ont accepté d'installer des prises iPod aux sièges de leurs appareils. Ce service gratuit permet ainsi aux passagers de brancher leur iPod, de le recharger, de regarder leurs vidéos sur l'écran situé sur le dossier du siège avant et d'y consulter la liste de leurs morceaux. Même les concurrents d'Apple, notamment Sony Ericsson, Nokia et Microsoft, apportent des changements à leurs produits pour qu'ils soient compatibles avec le iPod.

En outre, l'industrie de la baladodiffusion[2] commence à mettre de la pression sur l'industrie de la radiodiffusion traditionnelle et son modèle d'affaires. Bien des stations de radio, comme CBC ou CTV, ont réagi à cette pression en offrant leurs émissions en format mobile. Certains enseignants et formateurs et même des organisations ont recours à ce format pour leurs cours.

Finalement, le iPod a révolutionné le monde des lecteurs MP3, tout comme Google a révolutionné les moteurs de recherche. Se pourrait-il qu'il soit un jour détrôné ? Quoi qu'on en dise,

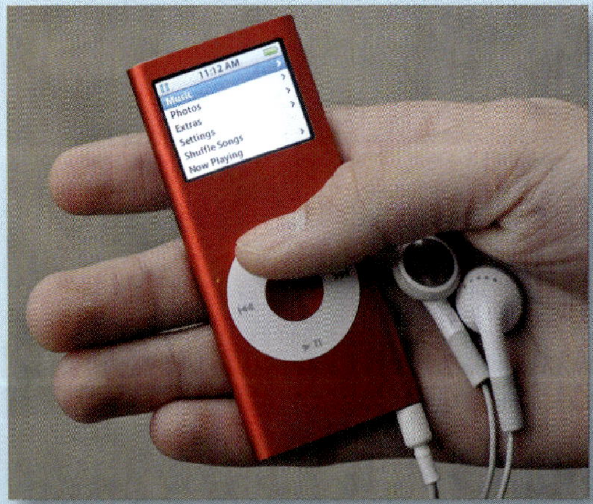

Le Walkman TPS-L2 a été lancé le 1er juillet 1979. Le iPod, quant à lui, a été lancé en octobre 2001.

les imitations de Sony, de Microsoft, de Creative Design, etc., n'arrivent pas à supplanter le iPod. Pourquoi ? Parce que cet appareil offre un bon rapport qualité-prix aux clients. Apple a compris que les consommateurs veulent un lecteur portatif pratique, esthétique, qui a du style et avec lequel ils peuvent établir un lien affectif. Et c'est exactement ce que leur offre le iPod. Apple offre également de la valeur aux consommateurs par l'entremise de leur communication commerciale. Ainsi, les écouteurs blancs qui viennent avec le iPod sont devenus un véritable symbole de la marque. Ils sont constamment montrés dans les annonces publicitaires et forment parfois un contraste frappant avec les silhouettes sombres des figurants. Enfin, Apple offre de la valeur au moyen de ses stratégies relatives à la fixation des prix et à la distribution. Les prix sont donc compétitifs pour que le iPod se démarque sur le marché et l'appareil n'est vendu que chez certains revendeurs.

Qui, parmi nous, a déjà acheté un produit pour quelqu'un d'autre ou en a déjà reçu un ? Nous tous, évidemment. Nous sommes tous des consommateurs à un moment ou à un autre de notre vie. Mais l'humain est aussi un être parfois irrationnel à qui il arrive de ne pouvoir justifier certaines actions. Cette caractéristique complique le travail des gestionnaires marketing, car s'ils ne parviennent pas à comprendre parfaitement le comportement du consommateur, ils ne seront pas en mesure de satisfaire les besoins et les désirs de ce dernier. À l'aide de la sociologie, de l'anthropologie et de la psychologie, les gestionnaires marketing ont réussi à déchiffrer de nombreuses actions exécutées par le consommateur en vue d'élaborer certaines stratégies de base qui visent à s'adapter au comportement de ce dernier.

Pour bien comprendre le comportement du consommateur, il faut d'abord comprendre pourquoi les individus se procurent des biens et des services. Généralement, les gens choisissent un produit ou un service plutôt qu'un autre parce qu'ils trouvent qu'il leur convient davantage, c'est-à-dire que le rapport entre les avantages et le coût de l'un est supérieur au rapport entre les avantages et le coût d'un autre[3]. Par exemple, des dizaines de milliers de Canadiens se sont procuré un iPod d'Apple le jour même de son lancement. Lorsqu'ils ont pris la décision de remplacer leur lecteur MP3 ou leur baladeur par un iPod, ils se sont probablement posé les questions suivantes : « Quelle valeur est-ce que j'obtiens en échange du prix que je dois payer pour me procurer un iPod ? » et « Que vont penser mes amis, les membres de ma famille et mes collègues de mon nouvel achat ? »

Dans le cadre du présent chapitre, nous étudierons les étapes par lesquelles passe le consommateur lorsqu'il se procure un produit ou un service. Nous traiterons également des différences dans le processus décisionnel du consommateur en fonction de la situation d'achat. Par la suite, il sera question des facteurs psychologiques, sociaux, culturels et situationnels qui ont une influence sur le processus décisionnel. Tout au long de ce chapitre, nous illustrerons les moyens que les entreprises peuvent employer pour inciter les consommateurs à acheter leurs produits ou leurs services. La feuille de route apparaissant à la page suivante présente les principaux thèmes abordés dans ce chapitre.

Le processus décisionnel du consommateur

OA 1

Le modèle du processus décisionnel du consommateur est composé d'une série d'étapes que franchit le consommateur avant de faire un achat, pendant l'achat et

FEUILLE DE ROUTE

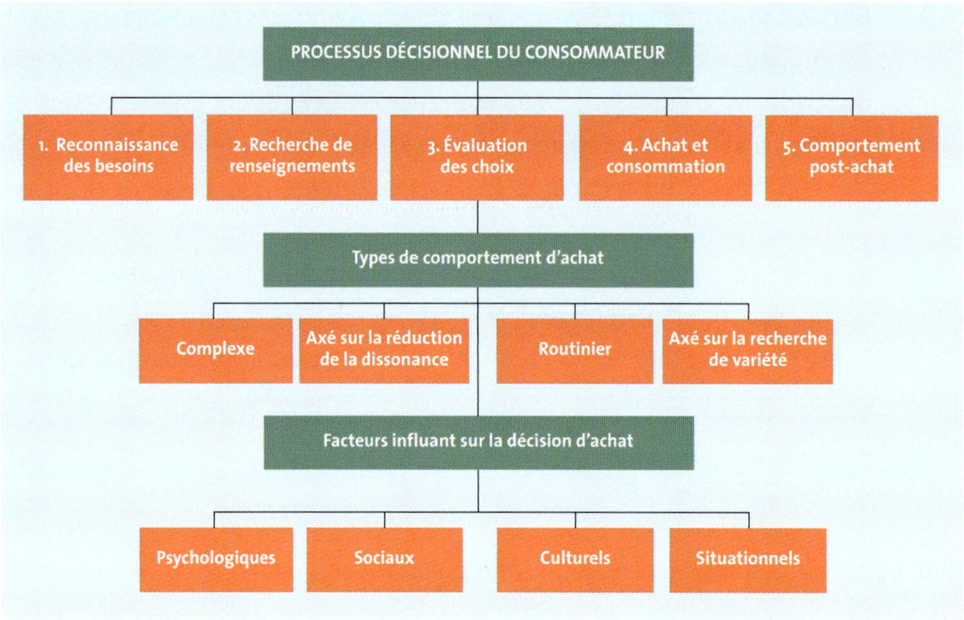

après celui-ci. Comme les gestionnaires marketing ont souvent de la difficulté à expliquer la décision d'achat d'un consommateur, il serait utile pour nous de décortiquer le processus décisionnel en plusieurs étapes, que nous analyserons avec soin[4], (*voir la figure 6.1*).

Étape 1 : la reconnaissance des besoins

reconnaissance des besoins (*need recognition*) L'une des premières étapes du processus de décision, qui consiste, chez le consommateur, à reconnaître qu'il a un besoin inassouvi, puis à passer de l'état de nécessité actuel à l'état de désir.

Le processus décisionnel du consommateur débute lorsque ce dernier reconnaît qu'il a un besoin inassouvi et désire passer d'un état de besoin à un état de satiété. Plus l'écart est grand entre les deux états, plus grande est la **reconnaissance des besoins**. Par exemple, vous ressentez la faim et vous aimeriez mieux vous sentir rassasié. Si vous n'avez qu'un peu faim, vous pouvez choisir d'ignorer cette sensation et de manger plus tard. Mais si vous avez faim au point que votre estomac gargouille, votre besoin — la différence entre votre état actuel, la faim, et l'état souhaité, la satiété — sera plus grand et vous allez probablement choisir de manger sur-le-champ afin d'atteindre cet état souhaité. Les besoins des consommateurs peuvent être fonctionnels, psychologiques ou encore être une combinaison des deux[5].

FIGURE 6.1 Le processus décisionnel du consommateur

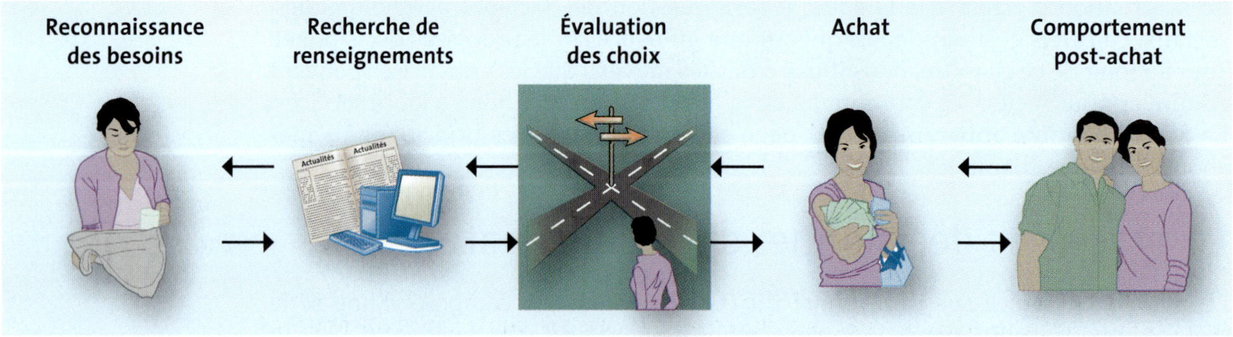

Les besoins fonctionnels Les **besoins fonctionnels** ont trait à une fonction ou au rendement d'un produit ou d'un service. Pendant plusieurs années, le Gore-Tex, le Polartec et le Thinsulate étaient considérés comme des fibres synthétiques de technologie supérieure pouvant servir à la confection de vêtements d'extérieur robustes et à performance élevée. Sachant que les consommateurs recherchent ces types d'étoffes, les fabricants de vêtements d'extérieur haut de gamme comme North Face affichent bien en évidence la composition de chacun de leurs vêtements et de leurs équipements. Certains magasins à grande surface leur ont aussi emboîté le pas.

Dans l'émission Sex and the City *diffusée sur HBO, Sarah Jessica Parker interprète le rôle de Carrie, celle qui a élevé au rang d'incontournable, dans certains milieux, la marque de chaussures haut de gamme Manolo Blahnik.*

besoins fonctionnels (*functional need*) Besoins relatifs à une fonction ou au rendement d'un produit ou d'un service.

besoins psychologiques (*psychological needs*) Besoins qui concernent le degré de satisfaction associé à un produit ou à un service par le consommateur.

Les besoins psychologiques Les **besoins psychologiques** concernent les éléments symboliques associés à un produit ou à un service par le consommateur. Les chaussures, par exemple, répondent à un besoin fonctionnel, celui de protéger nos pieds de la saleté et des éléments. Alors, pourquoi certaines personnes sont-elles prêtes à payer de 500 $ à 2 000 $ pour des chaussures qui remplissent mal ces fonctions ? Parce qu'elles cherchent à assouvir un besoin psychologique. Dans l'émission *Sex and the City* (*Sexe à New York*) diffusée sur HBO, Sarah Jessica Parker incarne le rôle de Carrie, une jeune femme qui voue un amour inconditionnel aux exquises chaussures Manolo Blahnik. Épisode après épisode, les mordus de la série ont non seulement entendu les personnages parler des créations de Manolo Blahnik, mais ils ont également eu un aperçu de ses chefs-d'œuvre. Résultat, dans certains milieux, le nom de Manolo Blahnik est devenu symbole de bon goût et de sophistication et la demande dépasse largement les 15 000 paires par mois que les quatre usines situées en banlieue de Milan sont en mesure de produire[6].

Ces exemples illustrent le fait qu'une grande majorité de produits et de services répondent tant à un besoin fonctionnel qu'à un besoin psychologique. Alors que l'aspect fonctionnel du Gore-Tex constitue son principal argument de vente, les apprentis randonneurs le choisissent aussi pour son esthétique. Le cas des chaussures Manolo Blahnik est très différent, car le besoin psychologique auquel il répond prend le dessus sur le besoin fonctionnel. Dans le même ordre d'idées, vous pouvez choisir de vous faire couper les cheveux pour une somme de 15 $ dans un salon de coiffure qui appartient à une chaîne connue ou alors payer 80 $ et plus pour obtenir pratiquement la même coupe, mais dans un salon de coiffure haut de gamme. Objectivement, les deux coupes seront-elles si différentes ? La réponse peut varier selon ce que vous considérez comme une coupe de cheveux réussie ou un bon rapport qualité-prix. Une personne peut s'intéresser aux bas prix tandis qu'une autre peut aimer les petites attentions et les extras que lui procurent les salons de luxe. Chose certaine, pour un plan marketing réussi, il est nécessaire de bien comprendre l'importance accordée au besoin fonctionnel ou au besoin psychologique de manière à s'adapter au public cible de l'entreprise. Harley-Davidson, par exemple, construit des motocyclettes qui font bien plus que de mener leurs conducteurs du point A au point B. Ces motos représentent carrément un mode de vie pour les amateurs qui souhaitent se promener tout en ayant du plaisir, comme cela est expliqué dans la rubrique Valeur ajoutée 6.1 (*voir p. 170*).

Étape 2 : la recherche d'informations

OA 2

La deuxième étape du processus décisionnel, après celle de la reconnaissance des besoins, consiste à rechercher des informations sur les choix qui s'offrent au

Valeur ajoutée 6.1 Le Groupe des propriétaires de Harley, véritable paradis sur terre[7]

C'est à croire que, depuis quelque temps, tout le monde veut faire partie du Groupe des propriétaires de Harley (Harley Owners Group ou HOG[8]). Pendant des années, les motocyclettes Harley-Davidson ont été le premier choix de véhicule à deux roues des passionnés de la moto, et leur demande a dépassé l'offre. Même si les autres fabricants — comme BMW, Yamaha, Suzuki, Honda et Kawasaki — proposent des véhicules pratiques, fiables et rapides, ces marques ne sont pas de taille à rivaliser avec la mythique Harley.

En raison de sa riche histoire, du service qu'elle offre aux motocyclistes et de sa marque protégée, la firme Harley-Davidson est à l'origine d'un engouement qui tient pratiquement du culte. Dix ans seulement après que William S. Harley et Arthur Davidson eurent assemblé leur première moto dans une modeste remise, en 1903, l'entreprise Harley-Davidson a ouvert une usine à Milwaukee, remporté plusieurs trophées de courses, lancé sa première moto à moteur V-Twin et fait breveter son illustre logo. Pendant la Première Guerre mondiale, elle a fourni une série de motocyclettes à l'armée américaine. Depuis le lancement, en 1916, du magazine *Enthusiast* de Harley-Davidson, se sont succédé sur sa couverture de grandes vedettes, dont Elvis Presley. Il s'agit de la revue sur les motocyclettes publiée le plus longtemps sans interruption.

Le plus important événement depuis la création de l'entreprise Harley-Davidson pourrait bien être la formation, en 1983, du Groupe des propriétaires de Harley. Ce groupe est la plus grande association de motocyclistes parrainée par une usine. La mission de ses 800 000 membres : conduire leur moto et avoir du plaisir.

En plus de recevoir les publications *Enthusiast* et *Hog Tales*, le magazine officiel du Groupe des propriétaires de Harley, les membres de celui-ci peuvent profiter du programme de location *Fly & Ride*. Dans le cadre de ce programme, ils ont la possibilité de se rendre en avion aux États-Unis, au Canada, en Europe ou en Australie dans l'une des 40 villes couvertes par le programme, d'y louer une motocyclette et de voir du pays. Par contre, le principal avantage lié à l'adhésion au Groupe des propriétaires de Harley est certainement l'atmosphère de franche camaraderie qui règne entre des gens qui se ressemblent sur plusieurs points. Dans leurs sections locales, lesquelles ont un lien étroit avec des concessionnaires de Harley-Davidson, et au cours d'événements spéciaux qui ont lieu aux quatre coins du globe, les membres du Groupe forment une véritable communauté et ont la chance de partager leur amour des motos Harley-Davidson.

Outre le service qu'elle offre à ses motocyclistes, l'entreprise a pris soin de développer et de protéger une marque d'envergure mondiale. Se classant parmi les 50 marques les plus reconnues dans le monde, Harley-Davidson propose aux consommateurs toute une gamme de pièces, d'accessoires et de vêtements de marque vendus dans divers points de vente, dont des détaillants, des concessionnaires et même sur Internet. L'allure des motos Harley-Davidson, la sensation qu'elles procurent et le son qu'elles émettent sont caractéristiques de la marque. Si bien que l'entreprise a tenté, en 1994, de faire breveter le son que produit le tuyau d'échappement du moteur V-Twin.

Même si Harley-Davidson aime bien que ses motocyclistes projettent une image d'individualistes acharnés qui modifient leur engin pour qu'il reflète leurs goûts, l'entreprise a réussi à se bâtir une clientèle fidèle qui considère qu'une moto fonctionnelle représente davantage que deux roues et un moteur. Il y a aussi l'art, l'histoire et la communauté qui se trouvent derrière la motocyclette.

Tout le monde veut posséder une Harley-Davidson, même le célèbre animateur de The Tonight Show, *Jay Leno.*

consommateur. La durée de la recherche et les efforts investis dépendent du degré de risque associé au coût du produit ou du service que le consommateur veut se procurer.

Si vous trouvez que votre coupe de cheveux est un élément important de votre apparence et de votre estime personnelle, il se peut que vous preniez le temps de trouver un salon de coiffure et un styliste qui vous conviennent. Toutefois, un athlète qui souhaite se faire raser les cheveux choisira peut-être de se rendre au salon de coiffure le plus près, le plus pratique et le moins cher. Peu importe le temps qu'il accorde à sa recherche, le consommateur se fie à deux types d'informations : les informations internes et les informations externes.

recherche d'informations internes (*internal search for information*) Recherche menée par l'acheteur pour trouver des renseignements parmi ses souvenirs ou ses connaissances personnelles en vue de prendre une décision d'achat.

Dans une **recherche d'informations internes**, l'acheteur potentiel fait appel à sa mémoire et à ses connaissances sur le produit ou le service. En conséquence, il tient compte de ses expériences passées. Par exemple, Simon aime bien faire des achats en ligne et adore les films d'action. Chaque fois qu'il a envie de regarder un film, il le commande sur zip.ca. Il recourt à sa mémoire et à ses expériences passées pour prendre une décision d'achat. Par contre, dans une **recherche d'informations externes**, le consommateur va au-delà de ses connaissances personnelles en vue de prendre une décision d'achat. Ainsi, il peut choisir de demander l'avis de ses amis, d'un membre de sa famille ou d'un vendeur en vue de pallier son manque de connaissances sur le sujet. Il peut aussi faire des recherches sur Internet, consulter des revues comme *Consumer Reports* ou *Protégez-vous*, d'autres publications ou encore des médias comme la télévision et la radio.

recherche d'informations externes (*external search for information*) Recherche menée par l'acheteur pour trouver des renseignements ne faisant pas partie de ses connaissances personnelles en vue de prendre une décision d'achat.

Les facteurs influant sur le processus de recherche du consommateur Il est important pour les gestionnaires marketing de comprendre les nombreux facteurs qui ont une incidence sur le processus de recherche du consommateur, dont les suivants :

- *Le rapport entre les avantages et le coût perçus.* Vaut-il la peine de consacrer du temps et des efforts à la recherche d'informations sur le produit ou le service ? Par exemple, la plupart des ménages accordent beaucoup de temps à leurs recherches lorsqu'ils prévoient acheter une voiture, car il s'agit d'un achat dont le prix et l'importance sont relativement élevés et dont les implications en ce qui touche à la sécurité sont cruciales. Par contre, il est fort probable que ces ménages passent beaucoup moins de temps à mener des recherches sur la voiture-jouet qu'ils veulent acheter à leur jeune enfant.
- *Le locus de contrôle.* Les gens dont le **locus de contrôle** est **interne** ont le sentiment d'avoir un certain pouvoir sur ce qui leur arrive. Les individus qui pensent de la sorte feront généralement plus de recherches que les autres. Quant à ceux dont le **locus de contrôle** est **externe**, ils considèrent que ce qui leur arrive est l'effet du destin ou d'autres facteurs qui échappent à leur contrôle. Dans cette perspective, la quantité d'informations recueillies a peu d'importance ; s'ils font un choix judicieux, ils n'ont aucun mérite, mais s'ils font un mauvais choix, ce n'est pas leur faute non plus. Par exemple, si Simon croit qu'il est possible d'obtenir un bon prix au moment de l'achat de sa première voiture, il effectuera des recherches approfondies et se servira des informations qu'il aura amassées en vue de négocier le prix du véhicule. Par contre, s'il considère qu'il n'a aucun pouvoir sur le prix, peu importent les informations qu'il détient, il n'entreprendra pas de longues recherches.
- *Le risque réel ou le risque perçu.* Trois risques inhérents à la décision d'achat peuvent retarder et même interrompre le processus d'achat : le risque fonctionnel, le risque économique et le risque psychologique. Plus le risque est élevé, plus le consommateur est enclin à mener une recherche approfondie d'informations.

locus de contrôle interne (*internal locus of control*) Sentiment éprouvé par le consommateur d'avoir un certain pouvoir sur ce qui lui arrive. Les gens qui pensent ainsi ont davantage un comportement de recherche que les autres.

locus de contrôle externe (*external locus of control*) Sentiment éprouvé par le consommateur selon lequel ce qui lui arrive est l'effet du destin ou d'autres facteurs qui échappent à son contrôle.

Le **risque fonctionnel** est un risque perçu lié à un produit ou à un service dont le fonctionnement est inadéquat. Par exemple, la possibilité que la voiture sport de Simon refuse de démarrer ou qu'une des pièces de celle-ci se brise le jour où il a l'intention de faire une balade avec sa copine pour lui montrer sa nouvelle voiture constitue un risque fonctionnel.

risque fonctionnel (*performance risk*) Risque perçu lié à un produit ou à un service dont le fonctionnement pourrait être inadéquat.

Le **risque économique** est un risque associé à une dépense. Cela comprend le coût initial à l'achat ainsi que le coût d'utilisation du produit ou du service. Les constructeurs automobiles, en l'occurrence, savent que les garanties prolongées réduisent le risque économique, car les consommateurs craignent les frais élevés de réparation postérieurs à l'achat. Par exemple, pour réduire le risque économique qu'il court, Simon a décidé de prolonger de deux ans la garantie du fabricant de « 3 ans ou 60 000 kilomètres » qui couvre sa voiture sport.

risque économique (*financial risk*) Risque associé à une dépense. Cela comprend le coût initial à l'achat ainsi que les coûts d'utilisation du produit ou du service.

Finalement, le **risque psychologique** est le risque lié au sentiment qu'un consommateur éprouve lorsqu'un produit ou un service ne projette pas la bonne image. Par

risque psychologique (*psychological risk*) Risque lié au sentiment qu'un consommateur éprouve lorsqu'un produit ou un service ne véhicule pas la bonne image.

exemple, Simon a consulté les évaluations des diverses voitures sport sur le marché et demandé l'avis de ses amis pour s'assurer de faire un bon choix.

Les boissons gazeuses et le pain sont habituellement considérés comme des biens de consommation courante (à gauche). Les chaussures et les chandails sont des biens d'achat réfléchi (au centre) alors que les produits griffés, comme les vêtements Polo Ralph Lauren, sont des biens de spécialité (à droite).

- *Le type de produit ou de service.* Un autre facteur qui exerce une influence sur la recherche de renseignements d'un consommateur est le type de produit ou de service, en particulier s'il s'agit d'un produit ou d'un service de spécialité, d'achat réfléchi ou encore de consommation courante.

Les **produits et services de spécialité** sont des produits et des services pour lesquels le client démontre une forte préférence et pour lesquels il est prêt à faire des efforts considérables en vue de trouver les détaillants qui les offrent. Puisque Simon recherche la meilleure voiture sport, il lit attentivement les évaluations qu'il trouve en utilisant Internet et consulte ses amis qui possèdent une voiture sport avant de commencer à magasiner.

produits et services de spécialité (*specialty goods/services*)
Produits et services pour lesquels le client démontre une forte préférence et est prêt à faire des efforts considérables en vue de trouver les détaillants qui les offrent.

Les **produits et services d'achat réfléchi** sont des produits et des services auxquels le client accorde beaucoup de temps afin de comparer les choix qui s'offrent à lui (p. ex., un vêtement, un parfum ou un appareil électroménager). Quand Simon décide de s'acheter une nouvelle paire d'espadrilles, il entre dans de nombreux magasins, essaie les modèles qui l'intéressent, les compare et discute avec le vendeur ou la vendeuse.

produits et services d'achat réfléchi (*shopping goods/services*)
Produits et services auxquels le client accorde beaucoup de temps afin de comparer les choix qui s'offrent à lui (p. ex., vêtement, parfum, appareil électroménager).

Les **produits et services de consommation courante** sont des produits et des services pour lesquels le client ne veut pas avoir à se poser de questions avant de les acheter. Ce sont des articles que l'on achète fréquemment sans vraiment y réfléchir. Les boissons gazeuses, le pain et le savon appartiennent en général à ce type de produits.

produits et services de consommation courante (*convenience goods/services*)
Produits et services pour lesquels le client ne veut pas avoir à se poser de questions avant de les acheter.

Les consommateurs peuvent consacrer beaucoup de temps à la recherche d'un produit ou d'un service de spécialité ou d'achat réfléchi. La seule différence réside dans le type de recherche menée par le consommateur. Dans certains cas, les impressions et les besoins du client contribuent à préciser sa recherche ainsi que le type de produit qu'il souhaite acheter. Pour Simon, se faire couper les cheveux entre dans la catégorie des services de consommation courante ; c'est pourquoi il préfère les salons où le service est rapide et qui sont bien situés. Sa copine, toutefois, a essayé plus d'un salon de coiffure et comparé les résultats obtenus dans chacun d'eux. Pour elle, se faire couper les cheveux entre dans la catégorie des services d'achat réfléchi. Quant au père de Simon, il ne fréquente que le salon de coiffure pour hommes du quartier. À son avis, il s'agit du meilleur en ville. Il est prêt à attendre quelques jours avant de pouvoir obtenir un rendez-vous et ne voit pas d'inconvénient à payer un peu plus cher qu'ailleurs. Pour lui, se faire couper les cheveux entre dans la catégorie des services de spécialité.

Étape 3 : l'évaluation des choix

À votre avis, une coupe de cheveux est-elle un service de consommation courante, d'achat réfléchi ou de spécialité ?

Une fois que le consommateur a cerné le problème à résoudre et qu'il connaît les diverses possibilités, il doit trier celles-ci afin d'évaluer les choix qui s'offrent à lui. L'évaluation des choix survient souvent au moment de la recherche de renseignements. Par exemple, un végétarien pourrait s'informer sur une nouvelle marque de yogourt et l'éliminer immédiatement de ses choix parce que ce yogourt contient des sous-produits d'origine animale. En outre, les consommateurs sautent l'étape de l'évaluation des choix lorsqu'ils font des achats habituels — avez-vous déjà aperçu un amateur de lait écrémé acheter un litre de lait à 3,25 % ?

Quand le consommateur commence à évaluer les choix possibles, leur évaluation repose souvent sur une série de facteurs importants appelés « critères d'évaluation ».

Les **critères d'évaluation** sont une série d'éléments signifiants concernant un produit donné. Par exemple, un consommateur qui cherche à se procurer un lecteur MP3 pourrait tenir compte des fonctions de l'appareil, de son prix de vente, de son apparence et de la popularité de la marque à laquelle il appartient. De nos jours, en raison de la popularité indéniable du iPod, il serait assez simple de comparer les diverses marques de MP3 sur le marché. Cependant, le choix est parfois si varié qu'il devient difficile de comparer les marques et les magasins entre eux (p. ex., le marché des ordinateurs portables).

Afin de simplifier son processus décisionnel, le consommateur se sert parfois de raccourcis, notamment les attributs déterminants et les règles de décision. Les **attributs déterminants** sont des éléments d'un produit ou d'un service qui sont importants aux yeux de l'acheteur et qui diffèrent d'une marque ou d'un magasin à l'autre[9]. Étant donné que bien des choix arrivent nez à nez quant à certains critères d'évaluation, le consommateur recherche un élément distinctif, un attribut déterminant, dont il se sert pour différencier deux marques ou deux magasins. Les attributs déterminants semblent parfois tout à fait rationnels, comme la faible consommation d'essence pour une voiture sport, ou plus subtils et axés sur un aspect psychologique, comme la forme, la couleur et l'allure de la voiture.

Quant aux **règles de décision du consommateur**, il s'agit d'une série de critères dont le consommateur tient compte consciemment ou inconsciemment pour faire un choix rapide et éclairé parmi ce qui s'offre à lui. Il existe plusieurs types de règles de décision : le modèle compensatoire, le modèle non compensatoire et la décision heuristique.

critères d'évaluation (*evaluative criteria*)
Série d'éléments significatifs en ce qui concerne un produit donné.

attributs déterminants (*determinant attributes*)
Éléments d'un produit ou d'un service qui sont importants aux yeux de l'acheteur et qui diffèrent d'une marque ou d'un magasin à l'autre.

règle de décision du consommateur (*consumer decision rules*)
Série de critères dont le consommateur tient compte consciemment ou inconsciemment pour faire un choix rapide et éclairé parmi les produits ou les services qui s'offrent à lui.

modèle compensatoire (*compensatory decision rule*)
Processus d'évaluation où le consommateur compare l'ensemble des caractéristiques de produits ou de services considérés en vue d'un achat. Les points forts d'un produit compensent ses points faibles.

Le modèle compensatoire Le **modèle compensatoire** est une représentation du processus par lequel le consommateur évalue les choix qui s'offrent à lui et compare les caractéristiques d'un produit ou d'un service de manière à déterminer quels points forts permettent de compenser les points faibles[10]. Par exemple, lorsque Simon se cherchait une nouvelle voiture, il a tenu compte de plusieurs facteurs, dont le kilométrage, le style de la voiture, son prix et ses accessoires. L'automobile lui a coûté un peu plus cher que prévu, mais le fait que son kilométrage est très bas compense son prix élevé.

Même s'il n'a probablement pas suivi le processus de la décision d'achat à la lettre, tel qu'expliqué dans le tableau 6.1 (*voir p. 174*), ce dernier illustre bien le fonctionnement du modèle compensatoire. Ainsi, Simon a implicitement attribué des points à chacun des facteurs qui comptent à ses yeux en fonction de leur importance, pour arriver à un total de 1,0. Le kilométrage est le facteur le plus important (0,4 point) et le style de la voiture est le facteur le moins important à ses yeux (0,1 point). Ensuite, Simon donne une note sur une échelle de 1 à 10, 1 étant la note la plus faible et 10 étant la note la plus élevée, à chaque facteur de chacun des modèles de voitures qu'il évalue. Par exemple, étant donné qu'il trouve le kilométrage de la Toyota excellent, il lui donne un 10. Simon multiplie ensuite chacune des notes par le coefficient d'importance établi au départ, ce qui lui donne une note finale pour chacun des modèles.

Dans cet exemple, Toyota obtient la meilleure note parmi les trois modèles de voitures évalués ((0,4 × 10) + (0,1 × 8) + (0,3 × 6) + (0,2 × 8) = 8,2).

Les coutures originales et l'étiquette de ces jeans Parasuco constituent des attributs déterminants du vêtement qui permettent de le distinguer de ceux des autres marques.

TABLEAU 6.1 Comparaison entre le modèle compensatoire et le modèle non compensatoire dans l'achat d'une voiture

	Kilométrage	Style	Prix	Accessoires	Note finale
Coefficient d'importance	0,4	0,1	0,3	0,2	
Toyota	10	8	6	8	8,2
Honda	8	9	8	3	7,1
Saturn	6	8	10	5	7,2

Selon le modèle compensatoire, Toyota obtient la meilleure note.
Selon le modèle non compensatoire, Saturn obtient la meilleure note en fonction de son prix.

modèle non compensatoire (*non-compensatory decision rule*)
Choix de la part du consommateur d'un produit ou d'un service en fonction d'un sous-ensemble de caractéristiques, sans prêter attention à l'ensemble de ses attributs.

décision heuristique (*decision heuristics*)
Processus mental simple par lequel l'acheteur évalue les choix qui s'offrent à lui à l'aide de divers éléments, comme le prix, la marque ou la présentation du produit (p. ex., acheter la marque à plus bas prix, acheter toujours la même marque, acheter les produits en promotion).

Le modèle non compensatoire Parfois, le consommateur a recours à un **modèle non compensatoire**, c'est-à-dire qu'il choisit un produit ou un service en fonction d'un sous-ensemble de caractéristiques, sans prêter attention à ses autres attributs[11]. Simon pourrait trouver une voiture dont le kilométrage est bas et qui comporte une foule d'accessoires, mais à un prix considérablement plus élevé que le montant qu'il est prêt à dépenser. Ainsi, il pourrait renoncer à cette voiture seulement en raison de son prix. Il a donné la note 6 sur 10 au prix de la Toyota, mais les points forts de cette voiture ne sont pas en mesure de compenser son principal point faible, soit son prix élevé.

La décision heuristique Finalement, certains consommateurs prennent une **décision heuristique**, laquelle consiste en un processus mental pendant lequel l'acheteur éventuel effectue un tri des choix qui s'offrent à lui à l'aide de divers éléments. Voici quelques exemples d'éléments heuristiques :

- *Le prix*. Le consommateur peut privilégier le choix le plus cher, croyant qu'un prix élevé est synonyme de qualité, d'où l'expression « en avoir pour son argent ». D'un autre côté, il peut retenir le choix dont le prix est moyen — ni le plus cher, ni le moins cher —, croyant qu'il s'agit là d'un bon compromis entre les deux extrêmes[12].
- *La marque*. Le fait de toujours se procurer des produits de marque permet à certains consommateurs d'être rassurés quant au choix qu'ils ont fait. Acheter un produit de marque nationale, même s'il est plus cher, donne l'impression au consommateur qu'il vient d'acheter un produit de qualité supérieure à celle des autres produits[13]. Par exemple, bien des consommateurs choisissent les comprimés Tylenol ou Advil au lieu de ceux de Life, la marque maison de Pharmaprix, parce qu'ils croient qu'ils sont de meilleure qualité, même si les ingrédients sont les mêmes d'une marque à l'autre.
- *La présentation du produit*. Il n'est pas rare que l'apparence d'un produit ait une influence sur le processus décisionnel du consommateur. Par exemple, deux maisons semblables et de valeur égale peuvent être perçues bien différemment. Imaginons que l'une d'entre elles soit propre et épurée, qu'un bouquet de fleurs vienne d'être mis sur la table et qu'en entrant dans la maison on sente l'odeur réconfortante des biscuits qui sortent du four. Imaginons maintenant que, dans la seconde maison, il y ait trop de meubles et qu'il y règne une odeur désagréable. Les consommateurs aiment constater qu'un effort a été fourni ; c'est pourquoi la présentation du produit peut faire en sorte qu'une vente soit conclue ou qu'elle tombe à l'eau[14].

Une fois que le consommateur a évalué les choix qui s'offrent à lui de même que les avantages et les inconvénients de chacun de ces choix, il peut avancer dans son processus décisionnel et passer à l'étape suivante. La rubrique Cybermarketing 6.1 explique comment le site Expedia.ca a créé de la valeur aux yeux de sa clientèle canadienne en rendant divers forfaits facilement accessibles, et comment les consommateurs arrivent à comparer plusieurs forfaits.

Cybermarketing 6.1 Comparer les forfaits voyage grâce à Expedia[15]

L'exemple du site Expedia.ca permettra d'illustrer comment se déroule l'évaluation des choix au cours d'une décision d'achat. Expedia.ca est l'agence de voyages en ligne la plus populaire du Canada. Il s'agit d'une filiale de la société américaine Expedia.com, l'agence de voyages en ligne la plus populaire dans le monde entier et la quatrième agence de voyages en importance aux États-Unis. L'entreprise est consciente que les voyageurs canadiens ont des attentes plutôt élevées. C'est pourquoi elle leur offre, sur son site Internet www.expedia.ca, un système novateur qui permet à sa clientèle d'évaluer facilement les forfaits qui s'offrent à eux. D'abord, il est possible de faire une recherche parmi les offres à partir de la date de départ, du prix, des points d'intérêt ou des activités désirées. Le client peut ensuite réserver un vol, une chambre d'hôtel, une voiture de location, une croisière et même un forfait en quelques clics de souris. Le site propose également à sa clientèle plusieurs outils, tels que des alertes de voyage, des informations relatives aux vols, aux aéroports, aux passeports et à la météo, un système de sélection des places, un convertisseur de devises ainsi que des indications routières.

Les consommateurs peuvent se servir du système d'Expedia pour les recherches des plus générales — disons toutes les compagnies aériennes — aux plus spécifiques — par exemple, seules Air Canada, WestJet et American Airlines. Ils peuvent également faire une recherche à partir d'un attribut déterminant, comme le vol le moins cher ou le plus court. Certains voyageurs ont recours à un modèle non compensatoire; ils choisissent systématiquement Air Canada pour leurs vols internationaux, peu importent les autres choix possibles, parce qu'ils sont membres du programme *Grands voyageurs* de cette compagnie aérienne ou qu'ils préfèrent encourager une entreprise nationale. D'autres voyageurs, par contre, auront recours à un modèle compensatoire. Ainsi, ils feront affaire avec WestJet pour aller à Calgary à partir d'Ottawa s'il s'agit de la compagnie aérienne qui offre le vol le plus avantageux quant au prix, à la durée du vol et au nombre d'escales. Finalement, certains voyageurs font leur choix en fonction de certains éléments clés comme l'espace pour les jambes, le choix des films ou la qualité de la nourriture qui est servie en vol.

Expedia permet à chaque client d'être son propre agent de voyage.

Étape 4 : l'achat et la consommation

La valeur d'un produit ou d'un service compte pour beaucoup dans le processus décisionnel des consommateurs. Ces derniers cherchent et se procurent des produits et des services qui présentent, à leur avis, le meilleur rapport qualité-prix. Dans les prochains paragraphes, il sera question de plusieurs facteurs situationnels (mode de paiement, livraison, atmosphère et apparence du magasin) qui peuvent faire que le client achète ou non un produit dans l'immédiat. Par la suite, une fois que le client a accès à un produit ou à un service, il le consomme.

consommation rituelle (*ritual consumption*) Modèle de comportement associé à des événements et qui influe sur ce qu'un individu consomme et sur la façon dont il consomme.

On compte parmi les types de consommation la **consommation rituelle**, qui fait référence à un modèle de comportement associé à des événements et qui influe sur ce qu'un individu consomme et sur la façon dont il consomme. Ces comportements, qui revêtent une dimension symbolique, varient considérablement selon la culture du consommateur. Par exemple, il peut s'agir d'un rituel quotidien, comme prendre son café matinal au Tim Hortons ou se brosser les dents. Il peut également s'agir d'un rituel réservé aux occasions spéciales, comme les rites de passage ou les traditions du temps des fêtes. Bien des entreprises tentent de s'assurer que leurs produits et leurs services sont associés à la consommation rituelle. Imaginons un instant ce que deviendrait la société Hallmark sans les diverses célébrations qui ponctuent l'année ?

Étape 5 : le comportement post-achat

La cinquième et dernière étape du processus décisionnel est le comportement post-achat. Les gestionnaires marketing s'intéressent particulièrement à ce type de comportement, car il ne vise plus les clients potentiels, mais bien les clients réels. Ces gestionnaires espèrent que les clients feront preuve de loyauté, qu'ils achèteront de nouveau des produits à leur entreprise et que le bouche-à-oreille sera positif. C'est pourquoi ces clients sont si importants. Par contre, les clients insatisfaits, eux, ne rachèteront sûrement pas ces produits ; ils risquent plutôt de faire du bouche-à-oreille négatif. En général, le comportement post-achat peut avoir trois effets positifs sur l'entreprise : l'augmentation de la satisfaction du client, la diminution de la dissonance cognitive et l'augmentation de la loyauté de la clientèle.

La satisfaction du client Le fait de créer des attentes énormes chez les clients par la publicité, la vente personnelle ou tout autre moyen promotionnel peut gonfler les ventes d'un produit pendant une certaine période, mais au final, lorsque les clients constateront que le produit en question n'est pas en mesure de satisfaire leurs attentes, ils se souviendront de leur insatisfaction et risqueront de faire du bouche-à-oreille négatif. Par exemple, Starbucks avoue qu'elle s'inquiète du fait que ses études de marché révèlent une insatisfaction de la clientèle quant à la rapidité du service qui lui est offert. Étant donné que les clients savent qu'ils paient leur café plus cher que la moyenne, ils s'attendent à ce que le service soit rapide et efficace[16].

Par contre, le fait de susciter peu d'attentes chez les clients comporte autant de risques. De nombreux détaillants, par exemple, ne paient pas de mine. Ils ont beau compter sur des produits de bonne qualité et sur un service courtois, si l'apparence de la boutique n'est pas soignée, qui voudra y entrer ?

Les consommateurs perçoivent souvent une dissonance lorsqu'ils se procurent des biens et des services. Ils ont une impression désagréable, leurs sentiments sont partagés, comme une personne qui regrette d'avoir payé trop cher pour sa voiture mais adore la conduire.

Les gestionnaires marketing peuvent s'assurer de la satisfaction de leur clientèle, notamment en suivant les étapes suivantes :

- Créer des attentes réalistes chez le client — à savoir des attentes ni trop élevées ni trop faibles —, et surtout répondre à ces attentes.
- Montrer au client comment se servir du produit, car une mauvaise utilisation d'un produit mène souvent à une insatisfaction chez la personne qui l'achète.
- Avoir confiance en son produit ou son service et le prouver en offrant une garantie de remboursement ou toute autre forme de garantie.
- Inciter la clientèle à donner une rétroaction, ce qui contribue à réduire le bouche-à-oreille négatif.
- Communiquer régulièrement avec le client pour lui démontrer que l'entreprise s'intéresse à lui et qu'elle a à cœur son entière satisfaction. Du coup, l'entreprise sera en mesure de régler les problèmes qui se présentent. Les clients aiment ce genre de contact, et cela en vaut la peine, même si cette stratégie est certainement plus coûteuse que de faire un suivi par courriel ou par la poste.

La dissonance cognitive Si l'entreprise n'est pas en mesure de répondre aux attentes de la clientèle et que cette dernière soit insatisfaite du produit ou du service qu'elle s'est procuré, il peut apparaître une **dissonance cognitive**. Cette incohérence, qui porte également le nom de « remords de l'acheteur », est un état d'inconfort psychologique suscité par une dissonance entre ses croyances et ce qu'il perçoit. Ce sentiment provoque un désir de rétablir la cohérence. La dissonance cognitive survient généralement quand un client doute de la pertinence de sa décision d'achat après l'avoir prise.

dissonance cognitive (*postpurchase dissonance*) État d'inconfort psychologique suscité par une incohérence entre les attentes d'un consommateur et les résultats observés. Ce sentiment provoque un effort en vue de rétablir la cohérence. Si le consommateur est incapable de rationaliser la situation, il éprouvera le « remords de l'acheteur ». (La situation inverse est tout aussi possible, mais moins fréquente ; ainsi, un acheteur qui a l'impression d'en avoir « trop » pour son argent commencera typiquement par imaginer des justifications, avant de se sentir enchanté.)

Les chances que l'acheteur regrette son achat sont plus grandes s'il s'agit d'un produit coûteux, d'un achat peu fréquent ou encore si le niveau de risque est élevé. Conscients des inconvénients de la dissonance cognitive, certains chefs de produits vont jusqu'à diriger des efforts promotionnels vers les clients qui viennent de faire un achat en vue d'éviter cette situation.

Par exemple, à la suite de sa recherche d'une voiture sport, Simon a opté pour le modèle Solstice de Pontiac. Après son achat, General Motors lui envoie une lettre pour le remercier d'avoir fait un achat chez son entreprise et pour lui rappeler qu'il a fait le bon choix, notamment en raison de la qualité de la conception et de la fabrication des voitures GM. À la lettre est jointe une carte de satisfaction dont les questions portent sur le concessionnaire, sur le vendeur qui a servi Simon et sur d'autres aspects de son expérience d'achat. L'envoi contient également des renseignements supplémentaires sur les services qu'offre GM aux propriétaires d'une Solstice. Simon peut agir de plusieurs façons en vue de réduire la dissonance cognitive. Il peut notamment :

- être attentif aux points positifs de la Solstice en lisant des évaluations de cette voiture ou des articles à l'intention des mordus de l'automobile sur Internet (p. ex., le site www.forums.beyond.ca, qui regroupe les amateurs d'automobiles) ;
- obtenir des rétroactions positives de ses amis à propos de sa nouvelle voiture sport ;
- rechercher des points négatifs à propos des choix qu'il n'a pas retenus, de sorte que Simon sera encore plus certain d'avoir fait le bon choix.

La loyauté du client Au cours de l'étape qui suit l'achat, dans le processus décisionnel, les gestionnaires marketing tentent d'établir un lien solide avec la clientèle. Ils souhaitent que les clients soient satisfaits de leur achat et retournent dans leur commerce. Les clients loyaux achètent toujours les mêmes marques et magasinent toujours dans les mêmes boutiques ; ils ne tiennent donc pas compte des autres marques ou des autres entreprises. Comme nous l'avons vu dans le chapitre 2, ce type de clients étant précieux, l'équipe du marketing a mis en œuvre des outils de gestion de la relation client dans le but de conserver cette clientèle.

Les comportements indésirables Malgré leurs efforts pour rendre leurs clients satisfaits et loyaux, les entreprises ne parviennent pas toujours à atteindre ce but. Les clients passifs sont des clients qui ne répètent pas leur achat et qui ne conseillent pas à leurs proches le produit qu'ils ont acheté. Toutefois, le comportement négatif, dont font partie le bouche-à-oreille négatif et les rumeurs, est plus grave et peut s'avérer nuisible.

bouche-à-oreille négatif (*negative word of mouth*) Fait, pour un consommateur, de véhiculer une opinion négative à propos d'un produit, d'un service, d'un magasin ou d'une marque.

Le **bouche-à-oreille négatif** se produit lorsqu'un consommateur véhicule une opinion négative sur un produit, un service ou un magasin. Quand les attentes d'un consommateur sont atteintes, voire dépassées, il n'est pas rare que ce dernier n'en dise rien. Mais si ce consommateur considère qu'il a été traité injustement, il voudra probablement s'en plaindre… à tout le monde. En vue de réduire au minimum les conséquences du bouche-à-oreille négatif, les entreprises comptent sur les représentants au service à la clientèle pour gérer les plaintes des clients, que ce soit sur Internet, au téléphone ou en magasin.

Si les consommateurs croient qu'une plainte peut donner des résultats positifs, ils seront moins enclins à protester auprès de leurs amis, des membres de leur famille ou sur Internet, la source par excellence du bouche-à-oreille négatif (*voir la rubrique Question d'éthique 6.1*). Ainsi, les gestionnaires marketing devraient inciter

Question d'éthique 6.1 Ihate[nom de l'entreprise].com au profit des consommateurs insatisfaits[17]

Les consommateurs insatisfaits se servent d'Internet pour se faire entendre, et cette méthode se révèle efficace. Qu'il s'agisse de l'employé du service à la clientèle impoli ou d'une mauvaise interprétation d'un contrat, les plaintes foisonnent sur Internet. Le magazine *Forbes* a même dressé un palmarès des meilleurs sites de traitement des plaintes, sur lequel figurent Allstate, PayPal et American Express. Selon certains spécialistes, les sites haineux anglophones comme Ihate[nom de l'entreprise].com auraient permis de traiter plus de plaintes que toute autre méthode.

Certaines entreprises ont essayé de s'en prendre à ces sites haineux, mais avec très peu de succès. Les recours juridiques ne sont admis que si le site haineux se sert de la marque déposée, du nom de la marque ou de tout autre élément relatif à la propriété intellectuelle de l'entreprise de manière à induire en erreur la population. La plupart du temps, par contre, les consommateurs qui créent ces sites sont protégés par la loi sur la liberté d'expression. En outre, ils soutiennent que personne ne pourrait confondre un site comme Ihate[nom de l'entreprise].com avec le vrai site de l'entreprise.

En ce qui a trait aux consommateurs, on pourrait se demander pourquoi ils tiennent à formuler leurs plaintes sur Internet. La réponse est simple: parce que le service à la clientèle ou la communication entre l'entreprise et sa clientèle présente des lacunes. De leur côté, les entreprises souhaitent se prémunir contre les sites haineux. La solution aussi est simple: offrir un service à la clientèle et un service de traitement des plaintes plus adéquats et de meilleure qualité.

Dans cette situation, le gestionnaire marketing a tout intérêt à surveiller les sites haineux et à traiter rapidement les plaintes qui y sont associées. Si l'entreprise procède sans délai en ce sens, il se pourrait bien que le créateur du site haineux ferme celui-ci une fois son problème réglé. Et puis, la disparition d'un tel site décourage les autres consommateurs mécontents d'afficher leur texte. Par ailleurs, l'entreprise peut diffuser sur son site les suites qui ont été données à chacune des plaintes pour montrer à ses clients qu'elle se soucie d'eux et fait tout ce qu'elle peut pour régler les problèmes qu'ils éprouvent.

Même si nombre d'entreprises ont tenté d'empêcher la création de sites haineux, les consommateurs trouveront toujours un moyen de s'exprimer sur Internet. Par exemple, Canadian Tire s'est adressée à la cour, mais en vain, afin d'acheter le nom de domaine crappytire.com (*crappy* signifiant « nul », « minable ») à son propriétaire, l'Ontarien Mick McFadden. En plus de toutes les communautés virtuelles et de tous les sites Internet qui offrent ce type de service, certains agrégateurs comme www.thecomplaintstation.com proposent aux consommateurs un service de dépôt central qui reçoit leurs plaintes et dont certaines pages sont réservées à des entreprises en particulier. Dans le même ordre d'idées, www.thevault.com est un forum créé pour permettre aux employés, anciens et actuels, de donner leur opinion sur l'entreprise pour laquelle ils travaillent. Les entreprises concernées devraient-elles encourager ce genre de sites en traitant les plaintes qui les touchent, ignorer ces sites tout simplement, ou les poursuivre en justice si elles s'aperçoivent que les plaintes ne proviennent pas de leurs clients ?

les consommateurs à formuler leurs plaintes directement auprès d'eux en leur expliquant que cela leur permet d'améliorer les produits et les services offerts par l'entreprise, un élément essentiel de la phase d'évaluation du plan marketing.

Les divers types de décisions d'achat

OA 3

Habituellement, les décisions d'achat du consommateur se situent sur un continuum allant de la décision d'achat qui ne requiert pratiquement aucun effort (p. ex., acheter un café avant de se rendre à son cours) à celle qui nécessite des efforts considérables (p. ex., acheter une voiture ou une maison). Les gestionnaires marketing qui sont en mesure de comprendre la situation dans laquelle s'inscrit la décision d'achat ont plus de chances de pouvoir élaborer une stratégie de marketing qui facilitera l'expérience d'achat du consommateur. La figure 6.2 divise les comportements d'achat en quatre types, selon le niveau d'implication du client dans la décision d'achat et la différence entre les diverses marques d'un même produit[18]. L'implication du client renvoie au temps et aux efforts qu'il consacre à la recherche et à l'évaluation des renseignements en vue de se procurer un produit ou un service. Voyons plus en détail ces quatre types de comportement d'achat.

Le comportement d'achat complexe

Le **comportement d'achat complexe** apparaît chez le consommateur qui est fortement impliqué dans son achat et qui perçoit des différences importantes entre les produits des diverses marques qui lui sont offerts. Ce type de comportement est adopté surtout quand le produit ou le service est coûteux, risqué, qu'il représente un achat peu fréquent ou qu'il sert à exprimer l'identité du consommateur. Le cas échéant, ce dernier consacrera énormément de temps et d'efforts à ses recherches et à l'évaluation des renseignements qu'il obtiendra sur le produit et sur la catégorie à laquelle ce dernier appartient afin de réduire au minimum le risque perçu. Reprenons l'exemple de Simon, qui, après avoir obtenu une majeure en finance, décroche un poste bien

comportement d'achat complexe (*complex buying behaviour*)
Comportement typique du consommateur qui est fortement impliqué dans la classe de produits et qui perçoit des différences importantes entre les produits des diverses marques qui lui sont offertes.

FIGURE 6.2 Les divers types de décisions d'achat

	Implication élevée	Faible implication
Différences importantes perçues entre les marques	Comportement d'achat complexe	Comportement d'achat axé sur la recherche de variété
Peu de différences perçues entre les marques	Comportement d'achat axé sur la réduction de la dissonance	Comportement d'achat routinier (habituel, aléatoire ou achat de produits en solde)

Source : Asseal Henry, « Types of Buying Behavior », *Consumer Behavior and Marketing Action*, Boston, Kent Publishing Company, 1987, p. 87.

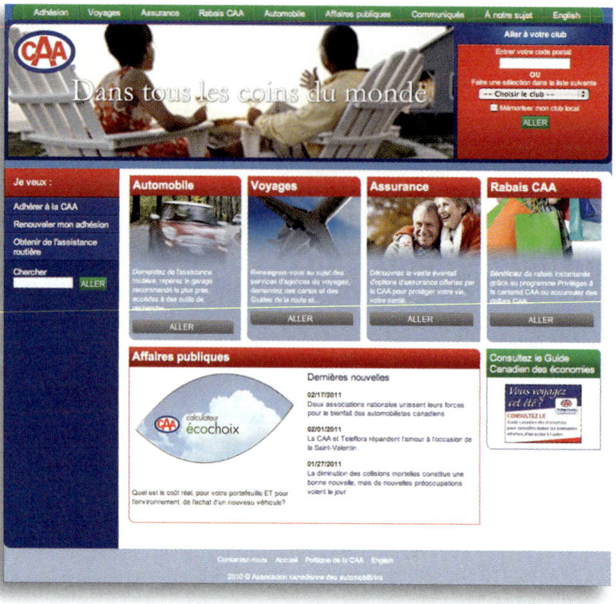

L'achat d'une voiture sport d'occasion constitue une décision d'achat complexe. De nombreux consommateurs consultent le site de l'Association canadienne des automobilistes (www.caa.ca), lequel leur fournit des renseignements détaillés sur les voitures, les camionnettes et les camions d'occasion.

rémunéré dans une institution financière reconnue. Il souhaite faire l'achat de sa première voiture.

Comme les marques de voitures sport sont nombreuses, Simon devra probablement consacrer beaucoup de temps et d'efforts à sa recherche, en commençant par se renseigner sur les voitures sport en général, puis sur les marques qui l'intéressent le plus. Les risques relatifs à sa décision d'achat sont les risques économique («Ai-je payé trop cher?»), psychologique («Qu'en penseront mes amis?») et fonctionnel («Advenant un accident, est-ce une voiture suffisamment sécuritaire?»). Afin de réduire ces risques, Simon fera des recherches poussées sur les voitures sport et veillera à bien s'informer des garanties offertes avant d'arrêter son choix. Le comportement d'achat complexe constitue une forme de résolution prolongée du problème étant donné que la décision d'achat comporte de nombreux risques.

Les gestionnaires marketing qui vendent des produits associés à une implication élevée du consommateur (p. ex., une voiture, une maison ou un ordinateur) doivent comprendre le processus de recherche et d'évaluation des renseignements par lequel passent les clients comme Simon s'ils veulent les aider à connaître les principales caractéristiques de la catégorie de produits (les voitures sport) et des marques sur le marché. Ainsi, le vendeur de voitures devrait renseigner Simon sur les voitures sport en général avant de différencier les marques disponibles en fonction des caractéristiques qui sont importantes pour ce client.

Le comportement d'achat axé sur la réduction de la dissonance

comportement d'achat axé sur la réduction de la dissonance (*dissonance-reducing buying behaviour*) Comportement par lequel un consommateur tente de se persuader d'avoir fait le bon choix, soit en réduisant l'importance attachée à une performance décevante, soit en cherchant des indications positives qui correspondent à ses attentes.

Le **comportement d'achat axé sur la réduction de la dissonance** apparaît chez le consommateur qui souhaite se procurer un produit ou un service coûteux, risqué, qui représente un achat peu fréquent ou qui est utilisé pour exprimer sa personnalité, mais pour lequel il perçoit très peu de différences entre les marques sur le marché. Cette faible différenciation crée chez le consommateur de la tension, de l'anxiété et le fait douter. En conséquence, il cherche un moyen d'atténuer ces sensations désagréables. Par exemple, Simon songe à faire installer un plancher de bois franc chez ses parents à l'occasion de leur 25e anniversaire de mariage. Dans une gamme de prix donnée, il constate que les nombreuses marques ont toutes des caractéristiques semblables. Il magasine donc un moment et parvient à prendre une décision assez rapidement quant à la marque de bois franc qu'il privilégiera. Étant donné le peu de différences entre les planchers de bois franc, Simon pourra arrêter son choix en fonction du prix, de la livraison, du côté pratique du produit ou de l'installation du plancher, et pas seulement en fonction de la qualité du bois.

Une fois le plancher acheté et installé, il se pourrait que Simon ressente un malaise ou une dissonance cognitive si les membres de sa famille, ses amis ou d'autres personnes font des commentaires positifs sur une marque concurrente, qu'il n'a pas retenue. Comme nous l'avons mentionné précédemment, les gestionnaires marketing peuvent aider les consommateurs comme Simon à résoudre leur dissonance cognitive en communiquant avec eux en vue de leur rappeler qu'ils ont fait le bon choix et de les rendre fiers de ce dernier. Tout comme le comportement d'achat complexe, le comportement d'achat axé sur la réduction de la dissonance constitue une forme de résolution prolongée du problème étant donné que la décision d'achat comporte beaucoup de risques et que le produit est coûteux.

Le comportement d'achat routinier

Le **comportement d'achat routinier** se caractérise par une faible implication du consommateur et par une faible différenciation entre les marques d'un même produit. Le consommateur prend donc une décision sans effort, en y réfléchissant très peu. On distingue trois formes de comportement routinier. Premièrement, l'achat habituel où le consommateur achète la même marque sans trop se poser de question. Deuxièmement, l'achat aléatoire où le consommateur prend la première marque disponible, quelle qu'elle soit. Enfin, l'achat simplifié où le consommateur achète sur la base d'un critère unique, comme le fait que la marque est en promotion, ou qu'elle est la moins chère, ou qu'elle est désignée comme «verte», etc. Par exemple, Simon s'arrête chez Tim Hortons tous les matins en allant travailler pour y prendre un café et un muffin. Il n'évalue pas les avantages d'aller plutôt au Second Cup ou au Starbucks, qui se trouvent aussi sur son chemin. Ainsi, Simon prend une décision d'achat habituelle. Le choix du type de muffin, quant à lui, se fait au hasard parce que Simon n'a pas de forte préférence pour un type particulier. Et s'il doit faire le plein d'essence, sa décision sera fondée sur une comparaison des prix affichés par les différentes stations services qui se font concurrence au carrefour voisin. Encore une fois un achat routinier, mais cette fois soumis à une décision simplifiée. Les gestionnaires marketing s'efforcent d'attirer et de retenir des acheteurs ayant un comportement d'achat routinier en créant des marques fortes et en les incitant à être loyaux (chapitres 9 et 10), car ces derniers n'évaluent pas en profondeur les autres marques ou les autres commerces au cours de leur décision d'achat. Le prix, la promotion des ventes et la publicité qui vise à rendre la marque plus forte sont des stratégies efficaces pour favoriser la décision d'achat routinière.

comportement d'achat routinier (*habitual buying behaviour*)
Décision d'achat prise par un client sans qu'il y réfléchisse vraiment.

Le comportement d'achat axé sur la recherche de variété

Le **comportement d'achat axé sur la recherche de variété** se caractérise par une faible implication du consommateur, mais une grande différenciation entre les marques d'un même produit. Par exemple, Simon adore la crème glacée Häagen-Dazs, mais il lui arrive d'opter pour la crème glacée Ben & Jerry's, non par insatisfaction, mais simplement pour essayer une marque de crème glacée nouvelle ou différente. Avant d'arrêter son choix sur Häagen-Dazs, il se peut que Simon ait consacré peu de temps et d'efforts à la recherche et à l'évaluation des autres marques de crème glacée en vente à l'épicerie. Les consommateurs adoptent ce comportement d'achat lorsqu'ils se sont déjà procuré le produit ou le service et que le risque perçu est modéré. Le comportement d'achat axé sur la recherche de variété constitue une forme de résolution courte du problème étant donné que le consommateur se fie davantage à son expérience qu'aux renseignements externes qui lui parviennent. Toutefois, ce type de consommateur tient compte des nouvelles gammes de produits présentés dans les annonces publicitaires, les offres promotionnelles et les présentoirs aux points de vente.

comportement d'achat axé sur la recherche de variété (*variety-seeking buying behaviour*)
Perception de différences importantes entre les marques, malgré une faible implication du client.

La recherche de variété amène les gestionnaires marketing des marques les plus vendues à concentrer leurs efforts afin d'inciter les consommateurs à adopter un comportement d'achat routinier. Pour ce faire, ils doivent chercher à dominer l'espace d'étalage et concevoir des campagnes visant à rappeler aux consommateurs les avantages que présente leur marque. Quant à leurs concurrents, ils doivent inciter les consommateurs à changer de marque pour la leur en ayant recours à des stratégies comme les offres spéciales, les rabais, les coupons de réduction, les échantillons gratuits, les dégustations et les campagnes publicitaires qui poussent les clients à faire l'essai de leur marque.

FIGURE 6.6 L'image branchée de la smart

dimensions réduites (2,5 mètres de long, 1,5 mètre de large et 1,5 mètre de haut), elle est plus courte et plus étroite que la Beetle de Volkswagen (1,5 mètre de moins en longueur et 0,3 mètre de moins en largeur). À l'origine, cette voiture ne devait être vendue que dans les villes les plus peuplées d'Europe où les rues sont très étroites et où il existe déjà bon nombre de voitures deux-places. Dans ces villes, les espaces de stationnement se font rares, et ce type de voiture est idéal pour circuler dans les rues les plus exiguës et pour entrer dans les stationnements les plus serrés. La preuve : trois smart peuvent entrer dans un seul espace de stationnement lorsqu'elles sont placées perpendiculairement à celui-ci.

Malgré son moteur à 3 cylindres qui n'est que de 50 à 60 chevaux, la smart ronronne comme un chaton et ne manque pas de cran. En plus des coussins gonflables avant — et des coussins gonflables latéraux offerts en option —, de l'air climatisé, du système de verrouillage et de déverrouillage à distance ainsi que du groupe électrique, le client peut se procurer des panneaux de carrosserie amovibles qui lui permettent de changer de couleur de voiture lorsqu'il le désire. Selon son humeur, il peut donc retirer les panneaux noirs, mettre les rouges et changer instantanément l'allure de sa voiture ainsi que le message qu'elle renvoie.

Le marché canadien[37]

Le smart de Mercedes-Benz a fait son apparition sur le marché canadien en septembre 2004. Le 24 octobre suivant, le gouvernement du Canada a tenu une cérémonie sur la Colline parlementaire au cours de laquelle le ministre des Transports de l'époque, Jean Lapierre, a reçu les clés d'une smart fortwo. Cette voiture, avec Jean Lapierre à son bord, faisait dorénavant partie du parc automobile de Transport Canada (*voir la figure 6.7, p. 197*). Selon M. Lapierre, « cet achat démontre à quel point le gouvernement du Canada tient à la réduction des émissions de gaz à effet de serre et encourage l'adoption d'un système de transport durable ». Une question demeurait : les Canadiens étaient-ils prêts à payer entre 16 500 $ (modèle de série) et 22 500 $ (tout équipée) pour une voiture de 2,5 mètres de longueur pourvue d'un moteur diesel à 3 cylindres de 800 cm^3 qui consomme aussi peu que 4,7 litres d'essence tous les 100 kilomètres ?

Habituellement, le lancement d'une voiture se fait en grande pompe et constitue un événement dont le but premier est de générer un intérêt marqué autour du produit grâce à un investissement de plusieurs millions de dollars dans une campagne publicitaire, une couverture médiatique et d'autres activités promotionnelles. Toutefois, lors du lancement de la smart, il n'y a eu ni campagne de commercialisation nationale, ni publicité intensive, ni annonce télévisée à heure de grande écoute, ni annonce pleine page dans les journaux. Pourquoi ? Parce que la smart, la plus petite voiture de l'histoire canadienne, était déjà écoulée avant même d'être lancée sur le marché. Certains clients ont même dû attendre plusieurs mois, jusqu'en mars 2005, avant de pouvoir prendre possession de leur nouvelle voiture, parce que Mercedes-Benz n'en avait aucune en stock. Au départ, 800 voitures destinées au Canada devaient être construites dans l'usine française pour le quatrième trimestre de 2004. Cependant, les commandes avec acompte ont commencé en février, lorsque Mercedes-Benz a annoncé le lancement de la voiture pour le mois d'octobre de la même année. La demande a donc rapidement dépassé l'offre et Mercedes-Benz a commandé la construction de 200 véhicules supplémentaires. Malheureusement, c'était loin d'être suffisant. En conséquence, la liste d'attente s'est encore allongée. Une telle réussite ne figurait pas même dans les rêves les plus fous de Mercedes-Benz Canada ! Mais revenons à nos voisins du Sud.

Le marché américain

FIGURE 6.7 Le ministre Lapierre au volant de la smart fortwo

Il n'y a pas si longtemps, les petites voitures parvenaient difficilement à percer le marché américain. En effet, les habitants des États-Unis aiment le luxe et l'aspect sécuritaire que leur apporte leur grosse et puissante voiture, leur camionnette ou leur véhicule utilitaire sport (VUS), même lorsque le prix de l'essence monte en flèche. Cela s'explique entre autres par le fait que les Américains évoluent sur un vaste territoire par rapport au nombre d'habitants qui y vivent, exception faite des consommateurs habitant en région métropolitaine. Ainsi, même si les voitures originales comme la PT Cruiser, la Beetle et la Mini Cooper ont réussi à se tailler une place sur le marché, ces voitures ne sont populaires qu'auprès de petites niches.

Une rumeur a circulé pendant des années selon laquelle la smart serait lancée aux États-Unis. Au départ, de nombreux facteurs ont eu pour effet de repousser le lancement de certains modèles de smart, dont la peur de ne pas parvenir à vendre un nombre suffisant de voitures pour que l'entreprise soit rentable, les prix élevés sur le marché américain et la difficulté à rendre la voiture conforme aux normes de l'Agence de protection de l'environnement des États-Unis. De plus, l'industrie automobile américaine a manifesté une vive inquiétude quant à la résistance à l'impact de la smart, d'autant plus que les grosses voitures règnent sur le marché et les routes des États-Unis.

La smart utilitaire sport qui doit être lancée chez nos voisins du Sud sera conçue par Mitsubishi et assemblée à l'usine de Daimler de Juiz de Fora, au Brésil. À mi-chemin entre la voiture et le véhicule utilitaire sport, quoiqu'elle soit particulièrement petite aux yeux des Américains, cette smart sera un modèle à traction intégrale. Il reste à savoir si la smart sera bien acceptée, car les attentes et les besoins des Américains sont totalement différents de ceux des Européens et des Asiatiques. Finalement, certains concessionnaires à travers les États-Unis présenteront sous peu la smart dans une salle construite spécialement pour elle.

Questions

1. Nommez et expliquez le processus décisionnel du consommateur qui veut faire l'achat d'une smart. Comment la smart réussit-elle à créer de la valeur aux yeux du consommateur ?
2. Nommez les attributs déterminants qui pourraient permettre à la smart de se distinguer des marques et des modèles concurrents (p. ex., la Ford Focus TCDi, la Prius de Toyota, l'Insight de Honda, la PT Cruiser à moteur diesel ou la Wagon à moteur diesel de Honda). Quelles caractéristiques de la smart pourraient inquiéter les consommateurs ?
3. Nommez quelques différences entre le marché canadien et le marché américain. Pourquoi pourrait-il être plus ardu de vendre la smart aux consommateurs américains ? À votre avis, pourquoi la smart lancée aux États-Unis est-elle à mi-chemin entre la voiture et le véhicule utilitaire sport ?
4. Selon vous, pourquoi la smart a-t-elle remporté un tel succès auprès des consommateurs canadiens ? Croyez-vous que les Canadiens achèteraient davantage un VUS smart à moteur diesel ou une voiture smart à moteur à essence qui est un peu plus grosse que le modèle traditionnel ? Pourquoi ?

CHAPITRE 7

OBJECTIFS D'APPRENTISSAGE

Après avoir lu ce chapitre, vous devriez être en mesure :

OA 1 de décrire la nature et la composition des marchés interentreprises[1] ;

OA 2 d'expliquer comment les organisations interentreprises segmentent leurs marchés ;

OA 3 d'énoncer les principales différences entre le processus d'achat des organisations et celui du consommateur ;

OA 4 de décrire les facteurs qui influent sur le processus d'achat interentreprises ;

OA 5 d'expliquer comment Internet a amélioré le commerce interentreprises.

Le commerce interentreprises

Pensez à un jean qui se trouve dans votre placard. Vous l'avez sans doute acheté dans un commerce au terme d'une transaction de détail. Mais à qui le fabricant, disons 7 for All Mankind, a-t-il acheté les composants nécessaires pour préparer ce jean ? Ce fabricant a dû acheter des matières premières telles que le denim et le fil, des machines pour coudre ses jeans ainsi que des laveuses et des sécheuses pour leur donner cette allure usée si populaire. Pour vieillir encore davantage votre jean neuf, le fabricant a même dû acheter des cailloux qu'il a mis dans les sécheuses, ainsi que des couteaux et des ponceuses. Lorsque 7 for All Mankind a effectué tous ces achats, les marchandises ont été expédiées à son usine par camion ou par train. Ces transactions — l'achat du matériel et le transport, la création des patrons et la fabrication du tissu — sont gérées par des systèmes informatiques conçus par des ingénieurs et des consultants en informatique. Puis, une fois les jeans terminés, ils sont acheminés vers les commerces de détail où ils seront vendus. Dans chacune de ces transactions interentreprises, une entreprise vend quelque chose à une autre entreprise. On parle de transactions de détail uniquement quand une entreprise, généralement un détaillant, vend quelque chose à un consommateur.

Dans ce chapitre, nous examinerons les différents types de marchés interentreprises de même que le processus d'achat interentreprises en mettant en évidence ce qui distingue celui-ci du processus d'achat au détail, que nous avons expliqué dans le chapitre 6. De nombreux facteurs influent sur ce processus d'achat, facteurs que nous étudierons aussi. Le chapitre se termine par des considérations sur le rôle d'Internet et l'influence que ce réseau exerce sur le commerce interentreprises. La progression des thèmes est illustrée dans la feuille de route à la page suivante.

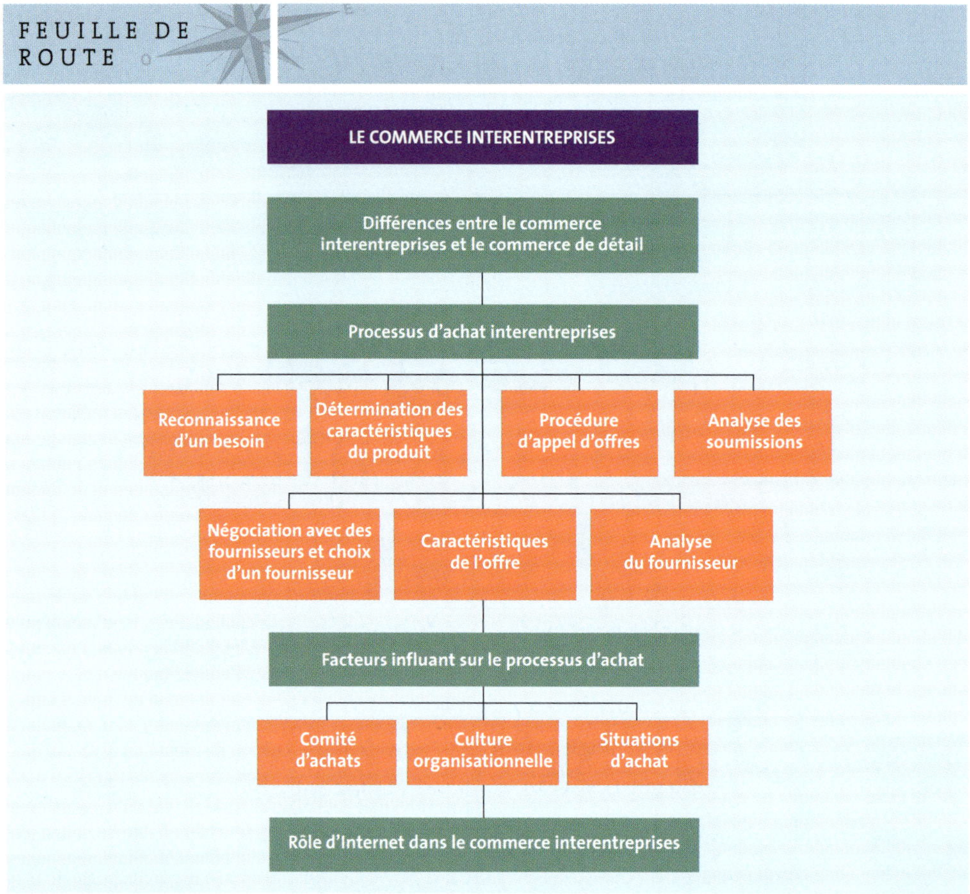

commerce interentreprises (ou B2B) (*business-to-business*) Activité économique (vente de produits ou de services) entre deux organisations.

Imaginez le nombre de transactions interentreprises qui ont dû avoir lieu avant que Jessica Simpson ne puisse acheter ce jean déchiré.

Le **commerce interentreprises (ou B2B)** désigne l'achat et la vente de produits ou de services qui entrent dans la production d'autres produits ou services, lesquels seront consommés par l'organisme acheteur ou revendus à des grossistes et à des détaillants. Il fait donc appel à des fabricants, à des grossistes, à des détaillants et à des entreprises de services qui vendent des produits et des services à d'autres entreprises mais non aux consommateurs finaux. Ce n'est pas tant le produit ou le service en soi qui distingue une transaction interentreprises d'une transaction de détail que le type d'acheteur et d'utilisateur final de ce produit ou de ce service. Même si votre jean avait été vendu à une entreprise de fournitures industrielles, qui l'avait revendu à un établissement de soins en milieu surveillé, jean que les employés portent dans leur milieu de travail, la transaction resterait une transaction interentreprises puisque les jeans sont achetés et utilisés par une entreprise et non par un consommateur final.

Les marchés interentreprises OA 1

Dans l'exemple du jean présenté dans l'introduction, nous avons décrit deux types d'organisations : les fabricants ou producteurs et les revendeurs. Toutefois, les institutions et les gouvernements effectuent aussi des transactions interentreprises. Nous allons maintenant décrire chaque type d'organisation interentreprises et indiquer comment le gouvernement classe ces organisations (*voir la figure 7.1, p. 201*).

Les fabricants et les producteurs

Un préposé au service à la clientèle de Corporate Couriers utilise les solutions commerciales Telus pour enregistrer et suivre les colis des clients de l'entreprise en ligne et par téléphone.

Les fabricants et les producteurs comptent parmi les plus gros acheteurs interentreprises. Ils achètent des matières premières, des composants et des pièces qui leur permettent de fabriquer leurs propres produits. Par exemple, Hewlett-Packard (HP) utilise une variété de composants pour fabriquer ses produits informatiques, notamment du plastique pour les boîtiers, les composants internes et les emballages. En raison de son important volume de ventes, HP doit gérer l'offre et la demande étroitement afin de minimiser les pénuries ou les excédents. C'est pourquoi elle a créé un réseau Internet privé (intranet) qui la relie à ses fournisseurs de plastique et lui permet de consolider ses achats de plastique et de communiquer efficacement avec d'autres acteurs de la chaîne logistique[2]. L'amélioration du flux d'information engendrée par cet intranet a réduit de 25 % le délai de réception des marchandises et de 30 % le coût du plastique tout en diminuant fortement les frais administratifs internes de l'entreprise[3].

FIGURE 7.1 Les marchés interentreprises

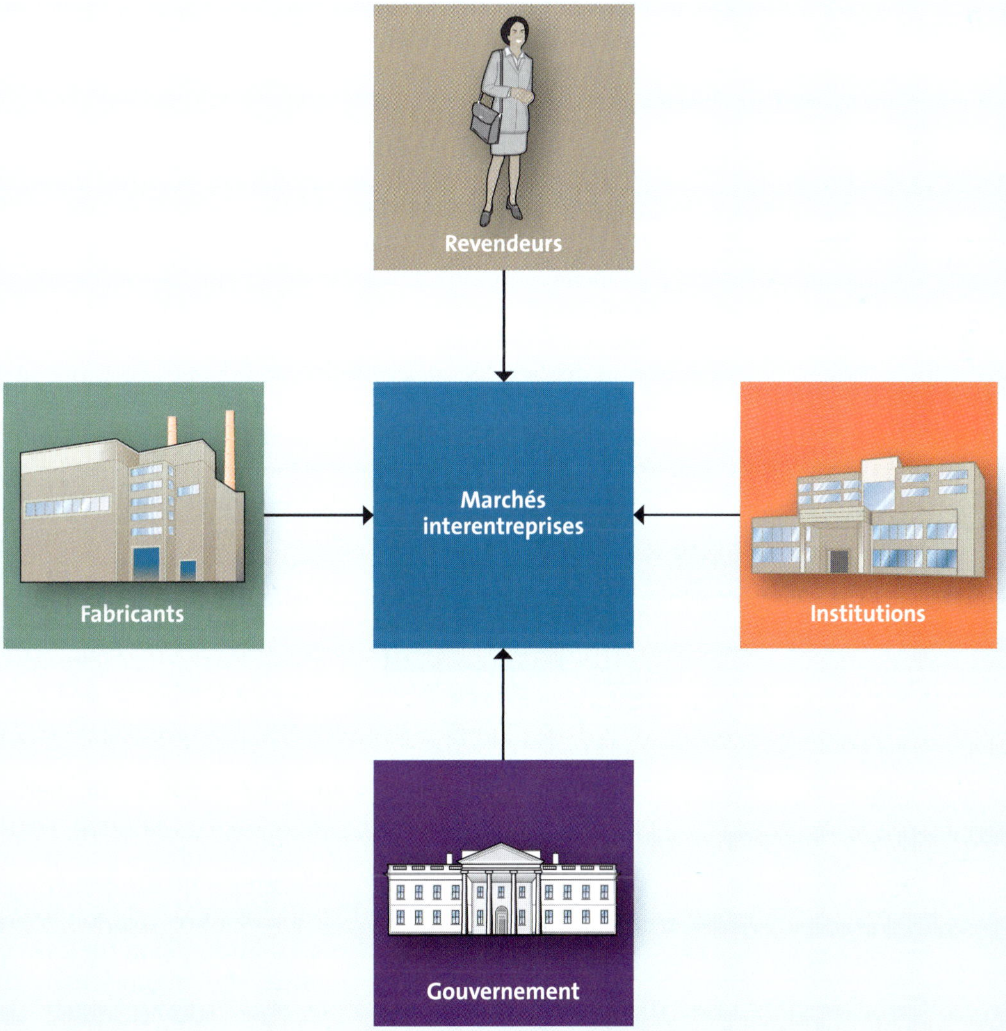

Les revendeurs

revendeur (*reseller*) Intermédiaire qui revend des produits manufacturés aux consommateurs sans en avoir changé la forme.

Les **revendeurs** sont des intermédiaires qui revendent des produits manufacturés sans en modifier la forme de façon importante. Par exemple, les grossistes et les distributeurs achètent des jeans à 7 for All Mankind et les vendent à des détaillants (transaction interentreprises). Les détaillants revendent ces mêmes jeans au consommateur final (transaction de détail). Grossistes, distributeurs et détaillants sont tous des revendeurs. Le Conseil canadien du commerce de détail estime qu'il y a quelque 235 000 commerces de détail au Canada, qui emploient environ 2 millions de Canadiens et ont généré des revenus de plus de 450 milliards de dollars en 2007. En fait, le commerce de détail fournit plus de 12 % de tous les emplois dans toutes les collectivités du pays et représente la deuxième population active en importance au Canada[4]. De même, le commerce de gros emploie environ 740 000 Canadiens et a généré des ventes de près de 750 milliards de dollars en 2008, soit 6,7 % du produit intérieur brut (PIB) canadien[5]. Le rôle des grossistes, des détaillants et des autres intermédiaires qui participent à la distribution des marchandises sera expliqué plus en détail dans les chapitres 13 et 14.

Les institutions

Les institutions comme les hôpitaux, les établissements d'enseignement, les prisons, les organisations religieuses et d'autres organismes sans but lucratif achètent aussi toutes sortes de biens et de services pour leurs clients. Par exemple, on dénombre 80 000 organismes sans but lucratif au Canada, qui emploient environ 2 millions de personnes et dégagent des profits annuels supérieurs à 110 milliards de dollars[6].

Le gouvernement

Dans la plupart des pays, le gouvernement central est l'un des plus gros acheteurs de produits et de services. Chaque année, le gouvernement canadien consacre environ 240 milliards de dollars à l'achat de biens et de services. Pour l'exercice 2010-2011, ce budget est de 259 milliards[7]. Si l'on ajoute à cela les sommes dépensées par les gouvernements provinciaux et municipaux de même que par les secteurs universitaire, médical et social, on obtient une somme de près de 450 milliards. Le gros des achats du gouvernement fédéral est effectué de façon centralisée par le ministère des Travaux publics et des Services gouvernementaux pour le compte de plus de 85 ministères, agences, sociétés de la Couronne et organismes de service spécial[8]. Les politiques globales en matière d'approvisionnement et de contrats du gouvernement fédéral sont établies par le Conseil du Trésor, selon lequel la passation des contrats doit, en premier lieu, résister à l'examen du public, accroître l'accès, encourager la concurrence et être équitable, et, en deuxième lieu, être conforme aux obligations commerciales du Canada en vertu de l'Accord de libre échange nord-américain (ALENA), de l'Accord relatif aux marchés publics de l'Organisation mondiale du commerce (AMP-OMC) et de l'Accord sur le commerce intérieur (ACI). Les données relatives aux achats gouvernementaux peuvent être obtenues auprès de Contrats Canada ou de MERX[9]. MERX est la source la plus complète d'information sur les avis d'appels d'offres des organisations du secteur privé, des sociétés d'État, du gouvernement américain et du secteur de la

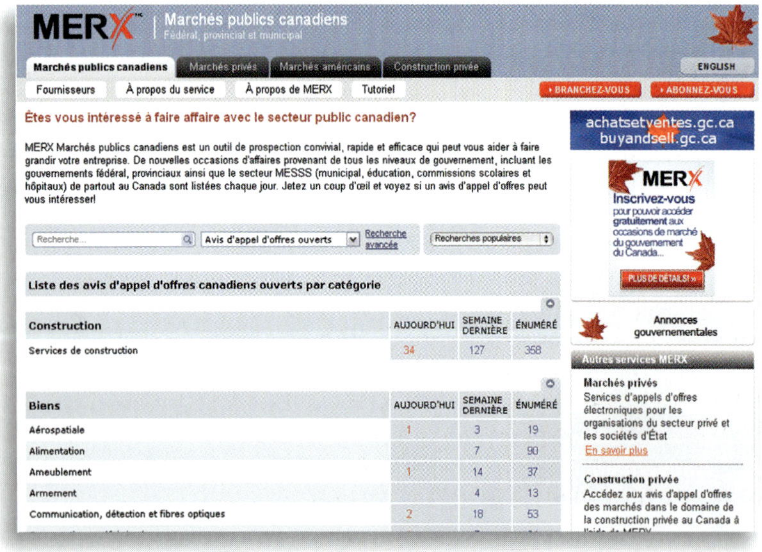

MERX est la source la plus complète d'information sur les avis d'appels d'offres des organisations du secteur privé, des sociétés d'État, du gouvernement américain et du secteur de la construction privée provenant de partout au Canada.

construction privée provenant de partout au Canada. Ce service donne aux entreprises de toutes les tailles un accès facile et abordable aux avis d'appels d'offres d'une valeur de plusieurs milliards de dollars lancés par le gouvernement du Canada, les gouvernements provinciaux et municipaux participants, le gouvernement américain, les administrations régionales et locales ainsi que le secteur privé[10].

Le système de classification et la segmentation des marchés interentreprises

OA 2

Statistique Canada recueille des données sur l'activité économique du Canada grâce à son **Système de classification des industries de l'Amérique du Nord (SCIAN)**, en vertu duquel toutes les entreprises sont classées selon une hiérarchie de codes à six chiffres[11]. Le SCIAN a été élaboré conjointement par le Canada, les États-Unis et le Mexique pour fournir des statistiques comparables sur l'activité commerciale de l'ensemble de l'Amérique du Nord. Il remplace la Classification type des industries (CTI) utilisée depuis les années 1930. Le SCIAN 2007 regroupe les activités économiques dans 20 secteurs et 928 industries canadiennes[12]. Le système de codage à six chiffres est illustré dans le tableau 7.1. Les deux premiers chiffres représentent le secteur de l'économie (p. ex., 41 est le commerce de gros), le troisième chiffre désigne le sous-secteur (p. ex., 414 désigne les grossistes-distributeurs d'articles personnels et ménagers), le quatrième chiffre représente le type d'industrie, le cinquième, un sous-groupe au sein de cette industrie et le code complet à six chiffres, le niveau national de la classe. Dans notre exemple, ce code correspond aux grossistes-distributeurs de vêtements et d'accessoires vestimentaires. Le SCIAN fait l'objet d'une révision périodique qui permet l'intégration de nouvelles industries et le regroupement ou la suppression d'autres industries. La dernière révision date de 2007 et une version révisée de cette classification est prévue pour 2012.

Système de classification des industries de l'Amérique du Nord (SCIAN) (*North American Industry Classification System [NAICS]*)
Système standard de classification des entreprises par secteur d'activité. Le niveau le plus détaillé compte six chiffres ; les grands groupes vont du secteur de l'agriculture (11) au secteur de l'administration publique (91).

TABLEAU 7.1 Le commerce de gros : les codes SCIAN

Codes SCIAN 2007	Niveau
41	Commerce de gros (classe canadienne)
414	Grossistes-distributeurs d'articles personnels et ménagers
4141	Grossistes-distributeurs de textiles, de vêtements et de chaussures
41411	Grossistes-distributeurs de vêtements et d'accessoires vestimentaires
414110	Grossistes-distributeurs de vêtements et d'accessoires vestimentaires (classe canadienne)

Source : http://stds.statcan.gc.ca/naics-scian/2007/ts-rt-fra.asp?criteria=41 (page consultée le 4 décembre 2010).

Le SCIAN peut être utile aux analystes du secteur des affaires pour évaluer les parts de marché, la demande de biens et de services et la concurrence des importations sur le marché canadien ainsi que pour segmenter et cibler les marchés. Supposons qu'un fabricant de composants d'appareils de télécommunication de haute technologie ait développé un nouveau produit capable d'accélérer grandement la transmission des données. Quelles entreprises de la classe 51721 (Télécommunications sans fil) serait-il le plus rentable de cibler comme clientes ? Pour répondre à cette question, le fabricant mènerait d'abord une recherche en s'appuyant sans doute sur des entrevues réalisées par ses représentants commerciaux afin de déterminer quels types d'entreprises jugeraient le nouveau composant le plus utile à leurs produits. Ensuite, à l'aide des données SCIAN recueillies par Statistique Canada ou par le U.S. Census Bureau, le fabricant pourrait évaluer le nombre, la taille et la répartition géographique des entreprises de chaque type. Ces informations seraient à même de lui indiquer tant le potentiel du produit que les types d'entreprises qui constituent son marché cible.

Comme dans le cas du marché des consommateurs, les organisations faisant du commerce interentreprises concentrent leurs efforts de marketing sur des marchés cibles afin de créer de la valeur pour ces clients[13]. Par exemple, Telus possède des unités d'affaires stratégiques qui servent des clients commerciaux au sein de chacun de ses marchés cibles, segmentés en fonction de leur taille (p. ex., petites, moyennes ou grandes entreprises). Les produits destinés aux petites entreprises offrent des services téléphoniques de base et des forfaits, mais ils n'offrent aucun contrat à long terme.

À ses grosses entreprises clientes, Telus offre tous les services professionnels, jusqu'aux cartes d'appel affaires[14]. Les sociétés peuvent aussi classer leurs clients commerciaux en fonction du type d'utilisation finale qui est faite de leurs produits. Par exemple, les universités et les principales entreprises de recherche achètent des ordinateurs de base pour le travail de bureau et les fonctions administratives, des ordinateurs plus complexes pour la recherche en science et en ingénierie de même que des systèmes informatiques encore plus sophistiqués pour la recherche médicale. Des fabricants d'ordinateurs tels que Dell, HP et IBM classent leur clientèle d'affaires selon l'utilisation finale des produits et peuvent cibler des groupes d'acheteurs en fonction d'une seule utilisation finale. Les sociétés peuvent aussi segmenter leur marché par région géographique, comme les États-Unis, l'Europe, la Chine, l'Inde et l'Amérique latine. Enfin, les gestionnaires marketing peuvent également classer leur clientèle d'affaires en fonction des avantages recherchés.

À quelle classe SCIAN ces produits appartiennent-ils ?

Explorons maintenant plus en détail quelques caractéristiques qui distinguent le marché interentreprises du marché de détail. Le tableau 7.2 (*voir p. 205*) énumère les principales caractéristiques du processus d'achat du marché interentreprises.

OA 3 Les différences entre les marchés interentreprises et les marchés de détail

demande dérivée (*derived demand*)
Lien entre la demande d'un produit par les consommateurs et l'achat des intrants nécessaires à la production ou à l'assemblage du produit demandé.

Les caractéristiques du marché Dans le commerce de détail, les consommateurs achètent des produits pour répondre à leurs besoins individuels ou à ceux de leur famille. Ils sont fortement influencés par le prix, leurs goûts personnels, la réputation de la marque ou les recommandations de leurs amis et de leur famille. Dans le commerce interentreprises, la demande de biens et de services découle des ventes au détail dans la même chaîne logistique. En clair, la **demande dérivée** constitue le lien entre la demande d'un produit par les consommateurs et l'achat des intrants nécessaires à la fabrication ou à l'assemblage de ce produit. Par exemple, la demande de denim brut, qui entre dans la fabrication des jeans 7 for All Mankind, découle de la vente de jeans à des consommateurs. C'est pourquoi la demande de matières premières et de produits semi-finis achetés par des entreprises tend à fluctuer davantage et plus souvent. En outre, sur de nombreux marchés commerciaux, la demande est inélastique, c'est-à-dire que les variations à court terme du prix d'un produit ont peu d'influence sur la demande totale de ce produit.

Par exemple, une légère augmentation du prix du denim ne provoquera pas, à court terme, une énorme baisse de la demande de denim dans l'industrie du vêtement. Une autre caractéristique des marchés interentreprises tient au fait que le nombre d'acheteurs commerciaux est considérablement plus petit que sur les marchés de détail et que ces acheteurs sont souvent concentrés dans les grandes villes et les zones industrielles. De plus, les commandes sont beaucoup plus substantielles que les achats effectués par des consommateurs. La preuve, Bombardier a annoncé que Lufthansa lui avait commandé 15 avions Bombardier CRJ900 d'une valeur de 584 millions de dollars américains[15], ou encore que le ministère du Transport de l'État de Victoria, en Australie, avait commandé 50 tramways pour une somme de 293 millions.

TABLEAU 7.2 Les caractéristiques du commerce interentreprises

Les caractéristiques du marché
- La demande de produits commerciaux est dérivée.
- La clientèle est réduite, plus concentrée géographiquement et les commandes sont plus importantes.
- La demande est moins élastique et fluctue davantage et plus souvent.

Les caractéristiques du produit
- Les produits sont de nature technique et achetés en fonction de caractéristiques spécifiques.
- Les achats concernent principalement des matières premières et des produits semi-finis.
- L'accent est surtout mis sur les délais de livraison, le soutien technique, le service après-vente et l'assistance financière.

Les caractéristiques du processus d'achat
- Les décisions relatives aux achats sont plus complexes.
- Les achats peuvent s'appuyer sur des appels d'offres concurrentiels, la fixation du prix à partir d'un prix négocié et des arrangements financiers.
- Les acheteurs sont des professionnels qualifiés qui suivent un processus d'achat plus formel.
- Les critères et les objectifs des achats ainsi que les procédures d'évaluation et de sélection des fournisseurs et des produits sont préétablis.
- De nombreux intervenants ayant des intérêts variés participent aux décisions d'achat.
- Des accords réciproques sont conclus et les négociations entre acheteurs et vendeurs sont courantes.
- Acheteurs et vendeurs travaillent ensemble pour bâtir des relations étroites à long terme.
- Les achats en ligne sont courants.

Les caractéristiques du marketing mix
- La vente directe est la principale forme de vente et elle requiert souvent une distribution physique.
- La publicité est de nature technique et la vente personnelle est l'outil de communication le plus usité.
- Les prix sont souvent négociés, peu élastiques et sujets à des rabais de gros et à des remises sur quantité. Le prix englobe généralement une composante de service ou d'entretien.

Les caractéristiques du produit Sur les marchés interentreprises, les entreprises commandent surtout des matières premières et des produits semi-finis qu'elles transforment ou assemblent en produits finis pour les consommateurs finaux. Par exemple, Dell commande tous les composants de ses ordinateurs à divers fournisseurs, puis elle assemble les ordinateurs avant de les expédier aux consommateurs finaux. Sur certains marchés interentreprises (p. ex., les marchés aérospatial, médical, pharmaceutique, de l'expédition, de la défense), les produits, très techniques et très sophistiqués, doivent répondre aux normes techniques établies par l'acheteur. C'est pourquoi les matières premières, les composants et les produits semi-finis font l'objet de tests rigoureux avant l'expédition. De plus, les commandes doivent être livrées à la date convenue entre l'acheteur et le vendeur. Les services techniques et l'assistance financière sont des aspects importants des achats interentreprises. Des entreprises comme Nortel Networks et Bombardier offrent souvent des plans de financement, une pratique qui consiste pour une entreprise à octroyer un prêt à son client, qui utilisera cet argent pour acheter ses produits[16]. Sur les marchés de détail, les consommateurs achètent des produits finis pour leur consommation personnelle.

Les caractéristiques du processus d'achat En général, dans le cas des achats courants ou de peu de valeur, seuls un ou deux membres de la division ou de l'entreprise seront responsables de la décision d'achat. Toutefois, dans le cas des achats de produits hautement techniques ou sophistiqués coûtant des milliers ou des millions de dollars, le processus d'achat est plus structuré, officiel et professionnel. Les décisions d'achat complexes engagent alors un plus grand nombre de personnes, habituellement des professionnels qualifiés ayant une formation technique, qui représentent divers intérêts (les gestionnaires, les services techniques, la division) au sein de l'organisation. Le groupe de personnes participant à la décision d'achat est souvent désigné comme étant le comité d'achats, que nous décrirons en détail plus loin. La plupart des sociétés établissent des politiques et des procédures officielles relatives aux décisions d'achat, qui doivent être suivies à la lettre par les personnes qui prennent part aux décisions. À titre d'exemples, mentionnons les règles qui régissent les appels d'offres concurrentiels, la fixation d'un prix à partir d'un prix négocié, les accords financiers complexes, les critères d'achat et les objectifs ainsi que les procédures d'évaluation des soumissions.

Une autre différence de taille entre les achats interentreprises et les achats au détail tient à la nature de la relation entre l'entreprise et ses fournisseurs. En règle générale, la décision d'achat est le fruit de négociations qui, dans le cas des achats complexes, sont parfois très longues. Le contrat négocié couvre ordinairement un éventail d'éléments comme le prix, la livraison, la garantie, les spécifications du produit et la politique relative aux réclamations. Sur les marchés interentreprises, comme les acheteurs et les vendeurs s'efforcent d'établir des relations étroites les uns avec les autres, ils échangeront volontiers du soutien ou des conseils de manière que la situation soit gagnante pour les deux parties. Par exemple, Shepherd Thermoforming and Packaging (*voir la rubrique Marketing entrepreneurial 7.1*) a remarqué que ses clients viennent souvent travailler avec ses ingénieurs afin que leurs produits aient l'apparence et la fonctionnalité dont ils ont besoin[17].

Marketing entrepreneurial 7.1 — Shepherd Thermoforming and Packaging Inc. : façonner l'avenir en innovant (*Forming the future through innovation*)[18]

De votre jacuzzi à votre boîte de chocolats en passant par votre flacon de Tylenol, le boîtier de votre détecteur de fumée et d'autres composants plastique de votre maison et de votre voiture, il y a de fortes chances que ces éléments aient été fabriqués par Shepherd Thermoforming and Packaging, une entreprise de Brampton, en Ontario. Cette société, dont le chiffre d'affaires annuel s'élève à 10 millions de dollars, a été fondée par Barry Shepherd en 1985. Elle fabrique des plastiques épais destinés aux automobiles, aux équipements sanitaires, aux appareils électroménagers et autres, des plastiques minces pour les emballages et les boîtes ainsi qu'un certain nombre d'autres produits thermoformés. À l'heure actuelle, Shepherd Thermoforming and Packaging, qui emploie 40 travailleurs, voit ses profits augmenter d'environ 12 % chaque année. En 1985, Barry Shepherd était loin d'imaginer que son entreprise connaîtrait un tel succès ! Son idée était très simple : créer une entreprise individuelle de vente d'emballages fabriqués par des tiers.

Avec l'aide de sa femme, Barry Shepherd a ouvert un petit bureau, fourni par son employeur de l'époque, pour vendre des produits d'emballage à titre de fournisseur indépendant à la commission. Vingt ans plus tard, Shepherd Thermoforming and Packaging occupe des installations de pointe de 40 000 mètres carrés, équipées de plusieurs machines, équipements et outils de thermoformage et de conditionnement. Le petit bureau de revendeur de Shepherd s'est transformé en un service de conception, de fabrication et de commercialisation valant plusieurs millions de dollars. Ses clients sont de petites et de grandes entreprises des secteurs de l'emballage de produits de consommation, de la manutention et de l'automobile, de même que des constructeurs de matériel.

Son passage du secteur de la revente à celui de la fabrication est dû en partie à son succès financier en tant que revendeur. En effet, moins de trois ans après ses débuts, Barry Shepherd touchait des revenus supérieurs à un million de dollars. Mais il voyait aussi que la demande de produits thermoformés et d'emballage augmentait de manière constante, puisque les consommateurs achetaient de plus en plus de produits — depuis les jouets jusqu'aux brosses à dents — vendus dans des emballages plastique. Il a donc investi dans ses premières machines et, depuis ce temps, il ne cesse d'agrandir son entreprise et d'accroître sa capacité afin de répondre à la demande croissante. Shepherd Thermoforming and Packaging travaille étroitement avec ses clients pour leur fournir les produits qu'ils désirent tout en minimisant les coûts et les ralentissements. Barry Shepherd remarque que la plupart des clients viennent travailler avec ses ingénieurs pour créer des produits ayant l'apparence et la fonctionnalité dont ils ont besoin. Ils apportent leurs fichiers CAO (conception assistée par ordinateur) qui permettent de produire les parties thermoformées rapidement et avec une grande précision.

Malgré plus de 20 années de succès, Barry Shepherd doit maintenant faire face à deux nouvelles tendances : la mondialisation (et avec elle la concurrence que lui livrent les fabricants à faible coût de pays comme la Chine, l'Inde et le Brésil) et la tendance croissante des consommateurs à utiliser des produits et des emballages plus écologiques. Il semble qu'il devra vraiment compter sur le slogan de l'entreprise (« *Forming the future through innovation* ») pour modeler l'avenir de Shepherd Thermoforming and Packaging. Saura-t-il relever ce défi ?

Par ailleurs, certaines entreprises négocient des accords d'achat réciproque, une pratique qui consiste pour deux entreprises à s'engager à acheter mutuellement leurs produits et leurs services. Il est évident que l'achat réciproque a des conséquences à la fois positives et négatives tant pour l'acheteur que pour le vendeur ainsi que pour d'autres fournisseurs. Entre autres, il empêche d'autres fournisseurs de participer au processus d'achat et peut limiter les entreprises en les obligeant à acheter les produits l'une de l'autre, ce qui n'est pas toujours une bonne chose.

Les caractéristiques du marketing mix Une autre différence majeure entre les transactions du marché interentreprises et les transactions du marché de détail réside dans le rôle du représentant ou du vendeur. Bien que celui-ci constitue un important maillon de la chaîne de communication dans les transactions interentreprises relatives notamment à l'immobilier, aux assurances, aux bijoux, aux appareils électroniques grand public et aux vêtements haut de gamme, la plupart des biens de consommation courante vendus dans les épiceries et les magasins minimarges ne requièrent pas l'assistance de vendeurs. Par contre, dans la plupart des ventes en contexte industriel, le vendeur fait partie intégrante de la transaction. Comme nous l'expliquons dans la rubrique Question d'éthique 7.1 (*voir p. 213*), les sociétés pharmaceutiques se fient principalement à leurs représentants pour faire la promotion de leurs médicaments auprès des médecins. De plus, de nombreux fabricants offrent des rabais de gros et des remises sur quantité aux revendeurs qui distribuent leurs produits.

Le processus d'achat interentreprises

Le processus d'achat (*voir la figure 7.2*) interentreprises s'apparente au processus d'achat au détail, mais il s'en distingue de multiples façons. Les deux processus commencent par la reconnaissance d'un besoin, mais la recherche de renseignements et les méthodes d'évaluation sont plus rigoureuses et structurées dans le cas des achats interentreprises. En général, les acheteurs des organisations précisent leurs besoins par écrit et invitent les fournisseurs potentiels à leur soumettre des propositions officielles. Dans le commerce de détail, les décisions d'achat sont habituellement prises par des individus ou des familles d'une manière qui est parfois non planifiée ou impulsive. En revanche, sur les marchés interentreprises, les décisions d'achat sont souvent prises par des comités au terme de longues délibérations. Enfin, dans les situations d'achat au détail, les clients évaluent leur décision et éprouvent parfois une dissonance cognitive à la suite d'un achat. Il n'y a pas d'évaluation formelle de la performance du fournisseur et des produits vendus comme dans le contexte interentreprises. Ainsi que nous l'expliquerons un peu plus loin, les achats interentreprises ne suivent pas toujours l'ensemble des étapes ou ne traversent pas toutes celles-ci avec la même intensité.

Par exemple, un achat courant de fournitures de bureau ne passera sans doute pas par toutes les étapes du processus décisionnel d'achat. Cependant, l'achat d'un centre d'appels informatisé traversera toutes les étapes plus rigoureusement que l'achat de quelques ordinateurs de remplacement pour les bureaux.

FIGURE 7.2 Le processus d'achat interentreprises

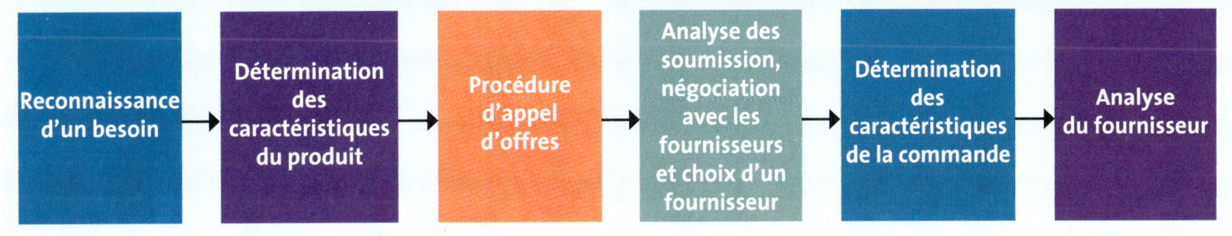

Examinons maintenant les six étapes du processus d'achat dans le contexte suivant : Toyota veut acheter des pneus Goodyear, Dunlop et Firestone[19].

Toyota a reconnu son besoin de changer de fournisseur de pneus quand ses clients se sont plaints de la performance médiocre de leurs pneus sur les routes enneigées et hors route.

Étape 1 : la reconnaissance d'un besoin

À la première étape du processus d'achat interentreprises, l'organisme acheteur reconnaît, grâce à des informations de source interne ou externe, qu'il a un besoin non comblé. Par exemple, l'équipe de concepteurs de Toyota constate que ses fournisseurs ont augmenté les prix des types de pneus qu'elle utilise d'habitude. Simultanément, des clients se sont plaints de la mauvaise performance de ces pneus sur leurs véhicules à traction intégrale. Les tests de conduite menés par Toyota sur des routes enneigées et hors route indiquent aussi la nécessité d'un changement. Grâce aux représentants de ses fournisseurs, aux démonstrations effectuées dans des salons, aux annonces parues dans des revues commerciales, à ses recherches sur Internet et aux livres blancs, Toyota a également pris connaissance des avantages de différentes marques de pneus.

Étape 2 : la détermination des caractéristiques du produit

Une fois qu'elle a reconnu son besoin, l'organisation réfléchit à des solutions et définit des spécifications potentielles sur lesquelles les fournisseurs pourraient baser leurs soumissions. Comme une partie importante des véhicules Toyota est fabriquée et vendue en Amérique du Nord, la société s'est engagée à établir des relations

Dans les transactions interentreprises, la recherche de renseignements est cruciale pour la reconnaissance d'un besoin.

Toyota affiche ses appels d'offres sur le site ToyotaSupplier.com, qui renseigne ses fournisseurs actuels et potentiels sur ses politiques d'achat et leur communique les nouvelles pertinentes.

mutuellement bénéfiques avec des fournisseurs nord-américains. En 2007, par exemple, elle a dépensé près de 30 milliards de dollars en pièces et matériel provenant de centaines de fournisseurs et partenaires commerciaux nord-américains[20]. Au lieu de travailler en vase clos pour déterminer les spécifications des nouveaux pneus, les équipes de concepteurs et les ingénieurs de Toyota se rendent dans les usines des fournisseurs pour élaborer les spécifications des prototypes avec leurs experts.

Étape 3 : la procédure d'appel d'offres

L'**appel d'offres (AO)** est une procédure courante au cours de laquelle un organisme acheteur invite des fournisseurs à soumissionner en vue de lui fournir les composants dont il a besoin. L'organisme acheteur peut afficher son appel d'offres sur son site Web, passer par divers réseaux interentreprises (dont nous parlerons plus loin dans ce chapitre) ou communiquer directement avec des fournisseurs potentiels. Ainsi, Toyota a créé le site ToyotaSupplier.com, qui renseigne ses fournisseurs actuels et potentiels sur ses politiques d'achat et leur communique les nouvelles pertinentes[21].

appel d'offres (AO) *(request for proposals [RFP])* Procédure au cours de laquelle un organisme acheteur invite des fournisseurs à présenter une offre précise en vue de l'attribution d'un marché.

À l'étape 4 (analyse des soumissions, négociation avec les fournisseurs et choix d'un fournisseur), Toyota opte pour les pneus Goodyear parce que cette entreprise lui offre la meilleure combinaison en ce qui touche à la notoriété de la marque, aux délais de livraison, à la qualité du produit et à la facilité de la passation de commande.

Étape 4 : l'analyse des soumissions, la négociation avec les fournisseurs et le choix d'un fournisseur

L'organisme acheteur, conjointement avec ses décideurs, évalue toutes les soumissions reçues en réponse à son appel d'offres. La plupart des entreprises restreignent la procédure à quelques fournisseurs, souvent ceux avec qui elles sont déjà en relation, et discutent avec eux des principales conditions de vente, comme le prix, la qualité, le délai de livraison et le financement. Certaines entreprises ont une politique qui les oblige à négocier avec plusieurs fournisseurs, surtout si le produit ou le service représente un élément critique de l'entreprise. Cette politique force les fournisseurs à rester vigilants car ils savent que l'organisme acheteur peut toujours leur retirer une grande partie de ses commandes pour les confier à un autre fournisseur qui lui offre de meilleures conditions. Par exemple, comme Toyota négocie aussi avec Dunlop et Firestone, Goodyear sait qu'elle ne peut pas négliger les bénéfices qu'elle offre à l'entreprise. En fin de compte, Toyota optera pour les pneus Goodyear parce que cette entreprise lui offre la meilleure combinaison en ce qui touche à la notoriété de la marque, aux délais de livraison, à la qualité du produit et à la facilité de la passation de commande.

Étape 5 : la détermination des caractéristiques de la commande

À la cinquième étape, l'entreprise passe une commande auprès de son fournisseur (ou de ses fournisseurs) préféré. Cette commande comprend une description détaillée des produits, les prix, la date de livraison et, dans certains cas, les pénalités de retard. Le fournisseur lui transmet en retour un accusé de réception lui signifiant qu'il a bien reçu la commande et l'exécutera dans les délais prescrits. Dans le cas de Toyota, cette description englobe les tailles précises des pneus et leur nombre, le prix qu'elle accepte de payer, la date à laquelle elle s'attend à recevoir les pneus et la pénalité à laquelle s'expose son fournisseur s'il lui livre les mauvais pneus ou dépasse la date d'échéance.

Étape 6 : l'analyse du fournisseur

Tout comme dans le processus d'achat au détail, les entreprises analysent la performance de leurs fournisseurs afin de pouvoir prendre des décisions éclairées à l'occasion de leurs futurs achats. La différence réside dans le fait que, dans un contexte interentreprises, cette analyse est généralement plus explicite et plus objective. Voyons comment Toyota pourrait évaluer la performance de Goodyear en suivant les étapes ci-dessous (*voir le tableau 7.3*).

1. L'équipe d'acheteurs dresse une liste de critères (colonne 1) qu'elle juge important de considérer au cours de l'évaluation du fournisseur.
2. Elle attribue un degré d'importance à chaque critère (colonne 2). Plus un point est jugé important, plus il reçoit une note élevée, mais les notes de la deuxième colonne doivent égaler 1. Dans ce cas-ci, l'équipe d'acheteurs accorde une grande importance à la qualité du produit et à la notoriété de la marque et une importance moindre au respect des délais de livraison et à la facilité de la passation de commande.
3. Les notes de la troisième colonne reflètent l'opinion de l'équipe d'acheteurs sur la performance du fournisseur. Sur une échelle de cinq points allant de 1 (mauvaise performance) à 5 (excellente performance), l'équipe estime

TABLEAU 7.3 L'évaluation de la performance d'un fournisseur

(1) Critère	(2) Importance relative	(3) Performance du fournisseur	(4) Performance globale
Notoriété de la marque	0,30	5	1,5
Respect des délais de livraison	0,20	4	0,8
Qualité du produit	0,40	5	2,0
Facilité de la passation de commande	0,10	3	0,3
Total	1,0		4,6

que la performance de Goodyear est plutôt bonne à tous les égards sauf en ce qui a trait à la facilité de la passation de commande.

4. Pour obtenir la note globale du fournisseur (quatrième colonne), l'équipe multiplie chaque note de la colonne « Importance relative » par chaque note de la colonne « Performance du fournisseur », puis elle additionne les résultats. Remarquez que la performance de Goodyear est particulièrement bonne pour la plupart des points clés. Par conséquent, l'addition des résultats de la quatrième colonne révèle que la performance globale de Goodyear est excellente puisque l'entreprise obtient une note de 4,6 sur une échelle de 5 points !

Les facteurs influant sur le processus d'achat

OA 4

Le processus d'achat interentreprises en six étapes est soumis à trois éléments internes de l'organisme acheteur : le comité d'achats, la philosophie (ou culture organisationnelle) de l'organisme acheteur et la situation d'achat.

Le comité d'achats[22]

Dans la plupart des grandes organisations, plusieurs personnes sont responsables des décisions d'achat. Les effectifs du **comité d'achats** peuvent englober tant des employés qui jouent un rôle officiel dans les décisions d'achat (p. ex., le service des achats ou de l'approvisionnement) que des membres de l'équipe de concepteurs chargés de spécifier l'équipement ou les matières premières dont les utilisateurs de la nouvelle machine commandée auront besoin. Tous ces employés jouent des rôles distincts dans le processus d'achat. Les fournisseurs doivent le comprendre et adapter leurs efforts de marketing et de vente en conséquence.

Les fonctions exercées par les membres d'un comité d'achats typique se divisent en six catégories. Chaque fonction est assumée par une ou plusieurs personnes, mais une personne peut occuper une ou plusieurs fonctions : « 1) l'**initiateur**, le membre qui, le premier, suggère d'acheter un produit ou un service particulier ; 2) l'**influenceur**, le membre dont l'opinion influence les autres membres et, par le fait même, la décision d'achat ; 3) le **décideur**, le membre qui, en fin de compte, prend une décision ou toutes les décisions relatives à un achat : décision d'acheter ou non, teneur de l'achat, modalités et endroit ; 4) l'**acheteur professionnel**, le membre chargé de remplir les formulaires relatifs à l'achat ; 5) l'**utilisateur**, la ou les personnes qui consommeront ou utiliseront le produit ou le service ; et 6) le **filtre (ou portier)**, le ou les membres qui gèrent l'information ou la communication avec les décideurs et les influenceurs, ou les deux[23] ».

Pour illustrer le fonctionnement d'un comité d'achats, prenons le cas des achats effectués par un hôpital. Où les hôpitaux achètent-ils leurs appareils de radiographie, leurs seringues et leurs bassins hygiéniques ? Pourquoi certaines procédures médicales sont-elles couvertes en tout ou en partie par l'assurance et d'autres non ? Pourquoi votre médecin vous prescrit-il un médicament contre les allergies plutôt qu'un autre ?

L'initiateur : votre médecin Lorsque vous consultez votre médecin, il amorce le processus d'achat en déterminant les produits et les services qui pourront le mieux traiter votre maladie ou votre blessure. Supposons qu'en tombant de votre planche à neige vous vous soyez cassé le coude. Vous avez besoin d'une chirurgie au cours de laquelle on fixera sur l'os des plaques avec des vis pour immobiliser le coude en attendant que l'os se ressoude. Votre médecin avise aussitôt l'hôpital pour qu'on programme la chirurgie et pour spécifier le type de vis qu'il veut avoir sous la main au moment de l'opération.

L'influenceur : le fournisseur de matériel médical, la pharmacie Depuis des années, votre médecin utilise les vis ElbowMed, qui coûtent un peu plus cher que les autres vis. La première fois qu'il a entendu parler de ces vis, c'est par un

comité d'achats (*buying centre*)
Groupe d'individus responsables de la prise de décision d'achat d'un produit ou d'un service au sein d'une entreprise.

initiateur (*initiator*)
Membre du comité d'achats qui, le premier, suggère d'acheter un nouveau produit ou service.

influenceur (*influencer*)
Membre du comité d'achats dont l'opinion influence les autres membres et, par le fait même, la décision d'achat.

décideur (*decider*)
Personne (en contexte familial) ou membre du comité d'achats (en contexte industriel) qui prend, au bout du compte, une ou toutes les décisions d'achat, qu'il s'agisse de faire un achat ou de choisir quoi acheter, comment et où le faire.

acheteur professionnel (*buyer*)
Membre du service des achats chargé des formulaires relatifs à l'achat d'un produit ou d'un service.

utilisateur (*user*)
Individu qui consomme ou utilise le produit ou le service acheté par le comité d'achats.

filtre (ou portier) (*gatekeeper*)
Membre du comité d'achats qui gère l'information ou qui communique avec les décideurs et les influenceurs.

Un grand nombre de personnes participent aux décisions d'achat interentreprises.

représentant qui est venu le voir à son bureau pour lui prouver que les vis ElbowMed étaient de loin supérieures à ses concurrentes. Votre médecin a reconnu la valeur de ces vis. En réalité, en lui présentant des données empiriques et des études de cas, le représentant commercial a exercé une influence sur la décision de votre médecin d'utiliser ces vis.

Le décideur : l'hôpital Même si votre médecin a demandé des vis ElbowMed, la décision d'acheter ce type de vis ou non appartient aux gestionnaires de l'hôpital. L'hôpital approvisionne la salle d'opération en instruments et en fournitures chirurgicales. Par conséquent, les gestionnaires doivent évaluer une variété de facteurs afin de déterminer non seulement si les vis ElbowMed sont les meilleures pour les patients, mais encore si elles sont remboursables par les diverses compagnies d'assurances.

L'acheteur professionnel : le chef de l'approvisionnement Le véritable acheteur des vis sera sans doute le chef de l'approvisionnement, dont la tâche consiste à acheter et à maintenir les stocks de l'hôpital de la manière la plus efficiente possible. Bien que les vis ElbowMed soient indiquées pour le type d'opération que vous devez subir, d'autres articles comme les compresses et le fil de suture peuvent être achetés par un regroupement d'achats, qui obtient de meilleurs prix grâce à l'achat de quantités importantes.

L'utilisateur : le patient Au bout du compte, cependant, le processus d'achat lié à l'opération chirurgicale sera grandement déterminé par l'utilisateur, en l'occurrence vous et votre coude cassé. Si l'opération vous inquiète ou si vous préférez recourir à un autre procédé dont vous avez entendu parler, vous pourriez décider que les vis ElbowMed ne constituent pas le meilleur traitement.

Le filtre : la compagnie d'assurances Votre assureur peut estimer que les vis ElbowMed sont trop chères et que d'autres vis sont tout aussi efficaces et, par conséquent, refuser de rembourser l'hôpital en tout ou en partie pour ces vis.

Ainsi, la décision finale doit tenir compte de l'avis de chaque membre du comité d'achats. La rubrique Question d'éthique 7.1 (*voir p. 213*) examine comment l'influenceur (le représentant de la société pharmaceutique et les sociétés pharmaceutiques) influence le décideur (le médecin) quant aux achats faits par l'utilisateur (le patient).

La culture organisationnelle

culture organisationnelle (*organizational culture*) Ensemble de valeurs, de traditions et de coutumes qui influent sur le comportement des employés d'une entreprise.

La **culture organisationnelle** reflète l'ensemble des valeurs, des traditions et des coutumes qui guident le comportement des cadres et des employés d'une entreprise. Elle englobe souvent un ensemble de règles tacites que les employés observent dans diverses situations professionnelles. Par exemple, un nouvel employé a été avisé que la journée de travail commence à 9 heures. Or, en observant ses collègues, il constate que la plupart d'entre eux arrivent à 8 h 30. Il décide donc d'arriver plus tôt au bureau.

Question d'éthique 7.1 Médecins sous influence

L'industrie pharmaceutique crée constamment de nouveaux médicaments et de nouveaux usages pour les médicaments existants. Les médecins doivent donc sans cesse mettre à jour leurs connaissances concernant les produits pharmaceutiques et leurs utilisations. Les représentants constituent l'une des principales sources d'information des médecins en ce qui a trait aux nouveautés pharmaceutiques. Une étude récente a révélé que les médecins veulent des renseignements détaillés sur la sécurité des médicaments, leur prix et la façon de les prescrire de même que sur les nouveaux produits. Ils veulent aussi comprendre ce qui distingue un nouveau médicament du médicament qu'il remplace.

Malheureusement, l'étude a aussi révélé que, dans de nombreux cas, les représentants ne fournissent pas toutes ces données aux médecins. Ils se concentrent plutôt sur les avantages des nouveaux médicaments, omettant de parler de leur prix ou de leurs effets secondaires et de les comparer avec les produits existants. En outre, les représentants biaisent les données relatives à la sécurité des nouveaux médicaments afin de présenter ces derniers sous un jour favorable. Pour couronner le tout, l'étude a démontré que les représentants ont tendance à dénigrer les produits de leurs concurrents devant les médecins.

D'un point de vue éthique, quelle information les représentants des sociétés pharmaceutiques devraient-ils fournir aux médecins ?

Mais ce qui est encore plus troublant, c'est que les médecins qui reçoivent fréquemment la visite de représentants choisissent souvent de prescrire des médicaments à leurs patients, plutôt que d'autres types de thérapies même si les chercheurs estiment que celles-ci donnent de meilleurs résultats. Ces médecins sont aussi moins portés à prescrire les équivalents génériques des coûteux médicaments de marque. Autrement dit, les représentants exercent une énorme influence sur les traitements prescrits par les médecins[24].

Peut-on faire quelque chose pour inciter les représentants des laboratoires pharmaceutiques à modifier leur comportement ? Quelles incitations les médecins ou la communauté médicale devraient-ils donner à ces laboratoires pour qu'ils fournissent les renseignements désirés aux médecins tout en limitant leur influence sur les traitements prescrits ?

La culture organisationnelle exerce parfois un effet important sur les décisions d'achat. On peut diviser les comités d'achats en quatre grandes catégories en fonction de leur type de culture : autocratique, démocratique, consultatif et par consensus (*voir la figure 7.3, p. 214*). Le fait pour un vendeur de connaître la culture qui imprègne le comité d'achats d'une organisation lui permet de décider de quelle manière aborder ce client, comment et à qui transmettre les informations pertinentes et à qui présenter son argumentation.

Même si un **comité d'achats autocratique** compte plusieurs membres, les décisions y relèvent d'une seule personne, tandis que, dans un **comité d'achats démocratique**, elles respectent l'avis de la majorité. Dans un **comité d'achats consultatif**, la décision revient à un seul membre, qui sollicite d'abord l'opinion des autres membres. Enfin, dans un **comité d'achats par consensus** (*définition à la page suivante*), toute décision d'achat doit recueillir un large consensus[25].

La culture est comme une force vive qui se transforme et évolue tout comme les organisations. Même à l'intérieur de certaines entreprises, elle peut varier en fonction de la structure organisationnelle, qu'il s'agisse d'une structure géographique, divisionnelle ou fonctionnelle. Que vous soyez un membre du comité d'achats ou un fournisseur qui veut lui vendre un produit, vous devez à tout prix comprendre la culture de l'entreprise et les rôles des principaux intervenants dans le processus d'achat. La méconnaissance de ces rôles entraînerait une perte de temps, pour vous comme pour le comité d'achats, et pourrait même vous aliéner le véritable décideur. La rubrique Valeur ajoutée 7.1 (*voir p. 215*), décrit la façon dont Volkswagen travaille avec ses fournisseurs pour fabriquer une voiture.

comité d'achats autocratique (*autocratic buying centre*)
Centre de décision en matière d'achats au sein duquel la décision d'achat est prise par une seule personne, même si l'unité de décision est composée de plusieurs participants.

comité d'achats démocratique (*democratic buying centre*)
Centre de décision des achats au sein duquel les décisions sont prises en fonction de la majorité.

comité d'achats consultatif (*consultative buying centre*)
Centre de décision en matière d'achats qui formule un avis à l'intention du décideur.

FIGURE 7.3 La culture organisationnelle du comité d'achats

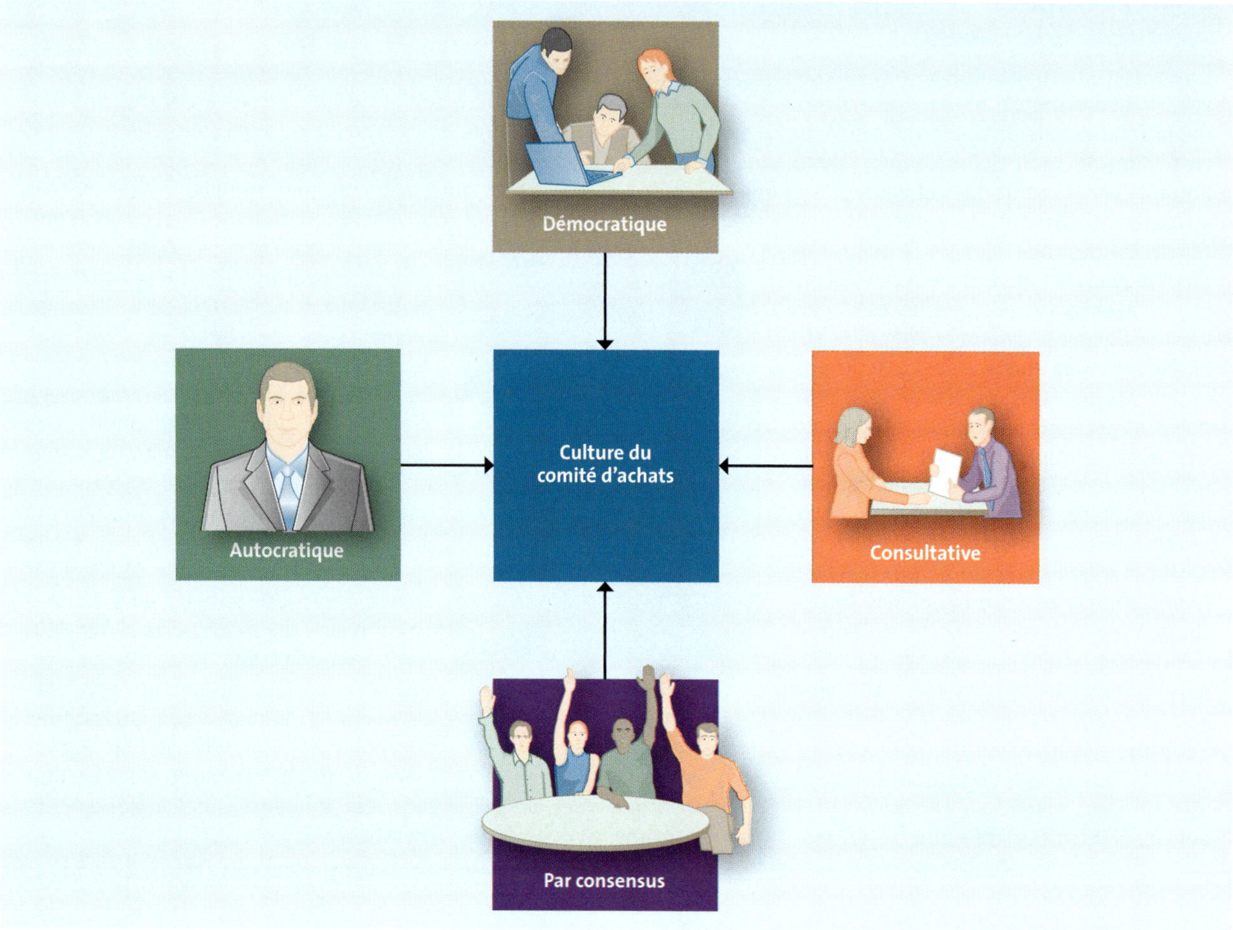

comité d'achats par consensus (*consensus buying centre*)
Centre de décision en matière d'achats au sein duquel les membres doivent tous être d'accord en ce qui a trait à un certain achat.

Les situations d'achat

La situation d'achat est un autre facteur qui influe sur le processus décisionnel interentreprises. La plupart des situations d'achat interentreprises appartiennent à l'une des trois catégories suivantes: le nouvel achat, le rachat modifié et le rachat direct (*voir la figure 7.4, p. 215*).

Pour illustrer les nuances entre ces trois situations d'achat, nous décrirons comment Dell établit des relations avec certains de ses clients commerciaux préalablement ciblés.

Dell connaît un grand succès sur le marché interentreprises surtout parce qu'elle est flexible, se concentre sur sa clientèle et offre des solutions complètes à des prix abordables. La société s'appuie sur d'étroites relations de vente et sur le marketing par bases de données pour comprendre les désirs de ses clients et la manière de les satisfaire. Premièrement, Dell fait beaucoup de publicité dans les établissements d'enseignement et les institutions gouvernementales au cours des deuxième et troisième trimestres de l'année, qui coïncident avec le début de leur cycle d'achat. Deuxièmement, comme les représentants de Dell comprennent les limites financières de ces institutions, ils leur offrent des ensembles complets comprenant des ordinateurs, des logiciels et des services de technologies de l'information, et envoient des équipes qui non seulement installent le nouvel équipement, mais aussi enlèvent l'ancien. Troisièmement, Dell travaille étroitement avec ses acheteurs pour obtenir de la rétroaction et consulte ses équipes de conception des produits afin d'axer sa production sur les besoins de sa clientèle. Quatrièmement, Dell divise ses clients en trois catégories: acquisition, développement et

Valeur ajoutée 7.1 La fabrication d'une Volkswagen[26]

Le Groupe Volkswagen, qui a son siège social en Allemagne, est propriétaire et distributeur des marques Audi, Bentley, Bugatti, Lamborghini, Seat, Skoda, Volkswagen et des véhicules commerciaux Volkswagen. À un moment donné, la société a constaté que ses acheteurs passaient 70 % de leur temps à chercher, à analyser, à valider et à transmettre des informations sur les pièces et les composants. Il ne leur restait plus, par conséquent, que 30 % de leur temps à consacrer à des activités susceptibles d'ajouter de la valeur à l'entreprise, une situation inacceptable. Que pouvait faire la société ? Elle a reconnu la nécessité d'améliorer l'efficacité de son processus d'achat.

Le logiciel intégré IPAD de Volkswagen a réduit le temps de recherche de deux heures à neuf minutes depuis que les acheteurs de la société reçoivent les descriptions de produits en ligne directement des fournisseurs.

Aujourd'hui, Volkswagen gère son propre réseau Internet privé (intranet), qui relie plus de 5 000 fournisseurs de composants, de pièces de véhicules automobiles et de matières premières indirectes d'une valeur de quelque 77 milliards de dollars, équivalant à 70 % des recettes annuelles de l'entreprise. Grâce à son nouveau logiciel intégré IPAD (*Internal Purchasing Agent Desk, littéralement* « bureau interne des acheteurs ») — sans lien avec le iPad d'Apple —, les acheteurs reçoivent les descriptions de produits en ligne directement des fournisseurs de sorte que le processus de recherche, qui prenait autrefois deux heures, s'effectue désormais en neuf minutes. De plus, chaque commande, qui prenait en moyenne une heure auparavant, est maintenant conclue en 20 minutes seulement.

Outre qu'elle a amélioré ses procédures internes, Volkswagen maintient un lien étroit avec ses fournisseurs grâce à des outils en ligne qui permettent de suivre les factures et les paiements. De plus, ses fournisseurs peuvent ouvrir une session sur son site Web sécurisé (*Supplier Cockpit*) pour trouver des renseignements relatifs à leurs produits. D'autres outils en ligne permettent de consulter le catalogue, les ventes aux enchères et les appels d'offres. Mais le plus important peut-être, c'est que l'entreprise encourage constamment une collaboration étroite et des accords de partenariat avec ses fournisseurs.

FIGURE 7.4 Les situations d'achat

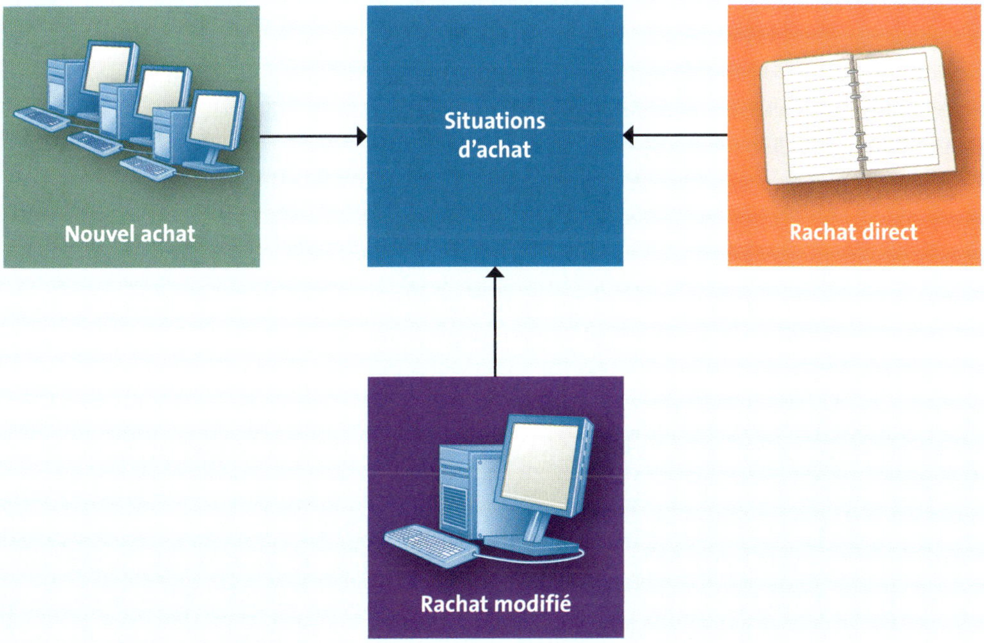

fidélisation. De concert avec ses principaux décideurs, la société garde constamment le contact avec chaque client et maximise chaque dollar que celui-ci consacre à l'achat de matériel technologique[27].

nouvel achat (*new buy*) Achat d'un produit ou d'un service pour la première fois. Les responsables de la décision d'achat sont habituellement très sollicités étant donné que l'acheteur ou l'organisme acheteur ne connaissent pas encore le produit ou le service qu'ils s'apprêtent à acheter.

Dans le cas d'un **nouvel achat**, un client achète un bien ou un service pour la première fois[28]. La décision d'achat est généralement très exigeante, puisque l'acheteur ou l'organisme acheteur ne connaît pas encore le produit ou le service qu'il s'apprête à acheter. Dans le contexte interentreprises, le comité d'achats suivra probablement les six étapes du processus d'achat et un grand nombre de ses membres participeront au processus décisionnel. Les nouveaux achats vont de l'achat de biens d'équipement à l'achat de composants que l'entreprise fabriquait auparavant, mais qu'elle compte acheter à l'avenir. Par exemple, l'Université d'Ottawa a acheté ses premiers équipements et installations de vidéoconférence en 1993 afin d'améliorer sa capacité d'enseignement à distance. Auparavant, elle comptait principalement sur son terminal audiographique, qui acheminait la voix des professeurs, des étudiants et des tuteurs par une ligne téléphonique et les éléments graphiques du cybercours par une seconde ligne.

rachat modifié (*modified rebuy*) Fait, pour un acheteur industriel qui s'est déjà procuré un produit semblable, de changer certains éléments, comme le prix souhaité, la qualité du produit, le service à la clientèle ou les options offertes.

En ce qui concerne le **rachat modifié**, l'acheteur a déjà acquis un produit semblable dans le passé, mais il désire en modifier certains éléments, comme le prix visé, la qualité du produit, le service à la clientèle ou les options offertes. Les fournisseurs habituels de l'entreprise ont toutes les chances de réaliser cette vente, pour autant que les modifications souhaitées ne résultent pas de l'insatisfaction du client à l'égard de l'entreprise ou de ses produits. Il y a quelques années, de nombreuses universités canadiennes ont remplacé leurs énormes moniteurs à écran cathodique par des moniteurs ACL à écran plat.

rachat direct (ou rachat simple) (*straight rebuy*) Fait pour un acheteur ou un organisme acheteur de se procurer une quantité supplémentaire d'un produit qu'il a déjà acheté.

On parle de **rachat direct (ou rachat simple)** lorsque l'acheteur ou l'organisme acheteur achète une quantité supplémentaire d'un produit qu'il a déjà acquis auparavant. Un nombre impressionnant d'achats interentreprises entrent dans cette catégorie. Par exemple, l'Université d'Ottawa a acheté un premier système de vidéoconférence en 1993 et renouvelé cet achat à quelques reprises par la suite. À l'heure actuelle, l'Université compte cinq salles de vidéoconférence pouvant accueillir entre 18 et 88 étudiants.

Ces diverses situations d'achat requièrent des stratégies de marketing et de vente très différentes. La situation la plus complexe est le nouvel achat, qui oblige l'organisme acheteur à modifier ses pratiques habituelles et ses achats. En conséquence, il est probable que plusieurs membres du comité d'achats participeront au processus décisionnel et d'une façon plus intense que dans le cas d'un rachat modifié ou d'un rachat direct. D'ordinaire, le nouvel achat exige que les membres du comité d'achats passent ordinairement plus de temps à chaque étape du processus, un peu comme en ce qui a trait au comportement d'achat complexe qui caractérise certains achats au détail. Par comparaison, dans le cas d'un rachat modifié, les acheteurs franchissent rapidement les étapes du processus, un peu à la manière des consommateurs qui adoptent un comportement d'achat routinier pour certains achats au détail (*voir le chapitre 6*).

En ce qui touche au rachat modifié, toutefois, l'acheteur est souvent le seul membre du comité d'achats engagé dans le processus. Comme dans le cas du comportement d'achat routinier des consommateurs, l'acheteur reconnaît immédiatement le besoin de l'entreprise et passe directement à la cinquième étape du processus d'achat, soit la détermination des caractéristiques de la commande, en sautant les étapes de la détermination des caractéristiques du produit (étape 2), de la procédure d'appel d'offres (étape 3) et de l'analyse des soumissions, de la négociation avec les fournisseurs et du choix d'un fournisseur (étape 4).

Peu importe la situation d'achat, de plus en plus d'entreprises ont désormais recours à Internet pour faciliter la procédure d'achat tant aux acheteurs qu'aux vendeurs. Examinons maintenant les diverses façons dont Internet a révolutionné le commerce interentreprises.

Le rôle d'Internet dans le commerce interentreprises

OA 5

En tant que consommateurs, nous utilisons souvent Internet afin d'effectuer une recherche sur des produits ou de les acheter pour nous, notre famille ou nos amis. De la même façon, Internet a radicalement transformé le commerce interentreprises depuis quelques années. Ainsi, par choix ou par nécessité, Internet est devenu le mode de communication privilégié pour relier les divisions et les employés qui sont dispersés. Il suffit de songer au représentant qui visite un client vivant loin du siège social de l'entreprise.

En se connectant à la base de données de l'entreprise, le représentant peut rapidement trouver l'information désirée sur la disponibilité du produit et l'état d'une commande, et même consulter ses superviseurs au sujet de certains points importants de la négociation, comme le prix et les remises.

Internet permet aussi aux entreprises de communiquer entre elles à travers les échanges privés et les ventes aux enchères (*voir la figure 7.5*). Un **échange privé** a lieu lorsqu'une entreprise acheteuse ou vendeuse invite d'autres entreprises à participer à des échanges d'information et à des transactions en ligne. Ces échanges contribuent à simplifier l'approvisionnement et la distribution. À l'instar de Toyota et de son site ToyotaSource.com, dont il a été question précédemment, IBM, General Motors, Ford, General Electric, Walmart et d'autres grandes entreprises ont constitué une place de marché qui englobe leurs principaux fournisseurs. Certaines sociétés comme IBM et General Electric obligent même leurs fournisseurs à traiter avec elles principalement à travers les échanges en ligne. Ces échanges privés (*voir la rubrique Cybermarketing 7.1, p. 218*) permettent de réaliser des économies substantielles en éliminant les négociations périodiques et certaines tâches administratives courantes, et en donnant à l'entreprise la possibilité de constituer une chaîne logistique capable de répondre rapidement aux besoins de l'acheteur.

échange privé (*private exchange*)
Marché créé par une entreprise, qu'elle soit l'acheteuse ou la vendeuse, qui invite d'autres entreprises à s'y joindre. Cette pratique peut simplifier l'approvisionnement et la distribution.

Par exemple, comme nous l'avons mentionné auparavant, les fournisseurs de Dell anticipent la demande relative à leurs produits à partir des données sur les ventes que Dell leur transmet. En retour, ils peuvent fournir les composants nécessaires promptement sans avoir à accumuler des stocks considérables[29]. Comme les produits et les prix des pièces d'ordinateur changent rapidement en raison des innovations constantes, le fait de ne pas avoir à accumuler de stocks volumineux permet à Dell de conserver un équilibre entre les prix de ses ordinateurs finis et les prix en baisse de ses composants. Elle peut ensuite faire profiter de ces économies aux consommateurs sous forme de prix plus bas, ce qui lui assure une position très concurrentielle sur le marché.

Sur un autre plan, les fabricants et les fournisseurs peuvent travailleur ensemble à concevoir de meilleurs produits[30]. Les fabricants et les détaillants recueillent des renseignements détaillés sur les préférences de leurs clients et sur d'autres tendances du marché, qu'ils transmettent ensuite aux principaux fournisseurs engagés dans

FIGURE 7.5 Internet et le commerce interentreprises

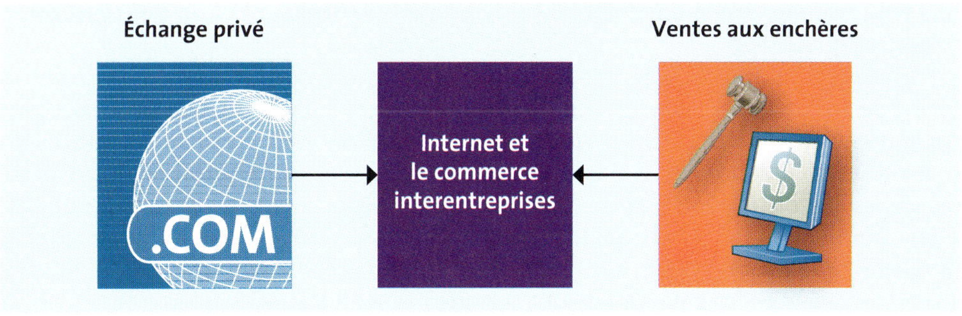

Cybermarketing 7.1 Covisint, carrefour de gens, d'idées et d'applications[31]

Covisint a été créée en février 2000 par un consortium des fabricants d'automobiles Ford, General Motors, DaimlerChrysler et Renault-Nissan, auxquels s'est jointe Peugeot Citroën par la suite. Celle-ci a payé 200 millions de dollars pour coordonner les procédures commerciales avec une multitude de fournisseurs de l'industrie automobile. L'idée était de faire de Covisint une place de marché virtuelle où les constructeurs de matériel et les fournisseurs de toutes les tailles pouvaient se rencontrer pour faire des affaires dans un environnement unique en utilisant les mêmes outils et la même interface utilisateur ainsi qu'un seul nom d'utilisateur et un mot de passe.

Covisint se voulait une solution destinée à transformer les principaux procédés administratifs au sein de l'industrie automobile. Les solutions de Covisint devaient permettre aux entreprises d'exploiter la puissance d'Internet afin d'augmenter fortement leur valeur et leur efficacité grâce à la collaboration, à la visibilité et à l'intégration. Elles pouvaient ainsi aider les entreprises à économiser du temps et de l'argent et les libérer des tâches sans valeur ajoutée. Voici certains points que Covisint devait en principe régler : 1) améliorer un contrôle de la qualité déficient causé par une mauvaise gestion de la chaîne logistique de l'industrie automobile ; 2) gérer, suivre et contrôler la performance et la situation des fournisseurs ; 3) cerner tôt les problèmes potentiels en matière d'approvisionnement afin de pouvoir prendre des mesures préventives ; 4) communiquer les exigences et les modifications en temps opportun aux membres de la chaîne logistique ; et 5) réduire le temps passé à classer, à gérer et à dépouiller les soumissions écrites et les rapports d'étape. Covisint a promis de donner aux entreprises un accès à l'information en temps réel afin qu'elles puissent surveiller la consommation réelle et les niveaux des stocks, et ainsi réagir rapidement et efficacement aux changements.

Par l'entremise de Covisint,les entreprises de toutes les tailles et de partout, et quelle que soit leur sophistication, peuvent échanger en toute sécurité des informations commerciales vitales, des applications et des procédures avec tous leurs partenaires commerciaux. À titre de fournisseur de solutions et de services interopérabilité, Covisint permet aux entreprises d'accélérer leurs processus décisionnels, de réduire leurs coûts (transport, voyages et tâches administratives), d'augmenter leur efficacité, de collaborer et de devenir plus réceptives aux besoins de leurs clients.

Aujourd'hui, les services de Covisint s'étendent au-delà de l'industrie automobile et englobent les soins de santé, les services financiers et le secteur public. Grâce à sa plateforme Internet, *Business Now*, Covisint soutient plus de 266 000 utilisateurs, représentant plus de 30 000 organisations associées à l'industrie mondiale de l'automobile et réparties dans plus de 96 pays. Elle décline ses services dans sept langues. Covisint soutient aussi plus de 15 000 utilisateurs représentant plus de 450 organisations du continuum nord-américain des soins de santé — systèmes de santé, payeurs commerciaux, associations et cabinets de médecins, agences de soins à domicile, tiers administrateurs, établissements de soins de longue durée, fournisseurs d'équipements médicaux pour la maison — ainsi que neuf programmes Medicaid. Au cours de la première année d'exploitation de Covisint, GM a annoncé qu'elle avait dépensé 200 millions de dollars en biens indirects grâce au système de classification de Covisint et vendu des équipements et de la machinerie pour 2 milliards de dollars à travers les enchères en ligne de Covisint.

la conception des produits. Grâce à cette collaboration, les entreprises fabriquent des produits mieux adaptés aux besoins de leur clientèle. Elles créent et offrent une meilleure valeur à leurs clients.

Des échanges privés ont aussi lieu entre les fabricants et les détaillants de la chaîne de valeur. Par exemple, le réseau privé de Procter & Gamble recueille des informations à partir des caisses enregistreuses (le point de vente), lesquelles sont acheminées par voie électronique depuis les distributeurs jusqu'au siège social de l'entreprise[32]. En analysant ces données, Procter & Gamble peut suivre les ventes de ses nombreux produits afin de déterminer la demande exacte associée à chacun. Elle peut ensuite transmettre cette information aux fournisseurs afin de coordonner l'approvisionnement.

En outre, les transactions interentreprises prennent de plus en plus souvent la forme de ventes aux enchères en ligne, qu'elles soient à l'anglaise ou inversées. Au cours d'**enchères à l'anglaise**, les produits et les services sont simplement vendus au plus offrant. Par conséquent, si un fabricant d'ordinateurs a un certain nombre d'ordinateurs invendus, il peut les vendre aux enchères sur un site d'échange (peut-être même sur eBay) à l'acheteur qui lui offre le prix le plus élevé. Pendant des **enchères inversées**, l'acheteur fournit des détails sur ce qu'il recherche à un groupe de vendeurs, qui baissent les enchères jusqu'à ce que l'acheteur accepte une offre.

enchères à l'anglaise (*English auction*) Enchères telles que nous les connaissons généralement, où les prix augmentent progressivement et où l'adjudication va à l'acheteur le plus offrant.

enchères inversées (*reverse auction*) Vente au cours de laquelle l'acheteur fournit à un groupe de vendeurs des détails sur ce qu'il recherche. Les vendeurs proposent des prix de plus en plus bas. L'acheteur conclut la transaction avec le vendeur offrant le plus bas prix.

Des entreprises comme Dell, HP, Motorola, Palm et SUN[33] ont réduit leurs coûts relatifs à l'approvisionnement et à l'achat de composants grâce aux enchères inversées[34].

Grâce aux enchères inversées, des entreprises comme Dell réduisent leurs coûts relatifs à l'approvisionnement et à l'achat de composants en fournissant des spécifications à un groupe de vendeurs, qui baissent les enchères jusqu'à ce que l'entreprise accepte une offre.

C'est ainsi que, de diverses façons, le commerce interentreprises à la fois ressemble et ne ressemble pas au processus décrit dans le chapitre 6, relatif au comportement des consommateurs. Dans le contexte de la vente interentreprises, le processus de segmentation du marché reflète la nature collective des consommateurs, qu'il s'agisse de fabricants, de revendeurs, d'institutions ou de gouvernements. De plus, même si le processus d'achat peut vous sembler familier et remarquablement analogue à celui qui est décrit dans le chapitre 6, ses six étapes comportent des aspects uniques. Cela est logique compte tenu des nombreux éléments qui entrent en jeu dans le processus d'achat interentreprises. La composition du comité d'achats (autocratique, démocratique, consultatif ou par consensus), la culture de l'organisme acheteur et la situation d'achat (nouvel achat, rachat modifié, rachat direct), tous ces facteurs influent de diverses façons sur le processus d'achat interentreprises. Les vendeurs doivent donc être conscients à tout moment de ces facteurs s'ils veulent voir leurs efforts de vente couronnés de succès. Enfin, comme c'est le cas apparemment dans tous les domaines, Internet a radicalement transformé certains aspects du commerce interentreprises en accroissant la fréquence tant des échanges privés électroniques que des ventes aux enchères.

Faites le point

1) Décrivez la nature et la composition du commerce interentreprises.

2) Expliquez comment les organisations interentreprises segmentent leurs marchés.

3) Énoncez les principales différences entre le processus d'achat interentreprises et le processus d'achat au détail.

4) Décrivez les facteurs qui influent sur le processus d'achat interentreprises.

5) Expliquez comment Internet a amélioré le commerce interentreprises.

1) Le commerce interentreprises englobe quatre grands groupes: les fabricants ou producteurs, les revendeurs, les institutions et les gouvernements. Les fabricants comme Hewlett-Packard et Dell dépensent de grosses sommes pour acquérir les matières premières et les pièces qui entrent dans la fabrication des ordinateurs, des imprimantes et d'autres produits. De même, les agriculteurs déboursent des sommes énormes pour acheter des fertilisants, des semences et d'autres produits agricoles. Les revendeurs sont principalement des grossistes, des distributeurs et des détaillants qui distribuent les produits des fabricants. Au Canada, les commerces de gros et de détail comptent parmi les plus importants secteurs de l'économie. Le secteur public (gouvernements fédéral, provinciaux et municipaux) du Canada et de la plupart des autres pays représente le plus important acheteur d'un pays. Les institutions comme les organismes sans but lucratif, les universités et les prisons consacrent aussi des millions de dollars à l'achat de produits finis destinés à leurs organisations et à leurs clients. Le commerce interentreprises est considérablement plus important que le commerce de détail en ce qui touche aussi bien au volume des achats qu'à la valeur de ceux-ci.

2) Les principes de base de la segmentation du marché demeurent les mêmes pour le commerce interentreprises et le commerce de détail. Plus précisément, les organisations interentreprises divisent le marché en groupes de clients qui ont différents besoins, désirs ou caractéristiques et qui, par conséquent, peuvent apprécier les produits ou les services conçus pour eux. Globalement, les organisations interentreprises divisent le marché en quatre grands groupes: les fabricants ou producteurs, les revendeurs, les institutions et les gouvernements. Les fabricants ou producteurs achètent des matériaux et des composants pour fabriquer des produits ou exploiter leur entreprise, comme des ordinateurs et des téléphones. Les revendeurs sont des grossistes, des distributeurs ou des détaillants qui vendent des produits finis. Les institutions englobent les organismes sans but lucratif comme les hôpitaux, les écoles ou les églises. Enfin, les gouvernements achètent toutes sortes de biens et de services et constituent les plus gros acheteurs au Canada. En vue de faciliter la segmentation de leur marché, les organisations interentreprises peuvent utiliser le Système de classification des industries de l'Amérique du Nord (SCIAN), élaboré par le Canada, les États-Unis et le Mexique pour répertorier leurs clients potentiels par type d'entreprise, puis élaborer des stratégies de marketing afin de cibler ces derniers. Les entreprises peuvent aussi segmenter les marchés interentreprises en fonction de la taille du segment et de l'utilisation finale des produits.

3) Le commerce interentreprises diffère du commerce de détail sous plusieurs aspects: les caractéristiques de la demande; le type d'achat, ainsi que la valeur et le volume des acquisitions; la nature du processus d'achat, qui est plus rigoureux et professionnel et fait intervenir davantage de gens; enfin, la nature du marketing mix: les ventes personnelles et en ligne sont prédominantes et les prix sont négociés et inélastiques à court terme. De prime abord, le processus d'achat interentreprises paraît analogue au processus d'achat au détail décrit dans le chapitre 6. Il commence par la reconnaissance d'un besoin et finit par une évaluation de la performance du produit ou du service. Mais, en réalité, il s'en distingue sous plusieurs aspects, et surtout en raison de son caractère officiel. Par exemple, au cours de la deuxième étape, l'organisme acheteur détaille les caractéristiques précises des produits ou des services qu'il souhaite acquérir. Puis, à la troisième étape, celle de la procédure d'appels d'offres, il annonce qu'il a besoin de tel produit ou service et sollicite des soumissions officielles. À la quatrième étape, l'organisme acheteur analyse les soumissions et négocie un accord. Contrairement au processus d'achat au détail, la cinquième étape est très rigoureuse; elle consiste à élaborer tous les détails du contrat de vente et à passer la commande.

4) Dans le commerce interentreprises, plusieurs personnes, qui composent le comité d'achats, participent à la décision d'achat. S'il veut être efficace, le fournisseur doit comprendre les relations entre les membres du comité d'achats. La culture de l'entreprise peut aussi influer sur le processus décisionnel. Par exemple, si une entreprise veut vendre ses produits à un jeune fabricant de composants d'ordinateur à la fine pointe, il a tout intérêt à lui envoyer un représentant qui connaît le langage de l'informatique et se liera facilement avec ce client. Enfin, le processus d'achat interentreprises dépend en grande partie de la situation d'achat. Lorsqu'une entreprise achète un produit ou un service pour la première fois, le processus est beaucoup plus complexe que lorsqu'elle effectue un rachat direct.

5) Internet a davantage transformé le commerce interentreprises que toute autre innovation antérieure. Ce réseau facilite non seulement les contacts entre les gens et les entreprises, mais aussi l'échange d'informations entre entreprises. Les acheteurs peuvent acquérir des produits et des services en ligne à travers un échange privé, dans lequel une entreprise invite d'autres entreprises à faire des affaires avec elle en ligne, et des enchères en ligne. Ces échanges et ces enchères simplifient l'approvisionnement, ouvrent des marchés à de nouveaux acheteurs et vendeurs et assurent une meilleure tarification en fonction du marché.

Mots clés

- acheteur professionnel, p. 211
- appel d'offres (AO), p. 209
- comité d'achats, p. 211
- comité d'achats autocratique, p. 213
- comité d'achats consultatif, p. 213
- comité d'achats démocratique, p. 213
- comité d'achats par consensus, p. 214
- commerce interentreprises (ou B2B), p. 200
- culture organisationnelle, p. 212
- décideur, p. 211
- demande dérivée, p. 204
- échange privé, p. 204
- enchères à l'anglaise, p. 218
- enchères inversées, p. 218
- filtre (ou portier), p. 211
- influenceur, p. 211
- initiateur, p. 211
- nouvel achat, p. 216
- rachat direct (ou rachat simple), p. 216
- rachat modifié, p. 216
- revendeur, p. 202
- Système de classification des industries de l'Amérique du Nord (SCIAN), p. 203
- utilisateur, p. 211

Révision des concepts

1. Expliquez comment les gestionnaires marketing peuvent utiliser le SCIAN pour segmenter les marchés interentreprises. Nommez deux autres manières dont ils peuvent utiliser le SCIAN pour segmenter ces marchés. Appuyez votre réponse sur des exemples pertinents.
2. Décrivez les caractéristiques qui distinguent le commerce interentreprises du commerce de détail.
3. Exposez les principales différences entre le processus d'achat au détail décrit dans le chapitre 6 et le processus d'achat interentreprises décrit dans ce chapitre.
4. Expliquez pourquoi la prise d'une décision d'achat ne suit pas toujours les six étapes du processus d'achat interentreprises et pourquoi certains achats requièrent un processus décisionnel plus rigoureux et systématique. Donnez des exemples de situations d'achat pour étayer votre réponse.
5. Quels aspects clés distinguent le nouvel achat, le rachat modifié et le rachat direct ? Appuyez votre réponse sur trois exemples clairs.
6. Nommez cinq façons dont Internet facilite le processus d'achat et le processus décisionnel interentreprises.
7. Expliquez le concept du comité d'achats. Quels facteurs peuvent influer sur le comportement de ses membres ? Quel est le rôle du filtre et en quoi ce dernier influe-t-il sur la décision d'achat ?
8. Expliquez en quoi la compréhension du rôle, de la structure et du comportement d'un comité d'achats peut faciliter la vente de produits et de services à des acheteurs interentreprises.
9. Dans le texte, on dit que le processus d'achat interentreprises en six étapes est analogue au processus d'achat au détail en cinq étapes. Comment pourrait-on réorganiser les étapes du processus d'achat interentreprises pour qu'il corresponde au processus d'achat au détail ?
10. En quoi la compréhension de la culture organisationnelle et du comité d'achats d'une entreprise cliente potentielle peut-elle être utile à un représentant commercial qui cible cette entreprise ?

Marketing appliqué

1. Donnez un exemple de chacun des quatre types d'organisations interentreprises.

2. Mazda veut évaluer la performance de deux fabricants susceptibles de lui fournir des systèmes audio pour ses véhicules. En vous basant sur les informations ci-dessous, indiquez quel fournisseur Mazda devrait choisir.

Évaluation de la performance de deux marques

Critère	Importance relative	Performance du fabricant A	Performance du fabricant B
Qualité du système audio	0,4	5	3
Coût	0,3	2	4
Délai de livraison	0,1	2	2
Notoriété de la marque	0,2	5	1
Total	1		

Note: La performance est évaluée sur une échelle de 1 à 5 (1 = médiocre, 5 = excellent).

3. Supposons que vous ayez écrit ce manuel scolaire et que vous vouliez le vendre à votre établissement d'enseignement. Nommez les six membres du comité d'achats. Quel rôle chacun des membres jouera-t-il dans le processus décisionnel ? Classez-les en fonction de leur degré d'influence sur la décision (1=le plus influent, 6=le moins influent). Ce classement changerait-il dans des situations d'achat différentes ?

4. Donnez un exemple des trois situations d'achat auxquelles la librairie de votre université pourrait faire face lorsqu'elle voudra acheter des manuels scolaires.

5. Décrivez la culture organisationnelle de votre établissement d'enseignement ou de l'organisation pour laquelle vous travaillez. En quoi diffère-t-elle de celle du dernier établissement d'enseignement que vous avez fréquenté ou de la dernière entreprise où vous avez travaillé ?

6. Nike fabrique des chaussures et des vêtements de sport. En quoi Internet a-t-il modifié la façon dont cette entreprise communique avec ses fournisseurs et ses revendeurs ?

7. Vous travaillez depuis peu au service des achats d'une importante société pétrolière. Le directeur des achats vous demande de l'aider à rédiger un appel d'offres relatif à un achat important. Il vous donne une feuille contenant les détails de l'appel d'offres. En la lisant, vous constatez que l'appel est extrêmement biaisé en faveur d'un soumissionnaire. Que devriez-vous faire ?

8. Vous venez d'accepter un poste à Cognos, le plus gros fournisseur de systèmes d'information de gestion (SIG) du Canada, en tant que représentant commercial de sa suite logicielle. Choisissez une entreprise que vous ciblerez et expliquez comment vous pourriez identifier les membres de son comité d'achats. Comment procéderiez-vous pour cibler les besoins de chacun ?

9. Cognos vient de créer un nouveau système d'information de gestion qu'elle aimerait vendre à certains de ses clients actuels. Vous faites partie de l'équipe de vente. Aborderiez-vous un client existant de la même façon qu'un nouveau client ? En quoi votre attitude serait-elle différente ?

10. Vous possédez une entreprise de taille moyenne (environ 450 employés) dotée d'un centre d'appels. Ce dernier offre un soutien technique accessible jour et nuit aux propriétaires d'un ordinateur personnel. Un jour, un représentant commercial de Dell, HP ou Lenovo vous fait la proposition suivante : « Si vous achetez tous vos produits informatiques chez nous, nous ferons de vous notre centre d'appels exclusif pour l'Ontario et le Québec. » En supposant que toutes les conditions de l'offre soient avantageuses pour vous, accepterez-vous celle-ci ? Selon vous, serait-il correct sur le plan éthique de le faire ?

Cyberfuté

1. Naviguez sur le site du ministère des Travaux publics et des Services gouvernementaux du Canada (www.tpsgc-pwgsc.gc.ca/comm/index-fra.html) pour en apprendre plus sur la façon de vendre des produits et des services au gouvernement fédéral. À partir de l'information affichée sur le site, décrivez le processus d'achat du gouvernement et expliquez comment le système de soumissions électronique facilite l'achat et la vente entre les entreprises canadiennes et le gouvernement canadien.
2. Mark's Work Warehouse, une société canadienne surtout active sur le marché de détail, vous engage comme agent de relations entre l'État et les entreprises. Votre principale tâche consiste à aider la société à s'intégrer au marché interentreprises en vendant ses marchandises, surtout aux ministères du gouvernement. Expliquez ce que vous feriez pour préparer Mark's Work Warehouse à faire des affaires avec le gouvernement canadien. Astuce: vous trouverez une pléthore de renseignements utiles sur les sites de Travaux publics et Services gouvernementaux Canada (www.tpsgc-pwgsc.gc.ca/comm/index-fra.html), de Contrats Canada (http://contractscanada.gc.ca/index-fra.html) et de Strategis (www.ic.gc.ca/eic/site/ic1.nsf/fra/).

Étude de cas

L'ÉCOLE DE GESTION TELFER EMMÉNAGE DANS LE PAVILLON DESMARAIS[35]

Pendant plus de 25 ans, l'École de gestion de l'Université d'Ottawa était logée dans le Vanier Hall, un vieil édifice qui convenait de moins en moins à une école de gestion moderne. En 2007, l'École a reçu la dotation la plus importante à ce jour pour une école de gestion — 25 millions de dollars — de la part de l'un de ses anciens étudiants, le magnat de l'industrie minière Ian Telfer. La faculté a donc été rebaptisée « École de gestion Telfer ». En 2007, l'École a emménagé dans un tout nouvel édifice de 15 millions de dollars, le pavillon Desmarais, où elle occupe 6 des 12 étages.

Un grand nombre de décisions d'achat ont découlé de cette installation dans un nouveau pavillon: nouveaux meubles, aménagements, luminaires, équipements, et ainsi de suite, dont beaucoup n'avaient jamais été achetés ou ne l'avaient jamais été en aussi grande quantité depuis 25 ans. L'École de gestion Telfer voulait s'assurer que les nouvelles acquisitions étaient conformes aux normes ergonomiques et esthétiques relatives au mobilier, aux luminaires et aux équipements des lieux de travail modernes. Voici quelques exemples de ces acquisitions: bureaux et fauteuils destinés aux professeurs et aux employés; tables et chaises affectées aux bureaux des professeurs, aux salles de réunion et aux classes; classeurs et matériel audiovisuel (téléviseurs, moniteurs ACL pour les salles de travail des étudiants, rétroprojecteurs et système de vidéoconférence). De plus, l'École a acheté un grand nombre d'ordinateurs, d'imprimantes, de bureaux et de chaises pour les laboratoires informatiques. Des millions de dollars et des efforts considérables ont été investis dans l'achat de ce matériel destiné à quelque 4 000 étudiants, professeurs et employés de l'École de gestion Telfer.

Comment a-t-on procédé au juste pour effectuer ces achats? Qui a pris part aux décisions d'achat et quel processus d'achat a-t-on suivi? Le choix des personnes devant prendre part aux décisions et celui du processus d'achat dépendaient de la situation d'achat, c'est-à-dire du fait qu'il s'agissait d'un nouvel achat, d'un rachat modifié ou d'un rachat direct. Prenons l'achat du mobilier destiné aux bureaux des professeurs, en l'occurrence des bureaux, des fauteuils, des classeurs, des étagères, ainsi que des tables et des chaises pour les rencontres avec les étudiants et les visiteurs. Les personnes ci-dessous ont pris part aux décisions d'achat:

- un architecte d'intérieur représentant le cabinet d'architectes Moriyama & Teshima, qui a conçu les plans de l'édifice;
- deux architectes d'intérieur du Service des immeubles de l'Université;
- deux représentants du Service de planification financière;
- deux représentants de l'École de gestion Telfer (le chef des Services et le doyen associé, Stratégie, planification et systèmes).

Au début, on a sollicité l'opinion d'un groupe de professeurs et d'employés de l'École au sujet des types de meubles à acheter. L'Université a aussi fait appel à un cabinet d'architectes pour obtenir des idées et des conseils sur l'aménagement de l'intérieur du pavillon.

Les architectes du cabinet Moriyama & Teshima ont demandé à leur propre architecte d'intérieur de suggérer une palette de couleurs et de finis correspondant à leur vision de l'édifice ; celle-ci a été présentée au Service des immeubles de l'Université et à l'École de gestion Telfer, qui l'ont acceptée.

En règle générale, à l'Université d'Ottawa, certaines décisions d'achat sont centralisées tandis que d'autres sont laissées aux facultés et aux services. Tous les achats d'une valeur supérieure à 5 000 $ passent par une procédure d'appel d'offres. Dans ce cas, le Service de planification financière — le service d'approvisionnement central de l'Université — travaille avec l'unité d'approvisionnement de la faculté ou du service pour élaborer les spécifications des articles à acheter. Les achats dont la valeur n'excède pas 5 000 $ (rachats directs ou modifiés) sont décentralisés dans la mesure où ils font appel aux fournisseurs accrédités par l'Université. L'Université possède une liste restreinte de fournisseurs préautorisés auxquels elle s'adresse pour la plupart de ses achats courants.

Le processus d'achat centralisé de l'Université se déroule de la façon suivante :

- Un besoin est défini, habituellement par l'unité d'approvisionnement d'une faculté ou d'un service.
- L'Université sollicite un nombre approprié de soumissions en fonction du coût estimé ou lance une procédure officielle d'appel d'offres dans le cas des achats dont la valeur dépasse 10 000 $.
- Elle évalue les soumissions et choisit un fournisseur.
- La faculté ou le service entre une demande d'achat dans le système financier de l'Université.
- Le Service de planification financière convertit la demande en bon de commande et passe officiellement la commande auprès du fournisseur.
- Une fois les marchandises reçues, la facture est acheminée au Service des finances de l'Université pour être réglée.

Le processus d'achat décentralisé se déroule ainsi :

- Un besoin est défini, habituellement par l'unité d'approvisionnement d'une faculté ou d'un service.
- La faculté ou le service sollicite un nombre approprié de soumissions (verbales ou écrites) en fonction du coût estimé.
- La faculté ou le service évalue les soumissions et choisit un fournisseur.
- La faculté ou le service communique avec ce fournisseur et lui transmet un « numéro de commande » avant de passer sa commande officiellement.
- Une fois les marchandises reçues, la facture est traitée à la faculté ou au service qui les a commandées.

Avant d'acheter le mobilier, une fois que l'architecte, les décorateurs d'intérieur et l'Université se sont entendus sur un aménagement intérieur particulier, on a pu déterminer les spécifications du mobilier de bureau, comme les postes de travail (tables et armoires), les fauteuils des professeurs, les chaises et les tables destinées aux visiteurs, les classeurs et les étagères, en fonction de cet aménagement. Ces spécifications ont permis d'élaborer un appel d'offres conforme à la procédure d'appel d'offres de l'Université d'Ottawa. Cette procédure oblige les fournisseurs intéressés à présenter des soumissions sous enveloppes scellées, qui sont évaluées par l'Université. Désireuse de conclure le marché le plus avantageux — pas nécessairement le moins cher, mais celui qui offre le meilleur rapport qualité-prix —, l'Université a permis aux fournisseurs de faire une seule soumission pour l'ensemble du mobilier ou des soumissions distinctes pour chacun de ses éléments. Ainsi, un fournisseur pouvait faire une soumission uniquement pour les étagères ou uniquement pour les classeurs, et ainsi de suite. La raison était simple : une entreprise spécialisée dans la fabrication de placards et d'étagères offrirait de meilleurs prix qu'une entreprise spécialisée dans les postes de travail et les chaises, qui serait obligée de recourir à des sous-traitants pour les placards et les étagères. Par ailleurs, une entreprise qui ferait une soumission pour l'ensemble du mobilier pourrait peut-être offrir un marché plus avantageux à l'Université.

Comme l'Université entendait répartir les achats de mobilier sur cinq ans pour l'ensemble des facultés, des écoles et des services du campus, la décision d'achat a été essentiellement centralisée. Par conséquent, même si elle a consulté l'École de gestion Telfer et les autres unités du pavillon Desmarais, celles-ci n'auraient pas vraiment leur mot à dire dans la décision finale.

En fin de compte, l'Université a choisi cinq fournisseurs et offert à chacun des contrats quinquennaux couvrant tous ses besoins en mobilier pendant la durée du contrat. Ces cinq fournisseurs sont désormais inscrits sur la liste restreinte des fournisseurs de mobilier accrédités par l'Université, auprès desquels n'importe quel service ou unité du campus peut commander des meubles. Les rachats modifiés ou directs, qui sont décentralisés, peuvent facilement être effectués en s'adressant à l'un de ces fournisseurs.

Il est important de noter que le prix donné par les fournisseurs pour les achats en grande quantité est habituellement plus bas que lorsqu'on commande de nouveau un seul article ou quelques exemplaires du même article. Pour cette raison, l'Université se réserve toujours le droit de lancer un appel d'offres lorsqu'elle prévoit acheter des quantités plus grandes que d'habitude, par exemple des chaises. Ainsi, si un fournisseur fixe à 300 $ l'unité le prix des fauteuils destinés aux professeurs ou aux employés et commandés en grande quantité, le même fauteuil pourra coûter 350 $ ou plus si on en commande seulement un ou deux exemplaires par la suite.

Passons maintenant à l'achat du matériel audiovisuel destiné à l'École. En général, les achats de matériel audiovisuel sont centralisés et passent par le département d'audiovisuel de l'Université conjointement avec le Service de planification financière. Le département d'audiovisuel possède aussi une liste restreinte de fournisseurs attitrés pour tous les besoins de l'Université liés à l'audiovisuel. Ce département s'oppose ordinairement aux tentatives des unités ou des services individuels pour acheter de l'équipement audiovisuel auprès de fournisseurs non autorisés.

L'École voulait remplacer tous ses téléviseurs à écran cathodique par des téléviseurs à écran ACL ou plasma et acheter des moniteurs ACL pour les salles de cours des étudiants et d'autres salles de réunion. Or, elle n'avait jamais effectué ce type d'achat auparavant.

Toutefois, comme l'École payait ces achats, elle était consciente des coûts et a compris que si elle utilisait la liste des fournisseurs préautorisés et la procédure du département d'audiovisuel, elle obtiendrait la technologie voulue, mais à un prix nettement plus élevé. Reconnaissant la difficulté à contourner le département d'audiovisuel, le chef des Services, le doyen associé, Stratégie, planification et systèmes et deux autres cadres de l'École de gestion Telfer ont travaillé étroitement avec le département d'audiovisuel de l'Université et le Service de planification financière pour réaliser cet achat. Finalement, l'École a pu acheter l'équipement et les technologies dont elle avait besoin auprès d'un fournisseur qui ne figurait pas sur la liste de l'Université en recourant à un processus d'achat centralisé modifié. Cet arrangement a permis à l'École de faire des économies substantielles.

Les ordinateurs supplémentaires dont elle avait besoin pour les nouveaux laboratoires informatiques ont été achetés à Lenovo, avec laquelle l'Université a conclu un contrat de longue durée. Des révisions planifiées du contrat, basées sur les recommandations du groupe en technologies de l'information (TI) de l'Université en consultation avec les représentants TI de la faculté ou du service concerné, sont effectuées régulièrement.

En vertu de ce contrat, l'Université doit acheter à Lenovo tous ses ordinateurs de table ou portables. Seule exception : les professeurs peuvent acquérir leurs ordinateurs auprès d'un autre fournisseur (Dell, HP, Future Shop, Apple, SUN, etc.) si ces derniers sont payés à même leurs fonds de recherche.

Questions

1. Qu'est-ce qui distingue essentiellement le processus d'achat décrit dans cette étude de cas du processus d'achat au détail décrit dans le chapitre 6 ?
2. Identifiez les membres du comité d'achats qui sont responsables des achats de fournitures de bureau. Quel rôle chacun des membres a-t-il joué ? Dans quelle mesure ont-ils exercé une influence sur la décision d'achat finale ?
3. En quoi le processus décisionnel relatif à l'achat de mobilier et de luminaires décrit dans l'étude de cas correspond-il au processus décrit dans la figure 7.2 (*voir p. 209*) ou s'en distingue-t-il ?
4. En vous fondant sur le concept des trois situations d'achat (nouvel achat, rachat modifié et rachat direct), dans quelle catégorie classeriez-vous les diverses décisions d'achat décrites dans l'étude de cas ? Expliquez votre réponse.
5. Comme cela a été mentionné précédemment, le cabinet d'architectes Moriyama & Teshima a été choisi sur la recommandation de l'architecte du pavillon Desmarais et non dans le cadre d'une procédure d'appel d'offres. Expliquez en quoi cet arrangement profite à l'Université et dans quelle mesure il pourrait soulever des questions éthiques. L'Université peut-elle effectivement savoir si elle a conclu un marché plus avantageux avec Moriyama & Teshima alors qu'elle n'a pas demandé d'autres soumissions ? Justifiez votre réponse.

CHAPITRE 8

OBJECTIFS D'APPRENTISSAGE

Après avoir lu ce chapitre, vous devriez être en mesure :

OA 1 de décrire les étapes du processus de segmentation, de ciblage et de positionnement (SCP) ;

OA 2 de décrire les éléments de base dont se servent les gestionnaires marketing en vue de segmenter un marché ;

OA 3 d'expliquer comment se calcule le potentiel d'attraction d'un segment de marché ainsi que les critères qui permettent de déterminer s'il vaut la peine d'être ciblé ;

OA 4 d'expliquer comment les entreprises choisissent la stratégie de segmentation à adopter (stratégie indifférenciée, différenciée, concentrée ou micromarketing) ;

OA 5 d'expliquer en quoi consiste le positionnement et de décrire comment les entreprises y ont recours.

SECTION 3

Cibler le marché

CHAPITRE 8 La segmentation, le ciblage et le positionnement

La segmentation, le ciblage et le positionnement

Selon ACNielsen, au Canada, le marché des produits capillaires représenterait 694 millions de dollars par jour[1]. Malgré la concurrence féroce qui règne, l'innovation fréquente des produits et les sommes faramineuses investies dans la publicité, cette catégorie de produits est l'une des plus vastes et des plus dynamiques aux yeux des détaillants. En tout, 45 marques entrent dans cette catégorie, dont les 10 plus populaires se partagent à peine un peu plus de la moitié des ventes.

En juin 2006, au Canada, Unilever a décidé de lancer, sur ce marché des plus compétitifs, la gamme de produits Sunsilk, joignant ainsi les rangs des marques Dove, Thermasilk, Suave et Sélections Salon[2]. Pour obtenir du succès avec cette nouvelle marque, Unilever se devait de proposer aux consommateurs un produit intéressant. L'entreprise a donc réalisé des entretiens en profondeur auprès de femmes qui correspondent au marché cible en vue de mieux comprendre leur attitude ainsi que la relation qu'elles entretiennent avec leurs cheveux. À partir des résultats obtenus, Unilever a créé une « persona » dont elle s'est servie dans le cadre de ses efforts commerciaux.

La persona correspond au profil d'un client fictif. Elle sert à orienter les décisions prises par une entreprise quant à la présentation du produit, à son élaboration ainsi qu'aux stratégies relatives à sa mise en marché. Même si la persona est fictive, chacune de ses caractéristiques provient d'observations réelles et de clients réels qui évoluent dans leur environnement de travail normal.

La persona du client cible élaborée par Sunsilk est une jeune femme de 25 ans qui traverse une crise identitaire et pour qui la vie n'est qu'une suite de drames. Elle se trouve dans de véritables montagnes russes émotionnelles ; elle subit les tensions de la vie adulte et connaît les plus beaux moments de sa vie tout à la fois. Elle est sociable, a choisi la vie qu'elle mène, prend ses propres décisions et détermine les aventures qu'elle veut vivre. Ses cheveux ont une grande incidence sur son estime personnelle, si grande, en fait, que les jours où ils ne sont pas à leur meilleur, cela s'ajoute aux nombreux drames de sa vie ; elle est alors désespérée à s'en arracher les cheveux !

La segmentation a permis de cerner un marché cible intéressant. Ainsi, en parvenant à comprendre à fond le consommateur ciblé, Sunsilk s'est positionnée comme une gamme de produits conçue sur mesure pour résoudre les problèmes associés à chaque type de cheveux. L'élaboration de la persona lui a donc rapporté gros. Bref, le lancement de la gamme Sunsilk au Canada a été un succès retentissant.

Les chefs de marque de Sunsilk ont créé une persona en vue de décrire son public cible dans les moindres détails avant de passer à l'étape du lancement de leurs shampooings.

Certains individus aiment le shampooing qui est à la fois un revitalisant, alors que d'autres préfèrent la formule volumisante. Certains recherchent un shampooing naturel, alors que d'autres se soucient principalement de son efficacité. Certains veulent se procurer un shampooing abordable, alors que d'autres recherchent un shampooing dont la qualité est digne des meilleurs salons de coiffure. Toutefois, le plus souvent, un certain groupe de gens recherchent un shampooing revitalisant à prix abordable et fait d'ingrédients naturels, alors qu'un autre groupe de gens souhaitent trouver un shampooing volumisant, de bonne qualité et qui nettoie en profondeur. Il existe de nombreuses combinaisons de ces trois attributs déterminants dont chacun est susceptible d'intéresser un groupe de consommateurs différent.

Dans le chapitre 1, nous avons appris que le but principal du marketing est de satisfaire les besoins et les désirs des consommateurs. Une entreprise pourrait produire un type de shampooing en particulier et espérer que tout le monde l'achètera ; c'est le genre d'erreur qui a entraîné le déclin de l'industrie des shampooings. Comme nous l'avons décrit dans le chapitre 2, les fabricants de shampooing pourraient plutôt analyser le marché en vue de savoir quels types de shampooings recherchent les consommateurs, puis lancer divers produits qui correspondent aux désirs de groupes en particulier. Mais il ne suffit pas de fabriquer des produits diversifiés. Les fabricants de shampooing comme Unilever doivent positionner leurs produits sur le marché cible de façon que les consommateurs comprennent pourquoi tel shampooing répond davantage à leurs besoins que celui de la marque concurrente.

Toujours dans le chapitre 2, nous avons décrit les étapes de la planification marketing. Ainsi, à la première étape, le gestionnaire marketing définit la mission ou la vision de même que les objectifs de l'entreprise. À la deuxième étape, il effectue l'analyse de la situation. La troisième étape consiste à reconnaître et à évaluer les occasions d'affaires en procédant à la segmentation, au ciblage et au positionnement, ce qui constitue le sujet du présent chapitre. Les chapitres 3 et 4 se sont penchés sur l'importance de comprendre l'environnement marketing et de mener des recherches systématiques et rigoureuses en vue de mieux connaître les consommateurs et éventuellement d'élaborer des stratégies de segmentation, de ciblage et de positionnement efficaces afin de mieux les servir.

FEUILLE DE ROUTE

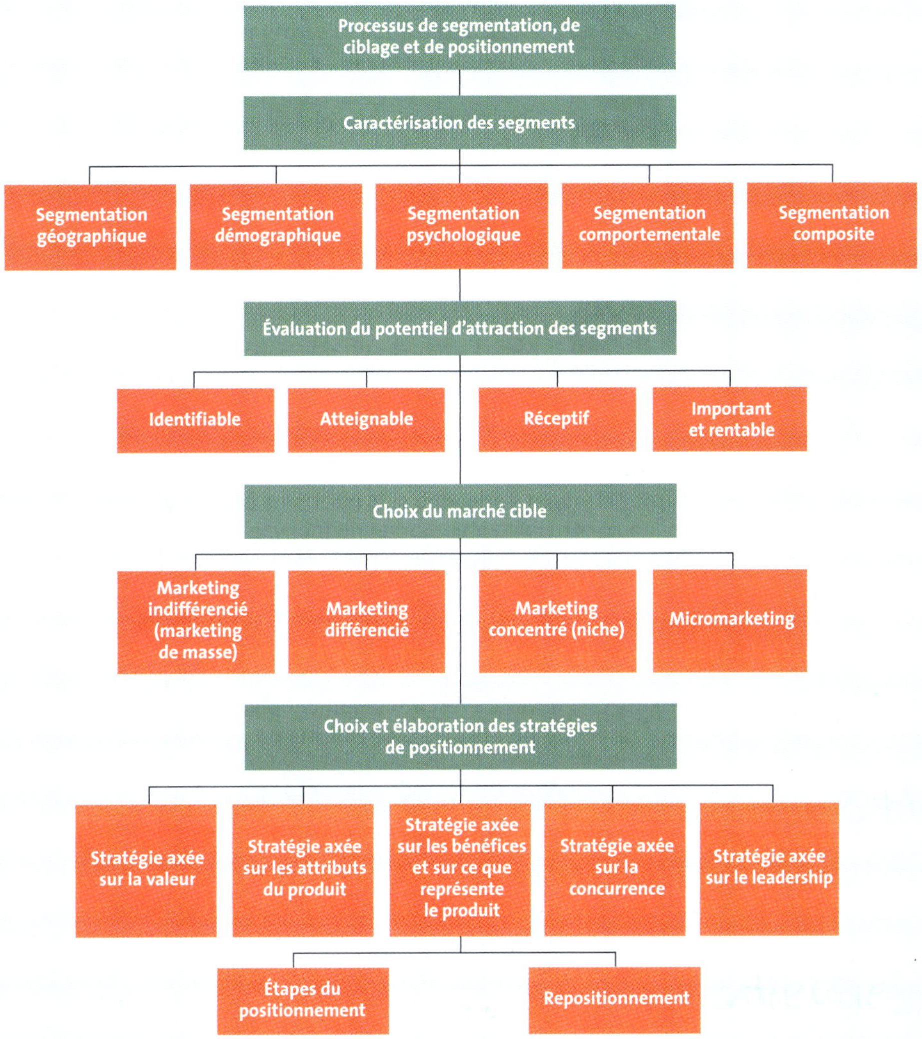

Comme nous l'avons mentionné dans l'introduction du chapitre, Unilever a cerné un groupe de consommateurs qui devraient avoir une réponse semblable aux efforts de commercialisation de l'entreprise. Ces groupes portent le nom de segment de marché. Ainsi, le groupe d'individus qui préfèrent les shampooings revitalisants naturels et abordables représentent un segment de marché et le groupe de ceux qui préfèrent la qualité élevée, le nettoyage en profondeur et l'élimination du sébum composent un deuxième segment. Après avoir évalué le potentiel d'attraction de divers segments de marché, Unilever a décidé de se concentrer sur un seul segment, son marché cible, car l'entreprise considère qu'elle arrivera mieux que la concurrence à répondre aux besoins de ce groupe. Comme nous l'avons vu dans le chapitre 2, la division du marché en groupes de consommateurs selon leurs besoins, leurs désirs ou des éléments qui les caractérisent, et qui sont donc généralement intéressés à se procurer des produits et des services conçus à leur intention, porte le nom de segmentation du marché.

Une fois que l'entreprise Unilever a cerné le marché cible, il faut qu'elle convainque les individus formant ce marché que leur choix en matière de produit capillaire devrait s'arrêter sur Sunsilk. Pour ce faire, elle doit définir les variables du marketing de manière que les consommateurs cibles comprennent parfaitement l'utilité du produit et ce qu'il représente comparativement aux produits concurrents. Ce processus, appelé « positionnement sur le marché », a été expliqué dans le chapitre 2. Ainsi, pour se positionner sur le marché, Unilever a conçu une campagne publicitaire axée sur le mode de vie qui explique que les produits Sunsilk sont conçus pour les femmes qui ont besoin d'une véritable thérapie capillaire. L'idée est de faire en sorte que les consommateurs se souviennent de la marque Sunsilk lorsqu'ils seront à l'étape de reconnaissance des besoins de leur processus décisionnel (chapitre 6). Unilever a également veillé à ce que ses shampooings soient en vente là où les consommateurs voudraient les acheter.

Dans ce chapitre, il sera question de la segmentation du marché. Comme l'indique la feuille de route apparaissant à la page précédente, nous traiterons d'abord de la segmentation du marché, par conséquent de la façon dont la stratégie de segmentation s'inscrit dans les objectifs et la stratégie générale d'une entreprise et des segments de marché qu'il est avantageux de cibler. Par la suite, nous verrons comment choisir un ou plusieurs marchés cibles à l'aide de l'évaluation du potentiel d'attraction et, à partir de cette évaluation, les segments à tenter de pénétrer. Finalement, nous expliquerons comment une entreprise élabore sa stratégie de positionnement. Le processus de segmentation, de ciblage et de positionnement est illustré dans la figure 8.1.

OA 1 Étape 1 : la définition de la stratégie générale et des objectifs

Dans le chapitre 2, vous avez appris que la première étape du processus de planification consiste à définir clairement la vision et les objectifs de la stratégie de marketing de l'entreprise. Par la suite, il faut s'assurer que la stratégie est cohérente par rapport à la mission, aux objectifs et à la situation actuelle de l'entreprise (forces, faiblesses, opportunités et menaces — FFOM) et qu'elle en découle. Par exemple, l'objectif principal de la firme Unilever est d'augmenter ses ventes au sein d'une industrie où la concurrence est féroce. Unilever a ensuite reconnu ses forces, notamment sa renommée mondiale et sa capacité à occuper un espace de choix sur les étalages des détaillants. Le fait de cerner les segments de marché susceptibles d'être rentables et de grande envergure avant ses principaux concurrents crée des possibilités intéressantes, mais ces dernières peuvent entraîner une menace considérable : les représailles de la concurrence. En somme, la décision de Unilever de cibler le marché des personnes qui accordent une certaine importance quotidiennement à l'apparence de leur chevelure est cohérente par rapport à sa stratégie d'ensemble et à ses objectifs.

OA 2 Étape 2 : la caractérisation des segments

La deuxième étape du processus de segmentation consiste à décrire les divers segments de marché, notamment leurs besoins, leurs désirs et leurs caractéristiques, ce qui permet à une entreprise d'établir un portrait de la clientèle qui constitue chacun de ces

FIGURE 8.1 Le processus de segmentation, de ciblage et de positionnement

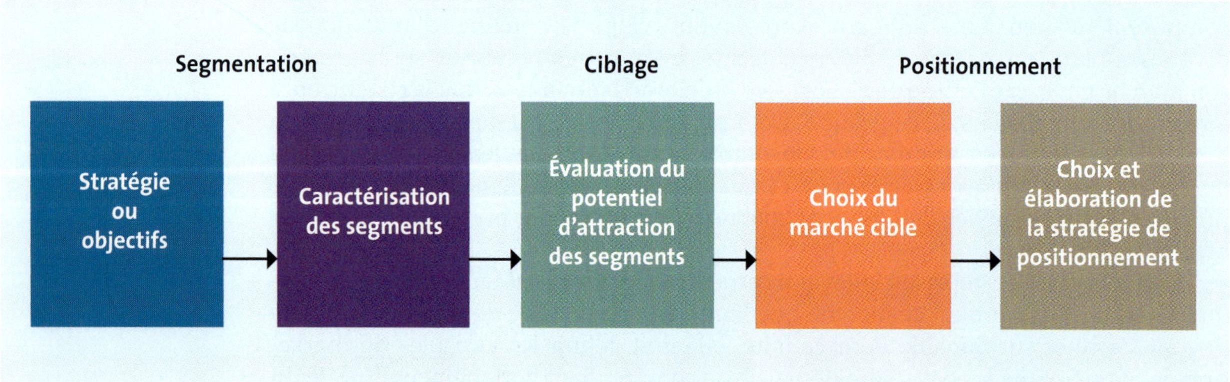

segments. Cela lui permet également de découvrir les ressemblances entre les individus d'un même segment et les différences entre ceux de segments différents. Par exemple, les gestionnaires marketing qui travaillent dans le domaine des boissons gazeuses ont divisé cette catégorie de produits selon que la boisson contient ou non de la caféine, qu'elle est ordinaire ou sans sucre ou encore qu'elle est de type cola ou non. Ce type de segmentation est axé sur les avantages que le consommateur retire du produit.

Comme nous le verrons un peu plus loin, les gestionnaires marketing peuvent avoir recours à divers modes de segmentation, notamment la segmentation géographique, démographique, psychographique, comportementale ou composite (*voir le tableau 8.1*).

La segmentation géographique La **segmentation géographique** consiste à former des groupes de consommateurs en fonction de l'endroit où ils habitent. Ainsi, un marché peut être segmenté selon le pays (p. ex., le Canada, l'Allemagne, la Chine) des individus qui le composent, selon la région (p. ex., les Provinces Maritimes, les provinces de l'Ouest), selon un endroit particulier au sein d'une région (p. ex., une province, une ville, un quartier, un indicatif régional) ou encore selon le climat ou la topographie (p. ex., chaud, froid et neigeux, montagneux).

segmentation géographique (*geographic segmentation*) Formation de groupes de consommateurs en fonction de l'endroit où ils habitent.

Il n'est donc pas étonnant que la segmentation géographique soit le mode de segmentation le plus utile aux entreprises dont les produits visent à satisfaire des besoins qui varient en fonction de la région où habitent les consommateurs.

Une entreprise peut proposer les mêmes produits et services de base à tous les segments de marché visés, que ses activités soient régionales ou internationales. Cependant, les meilleurs gestionnaires marketing adaptent les produits et les services offerts afin qu'ils correspondent vraiment aux besoins de groupes géographiques plus restreints. Par exemple, les chaînes de supermarchés comme Safeway ou Loblaw ont des commerces semblables et vendent des produits semblables aux quatre coins du Canada. Par contre, même si les supermarchés en soi sont semblables, un certain pourcentage des produits qu'ils proposent à leur clientèle variera selon les besoins des consommateurs de la région, de la ville et même du quartier où ils se trouvent.

Prenons l'exemple d'un nouvel hypermarché établi à Surrey, en Colombie-Britannique, dans un quartier où se trouve une forte concentration d'habitants originaires de l'État du Pendjab, en Inde. Dans le rayon des fruits et des légumes, on

TABLEAU 8.1 Les modes de segmentation des marchés

Mode de segmentation	Exemples de segments
Géographique	Pays, région, province, ville, climat, zone urbaine, zone rurale Continent : Amérique du Nord, Asie, Europe, Afrique États-Unis : région du Pacifique, région montagneuse, région centrale, États du Sud, région de l'Atlantique, Nord-Est
Démographique	Âge, sexe, revenu, niveau de scolarité, profession, groupe ethnique, état civil, situation familiale, cycle de vie d'une famille, religion, horizon ethnique (p. ex., origine caucasienne, africaine, asiatique, indienne, allemande, irlandaise, arabe), cohorte générationnelle (p. ex., génération des baby-boomers, génération X, génération Y), accession à la propriété
Psychographique	Personnalité (innovateur, penseur, croyant, productif, battant, curieux, artisan et survivant), mode de vie (conservateur, libéral, aventureux, sociable, axé sur la santé et la forme physique) et classe sociale (supérieure, moyenne, ouvrière)
Comportementale	Avantages recherchés (utilité, économie, prestige, qualité, rapidité, service), utilisation (grand utilisateur, utilisateur modéré, petit utilisateur, non-utilisateur, ancien utilisateur, utilisateur potentiel, nouvel utilisateur) et fidélité (infidèle, relativement fidèle, fidèle)

y trouve quantité de piments *pasilla*, de feuilles de cactus larges et plates et de racines de yucca brunes et bosselées. Au comptoir des viandes, un client salue le boucher en punjabi, puis lui demande de lui faire mariner de la viande.

segmentation démographique (*demographic segmentation*) Formation de segments de consommateurs en fonction de critères objectifs et facilement mesurables, tels l'âge, le sexe, les revenus, la scolarité et le lieu de résidence.

La segmentation démographique La **segmentation démographique** consiste à former des groupes de consommateurs en fonction de critères objectifs et facilement mesurables, tels l'âge, le sexe, le revenu, le niveau de scolarité, la profession, la religion, l'origine ethnique, l'état civil, la situation familiale, le cycle de vie d'une famille et l'accession à la propriété. Ces variables constituent les moyens les plus souvent utilisés pour segmenter un marché, parce qu'elles sont aisément reconnaissables et qu'il est plus facile d'intéresser les marchés segmentés de cette façon. Par exemple, si McCain ou Pizza Hut souhaitent annoncer aux enfants la sortie d'une nouvelle pizza, un des meilleurs moments pour diffuser leur annonce publicitaire est le samedi matin, pendant les dessins animés, et la semaine à la sortie de l'école[3]. En tenant compte du profil des téléspectateurs de plusieurs émissions de télévision, McCain et Pizza Hut peuvent ainsi trouver quelles pizzas correspondent aux facteurs démographiques de leur marché cible. Au Québec, comme il est interdit de cibler spécifiquement les enfants, le message devra être destiné aux parents plutôt qu'aux enfants.

Le sexe des personnes est une variable démographique qui joue un rôle important dans la manière dont les entreprises mettent leurs produits et leurs services en marché. Par exemple, les habitudes des hommes et des femmes à l'égard de la télévision diffèrent grandement. Les hommes ont tendance à zapper et à regarder les émissions programmées aux heures de grande écoute, surtout lorsqu'elles contiennent beaucoup d'action et qu'elles mettent en vedette des actrices au physique avantageux. Les femmes, quant à elles, regardent surtout les émissions dont l'histoire ou les personnages les touchent de même que celles recommandées par leurs amies[4]. Ainsi, des entreprises comme Gillette, qui vendent des rasoirs tant pour les hommes que pour les femmes, devront évaluer la popularité de diverses émissions lorsqu'elles seront à l'étape d'acheter du temps publicitaire.

De plus, comme nous l'avons vu dans le chapitre 4, la croissance du nombre de Canadiens d'origine étrangère, principalement de la Chine continentale, de Hong Kong, de Taiwan, des Philippines et de l'Asie du Sud-Est (Inde, Pakistan, Sri Lanka), a poussé les entreprises à élaborer un marketing et des stratégies de marketing en fonction de ces groupes ethniques.

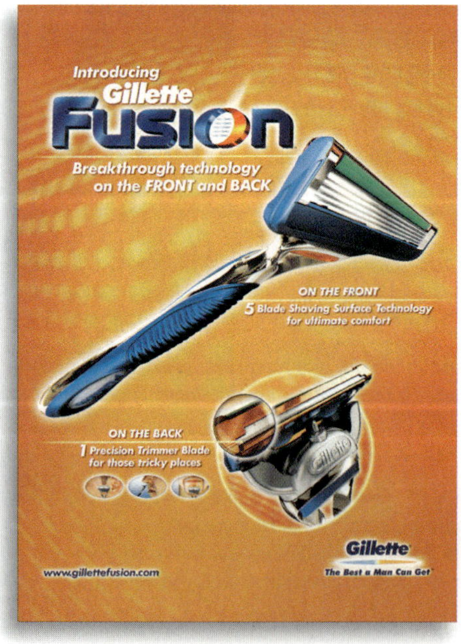

Certaines entreprises comme Gillette misent sur un facteur démographique important, le sexe, pour vendre leurs divers rasoirs aux hommes (publicité du Fusion, à gauche) et aux femmes (publicité du Venus, à droite).

Par contre, pour d'autres entreprises, les facteurs démographiques ne s'avèrent pas aussi utiles à la formation de segments cibles. C'est le cas dans le domaine des vêtements de sport, notamment les survêtements et les chaussures de sport. À une certaine époque, certaines entreprises, dont Nike, ont cru que ce type de produits n'intéressait que les jeunes personnes actives, mais comme la santé et la forme physique sont devenues une tendance populaire, des gens de tout âge se procurent ces produits. En outre, même les consommateurs relativement sédentaires, quels que soient leur âge, leur revenu ou leur niveau de scolarité, trouvent les vêtements de sport plus confortables que les vêtements de tous les jours. Étant donné qu'il est assez simple de recueillir des renseignements démographiques, cette variable est souvent employée dans le cadre de la segmentation du marché. Toutefois, selon la nature du produit et du marché, le gestionnaire marketing peut déduire qu'il est plus avantageux de jumeler la segmentation démographique avec un autre mode de segmentation (ces différents modes étant expliqués dans les pages qui suivent). La combinaison choisie leur permet ainsi de comprendre davantage leur clientèle potentielle. La conclusion à tirer de l'exemple de Nike est simple: le fait de se fier à des stéréotypes des segments de marché au lieu de tenter de comprendre ces derniers de façon approfondie peut entraîner de mauvais choix quant à la stratégie de segmentation, de ciblage et de positionnement.

La segmentation psychographique Parmi tous les modes de segmentation, ou de division du marché, la **psychographie** consiste à découvrir comment les consommateurs se décrivent. Le plus souvent, les gestionnaires marketing se fondent sur les variables démographiques, les habitudes d'achat ou le niveau d'utilisation du produit en vue de déterminer à quel segment de marché appartient un individu. La psychographie, quant à elle, permet aux consommateurs de se décrire grâce aux caractéristiques qui les aident à faire des choix concernant leur emploi du temps (comportement), ce qui aide à dégager les causes sous-jacentes des choix qu'ils font[5]. Par exemple, une personne peut ressentir un grand besoin d'appartenir à un groupe, ce qui la poussera à choisir des activités ne pouvant se pratiquer en solo. Ce choix influera à son tour sur le type de produits que cette personne achètera en vue d'être acceptée au sein du groupe. En outre, si la personne en question se joint à un club

psychographie (*psychographics*) Méthode de caractérisation utilisée pendant la segmentation qui s'appuie sur la perception que les consommateurs ont d'eux-mêmes. Ils se décrivent à l'aide des caractéristiques qui les aident à faire des choix quant à leur emploi du temps (comportement) et des caractéristiques psychologiques qui déterminent leurs choix. On analyse ainsi les opinions, les centres d'intérêt et les activités de ces consommateurs.

Les gestionnaires marketing de chez Benetton souhaitent que leurs annonces publicitaires fassent appel à l'image de soi des consommateurs afin que ces derniers se disent « Je leur ressemble, donc je devrais acheter leurs produits. »

de lecture, elle cherchera à se procurer les plus récentes parutions et fréquentera des commerces comme les librairies Renaud-Bray ou Chapters. Cette autosegmentation du consommateur peut représenter une information des plus utiles aux libraires qui tentent d'attirer de nouveaux clients.

En somme, la segmentation psychographique nécessite la connaissance et la compréhension des trois facteurs suivants : les valeurs personnelles, l'image de soi et le mode de vie.

valeurs personnelles (*self-values*)
Buts que chacun se fixe. Il ne s'agit pas seulement des buts à atteindre sur une base quotidienne. Les valeurs personnelles sont un élément de la psychographie qui a trait aux désirs profonds des individus, ces désirs qui déterminent la façon dont une personne choisit de vivre sa vie.

image de soi (*self-concept*)
Idée que chacun se fait de son identité.

mode de vie (*lifestyle*)
Composante de la segmentation psychographique qui fait référence à la façon dont un individu mène sa vie en fonction de ses objectifs.

Les **valeurs personnelles** sont des buts que se fixe chaque individu ; il ne s'agit pas seulement des buts à atteindre au quotidien. Elles ont trait à ses désirs profonds, qui déterminent la façon dont il choisit de vivre sa vie. Le respect de soi, l'accomplissement personnel et le sentiment d'appartenance sont autant d'exemples de valeurs personnelles. Ce facteur de motivation permet de se créer une image de ce que l'on veut devenir et de trouver un mode de vie qui nous fera atteindre les buts qu'on s'est fixés. Au point de vue du marketing, les valeurs personnelles offrent des indices quant aux avantages que peut rechercher le consommateur dans un produit ou un service. En ce sens, Lexus et BMW se sont servies de leurs slogans, « À la conquête de la perfection » et « Le plaisir de conduire » respectivement, pour cibler les valeurs personnelles des consommateurs. Ainsi, le besoin sous-jacent personnel et fondamental qui amène un individu à se procurer un produit d'une certaine marque naît de son désir d'atteindre l'un de ses buts.

Mais en quoi cet objectif personnel influe-t-il sur le comportement d'un individu ? En jouant sur l'**image de soi**, donc sur l'idée que chacun se fait de son identité[6]. L'individu dont le but est d'appartenir à un groupe peut se percevoir comme étant quelqu'un de sociable qui aime s'amuser et que les autres veulent dans leur entourage. Les gestionnaires peuvent alors se servir de cette image dans leurs communications marketing et y présenter des produits qui sont utilisés par un groupe de gens qui s'amusent et qui veulent jouir de la vie. Le consommateur fait ensuite un lien entre le plaisir éprouvé par le groupe et le produit, ce qui évoque pour lui un certain mode de vie. Les agences de rencontre comme Lavalife recourent d'ailleurs à cette stratégie dans leurs messages publicitaires en vue de vendre leurs services, tout comme L'Oréal, dont le slogan de ses colorants capillaires est « Parce que je le vaux bien ».

La marque Rollerblade propose aux consommateurs divers types de patins à roues alignées qui correspondent à leur mode de vie, de l'athlète du dimanche au patineur de compétition.

Le **mode de vie**, soit le troisième facteur psychographique, a trait à la façon dont un individu mène sa vie[7]. Si les valeurs personnelles offrent un but ultime à atteindre et que l'image de soi fasse référence à l'idée que chacun se fait de son identité en fonction de ce but, le mode de vie, quant à lui, renvoie à la manière dont on mène sa vie afin d'atteindre les buts qu'on s'est établis. Conséquemment, une personne qui a un fort sentiment d'appartenance et qui considère qu'elle s'intéresse aux autres choisira probablement de vivre dans une grande ville où les activités foisonnent. Il est fort probable qu'elle se joindra à des clubs et qu'elle prendra part à des activités dont les participants lui ressemblent. Les gestionnaires marketing y gagnent donc un groupe cible intégré où les centres d'intérêt et les désirs d'achat sont semblables. C'est ainsi que Lululemon a pu bâtir son empire aussi rapidement,

Selon l'approche VALS, il est bien plus ardu de cerner les penseurs (en haut à gauche dans la figure 8.2) que les artisans (en bas à droite), car les penseurs sont motivés par un idéal, alors que les artisans ont tendance à faire des achats en fonction de leur besoin de s'exprimer.

VALSMD (*VALS*)
Instrument psychographique élaboré par la SRI Consulting Business Intelligence (désormais appelée *Strategic Business Insight* [SBI]) qui classe les consommateurs en huit groupes : les innovateurs, les penseurs, les croyants, les performants, les battants, les curieux, les artisans et les survivants.

en misant non pas sur la segmentation démographique, mais sur une philosophie basée sur la santé, sur l'équilibre et sur le plaisir comme mode de vie. Dans le même ordre d'idées, l'entreprise Rollerblade fabrique divers types de patins à roues alignées adaptés aux modes de vie des consommateurs. Ainsi, le modèle Astro ABT est conçu pour les patineurs occasionnels qui recherchent le confort avant tout, le modèle Crossfire II 4D Air Carbon, pour ceux qui veulent des patins caractérisés par la rapidité, la polyvalence et le confort, et enfin le modèle Problade 07, pour les patineurs de compétition.

L'instrument psychographique le plus répandu, l'approche **VALS**MD, a été créé par SRI Consulting Business Intelligence, qui s'appelle désormais Strategic Business Insights (SBI)[8]. Ce système permet de classer les consommateurs, selon les réponses fournies aux questions qui leur sont posées, en deux catégories qui comptent au total huit groupes (*voir la figure 8.2*).

À la verticale, les segments sont définis en fonction des ressources (revenu, niveau de scolarité, état de santé, énergie et créativité). Les groupes du haut ont davantage de ressources et sont plus créatifs que ceux du bas.

À l'horizontale, les segments sont définis selon leur principale motivation. En effet, ces motivations, qui renvoient à la manière dont les consommateurs se perçoivent et dont l'image de soi influe sur leurs choix, expliquent l'achat de nombreux produits et services. Les trois motivations universelles sont les idéaux, la réussite et l'expression de soi. Les individus dont la principale motivation est les idéaux sont guidés par leurs connaissances et leurs principes, alors que ceux dont la principale motivation est la réussite recherchent des produits et des services qui démontrent aux autres combien ils ont du succès. Le tableau 8.2 (*voir p. 236*) explique chacun des types de l'approche VALS.

La segmentation psychographique comporte tout de même certaines limites. En effet,

FIGURE 8.2 Le cadre conceptuel de l'approche VALS

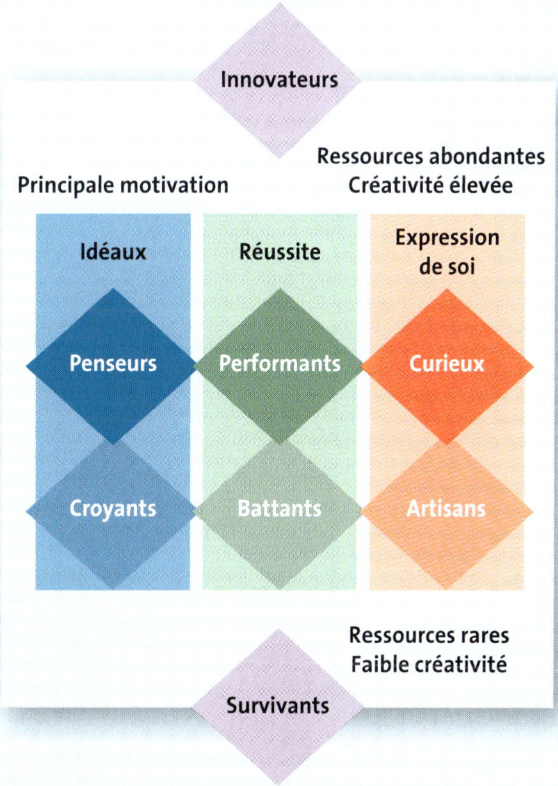

Source : traduit de www.strategicbusinessinsights.com (page consultée le 6 janvier 2011).

TABLEAU 8.2 Description des types de l'approche VALS

Innovateurs	Penseurs	Croyants	Performants
• Ils sont prospères, sophistiqués, ont une bonne capacité à prendre un groupe en charge. • Ils ont une estime de soi élevée. • Ce sont des meneurs par qui passe le changement. • Ce sont des dirigeants d'entreprises connues ou émergentes. • Ce sont des consommateurs très actifs. • Leurs achats reflètent leur goût pour des biens et des services raffinés.	• Ils sont mûrs, satisfaits et vivent à l'aise. • Ils accordent une grande importance à la responsabilité. • Ils ont une bonne éducation, recherchent des connaissances. • Ils respectent l'autorité. • Ce sont des consommateurs conservateurs et pratiques. • Ils apprécient les produits durables dont la valeur est indéniable.	• Ils sont conservateurs et conventionnels. • Ils sont pragmatiques quant à la famille, à la religion et à la communauté. • Ils ont un code moral strict. • Ils aiment la routine. • Ce sont des consommateurs prévisibles et loyaux. • Ils préfèrent les produits familiers et les marques connues.	• Leur mode de vie est axé sur un but à atteindre. • Ils sont dévoués à leur carrière et à leur famille. • Ils respectent l'autorité. • Ils accordent une grande importance à la stabilité et à la découverte de soi. • Ce sont des consommateurs actifs. • Ils préfèrent les produits prestigieux qui démontrent leur succès et ceux qui leur permettent de gagner du temps.
Battants	**Curieux**	**Artisans**	**Survivants**
• Ce sont des individus à la mode qui aiment s'amuser. • Ils considèrent que la réussite passe par l'argent. • Ils préfèrent les produits qui ont du style. • Ce sont des consommateurs actifs et impulsifs. • Le magasinage représente pour eux une activité sociale et une façon de faire état de son statut social. • Ils dépensent autant qu'ils le peuvent.	• Ils recherchent la variété et l'excitation. • Ils pratiquent de nombreuses activités, tant sportives que sociales. • Ce sont des consommateurs enthousiastes et impulsifs. • Ils dépensent une bonne part de leurs revenus dans les vêtements et les divertissements. • Ils veulent avoir une allure branchée et posséder des biens à la mode.	• Ils ont un côté pratique et une habileté manuelle très développée. • Ils accordent une grande importance à l'autosuffisance. • Ils ont des valeurs traditionnelles relativement à la famille et au travail. • Ils se méfient des idées nouvelles. • Ils accordent très peu d'importance aux biens. • Ils favorisent la valeur plutôt que le luxe.	• Ils considèrent que le monde change trop rapidement. • Ils se sentent à l'aise avec ce qu'ils connaissent bien. • Ils recherchent la sécurité. • Ils se concentrent sur leurs besoins et non sur leurs désirs. • Ce sont des consommateurs prudents. • Ils sont fidèles à leurs marques préférées. • Ils aiment profiter des bonnes occasions.

Source : adapté de www.strategicbusinessinsights.com (page consultée le 6 janvier 2011).

la psychographie n'est pas aussi objective que la démographie. En outre, il est plus difficile de reconnaître les clients potentiels à l'aide de cette approche. Grâce à la démographie, par exemple, une entreprise comme Nike pourrait facilement diviser sa clientèle selon son sexe, puis adapter ses stratégies de marketing à chacun des segments qui ont été formés. Il serait bien plus ardu pour Nike de diviser sa clientèle en « penseurs » et en « artisans ». C'est pourquoi la segmentation psychographique est souvent jumelée avec un autre mode de segmentation[9].

segmentation comportementale (*behavioural segmentation*) Formation de groupes de consommateurs en fonction de leur utilisation d'un produit ou d'un service, notamment leur taux d'utilisation, leur statut d'utilisateur et leur fidélité à la marque.

La segmentation comportementale La **segmentation comportementale** consiste à former des groupes de consommateurs en fonction de leur utilisation d'un produit ou d'un service, notamment leur taux d'utilisation, leur statut d'utilisateur et leur fidélité à la marque.

Puisque le but premier du marketing est de satisfaire les besoins et les désirs des consommateurs, la division du marché en segments de manière que les avantages du produit comblent ces besoins et ces désirs représente une stratégie des plus efficaces. En outre, il est relativement simple de présenter les bénéfices qu'apporte un produit ou un service dans le cadre des stratégies de communication d'une entreprise.

Pour illustrer la **segmentation par bénéfices**, prenons l'exemple de Qoo, un personnage tout en rondeur qui danse sur pratiquement tous les écrans du Japon, de la Corée du Sud, de Taiwan et de Singapour. C'est aussi une boisson santé savoureuse mise en marché par Coca-Cola. Qoo est une véritable icône. Ce personnage attachant mais espiègle rappelle aux mères la personnalité des enfants et arrive à faire rire les petits. Dans le cadre de son approche de segmentation par bénéfices, Coca-Cola a conçu un produit que les parents veulent servir à leurs enfants, étant donné qu'il s'agit d'une boisson santé (l'avantage) que ces derniers veulent consommer parce qu'ils adorent le personnage qui passe à la télévision.

segmentation par bénéfices (*benefit segmentation*)
Formation de groupes de consommateurs en fonction des avantages qu'ils retirent d'un produit ou d'un service.

Les entreprises savent depuis fort longtemps qu'elles gagnent à fidéliser leur clientèle. Les clients loyaux sont ceux qui considèrent qu'une entreprise donnée peut répondre à leurs besoins, si bien qu'ils excluent carrément la concurrence de leur décision d'achat. Ainsi, ces clients n'achètent pratiquement jamais à une autre entreprise[10]. C'est à long terme que la clientèle fidèle est la plus rentable[11]. Compte tenu des coûts élevés associés à la recherche d'une nouvelle clientèle et des avantages de la fidélité, les entreprises modernes ont recours à la **segmentation en fonction de la fidélité** et investissent dans les mesures de fidélisation afin de garder leurs meilleurs clients. Les Canadiens sont fous des cartes de fidélité: 87 % des adultes participent activement à au moins un programme de fidélisation, qu'il soit question de vente au détail ou de voyages aériens. La popularité de ces cartes touche tous les aspects démographiques. Effectivement, 96 % des consommateurs aisés participent activement à un programme de fidélisation: 78 % des jeunes adultes (âgés de 18 à 25 ans), 90 % des personnes âgées de 60 ans et plus et 95 % des femmes âgées de 25 à 49 ans. Aux États-Unis, seulement 39,5 % de la population en général participent à de tels programmes[12].

segmentation en fonction de la fidélité (*loyalty segmentation*)
Stratégie selon laquelle une entreprise investit dans les mesures de fidélisation afin de garder ses meilleurs clients.

Les compagnies aériennes, par exemple, considèrent que les clients ne sont pas tous égaux. Chez Air Canada, ceux qui voyagent le plus souvent avec le transporteur, les membres «Super Élite», reçoivent, entre autres, une carte personnalisée, des étiquettes de bagages personnalisées et un accès prioritaire Air Canada Super Élite, ils ont accès à une inscription prioritaire sur la liste d'attente des réservations, à une sélection prioritaire de leurs places, au Service Concierge Air Canada, à un enregistrement prioritaire à l'aéroport, à une franchise élargie de bagages enregistrés. Ils profitent également de l'embarquement prioritaire, des réservations garanties des billets plein tarif et d'un traitement prioritaire de leurs bagages[13]. Aucun de ces privilèges n'est à la disposition du voyageur occasionnel.

La fréquence d'utilisation (grand utilisateur, utilisateur modéré, petit utilisateur, utilisateur occasionnel) ainsi que le statut d'utilisateur du client (utilisateur actuel, ancien utilisateur, utilisateur potentiel) peuvent également servir de variables pour la segmentation d'un marché. Par exemple, les chaînes de restauration rapide ont souvent recours au coupon de promotion pour attirer les clients occasionnels ou ceux qui n'y sont jamais allés et les faire essayer leurs produits et leurs services.

La segmentation composite Bien que tous les modes de segmentation soient utiles, chacun comporte des avantages et des inconvénients qui lui sont propres. Ainsi, les segmentations démographique et géographique sont simples, car il est facile d'accéder à des renseignements portant sur l'identité des consommateurs et sur l'endroit où ils vivent. Cependant, ces caractéristiques ne donnent aucun indice aux gestionnaires marketing quant à leurs besoins.

Comme le veut l'adage, qui se ressemble s'assemble. C'est pourquoi certaines entreprises forment des groupes de consommateurs à l'aide d'une méthode de segmentation composite, laquelle allie la segmentation géographique, la segmentation démographique ainsi qu'une segmentation axée sur le mode de vie, à savoir la **segmentation sociodémographique**[14]. Les consommateurs d'un même quartier achètent le plus souvent des voitures, des appareils électroménagers et des vêtements semblables. Ils vont chez les mêmes détaillants et répondent de la même manière aux médias ainsi qu'aux offres promotionnelles. Les **groupes PSYTE** constituent l'outil

segmentation sociodémographique (*geodemographic segmentation*)
Formation de groupes de consommateurs en fonction des caractéristiques relatives au mode de vie ainsi que des caractéristiques géographiques et démographiques qui les unissent.

groupes PSYTE (*PSYTE cluster*)
Regroupement de tous les quartiers canadiens en 60 groupes en fonction de leur mode de vie.

de segmentation sociodémographique le plus utilisé au Canada. Conçu par Compusearch, ce système a permis de former 60 groupes d'activités, à partir de l'ensemble des quartiers du pays, selon le lieu de résidence des consommateurs. Le tableau 8.3 décrit trois groupes PSYTE[15]. Le PRIZMce, un outil conçu par Environics Research, est du même genre et son utilisation est également répandue au pays. Il divise la population canadienne en 66 groupes en fonction de leur mode de vie. Parmi ces groupes, on trouve notamment l'Élite cosmopolite, les Branchés, les Chics et les Adeptes du Tim Hortons. Ce système propose un mode de segmentation adapté à la population canadienne où s'allient la géodémographie et la psychographie. En fait, Environics Research a combiné des données démographiques, des données portant sur les valeurs sociales et d'autres sur les préférences des citoyens afin de parvenir à expliquer le comportement des consommateurs[16].

La segmentation sociodémographique peut être particulièrement utile aux détaillants, car les consommateurs favorisent d'habitude les commerces situés près de

TABLEAU 8.3 Les groupes PSYTE

Nom	Classe moyenne inférieure urbaine (U4) : Bohème urbaine	Fortunés suburbains (S1) : Affluence suburbaine	Fortunés suburbains (S1) : Hauteurs asiatiques
Description	Du perçage aux tatouages, le groupe Bohème urbaine comprend une population diverse par sa conception même. Ce groupe est constitué en majeure partie de jeunes occupant des emplois dans les domaines artistique, de la vente au détail et d'autres emplois généralement créatifs. Le revenu annuel moyen du ménage est de 46 000 $. De nombreux hommes et femmes de ce groupe détiennent des emplois dans les milieux culturels, artistiques et liés au monde du spectacle. Les soutiens de ménage ont moins de 25 ans et nombre d'entre eux sont diplômés.	Groupe ayant un flair pour la belle vie, les membres du groupe Affluence suburbaine représentent la richesse, ancienne comme nouvelle. Étant donné que la richesse s'accumule au cours des stades de la vie, ce groupe exhibe une distribution asymétrique avec de nombreux nids vides. Le groupe Affluence suburbaine est caractérisé par des emplois dans les domaines de la gestion et de la technique et par des couples mariés avec enfants.	Les ascendances asiatiques combinées avec le dur labeur et la croissance de la richesse créent et façonnent ces quartiers de haut niveau. Les Hauteurs asiatiques confirment les rêves cultivés par des générations d'émigrants, souvent malgré de nombreuses difficultés. Ces familles renforcent les économies locales ainsi que les perspectives familiales. Le groupe Hauteurs asiatiques est constitué principalement d'immigrants chinois, sud-coréens et japonais et de ménages composés de six personnes ou plus.
Revenus moyens du ménage	46 000 $	166 000 $	96 000 $

Source : www.postescanada.ca/cpo/mc/assets/pdf/business/psyteadvantages_fr.pdf (page consultée le 28 février 2011).

chez eux. Ainsi, les détaillants peuvent avoir recours à ce type de segmentation pour adapter la marchandise aux préférences de leur communauté. La segmentation sociodémographique est également utile aux détaillants qui veulent savoir à quel endroit ouvrir une nouvelle succursale. Le détaillant n'a qu'à prendre ses succursales les plus rentables, puis trouver quels types de consommateurs vivent dans leurs environs à partir des groupes sociodémographiques préexistants. Par la suite, il sera en mesure de savoir quels quartiers présentent des segments de marché semblables. En outre, les outils PSYTE et PRIZMce peuvent aider les gestionnaires marketing à évaluer les ventes auprès de divers groupes de quartiers différents et les comparer entre elles.

Le fait de connaître les caractéristiques que les consommateurs recherchent dans un produit ou un service et de savoir en quoi un produit ou un service correspond à un certain mode de vie est un aspect important de l'élaboration d'une stratégie de marketing d'ensemble. Cependant, de tels modes de segmentation posent problème aux gestionnaires marketing qui tentent de savoir précisément quels consommateurs recherchent telle ou telle caractéristique dans un produit. C'est pourquoi les entreprises ont souvent recours à plus d'un type de segmentation qui allie la démographie et la géographie, comme nous l'avons expliqué précédemment. Elles peuvent alors déterminer et cibler les techniques de communication marketing à employer auprès de leur clientèle, puis se servir des avantages d'un produit ou du mode de vie du consommateur pour concevoir le produit ou le service et, finalement, choisir le message à transmettre. La rubrique Valeur ajoutée 8.1 traite des nombreux types de segmentation et de la stratégie de segmentation plus adaptée que l'on peut obtenir, notamment dans le domaine des services financiers, en combinant quelques types.

Valeur ajoutée 8.1 La segmentation du marché des services financiers à partir des facteurs démographiques et ceux relatifs au mode de vie des consommateurs[17]

La Life Insurance Marketing and Research Association (LIMRA), un organisme de recherche en services financiers et d'expertise-conseil œuvrant tant aux États-Unis qu'au Canada, a mené une étude auprès des consommateurs en vue de connaître les buts qu'ils se sont fixés en matière de finances personnelles ainsi que le mode de vie qu'ils souhaitent avoir une fois à la retraite. L'étude a permis de cerner quatre segments de marché parmi les ménages à revenu moyen, lesquels sont décrits dans le tableau A apparaissant à la page suivante.

Steve Hall est un expert-conseil financier à la recherche de nouveaux clients. Comment peut-il se servir des données de la LIMRA sur la démographie et le mode de vie pour arriver à ses fins ? Les données démographiques permettent de reconnaître le type d'individus qui constituent un segment de marché, la façon dont les entreprises arrivent à intéresser ces individus (par les médias et autres techniques de vente) de même que le niveau de rentabilité de chacun des segments. Par exemple, Hall a découvert un groupe d'« Abeilles ouvrières » composé de travailleurs autonomes âgés de plus de 40 ans et dont les revenus sont relativement élevés. Les données portant sur leur mode de vie peuvent ensuite être utilisées dans la conception de produits et de matériel promotionnel qui correspondent à ce groupe d'individus. Ainsi, Hall procéderait à l'analyse du portefeuille du client et discuterait des risques financiers avant de lui proposer un régime de retraite. Toutefois, s'il connaissait déjà le mode de vie auquel aspirent, à leur retraite, les individus faisant partie du groupe Abeilles ouvrières, il serait en mesure de leur offrir un service ainsi qu'un processus de planification financière mieux adaptés à leurs besoins. Étant donné que ce groupe est constitué d'adultes à la fibre entrepreneuriale qui aiment travailler, Steve Hall a pris soin de concevoir à leur intention un argumentaire de vente qui met l'accent sur le montant à économiser au cours des années à venir s'ils veulent conserver un mode de vie modeste et continuer de travailler aussi longtemps qu'ils le désirent ou, du moins, qu'ils seront physiquement capables de le faire.

À l'aide de données démographiques et de données relatives au mode de vie des consommateurs, la LIMRA, une société de consultation en services financiers, a cerné quatre segments de marché en vue de répondre le mieux possible aux besoins des ménages à revenu moyen à l'aube de la retraite.

Tableau A La segmentation démographique en fonction du style de vie dans le domaine des services financiers

	Planificateurs pragmatiques	Abeilles ouvrières	Grands penseurs	Immobiles
Caractéristiques démographiques	✓ Célibataires ✓ Sans enfant à charge ✓ Instruits ✓ Revenu moyen ✓ Revenu disponible ✓ Âgés de moins de 45 ans	✓ En couple ✓ Niveau de scolarité inférieur à celui des autres groupes ✓ Revenu élevé ✓ Investissements élevés ✓ Âgés de plus de 40 ans ✓ Travailleurs autonomes	✓ En couple ✓ Niveau de scolarité varié ✓ Revenu moyen ✓ Âges variés	✓ En couple ✓ Avec enfant à charge ✓ Niveau de scolarité inférieur à celui des autres groupes ✓ Revenus variés ✓ Âgés de plus de 40 ans
Pourcentage de ménages à revenu moyen	30 %	15 %	34 %	21 %
Objectifs liés à la retraite	✓ Économiser pour acheter une maison ✓ Payer ses dettes ou les réduire ✓ Économiser en vue de la retraite ✓ Conserver un niveau de vie modeste mais confortable ✓ Passer du temps en famille ✓ Avoir des loisirs	✓ Démarrer une entreprise ou faire prendre de l'expansion à une entreprise déjà existante ✓ Économiser en vue de la retraite ✓ Conserver un niveau de vie modeste mais confortable ✓ Démarrer une entreprise ou en acheter une ✓ Continuer de travailler à un rythme semblable au rythme actuel	✓ Économiser pour acheter une maison ✓ Assurer un bon niveau de vie à sa famille en cas de décès ✓ Payer ses dettes ou les réduire ✓ Économiser en vue de la retraite ✓ Conserver un niveau de vie modeste mais confortable ✓ Passer du temps en famille ✓ Avoir des loisirs	✓ Assurer un bon niveau de vie à sa famille en cas de décès ✓ Assurer un bon niveau de vie à sa famille en cas d'invalidité ✓ Payer ses dettes ou les réduire ✓ Économiser en vue de la retraite ✓ Conserver un niveau de vie modeste mais confortable ✓ Passer du temps en famille

Source : traduit de Pete James, « Aspirational Segmentation », *LIMRA's Market Facts Quarterly*, vol. 22, printemps 2003, p. 2.

Habituellement, l'élaboration d'une stratégie de segmentation du marché par Internet est relativement plus simple qu'une stratégie conçue pour le circuit traditionnel. La rubrique Cybermarketing 8.1 (*voir p. 241*) explique pourquoi c'est le cas.

OA 3 Étape 3 : l'évaluation du potentiel d'attraction des segments

La troisième étape du processus de segmentation est l'évaluation du potentiel d'attraction des divers segments de marché. Pour mener à bien cette évaluation, les gestionnaires marketing doivent d'abord juger, à l'aide des critères suivants, s'il est avantageux de cibler un segment de marché en particulier : le segment est-il identifiable ? Est-il atteignable ? Est-il réceptif ? Est-il important et rentable (*voir la figure 8.3, p. 242*) ?

Un segment identifiable L'entreprise a le devoir de s'informer des consommateurs qui forment le marché cible afin d'être en mesure de concevoir des produits et des services qui répondent à leurs besoins. Il est tout aussi important de s'assurer que les segments de marché sont distincts, car un trop grand chevauchement des segments pourrait faire en sorte que les stratégies de marketing satisfassent moins les besoins des individus de ces segments.

L'entreprise Gap a ciblé divers segments de marché. Quand elle a découvert qu'un pourcentage élevé de ses clients avaient des enfants, elle a décidé d'ajouter les rayons GapKids et babyGap. Les études menées ont aussi révélé que Gap pourrait faire concurrence à Victoria's Secret dans la vente de sous-vêtements féminins ; le rayon

Cybermarketing 8.1 Se simplifier la vie grâce à la segmentation par Internet[18]

La segmentation par Internet simplifie la mise en œuvre des stratégies de segmentation de multiples façons. Premièrement, elle permet de satisfaire les besoins des plus petits marchés, et même d'un consommateur à la fois, de façon efficace et peu coûteuse (p. ex., les sites des sociétés de prêt hypothécaire ou des compagnies d'assurances qui offrent des soumissions en ligne). En effet, Internet permet de servir les consommateurs à des coûts nettement moindres que ceux liés à un service chez un détaillant ou par téléphone. Par exemple, chez Air Canada, les grands voyageurs peuvent choisir et vérifier en ligne le prix des services particuliers qui leur sont offerts à un prix bien plus avantageux que s'ils faisaient affaire avec un agent par téléphone ou au comptoir[19].

Deuxièmement, la segmentation par Internet facilite l'identification de la clientèle et donne une foule de renseignements à son sujet. En effet, les témoins de connexion (*cookies*), ces petits fichiers qu'un serveur Web installe sur l'ordinateur d'un internaute[20], tracent un portrait unique de chaque consommateur qui consulte un site Web et détaille ses actions pour la durée de sa visite du site en question. Les visiteurs peuvent aussi recevoir une demande d'inscription au site.

Troisièmement, par Internet, une entreprise peut faire une foule de recommandations à ses clients en fonction de leurs habitudes de consultation du site ou de la façon dont ils font leurs recherches. C'est le cas d'Amazon.ca et d'autres détaillants en ligne, lesquels recommandent des produits connexes aux consommateurs qui consultent leur site ou qui y effectuent des recherches. Pour ce faire, des liens sont établis entre le profil des visiteurs et celui des clients du site. Ces sites peuvent ainsi faire mousser leurs ventes de produits semblables ou complémentaires.

Quatrièmement, la stratégie de marketing peut être adaptée en temps réel en fonction des données portant sur le client. Par exemple, Bureau en Gros propose des produits dont le prix varie selon la région en demandant simplement aux clients de taper leur code postal dans la case prévue à cet effet.

D'un autre côté, l'essor de la segmentation par Internet a entraîné une augmentation des préoccupations des consommateurs et soulevé des questions d'intérêt public. Effectivement, les consommateurs s'inquiètent souvent de la confidentialité, surtout lorsqu'un site leur demande de s'enregistrer ou d'accepter des témoins de connexion. En réponse à ces préoccupations de même qu'à celles liées à l'autoréglementation qui caractérise l'industrie, la plupart des sites Internet ont maintenant une politique de confidentialité qui énonce clairement les renseignements qui sont recueillis et de quelle façon ils sont utilisés. Les consommateurs ont donc maintenant le choix de refuser que des renseignements à leur sujet soient divulgués à des tiers ou utilisés dans le cadre de futures campagnes de marketing.

Même si les témoins de connexion en soi ne contiennent aucun renseignement précis sur le consommateur, l'utilisation de renseignements relatifs aux sites consultés ainsi que les données recueillies par d'autres sources peuvent avoir des conséquences juridiques et miner la relation client. Quand Amazon a proposé certains DVD à des prix différents au cours d'une même journée, bien des consommateurs ont dénoncé cette pratique en alléguant qu'il s'agit d'une discrimination entre les segments de clientèle. Amazon s'est défendue en expliquant que la disparité était attribuable à des tests de prix, argument contesté par nombre de consommateurs et d'adeptes des forums de clavardage comme DVD Talk Forum. Beaucoup d'observateurs considèrent maintenant que la disparité des prix est acceptable, à condition qu'elle serve à offrir un rabais et non à faire payer un prix supérieur.

GapBody s'est donc ajouté. Finalement, même si Gap obtient un grand succès auprès des consommateurs de la classe moyenne, les vêtements qu'elle propose demeurent trop coûteux pour certains et pas suffisamment tendance pour d'autres. Pour ces consommateurs, Old Navy et Banana Republic sont des options plus intéressantes.

Un segment atteignable Les meilleurs produits et services ne peuvent avoir d'impact s'il est impossible d'atteindre le marché cible à l'aide de moyens de communication convaincants et d'un réseau de distribution efficace. Le consommateur doit savoir que le produit ou le service existe, mais aussi comprendre ce qu'il peut lui apporter et savoir comment se le procurer.

La Senza est l'un des plus importants détaillants spécialisés dans la vente de sous-vêtements féminins au Canada. L'entreprise comprend La Senza Lingerie, La Senza Express, La Senza International, La Senza Spirit ainsi que lasenza.com et exerce ses activités en boutique et en ligne. En 2008, La Senza a lancé sa controversée collection La Senza Girl. Les produits n'étaient pas en vente sur Internet, mais l'entreprise avait conçu un site Web pour atteindre sa clientèle cible, soit les jeunes filles âgées entre 7 et 14 ans.

La Senza doit s'assurer que tous les nouveaux segments de marché qu'elle convoite sont identifiables, atteignables, réceptifs, importants et rentables.

FIGURE 8.3 L'évaluation du potentiel d'attraction des segments

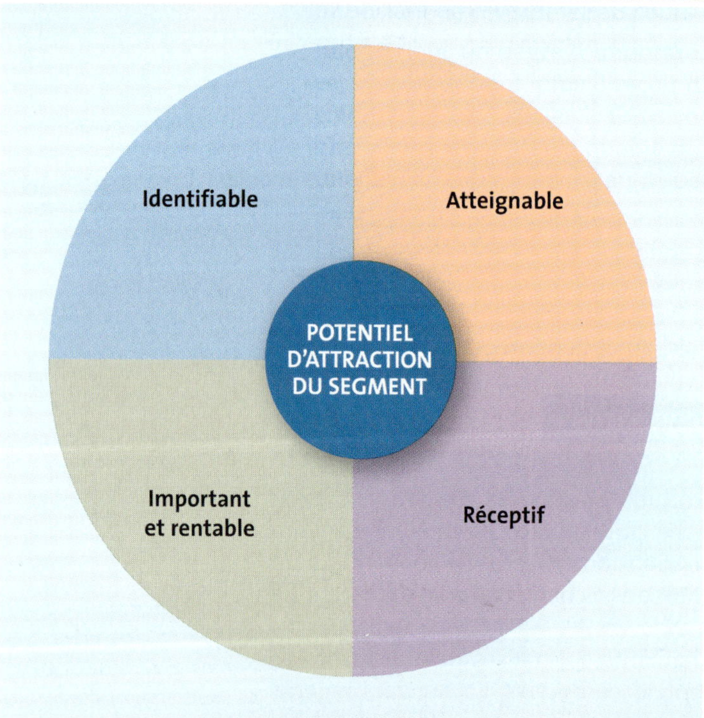

L'entreprise se servait de son site Web pour rejoindre sa clientèle cible, laquelle pouvait prendre connaissance, en ligne, des produits proposés, avant de se rendre à la boutique pour se les procurer. Le problème est que La Senza avait mal jaugé la réaction du grand public. Bien que La Senza ait soi-disant cadré cette opération sous le signe de l'humour, l'image sulfureuse de l'entreprise n'était pas compatible avec ce positionnement de La Senza Girl, pas plus que ne l'aurait été une boutique sulfureuse pour les jeunes filles. Le projet a été mis au rancart quelques mois après son lancement.

Un segment réceptif Pour qu'une stratégie de segmentation obtienne du succès, la clientèle qui constitue le segment doit répondre de façon positive et logique à ce que lui offre l'entreprise. Si, malgré ses compétences distinctives, l'entreprise n'est pas en mesure de proposer des produits et des services au segment de marché en question, elle ne devrait tout simplement pas cibler ce segment. Par exemple, imaginez un instant que La Senza songe à lancer une gamme de tenues de soirée pour sa clientèle nombreuse et rentable âgée de 18 à 35 ans. À l'heure actuelle, les consommatrices de ce marché se procurent ce type de vêtements dans des boutiques comme La Baie, Holt Renfrew et Les Ailes de la Mode. La Senza, quant à elle, s'est taillé la réputation de proposer à ses clientes un vaste assortiment de soutiens-gorge, de culottes, de camisoles, de pyjamas et de chemises de nuit séduisants et à la mode. C'est d'ailleurs dans ce domaine que l'entreprise réussit le mieux. Ainsi, même si les tenues de soirée répondent à tous les autres critères, La Senza ne devrait pas tenter de pénétrer ce segment de marché parce qu'il est fort probable que les consommatrices ne seront pas réceptives à l'entreprise.

Un segment important et rentable Une fois que l'entreprise a cerné ses segments de marché potentiels, elle doit évaluer leur taille ainsi que leur taux de croissance possible. Si un marché est trop petit ou si son pouvoir d'achat n'est pas assez important, il ne sera pas en mesure de générer suffisamment de profits ou de soutenir les activités de marketing. Par conséquent, même si Gap avait cerné de nouveaux segments de marché potentiellement intéressants, elle a dû s'interroger sur la taille du marché. S'il s'était avéré relativement petit, Gap allait préconiser un rayon GapBody dans ses magasins déjà existants ; un marché plus grand aurait justifié une boutique distincte. Avec le temps, les gestionnaires de Gap ont confirmé l'importance de la demande de leurs produits et ils ont progressivement établi leurs boutiques GapBody.

Gap a cerné plusieurs segments de marché qui semblaient intéressants. Deux de ses marques, Gap (à droite) et GapKids (à gauche), visent des marchés cibles différents.

Les gestionnaires marketing doivent également centrer leur évaluation sur la rentabilité actuelle et future de chacun des segments. Dans le cadre de cette analyse, certains facteurs importants doivent être pris en compte, notamment la croissance du marché (la taille actuelle du marché et le taux de croissance prévu), la concurrence

Quel segment de marché serait le plus rentable pour l'entreprise Carhartt ? Son segment de marché habituel, soit celui des vêtements de travail résistants (à droite), ou celui des vêtements tendance (à gauche) ?

au sein de celui-ci (le nombre de concurrents, les obstacles de départ, les produits de substitution) et son accessibilité (la facilité à créer un réseau de distribution ou à y accéder, la connaissance de la marque). Les calculs suivants, aussi simples soient-ils, illustrent bien la rentabilité d'un segment de marché[21].

Rentabilité du segment = taille du segment
multipliée par le pourcentage d'adoption du segment
multiplié par les ventes par client
multipliées par la marge de profit (%)
moins les frais fixes

où

taille du segment	=	nombre d'individus qui constituent le segment
pourcentage d'adoption du segment	=	pourcentage de consommateurs dans le segment qui sont susceptibles d'adopter le produit
ventes par client	=	ventes par client × nombre de fois que le consommateur est susceptible d'acheter le produit au cours d'une certaine période
marge de profit (%)	=	(prix de vente − coûts variables) ÷ prix de vente
frais fixes	=	frais fixes (p. ex., investissement publicitaire)

Selon cette formule, plusieurs segments de marché peuvent sembler équivalents. Dans certains cas, il est cependant plus juste d'évaluer la rentabilité d'un segment d'après la durée de vie d'un client typique, c'est-à-dire la valeur économique du client (la valeur totale des achats effectués par un client au cours de sa vie). Par exemple, Ken Danns est un fidèle client de la chaîne Costco depuis cinq ans. Il y dépense environ 300 $ par semaine. Il a l'intention de continuer de faire ses achats chez Costco au cours des cinq prochaines années, au moins. Aux yeux de Costco, Ken Danns ne vaut pas 300 $, il vaut 156 000 $ s'il y fait ses achats pendant 10 ans (300 $ × 52 semaines × 10 ans). Pour calculer la valeur du client, les gestionnaires tiennent compte de plusieurs facteurs, notamment le nombre d'années où le client restera fidèle au commerce, le taux de désertion (le pourcentage de clients qui changent de commerce d'appartenance sur une base annuelle), les coûts du remplacement des déserteurs (les coûts de publicité, de promotion) et l'éventualité que le consommateur se procure davantage de biens ou des biens plus coûteux[22].

Maintenant que nous avons évalué le potentiel d'attraction de chacun des segments (étape 3), nous pouvons passer au choix des segments de marché à cibler (étape 4).

OA 4 Étape 4 : le choix du marché cible

La quatrième étape du processus de segmentation, de ciblage et de positionnement consiste à choisir un marché cible. Le principal facteur influant sur cette décision est la capacité du gestionnaire marketing à saisir une occasion d'affaires, donc à cibler un segment de marché. Ainsi, comme nous l'avons mentionné dans le chapitre 2, il est avantageux pour une entreprise d'évaluer attentivement les avantages que présente l'occasion d'affaires (les opportunités et les menaces grâce à l'analyse FFOM, la rentabilité du segment de marché), de même que les compétences au sein de l'entreprise (les forces et les faiblesses grâce à l'analyse FFOM).

Existe-t-il un domaine où la stratégie de marketing est moins différenciée que celui des cartes de vœux ? Après tout, elles sont en vente dans les épiceries, les magasins d'escompte, les pharmacies et les magasins spécialisés dans la vente de cartes de vœux. Ainsi, 90 % des ménages achètent au moins une carte de vœux par an. Il nous arrive tous de devoir acheter cet article, n'est-ce pas ? Alors, comment Hallmark, une entreprise reconnue mondialement dans ce domaine et dont les ventes s'élèvent à plus de 4,4 milliards de dollars annuellement, s'y prend-elle pour segmenter le marché[23] ?

D'abord, à l'aide d'une stratégie de segmentation géographique, Hallmark gère son expansion aux quatre coins du monde, mais surtout en Chine et en Inde. Ensuite, au moyen d'une stratégie de segmentation par bénéfices, l'entreprise cible les consommateurs qui préfèrent envoyer des cartes de vœux par Internet pour le côté pratique de la chose. Au départ, l'industrie craignait que les cartes électroniques, lesquelles sont habituellement gratuites, nuisent à la vente des cartes traditionnelles ; or, leur accès facile a plutôt contribué à une augmentation en flèche des ventes de cartes traditionnelles. Sur la page d'accueil du site Internet de Hallmark, on trouve un lien qui permet d'avoir accès gratuitement à des cartes de vœux, ce qui a pour but de promouvoir le nom de la marque. En outre, les usagers d'Internet sont exposés à une publicité traditionnelle et Hallmark peut promouvoir et vendre ses films tournés pour le Hallmark Channel, en plus des cadeaux, des décorations et des articles d'expression personnelle populaires. La figure 8.4 illustre la façon dont des entreprises comme Hallmark peuvent faire correspondre leurs compétences au potentiel d'attraction de divers segments et font appel à ce processus pour choisir la combinaison la plus avantageuse.

Il n'est pas toujours évident de trouver une stratégie de segmentation de base, comme en témoigne l'exemple de La Senza. La figure 8.5 (*voir p. 246*) illustre d'ailleurs diverses stratégies de segmentation. Dans certains cas, le choix le plus judicieux peut être de ne pas segmenter le marché. Dans d'autres cas, l'entreprise peut opter pour un seul segment ou encore en cibler plusieurs à la fois. En somme, certaines entreprises choisissent de se spécialiser en vue de répondre aux besoins d'un groupe très restreint de consommateurs, et même d'un consommateur à la fois. Dans les pages suivantes, il sera question de chacune de ces stratégies de base.

FIGURE 8.4 L'évaluation des marchés cibles potentiels de Hallmark

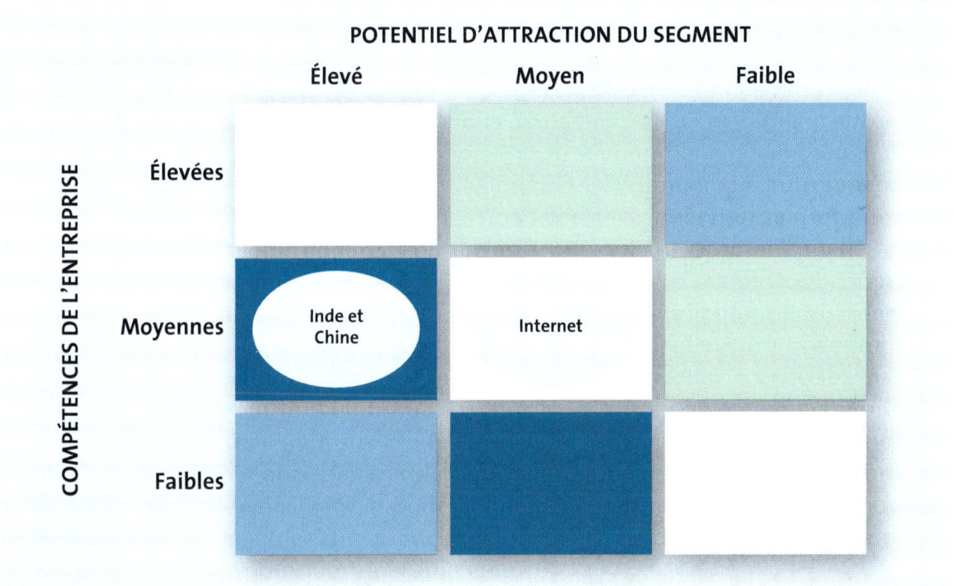

FIGURE 8.5 Les stratégies de segmentation

stratégie de marketing indifférenciée (ou marketing de masse) (*undifferentiated segmentation strategy [mass marketing]*) Stratégie de marketing à laquelle une entreprise peut avoir recours si le produit ou le service qu'elle offre apporte les mêmes avantages à tous, donc lorsqu'il n'est pas nécessaire d'élaborer une stratégie pour chaque segment de marché.

La stratégie de marketing indifférenciée ou marketing de masse Lorsque tous les consommateurs peuvent être des utilisateurs de son produit, l'entreprise qui lance celui-ci sur le marché a recours à une **stratégie de marketing indifférenciée (ou marketing de masse)** (*figure 8.5*). En effet, si le produit ou le service apporte les mêmes avantages à tout le monde, il n'y a aucune raison d'élaborer une stratégie de segmentation différente pour chaque groupe visé. Bien qu'il ne s'agisse pas d'une stratégie très répandue à notre époque, en raison de marchés plus complexes, la stratégie indifférenciée peut s'avérer efficace dans le cas d'articles d'usage très courant, notamment le sel, le sucre ou encore les cartes des vœux. Toutefois, de nos jours, même les entreprises qui vendent ces produits cherchent maintenant à se démarquer de la concurrence. C'est exactement ce qu'a fait Hallmark.

L'utilisation d'une stratégie indifférenciée est aussi courante auprès des petites entreprises dont les produits et les services sont perçus par les consommateurs comme étant impossibles à distinguer (p. ex., la boulangerie du quartier). Mais il faut dire qu'habituellement les entrepreneurs les plus futés tentent tout de même de se démarquer au sein du marché. C'est ainsi que la

Kettleman se démarque des autres boulangeries en raison de sa politique de transparence. Quand un client entre dans le commerce, la première chose qu'il voit, c'est le confectionneur de bagels en plein travail.

boulangerie du coin devient Kettleman's Bagel ou encore The Great Canadian Bagel. En faisant paraître leur produit unique, alors qu'il semblait autrefois commun, ces commerces tentent d'ajouter de la valeur aux yeux du client en se démarquant de leurs concurrents.

Qu'en est-il de l'essence? Toutes les personnes qui possèdent une voiture ont besoin d'essence. Pourtant, les compagnies pétrolières sont passées, avouons-le, de façon plutôt draconienne, d'une stratégie indifférenciée à une stratégie différenciée lorsqu'elles ont segmenté le marché en trois catégories de consommateurs: ceux qui font le plein avec de l'essence à faible indice d'octane, ceux qui optent pour l'essence à indice d'octane moyen et ceux qui préfèrent l'essence à indice d'octane élevé. Esso a aussi lancé la Speedpass pour se distinguer des autres compagnies pétrolières et offrir un service des plus rapides à ses clients. En une seule étape simple, le client est prêt à faire le plein. Il n'a plus besoin de glisser une carte dans un terminal, d'entrer des renseignements personnels ou de signer un reçu. En outre, le client accumule des points privilèges ou des milles Aéroplan chaque fois qu'il effectue un achat chez Esso. Par la suite, il peut échanger ses points contre de l'essence, des bons valides pour le lave-auto, des collations ou des primes de voyage.

Le Speedpass, ce petit transpondeur noir qui s'attache au porte-clés, permet de faire le plein et de payer rapidement, sans encombre.

La stratégie de segmentation différenciée Les entreprises qui ont recours à une **stratégie de segmentation différenciée** ciblent plusieurs segments de marché grâce à diverses offres qu'elles adaptent à chacun de ces derniers (*voir la figure 8.5, p. 246*). La Senza, par exemple, offre deux formules aux consommateurs, soit La Senza et La Senza Express. Chacune de ces formules vise un segment différent. La Senza s'adresse aux femmes de 18 à 35 ans qui ont confiance en elles et sont à l'affût des tendances et La Senza Express, aux femmes qui recherchent LA destination en ce qui a trait aux sous-vêtements de tous les jours aux allures à la mode[24]. Dans le même ordre d'idées, le groupe Adidas cible divers segments de marché grâce à ses nombreuses entreprises, dont les marques de vêtements et de chaussures Adidas Reebok, Rockport et TaylorMade Golf.

stratégie de segmentation différenciée (*differentiated segmentation strategy*) Stratégie selon laquelle une entreprise cible plusieurs segments de marché et présente une offre différente à chacun d'entre eux.

Les entreprises qui optent pour une stratégie de segmentation différenciée font ce choix car il leur permet d'acquérir une plus grande part de marché et, de façon générale, d'accroître le marché sur lequel elles se trouvent. Ainsi, plus La Senza crée de formules pour cibler de nouveaux segments de marché, plus elle aura de produits à proposer aux consommatrices, et, par le fait même, plus ses ventes seront nombreuses. La vente de plusieurs collections de lingerie permet donc à La Senza d'intéresser davantage de consommatrices qui appartiennent à divers segments de marché que si l'entreprise ne possédait qu'une seule collection de dessous. Mais ce n'est pas tout: proposer des produits et des services qui intéressent plus d'un segment de marché permet à l'entreprise de diversifier ses activités, ce qui entraîne une réduction du risque global. Par exemple, si une gamme de produits qui vise un segment de marché en particulier connaît des difficultés, les répercussions sur la rentabilité de l'entreprise peuvent être compensées par les revenus d'une autre gamme de produits dont les ventes sont bonnes.

Cependant, l'investissement dans une stratégie différenciée peut être coûteux. Dans le cas de La Senza, seulement pour la vente d'accessoires, l'entreprise doit élaborer les produits, les fabriquer, les distribuer, les entreposer et en faire la promotion, le tout autant de fois qu'il y a de formules différentes.

stratégie de marketing concentré (ou marketing de niche) (*concentrated segmentation strategy*) Marketing pratiqué en canalisant tous les efforts vers un seul segment de marché afin de proposer un produit qui répond le mieux possible aux besoins de ce segment de marché.

La stratégie de marketing concentré (ou marketing de niche) Lorsqu'une organisation choisit un seul marché cible et y consacre toute son énergie en vue de proposer un produit qui répond aux besoins du marché, on dit qu'elle a recours à une **stratégie de marketing concentré (ou marketing de niche)** (*voir la figure 8.5, p. 246*). Il est souvent avantageux pour les nouvelles entreprises d'opter pour une telle stratégie, car elle leur permet d'utiliser leurs ressources restreintes de façon plus efficace. L'histoire de Balmshell (*voir la rubrique Marketing entrepreneurial 8.1*) en est un bon exemple étant donné que l'entreprise n'a ciblé qu'un seul segment du vaste marché des cosmétiques. La firme Gennum, de Burlington, en Ontario, est un autre exemple d'entreprise qui a privilégié une stratégie de niche. Il s'agit de l'innovateur le plus important en matière de microcircuiterie pour les prothèses auditives, un marché de niche.

Avez-vous déjà acheté des vêtements chez Christopher & Banks[25] ? En fait, si vous n'avez pas 48 ans, n'êtes pas la mère de deux enfants, ne vivez pas en banlieue ou dans une petite ville, n'aimez pas les chasubles en polyester, ni les cardigans

Marketing entrepreneurial 8.1 Balmshell : le brillant à lèvres qui se distingue[26] !

Le brillant à lèvres Balmshell se démarque de la concurrence par son contenant unique.

Nées et élevées à Toronto, les jumelles identiques Jennifer et Fiona Lees ont tout pour elles. Dans la jeune trentaine, elles sont déjà les créatrices et les directrices générales de Balmshell, le brillant à lèvres qui se distingue. Les deux sœurs, qui avouent être des accros du maquillage, ont toujours voulu créer un brillant à lèvres revitalisant qui ne colle pas et qui ne contient ni édulcorant, ni gelée de pétrole, ni huile minérale. Elles se sont lancées lorsqu'elles ont constaté une ouverture sur le marché des brillants à lèvres haut de gamme. Les produits Balmshell existent en 10 nuances et sont en vente au prix de 25 $ chez Holt Renfrew. Ce prix dépasse même celui des brillants à lèvres les plus coûteux des marques Clinique ou Estée Lauder, lequel s'élève à environ 20 $. Il est également possible de se procurer les produits Balmshell chez Sephora, sur Sephora.com pour les consommateurs canadiens ainsi que dans les 200 boutiques Sephora en France.

Depuis le lancement de l'entreprise en septembre 2006, les critiques dithyrambiques à l'égard de Balmshell fusent de partout, notamment des revues de mode *Marie Claire*, *Fashion* et *Flare*. Sans aucune expérience dans le domaine des cosmétiques, armées seulement de leur amour du brillant à lèvres, les sœurs Lees sont parties à la conquête de l'industrie. Grâce à leur détermination, à leur dur labeur et à leur œil à l'affût des tendances, elles sont parvenues à réaliser leur rêve. Ne suivant que leur instinct entrepreneur, elles ont conçu ce qu'elles considèrent comme le brillant à lèvres parfait. Après des années de travail de concert avec un fabricant de cosmétiques, elles sont arrivées à trouver la formule idéale pour un brillant à lèvres éclatant, hydratant, dont l'allure et la sensation sont merveilleuses et qui ne contient que les ingrédients les plus raffinés.

Ce qui démarque leur produit de la concurrence, c'est son contenant unique, dont la conception rappelle celle des stylos kitch des boutiques de Yorkville, dans lesquels une image se déplace lorsqu'on les renverse. Les tubes portent des illustrations colorées et des histoires amusantes basées sur le nom du produit, comme Shopaholic ou Sleep-in Beauty. Aucun décalage ne devait être perçu à la surface des tubes et le plastique devait ressembler autant que possible à du verre. En outre, le filet à l'intérieur du capuchon devait être long et étanche pour éviter qu'il devienne collant. Une fois le tube vide, il est possible de conserver la partie avec l'illustration et de l'attacher au porte-clés qui est compris avec le brillant à lèvres. Les clientes n'en ont jamais assez, de ces brillants à lèvres translucides.

C'est cette réussite qui a été à l'origine d'une occasion en or pour Balmshell : faire partie des produits des sacs-cadeaux remis aux artistes sélectionnés aux cérémonies de remise des Oscar et des Grammy en 2007. Pour l'occasion, les sœurs Lees ont concocté une toute nouvelle nuance, en quantité limitée, Red Carpet Ready. Quoi demander de mieux que d'être sur toutes les lèvres du gratin des vedettes ? Aujourd'hui, Balmshell se consacre à la croissance de sa gamme de brillants à lèvres et songe à se lancer dans d'autres lignes de produits.

Mesdames, êtes-vous prêtes à faire tourner les têtes ?

Les entreprises comme Lands' End ont recours à une stratégie de personnalisation de masse, car elles proposent à un grand nombre d'individus des produits adaptés à leurs besoins.

fleuris, ni les broderies d'animaux, alors vous n'appartenez pas au marché cible de ce commerce.

Christopher & Banks, une chaîne peu connue qui compte près de 500 magasins dont la stratégie de segmentation est très concentrée, comprend pourquoi ses clientes n'achètent pas chez Gap, Chico's ou Ann Taylor.

Pour mieux cerner ses clientes, l'entreprise leur a demandé, dans le cadre d'un groupe de discussion, ce qu'elles mangent, le genre de voiture qu'elles conduisent et de quelles activités se compose leur quotidien. Les réponses qu'elle a recueillies lui ont permis de faire d'importantes découvertes. Les clientes de Christopher & Banks recherchent des vêtements qu'elles peuvent porter tant au travail que dans les gradins du terrain de baseball, lorsqu'elles y encouragent leurs enfants après le bureau. Pour gagner du temps, elles veulent acheter des vêtements qui s'agencent entre eux. Les groupes de discussion ont même observé des portraits afin de déterminer quelle femme correspondait le mieux à la cliente cible de l'entreprise.

Le micromarketing (ou marketing spécialisé)[27] Songez aux ceintures que vous avez à la maison. Vous en êtes-vous déjà fait fabriquer une sur mesure ? (Si cela vous intéresse, vous pouvez consulter le site www.leathergoodsconnection.com.) Lorsqu'un commerce propose à un client unique un produit ou un service personnalisé qui correspond à ses besoins, il procède à la formation de micromarchés ; cela constitue le **micromarketing (ou marketing spécialisé)** (*voir la figure 8.5, p. 246*). Les petits producteurs et fournisseurs de services peuvent généralement offrir un service personnalisé à leurs clients plus facilement que ceux de grande envergure. Néanmoins, certaines entreprises comme Dell et Lands' End ont profité des avantages que leur offrait la technologie d'Internet pour pouvoir vendre à leurs clients des produits sur mesure tels que des ordinateurs, des chemises de soirée, des pantalons de coutil et des jeans. Celles qui ont une interaction personnalisée avec un grand nombre d'individus en vue de concevoir des produits et des services adaptés à chacun pratiquent la **personnalisation de masse**, une stratégie de marketing personnalisé offert à un grand nombre d'individus. Avant l'avènement d'Internet, le micromarketing était pratiquement impossible, sauf pour les petites entreprises, probablement. Mais de nos jours, Internet a permis aux entreprises de toutes les tailles qui évoluent sur tous les marchés de pratiquer le micromarketing.

micromarketing (ou marketing personnalisé) (*micromarketing*) Formation de micromarchés qui proposent à un client unique un produit ou un service personnalisé correspondant à ses besoins.

personnalisation de masse (*mass customization*) Interaction personnalisée avec un grand nombre d'individus en vue de concevoir des produits et des services adaptés à chacun d'eux ; marketing personnalisé offert à un grand nombre de personnes.

Il semblerait que Nike et ses nombreux clients aient été séduits par ce concept nouveau. En effet, en constatant le succès remporté par son logiciel de personnalisation et par le minuscule studio dans le quartier SoHo, à Manhattan, lequel a vu passer bon nombre de vedettes qui venaient y concevoir des espadrilles à leur goût, Nike a décidé de lancer officiellement son programme NIKEiD. Un « labo » NIKEiD est donc maintenant ouvert dans la boutique Niketown de la 57e rue. Les consommateurs n'ont qu'à prendre rendez-vous et le tour est joué; ils peuvent mettre leur touche sur une paire d'espadrilles Nike. On peut compter de trois à quatre semaines avant que le colis ne parvienne au client. La version en boutique comporte davantage de fonctions que celle en ligne. Pourtant, cette dernière attire quelque trois millions de consommateurs par mois. L'apprenti designer peut avoir recours aux services d'un expert-conseil pour l'aider à concevoir les chaussures de ses rêves. C'est le client qui décide de tout, de la couleur au matériau utilisé en passant par la coupe de la chaussure. Il lui est également possible d'apposer sa « signature » à l'arrière de la chaussure. Nike voit dans son programme NIKEiD une bonne façon d'établir un lien personnalisé avec les consommateurs tout en ayant l'occasion d'élargir ses gammes de produits, notamment les vêtements de sport.

Le degré de segmentation de chaque entreprise, qu'il n'y ait aucune segmentation, qu'il s'agisse d'un seul segment de marché, de plusieurs segments ou de segments personnalisés, dépend du rapport recherché entre la valeur ajoutée grâce à la segmentation, telle qu'elle est perçue par le consommateur, et les coûts associés à sa mise en œuvre.

Parfois, le choix du marché cible peut être à l'origine de graves enjeux d'éthique. La rubrique Question d'éthique 8.1 traite d'ailleurs d'enjeux soulevés par le ciblage des enfants dans la vente de certains aliments.

Question d'éthique 8.1 — Les enfants au cœur de la guerre à la malbouffe[28]

L'augmentation généralisée de l'obésité chez les enfants a entraîné une surveillance accrue des fabricants d'aliments à teneur élevée en matières grasses, en sodium et en glucides dont le marché cible est constitué de jeunes enfants. Par exemple, les boissons gazeuses, qui entrent dans cette catégorie, sont extrêmement populaires auprès des préadolescents et des adolescents. En moyenne, un Canadien consomme environ 400 canettes de boissons gazeuses chaque année. Le Center for Science in the Public Interest (CSPI), un organisme sans but lucratif, a par ailleurs qualifié ces produits de « bonbons liquides ».

Récemment, le CSPI a demandé que les normes en matière d'étiquetage soient modifiées afin que les consommateurs se rendent compte que la surconsommation d'aliments à teneur élevée en matières grasses, en sodium et en glucides peut entraîner l'apparition de divers problèmes de santé, notamment l'obésité, le diabète, la carie dentaire et l'ostéoporose. Le CSPI est l'une des nombreuses organisations qui demandent que les gestionnaires marketing des géants de la malbouffe cessent de cibler les jeunes.

En réponse à cela, de nombreux fabricants de malbouffe ont modifié leur portefeuille de produits pour se concentrer sur les avantages que présentent leurs produits pour la santé des consommateurs. Par exemple, General Mills a changé la recette de toutes ses céréales de manière qu'elles soient faites de grains entiers, même les céréales pour enfants Trix et Lucky Charms. Kraft Foods a ajouté une mention sur les produits qu'elle considère comme nutritifs et les a regroupés pour en faire le programme « Solution sensée ». Seuls les produits de ce programme peuvent apparaître dans les annonces publicitaires aux heures d'écoute des enfants. Ainsi, les fameux Oreo de Kraft et certaines céréales de la marque Post ne peuvent être annoncées pendant ces heures d'écoute. En outre, Kraft élargit des gammes de produits en y ajoutant des versions plus saines et sans sucre. C'est le cas de la crème double chocolat sans sucre, de la crème au caramel sans sucre et du SuperMac & Cheese enrichi de vitamines.

Il est encore trop tôt pour savoir si ces changements auront une incidence sur le problème de l'obésité juvénile. Les gestionnaires marketing devraient-ils mettre une croix sur ces segments de marché très rentables qui demandent leurs produits simplement pour calmer le CSPI ? Les jeunes ne devraient-ils pas avoir le droit de choisir les aliments qu'ils consomment ?

Étape 5 : le choix et l'élaboration de la stratégie de positionnement

OA **5**

La cinquième et dernière étape de l'élaboration d'une stratégie de segmentation est le **positionnement**. Il s'agit de l'image mentale (pensées, sentiments et impressions) qu'un consommateur se fait d'une entreprise de même que des produits et des services qu'elle propose par rapport aux concurrents. Cette image mentale est influencée par plusieurs facteurs, dont les amis, la famille, les proches, les groupes de référence, les articles de journaux et de magazines, les reportages à la radio, à la télévision et sur Internet ainsi que les expériences passées du consommateur. Bref, que l'entreprise le veuille ou non, ses clients se font leur propre image et leurs propres impressions de ses produits et de ses marques. C'est d'ailleurs cette image et ces impressions qui les poussent à acheter à une entreprise ou à éviter celle-ci. En somme, le positionnement est ce qui détermine les *préférences* des consommateurs quant aux produits ou aux marques. Avoir une préférence, c'est, par exemple, lorsqu'un consommateur a adopté une marque en particulier et qu'il refuse de se satisfaire de la marque concurrente. Ainsi, certains internautes préfèrent le moteur de recherche Google à celui de Yahoo !, comme certains consommateurs préfèrent le iPod d'Apple au lecteur MP3 de Sony. Ce sont les préférences des consommateurs qui régissent les parts de marché et les revenus ; par exemple, Apple et Google sont les chefs de file dans leur domaine respectif. Quand elles se sont rendu compte de l'importance stratégique du positionnement, bien des entreprises se sont mises à travailler dur pour influer sur la perception des consommateurs à l'égard de leurs marques.

positionnement
(positioning)
Image mentale qu'un consommateur se fait d'une entreprise ainsi que des produits et des services qu'elle propose par rapport aux concurrents sur différents critères (prix, image, caractéristiques).

Le positionnement est certainement l'un des aspects les plus importants dans l'élaboration d'une stratégie de marketing. Malheureusement, c'est aussi l'un des aspects les plus ardus et les moins bien compris de l'industrie. Pourquoi ?

Le positionnement n'est pas une chose simple, car il est difficile de « façonner » la perception des consommateurs pour qu'elle corresponde à l'idéal souhaité par les gestionnaires marketing. Aussi, ces derniers doivent régulièrement mettre à jour leur stratégie de positionnement pour suivre un marché qui ne cesse d'évoluer, mais la perception des consommateurs, quant à elle, demeure constante et ne change pas facilement. Il est donc périlleux pour les gestionnaires marketing de positionner une marque, car s'ils ne procèdent pas de la bonne façon, elle risque de faire piètre figure sur le marché. En conséquence, pour que le positionnement soit efficace, le gestionnaire doit non seulement modeler la perception et les impressions de consommateurs, mais également faire en sorte que celles-ci évoluent à mesure qu'il repositionne le produit ou la marque afin de suivre le courant. Par exemple, HP a réussi à se repositionner avec succès pour passer de la marque d'imprimantes ennuyeuse et désuète à une marque évoquant la puissance des appareils électroniques grand public. La preuve, HP est maintenant la marque d'ordinateurs la plus vendue.

Le positionnement sur le marché nécessite une définition des variables du marketing mix afin que les clients ciblés comprennent bien l'utilité du produit et ce qu'il représente comparativement aux produits concurrents. Pour que le positionnement soit efficace, il faut que les consommateurs comprennent la proposition de valeur qui distingue l'entreprise des autres entreprises et qu'ils sachent à qui elle s'adresse. La clarté du message est primordiale pour que le positionnement soit efficace. Prenons l'exemple d'Abercrombie & Fitch. Cette entreprise propose des vêtements décontractés de luxe aux jeunes étudiants au physique agréable et athlétique. Ses publicités, ses mannequins, l'apparence de ses boutiques et les produits qu'elle vend ont tous été conçus pour renforcer ce message. En effet, Abercrombie & Fitch ne fabrique pas de vêtements destinés aux gens obèses ou qui ont un surplus de poids, tout simplement parce qu'elle ne veut pas que sa marque soit perçue comme cherchant à plaire à tout le monde. Elle évalue plutôt les besoins et les désirs de son marché cible, puis elle fait de son mieux pour satisfaire sa clientèle.

Après avoir lu le passage précédent, il nous apparaît maintenant évident que la stratégie de positionnement d'une entreprise doit reposer sur la valeur du produit ou du service, ou alors sur le fait que ce dernier est supérieur à ses concurrents. Pour se

positionnement recherché (*positioning statement*) Énoncé stratégique qui exprime de quelle manière l'entreprise voudrait être perçue par les consommateurs par rapport aux produits concurrents.

positionner de manière avantageuse par rapport à ses concurrents, l'entreprise doit insister sur le fait que la marque propose aux consommateurs les bénéfices qu'ils recherchent, et ce, mieux que la concurrence. Les stratégies de positionnement sont mises en œuvre lorsque l'entreprise transmet un certain message (p. ex., le **positionnement recherché**) par la communication persuasive à travers divers médias. Habituellement, les entreprises positionnent leurs produits et leurs services en fonction de leur valeur, de leurs attributs, de leurs bénéfices et de ce qu'ils représentent ou encore en fonction de la concurrence (*voir le tableau 8.4*). Examinons ces stratégies de segmentation plus en détail.

TABLEAU 8.4 Les stratégies de positionnement

Stratégie de positionnement	Entreprise	Exemples de refrains publicitaires
Axée sur la valeur		
rapport qualité-prix	Gillette	« La perfection au masculin »
	Häagen-Dazs	« La meilleure au monde »
	Advanced Micro Devices	« *The future is fusion* »
	Dell	« *The power to do more* »
	Buy.com	« *Canada's low price Internet superstore* »
	Tiger Direct	« *The best computer and electronic deals anywhere* »
	Walmart	«Économisez plus. Vivez mieux»
	WestJet	« Bienvenue à bord ! »
Axée sur les attributs du produit	Energizer	« La pile qui fait du chemin »
	PFK	« Bon à s'en lécher les doigts »
	American Express	« Ne partez pas sans elle »
	Toyota Lexus RX330	« À la conquête de la perfection » ou « Votre partenaire du futur »
Axée sur le leadership	Intel	« *Leap ahead* »
Axée sur les avantages du produit et sur ce qu'il représente	Abercrombie & Fitch	« *Casual luxury* »
	3M	« Engagement envers l'innovation » ou « 3M innovation. Rendre la vie plus facile »
	HP	« HP à votre service, derrière vous à chaque pas »
	Toyota	« Faire toujours mieux »
	L'Oréal (image de soi)	« Parce que je le vaux bien »
	Canon (expression de soi)	« Exprimez-vous »
	Kodak (signification personnelle)	« Des photos réussies dans tous les cas »
Axée sur la concurrence		
directe	Avis	« On y met du cœur »
différenciée	ING Direct	« C'est votre intérêt qui compte »
	Capital One	« *Hands in your pocket* »

La valeur Le positionnement axé sur la valeur est répandu, car le rapport qualité-prix est l'un des facteurs qui comptent le plus aux yeux des consommateurs dans une décision d'achat. Ce type de positionnement peut avoir pour effet d'attirer de nouveaux segments de marché autrefois négligés. Par exemple, alors que ses concurrents Unilever et Colgate connaissaient un franc succès avec des produits de qualité à moindre prix comme les shampooings Suave et Alberto VO5, le géant Procter & Gamble, lui, semblait ignorer que 80 % de la population mondiale n'était pas en mesure de se payer ses produits. Pour corriger la situation, les dirigeants de l'entreprise se sont efforcés de comprendre les consommateurs sensibles au prix dans plusieurs régions du globe et ils ont partagé entre eux leurs stratégies de manière à promouvoir les produits Procter & Gamble. Pour ce faire, ils ont pris notamment un de leurs produits-vedettes, le savon Ivory, et réduit son prix pour qu'il soit inférieur à celui de ses concurrents (p. ex., Dial) de 10 % à 15 %. Dans le domaine des jouets, Mega Bloks mise sur son bon rapport qualité-prix, alors que Lego, son principal concurrent, a choisi une stratégie de positionnement dans laquelle le consommateur paie un prix supérieur.

Ainsi, dans d'autres stratégies de positionnement axées sur la valeur, l'entreprise propose au consommateur un produit ou un service de qualité supérieure, mais ce dernier doit payer un peu plus cher en raison du coût supplémentaire associé à la qualité supérieure. C'est d'ailleurs le cas du programme Air Canada Super Élite dont il a été question précédemment. C'est également le cas du brillant à lèvres Balmshell, l'entreprise décrite dans la rubrique Marketing entrepreneurial 8.1 (*voir p. 248*). En effet, les produits Balmshell ont été lancés dans les boutiques haut de gamme Holt Renfrew à un prix plus élevé que les brillants à lèvres des autres marques sur le marché. Une entreprise peut aussi affronter la concurrence en proposant aux consommateurs des produits et des services de qualité comparable à un prix inférieur. Cette stratégie est répandue dans la vente de produits de marques de luxe, comme les nuitées dans certains hôtels et les voitures sport. D'autres entreprises affirment qu'elles offrent un produit ou un service de valeur égale à un prix nettement inférieur. Cette stratégie n'est pas rare chez les fournisseurs de services sans-fil (p. ex., Rogers, Bell, Telus), les fournisseurs de câblodistribution, de télévision ou de radio satellite (p. ex., Sirius, Rogers), chez les détaillants d'appareils électroniques comme Future Shop ou les magasins à rayons comme Zellers. En outre, des entreprises comme Internet Superstore, Buy.com et Tiger Direct insistent sur le fait qu'elles ont les meilleurs prix en matière d'ordinateurs. Finalement, certaines entreprises offrent des produits et des services de base à un prix inférieur. C'est le cas de WestJet, des magasins à un dollar (p. ex., Dollarama) et les nombreux détaillants qui ciblent les consommateurs soucieux du prix.

Les attributs La stratégie de positionnement axée sur les attributs a pour but de mettre en avant les attributs du produit les plus importants aux yeux des consommateurs. Par exemple, le constructeur automobile Volvo s'est d'abord positionné de façon à cibler les conducteurs qui se préoccupent de leur sécurité et de celle de leurs passagers.

Le constructeur Volvo parviendra-t-il à se repositionner et à projeter une image qui inspire la performance sans perdre sa réputation d'origine qui attirait les conducteurs se préoccupant de la sécurité ?

Volvo veut maintenant diversifier son image et inspirer la performance et l'excitation. L'entreprise s'attend à trouver le repositionnement ardu, mais possible, car bon nombre de ses voitures plus « carrées » sont encore présentes sur les routes, ce qui est de nature à rappeler ses valeurs conservatrices. En fait, le but de Volvo n'est pas que son image de voiture sécuritaire soit oubliée ; elle souhaite simplement élargir l'éventail des possibilités en vue de concurrencer les autres marques de voitures de luxe[29]. Les stratégies de positionnement axées sur les attributs visent souvent la supériorité en matière d'innovation, de qualité, de performance, de conception ou de fiabilité. Les entreprises 3M et HP misent donc sur leur côté novateur, alors que Rockport mise sur le confort de ses chaussures de même que sur son vaste choix de modèles. Quant à Balmshell, il s'agit véritablement d'une stratégie de positionnement axée sur les attributs couronnée de succès. Effectivement, l'entreprise parvient à se tailler une place sur le marché des brillants à lèvres, où la concurrence est féroce, en attirant un marché cible qui recherche un brillant à lèvres de qualité qui dure longtemps et qui a une belle apparence (*voir la rubrique Marketing entrepreneurial 8.1, p. 248*).

Les bénéfices du produit et ce qu'il représente Cette stratégie de positionnement met l'accent sur les bénéfices de la marque et sur la perception de celle-ci par les consommateurs. Par exemple, Jacob Connexion représente le confort et le style moderne décontracté, alors que Jacob Lingerie projette une image de féminité, d'élégance à l'européenne et de confort inégalé. Senza Express, quant à elle, représente le paradis des dessous, tandis que la marque Abercrombie & Fitch est synonyme de vêtements décontractés de luxe[30]. Les symboles qui ont été créés pour ces marques sont souvent la raison pour laquelle les consommateurs les choisissent plutôt que d'autres un peu moins connues qui peuvent très bien proposer les mêmes bénéfices et la même qualité. Pour les entreprises qui ont fait leurs preuves, un symbole reconnu est susceptible de servir d'outil de positionnement et s'avérera particulièrement efficace auprès des clients loyaux. Que représentent pour vous les Colonel Sanders, Géant Vert, Gerber Baby et Tony le tigre? Ou alors, songez à l'étoile de Texaco, au Swoosh de Nike ou au joueur de polo de Ralph Lauren. Ces symboles sont si évocateurs et si connus qu'ils offrent un statut privilégié aux marques qu'ils représentent et permettent à celles-ci de se distinguer de la concurrence.

La concurrence Il est possible de positionner ses produits ou ses services de manière qu'ils livrent une concurrence *directe* à un concurrent en particulier ou à une gamme entière de produits ou de services dont les attributs sont semblables. C'est ce qu'a fait Avis, une compagnie de location d'autos, avec son slogan évocateur: «*Avis is only no. 2 in rent-a-cars. So why go with us? We try harder (When you're not the biggest, you have to.)*» («Avis est la deuxième compagnie de location de voitures la plus populaire. Pourquoi faire affaire avec nous? Parce que nous y mettons tout notre cœur (évidemment, puisque nous savons que nous pouvons être les meilleurs).»)[31] Ce type de positionnement, en concurrence directe, entraîne souvent une guerre des prix comme celle entre les marques de cola ou celle entre les transporteurs aériens. Évidemment, de tels affrontements sont avantageux pour les consommateurs, mais pas pour l'industrie. Les gestionnaires marketing doivent donc s'assurer de ne pas positionner leurs produits trop près de ceux de la concurrence, car ils risquent d'être poursuivis en justice ou de semer la confusion chez les consommateurs. Si, par exemple, le logo d'une entreprise ressemble étrangement à celui d'une autre, cette entreprise s'expose à des poursuites pour contrefaçon de marque de commerce. De nombreuses marques de détaillants ont d'ailleurs été poursuivies parce que leurs emballages ressemblaient étrangement à ceux des marques de fabricants (marques nationales). En outre, McDonald's intente une action à quiconque utilise le préfixe «Mc», dont la chaîne hôtelière Quality Inns International, qui voulait utiliser le nom McSleep Inns à ses hôtels à service réduit[32]. D'un autre côté, la cour a acquitté la marque pastiche Lardache, des jeans conçus pour les femmes rondes, malgré les objections de Jordache.

Il existe également une stratégie de *différenciation*, qui consiste à cibler un marché de niche où la concurrence est moins vive[33]. Par exemple, la boisson gazeuse 7-Up s'est positionnée sur le marché comme étant un «incola» pour se démarquer des boissons gazeuses foncées comme Pepsi et Coke. Dans le même ordre d'idées, dans leur matériel promotionnel, les pneus Goodrich étaient appelés «les autres», ou encore «la compagnie qui n'a pas de dirigeable», pour se distinguer des pneus Goodyear. De son côté, McDonald's, le géant de la restauration rapide, a voulu faire taire ses détracteurs et les consommateurs soucieux de leur santé en proposant un menu «plus sain» qui contient davantage de choix santé, notamment des salades et des sandwichs au poulet. Ce faisant, McDonald's a cherché à semer ses ennemis de toujours, Wendy's et Burger King, tout en réduisant les conséquences de l'autoconcurrence sur son menu d'origine. C'est pourquoi l'entreprise a choisi avec soin les noms de ses nouveaux produits. Cette démarche a porté des fruits, car, pour la première fois depuis son ouverture il y a de cela 54 ans, McDonald's a obtenu, en mars 2007, le titre de plus grand vendeur de sandwichs au poulet, titre qu'elle a d'ailleurs arraché à Poulet Frit Kentucky en vendant pour 5,2 milliards de dollars de poulet en 12 mois[34].

Le leadership Au lieu de se positionner dans une situation de concurrence directe, certaines entreprises, surtout les chefs de file du marché, peuvent choisir d'affermir leur position de supériorité au sein de leur industrie. Ainsi, des entreprises canadiennes, telles la Banque Royale, Loblaw et Canadian Tire, et des entreprises internationales, comme Amazon, Intel, HP, Google et eBay, ont misé sur le fait qu'elles sont toutes les chefs de file de leur industrie respective. Il n'est donc pas rare que les consommateurs perçoivent ces entreprises comme étant celles qui imposent le modèle à suivre.

Maintenant que nous avons cerné les diverses méthodes de positionnement qu'une entreprise peut employer, nous allons traiter des étapes qu'elles doivent suivre pour assurer leur position.

Les étapes du positionnement

L'élaboration d'une stratégie de positionnement comprend cinq étapes. Avant de découvrir ces étapes, observez attentivement la figure 8.6. Il s'agit d'une carte perceptuelle hypothétique portant sur l'industrie des boissons gazeuses. La **carte perceptuelle** est une reproduction de l'espace perceptuel, en deux dimensions ou plus, des produits ou des marques faisant partie de l'ensemble des marques traitées par le consommateur. Par souci de clarté, la figure 8.6 comporte deux dimensions: «Très sucrée» et «Peu sucrée» (axe vertical) ainsi qu'«Alléchante» et «Santé» (axe horizontal). En outre, même s'il s'agit d'une industrie des plus complexes, nous avons pris soin de simplifier le diagramme et de n'y illustrer que quelques acteurs présents sur le marché. La position de chacun d'eux est représentée par un cercle et les astérisques numérotés

carte perceptuelle (*perceptual map*) Reproduction de l'espace perceptuel, en deux ou trois dimensions, des produits ou des marques faisant partie de l'ensemble des marques traitées par le consommateur.

FIGURE **8.6** La carte perceptuelle de l'industrie des boissons gazeuses

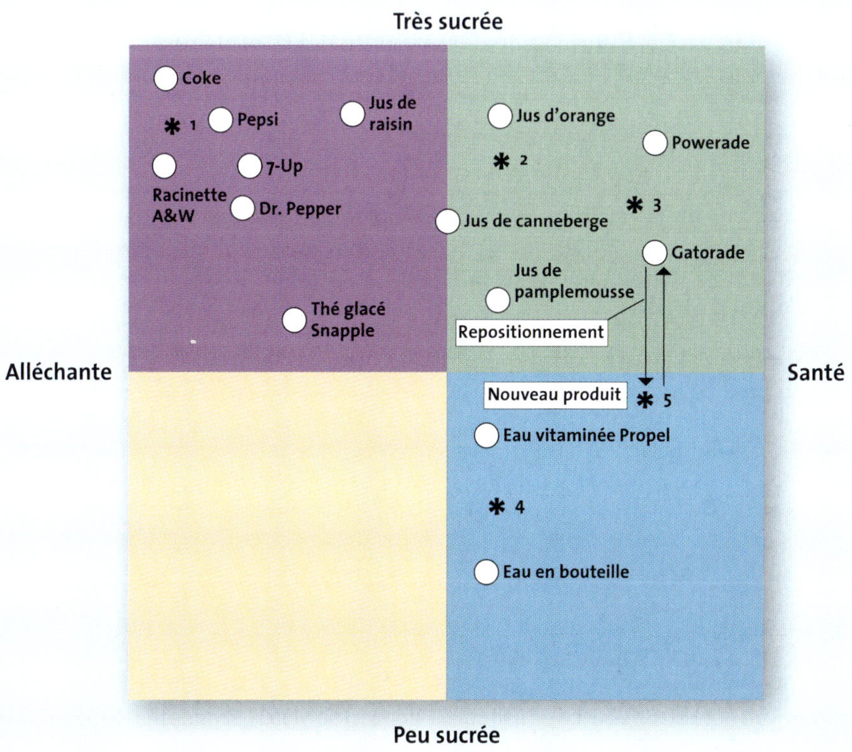

point idéal (*ideal point*)
Sur une carte perceptuelle, point où se situe le produit idéal d'un segment de marché donné.

illustrent les **points idéaux**, soit chacun des points où se situe le produit idéal d'un segment de marché donné, sur une carte perceptuelle.

Pour obtenir une telle carte perceptuelle, le gestionnaire marketing doit suivre les cinq étapes suivantes :

1. **Évaluer la perception du consommateur à l'égard du produit ainsi que l'analyse qu'il a faite du produit par rapport à ceux des concurrents.** Le gestionnaire marketing évalue la position de sa marque en posant une série de questions aux consommateurs, lesquelles portent sur leurs produits et sur ceux des concurrents. Par exemple, de quelle façon le consommateur utilise-t-il le produit ? Quels articles considère-t-il comme une solution de rechange pour combler ses besoins ? Quels sont les avantages et les inconvénients de la marque par rapport aux concurrents ? En raison de quels facteurs choisit-il une marque plutôt qu'une autre ?
2. **Connaître la position de ses concurrents.** Une fois que l'entreprise comprend comment les consommateurs perçoivent sa marque en fonction des marques concurrentes, elle doit savoir comment ces dernières se positionnent sur le marché. Par exemple, la marque Powerade (« Équipez votre corps ») se positionne tout près de Gatorade (« As-tu ça en toi ? »), de sorte que ces deux marques apparaissent l'une à côté de l'autre sur la carte perceptuelle et qu'elles ciblent le marché 3. Également, elles sont souvent côte à côte sur les étalages des détaillants, elles coûtent pratiquement le même prix et sont perçues toutes deux par les consommateurs comme étant des boissons énergétiques. De plus, Gatorade sait pertinemment qu'elle est plus près du Powerade que de l'eau vitaminée Propel (près du marché cible 4), du Coca-Cola (marché cible 1) ou du jus d'orange Sunkist (marché cible 2).
3. **Connaître les préférences des consommateurs.** L'entreprise sait maintenant comment les consommateurs perçoivent ses produits ainsi que la position qu'ils prennent les uns par rapport aux autres. Elle doit donc savoir ce que recherche réellement le consommateur, c'est-à-dire les produits « idéaux » pour chacun des marchés. Par exemple, il existe un marché incroyablement vaste pour Gatorade, marché que cette marque partage avec Powerade. Gatorade sait pourtant qu'il existe un marché de consommateurs, illustré comme étant le produit idéal du segment 5 sur la carte perceptuelle, qui préféreraient acheter une boisson moins sucrée et de moindre valeur calorique, mais dont les propriétés seraient semblables à celles de Gatorade. Pour le moment, il n'existe aucun produit qui vise à répondre à la demande du marché 5.
4. **Choisir sa position.** Poursuivons avec l'exemple de Gatorade. Trois possibilités s'offrent maintenant au fabricant de Gatorade en vue de répondre aux besoins du marché cible 5, lequel recherche une boisson énergétique moins sucrée. Pour ce faire, il peut choisir de concevoir un nouveau produit. Il peut également ajuster la stratégie de marketing (produit et méthode promotionnelle), donc se repositionner afin d'arriver à vendre du Gatorade aux consommateurs du marché 5 (cette possibilité est illustrée par la flèche dirigée vers le point idéal du segment 5). Finalement, le fabricant peut choisir d'ignorer les préférences des consommateurs et espérer que ces derniers opteront pour Gatorade parce qu'il s'agit du produit situé le plus près de leur idéal (possibilité illustrée par la flèche dirigée vers Gatorade).
5. **Surveiller la stratégie de positionnement.** Les marchés ne sont pas stagnants. Les goûts des consommateurs changent et la concurrence réagit à ces changements. Tenter de conserver la même position année après année, c'est pratiquement courir à sa perte. Une entreprise doit donc comprendre que les trois premières étapes du positionnement constituent un processus continu et que les deux dernières servent à faire des ajustements, s'il y a lieu.

Le repositionnement

Il arrive qu'une entreprise souhaite modifier son positionnement sur le marché. Par exemple, bien des fabricants de malbouffe essaient maintenant de faire comprendre aux consommateurs qu'ils ont ajouté des choix santé à leur gamme de produits. Tout récemment, un groupe d'étudiants de l'université Wilfrid Laurier, à Waterloo, en Ontario, ont observé le comportement des consommateurs à l'égard du repositionnement de la malbouffe. Les étudiants ont remarqué que ces fabricants avaient tendance à utiliser des mots comme « multigrain » pour prouver que leurs aliments sont sains[35]. Par exemple, le restaurant Pizza Pizza propose une pizza dont la pâte multigrain contient des acides gras oméga-3, un ingrédient santé. Bien que la pâte multigrain soit plus saine que la pâte blanche traditionnelle, la pizza demeure un plat à teneur élevée en matières grasses et en sodium. De plus, des ingrédients comme le pepperoni, le fromage et la saucisse annulent les bienfaits de la pâte multigrain. À votre avis, le restaurant Pizza Pizza arrivera-t-il un jour à être perçu comme un restaurant santé ou restera-t-il dans la catégorie « malbouffe » ?

Les gestionnaires marketing de talent savent qu'il est nécessaire de réévaluer constamment le positionnement de sa marque en vue de savoir à quel moment un repositionnement s'impose. C'est le cas lorsque des changements sont survenus sur le marché et qu'il faut suivre le courant, ou lorsqu'il faut aborder sous un nouvel angle la situation d'une marque sans personnalité ou désuète. Nombre d'entreprises trouvent pertinent l'adage « Pourquoi réparer ce qui n'est pas cassé ? », mais il n'est pas rare que ces entreprises se rendent compte un peu tard que leur marque aurait bien besoin d'une cure de rajeunissement. Résultat, leur positionnement est si dépassé que de nombreuses années et un budget faramineux s'avèrent nécessaires pour remettre la marque sur pied. Yahoo ! illustre d'ailleurs parfaitement cette situation. En effet, dans les premières années suivant l'avènement d'Internet, Yahoo ! est parvenu à se positionner avantageusement comme le plus important portail Web. Les consommateurs avaient élu Yahoo ! comme leur portail préféré. Puis, Google est apparu et est devenu le meilleur moteur de recherche sur la Toile. Yahoo ! a bien tenté d'entrer en concurrence directe avec Google, mais il a échoué lamentablement. Aujourd'hui, Yahoo ! est toujours perçu comme un portail Web, qu'il le veuille ou non. Ainsi, les entreprises qui ont une attitude proactive à l'égard du positionnement de leur marque choisissent de le modifier ou d'y apporter des retouches afin qu'il suive le mouvement du marché. Par exemple, depuis sa création, ou presque, le positionnement de General Electric repose sur ses produits, d'où le slogan « *We bring good things to life* » (« Nous apportons de bonnes choses à la vie »), qui l'a bien servi, d'ailleurs. Récemment, GE a repositionné sa marque de manière à mettre l'accent sur son riche passé et ses innovations, comme en témoigne son nouveau slogan « C'est l'imagination en action ».

General Electric s'est repositionnée pour passer du titre de fabricant de produits de qualité à celui de fabricant novateur qui suit les tendances marketing où l'innovation est perçue comme étant la base de l'avantage concurrentiel.

Comme le montre l'exemple de Yahoo !, le repositionnement n'est pas chose facile étant donné que la perception des consommateurs ne change pas sur commande, même si le marché, lui, change rapidement. Lorsque le repositionnement n'est pas fait correctement, il présente l'inconvénient d'aller à l'encontre des préférences des consommateurs jusqu'alors fidèles sans parvenir à attirer de nouveaux clients. Par contre, s'il est effectué avec succès, ses avantages sont considérables. Il est possible de renforcer la position de la marque sur le marché, ce qui permet à l'entreprise de conserver sa clientèle fidèle tout en attirant une nouvelle clientèle. Par exemple, Cadbury a réussi à repositionner sa marque de manière à attirer une clientèle plus jeune (âgée de 25 à 35 ans). En effet, Cadbury était surtout populaire chez les consommateurs d'un certain âge, mais leur loyauté était en baisse. L'entreprise a choisi, en premier lieu, de rajeunir l'apparence de ses emballages, de sa présentation et de son matériel de communication marketing pour dégager une image plus enjouée et plus dynamique, et, en second lieu, de lancer une campagne publicitaire où l'on voit des individus qui prennent plaisir à consommer des produits Cadbury sur leur lieu de travail. C'est ainsi que Cadbury a été en mesure d'augmenter la fidélité de sa clientèle de 5 % en 2005, par rapport à 2004. Par contre, McDonald's a échoué en tentant de positionner son sandwich « Arch Deluxe » comme étant un « Joyeux festin » pour adulte. Ce faisant, l'entreprise a causé une désaffection à l'endroit des Joyeux festins visant les enfants, sans parvenir à attirer des adultes vers l'Arch Deluxe. La campagne d'un coût de 100 millions de dollars a donc été abandonnée après que les ventes dans certains restaurants McDonald's eurent chuté. Il n'est pas étonnant que l'on parle de cette période comme étant un McFiasco.

repositionnement de la marque (*brand repositioning [rebranding]*) Stratégie visant à repenser la marque en fonction des nouveaux marchés ou à la moderniser en vue de suivre les tendances.

Le **repositionnement de la marque** est une stratégie visant à repenser la marque en fonction des nouveaux marchés ou à la moderniser en vue de suivre les tendances[36]. À une époque où les fabricants baissaient les prix des électroménagers et où le prix de l'acier faisait grimper les coûts des matériaux, Whirlpool s'est rendu compte que ses appareils étaient devenus des produits de base. L'entreprise devait avoir une idée novatrice qui lui permettrait de justifier un prix en hausse tout en gagnant des parts de marché. Le designer principal a mis de côté les principes traditionnels sur le sujet et fait appel à des chercheurs, à des graphistes et à des ingénieurs en vue de créer des appareils électroménagers révolutionnaires. C'est ainsi que l'ensemble Duet^{MD} a vu le jour (*voir la photographie*). L'ensemble, qui comporte une laveuse et une sécheuse tendance, se vend au prix le plus élevé sur le marché en matière d'ensemble laveuse-sécheuse à chargement frontal. Il détient toutefois 20 % des parts de marché. Ainsi, Whirlpool a propulsé les appareils électroménagers à un niveau qui n'avait pas encore été atteint. Maintenant, ce type d'appareil est à la mode ; d'ailleurs, le musée du Louvre, à Paris, expose la prochaine génération d'appareils électroménagers. En outre, le Smithsonian a remis à Whirlpool le *National Design Award*, dans la catégorie de la réalisation d'entreprise[37].

De nouvelles possibilités d'affaires peuvent également inciter une entreprise à repositionner ses marques. La croissance du segment des jeunes consommateurs, par

Whirlpool s'est repositionnée avec succès en lançant la gamme de produits Duet^{MD}, un ensemble laveuse-sécheuse. Son apparence à la mode est telle que l'ensemble a été exposé au musée du Louvre, à Paris, et qu'il a reçu le prix de design du Smithsonian.

exemple, avec son pouvoir d'achat et son influence grandissante sur les décisions d'achat, a fait réagir diverses industries. Depuis son rachat des produits Elizabeth Arden de l'entreprise Unilever en 2000, FFI Fragrances a repositionné bon nombre de ses marques de cosmétiques pour attirer une clientèle plus jeune. Pour ce faire, l'entreprise s'est servie de l'image de vedettes telles Kate Beckinsale, Kirsten Dunst, Sarah Jessica Parker et Catherine Zeta-Jones[38]. Certains magazines se sont aussi repositionnés de manière à délaisser les segments de marché composés de jeunes adolescents au profit des jeunes adultes. C'est notamment le cas de la revue *YM*, qui s'est repositionnée pour viser les jeunes d'environ 19 ans[39].

Le repositionnement peut également changer la perception de la qualité d'une marque. Ainsi, le parc d'attractions Canada's Wonderland a pu jouir d'une meilleure image quand des études ont révélé que les consommateurs étaient favorables à son rachat par Paramount Pictures. Le parc était désormais une marque hollywoodienne[40], ce qui lui a permis de construire de nouveaux manèges thématiques à partir des plus grands succès cinématographiques, dont les premières montagnes russes inversées du Canada basées sur le film *Top Gun* ainsi qu'un manège basé sur *Tomb Raider*. De même, WestJet s'est repositionnée, de façon à passer d'une compagnie aérienne à service réduit à une compagnie aérienne d'une qualité nettement plus grande, en ajoutant quelques éléments de luxe, comme des sièges en cuir et des écrans ACL encastrés dans le dossier de chaque siège.

Mais ce n'est pas tout, car le repositionnement peut aussi insuffler une nouvelle force à une marque désuète. Pour ce faire, il se peut qu'un simple rajeunissement de l'emballage soit suffisant, mais il est aussi possible que l'entreprise doive changer certains aspects de la marque[41]. La lotion après-rasage Aqua Velva a changé son emballage pour une bouteille de forme plus pratique, et Arm & Hammer s'est mise à promouvoir les multiples usages du bicarbonate de soude, dont le fait de désodoriser le réfrigérateur[42].

Si le repositionnement permet à une marque de s'adapter davantage à son segment de marché cible ou à donner un nouveau souffle à une marque désuète, les coûts et les risques d'une telle démarche sont néanmoins considérables. L'entreprise en phase de repositionnement doit souvent investir des sommes importantes en vue de changer concrètement le produit et son emballage tout en veillant à modifier l'image de la marque par une campagne publicitaire. En outre, il se peut que l'argent investi soit perdu si la marque et son message ne sont pas crédibles aux yeux des consommateurs ou si l'entreprise a confondu engouement passager et tendance à long terme.

Faites le point

1) Décrivez les étapes du processus de segmentation, de ciblage et de positionnement (SCP).

2) Décrivez les éléments de base dont se servent les gestionnaires marketing en vue de segmenter un marché.

3) Indiquez comment se calcule le potentiel d'attraction d'un segment de marché et précisez les critères qui permettent de déterminer s'il vaut la peine d'être ciblé.

4) Expliquez comment les entreprises choisissent la stratégie de segmentation à adopter (stratégie indifférenciée, différenciée, concentrée ou micromarketing).

5) Expliquez en quoi consiste le positionnement et de quelle façon les entreprises y ont recours.

1) Le processus de SCP est un processus systématique qui comprend cinq étapes. D'abord, le gestionnaire marketing détermine les objectifs généraux de la stratégie de marketing. Ensuite, il cerne les divers segments de marché et caractérise chacun d'entre eux. Puis, il évalue les segments suivant leur potentiel d'attraction et voit s'ils conviennent aux compétences de l'entreprise. Par la suite, il utilise ces renseignements pour choisir les segments qui seront visés, ce qui est l'étape du ciblage. Enfin, le gestionnaire marketing élabore une stratégie de positionnement cohérente par rapport au marché cible en vue de lui transmettre la proposition de valeur propre à l'entreprise.

2) Il n'existe pas seulement une bonne façon de procéder à la segmentation d'un marché. L'entreprise choisit parmi de nombreuses méthodes en fonction du type de produits ou de services qu'elle propose aux consommateurs et de leurs objectifs en matière de stratégie de segmentation. Par exemple, si l'entreprise souhaite reconnaître facilement sa clientèle, il est fort probable que la segmentation démographique sera le meilleur moyen d'y parvenir. Par contre, si elle veut aller un peu plus loin et découvrir pourquoi les consommateurs achètent ses produits, une segmentation en fonction du mode de vie, des bénéfices ou de la fidélité s'avérera sûrement plus efficace. La segmentation sociodémographique, quant à elle, est un heureux mélange des approches géographique, démographique et psychographique. Dans la plupart des cas, une combinaison de plusieurs méthodes de segmentation représente la solution la plus appropriée.

3) Les gestionnaires marketing ont recours à plusieurs critères pour évaluer le potentiel d'attraction des segments de marché. Premièrement, le marché doit être *identifiable*, c'est-à-dire que l'entreprise doit pouvoir savoir quels individus constituent chaque marché afin de diriger leurs efforts. Deuxièmement, le marché doit être *atteignable*, c'est-à-dire que l'entreprise doit pouvoir rejoindre le segment à l'aide de modes de communication et d'un réseau de distribution efficaces. Troisièmement, l'entreprise doit être *réceptive* aux besoins des consommateurs d'un segment. En conséquence, elle doit être en mesure de proposer au segment de marché un produit ou un service que ce dernier adoptera. Finalement, le marché doit être assez *important* pour qu'il soit intéressant de le cibler. Si un segment comprend peu de consommateurs, il ne vaut pas le coup d'investir pour ces derniers. En outre, le segment doit être *rentable*, tant à court terme que pendant toute la durée de vie d'un client typique.

4) La plupart des entreprises ont recours à l'une ou l'autre des stratégies de segmentation. La stratégie de segmentation indifférenciée, qui consiste en fait à ne pas segmenter le marché, n'est utile que lorsque le produit ou le service est considéré comme de base. La différence entre la stratégie de segmentation différenciée et la stratégie de segmentation concentrée réside dans le nombre de segments ciblés. Dans l'approche différenciée, plusieurs segments sont ciblés, tandis que dans l'approche concentrée, un seul segment est ciblé. Les plus grandes entreprises, qui ont de multiples produits ou services, ont souvent recours à une stratégie de segmentation différenciée, alors que les plus petites, ou celles dont le nombre de produits ou de services est restreint, optent généralement pour une stratégie de segmentation concentrée. Quant aux entreprises qui font appel à une stratégie de micromarketing ou de marketing personnalisé, elles proposent aux consommateurs des produits et des services sur mesure. Autrefois, le micromarketing ne convenait qu'aux artisans ou aux tailleurs qui offraient à leurs clients des produits qui répondaient exactement à leurs besoins. De nos jours, par contre, de plus en plus de fabricants et les détaillants de grande envergure offrent des produits sur mesure. Les fournisseurs de services, pour leur part, adaptent depuis longtemps leurs produits aux besoins de leurs clients. Quant aux salons de coiffure, pourraient-ils vraiment avoir du succès si tout le monde voulait avoir la même coupe ?

5) Le positionnement est le « P » de SCP (segmentation, ciblage et positionnement). C'est l'image mentale qu'un consommateur se fait d'une entreprise ainsi que des produits et des services qu'elle propose par rapport aux concurrents. Les entreprises positionnent leurs produits et leurs services de manière à respecter divers critères. Certains optent pour une stratégie axée sur la *valeur* ; ainsi, le consommateur perçoit de nombreux avantages par rapport au prix. D'autres choisissent plutôt une stratégie axée sur les *attributs du produit*, c'est-à-dire que l'offre est faite en fonction de ces attributs. Le positionnement peut également être axé sur les *bénéfices et sur ce que représente le produit*, bien que peu de produits ou de services soient associés à un symbole suffisamment fort pour inciter les consommateurs à se les procurer. En outre, une entreprise peut miser sur sa position avantageuse sur le marché, soit son *leadership*, en vue de positionner ses produits et ses services. Enfin, le positionnement axé sur la *concurrence* est certainement l'une des stratégies les plus répandues. Il s'agit de se positionner de manière avantageuse par rapport aux concurrents (concurrence directe). Une entreprise peut aussi privilégier une stratégie de différenciation de sa proposition de valeur.

Mots clés

- carte perceptuelle, p. 255
- groupes PSYTE, p. 237
- image de soi, p. 234
- micromarketing (ou marketing personnalisé), p. 249
- mode de vie, p. 234
- personnalisation de masse, p. 249
- point idéal, p. 256
- positionnement, p. 251
- positionnement recherché, p. 252
- psychographie, p. 233
- repositionnement de la marque, p. 258
- segmentation comportementale, p. 236
- segmentation démographique, p. 232
- segmentation en fonction de la fidélité, p. 237
- segmentation géographique, p. 231
- segmentation par bénéfices, p. 237
- segmentation sociodémographique, p. 237
- stratégie de marketing concentré (ou marketing de niche), p. 247
- stratégie de marketing indifférenciée (ou marketing de masse), p. 246
- stratégie de segmentation différenciée, p. 247
- valeurs personnelles, p. 234
- VALS[MD], p. 235

Révision des concepts

1. En quoi la segmentation, le ciblage et le positionnement ajoutent-ils de la valeur à la proposition de valeur d'une entreprise ?
2. Nommez les étapes du processus de SCP. Quelles décisions cruciales le gestionnaire marketing doit-il prendre à chacune des étapes ?
3. Énumérez les éléments de base qui sont utiles à la segmentation d'un marché pour un produit ou un service en particulier. Quel type de segmentation est considéré comme le plus simple à utiliser et quel type est considéré comme la plus complexe à utiliser ? Pourquoi ?
4. Décrivez les éléments de base auxquels Unilever a fait appel, à votre avis, pour trouver son segment de marché cible. Selon vous, quels types de produits ce segment de marché achetait-il avant que Unilever ne lance la gamme de produits Sunsilk ? En vous référant au processus décisionnel du consommateur, de quelles stratégies Unilever s'est-elle servie pour faire en sorte que ce segment change de shampooing et opte pour le Sunsilk ?
5. Nommez les quatre stratégies de ciblage qui permettent de faire un choix quant au segment de marché. À quoi faut-il réfléchir avant de choisir une stratégie ou une combinaison de plusieurs stratégies ? Nommez les avantages et les inconvénients de chacune des stratégies et expliquez en quoi la concurrence peut influer sur le choix de la stratégie à adopter.
6. Expliquez la différence entre le positionnement et le positionnement recherché. À votre avis, pourquoi les gestionnaires marketing considèrent-ils le positionnement comme l'étape la plus complexe du processus de SCP ? Comment peuvent-ils exercer une influence sur le positionnement de leurs produits ou de leurs services sur le marché ?
7. Nommez quatre stratégies qu'une entreprise peut employer pour positionner ses produits ou ses services sur le marché. Avec son slogan « Votre volonté de faire, notre savoir-faire », quelle sorte de positionnement Home Depot visait-elle ?
8. Qu'est-ce qu'une carte perceptuelle ? En quoi peut-elle servir à élaborer des stratégies de positionnement ou à reconnaître des occasions d'affaires ?
9. Dans quels cas les gestionnaires marketing devraient-ils songer à repositionner leur marque ? Expliquez ce que signifie le concept de repositionnement. Quels défis et quels risques sont associés au repositionnement ?
10. Selon un article paru sur Internet, Sony songerait à repositionner la console PlayStation comme un ordinateur. À votre avis, Sony peut-elle y arriver avec succès ? Justifiez votre réponse. Les consommateurs pourraient-ils un jour percevoir PlayStation comme un ordinateur ? Pourquoi ?

Marketing appliqué

1. On vous demande de nommer les diverses stratégies de segmentation d'un marché, parmi lesquelles une stratégie sera choisie pour votre magasin d'équipement sportif. Expliquez chacune des stratégies qu'il est possible d'utiliser pour élaborer une méthode de segmentation adaptée à votre commerce. Donnez un exemple des quatre stratégies possibles.
2. Quelle stratégie générale de segmentation proposeriez-vous à un entrepreneur qui désire démarrer une petite entreprise? Justifiez votre réponse.
3. À première vue, le concept de «personnalisation de masse» semble contradictoire. Pourquoi un détaillant aurait-il recours à la personnalisation de masse et comment s'y prendrait-il?
4. Plusieurs méthodes permettent de segmenter un marché. Nommez le client typique de chacune de ces quatre méthodes.
5. On vous demande d'évaluer le potentiel d'attraction de plusieurs segments de marché. Quels critères vous serviront à évaluer chacun des segments? Pourquoi ces critères sont-ils valables?
6. Le propriétaire d'une petite entreprise tente d'évaluer la rentabilité de divers segments de marché. Quels sont les principaux facteurs dont il doit tenir compte? Pendant combien de temps le propriétaire de cette entreprise devrait-il poursuivre son évaluation?
7. Songez un instant aux nombreuses chaînes hôtelières (p. ex., Marriott, Holiday Inn, Super 8). Comment ces marques se positionnent-elles sur le marché?
8. Mettez-vous dans la peau d'un entrepreneur qui élabore un nouveau produit dans le but de le lancer sur le marché. Décrivez brièvement ce produit. Ensuite, élaborez une stratégie de segmentation, de ciblage et de positionnement pour ce produit. Assurez-vous d'expliquer: a) la stratégie générale; b) les caractéristiques du marché cible; c) les raisons pour lesquelles le marché cible semble avantageux; et d) la stratégie de positionnement du produit. Justifiez vos réponses.
9. Songez à une entreprise ou à une organisation en particulier qui se sert de plusieurs formes de matériel promotionnel pour vendre des produits et des services (Internet, des annonces publicitaires dans les revues, les journaux et les catalogues, un encart publicitaire dans les journaux, le publipostage, des brochures). Trouvez trois ou quatre annonces publicitaires de ce type pour l'entreprise que vous avez choisie, puis servez-vous-en comme base pour votre analyse des segments de marché qu'elle cible. Décrivez la stratégie de segmentation générale qui se dégage de ces publicités. Assurez-vous de joindre à votre réponse une copie du matériel promotionnel dont vous vous êtes servi dans le cadre de votre analyse.
10. Vous venez tout juste d'être engagé par une banque très connue, dans l'équipe de marketing du service des cartes de crédit. La banque fait affaire avec un nombre impressionnant de cégeps et d'universités. Elle produit toute une gamme de cartes de crédit à l'effigie de ces établissements d'enseignement. On vous demande de revoir la mise en œuvre d'un nouveau programme qui vise les étudiants de première année des écoles affiliées avec la banque. La banque s'est déjà procuré le nom et l'adresse de ces étudiants. On vous assure qu'aucune vérification de la solvabilité n'est requise si la personne est âgée d'au moins 18 ans. Votre employeur prévoit organiser une campagne-éclair le jour de la rentrée, campagne au cours de laquelle il distribuera des casquettes et des chandails gratuits, des rabais sur les manuels scolaires ainsi que de la pizza, à condition que l'étudiant remplisse le formulaire. À votre avis, est-ce une bonne idée de proposer un tel programme à des étudiants de première année?

Cyberfuté

1. Rendez-vous sur le site de L'Oréal Canada (www.lorealparis.ca) et décrivez la stratégie de segmentation dont l'entreprise se sert pour grouper les consommateurs à l'aide du vocabulaire que vous avez appris tout au long du présent chapitre. Ensuite, cliquez sur «Soin de la peau», puis sur «Toutes les marques» et, enfin, sur «Revitalift». À votre avis, quel est le marché cible du produit «Revitalift Specific Care»? Comment décririez-vous la stratégie de positionnement de L'Oréal sur le marché canadien?
2. Vous désirez ouvrir un café près du campus où vous étudiez. Comme point de départ, vous concluez qu'il serait utile de recueillir des données démographiques sur les consommateurs. D'instinct, vous pensez à Statistique Canada. Allez à l'adresse www12.statcan.ca/census-recensement/2006/dp-pd/prof/92-591/index.cfm?Lang=F. À l'aide de ce site, préparez un rapport sur la démographie des environs où vous voulez démarrer votre café. En quoi ce site vous a-t-il été utile?

Étude de cas

LES ALIMENTS M&M : LES DÉCISIONS PLUS SIMPLES GRÂCE À LA DÉMOGRAPHIE[43]

Reconnus pour ses centaines d'idées de repas et son unique rayon, Les Aliments M&M constitue la chaîne de détaillants d'aliments congelés la plus importante du Canada. En tout, elle compte plus de 470 magasins d'un océan à l'autre. La demande d'aliments préparés est en forte croissance étant donné que dans la plupart des ménages, le temps manque pour cuisiner. Cette caractéristique démographique, M&M en profite.

Le tout premier M&M a ouvert ses portes au mois d'octobre 1980, après que ses fondateurs Mark Nowak et Mac Voisin eurent conclu qu'il était impossible de se procurer chez un détaillant un steak de qualité comparable à ce qu'on trouve au restaurant. Ni Nowak, avocat de profession, ni Voisin, un ingénieur, n'avait d'expérience en marketing, mais quand l'entreprise a commencé à se franchiser, ils se sont rendu compte qu'ils avaient besoin d'une méthode de segmentation qui leur permettrait d'évaluer les endroits possibles où ouvrir d'autres M&M.

Les Aliments M&M a recours à la démographie ainsi qu'à un programme de segmentation, le MOSAIC, pour arriver à mieux connaître ses secteurs d'activité, ses clients et à savoir quels consommateurs ont le mode de vie qui correspond le mieux à ce genre d'entreprise.

Les données démographiques permettent de déterminer si un secteur a du potentiel ou non. Grâce à ces données, les dirigeants savent si la population de ce secteur s'accroît ou chute, s'il y a davantage de gens en appartement ou davantage de propriétaires d'une maison. C'est également grâce à elles qu'ils découvrent quelle est la langue dominante. Le système de segmentation, quant à lui, entre en scène quand la démographie unidimensionnelle n'est plus utile. Il sert à définir les quartiers plus en détail. Des voisins dont les revenus, la religion et la maison sont semblables peuvent tout de même avoir un mode de vie et des habitudes de consommation différents. Et il est impératif que le gestionnaire marketing soit en mesure de connaître ces différences.

Même si le personnel du siège social a déjà travaillé avec les groupes PSYTE (dont il a été question auparavant), l'entreprise utilise maintenant un système de segmentation sophistiqué, le MOSAIC, qui lui permet de classer ses données sur les clients en 150 groupes en fonction de leur mode de vie. Ce système comporte des milliers de variables portant sur tous les thèmes possibles, tels que le logement professionnel, l'origine ethnique, la mobilité, la valeur du logement, le revenu du ménage ou encore la langue. M&M est donc en mesure de dresser un portrait bien plus précis de ses secteurs d'activité et de sa clientèle.

En Ontario, le groupe le plus important pour M&M est appelé « Wine with dinner » (« Vin avec le souper »). Ce groupe est constitué d'universitaires en pleine forme qui vivent dans des maisons isolées et qui ont une famille plus nombreuse que la moyenne. Le revenu annuel moyen de leur ménage s'élève à 70 000 $. Ceux qui appartiennent à ce groupe investissent des sommes importantes en décoration et en aménagement paysager.

À l'aide des renseignements qu'ils recueillent, Les Aliments M&M choisit les marchés qu'elle ciblera. En général, le consommateur cible est une femme d'au moins 35 ans dont la vie de famille est très chargée. Elle a normalement au moins deux enfants. Ce type de consommateurs manque de temps et recherche des repas pratiques. Après avoir cerné les marchés cibles les plus avantageux, l'entreprise peut désormais concentrer ses efforts sur sa recherche de clients qui correspondent au profil décrit précédemment afin de les atteindre à l'aide d'une campagne publicitaire pertinente.

La carte MAX permet à l'entreprise de suivre près de 94 % de ses transactions et ainsi de recueillir des renseignements précieux sur les habitudes de consommation de sa clientèle.

À mesure que le multiculturalisme prend de l'ampleur, des études soutenues sont menées afin de comprendre les changements qui s'opèrent au Canada. Selon le recensement de 2006, le paysage canadien poursuit sa métamorphose à un rythme plutôt rapide. Entre les recensements de 2001 et de 2006, 1,6 million de personnes ont fait du Canada leur foyer.

Les Aliments M&M se sert des données du recensement et de son programme de fidélisation MAX pour mieux servir sa clientèle de diverses origines ethniques qui est en pleine croissance. Par exemple, le poulet au beurre a fait son apparition dans la circulaire pendant la fête de Diwali.

Parmi eux, 1,2 million, soit 75 %, étaient de nouveaux arrivants. Ces Néo-Canadiens représentent un marché potentiel d'envergure pour les détaillants, d'autant plus qu'il continue de s'accroître. En effet, d'ici 2017, 1 Canadien sur 5 devrait faire partie d'une minorité visible. Sachant cela, Les Aliments M&M a commencé à s'informer sur le très complexe marketing ethnique.

Même si la chaîne est présente surtout en banlieue, elle a lancé un tout nouveau concept appelé « Les Aliments M&M En Ville ». La première succursale, qui a ouvert ses portes au centre-ville de Toronto, présente un décor plus raffiné que dans les détaillants de la banlieue. Ce concept a été créé pour correspondre aux besoins du mode de vie urbain ; ainsi, les heures d'ouverture sont prolongées et certains produits de spécialité ont fait leur apparition, comme les grillades à l'intérieur et les kiosques informatiques. Ces derniers permettent aux clients de concevoir leur propre menu et de télécharger des recettes[44].

M&M prévoit continuer de prendre de l'expansion pour éventuellement percer le marché américain. Trouver l'endroit idéal où ouvrir la première succursale est en soi une tâche colossale. L'une des étapes consiste à comparer les principaux groupes MOSAIC canadiens avec les principaux groupes MOSAIC américains afin de voir s'il existe des similitudes entre les deux quant au mode de vie. (Les groupes canadiens et américains sont totalement différents.) Étant donné que ces systèmes de segmentation axés sur le mode de vie allient les données démographiques aux données psychographiques, il sera possible de cerner des quartiers des États-Unis où le mode de vie ressemble grandement aux marchés canadiens les plus performants de M&M.

Les Aliments M&M sait qu'il est payant de garder la clientèle qui lui est fidèle ; c'est pourquoi elle a mis sur pied le programme MAX, qui récompense ses plus fidèles clients. Ce programme donne aussi à l'entreprise des renseignements précieux relatifs à sa clientèle. En effet, elle affirme que 94 % de ses transactions sont suivies au moyen d'un programme et que 93 % de ses clients, soit 5,7 millions de Canadiens, possèdent une carte MAX. Les données recueillies à l'aide de ces cartes, comme le code postal, permettent de savoir quelle distance les clients sont prêts à parcourir pour se rendre dans les succursales M&M. Cette information est très utile pour déterminer l'emplacement d'une nouvelle succursale. En outre, elle permet de concentrer les efforts de marketing pour atteindre les consommateurs qui correspondent le plus au profil défini par l'entreprise.

Les données relatives à la segmentation et celles obtenues grâce au programme de fidélisation sont offertes aux franchises en vue de les aider à pénétrer le marché de façon plus efficace et même de déterminer les produits qu'elles devraient avoir en stock. L'approche de M&M ajoute de la valeur aux franchises en leur permettant d'attirer les meilleurs clients, puis de les garder.

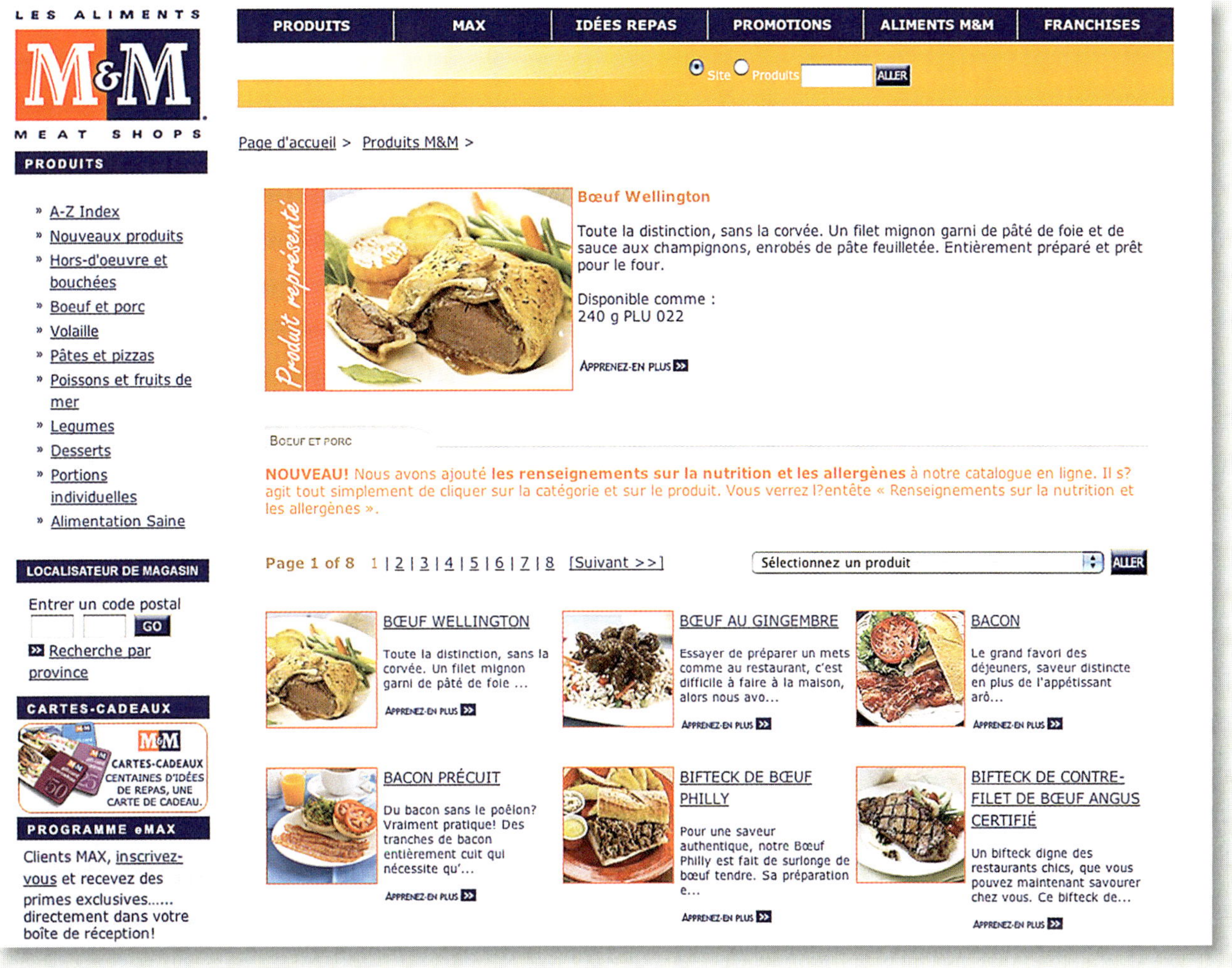

Questions

1. Décrivez la stratégie de segmentation utilisée par M&M pour mieux servir ses marchés suburbains.
2. Pourquoi une stratégie différente sera-t-elle nécessaire pour ses succursales Les Aliments M&M En Ville ?
3. Pourquoi les entreprises comme Les Aliments M&M ont-elles besoin d'une stratégie de segmentation composite en vue de cerner leurs marchés cibles potentiels ?
4. Nommez des différences clés en matière de démographie dont M&M devrait tenir compte au moment de son ouverture aux États-Unis.
5. Mis à part l'adaptation de la publicité pour représenter les différentes fêtes culturelles, comment Les Aliments M&M pourrait-elle attirer l'attention de la population canadienne d'origine étrangère ?

CHAPITRE 9

OBJECTIFS D'APPRENTISSAGE

Après avoir lu ce chapitre, vous devriez être en mesure :

OA 1 de décrire comment les entreprises adaptent leurs lignes de produits aux conditions changeantes du marché ;

OA 2 d'expliquer l'importance des marques pour les entreprises ;

OA 3 de décrire les diverses stratégies de marque auxquelles ont recours les entreprises ;

OA 4 d'expliquer comment l'emballage et l'étiquette d'un produit s'intègrent à la stratégie globale d'une entreprise.

SECTION 4

La création de valeur

Les décisions relatives au produit, à la stratégie de marque et à l'emballage

Créée en 1957, Dove est aujourd'hui une marque mondiale vendue dans plus de 80 pays. Lancée à l'origine grâce à un pain de beauté censé ne pas dessécher la peau comme le savon, Dove représente aujourd'hui la première marque mondiale de nettoyant pour la peau[1]. Au Canada, un foyer sur quatre utilise des produits Dove[2].

Le pilier de la marque est le pain de beauté Dove original. Composé pour un quart de crème hydratante, le pain Dove promet de nettoyer la peau en douceur tout en l'hydratant. Unilever a repris avec succès ce simple positionnement par bénéfices recherchés dans plusieurs catégories de produits de soins corporels. Après plus de quatre décennies passées à consolider la marque, la société l'a étendue à de nouvelles lignes de produits, notamment des gels douche hydratants, des antisudorifiques et des déodorants, des crèmes pour le visage, des shampooings et des revitalisants ainsi que des produits de coiffage.

Certaines extensions de marque échouent parce que les produits ne correspondent pas vraiment au produit de base original, comme l'aspirine Ben-Gay, la lotion après-rasage Vaseline ou le baume pour les lèvres 7-Up. Les nouveaux produits Dove sont bien assortis à la marque de base. De plus, Unilever possédait déjà une compétence organisationnelle dans les nouvelles catégories de produits, notamment les crèmes de beauté (Ponds), les produits coiffants (Thermasilk, Salon Selectives, Finesse) et les antisudorifiques (Degree).

L'entreprise s'est inspirée des suggestions des consommateurs pour mener à bien ses extensions de marque. L'extension des déodorants découlait d'une recherche qui a mis en lumière le besoin d'un produit hydratant doux qui n'irriterait pas les aisselles fraîchement rasées. Les nouveaux produits étaient cohérents par rapport à la marque de base, car toutes les extensions possédaient la même qualité fonctionnelle, soit le pouvoir d'hydratation.

Cette cohérence par rapport à la marque a permis à l'entreprise de créer de solides associations. Ainsi, l'image de marque de Dove a toujours été associée à l'hydratation et à la douceur. L'entreprise utilise souvent des images féminines pour suggérer les propriétés de ses produits. Son logo, une colombe stylisée, évoque des attributs féminins universels comme la paix, la douceur et la légèreté.

Cette image se retrouve également sur les emballages, des flacons aux lignes courbes. Même le produit de base, le pain de beauté Dove, possède des lignes courbes qui évoquent la silhouette d'une femme.

La proposition de valeur simple de Dove n'a pas changé depuis plus de 50 ans : la promesse de la marque en ce qui concerne la douceur et le pouvoir hydratant des produits Dove demeure pertinente et attirante pour les consommateurs. Dove a construit une marque solide, qui tient ses promesses et a gagné la confiance des consommateurs comme des professionnels : en effet, Dove est le premier pain de toilette recommandé par les dermatologues.

En faisant en sorte que sa marque tienne ses promesses, Dove a non seulement créé un produit apprécié, mais elle a acquis un capital de marque solide, une excellente notoriété et une clientèle très loyale.

Unilever a profité du capital de marque créé par le pain de beauté Dove pour étendre la marque à de nouvelles catégories de produits comme ceux qui sont montrés ici.

En tant qu'élément clé du marketing mix d'une entreprise (les quatre « P »), les stratégies de produit sont essentielles à la création de valeur pour les consommateurs. Un **produit** est tout ce qui a de la valeur aux yeux d'un consommateur et peut lui être proposé dans le cadre d'un échange commercial volontaire. Outre des *biens* comme un dentifrice ou des *services* comme une coupe de cheveux, les produits peuvent être des *lieux* (p. ex., Whistler, en Colombie-Britannique), des *idées* (p. ex., cesser de fumer), des *organisations* (p. ex., la Société canadienne du sang), des *personnes* (p. ex., Avril Lavigne) ou des *communautés* (p. ex., Facebook) qui créent de la valeur pour les consommateurs dans leurs secteurs d'activité respectifs.

produit (*product*)
Objet tangible qui peut avoir une valeur aux yeux d'un consommateur et qui peut lui être proposé dans le cadre d'un échange commercial volontaire.

Comme le montre la feuille de route du chapitre (*voir p. 269*), nous verrons d'abord comment les entreprises adaptent leurs lignes de produits aux conditions changeantes du marché. Ensuite, nous nous pencherons sur les stratégies de marque : pourquoi les marques sont-elles importantes pour l'entreprise et quelles stratégies de marque les entreprises utilisent-elles ? Il ne faut pas sous-estimer la valeur des emballages et des

FEUILLE DE ROUTE

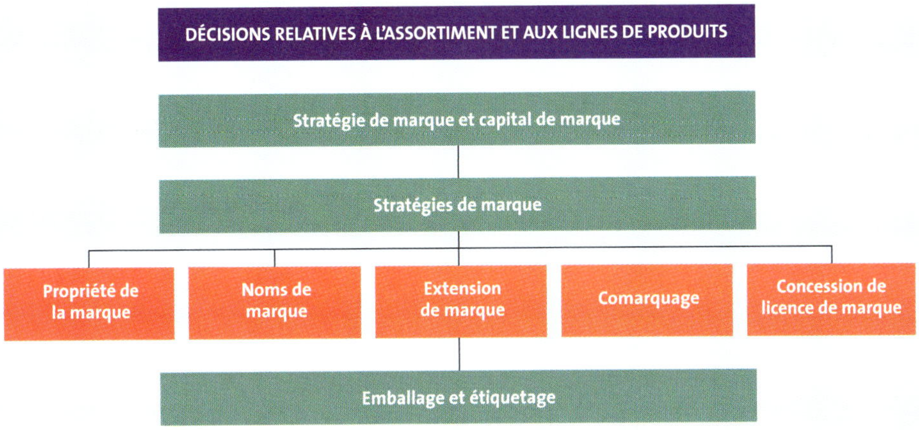

étiquettes au moment de l'élaboration des stratégies de produit et de la publicité. Ceux-ci doivent émettre un message puissant de la tablette: « Achetez-moi! » À la fin du chapitre, nous examinerons divers aspects de l'emballage et de l'étiquetage.

Les décisions relatives à l'assortiment et aux lignes de produits

L'ensemble de tous les produits offerts par une entreprise est appelé **assortiment de produits** ou **gamme de produits**. La figure 9.1 présente l'assortiment de produits de Colgate-Palmolive. L'assortiment de produits comprend en général diverses **lignes de produits**, soit des familles de produits similaires que les consommateurs utilisent

assortiment de produits (ou gamme de produits) (*product assortment*) Ensemble de tous les produits offerts par une entreprise.

ligne de produits (*product line*) Constituante d'une gamme de produits. Chaque ligne correspond à un groupe de produits similaires.

FIGURE 9.1 L'assortiment de produits de Colgate-Palmolive

	Lignes de produits ← étendue de la ligne de produits →				
	Hygiène bucco-dentaire	**Soins corporels**	**Entretien de la maison**	**Entretien du linge**	**Aliments pour animaux**
Catégories de produits ↑ profondeur de la ligne de produits ↓	*Dentifrices* (Colgate Total) *Brosses à dents* (Colgate Plus) *Produits pour enfants* (dentifrice Colgate Barbie) *Produits de blanchiment* (Colgate Blanc éclatant) *Fil dentaire* (fil dentaire Colgate Total) *Produits spécialisés* (Colgate Oragard-B)	*Déodorants* (Speed Stick) *Pains de savon* (Irish Spring) *Gels douche* (Soft Soap) *Savon pour les mains* (Soft Soap) *Soins pour hommes* (Skin Bracer après-rasage)	*Détergents à vaisselle* (Palmolive) *Détergents liquide pour lave-vaisselle* (Palmolive) *Nettoyants ménagers* (Ajax) *Lingettes imprégnées* (Palmolive)	*Détergents à lessive* (Fab) *Assouplisseur* (Fleecy)	Hill's Pet Nutrition, Inc. (filiale) *Aliments pour chiens* (Science Diet) *Aliments pour chats* (Science Diet)

Source: www.colgate.ca/app/Colgate/CA/FR/HomePage.cvsp

conjointement. Les lignes de produits de Colgate-Palmolive comprennent des produits d'hygiène dentaire et personnelle, des nettoyants ménagers, des produits pour la lessive et des aliments pour animaux.

Chaque ligne de produits englobe habituellement de multiples catégories de produits. Une **catégorie de produits** est un ensemble d'articles que le client voit comme étant des produits de substitution. Par exemple, la ligne de produits d'hygiène bucco-dentaire de Colgate-Palmolive comprend plusieurs catégories : dentifrices, produits blanchissants, brosses à dents, produits pour les enfants, fil dentaire et produits spécialisés. Chaque catégorie d'une ligne de produits peut porter la même marque ou des marques différentes[3]. La **marque** est un nom, un terme, un dessin, un symbole ou tout autre élément permettant de distinguer le produit d'un fabricant de celui des autres fabricants. Par exemple, Colgate-Palmolive propose plusieurs marques de brosses à dents (360°, Whitening, Massager, Navigator, etc.).

catégorie de produits (*product category*)
Ensemble des articles que le client voit comme étant des produits de substitution.

marque (*brand*)
Nom, terme, dessin, symbole ou tout autre élément permettant de distinguer le produit d'un fabricant de celui des autres.

Un assortiment de produits peut aussi être décrit en fonction de son étendue et de sa profondeur. L'**étendue (ou largeur) de la gamme de produits** représente le nombre de lignes de produits proposées par une entreprise, soit cinq dans le cas de Colgate-Palmolive. La profondeur de la gamme de produits est le nombre de catégories de produits au sein d'une même ligne. La ligne de produits d'hygiène dentaire de Colgate-Palmolive comprend plusieurs catégories : dentifrices, brosses à dents, produits pour les enfants, et ainsi de suite. Toutefois, sa ligne d'aliments pour animaux compte un nombre plus restreint de catégories et est donc moins profonde.

étendue (ou largeur) de la gamme de produits (*product line breadth*)
Nombre de lignes de produits proposées par une entreprise.

Chaque catégorie de produits comprend un certain nombre de produits distincts appelés **références** (que l'on désigne souvent par l'acronyme anglais SKU pour *Stock Keeping Unit*) ; une référence est la plus petite unité prise en compte au moment du contrôle des stocks. Par exemple, dans la catégorie des dentifrices, Colgate-Palmolive compte 49 références correspondant aux dentifrices Colgate Herbal White, Colgate Total et Colgate Fresh Confidence de tailles, de saveurs et de configurations variées[4]. Chaque produit représente une référence individuelle. Ainsi, le tube de 100 millilitres de Colgate Total Clean Mint compte pour une référence, le tube de 100 millilitres de dentifrice Colgate Total Plus Whitening pour une référence, de même que le tube de même taille de Colgate Total Advanced Fresh Gel. La **profondeur de la ligne** correspond au nombre de références (produits distincts) au sein d'une même ligne de produits. Chaque référence possède son propre code universel du produit (CUP). Une ligne compte plus ou moins de références ; elle est plus ou moins profonde. Quant à la gamme, elle consiste en une collection de lignes. Une gamme qui contient une ligne profonde est profonde, mais « indirectement » — on utilise parfois des métriques de profondeur moyenne, qui s'appliquent à la gamme.

références (*stock keeping units [SKUs]*)
Chacun des articles compris dans une catégorie de produits ; la plus petite unité considérée au moment du contrôle des stocks.

profondeur de la ligne (*category depth*)
Nombre de références (produits distincts) au sein d'une gamme de produits.

La décision d'élargir ou de rétrécir une ligne de produits dépend de plusieurs facteurs liés à l'industrie, aux consommateurs et à l'entreprise. Les entreprises élargissent leurs lignes de produits lorsqu'il est relativement facile de pénétrer un marché particulier (les barrières à l'entrée sont peu nombreuses) ou lorsqu'un débouché important se présente[5]. Quand une entreprise ajoute de nouvelles catégories et marques à son assortiment de produits, elle augmente souvent ses ventes et ses profits de façon appréciable, comme l'ont fait Doritos avec sa ligne de produits Cool Ranch, Ford avec ses véhicules Explorer et Chrysler avec ses fourgonnettes[6].

Toutefois, des extensions de gamme incontrôlées et illimitées peuvent entraîner des conséquences néfastes. Maintenir un assortiment de produits trop varié s'avère souvent trop onéreux et une prolifération des marques peut nuire à la réputation de la marque[7]. Au cours des dernières années, par exemple, Heinz a entrepris une restructuration majeure en regroupant ses opérations mondiales et en se concentrant davantage sur ses produits et marchés les plus florissants. En Europe, elle a réduit de 24 à 12 les types de ketchup Heinz (vendus dans différents flacons)[8].

Examinons maintenant les raisons qui peuvent pousser une entreprise à modifier l'étendue, la profondeur ou le nombre de références de son assortiment de produits ainsi que les décisions relatives aux services.

Changer l'étendue de la gamme de produits

OA 1

Une entreprise peut modifier l'étendue de sa gamme de produits en ajoutant ou en supprimant des lignes de produits.

Augmenter l'étendue Les entreprises lancent souvent de nouvelles lignes de produits dans le but de s'emparer de marchés nouveaux ou changeants, d'accroître leurs ventes ou de pénétrer de nouveaux marchés. Ayant observé passivement pendant des années l'accroissement des ventes de véhicules utilitaires sport (VUS), Porsche a décidé d'élargir sa gamme de produits et de se lancer sur le marché des VUS grâce à sa Porsche Cayenne. Lancé en 2003, ce véhicule se veut à la hauteur des normes de performance et de l'image sportive des voitures sport Porsche.

La décision de Porsche d'étendre sa marque à une nouvelle ligne de produits n'avait rien d'étonnant, puisque environ 40 % des propriétaires de voitures Porsche achètent des VUS comme seconde voiture[9].

Diminuer l'étendue Parfois, une entreprise doit supprimer des lignes entières de produits en vue de faire face aux conditions changeantes du marché ou de respecter des priorités stratégiques internes. Il y a quelques années, SC Johnson a vendu de nombreux produits de sa ligne de soins corporels, y compris la populaire marque Aveeno, à Johnson & Johnson[10]. L'entreprise n'était plus concurrentielle dans le secteur des soins corporels même si elle soutenait très bien la concurrence avec ses lignes de produits originaux comme les nettoyants ménagers (Pledge, Windex), les désodorisants pour la maison (Glade) et les produits d'emballage (Saran, Ziploc)[11].

Changer la profondeur de la gamme de produits

De même que les entreprises peuvent modifier l'étendue de leurs lignes de produits, de même elles peuvent ajouter des produits à leurs lignes de produits ou supprimer des produits de celles-ci afin d'en modifier la profondeur.

Augmenter la profondeur Les entreprises peuvent ajouter de nouveaux produits à une ligne afin de répondre aux préférences changeantes des consommateurs ou de couper l'herbe sous le pied à un concurrent tout en stimulant leurs ventes. En 2003, Levi Strauss a lancé sa ligne de jeans à bas prix Signature vendus dans les magasins Walmart. Les jeans Signature coûtent seulement entre 21 $ et 23 $ l'unité, soit près de

Porsche a élargi sa gamme de produits en y ajoutant le VUS Cayenne. Cette extension de marque allait de soi, puisque 40 % des propriétaires de Porsche achètent un VUS comme seconde voiture.

la moitié du prix des populaires Levi's 505 et 501 (la gamme à l'« étiquette rouge ») vendus dans les grands magasins[12]. L'entreprise a pris cette décision afin de stimuler les ventes devant la compétition féroce que lui livraient ses homologues Diesel et Parasuco et de cibler de nouveaux marchés en vendant ses produits à travers d'autres détaillants. Une entreprise peut aussi ajouter de nouveaux produits à sa ligne de produits en vue de cibler de nouveaux segments de marché. Par exemple, Seiko a créé la montre Seiko LaSalle pour un segment de marché qui voulait porter une montre Seiko mais qui n'avait pas les moyens d'acheter cette marque de luxe.

Réduire la profondeur De temps en temps, une entreprise doit supprimer des catégories de produits afin de répartir différemment ses ressources. Cette décision n'est jamais prise à la légère. En général, l'entreprise a fait des investissements substantiels pour développer la marque et fabriquer les produits. Les fabricants de biens de grande consommation comme Procter & Gamble et Unilever élaguent régulièrement leur portefeuille afin d'éliminer les produits non rentables et de concentrer leurs efforts de marketing sur des produits plus rentables.

Par exemple, lorsque les cadres du géant des biens de grande consommation Unilever ont noté un déclin substantiel des ventes et des profits en 1999, ils ont admis que l'entreprise transportait un excédent de bagages. Ils ont donc décidé de vendre 400 marques de base de l'entreprise, comme les sauces pour pâtes Ragu, et de réduire son assortiment, qui comptait alors 1 600 marques. Ce geste a rendu Unilever plus concurrentielle face à ses rivales, comme Procter & Gamble, et libéré des ressources pour de futures acquisitions, comme Ben & Jerry's Homemade Ice Cream[13].

Modifier le nombre de références

L'ajout ou la suppression de produits dans des catégories existantes est une activité courante à laquelle se livrent de nombreuses entreprises afin de stimuler les ventes ou de faire face à la demande. Par exemple, les fabricants et les détaillants de vêtements de mode modifient leurs références à chaque saison. En général, ces modifications sont mineures et touchent seulement les couleurs ou les tissus. Mais elles peuvent aussi être plus radicales, comme lorsque les fabricants de jeans ont décidé d'offrir des jeans à taille basse et à jambes évasées.

Les décisions relatives aux services

Un grand nombre des stratégies relatives aux lignes de produits tangibles peuvent aussi s'appliquer aux services. Par exemple, un fournisseur de services comme une banque offre ordinairement diverses lignes de produits à ses clients commerciaux et de détail (consommateurs) ; ces lignes de produits sont divisées en catégories adaptées aux besoins des différents marchés cibles.

Aux clients individuels, les banques proposent des comptes d'épargne et de chèques. Ces types de comptes équivalent aux références. Son actif fait de la Banque Royale du Canada (RBC) la plus grande banque canadienne ; elle sert plus de 14 millions de clients individuels, commerciaux, gouvernementaux et institutionnels en Amérique du Nord et dans 34 pays[14]. Elle offre une variété de comptes de chèques qui répondent aux besoins de ses différents marchés cibles. Par exemple, le Forfait bancaire VIP RBC, assorti de frais mensuels élevés, comprend plusieurs comptes bancaires et offre un nombre illimité d'opérations et une carte Visa de prestige sans frais. Les étudiants peuvent bénéficier du Forfait bancaire sans limite RBC, qui comprend un nombre illimité d'opérations, une carte de crédit sans fais et des frais mensuels modérés. Les clients qui font moins de 15 transactions par mois peuvent adhérer au Forfait bancaire courant moyennant des frais mensuels peu élevés. Les personnes âgées profitent d'une remise de 25 % sur leurs frais bancaires mensuels pour tous les comptes[15].

La stratégie de marque

La stratégie de marque permet aux entreprises de différencier leurs produits de ceux de leurs concurrents. La marque peut représenter le nom d'une entreprise ou son assortiment de produits (General Motors), une ligne de produits (Chevrolet) ou un seul produit (Corvette). Les noms de marques, de logos, de symboles, de caractères, de slogans, de refrains publicitaires et même d'emballages distinctifs représentent les divers éléments constitutifs d'une marque[16] utilisées par les entreprises, qui les choisissent habituellement parce qu'elles sont faciles à reconnaître et à mémoriser. Par exemple, la plupart des consommateurs connaissent le Swoosh, le logo de Nike, et le reconnaîtraient même si le mot « Nike » ne figurait pas sur le produit ou dans la publicité. Le tableau 9.1 résume les éléments d'une marque.

L'avantage de la stratégie de marque pour le consommateur et le gestionnaire marketing

OA 2

Les marques ajoutent de la valeur aux produits et aux services au-delà de leurs caractéristiques physiques et fonctionnelles ou de la simple prestation du service[17]. Examinons quelques façons dont les marques créent de la valeur pour les consommateurs comme pour l'entreprise (*voir la figure 9.2, p. 274*).

Les marques facilitent les achats Les marques sont faciles à reconnaître pour les consommateurs et, parce qu'elles symbolisent un certain niveau de qualité et possèdent des attributs familiers, elles leur permettent de prendre rapidement des décisions[18]. Imaginez le temps qu'il vous faudrait pour faire l'épicerie si aucun produit n'arborait une marque reconnaissable ! Il en irait de même pour vos autres achats, tels que l'achat d'une voiture. Lorsque les consommateurs voient une marque comme Honda, ils reconnaissent aussitôt ce qu'elle représente, son niveau de qualité et d'ingénierie, sa position relative, son prix approximatif et, le plus important, ils savent si elle leur plaît et s'ils veulent en acheter une. Les marques permettent aux clients de distinguer une entreprise d'une autre et un produit d'un autre. S'il n'y avait pas de marques, il serait difficile de faire la différence entre une Honda et une Toyota sans examiner ces voitures de très près.

TABLEAU 9.1 Les éléments constitutifs d'une marque

Composante de la marque	Description
Nom de la marque	Composante parlée et écrite de la marque, le nom peut soit décrire le produit ou le service ou les caractéristiques du produit, soit être constitué de mots inventés ou issus du langage familier ou contemporain. Exemples : Comfort Inn (évoque les caractéristiques du produit), Saturn (aucune association avec le produit) ou Accenture (terme inventé).
Adresse URL (localisateur de ressources uniformes) ou nom de domaine	L'adresse Internet reprend souvent le nom de l'entreprise, comme Yahoo ! (qc.yahoo.com) et Amazon (amazon.ca/fr/).
Logo et symbole	Un logo est un élément visuel qui représente le nom de l'entreprise ou sa marque de commerce. Un symbole est un logo sans mots. Exemples : le Swoosh de Nike et l'étoile de Mercedes.
Personnage	Un personnage est le symbole d'une marque, qui peut être un humain, un animal ou un personnage animé. Exemples : la figurine en pâte Pillsbury et le Géant vert.
Slogan	Un slogan consiste en une courte phrase qui décrit la marque ou met en valeur certaines de ses caractéristiques. Exemples : « Toujours frais » (Tim Hortons) et « Comme un bon voisin, State Farm est là ! » (State Farm).
Refrain publicitaire	Le refrain publicitaire est un message audio composé de mots ou d'une musique distinctive. Exemples : la signature sonore de quatre notes qui accompagne le slogan « *Intel inside* ».

Source : adapté de Kevin Lane Keller, *Strategic Brand Management*, 2e éd., Upper Saddle River, N.J., Prentice Hall, 2003.

FIGURE 9.2 La valeur de la marque

Les marques fidélisent les clients Au fil du temps et grâce à un usage continu, les consommateurs apprennent à faire confiance à certaines marques. Ils savent, par exemple, que les pansements Band-Aid se comportent toujours de la même façon. De nombreux clients s'attachent à certaines marques, un peu comme vous ou vos amis êtes attachés à votre collège ou à votre université. Ils n'envisagent pas de changer de marque et, dans certains cas, ressentent une forte affinité avec certaines marques. Par exemple, les amateurs de Coca-Cola ne boivent pas de Pepsi et encore moins de Dr Pepper.

Les marques protègent les entreprises contre la concurrence et la guerre des prix Les marques fortes sont en quelque sorte protégées de la concurrence et de la guerre des prix. Étant donné que ces marques sont bien établies sur le marché et ont une clientèle plus fidèle, les concurrents sont découragés de les attaquer en soldant leurs offres. Par exemple, Lacoste est célèbre pour ses polos. Un client qui souhaite acheter un polo Lacoste ne sera pas tenté par une autre marque pour épargner quelques dollars, parce que le crocodile est inimitable. Bien qu'il existe une foule de marques similaires et que certains détaillants aient leurs propres marques, les chemises Lacoste sont perçues comme étant de meilleure qualité, confèrent un certain prestige à leurs utilisateurs et peuvent donc se vendre à un prix élevé.

La notoriété de la marque Lululemon permet à l'entreprise de réduire ses coûts de marketing.

Les marques réduisent les coûts de marketing Les entreprises qui vendent des marques réputées peuvent dépenser relativement moins d'argent en marketing que les entreprises dont les marques sont peu connues parce que la marque suffit à faire vendre le produit. En vertu de la notoriété du « A » blanc stylisé qui constitue le logo de Lululemon, l'entreprise n'a pas besoin d'expliquer dans sa publicité qui elle est ni ce qu'elle fait. Les consommateurs le savent, c'est tout.

Les marques sont des actifs Les marques constituent aussi des actifs parce qu'elles peuvent être protégées légalement par des marques de commerce ou des droits d'auteur et sont donc la propriété unique de l'entreprise. Les entreprises doivent parfois se battre pour conserver la « pureté » de leurs marques. Rolex et d'autres fabricants de montres suisses sont constamment sur le qui-vive, veillant à ce que la valeur de leurs marques ne soit pas diluée par des marchandises contrefaites ou vendues par des distributeurs non autorisés.

Les marques influent sur la valeur de marché Des marques réputées peuvent avoir un impact direct sur le bénéfice net d'une entreprise. On peut calculer la valeur d'une marque en évaluant son potentiel de gains pour les 12 prochains mois[19]; le tableau 9.2 (*voir p. 275*) présente les marques canadiennes ayant la plus grande valeur.

capital de marque (*brand equity*)
Actifs et passifs associés à la marque, lesquels ajoutent ou enlèvent de la valeur au produit ou au service offert.

Le capital de marque

Pour comprendre les stratégies de marque, il faut étudier trois aspects: le capital de marque, la propriété de la marque et le nom de la marque, comme le montre la figure 9.3 (*voir p. 275*). Le **capital de marque** désigne les actifs et les passifs associés à

TABLEAU 9.2 Les 10 marques canadiennes ayant la plus grande valeur

Classement	Marque	Secteur	Valeur de la marque en millions de dollars canadiens en 2006
1	RBC Groupe financier	Services bancaires et financiers	3 989,6
2	TD Canada Trust	Services bancaires et financiers	3 167,9
3	Petro-Canada	Énergie	3 064,0
4	Bell	Télécommunications	2 914,9
5	Shoppers Drug Mart	Commerce de détail	2 830,6
6	Tim Hortons	Restauration	1 878,2
7	Groupe financier BMO	Services bancaires et financiers	1 854,6
8	Canadian Tire	Commerce de détail	1 634,2
9	Banque Scotia	Services bancaires et financiers	1 378,7
10	Telus	Télécommunications	1 079,3

Source : *The Business Week* / Interbrand, Classement annuel des meilleures marques mondiales 2006, www.ourfishbowl.com/images/surveys/Interbrand_BCB2006.pdf.

FIGURE 9.3 Les divers aspects de la marque

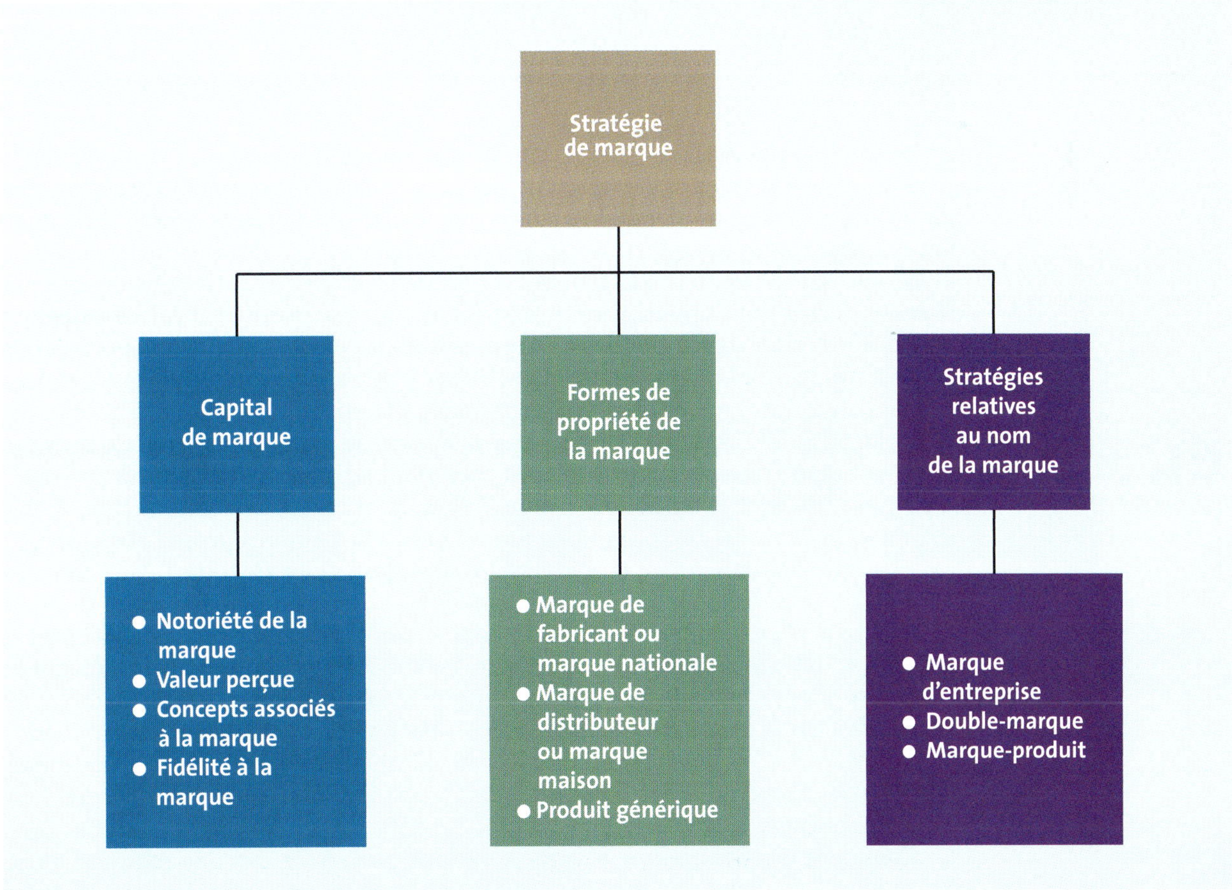

Lorsque les clients voient une publicité portant sur une Honda, ils y associent aussitôt des attributs familiers comme la sécurité de manière à pouvoir prendre une décision rapide.

la marque, lesquels ajoutent ou enlèvent de la valeur au produit ou au service offert[20]. Coca-Cola, dont la valeur s'élève à 67 milliards de dollars, figure en tête du classement des meilleures marques mondiales, tandis que McDonald's occupe la neuvième position avec une valeur légèrement supérieure à 27 milliards[21]. Comme les biens matériels qu'elles possèdent, les marques sont des actifs que l'entreprise peut construire, gérer et exploiter dans le temps pour accroître ses revenus, sa rentabilité et sa valeur globale.

Les entreprises dépensent des millions de dollars en promotion, en publicité et en d'autres efforts de marketing tout au long du cycle de vie d'une marque. Ces dépenses de marketing, lorsqu'elles sont soigneusement planifiées, améliorent la reconnaissance et la notoriété de la marque ainsi que la fidélité des consommateurs à la marque.

Polo Ralph Lauren a maîtrisé l'art d'accroître la capital de sa marque en créant sa propre définition de la valeur. Le nom Polo Ralph Lauren, le joueur de polo omniprésent et les marques associées, comme Polo Ralph Lauren Purple Label, RLX et Polo Jeans Co. Ralph Lauren, ont fidélisé les consommateurs de toute l'Amérique du Nord et du reste du monde. Les produits Ralph Lauren peuvent se vendre de 50 % à 100 % plus cher que des produits de qualité similaire provenant de concepteurs et de fabricants moins connus et appréciés. La société mère, qui gère étroitement la marque, a octroyé une licence de marque pour la fabrication de dessus de table, de parures de lit, d'accessoires de salle de bains, de meubles, de peintures, de moquettes et de cadeaux[22]. Ces produits autorisés sont fabriqués et distribués par des entreprises autres que Polo Ralph Lauren, mais leur association avec cette marque leur confère une valeur accrue.

Comment reconnaître une « bonne » marque ou la valeur d'une marque ? Pour déterminer le capital d'une marque, les experts en étudient quatre aspects : sa notoriété, sa valeur perçue, les concepts associés à une marque et la fidélité à la marque.

La notoriété de la marque La **notoriété de la marque** est un indicateur qui détermine le niveau de connaissance d'une marque (le nom de la marque et ce qu'elle représente) dans l'esprit du consommateur. Plus une marque est familière aux clients, plus le processus décisionnel de ces derniers sera facile. Cette caractéristique importe davantage dans le cas des produits que l'on achète sans trop réfléchir, comme le savon ou le chewing-gum.

notoriété de la marque (*brand awareness*) Indicateur qui détermine le niveau de connaissance d'une marque (le nom de marque et ce qu'elle représente) dans l'esprit du consommateur. La notoriété se crée à mesure que les consommateurs sont exposés aux divers éléments de la marque (nom de marque, logo, symbole, personnage, emballage ou slogan). On distingue la notoriété spontanée (les marques qu'un consommateur cite spontanément) et la notoriété assistée (les marques qu'un consommateur dit connaître parmi celles présentées sur une liste).

Toutefois, la notoriété de la marque compte également pour les produits achetés moins souvent ou qui n'ont jamais été achetés auparavant. Si le client reconnaît la marque, c'est qu'elle a sans doute des qualités qui lui donnent de la valeur[23]. Pour les clients qui n'ont jamais acheté de Toyota, la simple connaissance de la marque peut faciliter l'achat. Certaines marques deviennent tellement prédominantes au fil du temps sur un marché particulier qu'elles deviennent synonymes du produit lui-même; en d'autres termes, le nom de la marque désigne une catégorie de produits génériques, tels que les mouchoirs en papier Kleenex, les plats Tupperware, les fauteuils La-Z-Boy, les pansements adhésifs Band-Aid et les patins Rollerblade. Les entreprises doivent veiller à protéger leurs noms de marque parce que si ces derniers sont employés comme génériques, la marque elle-même finira par perdre son statut de marque de commerce à la longue. Thermos, Trampoline, Linoleum et Yoyo sont autant d'exemples de marques qui ont perdu leur statut de marque de commerce. Le nom Aspirine est devenu une marque générique aux États-Unis mais demeure une marque de commerce déposée au Canada[24].

Les gestionnaires marketing bâtissent la notoriété d'une marque en exposant de façon répétitive les consommateurs aux divers éléments de la marque (nom, logo, symbole, personnage, emballage ou slogan) dans les messages qui leur sont destinés.

Ces messages sont véhiculés par la publicité et les promotions, la vente personnelle, le parrainage, le marketing événementiel, la publicité et les relations publiques[25] (*voir les chapitres 15 et 16*). Comme la notoriété de la marque est l'une des étapes les plus importantes de la création d'une marque forte, les entreprises sont prêtes à dépenser beaucoup d'argent pour faire connaître leurs marques. Certaines vont même jusqu'à payer plus de 2,5 millions de dollars pour un message publicitaire de 30 secondes télédiffusé pendant le Super Bowl.

La valeur perçue de la marque La notoriété n'est pas suffisante en soi pour créer une marque forte. Les consommateurs peuvent connaître une marque, mais avoir une mauvaise opinion de sa valeur ou de la réputation de l'entreprise. La **valeur perçue** est en quelque sorte la somme des bénéfices qu'un consommateur estime être en mesure de réaliser en achetant un produit donné. Le **coût perçu**, quant à lui, correspond à la somme des coûts économiques et autres (p. ex., le temps passé à rechercher de l'information, à magasiner, à apprendre à faire fonctionner un bien) qu'un consommateur doit défrayer pour utiliser un bien. Le surplus du consommateur représente l'écart entre la valeur perçue et le coût perçu, en quelque sorte l'avantage qu'un consommateur pourrait retirer d'une transaction. Les acheteurs déterminent généralement l'attrait d'une marque en comparant celle-ci avec les marques de ses proches concurrentes. S'ils estiment qu'une marque bon marché offre à peu près la même qualité qu'une marque chère, l'attrait de la marque bon marché

valeur perçue (*perceived value*) Somme des bénéfices que le consommateur s'attend à recevoir en consommant un produit. Selon le contexte, on parle des bénéfices bruts ou des bénéfices nets, c'est-à-dire en tenant compte des coûts perçus.

coût perçu (*perceived cost*) Somme des coûts économiques et autres (p. ex., le temps passé à rechercher de l'information, à magasiner, à apprendre à faire fonctionner un bien) qu'un consommateur doit défrayer pour utiliser un bien.

Ces marques sont tellement prédominantes sur leur marché que le nom de la marque désigne une catégorie de produits génériques.

First Choice Haircutters, une chaîne nationale de salons de coiffure, offre une valeur exceptionnelle à sa clientèle parce que les coupes de cheveux y sont excellentes et les prix, très raisonnables.

est élevé. Toutefois, il faut surtout retenir que deux consommateurs peuvent percevoir des valeurs très différentes en considérant le même produit, ce qui reflète des différences de goût.

Une bonne stratégie de marketing vise à améliorer la perception que les consommateurs ont du rapport qualité-prix en augmentant la valeur perçue. Beaucoup de clients tendent à associer des prix plus élevés à une meilleure qualité, mais depuis quelques années, ils sont aussi mieux informés et plus vigilants. Des détaillants comme Zellers et Tigre Géant souhaitent avant tout à offrir une excellente valeur. Certes, les marchandises vendues dans ces magasins ne sont pas toujours de la meilleure qualité ni les vêtements à la fine pointe de la mode. Mais les clients ne recherchent pas nécessairement une corbeille ou un éplucheur qui soit un chef-d'œuvre de design fait pour durer 50 ans. Pas plus qu'ils ne veulent se présenter à l'école vêtus comme des mannequins. Ils désirent plutôt des produits qui font ce qu'ils sont censés faire et dont le prix est acceptable. First Choice Haircutters, une chaîne nationale de salons de coiffure, offre des « soins capillaires abordables et professionnels » pour la moitié ou le tiers du prix demandé dans les salons ordinaires. Sa clientèle perçoit son offre comme étant intéressante parce que les coupes de cheveux y sont excellentes et les prix, très raisonnables.

concepts associés à une marque (*brand association*) Liens établis par un consommateur entre une marque et ses principaux attributs, dont le logo, le slogan ou une personnalité connue.

Les concepts associés à une marque Les **concepts associés à une marque** reflètent les liens établis par un consommateur entre une marque et ses principaux éléments, dont le logo, le slogan ou une personnalité connue. Ces associations découlent souvent des efforts de publicité et de promotion de l'entreprise. Par exemple, Walmart annonce ses bas prix au moyen de publicités qui mettent en relief des baisses de prix accompagnées du slogan « Économisez de l'argent. Vivez mieux. » Cette association avec des qualités précises contribue à différencier la marque Walmart des marques concurrentes, de la même façon que Volvo se distingue en annonçant qu'elle fait de la sécurité de ses clients sa priorité. Les entreprises s'efforcent également de créer des associations précises entre leurs marques et des émotions positives comme le plaisir, l'amitié, le bien-être, les réunions familiales et les fêtes. Comme nous le mentionnions dans l'introduction de ce chapitre, l'image de la marque Dove a toujours été associée à l'hydratation et à la douceur.

personnalité de la marque (*brand personality*) Ensemble de caractéristiques humaines attribuées à une marque, laquelle, selon les consommateurs, dégagerait une symbolique et une personnalité qui lui sont propres.

Certaines entreprises créent même une personnalité pour leurs marques, comme si ces dernières étaient humaines. La **personnalité de la marque** désigne l'ensemble de caractéristiques humaines attribuées à une marque[26], laquelle, selon les consommateurs, dégagerait une symbolique et une personnalité qui lui sont propres[27]. C'est ainsi que la marque peut posséder divers attributs (masculin, féminin, jeune, vieux, enjoué, conservateur, etc.) et qualités (fraîche, douce, ronde, propre ou florale)[28]. McDonald's, qui avait donné à sa marque une personnalité enjouée et axée sur les jeunes avec ses arches dorées, ses restaurants brillamment éclairés et colorés, ses publicités et ses emballages attrayants de même que son clown Ronald McDonald, porte-parole et mascotte de la société, est en train de la repenser de façon qu'elle corresponde mieux aux attentes de sa clientèle.

fidélité à la marque (*brand loyalty*) Attachement de certains consommateurs à une marque ou à une entreprise, lequel les pousse à acheter de façon systématique les produits ou les services de cette marque ou de cette entreprise plutôt que ceux d'autres fournisseurs.

La fidélité à la marque La **fidélité à la marque** désigne l'attachement de certains consommateurs à une marque ou à une entreprise, lequel les pousse à acheter de façon systématique les produits ou les services de cette marque ou de cette entreprise plutôt que ceux d'autres fournisseurs[29]. Le concept de « fidélité » s'intéresse aux facteurs de décision qui vont au-delà de l'analyse rationnelle des bénéfices offerts par une marque. On estime qu'un consommateur est loyal lorsqu'il favorise une marque en dépit du fait que le bénéfice offert par une autre marque apparaît *a priori* comme plus important. La fidélité à la marque peut s'expliquer par une grande aversion pour le risque (un consommateur préfère racheter une marque connue plutôt que de prendre un risque avec une nouvelle marque), par des raisons psychologiques (changer de marque équivaudrait à admettre une erreur de choix), par des raisons affectives (le consommateur développe un attachement « irrationnel »), par des motifs particuliers (un proche travaille pour la marque), et ainsi de suite. Les clients fidèles constituent donc une importante source de valeur pour les entreprises. Premièrement, ils sont souvent moins influencés par le prix. En retour, les entreprises récompensent parfois leurs clients loyaux en leur offrant des programmes de fidélisation ou de gestion de la relation client : la possibilité d'accumuler des points pour bénéficier de rabais additionnels ou de services gratuits, un préavis concernant des articles en solde, une invitation à des événements parrainés par la société, etc. Deuxièmement, les coûts du marketing axé sur des clients loyaux sont beaucoup moins élevés parce que l'entreprise n'a pas besoin de dépenser de l'argent en campagnes publicitaires et en promotions pour attirer cette clientèle. Il n'est pas nécessaire de la convaincre d'acheter les marques de l'entreprise ou de l'inciter à le faire. La rubrique Cybermarketing 9.1 illustre certaines

Cybermarketing 9.1 — La stratégie de marque sur le Net

Pour les gestionnaires marketing, Internet représente bien plus qu'une simple autoroute de l'information ou un lieu où traiter avec des clients : il constitue l'ultime moyen de valoriser l'entreprise et ses produits. Les gestionnaires marketing utilisent Internet pour :

- faire connaître leurs nouvelles marques ou leurs campagnes de marketing ;
- renseigner les consommateurs sur l'entreprise et ses produits ;
- leur indiquer les produits qui répondent le mieux à leurs besoins ;
- les aider à faire des choix en leur donnant des outils pour leur permettre de comparer les prix, les caractéristiques et les qualités des produits ;
- les encourager à essayer leurs marques ;
- projeter une image positive de leurs marques à l'intention des consommateurs.

Bref, les gestionnaires marketing font appel à Internet pour établir des relations solides, durables et rentables avec leurs clients en leur proposant des marques fortes. Mais comment s'y prennent-ils exactement ?

Les gestionnaires futés comptent sur un vaste éventail d'outils en ligne et de stratégies pour construire des marques fortes. Les sites Web interactifs permettent aux clients de participer à des jeux, à des concours ou à des jeux-questionnaires, de clavarder et de faire connaître leurs expériences. Ces sites visent non seulement à amuser les clients, mais également à gagner leur confiance et à créer des associations positives avec la marque. Les sons, la musique, les formes, les couleurs, les photos de personnes, de lieux, de produits et d'emballages ainsi que l'aspect global du site et l'impression d'ensemble qu'il produit influent sur notre humeur et notre attitude.

La recherche en marketing a démontré que les clients qui ont une perception très positive d'un site associé à une marque sont plus portés à magasiner sur ce site ou à acheter cette marque. Certains peuvent même propager la bonne nouvelle au sein de leur réseau sans que l'entreprise ait à prodiguer d'encouragements. C'est précisément de cette façon qu'eBay a bâti sa réputation.

De nombreuses entreprises ont recours à un grand nombre des techniques mentionnées ci-dessus pour consolider leur marque. Nike (www.nike.com) utilise la musique rock sur fond foncé et associe des gens ordinaires et des célébrités pour renforcer son message : « Faites-le, simplement ! » (« *Just Do It* »). Par exemple, sur le site Nike Women (www.nike.com/nikewomen/), le chorégraphe Jamie King enseigne aux femmes tous les mouvements d'une séance d'entraînement complète. Barbie (www.barbie.ca) tire parti de la musique, des couleurs et de divers éléments interactifs pour cibler les préadolescentes et les amener à jouer avec leur Barbie et à mieux connaître Barbie et les produits connexes. Abercrombie & Fitch (www.abercrombie.ca) présente des photos en noir et blanc de ses magnifiques modèles masculins et féminins afin de consolider sa marque de vêtements de luxe décontractés destinés aux beaux jeunes gens. De nombreuses entreprises de mode comme Christian Dior (www.dior.com) ont créé des sites très artistiques et attrayants qui évoquent le raffinement et l'exclusivité, deux concepts cohérents par rapport à la perception de la marque sur le marché. Les couleurs douces et féminines, les éléments interactifs et les présentations des produits que l'on peut voir sur le site Venus de Gillette (www.gillettevenus.com) s'harmonisent avec le message de la marque : « Découvrez la déesse en vous ». De nombreux visiteurs deviennent très attachés à ces sites et avouent éprouver du plaisir et du contentement à les fréquenter.

Dove récompense ses clients pour leur fidélité en doublant leurs points chez Pharmaprix.

façons dont les entreprises utilisent Internet pour bâtir des relations solides et rentables avec leurs clients à travers des marques fortes. Troisièmement, un degré élevé de fidélité à la marque protège l'entreprise de la concurrence parce que, comme nous l'avons souligné dans le chapitre 2, les clients fidèles à une marque ne changeront pas de marque même si la concurrence tente de les allécher au moyen de primes variées.

Les entreprises peuvent gérer la fidélité à la marque grâce à une variété de programmes de gestion de la relation client. Elles créent des associations et des clubs afin de susciter un sentiment d'appartenance parmi leurs clients loyaux[30]. Le Groupe des propriétaires de Harley (Harley Owners Group ou HOG) fondé par Harley-Davidson en 1983 pour permettre aux propriétaires d'une Harley de rencontrer d'autres propriétaires dans leur collectivité, en est un exemple. Comme nous l'avons mentionné dans le chapitre 6, le Groupe des propriétaires de Harley compte 800 000 membres dans le monde entier. D'autres entreprises comme des compagnies aériennes, des hôtels, des fournisseurs de services interurbains, des sociétés émettrices de cartes de crédit et des détaillants ont mis sur pied des programmes pour les grands utilisateurs afin de récompenser leurs clients loyaux. Les meilleurs programmes de gestion de la relation client visent à garder le contact avec les clients fidèles en leur envoyant des cartes d'anniversaire ou en communiquant avec eux à travers un associé aux ventes pour leur annoncer des événements spéciaux et des soldes.

La rubrique Valeur ajoutée 9.1 (*voir p. 281*) illustre quelques-unes des difficultés liées à la création et à la protection d'une marque.

OA 3 Les stratégies de marque

Les entreprises élaborent diverses stratégies afin de créer et de gérer leurs principaux actifs de marque: la décision de posséder la marque, l'élaboration d'une politique de stratégie de marque, l'extension de la marque à d'autres produits et marchés, l'association de la marque avec celle d'une autre entreprise (le comarquage) et la concession de licence de marque à d'autres sociétés.

marque de fabricant (ou marque nationale) (*manufacturer brand [national brand]*) Marque appartenant à un fabricant de produit et gérée par lui. On oppose la marque de fabricant à la marque de distributeur.

marque de distributeur (ou marque maison) (*private-label brand [store brand]*) Marque élaborée et mise en marché par un détaillant et en vente uniquement dans son magasin. Le détaillant a souvent recours à un sous-traitant (généralement une PME) pour faire fabriquer ce produit. Le Choix du Président (Loblaw et Maxi), Compliments (Sobeys-IGA) ou Mérite (Metro) sont quelques exemples de marques de distributeurs, parfois abrégées « MDD ». Porte aussi le nom de « marque de détaillant ».

La propriété de la marque

N'importe quel membre de la chaîne logistique peut détenir la propriété de la marque, qu'il s'agisse d'un fabricant, d'un grossiste ou d'un détaillant. Il existe trois grandes formes de propriété de la marque: la marque de fabricant ou marque nationale, la marque de distributeur ou de détaillant et le produit générique (*voir la figure 9.4, p. 282*). Les **marques de fabricant** appartiennent au fabricant et sont gérées par ce dernier. Elles sont aussi appelées **marques nationales**; Nike, Mountain Dew, Kitchen Aid et Marriott en sont des exemples. La majorité des marques canadiennes sont des marques de fabricant. Les fabricants dépensent des millions de dollars chaque année pour promouvoir leurs marques. Par exemple, Procter & Gamble consacre quelque 100 millions de dollars par an à la promotion de ses détergents liquides et en poudre Tide[31]. Les fabricants qui sont propriétaires d'une marque sont mieux en mesure de gérer leurs stratégies de marketing et de choisir des segments de marché et un positionnement appropriés à leur marque; de plus, ils peuvent consolider la marque et construire ainsi leur capital de marque.

Les marques qui appartiennent à des détaillants et sont gérées par eux sont appelées **marques de distributeur (ou marque maison)**. Certains fabricants préfèrent produire uniquement des marques de détaillant parce que les coûts liés au marquage et au marketing d'une marque nationale sont exorbitants. Par contre, certaines entreprises fabriquent à la fois leurs propres produits et des produits d'autres marques ou pour d'autres détaillants. Par exemple, Whirlpool vend des appareils sous son propre nom et en fabrique aussi pour Sears sous la marque Kenmore. Il arrive aussi que des

Valeur ajoutée **9.1**

Les Jeux olympiques d'hiver de 2010 et le marketing insidieux

La marque olympique représente l'une des marques les plus valables et les plus reconnaissables ; elle ajoute une énorme valeur économique aux villes hôtes et aux entreprises commanditaires. Les Jeux olympiques constituent une tribune internationale pour les athlètes. Tous les quatre ans, une nouvelle ville accueille les Jeux olympiques d'hiver et, bien avant l'arrivée des athlètes ou la vente des billets, la ville hôte doit créer, promouvoir, consolider et protéger une nouvelle marque. Cela est essentiel au succès du financement de cette entreprise colossale. Les commanditaires s'attendent à tirer des profits substantiels de leurs investissements.

Lorsque Vancouver a posé sa candidature en tant que ville hôte des Jeux olympiques, cela a donné lieu à certaines critiques. Le collectif anti-Jeux olympiques de Vancouver a souligné qu'il était illogique de dépenser des fonds pour préparer les Jeux alors qu'on réduisait les fonds alloués aux programmes sociaux, de santé et d'éducation[32]. Les détracteurs des Jeux estimaient que les coûts et les bénéfices n'avaient pas été analysés correctement. Beaucoup craignaient que l'image de Vancouver soit ternie en raison du nombre croissant de ses sans-abri et de l'encombrement de plus en plus grand de ses voies de circulation[33].

En dépit de ces critiques, Vancouver a été élue ville hôte. Le Comité d'organisation des Jeux olympiques et paralympiques d'hiver de 2010 à Vancouver (COVAN) a dû créer et consolider la marque Vancouver 2010. Les marques olympiques comprennent tous les noms, phrases, marques, logos et dessins relatifs aux mouvements olympique et paralympique ainsi qu'aux Jeux d'hiver de 2010, et même les mascottes Quatchi le sasquatch, Miga l'ours de mer et Sumi, un esprit animal qui vole.

Pour les Jeux, le COVAN a choisi des images qui mettent en valeur l'extraordinaire paysage de Vancouver avec sa côte, ses forêts et ses montagnes. Les dessins abstraits et les éléments numériques sont censés représenter les villes canadiennes modernes, la technologie de pointe et l'innovation. Ces éléments ont contribué à donner de Vancouver l'image d'une ville belle et accueillante et à ajouter de la valeur à sa marque en mettant l'accent sur sa beauté naturelle et son patrimoine culturel[34].

Mais comment protéger une marque aussi exceptionnelle ? En éliminant le marketing insidieux qui se produit lorsque des entreprises, volontairement ou non, exploitent le prestige de la marque. Par exemple, des détaillants pourraient se faire passer pour des commanditaires officiels en exposant des produits associés aux Jeux dans leur vitrine. Les consommateurs pourraient penser que l'entreprise est un commanditaire légitime et lui donner leur clientèle avec la certitude de soutenir les Jeux olympiques et les athlètes canadiens. Une équipe du COVAN était chargée de surveiller les utilisations inappropriées de la marque des Jeux d'hiver de 2010 et de prévenir les violations[35]. De même, on a envisagé de promulguer une nouvelle loi destinée à empêcher le marketing insidieux en diminuant le nombre de preuves requises pour démontrer celui-ci[36].

Les Jeux olympiques de 2010 à Vancouver ont entraîné la création de multiples marques, y compris les mascottes à fourrure Quatchi, Miga et Sumi.

Il était important de protéger la marque olympique parce que celle-ci a pu générer des revenus considérables essentiels pour compenser les coûts faramineux rattachés à l'accueil et à la planification des Jeux d'hiver de 2010. La création d'une marque forte a permis d'accroître les bénéfices des commanditaires. Tous les Canadiens ont pu en profiter puisque cela garantissait un revenu aux athlètes canadiens de même que le succès des Jeux olympiques aux yeux du reste du monde.

Pour en savoir plus sur la protection de la marque olympique, visitez le site www.vancouver2010.com/fr/plus-information-2010/à-propos-du-covan/la-marque-de-vancouver-2010/protéger-la-marque/.

grossistes créent des marques de distributeur. Le Choix du Président, une marque de détaillant créée et commercialisée par Loblaw, le plus gros distributeur alimentaire du Canada, est très populaire au Canada et dans certaines parties des États-Unis[37]. La marque Le Choix du Président se positionne comme une marque de qualité supérieure vendue à des prix modérés[38]. Les marques de distributeur sont particulièrement courantes dans les épiceries, les magasins minimarges et les pharmacies.

Leur popularité auprès des consommateurs dépend de plusieurs facteurs, notamment la préférence de ces derniers pour une marque moins chère et la confiance qu'ils accordent au magasin et à sa marque. La popularité des marques de distributeur,

FIGURE 9.4 Les formes de propriété de la marque

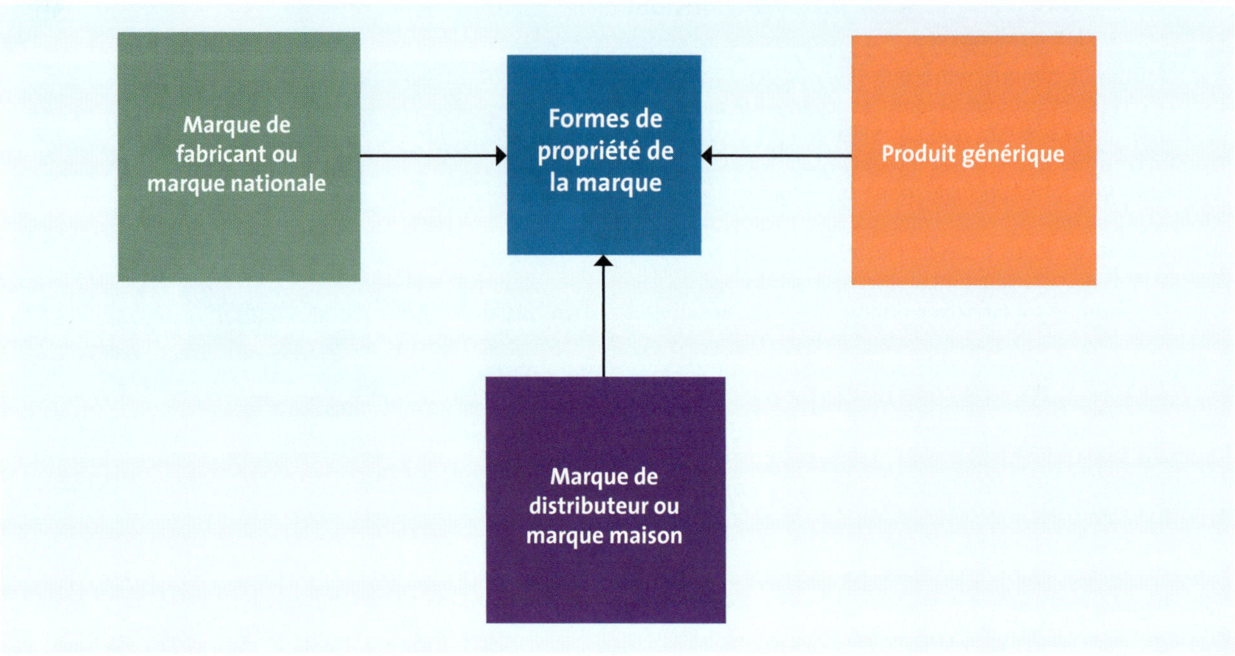

Le Choix du Président, une marque de détaillant créée et commercialisée par les Compagnies Loblaw Limitée, le plus important distributeur alimentaire du Canada, se positionne avec succès comme une marque de qualité supérieure vendue à des prix modérés.

surtout celles qui sont commercialisées par les grosses chaînes comme Walmart et Costco, s'étend rapidement et les consommateurs sont de plus en plus fidèles à ces marques. Aujourd'hui, les Biscuits Décadent aux brisures de chocolat Le Choix du Président sont la marque de biscuits la plus vendue au Canada[39].

Les marques de distributeur gagnent aussi en popularité dans le secteur du vêtement et dans d'autres catégories de produits vendus dans les grands magasins et les boutiques spécialisées. La Baie, par exemple, offre plusieurs marques de détaillant comme Beaumark, Mantles, Truly et Togo. Les magasins spécialisés, comme Gap et Victoria's Secret, vendent uniquement leurs propres marques et se classent parmi les 20 marques les plus populaires de vêtements et d'accessoires[40].

Les **produits génériques** sont des produits sans marque de commerce que l'on trouve surtout sur le marché des produits de base. Par exemple, les consommateurs peuvent acheter du sel, des céréales, des fruits et légumes frais, des viandes et des noix sans marque dans les épiceries. De même, les quincailleries vendent souvent des vis, des écrous et du bois sans marque de commerce. Toutefois, même sur ces marchés, les produits génériques sont de moins en moins populaires et acceptés. Les consommateurs se questionnent sur leur qualité et leur origine, et les détaillants se rendent compte que les marques de fabricant et les marques de détaillant recèlent un meilleur potentiel de rentabilité et d'accroissement du capital de marque. Ainsi, un grand nombre de fruits et légumes vendus dans les chaînes d'épicerie portent maintenant soit une marque de fabricant (p. ex., les bananes Dole), soit une marque de détaillant.

produit générique (*generic*)
Produit sans marque de commerce que l'on trouve surtout sur le marché des produits de base.

Nommer les marques et les lignes de produits

Les entreprises ont recours à plusieurs stratégies pour nommer leurs marques et leurs lignes de produit (*voir la figure 9.5, p. 283*).

La marque d'entreprise Une entreprise peut utiliser sa propre dénomination sociale pour tous ses produits et lignes de produits, comme le fait General Electric (GE),

FIGURE 9.5 Les stratégies liées à la dénomination de la marque

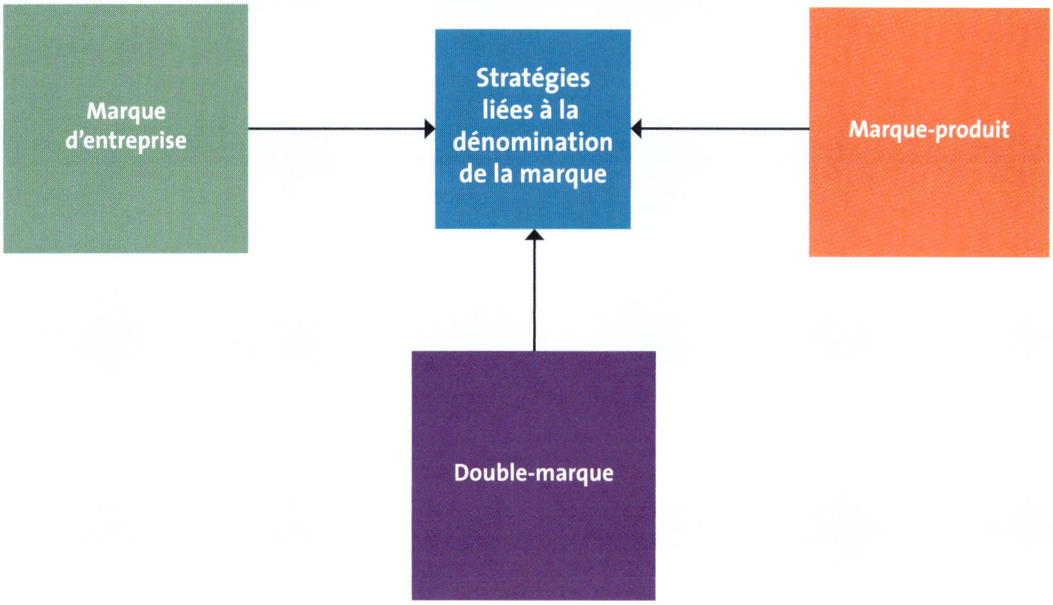

dont le nom est bien en vue sur tous ses appareils. De même, tous les produits vendus dans les magasins Gap (Gap, GapKids, babyGap, GapMaternity, GapBody) arborent uniquement le nom de l'entreprise. Lorsque tous les produits d'une entreprise portent son nom, les marques-produits profitent de la notoriété globale de la **marque d'entreprise (ou marque-entreprise)**.

marque d'entreprise (ou marque-entreprise) (*corporate brand [family brand]*) Utilisation de la dénomination sociale d'une entreprise comme marque de toutes les gammes de produits et de tous les produits qu'elle met en marché.

La double-marque Une entreprise peut aussi utiliser conjointement une marque d'entreprise et une marque-produit pour distinguer ses produits ; c'est ce qu'on appelle la **double-marque**. Par exemple, Kellogg's utilise sa marque d'entreprise sur ses céréales (Corn Flakes, Froot Loops, Rice Krispies) pour préserver sa position dynamique sur les tablettes des épiceries. Sur d'autres produits comme Pop-Tarts, Eggo et NutriGrain, le nom de la marque-produit est plus apparent que la dénomination Kellogg's. De plus, Kellogg's possède des marques autres que des céréales et des produits pour le déjeuner comme Cheez-It et Famous Amos, qui ne sont pas ouvertement associées à la marque d'entreprise.

imagination at work

Comme tous les produits de General Electric portent le nom de l'entreprise, ils bénéficient de la notoriété globale de la marque d'entreprise.

double-marque (*corporate and product line brand*) Stratégie de marque utilisant de manière conjointe une marque d'entreprise et une marque-produit afin de distinguer les produits d'une même entreprise.

La marque-produit Une entreprise peut attribuer un nom de marque à chacun de ses produits. Par exemple, dans sa ligne de produits pour la maison, Procter &

Kellogg's appose parfois la dénomination sociale de son entreprise bien en vue sur ses céréales, tandis que sur l'emballage d'autres produits, le nom de la marque-produit est mis en évidence.

Gamble offre divers détergents (Tide, Gain, Cheer, Downy, Febreze), des articles en papier (Bounty, Charmin), des nettoyants ménagers (Mr. Clean, Swiffer) et des détergents à vaisselle (Cascade, Dawn, Joy). De plus, l'entreprise commercialise des marques dans des lignes de produits variées: des produits corporels et de beauté (Olay, Old Spice, Secret, Cover Girl), des produits pour la santé et le mieux-être (Pepto-Bismol, Oral B, Puffs), des produits pour bébé (Pampers, Luvs) ainsi que des aliments et des produits de soin pour animaux (Iams)[41]. De la même façon, Loblaw exploite les marques suivantes dans tout le Canada: Atlantic Superstore, Dominion, Extra Foods, Fortinos, Loblaws, Maxi, No Frills, Provigo, Your Independent Grocer et Zehrs. Pour sa part, Sobeys est représentée par les bannières Sobeys, IGA Extra, IGA, Foodland et Price Chopper. Les **marques-produits** permettent à une entreprise de rivaliser dans une catégorie, comme les détergents à lessive, en offrant un éventail de produits à divers marchés cibles. Et si une marque périclite, d'autres produits de marque unique ne sont pas associés de façon négative à la marque qui a échoué.

marque-produit (*individual brand*)
Stratégie de marque qui consiste à attribuer un nom unique à chaque produit mis en marché.

Le choix d'un nom Que représente un nom? Quand vient le temps de nommer un nouveau produit, une entreprise devrait prendre en considération les caractéristiques suivantes. Tout d'abord, le nom de la marque doit être descriptif et suggérer les bienfaits et les qualités associés au produit. Par exemple, Sunkist évoque des images d'oranges mûrissant sur les arbres et caressées par le soleil. Ensuite, le nom de la marque doit être facile à prononcer, à reconnaître et à mémoriser, comme Tide, Crest ou Kodak. Puis, l'entreprise doit pouvoir enregistrer le nom de sa marque en tant que marque de commerce et le protéger légalement. Enfin, dans le cas des entreprises qui visent les marchés mondiaux, le nom de la marque doit être facile à comprendre ou être adapté à d'autres langues.

Saviez-vous que Research In Motion a d'abord jonglé avec l'idée de baptiser son BlackBerry... PocketLink? Bien que ce terme soit descriptif, RIM voulait un nom plus accrocheur. L'entreprise a fait appel à Lexicon Branding, qui a pendant un moment envisagé le nom Strawberry (le clavier lui faisait penser aux akènes d'une fraise), mais l'a rejeté parce qu'il était trop long à prononcer. Le nom Blackberry roulait sur la langue beaucoup plus rapidement, utilisait l'allitération, était formé de deux courts mots de cinq lettres et projetait une image ludique et conviviale[42].

Parfois, un changement de nom permet de se démarquer. La brasserie vancouvéroise Backwoods Brewery vendait ses bières aux restaurants et aux bars depuis près d'une décennie quand elle a décidé de changer son nom pour Dead Frog. Comparés aux noms de vin loufoques comme Fat Bastard et Cat's Pee on a Gooseberry Bush, les noms des marques de bière étaient plutôt conservateurs. Or, la brasserie cherchait un nom mémorable mais irrévérencieux qui plairait à une clientèle plus jeune[43].

L'extension de marque

extension de marque (*brand extension*)
Utilisation d'un nom de marque connu pour désigner un nouveau produit.

L'**extension de marque** est l'utilisation d'un nom de marque connu pour désigner un nouveau produit[44]. Le marché de l'hygiène dentaire, par exemple, regorge d'extensions de marque; en effet, Colgate, Crest et Butler vendent toutes des brosses à dents, des dentifrices et d'autres produits d'hygiène dentaire. Roots a étendu sa marque de vêtements de sport à des sacs en cuir, à des vêtements et à des accessoires de yoga, et même à une ligne de vêtements pour bébés. Les extensions de marque sont également courantes sur le marché mondial. Par exemple, Coca-Cola, Nike et Levi's vendent leurs produits dans le monde entier sous leur nom original. Certaines entreprises conservent les mêmes mots et lettres dans leur logo lorsqu'elles étendent leurs marques au marché mondial.

Utiliser la même dénomination pour de nouveaux produits comporte plusieurs avantages. Premièrement, étant donné que le nom de la marque est déjà bien établi, comme dans l'exemple de Dove présenté dans l'introduction du chapitre, il en coûte moins cher à l'entreprise pour développer la notoriété de la marque et les concepts associés au nouveau produit[45]. Gillette vendait des appareils culinaires sous la marque

Braun (cafetières, grille-pain, robots culinaires, mélangeurs, presse-fruits), puis elle a étendu sa marque à d'autres catégories de produits, comme les produits de rasage (rasoirs électriques, crèmes à raser), les produits de coiffage (fers à friser sans fil), les produits d'hygiène dentaire (brosses à dents électriques) et les fers à vapeur[46].

Deuxièmement, si la marque est reconnue pour être d'excellente qualité, cette perception rejaillira sur le nouveau produit. Forte de son succès sur le marché des ordinateurs personnels, Dell a étendu le nom de sa marque à des moniteurs, à des imprimantes, à des ordinateurs portables, à des baladeurs numériques, à des téléviseurs à écran plat, à des serveurs et à des bornes WiFi, entre autres[47].

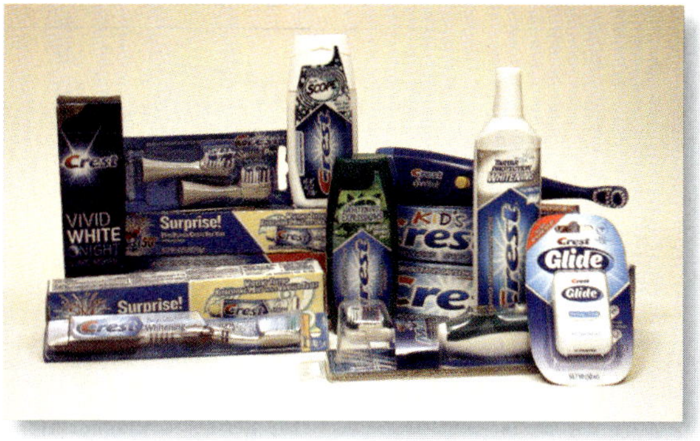

Crest a recours à l'extension de marque puisqu'elle utilise la même dénomination pour un grand nombre de produits connexes.

Troisièmement, les coûts de marketing rattachés à un nouveau produit commercialisé sous une marque déjà établie sont inférieurs parce que les consommateurs connaissent déjà la marque et la comprennent. De plus, les consommateurs qui ont adopté la marque de base sont plus susceptibles d'essayer le nouveau produit.

Quatrièmement, lorsqu'une marque est étendue à des produits complémentaires, une synergie s'établit entre les deux types de produits, laquelle peut faire augmenter les ventes totales. Par exemple, Frito Lay commercialise des croustilles et des trempettes sous les marques Frito Lay et Doritos[48]. Or, les consommateurs qui achètent les croustilles ont tendance à acheter les trempettes aussi.

Cinquièmement, les extensions de marque réussies peuvent amener les consommateurs à essayer d'autres catégories de produits de la même marque et ainsi stimuler les ventes. Par exemple, les consommateurs qui n'ont jamais utilisé la marque Neutrogena et qui essaient la lotion Contrôle acné pour la nuit, pourraient acheter la lotion hydratante de la même marque, surtout s'ils ont obtenu de bons résultats avec la lotion contre l'acné[49].

Toutefois, les extensions de marque ne sont pas toujours réussies. Certaines extensions peuvent diluer le capital de marque[50]. Une **dilution de marque** se produit lorsqu'une extension de marque a une influence défavorable sur la perception qu'a le consommateur des attributs de base de la marque[51]. Par exemple, l'association entre Cadbury et les tablettes de chocolat s'est trouvée affaiblie lorsque l'entreprise a étendu le nom de sa marque à des produits alimentaires ordinaires comme la purée de pommes de terre et les soupes[52]. Si l'extension de marque ressemble beaucoup à la marque de base, elle pourrait même cannibaliser les ventes de celle-ci. La rubrique Marketing entrepreneurial 9.1 (*voir p. 286*) décrit l'essor et les extensions de la marque Virgin lancée par Sir Richard Branson.

dilution de marque (*brand dilution*)
Situation survenant lorsqu'une extension de marque a une influence défavorable sur la perception qu'a le consommateur des attributs de la marque de base.

Pour prévenir les conséquences potentiellement négatives d'une extension de marque, les entreprises doivent tenir compte des facteurs suivants:

- Les gestionnaires marketing doivent examiner attentivement la compatibilité de l'extension de marque avec la marque initiale[53]. Si les deux catégories de produits sont logiquement reliées, les consommateurs jugeront l'extension crédible et l'associeront fortement à la marque de base.
- L'entreprise doit évaluer soigneusement la façon dont les consommateurs perçoivent les caractéristiques de la marque de base et s'assurer que le nouveau produit possède des attributs similaires parce que les concepts associés à la marque sont très importants dans le cas d'une extension[54]. Par exemple, si les imprimantes HP sont réputées pour leur fiabilité, leur performance et leur bon rapport qualité-prix, les consommateurs s'attendront à retrouver les mêmes qualités dans les autres produits de marque HP.

- L'entreprise doit éviter d'étendre la nom de la marque à un trop grand nombre de produits et de catégories de produits afin de ne pas diluer la marque ni diminuer son capital.
- L'entreprise doit se demander s'il est nécessaire que l'extension de marque s'éloigne de la marque de base, surtout si elle veut tirer parti de quelques-uns seulement des concepts associés à la marque. Quand Marriott a lancé sa ligne d'hôtels à petits prix, elle a minimisé l'importance de sa dénomination sociale (Marriott) et baptisé sa nouvelle chaîne Fairfield Inn. Saviez-vous que Marriott International possède 99 % de la chaîne d'hôtels de luxe Ritz-Carlton ? Peu de gens connaissent cette information, qui n'est mentionnée que discrètement sur le site Web du Ritz-Carlton[55].

Le comarquage

comarquage (*cobranding*) Pratique commerciale par laquelle deux entreprises ou plus s'allient pour la promotion d'un produit ou d'un service.

Le **comarquage** est une pratique commerciale en vertu de laquelle deux ou plusieurs entreprises s'allient pour promouvoir un produit ou un service. Lancée à l'origine par les sociétés émettrices de cartes de crédit, comme Visa et MasterCard, cette pratique s'est largement répandue au cours de la dernière décennie. Les compagnies aériennes ont été les premières à s'associer aux sociétés de crédit (comme la carte Aéro CIBC Visa), mais récemment, d'autres industries, comme les banques, les commerces de détail et les restaurants, ont noué des alliances similaires et lancé des cartes comme la carte MasterCard BMO Mosaik, la carte Visa Or TD et la carte MasterCard Le Choix

Marketing entrepreneurial 9.1 Virgin explore des territoires vierges

En 1968, à l'âge de 17 ans, Sir Richard Branson lance sa première entreprise en fondant le magazine *Student*[56]. Deux ans plus tard, il se réoriente vers la vente de disques par correspondance, mais il subit un revers lorsqu'une grève des postes éclate l'année suivante. Il ouvre alors son premier magasin de disques, suivi par un studio d'enregistrement et lance le label Virgin Records. En 1984, l'entrepreneur met sur pied Virgin Atlantic Airways. La marque Virgin se retrouve aujourd'hui sur un vaste éventail de catégories de produits et de marchés : clubs d'entraînement physique (Virgin Active), maison d'édition (Virgin Books), transport et tourisme (Virgin Holidays, Virgin Express, Virgin Limobike, Virgin Trains), cellulaires (Virgin Mobile) et cosmétiques (Virgin Cosmetics), pour ne citer que ceux-là. À l'heure actuelle, ces catégories de produits totalisent des ventes de plus de 8 milliards de dollars et font travailler quelque 35 000 personnes[57].

Le nom Virgin est accolé à des produits et à des catégories de produits très éloignés des entreprises originales : le transport en avion et les magasins de musique (Virgin a vendu son studio d'enregistrement à Thorn EMI en 1992). Ces développements remettent en question les idées reçues selon lesquelles une extension de marque doit toucher des catégories de produits similaires pour être réussie. Toutefois, le fait que Virgin mette l'accent sur la qualité avant tout a contribué au succès de la plupart de ses extensions. Certains attribuent ce succès non pas à la qualité de tel ou tel produit Virgin, mais aux qualités associées à la marque : irrévérencieuse, amusante et non conventionnelle.

Sir Richard Branson a étendu la marque Virgin avec succès au-delà de ses entreprises initiales, soit le transport en avion et les magasins de disques. Virgin Home Loans est l'une de ses plus récentes initiatives.

Même si la marque Virgin semble extensible à l'infini, l'entreprise a essuyé des échecs, surtout sur les marchés des boissons alcoolisées et des sodas. Sa marque de vodka n'a pas marché et Virgin Cola n'a jamais été introduit au Canada, a échoué aux États-Unis et a obtenu une part de marché de seulement 3 % au Royaume-Uni. En étendant sa marque à outrance, Virgin court surtout le risque de ne pas pouvoir satisfaire tous ses clients dans toutes les catégories. Le client qui apprécie son vol à bord d'un appareil de Virgin Atlantic s'achètera peut-être un cellulaire Virgin. Mais si son contrat de cellulaire ne répond pas à ses attentes, Virgin Atlantic et d'autres produits Virgin risquent de perdre un client pour toujours.

du Président, pour n'en nommer que quelques-unes. Starbucks a été le premier restaurant à service rapide à offrir sa propre carte de crédit en association avec Visa[58].

Le comarquage améliore la perception des consommateurs quant à la qualité d'un produit[59]. En effet, les liens entre la marque d'entreprise et une autre marque dont la qualité est reconnue attirent l'attention sur la qualité d'un produit qui passerait inaperçue autrement. Par exemple, NutraSweet, qui s'annonce comme un succédané de sucre sécuritaire et sans arrière-goût, a vu ses ventes grimper en flèche après que Cola-Cola et Pepsi eurent lancé des produits qui en contenaient. Le comarquage d'Intel, avec son logo «*Intel Inside*», a contribué à rehausser la réputation des fabricants d'ordinateurs personnels contenant des puces Intel.

Le comarquage constitue parfois le prélude à une stratégie d'acquisition. Ainsi, FedEx a conclu une entente de comarquage avec Kinko's, en vertu de laquelle celle-ci acceptait d'offrir les services de FedEx dans ses magasins de détail[60]. Puis, au début de 2004, FedEx a acquis Kinko's pour une somme estimée à 2,4 milliards de dollars et changé le nom de l'entreprise pour FedEx Kinko's[61].

Toutefois, le comarquage comporte certains risques, surtout lorsque les consommateurs de chaque catégorie de produits sont très différents. Par exemple, la stratégie de comarquage de Burger King et de Häagen-Dazs a échoué parce que les profils des clients de chaque marque étaient trop différents[62]. Le comarquage peut échouer également si les propriétaires des marques n'arrivent pas à résoudre leurs différends au sujet du partage des recettes ou des redevances[63]. Enfin, les entreprises propriétaires des marques peuvent modifier leurs priorités et cesser d'offrir le produit comarqué. Dans ce scénario, la relation avec le client et la fidélité de celui-ci envers le produit comarqué sont perdues pour l'entreprise[64].

La concession de licence de marque

La **concession de licence de marque** est une entente en vertu de laquelle une entreprise permet à une autre entreprise d'utiliser le nom de sa marque, son logo, ses symboles ou sa personnalité en échange de redevances[65]. Ce type d'entente est courant dans le cas des jouets, des vêtements, des accessoires et des produits de divertissement comme les jeux vidéo ; aux États-Unis, il génère annuellement des ventes au détail de plus de 100 milliards de dollars[66]. L'entreprise qui accorde à l'autre entreprise l'autorisation d'utiliser sa marque (le concédant) touche des revenus sous forme de redevances que lui verse l'entreprise qui a obtenu le droit d'utiliser sa marque (le concessionnaire). Ces redevances prennent parfois la forme d'un versement forfaitaire, unique ou périodique, payé d'avance ou elles peuvent être basées sur des résultats précis, comme le nombre d'unités vendues ou la valeur pécuniaire des ventes des produits autorisés.

concession de licence de marque (*brand licensing*)
Entente entre deux entreprises où l'une d'entre elles permet à l'autre d'utiliser son nom de marque, son logo, ses symboles ou sa personnalité en retour d'une compensation (royautés).

Plusieurs aspects d'une marque peuvent faire l'objet d'une licence. Les créateurs de vêtements à succès, comme Ralph Lauren, Calvin Klein et Eddie Bauer, ainsi que les fabricants de produits de luxe accordent souvent l'autorisation d'apposer le nom de leur marque sur une variété de produits. Les radios Grundig affichent le nom Porsche, qui figure aussi sur des montres, des bagages et des raquettes de tennis. Même le secteur informatique tire profit du nom de la marque avec le jeu *Need for Speed : Porsche Unleashed*. Canadian Tire profite de la popularité croissante de la course NASCAR pour se positionner comme le détaillant de pièces d'automobiles officiel de cet événement au Canada[67]. Une forme très populaire de concession de licence est l'utilisation de personnages de livres et d'autres médias. Cette forme de licence de divertissement génère des recettes faramineuses pour les studios de cinéma comme Disney, Lucasfilms (pensons aux marchandises reliées à *La guerre des étoiles*) et New Line (concédant de jouets et d'objets de collection relatifs au *Seigneur des anneaux*) et pour les éditeurs de bandes dessinées comme Marvel Entertainment (*Spiderman*). Les équipes sportives des ligues majeures de basket-ball (NBA), de football (NFL) ou de hockey (LNH) ainsi que de divers collèges et universités font depuis longtemps des concessions de licence de marque.

Le célèbre joueur de tennis René « le Crocodile » Lacoste (photo du haut, 1927) a cofondé une entreprise qui fabriquait des chemises en jersey blanc ornées d'un crocodile sur le côté gauche de la poitrine. La marque est encore vendue aujourd'hui (photo du bas) dans les boutiques Lacoste et des magasins comme Neiman Marcus.

La concession de licence constitue un moyen efficace de donner de la visibilité à une marque et, conséquemment, d'augmenter son capital tout en générant des revenus additionnels. Toutefois, cette pratique comporte certains risques. Pour le concédant, le principal risque concerne la dilution de marque causée par un usage excessif et surtout inadéquat du nom de la marque et de la personnalité qui y est associée[68].

Prenons l'exemple de la célèbre — ou tristement célèbre — chemise au crocodile. En 1933, l'entreprise fondée par le Français René Lacoste (le concédant), un joueur de tennis réputé surnommé « le Crocodile », a conclu une entente avec André Gillier (le premier concessionnaire) pour produire des chemises en jersey de coton blanc de qualité supérieure à col côtelé et à manches courtes, ornées d'un crocodile du côté gauche de la poitrine. Gillier a élargi la ligne de produits pour y inclure d'autres vêtements de sport et, en 1966, le nom de la marque Lacoste a été concédé au fabricant américain IZOD (le second concessionnaire). Les vêtements à l'effigie du crocodile étaient vendus dans les meilleurs grands magasins, clubs de golf et boutiques de tennis jusque vers la fin des années 1980. Puis, IZOD a décidé de vendre les vêtements griffés dans les magasins de rabais, ce qui a entraîné une baisse de la qualité et des ventes. Néanmoins, l'alliance a persisté jusqu'en 1992, année où Lacoste a décidé de rompre ses liens avec IZOD. Depuis, la marque Lacoste a retrouvé son prestige et elle est vendue dans les boutiques et les magasins spécialisés du monde entier[69].

Les concédants courent aussi le risque de mal évaluer leur marque à des fins de concession ou de conclure le mauvais type d'accord d'octroi de licence. Par exemple, les premières ententes conclues par Marvel Entertainment avec des studios de cinéma pour l'utilisation des personnages de ses bandes dessinées étaient sous-évaluées parce que l'entreprise a accepté un montant forfaitaire plutôt que d'arrimer ses redevances aux ventes. En conséquence, elle a sans doute perdu de l'argent en passant les accords relatifs à ses premiers films *X-Men* et *Blade*[70]. En ce qui touche à l'octroi d'une licence de divertissement, les concédants comme les concessionnaires s'exposent à ce que les personnages inspirés de livres et de films passent de mode. De plus, le succès ou l'échec des produits inspirés de films dépend directement du succès ou de l'échec des films comme tels[71].

OA 4 L'emballage

L'emballage est un élément important de la marque qui possède plus d'avantages tangibles que d'autres éléments parce que les emballages existent sous différentes formes et présentent divers avantages pour les consommateurs, les fabricants et les détaillants. Les consommateurs recherchent en général un emballage pratique et facile à ranger, à utiliser et à consommer.

Or, l'emballage sert aussi à protéger les produits. Les enveloppes et les cartons protègent les œufs et les empêchent d'être écrasés. Dans le cas des dentifrices, l'emballage contribue directement et de manière importante à l'expérience du consommateur. Il joue un rôle crucial dans la logistique de la distribution. La forme et la résistance sont pensées de manière à réduire le coût total de manutention. Par exemple, l'emballage logistique porte le CUP enregistré aux caisses des détaillants ainsi que des informations notamment sur le contenu et le mode d'emploi. L'emballage peut aussi constituer un outil de marketing important pour le fabricant lorsqu'il sert à illustrer le positionnement de la marque. Le géant des cosmétiques Estée Lauder estime que l'emballage véhicule surtout l'image de la marque, et ses emballages ont une allure moderne et raffinée que l'on reconnaît aussitôt[72]. De nombreux gestionnaires marketing considèrent l'emballage comme l'outil publicitaire ultime, puisque son rôle est de promouvoir les produits auprès des consommateurs au point de vente. L'emballage peut aussi influer sur les émotions des consommateurs et pousser ces derniers à faire un achat impulsif. La forme des flacons et des contenants de lotions, de parfums et de déodorants illustre parfaitement le fait que les gestionnaires marketing utilisent les emballages non seulement à des fins de distribution, mais également pour favoriser l'achat et la différenciation. Les enfants font souvent pression sur leurs parents pour qu'ils achètent un produit (comme les céréales) parce qu'ils sont attirés par l'emballage bien plus que par le produit en tant que tel. Dans ce cas, l'emballage permet de différencier le produit et rend les consommateurs fiers de s'identifier à la marque.

Tous les détaillants n'ont pas les mêmes priorités en matière d'emballage, mais tous recherchent des emballages pratiques pour la présentation et la vente. Pour les clients, le paquet de 12 canettes de Coca-Cola a une forme compacte et est facile à transporter à la maison et à ranger dans le réfrigérateur; pour les détaillants, cet emballage s'empile facilement sur les tablettes.

De plus, un grand nombre de marchandises sont emballées dans des caisses, des palettes ou des conteneurs afin de faciliter le transport et l'entreposage depuis le fabricant jusqu'au détaillant. Ces emballages profitent aux fabricants et aux détaillants, puisqu'ils protègent la cargaison durant le transport; ils facilitent le chargement, le déchargement et l'entreposage; enfin, ils sont rentables étant donné que les commandes et les cargaisons plus volumineuses permettent de réduire les coûts.

Le paquet de 12 canettes de Coca-Cola a fait grimper les ventes. Les consommateurs peuvent ranger le paquet entier dans leur réfrigérateur et, ainsi, avoir toujours une boisson fraîche à leur portée.

Étant donné que l'emballage joue un rôle aussi crucial dans le positionnement de la marque et dans l'impact visuel sur les rayons, de nombreuses innovations en matière de conception et de matériaux ont eu lieu au cours des dernières décennies. En voici des exemples[73]:

- **Les sachets refermables à maintien vertical.** Les jus Capri-Sun ont été les pionniers de ces sachets. Aujourd'hui, il existe divers produits et types de sachets, y compris des sachets refermables. On peut même acheter du thon dans un sachet à maintien vertical.
- **Les canettes en aluminium.** Lancées en 1965, les canettes ont dominé le marché des boissons dès 1985. Aujourd'hui, on vend même certaines marques d'eau et de boisson énergisantes dans des canettes en aluminium.
- **Les bouteilles aseptiques.** Tetra Pak et IP ont conçu des modèles et des machines qui ont augmenté la durée de conservation des boissons sans réfrigération. Ces bouteilles sont surtout utilisées par les fabricants de jus, mais aussi par certains fabricants de soupes.
- **Les emballages de protection et les emballages adaptés aux aînés.** Les produits dangereux pour les enfants de moins de cinq ans, comme les médicaments, les solvants, les produits chimiques et les pesticides, sont désormais vendus avec des couvercles que les enfants ne peuvent ouvrir. Quant aux aînés, ils apprécient les emballages légers, faciles à manipuler et à ouvrir, dont les étiquettes sont lisibles. En réaction aux commentaires des consommateurs, l'entreprise canadienne Soins-santé grand public McNeil a conçu le bouchon E-Z Open, qui ne vise pas à empêcher les enfants de les ouvrir mais qui est destiné spécialement aux personnes souffrant d'arthrite[74].
- **Les emballages « verts » et biodégradables.** Les consommateurs sensibilisés à l'environnement réclament des emballages moins volumineux et faciles à

Les emballages innovants peuvent améliorer le positionnement d'un produit et son impact visuel sur les rayons. Il suffit de penser aux sachets refermables, aux emballages de protection et adaptés aux aînés, aux canettes en aluminium à languette, aux bouteilles aseptiques et aux bouchons dévissables.

recycler. L'entreprise vancouvéroise Earthcycle a lancé des emballages en fibre de palmier compostable pour les produits comme les mets à emporter et les fruits et légumes frais. La fibre de palmier, qui prend environ 90 jours à se dégrader, est utilisée par Loblaw et Walmart[75]. Procter & Gamble a réduit de moitié le volume des contenants de toutes ses marques de détergents à lessive liquides (comme Tide, Gain et Cheer) en concentrant leur formule. Les détaillants apprécient le fait que les emballages plus petits sont faciles à entreposer et prennent moins de place sur les tablettes[76].

L'étiquetage

Les étiquettes des produits et des emballages donnent aux consommateurs les informations dont ils ont besoin pour prendre une décision d'achat et consommer le produit. Parce qu'elle présente le produit et la marque, l'étiquette est aussi un élément crucial du marquage et peut servir à promouvoir le produit. L'information qu'elle contient doit être conforme à des lois et règlements généraux et propres à l'industrie, notamment en ce qui concerne les ingrédients, le lieu de fabrication, le mode d'emploi ou les mises en garde.

La plupart des exigences en matière d'étiquette découlent de lois comme la Loi sur la concurrence, la Loi et le Règlement sur l'emballage et l'étiquetage des produits de consommation, la Loi sur les aliments et drogues et la Loi sur les matières dangereuses. Plusieurs organismes fédéraux, groupes industriels et groupes de protection des consommateurs surveillent de près les étiquettes. La Loi sur les aliments et drogues régit l'information contenue sur les étiquettes des aliments, des médicaments et des cosmétiques. La Loi sur l'emballage et l'étiquetage des produits de consommation concerne les produits alimentaires et veille à ce que les allégations des fabricants soient véridiques et que les étiquettes reflètent avec précision les ingrédients et leurs quantités. Toutes les étiquettes doivent être écrites dans les deux langues officielles du Canada, le français et l'anglais.

Cette étiquette mentionne sept bienfaits du yogourt Danone.

Les allégations des fabricants sont parfois critiquées par divers groupes de protection des consommateurs. Au Royaume-Uni, l'Independent Television Commission (ITC) a soutenu que le yogourt Shape de Danone n'était pas « presque sans matières grasses » comme le mentionnait son étiquette. En effet, la Dairy Industry Federation stipule que seuls les produits contenant moins de 0,3 gramme de matières grasses par 100 grammes peuvent prétendre être « presque sans matières grasses ». Or, le yogourt Shape de Danone en contenait trois fois plus[77].

La rubrique Question d'éthique 9.1 (*voir p. 291*) expose certains problèmes auxquels se heurtent les entreprises en ce qui a trait à la promotion des ingrédients contenus dans leurs produits ainsi que les préoccupations relatives à l'étiquetage de ces produits. Ces préoccupations deviennent encore plus complexes lorsque les produits traversent des frontières.

L'étiquette d'un produit est bien plus qu'un simple bout de papier collé sur l'emballage : c'est un outil de communication — qui est trop souvent négligé — et un contrat. La loi oblige le fabricant à y indiquer un grand nombre d'éléments (ingrédients, teneur en matières grasses et en sodium, taille d'une portion, nombre de calories par portion), mais d'autres détails de l'étiquette sont laissés à la discrétion du fabricant. La façon dont les fabricants utilisent les étiquettes pour annoncer les bienfaits de leurs produits varie en fonction du produit. Par exemple, l'étiquette du yogourt Danone indique que ce produit est riche en calcium. D'autres produits mettent en valeur d'autres ingrédients, la teneur en vitamines ou en nutriments, comme le fer.

Question d'éthique 9.1 Que cachent les logos santé ?

Aujourd'hui, les consommateurs veulent acheter des produits plus nutritifs et éviter les produits douteux. Comme l'alimentation saine est de plus en vogue, de nombreuses entreprises ont pris le train en marche et apposé des « sceaux d'approbation » sur leurs produits. Par exemple, Kraft Foods a lancé le programme *Solution sensée*, identifié par un fanion vert qui figure actuellement sur plus de 500 produits, afin d'aider les consommateurs à choisir plus facilement des aliments savoureux et sains. Le logo « Bien choisir » est le signal que PepsiCo envoie aux consommateurs pour indiquer que certains aliments sont des choix santé. Même les restaurants se sont laissé prendre au jeu et profitent de l'occasion pour proposer certains mets de leurs menus comme étant des choix sains. Swiss Chalet, une chaîne de rôtisseries présente dans 7 provinces canadiennes[78], a apposé le symbole « Visez santé » sur ses mets et ses plats d'accompagnement qui répondent aux critères nutritionnels de la Fondation des maladies du cœur.

Mais que signifie réellement ce sceau ? Les produits qui portent le logo « Bien choisir » de PepsiCo doivent répondre aux critères suivants :

- contenir au moins 10 % de la valeur quotidienne d'un nutriment ciblé (protéines, fibres, calcium, fer, vitamine A, vitamine C) et respecter les limites en ce qui a trait à la teneur en matières grasses, en gras saturés, en gras trans, en cholestérol, en sodium et en sucre ajouté ; ou
- procurer des bienfaits spécifiques pour la santé ou le bien-être ; ou
- avoir une teneur réduite en calories ou en nutriments comme les matières grasses, le sodium ou le sucre[79].

Intéressant ? Peut-être, mais examinons les choses d'un peu plus près. Le Pepsi diète affiche le logo « Bien choisir » parce qu'il ne contient ni sucre, ni calories, ni glucides. Or, les nutritionnistes soutiennent que les consommateurs devraient boire du jus, de l'eau ou du lait s'ils veulent vraiment faire un choix sain; de plus, il faut prendre en compte la question de l'aspartame. Les grignotines Cheetos cuites au four sont approuvées parce qu'elles ne contiennent pas de cholestérol ni de gras trans et ne sont pas frites. Mais elles demeurent riches en calories (130 calories pour 34 Cheetos, dont 45 proviennent des matières grasses) et ne contiennent ni fibres, ni vitamines, ni minéraux.

Avez-vous déjà vu des produits dont l'étiquette annonce un « Choix santé » dans les épiceries ? Achèteriez-vous de la barbe à papa biologique ?

Quant à ce qui mijote dans les cuisines de Kraft, ses Oreo Thinsations sont vendus en paquets pratiques renfermant seulement 100 calories. Même s'ils contiennent moins de matières grasses que les biscuits Oreo traditionnels, ces calories restent des calories vides qui proviennent du sucre.

Swiss Chalet fait-il mieux ? Les mets de son menu qui affichent le logo « Visez santé » semblent être très nutritifs et représenter un choix sain pour les consommateurs soucieux de leur santé. Toutefois, les plats qui méritent ce logo sont très peu nombreux et certains, comme les salades, doivent être mangés sans vinaigrette pour remplir les conditions requises.

Dernièrement, la tendance à mettre en valeur les qualités saines des aliments a pris une tournure inattendue lorsque des entreprises ont commencé à promouvoir des aliments vides (*junk food*) biologiques. Aux yeux de certains consommateurs, la certification biologique représente un sceau d'approbation. Pourtant, les Pop-Tarts biologiques sont-ils vraiment plus sains que leurs équivalents qui ne sont pas bio ? Et que dire de la barbe à papa biologique Pure Fun ? Les critiques prétendent que cette mode donne simplement aux consommateurs préoccupés par leur santé un prétexte pour manger des aliments vides[80].

Même si la plupart de ces entreprises s'efforcent d'offrir des produits plus sains aux consommateurs, il faut se demander si ces étiquettes « Choix santé » ne sont pas juste un stratagème pour vendre. Qu'en pensez-vous ? Les entreprises qui utilisent un logo santé sont-elles de bonne foi ou recherchent-elles uniquement le profit ?

Faites le point

1) Décrivez comment les entreprises adaptent leurs lignes de produits aux conditions changeantes du marché.

2) Expliquez l'importance des marques pour les entreprises.

3) Décrivez les diverses stratégies de marque auxquelles ont recours les entreprises.

4) Expliquez comment l'emballage et l'étiquette d'un produit s'intègrent à la stratégie globale d'une entreprise.

1) Les conditions du marché sont variables. De nouvelles possibilités surgissent, d'autres mûrissent, puis disparaissent. Parfois, la concurrence devient plus féroce ou les concurrents décident de relever de nouveaux défis. Les entreprises élargissent leurs lignes de produits en y ajoutant de nouvelles catégories de produits ou de nouvelles références au sein d'une catégorie. La décision d'ajouter des produits doit être soigneusement réfléchie. L'expansion excessive d'une ligne de produits peut embrouiller les consommateurs et diluer l'attrait des produits de base de la marque. Parfois, un produit ou une ligne de produits cesse d'être rentable, ou encore les priorités de l'entreprise ou les préférences des consommateurs changent. Le cas échéant, l'entreprise doit élaguer ses lignes de produits en supprimant des articles et même des catégories entières de produits.

2) Les marques facilitent le processus de recherche des consommateurs. Certains clients demeurent fidèles à certaines marques, un facteur qui protège ces marques de la concurrence. De plus, les marques ont une valeur légale puisque les marques de commerce et les droits de propriété protègent les entreprises contre la contrefaçon et les imitations de pacotille. Les entreprises dont les marques sont réputées peuvent dépenser relativement moins en vente et en distribution parce que la marque et les concepts qui lui sont associés contribuent à faire vendre le produit. Enfin, les marques possèdent une réelle valeur marchande en tant qu'actifs d'une entreprise.

3) Les entreprises ont recours à diverses stratégies pour gérer leurs marques. Premièrement, elles doivent décider si elles veulent offrir des marques nationales, de détaillant ou génériques. Deuxièmement, elles ont le choix d'utiliser une marque d'entreprise globale, un ensemble de marques-produits ou des doubles-marques. Troisièmement, pour cibler de nouveaux marchés ou élargir leur marché, elles peuvent étendre leurs marques à de nouveaux produits. Quatrièmement, une entreprise peut conclure une entente de comarquage avec une autre entreprise pour créer une synergie des ventes et des profits pour elles deux. Cinquièmement, les entreprises qui possèdent des marques fortes ont la possibilité d'octroyer une licence de marque à d'autres entreprises. Sixièmement, le repositionnement d'une marque est souvent nécessaire sur un marché en constante évolution.

4) Comme les marques, les emballages et les étiquettes contribuent à faire vendre le produit et facilitent son emploi. L'emballage contient le produit et son étiquette renseigne l'acheteur sur celui-ci. Outre le fait que son étiquette contient des renseignements utiles, l'emballage facilite le transport et l'entreposage tant aux détaillants qu'aux consommateurs. Les étiquettes sont devenues de plus en plus importantes pour les consommateurs, car elles fournissent des renseignements précieux concernant la sécurité, la valeur nutritionnelle et le mode d'emploi du produit.

Mots clés

- assortiment de produits (ou gamme de produits), p. 269
- capital de marque, p. 274
- catégorie de produits, p. 270
- comarquage, p. 286
- concepts associés à une marque, p. 278
- concession de licence de marque, p. 287
- coût perçu, p. 277
- dilution de marque, p. 285
- double-marque, p. 283
- étendue (ou largeur) de la gamme de produits, p. 270
- extension de marque, p. 284
- fidélité à la marque, p. 278
- ligne de produits, p. 269
- marque, p. 270
- marque de distributeur (ou marque maison), p. 280
- marque de fabricant (ou marque nationale), p. 280
- marque d'entreprise (ou marque-entreprise), p. 283
- marque-produit, p. 284
- notoriété de la marque, p. 277
- personnalité de la marque, p. 278
- produit, p. 268
- produit générique, p. 282
- profondeur de la ligne de produits, p. 270
- références, p. 270
- valeur perçue, p. 277

Révision des concepts

1. Expliquez la différence entre l'étendue d'une gamme de produits et sa profondeur. Pourquoi est-il important de comprendre cette différence ?
2. Expliquez pourquoi la stratégie de marque est importante pour les gestionnaires marketing. Quelle valeur l'achat et l'utilisation de produits ayant une marque de commerce apportent-ils aux clients ?
3. Qu'est-ce que le capital de marque ? Décrivez les stratégies que les gestionnaires marketing peuvent mettre en œuvre pour augmenter le capital de leur marque.
4. Expliquez la différence entre une marque nationale, un produit générique et une marque de distributeur. Les détaillants devraient-ils vendre les trois types de marques ? Pourquoi ?
5. Décrivez les éléments que les entreprises devraient prendre en considération au moment de choisir le nom d'un produit.
6. Quels sont les avantages d'étendre le nom d'une marque à de nouveaux produits ?
7. Expliquez ce qui différencie la concession de licence de marque du comarquage.
8. Qu'est-ce que le comarquage ? Quand est-il logique pour une entreprise de recourir à celui-ci ?
9. Indiquez comment les gestionnaires marketing augmentent la valeur de leurs produits grâce à l'emballage. Expliquez les problèmes d'éthique liés à l'emballage et à l'étiquetage des produits. Proposez une solution à certains de ces problèmes.
10. Expliquez comment l'étiquetage peut être utilisé comme un outil de marketing au lieu de fournir simplement les informations obligatoires en vertu de la loi.

Marketing appliqué

1. Les aliments prêts à servir que vend Whole Foods Market, le plus gros détaillant mondial d'aliments biologiques, sont très rentables. Pour qu'ils le soient encore plus, proposez deux stratégies visant à modifier l'étendue et la largeur de la gamme de produits du détaillant.
2. Rendez-vous dans une épicerie et cherchez le dentifrice Colgate Total sur les tablettes. Combien de références différentes (y compris les variations de taille et de saveur) cette épicerie vend-elle ? Quels sont les avantages et les désavantages de vendre une aussi grande variété de produits ?
3. Supposons que vous veniez de décrocher un emploi à titre de consultant en marketing pour un bijoutier. Ce dernier produit une marque de distributeur depuis 75 ans, mais il songe à créer sa propre marque de bijoux. Exposez les avantages et les inconvénients de cette stratégie.
4. Nommez une marque qui possède un grand capital. Quels aspects précis de cette marque son capital lui donne-t-il ?
5. Êtes-vous fidèle à une ou plusieurs marques ? Le cas échéant, choisissez-en une et expliquez pourquoi vous lui êtes fidèle, mis à part le fait qu'elle vous plaît. Si vous n'êtes fidèle à aucune marque, choisissez une marque que vous aimez bien et expliquez en quoi votre perception et votre comportement envers elle changeraient si vous lui étiez fidèle.
6. La compagnie Ford du Canada possède plusieurs marques : Ford, Lincoln, Mercury, Mazda, Volvo, Jaguar, Land Rover et Aston Martin. Chaque marque comprend de nombreux modèles, dont chacun porte un nom unique. Ne serait-il pas plus facile de donner à tous les modèles le nom Ford ? Justifiez votre réponse.
7. Contrairement à Ford, BMW possède une seule marque et assigne à chaque voiture un numéro plutôt qu'un nom : BMW Série 3, Série 5 ou Série 7. Quels avantages BMW retire-t-elle de ce procédé ?
8. Trouvez une entreprise qui vient de réaliser une extension de marque. Indiquez si vous croyez que cette extension particulière sera favorable ou défavorable à l'entreprise.
9. Pensez-vous que tous les aliments vendus dans une épicerie devraient porter une étiquette décrivant leurs ingrédients et leurs qualités nutritionnelles ? Placez-vous successivement du point de vue des consommateurs, du fabricant et du magasin.
10. Vous travaillez depuis peu dans une petite boulangerie qui aspire à distribuer ses produits dans les épiceries. La popularité des produits de la boulangerie augmente constamment et l'entreprise souhaite élargir sa distribution maintenant qu'elle a augmenté sa capacité de production. Vous avez rendez-vous avec le directeur d'une chaîne d'épiceries locale. Ce dernier connaît bien les produits de la boulangerie et il est enthousiasmé à l'idée de les vendre dans son magasin. Il vous demande de concevoir un emballage attrayant, qui conserve la fraîcheur des produits et qui soit le moins volumineux possible afin de contenter même les environnementalistes les plus rigoureux. Ce défi est nouveau pour vous. À la boulangerie, les clients choisissent les produits dans le comptoir vitré et ceux-ci sont ensuite emballés dans des sacs en papier. Créez un emballage qui satisfera le détaillant et sera abordable pour la boulangerie.

Cyberfuté

1. Visitez le site Web de Procter & Gamble (www.pg.com/fr_CA/index.shtml). Relevez ses lignes de produits et décrivez-les brièvement. Ensuite, choisissez une catégorie de produits et décrivez son étendue. Expliquez vos réponses.
2. Interbrand Corporation, une société newyorkaise chef de file de la consultation en matière de marque, effectue des recherches sur la valeur pécuniaire de différentes marques. Visitez son site Web (www.interbrand.com) et consultez son plus récent sondage *Best Global Brands* (meilleures marques mondiales). Nommez les cinq meilleures marques, leur valeur et leur pays d'origine. Décrivez les variations de positions dans le classement que ces entreprises ont connues par rapport à l'année précédente. Pourquoi leur classement a-t-il changé ? Indiquez quelles marques ont connu la plus importante variation en pourcentage (hausse ou baisse) par rapport à l'année précédente.

Étude de cas

LES PRODUITS BAND-AID®[81] : TIRER PARTI DE LA VALEUR DE LA MARQUE[82]

Filiale du géant mondial Johnson & Johnson, Band-Aid® est le chef de file du marché des pansements. Occupant une part dominante du marché, la marque est reconnue mondialement et respectée tant par les consommateurs que par les professionnels de la santé. Reconnue pour ses produits de soins innovants, la société continue de lancer de nouveaux produits qui s'appuient sur des technologies créatives. Le magazine *Good Housekeeping* a même attribué son prix *Good Buy* (Bon achat) à l'un de ces produits, en l'occurrence le pansement liquide Band-Aid. Depuis sa fondation jusqu'à aujourd'hui, Band-Aid ne cesse d'offrir une grande valeur à ses clients et a prouvé que les consommateurs du monde entier pouvaient faire confiance à la marque.

La naissance de la marque

La nécessité est la mère de l'invention et, dans le cas de Band-Aid, ce dicton est on ne peut plus vrai. En 1920, lorsque Earle Dickson, alors acheteur de coton pour Johnson & Johnson, rentrait à la maison, il trouvait toujours un repas chaud préparé par sa femme Josephine. Or, il trouvait aussi les mains de sa femme couvertes de brûlures et d'écorchures résultant de ses travaux culinaires. Il devait alors couper des morceaux de gaze et de ruban adhésif pour couvrir ses plaies. Bientôt, Dickson a eu l'idée de préparer des pansements prêts à utiliser en plaçant de petits carrés de gaze en coton à intervalles réguliers le long d'une bande adhésive. Quand le produit a été lancé sur le marché, les pansements étaient faits à la main, n'étaient pas stériles et rapportaient à peine 3 000 $ par an.

La société aujourd'hui

Aujourd'hui, les produits Band-Aid sont fabriqués à la machine et entièrement stériles. Une visite sur le site Web de l'entreprise (www.bandaid.ca/fr) révèle le chemin parcouru par la société depuis les premiers pansements de ruban adhésif et de gaze, ainsi que la demande contemporaine concernant les diverses catégories de produits de premiers soins vendus sans ordonnance.

Fidèle à sa longue tradition en matière d'innovation, la société continue d'investir dans le développement et la commercialisation de nouveaux produits (*voir le tableau 9.3, p. 295*). Il existe une grande variété de produits Band-Aid : des emballages ornés de personnages populaires pour les enfants ; des pansements de formes uniques adaptés à diverses parties du corps ; des pansements antibiotiques ; des pansements imperméables imprégnés d'aloès pour traiter les brûlures ; des pansements cicatrisants ; des pansements en plastique transparent, en tissu extensible et de formes ronde et carrée ; ainsi que des compresses traitées et non traitées. De plus, la marque Band-Aid s'étend désormais à divers onguents, compresses, rubans adhésifs et trousses destinés à traiter une foule de plaies. Par exemple, la mousse antiseptique One-Step Cleansing and Infection Protection nettoie et guérit les plaies sans nécessiter le recours à un onguent antibiotique. La lotion Calamine assèche et calme les démangeaisons causées par l'herbe à puce ; les tampons Bug Bite Relief soulagent les démangeaisons résultant des piqûres d'insectes. Et les minitrousses de premiers soins First Aid To Go!® comprennent des produits essentiels en format de voyage.

Cependant, les nouveaux produits Band-Aid ne sont pas donnés. Sur son budget de marketing de 28 millions de dollars en 2003, la société a affecté 17 millions à trois nouvelles extensions de

TABLEAU 9.3 Exemples de nouveaux produits Band-Aid

Année	Nouveau produit
1920	Mise en marché des pansements adhésifs Band-Aid (7,5 cm sur 45 cm)
1924	Premiers pansements stériles faits à la machine
1940	Ajout de fil rouge pour faciliter l'ouverture des emballages de pansement
1951	Pansements en plastique
1956	Pansements de fantaisie
1958	Pansements en vinyle
1994	Pansements de sport
1997	Pansements avec onguent antibiotique sur le coussinet
2000	Pansements Guérison avancée
2001	Pansement liquide favorisant une guérison rapide
2003	Technologie de guérison des cicatrices (atténue les cicatrices rouges et boursouflées)

Source: www.bandaid.com

produits. Les pansements Guérison avancée Coussinets pour les ampoules, un pansement rond, coussiné et imperméable destiné à guérir et à prévenir les ampoules aux pieds, a reçu un soutien de 7 millions de dollars visant à promouvoir sa capacité à produire une guérison rapide et naturelle. Les pansements Tough-Strips Finger Care ont bénéficié, pour leur part, d'un budget de 5 millions et ont été introduits comme une extension des produits ordinaires de soins pour les doigts. Enfin, les pansements Tough-Strips de format extra large ont aussi bénéficié d'un soutien de marketing de 5 millions[83]. La société a affecté des sommes semblables aux nouveaux produits lancés l'année précédente, notamment les pansements liquides (7 millions de dollars), les pansements imperméables Water Block Plus (8 millions) et le nettoyant antiseptique Hurt-Free (5 millions).

Les pansements Band-Aid sont vendus dans une variété de grandeurs et de styles. Ces emballages sont destinés aux enfants.

La société occupe une position enviable. Les consommateurs du monde entier reconnaissent la valeur des produits Band-Aid pour guérir, prévenir et cicatriser les écorchures, les coupures, les blessures et les bleus mineurs. La création continue de nouveaux produits et l'élargissement des lignes de produits permettront sans doute à la société de demeurer LA référence en matière de pansements, de bandages et de compresses.

Questions

1. Visitez le site de la société (www.bandaid.ca/fr). Relevez et décrivez ses différentes lignes de produits. Comment décririez-vous l'étendue de sa gamme de produits ?
2. Examinez les différentes catégories de produits de chacune des lignes de produits de la société. Laquelle est la plus étendue ? la moins étendue ?
3. Regardez les nouveaux produits offerts par la société. Lesquels sont des extensions de la marque Band-Aid ? Lesquels ne sont pas des extensions ? Expliquez dans quelle mesure les extensions de marque peuvent diluer le capital de marque.
4. Examinez les produits destinés aux enfants. Dans quelle mesure s'appuient-ils sur une marque de fabricant (ou marque nationale) ? sur une marque de distributeur ? sur une concession de licence de marque ? Expliquez vos réponses. Quelle valeur ajoutée ces produits offrent-ils aux clients comparés aux produits de protection ordinaires Band-Aid ?

CHAPITRE 10

OBJECTIFS D'APPRENTISSAGE

Après avoir lu ce chapitre, vous devriez être en mesure :

OA 1 de comprendre comment les entreprises ajoutent de la valeur grâce à l'innovation ;

OA 2 d'expliquer la théorie de la diffusion des innovations et son rôle dans le processus décisionnel relatif aux gammes de produits ;

OA 3 de décrire le processus de développement de nouveaux produits et services ;

OA 4 de définir le cycle de vie d'un produit et d'expliquer son rôle dans le processus décisionnel relatif aux gammes de produits.

Le développement de nouveaux produits

Depuis plus de 125 ans, E.D. Smith propose aux consommateurs canadiens des confitures et des tartinades délicieuses et de grande qualité. Mais pour pouvoir demeurer en tête de ce marché où la concurrence est féroce et, de ce fait, proposer à ses clients des produits d'une qualité supérieure, ses dirigeants se devaient de recueillir les impressions de la clientèle. Pour ce faire, bien des entreprises ont recours au sondage auprès des consommateurs ainsi qu'au groupe de discussion. E.D. Smith ne s'est pourtant pas arrêtée là ; l'entreprise s'est rendue dans les supermarchés afin de rencontrer les consommateurs dans le rayon des confitures. De concert avec une société de recherche, l'entreprise a interrogé plus de 3 000 consommateurs des quatre coins du pays dans le but de mieux comprendre comment elle pourrait améliorer ses produits et trouver une stratégie de mise en marché efficace.

L'équipe d'E.D. Smith considère qu'il est important de communiquer directement avec les consommateurs. Ainsi, la discussion qui a lieu dans le rayon des confitures fait que les commentaires sont authentiques. En outre, les interactions avec les consommateurs qui s'apprêtent à acheter des confitures permettent aux chercheurs de recueillir leurs impressions et d'apprendre ce qu'ils pensent vraiment, et ce, directement au point de vente. Les résultats obtenus sont plus réalistes et plus émotifs que ceux obtenus à partir d'un sondage ou d'un questionnaire. De plus, le consommateur peut tester le produit ! D'ailleurs, les tests de dégustation ont révélé que les consommateurs trouvent les confitures E.D. Smith beaucoup trop sucrées. Le matériel promotionnel a également fait l'objet d'une étude. Les consommateurs ont admis qu'ils se servaient principalement des coupons de réduction pour essayer un nouveau produit.

À la suite de ces découvertes, E.D. Smith a entrepris de grands changements dans le but d'améliorer la compétitivité de ses produits. Trois nouvelles gammes de produits ont été lancées : les confitures à teneur réduite en sucre, les tartinades triple fruits, elles aussi à teneur réduite en sucre, et une gamme de confitures de type spa sans sucre[1]. En outre, l'emballage a été repensé pour qu'il apparaisse clairement sur les pots que ces produits contiennent très peu de sucre. De même, les coupons de réduction présentés aux étalages incitent les consommateurs à essayer ces produits novateurs. Finalement, les renseignements recueillis au cours de l'étude en supermarché ont permis à l'entreprise E.D. Smith de conserver son avance sur ses concurrents.

Il n'y a pas si longtemps, ni l'un ni l'autre de ces produits n'était sur le marché.

Remontez 200 ans en arrière. Imaginez-vous en train de cuisiner vos repas sur un poêle à charbon ou sur un poêle à bois. Vous faites vos travaux à la main, éclairé par une chandelle. Vous vous rendez à l'école à pied ou à cheval, ou encore dans une voiture tirée par des chevaux, si vos parents en ont les moyens. À l'école, la classe, petite et rustique, comprend peu d'étudiants. L'enseignant donne des cours magistraux pendant lesquels il se sert du tableau.

Revenez maintenant à l'époque actuelle. Vous faites vos travaux sur votre portable à l'aide d'un logiciel de traitement de texte qui vous semble intelligent, car il corrige automatiquement vos fautes d'orthographe. L'ambiance de votre chambre est contrôlée et l'éclairage électrique est présent à volonté. Vous êtes à l'ordinateur tout en parlant au téléphone sans fil, lequel est muni d'un casque d'écoute mains libres. Vous vous rendez à l'école en voiture. En chemin, vous vous arrêtez au service à l'auto pour y prendre quelque chose à manger tout en écoutant de la musique. Vous écoutez des chansons qui ont été enregistrées récemment ou bien il y a 40 ans de cela. La musique vous parvient par Internet. Une fois à l'université, vous vous assoyez dans un amphithéâtre comptant près de 200 places où vous pouvez brancher votre portable pendant que l'enseignant donne un cours magistral qui s'appuie sur une présentation PowerPoint.

Notre vie se définit par les nouveaux produits et services issus des avancées technologiques et scientifiques et peaufinés par des entreprises externes spécialisées dans la recherche d'idées ou encore par des équipes internes de développement de nouveaux produits. Alors que la recherche scientifique apporte de nouvelles idées, la recherche technologique, quant à elle, permet de transformer ces idées en services pertinents et utiles, en produits ainsi qu'en processus tangibles.

Le chapitre 10 est le deuxième chapitre qui traite du premier « P » du marketing mix, soit le produit (*voir la feuille de route*). Nous poursuivrons donc notre étude du thème du chapitre précédent et traiterons de l'ajout de valeur aux produits et aux services par l'innovation. Nous examinerons également les étapes du processus de développement de nouveaux produits et services. Pour conclure, nous verrons comment les nouveaux produits et services sont adoptés par les consommateurs et comment une entreprise peut modifier son marketing mix à mesure que le produit ou le service avance dans son cycle de vie.

L'innovation et la valeur

OA 1

L'**innovation** est un processus au cours duquel les idées deviennent de nouveaux produits et services, lesquels permettent à une entreprise de prendre de l'expansion. Sans innovation et sans les produits et les services qu'elle permet de développer, les entreprises n'auraient que deux options : poursuivre la mise en marché des produits actuels auprès des clients actuels ou prendre leurs produits et les lancer sur un marché différent dont la clientèle est semblable.

innovation (*innovation*) Processus au cours duquel les idées deviennent de nouveaux produits et services, idées permettant à une entreprise de prendre de l'expansion.

Même s'il est possible que la stratégie d'innovation ne soit pas efficace à court terme, le fait qu'elle le soit à long terme peut suffire à convaincre une entreprise de lancer un nouveau produit ou un nouveau service. Premièrement, en ajoutant le nouveau produit à la gamme qu'elle propose déjà aux consommateurs, l'entreprise crée et offre de la valeur de façon efficace en satisfaisant les besoins changeants de sa clientèle actuelle et de ses nouveaux clients ou tout simplement en évitant que ces derniers trouvent les produits ennuyeux. Par exemple, Unilever est arrivée à élargir la gamme de pains de savon Dove en offrant des produits capillaires, des produits pour le visage et d'autres pour les soins de la peau, le tout sous un seul nom de marque : Dove. Aujourd'hui, les fidèles amateurs de Dove peuvent non seulement se laver avec le savon Dove, mais aussi utiliser l'antisudorifique, le déodorant, la lotion hydratante, le produit nettoyant pour le visage, le tonique, le shampooing, le revitalisant et une foule d'autres produits[2].

Deuxièmement, plus un produit demeure longtemps sur le marché, plus ce dernier risque d'être saturé. Sans l'apparition de nouveaux produits et services, la valeur de

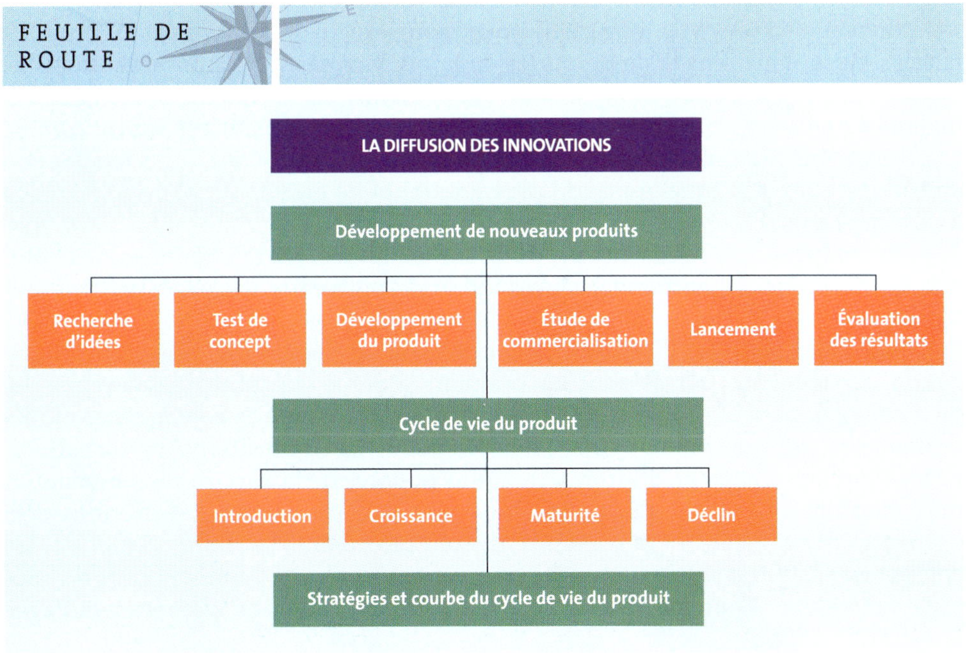

En lançant de nouveaux produits, la marque Dove, de Unilever, crée et offre de la valeur de façon efficace en satisfaisant les besoins changeants de sa clientèle actuelle et de ses nouveaux clients ou tout simplement en évitant que ces derniers trouvent les produits Dove ennuyeux.

l'entreprise ne peut que diminuer[3]. Supposons que Reebok adopte une stratégie selon laquelle l'entreprise produirait année après année les mêmes chaussures. Puisque de nombreuses personnes prennent plus d'un an à user leurs espadrilles, en l'absence de nouveaux designs ou d'innovations fonctionnelles, elles n'auront aucun motif de changer leurs espadrilles. En outre, les gens ont tendance à se lasser de voir toujours les mêmes modèles de chaussures; ils recherchent la variété[4]. En lançant de nouvelles lignes de produits plusieurs fois par an, Reebok arrive à cultiver l'intérêt du marché et parvient ainsi à soutenir sa croissance.

Troisièmement, l'éventail de produits issus de l'innovation permet à l'entreprise de diversifier son risque commercial, ce qui augmente sa valeur comparativement à une entreprise qui n'offrirait qu'un seul produit[5]. Si l'un des produits ne connaît pas une grande popularité auprès des consommateurs, il se peut que les autres produits se vendent sans problème. Comme nous l'avons appris au sujet de la marque E.D. Smith, cette entreprise propose un éventail de produits qui comprend des confitures et des tartinades, mais également des garnitures de tarte, des sirops, du ketchup et de la salsa. Les entreprises qui proposent divers produits aux consommateurs sont mieux préparées aux imprévus, dont les changements de préférences des consommateurs ou la concurrence accrue. C'est pourquoi certaines entreprises, comme 3M, établissent des cibles de revenus provenant de produits nouveaux.

Enfin, au sein de certaines industries, comme celles des arts et des logiciels, l'essentiel des ventes provient des nouveaux produits. Par exemple, une production cinématographique génère typiquement ses revenus au cours de l'année suivant sa sortie (recettes au cinéma, sortie du DVD, câblodiffusion). En outre, les consommateurs de logiciels et de jeux vidéo exigent de nouveaux produits, de la même manière que les mordus de la mode réclament de nouveaux styles vestimentaires.

La valeur ajoutée à l'entreprise ou celle perçue par les consommateurs grâce au lancement d'un nouveau produit ou service dépend également du degré de nouveauté. En effet, un « nouveau produit » n'est pas nécessairement un produit qui n'existait pas auparavant sur le marché. Chaque année, ces produits tout à fait nouveaux, jamais vus, comptent pour moins de 10 % des nouveaux produits lancés. Ainsi, il est plus juste de parler de la nouveauté en ce qui a trait au cycle, depuis les produits radicalement nouveaux, comme la technologie Wi-Fi il y a quelques années, jusqu'aux produits dont le repositionnement est subtil, comme Capri Sun, une marque de jus en enveloppe prêt-à-boire de Kraft, qui a changé son emballage pour des enveloppes de plus grande taille en vue de plaire davantage aux adolescents.

pionnier (ou percée commerciale) (*pioneer*) Nouveau produit, le premier à percer un tout nouveau marché ou à changer les règles du jeu au sein d'un marché quant à la concurrence et aux préférences des consommateurs.

L'introduction de nouveaux produits sur le marché, particulièrement les innovations radicales qui entraînent la formation de nouveaux marchés, peut ajouter une valeur considérable à l'entreprise. Ces nouveaux produits, services et processus sont désignés par les noms de **pionnier**, de percée commerciale ou d'innovation perturbatrice, car ce sont les premiers à percer un tout nouveau marché ou à changer les règles du jeu au sein d'un marché quant à la concurrence et aux préférences des consommateurs[6]. Généralement, les innovations perturbatrices nécessitent une recherche d'information plus poussée de la part du consommateur, mais elles ont le potentiel pour offrir bien plus d'avantages que les produits déjà existants (*voir la figure 10.1, p. 301*). Par exemple, avant d'adopter l'Internet, les consommateurs doivent passer un bon moment à apprendre comment cette technologie fonctionne. Toutefois, lorsqu'ils y parviennent, Internet, avec les avantages

FIGURE 10.1 L'impact du cycle de l'innovation

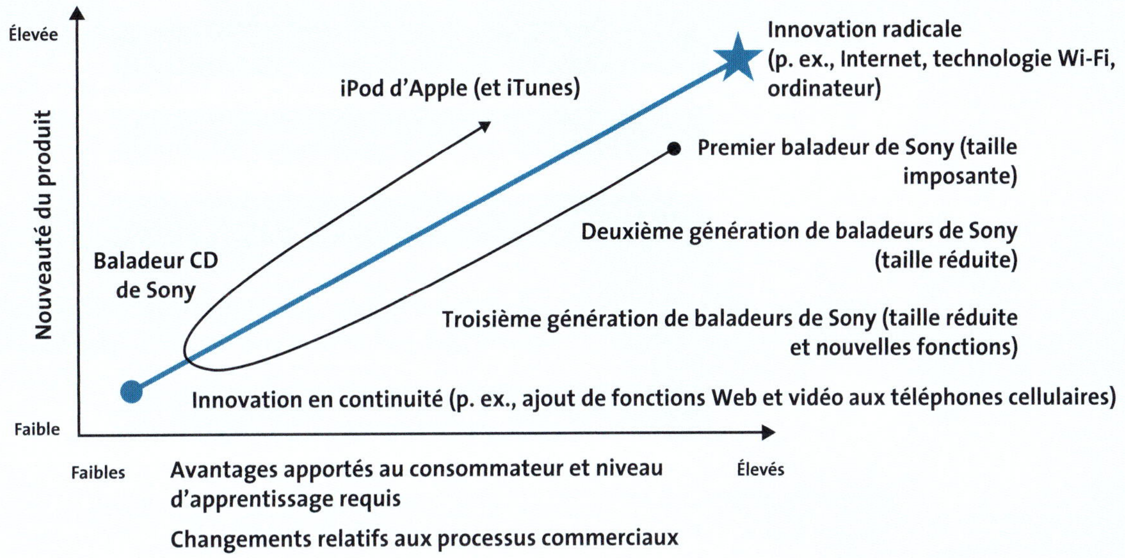

qu'il leur offre, change leur façon de travailler, de s'amuser et d'interagir. D'un autre côté, la technologie Wi-Fi nécessite peu de temps d'apprentissage, mais elle procure au consommateur une flexibilité et une liberté incroyables dans sa façon de s'amuser, de communiquer et d'interagir. Effectivement, il est possible de jouir des avantages de la technologie Wi-Fi en tout temps et partout où il y a un point d'accès sans fil ou à condition de s'abonner à un service sans fil mobile. Parmi les pionniers, on compte notamment les ordinateurs personnels, le microprocesseur Intel, le microphotocopieur de Canon, le système d'exploitation Windows de Microsoft, les enchères en ligne d'eBay ainsi que le Palm Pilot[7]. Certaines entreprises ont un carnet de réalisations particulièrement impressionnant. Pensons à Apple, qui a largement contribué au développement de la catégorie des ordinateurs personnels (Mac), à celles des baladeurs MP3 (iPod), des téléphones intelligents (iPhone) et des tablettes numériques (iPad).

Les pionniers ont l'avantage d'être les **premiers entrants**, à lancer avant les autres un produit innovateur dont l'apparition crée un marché ou une catégorie de produits. Ces biens sont facilement reconnaissables et ont une avance durable quant aux parts de marché.

premier entrant (*first mover*)
Entreprise qui lance un produit innovateur dont l'apparition crée un marché ou une catégorie de produits. Ce produit est facilement reconnaissable et il a une avance imposante quant aux parts de marché.

Par exemple, pendant des décennies, les consommateurs ont acheté et utilisé le baladeur de Sony. Il leur fallait ensuite se procurer des cassettes ou des CD qu'ils devaient traîner avec eux. Grâce au iPod, d'Apple, et au logiciel iTunes, une nouveauté radicale associée à l'appareil numérique portable, on n'a plus besoin de CD. En raison de la liberté qu'il apporte à son propriétaire et de son côté pratique (il peut contenir jusqu'à 10 000 chansons, des photos et des vidéos qu'il est possible de partager d'un appareil à l'autre), le iPod a changé du tout au tout le concept de « baladeur » tel que l'a créé Sony. Des études sur le sujet ont également révélé que les pionniers gagneraient davantage de parts de marché pendant une plus longue période que les entrants subséquents[8]. (*Relisez le texte d'introduction du chapitre 6 qui porte sur la façon dont le iPod a réussi à détrôner le baladeur de Sony.*)

Cependant, cela ne signifie pas que tous les pionniers obtiennent du succès[9]. Dans bien des cas, ceux qui les imitent profitent de leurs faiblesses pour retirer un avantage de la situation sur le marché. Étant donné que les pionniers ont la lourde tâche de percer seuls un nouveau marché, ils préparent ainsi la voie aux entreprises qui les suivent, lesquelles n'ont pas besoin d'investir autant afin de créer une demande pour la catégorie de produits et peuvent donc se concentrer sur la création de la demande de leur propre marque. En outre, puisque le pionnier est le premier produit sur le marché auquel il appartient, il n'est pas rare que son apparence soit moins sophistiquée et que son prix soit relativement élevé, laissant ainsi le champ libre aux concurrents qui veulent lancer un produit semblable de plus grande qualité et à meilleur prix. Comme le montre l'exemple de Sony dans la figure 10.1 (*voir p. 301*), chacune des générations de baladeurs subséquentes présentait davantage de fonctions que la précédente, mais avec le iPod, Apple ne s'est pas contentée d'imiter le principe de l'appareil portable, elle a changé radicalement la façon d'acheter de la musique, d'en vendre et d'en consommer. Même l'appareil en soi est révolutionnaire, à cause notamment de son apparence et de la façon dont on l'utilise.

Toutefois, un nouveau produit n'est pas un gage de réussite. En fait, la majorité des nouveaux produits sont des échecs, et dans une proportion de 95 % dans la catégorie des biens de consommation. Quant à l'ensemble des marchés et des industries, le taux d'échec se situe entre 50 % et 80 %[10]. Pourquoi ? De nombreuses raisons expliquent ce phénomène. Tout d'abord, le produit offre trop peu d'avantages comparativement aux produits déjà existants. Ensuite, le produit est trop complexe ou nécessite un apprentissage et des efforts accrus avant que le consommateur ne puisse s'en servir adéquatement. Enfin, le produit est lancé sur le marché au mauvais moment, c'est-à-dire à un moment où les consommateurs ne sont pas prêts à l'adopter. Ainsi que le démontre l'exemple du iPod, les nouveaux produits obtiennent du succès lorsque les bénéfices qu'ils offrent sont nombreux et plaisent aux consommateurs, suffisamment pour qu'ils veuillent se les procurer même s'ils sont coûteux. C'est également le cas pour les vêtements Lululemon, le BlackBerry, les jeans Dussault, le brillant à lèvres Balmshell ou le café Kicking Horse, des exemples que nous avons vus dans les chapitres précédents.

Même lorsqu'ils ont du succès, les produits inédits ne sont pas adoptés par tout le monde au même moment. En fait, ils se répandent selon un processus qui porte le nom de diffusion des innovations.

Vous reconnaissez ces produits ? Non ? Ce n'est pas étonnant, car aucun d'entre eux n'est parvenu à intéresser les consommateurs. Les céréales Dunk-A-Balls, à gauche, qui avaient la forme d'un ballon de basket-ball, étaient conçues pour que les enfants puissent jouer avec elles avant de les manger. De son côté, le Garlic Cake, à droite, devait être servi en hors-d'œuvre, mais l'entreprise a oublié de donner aux consommateurs des suggestions d'occasions où ils auraient pu le servir, de sorte que ces derniers se sont demandé pourquoi ils voudraient goûter à un gâteau à l'ail.

La diffusion des innovations

OA 2

Le processus par lequel l'utilisation d'un produit ou d'un service innovateur se répand au sein d'un marché, sur une certaine période et parmi diverses catégories d'utilisateurs est appelé **diffusion des innovations**[11]. Le processus de diffusion décrit, au niveau d'un marché, la somme des décisions individuelles d'adoption des innovations. Le principe derrière ce processus permet aux gestionnaires marketing de comprendre à quelle vitesse les consommateurs adoptent un nouveau produit ou service. Il leur permet également de reconnaître les marchés intéressants pour leurs nouveaux produits ou services et de prévoir leurs ventes possibles avant même de lancer l'innovation en question.

diffusion des innovations (*diffusion of innovation*) Processus par lequel l'utilisation d'un produit ou d'un service innovateur se répand au sein d'un marché, sur une certaine période et parmi diverses catégories d'utilisateurs.

Comme l'illustre le cycle de diffusion présenté dans la figure 10.2, le nombre d'utilisateurs d'un produit ou d'un service novateur augmente sur une certaine période et décrit une courbe qui prend souvent la forme d'une cloche. Au départ, quelques personnes seulement se procurent le nouveau produit, puis, souvent à cause du bouche-à-oreille favorable de la part des premiers utilisateurs, de plus en plus de consommateurs les imitent. Finalement, les ventes ralentissent à mesure que le potentiel de marché se réalise. Dans la plupart des marchés, on observe que cette dynamique s'accélère. Par exemple, il a fallu près de 20 ans pour qu'environ 90 % des Canadiens se servent des guichets automatiques, mais seulement 5 ans pour que plus de 60 % de la population se serve d'Internet. Steven Milunovich, un analyste de Merrill Lynch, a comparé le iPod avec le baladeur de Sony. Il a remarqué que, environ 2,5 ans après le lancement du iPod sur le marché, le nombre d'appareils expédiés dépassait de près de 1 million d'unités le nombre d'unités du baladeur de Sony, après la même période suivant son lancement dans les années 1980[12].

Depuis les travaux d'Everett Rogers[13], il est usuel de diviser les acheteurs potentiels en cinq groupes, selon le moment où ils se procurent un produit qui vient de faire son apparition sur le marché.

Les innovateurs

Les **innovateurs** sont les acheteurs qui désirent être les premiers à se procurer un nouveau produit ou service. Ils aiment prendre de tels risques et sont perçus par les autres comme étant des connaisseurs qui n'accordent pas beaucoup d'importance au prix.

innovateur (*innovator*) Acheteur qui désire être le premier à se procurer un nouveau produit ou service.

FIGURE 10.2 Le cycle de diffusion des nouveaux produits

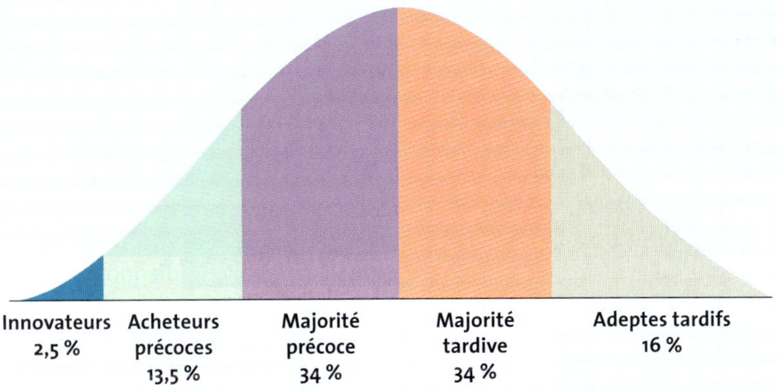

Source : adaptée de M. Rodgers, *Diffusion of Innovations*, New York, The Free Press, 1983.

Vous connaissez probablement un innovateur ou peut-être en êtes-vous un pour une catégorie de produits ou de services en particulier.

Par exemple, la personne qui a fait la file pendant de nombreuses heures pour s'assurer de pouvoir acheter un billet de cinéma pour le plus récent *Harry Potter* fait partie des innovateurs. Les entreprises qui investissent dans les toutes dernières technologies en vue de s'en servir dans leurs produits ou pour être plus efficaces sont aussi des innovateurs. En général, les innovateurs se tiennent constamment au courant en s'abonnant à des revues spécialisées, en discutant avec des « experts », en consultant des sites Internet ou en assistant à des forums de discussion, à des séminaires ou à des événements spéciaux. Par définition, ce groupe représente 2,5 % de la population.

Toutefois, les innovateurs ont une importance capitale dans la réussite du produit, car c'est grâce à eux que ce dernier est accepté par le marché. En discutant du produit et en faisant du bouche-à-oreille positif, ils jouent un rôle essentiel, celui d'inciter le groupe suivant, les acheteurs précoces, à se procurer le nouveau produit.

acheteurs précoces (*early adopters*)
Deuxième groupe de consommateurs après les innovateurs, dans la typologie de l'adoption des innovations, à utiliser un produit ou un service innovateur. Généralement, ce groupe n'est pas prêt à prendre autant de risques que les innovateurs.

majorité précoce (*early majority*)
Dans la typologie de l'adoption des innovations, groupe de consommateurs qui correspond au tiers de la population. Les membres de ce groupe ne sont pas prêts à prendre des risques trop grands ; c'est pourquoi ils attendent habituellement que les problèmes soient réglés.

majorité tardive (*late majority*)
Dernier groupe d'acheteurs à adopter un produit sur un marché donné.

adepte tardif (*laggard consumer*)
Consommateur qui évite le changement et se fie aux produits conventionnels jusqu'à ce qu'ils ne soient plus sur le marché. Il fait partie de la majorité tardive.

Les acheteurs précoces

Le deuxième groupe à utiliser un produit ou un service innovateur est composé d'**acheteurs précoces**. Généralement, les membres de ce groupe ne sont pas prêts à prendre autant de risques que les innovateurs ; c'est pourquoi ils attendent d'être suffisamment renseignés avant de procéder à l'achat du produit. Les acheteurs précoces aiment la nouveauté et sont perçus comme les prescripteurs qui passent le mot aux deux groupes imposants qui suivent : la majorité précoce et la majorité tardive. Ainsi, les acheteurs précoces ont eux aussi une importance capitale, car ils font entrer sur le marché les trois catégories d'acheteurs suivantes. En outre, si le groupe des acheteurs précoces est relativement petit, alors le nombre total de personnes qui adopteront le produit ou le service innovateur le sera aussi.

La majorité précoce

La **majorité précoce** est un groupe de consommateurs qui correspond à 34 % des acheteurs. Ce groupe est tout aussi crucial que les autres étant donné que bien peu de nouveaux produits ou services peuvent être rentables sans d'abord avoir été adoptés par ce groupe important. Habituellement, si ce groupe demeure restreint, le produit ou le service est voué à l'échec.

La majorité précoce est bien différente des deux groupes précédents. Ses membres ne sont pas prêts à prendre des risques trop grands ; c'est pourquoi ils attendent ordinairement que les problèmes soient réglés. Quand les consommateurs de la majorité précoce adoptent un nouveau produit sur un marché donné, le nombre de concurrents est normalement à son plus haut. Bien des choix s'offrent alors aux consommateurs en ce qui a trait au prix et à la qualité.

La majorité tardive

La **majorité tardive** compte 34 % des acheteurs et représente le dernier groupe d'acheteurs à adopter un produit sur un marché donné. Lorsqu'ils adoptent ce produit, c'est qu'il a déjà atteint son plein potentiel de marché. En fait, il n'est pas rare que les ventes de ce produit se stabilisent ou se mettent à diminuer.

Certains adeptes tardifs repoussent l'adoption d'un nouveau produit ou service le plus longtemps possible.

Les adeptes tardifs

Les **adeptes tardifs** représentent 16 % des acheteurs. Ce type de consommateur évite le changement, préférant se fier aux produits conventionnels jusqu'à ce qu'ils ne soient plus sur le marché[14]. Très peu d'entreprises ciblent ces consommateurs.

Le rôle du cycle de diffusion

Grâce à la diffusion des innovations ou cycle de diffusion, les entreprises arrivent à prévoir quels consommateurs vont chercher à se procurer leur nouveau produit ou service dès son introduction sur le marché et lesquels vont l'adopter plus tard, quand le marché l'aura accepté.

Fortes de ces renseignements, les entreprises peuvent élaborer des stratégies de marketing efficaces, relatives notamment à la communication et à la fixation des prix, en vue d'inciter chacun des groupes de consommateurs à adopter le nouveau produit ou service. Toutefois, chaque produit est accepté par le marché à un rythme différent; pour cette raison, les gestionnaires marketing doivent savoir à quoi ressemble la courbe du cycle de diffusion du nouveau produit ainsi que les caractéristiques du public cible à chacune des étapes de la diffusion des innovations. Finalement, la vitesse à laquelle les produits sont adoptés par les consommateurs dépend de nombreux facteurs, lesquels sont présentés dans la figure 10.3.

FIGURE 10.3 Les facteurs influant sur la vitesse de diffusion d'un produit

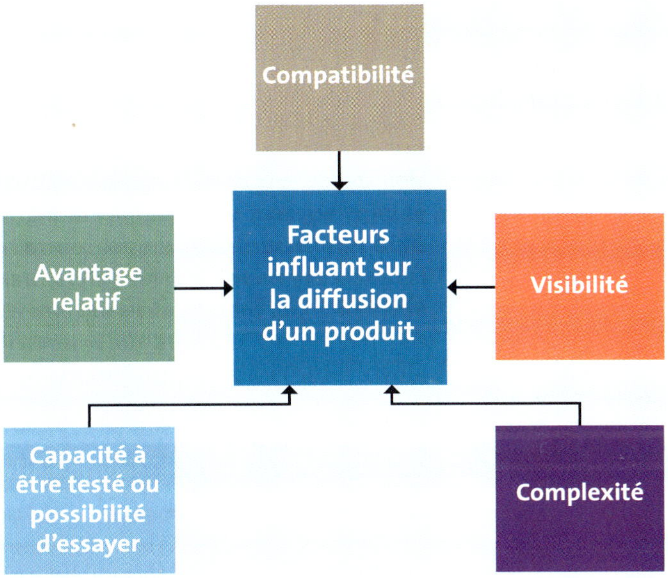

L'avantage relatif Si un nouveau produit est perçu par les consommateurs comme étant de meilleure qualité que les produits de substitution, alors sa diffusion sera relativement rapide. Par exemple, nombreux sont ceux qui attribuent la réussite fulgurante de Starbucks au fait que le café de l'entreprise est d'une qualité supérieure à celle des cafés traditionnels. Dans le même ordre d'idées, les gens d'affaires ont adopté le BlackBerry au détriment des autres appareils parce qu'il était le premier à offrir un service mobile et sécuritaire de courrier électronique (*voir l'introduction du chapitre 1*).

La compatibilité La plupart des professionnels et des cadres doivent prendre des décisions en temps opportun et informer les principaux intéressés de ces décisions également en temps opportun. Par conséquent, ils ont besoin d'une technologie en temps réel. Le BlackBerry permettant cela, il n'est pas étonnant qu'il soit aussi populaire. De la même manière, le rituel du café est bien ancré dans de nombreuses cultures, dont la culture canadienne. Le fait d'aller prendre un café constitue un comportement adopté depuis longtemps par les consommateurs et reflète leurs besoins et leurs valeurs. Étant donné que les Canadiens ont l'habitude de boire du café, il n'a pas été très difficile pour Starbucks de se trouver des clients. Toutefois, la diffusion a été nettement plus lente dans des pays comme la Chine et le Japon, où le thé est la boisson traditionnelle.

La visibilité Le logo omniprésent de Starbucks se remarque facilement sur les tasses, tant à l'intérieur des cafés que dans les environs de ces derniers. Lorsqu'un produit jouit d'une telle visibilité, ses avantages et son utilisation se répandent rapidement d'une personne à l'autre, ce qui accélère le processus de diffusion. À l'opposé, un nouveau médicament qui traite l'arthrite n'est pas visible, de sorte que sa diffusion est plus lente. De nombreux exemples d'avantages qu'offre le BlackBerry, notamment la possibilité de conclure une entente rapidement ou de prendre

Pourquoi Starbucks a-t-elle connu une telle réussite ? Parce que l'entreprise possède un avantage différentiel sur les autres cafés. Elle correspond bien au comportement actuel des consommateurs, ses produits et ses franchises jouissent d'une bonne visibilité. En outre, les produits qu'elle propose ne sont pas complexes et peuvent facilement être testés.

une décision cruciale, sont relayés dans divers journaux et magazines en ligne. Effectivement, on voit ces téléphones intelligents partout, au travail, sur la route, dans les événements sportifs et dans les bars. Les consommateurs sont donc à même de constater les bénéfices de cette technologie lorsqu'ils voient une personne utiliser celle-ci dans un taxi ou en jouant au golf. Par contre, ils ne seront pas conscients de l'effet d'un médicament sur la qualité de vie d'un patient.

La complexité Toutes choses égales d'ailleurs, les produits les plus simples se diffuseront plus vite que les produits complexes. Dans le cas de produits comme les téléphones intelligents, la simplification de l'interface par Apple explique en partie le succès phénoménal du iPhone, que Nokia décrivait en 2007 comme étant « simpliste ».

La capacité à être testé ou la possibilité d'essayer Il est difficile d'évaluer certains produits, même des produits très simples. Un fabricant de bardeaux de toit longue durée fait face au problème de l'incrédulité du marché, qui ne peut pas vérifier facilement la prétention du vendeur. On observe une situation similaire en ce qui concerne les produits de géothermie. Dans un cas comme dans l'autre, le consommateur n'est pas en mesure de percevoir directement les bénéfices annoncés et devra s'en remettre à des experts ou à des garanties.

La théorie de la diffusion des innovations est utile tant à court terme qu'à long terme à la suite de l'introduction sur le marché d'un nouveau produit ou service. Par contre, avant d'introduire cet article sur le marché, l'entreprise doit le créer. Dans les prochaines pages, il sera donc question du processus de développement de nouveaux produits et services ainsi que de l'introduction initiale de ces derniers sur le marché.

OA 3 Comment l'entreprise développe-t-elle de nouveaux produits ?

Le processus de développement d'un nouveau produit débute par la recherche d'idées et se termine par le lancement du produit et l'évaluation des résultats obtenus. Les étapes de ce processus de même que les principaux objectifs de chacune d'elles sont résumés dans la figure 10.4 (*voir p. 307*). Bien que cette figure illustre le processus de manière linéaire et séquentielle, ce dernier est en fait itératif, c'est-à-dire que chacune des étapes du processus consiste en une série de boucles. En général, le processus nécessite un travail d'équipe de la part de tous les participants, qu'ils s'occupent du marketing, de la conception, de l'ingénierie, de la fabrication, de l'approvisionnement ou des finances. Tous jouent un rôle différent à une étape différente du processus de développement. Le marketing joue un rôle prépondérant dans le développement de nouveaux produits, car il informe l'équipe de recherche et développement et d'ingénierie des besoins et des désirs des consommateurs ainsi que des préférences et des attitudes du marché.

Rappelez-vous qu'il n'est pas toujours nécessaire de passer par chacune des étapes du processus de développement. En effet, dans le cas des produits inédits, il est fort probable que chaque étape sera suivie à la lettre, mais dans le cas des innovations en continuité (des ajouts à la gamme de produits, l'imitation du produit d'un concurrent pour lequel il a obtenu du succès ou d'un processus qui permet de réduire les frais de développement), il est possible d'en sauter quelques-unes. Par exemple,

FIGURE 10.4 Le processus de développement d'un produit

RECHERCHE D'IDÉES	→	TEST DE CONCEPT	→	DÉVELOPPEMENT DU PRODUIT	→	ÉTUDE DE COMMERCIALISATION	→	LANCEMENT DU PRODUIT	→	ÉVALUATION DES RÉSULTATS
Génération d'idées de nouveaux produits réalistes		*Test de l'idée auprès d'un groupe de consommateurs potentiels*		*Fabrication du prototype ou du produit*		*Test du produit fini auprès de quelques marchés témoins*		*Commercialisation du produit sur l'ensemble du marché*		*Analyse du rendement du produit et ajustements, s'il y a lieu*

l'entreprise Procter & Gamble a lancé Folgers, une marque de café soluble décaféiné, sans faire d'étude de commercialisation. Malgré qu'il puisse être très risqué de sauter des étapes du processus de développement, les entreprises optent le plus souvent pour cette pratique en vue de réduire leurs dépenses ou de lancer le nouveau produit le plus vite possible.

La recherche d'idées

Afin de générer des idées de nouveaux produits ou services, l'entreprise peut avoir recours à son service interne de recherche et développement, collaborer avec d'autres entreprises ou d'autres établissements, obtenir une licence pour une technologie donnée auprès d'une société de recherche, opter pour une séance de remue-méninges, faire des recherches sur les produits et les services des concurrents ou procéder à une étude des besoins des consommateurs. Parfois, les idées de nouveaux produits et services proviennent d'un employé, d'un client, d'un fournisseur ou d'un partenaire de l'entreprise. Elles peuvent également prendre naissance à la suite d'un salon commercial ou d'une conférence. Il arrive même que des idées de nouveaux produits et services soient générées grâce à l'ingénierie inverse ou encore, dit-on, en fouillant dans les poubelles des concurrents. L'encadré 10.1 raconte comment l'idée d'un employé est devenue un produit novateur.

ENCADRÉ 10.1 Les sources d'inspiration

Les papillons adhésifs Post-it[MD] ont une origine accidentelle. En 1970, Spencer Silver, un employé des laboratoires de recherche de l'entreprise 3M, cherchait à concevoir un adhésif puissant, au lieu de quoi il a inventé un adhésif qui collait encore moins que les autres adhésifs de 3M. Cette colle adhérait aux objets, mais il était très facile de retirer cet adhésif.

Personne ne savait que faire de ce produit. Silver a toutefois décidé de ne pas le jeter immédiatement. Quatre ans plus tard, par un beau dimanche, le scientifique Arthur Fry s'est rendu à l'église, où il chantait dans la chorale. Il se servait de signets pour marquer les pages pertinentes de son livre de cantiques, mais ils ne cessaient de tomber. C'est alors qu'il s'est souvenu de l'adhésif conçu par Silver. Il a donc enduit un côté de ses signets de cette colle. C'était parfait! La colle était assez forte pour que les signets tiennent en place, mais pas trop; Fry pouvait donc décoller ses signets sans abîmer les pages de son livre. 3M s'est donc mise à produire les papillons adhésifs Post-it[MD] et à les distribuer à la grandeur du pays en 1980, 10 ans après la conception de l'adhésif « raté » de Spencer Silver. De nos jours, ces papillons adhésifs sont parmi les articles de bureau les plus vendus.

Source: adapté de *Post-It Note History*, www.ideafinder.com/history/inventions/postit.html.

Les entreprises qui cherchent à être des pionniers misent davantage sur la recherche et le développement, alors que celles qui optent pour une stratégie de « suiveur » tendent à chercher des idées en évaluant le marché. Examinons plus en détail chacune de ces sources d'inspiration.

La recherche et le développement à l'interne De nombreuses entreprises ont leur propre service de recherche et développement (R&D) au sein duquel des scientifiques travaillent à la résolution de problèmes complexes ainsi qu'à l'exploration de nouvelles idées[15]. Historiquement, des entreprises telles IBM en informatique, Rubbermaid dans le domaine des biens de consommation, 3M dans le domaine des biens industriels ou Merck et Pfizer dans l'industrie des produits pharmaceutiques ont misé sur la recherche et le développement pour concevoir leurs nouveaux produits. Dans d'autres industries, comme celles des logiciels, de la musique et des productions cinématographiques, le développement de nouveaux produits a également lieu à l'interne, quant aux idées et aux investissements. La rubrique Cybermarketing 10.1 (*voir p. 310*) explique comment Internet peut servir à inviter les consommateurs à faire partie de l'équipe de recherche d'une entreprise.

Pour ces entreprises, les coûts associés au développement de nouveaux produits sont plutôt élevés, mais le produit créé a de fortes chances de constituer une percée technologique ou commerciale. Les entreprises s'attendent à ce que ces produits génèrent des revenus et des profits suffisamment importants pour qu'il ait valu la peine d'investir autant en R&D. Pourtant, les sommes qui ont été investies sont habituellement considérées comme des investissements permanents ; il est donc possible que l'entreprise perde de l'argent au cours du développement de nouveaux produits. À long terme, toutefois, ces entreprises font le pari que quelques nouveaux produits qui connaissent une réussite retentissante, soit les succès commerciaux, engrangeront des profits tels qu'ils compenseront les pertes attribuables à des produits dont l'introduction sur le marché ne s'est pas aussi bien passée.

La concession de licence Il arrive qu'une entreprise acquière d'une société de recherche les droits d'utilisation d'une technologie ou d'une idée ; il s'agit d'une concession de licence. En fait, nombre de nouveaux produits scientifiques ou technologiques sont développés de cette façon. Cette approche permet de réduire les frais internes de recherche et développement et donc d'économiser des sommes considérables. Par contre, cela signifie que l'entreprise compte sur un produit ou un service qui existe déjà mais qui n'a jamais été mis en marché. Par exemple, plusieurs entreprises pharmaceutiques achètent la licence de produits conçus par des sociétés biotechnologiques comme Amgen, Biogen ou Genentech. Ces dernières sociétés, qui se concentrent sur la recherche, préfèrent laisser aux entreprises pharmaceutiques le soin de mettre leurs innovations en marché[16].

Le remue-méninges Les entreprises procèdent souvent à une séance de remue-méninges (*brainstorming*) au cours de laquelle un groupe travaille en vue de générer de nouvelles idées. L'une des principales caractéristiques de cette pratique, c'est qu'aucune idée ne peut être acceptée ou rejetée sur-le-champ. Le modérateur présent invite les participants à prêter attention à une fonction ou à un attribut particulier d'un produit donné, au rendement prévu du produit ou à son emballage, mais ce n'est qu'à la fin de la séance que les membres du groupe votent pour les meilleures idées ou les meilleures combinaisons d'idées. Finalement, entre quatre et huit idées parmi les plus populaires passent à l'étape suivante du processus de développement de nouveaux produits.

ingénierie inverse (*reverse engineering*)
Analyse d'un produit fini élaboré par la concurrence en vue de créer un produit semblable en y apportant des améliorations sans contrefaire le brevet du concurrent, s'il y a lieu.

Les produits de la concurrence Le lancement d'un nouveau produit par un concurrent est susceptible de créer une occasion d'affaires pour une entreprise. Cette dernière peut ainsi avoir recours à l'ingénierie inverse en vue de comprendre le produit du concurrent, puis en lancer une version améliorée sur le marché. L'**ingénierie inverse** consiste en l'analyse d'un produit fini élaboré par la concurrence en vue de créer un produit semblable en y apportant des améliorations, sans contrefaire le brevet du concurrent, s'il y a lieu. Cette stratégie de « copie » est répandue et utilisée même par les sociétés les plus axées sur la recherche. Sont copiés aussi bien les produits de consommation, en vente au supermarché ou à la pharmacie, que les biens issus d'une technologie plus complexe, comme les voitures et les ordinateurs. Par exemple, le géant des télécommunications d'État China Unicom Limited, au deuxième rang des entreprises de télécommunications mobiles en Chine, a lancé le RedBerry, un nouveau produit visant évidemment à faire concurrence au BlackBerry[17].

Les suggestions de la clientèle Il est essentiel de tenir compte de la clientèle pour une recherche d'idées réussie[18]. Des études ont révélé que 85 % des nouveaux produits dans le commerce interentreprises provenaient d'idées de la clientèle[19]. Étant donné que les clients dans ce genre de commerce sont relativement peu nombreux, les entreprises peuvent sans difficulté surveiller l'utilisation qu'ils font d'un produit et leur demander de façon régulière de leur soumettre des suggestions ou des idées qui leur permettraient d'améliorer les produits en question. L'équipe de conception et de développement travaille par la suite à partir de ces suggestions. Il arrive même que cette dernière consulte les clients à cette étape. Ce travail d'équipe entre l'entreprise et son client permet d'augmenter nettement les chances que le client se procure le nouveau produit fabriqué avec son aide. La rubrique Cybermarketing 10.1 (*voir p. 310*) explique comment les entreprises se servent d'Internet pour solliciter les rétroactions de leur clientèle, puis les utiliser au cours du processus de développement de nouveaux produits.

Ces consommateurs innovateurs sont appelés « utilisateurs de pointe » parce qu'ils modifient les produits existants de manière qu'ils répondent à leurs besoins.

Dans l'industrie des aliments et des boissons, où le taux d'échec des nouveaux produits atteint les 78 %, Kraft réduit les risques qu'elle court en suivant un processus rigoureux de développement de nouveaux produits, dont une étape est réservée à l'étude des besoins des consommateurs. Frito Lay, quant à elle, occupe le troisième rang des entreprises alimentaires canadiennes en ce qui a trait à la croissance. L'entreprise a décidé de lancer sur le marché des croustilles à teneur réduite en sodium après que des études sur le sujet eurent révélé que les gras trans et saturés constituaient l'enjeu qui inquiétait le plus les consommateurs, suivis de près par le sodium. Les ventes de ces croustilles ont dépassé toutes les attentes[20]. L'innovation est au cœur des préoccupations de Frito Lay. En effet, certaines années, plus de 100 % de la croissance de l'entreprise au Canada est attribuable à l'innovation. Si ce n'était d'elle, les ventes seraient stables, sans plus[21].

Une façon efficace de se servir des suggestions de la clientèle consiste à observer les **utilisateurs de pointe**, soit les acheteurs d'un produit innovateur qui ont décidé de le modifier selon leurs goûts afin qu'il réponde à leurs besoins[22]. Si ces utilisateurs de pointe changent un produit pour qu'il soit conforme à leurs préférences, alors d'autres consommateurs peuvent souhaiter faire de même. Ainsi, l'analyse du comportement des utilisateurs de pointe aide l'entreprise à comprendre davantage les tendances qui se profilent sur un marché. À cet effet, les fabricants et les détaillants de vêtements et d'accessoires de mode voient souvent venir les nouvelles tendances en observant comment les faiseurs de tendances modifient leurs vêtements et leurs chaussures. Par exemple, les designers de jeans de haute couture usent leurs produits de diverses façons, selon ce qu'ils remarquent dans la rue. Ainsi, une saison, la mode est aux trous et la suivante, aux taches de peinture. Parmi les produits développés à partir des tendances observées chez les utilisateurs de pointe, on compte le Gatorade, le shampooing protéiné, le liquide correcteur Liquid Paper, les vélos de montagne, le chocolat au lait, l'éditique et le Web.

utilisateur de pointe (*lead user*)
Acheteur d'un produit innovateur qui a décidé de modifier ce produit selon ses goûts afin qu'il réponde à ses besoins.

Au terme de l'étape de la recherche d'idées, l'entreprise devrait avoir plusieurs idées pouvant passer à l'étape suivante, soit le test de concept.

Cybermarketing 10.1 Transformer les consommateurs en cocréateurs de nouveautés

Les communautés en ligne gagnent de la popularité à mesure qu'augmente le nombre de consommateurs qui se servent d'Internet dans leur vie quotidienne. Au sein de ces groupes d'intérêt, des utilisateurs aux passions communes discutent de tout, de leur modèle importé préféré à la façon d'améliorer la conception d'une voiture. Les entreprises ont toujours rêvé d'obtenir de telles rétroactions de la part des consommateurs avant de concevoir un produit et de le lancer sur le marché. Avant l'avènement d'Internet, cela était pratiquement impossible. Ces entreprises avaient recours aux groupes de discussion et aux tests de produits. Aujourd'hui, grâce à Internet, elles peuvent recueillir l'opinion de millions de consommateurs des quatre coins de la planète en temps réel et de nombreuses manières. Ainsi, les communautés en ligne sont fréquemment utilisées par les entreprises qui désirent avoir l'avis des consommateurs. Elles sont de véritables mines d'or pour les gestionnaires marketing, car elles leur permettent en quelque sorte d'inviter les consommateurs dans les laboratoires de recherche. L'intégration du point de vue du consommateur au processus de développement d'un nouveau produit représente une source inépuisable de nouvelles idées, de façons d'améliorer la conception et les fonctions des produits déjà existants et même une manière de procéder à une étude de commercialisation pointue des prototypes. L'avantage réside dans le fait que cette pratique entraîne très peu de frais.

Les gestionnaires marketing essaient généralement de faire participer les consommateurs aux étapes de la recherche d'idées, du développement du produit, de l'étude de commercialisation et du lancement du produit. À l'étape de la recherche d'idées, leur participation peut être toute simple ; il suffit de leur demander de proposer de nouvelles idées et de nouveaux produits ou encore de solliciter leur avis sur les produits et les concepts existants. C'est d'ailleurs ce qu'a fait BMW en organisant un concours d'idées pour la conception du futur système de guidage routier. Au moment du test de concept et du développement du produit, les consommateurs deviennent de véritables cocréateurs. Leur participation peut se faire dans le cadre d'une discussion ouverte sur l'amélioration du plan du produit ou, de façon plus complexe, grâce à une application glisser-déplacer en temps réel qui leur permet de modifier un produit comme ils l'entendent. Ainsi, ces derniers peuvent non seulement reconnaître leurs besoins et leurs désirs relativement à un produit, mais aussi se servir de leur créativité et de leur capacité à résoudre des problèmes en vue d'ajouter de la valeur au produit. Par ailleurs, la compagnie Peugeot a tenu un concours de design auquel plus de 2 800 passionnés de 90 pays ont présenté leur design (www.peugeot.com/fr/design/concours-de-design.aspx). Finalement, les membres de la communauté peuvent prendre part aux étapes de l'étude de commercialisation et du lancement du produit, au cours desquelles ils jouent le rôle d'utilisateurs finaux. Pour tenir ce rôle, il suffit de bloguer au sujet des avantages et des défis que comporte le nouveau produit, d'envoyer un courriel à des amis à ce sujet, et le tour est joué. Le consommateur peut aussi avoir une plus grande participation. Volvo, par exemple, a présenté sur son site Web divers concepts pour une nouvelle voiture et invité les visiteurs à faire part de leurs impressions à la suite d'une présentation virtuelle de chacun des modèles et d'une simulation. Tous ces renseignements représentent une aide précieuse pour les entreprises, car ils leur permettent de développer des produits que les consommateurs recherchent. Par la suite, il est plus facile de vendre ces produits aux consommateurs étant donné qu'ils ont contribué à leur création ; ils se sentent donc très près du produit fini.

Si la camionnette F-150 de Ford et la calculatrice TI-92 de Texas Instruments ont remporté un succès instantané, c'est parce que ces deux entreprises se sont servies d'Internet pour obtenir des rétroactions des consommateurs. Ces derniers ont donc senti qu'ils participaient à la création de ces biens. Ainsi, les gestionnaires marketing ont rapidement compris que la participation en ligne des consommateurs peut être avantageuse, même dans des cas aussi complexes que la conception d'une nouvelle voiture. Il est extrêmement important pour une entreprise de tirer profit d'une telle richesse, car cela permet à celle-ci d'innover de manière intelligente, et par conséquent de s'assurer que les produits qu'elle crée répondent aux besoins des consommateurs. En somme, la prochaine fois que vous visiterez votre forum préféré, n'oubliez pas que vos idées peuvent contribuer à ajouter de la valeur à un produit lancé récemment sur le marché.

concept (*concept*)
Brève description écrite d'un produit ou d'un service ; présentation de la technologie à laquelle il fera appel, de la forme qu'il prendra et des besoins qu'il satisfera.

Le test de concept

À cette étape, l'entreprise élabore davantage les idées qui ont du potentiel de manière à en faire des **concepts**, soit une brève description écrite d'un produit ou d'un service, une présentation de la technologie à laquelle il fait appel, de la forme qu'il prendra et des besoins qu'il satisfera[23]. Le concept peut également comprendre des images de l'allure que le produit pourrait avoir.

Le **test de concept publicitaire**, quant à lui, est la présentation d'un concept de publicité destinée à présenter un produit ou un service aux clients éventuels en vue de recueillir leurs impressions. Ces impressions permettent aux développeurs d'estimer la valeur économique du concept du produit ou du service, d'apporter éventuellement des changements en vue d'augmenter cette valeur et de décider si l'idée vaut la peine d'être poussée plus loin[24]. Lorsque le concept ne répond pas aux attentes de la clientèle, il serait étonnant que le produit remporte un franc succès s'il était fabriqué puis lancé sur le marché. Étant donné que le test de concept a lieu au tout début du processus de développement de nouveaux produits, avant même que le produit ne soit fabriqué, cela permet à l'entreprise d'économiser les frais de production inutiles.

test de concept publicitaire (*concept testing*)
Présentation d'un concept de publicité destinée à présenter un produit ou un service aux clients éventuels en vue de recueillir leurs impressions.

Le concept d'un scooter électrique pourrait donc se lire ainsi :

> Il s'agit d'un scooter électrique léger aisément démontable de sorte qu'on peut l'apporter avec soi, que ce soit dans un immeuble ou dans un transport en commun. Il pèse 11 kilos (25 livres) et peut atteindre une vitesse de 24 km/h. L'autonomie de sa pile permet de parcourir environ 19 kilomètres et celle-ci se recharge en deux heures environ, à partir d'une simple prise électrique. Ce scooter est facile à conduire et son fonctionnement s'avère très simple : il n'est muni que d'un accélérateur et d'un frein. Son prix de vente est fixé à 299 $[25].

Le test de concept s'inscrit dans le cadre des techniques de recherche qui ont été décrites dans le chapitre 5. L'entreprise commence habituellement par faire une recherche exploratoire, comme l'entrevue en profondeur ou le groupe de discussion, après quoi elle peut procéder à la recherche formelle à l'aide d'Internet ou aux enquêtes dans un centre commercial. Il suffit alors de diffuser une capsule vidéo sur Internet, laquelle présenterait un prototype virtuel du produit ainsi que son fonctionnement de manière que les consommateurs potentiels puissent évaluer le produit ou le service[26]. Pour ce qui est de l'enquête dans un centre commercial, un intervieweur pourrait décrire le concept aux participants, puis leur poser une série de questions en vue de recueillir leurs impressions.

La question la plus importante porte sur les intentions d'achat des participants si le produit ou le service était lancé sur le marché. Les gestionnaires marketing doivent également leur demander si le produit arriverait à satisfaire un besoin que les autres produits sur le marché ne peuvent combler pour l'instant. Selon le type de produit ou de service, il pourrait également être intéressant de chercher à obtenir les renseignements suivants : la fréquence d'achat du consommateur ; le prix auquel il serait prêt à acheter le produit ; la destination du produit, à savoir si ce serait pour son usage personnel ou s'il s'agirait d'un cadeau ; le moment où il se procurerait ce produit ; enfin, la correspondance entre le prix et une valeur élevée. En outre, les gestionnaires marketing recueillent ordinairement des données démographiques en vue de connaître les segments de marché les plus susceptibles de s'intéresser au produit.

Certains projets ne vont pas plus loin que l'étape du test de concept parce que les participants ne semblent pas apprécier le prototype. Ces concepts peuvent alors être renvoyés à la planche à dessin. Ceux qui reçoivent une évaluation positive passent à l'étape suivante : le développement du produit.

Le développement du produit

Le **développement du produit ou conception du produit** correspond au processus d'élaboration d'un produit ou d'un service au cours duquel sont pris en compte les aspects technique, commercial, économique et ceux relatifs à la fabrication. Au cours de cette étape, une équipe d'ingénieurs conçoit un prototype à partir des conclusions de la recherche menée à l'étape du test de concept ainsi que de leurs propres connaissances sur les divers matériaux et la technologie. Le **prototype** est

développement du produit (ou conception du produit) (*product development*)
Processus d'élaboration d'un produit au cours duquel sont pris en compte les aspects technique, commercial, économique et ceux relatifs à la fabrication.

prototype (*prototype*)
Premier exemplaire d'un produit ou première description d'un service. Ce n'est pas le produit ou le service final, mais toutes les propriétés d'un nouveau produit ou service sont présentes. Le prototype est souvent fabriqué différemment, parfois même à la main.

test alpha (*alpha testing*)
Premier essai d'un produit en vue d'évaluer la pertinence de sa conception et de déterminer s'il répond au besoin pour lequel il a été créé ; ce test est effectué par le service de recherche et développement (R&D) du fabricant.

le premier exemplaire d'un produit ou la première prestation d'un service. Ce n'est pas le produit ou le service final, mais toutes les propriétés d'un nouveau produit ou service sont présentes. Le prototype est souvent fabriqué différemment, parfois même à la main[27].

Les prototypes sont généralement évalués grâce aux **test alpha** et bêta. Au cours du test alpha, l'entreprise tente de déterminer la pertinence de la conception du produit et de découvrir s'il répond au besoin pour lequel il a été créé[28]. Ce test est effectué par le service de recherche et développement du fabricant au lieu de faire appel à des clients potentiels. Par exemple, le fabricant de crème glacée Ben & Jerry's procède au test alpha de toutes ses nouvelles saveurs à son siège social de l'État du Vermont, auprès de ses employés. Certes, cela semble l'emploi rêvé, mais gare aux kilos en trop !

Au cours du test bêta, des consommateurs potentiels font l'essai d'un prototype dans un cadre réel afin d'en évaluer le fonctionnement, le niveau de performance, les problèmes possibles ou tout autre point précis relativement à son utilisation.

Nombre d'individus, de groupes de consommateurs et d'agences gouvernementales s'inquiètent du fait que des tests alpha sont effectués sur des animaux, particulièrement quand il s'agit de tester des produits pharmaceutiques et des cosmétiques. La rubrique Question d'éthique 10.1 traite d'ailleurs de cette question.

Question d'éthique 10.1 Les fabricants de cosmétiques devraient-ils avoir le droit de tester leurs produits sur les animaux ?

Les tests de cosmétiques effectués sur les animaux constituent un enjeu majeur qui préoccupe les défenseurs des droits des animaux depuis de nombreuses années[29]. À mesure que s'accroît le nombre de citoyens qui expriment leur désaccord quant à ces pratiques, de plus en plus d'entreprises déclarent qu'elles ne testent aucun de leurs produits sur les animaux. Toutefois, de telles affirmations peuvent être trompeuses, car si le produit fini n'a pas été testé sur des animaux, cela ne veut pas dire qu'il en va de même pour chacun des ingrédients qu'il contient.

L'un des principes fondateurs de l'entreprise The Body Shop, principe qui correspond particulièrement bien aux valeurs des clients de l'entreprise, est qu'aucun de ses produits n'a été testé sur les animaux. Alors que The Body Shop affirme sur son site Web qu'elle n'a jamais fait ni commandé de tests de ses produits et de leurs ingrédients sur les animaux, il semblerait que bon nombre des ingrédients que l'entreprise utilise aient été testés sur des animaux par d'autres entreprises. Après cette découverte, The Body Shop a changé ses étiquettes « Non testé sur les animaux » pour de nouvelles sur lesquelles ont peut lire que l'entreprise s'oppose à ce genre de tests, mais qu'il est possible que l'un ou l'autre des ingrédients qu'elle emploie ait été testé sur des animaux[30]. Procter & Gamble, un autre géant des cosmétiques, a également changé sa façon de faire ; elle est désormais en mesure d'éviter les tests sur les animaux pour plus de 80 % de ses produits. Elle évalue donc l'innocuité de ses nouveaux produits et de leurs ingrédients en alliant les tests *in vitro*, la modélisation et les données historiques. Ces méthodes sont plus coûteuses que les méthodes traditionnelles, mais l'entreprise soutient que les résultats sont plus concluants. Si les tests sont effectués correctement, les nouvelles substances chimiques sont soit rejetées ou mises en avant en trois jours à peine, ce qui est bien plus rapide que les six mois que requièrent les tests sur les animaux.

Les groupes de défense des droits des animaux continuent d'avoir une influence sur l'utilisation de tels tests à travers le militantisme et les pressions qu'ils exercent sur les entreprises qui y ont recours par le truchement des consommateurs et par du lobbying auprès des autorités gouvernementales. L'industrie est contre l'interdiction des tests sur les animaux, invoquant le libre choix du consommateur, les frais engagés et le libre-échange.

L'Union européenne interdit depuis 2009 le recours aux tests sur les animaux pour les produits cosmétiques. La vente de produits qui ont fait l'objet de tels tests prendra fin en 2013.

Les enjeux relatifs aux tests effectués sur les animaux sont complexes. Sur un plan général, les entreprises devraient-elles avoir le droit de fabriquer des produits que les consommateurs veulent se procurer si cela pose un risque pour l'environnement ou pour les animaux qui y vivent ? De façon plus spécifique, les entreprises devraient-elles avoir le droit de tester leurs produits sur les animaux si ces produits ne sont pas conçus pour améliorer la santé et le bien-être de leurs utilisateurs ? Après tout, peut-être ces produits permettent-ils d'être plus séduisants, mais ils ne sauvent la vie de personne. Enfin, les tests effectués sur les animaux mettent-ils la vie ou la santé de ces derniers en péril ?

Contrairement au test alpha, le **test bêta** recourt aux consommateurs potentiels, lesquels évaluent le produit dans un cadre réel afin d'en analyser le fonctionnement, le niveau de performance, les problèmes possibles ou tout autre point précis relativement à son utilisation.

test bêta (*beta testing*)
Essai d'un prototype effectué auprès de consommateurs potentiels dans un cadre réel afin d'en évaluer le fonctionnement, le niveau de performance, les problèmes possibles ou tout autre point précis relativement à son utilisation. Ce test est consécutif au test alpha.

En outre, l'entreprise peut choisir de fabriquer plusieurs prototypes qu'elle distribuera à des consommateurs en vue de leur poser des questions sur leur bon fonctionnement et sur les problèmes qu'il est nécessaire de résoudre.

Lorsqu'il s'agit des détails de conception, le moins qu'on puisse dire, c'est que les fabricants d'ordinateurs ont fait preuve d'initiative. La rubrique Valeur ajoutée 10.1 traite de ce qui fait du BlackBerry Pearl de Research In Motion un produit remarquablement conçu.

Valeur ajoutée 10.1 La conception du téléphone intelligent BlackBerry Pearl 8100 par Research In Motion[31]

Qu'est-ce qui fait que la conception d'un produit industriel se démarque de celle des autres produits industriels? La conception du téléphone intelligent BlackBerry Pearl 8100, de Research In Motion, comporte toutes les caractéristiques idéales. L'entreprise a consacré trois années à la recherche et aux tests avant d'arriver à ce résultat: un téléphone de petite taille qui a du style et toutes les fonctions que vous recherchez dans un BlackBerry. En fait, bien plus qu'un simple cellulaire, le BlackBerry Pearl est un appareil qui permet d'envoyer des courriels et des messages instantanés, qui peut prendre des photos de 1,3 mégapixel, qui contient un calendrier ainsi qu'un agenda synchronisés avec votre ordinateur de bureau et même un système de navigation. En outre, il respecte les règles fondamentales du design.

- **L'utilité.** Le produit doit être sécuritaire et d'utilisation facile et intuitive. Il faut que chaque fonction soit claire pour l'utilisateur. Le fonctionnement de la perle de navigation qui se trouve au milieu du clavier est central. De petite taille, ce téléphone présente une interface graphique intuitive qui rend l'utilisation de la suite bureautique facile et complète.
- **L'apparence.** La forme, les lignes de l'appareil, ses proportions et ses couleurs doivent former un tout plaisant à regarder. Les experts et les consommateurs s'entendent pour dire que, en raison de son allure chic et à la mode, le BlackBerry Pearl est un cellulaire supérieur aux autres modèles sur le plan esthétique[32].
- **La facilité d'entretien.** Le produit doit être conçu de manière qu'il soit facile de l'entretenir et de le réparer. L'appareil, qui est de petite taille et simple à utiliser, présente un clavier numérique traditionnel en plus d'un clavier QWERTY. Certains accessoires additionnels, comme l'étui, offrent une protection supplémentaire.
- **La valeur.** Le rapport entre la qualité du produit et le prix que paie le consommateur doit être élevé et évident aux yeux de ce dernier. Le BlackBerry Pearl ne figure pas parmi les appareils les moins coûteux, mais son fonctionnement sans faille et sa fiabilité sont un gage de valeur pour la clientèle. Le prix de base du Black Berry Pearl, lors de son lancement en septembre 2006, était fixé à 199 $ moyennant la signature d'un contrat de deux ans, ce qui représente près de 200 $ de moins que son plus proche concurrent[33].
- **La communication.** Le produit doit véhiculer la philosophie et la mission de l'entreprise par sa conception et ses caractéristiques visuelles. Le Pearl est une version plus chic des autres modèles de BlackBerry; il renvoie donc une image cohérente par rapport au thème de Research In Motion, soit la liberté et la connectivité au service du mode de vie.

L'étude de commercialisation

L'entreprise a développé un nouveau produit ou service, puis fabriqué un prototype qu'elle a testé. Elle doit donc évaluer le marché avec un lot d'essai. Comme nous l'avons mentionné précédemment, il arrive que certaines entreprises décident de sauter cette étape en raison de la concurrence, des délais serrés ou des coûts que cette étape entraîne. L'étude de commercialisation peut se faire de deux façons, par le test de précommercialisation ou par le marché test.

test de précommercialisation (*premarket test*)
Mené avant la mise en marché d'un produit ou d'un service, test servant à évaluer le nombre de clients qui vont essayer ce produit ou ce service, puis l'adopter.

Le test de précommercialisation

Certaines entreprises décident de procéder à un **test de précommercialisation** avant la mise en marché d'un produit ou d'un service afin d'évaluer le nombre de clients qui vont l'essayer puis l'adopter. Ce test est effectué auprès d'un petit groupe de consommateurs potentiels. Un des tests les plus populaires est le test BASES II, proposé par la société de recherche ACNielsen.

Au cours de ce test, les consommateurs potentiels sont exposés aux variables du marketing mix, notamment la publicité, puis ils répondent à des questions et reçoivent un échantillon du produit afin qu'ils l'essaient[34]. Après une certaine période, au cours de laquelle le consommateur évalue le produit, ce dernier doit dire s'il achèterait le produit ou l'utiliserait de nouveau.

Ce deuxième questionnaire permet d'estimer les chances que le consommateur rachète le produit. À partir des données obtenues, l'entreprise produit une estimation des ventes du nouveau produit, laquelle permet de décider s'il vaut mieux introduire le produit sur le marché, abandonner le projet, modifier le produit avant son lancement ou revoir le plan marketing. Une évaluation précoce de ce genre, c'est-à-dire avant que le produit ne soit lancé sur le marché, permet aux gestionnaires marketing d'économiser les frais attribuables à un lancement national si jamais le produit est un échec.

Il arrive qu'une entreprise simule l'introduction d'un nouveau produit ou service sur le marché[35] ; dans un tel cas, les consommateurs potentiels sont exposés à la publicité des produits et des services existants de même qu'à celle du nouveau produit ou service. Ces consommateurs reçoivent ensuite une certaine somme d'argent destinée à l'achat du produit ou du service dans un environnement simulé, soit un faux site Web ou un faux commerce. Après leur achat, ils doivent répondre à une série de questions. Ce test permet d'évaluer l'efficacité d'une campagne publicitaire ainsi que le taux d'essai prévu pour le nouveau produit ou service.

marché test (*test marketing*)
Introduction d'un nouveau produit ou service dans un territoire restreint (habituellement quelques villes) avant de le lancer à l'échelle nationale.

Le marché test La seconde méthode qui vise à évaluer la réussite possible d'un nouveau produit ou service est le **marché test**, soit l'introduction d'un nouveau produit ou service dans un territoire restreint (habituellement quelques villes) avant un lancement à l'échelle nationale. Cette méthode requiert tous les éléments du marketing mix, dont la communication par la publicité et les coupons de réduction, comme si le produit était lancé à l'échelle nationale. En outre, le produit est vendu dans certains points de vente précis à un prix choisi. À partir des résultats qu'elle obtient au cours de la simulation de marché, l'entreprise est en mesure d'estimer la demande du produit lorsque celui-ci sera lancé à l'échelle nationale.

Le marché test nécessite plus de temps et d'argent que le test de précommercialisation, ce qui s'avère un avantage pour les concurrents, qui arriveront à lancer plus rapidement un produit semblable ou de meilleure qualité. C'est pourquoi certaines entreprises, comme Newman's Own Organic, décident de lancer leurs nouveaux produits (p. ex., les figues Newman's[MD]) sans faire de tests poussés auprès des consommateurs. Ces entreprises préfèrent souvent se fier à leur intuition[36].

Par contre, le test de précommercialisation présente un avantage non négligeable, celui de pouvoir étudier le comportement réel des consommateurs, ce qui est bien plus fiable qu'une simulation. Postes Canada a mené, à Calgary, un projet pilote nommé Fetch afin de permettre aux consommateurs d'accéder à des renseignements sur les annonceurs par courriel ou par téléphone cellulaire sans compromettre leur vie privée. Cette ville présente un profil démographique relativement jeune, ce qui correspond exactement au groupe ciblé par Postes Canada. En outre, les résidants de Calgary semblent plus attirés par la technologie que ceux de bien d'autres villes canadiennes. Calgary s'est avéré un bon choix et le projet pilote a été bien plus populaire que prévu[37]. Par ailleurs, Labatt a choisi les villes de Calgary et d'Edmonton pour procéder à la commercialisation à titre expérimental de la bière brésilienne Brahma. La ville de Calgary est, sur le plan démographique, tout à fait appropriée pour ce type de test en ce qui concerne les revenus, le mode de vie et l'âge.

D'autres villes canadiennes font l'objet de tels tests pour diverses raisons. London, en Ontario, est souvent choisie pour les marchés tests, car elle représente une ville canadienne jugée typique. Aussi, Winnipeg est un bon choix quand il s'agit de tester les shampooings et les lotions pour la peau sèche en raison de ses hivers rigoureux. Actuellement, Petro-Canada valide, dans les villes ontariennes d'Oakville, de Brampton et de Vaughan, un nouveau concept de restaurant-boutique de station-service haut de gamme appelé Neighbours. Ces villes ont été choisies en raison des revenus de leurs habitants, revenus qui sont légèrement supérieurs à la moyenne canadienne.

Petro-Canada procède à un marché test pour un nouveau concept de restaurant-boutique de station-service haut de gamme dans le sud-ouest de l'Ontario en vue d'évaluer la réponse des consommateurs.

De nombreuses entreprises ont recours au système BehaviorScan pour augmenter les chances de réussite à l'étape du marché test d'un nouveau produit. BehaviorScan recueille des données sur les consommateurs de façon passive aux points de vente et grâce au scannage à domicile pour évaluer le premier essai et le rachat d'un nouveau produit ou service chez les ménages. Les nouveaux produits sont en vente au cours de la première semaine d'introduction sur le marché, au lieu des 8 à 12 semaines habituelles. Puisque davantage de données sont recueillies sur une plus petite période qu'au moment du marché test traditionnel, les ventes effectuées pendant la première année peuvent déjà être estimées entre la 16e et la 24e semaine[38]. Une fois la demande estimée, il est plus facile de prendre la décision de lancer le produit à l'échelle nationale.

Par contre, les entreprises qui optent pour le marché test doivent dévoiler leur jeu à la concurrence, au moins en partie. En effet, le plus souvent, les concurrents se surveillent de près. Si une entreprise décèle un marché test, elle peut tenter de compromettre les résultats en lançant des promotions massives pour ses propres produits, ce qui aura pour effet de compliquer singulièrement l'analyse des résultats et la prévision des ventes du produit testé. Il est aussi possible qu'un concurrent devance la date prévue du lancement d'un nouveau produit. Par exemple, Kellogg a surveillé les ventes des Toast'Ems lors du marché test effectué par General Foods. Quand Kellogg a remarqué que ce produit devenait populaire, elle a lancé ses Pop-Tarts sur le marché national avant même que le test de General Foods ne soit terminé. En outre, General Foods a inventé le café soluble lyophilisé et était au beau milieu du marché test de la marque Maxim quand Nestlé a lancé la marque Taster's Choice, laquelle est devenue la marque la plus populaire de ce type de café[39].

Le lancement du produit

Si l'étude de commercialisation s'avère positive, l'entreprise est alors fin prête à lancer le produit à l'échelle nationale. Ainsi que à le mentionne la rubrique Valeur ajoutée 10.1 (*voir p. 313*), le BlackBerry Pearl a fait son apparition sur le marché après trois ans de recherches et de tests. Dans le même ordre d'idées, Frito-Lay a d'abord lancé ses croustilles au wasabi et celles au cari épicé à Toronto et à Vancouver, là où il y a le plus de Canadiens d'origine asiatique. Les ventes de croustilles au cari ont été trois ou quatre fois meilleures que prévu[40], ce qui a entraîné le lancement du produit à l'échelle nationale. Par contre, les croustilles au wasabi n'ont pas connu le même succès.

Le lancement est l'étape la plus importante du processus d'introduction du nouveau produit ou service. Elle requiert des ressources financières imposantes ainsi qu'une coordination parfaite de tous les facteurs du marketing mix. Si le lancement s'avère un échec, il peut être difficile pour le produit, voire pour l'entreprise, de remonter la pente. Par contre, certains produits sont plus que prometteurs tout au long de leur lancement, comme l'illustre le tableau 10.1 (*voir p. 316*).

Qu'est-ce qu'implique le lancement d'un produit? Tout d'abord, à partir des recherches menées sur la perception des consommateurs, des tests effectués et des données en ce qui a trait à la concurrence, l'entreprise confirme son choix de marché cible et décide du positionnement du produit. Ensuite, elle met au point les derniers aspects du marketing mix, notamment le budget alloué au marketing pour la première année[41].

TABLEAU 10.1 Les nouveaux produits les plus populaires[42]

	Produit	Avantage unique
	Fruit Plus Vitamines et Minéraux de Sun-Rype	Jus de fruits à 100 % au goût délicieux qui contient 7 vitamines et minéraux essentiels et qui représente une bonne source d'acide folique.
	L'Ultime Lait au Chocolat de Neilson	Tous les bienfaits du lait partiellement écrémé (15 éléments nutritifs essentiels, dont le calcium et la vitamine D), sans gras trans et avec seulement 2,5 g de matières grasses par portion de 250 ml.
	Plats congelés Knorr	Plat facile à préparer prêt en 10 minutes ; il suffit de le faire sauter dans un poêlon ou de le réchauffer au four à micro-ondes.
	Pâtes faites de grains entiers biologiques de Lifestream	Pâtes faites de farine de blé dur à grains entiers biologiques et de graines de lin biologiques. Teneur élevée en fibres ; sans gras trans.
	Vaporisateur pour garniture et cuisson Becel	Sans calories ni matières grasses. Il suffit de vaporiser le produit sur les légumes, le maïs soufflé ou tout autre aliment pour les rehausser d'une saveur délicieuse.

Source : adapté de www.bestnewproducts.ca.

La communication Les résultats obtenus aux tests de commercialisation permettent à l'entreprise de planifier sa stratégie de communication intégrée[43]. Si le produit est relativement complexe et que son concept soit nouveau, le gestionnaire marketing devra probablement fournir davantage d'efforts pour informer les consommateurs des avantages du produit que si le produit est simple ou de consommation courante. Quant aux produits techniques, les employés du service de soutien technique doivent pouvoir répondre aux questions que les consommateurs sont susceptibles de leur poser immédiatement après le lancement du produit sur le marché. Ils doivent donc être formés en conséquence. L'entreprise Research In Motion fait la promotion du BlackBerry Pearl en misant sur sa petite taille, sur son « intelligence » et sur sa belle apparence en vue d'attirer les consommateurs. En outre, par l'entremise de son service de soutien technique, elle offre des conseils de dépannage sur les problèmes qui se présentent le plus fréquemment.

La distribution L'entreprise doit avoir une quantité suffisante de produits prêts à être expédiés ou à être placés sur les étalages des points de vente. La liste de produits doit également être la plus complète possible. Par exemple, si l'entreprise lance une nouvelle imprimante, elle doit s'assurer qu'elle a assez de cartouches d'encre ou de toners. Les consommateurs qui veulent se procurer le BlackBerry Pearl peuvent le faire dans toutes les boutiques Bell, Rogers et Telus. Ces endroits, qui ne sont pas seulement pratiques pour les consommateurs, permettent également d'obtenir un service adapté à leurs besoins ainsi qu'un abonnement pour les services qui leur conviennent.

Le prix L'entreprise doit aussi s'assurer de fixer un prix adéquat. Il est parfois plus simple de fixer un prix élevé au départ, d'offrir des coupons de réduction et des rabais aux consommateurs, puis de baisser le prix que de fixer un prix très bas au départ, puis de l'augmenter par la suite. Le BlackBerry Pearl est un produit de qualité supérieure qui se vend à un prix adéquat, soit 445,95 $, contrat de service en sus. Toutefois, les vendeurs appâtent les consommateurs en réduisant le prix de l'appareil à la signature d'un contrat de service. Ainsi, le prix du Pearl peut être réduit de plusieurs centaines de dollars, l'appareil pouvant même être gratuit à la signature d'un contrat à long terme[44].

Le moment Le moment du lancement, qui est très important, doit être pensé en fonction du produit[45]. Les studios cinématographiques de Hollywood lancent d'habitude les films à l'intention d'un auditoire général pendant l'été, au cours des vacances scolaires des jeunes. Dans le même ordre d'idées, les nouveaux modèles de voitures sont ordinairement lancés au mois de septembre et les vêtements et accessoires de mode, avant la saison pour laquelle ils ont été conçus.

L'évaluation des résultats

Une fois que le produit est lancé sur le marché, les gestionnaires marketing doivent faire un examen critique du lancement, dont l'importance est capitale. Cette évaluation a pour but de déterminer si le produit et son lancement sont une réussite ou un échec. Elle vise aussi à savoir quelles ressources supplémentaires doivent être ajoutées au marketing mix ou quels changements doivent y être apportés, s'il y a lieu. L'entreprise mesure la réussite d'un nouveau produit à l'aide de trois facteurs liés entre eux : le respect des exigences techniques, dont la performance ; l'adoption du produit par les consommateurs ; et le respect des exigences financières de l'entreprise, dont les ventes et les profits[46]. Si la performance du produit n'est pas suffisante, les consommateurs ne l'accepteront pas en grand nombre ; par conséquent, les ventes et les profits seront médiocres. Le processus de développement d'un nouveau produit, lorsqu'il est suivi étape par étape et de façon rationnelle, permet d'éviter une telle réaction en chaîne qui mène à l'échec. Finalement, le cycle de vie du produit, dont il sera maintenant question, permet aux gestionnaires marketing de gérer le marketing mix pendant l'introduction du produit sur le marché et après celle-ci.

Le cycle de vie d'un produit

OA 4

Le **cycle de vie d'un produit** correspond à une série de phases que franchit un produit et qui influent considérablement sur les stratégies des spécialistes du marketing. La figure 10.5 (*voir p. 318*) illustre le cycle de vie habituel d'un produit, dont les ventes et les profits sont réalisés avec le temps. Au cours de leur vie, les produits passent par quatre phases : l'introduction, la croissance, la maturité et le déclin.

Lorsque les innovateurs achètent l'innovation radicale qui crée le nouveau produit, ce dernier est en **phase d'introduction**. Ensuite, au cours de la **phase de croissance**, le produit est adopté par le marché ; la demande et les ventes du pionnier augmentent et des concurrents apparaissent. Puis, au cours de la **phase de maturité**,

cycle de vie d'un produit (*product life cycle*) Étapes que suit un nouveau produit : introduction sur le marché, établissement, retrait du marché. Le cycle de vie d'un produit exerce une influence considérable sur les stratégies des spécialistes du marketing.

phase d'introduction (*introduction stage*) Étape du cycle de vie d'un produit pendant laquelle ce dernier est mis en marché. Les premiers acheteurs du produit sont les consommateurs dits « innovateurs ».

phase de croissance (*growth stage*) Étape du cycle de vie d'un produit pendant laquelle le produit en question est accepté par les consommateurs, ce qui entraîne une augmentation de sa demande et de ses ventes. Cette étape voit également l'apparition de nombreux concurrents, dans la même catégorie, attirés par le taux de croissance de la catégorie.

phase de maturité (*maturity stage*) Étape du cycle de vie d'un produit pendant laquelle les ventes atteignent leur sommet. L'entreprise tente alors de rajeunir ses produits en ajoutant de nouvelles fonctions ou en les repositionnant.

les ventes du produit sont à leur point le plus élevé. Pour soutenir les ventes, l'entreprise tente de rajeunir son produit en y ajoutant de nouvelles fonctions ou en le repositionnant. Quand ces efforts portent leurs fruits, le produit renaît[47]. Sinon, celui-ci entre dans la **phase de déclin** avant de quitter le marché, éventuellement.

phase de déclin (*decline stage*)
Étape du cycle de vie d'un produit pendant laquelle le volume des ventes diminue jusqu'à ce que le produit ne soit plus sur le marché.

FIGURE 10.5 Le cycle de vie du produit

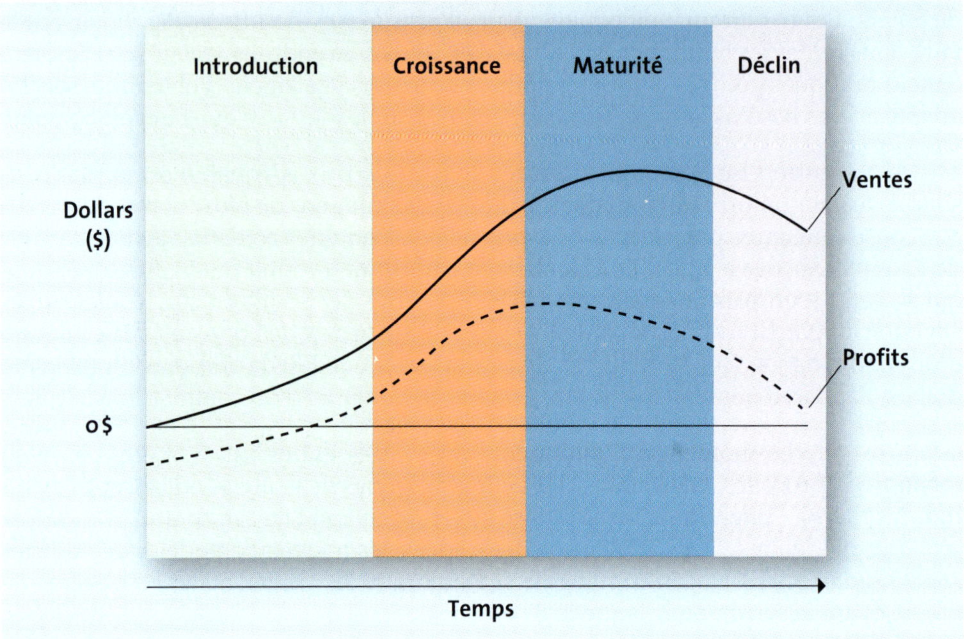

Les produits n'ont pas tous la même courbe du cycle de vie. En effet, bon nombre d'entre eux demeurent longtemps à la phase de maturité. Par exemple, les « produits blancs », comme les machines à laver, les sécheuses et les réfrigérateurs, sont toujours à la phase de maturité et devraient y rester jusqu'à ce qu'un produit révolutionnaire vienne les remplacer.

Le cycle de vie d'un produit s'avère également un outil des plus utiles aux gestionnaires. Ils peuvent s'en servir pour déterminer quelles stratégies employer tout au long de la vie du produit. Même les priorités stratégiques de l'entreprise et celles relatives au marketing mix peuvent s'inspirer de l'aperçu que fournissent les caractéristiques de chacune des phases du cycle de vie du produit. Le tableau 10.2 résume ces caractéristiques.

Voyons maintenant chaque phase en détail.

TABLEAU 10.2 Les caractéristiques des différentes phases du cycle de vie du produit

	Introduction	Croissance	Maturité	Déclin
Ventes	Faibles	À la hausse	À leur sommet	À la baisse
Profits	Négatifs ou faibles	Forte augmentation	Sommet atteint, tendance à la baisse	À la baisse
Consommateurs habituels	Innovateurs	Acheteurs précoces et majorité précoce	Majorité tardive	Adeptes tardifs
Concurrents (nombre d'entreprises et de produits)	Un seul concurrent ou quelques-uns	Peu de concurrents, mais en augmentation	Un grand nombre de concurrents et de produits concurrentiels	Un faible nombre de concurrents et de produits concurrentiels

La phase d'introduction

La phase d'introduction d'un nouveau produit ou service inédit débute habituellement avec une seule entreprise et les innovateurs qui essaient le produit ou le service en premier. Parmi les produits et les services inédits qui ont fait naître une nouvelle catégorie de produits ou une nouvelle industrie, on compte le téléphone (inventé par Alexandre Graham Bell en 1876), le transistor semi-conducteur (les Laboratoires Bell, 1947), le baladeur Walkman (Sony, 1979), le navigateur Web (Netscape, 1994) et le BlackBerry (Research In Motion, 2003).

Le tableau 10.3 démontre comment le BlackBerry est passé de la phase d'introduction aux phases subséquentes de son cycle de vie. En constatant la rentabilité et les occasions d'affaires d'un produit qui est à l'origine d'un marché en soi, les autres entreprises ne perdent pas de temps avant de pénétrer le marché à leur tour avec un produit semblable ou amélioré dont le prix est inférieur. Il en va de même pour les produits moins novateurs tels les vêtements, les CD et même les nouvelles saveurs de boissons gazeuses. La phase d'introduction se caractérise par une perte initiale en raison du coût de départ élevé ainsi que par de faibles revenus lorsque les ventes commencent à progresser. Si le produit obtient du succès, l'entreprise peut commencer à générer des profits vers la fin de cette phase.

TABLEAU 10.3 Le stratégies relatives au cycle de vie d'un produit, illustrées par le BlackBerry

	Introduction	Croissance	Maturité
Produit	Produit de base	Lancement de nouveaux modèles	Diversification des marques et des modèles pour former une gamme de produits complète
Prix	Prix élevé	Prix légèrement plus bas	Complément du niveau de prix au sein de la gamme de produits
Distribution	Distribution sélective	Ajout de points de vente et augmentation du nombre de détaillants en vue d'atteindre de nouveaux marchés	Distribution plus intensive en vue d'atteindre de nouveaux marchés
Communication	Augmentation du bouche-à-oreille et de la notoriété du produit parmi les acheteurs précoces	Augmentation de la notoriété au sein des marchés plus vastes et des médias	Accent mis sur les différences entre les marques et les avantages de chacune

Ces produits inédits ont défini leurs propres catégorie et industrie. Le téléphone (en haut) a été inventé en 1876 et le baladeur de Sony (en bas), en 1979.

La phase de croissance

La phase de croissance est marquée par un nombre d'acheteurs de plus en plus élevé, par une croissance rapide des ventes ainsi que par une augmentation du nombre de concurrents et du nombre de versions du même produit que l'on trouve sur le marché[48]. C'est pendant cette phase que le marché commence à se segmenter et que les préférences des consommateurs se diversifient. Conséquemment, le nombre de nouveaux marchés possibles et de nouvelles utilisations du produit ou du service augmente[49]. Selon le type de marché considéré, les ventes de remplacement peuvent dominer l'ensemble des ventes.

C'est au cours de la phase de croissance que l'entreprise tente d'attirer de nouveaux consommateurs en étudiant leurs préférences et en faisant varier leur produit (p. ex., de nouvelles couleurs, un style différent, de nouvelles fonctions), ce qui lui permet de segmenter le marché de manière encore plus précise. Le but d'une telle segmentation est de suivre l'évolution des ventes, lesquelles sont à la hausse, et d'affermir la position de la marque sur le marché afin qu'elle ne soit pas dépassée par la concurrence. Par exemple, il existe maintenant de nombreuses entreprises qui fabriquent des lecteurs DVD, et ce, tant pour l'utilisation de masse que pour l'utilisation spécialisée (p. ex., le lecteur branché sur un ordinateur, le lecteur DVD portable, l'enregistreur DVD). En raison de cette grande variété, les ventes dans le domaine ont grimpé rapidement. De nos jours, plus de 50 % des ménages en Amérique du Nord et en Europe ont adopté la technologie du DVD[50]. En parallèle, le prix moyen des lecteurs DVD a fortement chuté, ce qui rend le produit plus attrayant auprès de groupes de consommateurs potentiels qui ne reconnaissaient pas une très grande valeur à cette catégorie de produits. Lors des soldes de l'Action de grâces, par exemple, Walmart a vendu certains lecteurs DVD pour la modique somme de 29 $, ce qui a causé un raz-de-marée de clients dans certains magasins[51].

Si les entreprises profitent d'une augmentation des ventes, elles peuvent également se réjouir de l'augmentation de leurs profits. Cette augmentation, qui est caractéristique de la phase de croissance, survient en raison des économies d'échelle réalisées sur le prix de la fabrication et des efforts de marketing, particulièrement en ce qui a trait à la communication et à la publicité. C'est également à ce moment que les entreprises qui n'ont pas réussi à se tailler une place sur le marché, même dans les plus petits segments, décident si elles se retirent du marché, ce que l'on appelle l'« assainissement des marchés ».

La phase de maturité

La phase de maturité du cycle de vie d'un produit est caractérisée par l'achat du produit par la majorité tardive et par une concurrence féroce pour l'obtention des parts de marché. Les coûts associés aux efforts de marketing (p. ex., la communication et la distribution) grimpent étant donné que les entreprises veulent protéger leur part de marché de leurs rivaux. La concurrence fait aussi rage quant au prix de vente du produit; ce dernier chute considérablement en comparaison des deux phases précédentes du cycle de vie du produit. Les bas prix et le coût élevé des efforts de marketing rongent la marge de profit de bien des entreprises. Au cours des dernières étapes de la phase de maturité, le marché s'est saturé et pratiquement tous les consommateurs potentiels se sont déjà procuré le produit. Ces marchés saturés sont répandus dans les pays développés. Au Canada, par exemple, la plupart des produits de consommation courante que l'on trouve dans les supermarchés et les magasins d'escompte ont déjà atteint la phase de maturité de leur cycle de vie.

Au cours de cette phase, plusieurs stratégies s'offrent à l'entreprise qui souhaite accroître sa clientèle ou défendre sa part de marché. Elle peut notamment pénétrer de nouveaux marchés ou segments de marché ou encore développer de nouveaux produits. Le tableau 10.4 (*voir p. 321*) indique d'autres stratégies qui permettent de prolonger la phase de maturité d'un produit.

La pénétration de nouveaux marchés ou segments de marché Étant donné qu'à cette phase du cycle de vie du produit le marché est déjà saturé, l'entreprise peut tenter de pénétrer de nouveaux marchés géographiques, dont les marchés internationaux (*voir le chapitre 17*), lesquels sont probablement moins saturés. Par exemple, Whirlpool a commencé à fabriquer des machines à laver pour le Brésil, la Chine et l'Inde. Le prix de vente de ces appareils est inférieur à celui des appareils vendus aux Nord-Américains, cette décision visant à attirer la vaste clientèle à faible revenu de ces pays[52]. Dans de nombreuses économies en voie de développement, un nombre croissant de ménages de la classe moyenne commence tout juste à s'acheter une maison, des électroménagers et des appareils de divertissement que les ménages canadiens se procurent déjà depuis plusieurs dizaines d'années. Seulement en Inde, les consommateurs de la classe moyenne, qui représentent environ 487 millions de personnes, dépenseront près de 420 milliards de dollars en produits de grande consommation au cours des prochaines années[53].

TABLEAU 10.4 Les stratégies en vue de prolonger le cycle de vie d'un produit

Stratégie	Exemple
Trouver de nouvelles utilités au produit	Le bicarbonate de soude est maintenant vendu comme un produit polyvalent qui ne sert pas seulement en cuisine.
Modifier le produit • changer la qualité • augmenter le rendement • changer l'apparence	• Les raquettes de tennis et les bâtons de golf contiennent maintenant du graphite. • Les puces d'ordinateurs sont plus rapides que jamais. • Il est possible de lancer de nouveaux parfums, de modifier l'emballage, de proposer de nouvelles couleurs.
Augmenter la fréquence d'utilisation	La gomme Dentyne est vendue comme un bon moyen de garder ses dents propres entre les repas.
Augmenter le nombre d'utilisateurs	Les Tums ont toujours contenu du calcium, mais quand cette caractéristique a été mise en avant dans la société, les consommateurs soucieux de leur densité osseuse se sont mis à acheter le produit.
Trouver de nouveaux utilisateurs	Le Club Med a lancé des forfaits spécialement conçus pour les baby-boomers, les personnes âgées, les golfeurs et les amateurs de croisière quand une partie de sa clientèle composée de jeunes adultes branchés s'est mariée et a fondé une famille.
Repositionner le produit	Les lotions de bronzage sont devenues des écrans solaires. La vitamine D est vendue comme une bonne façon de se prémunir contre le cancer.
Peaufiner la stratégie de marketing	Les cartes de vœux sont vendues en supermarché. Les cosmétiques haut de gamme sont également vendus en pharmacie.

Toutefois, même sur les marchés arrivés à maturité, il est possible qu'une entreprise trouve un nouveau segment de marché. En effet, les nouvelles tendances et les changements de goûts des consommateurs peuvent entraîner une fragmentation de ces marchés, ce qui présente de nouvelles occasions d'affaires. Par exemple, avec la popularité grandissante d'Internet, des entreprises comme Expedia, Orbitz, Priceline et Travelocity ont commencé à offrir de nouveaux services de réservation de vols, de séjours à l'hôtel et de voitures de location simples et pratiques. Les consommateurs qui préfèrent cette méthode pour son côté pratique ou pour la possibilité de comparer en ligne les forfaits de divers fournisseurs de services sont de plus en plus nombreux à recourir à Internet pour planifier leurs voyages.

De nouvelles occasions d'affaires peuvent également être issues de modifications toutes simples apportées à un produit, comme c'est le cas pour les lingettes. Il y a à peine quelques années, les ventes de lingettes pour bébé représentaient la majeure partie des ventes de lingettes à usage personnel. Plus récemment, les lingettes nettoyantes pour le visage Oil of Olay, de Procter & Gamble, ainsi que les lingettes anti-âge Ponds, de Unilever, ont gagné une importante part du marché[54]. Dans le domaine des produits ménagers, les articles comme la lingette électrostatique Swiffer, de Procter & Gamble, conçue pour nettoyer les planchers, a permis d'élargir considérablement le marché. De son côté, Clorox a ajouté les lingettes préhumectées Armor All à sa gamme de produits nettoyants pour la voiture[55] et lancé la Toiletwand^MD à l'intention des consommateurs qui n'aiment pas voir traîner dans leur salle de bains la balayette

Il y a à peine quelques années, les ventes de lingettes pour bébé représentaient la majeure partie des ventes de lingettes à usage personnel. Depuis, plusieurs entreprises ont vu là une occasion de pénétrer de nouveaux marchés ; c'est pourquoi les produits de cette catégorie ont proliféré.

dont l'apparence et l'aspect hygiénique sont douteux[56]. Même si ces marchés sont bien établis et arrivés depuis longtemps à maturité, les gestionnaires marketing qui opèrent dans le domaine des produits nettoyants et des cosmétiques ont vite remarqué les tendances qui se profilaient à l'horizon et ont été en mesure de créer de nouveaux produits de qualité aux yeux des consommateurs.

Le développement de nouveaux produits Malgré la saturation du marché, les entreprises continuent d'y introduire de nouveaux produits dont les fonctions sont améliorées ou de trouver de nouvelles utilités aux produits existants, car ils ont besoin d'une innovation constante et de la multiplication des produits pour protéger leur part de marché de la concurrence féroce. Des entreprises comme 3M, Procter & Gamble et Hewlett-Packard lancent continuellement de nouveaux produits. Ces innovations leur permettent de s'assurer de conserver ou d'élargir leur part de marché.

Il arrive aussi que des entreprises très peu connues lancent de nouveaux produits sur le marché. Même dans une catégorie comme les produits alimentaires, qui existe depuis toujours, des entrepreneurs tels que Rachna et Mona Prasad continuent de créer des produits novateurs, ce dont il est d'ailleurs question dans la rubrique Marketing entrepreneurial 10.1.

Marketing entrepreneurial 10.1 Gourmantra met du piment dans le commerce des épices

Rachna Prasad a décidé un jour d'inviter ses amis à un festin de cuisine indienne pour pendre la crémaillère. Craignant cependant de ne pas avoir le temps de tout préparer, elle a demandé de l'aide à sa mère. Cette dernière, qui ne pouvait l'aider à cuisiner, a cependant trouvé une solution des plus originales. Elle a en effet décidé de préparer un mélange d'épices dans une proportion parfaite qu'elle a donné à sa fille avec des instructions détaillées. Les amis de Rachna n'ont cessé de faire l'éloge de son repas. Lorsqu'ils lui ont demandé son secret, pour toute réponse, elle leur a offert ce qui lui restait d'épices ainsi que les instructions de sa mère.

Par la suite, certains amis de Rachna lui réclamaient régulièrement ce mélange d'épices, assez pour qu'elle se demande s'il y aurait un marché pour une cuisine indienne simplifiée. Pour le savoir, Rachna, sa mère Rekha et sa sœur Mona, une étudiante à la maîtrise en administration des affaires à l'Université Wilfrid Laurier, ont eu l'idée de louer un kiosque au salon agricole de Markham, en Ontario. Lorsqu'elles ont constaté que leur produit s'était vendu en quelques heures seulement, elles ont décidé de se lancer en affaires et fondé l'entreprise Rasika.

Mona étudie toujours à l'université, où elle a décidé de participer au concours entrepreneurial *LaunchPad 50K New Venture* dans le but de gagner une somme suffisante pour acheter un moulin à épices commercial et ainsi faire grandir l'entreprise familiale. Plus de 400 personnes se sont inscrites au concours, et Mona a réussi à se hisser au troisième rang. Encouragées par cette victoire, les femmes de la famille Prasad ont repositionné la marque en changeant le nom Rasika pour Gourmantra et en engageant un graphiste pour concevoir l'emballage de leur produit. Les mélanges d'épices qu'elles proposent visent à simplifier la préparation du repas et sont faits à partir des meilleures épices sur le marché. Ils ne contiennent ni huile, ni agent de conservation, ni colorant artificiel, ni glutamate monosodique. Le principe est tout simple : le consommateur n'a plus qu'à ajouter du poulet, de l'agneau, du bœuf, des crevettes, des pois chiches ou des légumes, et le tour est joué. Quatre mélanges sont en vente, le Chana Masala, le Korma, le Tandoori et le Poulet au beurre.

Rachna et Mona ont pénétré le marché grâce à la distribution d'échantillons et à leur participation à des salons agricoles dans le sud de l'Ontario. Elles sont ainsi parvenues à positionner leur entreprise de manière à pénétrer le marché nord-américain. Leurs produits sont maintenant vendus chez divers détaillants tels qu'A&P Dominion, Metro, Sobeys, Food Basics, Walmart et d'autres chaînes de supermarchés. Cette nouvelle gamme de produits vient mettre un peu de piment dans la catégorie des aliments indiens sans que l'on doive pour autant faire face au casse-tête de la cuisine authentique.

Les mélanges d'épices préemballés Gourmantra simplifient la vie des consommateurs en leur permettant d'éviter de faire face au casse-tête de la cuisine authentique.

La phase de déclin

Les entreprises dont les produits se trouvent à la phase de déclin du cycle de vie ont deux choix: soit elles se repositionnent et visent un segment de niche composé de consommateurs irréductibles ou dont les besoins sont spécialisés, soit elles se retirent du marché. Les quelques adeptes tardifs qui n'ont pas encore acheté le produit ou le service le font à cette phase du cycle de vie du produit. Prenons les disques de vinyle (les trente-trois tours). À l'ère des CD et de la musique téléchargée à partir d'Internet dans divers formats, dont le MP3, il semble surprenant que des disques de vinyle soient toujours fabriqués et vendus. Bien que les ventes de ces disques diminuent depuis les 15 dernières années, près de 2 millions de disques de vinyle sont vendus chaque année aux États-Unis. Au Canada, les ventes sont passées de 913 000 $, en 2000, à 608 000 $ trois ans plus tard, tandis que les ventes de CD la même année ont atteint 686 976 000 $[57]. Pourtant, les amateurs inconditionnels continuent de préférer le son typique des vinyles au son plus froid des CD et des fichiers musicaux numériques. Les sillons de ces disques créent des ondes sonores chaleureuses, rendant le son plus authentique, comme si l'on assistait à une interprétation en direct. C'est d'ailleurs pourquoi certains DJ, mélomanes et collectionneurs préfèrent les disques de vinyle. Même les jeunes, probablement influencés par la collection de leurs parents ou attirés par le son ou le caractère unique du trente-trois tours, se procurent des disques de vinyle. À Edmonton, tant les groupes de musique indépendants que les groupes les plus connus se battent pour obtenir les ressources limitées dans le domaine du pressage de disques. C'est un signe fort que les disques de vinyle ont encore leur place sur le marché[58]. En outre, la nostalgie associée à ces vieux disques a contribué à donner une nouvelle vie à ce format audio que l'on croyait désuet.

La demande toujours présente de disques de vinyle est également attribuable au fait que de nombreux albums datant de l'ère prénumérique ne se trouvent qu'en disques de vinyle. De nombreuses années ou décennies s'écouleront avant que toute la musique des générations précédentes ne soit numérisée.

En somme, bien des collectionneurs s'intéressent aux disques de vinyle pour leur histoire, comme en témoigne la vente récente d'un enregistrement unique du groupe The Velvet Underground pour la somme de 25 200 dollars américains[59].

La courbe du cycle de vie d'un produit

En théorie, la courbe du cycle de vie d'un produit est généralement en forme de cloche en ce qui concerne les ventes et les profits générés, alors qu'en réalité chaque produit a une courbe dont la forme est unique. Certains produits passent d'une phase à l'autre plus rapidement selon leur degré d'unicité par rapport aux produits déjà sur le marché ou selon la valeur qu'ils ont aux yeux des consommateurs. Ainsi, les nouveaux produits et services que les consommateurs achètent rapidement après leur introduction sur le marché présentent un taux d'adoption plus élevé au début du cycle et passent donc d'une phase à l'autre en moins de temps.

Par exemple, les lecteurs DVD et les DVD ont traversé les phases de leur cycle de vie nettement plus vite que le magnétoscope et sont maintenant rendus à la phase de maturité. Cela s'explique probablement par le fait que les consommateurs qui possédaient un magnétoscope se sont habitués à enregistrer leurs émissions préférées ainsi qu'à visionner des films sur cassette. En outre, la transition du magnétoscope au lecteur DVD s'est faite promptement parce que les DVD sont plus durables et que leur image est de plus grande qualité que les bandes vidéo. Finalement, les prix des lecteurs DVD et des DVD ont chuté plus rapidement et plus fortement que les prix du magnétoscope ; en conséquence, la nouvelle technologie avait une plus grande valeur aux yeux des consommateurs.

En somme, comme l'illustre la figure 10.6 (*voir p. 324*), le type de produit introduit sur le marché influe sur la forme de la courbe de son cycle de vie. Lorsqu'ils ont été lancés, les fours à micro-ondes étaient considérés comme un produit nécessitant un long apprentissage. Leur phase d'introduction a donc été beaucoup plus longue que celle des produits plus simples, comme le maïs soufflé au micro-ondes.

FIGURE 10.6 Les variations de la courbe du cycle de vie d'un produit

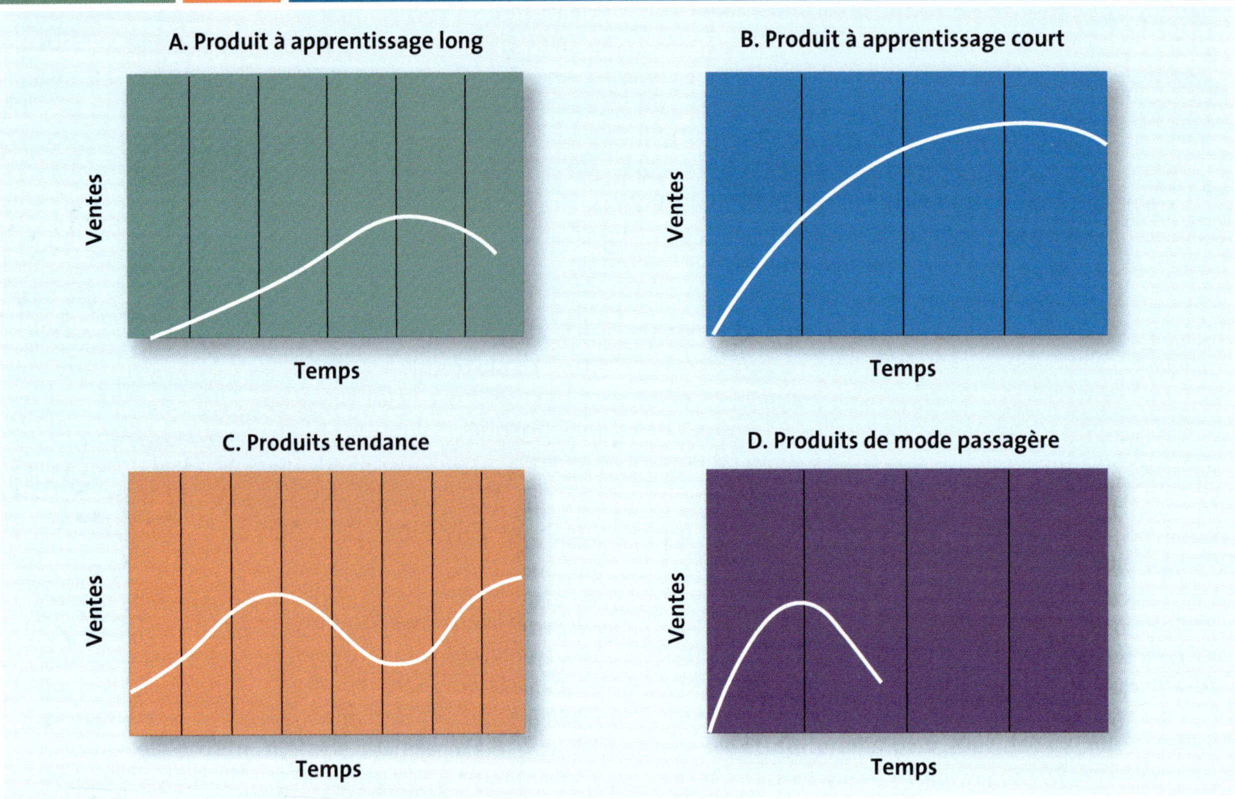

Les modes passagères traversent les phases rapidement, alors que les tendances présentent une courbe cyclique. Par exemple, les cravates larges et les revers larges ne sont plus en vogue, mais il est fort possible qu'ils reviennent à la mode un jour.

Les stratégies relatives au cycle de vie d'un produit : quelques mises en garde

Si ce concept s'avère un excellent point de départ pour les gestionnaires marketing qui veulent mettre en œuvre une stratégie de marketing à chacune des phases du cycle de vie d'un produit, il est toutefois primordial d'utiliser cet outil avec précaution. Le plus grand défi que présente le concept de cycle de vie est que les gestionnaires marketing ne peuvent deviner quelle forme prendra sa courbe. Il est donc impossible de savoir avec précision où se situe le produit. Par exemple, si les ventes d'un produit baissent pendant plusieurs trimestres consécutifs, le gestionnaire pourrait conclure que le produit est passé de la phase de croissance à la phase de déclin et décider de cesser de le promouvoir. Le cas échéant, il est évident que les ventes continueront de chuter. Ce gestionnaire pourrait alors se féliciter d'avoir pris une telle décision étant donné que le produit continue d'évoluer dans un cycle de vie donné. Et si la diminution des ventes était attribuable à une mauvaise stratégie de marketing ou à une augmentation de la concurrence, autant de problèmes qu'il est possible de régler ? Dans ce cas, la décision prise relativement au cycle de vie du produit est devenue une prédiction autoréalisatrice et un produit en pleine croissance a été condamné à un déclin inutile[60].

Heureusement, de nouvelles études fondées sur le portrait d'une douzaine de biens de consommation ont révélé que le cycle de vie est un concept valide. En outre, des outils d'analyse novateurs offrent maintenant des lignes directrices pour arriver à cerner les moments décisifs dans le cycle de vie du produit[61]. Dans l'industrie pharmaceutique, par exemple, où les percées sont rares, les entreprises ont recours à l'analyse du cycle de vie du produit afin de déterminer le type de communication nécessaire à chacune des phases et de tirer le maximum de leurs marques déjà existantes[62].

Faites le point

1) Expliquez comment les entreprises ajoutent de la valeur grâce à l'innovation.

2) Expliquez la théorie de la diffusion des innovations et son rôle dans le processus décisionnel relatif aux gammes de produits.

3) Décrivez le processus de développement de nouveaux produits et services.

4) Définissez le cycle de vie d'un produit et expliquez son rôle dans le processus décisionnel relatif aux gammes de produits.

1) Les nouveaux produits et services incitent les consommateurs à racheter des produits d'une marque donnée et attirent de nouveaux consommateurs. Cette multiplicité permet également à une entreprise de diversifier son éventail de produits, ce qui réduit le risque global de l'entreprise et lui donne davantage de valeur. Bien qu'ils soient risqués, les produits inédits ont un potentiel énorme, car ils sont les premiers sur le marché et proposent aux consommateurs quelque chose de totalement nouveau, qui ne s'est jamais fait.

2) La théorie de la diffusion des innovations aide les entreprises à prévoir quels groupes de consommateurs vont se procurer leur nouveau produit ou service dès son introduction sur le marché et lesquels vont l'adopter plus tard, quand le marché l'aura accepté. Les entreprises peuvent ensuite élaborer des stratégies de marketing en vue d'inciter chacun des groupes de consommateurs à adopter le nouveau produit ou service. Finalement, cette théorie permet de prévoir les ventes générées.

3) Le développement de nouveaux produits et services comporte plusieurs étapes. D'abord, l'entreprise recherche des idées en choisissant parmi les nombreuses méthodes à sa disposition. Elle peut, notamment, avoir recours à son service interne de recherche et développement (R&D), collaborer avec d'autres entreprises ou d'autres établissements, obtenir une licence pour une technologie donnée auprès d'une société de recherche, opter pour une séance de remue-méninges, faire des recherches sur les produits et les services des concurrents ou travailler de concert avec les consommateurs. Ensuite, l'entreprise teste son concept en décrivant le nouveau produit aux consommateurs potentiels ou en leur montrant une image qui représente l'allure que ce dernier pourrait avoir. Puis, le produit est conçu, c'est-à-dire que l'entreprise décide des fonctions et de l'utilisation de celui-ci. Par la suite, l'entreprise procède à l'étude de commercialisation. Si tout se déroule bien, le produit est lancé sur le marché et, finalement, l'entreprise évalue les résultats afin de déterminer si le lancement du produit est une réussite ou un échec.

4) La théorie du cycle de vie d'un produit permet aux entreprises de prendre les décisions relatives au marketing mix à partir de la phase du cycle de vie dans laquelle se trouve le produit. Au cours de la phase d'introduction, l'entreprise tente de prendre rapidement sa place sur le marché en attirant les innovateurs. Pendant la phase de croissance, l'objectif est de consolider cette place sur le marché. Une fois que le produit entre dans la phase de maturité, l'entreprise se bat pour maintenir sa part de marché. À cette étape, bon nombre de consommateurs potentiels possèdent déjà le produit. Plus tard vient la phase de déclin, au cours de laquelle l'entreprise cesse ses efforts de marketing et retire éventuellement le produit du marché. Le fait pour le gestionnaire marketing de savoir où un produit se situe dans son cycle de vie lui permet de choisir une stratégie de marketing en conséquence.

Mots clés

- acheteurs précoces, p. 304
- adepte tardif, p. 304
- concept, p. 310
- cycle de vie d'un produit, p. 317
- développement du produit (ou conception du produit), p. 311
- diffusion des innovations, p. 303
- ingénierie inverse, p. 308
- innovateur, p. 303
- innovation, p. 299
- majorité précoce, p. 304
- majorité tardive, p. 304
- marché test, p. 314
- phase de croissance, p. 317
- phase de déclin, p. 318
- phase de maturité, p. 317
- phase d'introduction, p. 317
- pionnier (ou percée commerciale), p. 300
- premier entrant, p. 301
- prototype, p. 311
- test alpha, p. 312
- test bêta, p. 313
- test de concept publicitaire, p. 311
- test de précommercialisation, p. 313
- utilisateur de pointe, p. 309

Révision des concepts

1. Expliquez en quoi les nouveaux produits ou services ajoutent de la valeur à une entreprise.
2. Tracez la courbe de la diffusion des innovations, puis décrivez-la. Comment les gestionnaires marketing peuvent-ils se servir des renseignements que contient cette courbe pour prendre des décisions et élaborer des stratégies de marketing ?
3. Nommez et expliquez les facteurs influant sur l'adoption des nouveaux produits.
4. Nommez les étapes du processus de développement de nouveaux produits. Décrivez quelques-unes des sources d'inspiration dont les entreprises peuvent se servir dans leur recherche d'idées au début de ce processus.
5. Pourquoi l'entreprise devrait-elle faire preuve de prudence au cours d'un marché test ?
6. De quoi une entreprise a-t-elle besoin, en plus du produit lui-même, pour franchir l'étape du lancement du produit ?
7. Les produits passent-ils tous par chacune des étapes du processus de développement du produit ? Justifiez votre réponse.
8. En quoi consiste le cycle de vie d'un produit ? Décrivez chacune de ses phases relativement aux ventes, aux profits, aux consommateurs typiques, à la concurrence ainsi qu'en fonction de la stratégie relative au marketing mix.
9. Décrivez quelques-unes des stratégies auxquelles une entreprise peut avoir recours en vue de prolonger la durée de vie d'un produit à la phase de maturité.
10. Pourquoi le cycle de vie d'un produit n'est-il pas un outil de gestion des produits infaillible ?

Marketing appliqué

1. Certains croient qu'un produit peut être considéré comme nouveau seulement s'il est le premier sur le marché et que rien de semblable n'ait existé avant lui. Nommez ou décrivez d'autres types de nouveaux produits.
2. Apple a lancé le iPad2, la deuxième génération de cette technologie innovante. À votre avis, à quelle vitesse ce produit sera-t-il adopté par la population canadienne ? Décrivez le genre de consommateurs qui représente chacune des catégories de la diffusion des innovations.
3. Y a-t-il des avantages à être la première entreprise à lancer un nouveau produit qui fait naître un nouveau marché ? Justifiez votre réponse. S'il existe de tels avantages, expliquez pourquoi certains produits s'avèrent des échecs.
4. Indiquez comment les entreprises procèdent à la recherche d'idées pour trouver de nouveaux produits. Quelles méthodes employées font appel à la participation du consommateur ?
5. Donnez un exemple de nouveau produit ou service conçu à l'intention des étudiants. Reportez-vous au passage sur le test de concept publicitaire apparaissant dans le présent chapitre pour décrire comment vous procéderiez au test du concept de ce produit ou service.
6. Un certain nombre de lecteurs MP3 sont actuellement sur le marché. En quoi la conception et la valeur de ce produit le rendent-elles plus attrayant que le baladeur CD, par exemple ?
7. Mazda s'apprête à lancer un nouveau modèle de voiture. L'entreprise est rendue à l'étape de l'étude de commercialisation du processus de développement d'un nouveau produit. Nommez deux moyens de procéder à l'étude de commercialisation qui précède le lancement du nouveau modèle.
8. Quel shampooing utilisez-vous ? À quelle phase du cycle de vie ce produit se trouve-t-il ? La stratégie de marketing (les quatre « P ») de l'entreprise est-elle cohérente par rapport à la phase à laquelle se trouve le produit ? Expliquez votre réponse.
9. Un nouveau modèle d'assistant numérique personnel est lancé sur le marché. À quelle phase du cycle de vie du produit se trouve-t-il ? La stratégie de marketing (les quatre « P ») de l'entreprise est-elle cohérente par rapport à la phase à laquelle se trouve le produit ? Quelles différences y a-t-il avec le shampooing de la question précédente ? Expliquez votre réponse.
10. Vous venez d'être engagé chez un fabricant de cosmétiques au sein de l'équipe de développement des produits. La marque de l'entreprise est une marque très populaire de cosmétiques haut de gamme. Le chef de service vous présente une étude qui révèle que les préadolescentes âgées de 11 à 15 ans s'intéressent particulièrement aux cosmétiques et qu'elles ont les moyens de s'en procurer. L'entreprise prend donc la décision de lancer une gamme de cosmétiques conçue spécialement pour elles à partir de la gamme pour adultes existante. À mesure que le développement du produit avance, vous remarquez que l'équipe s'oriente vers une thématique très osée à caractère sexuel en nommant les collections « Envie », « Désir », « Prouesse » et « Attirance fatale ». Vous vous posez la question suivante : ce concept est-il approprié à un groupe de cet âge ?

Cyberfuté

1. Rendez-vous sur le site www.bestnewproducts.ca et cherchez un nouveau produit qui vous semble intéressant. Ce produit est-il novateur et inédit ? Expliquez dans quelle mesure il présente les caractéristiques que la rubrique Valeur ajoutée 10.1 (*voir p. 313*) juge importante pour un nouveau produit.
2. L'industrie de l'automobile ne cesse d'ajouter de nouvelles fonctions aux voitures et aux camionnettes. Menez une recherche sur Internet ou dans la base de données de votre bibliothèque sur les nouvelles technologies automobiles. Choisissez des produits qui correspondent à chacune des phases du cycle de vie d'un produit. Justifiez vos choix.

Étude de cas

LA COMMERCIALISATION DU IPOD D'APPLE[63] : DE LA MUSIQUE À VOS OREILLES[64]

Qu'il commence par un rêve, une idée ou une vague pensée, le chemin qui mène à la réussite est bien souvent long et nécessite de la recherche, de la planification, des modifications ainsi qu'une bonne dose de créativité. C'est pourquoi il est rare d'être témoin d'une réussite de l'envergure de celle du iPod, la grande idée de Steve Jobs, le fondateur d'Apple, grâce à qui l'appareil a été conçu, fabriqué et placé sur les étalages en moins d'un an. Le iPod est l'appareil de choix le plus branché pour écouter et échanger les plus récentes chansons. La gamme contient de nombreux modèles que les amateurs de musique n'ont pas hésité à se procurer au cours de leur brève existence. En outre, son introduction puis son adoption ont donné naissance à toute une industrie d'entreprises qui vendent des accessoires compatibles avec le iPod. En dépit des problèmes initiaux éprouvés avec la durée de la pile de l'appareil, le produit est très populaire et représente la majeure partie de la hausse des recettes d'Apple. Le iPod est donc l'exemple parfait d'une commercialisation réussie.

Le concept

Lancé en octobre 2001, le iPod est devenu le leader de l'industrie du baladeur numérique, capable de stocker des milliers de chansons. Ses ventes ont vite atteint les 4 millions d'appareils par an. Le concept était issu du désir à la fois des consommateurs d'avoir un appareil pratique et de l'industrie de la musique qui cherchait une solution permettant de combattre le piratage de la musique numérique. Steve Jobs a constaté qu'il était temps de lancer un lecteur de bonne qualité qui permettrait aux consommateurs de télécharger, d'adapter et d'échanger légalement de la musique. En moins de trois ans, son invention a été qualifiée de « véritable phénomène culturel » par le magazine *Brandweek*.

Cela ne signifie pas pour autant que la route vers la gloire a été facile. Steve Jobs a dû persuader les grandes maisons de disques de lui permettre de vendre les chansons de leurs artistes à des fins de téléchargement pour la somme de 0,99 $ l'unité ou encore de 9,99 $ par album. Après avoir été flouée par des sites comme Napster, qui permettaient le téléchargement poste à poste gratuit, l'industrie était pour le moins réticente à accepter une telle proposition. Jobs l'a convaincue en l'assurant qu'elle aurait sa part des recettes et en misant sur sa crédibilité dans le domaine de l'informatique et en tant que directeur des studios d'animation Pixar. Les personnes qui possèdaient un iPod pouvaient désormais acheter des œuvres musicales et des vidéos à partir du logiciel iTunes. Ce concept représentait une véritable révolution culturelle quant à la manière d'accéder à de la musique, d'en acheter et d'en écouter. Par la suite, l'aval de l'industrie n'a fait qu'augmenter ; iTunes offre maintenant plus de 13 millions de pistes de cinq grandes maisons de disques et de plus de 600 compagnies indépendantes.

La concrétisation

Être le premier sur un marché qui ne compte qu'un produit que tout le monde s'arrache a permis à Steve Jobs de demander plus de 400 $ pour le iPod de 40 gigaoctets (capacité d'environ 10 000 chansons). Par la suite, plus de 1 000 accessoires ont été lancés, dont des adaptateurs pour la voiture, des étuis sur mesure et des haut-parleurs.

Quand d'autres entreprises se sont rendu compte du pouvoir détenu par le iPod, elles se sont associées à Apple afin de ne pas être en reste. Hewlett-Packard, Bose, Volkswagen of America et BMW (qui a conçu un adaptateur à même la chaîne stéréo de ses voitures) n'en sont que quelques exemples. D'autres entreprises de plus petite envergure ont commercialisé des accessoires pour le iPod, ce qui a permis à Apple d'élargir encore davantage la portée de l'appareil dans le commerce du détail. Même U2 s'est mis de la partie et a travaillé en collaboration avec Apple afin de concevoir un iPod thématique aux couleurs du groupe.

Selon l'agence de publicité d'Apple, le trait le plus distinctif du iPod est sans contredit le fil blanc qui relie les écouteurs au lecteur et qui permet à tout le monde de savoir qui sont les utilisateurs du iPod, qui fait partie du clan iPod, quelle que soit la situation. Qu'ils vaquent à leurs activités quotidiennes, qu'ils marchent sur le campus, qu'ils dansent sur le trottoir ou qu'ils conduisent leur BMW, on les reconnaîtra. C'est d'ailleurs pourquoi la première campagne publicitaire multimédia montraient des images de silhouettes de gens qui dansaient, et où ressortaient très bien le iPod et les écouteurs blancs.

La première génération du iPod vidéo, quant à elle, avait une capacité de 15 000 chansons, de 25 000 photos et était munie d'un écran couleur de 6 centimètres. Évidemment, l'appareil pouvait lire les clips vidéos et permettre d'y stocker des photos. Puis, un tout autre modèle, de 80 gigaoctets celui-là, permettait aux consommateurs de visionner des films et des émissions de télévision, de jouer aux nouveaux jeux créés pour le iPod, d'écouter des baladoémissions ou des livres audio ou encore de regarder des photos, en plus de pouvoir contenir plus jusqu'à 20 000 chansons. Aujourd'hui, la 4e génération de cet appareil offre des fonctionnalités impressionnantes telles le logiciel FaceTime, qui permet des conversations vidéo, un écran haute résolution *Retina*, une caméra HD intégrée et un centre de divertissement, le tout supporté par le puissant processeur A4. Bien entendu, les clients peuvent toujours acheter en ligne des vidéoclips, des films tels *Pirates des Caraïbes : La malédiction de la Perle Noire* ou des émissions de télévision comme *Beautés désespérées* et *Perdu*. Dans le domaine, certains craignent que ce visionnement « sans télévision » nuise aux cotes d'écoute et, au final, ce pourrait être le cas, mais le iPod vidéo est un bel exemple du changement de paradigme qui s'est amorcé depuis quelques années déjà.

L'avenir

La réussite du iPod est telle que certains analystes affirment qu'il serait plus avantageux pour Apple de commercialiser des produits électroniques de divertissement et de consommation que des ordinateurs. À titre de directeur général de l'entreprise, Steve Jobs jouit d'une excellente réputation. Il est encensé pour son génie créatif, pour sa capacité à mener à bien le développement de

Tout le monde peut savoir qui fait partie du clan iPod.

nouveaux produits, de l'idée de départ jusqu'à leur lancement, et pour sa capacité à reconnaître les innovations révolutionnaires qui transforment le marché.

Une telle réputation est difficile à maintenir. Après ses innovations récentes comme le iPad, Apple réussira-t-elle à garder le cap et à continuer d'inventer de nouveaux produits avec un tel succès? Les réponses à ces questions dépendent de tant de facteurs qu'il est impossible de les connaître. Pour l'instant, Apple profite de sa réussite et se prépare pour l'avenir.

Le iPod d'Apple possède une part imposante du marché des lecteurs de musique à disque dur, laquelle se situe autour de 90 %. Toutefois, le iPod commence à avoir des concurrents féroces, lesquels ont obtenu une certaine reconnaissance des consommateurs et sont parvenus à enregistrer de bonnes ventes. Cependant, ces derniers font face aux mêmes problèmes que tous les lecteurs : il n'y a pas autant d'accessoires compatibles avec eux qu'avec le iPod, la synchronisation de l'appareil avec l'ordinateur est loin d'être aussi facile et leur simplicité d'utilisation n'est pas de taille face au langage développé par Apple. Certains analystes croient que ce secteur d'activité connaîtra une concurrence de plus en plus féroce au cours des prochaines années quand le marché deviendra plus courant et que la guerre des prix s'amorcera. Par contre, ils s'attendent tout de même à ce que le iPod domine le marché des lecteurs portatifs de grande capacité. La notoriété de la marque ne cesse d'augmenter d'année en année à mesure que des entreprises se joignent à Apple pour rendre le iPod plus simple, plus branché et plus visible que jamais.

Questions

1. L'un des plus importants facteurs qui influent sur le potentiel de marché d'une innovation est la capacité à offrir un produit qui se distingue, dont le caractère est unique et dont la valeur est supérieure aux yeux des consommateurs. Expliquez dans quelle mesure Apple y est parvenue avec le iPod et ses modèles subséquents, dont le iPod shuffle, le iPod nano, le iPod touch, et enfin le iPad, qui lui aussi offre des fonctionnalités multimédia hors pair.
2. À votre avis, à quelle phase de son cycle de vie se trouve le iPod aujourd'hui ? Pourquoi ?
3. Décrivez les différents types d'acheteurs du iPod qui ont intégré le marché jusqu'à présent. Pensez-vous que la majorité tardive et les adeptes tardifs commencent à joindre les rangs des acheteurs ?

CHAPITRE 11

OBJECTIFS D'APPRENTISSAGE

Après avoir lu ce chapitre, vous devriez être en mesure :

OA 1 de définir ce qui distingue la mise en marché d'un service de celle d'un produit et d'appliquer le modèle IHIP : Intangible, Hétérogène (variable), Inséparable de son fournisseur (simultané), Périssable.

OA 2 d'expliquer l'importance pour les gestionnaires marketing de comprendre et de gérer les attentes de leurs clients ;

OA 3 de décrire les stratégies qu'une entreprise peut mettre en œuvre pour amener ses employés à offrir un meilleur service ;

OA 4 d'expliquer ce qu'une entreprise doit faire en cas d'échec de la prestation de services.

Le service : un produit intangible

Si vous voulez vous débarrasser de vos meubles d'étudiant, de vieux électroménagers ou de divers rebuts, qui appellerez-vous ? Selon un sondage mené par Ipsos Reid, l'entreprise 1-800-GOT-JUNK ? est la plus importante entreprise de collecte de rebuts. Brian Scudmore a fondé celle-ci à Vancouver en 1989 pour payer ses frais d'université. Aujourd'hui, l'entreprise, dont la valeur s'élève à 158 millions de dollars, exerce ses activités dans 312 villes au Canada, aux États-Unis et en Australie, et elle vise à devenir le leader de la collecte d'objets divers d'ici à 2012, le Starbucks de la collecte de rebuts[1].

La société a créé sa marque avec soin en planifiant jusqu'aux couleurs bleue et verte qui ornent ses camions. Ces couleurs contribuent à rendre le service plus tangible, un aspect crucial pour les entreprises de services qui vendent de l'invisible. En effet, les clients de Got-Junk n'ont aucun rappel tangible du service qui leur a été fourni, à l'exception peut-être de l'espace supplémentaire dont ils disposent désormais dans leur garage ou leur sous-sol. Les camions rutilants annoncent la qualité et le professionnalisme de l'entreprise. Au lieu d'acheter sa notoriété grâce à la publicité traditionnelle, Got-Junk fait sensation localement avec ses camions aux couleurs brillantes, ses pancartes de pelouse et ses employés enthousiastes. Auteurs de plus d'un millier d'articles, les responsables des relations publiques de Got-Junk ont accru la notoriété de l'entreprise et communiqué leur message à des millions de consommateurs en participant aux émissions *Dr. Phil* et *Oprah Winfrey Show*. En Ontario, Got-Junk a lancé une campagne rentable destinée à attirer de nouveaux clients en remettant aux utilisateurs de ses services un chèque-cadeau de 20 $ échangeable au Beer Store. Cette alliance avec le Beer Store allait de soi puisque l'importante clientèle masculine de celle-ci est la principale cible des services offerts par Got-Junk[2].

Trouver et garder des employés capables d'assurer un service à la clientèle impeccable est une autre clé de la réussite des entreprises de services. Embaucher des gens formidables et les traiter avec respect, voilà un principe auquel Got-Junk adhère et qui lui permet d'offrir à ses clients un service exceptionnel.

Le recrutement s'est trouvé grandement facilité après que l'entreprise eut été classée comme le meilleur employeur de la Colombie-Britannique deux années de suite. Cette reconnaissance publique a non seulement retenu l'attention des médias, mais a aussi contribué à attirer de nouveaux employés sur un marché de l'emploi difficile. Comme les employés des entreprises de services sont les ambassadeurs de celles-ci, le personnel de Got-Junk porte une chemise bleu vif ornée du logo de la compagnie, qui contribue à présenter une image uniforme — sans jeu de mots — aux clients. Vu l'importance des stratégies visant à préserver l'enthousiasme et la motivation des employés, l'entreprise encourage ces derniers à afficher leurs suggestions sur un mur baptisé « *Can you imagine?* » (« Imaginez que... ») au siège social. Parmi les idées proposées jusqu'ici, mentionnons celles d'insérer un camion miniature au logo de l'entreprise dans les Joyeux Festins de McDonald's et d'apposer ce logo sur un Bœing 737[3].

Got-Junk vise un succès aussi phénoménal que celui de Starbucks, de FedEx ou de Southwest Airlines. Son slogan, « Just Get It Done », prouve qu'elle a aussi appris de Nike (dont le slogan est « Just Do It »).

Les camions et les uniformes de couleurs vives émettent des signaux tangibles qui indiquent aux clients de 1-800-GOT-JUNK? que cette entreprise n'est pas n'importe quelle entreprise de collecte de rebuts.

service (*service*)
Offre intangible qui requiert une action, une performance ou un effort qui n'est pas matériel.

service à la clientèle (*customer service*)
Actions, tant sur le plan humain que sur le plan mécanique, exercées par l'entreprise en vue de satisfaire les besoins et les désirs de ses clients.

L'entreprise 1-800-Got-Junk ?, qui transforme des rebuts en espèces sonnantes, illustre bien la nature d'une entreprise qui offre des services par opposition à des produits. Alors qu'un **service** est une offre intangible qui requiert une action, une performance ou un effort qui n'est pas matériel[4], le **service à la clientèle** désigne les actions tant humaines que mécaniques menées par l'entreprise en vue de satisfaire les besoins et les désirs de ses clients. Les entreprises qui offrent un bon service à la clientèle ajoutent de la valeur à leurs produits ou à leurs services.

Dans ce chapitre, nous examinerons les caractéristiques uniques qui différencient un service d'un produit. Puis, comme l'indique la feuille de route, nous expliquerons comment les entreprises peuvent offrir un excellent service et utiliser les éléments du modèle des écarts pour mieux répondre aux attentes de leurs clients. Enfin, nous étudierons les moyens que peuvent prendre les entreprises pour se remettre de leurs inévitables échecs relatifs au service.

La figure 11.1 (*voir p. 333*) présente un continuum allant d'un service pur à un produit pur. Certaines entreprises se situent quelque part entre les deux et offrent des services et des produits ou vendent des produits comportant un service « intégré », les restaurants, par exemple. Comme nous l'avons vu dans le chapitre 2, même les entreprises axées principalement sur la vente d'un produit, telles qu'un magasin de vêtements, voient généralement le service comme un moyen de

FEUILLE DE ROUTE

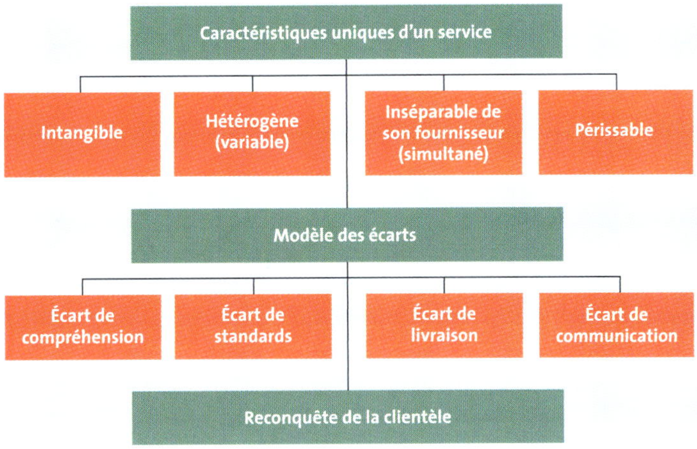

préserver un avantage concurrentiel durable. Dans ce chapitre, nous examinerons tous les types de services, depuis les sociétés qui offrent uniquement des services jusqu'à celles qui utilisent le service comme un outil de différenciation pour vendre des produits tangibles.

Les économies de pays développés comme le Canada sont de plus en plus dépendantes des services. Par exemple, le secteur des services compte pour plus de 70 % de l'économie canadienne, se taille la part du lion en matière d'emplois et croît plus vite que les industries productrices de biens. Cette dépendance et la croissance des économies axées sur les services dans les pays développés sont attribuables à plusieurs facteurs.

Premièrement, il est la plupart du temps moins onéreux pour les entreprises de faire fabriquer leurs produits dans les pays du tiers monde. En règle générale, même les produits finis au Canada comportent des composants de fabrication étrangère. Par ailleurs, au Canada et dans d'autres économies semblables, la proportion des services ne cesse d'augmenter par rapport à celle des produits. Deuxièmement, les travaux d'entretien ménager que beaucoup de gens effectuaient eux-mêmes autrefois sont devenus assez spécialisés. Aujourd'hui, la préparation des repas, l'entretien des pelouses, l'entretien ménager, la lessive et le nettoyage à sec, les soins capillaires et l'entretien des automobiles sont souvent des tâches exécutées par des spécialistes.

FIGURE 11.1 Le continuum service-produit

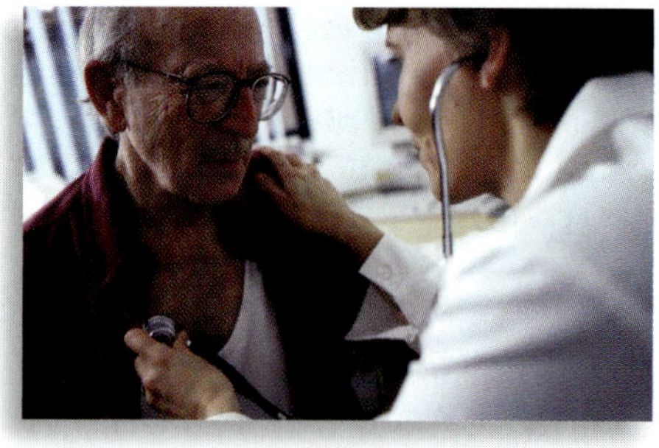

À mesure que la population vieillit, la demande de professionnels de la santé augmente.

Troisièmement, nous accordons désormais une grande valeur à la commodité et au loisir. La plupart des ménages ont peu de temps à consacrer aux tâches ménagères et beaucoup sont prêts à les confier à d'autres en échange d'une rémunération. Quatrièmement, le vieillissement de la population canadienne entraîne une hausse de la demande de professionnels de la santé, et pas seulement de médecins et d'infirmières, mais aussi d'aidants naturels et de soins à domicile. Dans le même ordre d'idées, un nombre croissant de retraités voyagent davantage et utilisent divers types de services axés sur les loisirs.

OA 1 Le marketing des services diffère du marketing des produits

Le marketing des services diffère du marketing des produits en raison des quatre caractéristiques uniques d'un service : il est intangible, hétérogène, inséparable de son fournisseur et périssable[5] (*voir la figure 11.2*). Pour mieux mémoriser ces différences,

FIGURE 11.2 Les caractéristiques principales d'un service

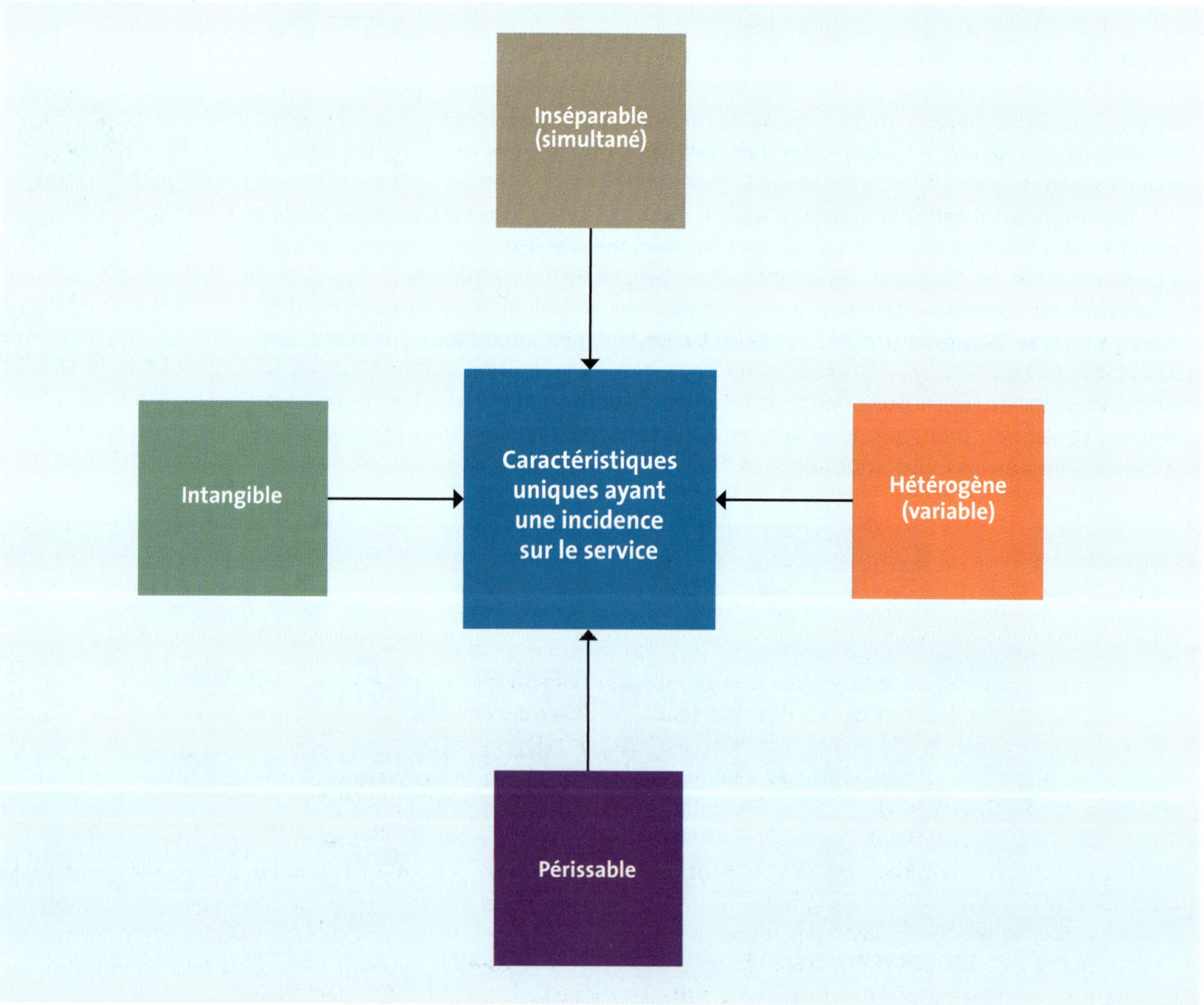

il peut être utile de les voir comme le modèle IHIP du service[6] : Intangible, Hétérogène (variable), Inséparable de son fournisseur (simultané) et Périssable. Ces différences rendent la commercialisation des services beaucoup plus complexe que celle des produits. Dans les paragraphes suivants, nous examinerons ces quatre différences et expliquerons leur incidence sur les stratégies de marketing.

L'intangibilité

intangibilité (*intangible*) Fait, pour un service, de ne pouvoir être touché, goûté ou vu, contrairement à un produit tangible.

Comme le sous-entend le titre de ce chapitre, la principale différence entre un produit et un service tient au fait que le second est intangible : contrairement à un produit, qui est tangible, on ne peut toucher le service, le goûter ou le voir. Lorsque vous consultez un médecin, vous voyez et entendez le médecin, mais le service qu'il vous fournit est intangible. Cette **intangibilité** constitue parfois un défi de taille pour les gestionnaires marketing. En effet, elle complique la description des avantages ou des bienfaits liés à un service : ainsi, essayez de dire si votre expérience chez le dentiste était bonne ou mauvaise et pour quelles raisons.

Les fournisseurs de soins de santé (p. ex., les médecins et les dentistes) donnent des signes tangibles à leurs clients pour leur permettre d'expérimenter et de percevoir leur service sous un angle plus positif : une salle d'attente dotée d'un téléviseur, de jeux informatiques et de jouets pour enfants, des boissons de qualité et des chaises confortables, le tout destiné à créer une atmosphère attrayante aux yeux de leur marché cible.

Dans les cafés Starbucks « HearMusic », les clients peuvent acheter des CD, siroter une boisson, écouter de la musique et se créer des CD personnalisés.

De même, Starbucks continue d'améliorer son service en offrant à sa clientèle une atmosphère agréable et détendue pour boire un café, travailler, lire ou bavarder avec des amis. L'entreprise a aussi créé des cafés « HearMusic », qui intègrent pleinement les attraits d'un café et d'un magasin de musique. Ces filiales en propriété exclusive sont aussi chaleureuses et accueillantes que les cafés Starbucks ordinaires, à la différence que les clients peuvent y acheter des CD, siroter une boisson, écouter de la musique et choisir des chansons parmi des milliers de titres enregistrés dans une base de données informatisée pour se graver un CD personnalisé (et même avec des notes d'accompagnement !)[7].

Comme les services sont intangibles, les fournisseurs de soins de santé doivent créer des images visuelles pour promouvoir et vendre leurs services.

De plus, comme un service ne peut pas être montré directement aux clients potentiels, il est difficile à promouvoir et à vendre. Pour ce faire, les gestionnaires marketing doivent employer des symboles et des images de façon créative. Par exemple, Walt Disney World se sert de sa publicité pour évoquer des images de familles heureuses ainsi que des souvenirs nostalgiques de la souris Mickey et de visites antérieures au parc thématique. De même, le Cirque du Soleil, considéré comme le meilleur produit culturel exporté du Canada, ajoute de la tangibilité à ses spectacles en mettant en scène des numéros d'acrobatie fascinants sur une musique originale interprétée devant public. L'expérience tout entière des spectateurs est soigneusement orchestrée de façon à créer des impressions mémorables : les toilettes présentes sur les emplacements ont même l'eau courante[8]. Les services médicaux présentent des images adéquates de professionnels s'acquittant de leurs tâches en blouse blanche et entourés d'un équipement de pointe. Les dentistes offrent à leurs patients une preuve tangible de leur visite sous la forme d'une brosse à dents gratuite. Les établissements d'enseignement annoncent la qualité de leurs services en vantant leurs facultés et leurs étudiants célèbres de même que les agréments qu'ils ont reçus. Ils ont souvent recours aussi à des images d'étudiants heureux en train d'écouter attentivement un enseignant ou d'exercer un métier lucratif.

Comme un service est intangible, les gestionnaires marketing ont recours à des images qui mettent en évidence ses bienfaits ou sa valeur. Les prestataires de services professionnels, comme les médecins, les avocats, les comptables et les consultants, dépendent fortement de l'image d'intégrité et de crédibilité qu'ils présentent aux consommateurs. Pourtant, les campagnes publicitaires de certains de ces professionnels ont été critiquées par leurs pairs et par des groupes de protection des consommateurs. Le comportement d'un avocat spécialisé dans l'indemnisation du préjudice corporel qui a eu recours à des tactiques de marketing trop énergiques pour attirer des clients tout en cherchant à préserver une image intègre et crédible ou encore l'invention d'une technologie qui porte atteinte à la vie privée (*voir la rubrique Question d'éthique 11.1*) représentent des situations qui provoquent des tensions.

simultanéité (ou inséparabilité) (*inseparable*) Fait, pour un service, d'être produit et consommé au même moment, ce qui signifie que le service et sa consommation sont indissociables.

L'indissociabilité de la production et de la consommation

Une autre différence entre un service et un produit est la **simultanéité (ou inséparabilité)**, c'est-à-dire le fait que le service est produit et consommé au

Question d'éthique 11.1 Souriez, vous êtes filmé !

Une des dernières innovations de Google Maps est un système de cartographie en ligne appelé Street View. Ses cartes détaillées donnent des vues à 360° de certaines villes et révèlent des détails aussi précis que des bâtiments individuels, des voitures garées et même des panneaux routiers. Certaines images montrent des gens prenant un bain de soleil dans leur jardin ou promenant leur chien. Les détracteurs du logiciel considèrent celui-ci comme une atteinte à la vie privée, tandis que d'autres personnes estiment que ce qui se passe dans les rues constitue une information publique de toute façon. Le logiciel a relancé le débat sur la protection de la vie privée : où se situe la frontière entre la cartographie et la vidéosurveillance ?

Immersive Media, une entreprise de Calgary, a conçu la technologie qui permet d'afficher ces photos de rues. Des Volkswagen Beetle équipées de caméras permettant de filmer à 360° montées sur le toit roulent toute la journée en filmant l'environnement. Par la suite, des logiciels relient les images au moyen de la plus récente technologie 3D[9]. On aura bientôt la vidéo en direct.

Cette société a déjà réalisé des cartes statiques de Toronto, de Calgary, de Vancouver, de Montréal et d'Ottawa. Selon Myles McGovern, le PDG d'Immersive Media, la valeur réelle de ces cartes tient au fait qu'elles permettent au personnel affecté aux urgences d'obtenir une vue générale de la scène avant d'arriver sur les lieux. Parmi les autres utilisateurs potentiels, mentionnons les ingénieurs du génie rural, les architectes, les chefs de chantiers et les évaluateurs d'assurances, qui ont besoin de voir les détails d'un lieu. Ce nouvel outil pourrait permettre aux entreprises d'économiser des milliers de dollars en frais de déplacement et d'évaluation. De plus, les systèmes de navigation publics pourraient un jour être dotés de la réalité augmentée, soit offrir des descriptions des monuments et des édifices, ce qui réduirait la durée des trajets et éliminerait les indications routières confuses. Mais qu'en est-il de leur potentiel de mésusage ?

En juin 2007, des fonctionnaires américains ont mis au jour un complot fomenté par une organisation terroriste, qui visait à faire sauter les réservoirs d'essence de l'aéroport John F. Kennedy, à New York. D'après eux, les terroristes avaient utilisé Google Earth, un outil similaire, pour élaborer leur plan. Toutefois, les experts affirment que ces outils en ligne ne fournissent pas d'informations nouvelles : même si Google Earth ou Google Maps n'existaient pas, les terroristes pourraient obtenir la même information auprès de nombreuses autres sources.

Sur une plus petite échelle, le logiciel Street View pourrait être utilisé à des fins d'espionnage et même de harcèlement criminel. Grâce à la vidéo en direct, vous pourriez vérifier si la voiture de l'ami qui n'a pas répondu au téléphone est bien garée dans son entrée. Une fois capté sur Google Maps, votre profil pourrait être à la portée du monde entier.

Google devrait-elle être autorisée à offrir ce service ? Bien que ses applications commerciales et ses avantages pour les entreprises soient manifestes, la question des droits civiques demeure. Le commissaire à la protection de la vie privée du Canada a exprimé ses préoccupations au sujet de ce service, qui pourrait violer les lois fédérales sur la protection de la vie privée. Ces lois visent à protéger les citoyens en empêchant que leurs données personnelles soient facilement accessibles. Comme Google Maps est un outil virtuel, il traverse les frontières internationales, ce qui complique l'application des lois sur la protection de la vie privée. Même les mesures sophistiquées destinées à protéger les citoyens n'empêcheraient pas les actes suspects. En fin de compte, Google compromet-elle notre sécurité à des fins commerciales ou l'information publique doit-elle être mise à la portée de tous en tout temps ?

Source : adapté de www.cbc.ca/thecurrent/2007/200706/20070612.html (page consultée le 14 juin 2007).

même moment; en effet, le service et sa consommation sont indissociables. C'est pourquoi certains gestionnaires marketing astucieux offrent à leurs clients la possibilité de participer directement à la production du service. Les fournisseurs de soins de santé, par exemple, ont découvert que plus ils permettent à leurs patients de participer à l'élaboration de leur traitement, plus ces derniers sont satisfaits[10].

Comme le service est indissociable de sa consommation, les clients ont rarement la possibilité de l'essayer avant de l'acheter. Et une fois le service fourni, il ne peut pas être retourné au magasin.

Imaginez que vous exprimez le souhait de subir un « plombage d'essai » avant que le dentiste ne commence à fraiser votre dent ou d'essayer une nouvelle coiffure avant que votre coiffeur ne coupe plusieurs centimètres de votre chevelure. Comme, dans ces situations, le risque associé à l'achat peut être relativement élevé, les entreprises de services offrent parfois des garanties prolongées ou des garanties de satisfaction. C'est le cas de First Choice Haircutters, qui annonce des soins « abordables, professionnels, et garantis ». Dans de nombreux hôtels (p. ex., Comfort Inn, Comfort Suites, Quality Inn, Sleep Inn, Clarion), des affiches indiquent aux clients : « Si vous n'êtes pas satisfait de votre chambre ou du service, veuillez en aviser la réception le plus rapidement possible afin de donner à notre personnel la possibilité de remédier au problème. S'il est incapable de vous satisfaire, vous aurez droit jusqu'à une nuitée gratuite[11]. »

La variabilité (l'inconstance)

Plus le nombre d'êtres humains qui offrent un service est grand, plus la qualité de ce service a des chances d'être variable ou inconstante. Une coiffeuse peut réaliser des coupes médiocres le matin parce qu'elle s'est couchée tard la veille; pourtant, elle peut offrir un meilleur service que la coiffeuse insuffisamment formée qui travaille dans le salon de coiffure de la rue voisine. Les restaurants, qui fournissent un mélange de services et de produits, peuvent habituellement gérer la qualité de la nourriture, mais non la **variabilité** de la préparation ou de la livraison des mets. Si un produit fonctionne mal, il peut être remplacé, refait, détruit ou, s'il se trouve déjà dans la chaîne logistique, rappelé. Dans bien des cas, le problème peut être corrigé même avant que le produit n'arrive aux consommateurs.

variabilité (*variability*) Caractéristique d'un service. Étant donné que le service est offert par un humain, sa qualité peut varier d'une fois à l'autre.

Cependant, un service médiocre ne peut pas être rappelé; au moment où l'entreprise reconnaît le problème, le préjudice est déjà causé.

Les gestionnaires marketing comme ceux de Starbucks s'efforcent de réduire la variabilité de leur service grâce à la formation et à la standardisation. Enterprise Rent-A-Car, par exemple, entend normaliser ses services dans toute l'Amérique du Nord et, dans ce but, elle offre une formation poussée à ses associés. Si vous allez au comptoir Rent-A-Car de n'importe quel aéroport, il y a de bonnes chances que vous y trouviez le même accueil personnalisé. Les chauffeurs des navettes aéroportuaires vont charger et décharger vos bagages. À votre descente de la navette, on vous appellera par votre nom et votre voiture sera prête en quelques minutes. Ce service courtois et soigné est attribuable aux standards précis du service établis par l'entreprise et à son excellent programme de formation.

Enterprise Rent-A-Car réduit la variabilité de ses services en recourant à la formation et à la standardisation. Où que vous alliez, vous obtiendrez le même excellent service.

Les gestionnaires marketing peuvent aussi tirer parti de la nature variable des services. Ainsi, le micromarketing permet de personnaliser un service pour qu'il réponde parfaitement aux besoins des clients (*voir le chapitre 8*). Les préposés de l'entreprise de services technologiques Nerds On Site se rendront chez vous ou à votre bureau pour effectuer n'importe quelle réparation ou maintenance dont votre ordinateur a besoin : la configuration d'un réseau, le nettoyage de votre disque dur ou encore la conception ou l'hébergement de votre site Web. Comme chaque client a des besoins différents, Nerds On Site emploie divers consultants dotés de compétences très variées. Chaque client est associé à un *nerd* (« crack de l'informatique ») en fonction de ses besoins, ce qui permet à l'entreprise de lui offrir un service entièrement personnalisé.

Toutefois, ce type de micromarketing peut être onéreux, surtout pour les entreprises multiservices. De plus, les consommateurs risquent de devenir confus et même irrités s'ils doivent payer chaque service à l'unité. Imaginez un hôtel qui déclinerait ses services à la carte : lit, serviette, pain de savon, utilisation de la télé et plongeon dans la piscine. Normalement, les prestataires de services offrent des forfaits qui englobent tous leurs services dans un seul prix. Ainsi, le Club Med offre des forfaits vacances pour un prix unique, qui peut comprendre, par exemple, le trajet en avion de Montréal jusqu'à Punta Cana, en République dominicaine, le logement, les repas, les goûters, les boissons et les activités sportives et de loisir pour environ 1 800 $ — et vous pouvez amener un ami pour 1 000 $ de plus[12] !

Certains prestataires de services ont recours à une approche différente pour réduire la variabilité de leurs services : ils remplacent des employés par des machines. Pour de simples transactions comme retirer de l'argent, il est plus rapide et plus pratique d'utiliser un guichet automatique que de faire la queue pour voir un caissier — et le service est moins variable. La rubrique Valeur ajoutée 11.1 (*voir p. 339*) explique que certains détaillants et d'autres prestataires de services offrent une valeur additionnelle à leurs clients avec leurs caisses libre-service.

Le recours à la technologie pour la prestation d'un service engendre d'autres problèmes. Certains clients soit n'aiment pas l'idée de remplacer des êtres humains par des machines pour les transactions commerciales, soit ont de la difficulté à utiliser la technologie. Dans d'autres cas, la technologie fonctionne mal, comme lorsque le lecteur optique d'une caisse libre-service n'arrive pas à lire le code d'un produit ou qu'un guichet automatique est à court de billets ou hors d'usage.

Internet a réduit la variabilité des services dans plusieurs domaines. Avant le milieu des années 1990, les clients qui achetaient des produits de voyage (billets d'avion, chambres d'hôtel, voiture de location), des billets de concert et de cinéma, des assurances, des hypothèques ou d'autres produits devaient effectuer une série d'interactions individuelles. Aujourd'hui, ces achats peuvent se faire directement sur Internet. Et si un client ne trouve pas toute l'information voulue en ligne, la plupart

Les entreprises multiservices comme le Club Med offrent souvent un ensemble de services pour un prix unique.

Valeur ajoutée 11.1 Les caisses libre-service : ajouter de la commodité[13]

Considérée de prime abord comme un truc publicitaire lors de leur apparition en 1995, les caisses libre-service continuent de faire des adeptes et de s'étendre. En effet, les machines se multiplient dans les épiceries et les magasins minimarges à la vitesse de l'éclair. Habitués à se servir, les Canadiens ont rapidement adopté cette nouvelle technologie. Un sondage Ipsos Reid/NCR a révélé que 56 % des Canadiens sont plus susceptibles de faire des achats dans des magasins qui disposent de caisses libre-service que dans d'autres commerces[14].

Les caisses libre-service connaissent un franc succès et fidélisent la clientèle parce qu'elles attirent les acheteurs pressés. Ceux-ci sont persuadés qu'ils pourront payer leurs achats plus rapidement en faisant appel à ces machines. Selon certains experts, cette perception de la rapidité des caisses libre-service tient au fait que les clients sont actifs lorsqu'ils les utilisent. S'ils doivent attendre passivement que la caissière enregistre leurs achats, le temps leur paraît plus long. D'autres soutiennent que les caisses libre-service font gagner aux clients entre 15 secondes et 15 minutes selon le volume de leurs achats.

Si les clients apprécient ces machines, les détaillants ne sont pas en reste. Les experts de l'industrie affirment que chaque machine coûte environ 90 000 $ et traite de 15 % à 40 % des transactions quotidiennes réalisées dans le magasin. Malgré leur prix élevé, ces machines diminuent les coûts de la main-d'œuvre car un caissier peut surveiller de quatre à huit caisses en même temps. Et les machines n'ont pas besoin de formation, ne sont jamais en retard ni de mauvaise humeur.

Les caisses libre-service améliorent-elles ou gâtent-elles la perception que les consommateurs ont du service ?

des sites Internet fournissent le numéro de téléphone ou l'adresse courriel du service à la clientèle.

Internet ne fait pas que faciliter les achats. Au YMCA William Lutsky d'Edmonton, les membres peuvent utiliser le système informatique FitLinxx pour suivre leur performance en culture physique. Les nouveaux utilisateurs se fixent des objectifs, choisissent leur type d'entraînement et leurs horaires et reçoivent des programmes d'exercice détaillés. Par exemple, l'utilisateur qui clique sur « Abdominaux » a le choix entre au moins 14 programmes d'exercices axés sur les muscles abdominaux. FitLinxx mémorise les programmes des utilisateurs, les conseille individuellement d'une séance d'exercice à l'autre et enregistre leurs progrès au fil du temps. Le logiciel non seulement est bénéfique pour la santé des utilisateurs, qui profitent d'un entraînement constant, mais il fidélise les clients. De plus, la plupart des utilisateurs s'entraînent plus souvent que la moyenne des gens[15].

La périssabilité

Un service est périssable du fait qu'il ne peut être entreposé en vue d'une utilisation future. On ne peut pas empiler des cours de yoga comme un carton de six canettes de bière. La **périssabilité** des services comporte à la fois des défis et des possibilités pour les gestionnaires marketing, qui doivent se livrer à la tâche difficile d'harmoniser l'offre et la demande. Tant que l'offre et la demande sont étroitement assorties, il n'y a aucun problème, mais malheureusement, cette parfaite harmonie est rare.

périssabilité (*perishability*) État d'un service qui ne peut être entreposé en vue d'une utilisation future.

Prenons l'exemple d'une station de ski. Elle est en activité tant qu'il y a de la neige et même en soirée, mais la demande culmine pendant les week-ends et les congés. C'est pourquoi les stations offrent souvent des billets moins chers en dehors de ces périodes pour stimuler la demande. Les compagnies aériennes, les croisiéristes, les cinémas et les restaurants font face à des difficultés similaires et les surmontent à peu près de la même manière. Les compagnies aériennes offrent des rabais pour encourager leurs clients à voyager pendant la basse saison et les billets de cinéma coûtent habituellement moins cher pour les représentations en après-midi, moment où la demande est en général moins élevée. Dans le but d'optimiser l'utilisation de ses installations et d'attirer un nouveau public, Cineplex Galaxy diffuse les matchs de la Ligne nationale de hockey dans cinq villes canadiennes depuis 2006. Pour certains amateurs de hockey, cette solution est la meilleure puisqu'ils peuvent voir une équipe comme les Maple Leafs de Toronto jouer pour une fraction du coût, soit 10,95 $, plutôt que de débourser entre 23 $ et 381 $ au Air Canada Centre[16].

Équilibrer les hauts et les bas de l'offre et de la demande représente un défi de taille. Comme nous l'avons mentionné précédemment, contrairement aux produits, on ne peut constituer des stocks de services. Une demande trop forte oblige les entreprises de services à refuser des clients aux périodes de pointe, tandis qu'une capacité excédentaire peut entraîner des ratios recettes-dépenses moins souhaitables. Par exemple, un dentiste doit payer ses hygiénistes dentaires, le loyer et d'autres dépenses même si des patients oublient leurs rendez-vous. C'est pourquoi les cabinets dentaires maximisent leurs installations en appelant les patients pour leur rappeler leur rendez-vous et imposent parfois des frais si un patient ne se présente pas à son rendez-vous ou n'annule pas celui-ci avec un préavis suffisant. Les hôtels ont un système qui oblige les retardataires à confirmer l'heure de leur arrivée afin d'éviter de perdre des revenus en retenant les chambres jusqu'à une heure tardive de la journée.

Comme nous l'avons vu, offrir un excellent service n'est pas facile et cela exige une analyse détaillée et diligente du processus de service. Dans les prochaines pages, nous nous pencherons sur ce qu'on appelle le modèle des écarts. Ce modèle vise à mettre en évidence les secteurs dans lesquels les clients croient qu'ils obtiennent un service inférieur à celui auquel ils ont droit (les écarts) ainsi que les façons de combler ces écarts.

Étant donné que les services sont périssables, les prestataires de services comme les stations de ski offrent des billets moins chers pour le ski en soirée afin de stimuler la demande.

Offrir un excellent service : le modèle des écarts

OA 2

Les clients ont des attentes concernant la façon dont un service devrait être exécuté. Lorsque le service ne répond pas à ces attentes, cela crée un **écart relatif au service**. Le modèle des écarts (*voir la figure 11.3*) facilite l'analyse de tous les aspects du processus de service et décrit les étapes à suivre pour formuler une stratégie optimale en matière de service[17].

Comme le montre la figure 11.3, il existe quatre écarts relatifs au service :

1. L'**écart de compréhension** reflète la différence entre les attentes des clients et la manière dont ces attentes sont perçues par l'entreprise. Les entreprises peuvent corriger cet écart en effectuant des recherches afin d'offrir un service conforme aux désirs de leur clientèle.
2. L'**écart de standards** représente la différence entre les attentes des clients telles qu'elles sont perçues par l'entreprise et les normes de service établies par celle-ci. Les entreprises peuvent resserrer cet écart en établissant des normes de service appropriées et en évaluant leur performance en matière de service.
3. L'**écart de livraison** illustre la différence entre les normes de service d'une entreprise et le service réellement exécuté. Les entreprises peuvent combler cet écart en amenant leurs employés à respecter ou à dépasser les normes de service.
4. L'**écart de communication** reflète la différence entre le service réellement exécuté et le service annoncé par l'entreprise. En général, les entreprises peuvent réduire cet écart en étant plus réalistes à propos des services qu'elles sont en mesure d'offrir et en gérant efficacement les attentes de leurs clients.

Tout en expliquant chacun des écarts, nous les appliquerons à l'expérience vécue par Marcia Kessler dans un motel de Muskoka, en Ontario.

écart relatif au service (*service gap*) Écart qui survient quand le service offert ne répond pas aux attentes du client.

écart de compréhension (*knowledge gap*) Mesure de la différence entre les attentes du consommateur et la perception de ces attentes par l'entreprise. De même nature que l'écart relatif au service.

écart de standards (*standards gap*) Écart relatif au service offert ; différence entre les attentes des clients telles que perçues par l'entreprise et les standards liés au service qui ont été établis.

écart de livraison (*delivery gap*) Écart relatif au service offert ; différence entre les normes de service d'une entreprise et le service réel qu'elle offre aux consommateurs.

écart de communication (*communication gap*) Un des écarts mesuré par le modèle des écarts qui évalue la qualité des services ; différence entre le service réel offert au client et le service dont l'entreprise fait la promotion.

FIGURE 11.3 L'amélioration du service grâce au modèle des écarts

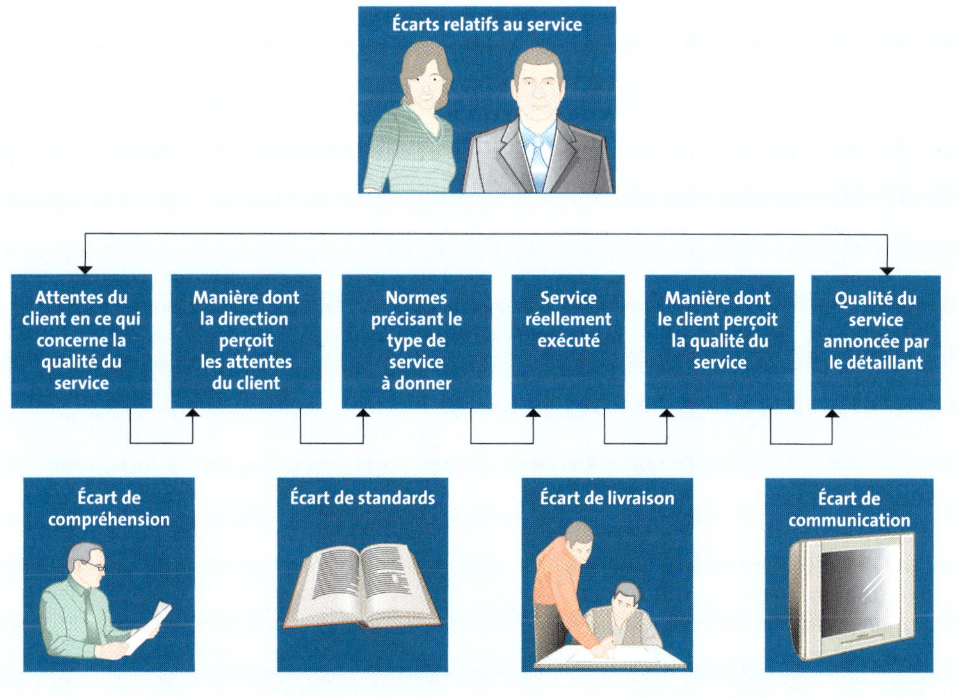

Sources : Michæl Levy et Barton Weitz, *Retailing Management*, 6e éd., Burr Ridge, Ill., McGraw-Hill, 2007. Adapté de Valerie Zeithaml, A. Parasuraman et Leonard Berry, *Delivering Quality Customer Service*, New York, The Free Press, 1990, et de Valerie Zeithaml, Leonard Berry et A. Parasuraman, « Communication and Control Processes in the Delivery of Service Quality », *Journal of Marketing*, vol. 52, no 2, avril 1988, p. 35-48.

Marcia Kessler a vu une publicité relative à un forfait de week-end à un prix très raisonnable au Paradise Motel. Le forfait englobe les services suivants : garderie, soirées piano-bar avec chanteur, petit-déjeuner continental, piscine chauffée et chambres nouvellement aménagées. Au moment de réserver une chambre, Marcia découvre que le prix annoncé n'est pas valable pour le week-end et qu'elle doit réserver un minimum de trois nuitées. Après s'être inscrits à la réception auprès d'un employé très désagréable, Marcia et son mari découvrent que leur chambre, dont la décoration semble dater des années 1950, n'a pas été nettoyée. Lorsqu'elle s'en plaint au chef de la réception, elle récolte seulement une moue arrogante. Résignée à l'idée de passer tout le week-end dans cet hôtel, Marcia décide d'aller nager. Malheureusement, l'eau, « chauffée » par la baie Géorgienne, est à environ dix degrés. Personne n'utilise le service de garderie puisqu'il y a très peu d'enfants au motel. Il s'avère que le chanteur du piano-bar est un cousin du propriétaire incapable de tenir une mélodie, sans parler de son inaptitude à jouer du piano. Le petit-déjeuner continental doit venir tout droit du Vieux Continent: tous les mets sont rassis et fades. Marcia a très hâte de rentrer chez elle.

Quels écarts de service Marcia Kessler a-t-elle expérimentés lors de son séjour au Paradise Motel de Muskoka ?

OA 3 L'écart de compréhension : savoir ce que les clients veulent

Connaître les désirs des clients est une première étape importante de la prestation d'un bon service. Le motel offrait un service de garderie, mais la plupart de ses clients n'avaient pas d'enfants, ne les avaient pas emmenés avec eux ou ne voulaient tout simplement pas utiliser ce service. En revanche, tous les clients aiment que leur chambre soit nettoyée avant leur arrivée.

Pour réduire l'écart de compréhension, une entreprise doit comprendre les attentes de ses clients. Elle peut le faire en effectuant une recherche et en augmentant les interactions et les communications entre gestionnaires et employés.

Comprendre les attentes des clients Les attentes des clients sont basées sur leurs connaissances et leurs expériences[18]. Marcia s'attendait à ce que sa chambre soit prête à son arrivée au motel, à ce que l'eau de la piscine soit chauffée, à ce que le chanteur soit capable de chanter et à ce que les mets servis au petit-déjeuner soient frais.

Les attentes des clients varient en fonction du type de service. Celles de Marcia auraient peut-être été plus élevées si elle avait logé à l'hôtel Fairmont plutôt qu'au Paradise Motel. Dans le premier, elle aurait pu espérer que le personnel connaîtrait son nom et ses préférences alimentaires, et qu'il placerait des fruits frais et des fleurs fraîches dans sa chambre avant son arrivée.

Les attentes des clients varient aussi en fonction de la situation. Selon les circonstances, Marcia pourrait être satisfaite des services offerts dans les deux établissements. Si elle est en voyage d'affaires, le Paradise Motel pourra lui convenir, mais si elle célèbre son 10e anniversaire de mariage, elle préférera sans doute le Fairmont. Indépendamment de ces choix, toutefois, le prestataire de services doit connaître et comprendre les attentes des clients de son marché cible.

Évaluer la qualité du service Pour répondre aux attentes de leurs clients ou dépasser celles-ci, les gestionnaires marketing doivent cerner ces attentes. Or, en raison de l'intangibilité du service, il n'est pas toujours facile pour les clients d'évaluer la qualité de celui-ci, ou sa capacité à satisfaire ou à dépasser leurs désirs[19]. Les clients ont habituellement recours à cinq dimensions pour évaluer la **qualité du service** : la fiabilité, l'empressement, l'assurance, l'empathie et les éléments tangibles (*voir la figure 11.4*).

Si vous deviez appliquer les cinq dimensions du service au processus décisionnel conduisant au choix d'une université (qui assure un service, celui de l'éducation), vous pourriez obtenir des résultats comme ceux qui sont illustrés dans le tableau 11.1.

qualité du service (*service quality*) Aptitude d'un service à répondre aux exigences d'un client ou à dépasser celles-ci.

FIGURE 11.4 Les cinq dimensions de la qualité du service

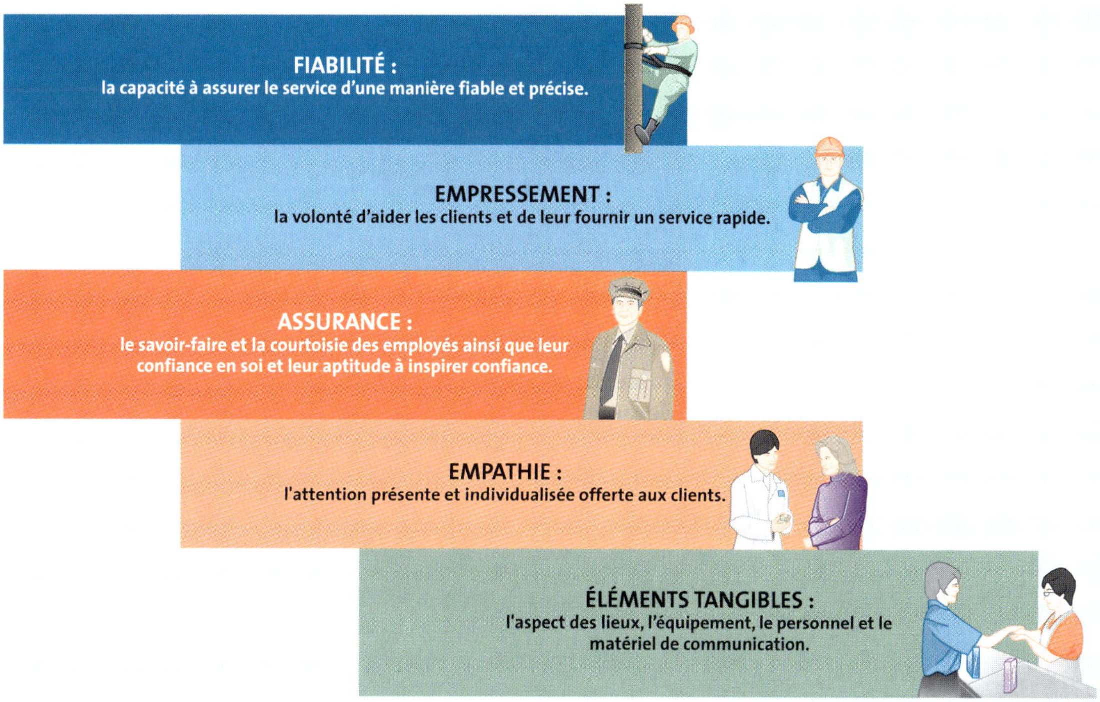

TABLEAU 11.1 Les dimensions de la qualité du service à l'université

	Université A	Université B
Fiabilité	Elle offre un programme sérieux ainsi qu'un excellent service de placement étudiant et des stages.	Le programme couvre toutes les matières de base, mais certains cours importants ne sont pas toujours offerts. Le service de placement étudiant est au mieux aléatoire.
Empressement	Elle est lente à répondre aux demandes d'admission. Elle a une politique très structurée relativement aux visites. Elle est plutôt inflexible en ce qui touche aux demandes d'information personnelles ou aux rencontres supplémentaires.	Elle répond rapidement aux demandes d'admission. Elle a une politique ouverte concernant les visites. Elle offre une variété de ressources sur le campus pour faciliter la prise de décision.
Assurance	Le personnel semble très confiant dans sa réputation et ses services.	Le personnel décontracté communique son enthousiasme à l'égard de l'établissement.
Empathie	Le personnel semble traiter le corps étudiant comme un ensemble plutôt que de s'arrêter aux besoins ou aux préoccupations de chacun.	Elle cherche avant tout à offrir une expérience unique à chaque étudiant.
Éléments tangibles	Le campus est très traditionnel et il a une allure et une atmosphère d'autrefois. Les lieux sont impeccables. Les dortoirs sont spacieux, mais les salles de bains sont un peu défraîchies.	Ce nouveau campus a une architecture moderne. Les lieux ne sont pas toujours impeccables. Les dortoirs sont spacieux et les salles de bains sont neuves.

Si vous recherchez une expérience individualisée au sein d'une institution ultramoderne, peut-être que l'université B vous conviendrait mieux. Mais si vous privilégiez fortement la performance scolaire et un excellent service de placement étudiant, l'université A pourrait s'avérer un meilleur choix. Si la culture et la tradition sont des aspects qui comptent pour vous, l'université A offre ce type d'environnement. Quelles étaient vos attentes et en quoi l'université que vous avez choisie respectait-elle ces dimensions du service ?

La recherche en marketing : comprendre les clients La recherche en marketing (*voir le chapitre 5*) offre un moyen de mieux comprendre les désirs des clients en ce qui a trait au service et leur perception de la qualité d'un service.

Cette recherche peut être longue et onéreuse, ou elle peut être intégrée aux interactions quotidiennes de l'entreprise avec ses clients. Aujourd'hui, la plupart des entreprises de services ont mis sur pied un programme d'expression des besoins des consommateurs et font de la recherche en marketing en continu afin d'évaluer dans quelle mesure elles répondent aux attentes de leurs clients.

programme d'écoute des consommateur (*voice-of-customer [VOC] program*) Méthode de recherche commerciale fondée sur la collecte des impressions des consommateurs, lesquelles jouent ensuite un rôle dans la prise de décision de la direction.

Le **programme d'écoute des consommateurs** est une méthode de recherche commerciale systématique qui consiste à recueillir les impressions des consommateurs, puis à les intégrer aux décisions de gestion. Par exemple, Dell a créé ideastorm.com, un forum en ligne où les clients peuvent faire des suggestions visant à améliorer ses produits et ses services. La communauté vote pour les meilleures idées et, si elles sont sensées, l'entreprise les exploite. Lorsque des intervenants sur ideastorm.com ont suggéré à Dell de préinstaller le logiciel Linux sur ses ordinateurs et ses portables, l'entreprise a mené un sondage auprès de 100 000 clients pour obtenir leurs impressions et a fini par concrétiser cette idée. Trois mois après la création du site ideastorm.com, plus de 3 500 suggestions ont été affichées sur le site[20]. Aéroplan effectue des enquêtes en ligne et des rencontres informelles avec des membres choisis pour les questionner sur tous les aspects de son service, depuis leur expérience de remboursement jusqu'aux nouveaux services et améliorations qu'ils souhaiteraient[21]. Les commentaires reçus par FedEx dans le cadre de son programme d'écoute des consommateurs, qui s'appuie sur des rencontres avec des clients commerciaux, l'ont amenée à mettre sur pied son service différé intracanadien (deux jours)[22].

La rubrique Marketing entrepreneurial 11.1 (*voir p. 345*) donne un aperçu de la façon dont les impressions des consommateurs peuvent servir à provoquer des changements dans l'industrie de la mode.

zone de tolérance (*zone of tolerance*) Écart entre les attentes du client quant au service désiré et ce qu'il considère comme tout juste acceptable, ou différence entre ce que le client recherche vraiment et ce qu'il est prêt à accepter avant de changer de fournisseur de service.

Un autre moyen d'évaluer la performance des entreprises en ce qui touche aux cinq dimensions de la qualité du service (*voir la figure 11.4, p. 343*) consiste à analyser la **zone de tolérance**, soit l'écart entre la qualité du service souhaitée par le client et la qualité minimale qu'il juge acceptable. Autrement dit, cela représente la différence entre ce que le client veut vraiment et ce qu'il est prêt à accepter avant de changer de prestataire de services[23]. Pour définir cette zone de tolérance, l'entreprise doit poser une série de questions sur chaque dimension de la qualité du service afin de déterminer :

- le niveau de service désiré et attendu pour chaque dimension, de faible à élevé ;
- l'opinion des clients à l'égard de la qualité d'un service donné par rapport à celle du même service exécuté par une autre entreprise, de médiocre à excellente ;
- l'importance de chaque dimension de la qualité du service.

Une façon directe et peu coûteuse de recueillir les opinions des clients sur la qualité du service consiste à le faire au moment de la vente. Les employés peuvent distribuer un simple questionnaire ou demander aux clients dans quelle mesure ils ont apprécié le service — tout en sachant que les clients hésitent souvent à critiquer ouvertement la personne qui a exécuté le service. L'entreprise doit veiller à ne pas perdre une grande partie de cette information, ce qui peut arriver si elle n'a

Marketing entrepreneurial 11.1 Élargir le concept de la beauté

À l'âge de 14 ans, Ben Barry est devenu l'agent d'une belle amie qui n'arrivait pas à trouver d'emploi comme mannequin. Bien qu'elle eût dépensé plus de 3 000 $ en cours et en photos, les agences rejetaient la jeune femme qui habillait du 8 sous prétexte qu'elle était « trop grosse ». Peu après avoir réussi à lui décrocher quelques emplois temporaires dans des magazines à couverture lustrée, Barry a accordé sa tutelle à quatre autres modèles. Alors qu'il était en huitième année, pendant la relâche scolaire, il est allé visiter les meilleures agences de mannequins et a recueilli les conseils des gens de l'industrie. Le directeur d'Elite Models a révélé au jeune entrepreneur les exigences typiques de l'industrie à l'égard des mannequins : cou de cygne, taille de guêpe, hanches fines... tout cela bien tendu sur une charpente de 1,78 mètre. Cela a déplu à Barry, qui a continué de choisir ses modèles pour leur personnalité et leur énergie autant que pour leur apparence.

Voyant qu'une amie qui habillait du 8 n'était pas acceptée comme mannequin sous prétexte qu'elle était trop grosse, Ben Barry a fondé une agence qui emploie des mannequins à l'apparence plus réaliste.

La nouvelle qu'une amie était atteinte d'un trouble alimentaire a éperonné Barry. À 24 ans, il a fondé avec succès l'agence de mannequins Ben Barry Agency Inc. (www.benbarry.com). Déjà, sa réputation d'entrepreneur dynamique l'avait précédé dans le milieu canadien de la mode et des agences de mannequins. Aujourd'hui, Barry est une force motrice qui change les perceptions dans l'industrie de la mode. Son agence croit que les modèles devraient refléter la composition diversifiée de la société en ce qui concerne l'âge, la taille, le groupe ethnique et l'apparence. Parmi ses nombreux exploits, mentionnons l'introduction de minorités visibles dans les défilés de mode des centres commerciaux et le prêt de modèles variés à la campagne *Vraie beauté* menée dans plus de 50 pays par la marque Dove de Unilever. Bien que cette campagne ait entraîné une hausse faramineuse des ventes de l'ordre de 700 %, les magazines de mode chics continuent de bouder les mannequins n'ayant pas l'apparence traditionnellement privilégiée. Aucune recherche n'a encore prouvé que les femmes brindilles font vendre ou ne font pas vendre les magazines. C'est ce qui a poussé Barry à lancer son projet suivant.

À l'heure actuelle, il fait son doctorat en gestion de l'innovation et en stratégie à l'université Cambridge. Son étude du marketing au sein de l'industrie de la beauté, d'une durée de trois ans, s'appuie sur une consultation des consommateurs qui vise à évaluer l'efficacité de l'utilisation de mannequins dans la publicité. Ses premiers résultats et de récentes décisions comme celle de *Vogue* de mettre en vedette la corpulente chanteuse Jennifer Hudson sur sa page couverture amènent Barry à penser que des changements importants se préparent dans l'industrie[24]. Mais plutôt que de provoquer un changement de paradigme en faveur des mannequins plus enveloppés, Barry cherche à élargir l'éventail des tailles acceptées[25]. Il compte bien entrer un jour dans la salle du conseil des grands magazines pour présenter aux gestionnaires des données qui parlent en faveur de la beauté diversifiée.

Dans sa récente autobiographie, intitulée *Fashioning Reality : A New Generation of Entrepreneurship*, Ben Barry décrit ses efforts pour transformer le visage de la mode et modifier le concept de la beauté chez les consommateurs. Selon lui, au lieu de défier les conventions en recourant aux manœuvres de couloir et au boycottage, les militants les plus intelligents œuvrent au sein du système capitaliste et s'attaquent à des problèmes épineux en tant que chefs d'entreprise. Il espère que son livre incitera d'autres jeunes entrepreneurs à diriger des entreprises qui font des profits tout en transformant la société. Il espère montrer aux jeunes que, au lieu d'attendre d'obtenir leurs diplômes d'études supérieures et d'accumuler des décennies d'expérience, ils possèdent déjà toutes les connaissances et les compétences nécessaires pour fonder leurs propres entreprises aujourd'hui[26].

pas de mécanisme efficace pour la transmettre aux principaux décideurs. De plus, dans certains cas, les clients ne sont pas en mesure d'évaluer efficacement le service avant quelques jours ou semaines. Les concessionnaires automobiles, par exemple, appellent souvent leurs clients une semaine après la prestation d'un service tel qu'un changement d'huile pour évaluer la qualité de leur service.

Une autre excellente façon d'évaluer les désirs des clients consiste à utiliser leurs plaintes à bon escient. Même si l'entreprise traite les plaintes efficacement et cherche à résoudre les problèmes de ses clients, l'essence de ces plaintes échappe trop souvent aux gestionnaires. Ainsi, un important détaillant d'ordinateurs a réagi aux récriminations de ses clients concernant l'absence de service de la part des vendeurs et les problèmes relatifs aux produits en les invitant à communiquer par courriel avec le service à la clientèle. Or, cela s'est avéré difficile à faire pour les clients dont l'ordinateur était en panne[27].

Même si elles se sont dotées des meilleurs mécanismes de recherche, les entreprises doivent placer à l'occasion sur la ligne de front les gestionnaires responsables de la qualité du service afin qu'ils puissent interagir directement avec les clients. En effet, à moins de savoir ce que leurs vendeurs vivent au jour le jour et de parler directement aux clients avec qui ils interagissent, les gestionnaires ne pourront jamais élaborer un excellent programme de service à la clientèle.

L'écart de standards : établir des normes de service

Supposons que le Paradise Motel de Muskoka entreprenne de cerner les désirs de ses clients en matière de service et en obtienne une idée assez juste. Sa tâche est loin d'être terminée. Sa prochaine étape consiste à élaborer des normes de service et à mettre sur pied des systèmes qui assureront un service impeccable. Comment s'y prendra-t-il pour que chaque chambre soit nettoyée avant 14 heures ? pour que la fraîcheur et la qualité de la nourriture soient vérifiées chaque jour ? L'entreprise doit se fixer des normes rigoureuses en matière de service et apprendre à ses employés à faire leur travail en respectant ces normes. Les gestionnaires doivent donner l'exemple et assurer un service irréprochable, ce qui se reflétera à tous les échelons de l'organisation.

Atteindre ses objectifs en matière de service grâce à la formation Les entreprises qui veulent assurer un excellent service doivent se fixer des objectifs précis et mesurables basés sur les attentes des clients. Pour atteindre cette qualité du service, elles doivent faire participer les employés à l'établissement des objectifs. Par exemple, même si, au Paradise Motel, le procédé le plus efficace consistait à nettoyer les chambres entre 8 heures et 17 heures, de nombreux clients aiment dormir tard et les nouveaux venus veulent pouvoir occuper leur chambre dès leur arrivée. Une norme axée sur la clientèle exigerait que les chambres soient nettoyées entre 10 heures et 14 heures.

Les employés sont généralement disposés à faire un bon travail dans la mesure où ils savent ce qu'on attend d'eux. Ainsi, la direction du motel devrait montrer exactement à ses employés comment ils doivent nettoyer les chambres et leur indiquer les tâches précises dont ils doivent s'acquitter.

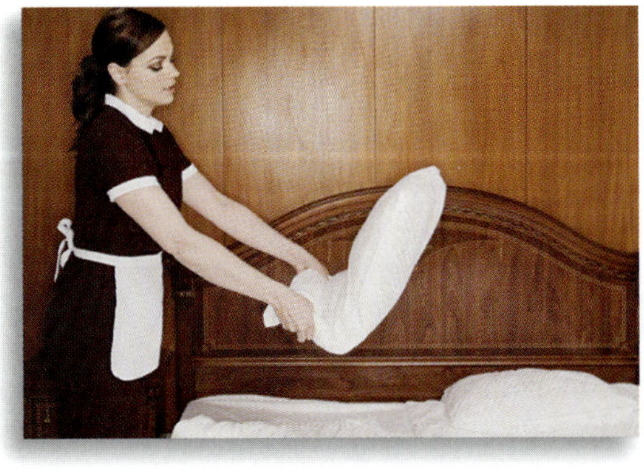

Les prestataires de services comme cette femme de chambre sont généralement disposés à faire un bon travail, mais l'entreprise doit les former pour qu'ils sachent précisément ce que signifie faire un bon travail.

Bien que les employés de première ligne puissent être initiés à des tâches précises liées à leur poste, il ne suffit pas de leur conseiller d'« être gentils » ou de « faire ce que les clients demandent ». Tout objectif rattaché à la qualité du service doit être précis : « Saluez les clients par un "Bonjour ou bonsoir, Monsieur ou Madame". Dans la mesure du possible, saluez-les par leur nom. »

Dans des cas extrêmes, cette formation est encore plus cruciale. Depuis les longues files d'attente aux comptoirs et les vols annulés en passant par les bagages perdus, les incidents relatifs au service à la clientèle sont en hausse dans l'industrie du transport aérien. Faisant face à un nombre croissant de plaintes, les compagnies aériennes ont réagi en améliorant la formation de leur personnel de manière à l'aider à reconnaître et à désamorcer les situations explosives. Par exemple, Northwest Airlines, rachetée depuis par Delta Airlines, avait mis sur pied un programme de formation *Customer first* (« Le client avant tout ») à l'intention de son personnel au sol, de son personnel du service à la clientèle, de ses agents de bord et de ses pilotes. Ce programme visait l'implantation de mesures de performance précises et de pratiques normalisées dans tous les secteurs des services de Northwest. Les politiques relatives au service assuré pendant les attentes occasionnées par un retard — distribution de goûters à bord, acheminement de nourriture jusqu'aux avions en attente et mise à jour tous les quarts d'heure — ont donné aux employés les outils et la ligne de conduite nécessaires pour mieux servir leurs clients[28].

L'engagement envers la qualité du service Les employés suivent l'exemple des gestionnaires. Si ces derniers aspirent à donner un excellent service et à bien traiter leurs clients, et s'ils exigent la même attitude de tous les membres de l'organisation, il est probable que les employés leur emboîteront le pas. Prenons l'exemple du PDG de WestJet, Clive Beddoe. Nommé l'un des PDG les plus admirés du Canada à l'occasion du dixième sondage annuel sur les sociétés les plus respectées au Canada, Beddoe est parfaitement heureux de nettoyer des cabines et de mettre la main à la pâte pour aider les agents de bord lorsqu'il prend l'avion.

La réputation légendaire de WestJet en ce qui touche au service à la clientèle a valu à l'entreprise des revenus de 2,3 milliard de dollars en 2009[29]. Dès sa création, en 1996, les cadres ont démontré leur engagement à assurer un excellent service. À cette époque, le vice-président principal Don Bell a passé beaucoup de temps dans le centre d'appels de la compagnie à répondre aux questions des clients et à leur réserver des vols[30].

Les employés, qui comprennent que la ponctualité est un aspect critique de la qualité d'un service et de l'expérience des clients, font tout pour améliorer leurs délais d'exécution. En 2006, 81,7 % des avions ont atterri dans les 15 minutes de l'heure d'arrivée prévue[31]. Les agents de vente s'efforcent également d'assurer un service à la clientèle irréprochable. Leurs efforts ont été soulignés en 2006 lorsque le centre d'appels de WestJet a été nommé « meilleur centre d'appels du pays » lors d'un sondage sur les compagnies aériennes mené par la division du renseignement sur les prix à la consommation du *Canadian Business Magazine*. Un régime de participation aux bénéfices offre au personnel des récompenses qui vont au-delà de la reconnaissance publique. La grande majorité des employés souscrivent au régime d'achat d'actions de WestJet, qui fait d'eux des propriétaires de la compagnie et les incite encore davantage à assurer un service impeccable.

L'écart de livraison : assurer la qualité du service

L'écart de livraison représente l'épreuve de vérité et il survient au moment où le client interagit directement avec le prestataire de services. Même en l'absence de tout autre écart, un écart de livraison conduit immanquablement à un échec de la prestation de services. Marcia Kessler a subi plusieurs écarts de livraison au Paradise Motel : sa chambre non nettoyée, l'attitude arrogante du chef de réception, la piscine non chauffée, le chanteur médiocre au piano-bar et la nourriture manquant de fraîcheur.

Une entreprise peut réduire les écarts de livraison en habilitant ses employés à agir dans l'intérêt de ses clients et dans son propre intérêt et en soutenant leurs efforts afin qu'ils puissent accomplir leur travail efficacement[32]. Elle peut aussi recourir à la technologie (*voir la figure 11.5, p. 348*).

autonomisation (*empowerment*) Dans un contexte de prestation de services, fait d'encourager les employés à prendre des décisions sur la façon d'offrir un service au client.

Autonomiser les employés Dans le contexte du service à la clientèle, l'**autonomisation** désigne le fait de laisser les employés décider de la façon d'exécuter un service. Lorsque les employés de première ligne sont autorisés à prendre les décisions nécessaires pour aider leurs clients, la qualité du service s'améliore en général[33]. Best Buy, par exemple, a remanié sa structure organisationnelle de manière à permettre aux employés de participer davantage à la gestion quotidienne de l'entreprise et à faire des ajustements au besoin. Sa nouvelle culture centrée sur les employés a permis à Best Buy de réduire son taux de roulement de façon importante. Les employés heureux rendent les clients heureux[34].

FIGURE 11.5 Les moyens de réduire les écarts de livraison

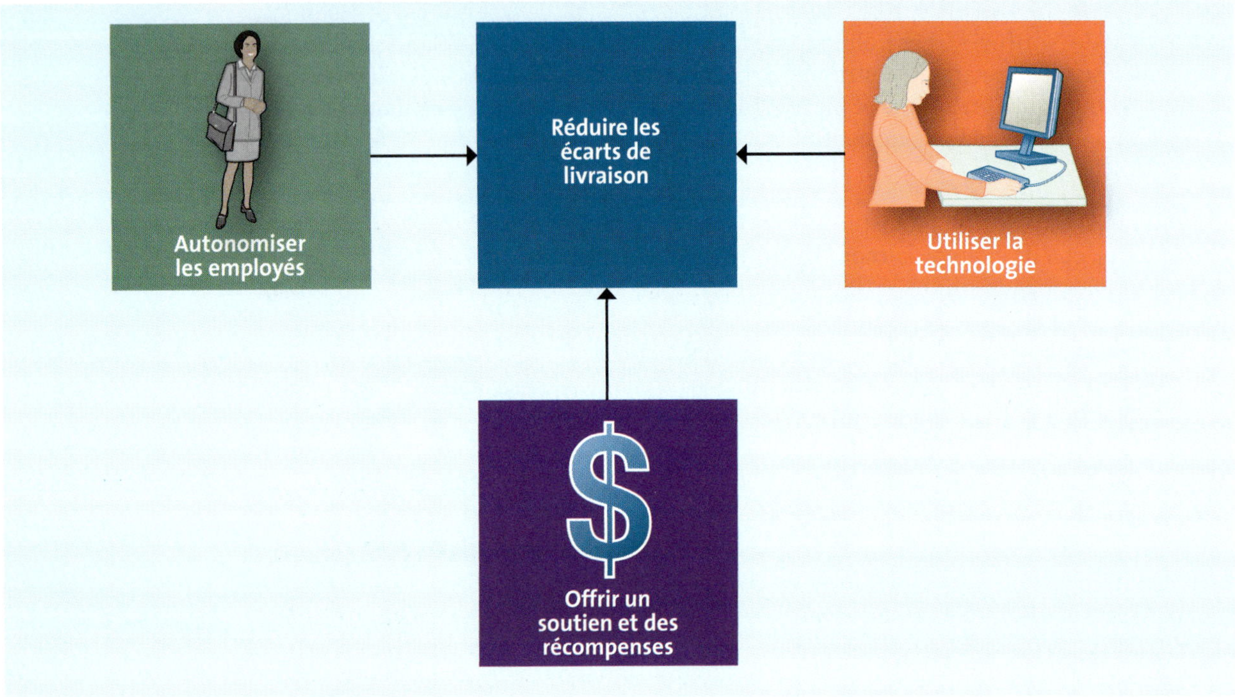

Toutefois, il peut s'avérer difficile et coûteux d'autonomiser les employés. Dans les cas où le service est répétitif et routinier, comme dans un restaurant-minute, il est parfois plus efficace et aisé de demander aux employés de suivre quelques règles simples. Par exemple, si un client n'aime pas son hamburger, l'employé pourrait lui demander ce qu'il voudrait à la place ou lui offrir un remboursement. S'il survient une situation qui n'est pas prévue dans les règles, il incombe alors à un gérant de s'en occuper.

L'autonomisation devient plus importante lorsque le niveau de prix est plus élevé et le service plus individualisé. The Keg Steakhouse & Bar embauche les meilleurs employés et les autonomise grâce à des programmes de formation exceptionnels. Les membres du personnel sont professionnels: leur amabilité, leur accueil chaleureux, leur personnalité et leur enthousiasme enrichissent l'expérience des clients du Keg. C'est pour cette raison que The Keg Steakhouse & Bar a été désigné pour la cinquième année consécutive l'un des 50 meilleurs employeurs du Canada[35].

Offrir un soutien et des récompenses Le travail des employés est souvent difficile, surtout lorsque les clients se montrent déplaisants ou déraisonnables. Le bon vieux «service souriant» demeure la meilleure approche. Pour faire en sorte qu'un service soit exécuté adéquatement, la direction doit soutenir le prestataire du service.

En premier lieu, les gestionnaires et leurs collègues doivent offrir un soutien émotionnel aux employés en montrant qu'ils se soucient de leur bien-être et appuient leurs décisions. Sachant qu'il peut être très déroutant pour un serveur d'être critiqué par une cliente qui estime que sa nourriture a été mal préparée, le gérant doit appuyer son employé, le comprendre et l'aider à surmonter sa réaction potentielle aux admonestations de sa cliente[36]. Si le serveur est habilité à redresser la situation en offrant

Le succès du Keg Steakhouse & Bar est dû en partie au fait qu'il habilite ses employés à satisfaire sa clientèle.

un autre plat et un dessert gratuit à la cliente, le gérant doit l'appuyer et éviter de le réprimander sous prétexte qu'il en a trop fait.

En deuxième lieu, le soutien des gestionnaires doit être constant et cohérent à tous les échelons de l'organisation. Les patients s'attendent à ce que les médecins leur prodiguent d'excellents soins basés sur des traitements et des médicaments de pointe. Or, de nombreux médecins sont forcés de voir de plus en plus de patients pendant leurs heures de bureau. Ces objectifs contradictoires peuvent être tellement frustrants et épuisants pour les médecins et les autres professionnels de la santé que certains ont délaissé la médecine pour embrasser une autre carrière.

En troisième lieu, un élément clé de tout programme de service à la clientèle consiste à récompenser les employés qui assurent un excellent service. De nombreuses entreprises ont bâti leur excellente réputation en matière de service en veillant à ce que leurs employés reconnaissent l'importance qu'elles accordent au service à la clientèle. Pour ce faire, elles mettent sur pied des programmes de récompenses comme le club VIP et l'employé du mois. Certaines entreprises encouragent leurs associés ou leurs gestionnaires à raconter devant leurs collègues leurs prouesses de la semaine précédente en matière de service à la clientèle[37].

Le recours à la technologie Le recours à la technologie joue un rôle de plus en plus important dans la prestation de services.

Depuis le milieu des années 1990, l'usage généralisé d'Internet a poussé les entreprises à investir massivement dans les technologies qui permettent aux clients d'acheter plus rapidement et plus facilement et d'être mieux informés qu'autrefois. Les kiosques électroniques, par exemple, ont fait leur entrée dans de nombreux lieux de service. Dans les aéroports, des machines électroniques permettent aux passagers d'obtenir leurs cartes d'embarquement et leurs numéros de siège souvent en moins d'une minute. Situés dans les principaux centres commerciaux de la province, les kiosques ServiceOntario permettent de renouveler la vignette autocollante d'une plaque d'immatriculation, de commander des plaques d'immatriculation personnalisées, d'effectuer un changement d'adresse et de payer des amendes. Outre qu'ils sont pratiques, ces kiosques sont ouverts beaucoup plus longtemps que les bureaux du ministère des Transports et offrent un service plus constant à leurs usagers.

Les services en ligne ont également transformé la façon dont les entreprises font du commerce entre elles. En 2007, 70 % de toutes les entreprises de services offraient des services en ligne. Déjà, Cisco Systems, le plus gros fournisseur de matériel de réseautique et de gestion réseautique pour Internet, recevait plus de 80 % de ses nouvelles commandes de manière électronique et résolvait plus de 80 % des problèmes de ses clients au moyen de solutions libre-service[38].

Le recours à la technologie pour faciliter la prestation de services peut comporter de nombreux avantages: un accès à une plus grande variété de services, un meilleur contrôle des services de la part du client et une plus grande accessibilité à l'information. Les gestionnaires profitent eux aussi de l'efficacité accrue des processus de prestation de services, qui entraînent une réduction des coûts. Dans certains cas, une entreprise peut même dépasser des concurrents qui ont un moins grand souci du service à la clientèle[39]. Lisez la rubrique Cybermarketing 11.1 pour découvrir comment une entreprise peut utiliser la technologie pour consolider ses relations avec sa clientèle, fidéliser ses clients et accroître ses revenus.

Cybermarketing 11.1 Fairmont: créer des souvenirs durables

Hôtels Fairmont est la plus grosse société de gérance d'hôtels de luxe en Amérique du Nord avec ses 65 établissements situés dans une quinzaine de pays, dont le Canada, les États-Unis, le Mexique et certains pays des Antilles. La société, qui vise une expansion mondiale, a reconnu le besoin de construire sa marque en offrant un service à la clientèle exceptionnel sur tous les marchés.

Fidèle à sa philosophie, basée sur « la valeur que nous attachons aux souvenirs durables », Fairmont a élaboré une stratégie de commerce électronique destinée à encourager ses clients les plus fidèles: les gens d'affaires. En effet, plus de la moitié des clients de Fairmont sont des professionnels en voyage qui assistent à des congrès ou à des réunions d'affaires.

De concert avec Accenture & Cisco, Fairmont a créé un nouveau site Internet et un moteur de réservation en ligne. Ses objectifs sont d'augmenter sa capacité à promouvoir ses établissements auprès des voyageurs individuels, de persuader les clients potentiels d'élire le Fairmont comme leur hôtel de choix et d'offrir à ses clients un service en ligne incomparable.

Pour commencer, l'entreprise a décidé d'offrir aux visiteurs de son site une expérience plus personnalisée et fondée sur les échanges. Ainsi, le nouveau système de réservation en ligne identifie les clients lorsqu'ils ouvrent une session et télécharge à l'avance l'information contenue dans leur profil telle que leur niveau d'adhésion au Club du Président Fairmont (le programme de fidélisation) et leurs préférences. Les clients peuvent voir les chambres, les tarifs, la disponibilité et les forfaits offerts dans chacun des établissements Fairmont. Ils peuvent confirmer, mettre à jour ou annuler leurs réservations en temps réel peu importe leur mode de réservation original.

Un autre aspect de la stratégie de commerce électronique élaborée par Fairmont a consisté à élargir la capacité de son entrepôt de données clients, ce qui a permis à la société de conserver les profils des clients de tous ses établissements, de cibler des segments précis de clients au moyen de messages personnalisés, d'incitatifs et de rabais, de mieux gérer son programme de fidélisation, d'attirer de nouveaux clients et de les fidéliser. Grâce à un système de suivi individuel, l'entreprise peut suivre ses clients à travers toute la chaîne d'hôtels. Cela lui a permis d'améliorer son service à la clientèle grâce à une meilleure connaissance des préférences, des modes de réservation et des habitudes de dépense de ses clients.

La stratégie de Fairmont en matière de commerce électronique visait à stimuler la loyauté des clients en créant des services personnalisés et en détectant les nuances dans leurs habitudes de voyage grâce aux options sélectionnées par les clients sur son site Internet ainsi qu'à l'information recueillie par les employés dans chaque établissement. En s'appuyant sur cette information, Fairmont a pu réunir des données qui lui ont permis de personnaliser et d'améliorer l'expérience de ses clients et de lancer des campagnes de marketing ciblées et adaptées aux préférences de certains segments de marché uniques.

Le nouveau site Internet de Fairmont s'est classé parmi les finalistes du *Webby Business Award* et a remporté d'importants prix d'hospitalité. Il a permis à l'entreprise de réduire ses coûts liés à son centre d'appels, à la gestion du Club du Président Fairmont, aux promotions et aux brochures. Le site a attiré de nouveaux clients et les promotions de dernière minute en ligne ont stimulé les ventes. Dans l'ensemble, en consolidant ses relations avec les voyageurs grâce à des offres personnalisées, la stratégie de commerce électronique de Fairmont a provoqué une forte hausse des niveaux de satisfaction et de fidélité de sa clientèle.

Source: adapté de www6.lexisnexis.com/publisher/EndUser?Action=UserDisplayFullDocument&orgId=616&topicId=12552&docId=l:599387580&start=20 (page consultée le 20 avril 2007).

L'écart de communication : annoncer la promesse du service

L'écart de communication est la différence entre le service annoncé et le service réellement exécuté. Alléchée par une publicité qui annonçait un « service exceptionnel » à un prix très bas, une cliente décide de changer de fournisseur d'accès Internet. Au cours des trois premières semaines, divers problèmes technologiques font qu'elle arrive à se connecter à Internet six fois seulement. Sa déception s'accentue lorsque, ayant appelé le service de soutien technique, elle constate qu'elle doit payer des frais d'interurbain puisque le numéro sans frais n'est pas valable pour sa région. Lorsqu'elle obtient enfin la communication, on lui demande de rappeler à un autre moment parce que personne ne se trouve actuellement sur place. Alors qu'elle s'attendait à recevoir un service fiable et le soutien de représentants obligeants, elle a plutôt obtenu un service irrégulier et un soutien technique onéreux et difficile[40].

Bien que les entreprises ne puissent pas toujours contrôler la qualité du service, qui est susceptible de varier d'un jour à l'autre et d'un fournisseur à l'autre, elles sont en mesure de contrôler la façon dont elles annoncent leur offre de services. Si une entreprise promet plus que ce qu'elle peut offrir, elle ne pourra pas répondre aux attentes de ses clients. Une publicité peut attirer un client dans une situation de service une fois, mais si le service ne tient pas ses promesses, ce client pourrait bien être perdu à jamais. Les clients insatisfaits ont de bonnes chances d'exprimer leur mécontentement à leur entourage ou, de plus en plus, sur Internet, qui est devenu un canal important où les clients mécontents expriment leur frustration.

Une entreprise peut réduire l'écart de communication en maîtrisant les attentes de sa clientèle. Supposons que vous deviez vous faire opérer et que le chirurgien vous affirme que vous sortirez de l'hôpital au bout de cinq jours et pourrez reprendre vos activités normales après un mois. Vous vous faites opérer et vous sentez assez bien pour quitter l'hôpital après trois jours. Deux semaines plus tard, vous jouez de nouveau au tennis. Vous allez certainement penser que votre chirurgien est un génie. En revanche, peu importe le succès de l'opération, si vous aviez dû rester à l'hôpital 10 jours et subir une convalescence de deux mois, vous auriez sûrement été contrarié.

Promettre seulement ce qu'on peut livrer, et même un peu moins, est un moyen efficace de maîtriser l'écart de communication[41]. Par exemple, lorsque Federal Express a émis sa garantie de livraison du lendemain — au plus tard à 10 heures le jour ouvrable suivant —, elle a devancé les entreprises concurrentes jusqu'à ce que certaines d'entre elles lui emboîtent le pas. Aujourd'hui, FedEx livre souvent le colis le lendemain, même si le client a choisi le service deux jours. Si le colis arrive le deuxième jour, la livraison est conforme aux attentes du client. S'il arrive un jour plus tôt, elle les dépasse.

Une façon relativement facile de gérer les désirs des clients consiste à prendre en compte à la fois le moment où les attentes prennent forme et le moment où le service est exécuté. Les attentes sont ordinairement créées par les promotions, dans la publicité ou à travers la vente personnelle. Par exemple, si un vendeur promet à un client qu'il peut effectuer un travail en un jour et qu'il le fasse en une semaine, le client sera déçu. Toutefois, si le vendeur coordonne le travail avec le prestataire de services, il a de bonnes chances de répondre aux attentes du client.

Une entreprise peut aussi gérer les attentes de ses clients au moment où elle exécute le service. Par exemple, dans certaines entreprises, des messages enregistrés indiquent aux clients qui téléphonent combien de minutes ils devront attendre avant qu'une ou un téléphoniste ne se libère.

La reconquête de la clientèle

OA 4

Malgré tous leurs efforts, il arrive que des prestataires de services soient incapables de satisfaire les désirs de leurs clients. Le cas échéant, la meilleure chose à faire consiste à reconnaître ses torts et à tirer des leçons de l'expérience. Certes, il est préférable

En cas d'échec de la prestation de services, comme un repas raté au restaurant, l'entreprise peut regagner la faveur de son client en lui offrant un dessert.

d'éviter un échec de la prestation de services, mais advenant un tel échec, l'entreprise a une occasion unique de prouver son engagement envers ses clients[42].

Un programme efficace de reconquête de la clientèle permet d'augmenter de façon importante la satisfaction des clients, leurs intentions d'achat et le bouche-à-oreille positif. Il faut savoir, cependant, que le niveau de satisfaction des clients après la reconquête baisse habituellement au-dessous du niveau antérieur à l'échec de la prestation de services[43].

Le Paradise Motel de Muskoka aurait pu présenter des excuses à Marcia Kessler après ses multiples échecs par rapport au service en prenant des mesures immédiates et relativement simples : le chef de réception aurait pu s'excuser pour son comportement inadéquat et lui offrir une nuitée gratuite pour son prochain séjour. Il aurait pu lui accorder un repas gratuit pour compenser son petit-déjeuner médiocre. Aucun de ces gestes n'aurait coûté beaucoup d'argent au motel. Or, en ne faisant rien, l'entreprise a perdu Marcia à jamais comme cliente, alors que celle-ci aurait pu dépenser plusieurs milliers de dollars au cours des années subséquentes. De plus, Marcia fera sans doute une publicité peu flatteuse au motel auprès de ses amis et de sa famille en raison de l'absence de programme de reconquête. En termes simples, une reconquête efficace consiste à être à l'écoute du client, à trouver une solution équitable et à régler le problème rapidement[44].

Être à l'écoute du client

Il arrive souvent que les entreprises découvrent l'échec de leur prestation de services uniquement lorsqu'un client se plaint. Que l'entreprise dispose d'un bureau des plaintes officiel ou que la plainte soit exprimée directement à l'employé concerné, le client doit avoir la possibilité de formuler ses griefs et l'entreprise doit être véritablement à l'écoute.

Les clients peuvent avoir une réaction très émotive à l'échec entourant la prestation d'un service, que cet échec soit grave (une chirurgie bâclée) ou anodin (une erreur dans la monnaie remise au restaurant). Dans bien des cas, le client veut seulement être entendu et l'employé devrait lui accorder tout le temps dont il a besoin pour libérer sa frustration. Le simple fait de décrire une faute perçue à une oreille attentive est thérapeutique en soi. Les prestataires de services devraient donc accueillir favorablement l'occasion d'incarner cette oreille attentive et manifester leur désir de corriger la situation pour éviter qu'elle se reproduise[45].

Trouver une solution équitable

La plupart des gens sont conscients des erreurs dont ils sont victimes. Mais le cas échéant, les clients veulent être traités de façon juste, qu'il s'agisse d'équité en matière de distribution ou en matière de procédure[46]. Leur perception de ce qui est « équitable » est fondée sur leur expérience antérieure avec d'autres entreprises, sur le traitement qu'ils ont vu d'autres clients recevoir, sur des choses qu'ils ont lues et sur des anecdotes relatées par leurs amis.

équité en matière de distribution (*distributive fairness*)
Du point de vue du consommateur, perception selon laquelle les prix sont en relation avec les véritables coûts de production d'un produit ou d'un service.

L'équité en matière de distribution L'**équité en matière de distribution** désigne la façon dont un client perçoit les avantages obtenus en comparaison des coûts (inconvénients ou perte) qu'il a subis. Les clients veulent toucher un montant juste pour une perte perçue résultant d'un échec de la prestation de services. Supposons qu'une personne arrive à l'aéroport et découvre que la compagnie aérienne a eu recours à la surréservation. Elle peut estimer que prendre le vol suivant et recevoir un bon de transport constitue un dédommagement adéquat pour les inconvénients qu'elle a subis.

Mais si aucun vol n'est disponible avant le lendemain, le voyageur peut demander une compensation supplémentaire, comme une nuitée à l'hôtel, des repas et un billet aller-retour qu'il pourra utiliser plus tard[47].

La clé de l'équité en matière de distribution est, bien sûr, l'écoute attentive. Un voyageur en vacances peut se satisfaire d'un bon de transport, tandis qu'un autre doit arriver à destination à temps pour un rendez-vous d'affaires. Peu importe la façon dont le problème est résolu, les clients veulent en général une réparation tangible — dans ce cas-ci, parvenir à destination —, et pas seulement des excuses. Si l'entreprise ne peut offrir une réparation tangible, elle doit alors rassurer le client en lui garantissant que des mesures seront prises pour empêcher le problème de se reproduire.

L'équité en matière de procédure L'**équité en matière de procédure** désigne la perception du consommateur à l'égard de l'équité de la procédure utilisée pour traiter les plaintes relatives au service. Les clients veulent des procédures de traitement des plaintes efficaces dont ils peuvent influencer les résultats dans une certaine mesure. De plus, ils tendent à croire qu'ils ont été traités de façon équitable lorsque l'employé suit une ligne de conduite préalablement établie par l'entreprise. Précisons, toutefois, que l'adhésion rigide aux règles peut avoir des effets nocifs. Par exemple, le fait de demander l'approbation du gérant pour chaque remboursement même d'une somme minime peut prendre plusieurs minutes et, par conséquent, irriter les clients qui attendent à la caisse.

équité en matière de procédure (*procedural fairness*)
Perception du consommateur à l'égard de l'équité du processus utilisé pour traiter les plaintes relatives au service.

En ce qui a trait aux retours et à d'autres questions relatives au service, il est important qu'une entreprise ait recours à des procédures qui sont perçues comme étant équitables par ses clients.

Prenons un dépanneur qui vend des cigarettes et de l'alcool. Le propriétaire a institué une politique qui oblige tous les clients qui veulent faire ce type d'achat à présenter leur carte d'identité. Si les commis appliquent cette politique, les clients l'acceptent comme faisant partie intégrante du protocole d'achat et la perçoivent comme étant équitable pour tous. Cependant, si un client a nettement l'air d'avoir plus de 40 ans, laisser l'application de la politique à la discrétion du commis peut permettre d'éviter un échec de la prestation de services.

Régler le problème rapidement

Plus une entreprise met de temps à corriger un échec lié à la prestation de services, plus le client sera irrité, et plus il a de chances de parler du problème à son entourage. Pour résoudre promptement cette lacune, l'entreprise doit adopter des politiques claires, former adéquatement ses employés et les autonomiser. Ces dernières années, les compagnies d'assurance maladie ont concerté leurs efforts pour éviter les problèmes de prestation de services dus au fait que les réclamations n'avaient pas été traitées rapidement ou à la satisfaction des clients.

Les entreprises devraient accueillir les plaintes favorablement et faciliter le processus de rétroaction en écoutant avec attention ce que leurs clients ont à dire. Même s'ils se plaignent, ceux-ci n'en démontrent pas moins une certaine fidélité et un désir sincère de voir le problème se régler. Sur les clients qui se plaignent, entre 56 % et 70 % feront de nouveau affaire avec l'entreprise si leur plainte est résolue. Cette proportion atteint 96 % si la plainte est résolue rapidement !

Cela peut paraître simpliste, mais pour se remettre de leurs échecs en matière de prestation de services, les entreprises doivent non seulement être à l'écoute des plaintes des clients, mais aussi faire le nécessaire pour donner satisfaction à ces derniers. L'application de cette règle élémentaire constitue un défi de taille pour les entreprises.

Faites le point

1) Définissez ce qui distingue la mise en marché d'un service de celle d'un produit et appliquez les principes d'intangibilité, de simultanéité, de variabilité et de périssabilité.

2) Expliquez l'importance pour les gestionnaires marketing de comprendre et de gérer les attentes de leurs clients.

3) Décrivez les stratégies qu'une entreprise peut mettre en œuvre pour amener ses employés à offrir un meilleur service.

4) Expliquez ce qu'une entreprise doit faire en cas d'échec de la prestation de services.

1) Premièrement, un service est intangible — on ne peut le voir ni le toucher — et, de ce fait, il est difficile d'en décrire les avantages ou de le promouvoir. Les prestataires de services s'efforcent de réduire l'effet de cette intangibilité en y associant des qualités plus tangibles telles qu'une atmosphère agréable ou des rabais. Deuxièmement, la production d'un service est indissociable de sa consommation. Troisièmement, les services sont plus variables que les produits. Les prestataires de services tentent de réduire cette variabilité à travers l'établissement de normes, la formation du personnel, l'offre de services groupés et la technologie. Quatrièmement, comme un service ne peut être entreposé en vue d'une utilisation future, les gestionnaires marketing ont recours à des incitatifs pour échelonner la demande dans le temps.

2) Un écart de compréhension a lieu lorsque les gestionnaires marketing ne comprennent pas les attentes de leurs clients. Ceux-ci sont déçus parce qu'ils obtiennent un service insuffisant ou inadéquat. Pour comprendre les désirs et les besoins des clients, les gestionnaires marketing doivent analyser la qualité de leur service en menant de vastes études de consommation et en interagissant avec les clients.

3) En premier lieu, l'entreprise doit former ses employés, peu importe la façon dont ils accomplissent leur travail et interagissent avec les clients. En deuxième lieu, elle doit démontrer son engagement profond envers un service de qualité en établissant des normes rigoureuses, en les respectant et en donnant l'exemple. En troisième lieu, l'entreprise peut habiliter les prestataires de services à régler les problèmes relatifs au service. En quatrième lieu, elle doit offrir à ses employés un soutien émotionnel et les outils dont ils ont besoin pour faire un bon travail. En cinquième lieu, le plan de service doit être constant à tous les échelons de l'organisation. En dernier lieu, les prestataires de services ont besoin de stimulants afin d'accomplir leur travail adéquatement.

4) Dans un monde idéal, les échecs en matière de prestation de services n'existent pas. Or, ces échecs sont inévitables et, lorsqu'ils se produisent, l'entreprise doit présenter des excuses au client, l'écouter attentivement, le laisser formuler ses griefs, trouver une solution équitable qui non seulement dédommage le client, mais est conforme à une procédure que ce dernier estime équitable, et, enfin, régler le problème rapidement.

Mots clés

- autonomisation, p. 347
- écart de communication, p. 341
- écart de compréhension, p. 341
- écart de livraison, p. 341
- écart de standards, p. 341
- écart relatif au service, p. 341
- équité en matière de distribution, p. 352
- équité en matière de procédure, p. 353
- intangibilité, p. 335
- périssabilité, p. 339
- programme d'écoute des consommateurs, p. 344
- qualité du service, p. 343
- service, p. 332
- service à la clientèle, p. 332
- simultanéité (ou inséparabilité), p. 336
- variabilité, p. 337
- zone de tolérance, p. 344

Révision des concepts

1. Décrivez les quatre dimensions qui distinguent la mise en marché d'un service de la mise en marché d'un produit.
2. Pourquoi l'intangibilité est-elle décrite comme la principale différence entre un produit et un service ?
3. Indiquez ce qu'une entreprise peut faire pour minimiser l'impact négatif potentiel de la variabilité d'un service sur la prestation de celui-ci.
4. Que peuvent faire les entreprises pour compenser la périssabilité de leurs services ?
5. Décrivez les éléments du modèle des écarts. Expliquez les stratégies que les entreprises peuvent mettre en œuvre pour prévenir les écarts de livraison.
6. Décrivez les cinq dimensions de la qualité du service auxquelles les consommateurs se réfèrent souvent pour juger de la qualité du service reçu.
7. Expliquez comment le recours à la technologie peut permettre aux entreprises d'assurer un service de meilleure qualité.
8. Expliquez pourquoi le fait de promettre moins et de donner plus constitue une excellente façon de maîtriser l'écart de communication.
9. Qu'entend-on par « reconquête de la clientèle » ? Comment les entreprises peuvent-elles y recourir pour éviter de perdre un client à la suite d'un problème lié la prestation d'un service ?
10. Expliquez ce qui distingue l'équité en matière de distribution et l'équité en matière de procédure dans le contexte de la reconquête de la clientèle.

Marketing appliqué

1. Les entreprises dont vous achetez les produits et les services ne vendent pas uniquement des produits ou uniquement des services. Quels services un grand magasin fournit-il ? Quels produits un dentiste vend-il ?
2. Vous patientez dans la salle d'attente de votre médecin depuis une heure. En sachant que les produits sont différents des services, nommez une liste de mesures que le chef de bureau pourrait prendre pour améliorer la prestation globale du service. Réfléchissez à la façon dont il pourrait régler les problèmes associés à l'intangibilité, à la simultanéité, à la variabilité et à la périssabilité des services.
3. Un nettoyeur à sec de votre région vous a demandé d'effectuer une analyse de la zone de tolérance de ses clients. Vous avez constaté que les zones de tolérance relatives à la fiabilité et à l'empressement sont beaucoup plus larges que celles des trois autres dimensions de la qualité du service. Vous avez aussi noté que le nettoyeur à sec se situe au-dessus de la zone de tolérance en ce qui a trait à la fiabilité, mais au-dessous d'elle en ce qui touche à l'empressement. Quel conseil devriez-vous donner au gestionnaire du nettoyeur à sec ?
4. Créez un système simple qui permet de recueillir l'opinion des clients sur les services du nettoyeur à sec.
5. Pensez à votre dernier emploi. Quelle formation votre employeur vous a-t-il donnée sur la manière d'interagir avec les clients et d'offrir un bon service à la clientèle ? Qu'aurait-il pu faire pour mieux vous préparer à interagir avec les clients ?
6. Décrivez une situation précise dans laquelle un employé aurait pu éviter une défaillance dans la prestation d'un service s'il avait été habilité à le faire par son employeur. Qu'aurait dû faire l'employé ?
7. Quels types de soutien et de stimulants votre université pourrait-elle donner aux conseillers pour qu'ils soient plus attentifs aux besoins des étudiants ?
8. Quelles technologies utilisez-vous pour faciliter vos transactions avec un détaillant ou un prestataire de services particulier ? Préférez-vous utiliser la technologie ou interagir en personne avec quelqu'un ? En quoi les réponses de vos parents à ces deux questions seraient-elles différentes des vôtres ?
9. Un centre de culture physique lance une campagne promotionnelle qui promet de vous faire perdre 2,5 centimètres de tour de taille par mois si vous vous inscrivez au centre et suivez son programme. Comment cette promesse pourrait-elle créer un écart de communication ? Que devrait faire le centre pour éviter un problème lié à la prestation de services ?
10. Vous êtes engagé par un service de recherche d'emploi qui promet de trouver des emplois rémunérateurs aux nouveaux diplômés. L'entreprise fournit une liste impressionnante d'employeurs à ses clients potentiels. Elle demande des honoraires initiaux, puis prend une commission d'intermédiaire si son client décroche un emploi. L'entreprise annonce ses services d'une manière très dynamique et possède une vaste clientèle. Or, vous constatez qu'en fait elle se contente d'afficher les CV qui lui sont soumis dans une variété de moteurs de recherche d'emploi en ligne. L'entreprise ne se met jamais en rapport avec des employeurs au nom de ses clients. Le PDG, lui-même récemment diplômé de l'université, affirme que son entreprise ne promet pas de communiquer avec des employeurs potentiels. Elle annonce uniquement qu'elle a accès à une banque d'employeurs à qui elle transmet les CV de ses clients. Que pensez-vous des pratiques de cette entreprise ?

Cyberfuté

1. Quels services la compagnie aérienne WestJet (www.westjet.com) offre-t-elle ? Comparez-les avec les services offerts par Air Canada (www.aircanada.ca) en vous basant sur les cinq dimensions de la qualité du service (fiabilité, empressement, assurance, empathie et éléments tangibles).

2. Évaluez la facilité avec laquelle vous pouvez réserver une chambre à l'aide du système de réservation en ligne de Fairmont (www.fairmont.com). Vérifiez la politique de confidentialité de la société. Êtes-vous à l'aise au sujet du fait que la société utilise des témoins de connexion (*cookies*) pour identifier les visiteurs qui reviennent sur le site ?

Étude de cas

CANADIAN TIRE : BIEN PLUS QUE DES PNEUS

Vous avez certainement entendu dire que Canadian Tire, c'était bien plus que des pneus. D'ailleurs, pendant quelques années, vous avez pu « compter » là-dessus. Reconnue comme l'un des détaillants les plus prospères du Canada, l'entreprise a fait ses premiers pas dans le secteur des services bancaires au détail en mettant sur pied des projets pilotes à Calgary, en Alberta, et à Kitchener-Waterloo, en Ontario. Elle a toutefois mis fin à ce type d'activités en octobre 2009.

L'histoire de la société remonte à 1922, année où deux frères torontois, John W. et Alfred J. Billes, ont combiné leurs économies, qui s'élevaient à 1 800 $, pour acheter la Hamilton Tire and Rubber Co. Ltd., située à l'angle des rues Gerrard et Hamilton. Ils ont commencé par offrir des services de mécanique automobile, mais ils vendaient aussi des pneus, des batteries et de l'antigel[48]. L'entreprise a pris rapidement de l'expansion et, en 1927, les frères possédaient trois magasins, qu'ils opéraient sous la raison sociale Canadian Tire.

Depuis ces humbles débuts, la société s'est agrandie et possède aujourd'hui 473 détaillants qui opèrent 479 magasins. Neuf adultes canadiens sur 10 vont chez Canadian Tire au moins deux fois par an et 40 % le font chaque semaine. Quatre-vingt-dix pour cent de la population canadienne vit à une distance de 15 minutes d'un Canadian Tire[49].

Mais comment ont réagi les clients des magasins Canadian Tire à l'idée de faire des transactions bancaires en ligne avec le détaillant ? Et comment une société qui vendait surtout des produits a-t-elle fait pour se lancer dans le secteur des services ? Bien que la société soit plus connue pour ses magasins de détail, elle n'en détenait pas moins une certaine expertise financière. En effet, sa division des Services financiers, qui datait depuis un certain temps, offrait des cartes de crédit de marque comme la carte MasterCard Options ainsi que des produits d'assurance et un service de dépannage routier. La division gérait aussi l'« argent » Canadian Tire et le programme de fidélisation On the CardMC destiné aux titulaires de la carte de crédit[50].

Certes, avec l'aventure des services bancaires en ligne, l'« argent » Canadian Tire a pris une tout autre signification. Canadian Tire espérait alors convaincre les 4 millions de clients qui utilisaient ses cartes de crédit et ses services d'assurance de faire aussi des transactions bancaires avec elle. Si vous entriez dans les magasins de Calgary ou de Kitchener-Waterloo, vous trouviez des guichets et des kiosques d'information encourageant les acheteurs à souscrire aux services bancaires en ligne. Les clients pouvaient ouvrir un compte d'épargne à taux d'intérêt élevé — le taux initial pouvait atteindre 4,5 % —, acheter un certificat de placement garanti ou souscrire une hypothèque pour un taux inférieur à celui des grandes banques.

Le projet pilote s'appuyait sur une campagne publicitaire axée sur le slogan « Prenez soin de votre argent ». Des publicités multimédias clamaient : « Vous prenez soin de votre maison. Alors, pourquoi pas de votre argent ? » et annonçaient des comptes d'épargne à taux d'intérêt élevés, sans frais mensuels ni solde minimal, et de l'« argent » Canadian Tire en prime[51].

Mais au contraire des banques rivales faites de briques et de mortier, les services bancaires de Canadian Tire étaient offerts en ligne. Or, quand il est question d'argent, certains clients aiment pouvoir entrer dans une institution financière et poser leurs questions à un représentant.

Bien sûr, dans le cas de la banque en ligne, il était beaucoup plus facile de réduire la variabilité des services : les ordinateurs, contrairement aux humains, n'ont jamais besoin de passer la nuit debout auprès d'un enfant malade, ce qui peut compromettre la qualité du service. Les banques conventionnelles peuvent aussi aménager leurs lieux de façon qu'ils reflètent la qualité et l'efficacité de leurs services, tandis que les services bancaires en ligne sont intangibles et invisibles.

Après avoir offert des services bancaires et hypothécaires à sa clientèle, Canadian Tire a désormais recentré son offre de services financiers sur les cartes de crédit et l'assurance.

Convaincre les acheteurs de souscrire une hypothèque est infiniment plus difficile que leur offrir des conseils sur les produits à acheter pour rénover leur maison ou réparer leur voiture.

Canadian Tire a mérité le respect des Canadiens en se classant parmi les 10 meilleures sociétés lors du deuxième sondage annuel sur les sociétés les plus réputées au Canada, mené par Léger Marketing en collaboration avec le magazine *Marketing*. Lisa Gibson, directrice des relations publiques et des relations avec les médias, attribue ce classement à la clientèle fidèle de la société, à ses lignes de produits fortes, à son marketing intégré, à ses études de consommation et à son excellent service à la clientèle. De plus, elle affirme que Canadian Tire cherche constamment des moyens d'améliorer ses produits et ses services, comme l'ont prouvé ses initiatives récentes : de nouveaux services financiers, un meilleur aménagement de ses magasins, une formation améliorée pour son personnel et la prise en compte des préférences des femmes sans toutefois se détourner de sa clientèle masculine[52].

Selon Dean McCann, vice-président des Services bancaires en ligne, division des Services financiers, la société a effectué une recherche assez complète axée sur la question « Faites-vous confiance à Canadian Tire ? » et obtenu un oui retentissant[53]. Même si l'« argent » Canadian Tire est le programme de fidélisation le plus célèbre du Canada, il s'agissait de voir si les consommateurs étaient prêts à confier leur argent au détaillant.

Questions

1. Comment l'arrivée de Canadian Tire sur le marché des services bancaires en ligne a-t-elle modifié sa position sur le continuum service-produit montré dans la figure 11.1 (*voir p. 333*) ?
2. Compte tenu des principales différences entre un service et un produit, comment Canadian Tire a-t-elle dû gérer les difficultés liées à l'intangibilité, à l'hétérogénéité, à la simultanéité et à la périssabilité des services ?
3. Laquelle des méthodes visant à prévenir les écarts de livraison décrites dans ce chapitre a été d'une importance décisive pour le succès du projet pilote de banque en ligne ?
4. En offrant ses services bancaires en ligne, Canadian Tire devait surveiller de près la qualité de son service à la clientèle. Quelles méthodes la société pouvait-elle utiliser pour évaluer cette qualité ?
5. Sachant que Canadian Tire a maintenant cessé ses activités de services bancaires pour se recentrer sur les assurances et les cartes de crédit, à quoi attribuez-vous ce changement de cap dans une stratégie marketing qui semblait pourtant bien définie ?

CHAPITRE 12

OBJECTIFS D'APPRENTISSAGE

Après avoir lu ce chapitre, vous devriez être en mesure :

OA 1 d'expliquer ce qu'est le prix ainsi que l'importance qu'il revêt dans l'estimation de la valeur en marketing ;

OA 2 d'indiquer en quoi les cinq principes clés de la fixation des prix, soit les objectifs de l'entreprise, les clients, les coûts, la concurrence et les membres du circuit de distribution, influent sur les décisions relatives à la fixation des prix ;

OA 3 d'expliquer comment les entreprises établissent les prix de leurs biens et de leurs services ;

OA 4 de décrire diverses stratégies et tactiques de prix ainsi que leur utilisation en marketing (p. ex., la fixation des prix en fonction des coûts, de la valeur, par rapport à la concurrence, la fixation du prix psychologique, du prix d'un nouveau produit et les tactiques de prix à l'intention des consommateurs ou des membres du circuit de distribution) ;

OA 5 d'expliquer les enjeux légaux et éthiques relatifs à la fixation des prix.

SECTION 5

La valeur transactionnelle

CHAPITRE 12 Stratégies et concepts relatifs à la fixation des prix dans l'estimation de la valeur

Stratégies et concepts relatifs à la fixation des prix dans l'estimation de la valeur

Lorsque vous achetez du pain, optez-vous pour la miche de la marque de détaillant, pour un pain Weston, pour un pain Bon matin ou pour une baguette de la boulangerie ACE ? Chacun de ces choix convient à un type de consommateurs précis qui se caractérise par certaines préférences et croyances en matière de fixation des prix. Est-il préférable de payer un peu plus cher et d'avoir un produit de meilleure qualité ? Ou bien d'économiser parce que, de toute façon, toutes les marques sont pratiquement identiques ? Le pain de la boulangerie ACE est-il vraiment meilleur ? La qualité est-elle vraiment représentative du prix que l'on paie ?

Toutes ces philosophies relatives à la fixation des prix renvoient au concept de valeur. La boulangerie torontoise ACE a été fondée par Lynda Haynes et Martin Connell en 1993. Les pains artisanaux de grande qualité qui sont cuits quotidiennement dans ses fours se vendent à un prix supérieur, une proposition d'affaires risquée étant donné la récession des années 1990. Malgré les prix élevés, les amateurs de cuisine continuaient de rechercher les produits qu'ils percevaient comme étant de grande qualité. En fait, cette clientèle préférait renoncer à des vacances et autres produits coûteux afin de pouvoir se procurer des aliments raffinés, dont les pains ACE, plus fréquemment. Ce qui n'était qu'une boulangerie gastronomique de niche en 1993 a donc pris de l'expansion jusqu'à devenir une boulangerie grand public grâce à sa capacité à satisfaire les désirs et les besoins des consommateurs. La boulangerie compte maintenant deux succursales et n'est plus seulement la préférée des Torontois. En effet, ses produits sont désormais distribués partout au Canada et même sur la côte est des États-Unis. En outre, de nombreux supermarchés, comme Longo's, Dominion et A&P, vendent les produits-vedettes de la boulangerie ACE, notamment la fougasse au romarin et la baguette classique. Certains produits ACE sont même en vente chez Costco. Apparemment, la boulangerie ACE est arrivée à fixer ses prix à un niveau acceptable et à offrir des produits de qualité à ses clients[1].

Les fondateurs de la boulangerie tiennent à partager le fruit de leur succès avec leur collectivité. C'est pourquoi ils donnent un certain pourcentage de leurs profits à des programmes nutritionnels ou alimentaires qui aident les consommateurs à faible revenu par l'entremise de cuisines communautaires et de programmes de promotion de la santé des enfants[2]. Les consommateurs sont heureux de payer un peu plus cher lorsqu'ils apprennent qu'une partie de cette somme servira à aider les plus démunis.

Tout compte fait, si les consommateurs accordent de l'importance à la marque ainsi qu'aux bénéfices supplémentaires associés à un prix plus élevé que la moyenne, il est fort probable qu'ils se procurent leur pain chez ACE. Par contre, il y a plus de chances qu'un consommateur qui préfère les produits bon marché achète un pain de la marque de détaillant. Ainsi, il est primordial pour l'entreprise de savoir ce qui motive la perception de la valeur par le consommateur en vue d'adopter une stratégie de fixation des prix efficace. Néanmoins, d'autres facteurs entrent en jeu ; c'est pourquoi, d'ailleurs, l'élaboration d'une stratégie de fixation des prix représente un défi de taille pour n'importe quelle entreprise. Si le travail a été bien fait, la récompense sera considérable, sinon l'échec peut être rapide et cuisant. Toutefois, même si la stratégie de fixation des prix est mise en œuvre de la bonne façon, les consommateurs, la conjoncture, le marché, la concurrence, la réglementation gouvernementale et même les produits de l'entreprise changent constamment. Une stratégie qui est efficace aujourd'hui pourrait donc ne plus l'être autant demain.

Seriez-vous prêt à payer un peu plus cher pour la baguette classique ou la fougasse au romarin de la boulangerie ACE au lieu d'opter pour le pain de la marque de détaillant ?

OA 1

La pression qui s'exerce sur les gestionnaires marketing est énorme, car ce sont eux qui sont chargés de la fixation des prix, des bons prix. Comme l'indique la feuille de route de la page suivante, nous expliquerons dans ce chapitre le concept du « prix », pourquoi il est aussi important, comment les gestionnaires marketing cernent les objectifs relatifs à la fixation des prix ainsi que les divers facteurs influant sur la fixation des prix. Par la suite, nous élargirons ce thème en nous concentrant sur certaines stratégies de fixation des prix en particulier de même que sur les aspects psychologiques qui entrent en jeu. Finalement, nous décrirons quelques tactiques de prix dans les contextes du commerce interentreprises et du commerce de détail, puis nous traiterons de certains enjeux légaux et éthiques importants que soulève la fixation des prix.

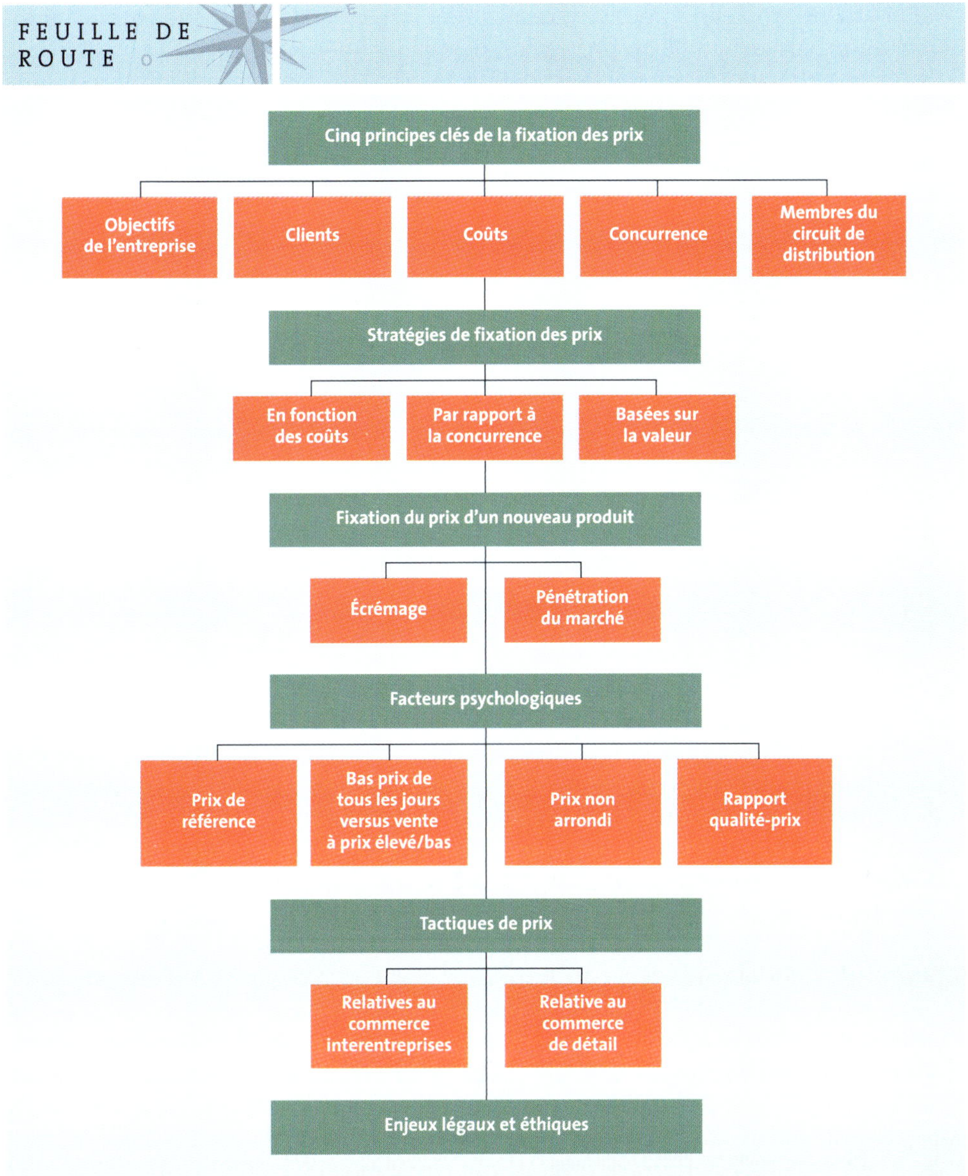

Imaginons un instant qu'une consommatrice se rend compte qu'elle peut économiser à l'achat d'un article donné en se rendant dans un magasin situé à 20 kilomètres de son domicile. Il se pourrait fort bien qu'elle trouve que cette différence de prix n'en vaut pas la peine lorsqu'elle considère le temps et les coûts de transport que cet achat requiert. Par conséquent, elle conclut que même si le prix du détaillant le plus près est plus élevé, le coût total est inférieur. Afin d'inclure dans le concept de prix des aspects comme ceux dont il vient d'être question, nous considérerons le **prix** comme étant la somme des efforts que le client est prêt à faire afin de se procurer un produit ou un service. Il est habituellement question du montant que le consommateur est disposé à donner au vendeur pour se procurer l'article, mais l'effort peut avoir trait à d'autres sacrifices, qu'ils soient pécuniaires, comme les frais de transport, les taxes ou les frais d'expédition, ou non, notamment la valeur attribuée au temps nécessaire pour se procurer le produit ou le service. Tous ces sacrifices, le consommateur doit les faire s'il veut prendre possession du produit[3].

prix (*price*)
Somme des efforts que le client est prêt à faire (quant au temps, à l'argent, à l'énergie) afin de se procurer un produit ou un service.

Les consommateurs comparent les bénéfices du produit avec les sacrifices à faire pour se procurer celui-ci, puis ils prennent leur décision en fonction de cette évaluation globale de la valeur nette du produit. Ainsi, un produit d'excellente qualité mais dont le prix est trop élevé peut se voir attribuer une faible valeur nette et faire moins bonne figure sur le marché qu'un produit de qualité inférieure dont le prix est mieux adapté. En outre, il est impossible de définir le prix sans tenir compte du produit ou du service auquel on l'attribue. Pour une fixation des prix adéquate, il est donc nécessaire que le produit ou le service corresponde à la valeur perçue par le consommateur.

Cela soulève une question : s'il est possible de vendre des produits et des services à un prix trop élevé, est-il possible d'en vendre à un prix trop bas ? La réponse est simple : oui. Un prix trop bas peut être synonyme de piètre qualité, de mauvais rendement ou de tout attribut négatif associé au produit ou au service.

Les consommateurs ne souhaitent pas nécessairement que tous les produits soient à bas prix tous les jours. En fait, ils recherchent des produits dont la valeur est élevée, ce qui peut arriver lorsque le prix est relativement élevé ou relativement bas, selon les bénéfices du produit ou du service.

Le prix est le seul élément du marketing mix qui génère des revenus. Si tous les autres éléments sont parfaits, mais si le prix est inadéquat, les ventes ne décolleront pas. Diverses études sur le sujet ont démontré que les consommateurs considèrent que le prix est l'un des facteurs les plus importants dans leur processus décisionnel[4]. En conséquence, si une entreprise veut procurer de la valeur et que cette dernière soit mesurée en fonction des bénéfices perçus par rapport au coût du produit, les décisions relatives à la fixation des prix ont une importance capitale.

Le prix est le plus complexe des quatre « P », notamment parce qu'il est souvent l'élément du marketing mix le moins bien compris. Autrefois, les gestionnaires marketing s'occupaient du prix après coup, une fois que la stratégie de marketing était élaborée. Ils fixaient les prix en fonction de ceux de la concurrence ou, pis encore, en additionnant les coûts de production aux profits souhaités. Les prix restaient pratiquement toujours les mêmes, sauf lorsque des changements draconiens survenaient dans la conjoncture. Encore de nos jours, il arrive souvent que les décisions relatives à la fixation des prix ne correspondent pas à ce que l'on comprend du rôle du prix dans le marketing mix.

En outre, les gestionnaires marketing entretenaient une conception simpliste à l'égard du rôle du prix, à savoir qu'il ne s'agit que du montant d'argent que le consommateur débourse en vue de se procurer un bien ou un service. Nous savons maintenant que le prix est non seulement un sacrifice à faire, mais également un indice sur le produit. En effet, le consommateur se sert du prix du produit ou du service afin d'évaluer sa qualité[5], particulièrement quand il connaît moins bien la catégorie de produits. Par exemple, la plupart des étudiants ne s'y connaissent pas beaucoup en vins. Ainsi, si une étudiante devait choisir un vin dans le rayon Spécialités à la Société des alcools du Québec, il est fort probable qu'elle évaluerait la qualité du produit en fonction du prix affiché et conclurait que plus le vin est coûteux, plus ce produit est de grande qualité.

À l'achat d'un vin, la plupart d'entre nous croient que plus le prix est élevé, plus la qualité du produit est grande.

En somme, les gestionnaires marketing devraient voir les décisions relatives à la fixation des prix comme une occasion d'appliquer des stratégies et d'ajouter de la valeur au produit au lieu de considérer qu'elle résulte simplement du reste du marketing mix. Le prix en dit bien plus long au consommateur que le coût du produit ou du service. Il peut notamment l'informer de sa qualité, bonne ou non. Voyons maintenant les cinq principes de base de la fixation des prix.

Cinq principes clés de la fixation des prix

OA 2

Les stratégies de fixation des prix les plus efficaces reposent sur cinq principes fondamentaux : les objectifs de l'entreprise, les clients, les coûts, la concurrence et les membres du circuit de distribution (*voir la figure 12.1*). Nous étudierons ces cinq principes plus en détail, car chacun d'entre eux contribue différemment au processus décisionnel en relation avec la fixation des prix[6]. La première étape consiste à définir les objectifs de l'entreprise en ce qui a trait à la fixation des prix.

Les objectifs de l'entreprise

Vous savez maintenant que chaque entreprise se fixe des objectifs différents. Par exemple, Walmart veut être perçue comme une entreprise axée sur la valeur, c'est pourquoi elle a opté pour une politique de bas prix de tous les jours, contrairement à Holt Renfrew, dont les prix élevés véhiculent une image haut de gamme.

Ainsi, chaque entreprise se fixe des objectifs qui lui permettront de réussir, peu importe sa définition de la réussite. Ces objectifs précis représentent habituellement la façon dont l'entreprise prévoit prendre de l'expansion. La direction souhaite-t-elle que l'entreprise prenne de l'expansion grâce à une augmentation de ses profits ou de ses ventes ? grâce à une diminution de sa concurrence ? ou en faisant en sorte que la clientèle soit satisfaite ?

Les objectifs de l'entreprise ne constituent pas un concept aussi simple qu'il y paraît. La moindre nuance quant à leur expression peut en changer complètement le sens. Le tableau 12.1 (*voir p. 365*) présente quelques exemples d'objectifs courants et leur rôle dans la stratégie de fixation des prix. En outre, ces objectifs ne s'excluent pas toujours mutuellement. En effet, une entreprise peut établir deux objectifs non concurrentiels, voire davantage.

L'orientation profit Même si le but de toute entreprise est de faire des profits, une organisation met en œuvre une **orientation profit** en fixant les prix en fonction du profit à atteindre, en maximisant les profits ou en optant pour le rendement recherché.

orientation profit (*profit orientation*) Objectif d'une entreprise pouvant être atteint en fixant les prix en fonction du profit à atteindre, en maximisant les profits ou en optant pour le rendement recherché.

FIGURE 12.1 Les cinq principes clés de la fixation des prix

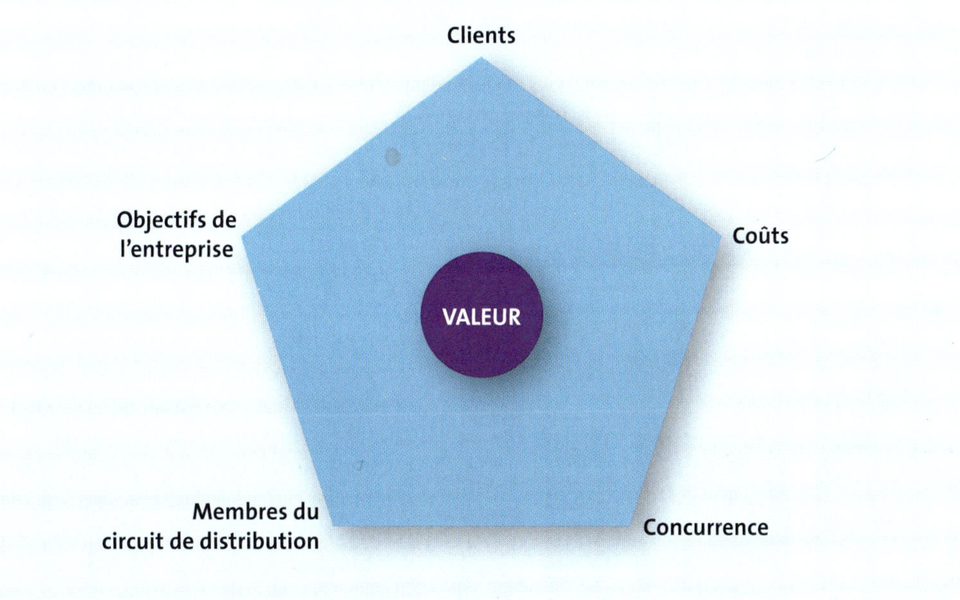

fixation des prix par rapport à la cible-bénéfice (*target profit pricing*) Stratégie visant à fixer le prix d'un produit ou d'un service dans le but d'atteindre une cible-bénéfice précise. Le prix sert donc à stimuler un certain niveau de vente auquel correspond un certain bénéfice par unité.

stratégie de maximisation des profits (*maximizing profits strategy*) Orientation stratégique qui vise à maximiser le profit total, par opposition à la part de marché ou au volume des ventes. De manière générale, les entreprises visent à maximiser leur valeur et pratiquent le prix qui maximise leur rentabilité sur l'horizon de planification. Il arrive parfois qu'elles y dérogent consciemment, pour des motifs d'ordre stratégique.

fixation des prix par rapport au rendement recherché (*target return pricing*) Stratégie visant à fixer le prix dans le but d'atteindre un certain rendement par rapport aux investissements au lieu d'une cible-bénéfice. Cette stratégie cherche à produire un rendement généralement exprimé en pourcentage fondé sur le chiffre d'affaires.

orientation ventes (*sales orientation*) Objectif de l'entreprise fondé sur le principe selon lequel il est mieux d'augmenter le chiffre des ventes plutôt que les profits.

- Une entreprise opte habituellement pour la **fixation des prix par rapport à la cible-bénéfice** lorsqu'elle a comme principal objectif d'atteindre un but précis relativement aux profits à faire. Afin de réaliser cet objectif, elle se sert du prix de vente pour stimuler les ventes et obtenir un profit donné pour chaque article vendu.
- La **stratégie de maximisation des profits** est inspirée de la théorie économique. Si l'entreprise parvient à concevoir un modèle mathématique précis qui tient compte de tous les facteurs permettant d'expliquer et de prédire les ventes et les profits générés, elle devrait être en mesure de savoir à quel prix les profits sont maximisés. Il est toutefois ardu de recueillir les données nécessaires relativement à ces facteurs et de trouver un modèle mathématique précis.
- Les entreprises qui s'intéressent moins aux profits optimaux qu'au taux de profits relativement à leurs investissements, quant à elles, optent généralement pour une **fixation des prix par rapport au rendement recherché** ou une autre stratégie qui a pour but de produire un rendement.

L'orientation ventes Les entreprises qui ont recours à une **orientation ventes** croient qu'il est mieux d'augmenter le chiffre d'affaires que les profits. Par exemple, un nouveau centre de culture physique pourrait se concentrer sur la vente à la pièce ou sur sa part de marché. Ainsi, il sera prêt à vendre ses abonnements moins cher et donc à générer, au début, moins de profits. Le contraire est également possible. Par exemple, une bijouterie haut de gamme peut se concentrer sur ses ventes à la pièce et, pour cette raison, conserver ses prix élevés. Cette boutique mise sur son image de prestige et sur celle de ses fournisseurs en vue de conclure des ventes. Même si le nombre de ventes est inférieur, ses revenus peuvent être très élevés.

Finalement, certaines entreprises peuvent se préoccuper davantage de leur part de marché que de leur volume des ventes. Ces entreprises considèrent que la part de marché est plus représentative de la réussite d'un commerce que les ventes, car elle tient compte de la conjoncture.

Pour détenir une plus grande part de marché, une entreprise peut choisir de baisser ses prix en vue de dissuader la concurrence de pénétrer le marché, d'inciter les concurrents déjà établis à se retirer du marché ou encore de tenter de s'emparer de la part de marché des concurrents. Par exemple, la compagnie aérienne à rabais irlandaise Ryanair baisse fréquemment ses prix sous ceux de ses concurrents en vue de détenir une plus grande part de marché. Dans tous les cas énumérés précédemment, ce ne sont pas les profits qui comptent le plus ; l'entreprise concentre ses efforts sur l'augmentation de ses ventes.

Se fixer un objectif de croissance de sa part de marché ne signifie pas qu'il faut nécessairement baisser ses prix. En effet, il est rare que la marque la moins chère domine sur un marché donné. Le ketchup Heinz, le fromage à la crème Philadelphia, le dentifrice Crest et les chaussures de sport Nike ont tous dominé le marché sur lequel ils se trouvent, et ce sont des marques de prix supérieur. Ainsi, une entreprise peut accroître sa part de marché simplement en proposant au consommateur des produits de grande qualité à un prix raisonnable, à condition que le consommateur perçoive ces produits comme ayant une grande valeur. Si le concept de valeur n'est pas au cœur de l'orientation ventes, son rôle est toutefois implicite, car pour que les ventes augmentent, il est primordial que le consommateur perçoive une valeur plus grande qu'auparavant.

Vous souhaitez réserver une place sur un vol Londres-Milan ? Il est parfois possible de le faire sur le site Internet de Ryanair pour la somme de 12 livres, soit environ 20 $.

TABLEAU 12.1 Les objectifs de l'entreprise et leur rôle dans la stratégie de fixation des prix

Objectif	Exemple d'implications de la stratégie de fixation des prix
Orientation profit	Implanter une politique d'entreprise selon laquelle tous les produits doivent générer une marge de profit d'au moins 18 %.
Orientation ventes	Fixer les prix à un niveau très bas en vue de générer de nouvelles ventes arrachées aux concurrents, même si les profits peuvent en souffrir.
Orientation vers la concurrence	Dissuader les nouveaux concurrents de tenter de pénétrer le marché en fixant les prix à un niveau très bas.
Approche client	Cibler les segments de marché composés de consommateurs qui accordent une grande importance à un attribut en particulier et fixer les prix à un niveau relativement élevé (stratégie nommée « fixation d'un prix supérieur »).

L'orientation vers la concurrence Lorsqu'une entreprise opte pour une **orientation vers la concurrence**, elle applique un principe selon lequel elle devrait mesurer sa performance sur le marché en la comparant avec celle de ses concurrents. Pour ce faire, une entreprise pourrait procéder à un **alignement sur la concurrence**, c'est-à-dire qu'elle fixe le prix d'un produit ou d'un service pour qu'il soit semblable à celui des principaux concurrents du secteur. La valeur est implicite dans la stratégie orientée vers la concurrence dans la mesure où, si le concurrent de l'entreprise s'est servi de la valeur de son produit dans sa stratégie de fixation des prix, le fait de copier cette stratégie pourrait ajouter de la valeur au produit de l'entreprise.

orientation vers la concurrence (*competitor orientation*)
Principe selon lequel l'entreprise devrait mesurer sa performance sur le marché en la comparant avec celle de ses concurrents.

alignement sur la concurrence (*competitive parity*)
Stratégie visant à fixer le prix d'un produit ou d'un service pour qu'il soit semblable à celui des principaux concurrents du secteur.

approche client (*customer orientation*)
Approche qui consiste à tenir compte des clients et à établir le prix des produits en vue de répondre à leurs attentes.

L'approche client L'**approche client** fait référence directement au concept de valeur. Une entreprise peut tenter d'ajouter de la valeur à ses produits en tenant compte des clients et en établissant le prix des produits de manière à répondre à leurs attentes. Elle peut aussi opter pour une structure de prix sans marchandage pour rendre le processus d'achat plus simple et plus facile pour le consommateur. L'entreprise peut ainsi diminuer le prix global du produit et, au final, en augmenter la valeur. Par exemple, Saturn a choisi une structure de prix sans marchandage dès son apparition sur le marché.

L'entreprise peut également choisir de proposer au consommateur des produits ou des services d'avant-garde très coûteux disponibles en quantité limitée. Cette stratégie vise à améliorer la réputation et l'image de l'entreprise, et donc à augmenter la valeur que lui confèrent les consommateurs. Par exemple, le fabricant canadien Paradigm, situé à Mississauga, en Ontario, vend ce que bien des audiophiles considèrent comme des produits de grande valeur, soit des haut-parleurs coûtant aussi peu que 189 $ la paire. Toutefois, Paradigm vend également des haut-parleurs haut de gamme qui valent 6 000 $. Même si très peu de consommateurs sont prêts à investir une telle somme dans l'achat de haut-parleurs, ce produit coûteux indique aux consommateurs ce que l'entreprise est capable de réaliser et permet d'améliorer l'image de celle-ci et de ses produits, et même l'image des haut-parleurs à 189 $. Depuis maintenant 17 années consécutives, ce qui ne s'était jamais vu, le magazine *Inside Track* a déclaré que Paradigm offre le meilleur rapport qualité-prix de l'industrie[7]. Ainsi, la stratégie consistant à établir les prix en tenant compte de la valeur que les consommateurs attribuent à une marque ou à un produit s'avère souvent la stratégie de fixation des prix la plus efficace, surtout si la publicité et les stratégies de distribution vont dans le même sens.

Pouvez-vous distinguer les haut-parleurs Paradigm à 6 000 $ de ceux à 189 $?

Une fois que l'entreprise est sur la bonne voie quant à ses objectifs généraux, elle doit mettre en œuvre des stratégies de fixation des prix qui lui permettront d'atteindre ces objectifs. À la deuxième étape du processus, elle doit évaluer la demande en vue de former la base de sa stratégie de fixation des prix.

Les clients

Le deuxième principe clé de la fixation des prix est le plus important des cinq, car il a trait à la compréhension de la réponse du consommateur au prix du produit. Le consommateur recherche des produits dont la valeur nette est élevée et, comme vous l'avez appris, le prix correspond à la moitié de l'équation de la valeur.

Pour évaluer la façon dont les entreprises tiennent compte des préférences des consommateurs au moment de l'élaboration de leurs stratégies de fixation des prix, il est nécessaire avant toute chose de s'appuyer sur la théorie économique. Celle-ci permet de comprendre, d'une part, le lien qui existe entre le prix et la demande (le désir des consommateurs de se procurer un produit donné) et, d'autre part, la façon dont les gestionnaires marketing se servent de leurs connaissances à ce sujet dans l'élaboration des stratégies de fixation des prix. Mais d'abord, lisez la rubrique Valeur ajoutée 12.1, qui explique comment l'entreprise SABIAN a augmenté sa part de marché en introduisant des cymbales à prix modique.

courbe de demande (*demand curve*) Représentation graphique des quantités de produits ou de services qui sont demandées par le consommateur à des prix différents au cours d'un certain intervalle de temps.

La courbe de demande et la fixation des prix La **courbe de demande** est une représentation graphique des quantités de produits ou de services qui sont demandées par le consommateur à des prix différents au cours d'un certain intervalle de temps.

Valeur ajoutée 12.1 Les musiciens recherchent les cymbales du succès

Si Fender est probablement la marque la plus connue de guitare électrique, pour ce qui est des cymbales, SABIAN est l'un des deux noms qui reviennent le plus souvent dans l'industrie. Cette entreprise, située à Meductic, au Nouveau-Brunswick, ne manque pas d'ambassadeurs célèbres, comme Neil Peart (Rush), Chad Smith (Red Hot Chili Peppers), Tyler Stewart (Barenaked Ladies), Billy Cobham, Phil Collins, Jack DeJohnette, Jeff Watts et Dave Weckl. Ces musiciens dépendent de SABIAN, les cymbales qui sont à l'origine de leur son unique, lequel a fait leur renommée. C'est également le cas pour les percussionnistes de nombreux orchestres célèbres, notamment l'Orchestre philharmonique de New York, l'Orchestre symphonique de Montréal et l'Orchestre de Philadelphie. Même les fanfares des quatre coins du globe adorent le son des cymbales SABIAN[8].

Fondée en 1981 par Robert Zildjian, dans le seul but de pouvoir fabriquer de meilleures cymbales que celles qui étaient sur le marché, SABIAN fonctionne à son propre rythme. L'entreprise fabrique des cymbales martelées à la main selon une ancienne technique turque et s'est attiré une réputation mondiale d'excellence quant à la qualité de ses produits.

Son impressionnante croissance à deux chiffres a fait de SABIAN le fabricant de cymbales dont la progression est la plus rapide. L'entreprise vend des cymbales dans plus de 120 pays. SABIAN a d'ailleurs remporté des prix pour son programme de marketing et pour son programme d'assistance aux détaillants, lesquels sont en phase avec les besoins des acheteurs et des distributeurs. En outre, l'entreprise s'est vu décerner le Prix de l'exportation des Manufacturiers et Exportateurs du Canada.

Phil Collins est l'un des nombreux musiciens connus dont les cymbales sont des SABIAN.

Si SABIAN fabrique des cymbales pour certains des percussionnistes les plus connus dans le monde, elle en produit également à un coût modique pour les étudiants. Par exemple, le modèle XS20, fabriqué à partir de l'alliage de bronze B20 durable et de première qualité propre à SABIAN, est considéré comme une véritable percée dans le domaine, notamment en raison de son procédé de fabrication et de son prix[9]. Le président de l'entreprise, Dan Barker, affirme que ce qui importe, c'est que le produit ait une grande valeur, qu'il soit de la meilleure qualité possible sans que le client doive payer une fortune[10]. Avec des produits d'une telle valeur, non seulement l'entreprise a mis la main sur une part de marché importante, mais elle a aussi aidé l'industrie en élargissant le marché grâce à ses nouveaux produits conçus pour les consommateurs qui ne pouvaient se payer des cymbales de qualité professionnelle[11].

Même si nous parlons de «courbe», la courbe de demande peut aussi être une droite, telle qu'illustrée dans la figure 12.2. Évidemment, une courbe de demande ne demeure valide que si l'on suppose que rien n'a changé dans l'environnement ni dans les stratégies de l'entreprise. Par exemple, le gestionnaire marketing qui élabore ses plans sur la base d'une courbe de demande doit supposer que l'entreprise n'augmentera pas le budget alloué à la publicité et que la conjoncture demeurera pratiquement la même.

La figure 12.2 illustre la courbe de demande la plus courante, soit une ligne orientée vers le bas où la demande diminue à mesure que le prix augmente. Dans cet exemple, les consommateurs achèteront davantage de disques compacts à mesure que leur prix diminuera. On peut s'attendre à observer une courbe de demande semblable pour de nombreux produits et services, si ce n'est pour la plupart d'entre eux.

FIGURE 12.2 La courbe de demande des disques compacts

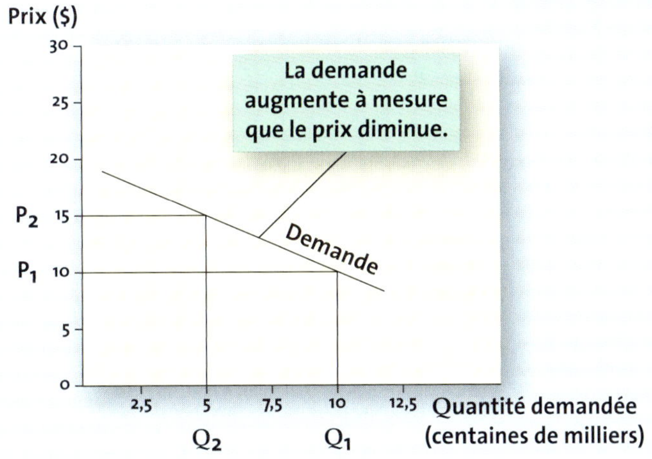

L'axe horizontal représente la quantité de disques demandée, en unités, en fonction des divers prix de vente possibles qui sont inscrits sur l'axe vertical. Chacun des points qui apparaissent sur la courbe de demande représente la quantité demandée pour un prix donné. Ainsi, si le prix de vente d'un disque compact est de 10 $ (P_1), la demande sera d'un million d'unités (Q_1), mais si le prix est fixé à 15 $ (P_2), la demande ne sera que de 500 000 unités (Q_2). Par conséquent, l'entreprise vendra beaucoup plus de disques compacts si elle fixe leur prix à 10 $ plutôt qu'à 15 $. Pourquoi ? Parce que la valeur attribuée aux produits est supérieure pour ce niveau de prix.

Lorsqu'une entreprise sait à quoi ressemble la courbe de demande d'un produit ou d'un service, cela lui permet d'évaluer divers prix de vente quant à la demande par rapport à l'objectif général qu'elle s'est fixé. Dans l'exemple précédent, le détaillant générait un total de 10 millions de dollars s'il vendait ses disques compacts à un prix unitaire de 10 $ (10 $ × 1 000 000 d'unités) et de 7,5 millions s'il les vendait à un prix unitaire de 15 $ (15 $ × 500 000 unités). Dans ce cas, puisqu'il n'y a que deux options (10 $ ou 15 $), le prix de vente de 10 $ est plus avantageux si l'entreprise souhaite maximiser ses ventes, en ce qui a trait à l'argent gagné et aux unités vendues. Mais serait-ce le cas si l'entreprise voulait maximiser ses profits ? Pour calculer les profits générés, il faut tenir compte du coût du produit. Ce sujet sera abordé un peu plus loin.

Fait intéressant, ce ne sont pas tous les produits et services qui présentent une courbe de demande inclinée vers le bas comme celle illustrée dans la figure 12.2. C'est notamment le cas pour les **produits ou services de prestige**, que les consommateurs achètent davantage pour la visibilité que pour le caractère utilitaire du produit ou du service.

produit ou service de prestige (*prestige product or service*)
Achat effectué davantage pour la visibilité que pour le caractère utilitaire du produit ou du service.

Plus le prix du produit est élevé, plus son statut l'est ; il est donc plus exclusif, car bien peu de personnes ont les moyens de se le procurer. Dans le cas présent, ce qui est d'autant plus important, c'est que, jusqu'à un certain point, plus le prix est élevé, plus

FIGURE 12.3 La courbe de demande d'un produit de prestige

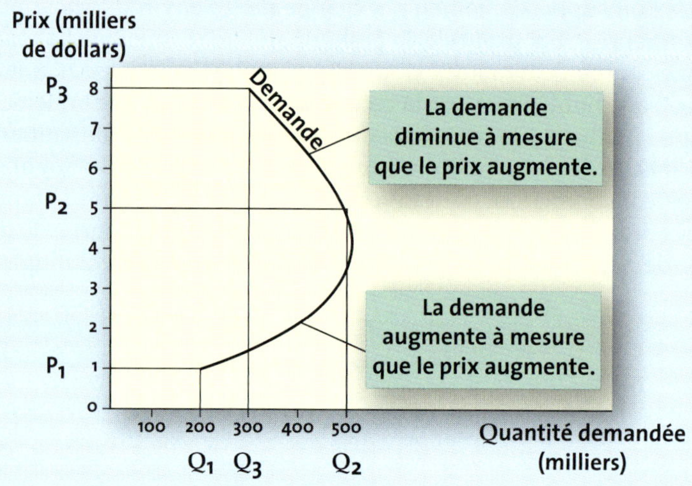

le nombre d'unités vendues augmente. Lorsque le consommateur accorde une plus grande importance à l'augmentation du prestige qu'à la différence de prix entre le produit de prestige et les autres produits, c'est le produit de prestige qui revêt la plus grande valeur à ses yeux.

La figure 12.3 illustre la courbe de demande d'un service de prestige, soit une croisière dans les Caraïbes. Comme l'indique le graphique, quand le prix de vente passe de 1 000 $ (P_1) à 5 000 $ (P_2), la demande, elle, passe de 200 000 (Q_1) à 500 000 unités (Q_2). Toutefois, quand le prix augmente à 8 000 $ (P_3), la demande diminue à 300 000 unités (Q_3) après avoir atteint un sommet à environ 500 000 unités.

Même s'il y a de fortes chances que l'entreprise génère davantage de profits en vendant 300 000 croisières à 8 000 $ plutôt que 500 000 croisières à 5 000 $, il est impossible de confirmer ce fait avant de connaître les coûts associés au service. Par contre, nous savons que de plus en plus de consommateurs s'intéressent à la croisière à mesure que son prix augmente pour passer de 1 000 $ à 5 000 $, mais que la plupart d'entre eux iront voir ailleurs à mesure que le prix augmente de 5 000 $ à 8 000 $.

L'élasticité de la demande Bien que nous comprenions maintenant un peu mieux la façon dont les consommateurs réagissent à divers niveaux de prix, nous devons encore évaluer leur réponse à un changement du prix fixé. En général, les consommateurs sont moins sensibles à l'augmentation du prix d'un produit de nécessité, comme le lait, car ils n'ont pas d'autre choix que de se procurer du lait, même si les prix grimpent.

Les consommateurs sont moins sensibles au prix du lait qu'à celui du bifteck. Quand les prix du lait grimpent, la demande ne diminue pas de façon importante, car la population n'a pas d'autre choix que de se procurer du lait. Par contre, si le prix du bifteck dépasse un certain point, la population en achètera moins, car il existe plusieurs substituts à la viande de bœuf.

Quand le prix du lait grimpe, la demande ne diminue pas de façon importante. Par contre, si le prix du bifteck dépasse un certain point, la population achètera moins de bifteck, car il existe bien des substituts à la viande de bœuf. Les gestionnaires marketing doivent comprendre la réaction des consommateurs face à une augmentation, ou à une diminution, du prix de vente d'un produit ou d'une marque donné de manière qu'ils sachent s'il est avantageux ou non de changer leur prix.

L'**élasticité de la demande** mesure l'effet d'une variation du prix d'un bien sur la quantité demandée. Il est possible de la calculer à l'aide de l'équation suivante :

$$\text{Élasticité de la demande} = \frac{\text{\% de variation de la quantité demandée}}{\text{\% de variation du prix}}$$

Habituellement, le marché est sensible au prix. On dit qu'il est **élastique**, quand l'élasticité est inférieure à -1, c'est-à-dire lorsqu'une diminution du prix de 1 % entraîne une augmentation des ventes du produit de plus de 1 %. Une variation relativement légère du prix engendrera une variation relativement grande de la demande. En conséquence, une entreprise peut faire grimper ses ventes en baissant le prix de ses produits.

D'un autre côté, le marché est dit insensible au prix, ou **inélastique**, quand l'élasticité est supérieure à -1, c'est-à-dire lorsqu'une diminution du prix de 1 % entraîne une augmentation des ventes du produit de moins de 1 %. Ordinairement, si une entreprise doit augmenter ses prix, il est préférable qu'elle le fasse avec les produits et les services inélastiques. La raison est simple : sur ces marchés, peu de consommateurs vont réduire ou cesser leur achat de ces produits et de ces services. Les consommateurs ne se rendent tout simplement pas compte que le prix était moins élevé, ou ils n'y voient aucun inconvénient ou n'ont tout simplement pas d'autre choix.

Dans la plupart des cas, les consommateurs sont plus sensibles à l'augmentation des prix qu'à la réduction de ceux-ci[12]. En outre, l'élasticité de la demande varie selon le point où se situe le prix dans la courbe de demande, à moins que cette dernière ne soit une droite, comme dans la figure 12.2 (*voir p. 367*). Ainsi, un produit ou un service de prestige, comme l'exemple de la croisière dans les Caraïbes illustré dans la figure 12.3 (*voir p. 368*), présente une courbe de demande fortement inélastique jusqu'à un certain point. Une augmentation du prix de vente avant ce point précis a donc peu d'influence sur les ventes du service. Par contre, lorsque le prix atteint ce point, les consommateurs commencent à se tourner vers d'autres services, car la valeur nette de la croisière diminue en raison de son prix trop élevé.

L'économie canadienne des dernières années permet d'observer les effets d'importants changements de prix. Au mois de janvier 2002, le dollar canadien s'établissait à 0,62 $ US. En 2007, il a connu une hausse vertigineuse jusqu'à atteindre la parité au début de l'automne. Une famille américaine qui disposait de 5 000 $ US en 2002 jouissait d'un pouvoir d'achat de 8 000 $ CAN si elle venait séjourner au Canada, ce qui n'était pas mal du tout. En 2007, le budget de 5 000 $ US ne valait plus que 5 000 $ CAN. Il n'est donc pas surprenant qu'un sondage américain portant sur le niveau de confiance des consommateurs et mené par le Conference Board des États-Unis ait révélé que le tourisme est moins populaire qu'auparavant[13] étant donné que le Canada ne représente plus une aubaine pour les Américains.

Les facteurs influant sur l'élasticité de la demande Nous avons illustré la façon dont l'élasticité de la demande peut varier d'un produit à l'autre selon le point où il se situe sur sa courbe de demande et selon le moment. Mais quels facteurs entraînent une telle variation de l'élasticité de la demande ? Les paragraphes qui suivent traitent des facteurs les plus importants.

élasticité de la demande (*price elasticity of demand*) Mesure de l'effet d'une variation du prix d'un bien sur la quantité demandée ; plus précisément, le rapport entre la variation en pourcentage de la quantité demandée et la variation en pourcentage du prix d'un bien donné.

élastique (*elastic*) Qualifie un marché, pour un produit ou un service particulier, qui est sensible au prix. Tout changement du prix entraînera des changements proportionnellement plus importants quant à la demande.

inélastique (*inelastic*) Qualifie un marché, pour un produit ou un service particulier, qui est insensible au prix. Ainsi, un changement du prix d'un produit n'entraînera pas de changements substantiels quant à la demande.

Passer ses vacances au Canada est maintenant bien plus coûteux pour les Américains qu'en 2002 étant donné la hausse importante du dollar canadien.

effet revenu (*income effect*) Changement relatif à la quantité du produit demandé par les consommateurs en raison d'un changement dans leurs revenus.

effet de substitution (*substitution effect*) Capacité d'un client à remplacer un produit donné par un produit de substitution, ce qui augmente l'élasticité de la demande de ce produit.

élasticité croisée des prix (*cross-price elasticity*) Variation en pourcentage de la demande d'un produit A qui survient à la suite d'une variation en pourcentage du prix d'un produit B.

S'il existe de nombreux produits de substitution fortement apparentés à un produit donné, les consommateurs deviendront sensibles aux variations des prix et la demande du produit sera fortement élastique. Ainsi, si la marque Skippy augmente ses prix, bien des consommateurs opteront pour une autre marque de beurre d'arachide.

produits complémentaires (*complementary products*) Produits dont les courbes de demande sont directement proportionnelles — elles se déplacent dans le même sens ; ainsi, une augmentation de la demande d'un produit provoque une augmentation de la demande du produit complémentaire (p. ex., imprimantes et cartouches de rechange, automobiles et pneus).

produits de substitution (*substitute products*) Produits dont la variation de la demande est inversement proportionnelle. Donc, si la demande du produit A connaît une augmentation en pourcentage, alors la demande du produit B connaîtra une diminution en pourcentage.

L'effet revenu Habituellement, le comportement d'un individu change à mesure que son revenu augmente. Il modifie sa demande de manière à passer des produits bon marché à des produits plus coûteux. Par exemple, un consommateur peut se mettre à acheter du bifteck au lieu du bœuf haché et aller au cinéma une fois par semaine au lieu d'une fois par mois. Conséquemment, quand l'économie se porte bien et que le revenu des consommateurs augmente de façon générale, l'élasticité de la demande du bifteck ou des films peut diminuer, même si leur prix est demeuré constant. Inversement, quand les revenus baissent, les consommateurs se tournent vers des choix moins coûteux ou alors ils dépensent moins. Cet **effet revenu** renvoie à un changement relatif à la quantité du produit demandé par les consommateurs en raison d'un changement dans leurs revenus.

L'effet de substitution L'**effet de substitution** fait référence à la capacité d'un client à remplacer un produit donné par un produit de substitution. Plus ce substitut est facilement accessible, plus l'élasticité de la demande du produit sera grande. Par exemple, il existe de nombreux produits de substitution apparentés dans le domaine du beurre d'arachide. Par conséquent, si Skippy décide d'augmenter ses prix, il se peut que les consommateurs optent pour la marque Jif, pour la marque Le Choix du Président ou pour toute autre marque, car il est facile de trouver un substitut à bas prix. Toutefois, les consommateurs les plus fidèles seront prêts à payer un peu plus cher s'ils considèrent que le beurre d'arachide Skippy est le beurre d'arachide qui présente la plus grande valeur.

N'oubliez pas que le marketing joue un rôle primordial dans la fidélisation des consommateurs en faisant en sorte que l'élasticité de la demande de certaines marques soit très faible. C'est d'ailleurs pourquoi Polo Ralph Lauren arrive à vendre des millions de ses chemises 65 $ chacune, alors que des chemises de qualité équivalente, mais sans le logo emblématique du joueur de polo, se vendent à un bien meilleur prix. Le fait d'amener les consommateurs à considérer une marque donnée comme unique en son genre et extraordinaire rend les autres marques bien moins substituables.

L'élasticité croisée des prix L'**élasticité croisée des prix** est la variation en pourcentage de la demande d'un produit A qui survient à la suite d'une variation en pourcentage du prix d'un produit B. Par exemple, lorsque le prix des lecteurs DVD a chuté radicalement entre les années 2000 et 2004, la demande de DVD a connu une augmentation fulgurante. Les lecteurs DVD et les DVD sont des **produits complémentaires**, c'est-à-dire que leur demande est liée positivement, de manière que l'une et l'autre augmente et diminue en même temps. Autrement dit, une augmentation de la demande d'un produit A entraîne une augmentation de la demande d'un produit B[14]. Par contre, quand le prix des lecteurs DVD a chuté, la demande de lecteurs DVD a augmenté, mais, à l'opposé, la demande de magnétoscopes a chuté. Le lecteur DVD et le magnétoscope sont des **produits de substitution**, car la variation de leur demande est inversement proportionnelle.

Avant d'aborder le présent sujet, nous nous intéressions à l'influence des variations du prix sur les achats des consommateurs. L'importance de connaître l'influence du prix sur les ventes ne fait aucun doute, mais cela ne permet pas de dresser un tableau global de la situation. Ainsi, pour savoir à quel point une stratégie de fixation des prix est rentable, il est nécessaire de tenir compte du troisième principe clé : les coûts.

Les coûts

En vue de prendre une décision éclairée relativement à la fixation des prix, l'entreprise doit comprendre sa structure de coûts de manière à évaluer dans quelle mesure ses produits et ses services seront rentables selon divers prix de vente. Généralement, le prix de vente ne doit pas être fixé en fonction des coûts, car les consommateurs fondent leur décision sur les bénéfices perçus. Ils se soucient très peu des coûts de production et de distribution du produit ou du service. Ils se fient au prix indiqué et aux bénéfices que leur offre le produit pour juger de sa valeur. Les consommateurs ne paieront pas un prix plus élevé pour un produit de qualité inférieure simplement parce que l'entreprise qui le fabrique n'est pas en mesure d'être aussi rentable que ses concurrents.

Prenons l'exemple d'un disque compact vendu chez Chapters et Walmart. Il est fort probable que la plupart des consommateurs se le procurent chez Walmart, où il y a plus de chances que son prix soit moindre. Toutefois, de nombreux consommateurs trouvent d'autres avantages à choisir Chapters plutôt que le géant des bas prix. Il y a notamment le vaste choix de disques compacts, le fait qu'il leur sera plus facile de trouver le produit qu'ils recherchent, ou c'est peut-être parce qu'ils aiment bien l'idée de chercher un disque compact tout en sirotant un café au lait qu'ils se sont procuré sur place. D'ailleurs, si ces consommateurs n'accordaient aucune importance à ces bénéfices, Chapters devrait fermer ses portes.

Les coûts variables Les **coûts variables** sont les coûts liés principalement à la main-d'œuvre et aux matériaux et qui varient en fonction du volume de production. Ainsi, plus une entreprise produit de biens ou de services, plus le total des coûts variables augmente. Le contraire est également vrai. Étant donné que chaque unité produite entraîne les mêmes coûts, les gestionnaires marketing expriment habituellement les coûts variables en un coût unitaire. Reprenons l'exemple des disques compacts. Les coûts variables incluent la main-d'œuvre nécessaire pour graver chacun des disques, le coût des disques vierges, celui des boîtiers et des étiquettes ainsi que les droits qu'il faut payer à l'artiste. Ces coûts augmentent chaque fois qu'un disque est fabriqué.

coûts variables (*variable costs*) Coûts liés principalement à la main-d'œuvre et aux matériaux qui varient en fonction du volume de production.

Pour ce qui est des services, la notion de coûts variables est beaucoup plus complexe. Par exemple, un hôtel engage certains coûts variables chaque fois qu'il loue une chambre. Ces coûts comprennent notamment le salaire de la main-d'œuvre et les frais relatifs aux produits nécessaires au nettoyage et au réassortiment des chambres. Toutefois, ces coûts ne sont pas engagés si la chambre est inutilisée. Imaginons que les coûts variables totaux d'une chambre d'hôtel s'élèvent à 20 $. Chaque fois que l'hôtel loue une chambre, il engage 20 $ de coûts variables. Par conséquent, si un soir l'hôtel loue 100 chambres, le total des coûts variables sera de 2 000 $ (20 $/chambre × 100 chambres).

Les coûts variables changent en fonction de la quantité de biens ou de services produits. Ainsi, si un producteur crée cinq disques compacts, il doit payer les coûts pour chacun d'entre eux. Mais s'il en produit 500, il est fort probable qu'il pourra acheter les disques en gros et payer moins cher. Finalement, il arrive que les coûts variables unitaires augmentent ou diminuent si le volume de production change de façon importante, mais ce n'est pas toujours le cas.

Les coûts fixes Les **coûts fixes** demeurent pratiquement toujours au même niveau, indépendamment du volume de production. Normalement, les coûts fixes incluent les frais de location, de services, d'assurance, le salaire du personnel administratif (cadres et hauts dirigeants) ainsi que la dépréciation des installations et du matériel. Les coûts fixes demeurent stables en dépit des fluctuations du volume de production, à l'intérieur d'une fourchette plus ou moins large. Ainsi, que le producteur fabrique 5 ou 500 disques compacts, le prix de location de ses locaux sera le même. Par contre, un producteur qui presse 100 millions de disques compacts par an aura besoin d'une infrastructure plus importante. On parle souvent, dans ce cas, de coûts semi-fixes, bien qu'en pratique ces coûts soient considérés comme fixes pour une entreprise qui élabore son budget annuel.

coût fixe (*fixed cost*) Coût qui demeure pratiquement toujours au même niveau, indépendamment du volume de production.

Le coût total Enfin, le **coût total** correspond tout simplement à la somme des coûts variables et des coûts fixes. Par exemple, en un an, un hôtel a engagé 100 000 $ en coûts fixes. Nous savons également que l'hôtel a loué 10 000 chambres dans l'année, ce qui donne des coûts variables totaux de 200 000 $ (10 000 chambres × 20 $/chambre). Ainsi, le coût total s'élève à 300 000 $.

coût total (*total cost*) Somme des coûts variables et des coûts fixes.

Nous tâcherons maintenant de comprendre comment utiliser ces coûts dans le cadre d'une analyse qui permettra de simplifier le processus décisionnel relatif à la fixation des prix.

L'analyse du point mort et la prise de décision

point mort
(*break-even point*)
Point auquel le nombre d'unités vendues génère tout juste assez de revenus pour égaliser les charges totales; à ce point, aucun profit n'est fait.

Il existe un moyen utile qui permet aux gestionnaires marketing de comprendre les liens qui unissent le coût, le prix, le revenu et les profits associés à un produit ou à un service à différents niveaux d'activité. Au cœur de cette analyse se trouve le **point mort**, c'est-à-dire le point auquel le nombre d'unités vendues génère tout juste assez de revenus pour égaliser les charges totales. À ce point, aucun profit n'est fait.

Comment calcule-t-on le point mort ? Même si les profits, soit la différence entre les coûts et le revenu total (revenu total ou ventes totales = prix de vente de chaque unité × nombre d'unités vendues), permettent de connaître la somme générée ou perdue sur une certaine période, ils ne disent pas combien d'unités doivent être produites puis vendues afin que l'entreprise atteigne le point où elle ne perd plus d'argent, où elle égalise ses charges.

La figure 12.4 illustre les éléments relatifs aux coûts et aux revenus dont il a été question jusqu'à maintenant.

contribution unitaire
(*contribution per unit*)
Différence entre le prix de vente et le coût variable. Donnée utilisée pour calculer le point mort.

Servons-nous de l'exemple de l'hôtel pour illustrer le fonctionnement de l'analyse du point mort. Rappelez-vous que les coûts fixes s'élèvent à 100 000 $ et que les coûts variables sont de 20 $ par chambre louée. Si l'hôtel loue ses chambres 100 $ la nuitée, combien de chambres doit-elle louer en un an pour égaliser ses charges ? En observant attentivement le graphique de la figure 12.4, on constate que le point mort se situe à 1 250, ce qui signifie que l'hôtel doit louer 1 250 chambres avant que ses revenus ne compensent ses charges. Si l'hôtel loue moins de chambres, il perdra de l'argent et, s'il en loue plus de 1 250, il générera des profits. Afin de calculer le point mort selon le nombre d'unités, il faut tenir compte des coûts fixes et de la **contribution unitaire**, c'est-à-dire la différence entre le prix de vente et le coût variable. On utilise cette donnée pour calculer le point mort.

$$\text{Point mort (unités)} = \frac{\text{coûts fixes}}{\text{contribution unitaire}}$$

Dans le cas présent :

$$\text{Point mort (unités)} = \frac{100\ 000\ \$}{100 - 20 = 80\ \$} = 1\ 250 \text{ nuitées}$$

FIGURE 12.4 L'analyse du point mort

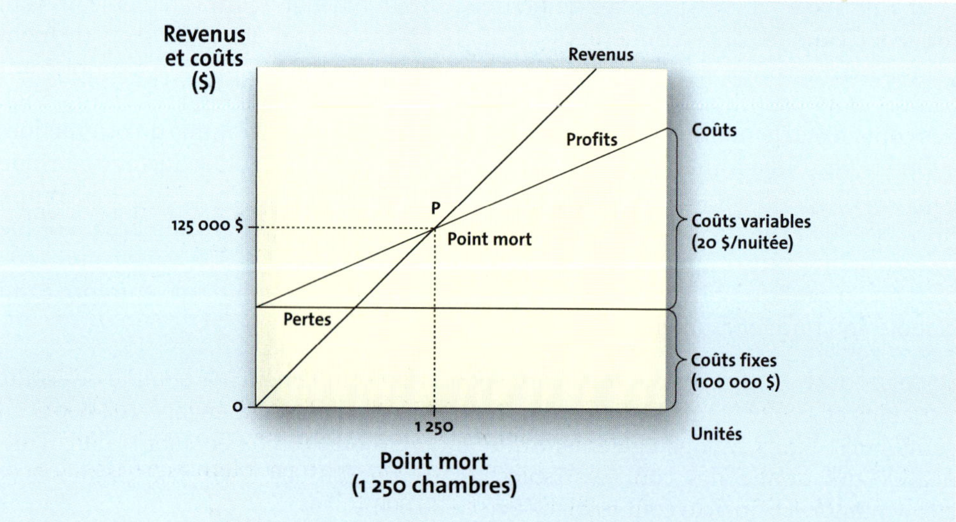

À partir du moment où l'hôtel dépasse le point mort de 1 250 chambres, il commence à générer des profits, et ce, au même rythme que la contribution unitaire. Conséquemment, si l'hôtel loue 2 500 chambres, soit 1 250 de plus que le point mort, il générera des profits qui s'élèveront à 100 000 $ (1 250 chambres × 80 $ de contribution unitaire).

Si l'analyse du point mort n'aide pas les gestionnaires marketing à fixer les prix des produits et des services, elle les aide toutefois à évaluer leur stratégie de fixation des prix en clarifiant la situation dans laquelle le produit ou le service sera rentable. En outre, cette analyse devient un outil encore plus puissant lorsqu'elle est utilisée dans le cadre d'une analyse comparative de divers prix de vente. Par exemple, les gestionnaires de l'hôtel pourraient ne pas s'arrêter à 100 $ et évaluer plusieurs prix en vue de savoir combien de chambres il faudrait louer et à quel prix pour atteindre des profits s'élevant à 200 000 $.

Évidemment, ce type d'analyse comporte certaines limites. D'abord, il serait étonnant qu'un hôtel fixe un seul prix pour toutes ses chambres. Ainsi, le prix qui servirait dans l'analyse du point mort serait probablement un prix « moyen ». Ensuite, les prix diminuent souvent en fonction du volume, car les coûts diminuent également. L'entreprise doit donc procéder à plusieurs analyses du point mort pour diverses quantités de produits.

Par ailleurs, l'analyse du point mort ne permet pas de déterminer avec certitude combien de chambres seront louées ou combien d'unités d'un produit donné seront vendues à un certain prix. Elle permet seulement d'indiquer à l'entreprise quels sont les coûts, les revenus et la rentabilité à un prix et à une quantité donnés. Pour évaluer le nombre d'unités qui seront vendues, l'entreprise doit estimer la demande de son produit ou de son service, sujet dont nous avons traité précédemment.

Dans un hôtel, le coût de l'établissement (à gauche) est fixe ; il demeure stable même si aucune chambre n'est louée. Le coût des serviettes et de la literie (à droite), quant à lui, est variable ; il augmente donc en fonction du nombre de chambres louées.

La concurrence

Étant donné l'influence considérable du quatrième principe clé, la concurrence, sur la stratégie de fixation des prix[15], nous verrons maintenant ses conséquences ainsi que la façon dont les entreprises concurrentes réagissent à certaines stratégies de fixation des prix. Il existe trois types de concurrence : la concurrence oligopolistique, la concurrence monopolistique et la concurrence pure. Chacun de ces types présente ses propres défis et avantages.

La **concurrence oligopolistique** survient quand seules quelques entreprises dominent un marché. Habituellement, les entreprises changent leurs prix en réaction à la concurrence afin d'éviter de déstabiliser l'environnement économique. Parmi les exemples les plus connus de marchés où la concurrence est oligopolistique, il y a l'industrie bancaire et celle de la vente d'essence au détail.

concurrence oligopolistique (*oligopolistic competition*) Domination d'un marché par quelques entreprises seulement, soit moins d'une dizaine.

7. Bien que cette pratique ne soit pas illégale, certaines entreprises qui ont une boutique en ligne demandent un prix différent à divers clients malgré que le produit ou le service soit le même. Puisque des commerces de différentes régions peuvent exiger des prix différents, certains sites demandent au consommateur de donner leur code postal avant de divulguer leurs prix. Pourquoi arrive-t-il que les prix varient en fonction du marché ou du code postal ? Cette pratique est-elle acceptable sur le plan éthique ? S'agit-il d'une pratique commerciale juste ?

8. Vous êtes engagé dans un supermarché à titre de responsable des prix. La pratique de ce supermarché en matière de fixation des prix consiste habituellement à ajouter un pourcentage fixe au coût du produit. Évaluez cette méthode. De quelle manière vous y prendriez-vous ?

9. Les coupons de réduction et les rabais profitent à des membres différents du circuit de distribution. Quel choix feriez-vous entre les coupons de réduction et les rabais si vous étiez un fabricant ? Si vous étiez un détaillant ? Si vous étiez un consommateur ? Pourquoi ?

10. Vous êtes engagé à titre de chef de marque chez un fabricant de t-shirts dont la nouvelle collection sera lancée sous peu. En raison d'une critique élogieuse à l'égard de la collection, l'entreprise veut repositionner sa marque pour en faire une marque de prestige. Votre employeur vous demande à quel prix il faudrait vendre les nouveaux chandails. La collection actuelle, de qualité moyenne, est vendue au prix unitaire de 20 $. Quelles étapes entreprendriez-vous afin de déterminer les nouveaux prix de vente ?

Cyberfuté

1. Plusieurs modèles de fixation des prix sont fournis en ligne. Chacun est intéressant pour un groupe de consommateurs différent. Rendez-vous à l'adresse www.cafr.ebay.ca et faites une recherche pour y trouver un manuel de marketing. Quelles options et quels prix le site vous suggère-t-il ? À votre avis, est-ce que tout le monde choisirait le manuel le moins cher ? Expliquez pourquoi. Maintenant, allez sur le site www.amazon.ca. Plusieurs prix y sont-ils affichés ? Le cas échéant, quels sont-ils ? Si vous deviez acheter un autre exemplaire d'un manuel de marketing, où l'achèteriez-vous et pourquoi ?

2. Les prix peuvent varier en fonction du marché servi. Étant donné que Dell vend ses ordinateurs directement aux consommateurs des quatre coins du monde, il est facile de comparer les prix offerts à chacun des marchés. Rendez-vous sur le site www.dell.ca. Trouvez sur le site canadien le prix de l'ordinateur de bureau Precision T7500. Ensuite, allez sur le site britannique de Dell (www.dell.uk) et sur celui d'un autre pays afin de trouver le prix de ce même ordinateur. (Si vous devez convertir les devises, visitez le site www.xe.com.) Dans quelle mesure le prix de l'ordinateur varie-t-il ? À quoi peuvent être attribuables de telles différences de prix ?

Étude de cas

LA CHASSE AU PLUS BAS PRIX : BIZRATE CONTRE EBAY[49]

Les économistes ont désigné les sites de vente aux enchères tels eBay comme le meilleur moyen de représenter la valeur d'un produit, quel qu'il soit, car son prix ne dépend que de la valeur que lui attribue le consommateur. Autrement dit, le prix reflète précisément la valeur du produit. Par conséquent, les prix apparaissant sur ce site ne devraient-ils pas être parmi les plus bas ?

Récemment, plusieurs sites de comparaison de prix, dont www.shopzilla.com, www.pricegrabber.com et www.pricecanada.ca, sont devenus très populaires. Le moteur de recherche le plus utilisé est certainement www.bizrate.com.

Les sites de vente aux enchères et ceux de comparaison de prix garantissent-ils vraiment au consommateur le prix le plus bas ? Pour répondre à cette question, nous avons fait des recherches sur les sites Bizrate et eBay relativement aux deux produits suivants : le caméscope DCR-DVD 101 de Sony et le récepteur HTR 5790 de Yamaha. Sur Bizrate, nous avons trouvé 17 magasins qui vendaient le récepteur Yamaha à des prix allant de 495 $ à 719 $. Pour ce qui est du caméscope de Sony, 51 magasins en vendaient à des prix se situant entre 449 $ et 800 $.

Sur eBay, les prix du récepteur Yamaha variaient de 495 $ à 550 $ et ceux du caméscope de Sony, de 480 $ à 774 $.

Produit	Bizrate		eBay	
	Minimum	**Maximum**	**Minimum**	**Maximum**
Récepteur Yamaha	495 $	719 $	495 $	550 $
Caméscope DVD Sony	449 $	800 $	480 $	774 $

L'analyse de ces deux produits révèle que les deux sites offrent les prix les plus bas, mais que les prix les plus élevés sont moins élevés sur eBay. En outre, eBay présente plusieurs produits semblables sur une même page, ce qui pourrait expliquer le fait que les gammes de prix sont plus petites que sur Bizrate.

Questions

1. En quoi Internet a-t-il changé la concurrence par les prix entre les produits de marques connues ?
2. La concurrence par les prix sur Internet aurait-elle été différente si nous avions cherché des produits de base ou des produits de luxe ?
3. À votre avis, l'accès à une telle comparaison des prix entraîne-t-il une réduction de la concurrence par les prix de manière que tous les consommateurs soient sur un pied d'égalité ?
4. Quelles suppositions avez-vous tendance à faire à propos d'un produit dont le prix est très bas ? dont le prix est très élevé ?

CHAPITRE 13

OBJECTIFS D'APPRENTISSAGE

Après avoir lu ce chapitre, vous devriez être en mesure :

OA 1 de comprendre l'importance de la distribution et les liens entre le circuit de distribution, la gestion de la chaîne logistique et la gestion logistique ;

OA 2 d'expliquer comment le circuit de distribution ajoute de la valeur pour les entreprises et les consommateurs ;

OA 3 de décrire les décisions et les stratégies relatives à l'implantation et à la gestion d'un circuit de distribution ;

OA 4 d'expliquer l'incidence de la logistique et de la gestion de la chaîne logistique sur la stratégie de distribution.

SECTION 6

L'offre de valeur : implanter le circuit de distribution et la chaîne logistique

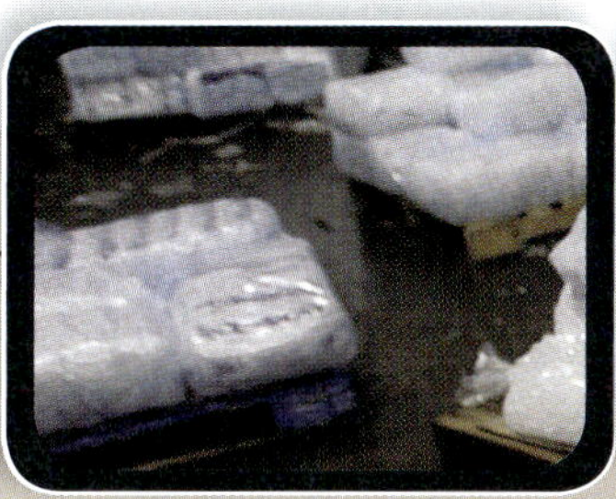

Les circuits de distribution : la stratégie de distribution

Zara International Inc. (www.zara.com), détaillant en plein essor de vêtements espagnols chics mais à prix modiques et filiale d'Inditex (Industrias de Diseño Textil, une firme de la Galice, en Espagne), exploite quelque 1 444 magasins de vêtements de mode dans plus de 70 pays, dont 19 au Canada[1]. Les ventes annuelles de la chaîne totalisent plus de 7 milliards de dollars, un chiffre impressionnant pour une entreprise fondée il y a à peine plus de 35 ans. Le premier magasin Zara a ouvert ses portes en 1975 à La Corogne, une ville de la Galice, au nord-ouest de l'Espagne. À proximité se trouvent le siège social ultramoderne de Zara et son centre de distribution de 500 000 mètres carrés, qui approvisionne tous les magasins de la chaîne.

Rendant hommage à l'image « branchée » de Zara, selon *Vogue*, même les clientes françaises de l'entreprise croient que celle-ci est d'origine française. Divers magazines de mode montrent couramment des vedettes comme Cindy Crawford magasinant dans une boutique Zara au Canada ; Chelsea Clinton entrant dans un magasin Zara à Ankara, en Turquie ; les enfants de la famille royale espagnole se rendant régulièrement au magasin Zara de la chic avenue Vélazquez à Madrid ; et des autocars remplis de touristes qui s'arrêtent au magasin Zara du Paseo de Garcia, à Barcelone. Aujourd'hui, on trouve des boutiques Zara dans des quartiers chics comme la 5e Avenue, à New York, les Champs-Élysées, à Paris, Regent Street, à Londres, et le centre commercial Shibuya, à Tokyo.

Inditex (www.inditex.com), qui possède et dirige Zara, compte une centaine d'entreprises spécialisées dans des activités liées à la conception textile, à la production et à la distribution. Inditex dirige aussi sept autres chaînes : Pull and Bear, Massimo Dutti, Bershka, Stradivarius, Oysho, Uterqüe et Zara Home. Cependant, Zara International est la chaîne la plus importante et la plus ancienne, contribuant à près de 64 % de ses ventes.

Grâce à sa chaîne logistique et à ses systèmes d'information sophistiqués, Zara peut livrer ses vêtements de mode relativement bon marché à ses magasins de New York (à gauche) et de Paris (à droite) en quelques semaines.

Bien que Zara rivalise avec les détaillants locaux sur la plupart de ses marchés, les analystes estiment que ses trois concurrents les plus proches sont le groupe de magasins de vêtements américain Gap, la société suédoise Hennes & Mauritz (H&M), et l'entreprise italienne Benetton. Les quatre sociétés fonctionnent de manière très différente, toutefois. Gap et H&M possèdent la plupart de leurs magasins, mais externalisent toute la fabrication.

Au contraire, Benetton a investi des sommes assez importantes dans la production, mais ses magasins sont gérés par des licenciés. Zara non seulement possède la majorité de ses magasins, mais elle produit aussi la plus grande partie de ses vêtements, surtout dans ses usines ultramodernes du nord-ouest de l'Espagne. Zara se démarque aussi en fabriquant plus de 40 % des tissus qui composent ses vêtements, l'emportant ainsi largement sur la plupart de ses concurrents.

De sa base espagnole, Zara gère également son propre circuit de distribution mondial. La gestion de sa chaîne logistique lui donne une souplesse qui fait l'envie de la concurrence. Cela permet aussi à Zara de fonctionner avec des stocks minimaux parce que ses magasins reçoivent des livraisons deux fois par semaine et que les nouveaux articles demeurent rarement sur les tablettes plus d'une semaine. En ce sens, parmi tous les détaillants de vêtements, Zara est celui qui possède l'une des chaînes logistiques les plus sophistiquées. L'entreprise met seulement de quatre à cinq semaines pour créer une nouvelle collection, puis environ une semaine pour la fabriquer. Ses concurrents, par comparaison, ont besoin d'une moyenne de six mois pour créer une nouvelle collection et de trois semaines supplémentaires pour la fabriquer. Comment Zara s'y prend-elle ?

La société tire son avantage concurrentiel d'un usage astucieux de l'information et de la technologie. Tous les magasins Zara sont reliés électroniquement au siège social espagnol. Les gérants, conjointement avec un groupe de chasseurs de tendances férus de mode, fréquentent régulièrement les points chauds de la mode tels que les campus universitaires et les boîtes de nuit. Leur travail consiste à agir comme les yeux et les oreilles de la société afin de repérer les prochaines tendances de la mode. À l'aide d'appareils portatifs sans fil, ils transmettent des images au siège social de l'entreprise afin que les stylistes puissent produire des patrons que les fabricants situés à proximité pourront commencer à réaliser, produisant ainsi les vêtements qui seront suspendus dans les magasins Zara quelques semaines plus tard.

Les stylistes de Zara reçoivent les informations en temps réel lorsqu'ils prennent des décisions avec l'équipe commerciale au sujet des tissus, des coupes et des prix d'une nouvelle ligne de vêtements. Cet alliage d'échange d'informations en temps réel et de production internalisée permet à Zara de fonctionner avec des stocks quasi inexistants et de livrer quand même de nouveaux modèles à ses magasins deux fois par semaine. Les clientes adorent les résultats de cette opération de haute voltige : elles font de longues queues dans les boutiques Zara les jours de livraison, un phénomène baptisé *zaramania* par la presse.

Dans ce chapitre, nous aborderons le troisième élément du marketing mix, soit la distribution, qui englobe toutes les activités nécessaires pour livrer le bon produit au bon client au moment où il en a besoin. Les étudiants en marketing sous-estiment souvent l'importance de la distribution dans le marketing mix simplement parce qu'elle se déroule en coulisse. Pourtant, les circuits de distribution ajoutent de la valeur aux produits puisqu'ils acheminent ceux-ci aux clients de façon efficace, c'est-à-dire rapidement et à un faible coût.

Comme le montre la feuille de route, nous décrirons d'abord l'importance de la distribution, la nature d'un circuit de distribution, la manière dont celui-ci ajoute

FEUILLE DE ROUTE

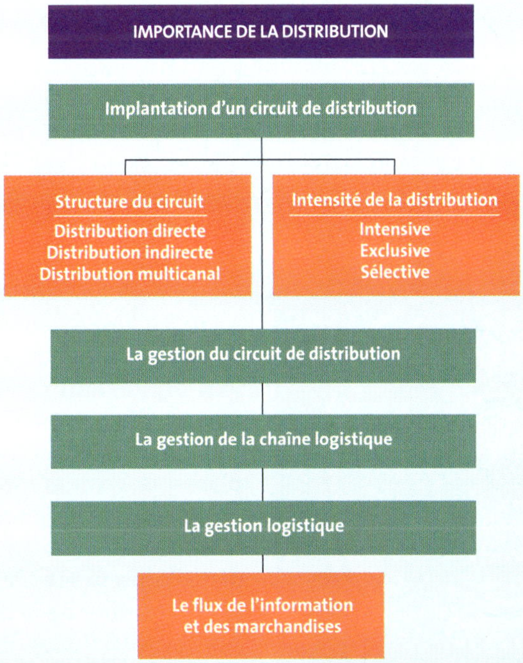

de la valeur aux produits et dont il est mis sur pied. Ensuite, nous examinerons la chaîne logistique et le rôle crucial qu'elle joue dans la stratégie de distribution. Nous terminerons le chapitre en examinant comment la gestion logistique intègre des activités allant de l'acheminement efficace des matières premières jusqu'à la livraison des produits finis.

OA 1 L'importance de la distribution

Jusqu'ici, nous avons vu comment les entreprises effectuent des études de marché poussées, étudient les comportements des consommateurs et des entreprises, segmentent soigneusement les marchés et choisissent les meilleurs marchés cibles, développent de nouveaux produits et services et fixent des prix qui annoncent une bonne valeur. Toutefois, même si l'entreprise accomplit toutes ces actions sans faute, elle n'atteindra sans doute jamais ses objectifs en matière de revenus si elle n'arrive pas à implanter des circuits de distribution appropriés pour rejoindre ses clients potentiels.

Convaincre des intermédiaires comme des grossistes et des détaillants de vendre de nouveaux produits peut s'avérer plus difficile qu'on ne le croit. Par exemple, une épicerie typique peut stocker entre 30 000 et 40 000 produits différents. Or, un bon nombre de ces produits doivent être retirés des tablettes pour laisser la place à tous les nouveaux aliments, boissons, produits ménagers, produits pour animaux et autres articles qui sont mis en marché chaque année.

L'introduction des douzaines de nouveaux produits mis en marché chaque jour rend la lutte pour les linéaires féroce. Comme nous le verrons dans ce chapitre, la distribution n'est pas seulement compliquée pour bon nombre d'entreprises ; elle est onéreuse et exige le paiement de frais d'insertion pour l'allocation d'un espace sur les étalages des magasins.

Toutes les entreprises de biens et de services ont besoin d'une stratégie de distribution bien pensée, même celles qui frappent la monnaie. Le 21 octobre 2004, la Monnaie royale canadienne a émis la première pièce en couleur dans le monde entier, une pièce de 25 cents ornée d'un coquelicot rouge, qui visait à rendre hommage aux 117 000 Canadiens morts au combat[2]. Normalement, les pièces de monnaie sont distribuées à travers les banques. Or, très peu de consommateurs retirent des pièces de la banque. La Monnaie royale avait donc besoin d'un partenaire capable de mettre ses pièces en circulation rapidement car le jour du Souvenir approchait. Elle a choisi Tim Hortons en raison de ses nombreux restaurants situés partout dans le pays et de sa capacité à rejoindre un très grand nombre de Canadiens. Et comme, à l'époque, les clients pouvaient payer seulement en espèces, ils étaient presque assurés de recevoir quelques pièces de 25 cents portant le coquelicot en même temps que leur Double Double (deux crèmes, deux sucres).

La Monnaie royale canadienne a mis en circulation la première pièce en couleur dans le monde entier, ornée d'un coquelicot, dans les restaurants Tim Hortons afin d'assurer une vaste distribution de la pièce à temps pour le jour du Souvenir.

Une stratégie de distribution bien pensée et intégrée adéquatement aux autres éléments du marketing mix peut accroître les revenus d'une entreprise. Brick Brewing, une entreprise de Waterloo, en Ontario, s'enorgueillit de ses talents d'innovatrice au sein de l'industrie. En effet, elle a créé une bouteille en plastique brun de 473 millilitres, légère et incassable, qui refroidit plus vite et reste froide plus longtemps. Cela fait d'elle la première entreprise canadienne à embouteiller de la bière dans un contenant en plastique[3]. Bien que cette décision semble plutôt liée au produit ou à l'emballage, la bouteille en plastique était étroitement associée à la stratégie de distribution de l'entreprise, puisqu'elle a permis à celle-ci d'offrir son produit dans les lieux où les bouteilles en verre sont interdites, comme les résidences universitaires, les événements sportifs et les salles de concert. De plus, l'entreprise a pu ainsi rivaliser avec la distribution de bières en canettes sans avoir à investir dans un équipement de conserverie coûteux.

Les liens entre le circuit de distribution, la chaîne logistique et la logistique

On confond souvent la gestion du circuit de distribution, la gestion de la chaîne logistique et la gestion logistique car elles sont étroitement liées. Toutefois, l'étude individuelle de ces trois pratiques commerciales et des relations qu'elles entretiennent donne un aperçu complet du rôle de la stratégie de distribution dans la production et l'acheminement des produits aux consommateurs finaux.

Un **circuit de distribution** est un réseau d'établissements par lequel transite un produit à partir du moment où il est fabriqué jusqu'à celui où il est utilisé par le consommateur. Comme tel, il englobe tous les établissements et les activités de mise en marché[4]. Comme le montre la figure 13.1, le circuit de distribution met les produits à la portée des consommateurs, qu'il s'agisse d'individus ou d'entreprises. Dans certains cas, les entreprises utilisent des circuits de distribution directs pour acheminer les marchandises jusqu'aux consommateurs, tandis qu'à d'autres moments la distribution se fait indirectement en passant par des intermédiaires.

Comme nous l'avons mentionné dans le chapitre 1, la **gestion de la chaîne logistique** est l'ensemble des méthodes et des techniques utilisées en vue d'intégrer de façon efficiente et efficace les fournisseurs, les fabricants, les entrepôts, les magasins et les sociétés de transport dans une chaîne de valeur continue où les bonnes quantités de marchandises sont produites et distribuées au bon endroit et au bon moment. Cette pratique vise aussi à minimiser les coûts à l'échelle du réseau tout en offrant aux clients les niveaux de service désirés[5].

Comme nous l'avons vu dans l'introduction de ce chapitre, Zara utilise une chaîne logistique entièrement intégrée puisqu'elle possède chaque maillon de la chaîne ou du moins exerce sur lui un contrôle considérable. En conséquence, elle peut concevoir,

circuit de distribution (*distribution channel*) Réseau d'établissements par lequel transite un produit à partir du moment où il est fabriqué jusqu'à celui où il est utilisé par le consommateur.

gestion de la chaîne logistique (*supply chain management*) Ensemble des méthodes et des techniques utilisées en vue d'intégrer de façon efficiente et efficace les fournisseurs, les fabricants, les entrepôts, les magasins et les compagnies de transport dans une chaîne de valeur continue où les bonnes quantités de marchandises sont produites et distribuées au bon endroit et au bon moment.

FIGURE 13.1 Les éléments de la distribution

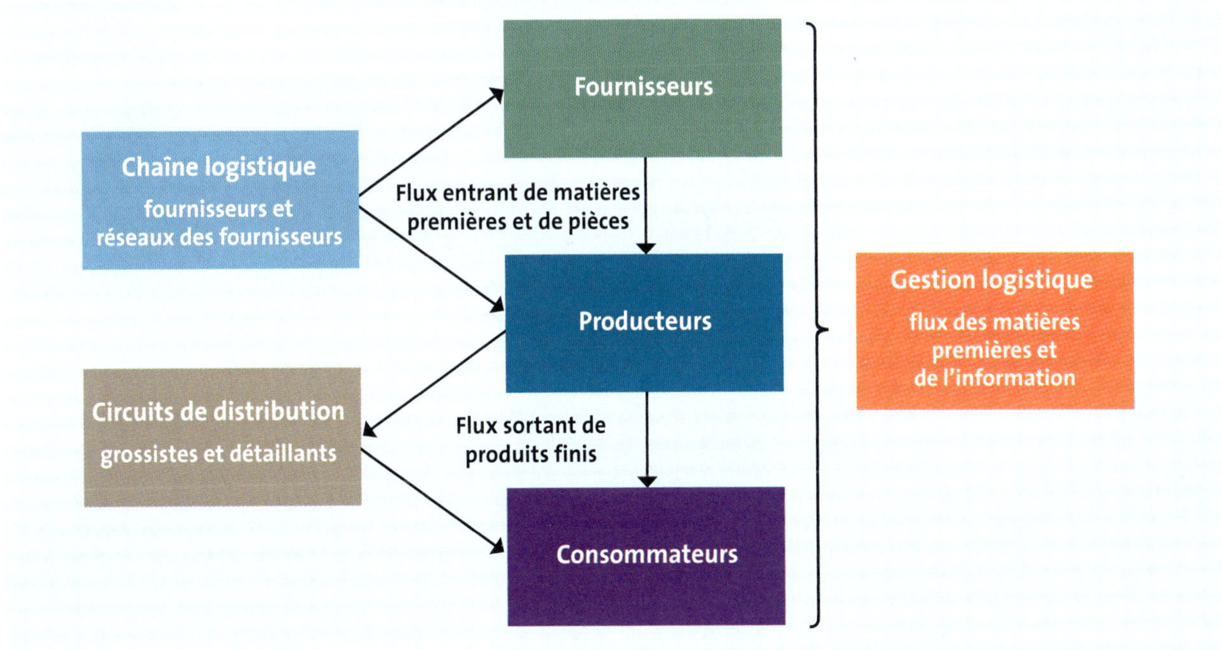

créer, fabriquer, transporter et finalement vendre ses vêtements de mode beaucoup plus rapidement et efficacement que n'importe lequel de ses principaux concurrents.

Une chaîne logistique simplifiée se composerait d'un fabricant qui vend ses produits à des intermédiaires comme des détaillants ou des grossistes. Une chaîne logistique typique est beaucoup plus complexe puisqu'elle englobe les fournisseurs de matières premières ainsi que les fabricants, les grossistes et les commerces de détail. Le **grossiste** est un commerçant qui achète des produits à des fabricants et les revend à des détaillants. Le **détaillant** vend des produits directement aux consommateurs. Les fabricants expédient leurs produits à un grossiste ou, dans le cas des détaillants possédant plusieurs magasins, à leur centre de distribution ou directement à leurs magasins. Plus la chaîne logistique compte d'intermédiaires, plus les transactions nécessaires pour que les produits d'une entreprise se rendent jusqu'aux consommateurs sont nombreuses et complexes.

grossiste (*wholesaler*) Commerçant qui achète des produits en grande quantité, qui en prend possession, qui bien souvent les entrepose et qui se charge de la manutention avant de revendre les produits en plus petites quantités aux détaillants ou encore aux clients industriels ou professionnels.

détaillant (*retailer*) Commerçant qui vend des produits directement aux consommateurs.

Bien que cette description reflète le flux typique des produits manufacturés, une chaîne logistique peut prendre une multitude de formes. Certaines chaînes de détail telles que Home Depot et Costco font office à la fois de détaillants et de grossistes. Elles fonctionnent comme des détaillants lorsqu'elles vendent directement aux consommateurs et comme grossistes lorsqu'elles vendent à d'autres entreprises telles que des entrepreneurs de bâtiments ou des propriétaires de restaurants. Lorsque des fabricants comme Dell ou Avon vendent directement aux consommateurs, ils cumulent des activités de production et de vente au détail. Lorsque Dell vend directement à une université ou à une entreprise, elle accomplit une transaction interentreprises (B2B), mais quand elle vend à des étudiants ou à des employés individuels, elle exécute une opération de détail (B2C).

La gestion de la chaîne logistique repose sur les relations entre les membres de la chaîne et du circuit de distribution, et sur la nécessité de coordonner les efforts afin d'offrir aux clients la meilleure valeur possible.

La **gestion logistique** est la composante de la chaîne logistique qui se concentre sur le mouvement et le contrôle des produits. Elle désigne l'intégration d'au moins deux activités dont le but est de planifier, de mettre en œuvre et de gérer efficacement l'écoulement des matières premières, le stock de protection et les produits finis du point d'origine au point de consommation. Ces activités peuvent englober, sans s'y limiter nécessairement, le service à la clientèle, la prévision de la demande, les communications relatives à la distribution, le contrôle des stocks, la manutention, le traitement des commandes, les pièces et l'entretien, le choix de l'emplacement de l'usine et de l'entrepôt, l'approvisionnement, le conditionnement, le traitement des marchandises retournées, le recyclage et la mise au rebut du matériel, la circulation, le transport et l'entreposage[6].

gestion logistique (*logistic management*) Intégration d'au moins deux activités dont le but est de planifier, de mettre en œuvre et de gérer efficacement l'écoulement des matières premières, le stock de protection et les produits finis du point d'origine au point de consommation.

La gestion du circuit de distribution, la gestion de la chaîne logistique et la gestion logistique sont liées, mais elles étaient traitées de façon distincte dans le passé. Autrefois, la gestion du circuit de distribution relevait de la division du marketing et d'un vice-président du marketing. En revanche, le vice-président de la direction des opérations s'occupait de la logistique. Malgré leurs objectifs similaires, les deux divisions élaboraient souvent des solutions différentes et travaillaient parfois à contrecourant. Par exemple, la division du marketing voulait augmenter les ventes, tandis que la division de la logistique cherchait à réduire les coûts. Les entreprises ont fini par prendre conscience des fabuleux avantages rattachés à la coordination des activités de marketing et de logistique, non seulement au sein de l'entreprise, mais dans toute la chaîne logistique.

OA 2 L'implantation d'un circuit de distribution

Le circuit de distribution est constitué de diverses entités qui achètent (les détaillants et les grossistes), vendent (les fabricants et les grossistes) ou facilitent l'échange (les entreprises de transport). À l'instar des interactions humaines, ces relations vont des partenariats étroits aux arrangements uniques. Dans presque tous les cas, cependant, elles se nouent parce que les parties désirent obtenir quelque chose l'une de l'autre. Ainsi, Home Depot veut des marteaux de la Stanley Tools Company, laquelle veut avoir la possibilité de vendre ses outils à des clients, et les deux entreprises veulent que UPS s'occupe de livrer leurs produits.

Chaque membre du circuit de distribution joue un rôle spécialisé. Si un membre estime qu'un autre membre ne fait pas son travail correctement ou efficacement, il peut en général lui trouver un remplaçant. Par conséquent, si Stanley Tools n'obtient pas un bon service de UPS, elle peut se tourner vers FedEx. De même, si Home Depot considère que ses clients ne perçoivent pas les outils Stanley Tools comme ayant une bonne valeur, elle peut acheter les outils à un autre fabricant. Home Depot pourrait même décider de fabriquer ses propres outils ou d'utiliser ses propres camions pour ramasser les outils Stanley Tools. Toutefois, même si un membre du canal est remplacé par un autre, la fonction qu'il accomplit subsiste, de sorte que quelqu'un doit l'exécuter.

Home Depot et Stanley Tools ont établi un partenariat mutuellement profitable. Home Depot achète les outils à Stanley Tools parce que ses clients perçoivent ceux-ci comme ayant une bonne valeur. Stanley Tools vend des outils à Home Depot parce que celle-ci a créé un excellent marché pour ses produits.

Le circuit de distribution remplit diverses fonctions transactionnelles, logistiques et facilitatrices, comme l'explique le tableau 13.1. Les intermédiaires jouent un rôle important en réduisant le nombre de contacts commerciaux, ce qui rend les systèmes plus efficaces. Ils harmonisent également les exigences des consommateurs individuels avec les produits manufacturés, se chargent de la distribution et de l'entreposage des marchandises et les mettent à la disposition des acheteurs, facilitent les

TABLEAU 13.1 Les fonctions remplies par les intermédiaires

Fonctions transactionnelles
Achat : achat de produits dans le but de les revendre à d'autres intermédiaires ou à des clients **Prise de risques :** obsolescence et dépréciation possible des stocks en fonction des modes **Promotion :** promotion des produits auprès des consommateurs **Vente :** transactions avec les clients potentiels
Fonctions logistiques
Distribution : transport des marchandises jusqu'au point d'achat **Entreposage :** maintien des stocks et protection des marchandises
Fonctions facilitatrices
Collecte d'informations : échange de renseignements sur les clients et d'autres membres du circuit **Financement :** offre de crédit et d'autres services financiers aux consommateurs

recherches tant par les acheteurs que par les vendeurs et normalisent les transactions. Bien que les fonctions d'un circuit de distribution puissent passer d'un intermédiaire ou d'un membre du circuit à un autre, il est important de reconnaître qu'elles ne peuvent pas être supprimées. Comme nous l'avons vu dans l'exemple de Home Depot, ces fonctions doivent être exécutées par une organisation ou une autre afin que le bon produit soit livré au bon client au bon moment.

Nous étudierons maintenant la structure d'un circuit de distribution ainsi que l'intensité de distribution appropriée.

OA 3 La structure du circuit de distribution

Lorsqu'une entreprise démarre ou pénètre un nouveau marché, elle n'est pas toujours en mesure de mettre sur pied la « meilleure » structure pour son circuit de distribution, c'est-à-dire de choisir ses fournisseurs et ses clients. Un nouveau détaillant de vêtements pour enfants se souciera avant tout d'obtenir le bon assortiment de vêtements ; pour ce faire, il devra explorer le marché. Certains fabricants refuseront de vendre leurs produits à ce nouveau détaillant parce que son crédit n'est pas encore établi ou que d'autres détaillants de la région stockent une quantité suffisante de leurs produits. Le problème peut être tout aussi aigu pour les fabricants qui pénètrent un nouveau marché et dont le principal souci consiste à trouver des détaillants qui accepteront de courir le risque de vendre leurs lignes de produits. Chaque entreprise doit élaborer une stratégie de distribution et déterminer de quelle façon elle vendra ses produits aux consommateurs. La distribution peut être directe, indirecte ou multicanal, ou représenter une combinaison de ces trois formes.

La distribution directe Comme l'illustre la figure 13.2 (*voir p. 409*), un circuit de distribution directe permet aux fabricants de traiter directement avec les consommateurs. De nombreux produits et services sont distribués de cette façon. Pendant des décennies, la stratégie de distribution de Dell était basée exclusivement sur l'utilisation d'un circuit de distribution directe. L'entreprise vient tout juste de modifier cette stratégie en décidant de vendre des ordinateurs personnels sélectionnés dans les magasins Walmart. D'autres entreprises, comme Avon et Tupperware, continuent de recourir uniquement à la distribution directe. La distribution directe joue aussi un rôle majeur dans les transactions interentreprises (B2B). Ainsi, IBM vend ses ordinateurs centraux directement à ses plus gros clients du secteur public (les gouvernements) et à des entreprises du secteur privé (les banques et les compagnies d'assurances).

Enfin, certaines entreprises sont parfois forcées de distribuer leurs produits directement parce qu'elles n'arrivent pas à obtenir de linéaires dans les commerces de détail ou à payer les frais d'insertion élevés imposés par les détaillants. Par exemple, de nombreuses grandes chaînes d'épiceries exigent des frais d'insertion pour couvrir les coûts relatifs à la réorganisation des linéaires et de l'entrepôt, auxquels s'ajoutent les coûts administratifs associés à l'ajout d'un nouveau produit. La rubrique Question d'éthique 13.1 (*voir p. 409*) explique plus en détail la question des frais d'insertion.

La distribution indirecte Dans le cas de la distribution indirecte, un ou plusieurs intermédiaires travaillent avec les fabricants pour fournir des produits et des services aux consommateurs. Dans certains cas, un seul intermédiaire intervient. De nombreux fabricants d'automobiles, comme Ford, General Motors ou DaimlerChrysler, ont recours à la distribution indirecte, les concessionnaires agissant à titre de détaillants, comme le montre la figure 13.2. En général, les gros détaillants comme La Baie recourent à un seul intermédiaire. Lorsqu'un détaillant n'achète pas en quantité suffisante pour que le fabricant juge rentable de traiter directement avec lui, il fait appel à un grossiste. On recourt souvent aux grossistes dans le cas des produits à faible valeur unitaire, tels que les friandises et les croustilles, comme le montre le dernier exemple de la figure 13.2.

Question d'éthique 13.1 Les frais d'insertion : inutiles ou nécessaires ?

La plupart des consommateurs ne se demandent jamais comment les produits arrivent sur les tablettes de l'épicerie. Souvent, ils ignorent que les fournisseurs paient des milliers de dollars en frais d'insertion pour que l'épicerie stocke leurs produits. En ce qui touche à la mise en marché des produits d'épicerie, les linéaires et la position des produits sont critiques. Les frais d'insertion peuvent déterminer si un article sera placé à la hauteur des yeux ou sur la tablette du bas où il sera plus difficile à repérer.

Au Canada, les frais d'insertion peuvent aller de quelques centaines de dollars à 25 000 $ par produit par magasin et jusqu'à 1 million de dollars par chaîne d'épicerie. Selon Val Laidlaw, directeur du secteur consommateur à Dare Foods, une entreprise de Kitchener, en Ontario, l'entreprise qui veut faire inscrire un produit au catalogue d'un détaillant doit d'abord convaincre ce dernier que son produit se vendra bien. Les détaillants se soucient peu du fait que votre produit pourrait vous permettre d'augmenter votre part de marché. Ils se préoccupent uniquement de savoir s'il lui permettra d'élargir une catégorie de produits, d'attirer de nouveaux clients ou d'augmenter leurs profits.

Beaucoup de grandes chaînes d'épiceries imposent des frais d'insertion pour couvrir les coûts liés à la réorganisation des étalages et de l'entrepôt qu'exige le stockage d'un nouveau produit. De plus, l'ajout d'un nouveau produit entraîne des frais d'administration. Ces frais dépendent de nombreux facteurs, comme le volume des ventes potentiel, la valeur de reprise, le type de promotion associée au produit (échantillons, démonstrations en magasin, prix promotionnel, publicité à frais partagés), la catégorie de produits et la taille de l'entreprise. Les épiceries de détail savent que les grosses entreprises comme Christies ou Colgate Palmolive ont les moyens de payer des frais d'insertion. Toutefois, les leaders de certaines catégories de produits populaires comme Coke et Tide en sont exemptés parce que les détaillants savent qu'ils doivent absolument stocker ces produits. De plus, si la demande d'un produit est forte, il est possible que le détaillant n'exige pas de frais d'insertion.

La taille d'une catégorie de produits est aussi un facteur déterminant en matière d'allocation de l'espace. Par exemple, un fabricant de biscuits ou de craquelins qui paie des frais d'insertion suffisants obtiendra sans doute de l'espace sur les tablettes, puisque les consommateurs sont portés à essayer de nouveaux produits dans ces catégories. Toutefois, comme l'agrandissement de la section des aliments surgelés d'une épicerie coûte très cher, il est fort difficile de faire inscrire de nouveaux produits dans cette catégorie. Les références qui ne se vendent pas bien restent au plus six mois sur les tablettes. Et si l'on se fie aux analyses d'ACNielsen, le taux d'échec des nouveaux produits avoisine les 70 %.

Les épiceries ont le droit d'être sélectives lorsqu'elles doivent choisir parmi plus de 100 000 produits alors que leurs étalages peuvent en contenir 40 000. Toutefois, les critiques affirment que les frais d'insertion empêchent un accès équitable au marché et réduisent les choix des consommateurs, étant donné que les petites entreprises n'ont pas les moyens de payer ces frais. De plus, ces frais sont reportés sur les consommateurs sous forme de prix plus élevés. Selon vous, les frais d'insertion sont-ils inutiles ou nécessaires ?

Source : adapté de Shirley Lichti, « Listing Fees Can Decide A Food Product's Fate », www.marketingmagic.ca/articles/ListingFees.htm (page consultée le 3 juillet 2007).

FIGURE 13.2 La distribution directe et indirecte

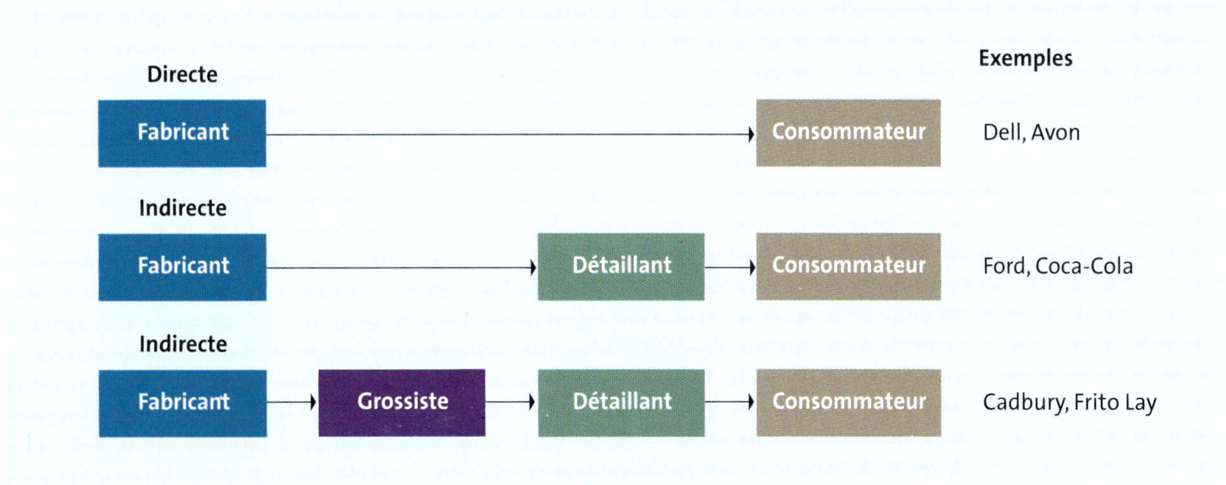

Au moment d'élaborer sa stratégie de distribution, un fabricant peut opter pour une stratégie de pression ou pour une stratégie d'attraction. Dans le premier cas, il concentrera ses efforts promotionnels (p. ex., la vente personnelle ou la promotion des ventes) sur les membres du circuit de distribution afin de les convaincre de vendre son produit. Cette stratégie pousse le produit à travers le circuit de distribution jusqu'aux consommateurs finaux. Si les membres du circuit sont réticents à stocker de nouveaux produits, le fabricant pourra avoir recours à une stratégie d'aspiration, que l'on nomme parfois aussi stratégie d'attraction. Dans ce cas, il dirigera ses efforts promotionnels directement vers les consommateurs afin de créer une demande pour son produit. Cette demande pourra, en retour, convaincre les détaillants de vendre son produit. Les consommateurs qui voient des publicités télévisées ou imprimées relatives à de nouveaux produits, ou qui reçoivent de l'information ou des coupons de réduction par publipostage, peuvent demander à leurs détaillants locaux de stocker ces produits, ce qui attire ceux-ci à travers les circuits de distribution.

La distribution multicanal De nos jours, de nombreuses entreprises optent pour la distribution multicanal ou hybride. Comme le montre la figure 13.3, les sociétés comme Sony ont plus de facilité à rejoindre les consommateurs et leurs clients commerciaux en combinant les circuits de distribution directs et indirects. Dans les grandes villes, Sony peut vendre ses produits directement à travers les magasins portant sa marque, tandis que dans d'autres régions, elle le fait indirectement à travers des détaillants comme Best Buy et Future Shop. Certaines entreprises embauchent du personnel de vente pour distribuer leurs produits aux clients, tandis que d'autres optent pour une stratégie de distribution directe à travers la vente par catalogue.

FIGURE 13.3 La distribution multicanal

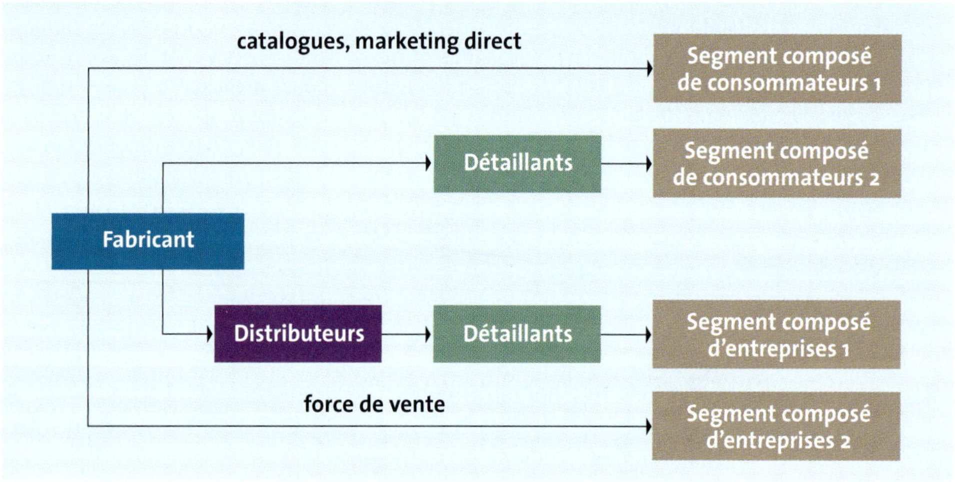

Sears Canada vend directement à travers ses détaillants ainsi qu'en ligne et par catalogue. Lisez la rubrique Cybermarketing 13.1 (*voir p. 411*) pour découvrir des entreprises qui ont opté pour une distribution multicanal.

Lorsque vient le temps de choisir les canaux et les détaillants qui vendront ses produits, le fabricant doit se demander où le client final s'attend à trouver le produit et réfléchir à certaines caractéristiques importantes du détaillant.

Les attentes du client La gestion du circuit de distribution fait partie intégrante de toute stratégie commerciale. Un élément clé de cette stratégie consiste à cerner les attentes du client. Pour un détaillant, il est important de savoir quels produits et fabricants ses clients préfèrent. En revanche, les fabricants doivent savoir à quel endroit les clients de leur marché cible s'attendent à trouver certains produits et ceux de leurs concurrents. Les clients s'attendent en général à trouver certains produits dans certains magasins mais non dans d'autres.

Cybermarketing 13.1 La vente au détail multicanal intégrée : l'avenir de la distribution

Il n'y a pas si longtemps, un grand nombre de « gourous » d'Internet, de futuristes et de journalistes technologiques prédisaient qu'Internet provoquerait la disparition des magasins physiques. Tout le monde déclarait qu'Internet offrait la commodité, une denrée qui manque cruellement aux consommateurs affairés d'aujourd'hui. On pressait les entreprises de se convertir au commerce en ligne, faute de quoi elles seraient vouées à la faillite. Des milliers de cyberentreprises naissaient presque chaque jour alors que de nombreux détaillants traditionnels prétendaient que les achats en ligne étaient une lubie passagère. Cet emballement, qualifié à juste titre de « bulle point-com », était alimenté par le succès de cyberentreprises comme Amazon, Dell, Yahoo ! et eBay. Des sociétés de brique et mortier reconnues telles que Procter & Gamble et Kmart ont misé sur les deux tableaux en ouvrant des commerces en ligne indépendants sous un autre nom. Ainsi, Procter & Gamble a créé Reflect.com et Kmart, Bluelight.com. Beaucoup d'entreprises craignaient de ternir la réputation de leur marque si elles se convertissaient au commerce en ligne et échouaient ; elles n'étaient pas prêtes à courir ce risque.

Vers le milieu de 2001, lorsque la bulle point-com a éclaté, bon nombre de ces détaillants traditionnels semblaient avoir pris la bonne décision en refusant d'intégrer leurs marques hors ligne et en ligne. Toutefois, Victoria's Secret et JCPenney, deux détaillants traditionnels, ont reconnu le potentiel à long terme d'Internet et créé des sites Web étroitement intégrés à leurs marques hors ligne. Ces pionniers ont révélé le potentiel réel d'Internet d'ajouter de la valeur à une entreprise grâce à la distribution multicanal intégrée.

Dans les années qui ont suivi l'éclatement de la bulle point-com, de nombreuses entreprises, en particulier les gros détaillants, ont vu leurs ventes en ligne augmenter de façon exponentielle. La croissance des ventes en ligne a continué d'augmenter de plus de 25 % par an. Toutefois, en 2006, cette croissance a ralenti de façon marquée, une tendance qui s'est poursuivie pendant le reste de la décennie et qui, selon les analystes, devrait se poursuivre dans les années à venir pour se limiter à un taux de croissance d'environ 10 %[7]. Les ventes en ligne, qui comptent pour quelque 6 % des ventes totales[8], semblent avoir atteint un plateau. Bien qu'Internet soit vu comme un circuit de distribution clé et une façon de gérer la chaîne logistique et la logistique, de nombreuses sociétés n'ont pas encore pleinement intégré leurs opérations hors ligne et en ligne. Celles qui l'ont fait en ont retiré d'énormes bénéfices. Récemment, Dell, qui maîtrise l'art de la vente en ligne, a ouvert des kiosques dans des centres commerciaux et vend maintenant ses ordinateurs dans les Walmart. Le plus gros fabricant d'ordinateurs du monde a compris que, s'il voulait rivaliser avec HP, son principal concurrent, il devait adhérer à la vente au détail multicanal. Dell n'est pas le seul dans ce cas. Expedia, la plus grande entreprise de voyage en ligne, avait espéré éliminer les agences de voyage traditionnelles en offrant ses services exclusivement en ligne. Toutefois, elle a dû se rendre à l'évidence : elle doit faire encore plus pour mieux servir sa clientèle. C'est pourquoi Expedia a presque triplé le nombre de billetteries automatiques qu'elle a installées dans les halls d'hôtels et ailleurs pour attirer les touristes.

Le fait est que certains consommateurs aiment les expériences interactives tandis que d'autres préfèrent l'atmosphère des centres commerciaux et des magasins. La plupart des consommateurs ont recours aux deux types d'achat en fonction de la situation, du produit recherché et de leur motivation. Ils ne sont pas que des acheteurs en ligne ou hors ligne : ils sont les deux. Ces nouveaux consommateurs hybrides utilisent la technologie à leur avantage tout en continuant de goûter le plaisir du magasinage traditionnel. Les consommateurs d'aujourd'hui veulent commander en ligne, mais prendre possession des marchandises ou les retourner dans les magasins traditionnels ou encore examiner les produits dans ces magasins et les commander en ligne.

Malgré la simplicité apparente de ce processus, il ne peut avoir lieu sans une distribution, une gestion de la chaîne logistique et une gestion logistique intégrées et homogènes. Best Buy, Sears et beaucoup d'autres gros détaillants prennent le train en marche pour offrir précisément ce type de service à leurs clients. Internet est la plate-forme parfaite où les entreprises peuvent intégrer leurs magasins traditionnels, leurs opérations par catalogue, leurs commandes postales et leurs services en ligne. Internet est aussi la plate-forme idéale pour intégrer et coordonner de façon homogène *toutes* les institutions, procédures, activités et technologies requises afin de créer des produits de qualité et de les livrer aux consommateurs d'une manière rentable et efficace, au moment et de la façon qui leur conviennent.

Source : adapté de Matt Richtel et Bob Tedeschi, « Online Sales Lose Steam », www.nytimes.com/2007/06/17/technology/17ecom.html ?ex=1183694400&en=701e359b8f74485b&ei=5070 (page consultée le 4 janvier 2008).

Par exemple, le fabricant de vêtements pour enfants OshKosh B'Gosh ne vendrait pas ses produits à Holt Renfrew ou au Tigre Géant parce que ses clients ne s'attendent pas à y trouver ses vêtements pour enfants. Holt Renfrew vend plutôt des vêtements importés de France et le Tigre Géant, des stocks en liquidation. Toutefois, les clients d'OshKosh B'Gosh comptent certainement trouver les vêtements du fabricant dans des grands magasins tels que La Baie ou Sears.

Les entreprises doivent se tenir au courant des changements relatifs aux endroits où leurs clients achètent leurs produits et modifier leurs stratégies de distribution en conséquence.

Par exemple, lorsque le chanteur country Garth Brooks a constaté que la majorité de ses CD étaient achetés chez Walmart, il a conclu avec le détaillant une entente de distribution exclusive qui a éliminé son étiquette de disque. De même, les Eagles, un groupe rock populaire dans les années 1970 et admis au Temple de la renommée du rock and roll, a fait distribuer *Long Road out of Eden*, son premier album depuis 28 ans, uniquement par Walmart. Bien que, dans ces cas, la distribution soit limitée à un seul détaillant, les artistes profitent d'une meilleure publicité et augmentent leur part de profits.

Les caractéristiques des membres du circuit Pour choisir un type de distribution, une entreprise doit tenir compte de plusieurs facteurs liés aux membres du circuit comme tels. En général, plus un membre du circuit est gros et complexe, moins il sera porté à passer par des intermédiaires. Un petit fabricant de jouets spécialisés fera sans doute appel à un groupe de vendeurs indépendants pour vendre ses produits, tandis qu'un gros fabricant comme Mattel utilisera sa propre force de vente. De même, une épicerie indépendante peut acheter ses produits à un grossiste, mais Walmart, le plus gros détaillant du monde, achète directement aux fabricants. Les grandes entreprises constatent souvent qu'en se chargeant elles-mêmes de la distribution elles peuvent mieux la gérer, sont plus efficaces et économisent de l'argent. Comme nous le verrons dans la rubrique Valeur ajoutée 13.1, les grandes chaînes nationales de dépanneurs préfèrent s'approvisionner auprès d'un fournisseur local dans le cas de certains produits comme la glace.

réseau commercial (*marketing channel*) Ensemble des établissements qui transfèrent le droit de propriété des biens et les font passer du point de production au point de consommation. Il comprend tous les établissements et les actions de mise en marché incluses dans le programme de marketing.

Valeur ajoutée 13.1 Arctic Glacier : dégeler l'industrie de la glace

La prochaine fois que vous dégusterez quelques bières fraîches au cours d'une excursion de camping avec des amis, prenez un moment pour réfléchir à la glace qui a permis de rafraîchir votre boisson. Il y a de bonnes chances qu'elle provienne d'Arctic Glacier Premium Ice, le plus gros fabricant de glaçons du Canada[9]. Arctic Glacier Inc. est un chef de file de la fabrication, de la commercialisation et de la distribution de glace emballée de qualité dans toute l'Amérique du Nord. Elle ajoute de la valeur à l'eau en la congelant. Le concept est simple, mais l'entreprise s'est taillé une place de choix dans l'industrie de la glace en raison principalement de son excellente stratégie de distribution. Partout où elle vend de la glace, Arctic Glacier détient généralement de 50 % à 60 % du marché[10].

On estime que l'industrie de la glace nord-américaine, fragmentée, compte plus de 2 000 entreprises, pour la plupart de petites entreprises familiales indépendantes qui exercent un monopole sur des marchés locaux. Deux obstacles empêchent la venue sur le marché de nouveaux concurrents : les coûts de lancement extrêmement élevés pour la production de glace et le caractère saisonnier de cette entreprise associé au coût élevé du transport de la glace. Aux étapes de la fabrication et de la vente, les équipements d'entreposage réfrigéré et de livraison coûtent extrêmement cher[11].

Arctic Glacier voit la possibilité d'une croissance importante dans l'acquisition de fabricants locaux et régionaux de glace bien gérés. Dans le contexte d'un

Le sac au logo d'Arctic Glacier est bien connu dans toute l'Amérique du Nord. Chef de file de l'industrie de la glace, l'entreprise de Winnipeg ajoute de la valeur à l'eau en la changeant en glace.

réseau commercial, l'absorption de petits dépanneurs par des chaînes nationales telles que Couche-Tard, Mac's et 7-11 fait que les distributeurs sont moins nombreux mais plus importants. La plupart de ces distributeurs préfèrent traiter avec un seul fournisseur de glace régional, ce qui favorise la stratégie d'Arctic Glacier[12]. Grâce à ses relations solides avec les détaillants, Arctic Glacier peut vraiment tirer profit du soleil estival. Quand il fait chaud et que vous avez besoin de glace, il est probable que vous ne vous soucierez même pas du prix, une attitude qui se traduit en profits pour le roi canadien de la fraîcheur[13].

L'intensité de la distribution

Au moment d'implanter leur circuit de distribution ou de lancer de nouveaux produits, les entreprises choisissent l'**intensité de la distribution** appropriée, c'est-à-dire le nombre d'entreprises intervenant à chaque niveau de la chaîne logistique. Il existe trois niveaux d'intensité de la distribution : intensive, exclusive et sélective (*voir la figure 13.4*).

intensité de la distribution (*distribution intensity*) Nombre d'entreprises intervenant à chaque niveau de la chaîne logistique.

La distribution intensive La stratégie de **distribution intensive** vise la distribution d'un produit par l'intermédiaire du plus grand nombre possible de détaillants. La plupart des fabricants de produits emballés, comme Pepsi, Procter & Gamble, Kraft et d'autres marques nationales vendues dans les épiceries et les magasins minimarges, ont recours à la distribution intensive. Pepsi, par exemple, veut que ses produits soient disponibles partout : dans les épiceries, les dépanneurs, les restaurants et les distributrices. Les montres Timex, dont les moins chères coûtent environ 60 $, sont vendues à de nombreux endroits. Plus ces produits sont visibles, mieux ils se vendent.

distribution intensive (*intensive distribution*) Stratégie qui vise la distribution d'un produit par l'intermédiaire du plus grand nombre possible de détaillants.

La distribution exclusive Les fabricants choisissent parfois une stratégie de **distribution exclusive** en attribuant un territoire exclusif à un nombre limité de détaillants de sorte qu'aucun autre détaillant ne peut vendre ses produits sur ce territoire. La distribution exclusive profite aux fabricants en permettant que leurs produits soient représentés par les détaillants les plus appropriés. Les fabricants de produits de beauté, comme Estée Lauder, limitent leur distribution à quelques détaillants de produits haut de gamme dans chaque région. En effet, ils craignent d'affaiblir leur image en vendant leurs produits dans des pharmacies, des magasins minimarges et des épiceries. De même, les montres Rolex sont vendues uniquement par des bijoutiers et dans quelques commerces de détail haut de gamme, car le fabricant ne veut pas risquer de ternir sa prestigieuse image de marque.

distribution exclusive (*exclusive distribution*) Politique où un petit nombre de détaillants a le droit exclusif de vendre les produits d'une certaine marque.

FIGURE 13.4 L'intensité de la distribution

territoire exclusif (*exclusive geographic territory*) Nombre limité de détaillants qui se voient attribuer un territoire selon la politique de distribution exclusive. Ainsi, aucun autre détaillant ne peut vendre les produits d'une marque donnée sur le même territoire.

Dans le cas où l'approvisionnement est limité ou lorsqu'une entreprise démarre, l'attribution d'un **territoire exclusif** garantit au distributeur un stock suffisant et une sélection adéquate de produits. Ainsi, Cervélo est un fabricant de vélos canadien qui produit des vélos de course ultralégers et choisit avec soin ses distributeurs agréés. En limitant son territoire de vente, il garantit aux distributeurs un approvisionnement adéquat, ce qui les incite fortement à faire mousser la vente des produits Cervélo.

Les distributeurs savent que, en l'absence de concurrents qui couperaient les prix, leurs marges bénéficiaires sont protégées. Cela les amène à stocker un plus grand nombre de produits et à intensifier la publicité, la vente personnelle et la promotion des ventes.

La plupart des entreprises de produits emballés pour la vente au détail comme Pepsi (en haut) ont recours à la distribution intensive : ils veulent être partout. Mais les fabricants de cosmétiques comme Estée Lauder (en bas) utilisent une stratégie de distribution exclusive en limitant la distribution de leurs produits à quelques détaillants haut de gamme dans chaque région.

distribution sélective (*selective distribution*) Stratégie qui se situe entre la distribution intensive et la distribution exclusive ; distribution à quelques clients qui ont été sélectionnés sur un territoire donné.

La distribution sélective La stratégie de **distribution sélective**, soit la distribution à quelques clients choisis sur un territoire donné, se situe entre la distribution intensive et la distribution exclusive. Comme celle-ci, elle contribue à préserver l'image particulière d'un vendeur et à contrôler le flux des marchandises dans un secteur, de sorte que de nombreux fabricants de produits d'achat réfléchi y ont recours. Rappelons que les produits d'achat réfléchi sont les produits pour lesquels les consommateurs sont prêts à prendre le temps de comparer les offres, soit la plupart des vêtements, les articles ménagers comme les casseroles ou les draps et les serviettes de marque, la quincaillerie et les outils de marque ainsi que les équipements électroniques.

Le fabricant de montres Seiko a recours à la distribution sélective afin de préserver son image plus chic et ses prix. Ici encore, les détaillants sont fortement motivés à vendre les produits, mais pas autant que s'ils détenaient un territoire exclusif.

La gestion d'un circuit de distribution

conflit de réseau (*supply chain conflict [channel conflict]*) Absence d'entente entre les membres de la chaîne logistique sur leurs buts, leurs rôles et leur rétribution.

Le bon fonctionnement d'un circuit de distribution requiert la collaboration de tous ses membres. Toutefois, il n'est pas rare que les membres aient des objectifs qui s'opposent. Par exemple, Stanley Tools voudrait que Home Depot stocke tous ses outils, mais non ceux de ses concurrents, afin de pouvoir maximiser ses ventes. Or, Home Depot vend différentes marques d'outils afin de maximiser ses propres ventes dans cette catégorie. Lorsque les membres de la chaîne logistique n'arrivent pas à s'entendre sur leurs buts, leurs rôles et leur rétribution, cela provoque un **conflit de réseau**. En Angleterre, le chanteur-compositeur Prince a mis les détaillants en colère en décidant de distribuer gratuitement son nouveau CD *Planet Earth* dans le journal *The Mail*. Après l'annonce de ce cadeau publicitaire, Sony Music, une filiale de Columbia Records, a déclaré qu'elle ne distribuerait pas le CD du chanteur dans les magasins de détail du Royaume-Uni[14].

Un conflit de réseau peut se régler grâce à la négociation. Cependant, si les membres sont incapables de parvenir à une entente, leurs relations risquent de se dégrader et les entreprises, de se dissocier. Il arrive toutefois que le conflit consolide la chaîne logistique. Au milieu des années 1980, Procter & Gamble avait de la difficulté à vendre ses produits à Walmart ; la relation entre les deux entreprises présentait des lacunes relatives à l'échange d'informations, à la planification conjointe ou à la prévision des ventes et à la coordination des systèmes. Sam Walton a donc participé à une excursion en canot avec Lou Pritchett, le vice-président des ventes de Procter & Gamble. Au cours de cette sortie, les deux hommes ont examiné comment les deux entreprises pourraient tirer profit de leur collaboration. Le conflit a donc débouché sur un partenariat beaucoup plus fort entre les deux entreprises, qui œuvrent ensemble à établir des prévisions de ventes et à déterminer comment reconstituer au mieux les stocks de produits Procter & Gamble sur les tablettes de Walmart. Toutes les parties en profitent. Les clients jouissent de meilleurs prix et d'une meilleure disponibilité des produits. De plus, comme Procter & Gamble produit en fonction de la demande, elle n'a pas besoin de constituer des stocks volumineux et ses vendeurs passent moins de temps dans les magasins. Enfin, Walmart augmente ses ventes et diminue ses coûts en matière de gestion des stocks[15].

Les entreprises peuvent gérer leur circuit de distribution en établissant des relations solides avec leurs partenaires de la chaîne logistique. Ou ils peuvent coordonner les activités du réseau au moyen d'un système de marketing vertical.

La gestion du circuit de distribution au moyen d'un système de marketing vertical

Bien qu'un conflit soit susceptible d'éclater dans n'importe quel circuit de distribution, il est en général plus aigu lorsque les membres du circuit sont des entités indépendantes. Les circuits dont les membres sont plus étroitement liés en vertu d'un contrat ou d'un droit de propriété commun partagent les mêmes objectifs et sont donc moins sujets aux conflits.

Dans un circuit de distribution indépendant (*colonne de gauche de la figure 13.5*), les membres indépendants (fabricant, grossiste et détaillant) essaient d'atteindre leurs objectifs et de maximiser leurs profits souvent au détriment des autres membres. Aucun n'a d'emprise sur les autres.

Par exemple, la première fois que Zara achète du coton à Tessuto e Colore, une entreprise du nord de l'Italie, les deux parties essaient de conclure le marché le plus

FIGURE 13.5 Un circuit de distribution indépendant versus un circuit de distribution vertical

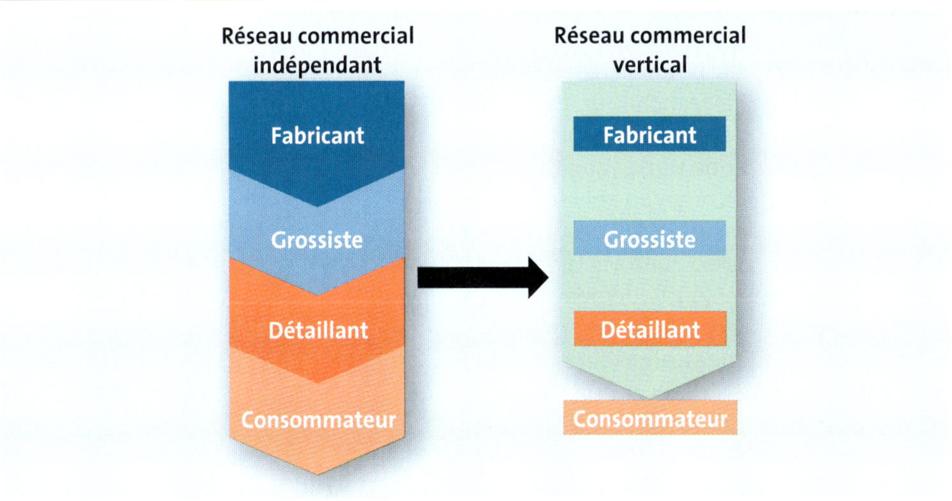

système de marketing vertical (*vertical marketing system*) Chaîne logistique dont les membres forment un système uni. Il y a trois types de systèmes : administré, contractuel et d'entreprise.

Zara et Tessuto e Colore, une entreprise du nord de l'Italie, pourraient établir un système de marketing vertical dans lequel les transactions deviendraient routinières et automatiques : Zara compterait sur Tessuto pour l'approvisionner en tissus et Tessuto compterait sur Zara pour acheter une grande partie de sa production.

profitable possible. Une fois le marché conclu, elles n'ont pas d'obligation l'une envers l'autre. Avec le temps, Zara et Tessuto établiront peut-être une relation basée sur des transactions plus routinières et automatiques, Zara comptant sur Tessuto pour l'approvisionner en coton et Tessuto comptant sur Zara pour acheter une bonne partie de sa production. Ce scénario illustre la première phase d'un **système de marketing vertical** (*colonne de droite de la figure 13.5, p. 415*), dans lequel les membres forment un système uni. Ils comprennent que toutes les parties peuvent maximiser leurs profits si elles collaborent en vue de rendre le système de distribution plus efficace plutôt que d'agir de façon individuelle ou à contre-courant. Il existe trois types de systèmes de marketing vertical, chacun étant plus formel et rigide que le précédent. Plus le système de marketing vertical est formel, moins il a de chances d'être soumis à des conflits.

Le système de marketing vertical administré La relation Zara-Tessuto est un exemple de **système de marketing vertical administré**. Dans ce type de système, il n'y a ni propriété commune, ni relation contractuelle ; le membre le plus puissant du système contrôle les relations au sein de ce dernier. Dans notre exemple, en raison de sa taille et de sa puissance relative, Zara exerce un certain contrôle sur Tessuto : par exemple, elle dicte à Tessuto ce qu'elle doit fabriquer et à quel moment elle doit livrer les produits. Zara a aussi une forte influence sur les prix. Toutefois, si l'une ou l'autre partie n'aime pas la façon dont la relation se déroule, elle peut simplement se retirer.

système de marketing vertical administré (*administered vertical marketing system*) Chaîne logistique dans laquelle il n'y a ni propriété commune, ni relation contractuelle ; la partie la plus puissante du système a le contrôle des relations au sein de ce dernier.

système de marketing vertical contractuel (*contractual vertical marketing system*) Chaîne logistique dans laquelle des entreprises indépendantes de tous les niveaux d'approvisionnement sont liées par un contrat afin de réaliser des économies d'échelle, de simplifier la coordination et d'éviter les conflits.

franchisage (*franchising*) Entente contractuelle entre un franchiseur et un franchisé permettant à ce dernier de diriger une entreprise dont le nom et la formule ont été créés et sont soutenus par le franchiseur.

Le système de marketing vertical contractuel Avec le temps, Zara et Tessuto peuvent officialiser leur relation en signant des contrats stipulant certains détails : les quantités achetées par Zara chaque mois, le prix et les pénalités encourues pour les retards de livraison. Dans ce **système de marketing vertical contractuel**, des entreprises indépendantes à tous les niveaux d'approvisionnement se lient au moyen de contrats afin de réaliser des économies d'échelle, de simplifier la coordination et d'éviter les conflits[16].

Le franchisage est le type le plus courant de marketing vertical contractuel ; les ventes au détail des franchiseurs et des franchisés au Canada totalisent la somme astronomique de 90 milliards de dollars — ce qui représente 26 % de toutes les ventes au détail du pays —, et ce secteur emploie plus d'un million de personnes[17]. Le **franchisage** est une entente contractuelle entre un franchiseur et un franchisé permettant à ce dernier de diriger une entreprise dont la raison sociale et la formule ont été créées et sont soutenues par le franchiseur. Le tableau 13.2 (*voir p. 417*) présente quelques-unes des franchises canadiennes les plus populaires.

Dans un contrat de franchisage, le franchisé verse au franchiseur une somme forfaitaire ainsi que des redevances sur toutes ses ventes en échange du droit d'exploiter sa marque ou sa raison sociale à un endroit précis. Le franchisé accepte également d'exploiter l'entreprise conformément aux procédures prescrites par le franchiseur. Le franchiseur offre habituellement son assistance au franchisé pour le choix de l'emplacement et la construction du commerce, le développement des produits et des services, la formation des gestionnaires et la publicité. Pour préserver la réputation du franchisé, le franchiseur veille également à ce que toutes les franchises fournissent la même qualité de services et de produits.

Le franchisage allie les avantages liés au fait de posséder son entreprise avec l'efficacité d'un système de marketing vertical régi par une société mère (un système

TABLEAU 13.2 Les franchises canadiennes les plus populaires

Rang	Franchise	Type	Coûts de lancement	Nombre de magasins
1	Extreme Pita	Pitas, salades	60 000 $	143
2	Subway	Sous-marins, sandwichs et salades	73 700 $	2 259
3	Booster Juice	Smoothies et bar à jus	175 000 $	75
4	Domino's Pizza	Pizzas	197 000 $	230
5	Living Lighting	Luminaires d'intérieur et d'extérieur	200 000 $	29
6	Buck or Two	Marchandises de détail	250 000 $	200
7	Dairy Queen	Crème glacée molle, hamburgers, hot-dogs	300 000 $	590
8	Les Aliments M&M	Mets surgelés spéciaux	300 000 $	340
9	Tim Hortons	Café, beignes, sandwichs	Entre 500 000 $ et 800 000 $	2 724
10	McDonald's	Hamburgers, poulet, salades	Entre 500 000 $ et 1 600 000 $	1 400

Source : adapté de www.franchisedirectory.ca

d'entreprise, comme nous le verrons plus loin). Le franchisé est motivé à réussir parce qu'il empoche les bénéfices qui restent une fois les redevances payées au franchiseur. Ce dernier est motivé à développer de nouveaux produits, services et systèmes et à promouvoir la franchise parce qu'il touche des redevances sur toutes les ventes. Le franchiseur s'occupe efficacement de la publicité et du développement des produits et des systèmes, dont il partage les coûts entre les franchisés. La rubrique Marketing entrepreneurial 13.1 *(voir p. 418)* explique la façon dont Les Aliments M&M aborde le franchisage.

Le système de marketing vertical d'entreprise Comme Zara vend la « mode denier cri », elle doit avoir un contrôle absolu sur les vêtements les plus en vogue. C'est pourquoi elle les fabrique elle-même et sous-traite la production des vêtements qui le sont moins à d'autres fabricants[18]. La portion de sa chaîne logistique que Zara possède et gère est appelée **système de marketing vertical d'entreprise**. Comme Inditex, la société mère, possède les usines, les entrepôts, les magasins et les studios de design, elle peut imposer ses priorités et ses objectifs au reste de la chaîne, ce qui réduit les conflits.

système de marketing vertical d'entreprise (*corporate vertical marketing system*) Chaîne logistique dans laquelle la société mère exerce tout le contrôle et peut imposer les priorités et les objectifs de l'entreprise au reste de la chaîne. Ce type de système peut être instauré dans des installations telles les usines de confection, les entrepôts, les magasins de détail et les studios de design.

La chaîne logistique ajoute de la valeur au produit

OA 4

Pourquoi un fabricant voudrait-il passer par un grossiste ou un détaillant pour vendre ses produits ? Ces membres de la chaîne logistique n'amputent-ils pas ses bénéfices ? Ne serait-il pas moins onéreux pour les consommateurs d'acheter directement aux fabricants ? Dans une économie agraire simple, la meilleure chaîne logistique emprunte souvent un chemin direct qui va du fabricant au consommateur : le consommateur va à la ferme et achète les produits directement au fermier. Mais comment cuira-t-il sa nourriture ? Il ne sait pas comment fabriquer une cuisinière et n'a pas l'équipement pour le faire. Le fabricant de cuisinières, qui possède les compétences nécessaires, doit acheter les matières premières et les composants à divers fournisseurs, fabriquer la cuisinière puis la rendre accessible au consom-

Combien d'entreprises interviennent pour fabriquer une cuisinière et l'installer dans votre cuisine ?

Marketing entrepreneurial

13.1 Le feu sacré

Nouvellement diplômé en génie mécanique, Michael (Mac) Voisin ne trouvait pas d'emploi. Il s'est donc lancé dans l'immobilier pour finir par devenir entrepreneur général. Quelques années plus tard, lui et son beau-frère, Mark Nowak, cuisaient de la viande sur le barbecue en déplorant le fait que la qualité des steaks achetés à l'épicerie n'égalait jamais celle des steaks servis dans les bons restaurants. Que font les restaurateurs pour offrir systématiquement un produit de qualité? se demandaient-ils. Ils ont très vite découvert que les restaurants achetaient des coupes de viande de choix vieillie entre 21 et 28 jours, ce qui la rendait plus tendre.

Cette découverte a incité Mac Voisin et Mark Nowak à fonder Les Aliments M&M. Ils ont ouvert leur premier magasin en octobre 1980 avec l'objectif d'offrir à leurs clients la garantie d'obtenir toujours des produits de qualité. Ils ont acheté des mets surgelés de qualité en vrac et attenduque les clients se présentent. Les premiers mois, les affaires furent lamentables. Leurs produits étaient emballés dans de très gros cartons destinés à des restaurants plutôt qu'à des clients individuels et ne contenaient pas d'indications sur le mode de cuisson. Refusant de se décourager, les deux hommes ont effectué des changements.

Les affaires ont continué de stagner jusqu'à ce qu'un journaliste du *Record*, le quotidien de Kitchener-Waterloo, écrive un article sur leur magasin. Du jour au lendemain, les clients, rares auparavant, se sont bousculés au portillon. Pour maintenir cette accélération des ventes, le personnel des Aliments M&M a offert des échantillons, coiffé des chapeaux rigolos, porté les achats des clients à leur voiture, les remerciant et les priant de revenir — tout ce qu'il fallait pour les fidéliser, quoi !

Neuf mois après l'ouverture du premier magasin, un ami de Cambridge s'est enquis de la possibilité d'acheter une franchise. Aujourd'hui, Les Aliments M&M possède plus de 465 magasins dans tout le Canada et en ouvre quelque 35 nouveaux chaque année. Pour Mac Voisin, le franchisage est idéal parce qu'il permet de pénétrer rapidement de nouveaux marchés. Cela était important au début parce que le concept de l'entreprise pouvait facilement être copié. En fait, plus de 150 magasins jumeaux ont ouvert leurs portes en Ontario au cours des 10 années subséquentes. Aujourd'hui, environ une demi-douzaine seulement sont encore en exploitation.

Voisin blague à propos du fait que beaucoup d'entreprises croient qu'il suffit d'être majeur et vacciné et d'avoir l'argent nécessaire pour acheter une franchise. Les Aliments M&M ne souscrit pas à cette philosophie. Voisin et Nowak ont plutôt invité les bonnes personnes à se joindre à leur équipe, des personnes qui pouvaient être à la fois des partenaires commerciaux et des amis. Comme certains franchisés investissent toutes leurs économies (une franchise coûte environ 325 000 $) dans leur nouvelle entreprise, Les Aliments M&M prend leur réussite à cœur. En conséquence, l'entreprise choisit avec soin les franchisés potentiels et établit leur profil psychologique pour voir s'ils pourront s'intégrer harmonieusement à l'équipe. Et bien que des talents d'entrepreneur soient considérés comme un atout partout ailleurs, Voisin déclare se méfier des candidats qui présentent ce profil, car ce type de franchisé n'en fait ordinairement qu'à sa tête au lieu de s'en tenir à la formule créée par le franchiseur.

Michael (Mac) Voisin, le cofondateur des Aliments M&M.

Au fil du temps, des entreprises comme Walmart, Zellers et Esso ont voulu stocker les produits Les Aliments M&M. Ces détaillants auraient élargi considérablement l'envergure de la société, mais Voisin s'y est opposé car il pressentait que ce changement finirait par nuire à la marque. Les Aliments M&M se targue d'offrir des produits de qualité tandis que les détaillants comme Walmart visent plutôt à offrir des bas prix. D'autres ont demandé pourquoi la société ne s'agrandissait pas verticalement en élevant ses propres poulets ou en créant sa propre société de transport. Voisin a répondu que Les Aliments M&M était consciente de ne pas exceller en tout et a donc pris la décision de se concentrer sur son activité principale.

Aujourd'hui, les ventes de la chaîne totalisent 480 millions de dollars et chaque magasin a une superficie d'environ 130 mètres carrés. Avec plus de 465 magasins, Voisin estime que le marché canadien sera saturé lorsque ce nombre atteindra 600 ou 700. Par conséquent, la chaîne prépare actuellement son expansion dans le Midwest américain en tablant sur sa stratégie éprouvée, qui consiste à trouver les bonnes personnes au bon endroit et au bon moment.

mateur. S'il habite loin du consommateur, il doit transporter sa cuisinière à l'endroit où le consommateur pourra y accéder. Pour compliquer les choses encore davantage, le consommateur peut vouloir voir un choix de cuisinières, être informé au sujet de toutes leurs caractéristiques et demander à ce que l'appareil soit livré et installé chez lui.

C'est ainsi que chaque membre de la chaîne logistique ajoute de la valeur au produit. Le fabricant de composants aide le fabricant de cuisinières en lui fournissant les pièces et le matériel nécessaires à la fabrication d'une cuisinière. L'entreprise de transport apporte la cuisinière au détaillant. Le détaillant stocke la cuisinière jusqu'à ce que le consommateur veuille l'acheter, il renseigne celui-ci sur ses caractéristiques et livre et installe la cuisinière. À chaque étape, la cuisinière coûte plus cher, mais elle a aussi plus de valeur pour le consommateur.

Les figures 13.6A et 13.6B illustrent comment les membres de la chaîne logistique peuvent ajouter de la valeur au produit globalement. La figure 13.6A montre trois fabricants, dont chacun vend directement à trois groupes de consommateurs, un système qui nécessite neuf transactions. Chaque transaction coûte de l'argent : par exemple, le fabricant doit exécuter la commande, l'emballer, remplir les formulaires et expédier le produit — et chacun de ces coûts est transmis au consommateur.

FIGURE 13.6A Une chaîne logistique directe sans détaillant

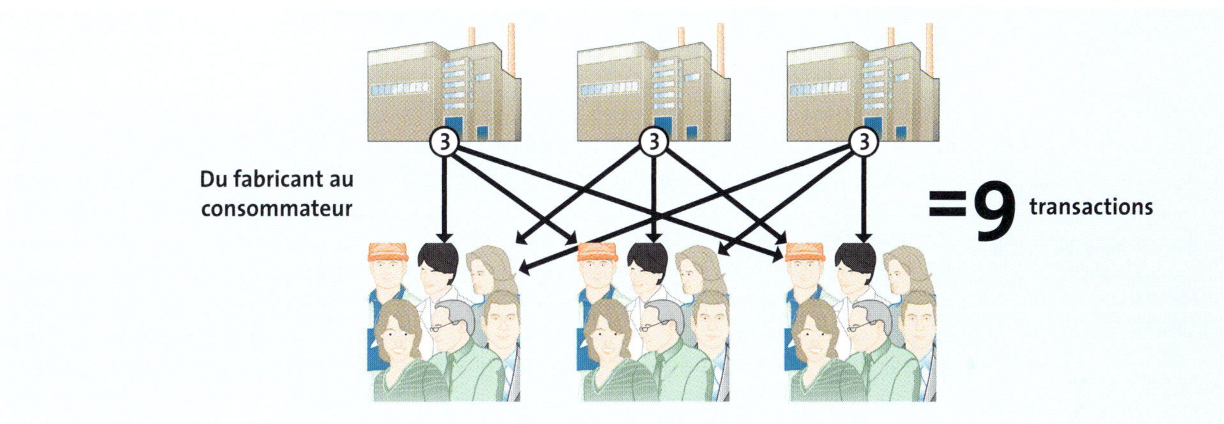

FIGURE 13.6B Une chaîne logistique indirecte comprenant un détaillant

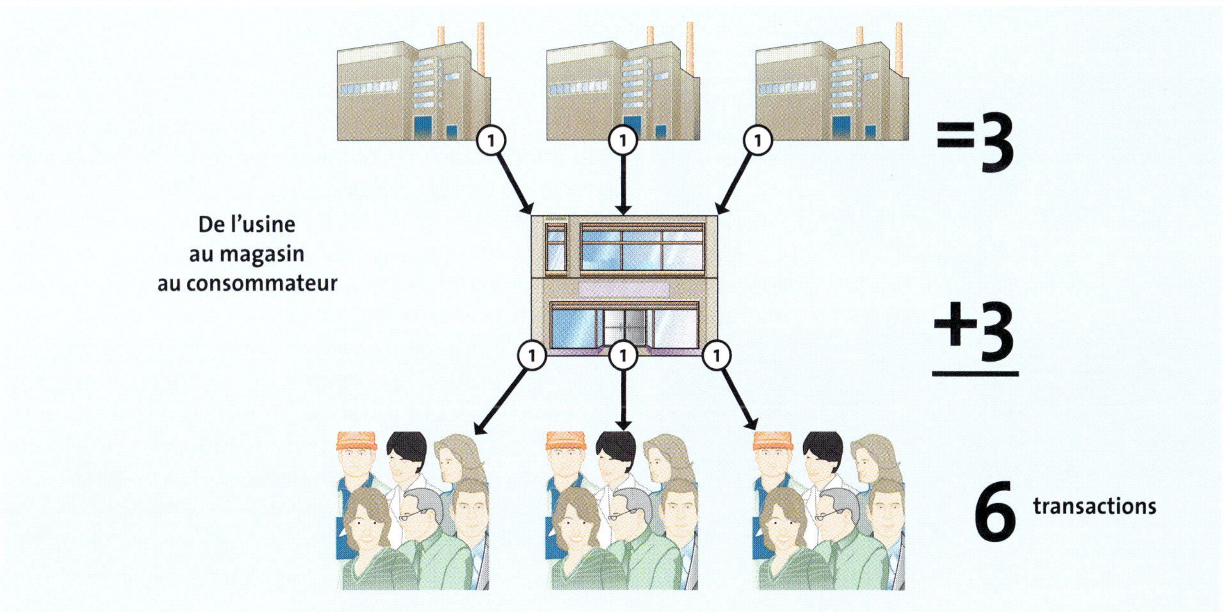

La figure 13.6B (*voir p. 419*) montre les trois mêmes fabricants et groupes de consommateurs, mais cette fois, le produit passe par un détaillant et le nombre de transactions est réduit à six. L'élimination de transactions rend la chaîne logistique plus efficiente, ce qui crée de la valeur pour les clients en facilitant l'achat du produit et en abaissant son prix, toutes choses égales par ailleurs.

La gestion de la chaîne logistique simplifie la distribution

La gestion de la chaîne logistique est la solution du XXIe siècle à une foule de problèmes liés à la distribution auxquels les entreprises se heurtent. Déjà dans les années 1990, même les entreprises les plus innovantes avaient besoin de 15 à 30 jours, et parfois même davantage, pour acheminer un produit de l'entrepôt jusqu'au client. Le processus commande-livraison classique comportait plusieurs étapes : la passation de la commande, généralement par téléphone ou télécopieur ou par la poste ; le traitement de la commande à l'aide d'un système manuel d'autorisation de crédit et d'attribution d'un entrepôt ; enfin, la livraison. L'engrenage pouvait s'enrayer, et il s'enrayait souvent : les produits commandés n'étaient pas disponibles ; les commandes étaient perdues ou égarées ; les cargaisons étaient mal acheminées. Ces erreurs allongeaient le temps que mettait un produit à parvenir aux clients et rendaient la procédure tout entière plus coûteuse et frustrante, un scénario familier à beaucoup d'entre nous.

En réaction à cette situation, les entreprises ont commencé à entasser des stocks à chaque niveau de la chaîne logistique (détaillants, grossistes et fabricants). Or, stocker des produits lorsque ce n'est pas nécessaire représente une dépense énorme et inutile. Prenons, par exemple, l'industrie américaine de l'aviation, qui traverse une période difficile. Acculée à la faillite, US Airways a pris des mesures draconiennes pour réduire ses stocks de pièces de rechange de plus de 100 millions de dollars, soit 24 % de son budget d'entretien annuel. Avant ces compressions, la société stockait des pièces de rechange destinées aux 279 avions de ses lignes principales pour une valeur de 500 millions de dollars et dépensait 130 millions annuellement pour l'achat de nouvelles pièces ou la réparation de pièces. De même, la compagnie aérienne Delta a réduit ses coûts d'entretien de quelque 51 % grâce à l'implantation d'un système de gestion des stocks. Entre 2001 et 2002, elle a diminué ces coûts de 11 % et réalisé des économies de 90 millions[19].

centre de distribution (*distribution centre*) Installation conçue afin de recevoir de la marchandise, d'en entreposer et d'en redistribuer à un magasin de compagnie ou aux consommateurs. Le centre de distribution peut appartenir à un détaillant, à un fabricant ou à une entreprise spécialisée dans le domaine.

La gestion de la chaîne logistique influe sur la mise en marché

Toute décision commerciale est influencée par la chaîne logistique et a un effet sur celle-ci. Le moment où les produits sont créés et fabriqués, la manière dont les composants critiques arrivent à l'usine et le moment où elles y arrivent, voilà autant de détails qui doivent être coordonnés avec la production.

Michael Dell fabrique des ordinateurs sur commande sur cette chaîne de montage.

Le service des ventes doit coordonner sa promesse de livraison avec l'usine ou le centre de distribution. Un **centre de distribution** est une installation conçue afin de recevoir de la marchandise, d'en entreposer et d'en redistribuer à un magasin de compagnie ou aux consommateurs. Il peut appartenir à un détaillant, à un fabricant ou à une entreprise spécialisée dans le domaine[20]. De plus, la publicité et la promotion doivent être coordonnées avec les services qui gèrent les stocks et le transport. La meilleure façon pour une entreprise de perdre sa crédibilité aux yeux de ses clients consiste à promettre un produit ou à offrir une promotion, puis à ne pas avoir en main la marchandise au moment escompté par le client. L'entrepreneur Michael Dell s'est lancé dans le commerce des ordinateurs et a fondé une entreprise qui offre une meilleure valeur à sa clientèle grâce à une gestion extrêmement efficace de sa chaîne logistique. L'entreprise fabrique quelque 50 000 ordinateurs sur commande par jour, mais stocke des pièces pour quatre jours seulement à la fois. Les ventes en ligne comptent pour près de la moitié de ses commandes. S'appuyant sur une technologie de pointe, Dell surveille chaque aspect de la chaîne logistique. Elle remplit même des fiches de rendement, afin de comparer le rendement individuel de ses fournisseurs avec des critères préétablis.

La gestion de la chaîne logistique s'appuie sur cinq activités liées entre elles: implanter un circuit de distribution, gérer le flux de l'information, de même que les relations entre les membres de la chaîne logistique, le flux des marchandises et les stocks. Nous examinerons chacune de ces activités.

La gestion du flux de l'information

L'information circule du client au magasin, au centre de distribution, au grossiste, s'il y a lieu, et au fabricant, puis aux fabricants de composants et aux fournisseurs de matières premières. L'information est également acheminée du centre de distribution au grossiste, s'il y a lieu, et au fabricant. Pour simplifier les choses et parce que le flux de l'information est similaire dans d'autres maillons de la chaîne logistique et circuits interentreprises, nous avons raccourci la chaîne logistique dans ces pages en excluant les grossistes et le flux qui va des fournisseurs aux fabricants. La figure 13.7 illustre le flux de l'information qui commence lorsqu'un client achète un lecteur DVD Sony à Future Shop. Le flux suit les étapes ci-dessous:

- **Flux 1 (du client au magasin)** L'associé aux ventes de Future Shop numérise (scanne) le **code universel des produits (CUP)** du lecteur DVD, le code à barres qui figure sur l'emballage de la plupart des produits, et remet un reçu au client.
- **Flux 2 (du magasin à la centrale d'achat)** Le terminal du point de vente enregistre les renseignements sur l'achat et les transmet par voie électronique à la centrale d'achat de Future Shop, où ils seront intégrés dans un système de gestion des stocks afin de faciliter la planification des futurs achats et promotions.

code universel des produits (CUP) (*universal product code [UPC]*) Code à barres généralement imprimé sur tous les produits.

FIGURE 13.7 Les flux de l'information

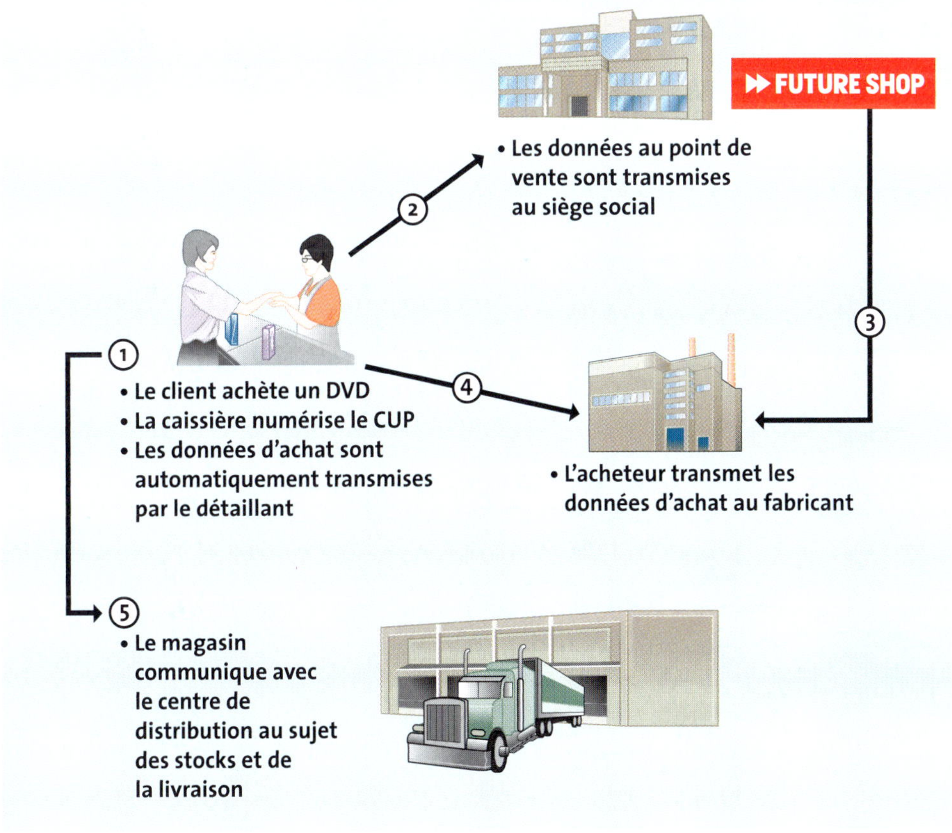

- **Flux 3 (du magasin au fabricant)** Le détaillant rassemble l'ensemble des données d'achat provenant d'un même magasin Future Shop puis une nouvelle commande de marchandise est automatiquement acheminée à Sony. L'acheteur de Future Shop peut aussi communiquer directement avec Sony pour obtenir des renseignements et négocier des prix, fixer des dates de livraison, planifier des événements promotionnels ou régler d'autres questions relatives aux produits.
- **Flux 4 (du magasin au fabricant)** Si un produit est commandé fréquemment, le processus de commande peut être automatisé et exécuté pratiquement sans l'intervention de l'acheteur.
- **Flux 5 (du magasin au centre de distribution)** Les magasins communiquent aussi avec le centre de distribution de Future Shop pour coordonner les livraisons et vérifier l'état des stocks.

Dans le flux 3, le détaillant et le fabricant échangent des documents au moyen d'un système appelé « échange de données informatisé » (EDI).

échange de données informatisé (EDI) (*electronic data interchange [EDI]*) Échange de documents entre les systèmes des membres d'un réseau logistique.

avis préalable d'expédition (*advanced shipping notice*) Document, généralement électronique, par lequel le fournisseur avertit le client d'une expédition à venir et lui fournit des détails sur la nature et la quantité des marchandises.

intranet (*intranet*) Réseau informatique sécurisé, à l'intérieur d'une organisation, comme le réseau informatique unissant les acheteurs d'une entreprise aux centres de distribution.

extranet (*extranet*) Réseau informatique qui se sert d'Internet et qui permet à l'entreprise d'établir un lien informatisé entre elle et ses fournisseurs, ses clients ou d'autres entreprises.

L'échange de données informatisé

L'**échange de données informatisé (EDI)** est un échange de documents entre les systèmes d'un détaillant et d'un fournisseur. Outre les données de vente, les bons de commandes, les factures et les renseignements sur les marchandises retournées peuvent circuler entre les membres du réseau.

Aujourd'hui, de nombreux détaillants exigent que leurs fournisseurs les informent à l'avance des livraisons qui auront lieu au moyen d'un **avis préalable d'expédition**, un document, généralement électronique, par lequel le fournisseur avise le détaillant qu'il lui envoie des marchandises et lui fournit des détails sur la nature et la quantité de celles-ci. Si l'avis préalable est précis, le détaillant n'a pas à ouvrir tous les cartons qu'il reçoit pour vérifier leur contenu. De plus, l'EDI permet aux fournisseurs de transmettre au détaillant des renseignements sur l'état des stocks, sur leurs promotions et leurs changements de prix, de même que sur les modifications des bons de commandes, l'état de la commande, les prix de détail et les itinéraires d'acheminement.

Le plus souvent, l'EDI se fait par Internet à travers un intranet ou un extranet. L'**intranet** est un réseau informatique sécurisé accessible aux seuls membres d'une organisation. Le réseau qui relie les acheteurs aux centres de distribution en est un exemple. Par contre, un **extranet** est un réseau informatique utilisant Internet, qui relie les entreprises à leurs fournisseurs, à leurs clients ou à d'autres entreprises. En général, l'extranet est privé et sécurisé parce qu'il est accessible uniquement à certains membres. Ainsi, certains fabricants, mais pas tous, ont accès à l'extranet d'un détaillant.

Hasbro fabrique des jouets et des jeux comme ce « Risk Star Wars — The Clone Wars Edition ». L'entreprise communique efficacement avec ses fournisseurs au moyen d'un système EDI.

Grâce aux extranets surtout, les EDI vont au-delà de la simple transmission d'une commande ou de renseignements sur l'expédition. Les fournisseurs peuvent décrire leurs produits et afficher des photos, et les acheteurs, émettre des appels d'offres en passant par Internet. Les deux parties peuvent négocier les prix par courrier électronique et fixer les modalités de fabrication du produit et son apparence finale.

Le géant des jouets Hasbro, par exemple, a implanté un système EDI sur son réseau afin d'améliorer le traitement de ses commandes. Auparavant, environ 70 % de toutes les commandes étaient réparties entre une centaine de fournisseurs situés en Asie. Le fournisseur expédiait chaque commande au fabricant approprié, qui les révisait manuellement une à une. Advenant une exception ou un retard, le procédé devenait laborieux en raison des nombreux coups de téléphone et télécopies nécessaires pour régler les problèmes. Après que Hasbro eut implanté l'EDI pour ses fabricants, 80 % des commandes ne requéraient plus aucune interaction humaine. En conséquence, les opérations asiatiques ont pu traiter deux fois plus de commandes sans avoir besoin de ressources additionnelles[21].

La gestion de la chaîne logistique grâce aux alliances stratégiques

Gérer une chaîne logistique ne se résume pas à exercer son influence sur d'autres membres d'un système administré ou à établir un système de marketing vertical contractuel ou d'entreprise. Il faut aussi tenir compte de l'aspect humain.

Dans un circuit de distribution traditionnel, les relations entre les membres sont souvent centrées sur le débat concernant le partage des profits : si un membre prend de l'avance, l'autre reste forcément derrière. Ce type d'approche transactionnelle peut être acceptable lorsque les parties ne veulent pas établir de relation à long terme. Si Harry Rosen discerne un engouement pour les ceintures blanches étroites, il voudra les acheter à un fournisseur avec lequel il pourra établir une relation continue. Il ne se contentera pas d'une transaction unique simplement pour obtenir un prix avantageux une seule fois. L'établissement de relations à long terme joue un rôle important dans les pratiques commerciales d'une entreprise.

alliance stratégique (*strategic alliance*) Accord de collaboration entre des entreprises concurrentes ou complémentaires. L'accord se limite à une collaboration stratégique. Il n'y a pas d'investissement dans une nouvelle entreprise (coentreprise) ni de prise de participation directe d'une entreprise sur l'autre.

La plupart du temps, les entreprises cherchent à nouer une **alliance stratégique** dans laquelle les membres de la chaîne logistique s'engagent à préserver leur relation à long terme et à investir dans des possibilités profitables pour tous. Dans une chaîne logistique conventionnelle ou administrée, il y a de nets avantages à établir des alliances stratégiques même en l'absence de contrats ou de relations de propriété. Les deux parties en profitent parce que la hausse des bénéfices rejaillit sur les ventes et les profits tant de l'acheteur que du vendeur. Comme ces alliances stratégiques sont créées dans le but explicite d'explorer et d'exploiter des possibilités communes, les membres dépendent fortement les uns des autres et se font confiance ; ils ont des objectifs communs et s'entendent sur la manière de les accomplir ; et ils sont prêts à courir des risques, à échanger des informations confidentielles et à investir des sommes importantes dans l'intérêt de l'alliance. Les alliances stratégiques réussies s'appuient sur une confiance mutuelle, une communication ouverte, des objectifs communs et des engagements crédibles[22].

Au début, Harry Rosen était un petit atelier de confection de 46 mètres carrés établi à Toronto. Aujourd'hui, c'est une chaîne nationale de vêtements de qualité pour homme. Elle fait tout pour établir avec ses fournisseurs des alliances stratégiques fondées sur la confiance mutuelle, la communication ouverte, les objectifs communs et les engagements crédibles.

Une confiance mutuelle

La confiance mutuelle est le ciment qui unit les membres d'une alliance stratégique.

Lorsque les fournisseurs et les acheteurs se font confiance, ils sont plus disposés à échanger des idées pertinentes, à clarifier leurs objectifs et leurs problèmes et à communiquer efficacement. L'information échangée entre les parties devient ainsi de plus en plus complète, exacte et opportune. De plus, en vertu de ce climat de confiance, les membres de la chaîne logistique ne sont pas obligés de surveiller constamment leurs faits et gestes mutuels. Chacun sait que l'autre ne cherchera pas à l'exploiter même si une occasion se présente. Le système d'identification par radiofréquence, qui permet de réceptionner des cartons scellés dans un centre de distribution sans les ouvrir, ne pourrait pas exister sans cette confiance mutuelle.

Une communication ouverte Pour échanger de l'information, établir des prévisions de ventes ensemble et coordonner les livraisons, Harry Rosen et ses fournisseurs communiquent entre eux d'une manière ouverte et honnête. Cela peut paraître aller de soi, mais la plupart des entreprises sont réticentes à échanger de l'information avec leurs partenaires commerciaux. Or, une communication ouverte et honnête est la clé de relations fructueuses parce que les membres de la chaîne logistique doivent comprendre ce qui anime chaque membre, son rôle au sein de l'alliance, les stratégies de chaque entreprise et tout problème qui survient au sein de la relation.

Des objectifs communs Les membres de la chaîne logistique doivent viser des objectifs communs s'ils veulent nouer des relations fructueuses. Leurs objectifs communs donnent aux partenaires une raison d'unir leurs forces et leurs compétences et d'exploiter ensemble des possibilités d'affaires. Par exemple, Harry Rosen et ses fournisseurs locaux reconnaissent que leur alliance stratégique soutient leurs intérêts communs. Harry Rosen a besoin de la réaction rapide des fabricants locaux, et ces derniers reconnaissent que s'ils peuvent satisfaire Harry Rosen, ils auront une grande quantité de travail au cours des années à venir. En conséquence, si Harry Rosen a besoin d'un cycle de fabrication spécial pour une expédition urgente, les fournisseurs feront tout pour accéder à sa demande. Et si l'un des fournisseurs a de la difficulté à obtenir tel ou tel tissu ou à financer ses stocks, Harry Rosen aura tout intérêt à l'aider parce qu'ils visent les mêmes objectifs à long terme.

Un engagement crédible Les relations entre deux parties sont fructueuses parce qu'elles prennent des engagements crédibles ou s'investissent de façon tangible dans la relation. Ces engagements, qui sont financiers, visent à améliorer les produits ou les services offerts à la clientèle[23]. Par exemple, si Harry Rosen s'engage à aider financièrement ses fournisseurs à construire des usines ultramodernes et à se doter de systèmes informatiques destinés à améliorer la communication, elle prend un engagement crédible : elle ne se contente pas de belles paroles, elle avance aussi l'argent.

Comme bien d'autres aspects du marketing, la gestion de la chaîne logistique peut sembler facile à première vue : il suffit d'expédier la marchandise au bon endroit au bon moment. Mais la multiplicité des facteurs et des acteurs intervenant dans une chaîne logistique crée des complexités uniques et incontournables et exige que les entreprises œuvrent avec soin à implanter la chaîne la plus rentable et efficace possible.

La gestion logistique : le flux des marchandises

Pour mieux comprendre les divers types de flux des marchandises, examinez le scénario suivant[24]. Sony expédie des marchandises à un centre de distribution de Future Shop ou directement aux magasins. Si les marchandises passent par un centre de distribution, elles sont ensuite expédiées aux magasins, puis aux clients.

Le flux entrant de marchandises

répartiteur (*dispatcher*) Personne responsable des livraisons aux centres de distribution.

Comme il y a toujours beaucoup d'activité dans les centres de distribution, le **répartiteur**, qui coordonne les livraisons aux centres de distribution de Future Shop, assigne un créneau temporel à chaque envoi de lecteurs DVD. Si le transporteur rate ce créneau, il doit payer une amende. Même si de nombreux fabricants paient des frais de transport, certains détaillants négocient avec leurs fournisseurs pour qu'ils absorbent ces frais.

Ces détaillants estiment qu'ils peuvent réduire le prix net de leurs marchandises et mieux contrôler le flux de celles-ci s'ils négocient directement avec les sociétés de transport et regroupent les envois d'un grand nombre de fournisseurs.

La réception et la vérification

Les étiquettes d'identification par radiofréquence rendent la réception et la vérification des marchandises précises, rapides et faciles.

À l'étape de la réception, le réceptionnaire prend livraison des marchandises qui arrivent au centre de distribution ou au magasin et les enregistre. Ensuite, il s'assure qu'elles ne sont pas endommagées et correspondent bien à ce qui a été commandé.

Aujourd'hui, de nombreux systèmes de distribution s'appuient sur l'échange de données informatisé afin de minimiser, voire d'éliminer, ces étapes. L'avis préalable d'expédition indique au réceptionnaire du centre de distribution ce que devrait contenir chaque caisse. Le réceptionnaire numérise le CUP qui figure sur le carton ou l'étiquette d'identification par radiofréquence, qui identifie le contenu de la caisse, lequel est alors automatiquement enregistré comme étant reçu et vérifié. L'**étiquette d'identification par radiofréquence** est constituée d'une puce et d'un dispositif capables de transmettre à un lecteur spécialisé des informations relatives au contenu d'un conteneur ou à un produit en particulier.

étiquette d'identification par radiofréquence (*radio frequency identification [RFID]*) Étiquette constituée d'une puce et d'un dispositif capables de transmettre à un lecteur spécialisé des informations relatives au contenu d'un conteneur ou à un produit en particulier.

L'entreposage et le transbordement

Il existe trois types de centres de distribution : traditionnel, de transbordement et combiné. Un centre de distribution traditionnel est un entrepôt dans lequel les marchandises qui arrivent par camion sont déchargées et rangées dans des casiers ou sur des tablettes. Lorsqu'un magasin a besoin d'un produit, un préposé va jusqu'au casier, prend le carton et le place dans un contenant. Le produit est acheminé par un convoyeur ou un autre système de manutention vers une aire d'entreposage temporaire où toutes les marchandises sont regroupées et préparées pour l'expédition aux magasins.

Le deuxième type de centre, soit le centre de transbordement, est un lieu où les fournisseurs expédient des marchandises préemballées selon la quantité requise pour chaque magasin. Les marchandises portent déjà des prix et des étiquettes antivol. Comme les produits sont prêts pour la vente, ils sont acheminés directement à une aire d'entreposage temporaire. Lorsque tous les produits destinés à un magasin sont réunis dans cette aire, ils sont chargés dans un camion et partent pour leur destination.

La plupart des centres de distribution modernes combinent les deux approches précédentes. Il est difficile pour une entreprise de fonctionner sans entrepôt même si les marchandises sont stockées seulement quelques jours. Par exemple, les ventes de certains produits comme les piquets de tentes de Mountain Equipment Co-op sont plutôt faibles, mais comme ces piquets font partie d'un assortiment, ils doivent être stockés. Ces articles sont habituellement entreposés dans un centre de distribution même si le reste des marchandises est expédié au centre de transbordement. De plus, aussi efficace que soit la prévision des ventes, les marchandises arrivent parfois au magasin avant qu'on n'en ait besoin. C'est pourquoi le détaillant doit disposer d'un lieu où les entreposer temporairement.

Dans un centre de transbordement, les marchandises passent des camions du fournisseur aux camions de livraison du détaillant en quelques heures à peine.

La préparation des marchandises pour la vente

Les marchandises prêtes à la vente peuvent être exposées sur-le-champ dans le magasin. Pour préparer les marchandises, il faut les étiqueter et les marquer et, dans le cas des vêtements, les suspendre sur des cintres. L'étiquetage et le marquage consistent à fabriquer des étiquettes de prix et d'identification et à les fixer aux produits. Il est plus rentable pour un détaillant d'exécuter ce travail long et salissant dans un centre de distribution plutôt qu'au magasin. Certains détaillants obligent leurs fournisseurs à expédier des marchandises prêtes à la vente, leur attribuant ainsi ce procédé long et coûteux.

L'expédition des marchandises aux magasins

L'expédition des marchandises aux magasins est une opération assez complexe pour les chaînes multimagasins. Un centre de distribution Future Shop envoie une centaine de camions à ses magasins chaque jour. Pour faire face à la complexité du transport, les centres de distribution utilisent un système sophistiqué de routage et d'ordonnancement qui prend en compte le rythme des ventes de chaque magasin, l'état des routes et les contraintes liées au transport afin d'élaborer les itinéraires les plus efficaces possible. En conséquence, les magasins reçoivent une estimation précise du temps d'arrivée, et la chaîne logistique maximise l'utilisation de sa flotte de véhicules. Au Canada, on choisit différentes méthodes d'expédition en fonction de la nature des produits, des coûts, de la distance entre les clients et les fabricants ainsi que des besoins des clients. Ces méthodes comprennent le transport aérien (p. ex., Air Canada), ferroviaire (p. ex., Canadien Pacifique), terrestre (p. ex., Challenger Motor Freight) et marin (p. ex., Sea-Can).

La gestion des stocks au moyen d'un système juste-à-temps

Les clients demandent des références précises et veulent pouvoir les acheter quand ils en ont besoin. Or, les entreprises n'ont pas les moyens de stocker une plus grande quantité de références que celle qu'elles jugent nécessaires parce que cela leur coûterait trop cher. Supposons qu'un marchand de chaussures stocke à ses frais des chaussures pour une valeur d'un million de dollars. Les experts estiment que cela lui coûterait de 20 000 $ à 40 000 $ par an, soit entre 20 % et 40 % de la valeur des stocks, pour maintenir ceux-ci ! C'est pourquoi les entreprises doivent trouver un équilibre et stocker suffisamment de marchandises pour répondre à la demande de leur clientèle, sans plus.

Dans le but de concilier ces objectifs en apparence contradictoires, de nombreuses entreprises ont adopté un système de stockage **juste-à-temps (JAT)**. Ce type de système, qui porte aussi le nom de **réaction rapide** dans le domaine de la vente au détail, est conçu pour qu'une moins grande quantité de marchandise soit livrée plus souvent que dans le cadre d'une gestion des stocks traditionnelle. L'entreprise reçoit donc la marchandise « juste à temps » pour qu'elle serve à la fabrication d'un autre produit, dans le cas des pièces ou des composants, ou qu'elle soit vendue au moment où le client veut l'acheter, dans le cas des biens de consommation. Les avantages d'un système juste-à-temps englobent la réduction du **délai d'approvisionnement** (en éliminant les transactions postales sur papier et les livraisons de nuit), une meilleure disponibilité du produit et un moins gros investissement dans les stocks. Le système juste-à-temps diminue cet investissement, mais augmente, en fait, la disponibilité du produit.

Pour mieux comprendre ce qu'est un système juste-à-temps, examinons le processus en cinq étapes suivi par Procter & Gamble. Les gestionnaires reçoivent directement de leurs détaillants des données relatives à la demande. Ils travaillent étroitement avec ceux-ci pour établir des prévisions de ventes et des calendriers d'expédition afin de mieux aligner la production de Procter & Gamble sur la demande dans le commerce de détail. Cet effort réduit à la fois les stocks excédentaires et les ruptures de stock. Mais surtout, Procter & Gamble produit juste assez pour répondre à la demande. En vue d'atteindre cet équilibre, l'entreprise a cessé de fabriquer chaque produit une fois par mois. Désormais, elle fabrique chaque produit tous les jours, puis le livre au client le lendemain[25].

juste-à-temps (JAT) (*just-in-time [JIT]*) Méthode de gestion des stocks selon laquelle une moins grande quantité de marchandise est livrée plus souvent que dans le cadre d'une gestion des stocks traditionnelle ; l'entreprise reçoit donc la marchandise « juste à temps » pour qu'elle serve à la fabrication d'un autre produit. Porte aussi le nom de « réaction rapide » dans le domaine de la vente au détail.

réaction rapide (*quick response*) Mode de gestion des approvisionnements utilisé dans la vente au détail ; les produits sont reçus uniquement au moment où le client veut se les procurer.

délai d'approvisionnement (*lead time*) Délai qui s'écoule entre le moment où une commande est placée et le moment où la marchandise entre en stock pour être vendue.

Faites le point

1) Expliquez l'importance de la distribution et les liens existant entre le circuit de distribution, la gestion de la chaîne logistique et la gestion logistique.

2) Expliquez comment le circuit de distribution ajoute de la valeur pour les entreprises et les consommateurs.

3) Décrivez les décisions et les stratégies relatives à l'implantation et à la gestion d'un circuit de distribution.

4) Expliquez l'incidence de la logistique et de la gestion de la chaîne logistique sur la stratégie de distribution.

1) Les entreprises ne peuvent pas considérer la distribution des produits comme allant de soi. Elles doivent implanter des circuits de distribution appropriés et convaincre les membres du circuit de stocker leurs nouveaux produits, deux étapes essentielles à une stratégie de distribution réussie. Un circuit de distribution comprend les établissements qui transfèrent le droit de propriété des biens et les font passer du point de production au point de consommation.

Le réseau commercial inclut, quant à lui, les activités de mise en marché en plus des entreprises composant le circuit de distribution. La gestion de la chaîne logistique est l'ensemble des opérations servant à coordonner les activités des fournisseurs, des fabricants, des entrepôts, des magasins et des sociétés de transport afin que les bonnes quantités de marchandise soient produites et distribuées au bon endroit et au bon moment. Dans ce sens, la chaîne logistique est plus longue et regroupe un plus grand nombre d'aspects que la stratégie de distribution puisqu'elle englobe les fournisseurs. La logistique a trait à l'acheminement et au contrôle des produits, tandis que la gestion de la chaîne logistique touche aussi aux aspects relatifs à la gestion.

2) Si les circuits de distribution n'existaient pas, les consommateurs seraient forcés de se débrouiller pour trouver les matières premières, fabriquer les produits et les transporter là où ils pourraient les utiliser. Chaque membre du circuit ajoute de la valeur au produit en exécutant une de ces fonctions. La gestion de la chaîne logistique crée de la valeur pour chaque membre de la chaîne et relie un grand nombre des activités de l'entreprise, notamment la fabrication, la gestion des stocks, le transport, la publicité et la commercialisation.

3) Les entreprises, surtout celles qui démarrent, ne peuvent pas toujours choisir leurs partenaires idéaux, mais elles doivent se contenter des partenaires qu'elles peuvent trouver pour obtenir les matières ou attirer les clients dont elles ont besoin. En général, plus une entreprise est importante et complexe, plus elle est susceptible d'accomplir certaines activités de la chaîne logistique elle-même plutôt que de recourir à des intermédiaires. En ce qui concerne la structure du circuit de distribution, les entreprises ont le choix entre la distribution directe, indirecte et multicanal. Les entreprises qui veulent la plus grande couverture commerciale possible ont recours à la distribution intensive, alors que celles qui veulent préserver une image exclusive ou qui sont trop petites pour vendre à tout le monde auront recours à la distribution exclusive. La stratégie de distribution sélective se situe quelque part entre les deux.

4) Pour qu'une chaîne logistique fonctionne bien, le flux de l'information et des marchandises doit être coordonné, et les membres de la chaîne doivent travailler dans leur intérêt mutuel. Dans les chaînes logistiques plus complexes, l'échange de données informatisé (EDI) crée un flux continu de l'information entre les membres. Un grand nombre des meilleures chaînes logistiques utilisent un système de stockage juste-à-temps (ou à réaction rapide), de manière à obtenir la bonne quantité de marchandise au moment précis où elles en ont besoin. Le système de stockage juste-à-temps améliore donc la disponibilité du produit et diminue l'investissement dans les stocks. Le recours croissant à la technologie de l'identification par radiofréquence aura sans doute dans l'avenir un impact révolutionnaire sur les circuits de distribution, la gestion de la chaîne logistique et la gestion logistique. On peut s'attendre à ce que le processus global de fabrication et de livraison devienne beaucoup plus sophistiqué et efficace.

Plus les membres de la chaîne logistique sont étroitement alignés les uns sur les autres, moins ils s'exposent à des conflits. Dans un système de marketing vertical administré, un membre puissant et dominateur exerce un contrôle sur les autres membres. Dans un système de marketing vertical contractuel (p. ex., une franchise), les relations contractuelles entre les membres régissent la coordination et le contrôle des opérations. En ce qui concerne le système de marketing vertical d'entreprise, il fonctionne relativement sans heurt parce que les divers maillons de la chaîne appartiennent à une seule entreprise. Enfin, un système de marketing vertical peut aussi être géré efficacement grâce aux liens solides tissés par les membres du système. Pour créer ces liens, les partenaires doivent se faire confiance, communiquer ouvertement, viser des objectifs communs et êtres prêts à investir dans leur réussite mutuelle.

Mots clés

Révision des concepts

1. Expliquez pourquoi une stratégie de distribution bien pensée est essentielle à la réussite d'une entreprise.
2. Nommez les facteurs qu'une entreprise doit prendre en compte au moment de choisir sa stratégie de distribution.
3. Expliquez ce qui distingue les circuits de distribution direct, indirect et multicanal. Quel rôle les technologies et le comportement des consommateurs jouent-ils dans l'essor de la distribution multicanal ?
4. Décrivez les fonctions accomplies par les intermédiaires. Pourquoi une entreprise choisit-elle de confier ces fonctions à des intermédiaires au lieu de les exécuter elle-même ?
5. Expliquez l'incidence des attentes des clients et des caractéristiques des membres de la chaîne logistique sur la stratégie de distribution d'une entreprise.
6. Distinguez l'intensité de la distribution intensive, sélective et exclusive. Dans quels cas est-il préférable d'utiliser chaque stratégie ?
7. Indiquez comment les entreprises gèrent leur circuit de distribution au moyen d'un système de marketing vertical.
8. Expliquez comment la gestion de la chaîne logistique et la gestion logistique ajoutent de la valeur aux produits qu'une entreprise offre à ses clients.
9. Expliquez comment la gestion de la chaîne logistique améliore les opérations de mise en marché.
10. Quels sont les principaux éléments d'un système de gestion logistique ? Décrivez les avantages d'un système de stockage juste-à-temps.

Marketing appliqué

1. Expliquez ce qu'est une stratégie de distribution et relevez les principales activités associées au circuit de distribution, à la chaîne logistique et à la gestion logistique. Nommez plusieurs façons dont la gestion de la chaîne logistique ajoute de la valeur à l'offre d'une entreprise tant pour les consommateurs que pour ses partenaires commerciaux.
2. Vous venez d'entrer dans une petite boulangerie qui voudrait distribuer ses produits dans les épiceries. La demande des produits de la boulangerie ne cesse d'augmenter et, maintenant que l'entreprise a augmenté sa capacité de production, elle veut élargir sa distribution. Vous avez rendez-vous avec le gérant d'une chaîne locale d'épiceries. Le gérant connaît bien les produits de la boulangerie et est emballé à la perspective de les vendre dans son épicerie. Il établit un contrat et vous remarquez que les frais d'insertion s'élèvent à 10 000 $. Lorsque vous l'interrogez à ce sujet, il répond que c'est le prix à payer pour faire des affaires avec lui et que les plus grosses boulangeries ne voient pas d'un bon œil l'arrivée de votre ligne de produits. Vous savez que la boulangerie n'a pas les moyens de payer ces frais. Que devriez-vous faire ?
3. Expliquez les avantages et les désavantages de la décision de Dell de renoncer à sa stratégie de distribution directe pour se tourner vers la distribution multicanal.

4. Effectuez une recherche sur la tendance à « manger local » et expliquez pourquoi leur conscience accrue des coûts liés au transport et des problèmes environnementaux incite un nombre croissant de consommateurs à réclamer des aliments produits dans un rayon de 160 kilomètres de leur domicile.
5. Nommez un détaillant qui fait partie d'une chaîne logistique indépendante (traditionnelle) et un détaillant qui fait partie d'un système de marketing vertical. Décrivez les avantages et les inconvénients de chaque système.
6. Comment le flux de l'information peut-il être géré dans la chaîne logistique ? Comment le flux constant de l'information augmente-t-il l'efficacité de l'exploitation d'une entreprise ?
7. Décrivez comment les transactions interentreprises (B2B) pourraient s'appuyer sur l'échange de données informatisé pour le traitement des données d'achat. Compte tenu de l'information présentée dans le chapitre 7 sur les situations d'achat interentreprises, indiquez la situation d'achat (nouvel achat, rachat modifié ou rachat direct) qui se prêterait le mieux à la technologie EDI. Expliquez votre réponse.
8. Exposez les avantages pour un détaillant comme Sport-Chek de consacrer du temps et des efforts à préparer la marchandise pour la vente soit au point de fabrication, soit dans le centre de distribution, plutôt que de confier cette tâche au personnel du commerce de détail. Justifiez votre réponse.
9. Pourquoi une grande entreprise comme Nike voudrait-elle établir des alliances stratégiques avec des centres locaux d'entraînement physique ? Décrivez ce que Nike devra faire pour préserver ses relations avec ces établissements.
10. Vous occupez depuis peu le poste de chef de marque adjoint pour un produit de consommation populaire. Un jour, au cours d'une réunion d'urgence, le chef de marque vous annonce qu'il y a un problème avec l'un des fournisseurs et qu'il a décidé de vous envoyer à l'usine pour enquêter sur la situation. À l'usine, vous apprenez qu'un fournisseur clé est devenu de plus en plus négligent en ce qui concerne la qualité de ses produits et les délais de livraison. Vous demandez au directeur de l'usine pourquoi il ne change pas de fournisseur puisque la situation pose un problème majeur pour votre marque. Il vous avise que, comme le fournisseur en question est son cousin et que sa femme est très malade, il ne peut pas changer de fournisseur maintenant. Quelle ligne de conduite devriez-vous adopter ?

Cyberfuté

1. Dell est reconnue pour sa capacité à gérer sa chaîne logistique efficacement. Ouvrez une session sur le site Web de l'entreprise (www.dell.com) et suivez les étapes pour configurer un ordinateur en vue de l'acheter. Imprimez une copie du système informatique que vous avez conçu et notez la date de livraison et le prix. Décrivez comment Dell a révolutionné les ventes et la livraison d'ordinateurs. Y a-t-il des signes que Dell s'est associée à d'autres entreprises pour vendre des périphériques comme des imprimantes ou des numériseurs ? Comment cette alliance ajouterait-elle de la valeur pour ses clients ?
2. L'introduction de ce chapitre décrit comment Zara International, une filiale d'Inditex, gère avec brio sa chaîne logistique. Visitez le site Internet d'Inditex (www.inditex.com) et relisez la section qui porte sur l'engagement social de la société, et en particulier sur son code de conduite. Compte tenu de ce que vous avez appris sur les relations stratégiques dans ce chapitre, indiquez comment Inditex aborde les facteurs essentiels à l'établissement d'alliances bénéfiques pour les deux parties au regard de son code de conduite.

Étude de cas

WALMART : PIONNIER DE LA GESTION DE LA CHAÎNE LOGISTIQUE[26]

Walmart domine l'industrie du détail en ce qui touche aux recettes de ventes, à la clientèle et à la capacité à réduire ses coûts tout en offrant une bonne valeur à ses clients. Après tout, le plus gros détaillant du monde s'enorgueillit des nombreuses marques d'approbation que lui a values son habileté à améliorer continuellement l'efficacité de sa chaîne logistique tout en remplissant sa mission, qui est d'offrir « des bas prix de tous les jours » à sa clientèle.

La gestion serrée des stocks est légendaire chez Walmart, qui a recours à des techniques de stockage juste-à-temps, dont certaines, de son propre cru, permettent à l'entreprise de se vanter d'avoir les meilleures chaînes logistiques du monde. Walmart a non seulement transformé sa propre chaîne logistique, mais elle a aussi révolutionné la façon dont les fournisseurs du monde entier fonctionnent. Par exemple, les détaillants de partout insistent désormais beaucoup plus sur une livraison ponctuelle et précise de la part de leurs fournisseurs.

Pour répondre à ces exigences, les fournisseurs ont dû mettre à jour leurs systèmes de gestion des stocks et de livraison afin de faire des affaires comme l'exigent leurs plus importants clients[27]. Reconnue pour sa capacité à s'approvisionner à l'échelle de la planète, Walmart a été la première à adopter la stratégie consistant à atteindre des niveaux de croissance et de rentabilité élevés grâce à un contrôle précis de la fabrication, des stocks et de la distribution. Bien que l'entreprise ne soit pas unique à cet égard, elle est de loin la société la plus prospère et la plus influente de sa catégorie, et elle a mis au point diverses techniques innovantes.

Et quand Walmart fait quelque chose, elle le fait en grand. En effet, son système informatique est le plus puissant après celui du Pentagone pour ce qui est de la capacité de mémoire. Ses systèmes analysent plus de 10 millions de transactions chaque jour à partir des données recueillies aux points de vente et distribuent leur analyse en temps réel tant à l'interne (aux gestionnaires) qu'à l'externe par satellite (aux nombreux fournisseurs de Walmart). Ces derniers utilisent ces données pour planifier la production et l'expédition des commandes.

Aujourd'hui, on attribue en grande partie la popularité de la gestion de la chaîne logistique au succès de l'alliance de Walmart avec Procter & Gamble. Au cours des années 1980, les deux entreprises ont collaboré à la conception d'un logiciel reliant Procter & Gamble aux centres de distribution de Walmart, qui tirait parti de la nouvelle infrastructure mondiale des télécommunications. Quand un magasin Walmart vendait un article Procter & Gamble, l'information était transmise directement aux systèmes de planification et de gestion de cette dernière. Lorsque le niveau de stock des produits Procter & Gamble au centre de distribution de Walmart atteignait le seuil de commande, le système avisait automatiquement Procter & Gamble qu'elle devait expédier d'autres produits. Walmart pouvait aussi suivre l'arrivée des cargaisons à l'un ou l'autre de ses entrepôts, ce qui lui permettait de coordonner ses propres expéditions vers les magasins. Walmart comme Procter & Gamble réalisent des économies grâce à une meilleure gestion des stocks et à un meilleur traitement des commandes, économies que Walmart transmet à ses clients à travers ses bas prix de tous les jours.

Les innovations de Walmart

Walmart a mis au point un grand nombre d'innovations relatives aux processus d'achat et de distribution des produits qu'elle vend. Il y a une vingtaine d'années déjà, Walmart a piloté l'adoption des codes universels des produits dans toute l'industrie du détail ; elle a aussi été l'une des premières à utiliser l'échange de données informatisé pour les commandes des fournisseurs. Son réseau de distribution en étoile fait que les produits sont acheminés aux centres de distribution de tout le pays avant d'être expédiés à des milliers de magasins, dont chacun se trouve à moins d'une journée de transport. Grâce à ses centres de transbordement, l'une des innovations les plus célèbres de l'entreprise, les marchandises sont acheminées par camion depuis les fournisseurs jusqu'à un centre de distribution, puis immédiatement transférées sur des camions qui les apportent aux magasins sans jamais être entreposées[28]. Walmart utilise sa flotte de véhicules pour acheminer les marchandises de ses entrepôts aux magasins en moins de 48 heures et réapprovisionner ses stocks environ deux fois par semaine. Par conséquent, grâce à une logistique axée sur le transfert, l'entreprise accélère l'acheminement des marchandises depuis ses centres de distribution jusqu'à ses magasins de détail du monde entier.

Aujourd'hui, le géant du détail continue sans cesse d'améliorer l'efficacité de sa chaîne logistique. Walmart s'appuie sur des systèmes bien établis de réapprovisionnement continu, de gestion des stocks par les fournisseurs, de transbordement, de collaboration stratégique avec les fabricants au cours du cycle de planification, de commande et de livraison ainsi que d'envois directs provenant des fabricants. Elle s'efforce également de tirer parti des nouvelles technologies. Par exemple, à la fin de 2006, Walmart a demandé à tous ses fournisseurs de fixer des étiquettes d'identification par radiofréquence sur toutes les palettes et les caisses qu'elle recevait[29]. En tirant constamment parti des innovations, l'entreprise diminue ses frais de gestion des stocks et d'exploitation, ce qui lui permet de réduire ses prix.

De plus, Walmart est devenue experte dans l'art de gérer le flux des marchandises et de l'information entre ses fournisseurs, ses centres de distribution et ses magasins de détail grâce à la technologie, qui favorise une gestion précise de la logistique et des stocks. C'est ce type d'innovation qui a propulsé Walmart à la tête de l'industrie du détail. Ce ne sont pas toutes les organisations qui arrivent à utiliser cette approche avec brio : Walmart est un cas unique où une seule entreprise très puissante s'est donné pour mission première d'améliorer le rendement de tous les membres de sa chaîne logistique. L'implantation d'un système de gestion de la chaîne logistique supérieur lui procure de nombreux avantages : un meilleur service à la clientèle et une meilleure satisfaction des clients, une baisse des coûts de production et de transport de même qu'une utilisation plus rentable de l'espace dans ses magasins de détail. Au fond, tout cela démontre l'aptitude de Walmart à relier les fournisseurs, les fabricants, les distributeurs, les commerces de détail et, en fin de compte, les clients, peu importe leur situation géographique. Bien que l'innovation ne soit pas le seul ingrédient de la réussite de Walmart, elle constitue la pierre angulaire de sa forte position concurrentielle.

Questions

1. Comment une entreprise individuelle comme Walmart gère-t-elle une chaîne logistique, compte tenu du fait que celle-ci englobe une foule d'entreprises ayant des objectifs potentiellement contradictoires ? Décrivez certains conflits susceptibles d'éclater dans cette situation.
2. Expliquez comment la façon dont Walmart gère sa chaîne logistique améliore la disponibilité de ses produits et réduit ses coûts d'achat et de transport ? Donnez des exemples précis dans chaque cas.

CHAPITRE 14

OBJECTIFS D'APPRENTISSAGE

Après avoir lu ce chapitre, vous devriez être en mesure :

OA 1 d'expliquer ce que réserve l'avenir pour les détaillants ;

OA 2 de décrire comment les détaillants créent de la valeur pour les consommateurs ;

OA 3 de décrire les types de vente au détail pratiquée ailleurs qu'en magasin ;

OA 4 d'expliquer comment Internet a transformé la façon de magasiner.

La vente au détail

Fondée en 1973, l'entreprise de chaussures de cuir naturel Roots est aujourd'hui un chef de file canadien au rayon des marques dites « mode de vie ». Sa vaste gamme de vêtements et d'accessoires de cuir de première qualité l'a rendue célèbre partout dans le monde[1]. À leurs débuts, les cofondateurs Michael Budman et Don Green n'avaient qu'un magasin à Toronto et y vendaient leur modèle de chaussures à talon surbaissé. Leur entreprise compte maintenant plus de 120 magasins au Canada et aux États-Unis, et plus de 40 points de vente en Asie[2]. Roots est une entreprise privée dont les ventes annuelles sont estimées à 150 millions de dollars[3]. Depuis les chaussures des premiers jours, la gamme de produits s'est diversifiée et comprend également des vêtements pour l'entraînement et la détente, pour le golf et le yoga, des sacs et des accessoires de cuir, des valises, de la musique et de l'électronique, des colliers, des montres et des parfums atomiseurs pour le corps.

Entreprise fondamentalement canadienne — son logo représente un castor —, Roots soutient les athlètes amateurs depuis de nombreuses années. Il était donc naturel que l'entreprise porte cette tradition à un niveau supérieur. En 1998, Roots s'engageait officiellement auprès du mouvement olympique en dessinant les vêtements de l'équipe canadienne aux Jeux d'hiver de Nagano, au Japon[4]. Cette place dans la vitrine de l'olympisme international a eu un impact considérable sur les ventes et sur la valeur nette de la marque. Les combinaisons sportives de Roots ont fait sensation au sein de la communauté sportive internationale et dans d'autres milieux. Puff Daddy, Céline Dion, Pamela Anderson et le prince Charles ont été aperçus coiffés du béret rouge de l'équipe canadienne[5]. Ce succès sans précédent a donné à Roots l'impulsion nécessaire pour implanter un marketing mix axé sur une présence stratégique en magasin à l'extérieur du Canada. Bien que l'entreprise ait perdu en 2004, au profit de HBC, les droits sur les vêtements de l'équipe olympique canadienne, Roots est demeurée le fournisseur officiel de l'équipe olympique des États-Unis jusqu'en 2008.

Aux Jeux d'hiver de Nagano, Ross Rebagliati, vêtu ici des vêtements Roots, s'est inscrit dans l'histoire olympique en donnant au Canada sa première médaille d'or en planche à neige.

Les entreprises ont besoin, pour réussir sur le marché mondial, d'un élément de différenciation. Pour Roots, cet élément consiste dans la santé, la vie au grand air et la durabilité de l'environnement[6]. Selon Budman, l'innovation et le renouvellement constant sont les deux clés de la réussite de Roots. L'inspiration n'est d'ailleurs jamais très loin. Ainsi, après avoir remarqué la présence d'un très grand nombre de clients asiatiques dans l'un de ses magasins de Toronto, lors d'une vente d'après-Noël, Budman décidait de saluer la communauté asiatique en créant des « sacs de prospérité » en cuir, pour souligner le Nouvel An chinois[7]. Son flair l'a hautement récompensé puisque les sacs se sont vendus très rapidement.

La vente au détail se situe à la fin de la chaîne logistique, au point de rencontre du marketing et du consommateur. Peu importe que la stratégie d'une entreprise soit solide et que son produit soit formidable, si celui-ci n'est pas disponible au moment où le client le désire, à l'endroit où il souhaite l'acheter, au prix qu'il est disposé à payer, dans la couleur, la taille et le style voulus, ce produit ne se vendra pas. Le détaillant a la responsabilité de veiller à ce que les attentes des clients soient comblées.

Comme l'indique la feuille de route, dans ce chapitre nous expliquerons comment la vente au détail a évolué pour devenir la structure que nous connaissons aujourd'hui. Nous examinerons comment les détaillants créent de la valeur en recourant à des stratégies de marketing, ce qui nous amènera à discuter de la façon dont Internet a transformé les activités commerciales de certains détaillants. Suivra un exposé sur les divers types de détaillants et de vente au détail ailleurs qu'en magasin. Nous conclurons le chapitre avec un aperçu sur la façon de mettre au point une stratégie de vente au détail et le positionnement.

vente au détail (*retailing*) Activité commerciale qui consiste à vendre des produits et des services aux consommateurs à des fins de consommation personnelle. Elle comprend les produits vendus en magasin, par catalogue, sur Internet ainsi que des services offerts par les restaurants rapides, les compagnies aériennes et les hôtels.

La **vente au détail** est l'activité commerciale qui consiste à vendre des produits et des services aux consommateurs à des fins de consommation personnelle. Elle comprend les produits vendus en magasin, par catalogue, sur Internet ainsi que des services offerts par les restaurants rapides, les compagnies aériennes et les hôtels. Certains détaillants disent vendre à prix « d'entrepôt », mais s'ils vendent à des particuliers en vue de la consommation personnelle, ils demeurent des détaillants, quels que soient

FEUILLE DE ROUTE

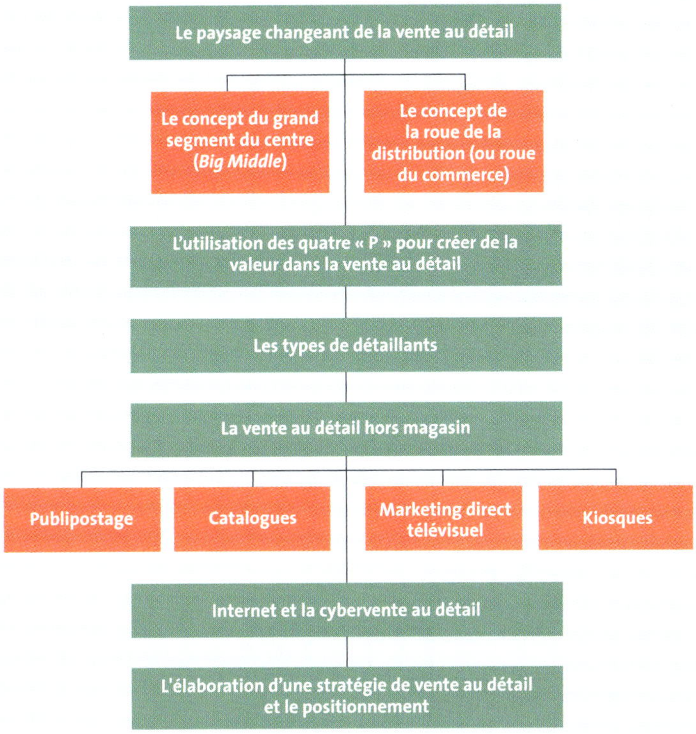

leurs prix. Le **grossiste** (*voir le chapitre 13*), pour sa part, est un commerçant qui achète des produits en grande quantité, qui en prend possession, qui bien souvent les entrepose et qui se charge de la manutention avant de revendre les produits en plus petites quantités aux détaillants ou encore aux clients industriels ou professionnels.

grossiste (*wholesaler*) Commerçant qui achète des produits en grande quantité, qui en prend possession, qui bien souvent les entrepose et qui se charge de la manutention avant de revendre les produits en plus petites quantités aux détaillants ou encore aux clients industriels ou professionnels.

Au Canada comme partout dans le monde, la vente au détail est en transformation. Les fabricants ne règnent plus sur plusieurs réseaux commerciaux, comme auparavant. Des détaillants comme Walmart, Carrefour (une enseigne française), Home Depot, Loblaw et Metro (un conglomérat allemand de la vente au détail à ne pas confondre avec l'enseigne québécoise du même nom)[8] — les plus grands détaillants du monde — dictent à leurs fournisseurs ce qu'ils doivent fabriquer et la façon de le faire, le moment de la livraison et, dans une certaine mesure, le prix. De toute évidence, ces détaillants mènent le bal.

La vente au détail est, dans l'ensemble, une affaire de gros sous. À peu près tout ce que vous dépensez, sauf pour l'impôt, finit dans les coffres des détaillants. Votre nourriture, votre loyer, votre garde-robe, vos études, vos assurances et votre coupe de cheveux sont tous des services ou des produits vendus par des détaillants. Même les organismes sans but lucratif comme l'Armée du Salut, Renaissance et le Centre des sciences de l'Ontario ont des activités de vente au détail.

Même des organismes sans but lucratif, comme Renaissance (qui est membre du réseau Goodwill Industries International), ont des activités de vente au détail.

Au Canada, les ventes au détail ont atteint 415 milliards de dollars en 2009, répartis entre 227 000 établissements[9]. La vente au détail est la troisième plus grosse industrie du Canada en ce qui a trait au volume ; elle embauche approximativement 2 millions de personnes[10].

OA 1 Le paysage changeant de la vente au détail

Diverses théories ont été formulées pour expliquer la structure et l'évolution de l'industrie de la vente au détail[11]. Nous en présenterons deux, soit celle du grand segment du centre, illustrée dans la figure 14.1[12], et celle de la roue de la distribution, illustrée à la page suivante dans la figure 14.2.

Le grand segment du centre (*Big Middle concept*) renvoie à la portion du marché que se disputent les détaillants les plus florissants parce que c'est là que réside la plus importante clientèle potentielle. Une entreprise n'a pas besoin de se trouver dans le grand segment du centre pour réussir à court terme ; d'ailleurs, les entreprises florissantes n'y font habituellement pas leurs débuts. Les bons détaillants se lancent souvent sur le marché au moyen d'un format ou de produits novateurs, en offrant de meilleurs prix (rendus possibles grâce à l'excellence des opérations, elle-même rendue possible par une excellente gestion de la chaîne logistique) ou les deux[13]. Avec le temps, les concurrents qui réussissent le mieux grâce à l'innovation et aux bas prix dérivent vers le grand segment du centre. Si les clients deviennent loyaux à ces détaillants du grand segment du centre, c'est en partie parce que ces derniers leur procurent ce dont ils ont besoin et ce à quoi ils sont habitués : un bon service à la clientèle et d'excellents programmes de fidélisation.

Les entreprises parviennent au grand segment du centre à force de renouveler leur offre de produits et de formats novateurs, en maintenant l'excellence des opérations ou par une combinaison de ces éléments. Or, une fois entrés dans ce grand segment du centre, les détaillants doivent constamment s'évaluer, s'ajuster et, dans bien des cas, modifier leurs habiletés en matière d'innovation et d'opérations afin de maintenir leur position. Avec le temps, les clients du grand segment du centre seront attirés par d'autres détaillants qui leur offrent des produits et des formats novateurs (Best Buy, Home Depot, Gap), de meilleurs prix (Walmart) ou les deux. Les détaillants qui n'offrent rien de tel courent au-devant des ennuis. Vers la fin des années 1990, par exemple, la chaîne de magasins SAAN (Surplus Army, Airforce, Navy) comptait plus de 350 points de vente. L'environnement compétitif de la vente au détail a cependant contraint l'entreprise à réduire ses activités pour ne conserver que 142 magasins ;

FIGURE 14.1 Le paysage de la vente au détail

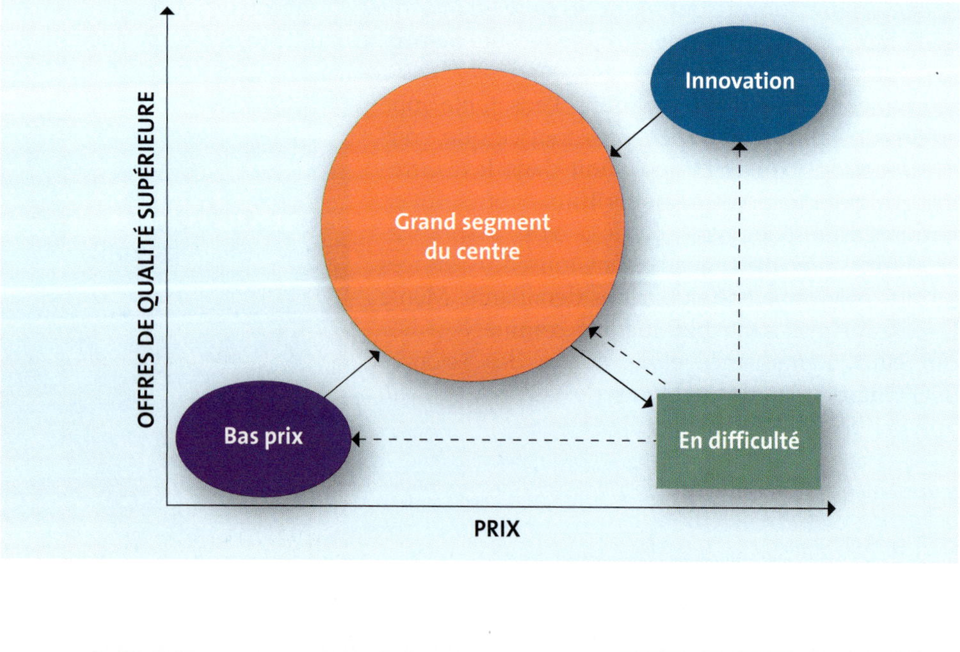

et bien qu'elle ait réussi à se redresser en 2005 après avoir demandé la protection de la loi sur les faillites, SAAN n'a toujours pas renoué avec le succès[14]. De nombreux autres détaillants qui misaient sur les bas prix ont disparu de la scène canadienne, notamment Bargain Harold's, Distribution aux Consommateurs, Robinsons, Kresge et BiWay.

La structure du marché de la vente au détail présentée à la page précédente dans la figure 14.1 (*voir p. 436*) est demeurée constante au fil des décennies, mais les acteurs présents dans chacun des segments — innovation, bas prix, grand segment du centre — ont changé. Dans les années 1980, par exemple, le grand segment du centre contenait principalement des magasins à rayons traditionnels comme Eaton, La Baie et Sears. Les magasins novateurs étaient Best Buy, Home Depot et Gap, et les magasins bon marché étaient Walmart, Kmart et SAAN. Aujourd'hui, les consommateurs vont ailleurs et les détaillants ont changé. On trouve ainsi dans le grand segment du centre les grands magasins bon marché des années 1980 — Walmart et Zellers —, alors que Kmart, Woolco, Robinsons et Eaton ont non seulement dû quitter le grand segment du centre, mais ils ont carrément disparu du paysage canadien de la vente au détail. Bien qu'ils continuent d'innover, Home Depot, Best Buy et Gap ont aussi migré vers le grand segment du centre.

Pour conserver leur position dans le grand segment du centre, les détaillants doivent comprendre leurs forces et leurs faiblesses, ne jamais perdre de vue leur marché cible et leurs concurrents et faire tout ce qui est en leur pouvoir pour conserver et développer une clientèle fidèle. S'ils ne le font pas, un concurrent s'en chargera.

La roue de la distribution (*voir la figure 14.2*) propose une autre façon de voir comment les nouveaux acteurs de la vente au détail se disputent le marché. De façon

FIGURE 14.2 La roue de la distribution

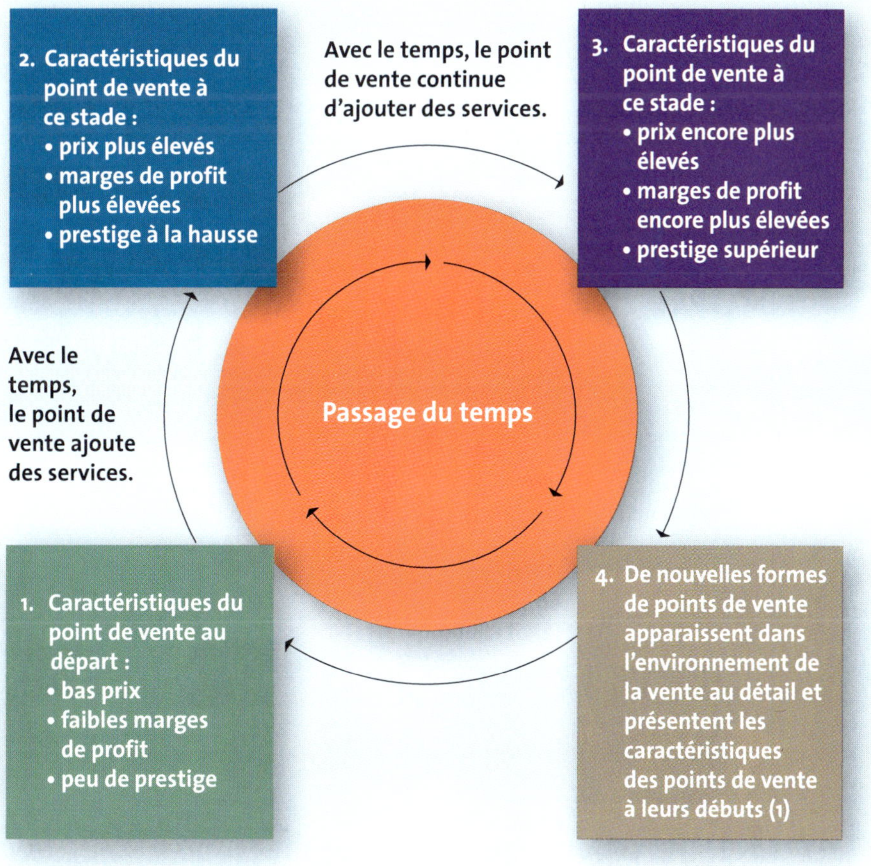

générale, les détaillants qui font leur entrée sur le marché offrent des bas prix, se gardent de faibles marges de profit et ont peu de prestige. Avec le temps, ils offrent de plus en plus de services et apportent diverses améliorations ; ils peuvent donc augmenter leurs prix, empocher des marges plus importantes et améliorer leur réputation auprès de la clientèle. Les restaurants McDonald's, par exemple, n'offraient à leurs débuts que des hamburgers, des frites et des laits frappés pour emporter. Aujourd'hui, ils proposent un menu abondant et varié, un café de qualité, une salle à manger, l'accès à Internet sans fil et une aire de jeux pour les enfants. Un piano trône même dans un McDonald's de Manhattan, qui embauche un portier. En Europe, l'entreprise met à l'essai une formule moins rapide, plus proche du restaurant traditionnel. À Wolfratshausen, en Allemagne, les clients du McDonald's y trouvent un foyer, des canapés de cuir, des planchers en bois, des vases remplis de fleurs et un McCafé où l'on sert des pâtisseries, du tiramisu et des cappuccinos[15].

Certains restaurants McDonald's du Canada ont remplacé le plastique tapageur par des matériaux naturels aux couleurs attrayantes et opté pour des foyers, des téléviseurs à écran plat, des chaises recouvertes de cuir et des luminaires modernes. Le design des restaurants est revu pour intégrer jusqu'à quatre zones correspondant aux besoins de différents marchés cibles : une zone de grande circulation pour les clients pressés, une zone dotée de sièges confortables pour les clients qui souhaitent s'attarder et une zone conçue pour les familles et les groupes[16]. Ces changements ne sont pas étrangers à la stratégie de la chaîne consistant à s'emparer d'une bonne partie du marché des boissons spécialisées que dominent actuellement des détaillants comme Starbucks et Second Cup. En introduisant du café de grande qualité et des sièges confortables, McDonald's suit la roue de la distribution ; elle touche des marges plus importantes et améliore son image de prestige. Ces innovations relativement aux produits et au format des points de vente ont permis à la chaîne de conserver sa clientèle fidèle et d'investir de nouveaux segments de marché tout en offrant des prix compétitifs, ce qui constitue des facteurs clés de la réussite. Il n'est donc pas surprenant que les restaurants McDonald's continuent de dominer l'industrie et parviennent à écarter la concurrence des nouveaux arrivants.

Dans le concept de la roue de la distribution, l'ajout de services et d'améliorations, l'élargissement des marchandises offertes et le réaménagement des installations entraînent en général une augmentation des dépenses pour les détaillants, qui se traduit par une augmentation des prix. Celle-ci ouvre la porte à de nouveaux acteurs

Depuis son réaménagement, le McDonald's de Scarborough, en Ontario (à droite), s'est déplacé dans la roue de la distribution comparativement aux McDonald's aménagés de façon traditionnelle (à gauche).

aux méthodes de gestion minceur, qui entrent à leur tour dans la ronde. C'est ainsi que Walmart a pénétré le marché canadien en vendant moins cher que Zellers, Kmart et Woolco, des magasins à rayons solidement établis. Par la suite, des détaillants d'articles à prix réduit, comme Dollarama, ont intégré le marché en vendant moins cher que Walmart et d'autres magasins minimarges ou magasins de rabais.

Comment les détaillants créent-ils de la valeur ?

Imaginez que, en prévision d'une entrevue pour obtenir un emploi, vous devez acheter un complet ou un tailleur, mais ne pouvez vous rendre dans un magasin pour le faire. Il vous faudrait déterminer avec précision la taille, la couleur et la coupe du vêtement désiré. Vous devriez ensuite communiquer avec divers fabricants, soit en personne, soit par téléphone ou par Internet, afin de commander le complet ou le tailleur. En présumant que le vêtement choisi vous va relativement bien, vous pourriez néanmoins avoir quelques retouches à confier à un tailleur ou à une couturière. Vous devriez ensuite reprendre la même démarche pour acheter une chemise ou un chemisier, des accessoires et des chaussures. L'exercice s'avérerait pour le moins compliqué.

Des détaillants comme Moores, Vêtements pour hommes créent de la valeur en proposant de faire tout le travail pour vous. Le magasin offre un vaste choix de complets, de chemises, de cravates et d'autres accessoires soigneusement choisis à l'avance. Pendant votre visite au magasin, vous pouvez voir, toucher, sentir et essayer chacun des articles. Vous pouvez acheter un complet ou une chemise à la fois, ou acheter plusieurs chemises assorties à votre complet. Enfin, un conseiller vous aidera à coordonner les éléments de votre tenue et un tailleur veillera à ce que chacun de ces éléments vous aille parfaitement.

Moores, Vêtements pour hommes crée de la valeur en aidant ses clients à composer une tenue complète. Des conseillers de mode guident les clients et des tailleurs veillent à ce que chaque vêtement soit parfaitement ajusté.

Les consommateurs se tournent de plus en plus vers les détaillants axés sur la valeur, comme Costco qui attire des gens de tout âge et de toutes les tranches de revenu.

Maintenant, tout comme à l'avenir, les détaillants qui veulent réussir doivent apprendre les règles de la concurrence dans un monde où la valeur est reine. Rappelez-vous, la valeur n'est pas qu'un bon prix. Elle consiste à en avoir plus pour son argent. À ses débuts, un détaillant comme Costco, qui offre beaucoup de valeur, était surtout considéré comme une destination de ravitaillement mensuel. Or, aujourd'hui, Costco fait partie du rituel des courses hebdomadaires. Des clients de tout âge, d'à peu près toutes les tranches de revenu et de tous les segments de marché privilégient de plus en plus la « valeur ». Les consommateurs ont changé fondamentalement leurs points de référence en matière de prix et de qualité, à tel point qu'ils ont assimilé l'idée que de nombreux détaillants doivent offrir des prix nettement plus bas. Par exemple, les clientes des magasins Suzy Shier savent qu'elles y trouveront les grands courants de la mode à des prix très abordables. En outre, de plus en plus de gens ont adopté un style de vie plus décontracté, si bien que les clientes distinguent maintenant le vêtement de « bonne » qualité de celui de qualité « acceptable » pour certains accessoires ou certains éléments de la garde-robe, comme les vêtements décontractés de fin de semaine. Leur conception de la valeur évolue avec leur conception de la qualité.

Les détaillants axés sur la valeur — ceux qui occupent le grand segment du centre — continuent d'améliorer leur offre de service en modifiant l'aménagement de leurs magasins et en rendant l'expérience de magasinage plus facile et plus rapide. Leur nombre augmente rapidement, et une variété grandissante de détaillants et de points de vente sont soumis au jugement de la clientèle. La majorité des détaillants régionaux et nationaux n'ont pas encore mesuré la force des détaillants axés sur la valeur. Les plus vulnérables, cependant, à savoir les petites chaînes régionales non différenciées, ont dû jusqu'à maintenant s'incliner devant les détaillants axés sur la valeur lorsque ceux-ci sont entrés sur leur marché.

OA 2 L'utilisation des quatre « P » pour créer de la valeur dans la vente au détail

Comme d'autres responsables du marketing, les détaillants remplissent des fonctions importantes qui accroissent la valeur des produits et des services qu'ils vendent aux consommateurs de leurs marchés cibles. Penchons-nous maintenant sur ces fonctions, classifiées selon les quatre « P ».

Le produit

L'inventaire d'un magasin d'alimentation type compte de 30 000 à 40 000 articles différents ; un magasin à rayons régional peut en compter jusqu'à 200 000. L'une des activités fondamentales des détaillants consiste à offrir la bonne combinaison de marchandises et de services qui répondront aux besoins de la clientèle du marché cible. Les consommateurs aiment choisir parmi un assortiment, mais pour réduire leurs coûts de transport et de manutention, les fabricants expédient habituellement leurs marchandises en grandes quantités aux détaillants, qui reçoivent donc des conteneurs de pots de mayonnaise et des caisses de chemises bleues. Comme les clients ne souhaitent généralement pas acheter plusieurs exemplaires des mêmes articles, les détaillants ouvrent les caisses et vendent aux clients les petites quantités qu'ils désirent.

Les fabricants n'aiment pas stocker de grandes quantités de marchandises parce que leurs usines et leurs entrepôts ne sont habituellement pas ouverts aux clients. Les consommateurs ne souhaitent pas entreposer chez eux plus de marchandises que ce dont ils ont besoin parce qu'ils n'ont pas d'espace disponible. Aucun de ces groupes n'aime stocker des marchandises qu'il n'utilise pas, car cela équivaut à immobiliser de l'argent qui pourrait servir à d'autres fins. Des détaillants offrent donc de la valeur aux fabricants comme à leurs clients en se chargeant de l'entreposage, quoique de nombreux détaillants commencent à inciter leurs fournisseurs à retenir leurs marchandises jusqu'à ce qu'ils en aient besoin. (*Rappelez-vous le système juste-à-temps, que nous avons vu dans le chapitre 13.*)

La marque maison House & Home n'est offerte que chez La Baie et Déco Découverte.

Il est difficile pour les détaillants de miser sur la marchandise pour se distinguer de leurs concurrents, car ceux-ci peuvent acheter et vendre la plupart des mêmes marques populaires. C'est pourquoi tant de détaillants ont développé des **marques de distibuteur (ou marques maison)**, qui réunissent des produits conçus et mis en marché par le détaillant et qui ne sont offerts que chez lui. Par exemple, seuls les magasins La Baie et Déco Découverte offrent les draps de la marque House & Home. De la même manière, seuls les détaillants du réseau Metro vendent les produits des marques Irresistibles et Selection. La rubrique Question d'éthique 14.1 aborde les difficultés que pose la sous-traitance aux détaillants de marques maison.

marque de distibuteur (ou marque maison) (*private-label brand [store brand]*) Marque élaborée et mise en marché par un détaillant et en vente uniquement dans son magasin. Le détaillant a souvent recours à un sous-traitant (généralement une PME) pour faire fabriquer ce produit. Le Choix du Président (Loblaw et Maxi), Compliments (Sobeys-IGA) ou Mérite (Metro) sont quelques exemples de marques de distributeurs, parfois abrégées « MDD ». Porte aussi le nom de « marque de détaillant ».

Le prix

Le prix contribue à déterminer la valeur d'une marchandise ou d'un service, et la fourchette de prix que propose un magasin contribue à définir son image. Même si les chaînes Banana Republic et Old Navy appartiennent toutes les deux à Gap, leur image ne pourrait être plus différente l'une de l'autre. Banana Republic fixe ses prix

Question d'éthique 14.1 — Les ateliers de misère dans la mire[17]

Les détaillants doivent offrir une bonne valeur au client tout en faisant un profit. La concurrence accrue et l'augmentation du coût de la main-d'œuvre locale, de l'énergie et des matières premières ont poussé de nombreux détaillants à confier la production de leurs marques maison à des fabricants établis dans des pays où la structure des coûts est moindre. Or, il est difficile pour une entreprise de surveiller les activités d'une usine étrangère qui ne lui appartient pas et qui est située à des milliers de kilomètres de son siège social. Les difficultés qu'a connues Walmart à cet égard reflètent bien la nature du problème.

À la suite d'un recours collectif représentant de 100 000 à 500 000 travailleurs de six pays — dont la Chine, le Nicaragua et le Bangladesh —, Walmart a été accusée de fermer les yeux sur les piètres conditions de travail en vigueur dans les usines de ses fournisseurs, comme la retenue du salaire, des sévices corporels ou le renvoi de travailleurs soupçonnés d'activités syndicales. La politique de bas prix que défend Walmart s'inscrit dans la culture de l'entreprise et non seulement sur les panneaux en magasin. Cette pression exercée constamment en vue de réduire les coûts et les prix contraint les fournisseurs à réduire encore plus leurs coûts. La mauvaise publicité entourant le recours collectif contre Walmart a cependant miné l'image de l'entreprise. Walmart a répliqué par une campagne publicitaire visant à réparer les dommages, mais des critiques ont souligné que le géant de la vente au détail supervise ses propres usines sans l'aide de Social Accountability International, un organisme sans but lucratif dont la mission est de promouvoir le respect des droits humains pour les travailleurs dans le monde[18], ou de tout autre groupe de lutte contre les ateliers de misère (*sweatshops*). Ces critiques n'ont pas hésité à exprimer leur scepticisme quant à la capacité de Walmart à instaurer ses propres mécanismes de contrôle. En dépit de la controverse, Walmart refuse de divulguer le compte rendu de ses enquêtes ou la liste des usines où sont fabriqués ses produits.

Deux questions devraient demeurer à l'esprit des détaillants :

- Un détaillant établi au Canada a-t-il une quelconque responsabilité à l'égard de violations des droits humains commises dans une usine qui ne lui appartient pas et qui se trouve dans un pays où il n'exerce pas d'activités ?
- Comment les détaillants peuvent-ils s'assurer que les marchandises qu'ils achètent ont été fabriquées dans des usines où les conditions ne compromettent pas la santé et la sécurité des travailleurs et où ceux-ci reçoivent un salaire décent ?

pour attirer de jeunes professionnels, alors qu'Old Navy vise à rejoindre des consommateurs branchés mais soucieux des prix.

Le prix doit toujours être fixé en fonction d'autres éléments indissociables de la vente au détail: le produit, la communication, la distribution, le personnel et la présentation. Vous ne paieriez pas 20 $ pour une tablette de chocolat vendue à l'épicerie du quartier; en revanche, ce prix est une aubaine pour une tablette de chocolat de série limitée fabriquée de chocolat noir belge de première qualité et vendue chez Holt Renfrew dans un emballage souvenir plaqué or.

Pharmaprix a redessiné et renommé ses comptoirs de cosmétiques en «galeries Beauté», afin d'améliorer la présentation et la promotion de la marchandise.

La communication

Les détaillants savent qu'une bonne communication, tant dans leur environnement que par l'entremise des médias de masse, peut signifier la fin de ventes faméliques et l'arrivée d'une clientèle grandissante. La publicité dans les médias traditionnels — journaux, magazines et télévision — joue toujours un rôle clé pour attirer la clientèle en magasin. (La rubrique Marketing entrepreneurial 14.1 décrit comment l'entreprise Please Mum a activé sa fibre communicationnelle en obtenant les droits pour la vente au détail de vêtements pour enfants sur le thème des Jeux de Vancouver, en 2010.) Toutefois, il ne suffit pas d'attirer la clientèle en magasin; les détaillants misent sur des présentoirs et des panneaux placés dans les points de vente ou à des endroits stratégiques, comme les bouts d'allées, pour informer les clients et provoquer l'achat des produits annoncés.

Marketing entrepreneurial 14.1 — Les Jeux d'hiver de 2010 plaisent à Please Mum

Il y a plus de 20 ans, Mikel Rhodes avait été très impressionné par l'attention que drainait Vancouver à l'occasion de l'Expo 1986. Les projecteurs du monde entier semblaient braqués sur la côte Ouest, alors que s'y déroulait l'Exposition universelle. À la même époque, Please Mum, un fabricant de vêtements résistants pour enfants, ouvrait sa première boutique en Colombie-Britannique. Aujourd'hui, Rhodes met en pratique ce qu'il a observé à l'époque: grâce à son directeur de l'exploitation, Please Mum a saisi l'occasion de devenir le détaillant exclusif de vêtements d'enfants portant la signature des Jeux de Vancouver 2010.

Please Mum crée et vend des vêtements résistants de grande qualité conçus selon l'idée que les enfants doivent être vêtus pour s'amuser! L'entreprise propose une grande variété de produits pour les enfants de tous les âges, des layettes aux kangourous en passant par les maillots de bain. La formule «vêtus pour jouer» a fait de Please Mum une marque réputée partout au Canada (sauf au Québec) synonyme de vêtements joyeusement colorés que les parents et les enfants adorent[19]. Désormais, l'entreprise souhaite présenter sa marque au monde entier.

En général, les fournisseurs officiels des Jeux olympiques doivent verser des «centaines de milliers de dollars» en redevances au Comité organisateur de la ville hôte. Rhodes a surtout vu dans cette situation un investissement inestimable. Please Mum a profité non seulement d'une augmentation de ses ventes de 2 %, mais aussi d'une occasion unique de présenter sa marque à l'échelle internationale. En tout, 10 gammes de vêtements inspirées des Jeux ont été lancées à compter de 2007. Pour rejoindre un plus vaste public, l'entreprise espérait aussi vendre ses nouvelles collections sur son site Web, grâce à son catalogue en ligne.

Il n'y a pas que les chiffres, cependant. Selon Rhodes, être un fournisseur des Jeux n'est pas qu'une question de revenus et de dépenses. Quoi de plus excitant, en effet, que de saisir l'énergie et l'esprit olympiques, une combinaison parfaite pour une marque de vêtements née du plaisir de jouer, à l'image de la marque de Vancouver 2010[20]?

Source: adapté de Patrick Brethour, «A Priceless Chance for Please Mum», *The Globe & Mail*, 27 mai 2007, p. B5.

Les cartes de crédit de magasins à rayons et les cartes-cadeaux constituent des formes de communication plus subtiles qui facilitent également le magasinage. Pour attirer la clientèle et stimuler les ventes, les détaillants offrent aussi des promotions axées sur le prix : coupons, rabais, rabais en magasin ou en ligne, offres de deux pour un, etc. Ces promotions sont déterminantes pour augmenter l'achalandage, faire gonfler le coût moyen des achats et favoriser les achats répétés. Les promotions en magasin sont également avantageuses pour la clientèle ; elles les informent sur les nouveautés, sur la marchandise offerte et sur les prix.

En plus des formes traditionnelles de communication, de nombreux détaillants consacrent plus de ressources à l'aménagement et à l'environnement du magasin comme moyen de promouvoir et de montrer la marchandise. La présentation de la marchandise, tant en magasin qu'en vitrine, est devenue un moyen de communication important. La chaîne Pharmaprix a ainsi redessiné ses comptoirs de cosmétiques pour en faire des « galeries Beauté ». Puisqu'une bonne part des activités liées aux courses peut s'avérer plutôt banale, les détaillants qui parviennent à se démarquer en proposant une ambiance différente ou stimulante ajoutent de la valeur à l'expérience de magasinage. G.A.P. Adventures^MD^, fondée par Bruce Poon Tip, de Calgary, a inauguré des magasins concepts à Vancouver, à Toronto, à Calgary, à Melbourne et à New York, où les visiteurs peuvent regarder des documentaires maison d'expéditions mettant en scène des voyageurs aux quatre coins du monde[21]. G.A.P. Adventures rehausse l'expérience visuelle de la clientèle, la renseigne tout en l'éduquant et améliore le potentiel de vente des magasins en permettant aux clients d'« essayer avant d'acheter ».

Les magasins concepts de G.A.P. Adventures procurent aux aspirants voyageurs une expérience visuelle éducative qui les inspire avant qu'ils ne réservent leur voyage.

Une variété de facteurs, dont certains très subtils, déterminent si les clients achèteront ou non. La perception qu'ont les clients de l'image et de l'ambiance d'un magasin influe considérablement sur la valeur qu'ils accordent à ce dernier et sur la probabilité qu'ils y reviennent. Où préférez-vous prendre un café : chez Tim Hortons ou chez Second Cup ? Chez lequel des deux aurez-vous davantage envie de converser avec vos amis ? La musique, les couleurs, les odeurs et l'achalandage peuvent aussi exercer une influence sur l'expérience de magasinage[22]. Par conséquent, le soin qu'apportent les détaillants à améliorer l'expérience de magasinage contribue à mettre les clients dans de bonnes dispositions et donc à leur donner envie de dépenser.

La vente personnelle et les représentants du service à la clientèle font également partie de la démarche de communication. Les détaillants doivent offrir des services pour faciliter l'achat et l'utilisation des produits, et leurs représentants — qu'ils soient en magasin, au téléphone ou devant un ordinateur — doivent être en mesure de renseigner les clients sur les caractéristiques et la disponibilité des produits. Ils peuvent aussi faciliter la vente de produits ou de services que les clients perçoivent comme étant compliqués, risqués ou coûteux, comme un climatiseur ou une bague à diamant. Dans certaines entreprises de vente au détail, la technologie s'ajoute aux vendeurs et au service à la clientèle, lorsqu'elle ne les remplace pas tout simplement. Pensons aux terminaux en magasin, à Internet et aux caisses libre-service.

L'information qu'obtient un détaillant de son personnel en magasin et de son système de gestion de la relation client est déterminante pour fidéliser sa clientèle et gérer un programme de fidélisation. Les détaillants avaient coutume de traiter tous leurs clients de la même façon ; aujourd'hui, cependant, les détaillants les plus éclairés veillent à offrir une plus grande valeur à leurs meilleurs clients. Par un contact personnalisé, des services et des promotions ciblées, ils tentent d'accroître leur **part de marché client**, c'est-à-dire le pourcentage des achats d'un client qui ont été effectués chez eux, auprès de leurs meilleurs clients. Ainsi, les détaillants en ligne peuvent, à partir de l'information recueillie auprès des clients, offrir un service personnalisé que seuls les conseillers des meilleurs établissements spécialisés pouvaient offrir auparavant.

part de marché client (*share of wallet*) Pourcentage des achats d'un client qui ont été effectués chez un détaillant donné.

La distribution

Les détaillants ont compris que la commodité est un ingrédient clé de la réussite, et que des emplacements commodes constituent un aspect de cette réussite[23]. Comme le veut la boutade, les trois éléments les plus importants de la vente au détail sont « l'emplacement, l'emplacement et l'emplacement ». De nombreux consommateurs choisissent des magasins en fonction de leur emplacement, ce qui fait d'un bon emplacement un avantage concurrentiel que peu de rivaux peuvent reproduire. Par exemple, lorsque Starbucks sature un marché en ouvrant des points de vente dans les meilleurs emplacements, ses concurrents ont bien du mal à venir ronger des parts de ce marché : où s'installeront-ils ?

Pour mieux accommoder la clientèle, certains Pharmaprix sont ouverts jour et nuit.

Toujours en quête des meilleurs emplacements, les détaillants expérimentent diverses formules pour rejoindre leurs marchés cibles. La plus grande chaîne de pharmacies du Canada, Shoppers Drug Mart^MD — Pharmaprix^MD au Québec — compte maintenant des points de vente ouverts jour et nuit, afin que les clients puissent venir chercher leurs médicaments et autres articles en tout temps.

Les types de détaillants[24]

Nous ferons, dans les pages qui suivent, un survol des divers types de détaillants, en désignant les acteurs importants et en déterminant les enjeux auxquels chacun de ces types de détaillants fait face.

Les détaillants en alimentation

Il n'y a pas si longtemps, les marchés d'alimentation traditionnels étaient l'endroit principal où l'on achetait sa nourriture. Aujourd'hui, cependant, on trouve des aliments dans les pharmacies, les magasins minimarges, les magasins-entrepôts et les dépanneurs. Les chaînes de pharmacies comme Pharmaprix vendent du lait, du pain et même, dans certains points de vente, des fruits frais. Walmart et Real Canadian Superstore proposent des supermagasins dont la gamme de produits comprend de 30 % à 40 % de denrées alimentaires. Dans les magasins-entrepôts comme Costco et Sam's Club, la vente de produits alimentaires représente environ 50 % des ventes. On trouve maintenant dans les dépanneurs de stations-service bien plus que de la barbotine et de l'essence. Les dépanneurs de Petro-Canada, par exemple, proposent des sandwichs et des salades de grande qualité. Par ailleurs, les clientèles de magasins comme Zellers et IKEA trouvent un restaurant sur place, ce qui leur permet de prolonger leur séance de magasinage. Bien sûr, les restaurants se disputent également la part du budget que les consommateurs consacrent à la nourriture. Le tableau 14.1 présente les caractéristiques des trois principaux types de détaillants en alimentation, soit les **supermarchés traditionnels**, les **marchés à très grande surface** et les dépanneurs.

Pareille concurrence n'augure rien de bon pour les épiceries traditionnelles. Certaines d'entre elles n'en font pas moins de bonnes affaires parce qu'elles offrent beaucoup de valeur à leur clientèle cible : elles sont bien situées, il est facile de s'y retrouver, elles offrent des prix honnêtes et proposent des produits et des services auxquels tiennent leurs clients. La rubrique Valeur ajoutée 14.1 (*voir p. 446*) décrit comment Pete's Frootique tire son épingle du jeu de la concurrence par la sélection de produits et la qualité du service.

supermarché traditionnel (*conventional supermarket*) Détaillant libre-service où l'on vend des denrées alimentaires, de la viande et des produits non alimentaires, bien qu'en quantité limitée, tels des produits santé et de beauté et des articles d'usage courant.

marché à très grande surface (*big-box food retailer*) Magasin de détail se présentant sous deux formes : l'hypermarché et le club-entrepôt ; plus grand que le supermarché traditionnel, ce type de magasin propose souvent des produits alimentaires en plus de marchandises diverses (vêtements, produits électroniques, quincaillerie, etc.).

TABLEAU 14.1 Les caractéristiques des détaillants en alimentation

Catégorie	Description	Exemples
Supermarchés traditionnels	Ils offrent des articles d'épicerie, des viandes et, en moins grandes quantités, des produits non alimentaires, comme des articles de santé et beauté et d'utilisation générale, selon une formule de libre-service.	Safeway est un supermarché populaire dans les provinces de l'Ouest ; Sobey's est plus répandu dans les Provinces Maritimes.
Marchés à très grande surface	Il en existe trois types, soit le centre commercial, l'hypermarché et le club-entrepôt. Plus vastes que les supermarchés traditionnels, ils vendent des produits alimentaires et non alimentaires.	Les centres commerciaux et les clubs-entrepôts sont populaires au Canada, alors que les hypermarchés fonctionnent particulièrement en Europe et en Amérique du Sud. La nourriture représente en général un pourcentage important de la marchandise offerte dans les hypermarchés (Carrefour) et les clubs-entrepôts (Costco).
Dépanneurs	Ces commerces petits et bien situés, où il y a peu d'attente à la caisse, proposent une variété limitée d'articles.	Ces magasins, comme 7-Eleven, affichent des prix habituellement plus élevés que la plupart des autres types de détaillants en alimentation. La plupart des dépanneurs, comme Couche-Tard, vendent aussi de l'essence, qui représente plus de 55 % des ventes annuelles.

Les détaillants de marchandises diverses

Les principaux types de **détaillants de marchandises diverses** sont les magasins minimarges, les magasins spécialisés, les grandes surfaces spécialisées minimarges, les magasins à rayons, les pharmacies, les magasins de liquidation et les magasins d'escomptes (ou à très bas prix). Nombre de ces détaillants généralistes utilisent plusieurs circuits de distribution, dont Internet et la vente par catalogue.

détaillant de marchandises diverses (*general merchandise retailer*) Magasin minimarge, magasin spécialisé, grande surface spécialisée minimarge, magasin à rayons, pharmacie, magasin de liquidation ou magasin d'escomptes (ou à très bas prix) ; ce type de détaillant peut avoir recours à plusieurs circuits de distribution, dont Internet et la vente par catalogue.

Valeur ajoutée 14.1 Pete's Frootique : l'aventure alimentaire

La plupart des produits qu'on trouve dans les épiceries sont des produits d'usage courant. De façon générale, une pomme Granny Smith vendue dans un magasin équivaut à peu près à une autre pomme Granny Smith vendue ailleurs. En matière d'épicerie, l'emplacement du magasin et les prix ont toujours été les deux critères les plus importants dans le choix d'un marché d'alimentation. Or, un marchand de la région de Halifax adopte une approche particulière en matière de produits frais et bons pour la santé. Pete's Frootique, du nom de son célèbre propriétaire canadien Pete Luckett, transforme la corvée de l'épicerie en une expérience agréable.

À ses débuts, Pete's Frootique était un petit étal de Saint-Jean, au Nouveau-Brunswick, dont la valeur de la marchandise ne dépassait pas 300 $. Aujourd'hui, l'entreprise compte deux emplacements animés de 1 700 mètres carrés (18 000 pieds carrés) chacun, dans les Provinces Maritimes. Les deux marchés à aires ouvertes regorgent de pyramides de fruits et de légumes appétissants, et partout des panneaux invitent la clientèle à goûter avant d'acheter. Des employés compétents et souriants renseignent les clients sur les produits offerts, la façon de les conserver et de les apprêter[25]. Les clients trouvent même une diététiste pour les conseiller sur les aliments qui les aideront à faire le plein d'énergie[26]. Ils trouvent aussi une section où les jus sont préparés sur place, un comptoir de mets à emporter, une épicerie fine, un comptoir de boucherie et de l'animation[27]. Ils peuvent également prendre une bouchée dans le sympathique coin salle à manger. Le site Web de l'entreprise, un véritable guide des aliments fraîcheur, propose des recettes et de l'information sur les magasins.

Cette expérience singulière de magasinage n'est pas passée inaperçue. L'entreprise a remporté de nombreux prix de l'industrie, dont celui du meilleur marché d'alimentation spécialisé indépendant du Canada, et ce, à trois reprises[28]. La qualité de l'expérience offerte, combinée avec celle des produits, explique en grande partie la fidélité de la clientèle. Une visite chez Pete's Frootique est toujours une expérience divertissante.

magasin minimarge (*discount store*)
Magasin de vente au détail offrant un vaste assortiment de produits bon marché, mais un service limité. On trouve ces détaillants également sous les termes de magasins à prix réduits, de magasins de rabais ou de discompteurs.

Les magasins minimarges Un **magasin minimarge**, également appelé « magasin à prix réduits », « magasin de rabais » ou encore « discompteur », offre une grande variété de marchandises, peu de services et des bas prix. Au Canada, Walmart et Zellers dominent l'industrie des magasins minimarges et se disputent les mêmes marchés cibles. Or, dans la mesure où leurs compétences se distinguent légèrement, les deux chaînes arrivent à survivre. Walmart est à l'origine de la politique des bas prix, tous les jours, et l'efficience de ses opérations lui permet d'offrir le panier de marchandises le moins cher sur tous les marchés sur lesquels elle se trouve. Cela ne signifie pas pour autant que Walmart offre le prix le plus bas sur tous ses articles dans tous ses marchés, mais l'entreprise tente d'offrir les meilleurs prix pour une grande variété de produits. Zellers, pour sa part, mise sur le marchandisage ; en optant pour la qualité et le style, Zellers propose des collections exclusives comme celles de Martha Stewart et Hilary Duff, qui offrent une bonne valeur sans être au plus bas prix.

magasin spécialisé (*specialty store*)
Magasin relativement petit qui vend une quantité limitée de produits complémentaires.

Les magasins spécialisés Les **magasins spécialisés** sont des magasins relativement petits qui vendent une quantité limitée de produits complémentaires. Par exemple, Payless ShoeSource est le plus grand détaillant spécialisé dans les chaussures pour toute la famille de l'hémisphère occidental. Ses magasins proposent des chaussures et des accessoires de mode de qualité pour femmes, hommes et enfants à des prix abordables selon une formule libre-service.

grande surface spécialisée minimarge (*category specialist*)
Commerce offrant un assortiment étroit (peu de lignes) mais profond (beaucoup de choix dans les lignes tenues).

Les grandes surfaces spécialisées minimarges Une **grande surface spécialisée minimarge** est un commerce offrant un assortiment étroit (peu de lignes) mais profond (beaucoup de choix dans les lignes tenues). Certaines de ces grandes surfaces ressemblent à des magasins spécialisés grand format, comme Paderno (articles de maison et articles de cuisine) ou Chapters Indigo (livres) ; d'autres empruntent aux magasins minimarges le type d'aménagement et les bas prix, mais concentrent leur assortiment de produits, comme Future Shop (électronique) ou RONA (décoration et rénovation). La plupart des grandes surfaces spécialisées minimarges adoptent la formule libre-service, mais certaines, comme Home Depot, proposent un service à la clientèle plus élaboré. La gamme de produits qu'offrent ces grandes surfaces spécialisées minimarges peut être à ce point étendue que les autres détaillants peinent à soutenir la concurrence; lorsque cela arrive, les grandes surfaces spécialisées sont appelées des **discompteurs spécialisés (ou casseurs de prix)**. La compagnie Toys "R" Us est un des premiers casseurs de prix à se lancer sur le marché.

discompteur spécialisé (ou casseur de prix) (*category killer*)
Grande surface spécialisée minimarge dans une catégorie de produits, dont l'assortiment est tel que les autres détaillants peinent à demeurer concurrentiels.

Les magasins à rayons Les magasins à rayons sont des commerces où l'on trouve toutes sortes de produits (un large assortiment), de nombreux modèles de chaque type (un assortiment profond) et divers services, le tout organisé en différents rayons pour mieux présenter la marchandise. Ils font souvent penser à une enfilade de boutiques spécialisées: vêtements pour femmes, pour hommes, pour enfants, articles pour la maison, mobilier, électroménagers et articles de cuisine, etc.

Depuis la disparition d'Eaton, les grandes chaînes de magasins à rayons qu'il reste au Canada sont Sears et La Baie. D'autres chaînes de magasins offrent une grande variété de produits. Certaines, comme Zellers, proposent des produits à des prix relativement bas et livrent une concurrence serrée aux magasins minimarges; d'autres, comme Holt Renfrew, tiennent des produits exclusifs et chers et se mesurent aux chaînes de boutiques spécialisées haut de gamme.

Au cours des dernières années, les magasins à rayons ont perdu des parts de marché au profit des magasins spécialisés, des magasins minimarges et des grandes surfaces spécialisées minimarges. Ils semblent coincés au milieu, entre les détaillants qui offrent plus de valeur à meilleur prix et ceux qui offrent un assortiment plus vaste et plus au goût du jour, de même qu'un meilleur service à la clientèle, du moins selon la perception qu'en ont les consommateurs. Les magasins à rayons ne semblent pas prêts à déclarer forfait, cependant. Ainsi, au rayon de la mode dernier cri, La Baie propose une gamme de marques maison plus étendue que par le passé.

Des magasins comme Home Depot sont ce qu'on appelle de grandes surfaces spécialisées minimarges parce qu'elles offrent une variété limitée de produits, mais des lignes profondes de chaque type de produits.

Les pharmacies Les **pharmacies** sont des magasins spécialisés dans la vente de produits de soins de santé et d'hygiène, bien que la vente de produits pharmaceutiques y compte pour plus de 60 % des ventes. Les plus grandes chaînes de pharmacies canadiennes — Pharmaprix, Jean Coutu, Pharmasave et London Drugs[29] — n'ont pas la tâche facile, car la vente de médicaments sur ordonnance leur laisse une marge de profit fortement réduite; les compagnies d'assurances et les programmes gouvernementaux paient la majeure partie du coût de nombreuses ordonnances, et les compagnies d'assurances négocient des prix très bas auprès des pharmacies. Celles-ci tentent donc de compenser la faible marge de profit sur les médicaments d'ordonnance en concentrant leurs efforts sur les produits non pharmaceutiques. Les pharmacies offrent depuis longtemps une grande variété de produits, mais la nourriture — particulièrement les denrées périssables comme le lait et les fruits — constitue un ajout relativement récent[30].

pharmacie (*drugstore*)
Magasin spécialisé dans la vente de produits de soins de santé et d'hygiène, bien que la vente de produits pharmaceutiques y compte pour plus de 60 % des ventes.

Les magasins de liquidation Winners, Designer Depot, HomeSense et autres **magasins de liquidation** proposent un assortiment changeant de produits à des prix relativement bas. En général, ces détaillants achètent des surplus d'inventaire ou des fins de série à des fabricants et à d'autres détaillants pour une fraction (le quart ou le cinquième) du prix de gros original. En vertu de ce mode d'achat, les clients ne savent jamais ce qu'ils trouveront en magasin au cours de leur prochaine visite. Ils savent en revanche qu'ils y aura des aubaines, mais ce ne seront jamais les mêmes d'une fois à l'autre. Pour assurer une certaine constance dans la marchandise, certains détaillants enrichissent leurs stocks achetés à un bon prix de marchandises qu'ils achètent au prix du gros. Outre les bons prix, la clé du succès des magasins de liquidation réside dans le climat de chasse au trésor qu'ils procurent à la clientèle.

magasin de liquidation (*off-price retailer*)
Détaillant offrant aux clients un assortiment de produits changeant dont les prix sont relativement bas.

Les magasins d'escomptes sont à cheval sur deux catégories de détaillants : les magasins de liquidation et les magasins minimarges. Ils constituent l'un des segments les plus dynamiques de la vente au détail. Les **magasins d'escomptes**, comme Dollarama, sont des détaillants de marchandises diverses minimarges d'une superficie ne dépassant habituellement pas 850 mètres carrés (9 000 pieds carrés).

OA 3

La vente au détail hors magasin

magasin d'escomptes (*extreme value retailer*) Détaillant de marchandises diverses minimarges d'une superficie ne dépassant habituellement pas 850 mètres carrés (9 000 pieds carrés).

La vente au détail hors magasin, souvent appelée « marketing direct », joue un rôle important dans la mise en marché de produits et de services. Le taux de croissance annuelle de ce type de vente devance les ventes au détail en magasin, ce qui en fait la forme de vente au détail qui augmente le plus rapidement. Les formats de vente au détail hors magasin — comme le publipostage, la vente par catalogue et la publicité à réponse directe — permettent aux consommateurs de découvrir de nouveaux produits et de les acheter sans sortir de chez eux. Selon l'Association canadienne du marketing, les activités de marketing direct au Canada génèrent des ventes annuelles de 51 milliards de dollars et l'industrie embauche plus de 480 000 personnes[31]. Bien que l'on considère souvent le marketing direct comme un outil de communication, il est aussi une forme de vente au détail ; c'est pourquoi nous en traitons dans ce chapitre. Pour de nombreux responsables du marketing, le marketing direct constitue un véhicule de choix pour rejoindre les consommateurs.

Le marketing direct présente quatre caractéristiques clés : il est ciblé, il vise le déclenchement d'une action, il est mesurable et il peut fournir de l'information pour l'établissement d'une base de données[32]. La démarche, qui repose sur l'information, aide les responsables du marketing à viser les bons publics. Pour vendre un supplément vitaminique, par exemple, le marketing direct permet à une entreprise de ne rejoindre que des personnes abonnées à des magazines traitant de santé, en tentant de les inciter à l'action, soit en composant un numéro sans frais, en visitant un site Web ou en postant un bon de commande. En utilisant des coupons codés selon chaque magazine, des numéros sans frais différents ou des microsites Web, il est facile de mesurer le taux de réponse selon chaque magazine. Le recours à des formes de marketing direct visant une réaction, comme la publicité télévisée à réponse directe ou le télémarketing, peut fournir des résultats importants tout en permettant d'évaluer la campagne de marketing en temps réel[33].

Le marketing direct présente des avantages pour les acheteurs et les vendeurs. Les entreprises qui lancent des campagnes de marketing direct ont ainsi la possibilité de vendre à des marchés cibles beaucoup plus vastes que ce que leur permettraient les circuits de distribution traditionnels. Comparativement à la vente personnelle ou à la publicité dans les médias de masse, le marketing direct est beaucoup moins coûteux lorsqu'il s'agit de rejoindre les consommateurs. Comme nous l'avons mentionné précédemment, l'une des caractéristiques déterminantes du marketing direct est d'être mesurable : des mécanismes de suivi permettent de quantifier les résultats de la campagne. La possibilité de mesurer le marketing direct signifie qu'un vendeur sait qui a répondu à sa campagne, ce qui lui fournit l'occasion de mettre sur pied une base de données précieuses qu'il pourra utiliser pour faire des promotions croisées, adapter son offre et créer des promotions ciblées pour des clients précis à l'occasion de futures campagnes.

Le caractère pratique du marketing direct et le peu d'efforts qu'il demande plaisent aux consommateurs. Ceux-ci peuvent parcourir un catalogue, prendre connaissance d'une offre envoyée par publipostage ou visiter le site Web d'une entreprise au moment qui leur convient. Les formes de marketing direct en ligne donnent accès à une vaste gamme de produits d'entreprises canadiennes et étrangères.

Comme le montre la figure 14.3 (*voir p. 449*), le marketing direct peut prendre plusieurs formes : le publipostage, les catalogues, le marketing direct télévisuel, les kiosques, la vente en ligne, le télémarketing et la vente personnelle. Dans les pages suivantes, nous décrirons les quatre premières formes, puis nous traiterons

FIGURE 14.3 Diverses formes de vente au détail hors magasin

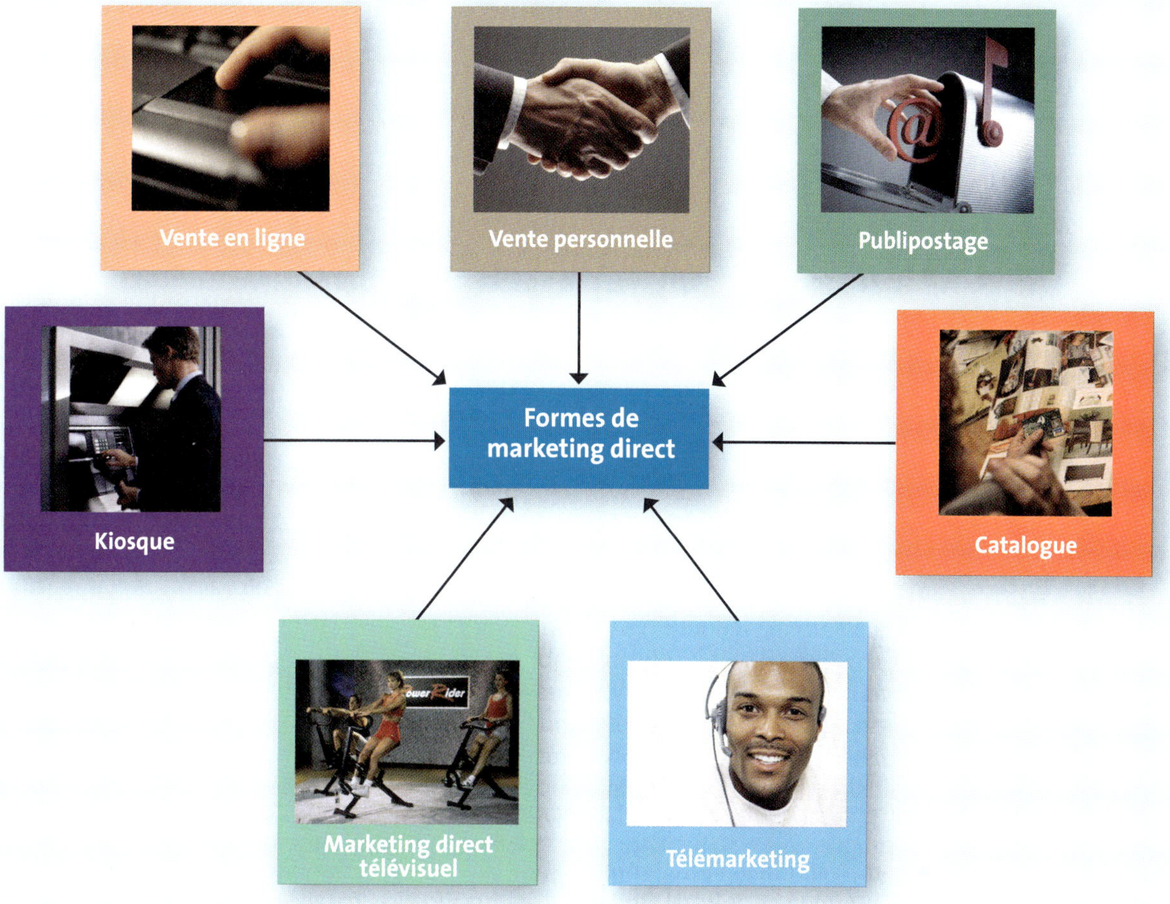

d'Internet et de la vente au détail en ligne. Quant au télémarketing et à la vente personnelle, ils seront présentés dans le chapitre 16.

Le publipostage Bien qu'il prenne parfois la forme de courriels, le **publipostage** est considéré essentiellement comme une forme de communication écrite ciblée et envoyée par la poste à d'éventuels clients. Les listes d'adresses constituent le fer de lance du publipostage. Il faut choisir la bonne liste pour faire en sorte que l'information et l'offre visent le bon auditoire, sans quoi la promotion sera perçue comme du « courrier-déchet ». Selon Postes Canada, les ménages canadiens reçoivent en moyenne 27 envois de publipostage par semaine. Pareil volume n'empêche pas 83 % des Canadiens de prendre connaissance des publipostages qui leur sont adressés chaque jour et 63 % de les lire dès leur réception[34].

publipostage (*direct mail*) Imprimé publicitaire ciblé envoyé par la poste à d'éventuels clients.

L'efficacité du publipostage tient non seulement au choix d'une bonne liste d'adresses, mais aussi à la présentation d'une offre suffisamment intéressante pour amener le consommateur à agir sur-le-champ. L'offre intéressante doit être pertinente aux yeux du consommateur et par rapport au produit. Elle prendra une forme différente selon qu'elle s'adresse à des particuliers ou à des entreprises. Cependant, elle ne consiste pas toujours à vendre un produit. Les collectes de fonds des organismes de charité enregistrés reposent en grande partie sur le publipostage. Par exemple, la Fondation des maladies du cœur du Canada utilise abondamment le publipostage pour promouvoir sa cause, puisqu'elle ne reçoit aucun financement de la part des gouvernements. Les efforts de la Fondation ont permis de recruter plus de 140 000 bénévoles et 13 millions de donateurs[35] et de recevoir plus de 125 millions de dollars en dons[36].

La Fondation des maladies du cœur du Canada recourt au publipostage pour faire mousser sa loterie, dont les profits vont à la recherche, laquelle est une source de percées médicales, de changement social et d'éducation à la santé.

Les catalogues De nombreuses entreprises mettent les catalogues au service de leur développement stratégique. Les catalogues sont d'importants véhicules de communication pour les magasins de détail, d'autant plus que 80 % des Canadiens aiment recevoir des catalogues. Plus de la moitié ont commandé des articles vus dans un catalogue au cours de l'année 2006[37].

Les catalogues sont ordinairement envoyés par la poste, ce qui peut devenir préoccupant à mesure que l'entreprise grossit. Mountain Equipment Co-op compte 2,6 millions de clients, mais ne poste son catalogue qu'à quelque 200 000 d'entre eux en raison de l'impact environnemental et des coûts associés à ce procédé. Les clients peuvent toutefois télécharger le catalogue en format PDF sur le site de l'entreprise. Aujourd'hui, la plupart des entreprises qui distribuent un catalogue — par exemple, IKEA et Bureau en Gros — en proposent une version en ligne. Néanmoins, malgré la facilité du magasinage en ligne, la grande majorité des Canadiens préfèrent encore feuilleter les pages d'un catalogue.

Le marketing par catalogue a beaucoup évolué depuis ses débuts, lorsque des entreprises comme Sears et la défunte Eaton postaient régulièrement de volumineux catalogues à leur clientèle. Bien que Sears produise toujours de gros catalogues, de nombreuses entreprises optent pour des versions nettement plus minces. Beaucoup d'adultes gardent un souvenir attendri des heures écoulées, lorsqu'ils étaient enfants, à feuilleter les pages du catalogue de Noël de Sears en fantasmant sur les cadeaux qu'ils souhaitaient recevoir. La tradition est si bien ancrée au Canada que la populaire série *Corner Gas* en a déjà fait l'objet d'un épisode d'avant Noël.

Les catalogues sont particulièrement importants pour les entreprises qui n'ont pas pignon sur rue. Ashton Green, un détaillant spécialisé dans les articles de cuisine situé à Ottawa, n'a jamais eu de magasin ayant pignon sur rue. L'entreprise de vente par correspondance ne vendait qu'au moyen de son catalogue. Avec le temps, Ashton Green a mis en ligne son catalogue et développé ses capacités de cybercommerce, afin d'accroître son marché et ses ventes.

Bien que Sears compte plusieurs magasins ayant pignon sur rue, ses catalogues constituent d'importants véhicules de communication et de développement de la clientèle qui permettent à celle-ci d'acheter une grande variété de marchandises.

Le marketing direct télévisuel Le **marketing direct télévisuel** renvoie aux publicités télévisées et aux infopublicités qui incitent fortement le client potentiel à passer à l'action, habituellement au moyen d'un numéro sans frais, d'une adresse postale ou d'un site Web. Si beaucoup de gens doutent de l'efficacité de cette forme de marketing direct, il n'en demeure pas moins que les infopublicités et les chaînes de téléachat sont les deux formes de marketing direct les plus appréciées des Canadiens[38]. Le marketing direct télévisuel représente maintenant 25 % de toutes les publicités télévisées, et les achats les plus populaires sont des articles pour faire de l'exercice, les produits visant à maintenir son poids ou à en perdre, les vidéos et les produits de beauté[39].

marketing direct télévisuel (*direct response television*) Annonce télévisée ou publireportage qui incite fortement le client potentiel à l'action — typiquement à composer un numéro sans frais pour effectuer un achat ou pour faire un don.

La plupart des publicités de marketing direct ont un format de 60 ou 120 secondes ou prennent la forme d'une longue infopublicité de 30 minutes. Pour beaucoup de gens, le mot « infopublicité » évoque l'image d'un présentateur en fin de soirée qui explique comment son produit tranche et débite tout mieux que n'importe quel autre produit sur le marché.

La plupart de ces vendeurs semblent annoncer des produits trop beaux pour être vrais, que ce soit un programme santé qui fera fondre vos kilos en trop, des couteaux miracles si bien affûtés que vous n'aurez plus jamais besoin d'en acheter d'autres ou une crème rajeunissante qui gommera vos rides comme par magie. Presque tout le monde a entendu parler du gril George Foreman, mais peu d'entre nous reconnaissent en George Foreman le champion du monde poids lourd de boxe qu'il a déjà été.

Le marketing direct télévisuel est populaire parce qu'il donne des résultats, non seulement par ses infopublicités, mais aussi au moyen d'un format de publicités plus courtes. Grâce à sa campagne *Sauvez des vies*, la Société canadienne du sang a dépassé son objectif de 50 %[40] en plus de remporter l'or dans la catégorie marketing direct télévisuel de l'Association canadienne du marketing pour sa campagne sur les nouveaux donneurs[41].

Le gril George Foreman est, entre autres, annoncé et vendu par infopublicité.

Les kiosques Comme nous l'avons souligné dans le chapitre 11, les kiosques électroniques peuvent faciliter la prestation de services aux consommateurs, par exemple en permettant aux voyageurs d'imprimer rapidement leur carte d'embarquement dès leur arrivée à l'aéroport. Or, les kiosques peuvent également servir à vendre des produits et des services à des utilisateurs finaux, habituellement dans les centres commerciaux. Certains kiosques sont installés temporairement dans des centres commerciaux, surtout durant les semaines précédant Noël. D'autres kiosques sont permanents. C'est le cas des kiosques de Dell, installés dans les centres commerciaux, qui permettent aux gens de parler de vive voix à un représentant (à l'écran) et de trouver l'ordinateur qui leur convient. Les clients peuvent adapter leur ordinateur à leurs besoins, le commander et le faire livrer chez eux. Dans les centres commerciaux, Virgin Mobile a inauguré un réseau de kiosques qui permettra de vendre, outre des téléphones, d'autres produits Virgin[42]. Les agences immobilières comme Century 21 misent sur leurs kiosques dans les centres commerciaux où des milliers d'acheteurs potentiels peuvent consulter les fiches descriptives de propriétés. Les kiosques Hallmark permettent aux clients de créer des cartes personnalisées. Dans le Rogers Centre, à Toronto, les spectateurs trouvent des kiosques où ils peuvent acheter un appareil photo jetable, des films ou des piles[43].

Les kiosques de Dell permettent aux clients des centres commerciaux de trouver l'ordinateur qui leur convient.

Les kiosques trouvent également leur place dans les milieux d'affaires, en particulier à l'occasion de foires commerciales, où les spécialistes du marketing peuvent rencontrer des clients potentiels et les renseigner sur leurs produits.

OA 4 Internet et la vente au détail en ligne

entreprise traditionnelle (ou brique et mortier) (*brick-and-mortar*) Magasin traditionnel ayant une présence physique.

Nous examinerons maintenant la plus grande innovation qu'ait connue la vente au détail depuis plus de 20 ans, c'est-à-dire depuis l'introduction dans les marchés d'alimentation de terminaux permettant de lire électroniquement les codes universels des produits (CUP) : la vente au détail en ligne ou cybervente au détail. Avant 2000, certains experts de la vente au détail prédisaient la disparition des **entreprises traditionnelles (ou brique et mortier)**. Ces experts affirmaient que tout le monde adopterait bientôt le commerce en ligne. Ces prophètes de malheur avaient évidemment tort, mais nous avons appris plusieurs leçons importantes sur ce qui fonctionne et ne fonctionne pas en matière de cybervente au détail.

L'aptitude à acquérir un avantage concurrentiel durable est au cœur de toute stratégie d'affaires[44]. Certains aspects de la stratégie d'un détaillant sont plus durables que d'autres, que ce détaillant ait ou non pignon sur rue. Ainsi, les concurrents de détaillants qui offrent des produits de base (matériaux de construction, fournitures de bureau) ou des produits apparentés aux produits de base (livres, CD) n'ont aucun mal à soutenir la concurrence au chapitre de l'assortiment offert et des prix[45]. Par conséquent, il est difficile pour les cyberdétaillants de produits de base de rester à flot, à moins que le service perçu associé à l'achat en ligne ne dépasse les avantages de l'achat en magasin. Par exemple, Amazon.ca améliore l'expérience de magasinage en présentant le point de vue d'autres lecteurs sur les livres qu'ils ont lus et en faisant des suggestions de lecture en fonction d'achats précédents. De plus, de nombreux articles ont de meilleures chances d'être disponibles chez Amazon que dans toute autre librairie. Alors que d'autres produits comme les vêtements s'avèrent moins faciles à acheter en ligne, parce qu'on aime les toucher et les essayer, la marchandise qu'offre Amazon s'accommode fort bien de l'environnement Internet. Sur MuchMusic.com, les internautes peuvent acheter des sonneries de téléphone et d'autres produits décrits dans la rubrique Cybermarketing 14.1 (*voir p. 454*).

Les faibles coûts d'accès à Internet et l'amélioration constante des moteurs de recherche et des robots de magasinage permettent à des commerces de niche pour des produits rares, des articles de collection et des loisirs de faire passer leur zone d'attraction commerciale — c'est-à-dire la zone géographique où résident les clients potentiels d'un détaillant ou d'un centre commercial — de quelques quartiers urbains à la planète entière.

Internet a également facilité l'expansion des marchés pour les détaillants traditionnels. Si un client à Zurich peut magasiner en ligne chez Sears.ca ou Lee Valley Tools Ltd (leevalley.com), un client de Bureau en Gros peut aussi acheter un ordinateur en ligne et passer le prendre au magasin. En plus d'accroître les ventes en élargissant la clientèle et en attirant de nouveaux clients, un canal électronique permet au détaillant de savoir ce que les clients potentiels recherchent ou achètent et le moment où ils visitent son site Web. Grâce à cette information, il peut ensuite ajuster ses stocks, planifier des promotions et mettre en place des programmes de fidélité. En outre, les détaillants multicircuits peuvent réaliser des économies d'échelle en coordonnant leurs achats et leurs activités logistiques d'un circuit à l'autre et en consolidant les données et leurs activités de marketing. De façon générale, les consommateurs qui magasinent chez des **détaillants multicircuits** — c'est-à-dire des détaillants qui utilisent plusieurs circuits de distribution pour vendre leur marchandise (magasins, catalogues et Internet) — achètent plus que ceux qui magasinent chez les détaillants à circuit unique.

détaillant multicircuit (*multichannel retailer*) Détaillant qui vend de la marchandise par l'entremise de plusieurs circuits de distribution (p. ex., en magasin, par catalogue, par Internet).

Les boutiques en ligne ont l'avantage d'offrir aux consommateurs une vaste sélection qu'ils peuvent consulter en tout temps, du bureau ou de la maison, et un service de livraison à domicile. Néanmoins, elles ne peuvent pas toujours répondre à leurs besoins et ont parfois plus de mal que leurs concurrents brique et mortier à offrir un

Les consommateurs qui magasinent chez des détaillants multicircuits — c'est-à-dire des détaillants qui utilisent plusieurs circuits de distribution pour vendre leur marchandise (comme les magasins de Sears, ses catalogues et son site Internet) — achètent généralement plus que ceux qui magasinent chez les détaillants à circuit unique.

Cybermarketing 14.1 MuchMusic.com : beaucoup plus que de la musique

Chaque année, des milliers de musiciens et leurs admirateurs suivent avec enthousiasme le MuchMusic Video Awards, tenu au centre-ville de Toronto. Des jeunes et des moins jeunes du Canada et d'ailleurs s'unissent pour célébrer l'excellence en matière de vidéoclips. En 2006, l'événement-concert a réuni 10 000 personnes sur les lieux. Cependant, l'auditoire était beaucoup plus vaste, puisque, en tenant compte de la baladodiffusion et de la télédiffusion, plus de 3,5 millions de personnes ont pu suivre cet événement[46]. Aujourd'hui, les technologies multimédias servent de levier à MuchMusic pour vendre de la musique en ligne, de diverses façons.

Si la vente au détail a longtemps été confinée dans les entreprises brique et mortier, Internet a rendu possible — et populaire — la cybervente au détail. Le site Web de MuchMusic (www.muchmusic.com) a misé sur cette popularité pour entrer en contact avec les téléspectateurs de ses chaînes musicales télévisées. En plus de rendre accessibles en ligne des contenus complémentaires à sa programmation télévisée, le site de MuchMusic comprend MuchShop, qui permet d'acheter de la musique en ligne. Optimisé par Puretracks, le site permet d'acheter des milliers de chansons pour 0,99 $ pièce. Les visiteurs peuvent aussi acheter des albums complets à prix réduit et écouter des extraits avant de faire leur choix. De plus, il est possible d'acheter et de recevoir par courriel des cartes-cadeaux MuchShop pour une utilisation en ligne.

MuchShop vend aussi des contenus pour appareils mobiles, comme des fonds d'écran de téléphone cellulaire à l'effigie de célébrités ou des sonneries exclusives d'artistes populaires comme Simple Plan[47]. Les internautes peuvent même, à l'aide du mélangeur de sonneries et d'un outil graphique, créer la sonnerie et le fond d'écran de leur choix, et les télécharger directement sur leur cellulaire. Bien sûr, ils peuvent également s'inscrire à des alertes par messagerie texte pour être informés de la mise en ligne de nouvelles sonneries, une option incontournable pour quiconque veut se tenir au fait de l'actualité de la scène musicale.

MuchMusic intègre aussi la messagerie texte dans sa programmation. En 2005, l'entreprise lançait *PunchMuch*, une émission de musique sur demande automatisée et paramétrable par les utilisateurs : les téléspectateurs choisissent la musique qui sera présentée en votant par messagerie texte pour les clips de leur choix. *PunchMuch* a connu un tel succès qu'on en a fait une chaîne.

Puisque la musique et les produits pour appareils mobiles qu'offre MuchShop visent les publics cibles qui regardent MuchMusic, la chaîne savait que la capacité de son auditoire à acheter en ligne pouvait poser problème. Afin de rendre MuchShop accessible aux jeunes acheteurs, MuchMusic a lancé une carte prépayée MasterCard MuchShop. Après avoir payé un coût initial, les détenteurs d'une carte ou leurs parents peuvent y verser des fonds à leur guise. Reconnue dans les mêmes endroits que toute autre carte MasterCard, elle permet aux adolescents qui n'ont pas de carte de crédit de faire des achats en ligne. En intégrant ses contenus télévisuels et en ligne au moyen d'un portail de cybervente au détail, MuchMusic a réussi à attirer ses clientèles cibles et à leur procurer les moyens d'acheter sans quitter le confort de leur canapé. MuchMusic applique désormais le marketing multicircuit à ses jeunes consommateurs.

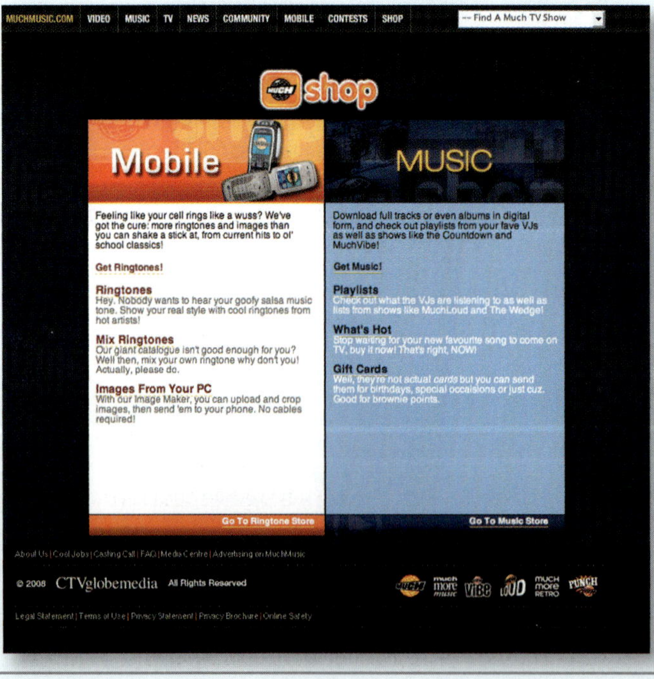

MuchMusic.com permet à ses consommateurs d'acheter des sonneries et d'autres marchandises en ligne.

contact personnalisé, un service après-vente à faible coût (notamment les retours) et la possibilité d'essayer avant d'acheter. Nous résumons dans le tableau 14.2 les facteurs qui contribuent au succès de la cybervente au détail et ceux qui nuisent à celui-ci.

TABLEAU 14.2 Les forces et les faiblesses d'Internet[48]

Forces	
Catégorie de produits	L'achat de produits standardisés et courants est plus facile en ligne.
Disponibilité de l'information	Les consommateurs peuvent prendre tout leur temps pour examiner l'assortiment de produits offerts et lire l'information sur les produits.
Accessibilité	Les consommateurs n'ont besoin que d'un accès Internet pour rejoindre les cyberdétaillants.
Heures d'ouverture	Internet est ouvert 24 heures par jour, 7 jours par semaine, ce qui constitue un immense avantage pour les consommateurs.
Faiblesses	
Impossibilité d'essayer	Internet ne permet pas d'essayer ou d'évaluer certains produits avant de les acheter.
Absence de relation de confiance	La cybervente au détail a de la difficulté à offrir un rapport de confiance et une relation de persuasion.
Absence de gratification immédiate	À moins d'acheter des contenus sur support électronique, il faut généralement attendre pour recevoir la marchandise ou le service qu'on vient d'acheter en ligne.
Perception d'un manque d'intimité et de sécurité	Le magasinage en ligne véhicule une perception d'intimité moins grande et des préoccupations entourant la sécurité, même si ce sentiment tend à diminuer avec le temps.
Absence d'expérience de magasinage en magasin	L'environnement proposé est perçu comme étant moins divertissant pour les accrocs du magasinage
Coûts de livraison et de manutention élevés	Les coûts de livraison et de manutention font monter considérablement les coûts d'exécution des commandes en ligne.

Que réserve l'avenir de la cybervente au détail? Il y a et il y aura encore longtemps trois catégories de cyberdétaillants: les cyberdétaillants de niches, les grands cyberdétaillants et les détaillants traditionnels offrant la possibilité d'acheter en ligne. Les cyberdétaillants de niche proposent des articles précis qui intéressent des clients potentiels des quatre coins du monde. Quant aux grands cyberdétaillants, leur nombre est limité, mais ils comptent quelques succès retentissants, notamment Amazon. Le gros des discussions positives concernant la cybervente au détail porte sur le troisième groupe, c'est-à-dire les grands détaillants traditionnels qui ont ouvert des boutiques en ligne, comme Indigo.ca et FutureShop.ca. Ces détaillants et de nombreux autres détaillants multicircuits ont constaté que les consommateurs semblent reconnaître qu'il y a des avantages à pouvoir magasiner au même endroit de diverses façons: en magasin, en ligne, voire par catalogue.

L'élaboration d'une stratégie de vente au détail et d'un positionnement

Ce chapitre a traité jusqu'ici de l'importance d'innover au chapitre des formats, des produits, des services et des prix pour les détaillants du grand segment du centre qui souhaitent non seulement survivre, mais conserver un avantage concurrentiel. Nous avons également vu comment les détaillants peuvent utiliser les quatre «P» pour offrir de la valeur, particulièrement à une époque où de plus en plus de Canadiens en veulent plus pour leur argent. Comme nous l'avons mentionné, les consommateurs d'aujourd'hui sont prêts à magasiner chez les détaillants ou par le circuit de distribution qui leur procureront le meilleur rapport qualité-prix. Nous avons aussi relevé que les distinctions entre les divers types de détaillants sont de moins en moins claires à mesure que ceux-ci élargissent leur gamme de produits et de services. Par exemple, Walmart et, dans une moindre mesure, Pharmaprix s'aventurent dans la vente de produits d'épicerie. Les détaillants doivent donc impérativement élaborer des stratégies de vente au détail efficaces et se positionner savamment s'ils veulent se démarquer dans le paysage de plus en plus concurrentiel qui est le leur et fournir aux clients de bonnes raisons de faire affaire chez eux.

Comment les détaillants doivent-ils s'y prendre ? Pour commencer, les principes dont nous avons discuté dans le chapitre 8 — sur la segmentation, le ciblage et le positionnement — leur seront très utiles. Comme nous l'avons alors noté, les détaillants doivent d'abord bien connaître les opinions, les comportements et les préférences des consommateurs des marchés sur lesquels ils se trouvent. Ils doivent ensuite utiliser la connaissance qu'ils ont de leurs clients pour développer des segments de marché et déterminer ceux qu'ils veulent courtiser : leurs marchés cibles. Les détaillants qui tentent de plaire à tout le monde finissent souvent par se trouver incapables de bien servir quelque marché que ce soit, et ils se retrouvent rapidement dans le pétrin. Une fois le marché cible choisi, les détaillants doivent définir leur marchandisage, leurs prix, la communication et les stratégies de distribution qui leur permettront de rejoindre et de servir ce marché cible. Ainsi, ils doivent coordonner soigneusement ces divers éléments de façon à présenter aux consommateurs un positionnement clair et cohérent de la clientèle qu'ils visent et de ce qu'ils ont à lui offrir. Un détaillant comme Harry Rosen, qui souhaite être perçu comme étant un détaillant de vêtements haut de gamme, doit offrir des vêtements de grande qualité, proposer des services personnalisés et fixer des prix plus élevés que la moyenne. Les boutiques Harry Rosen projettent en outre une impression d'abondance et de professionnalisme correspondant à la perception que leurs clients ont d'eux-mêmes.

De façon générale, les stratégies de marchandisage sont déterminées en fonction de l'assortiment de produits qu'offre le détaillant à son marché cible de même que de la nature du service à la clientèle proposé, qu'il s'agisse de services complets ou réduits ou encore d'un libre-service. Les stratégies de fixation des prix peuvent consister à offrir des prix élevés ou à respecter une politique de bas prix, ou toute autre formule entre ces extrêmes. La distribution renvoie à l'image et à l'ambiance du magasin de détail et, dans le cas de boutiques en ligne, à la qualité, à la convivialité et à la fonctionnalité de l'interface. La stratégie de distribution est extrêmement importante, puisque c'est le domaine de la vente au détail où les gestionnaires marketing peuvent établir un lien affectif avec les clients et gagner leur loyauté. La recherche a montré que l'aménagement d'un magasin et de sa marchandise, la musique, l'éclairage, l'apparence du personnel, l'emplacement et d'autres éléments matériels exercent un impact énorme sur le comportement d'achat des consommateurs et sur leur fidélité. Loblaw a pris acte de l'importance de créer des stratégies efficaces de vente au détail et de positionnement en créant divers formats de magasins en fonction de ses marchés cibles. Par exemple, l'enseigne Real Canadian Superstores de Loblaw vise les consommateurs en quête de produits de première qualité, d'un vaste assortiment et de nombreux services pour lesquels ils sont disposés à payer plus cher. En revanche, les magasins de la bannière No Frills s'adressent aux consommateurs qui s'accommodent d'un assortiment et de services réduits parce qu'ils souhaitent payer beaucoup moins cher.

Dans l'environnement compétitif d'aujourd'hui, la mise en place de ce que les spécialistes du marketing appellent une stratégie de vente au détail multicircuit intégrée est également très importante. Comme nous l'avons signalé précédemment, la vente au détail peut se dérouler dans un magasin traditionnel et par d'autres circuits hors magasin, dont Internet. Si certains détaillants ont jusqu'ici utilisé avec succès un ou deux de ces circuits de distribution, ils considéraient souvent ces derniers comme des secteurs d'activité distincts. Aujourd'hui, l'environnement concurrentiel force les détaillants à offrir leurs produits par divers circuits de distribution : les magasins brique et mortier, le site Web, les kiosques, le catalogue, etc. Même Dell, le seul cyberdétaillant d'ordinateurs exclusivement en ligne, offre maintenant ses produits dans les magasins Walmart et dans un réseau de kiosques aménagés dans des centres commerciaux. À quoi sert, alors, la vente au détail multicircuit, et surtout pourquoi est-il important d'*intégrer* les divers circuits ?

La vente au détail multicircuit intégrée donne aux consommateurs la possibilité de chercher ou d'examiner des produits par un circuit, de les acheter par un autre et d'en prendre possession par un troisième. Les détaillants qui souhaitent offrir ce niveau de service et cette flexibilité à leur clientèle doivent veiller à intégrer parfaitement tous leurs circuits de distribution. Le défi est de taille, mais les détaillants qui le relèvent ont toutes les chances d'en tirer profit, car la vente multicircuit intégrée procure de nombreux avantages, tant aux consommateurs qu'aux détaillants. Elle permet à ces derniers d'optimiser leur efficacité opérationnelle et d'accroître leurs revenus et leurs parts de marché. Comme nous l'avons mentionné, les consommateurs qui magasinent chez des détaillants multicircuits achètent ordinairement plus que ceux qui magasinent chez les détaillants n'ayant qu'un seul circuit de distribution. Par ailleurs, la vente au détail multicircuit permet aux consommateurs de magasiner de façon plus efficiente et d'optimiser leurs expériences de magasinage. Plus commode et plus flexible, elle leur procure aussi une plus grande interactivité, plus d'information et de choix ; toutes ces composantes améliorent la perception de la valeur que propose le détaillant. Le tableau 14.3 présente les avantages propres à quatre circuits de distribution.

TABLEAU 14.3 Les avantages de différents circuits de distribution

Circuit	Avantages
Magasin	• Instantanéité, soit la possibilité de voir et d'emporter ses achats sur-le-champ • Absence de frais de livraison pour les articles que les clients emportent • Possibilité de voir, de toucher et d'essayer un article puis d'en choisir un autre avant d'acheter • Interaction avec le personnel du magasin • Satisfaction du besoin de contacts sociaux lorsque le magasinage vise ce but, ce que les autres circuits ne permettent pas
Catalogue	• Souplesse : les catalogues peuvent être consultés partout • Durée de conservation longue • Rendu des couleurs plus facile à contrôler en catalogue qu'en ligne • Accès à un marché mondial et à des zones géographiques dépourvues de magasins • Possibilité de commander 24 heures par jour, 7 jours par semaine • Transférabilité d'un consommateur et d'un foyer à un autre • Satisfaction d'un plus grand nombre de besoins sensoriels (visuel et olfactif) que par un site Web
Kiosque	• Possibilité de rejoindre des consommateurs qui n'ont pas d'accès Internet • Possibilité pour un détaillant dans un centre commercial de ne pas perdre une vente à cause d'une rupture de stock • Qualité sonore et visuelle élevée
Site Web	• Espace virtuellement illimité pour décrire la marchandise • Accès au marché mondial et à des zones géographiques dépourvues de magasins • Possibilité de commander 24 heures par jour, 7 jours par semaine • Absence de coûts d'impression et de poste comme ceux associés aux catalogues, mais frais techniques susceptibles d'être très importants • Possibilité d'informer le client sur l'état de sa commande sans personnel de service à la clientèle • Argumentaires enrichis par des fonctions audio et vidéo • Possibilité pour le consommateur de comparer les offres des détaillants, les prix et les caractéristiques des produits • Possibilité pour le consommateur de lire les commentaires et les évaluations d'autres acheteurs • Possibilité d'adapter le publipostage en fonction de la clientèle passée et actuelle • Possibilité pour les consommateurs à mobilité réduite de magasiner sans contrainte physique • Optimisation de la gestion de stocks de marchandises qui se vendent moins rapidement • Utilisation de techniques d'interface automatiques : filtrage collaboratif, témoins de connexion (*cookies*), analyse de blocs-notes (*Web logs*) et temps réel • Personnalisation de masse possible par la visualisation des préférences des clients et par la passation de sondages • Possibilité de changer les prix facilement et rapidement • Achat automatique possible, comme l'envoi de fleurs le même jour chaque mois

Source : adapté de Barry Berman et Shawn Thelen, « A Guide to Developing and Managing a Well-integrated Multi-channel Retail Strategy », *International Journal of Retail & Distribution Management*, vol. 32, n° 3, 2004, p. 147-156.

Faites le point

1) Expliquez ce que réserve l'avenir pour les détaillants.

2) Indiquez comment les détaillants créent de la valeur pour les consommateurs.

3) Décrivez les types de vente au détail pratiqués ailleurs qu'en magasin.

4) Expliquez comment Internet a transformé la façon de magasiner.

1) Les détaillants qui deviennent des chefs de file sur un marché commencent par se montrer très novateurs ou par offrir des bas prix ou adoptent les deux approches. Avec le temps, ils finissent par occuper le grand segment du centre, c'est-à-dire la portion du marché qui procure de la valeur à la majorité des consommateurs. Ils y resteront tant et aussi longtemps qu'ils parviendront à maintenir leur approche novatrice ou leur valeur, à fidéliser leurs clients et à conserver une longueur d'avance sur leurs concurrents. Autrement, leur étoile pâlira peu à peu et ils disparaîtront. La prochaine vague de détaillants misant sur la valeur est susceptible de se composer de détaillants à bas prix ou de nouveaux acteurs venant des marchés spécialisés ou de la cybervente au détail.

2) Les détaillants proposent à leurs clients un choix de marchandises selon les quantités que ceux-ci désirent, ainsi que des services qui facilitent la vente et l'utilisation des produits vendus. Ils offrent des emplacements commodes de même qu'une ambiance et une présentation qui rehaussent l'expérience de magasinage. Les promotions en magasin et ailleurs renseignent les clients. Enfin, les prix demandés reflètent l'image que véhicule le magasin ainsi que les produits et les services qui y sont offerts.

3) La vente au détail hors magasin est une forme de vente qui s'adresse directement au consommateur final, sans les intermédiaires que sont les grossistes et les détaillants. Elle utilise des méthodes comme le catalogue, le marketing direct télévisuel et les kiosques. Les gestionnaires marketing utilisent de plus en plus ce type de marketing parce qu'il est ciblé, il incite à l'action, ses résultats sont mesurables et il fournit de l'information pour la création d'une base de données de marketing. À leurs yeux, le marketing direct est rentable lorsqu'on le compare avec d'autres méthodes de promotion et de vente, et son impact est facilement mesurable. Les consommateurs aiment la commodité et la convivialité des techniques de marketing direct comme les catalogues, le marketing direct télévisuel et les kiosques. Les chaînes de marketing direct télévisé du type téléachat font la démonstration de leurs produits et incitent les consommateurs à téléphoner immédiatement ou avant la fin de l'émission, ou à visiter un site Web pour passer leur commande.

4) Les consommateurs apprécient particulièrement le fait d'acheter en ligne des produits de base et des produits de marque parce qu'ils peuvent aisément juger de la qualité des produits et comparer les prix. Les produits que les clients souhaitent d'habitude toucher ou essayer se vendent moins facilement en ligne. Internet a considérablement élargi le marché de nombreux détaillants, que ce soient ceux qui occupent un marché de niche ou les grands détaillants internationaux. Les détaillants multicircuits semblent profiter davantage des bénéfices du cybercommerce, car ils peuvent ainsi mieux déterminer ce que recherchent leurs clients et leur offrir diverses façons de magasiner.

Mots clés

Révision des concepts

1. D'après le concept du grand segment du centre, quelles transformations le paysage canadien de la vente au détail a-t-il connues ?
2. Quel usage les gestionnaires marketing font-ils des quatre « P » pour créer de la valeur ?
3. Nous avons mentionné dans ce chapitre que des chercheurs ont découvert que l'image et l'ambiance d'un magasin exerçaient une énorme influence sur le comportement d'achat des clients. Nommez les éléments qui composent cette image et cette ambiance, et donnez des raisons possibles de leur influence.
4. Décrivez les types de détaillants opérant au Canada et indiquez les défis propres à chacun.
5. Les détaillants d'objets divers se retrouvent dans plusieurs catégories : magasins minimarges, magasins spécialisés, discompteurs spécialisés, etc. Or, on dirait qu'un nombre croissant de ces détaillants se ressemblent. Quels facteurs pourraient expliquer cette tendance ?
6. Nommez et commentez quatre approches permettant de distinguer les détaillants.
7. Qu'entend-on par « vente au détail hors magasin » ? Comment les gestionnaires marketing et les consommateurs y trouvent-ils leur compte ? Bien qu'on ait souvent prédit la disparition des formes de vente au détail hors magasin comme le télémarketing ou la vente par catalogue, celles-ci demeurent répandues et, chez certains détaillants, elles sont même en plein essor. À quels facteurs attribueriez-vous cette situation ?
8. Expliquez comment Internet a contribué à reconfigurer les stratégies de marketing de la vente au détail. Nommez quelques avantages propres à chacune des formes suivantes : magasin traditionnel, vente au détail en ligne et vente en kiosque.
9. Présentez les avantages de la vente au détail multicircuit, tant selon le point de vue du détaillant que selon celui du consommateur.
10. Expliquez pourquoi les détaillants doivent impérativement élaborer une stratégie de vente au détail efficace et préciser leur positionnement. Comment définissent-ils ce type de stratégie ? Indice : observez les diverses formules de magasins que propose Loblaw (visitez ses sites français et anglais) ou une autre chaîne de marché d'alimentation.

Marketing appliqué

1. Comment les établissements de vente au détail évoluent-ils selon les concepts du grand segment du centre et de la roue de la distribution ? Pour chaque catégorie du modèle de la roue de la distribution, donnez un exemple de détaillant.
2. Pourquoi les magasins à rayons traditionnels n'exercent-ils plus sur les consommateurs canadiens l'attrait qu'ils exerçaient durant la deuxième moitié du XXe siècle ? Avec quels types de détaillants doivent-ils maintenant disputer leur marché ?
3. Que font les détaillants pour accroître la valeur de leurs produits et services ? Dans quelle mesure les cyberdétaillants menacent-ils les entreprises brique et mortier à cet égard ?
4. Certaines personnes affirment que les détaillants ne constitueront plus un circuit de distribution valable parce qu'ils ne font qu'ajouter des coûts au produit final sans créer de services à valeur ajoutée. Adhérez-vous à ce point de vue ? Peut-on penser que dans un avenir prochain les consommateurs feront la plus grande partie de leurs achats directement auprès des fabricants ? Justifiez votre réponse.
5. Il y a plusieurs années, les sociétés pétrolières ont pris la décision stratégique d'élargir leur offre de base — l'essence — en proposant des produits alimentaires. Aujourd'hui, rares sont les stations-service qui ne vendent pas de nourriture. Dans quelle catégorie de détaillants en alimentation ces stations-service se trouvent-elles ? Selon vous, cette orientation stratégique était-elle prudente ? Expliquez votre raisonnement.
6. Nommez trois catégories de produits qui se prêtent particulièrement bien à la vente en ligne. Nommez trois catégories de produits qui ne s'y prêtent pas pour l'instant. Justifiez vos choix.
7. Comment la version en ligne de Bureau en Gros (www.staples.ca) offre-t-elle de la valeur à sa clientèle, en plus des produits tangibles qu'elle propose ? Indiquez par quels moyens les entreprises ont pu surmonter les obstacles qui freinaient la cybervente au détail.
8. Quels types de détaillants en alimentation trouve-t-on dans votre localité ? Dans quelles circonstances iriez-vous faire vos courses chez chacun de ces détaillants ? Où irait une famille comprenant deux jeunes enfants ?
9. Vous pouvez vous habiller dans un magasin minimarge, une boutique spécialisée, une grande surface spécialisée, un magasin de liquidation, un magasin à rayons et une boutique en ligne. Lesquels de ces types de commerce ont votre préférence ? Expliquez pourquoi.

10. Imaginez que vous êtes chargé de l'achat des confiseries pour une chaîne régionale de détaillants en alimentation. La politique du magasin impose des frais d'insertion importants pour le placement de nouveaux produits sur les étagères. Ces frais couvrent notamment les ajustements du système informatique et le réaménagement de l'espace disponible en entrepôt et en magasin. Avec les années, ces frais ont augmenté et constituent aujourd'hui une source appréciable de revenus pour la chaîne. Un confiseur local d'une marque populaire de bonbons souhaite vendre ses produits par l'entremise de votre chaîne, mais il juge que les frais d'insertion sont trop élevés et ne reflètent pas le coût réel que représente l'ajout de ses produits. Quelles sont les considérations morales d'une telle politique, sachant que le confiseur est issu d'un groupe culturel minoritaire ? Que devrait faire la chaîne ?

Cyberfuté

1. Des entreprises comme Lee Valley Tools ont élargi leur offre et vendent maintenant par l'entremise de plusieurs circuits de distribution. Rendez-vous sur le site de l'entreprise (www.leevalley.com) et déterminez ses circuits de distribution (Web, magasins ou catalogue). Commentez les avantages d'une stratégie multicircuit par rapport à une stratégie à circuit unique.
2. À partir de votre expérience ou de celle d'un ami, choisissez un site Internet qui s'adonne au commerce de détail. Évaluez le site en fonction de ses forces et de ses faiblesses (*voir le tableau 14.2, p. 455*) et déterminez dans quelle mesure le site réussit, selon vous, à défendre sa position de cyberdétaillant.

Étude de cas

STAPLES INC.[49]

Staples, connue au Québec sous le nom Bureau en Gros, opère sur le marché très compétitif des fournitures de bureau. Ce marché équivalant à 240 milliards de dollars était auparavant la chasse gardée de détaillants traditionnels de fournitures de bureau. Ces détaillants traditionnels achètent une part importante de leur marchandise à des grossistes, qui l'ont achetée à des fabricants. Les détaillants traditionnels de fournitures de bureau engagent souvent des vendeurs à la commission qui utilisent le catalogue du grossiste auprès de leur clientèle d'affaires.

Or, grâce à leur capacité à vendre moins cher, les grandes surfaces, les clubs-entrepôts et les magasins minimarges ont ravi des parts de marché aux détaillants traditionnels, et l'industrie s'est passablement développée au cours des deux dernières décennies. Elle a vu émerger de grandes surfaces spécialisées comme Bureau en Gros, Office Depot et Office Max. Des entreprises de vente par correspondance, des fabricants de papeterie, des grossistes qui vendent en ligne et des fabricants qui vendent directement aux consommateurs se disputent aussi le marché. Néanmoins, malgré les changements survenus au cours des dernières années sur le marché des fournitures de bureau, les petits détaillants occupent toujours une portion importante du marché.

Il n'en demeure pas moins que les grandes surfaces ont bouleversé le paysage de l'industrie des fournitures de bureau. Dans un premier temps, elles ont considérablement diversifié l'utilisation des commerces de détail voués à ce marché en misant sur une forte augmentation du nombre de bureaux à domicile. Pendant la première moitié des années 1980, les clients de ce marché commandaient leurs fournitures auprès d'un vendeur à la commission. Plus récemment, Internet est devenu un circuit de plus en plus populaire pour commander ses fournitures. Ces changements ont rendu le marché des fournitures de bureau très compétitif et permis à un petit nombre de fournisseurs d'y régner.

Le profil de l'entreprise

Lancée en 1986 par Tom Stemberg, un gestionnaire devenu entrepreneur, Staples a vu ses ventes dépasser les 24 milliards de dollars en 2009, et ce, pour 26 pays[50]. Son entreprise a été la première à appliquer le concept de grande surface aux fournitures de bureau. En transformant sa mission originale, qui était de réduire les coûts et d'éliminer les tracasseries inhérentes à la gestion d'un bureau, pour s'employer plutôt à simplifier l'achat de fournitures de bureau, Staples est devenue la plus grande entreprise de fournitures de bureau du monde.

Pour se démarquer de la concurrence, Staples s'efforce d'offrir une expérience de magasinage unique dans tous ses segments de marché. Pour garantir la satisfaction des clients, l'entreprise juge essentiel que tous ses employés acquièrent de solides compétences en gestion de la clientèle et une connaissance approfondie des fournitures de bureau. Par conséquent, la formation fait partie intégrante du développement du personnel de Staples. La disponibilité des produits constitue un deuxième aspect crucial du service à la clientèle. Dans l'industrie des fournitures de bureau, certains articles ne peuvent être remplacés par d'autres ; pensons, par exemple, aux cartouches d'encre pour imprimantes. Les clients qui ne trouvent pas en magasin l'article dont ils ont besoin risquent de ne jamais revenir.

Staples utilise différents circuits de distribution pour répondre aux besoins de ses divers segments de marché. Les petites entreprises recourent généralement aux magasins de détail, au catalogue et au site Web. Les magasins visent à répondre aux besoins des consommateurs et des petites entreprises, alors que le catalogue et le site Web s'adressent surtout aux clients qui doivent faire livrer de grosses quantités de fournitures et d'autres services spécialisés. Une succursale type de Bureau en Gros compte approximativement 7 000 références, mais Staples.com en tient environ 45 000.

Staples juge que le circuit Internet lui a permis d'accroître ses ventes tout en réduisant ses coûts indirects. Elle a mis sur pied trois sites autonomes, soit Staples.com, un site public, Quill.com, un site de commerce en ligne voué à la moyenne entreprise (ce site s'adresse uniquement aux entreprises américaines), et StaplesLink.com, un site sécurisé à l'intention des entreprises clientes ayant un contrat d'approvisionnement chez Staples. Staples a également équipé ses magasins de kiosques Staples.com permettant aux clients d'acheter n'importe quels produits, même ceux que le magasin n'a pas en stock. Les clients peuvent payer leurs achats à la caisse ou sur le site Web et les faire livrer chez eux ou à leur entreprise. Cette approche multicircuit permet à Staples d'accroître sa productivité en ne tenant en stock que les produits qui s'écoulent rapidement, sans sacrifier pour autant la disponibilité des autres produits.

L'intégration multicircuit

L'objectif général de Staples était de devenir le chef de file des fournisseurs de services et de fournitures de bureau en combinant son expérience, sa vaste infrastructure de distribution, son expertise en matière de service à la clientèle et les applications Web des technologies de l'information. L'intégration des divers circuits de distribution en une expérience uniforme pour la clientèle s'est avérée très éclairante pour l'entreprise. Comme beaucoup d'autres détaillants multicircuits, Staples a constaté que ses clients achètent sa marchandise en utilisant de nombreux circuits, et que le nombre de circuits utilisés accroît d'autant le volume des ventes (les clients qui magasinent à travers deux circuits achètent deux fois plus que ceux qui ne magasinent qu'à travers un seul circuit ; ceux qui magasinent à travers trois circuits achètent trois fois plus que les utilisateurs d'un seul circuit). Par conséquent, plus les circuits utilisés sont nombreux, plus la facture est susceptible d'être élevée.

Staples doit relever plusieurs défis dans l'intégration de ses circuits de distribution, et la plupart ont trait au circuit Internet. D'abord, l'entreprise doit déterminer dans quelle mesure Internet risque de cannibaliser ses ventes en magasin. Un des principaux avantages d'Internet réside dans son potentiel pour attirer de nouveaux clients et amener les clients existants à acheter plus. Mais si l'ensemble des ventes n'augmente pas, c'est-à-dire si les ventes en ligne ne correspondent qu'à un déplacement des ventes en magasin vers la vente en ligne, Staples augmentera ses coûts indirects sans améliorer sa productivité d'ensemble. Par ailleurs, Staples doit songer à la situation des stocks de ses magasins comparée à celle des stocks des autres circuits. Dans la mesure où un magasin ne peut tenir en stock autant de marchandise qu'un site Web, le défi consiste à maintenir l'équilibre entre les ruptures de stock et la multiplication d'un trop grand nombre de références dans les magasins.

Questions

1. À quelle catégorie de détaillants Staples appartient-il ?
2. Évaluez dans quelle mesure Staples a réussi la mise en œuvre de sa stratégie multicircuit. À quels facteurs l'entreprise doit-elle son succès ?
3. Quels avantages et quels inconvénients l'utilisation de kiosques dans cette approche présente-t-elle ?
4. Comment Staples devrait-elle s'y prendre pour déterminer les références qu'elle tiendra en magasin ?

CHAPITRE 15

OBJECTIFS D'APPRENTISSAGE

Après avoir lu ce chapitre, vous devriez être en mesure :

OA 1 de décrire le processus par lequel les entreprises communiquent avec les consommateurs ;

OA 2 d'expliquer les six outils des campagnes de communication marketing intégrées ;

OA 3 de décrire les étapes de l'élaboration d'un plan de communication marketing intégré ;

OA 4 de décrire les appels publicitaires dont se servent les annonceurs pour attirer l'attention des clients ;

OA 5 d'expliquer comment les entreprises choisissent les médias qui serviront à transmettre leur message ;

OA 6 de décrire comment les entreprises planifient le budget et évaluent le succès de leur plan de communication marketing intégré.

SECTION 7

Communiquer la valeur

CHAPITRE 15 La communication marketing intégrée

CHAPITRE 16 Publicité, promotion des ventes et vente personnelle

La communication marketing intégrée

Qu'on les ait adoré ou détesté, Jules et Bertrand (Frank et Gordon en anglais), les castors porte-parole de Bell, ont capté notre attention. Dans un monde où les animaux sont omniprésents dans la publicité (les Canadiens ont vu des chiens, des grenouilles, des cochons, des singes, des oiseaux et des lézards), comment expliquer le succès phénoménal de Jules et Bertrand ? Au Québec, les castors ont fait leur apparition vers la fin de 2005. Les recherches ont révélé que les consommateurs se rappelaient que les annonces venaient de Bell, ce qui a incité celle-ci à se concentrer exclusivement sur la campagne mettant en vedette les castors[1].

La stratégie de Bell a consisté à créer une plate-forme publicitaire unique qui intégrait toutes ses communications marketing. L'entreprise a utilisé cette nouvelle plate-forme à l'échelle nationale pour tous ses secteurs d'activité. Jules et Bertrand, dont le rôle était d'expliquer les caractéristiques et les avantages des multiples produits et services de Bell, étaient les vedettes de cette campagne fondée sur le slogan « Le futur est simple ».

De nombreux Canadiens ont été exposés à la campagne grâce aux publicités télédiffusées pendant les Jeux olympiques d'hiver de Turin en 2006. Tous les messages présentaient les castors et mettaient en valeur les avantages de chaque produit et service pour le consommateur. Un sondage mené par Léger Marketing après la cérémonie de clôture a révélé que près de la moitié des téléspectateurs canadiens avaient reconnu Bell et ses castors comme un commanditaire des Jeux[2].

Bien que le concept original ait atteint son but, il ne faut pas négliger l'importance des changements stratégiques et tactiques sur lesquels s'appuyait la campagne. La décision de Bell d'utiliser les castors sur toutes les plates-formes et pour tous ses produits lui a permis de réduire quasiment de moitié ses coûts publicitaires. Ainsi, Bell a augmenté son efficacité et pu réinvestir les économies réalisées dans l'achat d'espace publicitaire dans les médias[3].

On estime que Bell a dépensé 50 millions de dollars dans les médias de masse en 2006 pour plus de 20 publicités télédiffusées et d'innombrables publicités imprimées, directes et extérieures[4]. Selon Bell, la campagne a produit d'excellents résultats.

Le nombre d'abonnés a connu une hausse et le taux d'attrition (le nombre de clients qui se désabonnent) était en baisse dans trois secteurs de croissance clés : Internet, vidéo à la demande et téléphonie cellulaire[5].

Le plan de communication marketing intégré de Bell lui a valu une médaille d'or et quatre autres prix lors du gala de l'Association canadienne du marketing de 2006. Mieux encore, Jules et Bertrand ont éloigné Bell de la publicité axée sur les prix, amélioré l'affinité de la marque et mis davantage l'accent sur les nouveaux produits et services[6].

Le plan de communication marketing intégré de Bell, mettant en vedette ses castors porte-parole Jules et Bertrand, s'appuyait sur des publicités télédifusées, imprimées, directes et extérieures.

Dans les cinq derniers chapitres, nous nous sommes concentrés sur la façon dont les entreprises créent de la valeur en développant des produits et des services et en les livrant aux consommateurs au bon endroit et au bon moment. Toutefois, les consommateurs ont peu de chances de se précipiter sur les nouveaux produits et services s'ils ne connaissent pas leur existence. C'est pourquoi les gestionnaires marketing doivent trouver un moyen de communiquer la valeur d'un nouveau produit ou service — c'est-à-dire la proposition de valeur — à leur marché cible.

communication marketing intégrée (*integrated marketing communication [IMC]*)
Stratégie de communication interne qui englobe des objectifs, des cibles, un message et les outils de communication choisis (publicité générale, vente personnelle, promotion des ventes, relations publiques, marketing direct, médias électroniques) et décrit les mesures de contrôle de ces activités.

L'introduction concernant les castors Jules et Bertrand de Bell illustre comment une entreprise peut élaborer une stratégie de communication afin de démontrer la valeur de son produit. Commençons par examiner ce qu'est la communication marketing intégrée, d'où vient ce concept et comment il contribue à créer de la valeur.

La **communication marketing intégrée** représente la variable « communication » des quatre « P ». Elle englobe une variété de techniques de communication : publicité, vente personnelle, promotion des ventes, relations publiques, marketing direct et médias électroniques. De plus, elle confère de la clarté, de la cohérence et un impact maximal au message[7]. Au lieu de se limiter à des outils de communication marketing distincts sans un contrôle unifié, le plan de communication marketing intégré considère chaque outil comme une partie d'un tout et un moyen unique de rejoindre

FEUILLE DE ROUTE

le public cible. Grâce à cette intégration des outils, l'entreprise dispose des meilleurs moyens de toucher son public cible; elle peut diffuser un message clair et cohérent qui améliorera sa proposition de valeur.

La stratégie de communication marketing intégré comporte trois éléments: le consommateur ou marché cible, les canaux qui véhiculent le message et l'évaluation des résultats de la communication. Comme l'indique la feuille de route, tout d'abord, nous nous concentrerons sur le processus de communication entre l'entreprise et les consommateurs, soit la façon dont la communication est reçue par les consommateurs, qu'elle soit transmise par les médias ou par d'autres moyens, de même que l'effet de la transmission de cette communication sur la forme et le contenu du message. Par la suite, nous étudierons les six outils de communication marketing intégrés et la manière dont chacun s'inscrit dans un plan de communication marketing intégré. Puis, nous décrirons les étapes de l'élaboration d'un plan de communication marketing intégré réussi, depuis la définition du marché cible jusqu'à la création d'une publicité et à l'évaluation de l'impact de celle-ci. Bien que nous appliquions ces étapes particulièrement à la publicité, le même procédé peut être utilisé dans le cas de la promotion des ventes, du marketing direct, des relations publiques et des médias électroniques. Enfin, nous verrons comment la complexité des plans de communication marketing intégrés pousse les gestionnaires marketing à inventer de nouvelles façons de mesurer les résultats de ces plans.

Communiquer avec les consommateurs

OA 1

Comme le nombre de médias a augmenté, la tâche qui consiste à discerner la meilleure façon d'atteindre un marché cible est devenue beaucoup plus complexe. Nous examinerons un modèle qui décrit comment le message est transmis de l'entreprise au consommateur et les facteurs qui influent sur la façon dont ce dernier perçoit le message. Ensuite, nous étudierons l'incidence des communications marketing sur les consommateurs: depuis le moment où elles leur font connaître l'existence d'un produit ou d'un service jusqu'au moment où elles l'incitent à l'acheter.

Le processus de communication

La figure 15.1 illustre le processus de communication. Commençons par définir chacun de ses éléments, avant d'expliquer leurs interactions.

FIGURE 15.1 Le processus de communication

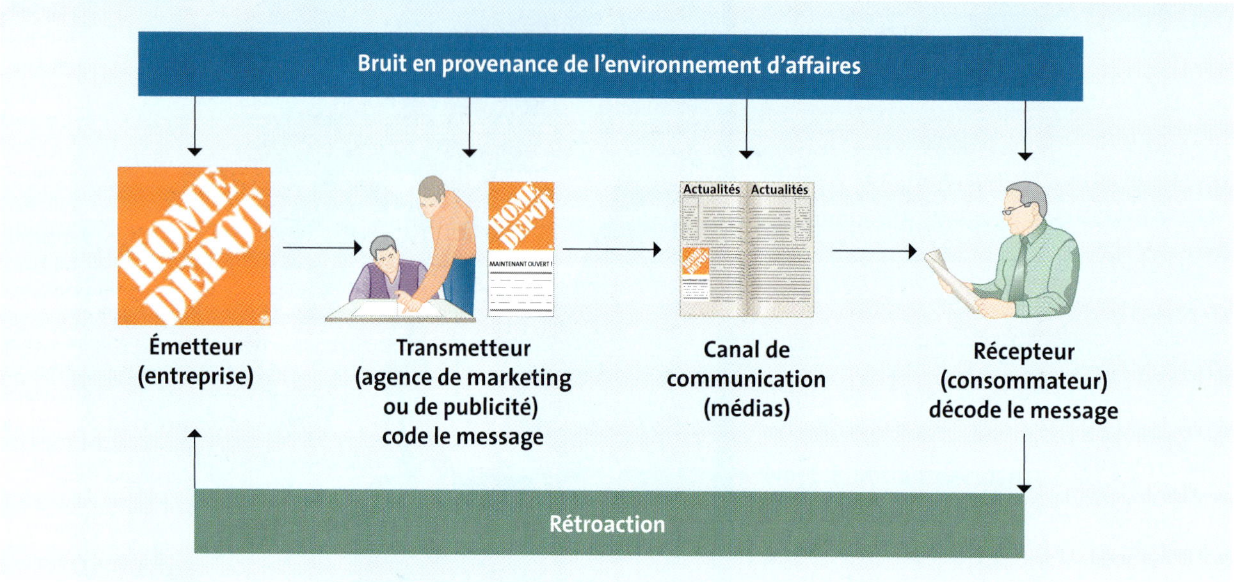

émetteur (*sender*) Personne ou entreprise qui envoie un message ; les lois obligent les annonceurs à s'identifier clairement.

transmetteur (*transmitter*) Agent ou intermédiaire avec qui l'émetteur travaille à l'élaboration de techniques de communication commerciale (p. ex., le service artistique d'une entreprise ou une agence de publicité).

codage (*encoding*) Dans le modèle de la communication, conversion des idées de l'émetteur en un message, qu'il soit verbal, visuel ou l'un et l'autre.

canal de communication (*communication channel*) Média utilisé pour transmettre un message (médias imprimés [journaux, magazines, etc.], médias électroniques [radio, télévision] ou hors média [Internet, affichage, etc.]).

récepteur (*receiver*) Personne qui lit, entend ou voit le message ou l'annonce publicitaire, puis qui traite l'information.

L'émetteur L'**émetteur** est la personne qui envoie le message, et celle-ci doit s'identifier clairement pour le public cible. Par exemple, une entreprise comme Home Depot peut envoyer un message associé à son logo distinctif pour annoncer un « solde d'après-Noël ». La rubrique Question d'éthique 15.1 (*voir p. 467*) soulève la question de savoir s'il est trompeur de dissimuler le nom de l'émetteur.

Le transmetteur L'émetteur travaille avec un service artistique, interne ou externe (agence de marketing ou de publicité), pour mettre au point des communications marketing. Home Depot travaille sans doute avec son agence de publicité pour élaborer son message. Cet agent ou intermédiaire est le **transmetteur**.

Le codage Le **codage** est la conversion des idées de l'émetteur en un message, qu'il soit verbal, visuel ou l'un et l'autre. Home Depot peut publier dans tous les grands quotidiens des annonces pleine page ainsi libellées : « Solde de Noël extraordinaire : 25 % de rabais sur toute la marchandise ! »

Une publicité télédiffusée montrant des acheteurs à Home Depot est une autre façon de coder le message selon lequel « il y a des soldes avantageux ici ». Comme le dit le dicton, une image vaut mille mots. Cependant, l'aspect le plus important du codage ne réside pas dans le message qui est envoyé, mais dans celui qui est reçu. Les acheteurs de Home Depot doivent croire que le solde est assez profitable pour justifier un déplacement.

Le canal de communication Le **canal de communication** est le média utilisé pour transmettre le message (médias imprimés, radiodiffusés ou télédiffusés, Internet, affichage, etc.). Home Depot peut recourir à la publicité radiodiffusée ou télédiffusée et à diverses annonces imprimées. Elle comprend que le média choisi doit être approprié pour créer un lien entre elle-même (l'émetteur) et les récepteurs visés. C'est pourquoi elle pourrait annoncer sur la chaîne Canal Vie au cours de l'émission *Décore ta vie* et dans le magazine *Chez soi*.

Le récepteur Le **récepteur** est la personne qui lit, entend ou voit le message ou l'annonce publicitaire, puis qui traite l'information. Bien sûr, l'émetteur espère que le

Quel élément du processus de communication est illustré par cette publicité de Home Depot ?

publicité mensongère (*deceptive advertising*) Toute représentation, omission, pratique ou tout acte compris dans une publicité qui est susceptible de tromper l'acheteur qui agit raisonnablement dans les circonstances.

Question d'éthique 15.1 Est-il trompeur de camoufler l'identité de l'émetteur ?

Poussées par le désir de trouver des façons originales de toucher les consommateurs, les entreprises ont tendance à entretenir une certaine confusion quant au véritable émetteur de leurs messages. Autrefois, l'émetteur d'une annonce publicitaire devait toujours s'identifier et indiquer que son message était de nature publicitaire ou promotionnelle[8]. Or, avec l'apparition de nouveaux médias comme les sites Web, les consommateurs ont parfois beaucoup de mal à discerner si un message est publicitaire ou non. Ne sachant pas qu'ils regardent un message publicitaire, ils pourraient être incapables d'évaluer adéquatement ses affirmations et être ainsi victimes d'une tromperie. Le Bureau de la concurrence régit la **publicité mensongère**, qui est définie comme toute représentation, omission, pratique ou tout acte compris dans une publicité qui est susceptible de tromper l'acheteur qui agit raisonnablement dans les circonstances.

Prenons la combinaison promotionnelle que la société vancouvéroise Lions Gate Films a utilisée pour promouvoir le film d'horreur *Godsend*. Cette combinaison comprenait un site Web (www.godsendinstitute.org) et des outils de promotion traditionnels. Or, sur son site Web, la société n'avait pas clairement indiqué que celui-ci avait pour but de promouvoir son film. Le thème du film est le clonage et, lorsque les internautes tapaient le mot clé « clonage », la page Web du Godsend Institute, un institut fictif qui constitue le cadre du film, apparaissait dans la liste des résultats.

Le site ressemblait à s'y méprendre au site Internet d'une clinique de fertilité légale. Il proposait une visite en ligne des installations ainsi que des témoignages de parents qui avaient été des patients de l'Institut. Des portraits de famille montraient des enfants que Godsend avait clonés à partir d'un frère ou d'une sœur à l'article de la mort. L'effet était spectaculaire... et entièrement faux. Pourtant, l'entreprise n'avait affiché aucun démenti sur le site afin d'expliquer son but réel. Tom Ortenberg, directeur de la sortie du film pour Lions Gate, a déclaré que le site Godsend était une « idée d'un million de dollars » qui avait coûté à peine 10 000 $ car le site a été visité par des millions d'internautes et a généré beaucoup de publicité[9].

Ce site et d'autres sites similaires soulèvent une controverse en raison surtout de leur réalisme et de l'absence d'un message explicitement publicitaire. Beaucoup croient qu'un site Web est trompeur s'il n'indique pas clairement qu'il annonce un produit. Cette pratique commerciale est-elle trompeuse ou simplement ingénieuse ? Cette question épineuse n'a pas encore été résolue. Entre-temps, d'autres producteurs de films et d'émissions de télévision, comme *Perdus*, se sont mis de la partie et ont commencé à créer de faux sites Web.

récepteur de son message sera bien celui qui est visé au départ. Par exemple, Home Depot veut que son message soit reçu et décodé adéquatement par les personnes susceptibles d'acheter dans ses magasins. Le **décodage** est le processus par lequel le récepteur interprète le message de l'émetteur.

décodage (*decoding*) Processus au cours duquel le récepteur interprète le message que lui envoie l'émetteur.

Chaque récepteur décode les messages à sa façon. Que signifie cette enseigne Taco Bell pour vous ?

Le bruit Le **bruit** est défini comme toute interférence provenant du message d'un concurrent, tout manque de clarté du message ou tout ennui lié au média. Ce problème touche tous les modes de communication. Home Depot peut décider d'annoncer dans des journaux que son marché cible ne lit pas ; ce faisant, elle diminue considérablement le taux de réception de son message de la part des personnes pour lesquelles il est pertinent. Comme nous l'avons mentionné, le codage désigne l'intention de l'émetteur et le décodage, ce que le récepteur comprend. Si les deux ne correspondent pas, cela dénote sans doute la présence d'un bruit.

La boucle de rétroaction La **boucle de rétroaction** permet au récepteur de communiquer avec l'émetteur en vue de confirmer la réception et le décodage adéquats du message. La rétroaction peut revêtir de multiples formes : l'achat du produit, une plainte ou un compliment, l'encaissement d'un coupon, et ainsi de suite. Si Home Depot note une hausse de l'achalandage et des ventes dans ses magasins, ses gestionnaires sauront que leur public cible a reçu le message et compris qu'il y trouverait des aubaines fabuleuses après Noël.

bruit (*noise*)
Dans le modèle de la communication, toute interférence provenant du message d'un concurrent, tout manque de clarté du message ou tout ennui lié au média. Ce problème touche tous les modes de communication.

boucle de rétroaction (*feedback loop*)
Dans le modèle de la communication, possibilité pour le récepteur de communiquer avec l'émetteur en vue de confirmer la réception et le décodage adéquats du message.

Comment les consommateurs perçoivent la communication Le processus de communication comme tel n'est pas aussi simple que le laisse croire le modèle de la figure 15.1 (*voir p. 466*). Chaque récepteur peut interpréter le message de l'émetteur à sa façon, et les émetteurs adaptent souvent leur message au média utilisé et au degré de connaissance des récepteurs à l'égard du produit ou du service.

Les récepteurs décodent les messages différemment Chaque récepteur décode le message à sa façon et pas nécessairement comme le souhaitait l'émetteur. Le même message présenté à différentes personnes prendra souvent des significations opposées. Par exemple, quel message l'enseigne de Taco Bell (en haut à gauche) évoque-t-elle pour vous ?

Si vous êtes un client de cette marque, vous éprouverez peut-être de la satisfaction. Si vous avez commencé un régime et renoncé à votre plat mexicain préféré, l'image

L'émetteur doit adapter son message aux caractéristiques des récepteurs. Kellogg's, par exemple, a recours à différentes publicités selon qu'elle veut cibler les enfants (à gauche) ou ses détaillants (à droite).

pourra vous déplaire ou provoquer un sentiment de privation. Si vous boudez ce produit par choix, vous ressentirez peut-être du dégoût. Si vous venez d'être congédié par cette entreprise, l'enseigne pourrait vous mettre en colère. L'émetteur a un contrôle limité, voire nul, sur la signification que chaque récepteur prêtera au message[10].

L'émetteur adapte son message au média et aux caractéristiques des récepteurs Chaque média a un mode unique de communication. C'est pourquoi les annonceurs adaptent leur message et le choix du média selon qu'ils visent des fournisseurs, des actionnaires, des clients ou le grand public[11]. Par exemple, le message que Kellogg's enverrait à ses actionnaires au moyen d'un courriel ciblé serait différent du message qu'il télédiffuserait à l'intention de ses clients le samedi matin.

Maintenant que nous avons étudié divers aspects du processus de communication, examinons les outils de communication marketing intégrés.

Les outils de communication marketing intégrés

OA 2

Pour qu'une campagne de communication soit réussie, l'entreprise doit transmettre le bon message au bon public à travers le bon média. Or, rejoindre le bon public est de plus en plus difficile car l'environnement média est de plus en plus complexe et fragmenté.

Les progrès technologiques ont produit la radio satellite, la technologie sans fil, les fenêtres surgissantes et les bannières publicitaires, les sites Web commandités par une entreprise, les assistants électroniques et la messagerie texte, qui tous rivalisent pour capter l'attention des consommateurs. Il n'y a pas si longtemps, les annonceurs pouvaient toucher les masses en achetant de l'espace dans trois réseaux de télévision. Aujourd'hui, ils doivent acheter de l'espace dans 74 chaînes pour atteindre le même nombre de personnes. Les médias imprimés ont évolué et se sont spécialisés. Au Canada, à l'heure actuelle, il existe 134 quotidiens, plus de 1 100 journaux communautaires, plus de 800 périodiques d'intérêt général et 900 revues spécialisées[12].

Cette prolifération des médias a poussé de nombreuses entreprises à consacrer moins d'argent à la publicité et davantage au marketing direct, à la création d'un site Web, au placement de produits et à d'autres formes de promotion afin de trouver le meilleur moyen de communiquer leurs messages à leur public cible. Cette fragmentation touche aussi le domaine de la télévision. Il existe des réseaux axés sur certains sports (Outdoor Life Network, Golf Channel), sur les enfants (Nickelodeon), sur les minorités ethniques (APTN—Aboriginal Peoples Television Network) et sur la religion (CTS, OMNI Television). Chacune de ces chaînes permet aux créateurs de plans de communication marketing intégrés de cibler étroitement le public de leur choix.

Examinons maintenant chacun des outils de communication marketing intégrés et la façon dont ils contribuent au succès d'une campagne de communication (*voir la figure 15.2, p. 470*). Certains outils (publicité, marketing direct, vente personnelle et promotion des ventes) sont expliqués en détail dans d'autres chapitres; nous nous contenterons de les survoler ici.

La publicité

L'outil de communication marketing intégré le plus visible est sans doute la **publicité**, un mode de communication payant utilisé par une source identifiée, dont le message est transmis par un moyen de communication et qui a pour but d'influer sur le comportement ou sur l'attitude d'un individu à l'endroit d'un produit (d'un service ou d'une marque), que ce soit dans l'immédiat ou à l'avenir[13]. Dans le chapitre 16, nous expliquerons le but de la publicité et ses divers types, mais pour l'instant, notons que la publicité est extrêmement efficace pour faire connaître un produit ou un service et éveiller l'intérêt des consommateurs. Quarry Integrated Communications, dont il est question dans la rubrique Marketing entrepreneurial 15.1 (*voir p. 471*), a aidé Research In Motion à faire connaître le BlackBerry à ses débuts.

publicité (*advertising*) Mode de communication payant utilisé par une source identifiée, dont le message est transmis par un moyen de communication et qui a pour but d'influer sur le comportement ou sur l'attitude d'un individu à l'endroit d'un produit (d'un service ou d'une marque), que ce soit dans l'immédiat ou à l'avenir.

FIGURE 15.2 Les outils de communication marketing intégrés

Et, comme nous l'avons mentionné dans l'introduction de ce chapitre, de nombreux Canadiens ont vu les annonces mettant en vedette Jules et Bertrand télédiffusées pendant les Jeux olympiques d'hiver de 2006, qui ont attiré l'attention sur les produits et les services de Bell.

La publicité de masse peut entraîner les consommateurs à converser avec les gestionnaires marketing. Toutefois, pour atteindre son public cible, la publicité doit faire une percée à travers le fouillis des autres messages. Et comme les gestionnaires marketing cherchent constamment des façons de toucher leurs publics cibles, la publicité est devenue omniprésente. Il n'y a pas si longtemps, la majeure partie du budget de communication des grandes entreprises était consacrée à la publicité. Depuis les années 1990, toutefois, la part des fonds affectée à la publicité a diminué, alors que les sommes allouées à d'autres formes de promotion des ventes, en particulier le marketing direct et les relations publiques, ont augmenté, ce qui a mené à une approche plus équilibrée de l'utilisation d'outils de communication marketing.

La vente personnelle

vente personnelle (*personal selling*) Dialogue entre acheteur et vendeur. L'acheteur fait connaître ses besoins, le vendeur propose des solutions. Éventuellement, une transaction pourrait se conclure.

La **vente personnelle** est un dialogue entre un acheteur et un vendeur, qui vise à exercer une influence sur la décision d'achat de l'acheteur. Elle peut avoir lieu dans divers cadres : en face à face, par vidéoconférence, téléphone ou Internet. Bien que les consommateurs n'interagissent pas souvent avec des vendeurs professionnels, la vente personnelle est un élément important de nombreux plans de communication marketing intégrés, surtout dans le contexte interentreprises (B2B).

Le coût d'une communication directe avec un client potentiel est assez élevé comparativement à d'autres outils de communication, mais il s'agit de la façon la plus efficace de vendre certains produits et services. Les clients peuvent acheter une foule de produits et de services sans l'aide d'un vendeur, mais les vendeurs simplifient le processus d'achat en donnant de l'information et des services, ce qui permet aux clients d'économiser du temps et de l'énergie. Dans bien des cas, les vendeurs ajoutent une valeur importante au produit, de sorte que la dépense additionnelle en vaut la peine. Le chapitre 16 explique plus en détail la vente personnelle et la gestion des ventes.

Marketing entrepreneurial 15.1 Un succès bâti sur des idées

Fuyant les titres officiels, Alan Quarry se désigne gentiment comme l'entraîneur en chef et le président-directeur de l'enthousiasme à Quarry Integrated Communications. La société de Waterloo, en Ontario, qui compte plus de 125 employés, aide ses clients à bâtir leur entreprise grâce à la recherche innovatrice, à la publicité, à la gestion de l'image de marque, aux relations publiques, aux ventes, au Web et aux médias numériques.

Quarry a commencé sa carrière de gestionnaire marketing à Canada Trust, aujourd'hui appelé TD Canada Trust, où il est devenu le plus jeune directeur des communications d'entreprise à occuper ce poste seulement deux ans et demi après être entré dans la société. Il a démissionné en 1983 et s'est joint aux deux employés de Quarry Integrated Communications, une entreprise fondée par son père, Robert Quarry, dans le sous-sol de sa résidence 10 ans auparavant. En 1988, Alan en était le principal actionnaire et le président. Au fil des ans, il a contribué au succès de l'entreprise en remplissant divers rôles, notamment ceux de directeur du service à la clientèle, de concepteur-rédacteur, de coordonnateur du service des expéditions, de réceptionniste, de directeur des médias, de concepteur de plans de communication marketing intégrés, de doyen de l'Université Q (Quarry possède sa propre université d'entreprise qui donne des cours crédités à ses employés) et de cible de bassin-trempette au pique-nique annuel[14].

Bien que la société ait débuté dans le secteur agricole, elle a étendu ses activités avec succès à une grande variété d'industries et travaille avec de petites et grandes entreprises comme Bell, Research In Motion, Nortel, Sprint et FedEx. Avec Bell, Quarry a conçu des personas[15] détaillées afin de l'aider à mieux comprendre qui sont ses clients et à structurer ses nouvelles offres de services. Forrester Research reconnaît Quarry comme l'une des rares entreprises nord-américaines expertes dans la conception de personas[16]. Le travail accompli par Quarry lors des premières campagnes relatives à son BlackBerry a permis à Research In Motion de développer la notoriété de la marque, de repositionner le BlackBerry par rapport à Palm, à HP et à Sony et de pénétrer le très important marché américain. L'élaboration d'un plan de communication marketing intégré a permis à Research In Motion de donner une image cohérente et uniforme à toutes ses communications, qu'il s'agisse de publicités imprimées, de panneaux d'affichage, de sites Web, de présentoirs dans un salon professionnel et même d'emballages. Un guide sur le style de la marque destiné aux partenaires commerciaux comme Rogers, Bell et AT&T a fait en sorte que toute la publicité relative au BlackBerry soit bien synchronisée avec le plan global de communication intégré de Research In Motion.

L'approche du plan de communication marketing intégré adoptée par Alan Quarry se reflète dans le mantra de l'entreprise: «Penser et ressentir comme le client, toujours prévoir et s'amuser!» Cette attitude se reflète dans les bureaux de Quarry, qui permettent aux employés de donner libre cours à leur créativité grâce à

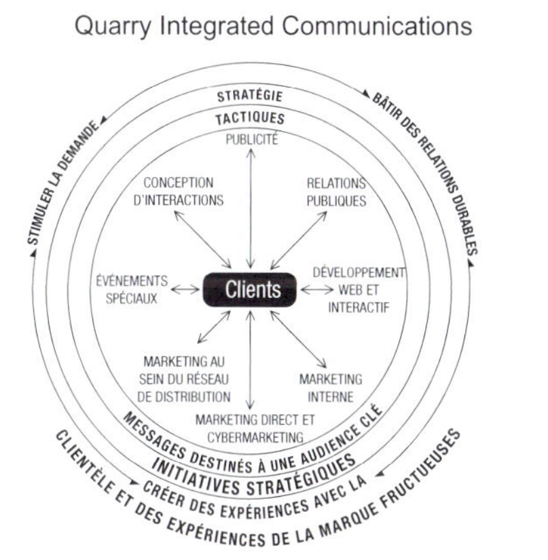

La roue d'intégration de Quarry permet de créer et d'intégrer des expériences positives de la marque qui tiennent compte des besoins des clients, stimulent la demande et contribuent à l'établissement de relations loyales et profitables avec la clientèle.

La conception unique des bureaux de Quarry Integrated Communications permet aux employés de laisser libre cours à leur créativité et de concevoir des publicités primées pour des produits comme le BlackBerry de Research In Motion.

des salles de réunion baptisées Eureka et Kaboom, à des murs incurvés avec grâce et à une salle à manger de style 1950 baptisée Al's Diner d'après Albert Einstein. La salle à manger est un endroit où les employés et leurs invités se rencontrent, travaillent et ont accès gratuitement à des aliments sains. Pas étonnant que Quarry ait l'un des plus bas taux de roulement de l'industrie. Fort de ses 34 années d'expérience et avec des bureaux à Waterloo, à Toronto et à Raleigh, en Caroline du Nord, Quarry investit dans les choses durables, qu'il s'agisse de campagnes publicitaires ou de relations avec ses employés et ses clients.

La promotion des ventes

promotion des ventes (*sales promotion*)
Incitatifs qui visent à amener les consommateurs à se procurer un produit ou un service (p. ex., coupon de réduction, rabais, concours, échantillon gratuit, présentoir au point de vente).

La **promotion des ventes** désigne le recours à des incitatifs qui visent à amener le consommateur à se procurer un produit ou un service (p. ex., coupon de réduction, rabais, concours, échantillon gratuit, publicité sur le lieu de vente, etc.). Les gestionnaires marketing utilisent généralement ces incitatifs conjointement avec d'autres programmes de publicité ou de vente personnelle. De nombreuses techniques de promotion des ventes, comme les échantillons gratuits et les publicités sur le lieu de vente, visent à augmenter les ventes à court terme, tandis que d'autres, comme les concours et les loteries publicitaires, font désormais partie intégrante des plans de communication marketing intégrés des entreprises, qui cherchent ainsi à fidéliser leurs clients. Nous reviendrons plus en détail sur la promotion des ventes dans le chapitre 16.

Le marketing direct

marketing direct (*direct marketing*)
Technique de marketing qui procède par un contact direct auprès des clients potentiels.

L'un des outils du plan de communication marketing intégré pour lequel l'ensemble des dépenses a connu la hausse la plus forte récemment est le **marketing direct**, une technique de marketing qui procède par un contact direct auprès des clients potentiels[17].

La boîte à outils du marketing direct comprend une variété de techniques de communication comme le téléphone, la poste, le publireportage, le catalogue, Internet et le courrier électronique, de même que les nouvelles technologies comme l'assistant numérique, le téléphone intelligent, le balado et le cellulaire. Quelques-uns de ces outils de marketing direct sont décrits en détail dans le chapitre 14. Tous ces outils s'adressent aux clients d'une manière différente. Dans notre exemple sur Bell, un grand nombre de ces outils de marketing direct ont été cruciaux pour le succès initial du plan de communication marketing intégré de l'entreprise et beaucoup d'autres ont été utilisés seulement après que les clients eurent manifesté le désir de poursuivre le dialogue. Contrairement aux médias de masse, qui s'adressent à un large public, le marketing direct permet de personnaliser le message, ce qui constitue un avantage majeur.

Les spécialistes du marketing direct utilisent désormais des assistants numériques, des téléphones intelligents ou des cellulaires pour joindre leurs clients potentiels.

L'usage croissant de bases de données clients permet aux gestionnaires marketing d'identifier et de suivre les clients dans le temps et dans diverses situations d'achat, un facteur qui a favorisé la croissance rapide du marketing direct. Les gestionnaires marketing ont pu bâtir ces bases de données grâce à l'usage accru des cartes de débit et de crédit, des cartes de crédit maison et de fidélisation ainsi que des achats en ligne. Toutes ces transactions obligent l'acheteur à fournir au vendeur des renseignements personnels que ce dernier intègre à sa base de données. Comme ces renseignements permettent aux entreprises de mieux comprendre les comportements d'achat de leurs clients, elles peuvent orienter leurs efforts de marketing direct d'une manière plus adéquate. Dans la rubrique Valeur ajoutée 15.1, nous expliquons comment les entreprises peuvent utiliser ces renseignements pour cibler leurs clients un à un.

Les relations publiques

Les **relations publiques** correspondent à un service d'une organisation chargé des communications, lesquelles ont plusieurs objectifs, dont la projection et le maintien d'une image positive, la prise en charge des événements fâcheux et le maintien de bonnes relations avec les médias. Les activités de ce service soutiennent les autres efforts de communication de l'entreprise en générant une attention médiatique « gratuite ». Par exemple, les castors porte-parole de Bell ont beaucoup fait parler d'eux et ont été cités dans de nombreux articles de journaux et de magazines. Bien qu'il puisse être difficile pour une entreprise de convaincre les médias d'écrire des articles sur ses produits et ses services, cette attention médiatique est parfois cruciale pour son succès.

relations publiques (*public relations*) Service d'une organisation chargé des communications, lesquelles ont plusieurs objectifs, dont la projection et le maintien d'une image positive de l'entreprise, la prise en charge des événements fâcheux et le maintien de bonnes relations avec les médias.

De bonnes relations publiques constituent depuis toujours un important facteur de réussite. Or, depuis quelques années, elles ont pris de l'ampleur en raison de la hausse du coût des autres formes de communication. Simultanément, elles ont accru leur influence car les consommateurs sont de plus en plus sceptiques face aux prétentions des publicités transmises par d'autres médias[18]. Dans bien

Valeur ajoutée 15.1 Le marketing personnalisé

Le marketing personnalisé est plus qu'une technique de marketing direct[19]. C'est l'intégration totale des ventes, de la commercialisation, de la production et des finances dans un système unique qui s'appuie sur des interactions en continu avec les clients. Par exemple, si un client présente une requête à une entreprise ou téléphone pour lui faire part d'un problème, un bon système de marketing personnalisé permet de répondre à sa demande ou de régler son problème aussitôt parce que l'entreprise possède déjà un fichier électronique sur ce client, qui contient des renseignements sur ses achats et sur ses préférences, et certains détails personnels comme sa date de naissance. Les bons programmes de marketing personnalisé segmentent aussi la clientèle afin que les clients les plus fidèles reçoivent toute l'attention qu'ils méritent. Il est important d'accorder à ces derniers une attention particulière parce qu'ils obtiennent ainsi un traitement de faveur : cela crée de la valeur pour l'entreprise car les clients fidèles forment généralement le segment le plus rentable.

Les recherches menées par Whirlpool Canada indiquent que les deux tiers des acheteurs entrent dans un magasin d'appareils électroménagers sans avoir une marque précise en tête[20]. Seulement 15 % des acheteurs ont une préférence pour une marque dans la catégorie des électroménagers de cuisine[21]. L'entreprise a reconnu la nécessité d'élaborer une stratégie de marketing intégrée axée sur les relations avec la clientèle pour sa marque KitchenAid. Son but était d'établir des relations personnalisées avec ses clients les plus fidèles en utilisant Internet comme point de contact principal.

L'entreprise a lancé son programme de fidélisation True Connoisseur Premier en novembre 2005 sous la forme d'un forum en ligne pour les passionnés de cuisine. L'objectif était d'offrir aux clients fidèles un endroit où célébrer leur amour du monde culinaire[22]. Ce programme, qui n'avait pratiquement fait l'objet d'aucune promotion auprès du public, a entraîné des conversions de l'ordre du triple des normes de l'industrie pour les clients existants qui se sont inscrits.

L'année suivante, l'entreprise a mis sur pied un programme de « remise rapide » par cellulaire afin d'établir un dialogue personnel avec ses clients. Des autocollants fixés sur les appareils KitchenAid dans les commerces de détail annonçaient le programme de remise et donnaient un code bref que les clients pouvaient utiliser pour envoyer un message texte afin d'adhérer au programme. Résultat, les ventes ont été cinq fois plus élevées que ce qui avait été anticipé et tous les clients ont accepté que l'entreprise communique avec eux par cellulaire dans l'avenir[23].

Les programmes personnalisés créent des situations gagnantes pour les clients et pour l'entreprise. Les besoins des clients sont comblés efficacement et les entreprises peuvent réunir une grande quantité de données sur ceux-ci, notamment sur leurs besoins et leurs désirs, leurs intentions d'achat et leurs niveaux de satisfaction. Cette information leur permet de développer des produits et des services qui offrent une meilleure valeur aux clients, ce qui, en retour, encourage ceux-ci à demeurer fidèles à l'entreprise.

des cas, ils considèrent la couverture médiatique engendrée à travers les relations publiques comme plus crédible et objective que tout autre aspect d'un plan de communication marketing intégré, parce que l'entreprise n'« achète » pas d'espace dans les médias imprimés ni de temps d'antenne à la radio ou à la télévision. Au fond, les relations publiques permettent à l'entreprise de placer gratuitement leur message dans les médias.

La campagne *Chaque couvercle, une Source d'espoir* de Yoplait démontre qu'un plan de communication marketing intégré bien orchestré, combinant une campagne promotionnelle avec une campagne de relations publiques, peut améliorer l'image d'une entreprise tout en soutenant une cause valable[24]. La campagne a pour objectif non seulement de faire vendre du yogourt, mais aussi de créer une association positive entre la marque et une cause sociale, dans ce cas-ci le cancer du sein.

marketing engagé (*cause-related marketing*)
Activité commerciale dans le cadre de laquelle une entreprise et une œuvre de charité travaillent ensemble en vue de commercialiser une image, un produit ou un service dont les deux acteurs bénéficient ; type de campagne publicitaire (p. ex., la campagne *Red* pour lutter contre le sida en Afrique).

Cette forme de campagne publicitaire est appelée **marketing engagé**, soit une activité commerciale dans le cadre de laquelle une entreprise et une œuvre de charité travaillent ensemble en vue de commercialiser une image, un produit ou un service dont les deux acteurs bénéficient[25]. Dans le cadre de sa campagne *Chaque couvercle, une Source d'espoir*, Yoplait s'engageait à verser un montant fixe à la Fondation canadienne du cancer du sein pour chaque couvercle à ruban rose retourné par les consommateurs[26].

Étroitement lié à la campagne *Chaque couvercle, une Source d'espoir*, le programme *Champion* de Yoplait (en vigueur aux États-Unis seulement) est une autre campagne de relations publiques. Le but de ce programme national est de repérer et de saluer « des gens ordinaires qui font des choses extraordinaires » dans la lutte contre le cancer du sein. Les 25 histoires de champions sont publiées dans les médias locaux et le programme comme tel est souvent mentionné dans les médias nationaux. Ces deux initiatives sont donc extrêmement efficaces pour sensibiliser les consommateurs à l'engagement social de Yoplait et augmenter la notoriété de sa marque[27].

commandite événementielle (*event sponsorship*)
Soutien financier ou matériel d'un événement sportif ou culturel, en échange duquel une entreprise cherche à bénéficier d'une visibilité. Cette activité est très prisée en relations publiques.

La campagne Chaque couvercle, une Source d'espoir *de Yoplait et sa campagne de relations publiques améliorent l'image de l'entreprise tout en soutenant une cause valable.*

Une autre fonction très prisée des relations publiques est la commandite événementielle. La **commandite événementielle** consiste en un soutien financier ou matériel d'un événement sportif ou culturel, en échange duquel une entreprise cherche à bénéficier d'une visibilité. Par exemple, Subaru commandite le triathlon Subaru Ironman Canada, considéré comme l'un des meilleurs événements Ironman du monde. Grâce à cette course, Subaru fait la promotion de ses véhicules qui, comme les athlètes, doivent être assez polyvalents pour exceller dans divers environnements et assez résistants pour surpasser leurs concurrents.

Les entreprises ont souvent recours à une trousse de relations publiques pour communiquer avec divers publics. Certains éléments de cette trousse visent à informer directement des groupes précis, tandis que d'autres sont destinés à capter l'attention des médias et à diffuser de l'information. Le tableau 15.1 (*voir p. 475*) décrit les diverses composantes d'une trousse de relations publiques.

médias électroniques (*electronic medias*)
Outils informatiques, notamment le courriel, les sites Internet, les blogues d'entreprise, les jeux en ligne, les messages SMS et les médias sociaux.

Les médias électroniques

Internet a eu une incidence importante sur la façon dont les gestionnaires marketing communiquent avec leurs clients. Les **médias électroniques** vont du simple courriel jusqu'aux outils plus interactifs comme les blogues d'entreprise, en passant par les sites Web. La rubrique Cybermarketing 15.1 (*voir p. 477*) se penche sur la capacité des médias électroniques à diffuser rapidement les messages.

TABLEAU 15.1 Les composantes d'une trousse de relations publiques

Composantes de la trousse de relations publiques	Fonction
Publications : brochures, publications à sujet unique comme les livres	Renseigner divers groupes sur les activités de l'organisation et mettre en valeur certains domaines de compétence précis.
Documents audio et vidéo : émissions, messages d'intérêt public	Mettre l'organisation en valeur ou soutenir les initiatives en matière de marketing engagé.
Rapports annuels	Fournir des données financières sur la performance de l'entreprise et renseigner les investisseurs et d'autres parties prenantes sur les activités particulières de l'organisation.
Relations avec les médias : dossiers de presse, communiqués, discours, commandites événementielles	Engendrer une couverture médiatique des activités ou des produits et des services de l'organisation.
Médias électroniques : sites Web, campagnes de courriels	Dans le cas des sites Web, remplir les diverses fonctions décrites ci-dessus et, dans le cas des courriels, diriger les initiatives de relations publiques vers des groupes cibles.

Le triathlon annuel Subaru Ironman Canada, qui se tient à Penticton, en Colombie-Britannique, permet à Subaru d'établir un lien entre la performance et la durabilité de ses véhicules et cette compétition éreintante.

Les blogues d'entreprise Le blogue d'entreprise, qui était autrefois un simple article occasionnel qu'affichait une entreprise sur le Web, est devenu un outil virtuel avantageux pratiquement du jour au lendemain. Un **blogue** est un site Web où un ou plusieurs blogueurs s'expriment périodiquement sous forme de billets. En tant que nouvelle forme de communication commerciale, un blogue bien accueilli peut créer un bouche-à-oreille positif, fidéliser les clients, produire une rétroaction valable et des résultats économiques tangibles. En revanche, un blogue mal accueilli peut produire un contrecoup et des retombées économiques négatives et ébranler la confiance des clients[28]. Le blogue d'entreprise, en facilitant les interactions avec les clients, est également susceptible d'accroître les ventes de l'entreprise, car celle-ci peut réagir directement aux commentaires des clients.

blogue (*blog, weblog, Web log*)
Site Web où un ou plusieurs blogueurs s'expriment périodiquement sous forme de billets. Les blogues d'entreprise constituent une nouvelle forme de communication commerciale.

Les visiteurs du site de Synnex Canada (www.synnex.ca) peuvent cliquer sur le blogue du PDG pour obtenir les dernières nouvelles du président-directeur général, Jim Estill.

Jim Estill a commencé à écrire un blogue lorsque sa compagnie, EMJ Data, a été achetée par Synnex Canada, une très grande entreprise d'envergure nationale.

À titre de PDG de Synnex, Estill n'appréciait pas le fait de ne plus connaître les noms de ses employés. Il a constaté que son « blogue du PDG » lui permettait de présenter un visage plus personnel à ses employés.

Certaines universités ont commencé à utiliser les blogues des étudiants comme outil de recrutement pour attirer les étudiants de premier cycle. À l'Université du Manitoba à Winnipeg, 16 étudiants, actuels et anciens, ont décrit les expériences vécues à l'université dans leurs blogues sur le site www.itsmyfuture.ca. Celui-ci a été visité plus de 60 000 fois par plus de 6 500 internautes au cours des quatre premières semaines[29].

Les blogues malhonnêtes, qui sont en fait des campagnes de publicité déguisées, sont problématiques. Vu sa nature même, un blogue est transparent et contient des observations honnêtes de l'auteur, qui peuvent influer sur le niveau de confiance et de loyauté des clients. Tout ce qui ne relève pas d'une honnêteté totale rompra ce lien et fera du tort à la relation. Toutefois, lorsqu'ils sont utilisés adéquatement, les blogues peuvent agir comme des tribunes fiables pour limiter les dommages. Par exemple, le vice-président de General Motors a créé un blogue pour dissiper les rumeurs selon lesquelles l'entreprise cesserait de fabriquer des Pontiac et des Buick[30].

Les jeux en ligne Les jeux en ligne, qui permettent aux consommateurs d'interagir avec le site et même avec d'autres joueurs, constituent un outil particulièrement utile pour atteindre un public plus jeune. Conforme à son image branchée, à son public cible (les jeunes hommes) et à sa prétention d'être « conçu spécialement pour attirer les jeunes femmes », le déodorant Tag proposait sur son site Web un jeu invitant les visiteurs à se glisser dans la peau d'un jeune homme forcé de surmonter divers obstacles virtuels (chien, parents, frère cadet) pour atteindre la « chérie » qui serait attirée par sa fragrance Tag. D'autres jeux visent même une clientèle plus jeune, dont Neopets, un site dont nous parlerons dans le chapitre 16 lorsqu'il sera question du « marketing furtif »[31].

Les visiteurs du site Web du déodorant Tag pouvaient jouer à un jeu dans lequel ils endossaient le rôle d'un jeune homme forcé de surmonter divers obstacles virtuels (chien, parents, frère cadet) pour atteindre la « chérie » qui serait attirée par sa fragrance Tag.

La messagerie texte Les nouvelles façons d'utiliser Internet ont favorisé l'apparition de la messagerie texte (ou SMS), un moyen auquel recourent de plus en plus de gestionnaires marketing pour communiquer avec les consommateurs plus jeunes. Des expériences récentes axées sur la messagerie texte ont produit des résultats impressionnants. En moyenne, une campagne de messages textes publicitaires génère un taux de réponse de 15 %, comparé à un taux inférieur à la moitié pour le publipostage. Les recherches démontrent aussi que 94 % de tous les messages textes publicitaires sont lus, que 23 % sont transférés ou montrés à d'autres utilisateurs et que 8 % de ces derniers y répondent[32].

Les médias sociaux L'expression « médias sociaux » désigne une vaste gamme de communautés virtuelles et de sites de réseautage social tels que Facebook et MySpace. Dans les médias sociaux, le niveau de transparence et d'honnêteté

Cybermarketing 15.1 Une évolution virale

Au Canada, où un foyer sur quatre achète des produits Dove[33], la campagne *Initiative Vraie beauté*, lancée par Dove en 2004, a entrepris d'élargir le concept de la beauté. Deux ans plus tard, Ogilvy & Mather, l'agence de publicité torontoise de Unilever pour la marque Dove, voulait lancer une campagne à petit budget dotée d'une forte composante virale. Internet était le média parfait pour ce type d'initiative. Toutefois, Ogilvy & Mather savait que cette campagne devait s'appuyer sur des concepts liés à la marque principale Dove et au Fonds de l'estime de soi Dove.

L'équipe a proposé de réaliser un film viral plutôt qu'une publicité. Au cours du remue-méninges destiné à recueillir des idées pour le film, Tim Piper, le directeur artistique adjoint d'Ogilvy & Mather, a fait appel à sa conjointe, Stephanie Betts, pour élaborer un projet de film intitulé *Evolution*. Son projet était basé sur le fait qu'au naturel même les mannequins n'ont pas l'air de mannequins. Il a donc filmé Betts d'abord sans maquillage, puis à travers sa transformation de femme jolie mais ordinaire en une top-modèle glamour. Le scénarimage était si convaincant que, au lieu de faire appel à une comédienne professionnelle, Unilever a demandé à Betts de tenir le rôle dans le film.

Le film a été réalisé avec un budget d'à peine 135 000 $[34] et en faisant souvent appel à des amis de Piper œuvrant dans l'industrie. L'entreprise n'a acheté aucun temps d'antenne à la télévision pour son film de 75 secondes. Elle l'a plutôt affiché sur le site Web de Dove le 11 octobre 2006. Et, après coup, sur YouTube. Ce film unique a été très bien reçu par les spectateurs qui ont rapidement passé le mot à leurs amis. En quelques jours seulement, le film avait été vu des millions de fois et sa renommée continuait de s'étendre comme un feu de brousse. Comme un virus, en fait ! Les grands réseaux de télévision, pressentant la valeur publicitaire du film, se sont rués sur celui-ci. Le film a été présenté par Rosie O'Donnell, aux émissions *The Ellen DeGeneres Show*, *Good Morning America*, *Inside Edition* et *Entertainment Tonight*, et sur les réseaux CNN et Fox. Il a généré des revenus largement supérieurs à 150 millions de dollars en relations publiques et en couverture médiatique[35] au cours des six premiers mois qui ont suivi sa sortie.

Affiché sur YouTube, le court métrage Evolution *a été vu par des millions d'internautes dans les quelques jours qui ont suivi sa sortie. De plus, il a été télédiffusé notamment à l'émission* The Ellen DeGeneres Show, *ce qui a créé une publicité phénoménale pour Unilever et sa marque Dove.*

Le film continue de recevoir des marques d'approbation. Il a obtenu deux grands prix lors du Festival international de la publicité de Cannes en 2007, sept mois seulement après sa sortie. En fin de compte, le film s'appuie sur un média simple mais puissant pour diffuser un message que les gens veulent entendre. Si nul ne s'attendait à ce qu'*Evolution* remporte un succès phénoménal, il reste qu'Internet a favorisé la diffusion rapide du message. Même Ogilvy & Mather reconnaît que la publicité traditionnelle n'aurait jamais permis d'obtenir des résultats aussi spectaculaires.

Pour voir le film, visitez le site www.initiativevraiebeaute.ca et cliquez sur « Un film Dove » puis sur « Evolution ».

est considérablement plus élevé que dans la plupart des autres outils de communication. Et comme les membres divulguent des renseignements très personnels, les gestionnaires marketing peuvent personnaliser leurs messages et leurs applications en fonction de marchés cibles. Par exemple, TD Canada Trust a créé une application Facebook appelée Split It, un calculateur en ligne que les colocataires peuvent utiliser pour répartir entre eux certaines dépenses. L'Université Mount Allison, au Nouveau-Brunswick, recrute ses étudiants auprès des groupes Facebook. De plus, elle paie des étudiants pour réaliser des vidéos et les afficher sur YouTube[36].

La demande accrue de médias sociaux a engendré la création de nouvelles entreprises et divisions des médias sociaux au sein de grandes agences de publicité canadiennes. En effet, un nombre de plus en plus élevé d'organisations grand public ajoutent des médias sociaux à leurs outils de communication marketing intégrés.

Au fil du temps, la technologie continuera de s'améliorer et d'autres moyens de communication avec les consommateurs s'ajouteront aux outils de communication marketing intégrés. Pour l'instant, examinons les étapes de l'élaboration d'un plan de communication marketing intégré conforme aux objectifs stratégiques de l'organisation.

OA 3 Les étapes de l'élaboration d'un plan de communication marketing intégré

L'élaboration d'un plan de communication marketing intégré exige une planification soignée. La figure 15.3 présente quelques-unes des étapes clés de ce processus, dont chacune vise à faire en sorte que le message atteigne le bon public et ait l'effet souhaité. Comme nous l'avons déjà mentionné, on peut suivre ces étapes pour tous les outils de communication marketing intégrés. Nous examinerons ces étapes puisqu'elles concernent particulièrement la publicité.

FIGURE 15.3 Les étapes de l'élaboration d'un plan de communication marketing intégré

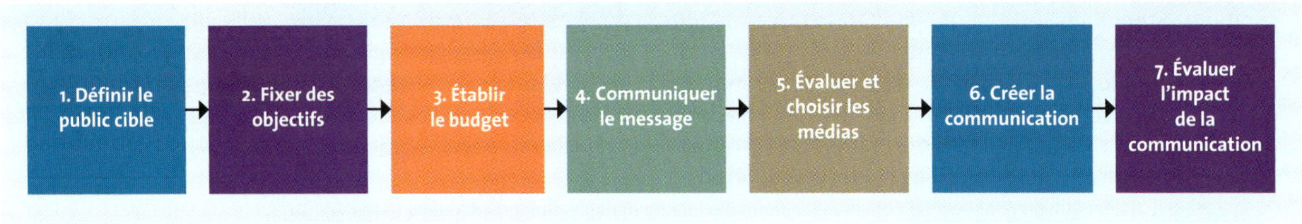

Étape 1 : définir le public cible

La réussite d'une campagne publicitaire dépend de l'habileté de l'annonceur à définir son public cible. Les entreprises effectuent des recherches à cette fin, puis utilisent l'information recueillie pour donner le ton à leur programme publicitaire et choisir les médias qui communiqueront leur message à ce public.

Qui est le public cible de cette publicité : les hommes ou les femmes ?

Au cours de ses recherches, l'entreprise doit garder à l'esprit que les membres de son public cible peuvent, dans certains cas, être des utilisateurs courants de son produit. Prenons le cas des bijoux. Les recherches démontrent que, bon an mal an, quelque 43 % de la population adulte nord-américaine, soit plus de 95 millions de personnes, achètent des bijoux. Bien que les femmes en achètent beaucoup plus que les hommes (48 %) et plus souvent (36 %), ces derniers dépensent beaucoup plus d'argent en bijoux que les femmes. On ne sera pas étonné d'apprendre que la majorité des achats de bijoux faits par les hommes sont des cadeaux[37].

Certains messages publicitaires peuvent aussi être dirigés vers des segments de la population qui ne font pas partie du public cible du gestionnaire marketing, mais participent au processus d'achat. Chrysler, par exemple, annonce ses fourgonnettes le samedi matin à la télévision, pendant les émissions pour enfants. Ces annonces visent à augmenter la notoriété de la marque auprès des enfants qui, Chrysler l'espère, influeront sur le choix de leurs parents en matière de fourgonnette[38].

Étape 2 : fixer des objectifs

Comme pour n'importe quelle initiative stratégique, l'entreprise doit d'entrée de jeu anticiper le résultat qu'elle espère atteindre. Elle peut fixer des objectifs à court terme, comme susciter des demandes de renseignements, augmenter la notoriété du produit et inciter les consommateurs à essayer celui-ci. Elle peut aussi fixer des objectifs à long terme, comme augmenter ses ventes et sa part de marché, et fidéliser les consommateurs. Vendre des produits et des services constituait le principal objectif à long terme de la campagne de Bell, mais à court terme l'entreprise voulait accroître la notoriété de la marque et les intentions d'achat. Ainsi, sa campagne visait d'abord à capter l'attention des consommateurs au moyen de publicités télédiffusées pendant les Jeux olympiques d'hiver de 2006. Les entreprises doivent définir explicitement leurs objectifs à long comme à court terme et évaluer ceux-ci. Plus loin dans ce chapitre, nous indiquerons comment elles s'y prennent pour mesurer le succès de leur plan de communication intégré.

Les objectifs d'une campagne publicitaire découlent des objectifs du plan marketing global et précisent les buts que sont censées atteindre les publicités. En général, ces objectifs sont énoncés dans le **plan de communication**, une partie du plan marketing global qui définit précisément les objectifs de la campagne publicitaire, la façon d'atteindre ces objectifs ainsi que la manière de déterminer si la campagne en question s'est avérée un succès[39]. Un plan de communication est crucial parce qu'il servira par la suite d'étalon pour mesurer le succès ou l'échec de la campagne.

plan de communication (*advertising plan*) Partie du plan marketing global qui définit précisément les objectifs de la campagne publicitaire, la façon d'atteindre ces objectifs ainsi que la manière de déterminer si la campagne en question s'est avérée un succès.

Toutes les campagnes de communication visent à concrétiser certains objectifs : informer les clients, les convaincre et leur rappeler un produit ou un service. Nous étudierons ces objectifs plus en détail dans le chapitre 16. Les objectifs du plan de communication doivent aussi tenir compte du but visé par une publicité ; par exemple, l'entreprise veut-elle stimuler la demande d'un nouveau produit ou service ou accroître la notoriété de l'entreprise en général ?

Afin de mieux cerner leurs objectifs en matière de communication, de nombreuses entreprises tiennent compte des niveaux de réceptivité des consommateurs à la suite de l'exposition à un stimulus de nature commerciale (*voir la figure 15.4A*). À chaque niveau, les consommateurs ont besoin de renseignements pour se faire une opinion et progresser vers le niveau suivant. Les entreprises doivent faire en sorte que les clients potentiels connaissent l'existence de leurs produits et de leurs services avant de leur donner plus de renseignements afin qu'ils puissent apprécier leurs offres. Ensuite, elles doivent les amener à préférer leurs produits et leurs services à ceux

FIGURE 15.4A Les niveaux de réceptivité de l'acheteur

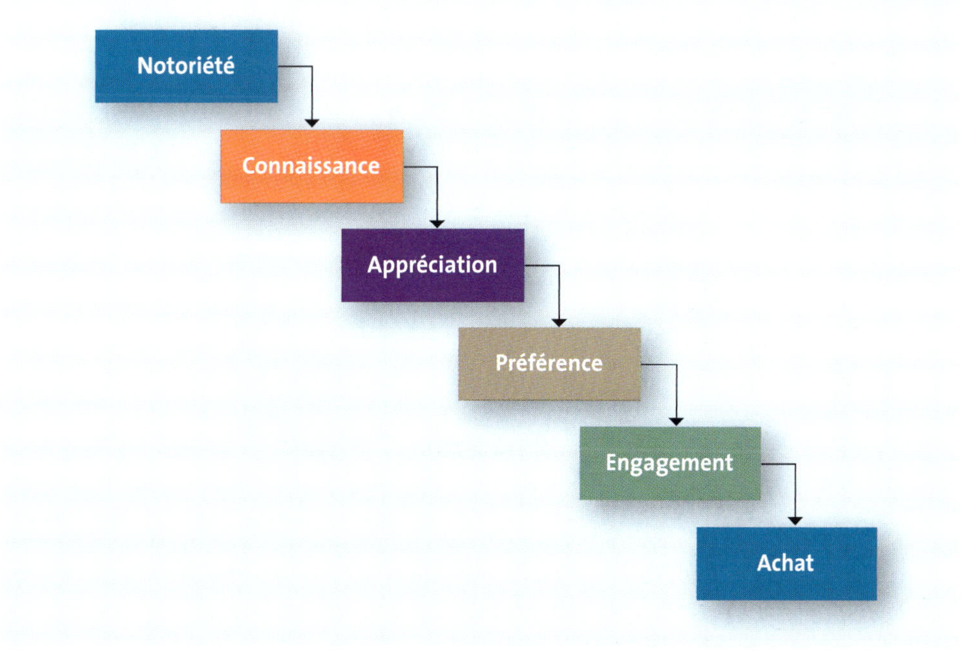

Cette annonce renseigne les consommateurs sur le choix d'accessoires vendus à Winners.

de leurs concurrents afin d'obtenir un engagement de leur part. Enfin, leurs communications doivent convaincre les clients potentiels d'acheter.

Ce ne sont pas toutes les techniques de communications commerciales qui inciteront les consommateurs à acheter, comme le montre la figure 15.4B. Par exemple, une annonce peut être utile pour accroître la notoriété d'une marque et fournir quelques renseignements sur un nouveau produit, mais il faudra peut-être un publipostage associé à une prime spéciale ou l'intervention d'un vendeur pour convaincre un client d'acheter. Il faut ainsi une combinaison de techniques adaptée aux produits et aux services de chaque entreprise pour faire passer les consommateurs du stade de la connaissance du produit à celui de l'achat.

Lorsqu'un gestionnaire marketing fixe ses objectifs publicitaires, il a recours à une stratégie de pression plutôt qu'à une stratégie d'aspiration. Toutefois, il doit aussi tenir compte d'autres facteurs comme la nature du marché (le marché de détail par opposition au marché interentreprises), la nature du produit (un produit normalisé par opposition à un produit personnalisé ou très technique) et l'étape du cycle de vie du produit. En règle générale, lorsque la publicité s'adresse aux consommateurs, l'entreprise met en œuvre une **stratégie d'aspiration**, laquelle vise à amener les consommateurs à réclamer le produit pour l'*attirer* à travers le réseau de distribution. Un second type de stratégie, appelée **stratégie de pression**, vise à accroître la demande en incitant les vendeurs (grossistes, distributeurs ou représentants) à stocker et à vendre le produit.

stratégie d'aspiration (*pull strategy*)
Stratégie qui vise à stimuler la demande, par le truchement de la publicité et de prix attrayants, de sorte que les consommateurs forcent le réseau de distribution à offrir le produit. Les consommateurs « attirent » le produit à travers le réseau de distribution.

stratégie de pression (*push strategy*)
Stratégie qui vise à écouler un produit en incitant les vendeurs (grossistes, distributeurs ou représentants) à le mettre en évidence. Le fabricant proposera souvent des programmes de publicité coopérative et des ristournes importantes.

FIGURE 15.4B Les niveaux de réceptivité de l'acheteur en fonction des outils de communication marketing intégrés

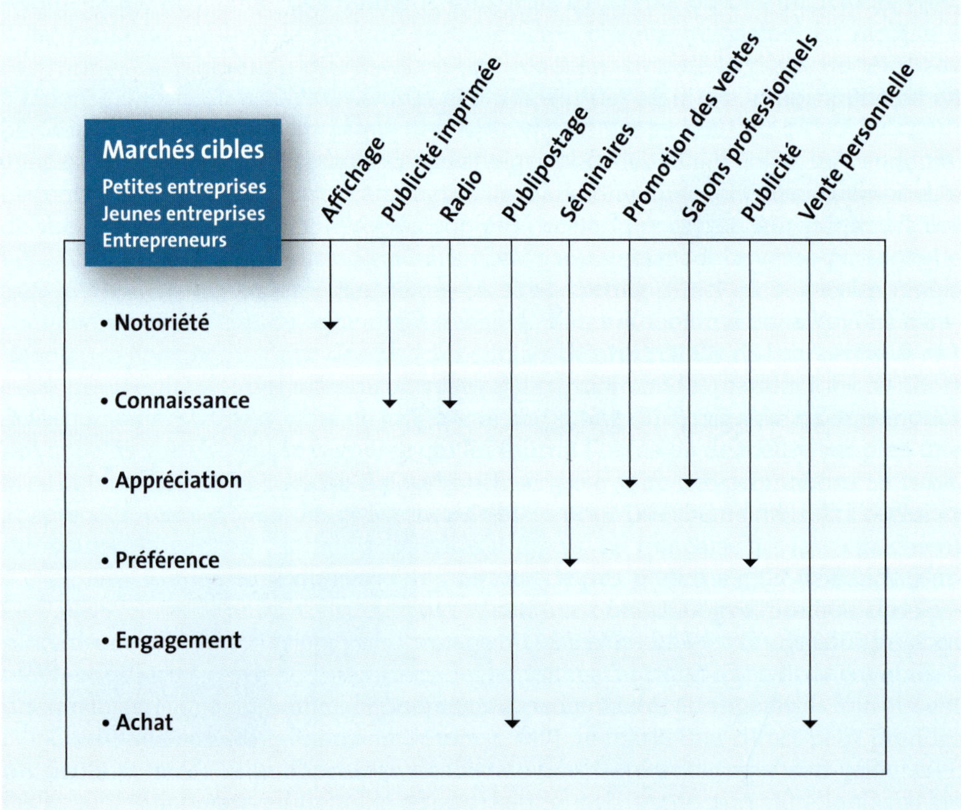

Cette stratégie vise à motiver le vendeur à mettre un produit en valeur de manière à éclipser ceux de la concurrence afin de *pousser* les consommateurs à l'acheter.

Une fois les objectifs de la campagne de communication bien définis, l'entreprise établit son budget.

Étape 3 : établir un budget

Les entreprises ont recours à diverses méthodes pour établir le budget de leur plan de communication marketing intégré. Comme toutes les façons de préparer un budget comportent à la fois des avantages et des inconvénients, il est préférable de ne pas se limiter à une seule méthode[40].

La **méthode liée aux objectifs et aux tâches** permet d'estimer le budget nécessaire pour exécuter les tâches précises qui aideront à réaliser les objectifs de communication. Pour employer cette méthode, les gestionnaires marketing doivent d'abord se fixer un ensemble d'objectifs, puis choisir le média le plus approprié pour atteindre leur public cible et, enfin, estimer le coût de la diffusion du nombre et du type de communications nécessaires pour concrétiser ces objectifs. Ce processus (fixer des objectifs, choisir le média et estimer les coûts) doit être répété pour chaque produit ou service. La somme de tous les budgets publicitaires individuels constitue le budget publicitaire global de l'entreprise. Outre la méthode liée aux objectifs et aux tâches, l'entreprise peut utiliser trois **règles simplifiées (ou heuristiques)** — méthode d'alignement sur la concurrence, pourcentage des ventes et budget disponible — pour établir son budget (*voir le tableau 15.2*).

méthode liée aux objectifs et aux tâches (*objective-and-task method*) Technique budgétaire simplifiée utilisée dans le domaine de la planification de la force de vente et de la publicité. Cette méthode comprend les étapes suivantes : établir les objectifs, évaluer l'efficacité des médias ou des représentants, estimer les besoins en ressources.

règle simplifiée (ou heuristique) (*rule-of-thumb method*) Méthode selon laquelle le budget du plan de communication marketing intégré est fondé soit sur les parts de marché de l'entreprise par rapport à la concurrence, soit sur un pourcentage fixe des ventes prévues ou sur ce qui reste une fois les frais d'exploitation et les ventes prévues inscrites au budget.

Ces règles simplifiées permettent de s'appuyer sur les ventes et les communications antérieures pour constituer un budget de communication. Bien qu'elles soient faciles à appliquer, elles n'en présentent pas moins certaines limites, qui sont mentionnées dans le tableau 15.2.

Lorsque de petites entreprises ont recours à la méthode du budget disponible, elles dépensent habituellement moins et ne concrétisent donc pas toujours leurs objectifs de vente. Les plus grandes entreprises comme Coca-Cola et Pepsi pourraient utiliser la méthode de l'alignement sur la concurrence. Toutefois, cette méthode, qui consiste à établir son budget en fonction de la part de marché détenue par l'entreprise, pourrait amener Coca-Cola à dépenser plus que Pepsi. La méthode du pourcentage

TABLEAU 15.2 Les règles simplifiées

Technique	Définition	Limites
Alignement sur la concurrence	Le budget publicitaire est établi de telle sorte que la part des fonds allouée à la publicité est égale à la part de marché détenue par l'entreprise.	• Cela ne permet pas à l'entreprise de réagir aux possibilités ou aux problèmes imprévus auxquels elle fait face sur un marché. • Si tous ses concurrents emploient cette méthode pour établir leur budget de communication, leurs parts de marché resteront à peu près stables dans le temps.
Pourcentage des ventes	Le budget publicitaire équivaut à un pourcentage fixe des ventes anticipées.	• Il est fondé sur l'hypothèse que le pourcentage utilisé dans le passé, ou par les concurrents, demeure approprié pour l'entreprise. • Il ne tient pas compte des nouveaux projets (p. ex., lancement d'une nouvelle ligne de produits au cours de l'année).
Budget disponible	Quand vient le moment d'établir leur budget, les gestionnaires marketing prévoient leurs ventes et leurs dépenses, exception faite des dépenses publicitaires. La différence entre les ventes et les dépenses prévues plus les profits anticipés est réservée au budget publicitaire. Celui-ci est donc constitué de l'argent qui reste une fois les frais d'exploitation et les profits inscrits au budget.	• Il s'appuie sur l'hypothèse que les dépenses publicitaires ne stimulent pas les ventes et les profits.

des ventes est aussi populaire et il existe des pourcentages normalisés pour certaines catégories de produits (*voir la figure 15.5*). Comme nous avons tous besoin de manger, l'industrie alimentaire consacre un infime pourcentage (environ 1 %) de ses revenus à la publicité, tandis que l'industrie des jouets et des jeux doit y allouer environ 11 % de ses recettes. Manifestement, préparer un budget n'est pas une mince affaire. Il faut parfois plusieurs rondes de négociations parmi les gestionnaires, qui rivalisent afin d'obtenir des fonds pour leur propre sphère de responsabilité.

FIGURE 15.5 Les dépenses de publicité fondées sur un pourcentage des ventes pour certaines catégories de produits

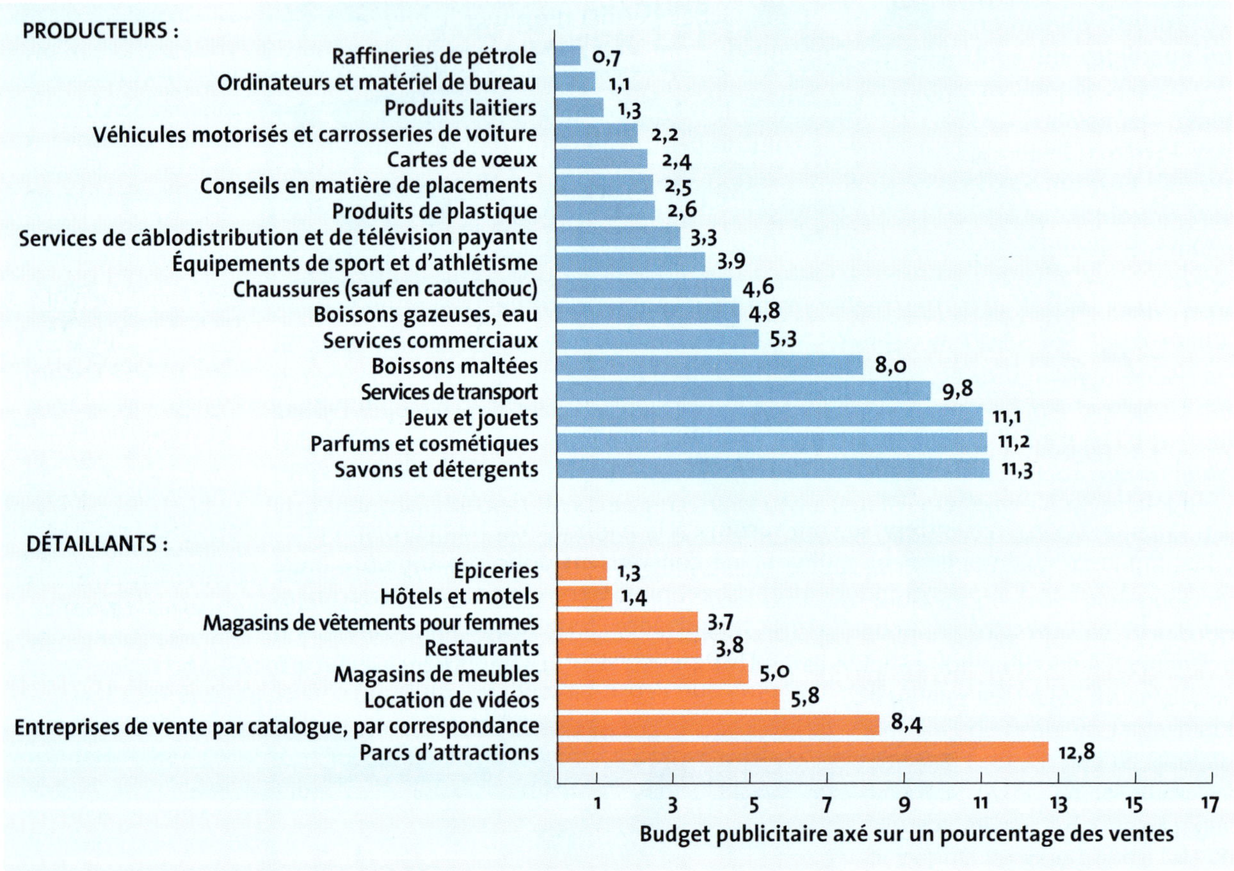

Au moment de choisir une méthode de budgétisation pour leurs campagnes de communication, les entreprises doivent tenir compte du rôle de la publicité dans leurs efforts pour atteindre les objectifs fixés dans le plan de communication initial. Ensuite, les frais de publicité varient en fonction de l'étape du cycle de vie du produit, les dépenses étant beaucoup plus élevées pendant la phase d'introduction. Enfin, la nature du marché et du produit influe sur la taille des budgets publicitaires.

Toyota a affecté moins de 14 % du total de son budget de communication à la publicité de la Scion parce qu'elle a fait appel à un grand nombre de médias non traditionnels pour capter l'attention de ses jeunes clients cibles. Dans le cas d'autres produits ou services, la portion du budget total consacrée à la publicité peut être aussi élevée que 95 % ; cela dépend des objectifs du plan de communication initial.

La nature du marché détermine aussi l'ampleur des fonds alloués à la publicité. Par exemple, ces fonds sont plus restreints dans le commerce interentreprises (B2B) que dans le commerce de détail (B2C). La vente personnelle, comme nous l'expliquerons dans le chapitre 16, joue d'ordinaire un rôle plus important sur les marchés industriels.

Étape 4 : communiquer le message

À cette étape, les gestionnaires marketing déterminent ce qu'ils veulent communiquer au sujet du produit ou du service. En premier lieu, l'entreprise définit le message clé qu'elle veut transmettre à son public cible. En second lieu, elle décide quel appel permettrait de transmettre ce message le plus efficacement. Pour les besoins de la présentation, nous décrirons ces décisions en séquence, mais en réalité elles doivent être prises simultanément.

Le message Le message fournit au public cible des raisons de réagir de la manière souhaitée par l'entreprise. Vanter les avantages du produit ou du service constitue un point de départ logique au cours de l'élaboration du message publicitaire. En effet, le message doit communiquer la capacité du produit ou du service à résoudre un problème donné d'une manière explicite et irréfutable. Dans ce contexte, les annonceurs doivent se rappeler que les produits et les services règlent des problèmes, que ceux-ci soient réels ou perçus. Ainsi, les consommateurs ne veulent pas des mèches de 60 mm (2 ⅜ po) ; ils veulent des trous de 60 mm[41]. Comme il existe de multiples façons de faire un trou de 60 mm, une entreprise comme Black & Decker doit convaincre les consommateurs que sa mèche est le meilleur outil pour pratiquer ce trou.

Une autre stratégie courante consiste à différencier un produit en mettant en avant ses caractéristiques uniques. Cette distinction constitue la base de l'**argument publicitaire unique**, qui devient souvent le thème général de la campagne publicitaire ou le slogan.

Bref, un bon argument publicitaire unique communique les attributs exclusifs du produit et devient donc un instantané de la campagne globale. Voici quelques arguments publicitaires parmi les plus célèbres :

Ford : « Construit pour durer » (maintenant modifié pour « Montez à bord »)
Nokia : « *Connecting People* » (Nous relions les gens)
FedEx : « Livraison garantie en 2 jours ouvrables »

L'argument promu dans la publicité doit être non seulement *unique* par rapport à la marque, mais aussi *signifiant* pour le consommateur ; de plus, il doit être *défendable* dans le temps même s'il est répété.

argument publicitaire unique (*unique selling proposition [USP]*)
Stratégie par laquelle l'attrait du produit présenté réside dans ses caractéristiques uniques. Le caractère unique devient souvent le thème général de la campagne publicitaire ou le slogan.

appel rationnel (*rational appeal*)
Approche visant à aider les consommateurs à prendre une décision d'achat en leur offrant des renseignements précis et des arguments convaincants sur les enjeux qui les touchent. Le but est de faire pencher le consommateur pour les avantages que présente le produit annoncé.

OA 4

L'appel du message Les annonceurs utilisent également divers appels pour décrire leur produit ou leur service. Nous en étudierons deux types : l'appel rationnel (cognitif) et l'appel émotionnel (affectif). L'appel moral est parfois considéré comme un troisième type d'appel. Les gestionnaires marketing, surtout ceux qui travaillent pour des organismes sans but lucratif, ont souvent recours à ce type de message. Comme l'appel moral peut être ou rationnel ou émotionnel, il ne forme pas une catégorie distincte.

Cette publicité sur les KLEENEX® Anti-Viral est fondée sur un appel rationnel qui aide les consommateurs à prendre une décision d'achat basée sur des données factuelles et des arguments irréfutables.

L'appel rationnel Un **appel rationnel** est une approche visant à aider les consommateurs à prendre une décision d'achat en leur offrant des renseignements précis et des arguments convaincants sur les enjeux qui les touchent. Le but est de faire pencher le consommateur pour les avantages que présente le produit annoncé[42]. L'appel rationnel fait appel à la logique du consommateur et à son désir d'apprendre. Kimberly-Clark, par exemple, recourt abondamment à des arguments rationnels pour vendre ses mouchoirs de papier Kleenex Anti-Viral. Notez le texte publicitaire affiché sur le site Web de la compagnie:

> Seuls les mouchoirs de papier KLEENEX® Anti-Viral possèdent une couche intermédiaire unique, composée d'ingrédients actifs contre les sécrétions, qui élimine les virus de la grippe et du rhume dans le mouchoir. Lorsque les sécrétions d'un nez qui coule, d'une toux ou d'un éternuement entrent en contact avec la couche intermédiaire unique du mouchoir KLEENEX® Anti-Viral, les virus de la grippe et du rhume sont emprisonnés et tués dans le mouchoir[43].

appel émotionnel (*emotional appeal*) Approche visant à satisfaire les désirs des clients plutôt qu'à leur vendre un bien qui a une fonction utilitaire.

Cet appel est parfaitement adapté à ce type de produit. L'avantage concurrentiel de celui-ci découle d'une caractéristique tangible. En mettant en valeur ses avantages supérieurs à ceux d'autres mouchoirs de papier, le texte publicitaire transmet un message rationnel convaincant[44].

L'appel émotionnel Un **appel émotionnel** est une approche visant à satisfaire les désirs des clients plutôt qu'à leur vendre un bien qui a une fonction utilitaire. Un appel émotionnel efficace a recours à l'émotion pour créer un lien entre le consommateur et la marque.

Kleenex commandite les films larmoyants présentés sur TNT, qui sont reconnus pour susciter chez l'auditoire des réactions typiques telles que s'essuyer les yeux, se moucher furtivement ou fondre carrément en larmes.

Les émotions les plus souvent évoquées dans la publicité englobent la peur, le sentiment de sécurité, l'humour, la joie, l'amour, le confort et la nostalgie. Les entreprises doivent tenir compte des différences culturelles puisque l'humour n'est pas perçu de la même façon par tous les groupes culturels et que les attraits sexuels sont tabous dans certaines cultures.

Revenons au texte publicitaire sur les Kleenex de Kimberly-Clark; la société utilise un appel émotionnel tout à fait différent pour ses mouchoirs de papier ordinaires. Les mouchoirs de papier sont étroitement liés aux moments d'émotion qui nous obligent à essuyer des larmes de joie ou de chagrin. Kleenex tente de renforcer ce déclencheur émotionnel en commanditant les films larmoyants diffusés sur la chaîne de télévision TNT.

Contrairement à la publicité relative au Kleenex Anti-Viral, cette campagne s'appuie sur la nécessité implicite d'avoir des mouchoirs de papier sur soi pendant les films dramatiques. Les caractéristiques tangibles du produit, qui ne constituent plus le facteur de persuasion utilisé pour vendre comme dans l'appel rationnel, ne sont même pas mentionnées dans l'appel émotionnel. Il existe différents types d'appels émotionnels, basés sur le besoin de séduire (p. ex., le déodorant Axe), le besoin d'appartenance, le besoin de conseils (p. ex., Betty Crocker) et le besoin d'attention (p. ex., les cosmétiques)[45].

plan médias (*media planning*) Recherche de la combinaison de supports dont le message livré sera clair, cohérent et attirant aux yeux de l'audience ciblée.

combinaison de supports (*media mix*) Ensemble composé des médias choisis et de la fréquence des annonces diffusées dans chacun de ces médias.

achat d'espace média (*media buy*) Achat de temps d'antenne (à la radio ou à la télévision) ou d'espace publicitaire dans un média imprimé (journal, magazine, etc.).

Étape 5 : évaluer et choisir les médias OA 5

Le contenu d'une publicité est associé étroitement aux caractéristiques des médias que les entreprises choisissent pour transmettre leur message, et vice versa. Le **plan médias** désigne la recherche de la **combinaison de supports** dont le message sera clair, cohérent et attirant aux yeux de l'audience ciblée[46]. Par exemple, Zellers pourrait décider qu'une campagne massive de publicité diffusée à la télévision, à la radio, dans les imprimés et sur les panneaux d'affichage est appropriée entre les mois d'août et de septembre de chaque année, au moment de la rentrée scolaire.

Étant donné que l'**achat d'espace média**, soit l'achat de temps d'antenne (à la radio ou à la télévision) ou d'espace publicitaire dans un média imprimé (journal, magazine, etc.), représente généralement la plus grosse dépense d'un budget publicitaire, les gestionnaires marketing doivent peser leurs décisions avec soin. La publicité télédiffusée est de loin la plus coûteuse. Au Canada, les sommes affectées à ce type de publicité s'élèvent à 12,6 milliards de dollars par an. Le pourcentage des dépenses publicitaires imputé à chaque média est demeuré à peu près constant depuis quelque temps : télévision, 24 % ; publipostage, 12 % ; journaux, 21 % ; radio, 10 % ; Pages jaunes, 10 % ; magazines, 5 % ; et Internet, 4 %. La fraction restante est affectée à d'autres médias, comme la publicité extérieure (panneaux d'affichage urbains et routiers, affichage sur les transports en commun, affichage de rue)[47]. Deux termes génériques servent à caractériser ces divers types de médias : média de masse et média de niche.

média de masse (*mass media*)
Moyen de communication destiné à diffuser des informations auprès d'un très grand nombre de personnes (p. ex., journaux, magazines, radio, télévision).

Les médias de masse et de niche Les **médias de masse** comprennent les quotidiens nationaux, les périodiques, la radio et la télévision ; ils sont idéals pour atteindre une large audience anonyme. Quant aux **médias de niche**, ce sont des véhicules de communication de masse qui s'adressent généralement à de petits segments de marché et qui sont la plupart du temps utilisés pour rejoindre la clientèle de ce type de marché qui présente des caractéristiques démographiques et des champs d'intérêt particuliers. La télévision par câble, le publipostage et surtout les revues spécialisées comme *Femme d'aujourd'hui* ou *Decormag* sont des exemples de médias de niche. Dans certains cas, les médias de niche donnent aux annonceurs la possibilité de modifier et même de personnaliser leurs messages, ce qui n'est ordinairement pas possible dans les médias de masse. Par exemple, les annonceurs qui annoncent dans des magazines peuvent imprimer des cartes-réponses au nom de l'abonné ou modifier leurs annonces de manière à refléter les différences locales liées au climat ou aux préférences du public cible.

média de niche (*niche media*)
Véhicule de communication de masse qui s'adresse généralement à de petits segments de marché et qui sont la plupart du temps utilisés pour rejoindre la clientèle de ce type de marché qui présente des caractéristiques démographiques et des champs d'intérêt particuliers (p. ex., un magazine qui s'adresse aux propriétaires de lévriers).

Choisir le bon média Chaque type de média possède des caractéristiques propres qui permettent à l'annonceur d'atteindre des objectifs précis (*voir le tableau 15.3, p. 486*). Les consommateurs utilisent divers médias à des fins variées et les annonceurs doivent adapter leurs messages en conséquence. La télévision étant surtout un moyen d'évasion et de divertissement, la plupart des publicités télédiffusées s'appuient sur un mélange de techniques visuelles et auditives. Lorsque Apple s'est associée avec le groupe rock irlandais U2 pour créer une édition spéciale de son iPod, elle a tablé fortement sur la publicité télédiffusée pour lancer son produit. Cela lui a permis de réaliser une annonce mémorable dans laquelle elle a réuni des images saisissantes qui s'harmonisaient avec la bande sonore puissante de la chanson *Vertigo* de U2 sans donner aucun détail sur le produit ni même expliquer ce qu'était un iPod.

Lorsque Apple s'est associée avec le groupe rock irlandais U2 pour créer une édition spéciale de son iPod, elle a tablé fortement sur la publicité télédiffusée en raison de ses puissants effets visuels et auditifs.

Les médias de communication varient aussi quant à leur capacité à atteindre le public visé. Par exemple, la radio est un bon média pour annoncer des produits d'épicerie ou des restaurants-minute puisque de nombreux consommateurs décident quoi acheter en chemin ou une fois arrivés à destination. Comme beaucoup de gens écoutent la radio dans leur voiture, ce média devient un moyen très efficace de rejoindre les consommateurs à un moment crucial de leur processus décisionnel. Chaque média a aussi une couverture et une fréquence uniques. Les annonceurs peuvent déterminer l'efficacité de leur combinaison de supports à atteindre leur public cible en calculant le **point d'exposition brute (PEB)** (couverture × fréquence) du calendrier publicitaire, un sujet que nous abordons un peu plus loin.

point d'exposition brute (PEB) (*gross rating point [GRP]*)
Unité servant à mesurer le nombre d'impressions produites par un message publicitaire (imprimé, radiodiffusé ou télédiffusé) ; est égale au pourcentage de l'auditoire multiplié par la fréquence.

TABLEAU 15.3 La publicité dans les divers types de médias

Média	Avantages	Désavantages
Télévision	• Elle a une grande couverture. • Elle intègre les sons et la vidéo.	• Elle a un coût élevé. • Elle présente un encombrement publicitaire. • Elle a des retombées potentielles supérieures.
Radio	• Elle est relativement peu onéreuse. • Elle peut cibler un auditoire précis. • Elle a une grande couverture.	• L'impact de la présentation est limité par l'absence d'image. • Elle suscite une attention moins concentrée que la télévision. • Elle implique de courtes périodes d'exposition.
Magazines	• Ils ciblent des publics très précis. • Les abonnés se passent les numéros.	• Ils sont relativement peu flexibles. • Ils comportent de longs délais de production.
Journaux	• Ils sont flexibles. • Ils sont ponctuels. • La publicité peut être adaptée à la réalité locale.	• Ils peuvent être coûteux sur certains marchés. • Ils risquent de perdre le contrôle sur le placement. • Les publicités ont une courte durée de vie.
Internet	• La publicité peut être liée à un contenu détaillé. • Il est très flexible et interactif. • Il permet de cibler un segment précis de consommateurs.	• Il est difficile de comparer ses coûts avec ceux des autres médias. • Il présente un encombrement croissant. • Les logiciels de filtrage bloquent la publication.
Publicité extérieure	• Elle est relativement peu onéreuse. • Il est possible de renouveler l'exposition. • Elle est flexible.	• Le public est difficile à cibler. • Le placement est difficile sur certains marchés. • Le temps d'exposition est très bref.
Publipostage	• Il cible un public très précis. • Il est flexible. • Il est possible de personnaliser la publicité.	• Il est relativement cher. • Il présente un environnement encombré. • Il est souvent considéré comme du « courrier-poubelle ».

calendrier publicitaire (*advertising schedule*) Calendrier où figurent les dates et la durée des annonces d'une campagne.

calendrier d'insertions continues (*continuous advertising schedule*) Calendrier qui s'étire sur toute l'année, donc adapté à des produits et à des services dont les consommateurs ont besoin sur une base relativement régulière et nécessitant ainsi une campagne publicitaire constante ou une publicité d'entretien.

calendrier d'insertions ponctuelles (*flighting advertising schedule*) Calendrier d'insertions où des périodes très chargées en publicité sont suivies de périodes sans publicité.

calendrier d'insertions par vagues (*pulsing advertising schedule*) Combinaison de calendrier d'insertions continues et de calendrier d'insertions ponctuelles de manière à conserver un niveau de publicité de base et à en augmenter l'intensité pendant certaines périodes.

Établir le calendrier publicitaire Une autre décision importante qui incombe à l'annonceur concerne l'établissement du **calendrier publicitaire**, où figurent les dates et la durée des annonces d'une campagne. Ce calendrier s'applique à trois types de publicité[48] :

- Le **calendrier d'insertions continues** s'échelonne sur toute l'année ; il convient donc aux produits et aux services consommés de façon presque continue et nécessitant une campagne ininterrompue de persuasion ou de rappel. Par exemple, Procter & Gamble annonce son détergent à lessive Tide à longueur d'année.
- Le **calendrier d'insertions ponctuelles** désigne une stratégie dans laquelle les périodes de publicité intensive alternent avec des périodes de publicité nulle. Il s'applique généralement aux produits pour lesquels la demande fluctue, comme les raquettes de tennis, qui sont annoncées plus fréquemment au printemps et en été.
- Le **calendrier d'insertions par vagues** est un mélange de calendrier d'insertions continues et de calendrier d'insertions ponctuelles dont l'intensité varie selon la période. Par exemple, le détaillant de mobilier IKEA annonce ses produits à longueur d'année, mais il augmente ses dépenses publicitaires pour promouvoir les fournitures scolaires en août

Étape : 6 créer la communication

IKEA a recours à une stratégie publicitaire sporadique. Elle annonce ses produits à longueur d'année, mais elle intensifie sa publicité au moment de la rentrée scolaire en août.

Après que l'annonceur a choisi son message, ainsi que le type de publicité et d'appel, il doit se concentrer sur la réalisation de son annonce. Au cours de cette étape, le message et l'appel sont convertis en mots, en images, en couleurs ou en musique de façon créative. Souvent, le style d'exécution dictera le type de média choisi pour livrer le message. Par exemple, dans une campagne publicitaire réalisée par Toyota, des tests de collision démontraient la sécurité des voitures Toyota. La société misait sur l'impact visuel de la collision, adouci par l'insistance d'enfants qui poussaient l'essayeur à recommencer. Ce style d'exécution fonctionne seulement à la télévision. C'est pourquoi il arrive souvent que les annonceurs prennent simultanément les décisions relatives au message, aux types d'appels et de médias et au meilleur style d'exécution.

De plus, ils ont souvent recours à une combinaison de supports pour transmettre leur message. Dans ce cas, ils doivent utiliser des styles d'exécution compatibles afin de communiquer un message cohérent et irrésistible au public cible.

Bien que la créativité joue un rôle majeur au stade de l'exécution, les annonceurs doivent veiller à ne pas laisser celle-ci obscurcir leur message. Quel que soit le style d'exécution retenu, le message publicitaire doit pouvoir capter l'attention du public et l'inciter à s'arrêter pour regarder ou écouter l'annonce, et remplir son objectif. En fin de compte, le style d'exécution doit être adapté au média et aux objectifs publicitaires. Au Canada, l'obligation de diffuser les annonces dans les deux langues officielles vient compliquer les choses encore davantage. Et, comme nous l'avons mentionné antérieurement, la population multiculturelle du pays oblige les entreprises à étudier soigneusement les influences culturelles afin de ne pas brimer certains groupes à travers des messages inadéquats.

La publicité imprimée pose des problèmes particuliers parce que ce média s'avère statique : en effet, il n'y a ni son, ni mouvement, ni relief, la stimulation n'étant que visuelle. L'annonceur doit communiquer son message au moyen d'images attrayantes et d'un court texte. Stupid.ca, une campagne publicitaire diffusée dans les imprimés et sur le Web, était si efficace qu'elle a remporté deux médailles d'or lors du concours *Canadian Advertising Success Stories*.

Cette campagne était centrée sur le principe que, aux yeux des enfants, les parents sont ringards, les enseignants, pathétiques et le gouvernement, pire encore. Il fallait un message simple et audacieux auquel les enfants pourraient se rallier. Ce message, élaboré en partie par les opinions d'un groupe d'enfants, se résumait à une idée unique : fumer est à peu près la chose la plus stupide que l'on puisse faire. Ce message était communiqué sur un ton honnête et drôle, et pas du tout sermonneur. Les résultats ont été positifs, 91 % des enfants ayant affirmé que l'annonce contribuerait à empêcher leurs camarades de fumer. Mieux encore, une étude menée par Statistique Canada a révélé que le taux de tabagisme a décliné de 2 % chez les 12-17 ans et que le nombre de jeunes qui ont décidé de ne pas commencer à fumer a augmenté de 9 %[49].

Dans le cas de la radio et de la télévision, certains aspects de l'exécution sont cruciaux : dénicher les talents appropriés (comédiens ou chanteurs) pour communiquer le message et choisir une musique et des images frappantes. En 1974, quand le fabricant de la marque Jell-O a lancé sa ligne de desserts au lait, il cherchait un porte-parole considéré comme crédible, digne de confiance et sympathique : il a arrêté son choix sur Bill Cosby[50]. Pendant plus de 30 ans, Cosby a incarné la voix et le symbole de la marque Jell-O. L'homme possédait toutes les caractéristiques que le fabricant de

La voix et la photo de Bill Cosby ont préservé l'image crédible, digne de confiance et appréciée de la marque Jell-O, dont il a été le porte-parole pendant plus de 30 ans.

Jell-O recherchait ainsi qu'une voix et une allure faciles à reconnaître. Cosby a paru dans plus de 70 publicités télédiffusées, 50 publicités radiodiffusées et d'innombrables publicités imprimées relatives aux desserts laitiers et aux gélatines fruitées. Cette relation continue fait de Cosby le porte-parole ayant connu la plus longue relation avec une marque.

Étape 7 : évaluer l'impact de la communication

prétest (*pretesting*) Évaluation d'une campagne publicitaire avant sa diffusion en vue de s'assurer que ses divers éléments fonctionnent bien.

pistage (*tracking*) Surveillance d'indicateurs clés relativement au suivi des activités, dont l'évaluation quotidienne ou hebdomadaire du volume des ventes, pendant que la campagne de publicité est en cours, en vue de déceler tout problème qui pourrait survenir quant au message ou au média choisi.

post-test (*posttesting*) Évaluation de l'effet publicitaire d'une campagne après sa mise en œuvre.

L'efficacité d'une campagne de publicité doit être évaluée avant, pendant et après la campagne. Le **prétest** désigne l'évaluation d'une campagne publicitaire avant sa diffusion en vue de s'assurer que ses divers éléments sont bien intégrés et produisent les résultats escomptés[51]. De son côté, le **pistage** englobe la surveillance d'indicateurs clés relativement au suivi des activités, dont l'évaluation quotidienne ou hebdomadaire du volume des ventes, pendant que la campagne de publicité est en cours, en vue de déceler tout problème qui pourrait survenir quant au message ou au média choisi.

Le **post-test** est l'évaluation de l'effet d'une campagne publicitaire après sa mise en œuvre. À ce dernier stade, les annonceurs évaluent l'impact de la communication ou l'incidence sur les ventes générés par la publicité ou la campagne.

Évaluer l'incidence sur les ventes peut s'avérer particulièrement complexe en raison des nombreux facteurs autres que la publicité qui peuvent influer sur les choix des consommateurs, leur comportement d'achat et leur attitude. Ces facteurs comprennent le niveau de publicité des concurrents, les conditions économiques du marché cible, les changements socioculturels et même le climat, tous ces éléments étant susceptibles d'agir sur les comportements d'achat. Les annonceurs doivent tenter de cerner ces influences et d'isoler celles qui sont inhérentes à leur campagne de publicité.

Dans le cas des produits de consommation courante dont le cycle de vie a atteint la maturité, comme les colas, le volume des ventes est un bon indicateur de l'efficacité de la publicité. Étant donné que les ventes de ces produits sont relativement stables, et en présumant que les autres éléments du marketing mix et de l'environnement n'ont pas changé, on peut attribuer la modification du volume des ventes à la modification du message publicitaire.

Pour d'autres types de produits à divers stades de leur cycle de vie, les données relatives aux ventes sont seulement l'un des nombreux indicateurs que les gestionnaires marketing doivent examiner pour évaluer l'efficacité d'une publicité. Par exemple, sur un marché en plein essor, la croissance des ventes prise seule peut être trompeuse, puisque le marché croît dans son ensemble. Dans ce cas, les gestionnaires marketing évaluent les ventes par rapport à celles de leurs concurrents afin d'estimer leur part relative du marché. Les entreprises trouvent des façons inédites d'évaluer l'efficacité de leurs campagnes publicitaires ; par exemple, grâce à la câblodistribution numérique, elles peuvent diffuser une annonce particulière dans certains quartiers, puis suivre les ventes auprès des détaillants locaux ou régionaux.

Certaines catégories de produits subissent tellement d'influences qu'il est presque impossible de mesurer le rôle joué par la publicité dans le choix d'un consommateur individuel, surtout en ce qui a trait aux produits créant une dépendance, comme la cigarette et l'alcool, ou des produits potentiellement nocifs pour la santé comme le prêt-à-manger ou les céréales riches en sucre. L'Union européenne fait même face à une demande d'interdire les publicités sur le prêt-à-manger et d'autres formes de publicité sur les aliments destinées aux enfants. Bien que beaucoup de gens soient persuadés que ce type de publicité joue un rôle capital dans l'obésité juvénile, les chercheurs n'ont pas réussi à démontrer un lien de causalité entre les deux. Ce lien serait plus important avec d'autres facteurs, comme l'influence des parents ou des pairs[52].

Les résultats : évaluer le succès du plan de communication marketing intégré

OA 6

Nous avons examiné comment les gestionnaires marketing se fixent des objectifs stratégiques avant de mettre en œuvre leur plan de communication intégré. Dès qu'une entreprise a choisi la manière d'établir son budget publicitaire et mis en œuvre sa campagne, elle arrive au point où elle doit évaluer le succès de celle-ci. Il est possible d'évaluer chaque étape du plan de communication marketing intégré afin de déterminer dans quelle mesure elle a poussé les consommateurs vers l'étape suivante du processus d'achat. Toutefois, l'**effet décalé** complique l'évaluation de l'efficacité d'une promotion ainsi que les décisions concernant la répartition optimale des sommes allouées aux communications. En raison de l'effet cumulatif de celles-ci, il faut parfois plusieurs expositions pour inciter les consommateurs à acheter. C'est pourquoi les entreprises doivent faire preuve de patience. Elles doivent investir dans leur plan de communication marketing intégré tout en sachant qu'il n'atteindra pas son plein potentiel sur-le-champ. De même, si les entreprises réduisent leurs dépenses de publicité, cela peut prendre du temps avant qu'elles ne constatent une diminution des ventes.

effet décalé (*lagged effect*) Réponse tardive à une campagne publicitaire.

Si elle veut évaluer le succès de son plan de communication marketing intégré, l'entreprise doit se demander à quel moment et à quelle fréquence les consommateurs ont été exposés à diverses communications commerciales. Plus précisément, elle doit évaluer la *fréquence* et la *couverture* pour évaluer cette *exposition*. Dans la majorité des cas, une seule exposition à une communication est à peine suffisante pour engendrer la réaction désirée. C'est pourquoi les gestionnaires marketing évaluent la **fréquence** de l'exposition, c'est-à-dire le nombre de fois que l'audience est exposée à une communication sur une période donnée.

fréquence (*frequency*) Mesure du nombre de fois que l'audience est exposée à une communication sur une période donnée.

L'autre mesure qui permet d'évaluer l'exposition des consommateurs à des communications commerciales est la **couverture**, soit le pourcentage de la population cible touchée au moins une fois par une communication (p. ex., une annonce)[53].

couverture (*reach*) Nombre de personnes touchées pendant une campagne ; pourcentage de la population cible touchée au moins une fois par une communication commerciale (p. ex., annonce publicitaire). Couverture et répétition servent à quantifier l'intensité d'une campagne publicitaire.

Les gestionnaires marketing fixent généralement leurs objectifs en points d'exposition brute (PEB), qui représentent la couverture multipliée par la fréquence (PEB = couverture × fréquence).

On peut calculer les PEB pour les imprimés, la radio ou la télévision, mais pour les comparer, il faut se référer au même média. Supposons que Unilever, le fabricant de Sunsilk, place cinq annonces dans le magazine *Flare*, qui touche 50 % de son segment cible « à l'avant-garde de la mode ». Le total des PEB générés par ces cinq annonces est de 50 (couverture) × 5 (annonces) = 250 PEB. Maintenant, supposons que Sunsilk ajoute 15 annonces à cette campagne, qui sont diffusées pendant l'émission *Perdus*, dont la cote d'écoute est de 9,2. Le total des PEB générés par ces 15 annonces est de 138 (9,2 × 15 = 138). Toutefois, les annonces sont généralement diffusées pendant plusieurs émissions, de sorte que le PEB total est égal à la somme des PEB produits par chaque émission.

taux de clics publicitaires (*click-through tracking*) Rapport, exprimé en pourcentage, entre le nombre de clics publicitaires constatés et le nombre de fois que la page Web a été consultée.

Bien que les PEB constituent une mesure appropriée de l'impact des publicités télédiffusées et radiodiffusées, il faut un logiciel d'audimétrie Web pour évaluer l'efficacité de n'importe quelle cybercampagne. Ce logiciel indique combien de temps les visiteurs passent sur des sites particuliers et le nombre de pages qu'ils consultent. Le **taux de clics publicitaires** est le rapport, exprimé en pourcentage, entre le nombre de clics publicitaires constatés et le nombre de fois que la page Web a été consultée[54]. Le couponnage en ligne ou couponnage électronique est une technique publicitaire qui permet aux consommateurs d'imprimer un coupon directement sur un site puis d'échanger ce coupon dans un magasin. Le renvoi en ligne est une autre technique publicitaire dans laquelle les consommateurs remplissent un formulaire d'intérêt ou de commande et sont dirigés vers un revendeur ou une entreprise hors ligne qui vend le produit ou le service en question. Les résultats de toutes ces méthodes sont faciles à évaluer.

À mesure que les plans de communication marketing intégrés se complexifient, l'évaluation n'est pas la seule préoccupation des gestionnaires marketing. En effet, il existe une foule de questions d'ordre juridique et éthique dont ils doivent se soucier. Nous les aborderons dans le prochain chapitre.

Faites le point

1) Décrivez le processus par lequel les entreprises communiquent avec les consommateurs.

2) Expliquez les six outils de communication marketing intégrés.

3) Décrivez les étapes de l'élaboration d'un plan de communication marketing intégré.

4) Décrivez les appels publicitaires dont se servent les annonceurs pour attirer l'attention des clients.

5) Expliquez comment les entreprises choisissent les médias qui serviront à transmettre leur message.

6) Expliquez comment les entreprises planifient le budget et évaluent le succès de leur plan de communication marketing intégré.

1) En apparence, la communication marketing intégrée est un jeu d'enfant : les consommateurs sont informés de l'existence d'un produit ou d'un service, celui-ci capte leur intérêt, ils désirent se procurer le produit ou le service, puis ils passent à l'action et l'achètent. Or, ce n'est pas aussi simple que cela. Premièrement, la communication marketing intégrée a un effet cumulatif. Les annonces passées influent sur les actions futures des consommateurs. Deuxièmement, comme chaque personne interprète les messages des campagnes de communication à sa façon, le gestionnaire marketing n'a pas toujours l'assurance qu'un message précis et clair a été entendu. Troisièmement, pour être efficaces, les gestionnaires marketing doivent adapter leurs messages aux médias et au niveau de connaissance des récepteurs.

2) Les six outils de communication marketing intégrés sont la publicité, la vente personnelle, la promotion des ventes, le marketing direct, les relations publiques et les médias électroniques. Dans le passé, la majeure partie du budget publicitaire d'une entreprise était consacrée à la publicité. Bien que celle-ci en prenne encore une portion importante, d'autres médias rongent désormais une fraction substantielle du budget total. Même si le coût de la vente personnelle, qui permet d'atteindre directement les clients potentiels, est très élevé, cette technique demeure la meilleure et la plus efficace pour vendre certains produits et services. La promotion des ventes prend la forme de primes ou de programmes qui encouragent un achat immédiat. Dans bien des cas, elle stimule les ventes à court terme, mais certains types de promotion des ventes sont intégrés au programme de fidélisation de l'entreprise. La fraction du budget publicitaire affectée au marketing direct augmente en raison de la multiplication des médias de marketing direct depuis quelques années. Bien que les appels téléphoniques demeurent une forme populaire de marketing direct, le courrier, les publireportages, les médias de substitution comme les catalogues, Internet, le courrier électronique et les nouvelles technologies de la communication, comme les téléphones intelligents et les téléphones cellulaires, sont en plein essor. Les relations publiques jouent aussi un rôle croissant parce que les autres médias deviennent plus chers et que les consommateurs sont de plus en plus sceptiques face aux messages publicitaires. Enfin, Internet a engendré des façons inédites de promouvoir des produits et des services.

3) Les entreprises définissent leur marché cible, fixent des objectifs, établissent leur budget, communiquent le message, évaluent et choisissent les médias, créent la communication et, enfin, évaluent l'impact de celle-ci.

4) Les appels publicitaires sont rationnels ou émotionnels. L'appel rationnel exerce une influence sur les décisions d'achat au moyen d'informations factuelles et d'arguments solides centrés sur les principaux avantages du produit ou du service, qui incitent les consommateurs à évaluer la marque favorablement. L'appel émotionnel met en valeur la façon dont le produit comble un besoin affectif plutôt que sa fonction utilitaire.

5) Les entreprises peuvent utiliser des médias de masse comme les journaux ou la télévision pour toucher un grand nombre de personnes. Les médias de niche, comme la câblodistribution, le publipostage et les revues spécialisées, servent habituellement à atteindre des segments réduits qui possèdent des caractéristiques démographiques ou des champs d'intérêt uniques. Le choix du média doit s'harmoniser avec les objectifs de l'entreprise. De plus, certains médias sont plus efficaces que d'autres pour toucher un public cible particulier.

6) Un plan de communication marketing intégré englobe un ensemble de facteurs. L'entreprise doit d'abord établir un budget publicitaire global sous forme de pourcentage des ventes. Ensuite, elle doit étudier ce que ses concurrents dépensent pour des catégories de produit similaires. Lorsqu'elle planifie son budget pour des catégories de produits ou des produits individuels, elle doit fixer des objectifs et prévoir des sommes suffisantes afin de les concrétiser.

Les gestionnaires marketing s'appuient sur un mélange de mesures traditionnelles et non traditionnelles pour évaluer le succès d'un plan de communication marketing intégré. Comme les clients potentiels doivent être exposés aux messages plusieurs fois avant d'acheter, les entreprises évaluent cette exposition en multipliant la fréquence (le nombre de fois qu'une audience est exposée à un message) par la couverture (le pourcentage de la population cible exposé à une communication donnée). L'évaluation de l'efficacité des campagnes de communication diffusées sur Internet requiert des mesures différentes, comme le calcul des taux de clics, qui indiquent combien de fois les visiteurs cliquent sur un bandeau publicitaire affiché sur un site Web.

Mots clés

- achat d'espace média, p. 485
- appel émotionnel, p. 484
- appel rationnel, p. 483
- argument publicitaire unique, p. 483
- blogue, p. 475
- boucle de rétroaction, p. 468
- bruit, p. 468
- calendrier d'insertions continues, p. 486
- calendrier d'insertions par vagues, p. 486
- calendrier d'insertions ponctuelles, p. 486
- calendrier publicitaire, p. 486
- canal de communication, p. 466
- codage, p. 466
- combinaison de supports, p. 484
- commandite événementielle, p. 474
- communication marketing intégrée, p. 464
- couverture, p. 489
- décodage, p. 467
- effet décalé, p. 489
- émetteur, p. 466
- fréquence, p. 489
- marketing direct, p. 472
- marketing engagé, p. 474
- média de masse, p. 485
- média de niche, p. 485
- médias électroniques, p. 474
- méthode liée aux objectifs et aux tâches, p. 481
- pistage, p. 488
- plan de communication, p. 479
- plan médias, p. 484
- point d'exposition brute (PEB), p. 485
- post-test, p. 488
- prétest, p. 488
- promotion des ventes, p. 472
- publicité, p. 469
- publicité mensongère, p. 466
- récepteur, p. 466
- règle simplifiée (ou heuristique), p. 481
- relations publiques, p. 473
- stratégie d'aspiration, p. 480
- stratégie de pression, p. 480
- taux de clics, p. 490
- transmetteur, p. 466
- vente personnelle, p. 470

Révision des concepts

1. Décrivez brièvement le processus de communication marketing et nommez les sources potentielles de bruit à chaque étape du processus.
2. Qu'est-ce qu'un plan de communication marketing intégré ?
3. Décrivez les outils de communication marketing intégrés utilisés par les gestionnaires marketing dans le cadre d'une campagne publicitaire.
4. Expliquez ce qui distingue la publicité de la promotion des ventes.
5. Décrivez certains éléments d'une trousse de relations publiques. Pourquoi une entreprise voudrait-elle inclure les relations publiques dans son plan de communication marketing intégré ?
6. Nommez quelques-uns des principaux médias électroniques utilisés par les gestionnaires marketing pour communiquer avec leurs clients. En quoi ces médias modifient-ils la nature de la communication entre une entreprise et ses clients ?
7. Quelles sont les étapes de l'élaboration d'un plan de communication marketing intégré ? Expliquez chacune d'elles brièvement.
8. Expliquez pourquoi une entreprise utiliserait une stratégie d'aspiration par opposition à une stratégie de pression dans ses communications marketing.
9. Décrivez brièvement les deux types d'appels publicitaires.
10. Expliquez les trois méthodes utilisées par les gestionnaires marketing pour évaluer le succès de leurs communications marketing intégrées ? Quel type d'information chaque méthode permet-elle de recueillir ?

Marketing appliqué

1. Juicy Couture, un fabricant de jeans de couturier, a élaboré un nouveau plan de communication marketing intégré. Il a choisi d'annoncer ses jeans à l'émission *NBC Nightly News* et dans le magazine *Time*. Sa publicité annonce les nouveaux styles de la saison et met en vedette une jeune mannequin de 17 ans. Évaluez cette stratégie.
2. Noël approche et vous avez décidé d'acheter un bijou de Birks pour la personne de votre choix. Évaluez comment les outils de communication utilisés par Birks (publicité, vente personnelle, relations publiques et médias électroniques) pourraient influer sur votre décision d'achat. En quoi l'importance relative de chaque outil changerait-elle si cet achat était effectué par vos parents ?
3. Choisissez l'une des annonces figurant dans ce manuel et indiquez si elle s'appuie sur un appel rationnel ou sur un appel émotionnel.
4. Bernard, un fabricant de meubles local, cible les étudiants du collège et de l'université vivant en appartement et les jeunes ménages qui achètent leur premier mobilier. Si vous travailliez pour Bernard, quel type de média choisiriez-vous pour votre campagne de publicité ? Expliquez votre réponse.
5. Bernard devrait-il baser son calendrier publicitaire sur une publicité continue, sporadique ou par vague ? Pourquoi ?
6. Supposons qu'on interviewe votre enseignant de marketing à la télévision pour connaître l'incidence des chèques-cadeaux sur les ventes réalisées pendant les prochaines fêtes de Noël. Cette interview fait-elle partie du plan de communication marketing intégré de votre université ? Le cas échéant, est-elle profitable pour l'université ? De quelle façon ?
7. Un détaillant annonce des pantalons capris dans le journal local. Les ventes de pantalons capris connaissent une hausse marquée pendant les deux semaines subséquentes ; les ventes des autres vêtements de sport augmentent aussi. Selon vous, quels sont les objectifs à court et à long terme de cette publicité ? Expliquez votre réponse.
8. À titre de stagiaire chez Pneus Michelin, vous devez établir un budget publicitaire. L'objectif du plan de communication marketing intégré est d'augmenter la part de marché détenue par Michelin de 5 % au cours des 18 prochains mois. Votre supérieur vous dit : « C'est très simple : il suffit d'augmenter le budget de 5 % par rapport aux années précédentes. » Évaluez cette stratégie.
9. Expliquez ce qu'est une publicité mensongère. Quelles sont les caractéristiques des campagnes de marketing furtif qui font que leurs concepteurs pourraient être accusés de tromperie ?
10. Hier, alors que vous dîniez à la cafétéria de l'université, un camarade du cours de marketing, que vous connaissez peu, vous a demandé s'il pouvait s'assoir avec vous. Il alors a commencé à vous vanter les mérites d'un nouveau produit génial de Microsoft qui facilite l'organisation des notes de cours. Même si vous reconnaissez les mérites de ce produit, vous découvrez par la suite que cet étudiant travaille pour Microsoft. Son geste relève-t-il d'une stratégie commerciale éthique ? En quoi modifiera-t-il votre attitude à l'égard de Microsoft et vos chances d'acheter le produit ?

Cyberfuté

1. Visitez le site Web de Taxi (montreal.taxi.ca/index.php/), une société-conseil en matière de plans de communication marketing intégrés. Ce site fournit une foule de renseignements sur la nature d'un plan de communication marketing intégré et sur la manière dont il peut être utilisé efficacement par une grande variété d'entreprises. Sa section sur les études de cas est particulièrement intéressante. Cliquez sur « Réalisations », puis sur « Études de cas », lisez un cas et répondez aux questions suivantes : quels étaient les objectifs de la campagne de communication ? Quels outils de communication ont été employés pendant cette campagne ? Comment ces techniques ont-elles permis à la campagne d'atteindre ses objectifs ?
2. L'Association canadienne du marketing est la principale source d'information sur les activités relatives au marketing direct tant pour les universitaires que pour les praticiens. Le site de l'Association (www.the-cma.org/french/) offre une pléthore de renseignements sur les pratiques de marketing direct et l'autoréglementation. À combien de marchés cibles différents l'Association s'adresse-t-elle sur sa page d'accueil ? Cliquez sur « Information à l'intention des consommateurs ». Quels services l'Association offre-t-elle aux consommateurs ? Pourquoi offre-t-elle ces services, d'après vous ? Maintenant, retournez à la page d'accueil et cliquez sur « Activités et réalisations » pour lire quelques faits de l'organisation.

Étude de cas

DOVE ÉLARGIT LA DÉFINITION DE LA BEAUTÉ EN MENANT UNE CAMPAGNE INTÉGRÉE

Dans un monde où les images de la beauté sont basées sur la séduction physique et les retouches numériques, l'*Initiative Vraie beauté* de Dove apporte une bouffée de fraîcheur. La campagne, qui met en vedette de vraies femmes et non des mannequins professionnels, a été lancée au Canada par Unilever au début de 2004.

Lors d'une étude menée auprès de 3 200 femmes à l'échelle mondiale, Unilever a découvert que 76 % d'entre elles souhaitaient voir des portraits plus réalistes de la beauté dans la publicité. Seulement 2 % des femmes se décrivaient comme étant « belles ».

Selon Aleksandra Hoszowski, la chef de marque adjointe de Dove, l'approche de Unilever en matière de plan de communication marketing intégré consiste à axer sa campagne sur une idée clé des consommateurs. Or, l'idée clé qui est ressortie de l'étude était celle-ci : la définition actuelle de la beauté est trop étroite et les femmes souhaitent qu'elle change. Hoszowski affirme que Dove s'est donné pour mission d'élargir la définition de la beauté. L'*Initiative Vraie beauté* s'appuie sur la croyance que la beauté existe à tout âge et dans des formes et des tailles variées, et que la vraie beauté peut être saisissante.

Au début de la campagne, Unilever a écrit à 58 photographes bien connues du monde entier pour leur demander ceci : « Qu'est-ce qu'une belle femme, selon vous ? » Sharon MacLeod, directrice du marketing à Dove Canada, dit qu'elle a été submergée de réponses et de photos de femmes et d'enfants de tous âges, tailles et origines ethniques. Dove a alors organisé une exposition réunissant 67 de ces photos (y compris des photos d'Annie Leibovitz), toutes prêtées gracieusement. Les dons recueillis auprès des visiteurs ont été versés dans le Fonds de l'estime de soi de Dove, créé pour aider les femmes et les jeunes filles à célébrer leur beauté unique.

Au fil de la campagne, le message a été transmis à travers divers outils de communication marketing intégrés : publicités imprimées et télédiffusées, panneaux d'affichage, encarts promotionnels, sites Web, échantillons, publipostage, promotions en magasin et relations publiques.

Une bonne stratégie de communication doit faire en sorte que tous les outils appuient et diffusent le même message intégré et cohérent. Certaines personnes croient à tort que, dans le cadre d'un plan de communication marketing intégré, il faut toujours communiquer le même message de la même façon. Or, MacLeod explique que, pour que la communication soit intégrée, il faut transmettre le même message, mais de différentes manières. Il est important de conserver une allure, une impression et un ton cohérents. « Nous sommes très conscients du ton employé par Dove, assure-t-elle. La personnalité de la marque Dove est honnête, directe, simple. Elle vous parle comme à une amie sans battage publicitaire. »

Regardez n'importe quelle publicité de Dove et vous verrez que toutes sont cohérentes avec leur fond blanc prédominant, leur conception simple et leurs vraies femmes. Le message qu'elles émettent est le suivant : « Soyez belle, soyez vous-même. »

Les résultats de la campagne sont impressionnants puisque la totalité des visiteurs à l'exposition de photos a établi un contact avec la marque Dove. Le site www.campaignforrealbeauty.ca a reçu 50 000 visites au cours des deux premiers mois. Unilever a dû ajouter du personnel dans son centre d'appels car la campagne a suscité l'intérêt le plus vif de toute l'histoire de l'entreprise.

Mais surtout, la campagne a amené les consommateurs à s'exprimer. Elle les a engagés dans un débat et aidés à repenser leur définition de la beauté. Au centre-ville de Toronto, un panneau d'affichage interactif montrant une femme vêtue d'une robe noire posait la question « Fabuleuse ou forte ? » Les gens pouvaient composer un numéro sans frais pour transmettre leur vote. À la fin, 51 % des personnes ayant téléphoné ont déclaré que la femme était forte. Les internautes qui ont vu la même publicité sur le Web ont voté « Fabuleuse » dans une proportion de 74 %.

Les panneaux d'affichage montraient des femmes de tout âge, de toute origine ethnique et de toute couleur posant une question binaire du type : « Ridée ? Radieuse ? », « Grisonnante ? Séduisante ? », « Ronde ? Rayonnante ? », « Plate ? Pétillante ? », « Touches de beauté ? Taches de rousseur ? », poussant du même coup les passants à y répondre, du moins dans leur for intérieur.

Un message publicitaire conçu au Canada et mettant en vedette des petites filles et des adolescentes a été diffusé pendant le Super Bowl 2006 dans le but d'établir un dialogue entre les femmes et le public éminemment masculin du football.

Mais la campagne ne s'est pas arrêtée là. Il s'agit d'une initiative à long terme qui continue d'évoluer puisque Unilever écoute les femmes et entend ce qu'elles ont à dire. Ainsi, selon MacLeod, l'étude mondiale a révélé à quel point le manque d'estime de soi perturbe les jeunes filles et les empêche de réussir dans la vie. En conséquence, Dove a financé un nouveau site Web (www.pourtouteslesbeautes.com) créé par le National Eating Disorder Information Centre à l'intention des jeunes femmes, qui explore les problèmes liés à l'estime de soi et à l'image corporelle.

À l'automne 2006, Dove a organisé des ateliers *Vraie beauté* pour les jeunes filles de 8 à 12 ans dans les plus grandes villes du Canada. Ces ateliers avaient pour but de stimuler l'estime de soi des jeunes filles grâce à la présence d'un modèle adulte féminin. En 2007, de concert avec Shoppers Drug Mart, Dove a mis sur pied un programme qui permet aux clients qui achètent des produits Dove d'amasser des points Optimum. Elle a aussi lancé une nouvelle ligne de produits Dove baptisée Pro-Age. Les initiatives publicitaires relatives à ce nouveau produit concordent avec les communications existantes.

Malgré le coût élevé de cette campagne, l'investissement de Dove a été payant compte tenu de la publicité qu'elle a engendrée. Mais la vraie récompense pourrait bien provenir du fait que Dove contribue à modifier la définition de la vraie beauté dans l'esprit des petites filles et des adolescentes.

L'Initiative Vraie beauté *de Dove a été lancée lors d'une exposition de photos qui a eu lieu au Eaton Centre de Toronto (ci-dessus). Dove a mené une campagne cohérente qui s'appuyait sur une prédominance des fonds blancs, une conception simple et des photos de vraies femmes (ci-dessous).*

Questions

1. L'*Initiative Vraie beauté* de Dove avait pour objectif d'élargir la définition de la beauté plutôt que de vendre des produits. Comment le recours à un plan de communication marketing intégré a-t-il permis à l'entreprise d'atteindre cet objectif ?
2. Comment Dove a-t-elle créé de la valeur pour son marché cible ?
3. La campagne s'appuyait sur des messages publicitaires, mais elle a aussi bénéficié d'une formidable publicité au fil du temps. Quels outils de communication marketing seront les plus importants pour cette campagne dans l'avenir ?

CHAPITRE 16

OBJECTIFS D'APPRENTISSAGE

Après avoir lu ce chapitre, vous devriez être en mesure :

OA 1 d'expliquer le concept de publicité de même que ses objectifs ;

OA 2 de comprendre les questions juridiques et éthiques qui préoccupent les publicitaires ;

OA 3 d'expliquer en quoi la promotion des ventes permet de compléter la stratégie de communication marketing intégrée d'une entreprise ;

OA 4 de comprendre en quoi la vente personnelle ajoute de la valeur ;

OA 5 de décrire les étapes du processus d'achat du consommateur.

Publicité, promotion des ventes et vente personnelle

Les amateurs canadiens de course de stock-cars se sont réjouis en apprenant que la série NASCAR allait faire son entrée au Canada au lieu de se limiter au marché américain. En effet, au printemps 2007, à la suite de la signature d'une entente de commandite s'étendant sur plusieurs années, la série NASCAR Canadian Tire est née. Canadian Tire est donc devenue le principal commanditaire de la série qui remplace la Super Série CASCAR (Canadian Association for Stock Car Racing).

Pour Canadian Tire, le détaillant de pièces d'auto le plus populaire du pays, cette entente de commandite était une occasion en or de promouvoir ses produits et ses services. Au Canada, NASCAR est la série de sport motorisé la plus regardée à la télévision. On compte actuellement 6,8 millions d'adeptes au pays[1], soit plus du quart de la population adulte. En moyenne, les amateurs canadiens suivent ce sport depuis environ 10 ans[2]. TSN et RDS, les chaînes qui diffusent la série au Canada, ont attiré un auditoire record lors de la Série NASCAR de 2006 avec un nombre moyen de spectateurs canadiens s'élevant à 332 000, ce qui représentait une augmentation de 15 % par rapport à l'année précédente.

Selon l'entente signée, Canadian Tire devenait le détaillant officiel de NASCAR au Canada. En outre, les clients bénéficient d'offres spéciales, de programmes marketing saisonniers, de campagnes publicitaires nationales et de programmes NASCAR en magasin. Des concours suscitent aussi l'enthousiasme des adeptes. En effet, les clients qui se procurent un litre d'huile Mobil 1 peuvent participer à un tirage et courir la chance de remporter une Corvette. Dans le cadre d'un autre concours, le prix à gagner est un voyage pour deux à la coupe Nextel de la série NASCAR à l'occasion de la course Dickies 500 qui a lieu au Texas Motor Speedway. Il suffit au client d'acheter une caisse de Coca-Cola pour pouvoir participer.

La série NASCAR Canadian Tire, une entente de commandite s'étendant sur plusieurs années, offre de nombreuses occasions de faire de la publicité et de la promotion des ventes.

L'entente offre également l'occasion à Canadian Tire de varier davantage son assortiment de produits. Aux États-Unis, l'amateur moyen dépense environ 500 $ par an en souvenirs. En fait, les amateurs sont prêts à acheter tout ce qui porte le logo NASCAR, même un mélangeur ou un grille-pain. À l'opposé, l'amateur canadien ne dépense qu'environ 30 $ par an en produits NASCAR. Canadian Tire souhaite changer les choses en lançant une nouvelle gamme de produits NASCAR pour le marché des pièces de rechange, dont le liquide lave-glace, les batteries et les amortisseurs.

La série NASCAR Canadian Tire est présentée comme une façon d'accroître la popularité des courses de stock-cars et d'amener de nouveaux amateurs et concurrents canadiens à partager l'engouement pour NASCAR. La plupart des amateurs resteront fidèles à la série pendant longtemps. Toutefois, celle-ci a déjà attiré l'attention d'un groupe pour le moins étonnant, soit les politiciens fédéraux. Le Parti conservateur du Canada aurait d'ailleurs découvert le fort potentiel publicitaire d'une commandite et aurait payé pour voir apparaître son logo sur le capot et les côtés de la voiture de la série NASCAR Canada portant le numéro 29, pilotée par Pierre Bourque[3].

Dans le chapitre précédent, nous avons examiné les outils de communication marketing intégrés ainsi que les étapes de la planification d'une campagne de communication. Alors que nous avons parlé brièvement de ces outils dans le chapitre 15, nous nous pencherons sur trois éléments en particulier : la publicité, la promotion des ventes et la vente personnelle, comme l'illustre la feuille de route du chapitre. Nous commencerons par introduire le modèle AIDA, un processus ou une série d'étapes que le gestionnaire marketing aimerait voir les consommateurs franchir au cours de leur

FEUILLE DE ROUTE

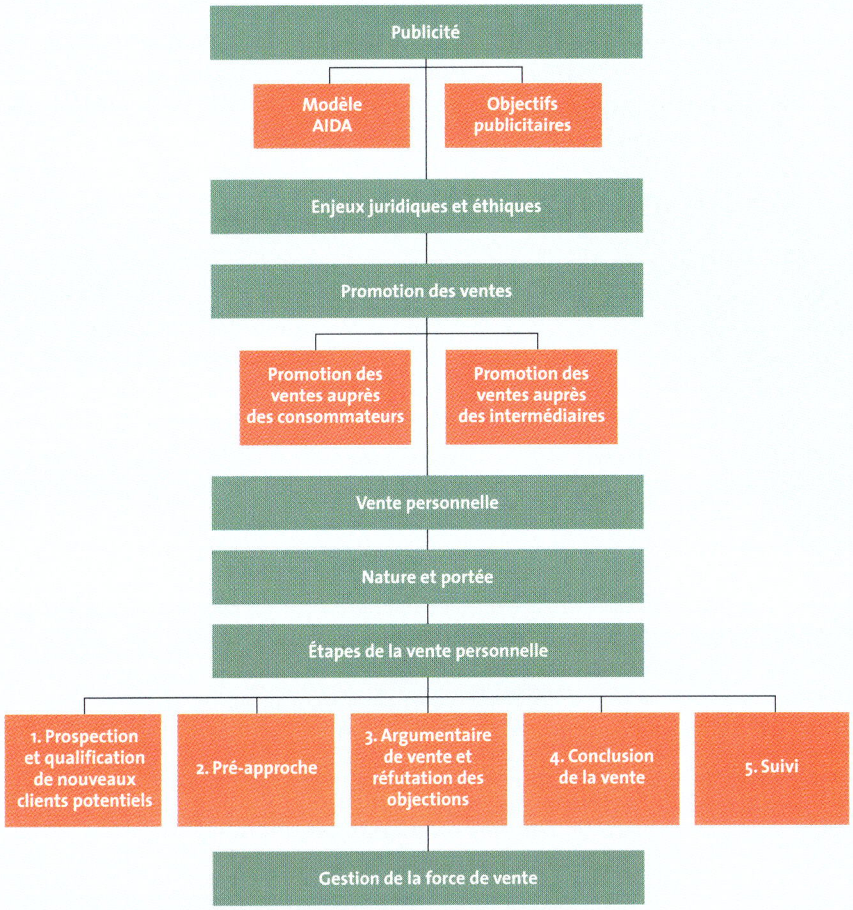

décision d'achat. En tant que consommateur, vous ne voyez que le produit fini, par exemple une annonce publicitaire une fois qu'elle est prête à être lancée. Toutefois, de nombreuses décisions doivent être prises avant que vous ne voyiez cette annonce. Il sera donc question de certaines de ces décisions, en commençant par l'évaluation des objectifs publicitaires et l'établissement du centre d'intérêt. Par la suite, nous traiterons des enjeux juridiques et éthiques de la communication marketing. Puis, nous étudierons la promotion des ventes et verrons en quoi elle ajoute de la valeur auprès des intermédiaires ainsi que des consommateurs. Le chapitre se termine sur une analyse de la façon dont les entreprises ont recours à la vente personnelle pour influer sur les décisions d'achat des consommateurs.

La publicité

Comme nous l'avons vu dans le chapitre 15, la communication marketing n'est pas un processus des plus simples. Une fois que le client est exposé à une annonce publicitaire, il passe par une série d'étapes avant d'acheter le produit ou de passer à l'action. Ainsi, il n'existe pas toujours de lien direct entre une communication marketing en particulier et l'achat que fait un consommateur.

Le modèle AIDA

Afin d'élaborer une publicité efficace, le gestionnaire marketing doit d'abord comprendre le fonctionnement de la communication marketing. Généralement, celle-ci

modèle AIDA (*AIDA model*) Modèle hiérarchique des effets d'une publicité sur un consommateur : l'Attention mène à l'Intérêt, lequel stimule un Désir qui provoque une Action.

amène progressivement le client d'une étape à l'autre, étapes que décrivent plusieurs modèles. Le modèle le plus couramment utilisé est le **modèle AIDA** (*voir la figure 16.1*)[4], selon lequel l'Attention mène à l'Intérêt, lequel stimule un Désir qui provoque une Action. À chaque étape, le consommateur décide s'il passe à la prochaine étape. Étant donné qu'il peut répondre de trois manières, le modèle AIDA est aussi reconnu comme le modèle « penser, ressentir, agir ». En effet, au cours d'une décision d'achat, le consommateur passe, dans une certaine mesure, par chacune des étapes du modèle AIDA, mais pas nécessairement dans l'ordre proposé. Par exemple, au cours d'un achat impulsif, il se peut que le consommateur « ressente » un désir et « agisse » avant de « penser ».

L'attention Même le meilleur outil de communication marketing ne sera sans doute d'aucune utilité si l'émetteur ne réussit pas d'abord à attirer l'attention du consommateur. Quand Ford a lancé son nouveau camion F-150 redessiné, dans une première étape, l'entreprise a fait en sorte que les consommateurs remarquent la nouvelle allure du véhicule. Elle a donc lancé une campagne publicitaire comportant des publicités télédiffusées et radiodiffusées, en ligne et imprimées. Cette campagne s'appuyant sur une combinaison de supports a eu pour effet d'augmenter les probabilités que le message soit reçu, car même si l'un des médias de communication devait échouer, les chances qu'un deuxième arrive à attirer l'attention du consommateur étaient très bonnes.

L'intérêt Une fois que le consommateur sait qu'une entreprise ou qu'un produit donné existe, la communication marketing doit ensuite éveiller son intérêt. Il n'est pas suffisant d'informer les consommateurs, encore faut-il qu'ils soient persuadés qu'il vaut la peine de se renseigner au sujet de l'entreprise ou du produit en question. Pour y parvenir, le gestionnaire marketing s'assure que le message de l'annonce publicitaire met en avant les attributs qui sont importants aux yeux du groupe cible. Ainsi, pour éveiller l'intérêt des consommateurs qui aiment se retrouver en pleine nature, Ford a conçu une annonce où l'on voit son nouveau F-150 rouler dans

FIGURE 16.1 Le modèle AIDA

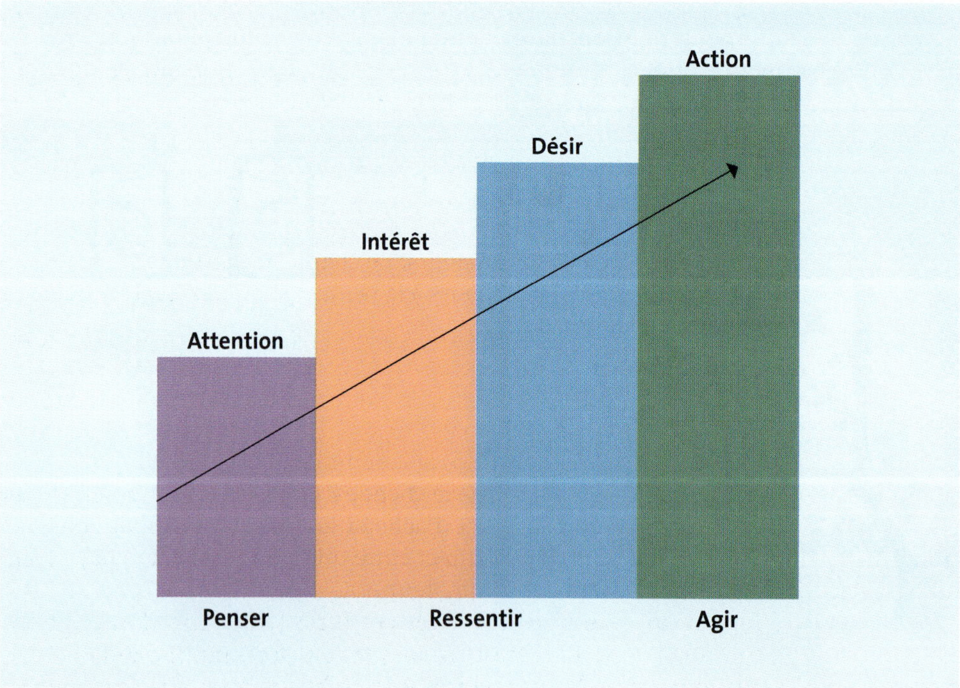

des circonstances exceptionnelles. Par ce genre de communication, la curiosité du consommateur doit être suffisamment piquée pour qu'il réagisse en conséquence.

Le désir Une fois que l'entreprise a réussi à susciter l'intérêt du consommateur qui correspond au marché cible, les messages qui suivent visent à faire passer ce dernier du stade «je l'aime» au stade «je le veux». Par exemple, Ford pourrait concevoir une stratégie de communication qui comporte une offre de financement spéciale afin que l'achat du F-150 apparaisse comme une véritable aubaine ou qui fasse ressortir certaines fonctions particulières de manière que le camion semble unique en son genre.

L'action Le but de toute communication marketing est de faire passer le récepteur à l'action. Si le message a réussi à attirer l'attention du consommateur et à l'intéresser suffisamment pour qu'il arrive à la conclusion que le produit en question satisfera un désir en lui, il y a de bonnes chances qu'il réponde en faisant un achat. Ainsi, Ford pourrait offrir une promotion, pour une semaine seulement, sur son nouveau camion F-150 afin d'attirer des acheteurs potentiels et de les inciter à acquérir un nouveau véhicule.

L'effet différé Il arrive que le consommateur ne réagisse pas immédiatement après avoir été exposé à la communication marketing en raison de l'effet différé, soit une réponse tardive à une campagne publicitaire. D'habitude, le consommateur doit être exposé plusieurs fois à la même annonce publicitaire avant de traiter véritablement son message[5]. Il devient alors plus complexe d'évaluer l'effet de la campagne publicitaire actuelle en raison de l'effet différé possible d'une campagne précédente[6]. Imaginons que vous décidez d'acheter un camion F-150 tout de suite après avoir entendu à la radio une annonce du concessionnaire de votre quartier. C'est peut-être cette annonce-là qui vous a poussé à acheter ce camion, mais il est fort probable que les autres annonces auxquelles vous êtes exposé depuis quelques semaines, celles que vous avez vues à la télévision ou lues dans les magazines d'automobiles, vous ont aussi influencé.

Les objectifs publicitaires

OA 1

Comme nous l'avons vu dans le chapitre 15, la **publicité** est un mode de communication payant utilisé par une source identifiée, dont le message est transmis par un moyen de communication et qui a pour but d'influer sur le comportement ou sur l'attitude d'un individu à l'endroit d'un produit (d'un service ou d'une marque), que ce soit dans l'immédiat ou à l'avenir[7]. Cette définition distingue de façon importante la publicité des autres outils de communication, dont il a d'ailleurs été question dans le chapitre précédent. Premièrement, à l'opposé des relations publiques, la publicité n'est pas gratuite ; il a fallu payer, que ce soit en argent, sous forme d'échange, etc., pour que le message soit diffusé. Deuxièmement, la publicité nécessite un média, que ce soit la télévision, la radio, les médias imprimés, le Web, les imprimés sur des t-shirts ou les graffitis sur les trottoirs, etc. Troisièmement, sur le plan juridique, la source du message doit être identifiée ou identifiable. Quatrièmement, la publicité est un mode de communication basé sur la persuasion et conçu pour exercer une influence sur le comportement du consommateur. Le message de persuasion peut aller de « Boire ou conduire, il faut choisir » à « Achetez la toute nouvelle Mercedes ».

publicité (*advertising*) Mode de communication payant utilisé par une source identifiée, dont le message est transmis par un moyen de communication et qui a pour but d'influer sur le comportement ou sur l'attitude d'un individu à l'endroit d'un produit (d'un service ou d'une marque), que ce soit dans l'immédiat ou à l'avenir.

Certaines activités portent le nom de «publicité» alors qu'elles n'en sont pas vraiment. C'est d'ailleurs le cas du bouche-à-oreille. Même la publicité politique n'est pas réellement de la publicité, car elle n'est pas utilisée à des fins commerciales ; elle ne peut donc être régie de la même façon que la véritable publicité.

La publicité représente une industrie énorme. Il ne fait aucun doute qu'elle est la forme de communication marketing la plus visible, à tel point d'ailleurs que bien des gens considèrent que le marketing et la publicité sont des synonymes.

On évalue les dépenses mondiales en publicité à plus de 600 milliards de dollars, dont la moitié sont faites aux États-Unis seulement. En outre, la publicité semble être partout autour de nous, mais c'est plus qu'une simple impression, car elle est bel et bien *partout*[8].

Pourtant, combien d'annonces publicitaires parmi celles auxquelles vous avez été exposé aujourd'hui serez-vous en mesure de vous rappeler demain ? Probablement trois ou quatre, tout au plus. Comme nous l'avons vu dans le chapitre 6, la perception est un processus hautement sélectif. Le consommateur n'a qu'à écarter les messages qui ne s'appliquent pas à lui. Lorsqu'un message publicitaire attire votre attention, il se peut que vous n'ayez aucune réaction. Si vous en avez une, il n'est pas sûr pour autant que vous vous souviendrez de cette annonce quelques heures ou quelques jours plus tard. Et si vous vous en souvenez, il y a des chances que vous ayez oublié le nom de la marque ou du commanditaire, ou pire encore (aux yeux du publicitaire, du moins), que vous associiez cette annonce à un autre produit[9].

Pour faire en sorte que vous vous souveniez de leur annonce et de leur marque, les publicitaires doivent d'abord capter votre attention. Comme nous l'avons mentionné dans le chapitre 15, la multiplication du nombre de médias et les changements dans l'utilisation que font les consommateurs des médias ont rendu la tâche des publicitaires encore plus ardue[10]. Comme le démontre l'introduction de ce chapitre, les publicitaires tentent d'atteindre leur public cible en faisant preuve de créativité et en faisant appel à une combinaison d'éléments promotionnels pour mettre toutes les chances de leur côté.

Dans le chapitre précédent, vous avez appris que toutes les campagnes publicitaires visent l'atteinte de certains objectifs, soit ceux d'informer le consommateur, de le persuader et de lui rappeler un fait. Pour voir les objectifs publicitaires d'un autre œil, on peut s'attarder au centre d'intérêt de l'annonce publicitaire. A-t-elle été conçue pour générer une augmentation de la demande d'un produit ou d'un service ou, de façon plus générale, de l'entreprise ? En effet, les annonces publicitaires peuvent stimuler la demande d'une catégorie de produits ou d'une industrie en entier, tout comme d'une marque, d'une entreprise ou d'un article en particulier. Mais revenons aux objectifs généraux, qui sont d'informer le consommateur, de le persuader et de lui rappeler un fait.

La publicité informative

publicité informative (*informative advertising*) Annonce publicitaire visant la prise de conscience du client éventuel et cherchant à guider ce dernier tout au long du processus qui mène à l'achat d'un produit.

La **publicité informative** vise la prise de conscience du client éventuel ; elle cherche à guider ce dernier tout au long du processus qui mène à l'achat d'un produit. Une telle publicité permet de déterminer certaines étapes importantes au début du cycle de vie d'un produit (chapitre 10), particulièrement lorsque le client connaît peu de choses du produit ou du type de produit. Les détaillants ont souvent recours à la publicité informative pour aviser leurs clients d'une vente à venir ou de l'arrivée de nouveaux produits. Par exemple, Doritos a utilisé la publicité informative pour augmenter la notoriété de la marque de son nouveau produit, comme l'explique la rubrique Cybermarketing 16.1 (*voir p. 503*).

Dynamic Funds est une petite société de fonds mutuels qui opère dans le monde des investissements financiers. Pressée d'augmenter la notoriété de sa marque, l'entreprise a lancé en 2005 une campagne publicitaire mettant en vedette le golfeur professionnel Mike Weir. L'annonce est apparue dans plusieurs médias imprimés et sur de multiples panneaux d'affichage des plus grandes villes canadiennes. S'est ajoutée à ces divers supports une publicité radiodiffusée l'année suivante, puis une publicité télédiffusée en 2007. La campagne était centrée sur une analogie entre la relation qu'entretient Mike Weir avec son cadet Brennan Little et le lien de confiance existant entre les conseillers financiers de Dynamic Funds et leurs clients. Résultat, la notoriété de la marque Dynamic Funds a augmenté de 100 % depuis le lancement de la campagne publicitaire[11].

Cybermarketing 16.1 Un pari audacieux

Il y a de fortes chances que vous connaissiez les Doritos, les croustilles de maïs les plus vendues en Amérique du Nord. Vous avez probablement déjà vu une partie de la campagne de communication marketing intégrée de l'entreprise composée de publicités télédiffusées controversées et divertissantes ou encore son microsite axé sur la musique à l'adresse DoritosPlay.ca. Sans oublier que Doritos commandite, au cours de la soirée des Juno, un concours qui permet au gagnant d'aller présenter un prix sur scène pendant la cérémonie. La saveur la plus populaire est Fromage Nacho, mais comme l'entreprise démontre un sens de l'innovation, la catégorie de produits ne cesse de prendre de l'ampleur. Se basant sur l'énorme succès des saveurs Jalapeno et Nacho Épicé de même que sur un message clair relativement à la saveur intense de ses croustilles Doritos, Frito-Lay a créé les croustilles les plus épicées sur le marché : les croustilles Doritos Fiery Habanero.

Au lieu de lancer son nouveau produit à l'échelle nationale, dans tous les formats possibles, l'entreprise a opté pour une stratégie de distribution sélective. Elle a mis en marché le format individuel de cette nouvelle saveur dans les dépanneurs et les pharmacies pour une durée de 100 jours en vue d'évaluer l'adoption du produit par les consommateurs et, ainsi, de réduire les risques d'un lancement national. Étant donné qu'il ne s'agissait pas d'une distribution dans tout le réseau, il n'y avait pas lieu de recourir à un média de masse d'envergure nationale pour faire la promotion de la nouvelle saveur de croustilles. L'équipe Doritos a donc dû user de créativité afin de bâtir une notoriété pour la marque et le produit. C'est ainsi qu'elle a lancé une campagne de marketing viral dans laquelle elle met au défi les membres de sa liste de diffusion de se filmer en train de goûter aux nouveaux Doritos Fiery Habanero, puis de transférer leur capsule vidéo sur le microsite créé à cet effet. Pour cette campagne, il était primordial de constituer une base de données contenant un nombre considérable d'adresses électroniques de consommateurs[12].

Pour s'assurer que l'exercice serait encore plus stimulant pour les jeunes consommateurs, l'entreprise leur a lancé plusieurs défis. Par exemple, pour relever le Défi audacieux, il fallait embrasser une croustille pendant 30 secondes, alors que le Défi intense consistait à garder une croustille dans sa bouche pendant le même laps de temps. Chaque défi impliquait que le consommateur devait se procurer le produit et le manger d'une certaine façon, ce qui a aidé Doritos à atteindre son but, soit faire suivre au consommateur le cycle d'achat du produit, étape par étape. Toutes les vidéos transférées ont été diffusées sur le site DoritosPlay.ca, où les utilisateurs étaient fortement encouragés à faire parvenir leur vidéo à leurs amis[13].

Alors que les principaux objectifs de cette campagne virale étaient l'essai du produit par les consommateurs et l'augmentation des ventes, elle s'est également appuyée sur la publicité informative afin d'accroître la notoriété de la marque. En peu de temps, les consommateurs ont eu de nombreux contacts avec la marque : au dépanneur, dans leur boîte de courriel, puis sur le site Web lorsqu'ils ont voulu visionner leur propre capsule vidéo et les capsules des autres participants. En outre, Doritos a su profiter de l'obsession de son public cible pour Internet en créant une campagne interactive au cœur de laquelle se trouvait un produit que les consommateurs se rappelleraient facilement, ce qui constitue une idée unique.

Doritos a eu recours à la publicité informative afin de développer la notoriété de la marque de ses croustilles Fiery Habanero.

La publicité persuasive

Lorsqu'un produit a atteint une certaine notoriété, l'entreprise qui le fabrique a recours à la **publicité persuasive** en vue de pousser le consommateur à l'action. La publicité persuasive est ordinairement utilisée aux phases de croissance et de maturité hâtive du cycle de vie d'un produit, quand la concurrence bat son plein. Elle vise alors à accélérer le processus d'acceptation du produit. Aux phases suivantes, la publicité persuasive peut servir au cours du repositionnement d'une marque connue, de manière à inciter les consommateurs à modifier leur perception actuelle du produit. Les marques — comme Cover Girl, dont on voit une annonce publicitaire à la page suivante — font souvent appel à la publicité persuasive parce qu'elles désirent que le consommateur change de marque pour la leur[14], qu'il essaie un nouveau produit ou qu'il renforce son achat du produit annoncé.

publicité persuasive (*persuasive advertising*) Annonce publicitaire visant à pousser le consommateur à l'action.

Grâce à des publicités persuasives, Cover Girl tente d'influer sur le comportement des consommatrices et de faire en sorte qu'elles essaient le produit, qu'elles changent de marque de maquillage ou qu'elles continuent d'acheter leurs produits.

Grâce à la recherche au moyen de groupes de discussion, les Forces armées canadiennes ont découvert qu'un de leurs marchés cibles, les jeunes hommes, aimait l'action et le combat et non les discours sur les possibilités de carrière du type « Vous vivrez une expérience unique ». C'est pourquoi le ministère de la Défense nationale a lancé une campagne axée sur l'action qui accorde une importance particulière au courage et au combat. Les publicités télédiffusées ainsi que le site Internet présentent des soldats qui patrouillent dans les villes de l'Afghanistan ravagées par la guerre. Leur slogan est « Combattez la peur, combattez le chaos, combattez la détresse, combattez avec les Forces canadiennes ». Ces annonces se sont avérées très persuasives, comme le prouve le bond de 40 % du nombre de candidatures, qui est passé à 40 000. De plus, entre avril 2006 et mars 2007, 12 862 personnes ont été recrutées pour travailler à temps plein ou pour faire partie de la réserve[15].

publicité de rappel (*reminder advertising*) Communication qui vise à rappeler aux consommateurs l'existence d'un produit ou à les inciter à se procurer ce produit de nouveau. Le plus souvent, la publicité de rappel est utilisée pour promouvoir un produit qui est déjà accepté par les consommateurs et qui est à la phase de maturité de son cycle de vie.

stade de notoriété spontanée (*top-of-mind awareness*) Place importante que prend un produit ou une marque dans l'esprit des gens de manière que, sans même y penser, ce produit ou cette marque soit la première réponse donnée.

Ce parasol rappelle aux consommateurs de commander un Coke.

La publicité de rappel

Finalement, la **publicité de rappel** est un mode de communication qui vise à rappeler aux consommateurs l'existence d'un produit ou à les inciter à se procurer de nouveau ce produit. Le plus souvent, la publicité de rappel est utilisée pour promouvoir un produit déjà accepté par les consommateurs et qui est à la phase de maturité de son cycle de vie. Par exemple, vous est-il déjà arrivé d'aller au restaurant avec des amis et de commander un Coca-Cola, alors que vous vouliez en fait un thé glacé ? Oui ? Dans ce cas, on peut dire que le produit a atteint le **stade de notoriété spontanée**, soit une place importante dans l'esprit des gens de manière que, sans même y penser, ce produit soit la première réponse donnée. Ainsi, la seule vue d'une publicité de rappel, comme le logo de Coca-Cola sur un menu, pourrait être suffisante et entraîner la réponse recherchée.

L'entreprise Kruger, autrefois appelée Papiers Scott, a fait face à un défi de taille lorsque son contrat de licence avec Kimberly-Clark pour l'utilisation du nom Cottonelle est arrivé à échéance en juin 2007. L'entreprise a décidé de lancer une nouvelle marque de papier hygiénique appelée Cashmere. Sachant que Kimberly-Clark mettrait de nouveau en marché la marque Cottonelle à un moment ou à un autre, Kruger se devait non seulement de développer la notoriété de Cashmere, mais également de rappeler au consommateur que cette marque existe, et d'une manière qui attire l'attention. Consciente que son principal marché cible est composé de femmes, Kruger a axé sa campagne publicitaire sur la mode, un thème qui revêt une importance particulière pour elles. Ainsi, les annonces des médias imprimés et les annonces télédiffusées présentent un mannequin qui porte une robe semblant faite de cachemire, alors qu'en réalité il s'agit du papier hygiénique Cashmere. Le slogan de l'annonce, « Y'a rien comme du Cashmere^MC », rappelle aux consommatrices de prendre soin d'elles. En outre, la notoriété spontanée de la marque a grandement augmenté, tout comme la part de marché de Cashmere, qui a atteint un sommet jusqu'alors inégalé de 27,3 % en mai 2007, comparativement à 23,3 % l'année précédente[16].

Le centre d'intérêt de la publicité

Pour arriver plus facilement à déterminer le centre d'intérêt d'une publicité, de nombreuses entreprises tiennent compte des étapes du modèle AIDA dont il a été question précédemment. Certaines tenteront donc en priorité d'attirer l'attention, par exemple au cours de la mise en marché d'un nouveau produit. Si les consommateurs sont déjà au courant de l'existence d'un produit ou d'un service donné, l'entreprise doit susciter leur intérêt, puis créer chez eux un désir de se le procurer. Finalement, l'entreprise doit s'assurer que le consommateur sera prêt à passer à l'action après avoir été exposé à ses efforts publicitaires.

Le centre d'intérêt d'une publicité découle directement des objectifs de la campagne. Par exemple, la **publicité centrée sur le produit (factuelle)** sert à informer un client, à le persuader ou à lui rappeler les faits relativement à un produit ou à un service donné, tandis que la **publicité institutionnelle** sert à informer les consommateurs, à les persuader ou à leur rappeler certains faits en ce qui concerne un endroit, une politique, une industrie ou une entreprise en particulier. Dans certains cas, les annonces publicitaires sont conçues dans le but de stimuler la demande d'une marque, d'une entreprise ou d'un article en particulier.

La campagne publicitaire la plus connue et qui a entraîné une demande croissante d'une catégorie de produits est certainement la campagne institutionnelle de la Fédération des

L'une des campagnes publicitaires axées sur la demande les plus connues est certainement la campagne « Le lait, source naturelle de réconfort ».

publicité centrée sur le produit (factuelle) (*product-focused advertisement*) Publicité qui sert à informer un client, à le persuader ou à lui rappeler les faits relativement à un produit ou à un service donné.

publicité institutionnelle (*institutional advertisement*) Publicité servant à informer les consommateurs, à les persuader ou à leur rappeler certains faits en ce qui concerne un endroit, une politique, une industrie ou une entreprise en particulier.

producteurs de lait du Québec. Cette campagne publicitaire, qui existe depuis longtemps déjà, vise à inciter la population à consommer davantage de lait en faisant appel à son besoin d'appartenance. Alors que les premières campagnes visaient principalement à mieux faire connaître les bienfaits du lait, comme source de bien-être quotidien, les suivantes avaient pour but de faire avancer le consommateur au fil des étapes qui mènent à l'achat, voire de le faire acheter davantage. On se souviendra du slogan « Un verre de lait c'est bien, mais deux c'est mieux ». La plus récente publicité de cette campagne est « Le lait, source naturelle de réconfort ». Cette tangente représente un passage vers une publicité davantage persuasive.

publicité sociétale (*public service advertising [PSA]*) Publicité axée sur le bien-être du public et qui est généralement commanditée par un organisme sans but lucratif, un groupe de citoyens, un groupe religieux, une association commerciale ou un parti politique ; forme de marketing social.

marketing social (*social marketing*) Application des principes de marketing à des enjeux sociaux en vue de susciter un changement d'attitude et de comportement du public ou d'un segment de la population en particulier.

Parmi les types de publicité de demande, il y a une publicité très particulière : la **publicité sociétale**. Il s'agit d'une publicité axée sur le bien-être du public et qui est généralement commanditée par un organisme sans but lucratif, un groupe de citoyens, un groupe religieux, une association commerciale ou un parti politique[17]. La publicité sociétale est une forme de **marketing social**, soit une application des principes de marketing à des enjeux sociaux en vue de susciter un changement d'attitude et de comportement du public ou d'un segment de la population en particulier[18]. Étant donné que la publicité sociétale est un type particulier de publicité, régie par le Conseil de la radiodiffusion et des télécommunications canadiennes (CRTC), les diffuseurs doivent lui réserver un certain temps d'antenne gratuit.

Parmi les campagnes de publicité sociétale les plus populaires, on compte celles sur l'abandon du tabac (www.jarrete.qc.ca), sur la sécurité de la navigation sur Internet (www.webaverti.ca) et sur le dépistage du cancer du sein (Société canadienne du cancer, www.cancer.ca).

Étant donné que ces campagnes publicitaires sont souvent conçues par les meilleures agences de publicité pour un client sans but lucratif, les publicités sociétales sont créatives et attirantes. Par exemple, comment avez-vous réagi à la campagne de promotion virtuelle de la sécurité de la navigation sur Internet du site Webaverti.ca du Réseau Éducation-Médias ? Cet organisme sans but lucratif situé à Ottawa cherche à informer les parents des risques et des avantages de laisser leurs enfants surfer sur Internet. Approuvée par Microsoft Canada et Bell Canada, la publicité présente des statistiques révélatrices, dont celle selon laquelle 25 % des enfants auraient été invités à rencontrer quelqu'un qu'ils ont connu sur Internet. Cette publicité incite également la population à se rendre sur le site Webaverti.ca, qui a été créé pour aider les parents à jouer un rôle en surveillant les activités de leurs enfants sur Internet. L'une de ses annonces qui est parue dans les médias imprimés présente un homme d'âge moyen assis à son ordinateur et qui dialogue dans une salle de clavardage pour les enfants. Le slogan de la publicité va comme suit : « Pour Lisa, âgée de 12 ans, il n'était que Jenny, 11 ans. »

La publicité sociétale, qui est axée sur le bien-être du public, est généralement commanditée par un organisme sans but lucratif, un groupe de citoyens, un groupe religieux, une association commerciale ou un parti politique.

Que l'objectif publicitaire de la campagne soit d'informer le consommateur, de le persuader ou de lui rappeler des faits, qu'elle mette l'accent sur un produit en particulier ou sur une entreprise en général, chaque objectif doit être précis et mesurable. Par exemple, dans le cas d'une campagne visant l'augmentation de la notoriété de la marque, l'objectif pourrait être d'accroître la notoriété de la marque, au sein du marché cible, de 50 % en six mois. Une autre campagne pourrait avoir comme objectif de persuader 10 % des clients d'un concurrent de changer de marque pour la marque concurrente qui fait l'objet de l'annonce publicitaire.

Les enjeux juridiques et éthiques relatifs à la publicité

OA 2

La communication marketing intégrée regroupe un éventail de modes de communication. Au Canada, cependant, les médias étaient autrefois régis séparément les uns des autres. Par exemple, au lieu d'interdire complètement les annonces de cigarettes, la Loi sur le tabac de 1997 a imposé de nombreuses contraintes à l'industrie, dont l'interdiction graduelle pour les compagnies de tabac de commanditer des événements sportifs[19]. Par contre, en 2007, la Cour suprême du Canada a rejeté l'appel de l'industrie du tabac demandant de lever l'interdiction et d'ouvrir la porte à de nouvelles formes de publicité. Les manufactures de tabac peuvent donc faire la promotion de leurs produits dans des endroits qui ne sont fréquentés que par des personnes âgées de 18 ans ou plus ainsi que dans des magazines dont le lectorat est composé de plus de 85 % d'adultes[20]. Nous présenterons les divers organismes qui régissent les formes de publicité et les types de médias qui les diffusent. Ensuite, il sera question de certaines controverses entourant les nouvelles formes de publicité mensongère.

Au Canada, la réglementation relative à la publicité est constituée d'une série complexe de lois formelles et de règlements informels conçus pour protéger le citoyen contre les pratiques trompeuses. De nombreuses lois fédérales et provinciales ainsi qu'une vaste gamme d'organismes et d'ententes autoréglementés ont trait à la publicité (*voir le tableau 16.1, p. 508*). Parmi les principaux mécanismes fédéraux qui régissent les activités publicitaires se trouvent le Bureau de la concurrence, le CRTC, la Loi sur les aliments et les drogues ainsi que les Normes canadiennes de publicité. Le gestionnaire marketing se doit de respecter, en plus de ces organismes, d'autres règlements, comme la Loi sur l'emballage et l'étiquetage des produits de consommation et la Loi sur le tabac.

Le Bureau de la concurrence applique la Loi sur la concurrence, le règlement le plus complet en ce qui a trait aux activités de marketing des entreprises canadiennes. La Loi sur la concurrence favorise la concurrence tout en protégeant les consommateurs contre les pratiques publicitaires mensongères ou trompeuses. Le CRTC régit l'industrie de la publicité ainsi que les médias radiotélévisés et l'attribution de licences. Ainsi, toutes les publicités diffusées à la radio ou à la télévision doivent être préalablement approuvées par le CRTC. Quant à la Loi sur les aliments et les drogues, elle interdit la promotion ou la vente d'aliments, de cosmétiques ou de drogues qui présentent un danger ou dont l'étiquetage est falsifié. Selon cette loi, toute entreprise se doit de respecter le règlement relatif aux allégations en matière de santé. Bien que ces dernières soient utilisées depuis plusieurs années aux États-Unis, ce n'est que tout récemment qu'ont été autorisées au Canada les allégations en matière de santé sur les aliments, notamment quant à la réduction des risques de maladie cardiaque, de cancer, d'ostéoporose et d'hypertension. Selon la Loi sur l'emballage et l'étiquetage des produits de consommation, les fabricants, les entreprises d'emballage et les distributeurs doivent afficher tous les renseignements pertinents sur leurs produits. En outre, tous les articles préemballés doivent porter une étiquette bilingue et présenter en valeurs métriques et impériales leur poids, leur volume ou leurs dimensions.

De nombreuses catégories de produits sont considérées comme autoréglementées. Par exemple, les Normes canadiennes de publicité forment un organisme d'autoréglementation qui supervise les codes volontaires de pratique.

TABLEAU 16.1 Les organismes de réglementation de la publicité

Organisme	Rôle général	Champ d'application particulier
Bureau de la concurrence du Canada Loi sur la concurrence (1986)	Applique les lois fédérales selon lesquelles les entreprises canadiennes doivent être exploitées de façon juste et équitable.	Applique les lois relatives à la publicité mensongère et aux pratiques trompeuses.
Conseil de la radiodiffusion et des télécommunications canadiennes (CRTC) (1968)	Réglemente et supervise tous les aspects de la radiodiffusion ainsi que les entreprises de télécommunications et les fournisseurs de services qui relèvent de la compétence fédérale.	Veille à ce que les systèmes de la radiodiffusion et des télécommunications répondent aux besoins du public canadien.
Santé Canada Loi sur les aliments et les drogues (1954)	Régit les aliments, les appareils médicaux, les biens de consommation, les produits pharmaceutiques, les produits biologiques, les produits de santé naturels, les substances toxiques et les pesticides.	Établit les standards et les conditions en matière de sécurité et d'hygiène des produits. Régit l'étiquetage des aliments (étiquetage nutritionnel, teneur en éléments nutritifs, allégations en matière de santé).
Normes canadiennes de publicité (1957)	Aide à assurer l'intégrité et la viabilité de la publicité au moyen d'une autoréglementation de l'industrie.	Applique le Code canadien des normes de la publicité, les Lignes directrices sur la représentation des femmes et des hommes et le Code de la publicité radiotélévisée destinée aux enfants.

La publicité destinée aux enfants est régie principalement par une série de mesures d'autoréglementation élaborées par le Code canadien des normes de la publicité et les Normes canadiennes de publicité destinée aux enfants qui relèvent de ce Code. La seule exception est le Québec, où, selon la Loi sur la protection des consommateurs, la publicité destinée aux enfants de moins de 13 ans est interdite.

Tout récemment, question de compliquer davantage la tâche des publicitaires dont les produits sont vendus aux États-Unis, les Bureaux du Procureur général ont commencé à exercer leur autorité en réglementant la publicité au sein de leur État respectif. L'Union européenne aussi a durci sa réglementation en matière de publicité, réglementation que tous les pays membres sont forcés de respecter. En outre, bon nombre de ses règlements sont plus sévères que les lois canadiennes ou que les mesures d'autoréglementation.

réclame élogieuse (*puffery*)
Éloge exagéré d'un produit. Cette forme de publicité est légale si elle ne trompe pas la clientèle.

Autre différence entre le Canada et l'Union européenne, les lois relatives aux **réclames élogieuses**, soit l'éloge exagéré d'un produit. Cette forme de publicité est légale si elle ne trompe pas la clientèle[21] (par exemple, on peut légalement dire que dormir sur tel matelas produre un confort comparable au fait de dormir sur un nuage– une métaphore exagérée qui ne trompe personne.) Au Canada, les consommateurs sont perçus comme étant rationnels et capables de comprendre les allégations faites dans les publicités. Ces espadrilles, dont nous tairons le nom, permettent-elles vraiment de sauter plus haut et de courir plus vite ? La pizza Delissio contient-elle vraiment de « meilleurs ingrédients » que les autres pizzas, ce qui en ferait la « meilleure pizza » ? Dans les pays de l'Union européenne, toutefois, les réclames élogieuses sont considérées comme de la publicité mensongère. Par exemple, en Amérique du Nord, Kraft n'a eu aucune difficulté à faire la promotion de sa boisson Tang en lançant une annonce où celle-ci est entourée d'oranges. Par contre, en Allemagne, cette publicité a été jugée mensongère étant donné que Tang ne contient aucune orange. Ainsi, les publicitaires doivent connaître ces différences entre les pays afin d'éviter d'enfreindre la loi.

L'annonce sur ce panneau d'affichage est-elle un exemple de réclame élogieuse ou une publicité mensongère ?

Certaines entreprises sont jugées sévèrement tout simplement parce qu'elles consacrent un budget important à la publicité. Les consommateurs se plaignent souvent du fait que le prix des produits de ces entreprises serait moins élevé si elles n'investissaient pas autant en publicité. Ainsi qu'il en est question dans la rubrique Question d'éthique 16.1, bon nombre d'entreprises ont fait l'objet de vives critiques en raison de leurs dépenses pour la promotion de produits estampillés (RED).

La publicité et le marketing direct sont régis par des règles différentes de celles qui ont trait aux relations publiques. Par exemple, dans l'affaire opposant Nike à Mike Kasky, un citoyen californien[22], l'entreprise a affirmé que la lettre envoyée à l'éditeur et rédigée par le président-directeur général faisait partie d'une campagne de relations publiques et qu'elle ne constituait donc pas un message publicitaire[23]. Malheureusement pour Nike, la cour de la Californie a vu les choses sous un autre angle et statué qu'il s'agissait effectivement d'une forme de publicité, ce qui signifie que le bien-fondé des allégations faites dans la lettre devait être établi.

Question d'éthique 16.1 Voir (ROUGE)

Au cours de leur brève existence, les produits estampillés (RED) ont suscité la controverse tout en luttant contre les trois maladies les plus dévastatrices de la planète. Le Fonds mondial de lutte contre le sida, la tuberculose et le paludisme a été créé en 2002 avec l'appui de dirigeants du monde et de Kofi Annan, l'ancien secrétaire général de l'Organisation des Nations unies (ONU)[24]. Quatre ans plus tard, à l'occasion du Forum économique mondial de 2006, Bono et Bobby Shriver ont annoncé la création de Product (RED), une initiative économique conçue pour injecter de l'argent provenant du secteur privé dans le Fonds mondial de lutte contre le sida, la tuberculose et le paludisme.

C'est ainsi que Converse, Motorola, Apple, GAP et d'autres entreprises ont fabriqué des produits spécialement pour RED afin d'appuyer cette démarche. Par exemple, Apple a créé un iPod Nano de 4 gigaoctets édition spéciale RED et American Express a lancé une carte de crédit RED[25]. Une partie des revenus issus de la vente d'articles RED était versée au Fonds mondial. Ainsi, 10 % des ventes de cartes-cadeaux iTunes de 25 $, de 5 % à 15 % des produits Converse et 50 % des profits réalisés par GAP avec la vente des articles de la collection RED sont remis au Fonds mondial.

Il n'a pas fallu beaucoup de temps avant que ne se répande la nouvelle voulant que plus de 100 millions de dollars américains aient été investis par ces entreprises pour faire la promotion de leurs produits RED, alors que seulement 18 millions avaient été remis au Fonds mondial de lutte contre le sida, la tuberculose et le paludisme. Les détracteurs ont affirmé que les 100 millions de dollars de dépenses publicitaires auraient dû être remis directement au Fonds. Les promoteurs de Product (RED) ont répliqué qu'il s'agissait d'un projet de longue haleine et qu'une année n'était pas suffisante pour évaluer sa réussite. Aussi, ce ne sont pas 18 millions de dollars, mais bien 25 millions qui auraient été remis au Fonds mondial, et les dons étaient environ cinq fois supérieurs à la somme remise par le secteur privé depuis les quatre dernières années[26]. Les promoteurs ont ajouté que si les dépenses publicitaires n'avaient pas servi à la promotion des produits RED, elles auraient été affectées à la promotion d'autres produits dont la vente ne rapportait pas un sou au Fonds mondial[27].

Le projet Product (RED), auquel Oprah Winfrey a ensuite participé, a été lancé par Bono en 2006, à l'occasion du Forum économique mondial.

Il est trop tôt pour savoir quelles répercussions aura le lancement du mouvement Product (RED) à long terme ou même pour connaître la valeur de la publicité parue dans des milliers de magazines, de journaux, d'articles en ligne et diffusée à la télévision, notamment le profil de l'organisation décrit à l'émission *Oprah*[28]. Avant que cette controverse n'éclate, la majorité de la population ne connaissait même pas l'existence du Fonds mondial de lutte contre le sida, la tuberculose et le paludisme. N'empêche que bon nombre d'observateurs voient *rouge* et se demandent si les partenaires du projet ne seraient pas en train d'utiliser une noble cause à leur avantage. Est-il acceptable sur le plan éthique de tirer profit d'une cause sans but lucratif ?

Le marketing furtif

marketing furtif (*stealth marketing*)
Stratégie se servant de façon originale de tactiques promotionnelles pour attirer de nouveaux clients, sans que le public cible sache toujours que le message véhicule une intention de vente.

Le site Web du film *Godsend, expérience interdite* (dont il a été question dans la rubrique Question d'éthique 15.1 du chapitre précédent) est un exemple parmi tant d'autres du nombre croissant de campagnes de marketing «furtif». Le **marketing furtif** est une stratégie se servant de façon originale de tactiques promotionnelles pour attirer de nouveaux clients, sans que le public cible sache toujours que le message véhicule une intention de vente[29]. Il peut prendre plusieurs formes et être transmis de multiples façons. Et puisque les gestionnaires marketing trouvent des façons de plus en plus originales de communiquer avec leur public cible, ils évoluent maintenant en terrain inconnu. Ainsi, les consommateurs commencent à douter de leur capacité à distinguer un message publicitaire d'un message qui ne l'est pas.

Les gestionnaires marketing ont également commencé à recourir à de futurs consommateurs, lesquels pourraient devenir de véritables représentants de leur marque. En effet, sachant qu'un individu entretient en moyenne 56 conversations par semaine, cela rend le bouche-à-oreille efficace. C'est d'ailleurs dans ce domaine que se spécialisent certaines organisations comme TheInfluencers.ca. Elles amorcent, alimentent et font circuler ce genre de conversations parmi les leaders d'opinion canadiens[30]. Par exemple, Les Aliments Dare a mis sur pied un programme en vue du lancement de ses biscuits Petits Plaisirs[31] cuits au four. Dans le cadre de ce programme, les participants ont reçu 12 boîtes de biscuits qu'ils ont distribuées parmi leurs proches avant de donner leurs impressions à Dare. Le but des entreprises qui fonctionnent ainsi est de faire de ces programmes le point de départ de leur stratégie de **marketing viral**, une pratique visant à inciter des utilisateurs d'un produit ou d'un service à communiquer à d'autres clients potentiels de l'information sur ce produit ou ce service[32]. Il n'existe pas encore de réglementation sur ce type de campagnes publicitaires. En outre, les lois en matière de pratiques trompeuses ne contiennent aucune disposition sur la façon de traiter une telle forme de marketing.

marketing viral (*viral marketing*)
Incitation des utilisateurs d'un produit ou d'un service à communiquer à d'autres clients potentiels de l'information sur ce produit ou ce service.

Les jeux en ligne sont une manière très efficace de capter l'attention des enfants et de les amener vers le site Internet d'une entreprise donnée. Ils constituent également une excellente façon de s'attirer les foudres des groupes de vigilance à l'endroit des médias destinés aux enfants. Ces groupes considèrent que les sites Internet n'avertissent pas les enfants que leurs jeux contiennent un message avec une mention de la marque. L'un des sites les plus controversés est certainement www.neopets.com, lequel propose aux enfants des jeux commandités par diverses entreprises. En acceptant les offres présentées par les commanditaires, l'utilisateur reçoit de l'aide pour prendre soin de son Neopet, un animal virtuel qu'il peut adopter en devenant membre du site[33]. L'utilisateur peut amasser des points en participant à des enquêtes de consommation ou en nourrissant son Neopet avec des produits McDonald's. Les jeunes filles, qui correspondent à la majorité des visiteurs du site, passent en moyenne 3,5 heures par mois sur ce site.

Selon vous, les stratégies de marketing furtif destinées aux enfants, comme celles utilisées par Neopets, sont-elles acceptables sur le plan éthique ? Le gouvernement devrait-il réglementer les médias dans lesquels les enfants pourraient confondre divertissement et contenu commercial ?

À mesure que des sites comme celui de Neopets gagnent en popularité auprès des enfants, les groupes de vigilance à l'endroit des médias destinés aux enfants commencent à poser des questions. Un enfant est-il en mesure de distinguer le divertissement du contenu commercial[34] ? Encore une fois, il n'existe à ce jour aucun règlement portant sur les sites Web destinés aux enfants, si ce n'est les règlements qui ont trait à la protection des renseignements personnels de l'enfant. Toutefois, certains organismes de réglementation se penchent sur les pratiques utilisées par ces sites afin d'évaluer si les règlements actuels sont enfreints et si de telles pratiques doivent être réglementées. Pendant ce temps, les gestionnaires marketing continueront à chercher des manières originales d'atteindre leur public cible à l'aide de méthodes traditionnelles ou non.

La promotion des ventes

OA 3

Il est rare que la publicité soit le seul moyen de communiquer avec la clientèle cible. Comme nous l'avons mentionné dans le chapitre 15, un lien naturel est établi entre la publicité et la promotion des ventes. La **promotion des ventes** correspond aux incitatifs qui visent à amener les consommateurs à se procurer un produit ou un service. Cette méthode est le plus souvent utilisée de concert avec d'autres plans ou programmes relatifs à la publicité ou à la vente personnelle. Dans le contexte d'un plan de communication marketing intégré, la publicité suscite habituellement l'attention, l'intérêt et le désir, alors que l'objectif de la promotion des ventes est de conclure des ventes. De nombreuses techniques de promotion des ventes, comme les échantillons gratuits ou le présentoir au point de vente, tentent de réaliser des ventes à court terme, tandis que d'autres techniques, comme les programmes de fidélisation, les concours ou la loterie promotionnelle, font dorénavant partie intégrante du programme de gestion de la relation client, dont les gestionnaires marketing se servent d'ailleurs afin d'accroître la fidélité de la clientèle. Nous étudierons maintenant les diverses techniques auxquelles les entreprises ont recours dans le cadre de la promotion des ventes. Nous verrons également en quoi ces techniques complètent les efforts fournis par le publicitaire pour atteindre ses objectifs.

promotion des ventes (*sales promotion*) Incitatifs qui visent à amener les consommateurs à se procurer un produit ou un service (p. ex., coupon de réduction, rabais, concours, échantillon gratuit, présentoir au point de vente).

Nous décrirons chacune des techniques utilisées dans la promotion des ventes ainsi que leurs avantages et inconvénients, lesquels sont énumérés dans le tableau 16.2 (*voir p. 512*). Face aux nombreuses techniques de promotion des ventes, le gestionnaire marketing doit choisir laquelle il emploiera en fonction des objectifs de marketing qui ont été fixés. Finalement, nous verrons comment, dans certains plans de communication marketing intégrés, il est possible de bénéficier de la promotion des ventes.

La promotion des ventes axée sur le consommateur

Les techniques servant à n'importe quelle forme de promotion des ventes peuvent cibler soit les membres du circuit de distribution, notamment les grossistes et les détaillants, soit les consommateurs. Comme nous l'avons précisé pour ce qui est de la publicité, lorsque la promotion des ventes est destinée aux membres du circuit de distribution, le gestionnaire marketing emploie une stratégie de pression. Par contre, quand elle est destinée au consommateur, le gestionnaire marketing fait appel à une stratégie d'aspiration. Certaines techniques de promotion des ventes peuvent être utilisées tant dans le cadre d'une stratégie de pression que dans celui d'une stratégie d'aspiration. Voyons maintenant ces techniques de promotion des ventes et leur utilité.

Le coupon de réduction Un **coupon de réduction** correspond à un rabais sur le prix de vente final d'un produit. Il peut s'agir d'un montant ou d'un pourcentage de réduction. Plus de 300 millions de coupons de réduction sont distribués chaque année en Amérique du Nord. De ce nombre, environ 2 % seulement sont utilisés[35]. Toutefois, le taux de rentrée varie grandement en fonction de la manière dont le consommateur s'est procuré le coupon. Il existe un segment de marché composé des irréductibles chasseurs de coupons, qui consacrent beaucoup de temps et d'efforts à la recherche, au découpage et à l'utilisation des coupons de réduction. Bon nombre d'entre eux ont simplifié le processus à l'aide d'Internet, qui offre des forums ou des portails centrés sur l'échange et la gestion des coupons de réduction (p. ex., www.save.ca). Toutefois, étant donné que de nombreux consommateurs n'apprécient guère le processus lourd de la recherche de coupons, la moyenne du taux de

coupon de réduction (*coupon*) Rabais sur le prix de vente final d'un produit. Les coupons sont distribués de plusieurs manières : impression dans des journaux, distribution dans des enveloppes promotionnelles à domicile, insertion dans les emballages, impression sur les emballages, distribution dans les présentoirs au point de vente, impression sur le coupon de caisse, courriels, SMS, etc.

TABLEAU 16.2 Les types de promotion des ventes au consommateur

Technique promotionnelle	Objectif	Avantages	Inconvénients
Coupon de réduction	Stimuler la demande	• Il encourage la fidélité au détaillant. • Il permet de retracer la provenance des ventes.	• Il présente un faible taux de rentrée ou d'utilisation. • Il a un coût élevé pour l'entreprise.
Promotion	Inciter la clientèle à essayer le produit	• Elle réduit les risques courus par le consommateur. • Elle permet de se venger d'un concurrent.	• Elle peut réduire la valeur perçue.
Prime	Augmenter l'achalandage	• Elle augmente la valeur perçue.	• La clientèle se procure l'ensemble pour la prime et non pour le produit principal. • Elle doit être gérée avec précaution.
Concours	Augmenter l'engagement de la clientèle	• Il procure un sentiment d'excitation.	• Il demande une grande créativité. • Il doit être surveillé.
Loterie promotionnelle	Inciter la clientèle à consommer davantage	• Elle réduit le changement de marque au sein de la clientèle existante.	• Les ventes chutent souvent une fois la loterie passée.
Échantillons	Inciter la clientèle à essayer le produit	• Ils offrent une occasion d'engagement direct.	• Ils ont un coût élevé pour l'entreprise.
Programme de fidélisation	Inciter la clientèle à racheter le produit	• Il fidélise la clientèle.	• Il a un coût élevé pour l'entreprise.
Présentoir au point de vente	Augmenter l'essai des produits d'une marque donnée	• Il offre une bonne visibilité. • Il comporte un soutien en magasin.	• Il est difficile de trouver l'emplacement idéal. • Il a un coût élevé pour l'entreprise.
Rabais	Stimuler la demande	• Il augmente la valeur perçue.	• Il est facile pour la concurrence de copier ce type d'offre. • Il est possible que cette offre ne permette que de devancer les ventes futures.
Placement de produit	Démontrer l'utilisation du produit	• Il permet de présenter les produits de manière originale. • Il permet de présenter de nouveaux produits.	• L'entreprise a, dans bien des cas, peu de contrôle sur la présentation. • Le produit pourrait être laissé dans l'ombre

promotion (*deal*)
Réduction temporaire du prix d'un article. Elle peut prendre plusieurs formes : un prix réduit, lorsque le prix est inférieur au prix courant ; une offre de type « achetez un produit et obtenez-en un deuxième gratuitement » ; ou un pourcentage de réduction à l'achat de plusieurs articles. La promotion peut également comprendre un accord de financement avantageux, notamment un taux d'intérêt réduit ou des modalités de paiement sur une plus longue période.

retour se situe sous les 2 %. Résultat, la distribution de coupons de réduction diminue depuis quelques années[36]. Ainsi, les coupons apparaissant dans les journaux, les magazines, les présentoirs au point de vente et ceux envoyés par la poste ont un taux de rentrée qui se situe entre 1 % et 2 %, alors que ce taux s'élève à 56 % dans le cas des coupons téléchargés sur Internet. Cette différence notable s'explique par le fait que les consommateurs qui téléchargent des coupons de réduction le font dans le but d'acheter un produit en particulier dans un magasin en particulier, tandis que de nombreuses personnes reçoivent des coupons traditionnels sans avoir l'intention d'acheter le produit en promotion.

La promotion Une **promotion** est une réduction temporaire du prix d'un article. Elle peut prendre plusieurs formes : un prix réduit, lorsque le prix est inférieur au prix courant ; une offre de type « Achetez un produit et obtenez-en un deuxième gratuitement » ; ou un pourcentage de réduction à l'achat de plusieurs articles. La promotion peut également comprendre un accord de financement avantageux, notamment un taux d'intérêt réduit ou des modalités de paiement sur une plus longue période. Les promotions incitent les consommateurs à essayer le produit en en réduisant le coût et, de ce fait, le risque perçu par ces derniers. Cependant, la promotion peut aussi réduire la valeur perçue.

Payless ShoeSource offre une promotion, soit une réduction temporaire du prix d'un article, ce qui incite le consommateur à acheter un deuxième article à moitié prix.

La prime Une **prime** est un article offert gratuitement ou vendu à bas prix à un client pour le récompenser d'avoir acheté, essayé ou testé un produit. Ce type de récompense augmente l'achalandage des consommateurs, ces derniers lui accordant une grande valeur. Une prime peut être remise au consommateur de diverses façons. Elle peut être contenue dans l'emballage d'un autre produit, comme un jouet dans une boîte de céréales; elle peut être placée bien en vue sur l'emballage, comme un coupon de réduction pour du pop-corn au cinéma sur une boîte de Cheerios; elle peut être remise en mains propres au magasin ou envoyée par la poste, comme le parfum envoyé gratuitement par la poste à la clientèle de Victoria's Secret.

prime (*premium*)
Article offert gratuitement ou vendu à bas prix à un client pour le récompenser d'avoir acheté, essayé ou testé un produit.

En outre, une prime peut s'avérer un outil très efficace lorsqu'elle présente une cohérence avec le message et l'image de la marque et qu'elle est vivement désirée par le consommateur. Mais il peut être ardu de trouver une prime à un prix abordable qui réponde à ces critères.

Dans les restaurants-minutes, comme McDonald's ou Burger King, le prix moyen d'un repas est de 5 $ et celui d'une prime est de moins de 0,50 $.

Burger King offre des primes à sa clientèle, en ciblant surtout les enfants. La prime est offerte gratuitement ou vendue à bas prix pour inciter le consommateur à acheter le produit, à l'essayer ou à le tester.

Le concours Un **concours** est une épreuve organisée par une marque connue et qui requiert une certaine habileté ou un certain effort. Au Canada, il est interdit de remettre un prix en fonction du hasard seulement; il doit y avoir un facteur d'habileté. Ainsi, il existe des questions réglementaires pour faire en sorte que le concours soit à la fois un jeu de hasard et un jeu d'habileté. Vu l'effort que requièrent ces concours, le taux de participation est souvent inférieur à celui d'autres types de promotion. Par exemple, aux États-Unis, depuis plus de 40 ans, Pillsbury remet de l'argent et des prix aux gagnants de son Grand prix *Bake-Off*MD. Parmi toutes les demandes reçues, l'entreprise choisit 100 candidats en vue d'une épreuve au cours de laquelle un jury composé d'experts doit choisir le grand gagnant. L'entreprise a également recours au comarquage afin d'inciter d'autres marques, comme General Electric et Jif, à commanditer les prix des finalistes dans certaines catégories[37].

concours (*contest*)
Épreuve organisée par une marque connue et qui requiert une certaine habileté ou un certain effort.

Pour qu'il soit suivi d'effets, un concours doit être annoncé et jouir de l'appui solide de détaillants et de revendeurs. Depuis un quart de siècle, Tim Hortons, « la plus grande chaîne de restaurants à service rapide se spécialisant dans le café, les produits de pâtisserie », organise chaque année son concours « Déroule le rebord » pour gagner des prix divers dont le principal est une automobile. En vérifiant sous le rebord de sa boisson chaude favorite, le client est à même de savoir le prix gagné.

loterie promotionnelle (*sweepstake*) Technique de promotion des ventes qui offre la chance aux participants de gagner un prix si leur nom est tiré au hasard.

La loterie promotionnelle La **loterie promotionnelle** est une technique de promotion des ventes qui offre la chance aux participants de gagner un prix si leur nom est tiré au hasard. Elle ne nécessite aucune autre action que celle d'acheter un billet ou de remplir un formulaire de participation. Le principal avantage de la loterie promotionnelle est qu'elle incite la clientèle à consommer davantage, à condition que le formulaire de participation se trouve dans l'emballage ou qu'il soit remis à l'achat du produit. Contrairement au concours, la loterie promotionnelle détermine le gagnant au moment d'un tirage au hasard. Ainsi, Reader's Digest Canada organise chaque année une loterie d'envergure nationale qui s'adresse tant à ses abonnés qu'à la population en général.

échantillon (*sample*) Petite quantité d'un produit qui permet aux clients éventuels d'essayer le produit avant de prendre une décision d'achat.

Les échantillons Un **échantillon** permet aux clients éventuels d'essayer un produit avant de prendre une décision d'achat. La distribution d'échantillons est l'un des outils de promotion des ventes les plus coûteux, mais également l'un des plus efficaces. Comme l'indique la rubrique Valeur ajoutée 16.1, l'un des principaux motifs du Look Fab Studio de Procter & Gamble Canada est de hisser l'entreprise au rang d'expert en matière de produits de beauté et de positionner ses marques sur le marché. Sur place, les participants reçoivent des conseils de beauté gratuits ainsi que des échantillons.

Valeur ajoutée 16.1 Beauté éphémère

Il n'y a rien de mieux qu'un endroit aussi achalandé que le coin des rues Yonge et Bloor, à Toronto, pour ouvrir un commerce. C'est ce qu'a fait Procter & Gamble, qui a établi, pour un mois seulement, son Look Fab Studio dans ce secteur prestigieux. Cette boutique temporaire permet à ses visiteurs de recevoir gratuitement des conseils de beauté, de vivre une métamorphose et de participer à des ateliers donnés par les plus grands noms de l'industrie, dont le maquilleur des vedettes Paul Venoit[38]. La boutique offre également un service de coiffure et de coloration gratuit. Le but du studio éphémère est de hisser Procter & Gamble au rang d'expert en matière de produits de beauté et de positionner ses marques Pantene, Cover Girl, Nice'n Easy, Crest et Venus comme étant des produits de beauté de tous les jours. L'entreprise veut que les gens entrent dans son studio, qu'ils apprennent à connaître ses marques et qu'ils en sortent transformés.

Les magasins éphémères, qui ont commencé à se multiplier dans des locaux commerciaux inoccupés, créent une véritable frénésie. On en trouve de toutes sortes, depuis les détaillants d'accessoires technologiques (Motorola) aux détaillants de nourriture pour chats (Meow Mix)[39]. Dans le même ordre d'idées, Calvin Klein a converti un commerce vacant de Toronto en bar ouvert trois soirs seulement en vue de lancer sa nouvelle fragrance *ckIN2U*[40]. La campagne du Look Fab Studio a fait de la publicité pour la marque en plus d'augmenter l'essai de ses produits au sein de la population. La frénésie entourant ce projet a été suscitée grâce aux entrevues faites au studio même avec des vedettes comme Holly Cole; l'entrevue avec cette dernière a d'ailleurs été diffusée sur les ondes de CTV à l'émission *eTalk Daily*. Les mordus de mode de Yorkville ont parlé de ce studio unique, ce qui a généré un bouche-à-oreille important. En un mois, le studio a vu entrer plus de 12 000 consommateurs et offert au-dessus de 4 000 consultations en matière de beauté (coiffure, coloration ou maquillage).

Le Look Fab Studio a permis à ses visiteurs de recevoir gratuitement des conseils de beauté, de vivre une métamorphose et de participer à des ateliers donnés par les plus grands noms de l'industrie, dont le maquilleur des vedettes Paul Venoit. Les magasins éphémères sont des vitrines qui visent à créer un engouement pour une marque ou un produit donné.

Le programme de fidélisation Le **programme de fidélisation** constitue un outil qui peut être utilisé dans le cadre d'un programme de promotion des ventes. Il est spécialement conçu pour permettre à l'entreprise de garder sa clientèle et s'assurer qu'elle reviendra en lui offrant une prime ou en se servant de toute autre mesure incitative. Les outils de ce genre, qui s'avèrent de plus en plus populaires, sont souvent jumelés avec un programme de gestion de la relation client à long terme. Au Canada, on compte parmi les programmes de fidélisation les plus populaires ceux de Canadian Tire (un des plus anciens au Canada), Air Miles et le plan Optimum de Pharmaprix.

programme de fidélisation (*loyalty program*)
Programme spécialement conçu pour garder sa clientèle et s'assurer qu'elle reviendra en lui offrant une prime ou en se servant de toute autre mesure incitative.

Le présentoir au point de vente Le **présentoir au point de vente** est un support promotionnel situé à un point de vente donné, par exemple à la caisse ou dans les allées d'un supermarché. Les gestionnaires marketing investissent pratiquement autant dans ces présentoirs que dans les annonces publicitaires des revues; cependant, pour être efficaces, les présentoirs doivent faire ressortir le produit dans des commerces qui sont souvent surchargés.

En outre, les fabricants doivent inciter les détaillants à installer le présentoir et à l'utiliser de manière à maximiser leur investissement. C'est d'ailleurs grâce à l'utilisation de présentoirs à gondole, en plus d'autres tactiques promotionnelles, que le lancement d'une nouvelle marque de vin a été couronné de succès. La rubrique Marketing entrepreneurial 16.1 (*voir p. 516*) approfondit cette question.

présentoir au point de vente (*point-of-purchase [POP] display*)
Ensemble des supports promotionnels situés à un point de vente donné. Cela comprend notamment la signalétique (panneaux, banderoles, etc.), les présentoirs en carton au sol ou de comptoir, les annonces en magasin et les bornes interactives.

Le présentoir au point de vente est un support promotionnel situé à un point de vente donné, par exemple à la caisse ou dans les allées d'un supermarché.

Le rabais Le **rabais** représente un type précis de réduction de prix. De nombreux produits, comme les téléphones cellulaires, offrent maintenant des rabais postaux intéressants qui peuvent, dans certains cas, réduire à néant le prix du téléphone, voire entraîner un remboursement. Il est très avantageux pour les entreprises d'offrir de tels rabais parce que les chances que le consommateur fasse les démarches nécessaires pour les réclamer sont faibles, même si le rabais est un facteur qui compte dans sa décision d'achat.

Depuis peu, les grands utilisateurs de cet outil de promotion des ventes, comme Best Buy, recourent moins qu'auparavant au rabais[41]. En effet, comme pour tout autre outil de promotion, l'utilisation à outrance du rabais peut finir par poser problème. Ainsi, Best Buy a découvert que les consommateurs étaient de plus en plus agacés à l'idée de devoir poster un formulaire pour réclamer l'argent du rabais. Bon nombre d'entre eux ont demandé que le rabais soit remis au moment de l'achat, car ils ne voyaient pas pourquoi il était impossible de fonctionner de la sorte. De plus, un nombre croissant de poursuites ont été intentées. Les plaignants ont affirmé que le chèque promis ne leur est jamais parvenu ou que l'offre contenait des clauses tellement détaillées qu'ils ont dû renvoyer à plusieurs reprises leur formulaire[42].

rabais (*rebate*)
Réduction de prix accordée au consommateur. Dans certains cas, le rabais est accordé pour des raisons de défaut ou de désuétude. Il peut aussi s'agir d'une forme de promotion, faite ordinairement au moyen de coupons émis par le fabricant et honorés par le détaillant.

Le placement de produit Lorsqu'un gestionnaire marketing fait appel au **placement de produit**, il insère un produit dans un contexte non publicitaire, comme dans une scène d'un film ou d'une émission de télévision. Le premier placement de produit manifeste a été effectué par Hershey, dont on a pu voir les friandises au beurre d'arachide « Reese's pieces » dans le film *E.T. l'extraterrestre*. En fait, le produit fait partie de l'histoire de ce film, ce qui lui a donné une grande visibilité et a entraîné une augmentation fulgurante de ses ventes[43].

placement de produit (*product placement*)
Insertion d'un produit dans un contexte non publicitaire (p. ex., dans une scène d'un film ou d'une émission de télévision).

Marketing entrepreneurial

16.1 Des idées capitales

Comment une petite agence de marketing est-elle devenue prospère au point de remporter pas un, mais deux prix *Agency of the Year*, en 2006? En faisant preuve de créativité et en optant pour une approche globale afin de commercialiser les marques de ses clients. Cette histoire est celle de Capital C, une petite agence fondée par Tony Chapman en 1992, dans la cuisine familiale[44]. Depuis ces débuts plutôt humbles, « Cap C » a travaillé pour de nombreux clients de renom, dont Microsoft, Groupe Investors, RBC Banque Royale, Unilever, Bell, Postes Canada, McDonald's (États-Unis) et PepsiCo.

Au cœur de la stratégie de Capital C se trouvent le consommateur ainsi que la diffusion des outils promotionnels de ses clients grâce à plusieurs canaux de communication adaptés à chacune des campagnes publicitaires. Ainsi, une marque pourrait nécessiter que l'accent soit mis sur la commercialisation au détail et sur les activités en magasin, alors que d'autres promotions peuvent être axées davantage sur les médias numériques. Capital C est devenue le chef de file dans son industrie parce que Tony Chapman comprend l'évolution constante du marketing. Moins du tiers des frais promotionnels sont maintenant investis en publicité, de sorte que l'entreprise a pu grandir et acheter l'agence de marketing informatisée Kenna, en plus d'acquérir une participation dans l'agence montréalaise de marketing expérimental P2P. Cela a permis à Cap C d'accroître ses ressources en plus de cibler les consommateurs de façon plus précise.

En 2006, Cap C a été nommée agence promotionnelle et agence de l'année par le magazine *Marketing*[45]. L'un des succès de l'agence est issu d'un projet effectué pour le viticulteur Andrew Peller Ltd de Grimsby, en Ontario. Ensemble, ils ont créé la marque XOXO et l'ont positionnée de manière à cibler un tout nouveau marché. Ce vin s'adresse aux femmes qui cherchent à passer un bon moment à la maison plutôt qu'aux amateurs de vin traditionnels. Les présentoirs sont attirants et l'emballage, quoique simple, se démarque des autres, ce qui a valu à ce vin un succès quasi instantané. En effet, en seulement quatre semaines, 36 000 bouteilles s'étaient envolées. Les dégustations faites en magasin sont à l'origine d'un taux de conversion qui se situe entre 35 % et 50 %, ce qui est bien au-delà des 15 % à 20 % habituellement observés[46].

Si Capital C essaie toujours de se défaire de sa réputation d'agence promotionnelle, sa réussite est irréfutable. De la création de campagnes publicitaires numériques pour des marques telles Dove et Thermasilk à la domination en magasin de Frito Lay et Pepsi, Capital C poursuit sa transformation en une agence de publicité à service complet. L'invention d'une nouvelle marque à partir de rien est un bel exemple de la créativité de l'entreprise, ce qui aura pour effet que la liste de clients continuera de s'allonger.

À votre avis, quel montant Coca-Cola a-t-elle payé à American Idol *pour jouir d'un tel placement de produit?*

Si Hershey n'a pas eu à payer pour que ses friandises apparaissent dans le film, d'autres entreprises n'ont pas peur de débourser la somme qu'il faudra pour profiter d'un placement de produit. Par exemple, Exxon a payé 300 000 $ pour que son nom apparaisse dans *Jours de tonnerre*, Pampers a déboursé 50 000 $ pour être dans *Trois hommes et un bébé* et Cuervo Gold a placé son produit dans *Tequila Sunrise* pour la somme de 150 000 $[47]. En outre, le film de James Bond *Meurs un autre jour* a battu des records en récoltant 70 millions de dollars en placement de produits de diverses entreprises[48]. Étant donné que les consommateurs qui ont un magnétoscope numérique avouent sauter les annonces publicitaires en moyenne dans 72,3 % des cas, le placement de produit occupe une place de plus en plus importante. En outre, des recherches sur le sujet ont démontré que les consommateurs se souviennent relativement bien des produits insérés[49].

La promotion des ventes axée sur les intermédiaires[50]

Si la promotion des ventes est le plus souvent associée aux coupons de réduction, aux concours et à d'autres tactiques promotionnelles, il n'en demeure pas moins qu'on investit beaucoup plus d'argent dans la promotion des ventes auprès des intermédiaires que dans celle des auprès du consommateur. La promotion des ventes auprès des intermédiaires permet d'inciter les détaillants et les grossistes à se procurer des produits d'une nouvelle marque, à les disposer à la hauteur des yeux sur les étalages et à en faire la promotion dans leurs prospectus et autre matériel promotionnel. Comme nous l'avons mentionné précédemment, plusieurs techniques de promotion des ventes peuvent également servir à la promotion des ventes auprès des intermédiaires. Parmi celles-ci, il y a les rabais et les indemnités, la publicité coopérative de même que la formation de la force de vente. Nous décrirons brièvement chacune de ces techniques.

Les rabais et les indemnités Les rabais et les indemnités sont des incitatifs efficaces utilisées pour maintenir ou augmenter le niveau de stock dans le circuit de distribution. Il arrive ainsi que les fabricants offrent un rabais sur quantité, par exemple une réduction (en pourcentage ou en argent) sur le prix de chaque caisse commandée au cours d'une période donnée. Il arrive aussi qu'un détaillant reçoive gratuitement une quantité préétablie d'un produit, par exemple une caisse gratuite à l'achat de 10 caisses de marchandise. En outre, un détaillant peut recevoir une indemnité de mise en valeur en échange d'un effort supplémentaire dans la présentation d'un produit donné. Par exemple, si un commerce a accepté de faire paraître une annonce publicitaire comprenant un coupon de réduction sur le prix d'un certain produit, le commerçant pourrait recevoir une indemnité de mise en valeur sous forme d'une réduction du prix de la caisse de ce produit pendant la période où le coupon est en vigueur.

La publicité coopérative L'un des rôles les plus importants que joue le détaillant est la promotion des produits auprès des consommateurs. La **publicité coopérative (ou publicité à frais partagés)** permet d'indemniser les intermédiaires pour l'argent qu'ils ont investi dans la promotion de leurs produits et les inciter à présenter ces derniers plus souvent. En général, les fabricants paient 50 % des frais publicitaires, jusqu'à concurrence d'un montant déterminé à l'avance. La limite est habituellement fixée en fonction de l'importance des affaires que le détaillant traite avec le fabricant. Pour s'assurer que la publicité locale est de grande qualité, certaines entreprises offrent un éventail d'annonces prêtes à être diffusées dans toute une gamme de médias ou à être adaptées, s'il y a lieu.

publicité coopérative (ou publicité à frais partagés) (*cooperative advertising*) Publicité qui permet d'indemniser les intermédiaires pour l'argent qu'ils ont investi dans la promotion de leurs produits et les inciter à présenter ces derniers plus souvent.

La formation de la force de vente Étant donné que le détaillant entretient des contacts avec le consommateur et qu'il est, au final, responsable de la vente des produits dont il s'est approvisionné, il arrive que le fabricant offre au détaillant de former ses vendeurs. Cette formation permet à la force de vente du détaillant d'approfondir sa connaissance d'un produit donné, ce qui entraîne une augmentation de son niveau de confiance et des chances de réaliser des ventes. Quand Colgate-Palmolive a lancé Simply White (simplywhite.com.fr), un produit pour le blanchiment des dents, l'entreprise a formé les vendeurs de cosmétiques de Pharmaprix étant donné que ce sont les membres du personnel qui sont les plus susceptibles de devoir répondre aux questions de la clientèle sur le produit. Parmi les autres activités de formation possibles, il y a la distribution de manuels et de brochures d'information, les réunions du personnel de vente et les visites sur les lieux. En outre, les fabricants organisent parfois des concours en vue de motiver les intermédiaires à vendre davantage de leurs produits.

L'utilisation des techniques de promotion des ventes

Le gestionnaire marketing doit user de prudence lorsqu'il a recours aux outils de promotion, particulièrement ceux qui sont axés sur la réduction des prix. Selon l'article en promotion, le consommateur peut constituer des réserves lorsque les prix sont bas, ce qui ne fera que devancer les ventes. Il s'ensuivra des bénéfices immédiats au lieu de la stabilité des ventes à long terme. Par exemple, l'utilisation des coupons de réduction pour stimuler les ventes de produits ménagers peut amener les consommateurs à faire des réserves, ce qui aura pour effet de réduire la demande future. Si la même technique est employée pour promouvoir un produit périssable, comme le yogourt Danone, la demande de ce produit augmentera aux dépens des marques concurrentes telles que Yoplait.

Les techniques de promotion des ventes sont aussi variées que le permet l'imagination du gestionnaire marketing qui y recourt. Et de nouvelles techniques sont créées chaque jour. Prenons l'exemple du **magasin éphémère**[51], comme le Look Fab Studio de Toronto, qui fait l'objet de la rubrique Valeur ajoutée 16.1 (*voir p. 514*), ou comme les salons Coke Diète qui ont fait leur apparition dans certains centres commerciaux canadiens. Le magasin éphémère est une vitrine temporaire généralement axée sur la présentation d'un petit groupe de produits en vente chez un détaillant, un fabricant ou un fournisseur de services.

magasin éphémère
(*pop-up store*)
Vitrine temporaire généralement axée sur la présentation d'un petit groupe de produits en vente chez un détaillant, un fabricant ou un fournisseur de services. Ce type de magasin donne la chance aux consommateurs de connaître davantage une marque et augmente la notoriété de la marque, mais son but premier n'est pas nécessairement de vendre les produits qu'il présente.

Ces vitrines temporaires donnent la chance au consommateur de connaître davantage une marque et augmentent la notoriété de cette dernière, mais leur but premier n'est pas nécessairement de vendre les produits qu'elles présentent. Elles visent plutôt à inciter les visiteurs du magasin éphémère à assurer un suivi, en entrant chez un détaillant qui vend le produit en question ou en se rendant sur son site Web[52].

Habituellement, les détaillants ne se sentent pas menacés par les magasins éphémères, car ces derniers sont le plus souvent conçus dans le but de créer un achalandage chez les détaillants par l'entremise de coupons de réduction et d'échantillons. Et puisqu'ils sont temporaires, ils ne représentent pas une concurrence durable pour les détaillants.

publicité croisée
(*cross-promoting*)
Association d'au moins deux entreprises dans le but de percer un marché cible.

De nombreuses entreprises se rendent également compte de l'utilité de la **publicité croisée**, soit l'association d'au moins deux entreprises dans le but de percer un marché cible. Pour que la publicité croisée soit efficace, les deux produits doivent attirer le même marché cible et créer de la valeur aux yeux du consommateur. Par exemple, Burger King a récemment mené une campagne de publicité croisée en s'alliant à trois autres entreprises : Motts, dont la compote de pommes aux fraises tente de plaire aux parents soucieux de la santé de leurs enfants ; les objets promotionnels de marque Star Wars, conçus pour attirer les collectionneurs et les amateurs de la série de films ; et le tournoi de basket-ball BK King of the Court 3-on-3, destiné aux étudiants à l'université et aux amateurs des clubs de basket-ball des universités américaines. Chacune des publicités cible un marché différent et tente de créer de la valeur d'une façon un tant soit peu différente aux yeux des clients de Burger King. Toutefois, Burger King cherche avant tout à augmenter ses ventes et la fidélité des clients à la marque.

L'objectif de toute technique de promotion des ventes est de créer de la valeur tant pour le consommateur que pour l'entreprise. En comprenant les besoins de ses clients et la façon de s'y prendre pour les inciter à acheter ou à consommer un produit ou un service en particulier, une entreprise peut concevoir un message ou un événement publicitaire qui suscite un intérêt pour les consommateurs et entraîne la réponse recherchée. Au départ, la promotion des ventes servait à produire des résultats à court terme, alors que la publicité visait à générer des résultats à long terme. Toutefois, comme le démontre le présent chapitre, la promotion des ventes peut aussi bien que la publicité avoir des effets à court ou à long terme. En outre, la combinaison parfaite des deux types d'activités permet à l'entreprise et aux consommateurs d'obtenir des résultats impressionnants.

La vente personnelle et la gestion de la force de vente

Tout le monde s'adonne d'une façon ou d'une autre au commerce. Sur le plan personnel, vous vendez vos idées ou vos opinions à vos amis, à votre famille, à votre employeur et à vos enseignants. Même si vous ne désirez pas faire carrière dans la vente personnelle, une bonne connaissance de celle-ci sera susceptible de vous aider dans la profession que vous choisirez. Prenons Harry Porter, cet excellent avocat spécialisé dans le droit du travail. Il a financé ses études universitaires en vendant des chandails en alpaga à des groupes d'étudiants de tout le pays. Même s'il adorait son emploi à temps partiel, il a choisi de devenir avocat. Lorsqu'on lui demande si la vente lui manque, il répond: « Je me sers de mon talent de vendeur tous les jours. Je dois vendre aux nouveaux clients l'idée que je suis le meilleur avocat pour eux. Je dois vendre à mes collègues mon opinion sur des questions juridiques. Je fais même appel à mes habiletés de vendeur devant le juge ou le jury. » Dans ce chapitre, toutefois, il est question de la vente strictement sous l'angle des affaires.

La nature et la portée de la vente personnelle

La **vente personnelle** correspond au dialogue entre un acheteur et un vendeur. Elle a pour but d'influer sur la décision d'achat du consommateur. La vente personnelle peut avoir lieu dans diverses situations: en face à face, au cours d'une visioconférence, au téléphone et même par Internet. Au Canada, plus d'un million de personnes occupent un poste de vente[53], dans les domaines du commerce interentreprises (B2B) et du commerce de détail (B2C). Le premier groupe comprend les représentants des fabricants qui vendent des produits aux détaillants ou à d'autres entreprises, tandis que le second groupe se compose des vendeurs des commerces de détail, des agents immobiliers et des agents d'assurances.

vente personnelle (*personal selling*) Dialogue entre acheteur et vendeur. L'acheteur fait connaître ses besoins, le vendeur propose des solutions. Éventuellement, une transaction pourrait se conclure.

Les gens qui ont choisi la vente comme métier portent plusieurs noms: représentant de commerce, courtier, agent, etc. Comme Harry Porter l'a découvert, la plupart des emplois touchent à la vente personnelle dans une certaine mesure.

Le poste de vendeur n'a pas toujours bonne presse. Dans la pièce d'Arthur Miller, *Mort d'un commis voyageur*, Willy Loman, le personnage principal, mène une existence pathétique et souffre de la solitude inhérente à son métier de vendeur itinérant[54]. Malheureusement, ce classique du théâtre, qui a d'ailleurs permis à son auteur de remporter le prix Pulitzer, pèse lourd sur notre conscience collective et fait ombrage aux millions de vendeurs professionnels qui travaillent dur, qui pratiquent un métier épanouissant et gratifiant et qui ajoutent de la valeur à leur entreprise ainsi qu'aux produits destinés à leurs clients.

De nombreux représentants peuvent maintenant compter sur un bureau virtuel, lequel leur permet de communiquer par Internet avec des collègues ou des clients.

La vente professionnelle peut donner lieu à une carrière très satisfaisante, et ce, pour plusieurs raisons. Premièrement, de nombreux individus apprécient le mode de vie associé à la vie de vendeur, car ils travaillent habituellement de façon autonome. Certes, il leur arrive de devoir faire affaire avec un gestionnaire ou un collègue, mais ils sont le plus souvent responsables de leur emploi du temps. Cet horaire flexible est à l'origine d'un équilibre travail-famille meilleur que celui pouvant être offert par un travail de bureau. En outre, bien des représentants peuvent maintenant compter sur un bureau virtuel, qui leur permet de communiquer par Internet avec des collègues ou des clients. Puisqu'un représentant est évalué principalement sur son rendement, il est peu supervisé, au quotidien, à condition qu'il atteigne ses objectifs de vente.

Le détaillant de sports de glisse le plus populaire du pays, West49, a toujours été très présent sur le Web. Ses annonces surprenantes figurent parmi les favorites sur le site YouTube et les annonces télédiffusées ont réussi à créer un achalandage constant sur son site. Les internautes amateurs de planche à neige, de surf et de planche à roulettes se rendaient sur le site West49.com pour y afficher régulièrement des messages et s'informer de leurs sports préférés. Malgré les fonctions restreintes du site, les consommateurs y retournaient encore. Cependant, l'entreprise West49 n'était pas satisfaite de sa présence en ligne.

Pour rester branché, le détaillant canadien a décidé de rajeunir son site. Lancé au début de l'année 2006, le site a testé divers éléments dans le but de créer une clientèle fidèle et de traduire cette fidélité en ventes. L'entreprise a reconnu qu'elle devait y diffuser un contenu plus attrayant et profiter de la tendance Internet selon laquelle le contenu est créé par l'utilisateur.

Pour améliorer son site, West49 a commencé par ajouter des vidéos, notamment ses anciennes publicités télévisées. Ensuite, l'entreprise a créé une section comprenant une série de vidéos provenant d'événements qu'elle a commandités. Elle a encouragé les utilisateurs de son site à soumettre leurs propres capsules et à courir la chance de les voir diffuser sur le site de West49. Grâce à ses collaborations avec des partenaires clés, comme DC Shœs et Quicksilver, West49 a envahi YouTube de ses clips ainsi que de nombreux blogues portant sur la planche à roulettes.

Pour aller un peu plus loin, West49 a créé une page dont le contenu est généré par ses utilisateurs. Cette section invite d'ailleurs les groupes de musique indépendants à y transférer leurs chansons en vue de les faire jouer sur le Web gratuitement. La partie audio a mis en lumière le lien culturel existant entre cette musique et les sports de glisse. Même s'il s'est avéré nécessaire d'exercer une certaine supervision afin d'éviter la diffusion d'un contenu répréhensible ou ne respectant pas les droits d'auteur, la section audio a connu une grande réussite et attiré nombre de visiteurs. Si l'on tient compte de tous les nouveaux éléments et des nouvelles applications, le nombre d'inscriptions au site en général a fait un bond de 276 %.

Le site Web de West49 continue d'évoluer. L'entreprise a maintenant ajouté une partie « V.I.P. »[68]. Cette partie, qui se veut un mélange parfait entre la boutique et le site Web, vise à augmenter la fidélité à la marque. Parmi les avantages d'être un client V.I.P., il y a ceux d'être invité aux séances de clavardage avec une vedette de la planche à roulettes, du surf ou de la planche à neige, de pouvoir participer aux concours en ligne ainsi qu'aux activités promotionnelles. L'abonnement s'est également associé à l'expérience multimédia en incluant la possibilité de télécharger gratuitement de la musique et des vidéos. En outre, les membres bénéficient de promotions spéciales tant en boutique qu'en ligne, notamment l'expédition sans frais pour toutes les commandes passées en ligne. Chaque achat effectué chez West49 donne droit à une remise de type tirelire. La remise est ainsi versée dans un compte dont le solde peut s'appliquer à tout achat futur.

L'amélioration du site de West49 a donc permis d'augmenter l'achalandage sur son site de vente en ligne Boardzone.com. Mais en plus, l'entreprise a ajouté une nouvelle façon d'établir le profil de ses utilisateurs, de suivre les activités sur son site et de se servir de ces dernières pour analyser les comportements d'achat des utilisateurs.

Source : adapté de l'étude de cas de Marketing Sherpa.com « How Online Video & UCG Lifted Conversions 27 percent for Youth-oriented Site », www.marketingsherpa.com/article.php?ident=30020 (page consultée le 20 juin 2007).

West49 a rajeuni son site Web pour y diffuser davantage de contenu attrayant et profiter de la tendance Internet actuelle selon laquelle le contenu est créé par l'utilisateur.

Questions

1. Quelles tactiques employées par West49 peuvent être considérées comme de la publicité et lesquelles peuvent être considérées comme de la promotion des ventes ? À votre avis, lequel de ces deux outils est le plus important si l'objectif est d'attirer plus de visiteurs sur le site Web ?
2. Nommez les diverses tactiques de publicité et de promotion des ventes utilisées et établissez des liens entre elles et le modèle décrivant le degré d'empressement du consommateur à acheter, tel que décrit dans ce chapitre. À votre avis, dans quelle mesure la réussite de West49 dépend-elle de ces tactiques ?
3. Étant donné que l'achalandage sur le site a grimpé, l'entreprise devrait-elle réduire le montant qu'elle investit en publicité télévisée et en publicité imprimée ? Justifiez votre réponse.
4. Rendez-vous sur le site West49.com. Quels incitatifs sont présentés dans les messages véhiculés sur le site ? En quoi ces incitatifs changeraient-ils si l'entreprise tentait d'inciter les parents à acheter en ligne des articles pour leurs adolescents ?

CHAPITRE 17

OBJECTIFS D'APPRENTISSAGE

Après avoir lu ce chapitre, vous devriez être en mesure :

OA 1 de nommer les facteurs qui favorisent la croissance de la mondialisation ;

OA 2 de décrire les facteurs dont une entreprise doit tenir compte avant de décider de pénétrer un marché étranger ;

OA 3 de décrire les types de propriété et de partenariat qui s'offrent aux entreprises voulant s'implanter sur un nouveau marché étranger ;

OA 4 de nommer les ressemblances et les différences entre une stratégie de marketing nationale et une stratégie de marketing internationale ;

OA 5 d'expliquer l'incidence des questions éthiques sur les pratiques commerciales internationales.

SECTION 8

Le marketing à l'échelle mondiale

CHAPITRE 17 Le marketing international

Le marketing international

En 1998, Chip Wilson, le créateur de Lululemon Athletica, a fondé à Kitsilano, un quartier branché de Vancouver, une entreprise de fabrication et de vente au détail de vêtements de sport inspirés du yoga. Son objectif initial était de s'en tenir à ce magasin de Kitsilano. Or, moins d'une décennie plus tard, Lululemon est devenue une entreprise internationale et elle s'est taillé un franc succès dans l'industrie canadienne des vêtements de gymnastique et de sport. Depuis 1998, l'entreprise connaît une croissance exponentielle, passant d'un magasin à plus de 130 magasins[1] de compagnie situés principalement au Canada, aux États-Unis et en Australie. La société exploite aussi neuf boutiques dans des centres de culture physique situés à Hong Kong, à Taiwan, à Singapour, aux Philippines, au Mexique, aux îles Caïmans, en Nouvelle-Zélande et au Royaume-Uni. Elle projette d'utiliser ces boutiques comme des tremplins pour ouvrir des magasins dans ces pays. Jusqu'ici, le plan d'expansion mondiale de Lululemon a débouché sur la création de plus de 100 magasins aux États-Unis et de 18 magasins en Australie. L'entreprise prévoit y poursuivre son développement[2]. Lululemon a aussi des visées sur l'Europe de même qu'en Asie puisque la salle d'exposition de Hong Kong se porte très bien. En 2009, la société annonçait des ventes annuelles de près de 453 millions de dollars, des effectifs de plus de 3 200 employés, un taux de croissance de 28 % et plusieurs projets d'expansion à l'échelle mondiale[3]. Environ la moitié de ses produits sont fabriqués dans des usines de Vancouver et l'autre moitié, par des fournisseurs indépendants concentrés aux États-Unis, en Israël, en Chine, à Taiwan, en Indonésie et en Inde. La distribution des vêtements se fait à partir d'entrepôts situés à Vancouver et à Washington.

Lululemon est en compétition directe avec des géants mondiaux bien établis comme Nike, Adidas, Reebok et d'autres fabricants américains et européens de vêtements de sport.

Les clients de Lululemon sont des gens qui travaillent, s'amusent et partagent la vision de l'entreprise, qui est de créer un mode de vie plus sain et plus amusant qui permet aux gens d'être plus heureux !

Jusqu'ici, elle a ravi des parts de marché à ces entreprises, qui dominent le marché mondial depuis des années. Pourtant, sa ligne de vêtements et d'accessoires n'est pas donnée. Pour acheter un pantalon Lululemon, vous devez être prêt à débourser 100 $ et plus de 50 $ pour le haut.

Quoi qu'il en soit, le succès de Lululemon sur la scène internationale en une période aussi courte est phénoménal, compte tenu du fait qu'un grand nombre d'excellentes entreprises canadiennes ont échoué aux États-Unis et sur d'autres marchés internationaux. D'où vient cet engouement que suscite Lululemon partout où elle s'établit ? Est-il attribuable à son plan de communication marketing intégré ? à ses produits et à ses tissus ? à sa philosophie ou à ce que symbolise la marque : un mode de vie sain, équilibré et axé sur le plaisir, qui dit « Ne vous contentez pas de faire du yoga, soyez le yoga » ? à tout cela et bien plus encore[4] ?

Pourquoi Lululemon connaît-elle un tel succès aux États-Unis, en Australie et dans bien des pays asiatiques où beaucoup d'autres entreprises se sont cassé les dents ? Une énorme partie du succès de Lululemon est attribuable à sa compréhension de la culture des nouveaux marchés et à la manière dont elle pénètre ces marchés et communique avec les clients. Premièrement, en réaction à la présence croissante des femmes dans les sports, et en particulier le yoga, et à la demande de vêtements en tissus faits de fibres renouvelables, l'entreprise a créé des lignes de vêtements fonctionnels, confortables, moulants et à la mode dans des tissus durables. Deuxièmement, Lululemon « vise le marché mondial mais sollicite l'opinion des gens du cru[5] », c'est-à-dire qu'elle travaille étroitement avec ses clients — des adeptes du yoga et des athlètes des communautés locales — afin d'obtenir une rétroaction et de poursuivre ses recherches. Ces clients aident Lululemon à établir une norme en matière de tissus techniques et de modèles fonctionnels. L'entreprise cultive des relations solides avec les communautés locales où elle s'installe. Elle favorise les interactions avec celles-ci au cours de ses rencontres régulières avec les concepteurs locaux et permet aux magasins locaux de personnaliser leurs produits.

Troisièmement, Lululemon a mis au point une organisation locale solide en s'associant avec des entreprises de la région. Cette approche, même si elle est fort pertinente, ne garantit pas pour autant le succès. Lululemon ouvre en effet son premier magasin japonais en 2005. En 2006, elle s'associe avec Descente Ltd., un chef de file de la technologie textile liée au marché des vêtements de sport en créant une coentreprise japonaise qui comprend très bien le marché japonais et lui sert de tremplin pour effectuer d'autres études de marché. Lululemon Japan Inc. mettra cependant fin à ses activités en 2008. Robert Meers, directeur général à l'époque, explique cette fermeture par des coûts trop importants compte tenu des ventes, et par le choix stratégique de réorienter les activités de Lululemon vers son principal marché international, soit les États-Unis, de même que vers les nouvelles activités de vente en ligne[6].

L'histoire de Lululemon prouve que le succès d'une entreprise sur les marchés internationaux repose surtout sur une profonde compréhension de la culture des marchés visés et sur l'élaboration d'un marketing mix qui permette de combler les besoins et les désirs uniques des clients de ces marchés. Bien sûr, une entreprise doit tenir compte d'autres facteurs, comme les conditions politiques et économiques d'un marché, avant de décider si elle devrait y entrer ou non. Mais une fois sa décision prise, elle doit laisser les considérations culturelles lui dicter sa stratégie commerciale.

La mondialisation croissante des marchés touche toutes les compagnies — grandes, moyennes, petites et entrepreneuriales — au Canada et dans le monde. Un grand nombre d'entreprises canadiennes se trouvent intégrées à une chaîne logistique mondiale. La concurrence n'est plus locale, provinciale ni même nationale: elle est mondiale. Les entreprises canadiennes doivent rivaliser avec d'autres entreprises mondiales pour l'obtention non seulement des matières premières, de la main-d'œuvre, du savoir-faire et d'autres intrants, mais aussi des marchés où elles vendront leurs produits. La plupart des gens ne pensent jamais à l'impact de la mondialisation sur leur vie quotidienne. Ainsi, prenez un moment pour lire les étiquettes des vêtements que vous portez actuellement. Il y a de bonnes chances que la plupart d'entre eux, même s'ils sont de marque canadienne ou américaine, aient été fabriqués dans une autre partie du monde, comme la Chine, l'Inde, la Thaïlande, le Mexique, le Brésil ou d'autres pays en développement.

Au Canada, nous sommes passés d'un réseau de marchés locaux et provinciaux à des marchés nationaux, puis à des marchés d'une même région (p. ex., le Canada et les États-Unis réunis) et, enfin, à des marchés mondiaux. La **mondialisation** désigne le processus permettant aux biens, aux services, aux capitaux, aux individus, aux

mondialisation (*globalization*) Processus permettant aux biens, aux services, aux capitaux, aux individus, aux renseignements et aux idées de voyager à l'échelle planétaire.

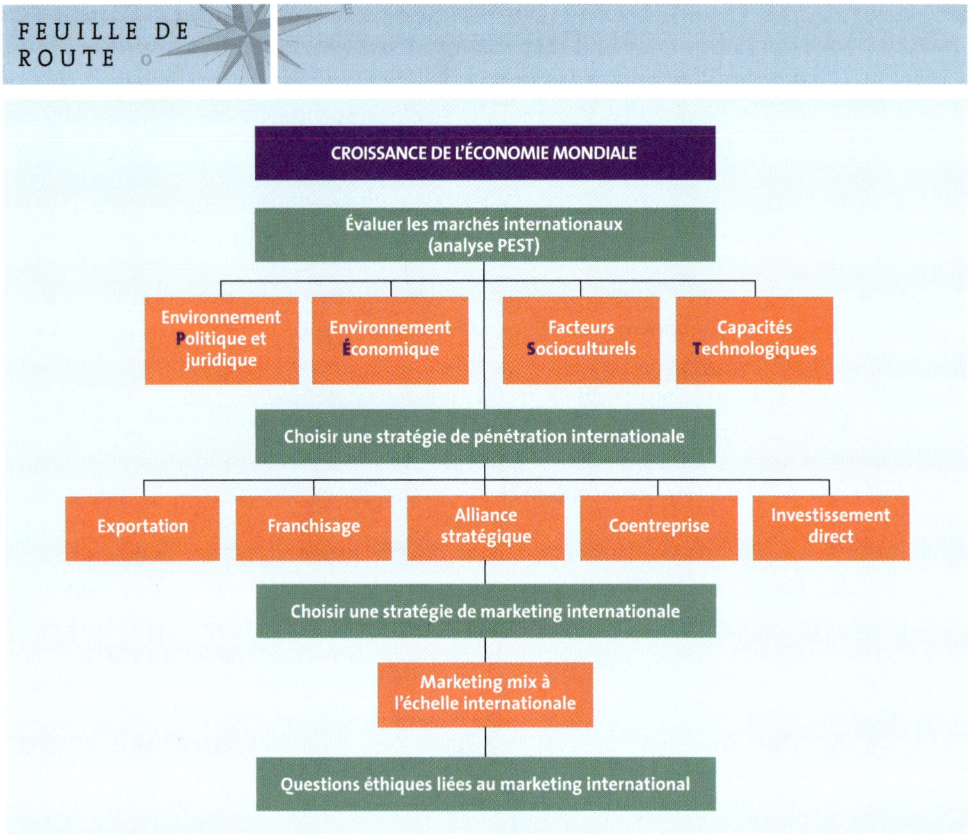

renseignements et aux idées de voyager à l'échelle planétaire. Les marchés mondiaux résultent de plusieurs changements fondamentaux, comme la réduction ou la suppression des barrières commerciales par les gouvernements de divers pays, la diminution des préoccupations liées à la distance et au temps en ce qui concerne la circulation des produits et des idées entre les pays, la normalisation des lois transfrontalières et l'intégration mondiale des processus de production[7].

Par exemple, prenons l'entreprise 7 for All Mankind, dont il a été question dans le chapitre 7, qui portait sur le marketing interentreprises (B2B). Il se peut que cette société achète ses matières premières (denim et fil) à un fournisseur situé dans un pays, ses machines à coudre et ses laveuses à un fournisseur d'un autre pays, ses cailloux, ses couteaux et ses ponceuses à un fournisseur d'un troisième pays. Il se peut aussi que ses jeans soient fabriqués dans un quatrième pays et que des gestionnaires marketing de plusieurs pays organisent la vente de ces jeans à des consommateurs situés un peu partout dans le monde. La mondialisation crée donc une foule d'interdépendances entre des entreprises disséminées à l'échelle du globe et entre les divisions d'une même entreprise (recherche et développement, conception, ingénierie, fabrication et marketing). Nortel a un laboratoire de recherche à Bangalore, en Inde, plusieurs bureaux d'étude aux États-Unis et une usine en Irlande. La société exploite aussi des services de marketing dans les pays où elle est établie.

En plus de créer des économies d'échelle parce que la recherche, la production et la commercialisation sont réalisées au niveau mondial, la mondialisation fait que de nombreux créneaux non rentables à l'échelle provinciale ou nationale le deviennent à l'échelle mondiale. Par exemple, Gennum, une entreprise de Burlington, en Ontario, qui fabrique des micropuces pour prothèses auditives, a constaté que le marché canadien était trop petit pour elle, mais qu'à l'échelle mondiale elle pouvait occuper ce créneau de façon rentable.

Afin d'exploiter ce créneau mondial, l'entreprise a ouvert des bureaux d'étude, de recherche et développement et de vente au Japon, à Taiwan, en Corée du Sud et au Royaume-Uni. En outre, de nombreuses entreprises canadiennes font partie de la chaîne logistique mondiale et fournissent des intrants et des matières premières plutôt que de commercialiser des produits finis.

Chacun de ces changements cruciaux a pavé la voie au développement du marketing dans d'autres pays. Ainsi, la suppression des barrières commerciales, alliée à d'autres actions gouvernementales, favorise une circulation rapide et efficace des produits et des idées dans le monde, ce qui, en retour, facilite la livraison rapide de produits mieux adaptés aux besoins des consommateurs du monde entier. Lorsqu'elles cherchent des marchés internationaux potentiels, les entreprises doivent comprendre que tous les pays ne présentent pas le même degré de mondialisation. Dans ce domaine, la Banque mondiale classe les pays à partir d'une mesure composite qui évalue la présence ou l'absence des facteurs nécessaires pour participer au marché mondial. Les pays qui obtiennent la meilleure cote représentent les meilleurs marchés pour la commercialisation de produits et de services à l'échelle mondiale ; ceux qui se classent plus bas sur l'échelle sont les marchés les plus problématiques.

La plupart des Canadiens ont tendance à considérer l'accès à des produits et à des services mondiaux comme allant de soi. En entrant dans un Starbucks, vous vous attendez à trouver votre café Jamaican Blue Mountain préféré moulu et prêt pour vous. Or, réfléchissez au processus qui a permis à ce café d'être acheminé depuis le flanc d'une montagne de la Jamaïque jusqu'à votre ville. Demandez-vous comment un porte-clés sri-lankais à 3 $ peut être fabriqué, parcourir la moitié du globe, puis être vendu à un prix aussi dérisoire. Voilà des questions que nous examinerons dans ce chapitre.

Nous nous pencherons d'abord sur la croissance de l'économie mondiale et sur les forces qui ont favorisé cette croissance. Nous observerons comment les entreprises évaluent le potentiel de marché d'un pays, prennent la décision de devenir internationales et — comme Lululemon dans l'introduction — choisissent les marchés où elles s'implanteront. Ensuite, nous verrons comment s'élabore le marketing mix pour les produits vendus à l'échelle mondiale et aborderons certaines questions éthiques et juridiques liées à la mondialisation. La feuille de route de la page précédente montre la séquence des thèmes étudiés dans ce chapitre.

La croissance de l'économie mondiale : la mondialisation du marketing et de la production

OA 1

Depuis des décennies, les changements technologiques, en particulier ceux survenus dans le domaine des communications, sont le moteur de croissance des marchés internationaux. De plus en plus, la radio, la télévision, l'ordinateur et maintenant Internet relient les régions éloignées du monde. Aujourd'hui, la communication est instantanée. Des sons et des images provenant de tous les pays sont diffusés à travers des télévisions, des radios et des ordinateurs en temps réel, ce qui permet aux récepteurs du monde entier d'observer comment les autres vivent, travaillent et s'amusent.

La **mondialisation de la production** (aussi appelée « délocalisation ») consiste pour les fabricants à se procurer des biens et des services venant de n'importe où dans le monde afin de profiter des différences de prix et de qualité de divers facteurs de production (p. ex., main-d'œuvre, énergie, facteur géographique, différence de capitaux)[8]. Même si elle consistait, à l'origine, à relocaliser la fabrication dans des pays où les coûts de production sont moins élevés, la délocalisation touche aussi désormais les produits de l'économie du savoir, soit les services médicaux, financiers et technologiques ainsi que les services de consultation. Par exemple, la croissance de villes comme Bangalore, en Inde, démontre la progression rapide de la mondialisation de la production tant des biens que des services[9].

mondialisation de la production (*globalization of production*)
Fait de se procurer des biens et des services venant de n'importe où dans le monde afin de profiter des différences de prix et de qualité de divers facteurs de production (p. ex., main-d'œuvre, énergie, facteur géographique, différence de capitaux).

Aujourd'hui, Nortel Networks, General Electric, Intel, IBM et un nombre croissant d'entreprises de technologie et de services ont des divisions à Bangalore. Les entreprises situées dans cette ville fournissent un vaste éventail de services à leurs

Une foule de produits et de services proviennent d'autres pays, un phénomène appelé « délocalisation ». Dans ce centre d'appels de Delhi, en Inde, des experts donnent de l'information à un fournisseur de services Internet situé au Royaume-Uni.

Accord général sur les tarifs douaniers et le commerce (AGETAC ou GATT) (*General Agreement on Tariffs and Trade [GATT]*) Mécanisme créé en vue de réduire les barrières commerciales qui freinent les échanges entre les pays signataires, notamment les tarifs douaniers élevés imposés sur les produits importés et la restriction du nombre et du type de produits qu'il est possible d'importer. Créée en 1947 aux États-Unis, elle a été remplacée par l'Organisation mondiale du commerce (OMC) en 1994.

Organisation mondiale du commerce (OMC) (*World Trade Organization [WTO]*) Organisation internationale qui a remplacé le GATT en 1994; au lieu de n'être qu'un accord, comme le GATT, l'OMC est une institution établie à Genève, en Suisse. Il s'agit du seul organisme international qui s'occupe des règles relatives aux échanges commerciaux à l'échelle mondiale.

clients (développement de logiciels, programmation, recherche et développement, etc.) ainsi que des centres d'appels et des lignes de dépannage. De nombreux consommateurs ont été surpris d'apprendre par les médias que des radiologues indiens interprétaient les radiographies de patients prises aux États-Unis et transmises de façon numérique[10]. Au Canada, on a aussi lancé l'idée d'envoyer les radiographies, les résultats d'examens d'imagerie par résonance magnétique (IRM) ou les tomodensitogrammes de Canadiens dans des pays comme l'Inde, les États-Unis et la Suisse au moyen de la téléradiologie afin d'obtenir les résultats plus rapidement. Les partisans de cette pratique soutiennent qu'elle réduirait les délais d'attente, qui sont d'environ trois mois à l'heure actuelle, à 30 minutes. Toutefois, l'Association canadienne des radiologistes et de nombreux citoyens se sont opposés à ce projet[11].

En mondialisant la production, les entreprises peuvent abaisser leurs coûts totaux de production et améliorer leur position concurrentielle globale parce qu'elles peuvent offrir des produits de meilleure qualité à des prix moindres, c'est-à-dire une meilleure valeur au consommateur. Pourtant, la délocalisation crée un paradoxe: le problème des gagnants invisibles et des perdants visibles[12]. En effet, un rapport récent publié par PricewaterhouseCoopers laisse entendre que l'externalisation dans le domaine de la technologie de l'information (TI) pourrait entraîner une perte de 75 000 emplois au Canada en faveur de puissances émergentes comme l'Inde et la Chine[13]. Les perdants visibles sont les travailleurs de l'industrie de la TI qui perdent leur emploi en raison de la délocalisation, tandis que les gagnants invisibles sont les consommateurs qui achètent aujourd'hui des produits à des prix inférieurs. Précisons cependant que les nouveaux employés de l'industrie de la TI en Inde ont dorénavant les moyens d'améliorer leur mode de vie.

La croissance des marchés internationaux a également été favorisée par les organisations chargées de superviser leur fonctionnement. Le mécanisme le plus connu est certainement l'**Accord général sur les tarifs douaniers et le commerce** (GATT — www.gatt.org). Ce dernier, qui n'a jamais pris la forme d'une véritable organisation internationale à travers une structure juridique formelle, visait à réduire les barrières commerciales qui freinent les échanges entre les pays signataires, notamment les tarifs douaniers élevés imposés sur les produits importés et la restriction du nombre et du type de produits qu'il est possible d'importer. En 1948, 23 pays ont accepté de faire 45 000 concessions tarifaires touchant environ un cinquième du commerce mondial[14]. Au fil du temps, des « rondes » successives de négociations ont permis d'éliminer d'autres barrières commerciales et de promulguer de nouvelles règles visant à promouvoir encore davantage le commerce mondial. Le 1er janvier 1995, l'Organisation mondiale du commerce (OMC) « a remplacé le GATT en tant qu'organisation internationale formelle, mais l'Accord général subsiste en tant que traité-cadre de l'OMC pour le commerce des marchandises[15] ».

L'**Organisation mondiale du commerce** (OMC — www.wto.org) est une organisation internationale qui a remplacé le GATT en 1994; au lieu de n'être qu'un accord, comme le GATT, l'OMC est une institution établie à Genève, en Suisse. Il s'agit du seul organisme international qui s'occupe des règles relatives aux échanges commerciaux à l'échelle mondiale. Sa principale fonction est de s'assurer que le commerce est aussi fluide, prévisible et libre que possible. De plus, l'OMC administre les accords commerciaux, sert de forum pour les négociations commerciales, règle les différends commerciaux, révise les politiques commerciales des pays et fournit une assistance technique et de la formation aux pays en développement pour les aider à régler leurs problèmes relatifs à la politique commerciale. Par exemple, en 1995, afin de protéger l'industrie du magazine canadien, le gouvernement fédéral a imposé une taxe de

80 % sur les magazines à tirage dédoublé (des revues américaines dont on imprime une version canadienne renfermant seulement quelques pages de contenu canadien). Le gouvernement américain a contesté cette taxe devant l'OMC, laquelle a jugé que la taxe canadienne sur les revues à tirage dédoublé violait les accords de commerce internationaux. L'OMC a donné 18 mois au gouvernement canadien pour se conformer à sa décision[16]. À l'heure actuelle, les 151 membres de l'OMC représentent 97 % du commerce mondial[17].

Organisme fondé en même temps que le GATT en 1948, le **Fonds monétaire international** (FMI — www.imf.org) a pour but premier de promouvoir la coopération monétaire internationale et de faciliter l'expansion et la croissance du commerce international. Avec le FMI, la **Banque mondiale** a pour mission de lutter contre la pauvreté et d'améliorer le niveau de vie des pays en développement. C'est une banque de développement spécialisée dans les prêts, les conseils stratégiques, l'assistance technique et le partage du savoir. Cette organisation offre ses services aux pays à revenu faible ou intermédiaire dans le but de réduire la pauvreté dans les pays en développement[18]. Ainsi, la principale différence entre le Fonds monétaire international et la Banque mondiale réside dans le fait que le FMI se concentre surtout sur le maintien du système monétaire international, tandis que la Banque mondiale cherche à réduire la pauvreté au moyen de prêts à intérêt réduit et d'autres programmes. Par exemple, la Banque mondiale est la plus importante source de capitalisation extérieure en ce qui a trait aux programmes d'éducation et de prévention du sida.

Fonds monétaire international (FMI) (*International Monetary Fund [IMF]*)
Organisme fondé en même temps que le GATT en 1948 dont le but premier est de promouvoir la coopération monétaire internationale et de faciliter l'expansion et la croissance du commerce international.

Banque mondiale (*World Bank Group*)
Banque de développement spécialisée dans les prêts, les conseils stratégiques, l'assistance technique et le partage du savoir. Cette organisation offre ses services aux pays à revenu faible ou intermédiaire dans le but de réduire la pauvreté dans les pays en développement.

Le président de la Banque mondiale, Robert Zoellick

Ces deux organisations influent sur la pratique du marketing international de multiples façons, mais ensemble elles amènent les directeurs du marketing à participer au marché mondial en facilitant les échanges commerciaux, en finançant les entreprises méritantes, en ouvrant des marchés au commerce et en élevant le niveau de vie mondial, ce qui permet à un plus grand nombre de personnes d'acheter des biens et des services.

Toutefois, ces organisations ont été critiquées par divers organismes non gouvernementaux, groupes religieux et défenseurs des travailleurs et des pauvres. Ces groupes accusent surtout la Banque mondiale d'être un simple jouet entre les mains des pays industrialisés, qui utilisent ses prêts pour soutenir leurs efforts de mondialisation. D'autres affirment que la Banque mondiale prête trop d'argent aux pays du tiers monde, souvent criblés de dettes et incapables de rembourser ces emprunts[19]. La rubrique Question d'éthique 17.1 (*voir p. 544*) présente quelques-unes des critiques plus générales dont la mondialisation fait l'objet.

La mondialisation a manifestement ses détracteurs, qui pourraient bien avoir raison jusqu'à un certain point. Mais elle progresse aussi à un rythme régulier et croissant. Tout en gardant cette croissance à l'esprit, examinons maintenant comment les entreprises choisissent les pays auxquels elles décident d'étendre leurs opérations.

Question d'éthique 17.1 Le malaise social lié à la mondialisation

L'un des arguments les plus convaincants des mouvements altermondialistes a trait au fait qu'un bon nombre des problèmes liés à la mondialisation peuvent être attribués à l'appétit en apparence insatiable des pays d'Amérique du Nord, d'Europe et d'Asie (Japon, Chine, Inde) et d'autres pays industrialisés à l'égard des ressources naturelles, du pétrole, du gaz naturel, du bois d'œuvre, des aliments, et ainsi de suite[20]. Ces pays, qui abritent seulement 20 % de la population mondiale, consomment 80 % des ressources de la planète. Les entreprises des pays industrialisés devraient-elles pouvoir utiliser ces ressources naturelles à un rythme démesuré parce que leurs actionnaires exigent une rentabilité croissante ?

Comme les pays occidentaux industrialisés ont décrété des lois qui protègent les droits des travailleurs, leur sécurité et l'environnement, de nombreuses entreprises de ces pays confient leur production à des pays moins développés qui n'ont pas adopté de telles lois ou qui y dérogent. Or, ce vide juridique fait que les employeurs de ces pays exploitent souvent et les ouvriers et l'environnement. Les pays industrialisés obtiennent à bon marché les produits qu'ils veulent, mais à quel prix pour les pays qui les leur fournissent ? Des sociétés comme Coca-Cola, Starbucks et beaucoup d'autres sont souvent accusées de bafouer les droits et la sécurité des travailleurs de ces pays ou de soutenir des gouvernements qui ont l'habitude de violer les droits de la personne.

Dans bien des régions du globe, les changements provoqués par la mondialisation sont survenus avec une telle rapidité que les cultures n'ont pas eu le temps de s'y adapter. Beaucoup de pays craignent que le prix de la réussite économique et de la participation au marché mondial se traduise par la perte des identités, des cultures et des industries individuelles. Le défi consiste donc à décider s'il faut laisser les besoins économiques l'emporter sur la préservation des cultures. Les gouvernements et les entreprises en font-ils assez pour protéger les cultures indigènes et les droits des travailleurs ou sont-ils surtout animés par des motifs mercantiles : main-d'œuvre, matières premières et ressources bon marché et coûts peu élevés ?

OA 2 Évaluer les marchés internationaux

Comme différents pays à divers stades de mondialisation offrent aux gestionnaires marketing une variété de possibilités, les entreprises doivent évaluer la viabilité d'une implantation sur divers marchés potentiels. Elles le font grâce à une analyse de la situation semblable à celle qui est décrite dans le chapitre 4 intitulé « L'analyse de l'environnement marketing ». Comme il est expliqué dans la figure 17.1, les entreprises se fondent généralement sur quatre types de facteurs, désignés par l'acronyme PEST, pour évaluer le marché d'un pays : les facteurs politiques et juridiques, économiques, socioculturels et technologiques. L'analyse de ces facteurs combinés donne

FIGURE 17.1 Les divers aspects de l'évaluation du marché

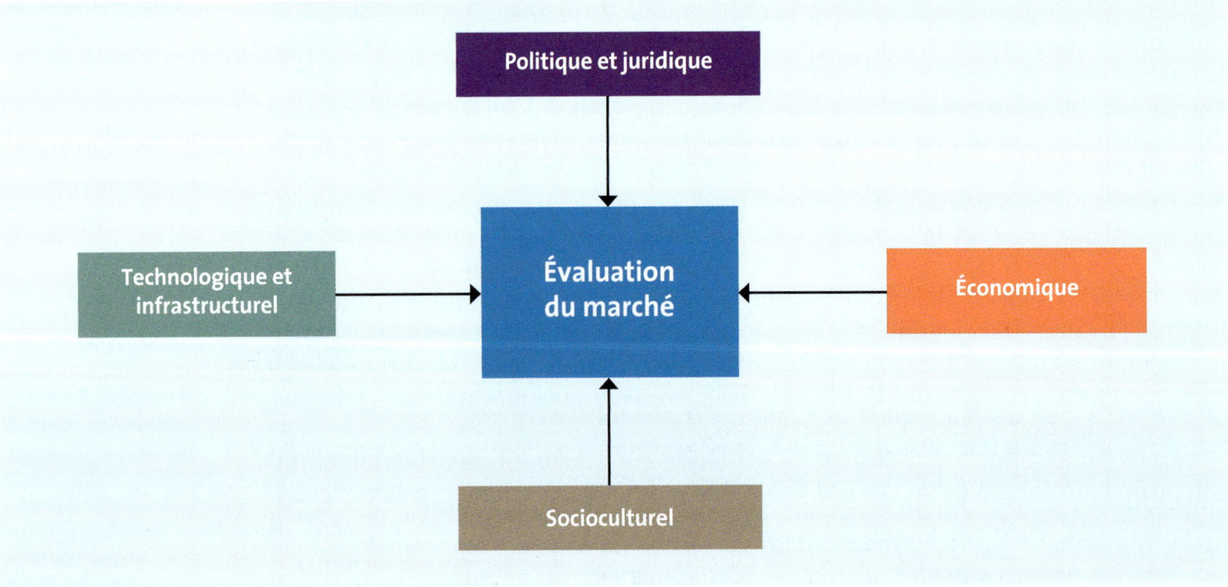

aux gestionnaires marketing une image plus complète du potentiel commercial d'un pays en ce qui concerne leurs produits et leurs services. Bien que nous décrivions chaque facteur séparément, précisons que les analystes les évaluent ensemble.

Analyser l'environnement politique et juridique

Les actions des gouvernements de même que celles de groupes politiques non gouvernementaux peuvent influer de manière importante sur la capacité des entreprises à vendre leurs produits et leurs services. En effet, ces actions entraînent souvent la promulgation de lois et de règlements qui soit favorisent la croissance du marché mondial, soit ferment le marché du pays et entravent cette croissance. Les politiques qui visent à restreindre le commerce mondial sont dites «protectionnistes», tandis que celles qui favorisent le commerce mondial sont appelées «politiques de libéralisation des échanges». Nous décrirons divers types de politiques protectionnistes et de libéralisation des échanges. Nous expliquerons entre autres les sanctions commerciales, comme les tarifs douaniers, les contingents ou quotas, le boycottage, le contrôle des changes et les **accords commerciaux** (*voir la figure 17.2*).

Les sanctions commerciales Une **sanction commerciale** est une pénalité ou une restriction imposée par un pays à un autre en ce qui a trait à l'importation et à l'exportation de biens, de services et d'investissements. En novembre 2007, le Canada a imposé des sanctions commerciales sévères à la Birmanie, aussi appelée Myanmar, en raison de l'escalade des actes perpétrés par le gouvernement birman à l'encontre des droits de la personne. Les mesures annoncées englobaient un embargo sur toutes les exportations du Canada vers la Birmanie (à l'exception des produits humanitaires) et sur toutes les importations de la Birmanie au Canada[21].

Un embargo est une forme de sanction commerciale prise à l'encontre d'un pays, interdisant l'exportation d'un ou plusieurs types de marchandises vers un pays (p. ex., un embargo sur le pétrole).

Les tarifs douaniers Le **tarif douanier (ou droits)** est une taxe imposée sur les produits importés dans un pays. Dans la plupart des cas, ces tarifs visent à rendre les produits importés plus chers et donc moins concurrentiels par rapport aux produits nationaux[22], ce qui protège les industries nationales de la concurrence étrangère. Un pays peut aussi imposer des tarifs douaniers pour pénaliser un autre pays dont il juge les pratiques commerciales inéquitables. Ainsi, en 2002, les États-Unis ont imposé un tarif exorbitant de 19,31 % sur le bois d'œuvre canadien exporté aux États-Unis. En fait, l'industrie américaine du bois d'œuvre prétend que le Canada subventionne le bois d'œuvre canadien et que les producteurs font du dumping en vendant leur bois à un prix inférieur sur le marché américain[23]. Le **dumping** est une pratique qui consiste à vendre un produit sur un marché extérieur à un prix inférieur à celui qui est pratiqué sur le marché national ou même à un prix inférieur à son prix de revient[24].

Les contingents Un **contingent** est la quantité maximale d'une marchandise pouvant être importée pendant une certaine période. Un grand nombre de contingents canadiens sur les textiles de fabrication étrangère ont été éliminés en 2005, ce qui a réduit le coût des vêtements importés vendus au Canada. Certaines entreprises ont décidé de redistribuer la majeure partie des sommes ainsi épargnées aux consommateurs — 75 % dans le

accord commercial (*trade agreement*)
Accord économique conclu entre deux ou plusieurs pays dans le but de gérer et de promouvoir les échanges commerciaux entre les pays membres.

sanction commerciale (*trade sanction*)
Pénalité ou restriction imposée par un pays à un autre en ce qui a trait à l'importation et à l'exportation de biens, de services et d'investissements.

tarif douanier (ou droits) (*tariff*)
Taxe imposée sur les produits pouvant être importés dans un pays.

dumping (*dumping*)
Vente d'un produit sur un marché extérieur à un prix inférieur à celui qui est pratiqué sur le marché national ou même à un prix inférieur à son prix de revient.

contingent (*quota*)
Quantité maximale d'une marchandise pouvant être importée pendant une certaine période.

FIGURE 17.2 Les actions gouvernementales

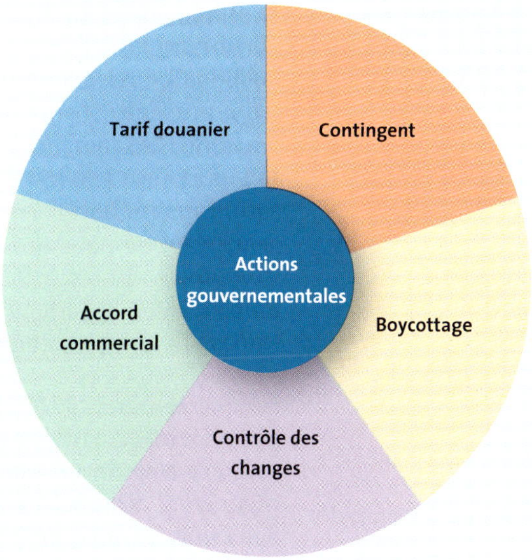

cas de Walmart —, tandis que d'autres, comme Bebe, ont redistribué seulement 25 % des économies réalisées et conservé le solde comme bénéfice[25].

Les tarifs douaniers et les contingents portent parfois un coup fatal à une entreprise qui tente de vendre ses produits dans un autre pays. Les tarifs douaniers élèvent les prix artificiellement et, par conséquent, réduisent la demande ; quant aux contingents, ils diminuent la disponibilité des marchandises importées. Inversement, les tarifs douaniers et les contingents sont avantageux pour les produits nationaux puisqu'ils diminuent la concurrence étrangère. Dans le cas du bois d'œuvre, les tarifs et les contingents profitent aux producteurs de bois d'œuvre américains et rendent le bois d'œuvre canadien moins concurrentiel. Malheureusement, au lieu d'acheter du bois d'œuvre canadien à un prix inférieur, les clients américains finissent par payer leur propre bois d'œuvre plus cher.

De nombreux contingents sur les textiles de fabrication étrangère ont été supprimés. Certaines entreprises ont choisi de redistribuer à leurs clients la majeure partie des sommes épargnées, comme Walmart (à gauche). D'autres entreprises, comme Bebe (à droite), ont redistribué seulement 25 % des économies réalisées et gardé le solde comme bénéfice.

boycottage (*boycott*)
Refus d'un groupe d'entretenir des relations commerciales avec une entreprise afin de protester contre ses politiques.

Le boycottage Le **boycottage** est le refus d'un groupe d'entretenir des relations commerciales avec une organisation afin de protester contre ses politiques. Il peut être décrété par un gouvernement ou un organisme non gouvernemental comme un syndicat, un organisme de défense des droits de la personne ou un groupe environnementaliste.

La guerre en Irak a suscité un nombre croissant d'appels au boycottage des produits et des services américains. En 2004, lors d'un sondage[26] mené auprès de 8 000 consommateurs de six pays (Canada, Chine, France, Allemagne, Russie et Royaume-Uni), plus de 20 % des répondants européens et canadiens ont déclaré qu'ils avaient évité d'acheter des produits américains afin de protester contre la politique étrangère américaine, surtout en Iraq. Les sociétés considérées comme « typiquement américaines » sont celles qui ont le plus souffert de ce boycottage (p. ex., ExxonMobil, AOL, Chevron, Texaco, United Airlines, Budweiser, Chrysler, Mattel [poupées Barbie], Starbucks et General Motors). De même, un grand nombre d'organisations américaines ont incité les entreprises et les citoyens américains à boycotter les produits provenant de pays qui ne soutenaient pas la guerre américaine en Iraq. Ainsi, des entreprises de technologie auraient refusé de remplir les commandes provenant d'entreprises canadiennes et on aurait lancé un appel au boycottage de produits canadiens comme la bière, le fromage et les saucisses[27].

contrôle des changes (*exchange control*)
Contrôle exercé par un gouvernement sur les taux de change de devises.

taux de change (*exchange rate*)
Valeur d'une devise établie par rapport à une autre devise.

Le contrôle des changes Le **contrôle des changes** est le contrôle exercé par un gouvernement sur les taux de change de devises. Le **taux de change** indique la valeur d'une devise établie par rapport à une autre devise[28]. Dans chaque pays, un organisme désigné, souvent la Banque centrale, fixe les règles relatives à l'échange des devises. Au Canada, c'est la Banque du Canada qui joue ce rôle. Ces dernières années, le dollar canadien s'est beaucoup apprécié vis-à-vis du dollar américain.

Sa valeur pour un dollar américain est passée de 0,60 $ CAN en 2001 à 1,10 $ CAN en novembre 2007. Au début de 2011, les deux monnaies étaient ni plus ni moins à parité. La hausse du dollar canadien a eu une double incidence sur la capacité des entreprises canadiennes à faire des affaires à l'échelle mondiale. Pour les entreprises qui dépendent de l'importation de produits finis, de matières premières ou de services américains, le coût des opérations commerciales a baissé radicalement. En revanche, les acheteurs américains paient les produits et les services canadiens beaucoup plus cher qu'auparavant.

L'appréciation du dollar canadien vis-à-vis du dollar américain a fait augmenter le prix des produits exportés aux États-Unis et diminuer celui des produits importés de ce pays.

Il existe une méthode qui permet de contourner les taux de change défavorables. Le **commerce de contrepartie** désigne les opérations de troc, c'est-à-dire l'échange de produits excluant l'emploi d'une monnaie forte.

commerce de contrepartie (*countertrade*)
Opérations de troc, c'est-à-dire l'échange de produits excluant l'emploi d'une monnaie forte.

Par exemple, le gouvernement des Philippines a conclu un accord de commerce de contrepartie avec le Vietnam. La Philippine International Trading Corporation importe du riz et en paie la moitié avec des fertilisants, des noix de coco et des sous-produits de la noix de coco[29]. Une étude réalisée auprès de cadres canadiens dans le but de sonder leur opinion sur le commerce de contrepartie a révélé que, bien que la majorité d'entre eux le juge avantageux, ils sont réticents à pratiquer ce type de commerce[30].

Toutes les restrictions sur le commerce et le marketing internationaux dont il a été question jusqu'ici sont considérées comme protectionnistes parce que, d'une façon ou d'une autre, elles protègent les industries nationales contre la concurrence étrangère. Un pays peut aussi adopter des politiques protectionnistes pour des raisons sociales, économiques ou politiques. Le gouvernement canadien, par exemple, verse des subventions aux agriculteurs, aux entreprises de technologie et à certaines entreprises pour leur permettre de croître et d'être concurrentielles à l'échelle mondiale. Bombardier et Nortel sont deux entreprises de technologie qui reçoivent d'importants subsides gouvernementaux. Une mesure édictée par le gouvernement du Venezuela représente un autre exemple de politique protectionniste motivée par des raisons politiques. En 2007, le président Hugo Chavez a exigé que la pétrolière d'État PDVSA obtienne une participation d'au moins 60 % dans tous les projets des compagnies pétrolières étrangères. Malgré leur mécontentement, celles-ci ont dû se conformer pour éviter de payer des pénalités sévères. Le président Chavez a aussi annoncé son intention de nationaliser les entreprises des secteurs de l'électricité, des télécommunications et du pétrole, et de réécrire le code commercial du pays[31].

Cependant, les politiques gouvernementales ne sont pas toutes protectionnistes. Les gouvernements instaurent souvent des politiques et des accords qui favorisent le commerce et le marketing internationaux. Nous examinerons ces accords.

Les accords commerciaux Les gestionnaires marketing doivent tenir compte des accords commerciaux qu'un pays a signés ou de la zone d'échanges commerciaux dont il fait partie. Un accord commercial est un accord intergouvernemental qui vise à réguler et à promouvoir les échanges commerciaux dans une région donnée. Une **zone d'échanges commerciaux** est constituée par l'ensemble des pays qui ont conclu cet accord commercial[32].

zone d'échanges commerciaux (*trading bloc*)
Ensemble des pays qui ont conclu un accord commercial donné.

Certains accords commerciaux d'envergure représentent les deux tiers du commerce international : l'Union européenne, l'Accord de libre-échange nord-américain (ALENA), le Central America Free Trade Agreement (CAFTA), le Mercosur et l'Association des nations de l'Asie du Sud-Est (ANASE)[33]. Ces accords sont résumés dans le tableau 17.1 (*voir p. 548*). L'Union européenne représente le plus haut niveau d'intégration de pays individuels. Celui des autres accords varie.

TABLEAU 17.1 Les accords commerciaux

Nom	Pays
Union européenne	Allemagne, Autriche, Belgique, Danemark, Espagne, Finlande, France, Grèce, Irlande, Italie, Luxembourg, Pays-Bas, Portugal, Royaume-Uni et Irlande du Nord, Suède. Dix pays ont adhéré à l'Union européenne en 2004 : Chypre, Estonie, Hongrie, Lettonie, Lituanie, Malte, Pologne, République tchèque, Slovaquie et Slovénie. La Bulgarie et la Roumanie en sont devenues membres en 2007.
Accord de libre-échange nord-américain (ALENA)	États-Unis, Canada et Mexique
Central America Free Trade Agreement (CAFTA)	Costa Rica, États-Unis, Guatemala, Honduras, Nicaragua, République dominicaine et Salvador
Mercosur	Membres à part entière : Argentine, Brésil, Paraguay, Uruguay et Venezuela
Association des nations de l'Asie du Sud-Est (ANASE)	Brunei Darussalam, Cambodge, Indonésie, Laos, Malaisie, Myanmar, Philippines, Singapour, Thaïlande et Vietnam

L'Union européenne L'Union européenne est une union économique et monétaire qui regroupe 27 pays à l'heure actuelle, comme le montre la figure 17.3 (*voir p. 549*). L'Union européenne représente une restructuration importante du marché mondial. L'abolition quasi totale des barrières commerciales entre les États membres de l'Union a changé la face du marché mondial.

L'adoption d'une monnaie unique, l'euro, dans 17 pays européens constituant la zone euro (ou l'Union économique et monétaire), a simplifié la façon dont un grand nombre de multinationales commercialisent leurs produits. Avant la conversion à l'euro, qui a commencé le 1er janvier 1999, les entreprises n'arrivaient pas à fixer des prix cohérents pour différents pays européens parce qu'elles ne pouvaient y prévoir les taux de change. L'adoption de l'euro a éliminé les fluctuations de prix causées par les taux de change. Désormais, les entreprises peuvent étiqueter leurs produits avant de les distribuer dans la zone euro. Les exigences relatives aux brevets ont également été simplifiées puisqu'une seule demande de brevet peut couvrir plusieurs pays.

La création de l'Union européenne a entraîné une réduction des barrières commerciales et consolidé les relations entre les États membres.

FIGURE 17.3 Carte de l'Union européenne

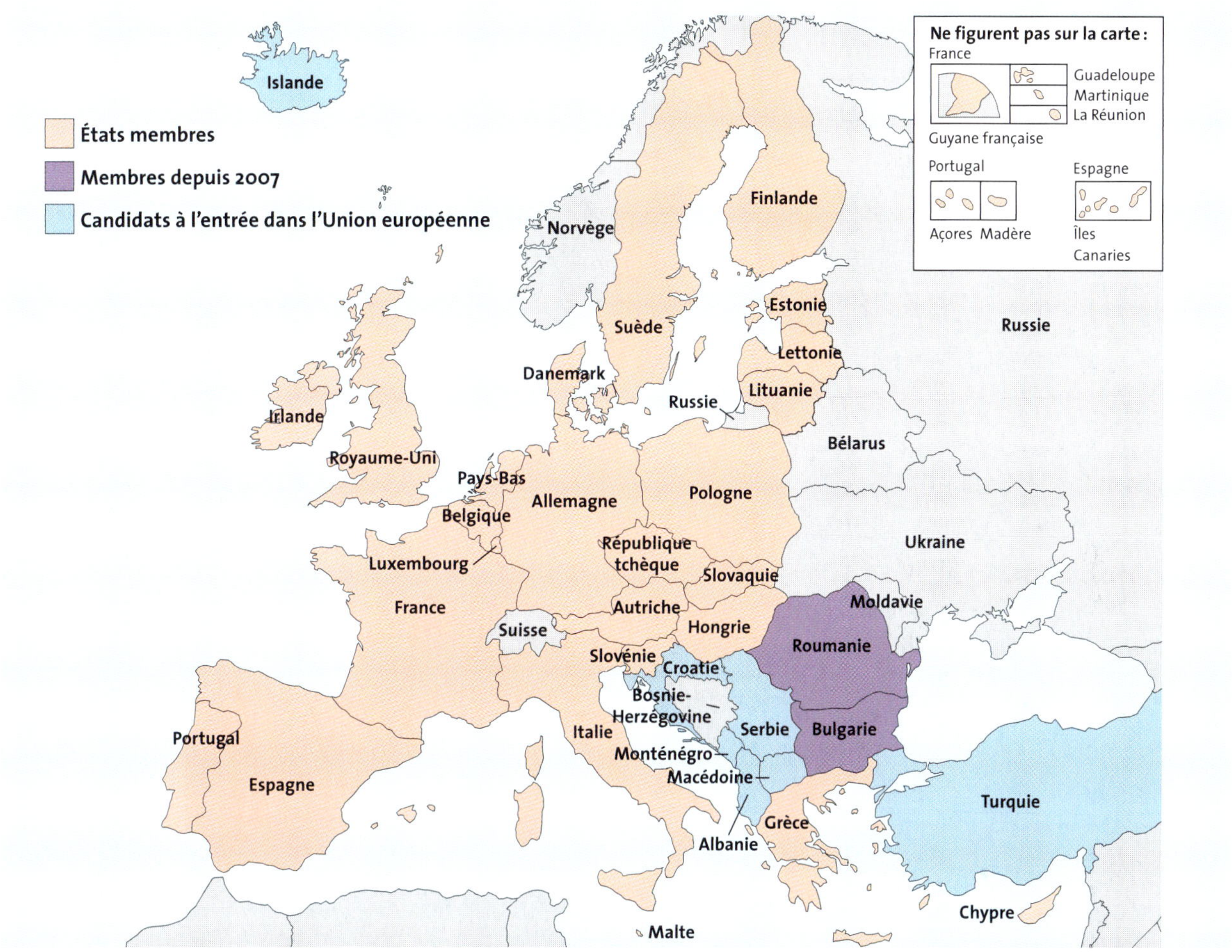

Source : http://en.wikipedia.org/wiki/European_Union (page consultée le 30 janvier 2011).

De même, les règles qui régissent la confidentialité et la transmission de données, la publicité, la vente directe, etc., ont été simplifiées, pour permettre un commerce sans heurt.

L'Accord de libre-échange nord-américain (ALENA) L'ALENA, qui regroupe les États-Unis, le Canada et le Mexique, concerne uniquement les questions relatives au commerce, comme les tarifs douaniers et les contingents. Ainsi, les conflits liés au bois d'œuvre et aux magazines à tirage dédoublé qui opposaient le Canada et les États-Unis ont été résolus à travers l'Organisation mondiale du commerce.

Le Central America Free Trade Agreement (CAFTA) Le CAFTA est un accord conclu entre les États-Unis, le Costa Rica, le Guatemala, le Honduras, le Nicaragua, la République dominicaine et le Salvador[34].

Le Mercosur Mercosur est un acronyme espagnol qui signifie « Marché commun du cône sud ». Il regroupe la plupart des pays d'Amérique du Sud. En 1995, les États membres du Mercosur ont créé la Zone de libre-échange des Amériques (ZLEA) en réaction à l'institution de l'ALENA. Toutefois, cette volonté de créer un grand marché sud-américain est restée lettre morte et aucun accord formel n'a été signé à ce jour.

L'Association des nations de l'Asie du Sud-Est (ANASE) Créée pour promouvoir la sécurité en Asie du Sud-Est pendant la guerre du Vietnam, l'ANASE a modifié sa mission dans les années 1980. Celle-ci consiste aujourd'hui à édifier une stabilité économique et à réduire les restrictions commerciales entre les États membres.

Ces zones d'échanges commerciaux influent sur la manière dont les entreprises canadiennes font du commerce dans les pays membres. Leurs détracteurs soutiennent que ces zones donnent un avantage indu aux États membres en leur offrant des conditions de commerce favorables. Certains estiment qu'elles stimulent les économies en abaissant les barrières commerciales et en facilitant les investissements étrangers.

L'analyse du risque politique Avant de s'engager dans le marketing international, une entreprise doit effectuer une analyse du risque politique, c'est-à-dire évaluer le niveau de risque politique et socioéconomique ainsi que les risques à la sécurité qui existent dans un pays. Elle doit estimer la probabilité que certains événements (changement de gouvernement, violences, adoption de politiques commerciales restrictives, etc.) surviennent au cours d'une période donnée. Ce type d'analyse nécessite des compétences précises dont la plupart des entreprises sont dépourvues. C'est pourquoi elles font appel à des organismes gouvernementaux (comme Exportation et développement Canada), à des ministères (comme Affaires étrangères et Commerce international Canada) et à des entreprises privées spécialisées dans l'évaluation du risque politique pour obtenir de l'information et des conseils.

L'analyse du risque politique atténue les possibilités qu'une entreprise perde son investissement ou ses biens et que ses employés soient exposés à un danger.

Analyser l'environnement économique

La plupart du temps, plus un pays est riche, plus une entreprise a de chances de prospérer dans ce pays. La figure 17.4 montre les trois facteurs sur lesquels une entreprise qui effectue une analyse économique du marché d'un pays doit se concentrer sur trois facteurs : l'environnement économique général ; la taille du marché et le taux de croissance démographique ; et, enfin, le revenu réel.

FIGURE 17.4 L'analyse économique

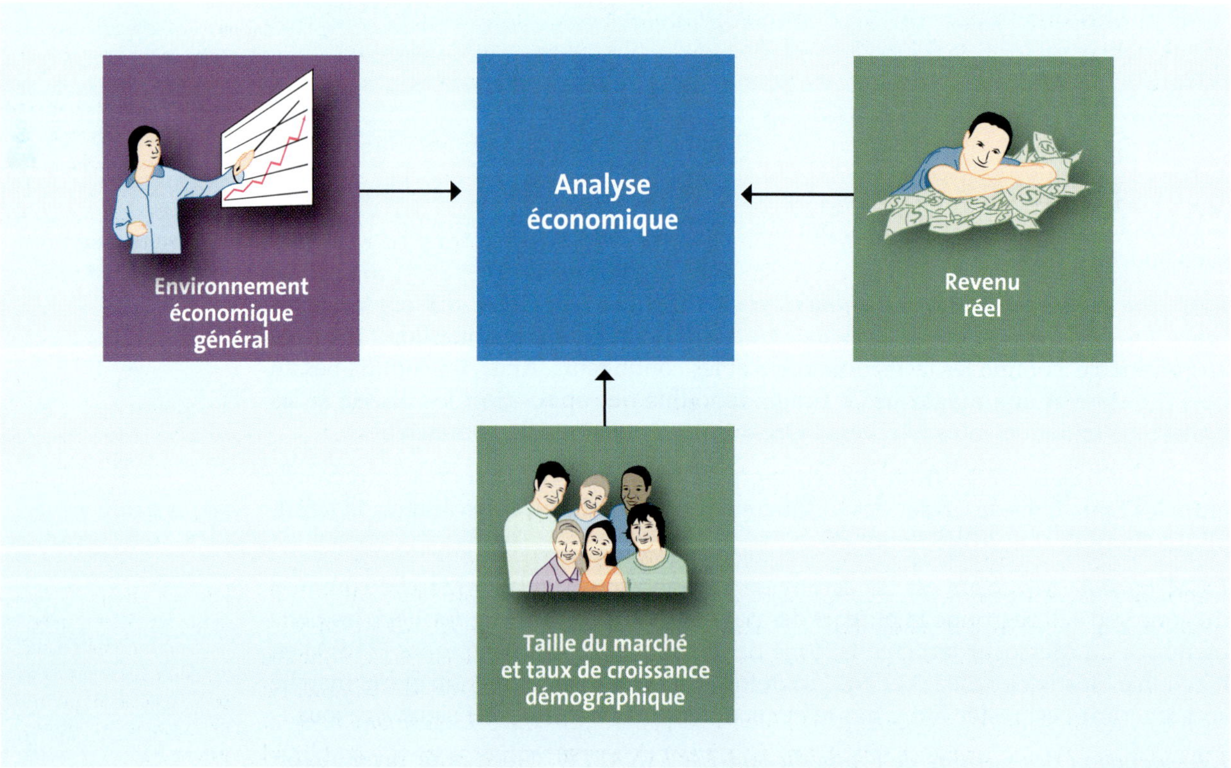

L'évaluation de l'environnement économique général En règle générale, les économies saines offrent de meilleures possibilités d'expansion en matière de marketing international. Une entreprise a le choix entre plusieurs méthodes pour évaluer la santé économique relative d'un pays. Chaque méthode donne une vision légèrement différente et certaines méthodes sont plus utiles que d'autres dans le cas de certains produits et services.

Pour déterminer le potentiel de marché d'un pays pour son produit ou son service particulier, une entreprise doit recueillir le plus grand nombre de mesures possible. L'une de ces mesures est le niveau relatif des importations et des exportations. Les États-Unis, par exemple, enregistrent un **déficit de la balance commerciale**, c'est-à-dire qu'ils importent davantage de biens qu'ils n'en exportent. Au contraire, le Canada déclare un **excédent de la balance commerciale**, c'est-à-dire qu'il exporte davantage de biens qu'il n'en importe. Les entreprises préfèrent fabriquer leurs produits dans un pays comme le Canada car elles peuvent exporter leurs produits plus facilement vers d'autres marchés.

La façon la plus courante d'évaluer la taille et le potentiel de marché d'une économie, et par conséquent le potentiel de marketing international d'un pays, consiste à utiliser des mesures normalisées d'extrants. L'une des mesures les plus répandues est le **produit intérieur brut (PIB)**, soit la valeur marchande des biens et des services produits par les résidants à l'intérieur d'un pays donné au cours d'une année. Quel est le lien entre le PIB d'un pays et le marketing international ?

Comme la croissance du PIB reflète une augmentation de la production et de la consommation dans le pays, elle offre d'excellentes possibilités de mise en marché pour la plupart des produits et des services. Lorsque la croissance du PIB ralentit, cela signifie que l'économie se contracte ou que la production et la consommation sont en baisse. Dans ce cas, les possibilités de commercialiser certains produits et services diminuent.

Une autre mesure couramment utilisée pour évaluer l'économie globale d'un pays est la **parité des pouvoirs d'achat (PPA)**. En vertu de ce principe, si le taux de change entre deux pays est en équilibre, alors un même produit vendu dans les deux pays coûtera le même prix (montant exprimé par une unité commune)[35]. Une nouvelle mesure qui s'appuie sur la parité des pouvoirs d'achat pour évaluer le pouvoir d'achat relatif des pays est l'indice Big Mac, relevé par *The Economist*, qui indique que les taux de change devraient être rectifiés afin que le prix d'un panier de biens et de services soit le même partout dans le monde.

La figure 17.5 (*voir p. 552*), dans laquelle le Big Mac de MacDonald's représente le panier de biens et de services, montre que le hamburger le moins cher est en Chine, où il coûte 2,18 $ comparé à un prix moyen de 3,71 $ aux États-Unis. Cela implique que le yuan chinois est sous-évalué d'environ 40 %, c'est-à-dire que sa valeur est « trop basse » par rapport à celle du dollar américain. Cette sous-évaluation du yuan fait que les exportations de la Chine vers les États-Unis sont moins chères, et procurent ainsi un avantage injuste à la Chine. En revanche, les exportations des États-Unis vers la Chine sont plus onéreuses.

Ces diverses mesures permettent aux gestionnaires marketing d'évaluer la santé relative d'un pays. Toutefois, des experts ont prétendu récemment qu'elles ne donnent peut-être pas une image complète de la santé économique d'un pays, car elles sont basées uniquement sur la production[36]. À titre de mesure corollaire, l'Organisation des Nations unies a élaboré l'**indice de développement humain (IDH)**, qui évalue, dans un pays donné, trois indicateurs inhérents à la qualité de vie : l'espérance de vie, le niveau de scolarité et le produit intérieur brut par habitant, et qui sert à déterminer si le revenu moyen estimé en fonction de la parité des pouvoirs d'achat permet de satisfaire les besoins essentiels des habitants de ce pays. Pour les gestionnaires marketing, ces mesures mettent en valeur les aspects du niveau de vie qui influent sur la consommation (*voir le chapitre 6, intitulé « Le comportement du consommateur », qui explique l'influence du niveau de vie sur la consommation*). L'IDH

déficit de la balance commerciale (*trade deficit*) Situation survenant lorsqu'un pays importe davantage de biens qu'il n'en exporte.

excédent de la balance commerciale (*trade surplus*) Situation survenant lorsqu'un pays exporte davantage de biens qu'il n'en importe.

produit intérieur brut (PIB) (*gross domestic product [GDP]*) Valeur marchande des biens et des services produits par les résidants à l'intérieur d'un pays donné au cours d'une année. Il s'agit de la mesure normalisée la plus répandue pour évaluer la production d'un pays.

parité des pouvoirs d'achat (PPA) (*purchasing power parity [PPP]*) Principe selon lequel si le taux de change entre deux pays est en équilibre, alors un même produit vendu dans les deux pays coûtera le même prix (montant exprimé par une unité commune).

indice de développement humain (IDH) (*human development index [HDI]*) Indice qui évalue, dans un pays donné, trois indicateurs inhérents à la qualité de vie : l'espérance de vie, le niveau de scolarité et le produit intérieur brut par habitant, et qui sert à déterminer si le revenu moyen estimé en fonction de la parité des pouvoirs d'achat permet de satisfaire les besoins essentiels.

FIGURE 17.5 L'indice Big Mac : surévaluation (+) ou sous-évaluation (-) de la devise locale par rapport au dollar américain (%)

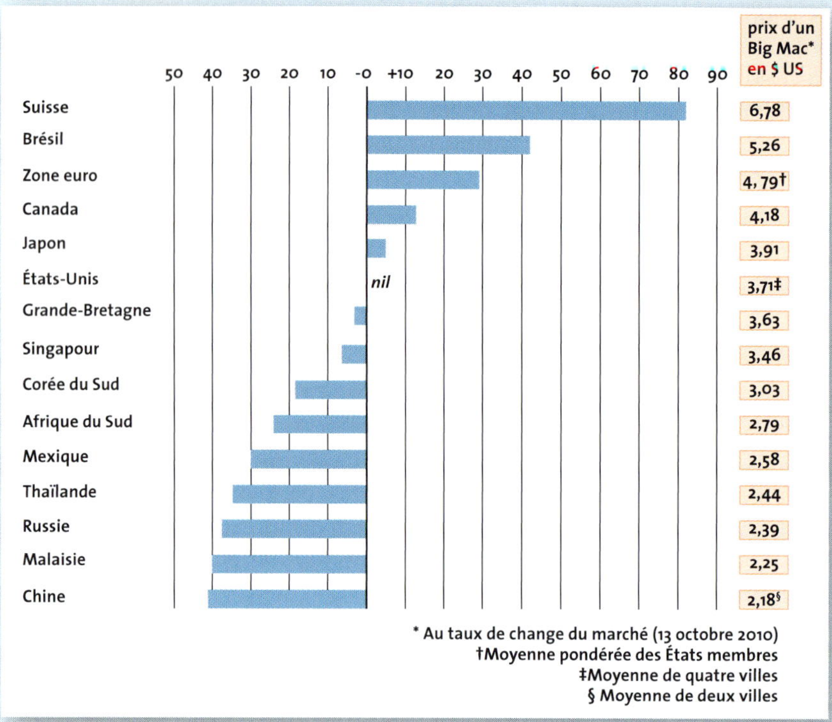

Source : « Big Mac Index », *The Economist* ; www.economist.com/node/17275912 (page consultée en octobre 2010).

varie de 0 à 1 : un indice inférieur à 0,5 désigne un faible niveau de développement ; un indice entre 0,5 et 0,8, un niveau de développement moyen et un indice supérieur à 0,8, un niveau de développement élevé. La figure 17.6 présente une carte illustrant le classement de l'indice de développement humain des pays du monde. Les indices plus élevés indiquent des niveaux de consommation plus élevés, surtout dans le cas des biens et des services discrétionnaires.

Ces mesures macroéconomiques donnent un instantané d'un pays à un moment précis. Comme elles sont normalisées, elles permettent de comparer les pays dans

FIGURE 17.6 Le classement de l'indice du développement humain des pays du monde

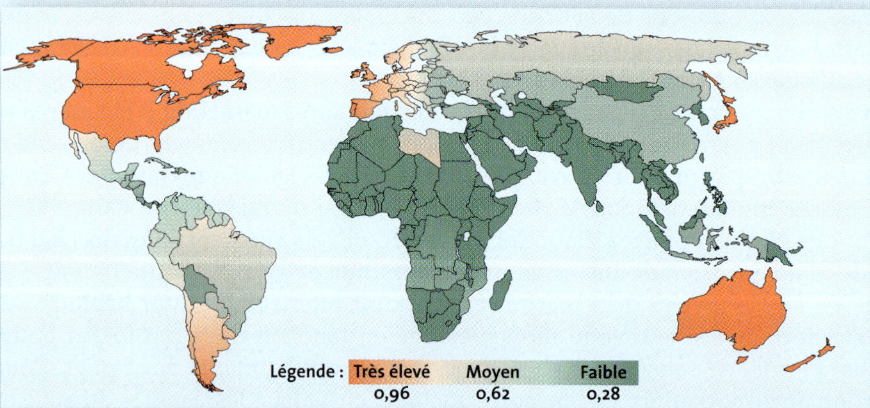

Source : www.nationmaster.com/red/graph/eco_hum_dev_ind-economy-human-development-index&b_map=1 (page consultée le 23 mars 2011).

le temps et de distinguer ceux qui connaissent une expansion économique et une mondialisation croissante.

Bien que la compréhension de l'environnement macroéconomique soit cruciale pour les gestionnaires qui doivent décider de pénétrer un marché ou non, il reste que celle des mesures relatives aux revenus individuels et à la taille des ménages s'avère tout aussi importante.

L'évaluation de la taille du marché et du taux de croissance démographique

La population mondiale augmente de façon spectaculaire depuis le tournant du XXe siècle (*voir la figure 17.7*). Dans l'optique du marketing, toutefois, cette croissance n'est pas répartie également. De manière générale, les pays moins développés présentent une croissance démographique rapide tandis que, dans de nombreux pays développés, le taux de croissance démographique est quasi nul ou négatif.

Dans bien des pays développés, comme le Canada, la croissance démographique est attribuable à des taux élevés d'immigration. Les pays qui jouissent du plus grand pouvoir d'achat aujourd'hui pourraient devenir moins attrayants dans l'avenir pour la mise en marché de nombreux produits et services en raison de leur croissance stagnante.

La répartition de la population dans une région donnée est un autre facteur qui influe sur la croissance démographique. La population est-elle majoritairement rurale ou urbaine ? Cette distinction détermine le lieu où les produits seront livrés et les services fournis de même que la manière de le faire. De longues chaînes logistiques dans lesquelles les produits passent par un grand nombre d'intermédiaires sont nécessaires pour atteindre les populations rurales ; par conséquent, elles augmentent le coût des produits. En Chine, la population, qui était jadis en grande partie rurale, migre peu à peu vers les régions urbaines afin de répondre à la demande des centres industriels qui se multiplient à l'extérieur des grandes villes chinoises et le long de la rivière des Perles. Cette migration de la population facilite la livraison de biens et la prestation de services, ce qui rend la Chine encore plus attrayante pour les entreprises qui visent une expansion mondiale. En Inde, les produits agricoles passent généralement par six ou sept intermédiaires avant d'arriver jusqu'aux consommateurs, et quelque 40 % des denrées se gâtent en cours de route. Cette situation offre de fabuleuses possibilités aux revendeurs comme Walmart qui savent comment

En raison de la politique de l'enfant unique adoptée par la Chine, il y a quatre grands-parents et deux parents pour chaque enfant, ce qui rend le marché des jouets et des vêtements pour enfants très attrayant.

FIGURE 17.7 La croissance démographique

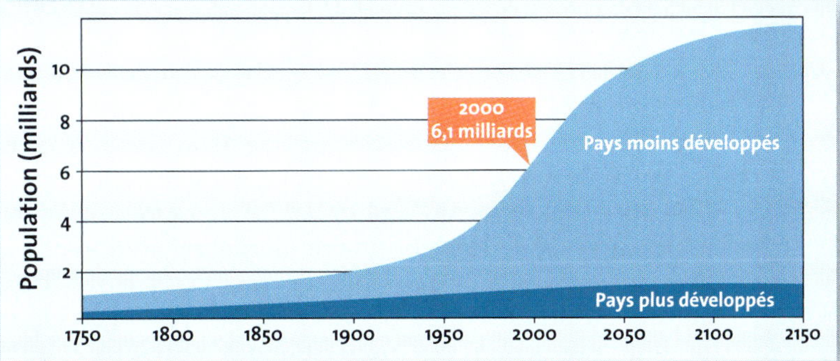

Source : www.prb.org/Content/NavigationMenu/PRB/Educators/Human_Population/Population_Growth/Population_Growth.htm.

gérer une chaîne logistique mondiale et qui voudraient éventuellement pénétrer le marché indien[37].

Bien que la Chine soit le pays le plus peuplé du monde avec plus d'un milliard d'habitants, sa population vieillit et la politique de l'enfant unique adoptée par le gouvernement a fait que sa croissance démographique autrefois exponentielle plafonne. Or, en raison de cette politique, il y a quatre grands-parents et deux parents pour chaque enfant. Cela représente un marché très attrayant pour les revendeurs de jouets comme Walmart et Toys "R" Us, connue sous le nom de Joyo en Chine. La demande est particulièrement forte dans le cas des jouets éducatifs ainsi que des jouets de qualité jouissant d'une cote de sécurité très élevée[38].

L'évaluation du revenu réel Le revenu réel — rajusté en fonction de l'inflation — influe sur le pouvoir d'achat des consommateurs et donc sur le marketing mix élaboré par les entreprises pour leurs marchés étrangers. Les deux tiers de la population chinoise gagnent moins de 25 $ par mois. Par conséquent, lorsque Procter & Gamble a voulu vendre son shampooing Head & Shoulders en Chine, elle a dû en modifier l'emballage et le prix pour que son produit soit abordable. Elle a mis de côté son flacon habituel pour fabriquer des emballages à utilisation unique, rendant ainsi son shampooing accessible et pratique pour les consommateurs chinois[39].

Coca-Cola et PepsiCo ont aussi modifié leurs produits et leurs prix afin d'être compétitives en Inde. Par exemple, à Jagadhri, une ville du nord-ouest de l'Inde qui compte 60 000 habitants, des fermiers pour la plupart, Coca-Cola et PepsiCo rivalisent pour s'emparer de la plus grande part du marché. Chaque entreprise a créé un nouvel emballage pour ses produits afin de vaincre sa concurrente. Coca-Cola produit des bouteilles de 200 millilitres qui se vendent 0,12 $ dans les petites boutiques, les arrêts d'autobus et les échoppes bordant les rues afin d'offrir une option moins chère au Pepsi. Mais pourquoi le marché de Jagadhri ? Parce que ces deux entreprises savent que 70 % de la population indienne, soit plus de 700 millions de personnes, vit encore dans des zones rurales et gagne moins de 42 $ par mois[40]. Si elles parviennent à pénétrer le marché à Jagadhri, elles réussiront dans d'autres régions rurales. Or, pour réussir, elles doivent vendre leur produit à un prix abordable. En passant, qui croirait que l'Afrique, un continent ordinairement considéré comme pauvre, est le marché où les ventes de téléphones cellulaires augmentent le plus rapidement ? Aujourd'hui, un Africain sur 10 utilise un téléphone cellulaire. La principale cause de cette croissance explosive résulte de deux facteurs, qui ont provoqué une baisse radicale des prix du temps d'antenne et des téléphones : la politique gouvernementale — de nombreux gouvernements africains, qui étaient autrefois les fournisseurs uniques, ont privatisé les services de téléphonie — et la concurrence féroce entre les fournisseurs de services de téléphonie cellulaire[41].

Coca-Cola et PepsiCo rivalisent pour obtenir la plus grande part du marché indien.

Analyser les facteurs socioculturels

Si les entreprises qui visent les marchés internationaux peuvent avec une relative facilité acheter des rapports sur la situation politique, économique et technologique de divers pays, elles ont cependant plus de mal à obtenir des renseignements sur leur culture. Or, il est essentiel, pour qu'une initiative de marketing international ait du succès, que le gestionnaire marketing comprenne la culture d'un autre pays. Comme nous l'avons vu dans le chapitre 4, la culture est un ensemble de valeurs, de croyances, de mœurs et de coutumes communes à un groupe d'individus et qui se transmettent de génération en génération. Elle comporte deux aspects : les éléments perceptibles (comportement, habillement, symboles, particularités physiques, rites) et les valeurs sous-jacentes (la façon de penser, les croyances et les suppositions). Les éléments perceptibles sont faciles à reconnaître, mais les entreprises trouvent souvent plus ardu de comprendre les valeurs sous-jacentes d'une culture et d'y adapter leurs stratégies commerciales de façon adéquate[42]. Même les multinationales qui sont implantées dans un pays depuis longtemps commettent à l'occasion des impairs qui leur causent un embarras énorme, une perte de ventes et parfois même des pertes financières. Nous décrirons quelques-unes de ces « bourdes culturelles ».

Les entreprises peuvent consulter le modèle des dimensions culturelles établi par Geert Hofstede, lequel est susceptible de les éclairer sur ces valeurs sous-jacentes. Hofstede a défini cinq dimensions qui distinguent les cultures[43] :

1. **La distance hiérarchique** : l'acceptation de l'inégalité comme une chose naturelle.
2. **Le contrôle de l'incertitude** : la mesure dans laquelle une société s'appuie sur l'ordre, la cohérence, la structure et des procédures officielles pour faire face aux situations de la vie courante.
3. **L'individualisme** : la responsabilité et la dépendance perçues envers le groupe.
4. **Les valeurs masculines et féminines** : la mesure dans laquelle les valeurs dominantes sont masculines. Des valeurs masculines plus faibles indiquent que les hommes et les femmes bénéficient d'un traitement égal à tous les niveaux de la société ; des valeurs masculines plus fortes indiquent que les hommes dominent dans les postes de pouvoir[44].
5. **L'orientation temporelle** : un pays adoptant une perspective à long terme privilégie les engagements à longue échéance et est prêt à accepter un horizon temporel plus étendu pour le succès du lancement d'un nouveau produit, par exemple.

Le graphique de la figure 17.8 illustre deux de ces cinq dimensions. La distance hiérarchique se situe sur l'axe vertical et l'individualisme, sur l'axe horizontal. Plusieurs pays d'Amérique latine sont groupés tout en haut de l'axe de la distance hiérarchique, mais présentent des valeurs plus faibles sur l'axe de l'individualisme.

FIGURE 17.8 Les ensembles de pays

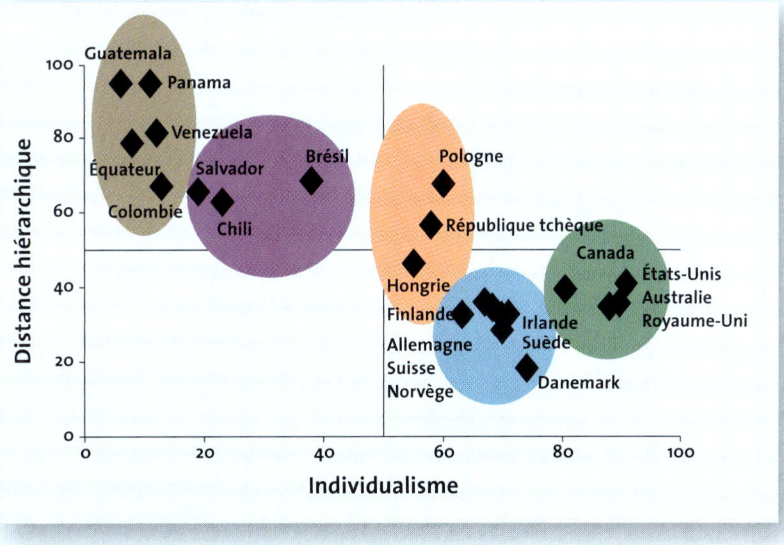

Source : basée sur des données provenant du site www.geert-hofstede.com. Geert Hofstede, *Culture's Consequences*, 2e éd., Thousand Oaks, Calif., Sage, 2001. Copyright © Geert Hofstede. Reproduit avec permission.

En Chine, les relations d'affaires sont souvent officialisées uniquement par une poignée de main, et la confiance et l'honneur comptent bien plus que les arrangements juridiques.

En revanche, le Canada, les États-Unis, l'Australie et le Royaume-Uni affichent des valeurs élevées sur l'axe de l'individualisme et faibles sur l'axe du pouvoir hiérarchique.

À partir de cette information, une entreprise peut s'attendre à être accueillie favorablement dans les pays anglophones si sa campagne de marketing met l'accent sur l'égalité et l'individualisme, tous facteurs confondus. Cependant, la même campagne pourrait recevoir un accueil moins favorable dans les pays sud-américains.

Une autre façon de classer les cultures repose sur l'importance de la communication verbale[45]. Au Canada, aux États-Unis et dans la plupart des pays européens, les relations d'affaires sont régies par ce qui est dit et écrit, souvent au moyen de contrats officiels. En revanche, dans des pays comme la Chine et la Corée du Sud, la plupart des relations s'appuient sur des indices non verbaux, auquel cas la situation ou le contexte signifie beaucoup plus que les mots. En Chine, par exemple, les relations d'affaires sont souvent officialisées par une simple poignée de main, et la confiance et l'honneur l'emportent généralement sur les arrangements juridiques. La rubrique Cybermarketing 17.1 décrit l'influence des facteurs socioculturels sur la conception des sites Web et le cybermarketing.

Dans l'ensemble, la culture a une incidence sur tous les aspects du comportement des consommateurs : pourquoi ils achètent, qui prend les décisions d'achat et comment, quand et où ils achètent. Au fond, comprendre le comportement des consommateurs consiste avant tout à comprendre leur culture, surtout en ce qui a trait au marketing international. Par exemple, en Inde, McDonald's vend un Maharajah Mac à base d'agneau plutôt que de bœuf parce que la vache est un animal sacré dans la religion hindoue. En Israël, les restaurants casher de McDonald's affichent les couleurs nationales du pays, le blanc et le bleu, plutôt que l'arche dorée et rouge[46]. De même, Coca-Cola a inventé une nouvelle boisson, le Vitango, qu'elle destine à l'Afrique, et Procter & Gamble a élaboré son Nutristar à l'intention des consommateurs vénézuéliens[47]. Les deux entreprises soutiennent

Cybermarketing 17.1 Une conception Web internationale ou locale ?

Une fois créé, un site Web peut être vu par des internautes de tous les pays, groupes ethniques, religions ou cultures. Pour beaucoup d'entreprises, cette idée est attrayante puisqu'elles n'ont qu'à créer un site Web et à le promouvoir auprès du plus grand nombre d'utilisateurs possible dans le monde entier. Certaines entreprises vont plus loin et offrent le contenu de leur site dans la langue nationale de leur marché cible. Par exemple, en plus du français et de l'anglais, McCain présente son contenu en espagnol, en polonais, en allemand et en hollandais. Mais est-ce suffisant ? Non, disent les analystes, les chercheurs et les consultants spécialisés dans le cybermarketing.

La conception d'un site Web fait appel à des couleurs, à des formes, à des sons, à des textes et même à des personas qui ont habituellement des significations différentes selon la culture. Par conséquent, les spécialistes du cybermarketing ont tout intérêt à tenir compte des normes, des valeurs et des traditions culturelles de leur marché cible et à concevoir des sites Web mieux adaptés à celles-ci. Il est clair que les entreprises qui réalisent des sites Web adaptés à la culture de leurs marchés sont plus susceptibles de gagner l'attention, la confiance et la loyauté de la clientèle de ces marchés.

Dans une étude portant sur 30 sites Web canadiens, allemands, japonais et américains, Diane Cyr, professeure à l'Université Simon Fraser, et ses collègues[48] ont recueilli des preuves statistiques qui démontrent que les préférences en matière de conception Web diffèrent selon les cultures. Plus précisément, ces différences concernent des éléments comme les symboles et les graphiques, les couleurs, les caractéristiques du site (liens, cartes, fonctions de recherche et mise en pages), la langue et le contenu. Par exemple, le rouge est utilisé deux fois plus souvent sur les sites japonais que sur les sites allemands ou américains. De même, les Japonais ont recours au style télégraphique deux fois plus souvent que les Allemands ou les Américains, qui privilégient l'écriture en paragraphes. Contrairement aux Américains, les Japonais et les Allemands ont tendance à employer des symboles plus spécifiquement culturels. Dans l'ensemble, parmi tous les sites étudiés, les sites canadiens et américains sont ceux qui se ressemblent le plus. Cela soutient l'appel en faveur de la localisation des contenus Web.

que leurs boissons sont bonnes pour la santé de la clientèle de ces marchés. En Amérique du Nord, les gens utilisent leur BlackBerry presque partout : dans leur voiture, le métro, les halls d'entrée, les restaurants et les stades de baseball et de hockey. En revanche, au Japon, taper frénétiquement un message sur son BlackBerry en présence d'autres personnes — disons pendant un dîner ou un match de la Petite ligue de baseball — pourrait être vu comme un accroc à l'étiquette[49].

Le défi auquel font face les gestionnaires marketing a trait au fait que toute culture comporte des subtilités et que, s'ils ignorent celles-ci, ils risquent de commettre des bévues très gênantes et très coûteuses. Les exemples suivants illustrent ce qui se passe quand les gestionnaires marketing décodent mal la culture de leurs marchés internationaux[50].

- Un importateur canadien de chemises turques destinées au Québec s'est servi d'un dictionnaire pour traduire l'étiquette « Made in Turkey » en français. Sa traduction : « Fabriqué en Dinde ». Il est vrai que *turkey* se traduit par « dinde », mais ici il est question non pas de l'oiseau de basse-cour, mais du pays, la Turquie.
- Une présentation réalisée par Otis Engineering Corp. à Moscou a provoqué autant de gloussements que d'éloges parmi les Russes. Les cadres de l'entreprise ont eu la mauvaise surprise d'apprendre que, sur un panneau visant à identifier un « équipement de complétion », un traducteur avait écrit « équipement pour orgasme » en russe.
- L'entreprise japonaise Olfa Corp. a vendu aux États-Unis des couteaux portant la mise en garde suivante : « Attention : lame très coupante. Garder hors des enfants. »
- Aux États-Unis, le slogan populaire de Frank Perdue Co. « Il faut un homme rude pour fabriquer un poulet tendre », une fois traduit en espagnol, signifiait quelque chose comme « Il faut un homme sexuellement excité pour rendre un poulet affectueux. »
- Et que dire de ce dentiste de Hong Kong qui annonçait : « Extraction de dents par les derniers méthodistes » ?
- Ou de cet hôtel de Mexico, une ville notoirement polluée, qui annonçait : « Le gérant a personnellement évacué toute l'eau servie ici. »

En Israël, les restaurants casher de McDonald's affichent les couleurs du drapeau israélien, soit le bleu et le blanc.

- En Belgique, General Motors a diffusé une publicité relative à une voiture dotée d'une « carrosserie Fisher », qui est devenue, dans la traduction flamande, un « cadavre Fisher ».
- Que penser de la pelle à neige Bigfoot Snow Pusher savoureusement baptisée « Revendeur de drogue de neige » ; d'un paquet de « Polissez la saucisse » (*Polish sausage*), ou encore d'un sachet d' « écrous mélangés » (*mixed nuts*) ?
- Comme McDonald's exploite plus de 28 000 restaurants dans plus de 25 pays, on s'attendrait à ce que la société soit familière avec la culture de ses divers marchés. Or, apparemment, ce n'était pas le cas en Inde. Tout en sachant que la vache est un symbole religieux sacré dans ce pays, McDonald's utilisait un assaisonnement au bœuf dans ses frites. Lorsque les clients ont appris ce fait, ils ont protesté massivement et engagé des poursuites contre l'entreprise. Soucieuse d'apaiser sa clientèle indienne, McDonald's s'est excusée, a modifié sa recette et versé un don substantiel à un organisme de charité.

Analyser l'infrastructure et le potentiel technologique d'un pays

infrastructure (*infrastructure*) Installations, services et matériel nécessaires au bon fonctionnement d'une communauté ou d'une société. Elle comprend notamment les systèmes de transport et de communication, les canalisations et les lignes de transport de l'électricité ainsi que les institutions publiques comme les écoles, les bureaux de poste ou les prisons.

La composante suivante de toute évaluation du marché est une analyse de l'infrastructure et du potentiel technologique du pays. L'**infrastructure** est l'ensemble des installations, des services et du matériel nécessaires au bon fonctionnement d'une communauté ou d'une société. Elle comprend notamment les systèmes de transport et de communication, les canalisations et les lignes de transport de l'électricité ainsi que les institutions publiques comme les écoles, les bureaux de poste ou les prisons. Les gestionnaires marketing s'intéressent particulièrement à quatre éléments clés de l'infrastructure d'un pays : le système de transport, les circuits de distribution, le système de communication et l'infrastructure commerciale. Ces éléments influent sur leur capacité à acquérir des matières premières et des intrants de même que sur la distribution (*place*), le troisième « P » du marketing mix) des produits finis.

Ces quatre éléments sont indispensables à la mise sur pied d'un système de marketing efficace. Premièrement, il faut un système pour transporter les marchandises à travers les divers marchés et jusqu'aux consommateurs des marchés éparpillés. Deuxièmement, les circuits de distribution sont essentiels à la livraison des marchandises au moment opportun et à un coût raisonnable. Troisièmement, le système de communication doit être suffisamment développé pour permettre aux consommateurs d'obtenir des renseignements sur les produits et les services qui existent sur le marché.

Quatrièmement, l'infrastructure commerciale se compose de systèmes judiciaire, bancaire et de réglementation qui permettent aux marchés de fonctionner. Les gestionnaires marketing, surtout ceux qui veulent externaliser la recherche, la production et la commercialisation, s'intéresseront particulièrement aux compétences technologiques de la main-d'œuvre du pays. En général, si celle-ci a reçu une formation technique poussée, une fraction plus importante de la conception et du développement des produits et des activités de commercialisation peut être décentralisée et confiée au pays étranger.

Pour considérer un pays comme une option commerciale viable, une entreprise doit évaluer son système de transport, ses circuits de distribution, son système de communication et son infrastructure commerciale.

Après avoir évalué ces quatre aspects du marché, les gestionnaires marketing sont mieux à même de décider si un pays possède les atouts nécessaires pour être considéré comme un marché potentiel pour les produits et les services de l'entreprise. Dans les pages suivantes, nous expliquerons le processus décisionnel qui mène à la pénétration d'un marché, en commençant par les diverses stratégies de pénétration.

Le choix d'une stratégie de pénétration

OA 3

Lorsqu'une entreprise a évalué les marchés les plus viables pour ses produits et ses services, elle doit ensuite effectuer une analyse interne de ses capacités (soit les forces et faiblesses de l'analyse FFOM). Comme nous l'avons vu dans le chapitre 2, cette analyse englobe une évaluation de son accès au capital, de ses marchés du moment, de sa capacité de production, de ses actifs réels et du degré d'engagement de ses gestionnaires envers la stratégie proposée. En fin de compte, ces éléments influeront sur le succès ou l'échec de la stratégie d'expansion commerciale de l'entreprise sur le marché intérieur ou sur un marché étranger. Une fois cette évaluation interne terminée, l'entreprise peut arrêter une stratégie de pénétration.

Une entreprise qui souhaite pénétrer un marché a le choix entre un grand nombre de stratégies, cela dépendant du niveau de risque qu'elle est prête à courir. Beaucoup d'entreprises procèdent par étapes : elles commencent par adopter des stratégies moins risquées pour percer leurs premiers marchés étrangers et passent à des stratégies plus audacieuses à mesure qu'elles gagnent en assurance (*voir la figure 17.9*). En général, le potentiel de rentabilité augmente proportionnellement au niveau de risque. Nous examinerons les différentes stratégies de pénétration du marché mondial en commençant par les moins risquées.

L'exportation L'**exportation** est la vente d'un bien dans un pays autre que celui dans lequel il a été fabriqué (pays hôte). Cette stratégie de pénétration est la moins risquée financièrement, mais elle entraîne des profits limités pour l'entreprise exportatrice. Une commande reçue d'un autre pays marque souvent le début d'une expansion mondiale. Dans ce cas, l'entreprise court peu de risques puisqu'elle peut exiger d'être payée avant d'expédier la marchandise. De même, une entreprise peut difficilement réaliser des économies d'échelle lorsqu'elle doit expédier tous ses produits à l'étranger. Campagnolo, un fabricant italien de pièces de vélo, vend des pièces assez petites mais chères partout dans le monde. Comme ses coûts de

exportation (*exporting*)
Vente d'un bien dans un pays autre que celui dans lequel il a été fabriqué.

FIGURE 17.9 Les stratégies de pénétration

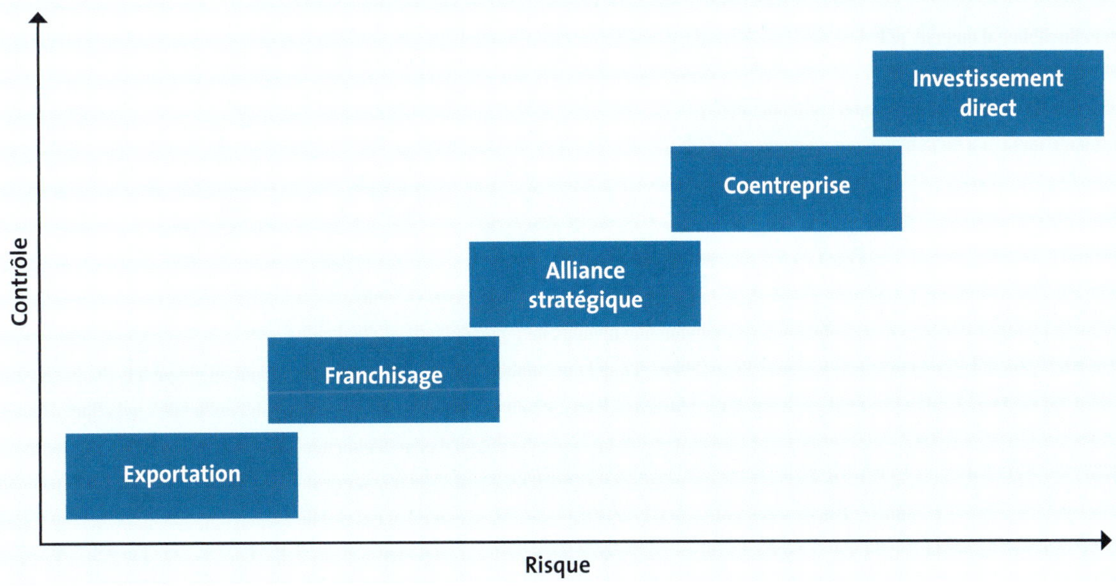

transport sont relativement faibles comparés au coût des pièces, le meilleur moyen pour l'entreprise de pénétrer n'importe quel marché est d'exporter à partir de l'Italie. L'exportation crée généralement moins d'emplois dans le pays importateur qu'une coentreprise ou un investissement direct.

L'exportation peut être indirecte ou directe. Elle est indirecte quand l'entreprise exportatrice vend ses produits dans le pays hôte à travers un intermédiaire. Par exemple, Research In Motion vend son BlackBerry au Japon à travers NTTDoCoMo Inc., le plus gros fournisseur japonais de services de téléphonie mobile[51]. Une entreprise a recours à cette stratégie quand elle a des contacts limités dans le pays étranger mais souhaite y vendre ses produits. Dans le cas de l'exportation directe, l'entreprise exportatrice vend ses produits dans le pays hôte sans intermédiaire. Cette méthode est plus risquée, mais elle rapporte davantage à l'exportateur que l'exportation indirecte. Par exemple, Christie Digital, une société de Kitchener, en Ontario, fabrique une variété de solutions d'affichage destinées à divers clients et utilisations : cinémas, salons grand public, salles de régie, présentations commerciales, centres de formation, environnement 3D et réalité virtuelle, simulation, éducation, médias et gouvernement. Christie Digital a installé plus de 75 000 systèmes de projection aux États-Unis, au Royaume-Uni, au Japon, en Chine et dans beaucoup d'autres pays[52]. De façon similaire, Cognos, une entreprise d'Ottawa qui fabrique des outils et des solutions d'informatique décisionnelle, vend ses produits à des entreprises du monde entier à travers sa propre force de vente.

Le franchisage Le franchisage est une entente contractuelle par laquelle une entreprise (le franchiseur) permet à une autre entreprise (le franchisé) de diriger une entreprise (un commerce de détail, de services ou interentreprises) dont le nom et la formule ont été créés par le franchiseur, qui s'engage à lui fournir son assistance. Un grand nombre de détaillants bien connus au Canada ont essaimé des franchises rentables un peu partout dans le monde : McDonald's, Pizza Hut, Starbucks, Dominos Pizza, KFC ou PFK Poulet Frit Kentucky et Holiday Inn, pour n'en nommer que quelques-uns. Tous ont constaté que le franchisage mondial comporte moins de risques et exige un investissement moins important que l'ouverture d'unités qui demeurent la propriété entière de l'entreprise. Toutefois, l'entreprise qui accorde une franchise a un contrôle limité sur les opérations commerciales menées dans le pays étranger, sa rentabilité est réduite parce qu'elle doit partager ses profits avec le franchisé et, une fois la franchise établie, il y a toujours un risque que le franchisé fasse cavalier seul et ouvre un commerce concurrent sous un autre nom.

Au Canada, il existe plus de 78 000 franchises qui emploient plus de 1 million de personnes et génèrent des ventes annuelles dépassant les 100 milliards de dollars[53].

Les logos de ces franchises sont célèbres dans le monde entier.

alliance stratégique (*strategic alliance*) Accord de collaboration entre des entreprises concurrentes ou complémentaires. L'accord se limite à une collaboration stratégique. Il n'y a pas d'investissement dans une nouvelle entreprise (coentreprise) ni de prise de participation directe d'une entreprise sur l'autre.

L'alliance stratégique Une **alliance stratégique** est un accord de collaboration entre des entreprises concurrentes, qui n'implique ni prise de participation ni investissement réciproque. Star Alliance, par exemple, forme l'une des alliances

Star Alliance est une alliance stratégique qui regroupe 15 compagnies aériennes, dont la compagnie polonaise LOT Polish Airlines.

stratégiques les plus complexes du monde avec 15 compagnies aériennes représentant 16 pays: Air Canada, Air New Zealand, All Nippon Airlines, Asiana Airlines (Corée du Sud), Austrian, BMI (Royaume-Uni), LOT Polish Airlines, Lufthansa (Allemagne), SAS Scandinavian Airlines (Danemark, Norvège et Suède), Spanair (Espagne), Singapore Airlines, Thai, United (États-Unis), US Airways et Varig (Brésil)[54].

Tout a commencé par une série d'ententes bilatérales entre cinq compagnies aériennes qui, avec le temps, ont fini par former Star Alliance. Celle-ci constitue aujourd'hui une personne morale; chaque membre est une partie intéressée, mais aucun membre n'a de participation dans les autres membres. Star Alliance coordonne des projets d'intérêt mutuel; ainsi, elle soutient les efforts des membres individuels pour construire leur marque en créant de la valeur grâce à leur adhésion à Star Alliance. Ce partenariat permet aux passagers de bénéficier des avantages offerts par les compagnies aériennes membres de Star Alliance. Par exemple, les membres du programme pour grands voyageurs d'Air Canada peuvent accumuler des milles Aéroplan en volant avec Spanair. Cette association permet aussi aux passagers d'effectuer facilement des réservations et d'autres transactions auprès de tous les membres de Star Alliance.

La coentreprise Une **coentreprise** est formée lorsqu'une entreprise qui veut pénétrer un marché étranger met ses ressources en commun avec une entreprise locale avec laquelle elle forme une nouvelle entité. Dans ce type d'association, la propriété, le pouvoir et les profits sont partagés.

coentreprise (*joint venture*) Nouvelle entité créée lorsqu'une entreprise qui veut pénétrer un marché étranger met ses ressources en commun avec une entreprise locale. Dans ce type d'association, la propriété, le pouvoir et les profits sont partagés.

Outre qu'elle partage le fardeau financier, l'entreprise locale permet à la nouvelle venue de mieux comprendre le marché et d'accéder à des ressources comme des fournisseurs et des biens immobiliers. Tesco, la grande vedette britannique de l'épicerie, de la finance, des télécommunications et de l'assurance, a pénétré le marché chinois en fondant une coentreprise avec Ting Hsin, qui possède et exploite la chaîne Hymall (25 hypermarchés), dont elle a acheté la moitié des actions pour 250 millions de dollars[55]. Comme de nombreux autres pays, la Chine exige ordinairement la propriété conjointe des entreprises qui entrent sur son marché, bien que cette restriction risque de s'adoucir à la suite de négociations avec l'OMC. Cette stratégie de pénétration peut poser problème si les partenaires ne s'entendent pas ou si le gouvernement restreint la capacité de l'entreprise à sortir ses profits du pays et à les rapporter dans son pays d'origine. Dans le cas des coentreprises, des difficultés peuvent surgir si les objectifs, les responsabilités et la répartition des bénéfices ne sont pas clairement établis au départ. Des conflits risquent aussi de survenir si le partenaire plus gros fait davantage de profits que le plus petit, une situation qui pourrait menacer la coentreprise. Les différences relatives à la culture organisationnelle et au style de gestion et de leadership, ainsi que les désaccords concernant la mise

Tesco, la chaîne de supermarchés britannique, a fondé une coentreprise avec la société chinoise Ting Hsin en achetant la moitié des actions de celle-ci. Ting Hsin possède et exploite la chaîne Hymall, qui comprend 25 hypermarchés.

en marché et les politiques d'investissement, peuvent nuire gravement à la performance de la coentreprise.

La sous-traitance et la passation de contrat de gestion sont deux variantes de la coentreprise. Dans le premier cas, une entreprise étrangère confie la fabrication de son produit à une entreprise locale du pays hôte. Par exemple, le fabricant australien Moose Enterprises a crée le Bindeez, l'un des jouets les plus populaires de 2007, dont il a confié la production à une usine chinoise de Guangdong, une province du sud de la Chine. Malheureusement, bien qu'en 2007 le Bindeez ait été élu « jouet de l'année » en Australie, il a fait l'objet d'un rappel parce qu'il contenait des traces d'une substance apparentée à la drogue du viol (4-hydroxybutanoate)[56]. Cet exemple illustre bien les risques énormes que court une entreprise qui perd le contrôle sur le procédé de fabrication de son produit. Moose Enterprises a subi des pertes financières considérables en raison de cela.

On parle de passation de contrat de gestion lorsque l'entreprise locale fournit des services de conseil en gestion à une entreprise étrangère. Par exemple, de nombreuses entreprises canadiennes spécialisées en technologie vendent à des sociétés et à des gouvernements de pays en développement et se réservent, au moyen d'un accord spécifique, le droit exclusif d'entretenir leurs produits ou de transmettre le savoir-faire concernant leur utilisation et leur réparation. La passation de contrat de gestion est une façon peu risquée de pénétrer le marché d'un pays sans établir d'opérations dans ce pays. De plus, elle génère des profits dès l'exécution du contrat et s'étale généralement sur une longue période puisqu'elle couvre la durée de vie de la technologie.

investissement direct (*direct investment*) Détention par une entreprise de la totalité de ses usines, de ses installations et de ses bureaux en sol étranger, ce qui est rendu possible, le plus souvent, par la création de filiales à 100 %.

L'investissement direct Dans le cas d'un **investissement direct**, l'entreprise détient la totalité de ses usines, de ses installations et de ses bureaux en sol étranger, ce qui est rendu possible, le plus souvent, par la création de filiales à 100 %. Cette stratégie de pénétration exige un investissement très important et expose l'entreprise à des risques majeurs, notamment la perte de son investissement initial ou de son investissement d'exploitation. Un important ralentissement de l'économie causé par un cataclysme, une guerre, l'instabilité politique ou une modification des lois du pays peut augmenter considérablement ces risques. Beaucoup d'entreprises estiment que, sur certains marchés, le potentiel de rentabilité l'emporte sur ces risques ; l'entreprise qui recourt à l'investissement direct n'a pas à partager ses profits éventuels avec d'autres entreprises. Outre son potentiel de rentabilité élevé, l'investissement direct donne à l'entreprise le contrôle total sur ses opérations dans le pays étranger.

Le Groupe ING, une société financière néerlandaise, a décidé de pénétrer le marché canadien à travers une filiale à 100 %. Attirée par la position du Canada en tant qu'important marché de services financiers ainsi que par ses règlements compatibles avec le désir d'ING de fournir des services bancaires et des produits d'assurance et de gestion de l'actif (hypothèques, comptes de placement, etc.), ING a effectué une percée dynamique au Canada en 1997 et n'a jamais regretté sa décision. Renonçant aux divisions bancaires traditionnelles, ING a créé ING Direct et offre uniquement des services en ligne. Aux comptes d'épargne en ligne proposés à l'origine, ING a ajouté des comptes de placement et un service d'emprunts hypothécaires en ligne. Elle compte maintenant plus d'un million de clients et son actif s'élève à plus de 10 milliards de dollars au Canada. ING a aussi lancé une campagne publicitaire qui se moque gentiment de l'ignorance des Canadiens au sujet des activités de l'entreprise[57].

Comme nous l'avons souligné, chacune de ces stratégies de pénétration comporte différents niveaux de risque et avantages pour l'entreprise étrangère. Mais même après qu'une entreprise a estimé le niveau de risque qu'elle est prête à courir et arrêté sa stratégie de pénétration du marché mondial, elle doit encore élaborer sa stratégie de marketing, un sujet que nous aborderons maintenant.

Choisir une stratégie de marketing international

OA 4

Tout comme n'importe quelle stratégie de marketing, une stratégie de marketing international s'appuie sur deux actions : la première consiste à définir le ou les marchés cibles et la seconde, à élaborer un marketing mix qui permettra à l'entreprise de conserver un avantage concurrentiel au fil du temps. Nous étudierons les composantes d'une stratégie de marketing adaptée en particulier aux marchés internationaux.

Le marché cible : segmentation, ciblage et positionnement

Au niveau mondial, la segmentation, le ciblage et le positionnement sont plus complexes qu'au niveau local, et ce, pour plusieurs raisons. En premier lieu, les entreprises qui visent une expansion mondiale saisissent souvent mal les subtilités de la culture des autres pays. En deuxième lieu, elles doivent aussi tenir compte des sous-cultures de ces pays. En troisième lieu, les consommateurs de différents pays ne perçoivent pas tous de la même manière les produits ainsi que leur rôle en tant que consommateurs[58].

Souvent, l'entreprise doit positionner son produit ou son service différemment selon le marché. Par exemple, Tang, la boisson aromatisée aux fruits produite par Kraft, se positionne comme une boisson bon marché aux États-Unis, mais cette stratégie ne fonctionnerait pas au Brésil où le jus d'orange constitue déjà une boisson bon marché. Kraft y vend donc un Tang à l'ananas qu'elle positionne comme une boisson réservée aux occasions spéciales. De la même façon, McDonald's mise habituellement sur la commodité et sur les prix modiques de ses produits, mais dans des pays comme la Chine et l'Inde, où les consommateurs bénéficient déjà d'options moins chères et plus pratiques, l'entreprise se positionne comme un restaurant « américain »[59].

La façon la plus efficace consiste à élaborer et à maintenir une stratégie de positionnement international ; une position est égale à un message. Par exemple, Tropicana, qui est la marque de jus d'orange la plus vendue aux États-Unis, occupe 6 % du marché mondial du jus. Dans sa stratégie de positionnement international, sa filiale, PepsiCo, met donc l'accent sur le fait que le jus Tropicana est un « jus d'orange fraîchement pressé »[60].

Une fois que l'entreprise a défini le positionnement de son produit sur le marché, elle doit décider de la manière dont elle déploiera ses stratégies de marketing à travers son marketing mix. De même que les entreprises adaptent leurs produits et leurs

Dans sa stratégie de positionnement international, Tropicana met en valeur le fait que son jus est un « jus d'orange fraîchement pressé ».

services aux besoins de leurs marchés cibles nationaux, de même elles doivent modifier leur marketing mix afin de répondre aux besoins des marchés internationaux.

Le marketing mix international

Dans les années 1950 et 1960, au début de la mondialisation, les grandes entreprises américaines occupaient une position unique sur le marché mondial parce qu'elles possédaient les compétences nécessaires pour développer, promouvoir et commercialiser des biens de consommation de marque. Dans les années 1970 et 1980, toutefois, ce sont les entreprises japonaises qui dominaient le marché mondial parce qu'elles pouvaient exploiter leurs compétences en matière de production, de gestion des matières et de développement de nouveaux produits. Aujourd'hui, des détaillants comme Walmart, des sociétés financières comme Citicorp et des fabricants de logiciels comme Microsoft dominent le marché mondial parce qu'ils exploitent leurs compétences en technologie[61]. Nous examinerons les quatre « P » (produit, prix, distribution et communication) dans une perspective internationale.

Les stratégies internationales en matière de produit ou de service Aujourd'hui, les entreprises ont le choix entre trois stratégies internationales en matière de produit ou de service :

- Vendre le même produit ou service dans le pays d'origine et le pays hôte.
- Vendre un produit ou un service semblable à celui qui est vendu dans le pays d'origine en le modifiant légèrement.
- Vendre un produit ou un service entièrement nouveau.

La stratégie choisie par l'entreprise dépendra des besoins de son marché cible. Le niveau de développement économique de même que les différences de normes en ce qui a trait aux produits et aux spécifications techniques lui permettront de déterminer si elle doit adapter son produit. Les différences culturelles comme les préférences alimentaires, la langue et la religion jouent aussi un rôle dans la planification de la stratégie en matière de produit. Par exemple, Frito Lay a découvert que ses Cheetos avec leur goût de fromage et leur couleur orange se vendaient mal en Chine, le fromage étant exclu du régime traditionnel chinois. Elle a donc a adapté ses Cheetos chinois pour offrir une grignotine à saveur de teriyaki ou de beurre[62]. Depuis ce changement, elle a mis en marché des Cheetos de saveurs et de couleurs variées incluant des grignotines roses au parfum de fraise. Ces nouveaux produits ont conservé le nom de Cheetos parce que le caractère chinois *qi duo* se prononce « tchi douaou » et signifie « nouvelle surprise »[63].

Le niveau de développement économique influe également sur la stratégie internationale en matière de produit parce qu'il a un effet direct sur les comportements des consommateurs. Par exemple, les consommateurs des pays développés ont tendance à exiger des produits plus complexes que les consommateurs des pays moins développés.

Au Canada, Honda ne vend pas la ligne de motos « urbaines » qu'elle vend au Mexique et en Chine parce que ces motos ressemblent davantage à des scooters qu'à des motos, ce qui plaît moins aux consommateurs canadiens. Les motos vendues au Canada sont plus puissantes et plus grosses. En outre, elles comportent une foule d'options qui ne sont pas offertes dans d'autres pays.

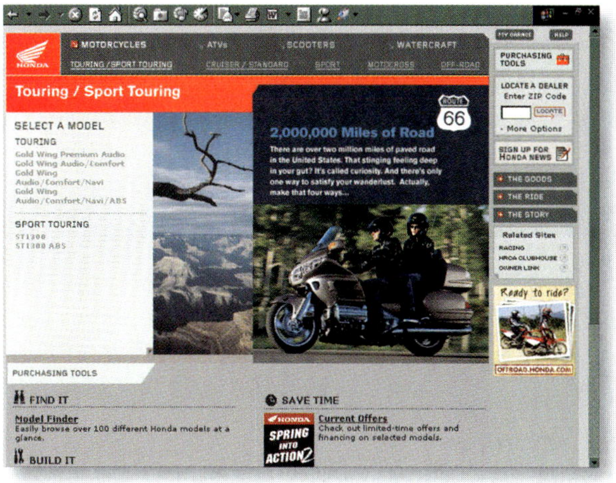

Honda a adapté sa ligne de produits aux besoins de sa clientèle. Les motos qu'elle vend au Mexique (à gauche) sont relativement bon marché et destinées à la conduite urbaine. Les grosses motos de tourisme qu'elle vend aux États-Unis (à droite) sont adaptées à la conduite sur les autoroutes.

Certaines entreprises normalisent leurs produits à l'échelle mondiale, mais varient leurs campagnes publicitaires. Les croustilles Pringles originales sont les mêmes partout dans le monde. Les images et les thèmes de la campagne publicitaire sont aussi homogènes, et celle-ci comporte des adaptations linguistiques mineures pour les marchés locaux, bien que l'anglais soit utilisé partout où il est compris. Toutefois, l'entreprise varie la saveur des croustilles selon les pays: ainsi, elle offre des croustilles au paprika en Italie et en Allemagne[64]. McCain, qui commercialise des pommes de terres congelées dans une centaine de pays, localise son produit, par exemple en l'appelant *chips* en Angleterre, et en élaborant des publicités adaptées aux marchés et aux gestionnaires de chaque région[65].

Il n'y a pas que les fabricants qui doivent adapter leurs offres. Sur le plan des services, par exemple, MTV offre un mélange de contenu normalisé et localisé afin de répondre aux besoins de ses divers marchés, comme on le voit dans la rubrique Valeur ajoutée qui suit.

Valeur ajoutée 17.1 MTV conquiert le monde

Comme des millions d'autres téléspectateurs du monde entier, vous regarderez peut-être MTV ce soir, mais le contenu MTV que vous verrez pourrait être différent de celui qui est vu par un étudiant de Jakarta, en Indonésie, par exemple[66]. MTV (Music Television) est désormais la première chaîne regardée par les jeunes du monde entier. Elle diffuse dans plus de 374,7 millions de foyers répartis dans 164 pays à travers 34 canaux et en 18 langues. Lorsque MTV a entrepris de se mondialiser, elle offrait la même programmation sur tous les marchés.

Or, comme d'autres marques mondiales, MTV a vite compris que son produit unique ne répondait pas aux besoins de son segment cible. C'est pourquoi, tout en conservant sa personnalité propre et en continuant de viser son marché cible, elle a ouvert des bureaux régionaux, surtout en Asie. Aujourd'hui, environ 80 % de sa programmation asiatique est locale. Ce contenu localisé offre une tribune sans précédent aux traditions musicales et aux musiciens locaux. Par exemple, c'est presque par hasard que MTV Indonésie, qui compte 13 millions de téléspectateurs potentiels, a décidé de diffuser l'une des émissions favorites de son public, *MTV Salam Dangdut*.

MTV Salam Dangdut met à l'honneur la musique traditionnelle la plus populaire d'Indonésie, le dangdut, dans une émission diffusée à l'origine simplement comme un geste d'appréciation à l'égard de la culture locale. Fait ironique, le dangdut a longtemps été impopulaire dans l'industrie de la musique indonésienne. Cette musique traditionnelle n'était pas assez excitante pour un public contemporain. C'est seulement lorsque MTV a décidé de diffuser l'émission que les auditeurs locaux ont de nouveau pris goût à la musique traditionnelle. Alors qu'ils avaient toujours boudé la musique comme le dangdut, les jeunes la trouvaient soudain géniale grâce à l'approche axée sur la génération Y adoptée par MTV.

La question de savoir quels produits mondialiser et quels produits localiser est toujours épineuse. Mais dans ce cas-ci, MTV semble avoir misé sur un cheval gagnant.

Malgré les différences persistantes entre les pays, les gestionnaires marketing ont remarqué une convergence croissante dans les goûts et les préférences relatifs à de nombreuses catégories de produits. Starbucks est un bon exemple d'entreprise qui influe sur cette convergence mondiale des goûts et, en même temps, exploite celle-ci. Même en Chine et en Grande-Bretagne, fiefs traditionnels des buveurs de thé, le café gagne rapidement en popularité. De plus en plus, à cause d'Internet et d'autres technologies de l'information et de la communication, on remarque non seulement une convergence de goûts parmi les jeunes, mais encore l'apparition de segments mondiaux plus homogènes, c'est-à-dire de groupes de consommateurs qui présentent les mêmes caractéristiques d'achat. Une étude a mis en lumière le « segment mondial des adolescents », composé de jeunes du monde entier — du Japon à Vancouver, en passant par Londres, Pékin et San Francisco — qui achètent à peu près les mêmes vêtements de marque, produits électroniques et accessoires, écoutent la même musique et mangent la même nourriture. Ces tendances permettent aux gestionnaires marketing de cibler plus facilement ces consommateurs avec des produits normalisés[67].

Les stratégies internationales de fixation des prix Déterminer le prix de vente d'un produit ou d'un service sur le marché international est une tâche très complexe[68]. Dans bien des pays, le marché compétitif est soumis à des règles, entre autres des règles de fixation des prix. Par exemple, dans certains pays, les entreprises ne peuvent vendre au-dessous des prix du marché local et ne peuvent réduire les prix qu'à certains moments de l'année ou selon des pourcentages établis par le gouvernement.

Pour les entreprises comme Walmart et d'autres magasins minimarges, ces restrictions menacent leur position concurrentielle en tant que fournisseurs les moins chers du marché. D'autres restrictions, telles que les tarifs douaniers, les contingents, les lois antidumping et les politiques relatives aux taux de change, peuvent aussi influer sur la fixation des prix[69].

Les facteurs concurrentiels exercent un effet sur la fixation des prix à l'échelle mondiale de la même façon que dans le pays d'origine, mais, parce que les produits ou les services d'une entreprise n'ont pas toujours le même positionnement sur le marché international que sur le marché intérieur, les prix du marché doivent être ajustés pour refléter la structure de prix locale. Zara, le détaillant de mode espagnol, pratique des prix relativement bas dans l'Union européenne, mais des prix modérés en Amérique du Nord. De même, le jeu Boogie pour Nintendo Wii se vendait 65 $ CAN en décembre 2007 au Best Buy d'Ottawa, mais 45 $ US au Best Buy de New York, de l'autre côté de la frontière.

Les stratégies internationales de distribution Les circuits internationaux de distribution forment des chaînes de valeur complexes comprenant des intermédiaires, des exportateurs, des importateurs et divers systèmes de transport. Ces intermédiaires ajoutent au coût du produit et augmentent son prix de vente final. En raison de ces coefficients de coût, les gestionnaires s'efforcent constamment de raccourcir les circuits de distribution partout où cela est possible.

Le nombre d'entreprises avec lesquelles le vendeur doit faire affaire pour livrer sa marchandise aux consommateurs détermine la complexité du circuit de distribution. Dans la plupart des pays en développement, les fabricants doivent passer par de nombreux intermédiaires pour acheminer leurs produits aux utilisateurs finaux qui, souvent, n'ont pas de moyen de transport adéquat pour se rendre dans des zones commerciales centrales ou de grands centres commerciaux. Ces consommateurs font donc leurs achats à proximité de leur foyer dans de petits commerces de détail familiaux. Pour atteindre ces petits commerces, dont la plupart sont situés loin des grandes gares ferroviaires ou des artères principales, les gestionnaires marketing doivent faire preuve de créativité. Au Brésil, dans la jungle amazonienne, par exemple, les produits Avon sont parfois livrés en canot. Toutefois, même si les circuits de distribution posent parfois problème, certaines entreprises vendent leurs produits

La distribution peut être complexe dans certains pays si l'infrastructure de transport est inadéquate. Au Brésil, dans la jungle amazonienne, par exemple, les produits Avon sont parfois livrés en canot.

de la même façon sur les marchés extérieurs que sur le marché intérieur. Jusqu'à tout récemment, Dell distribuait ses produits dans le monde entier de la même façon qu'aux États-Unis, c'est-à-dire en ligne. En 2007, cependant, elle a étendu sa distribution à des détaillants comme Walmart et le revendeur de produits électroniques chinois Gome.

Les stratégies internationales de communication L'entreprise qui élabore sa stratégie internationale de communication fait face à un défi : reconnaître les éléments de son message qui doivent être adaptés pour que celui-ci soit compris sur le marché international. Par exemple, les niveaux d'alphabétisation varient énormément d'un pays à l'autre.

En Argentine, 3,8 % de la population adulte est analphabète, comparativement à 6 % aux Philippines et à un énorme 61 % au Liberia[70]. La disponibilité des médias est aussi très variable et, dans certains pays, tous les médias sont contrôlés par l'État. De plus, les règlements relatifs à la publicité diffèrent eux aussi. Dernièrement, à des fins de normalisation, l'Union européenne a proposé des lignes de conduite communes pour ses États membres relativement à la publicité destinée aux enfants. Actuellement, elle étudie la possibilité d'interdire la publicité sur les aliments vides[71].

Les différences de langues, de coutumes et de culture compliquent aussi la communication entre les gestionnaires marketing et leurs clients de divers pays. La langue présente parfois un problème particulièrement délicat pour les annonceurs. Par exemple, en France, les gosses sont des enfants, tandis qu'au Canada ce mot désigne… autre chose. Afin d'éviter les ennuis potentiels découlant de la confusion linguistique, les entreprises dépensent des millions de dollars pour trouver des noms de marque qui ne veulent rien dire dans l'une ou l'autre langue. Accenture (une société de conseil en gestion) ou Avaya (une filiale de Lucent Technologies, anciennement Bell Labs) en sont deux exemples.

Les habitants de nombreux pays s'expriment dans un dialecte qui est une forme régionale de la langue principale. En Chine, où l'on parle trois langues principales, des entreprises comme Mercedes-Benz ont adapté leur nom à chaque langue. L'entreprise est donc connue sous trois noms chinois en Asie : *Peng zee* (cantonais) à Hong Kong, *Peng chi* (mandarin) à Taiwan et *Ben chi* (mandarin) en Chine continentale. D'autres entreprises utilisent un seul nom en Chine. Ainsi, Nokia devient *Nuo jee ya* en mandarin[72]. Comme la Chine continue de se développer, les désignations multiples d'un produit ou d'un service deviendront de plus en plus inefficaces. Contrairement aux entreprises ci-dessus, Research In Motion commercialise son BlackBerry sous le même nom partout dans le monde.

Malgré toutes ces différences, de nombreux produits et services répondent aux mêmes besoins et désirs dans le monde entier sans qu'il soit nécessaire d'adapter leur forme ou leur message. Les entreprises comme Coca-Cola, dont les produits sont appréciés partout dans le monde, peuvent concevoir des campagnes publicitaires mondiales et ainsi réaliser des économies substantielles. Selon McCann-Erickson, l'agence de publicité de Coca-Cola, la société à économisé 90 millions de dollars en réutilisant ses annonces et en en modifiant seulement certains éléments pour les adapter à divers marchés locaux[73].

Toutefois, d'autres produits exigent une approche plus localisée en raison des différences culturelles et religieuses. Dans l'annonce classique sur les montres Longines, une montre orne le bras nu d'une femme. Cette publicité a été jugée inadaptée aux pays musulmans où les femmes ne dévoilent jamais leurs bras en public. Or, l'entreprise a simplement modifié son annonce de façon à présenter la même montre sur un bras et une main gantés.

La réglementation en vigueur dans le pays hôte peut aussi modifier les stratégies de communication. L'Organisation mondiale du commerce a été mêlée à plusieurs cas relatifs au droit des entreprises d'utiliser certains noms et affiliations pour leurs produits et leurs promotions. Dans l'Union européenne, plusieurs produits de marque ont acquis une reconnaissance mondiale en raison de leur provenance. Par exemple, actuellement, dans l'Union européenne, seul le jambon provenant de Parme, en Italie, peut porter l'appellation «jambon de Parme» et seul le vin mousseux produit dans la région de la Champagne, en France, peut s'appeler «champagne». Toutefois, l'Union européenne a refusé d'accéder à la demande de pays non membres de l'Union européenne de bénéficier de la même protection, notamment les États-Unis pour le jus d'orange de la Floride[74]. On s'attend à ce que l'OMC demande à l'Union européenne soit de supprimer toutes ces protections, soit de les accorder aussi aux États non membres. Dans un cas précis, un conflit similaire a même provoqué une dispute d'envergure mondiale au sujet de la bière (*voir la rubrique Marketing entrepreneurial 17.1, p. 569*).

OA 5 Les questions éthiques liées au marketing international

Bien que les questions éthiques foisonnent sur les marchés intérieurs, elles sont encore plus complexes dans le cas du marketing international. Les entreprises qui vendent leurs produits à l'échelle planétaire doivent reconnaître qu'au fond elles sont des invitées dans les autres pays et qu'à ce titre elles doivent être conscientes des préoccupations éthiques de leurs clients potentiels. Trois types de préoccupations retiendront ici notre attention: les préoccupations environnementales, les enjeux relatifs à la mondialisation du travail et l'incidence de la présence d'entreprises étrangères sur la culture du pays hôte.

préoccupations environnementales (*environmental concerns*) Prise de conscience, entre autres, de l'utilisation abusive des ressources naturelles et de l'énergie, de la production de déchets issus de la fabrication des produits, de la quantité excessive de déchets que constituent l'emballage des biens de consommation et les biens qu'il est difficile de recycler, notamment les pneus, les téléphones cellulaires et les écrans d'ordinateurs.

Les préoccupations environnementales

L'une des **préoccupations environnementales** répandues dans le monde entier concerne la quantité de déchets que nous produisons, surtout dans les pays développés. Ces déchets comprennent, entre autres, l'utilisation abusive des ressources naturelles et de l'énergie, la production de déchets issus de la fabrication des produits, la quantité excessive de déchets que constituent l'emballage des biens de consommation et les biens qu'il est difficile de recycler, notamment les pneus, les téléphones cellulaires et les écrans d'ordinateurs.

Un bon nombre de pays développés produisent presque deux tonnes de déchets domestiques et industriels par personne par an[75]! Bien que les pays en développement soient loin de produire la même quantité de déchets, la plus grande partie de ceux-ci ne sont pas traités de façon adéquate.

Marketing entrepreneurial

17.1 La guerre des bières : David contre Goliath

La brasserie Budvar prétend qu'Anheuser-Busch lui a volé le nom Budweiser et que son produit est la seule et unique Budweiser[76]. Située en République tchèque, un État membre de l'Union européenne, la brasserie Budvar existe depuis 700 ans. Durant des années, les deux Budweiser ont coexisté des deux côtés de l'Atlantique dans une paix relative, bien que le premier affrontement entre les deux Budweiser ait eu lieu en 1911 lors d'une foire commerciale. Selon le porte-parole de Budvar, les entreprises ont alors conclu une entente qui consistait en gros à diviser le globe en deux : « Nous avions accepté de ne pas vendre notre bière au nord du canal de Panamá. En contrepartie, Anheuser-Busch s'engageait à ne pas vendre la sienne en Europe. »

Après la chute du communisme, en 1989, Budvar et Anheuser-Busch ont commencé à prendre de l'expansion. Budvar a alors décidé d'annoncer sa bière au Royaume-Uni et Anheuser-Busch, d'exporter la sienne en Europe. Au dire de celle-ci, l'entreprise ne pouvait plus se permettre de bouder le lucratif marché européen.

De l'avis de Budvar, les consommateurs s'attendent à ce que la « Budweiser » soit une boisson de qualité produite uniquement par Budvar. Toujours selon elle, la « Bud » (un diminutif du nom de la ville où Budvar a pignon sur rue) fabriquée par Anheuser-Busch n'est tout simplement pas à la hauteur. Ce à quoi Anheuser-Busch a répliqué que Budweiser et Bud sont des noms de marque mondiaux associés à son produit. L'entreprise y a investi des centaines de millions de dollars au cours de ses 130 années d'existence, ce qui fait de Budweiser et de Bud les noms de marque les plus chers du monde. Anheuser-Busch croit que ses marques de commerce sont le fondement de son entreprise de bière et elle a l'intention de se défendre bec et ongles.

Les pays européens ont une longue tradition qui consiste à protéger les marques locales et les produits régionaux en rendant difficile, voire impossible, aux producteurs étrangers la pénétration de leur marché. Jusqu'ici, la bataille de la bière s'est jouée pays par pays et, à l'heure actuelle, elle traverse une trêve troublée qui exige des compromis intéressants. Anheuser-Busch a déposé les marques Budweiser et Bud dans 20 des 27 États membres de l'Union européenne et y vend 31 % de sa bière (en volume). Dans beaucoup de ces pays, les deux Bud se côtoient sur les tablettes du magasin local.

Quand vous envisagez de boire une Bud, pensez-vous à une Budweiser ou à une Budvar ?

Actuellement, Budvar vise à étendre son marché aux États-Unis. Le PDG de Budvar a un petit rire ironique lorsqu'il envisage la possibilité qu'un client américain achète par erreur une caisse de bière tchèque et se convertisse « accidentellement » à la marque Budvar.

Entre-temps, l'OMC étudie la question de la protection des produits locaux et régionaux. De nombreux indices laissent croire qu'elle n'accordera à aucun des deux brasseurs l'exclusivité des noms Bud et Budweiser. Il semble que les deux produits continueront de coexister pendant encore de nombreuses années. À la longue, pour Budvar, une légère confusion pourrait bien s'avérer profitable.

Les enjeux relatifs à la mondialisation du travail

Les **enjeux relatifs à la mondialisation du travail**, notamment ceux qui portent sur les conditions de travail et les salaires des ouvriers dans les pays en développement, sont de plus en plus importants[77].

Nombre de grandes entreprises américaines ont été questionnées par divers groupes, y compris par des organismes non gouvernementaux et des défenseurs des droits de la personne, sur la question de savoir si leurs employés touchaient

enjeux relatifs à la mondialisation du travail (*global labour issues*) Problématiques portant notamment sur les conditions de travail et les salaires des ouvriers dans les pays en développement.

Beaucoup de pays développés produisent presque deux tonnes de déchets domestiques et industriels par personne par an, qui doivent être traités de façon adéquate.

moins qu'un salaire suffisant ou étaient forcés de travailler de longues heures dans des conditions pénibles[78].

Nike a été interrogée à plusieurs reprises par divers groupes sur les conditions de travail existant dans les usines du monde entier qui fabriquent ses produits[79]. Dans la plupart des cas, ces usines ne lui appartiennent pas et Nike doit donc négocier avec leurs propriétaires afin d'améliorer les conditions de travail et les salaires ou de veiller à ce qu'ils soient adéquats. En réaction aux pressions qu'elle a subies récemment, Nike s'est investie de façon importante dans des initiatives sociales. Ainsi, elle a adhéré à la Fair Labor Association, une organisation qui vise à améliorer les conditions de travail dans le monde entier, et instauré un programme de conformité et un code de déontologie pour ses sous-traitants. Les efforts de Nike ont été reconnus par l'ONU et par d'autres organismes internationaux et son programme de conformité sert de modèle à d'autres entreprises. Nike admet qu'elle ne sera jamais parfaite (avec 600 000 contractuels travaillant dans 900 usines réparties dans 50 pays, il est presque impossible d'éviter certaines violations), mais elle tente d'amener ses sous-traitants à se conformer à ses normes du travail. À l'heure actuelle, Coca-Cola subit la réaction brutale des étudiants de centaines d'universités et de collèges canadiens et américains, qui réclament le retrait des distributrices de Coca-Cola sur les campus en signe de protestation contre ses pratiques de travail médiocres en Colombie et dans d'autres pays en développement[80].

L'incidence de la présence d'entreprises étrangères sur la culture du pays hôte

ethnocentrisme (*cultural imperialism*)
Croyance selon laquelle une culture est supérieure aux autres ; il peut prendre la forme d'une politique officielle active ou d'une attitude générale plus subtile.

La dernière question relative à l'éthique concerne l'**ethnocentrisme**, la croyance selon laquelle une culture est supérieure aux autres ; il peut prendre la forme d'une politique officielle active ou d'une attitude générale plus subtile[81]. Les critiques des entreprises américaines implantées sur des marchés étrangers soutiennent que les produits et les services américains submergent la culture locale, remplaçant souvent ses mets, sa musique, ses films et ses traditions par ceux de l'Occident.

En Iran, les autorités religieuses ont interdit la célébration de la Saint-Valentin[82]. Malgré les lois iraniennes strictes qui régissent les interactions entre hommes et femmes, surtout les célibataires, la Saint-Valentin est devenue une fête populaire chez les jeunes. Ces derniers y ont été exposés à travers Internet et la télévision par satellite, deux sources d'information que le gouvernement ne peut pas contrôler. Les articles associés à la Saint-Valentin sont acheminés par des circuits de distribution clandestins et vendus dans les commerces locaux. Risquant des démêlés avec la justice, les fleuristes, les boutiques de cadeaux et les restaurants prennent des mesures spéciales pour souligner la fête. Beaucoup de parents parrainent des fêtes de la Saint-Valentin auxquelles sont conviés des hommes et des femmes. Apparemment, l'amour est plus fort que tout. La moitié de la population iranienne a moins de 25 ans ; elle a adopté cette fête et continue de la célébrer à la manière occidentale traditionnelle parce qu'elle représente le progrès et la modernité.

Lorsque des entreprises occidentales pénètrent des marchés étrangers, elles doivent être familières avec la culture du pays hôte.

Cependant, d'autres Iraniens voient dans ce type de célébration une menace pour la culture iranienne. De nombreuses sociétés américaines sont coincées au milieu de ce conflit culturel[83]. Divers pays du monde sont tourmentés par des désirs contradictoires : se moderniser et participer au marché mondial ou bien s'accrocher à leurs valeurs culturelles et à leurs modes de vie traditionnels. Il n'existe pas de solution facile à ces dilemmes. Les entreprises qui pénètrent de nouveaux marchés doivent simplement se faire discrètes, de sorte que leurs pratiques commerciales, leurs produits et leurs services ne créent pas de frictions inutiles ou ne soient pas considérés comme une source d'affronts dans le pays hôte.

Faites le point

1) Nommez les facteurs qui favorisent la croissance de la mondialisation.

2) Décrivez les facteurs dont une entreprise doit tenir compte avant de décider de pénétrer un marché étranger.

3) Décrivez les types de propriété et de partenariat qui s'offrent aux entreprises qui veulent s'implanter à l'étranger.

4) Exposez les ressemblances et les différences entre une stratégie de marketing nationale et une stratégie de marketing internationale.

5) Expliquez l'incidence des questions éthiques sur les pratiques commerciales internationales.

1) La technologie, particulièrement celle de la communication, favorise la croissance des marchés mondiaux. Les entreprises peuvent communiquer instantanément avec leurs fournisseurs et leurs clients, tirer parti des faibles coûts de production offerts dans d'autres pays et rassembler des pièces et des produits finis du monde entier. Des organisations comme l'Organisation mondiale du commerce, le Fonds monétaire international et la Banque mondiale ont réduit ou éliminé certains tarifs douaniers et contingents, fournissent une assistance aux habitants des pays moins développés et encouragent le commerce dans de nombreuses régions.

2) Premièrement, l'entreprise doit déterminer si l'environnement politique et économique du pays visé est favorable au commerce. Deuxièmement, elle doit évaluer l'environnement économique général. Par exemple, les pays dont les produits locaux et nationaux se vendent bien, et qui enregistrent un excédent commercial ainsi qu'un taux démographique et des revenus en hausse, représentent en général de meilleurs choix. Troisièmement, l'entreprise doit connaître les différences culturelles et sociales entre son pays et le pays hôte et s'adapter à ces différences si elle veut établir des relations commerciales durables. Quatrièmement, l'entreprise doit évaluer les capacités technologiques et l'infrastructure du pays. Pour réussir à pénétrer un marché, elle doit avoir accès à un système de transport, à des circuits de distribution, à un système de communication et à une infrastructure adéquats.

3) Une entreprise qui veut percer un nouveau marché étranger a le choix entre plusieurs stratégies comportant chacune un niveau de risque et d'engagement différent. L'investissement direct est la stratégie la plus risquée mais potentiellement la plus lucrative. Les entreprises qui forment des coentreprises avec des sociétés qui existent déjà dans le pays hôte partagent les risques avec celles-ci ; de plus, elles peuvent se familiariser plus rapidement avec le marché et la façon de commercer dans le pays. Une alliance stratégique s'apparente à une coentreprise, mais la relation n'est pas aussi officielle. Le franchisage est une méthode moins risquée. Comme dans le cas d'une franchise nationale, elle consiste pour un franchiseur à permettre à un franchisé, moyennant un coût, d'exploiter une entreprise dont il a créé le nom et la formule. La stratégie de pénétration la moins risquée est l'exportation.

4) Au fond, une stratégie de marketing internationale n'est pas différente d'une stratégie de marketing nationale. L'entreprise commence par définir ses marchés cibles, choisit les marchés qu'elle veut percer et élabore une stratégie afin de répondre aux besoins de ces marchés. Toutefois, d'autres questions viennent compliquer l'expansion internationale. Par exemple, l'entreprise doit-elle modifier son produit ou son service pour l'adapter au nouveau marché ? Doit-elle modifier sa manière de fixer les prix dans les différents pays ? Quelle est la meilleure façon de livrer le produit ou le service aux nouveaux clients ? Comment l'entreprise doit-elle annoncer son produit ou son service dans d'autres pays ?

5) Les entreprises doivent surtout être conscientes de l'incidence de leurs activités sur l'environnement. Lorsqu'elles produisent des biens ou embauchent du personnel de service dans un autre pays, elles doivent s'assurer que les conditions de travail et les salaires sont équitables et adéquats, même si les travailleurs sont employés par une tierce partie. Enfin, les gestionnaires marketing doivent être sensibles à l'impact de leurs activités sur la culture du pays hôte.

Mots clés

- accord commercial, p. 545
- Accord général sur les tarifs douaniers et le commerce (AGETAC ou GATT), p. 542
- alliance stratégique, p. 560
- Banque mondiale, p. 543
- boycottage, p. 546
- coentreprise, p. 572
- commerce de contrepartie, p. 547
- contingent, p. 545
- contrôle des changes, p. 546
- déficit de la balance commerciale, p. 551
- dumping, p. 545
- enjeux relatifs à la mondialisation du travail, p. 569
- ethnocentrisme, p. 570
- excédent de la balance commerciale, p. 551
- exportation, p. 559
- Fonds monétaire international (FMI), p. 543
- indice de développement humain (IDH), p. 551
- infrastructure, p. 558
- investissement direct, p. 562
- mondialisation, p. 539
- mondialisation de la production, p. 541
- Organisation mondiale du commerce (OMC), p. 542
- parité des pouvoirs d'achat (PPA), p. 551
- préoccupations environnementales, p. 568
- produit intérieur brut (PIB), p. 551
- sanction commerciale, p. 545
- taux de change, p. 546
- tarif douanier (ou droits), p. 545
- zone d'échanges commerciaux, p. 547

Révision des concepts

1. Qu'est-ce que la mondialisation ? Quels sont les facteurs qui la favorisent ? Expliquez les effets de la mondialisation sur le marketing au Canada.
2. Nommez et décrivez les quatre aspects du marché que les entreprises doivent évaluer pour déterminer la viabilité de divers marchés internationaux.
3. Quels aspects de l'évaluation du marché sont souvent les plus difficiles à évaluer ? Pourquoi ?
4. Énumérez les cinq types de stratégies que les entreprises peuvent utiliser pour s'implanter sur un marché international. Comparez-les en ce qui a trait au niveau de risque, au potentiel de rentabilité et au contrôle de la fabrication.
5. Expliquez les avantages et les désavantages d'une stratégie mondiale en matière de produit (offrir le même produit sur le marché intérieur et sur des marchés extérieurs).
6. Quels sont les principaux facteurs dont les gestionnaires marketing devraient tenir compte pour décider s'ils doivent adapter leurs quatre « P » à un marché donné ?
7. Qu'est-ce qu'un risque politique ? Pourquoi est-il important d'évaluer le risque politique ? Comment fait-on pour l'évaluer ? Nommez deux ou trois organisations canadiennes qui offrent aux gestionnaires marketing des services d'évaluation du risque politique.
8. Les politiques protectionnistes limitent le commerce et le marketing internationaux, tandis que les accords commerciaux favorisent ceux-ci. Expliquez les raisons pour lesquelles un pays voudrait imposer des politiques protectionnistes dans certains secteurs et libéraliser d'autres secteurs.
9. Expliquez comment des mesures comme le produit intérieur brut, la parité des pouvoirs d'achat (indice Big Mac) et l'indice de développement humain peuvent influer sur la décision des gestionnaires marketing de pénétrer ou non un marché international. Quels sont les points faibles de ces mesures ?
10. Expliquez l'utilité des cinq dimensions de la culture établies par Hofstede pour comprendre les différentes cultures du monde. Où et comment les gestionnaires marketing peuvent-ils se renseigner sur la culture d'un pays dans lequel ils veulent commercialiser leurs produits ?

Marketing appliqué

1. L'Organisation mondiale du commerce, la Banque mondiale et le Fonds monétaire international travaillent tous de diverses manières pour encourager la mondialisation. Quel rôle chaque organisation joue-t-elle au sein du marché mondial ?
2. Cervélo est un fabricant canadien de vélos hauts de gamme. Supposons que l'entreprise envisage de pénétrer les marchés britannique et chinois. À l'étape de l'évaluation des marchés, de quels facteurs économiques Cervélo doit-elle tenir compte avant d'arrêter sa décision ? À votre avis, quel marché sera le plus lucratif pour elle ? Pourquoi ?
3. Maintenant, songeons aux systèmes politique, économique et judiciaire de la Chine par opposition à ceux du Royaume-Uni. Selon vous, pourquoi un pays pourrait-il se montrer plus accueillant que l'autre pour Cervélo ?
4. Volkswagen vend ses voitures dans de nombreux pays, y compris au Mexique et en Amérique latine. À votre avis, en quoi sa position sur les marchés de cette région du monde diffère-t-elle de sa position au Canada ?
5. Les marques internationales qui deviennent populaires au niveau local obtiennent le meilleur de deux mondes : la fidélité des clients locaux et les divers avantages des relations internationales. Comment les multinationales comme McCain Foods, Philips et McDonald's s'y prennent-elles pour s'implanter avec succès sur de multiples marchés locaux ?
6. Qu'est-ce que l'ethnocentrisme ? Pourquoi une société de disques comme Def Jam Recordings doit-elle être sensibilisée à cette question ?
7. Décrivez une pratique douteuse sur le plan de l'éthique menée par une entreprise étrangère qui fait des affaires au Canada.
8. Beaucoup d'entreprises canadiennes et américaines relocalisent leurs usines de production et leurs services à l'étranger (externalisation ou délocalisation). Pourquoi, d'après vous ? Les avantages l'emportent-ils sur les pertes d'emplois que cette pratique peut entraîner au Canada et aux États-Unis ? Expliquez votre réponse.
9. Imaginons que vous travaillez pour une société financière canadienne qui s'annonce en disant que ses experts gèrent personnellement les comptes de ses clients. En fait, ces derniers ignorent que la majeure partie de la préparation des déclarations de revenus et de la tenue des comptes et des dossiers est effectuée par une entreprise en Inde. Le bureau local se contente de réviser les dossiers et de signer les lettres d'accompagnement. Néanmoins, comme votre supérieur vous l'a fait remarquer, une seule personne gère chaque compte. Les clients, qui ont entendu parler de la délocalisation de transactions sensibles comme la préparation des déclarations de revenus, se disent reconnaissants de pouvoir faire affaire avec une entreprise locale. Devriez-vous parler à vos clients de la délocalisation pratiquée par votre entreprise ? Si oui, que devriez-vous leur dire ?
10. Lululemon a élargi ses opérations de détail internationales grâce à des magasins de compagnie. Dans quels cas pourrait-elle envisager de fonder des coentreprises comme stratégie de pénétration de nouveaux marchés étrangers ?

Cyberfuté

1. Pour bon nombre de petites entreprises, l'idée de pénétrer un marché étranger peut sembler terrifiante. Le gouvernement du Canada ainsi que la plupart des gouvernements provinciaux et territoriaux offrent maintenant une assistance spéciale aux propriétaires de petites entreprises. C'est le cas, entre autres, de deux ministères, Affaires étrangères et Commerce international Canada ainsi qu'Industrie Canada. Consultez le site Web d'Industrie Canada (www.entreprisescanada.ca/fra/) et examinez les types de services que ce ministère fournit aux entreprises canadiennes qui veulent faire du commerce à l'étranger. Évaluez l'utilité des renseignements fournis sur le site.
2. McCain est aujourd'hui une marque mondiale, mais dans chaque pays, elle modifie ses produits et ses promotions pour les adapter aux goûts locaux. Consultez le site canadien de l'entreprise à l'adresse www.mccain.ca. Ensuite, visitez les sites français (www.mccain.fr), sud-américain (www.mccain.com.ar) et américain (www.mccainusa.com). En quoi ces trois sites diffèrent-ils du site canadien ? Quels produits sont différents ? Quels éléments promotionnels sont différents ?

Étude de cas

IKEA CONQUIERT LE MONDE UN PAYS À LA FOIS

Les projets entrepreneuriaux peuvent voir le jour n'importe où et n'importe quand, et la fondation d'IKEA est l'exemple classique d'un heureux hasard. Ingvar Kamprad n'avait que 17 ans en 1943 lorsque, grâce à l'argent que son père lui avait donné, il a créé un catalogue d'articles ménagers. Ayant constaté que les articles les plus rentables étaient les meubles, il s'est concentré sur ce créneau dès 1947.

Qui aurait cru, en 1943, que ce catalogue d'articles ménagers allait un jour devenir le plus gros détaillant de meubles du monde avec des ventes annuelles de 12 milliards de dollars et 286 millions de clients? IKEA opère aujourd'hui des commerces dans 35 pays et projette de pénétrer de nouveaux marchés, mais aussi d'élargir ses opérations sur les marchés où elle est actuellement implantée. Kamprad a compris qu'il avait trouvé un concept gagnant: celui qui anime encore IKEA aujourd'hui.

Ce concept était simple: offrir des meubles de qualité aux plus bas prix possible. Sur son site Web, IKEA définit ainsi sa mission: « Chez IKEA, notre vision est d'améliorer le quotidien du plus grand nombre. Et notre idée des affaires, qui soutient cette vision, consiste à proposer une vaste gamme d'articles d'ameublement esthétiques et fonctionnels à de si bas prix que le plus grand nombre pourra les acheter[84]. »

La combinaison qualité supérieure et bas prix est gagnante sur les marchés internationaux. Pour maintenir ses coûts bas, IKEA doit sans cesse faire preuve de créativité. Elle localise les diverses étapes de sa production dans différentes régions du monde afin de profiter des économies découlant de l'achat de produits moins chers à l'étranger. La méthode la plus ingénieuse qu'elle a trouvée pour maintenir ses prix bas est peut-être sa décision d'expédier tous ses articles dans des cartons plats; cela réduit ses coûts d'expédition et d'entreposage au minimum tout en protégeant les articles pendant le transport. Les clients transportent les cartons plats à la maison et assemblent eux-mêmes les meubles.

Les magasins IKEA et les services offerts (ou non offerts) par l'entreprise diffèrent de ceux d'autres détaillants de meubles[85]. Ses imposants locaux de 15 000 à 35 000 mètres carrés sont divisés en pièces modèles gaiement décorées. Les clients peuvent se prélasser dans les fauteuils. Comme les magasins sont en grande partie des libres-services, les clients sont encouragés à prendre les mesures nécessaires chez eux avant de s'y rendre. D'énormes étiquettes de prix sont fixées aux meubles et, dans tout le magasin, des fiches comportant des conseils de décoration sont offertes dans des présentoirs. Les magasins IKEA abritent aussi des garderies complètes et des restaurants, qui servent des mets suédois délicats comme du saumon fumé et des tartelettes aux airelles rouges.

Le franchisage a permis à IKEA de percer de nouveaux marchés tout en gardant le contrôle sur la façon dont les nouveaux magasins sont organisés et gérés. Les franchisés doivent s'engager fermement à respecter la manière IKEA; ils doivent aussi posséder une longue expérience du commerce de détail et des ressources financières suffisantes pour pouvoir absorber le coût de la construction d'un magasin IKEA.

Faire du commerce en Russie représente un défi de taille pour IKEA.

Chaque fois qu'IKEA pénètre un nouveau marché, elle doit effectuer certains ajustements à son marketing mix. Par exemple, pour s'implanter sur le marché américain, elle a modifié ses matelas de style européen, qui n'étaient pas compatibles avec la literie américaine. Beaucoup d'Américains trouvaient les divans trop durs et la vaisselle trop petite pour leurs portions de nourriture. Après avoir effectué les adaptations nécessaires, IKEA a pris son envol aux États-Unis.

Le marché russe a exigé des adaptations différentes. Bien qu'IKEA exploite plusieurs magasins en Russie ainsi qu'un entrepôt près de Moscou, elle éprouve des difficultés à amener les producteurs locaux à livrer les produits à temps. De plus, afin de protéger l'industrie du meuble russe contre la concurrence étrangère, le gouvernement impose des tarifs douaniers dissuasifs pouvant atteindre 80 %. La bureaucratie russe peut aussi être problématique. De nombreuses lois contradictoires font qu'il est presque impossible de respecter toutes les lois[86].

Son engagement ferme associé à une mission claire, sa capacité à tirer pleinement parti de la production mondialisée, ses magasins uniques, ses franchisés triés sur le volet et son habileté à adapter son marketing mix aux besoins locaux, tous ces éléments ont fait d'IKEA un détaillant de meubles de renommée internationale.

Questions

1. Les goûts des consommateurs en matière de mobilier varient d'une région à l'autre, d'un pays à l'autre et en fonction de divers critères démographiques comme l'âge, le revenu et le niveau de scolarité. Pourtant, bien que sa ligne de produits soit relativement peu étendue, IKEA tire son épingle du jeu sur presque tous les marchés qu'elle a pénétrés. Quel est le marché cible d'IKEA ? Pourquoi IKEA jouit-elle d'une telle notoriété mondiale ?
2. IKEA a recours au franchisage pour pénétrer de nouveaux marchés. Y a-t-il d'autres stratégies de pénétration qu'elle pourrait utiliser ? Expliquez votre réponse.
3. Comment IKEA se positionne-t-elle par rapport à d'autres détaillants de meubles ?

Annexe – Le plan marketing

SLAMKIK

MODÈLE DE PLAN MARKETING

1. **Résumé**

2. **Description de l'entreprise**

   — Un aperçu de l'entreprise
   — La mission
   — Les objectifs
   — La compétence principale

3. **L'analyse de la situation**

   — L'analyse FFOM
   Évaluez les forces et les faiblesses de l'entreprise et des produits. Évaluez les opportunités et les menaces observées dans l'environnement externe de l'entreprise.

   — L'analyse des tendances du marché
   Fournissez une description claire de l'industrie et une analyse statistique de cette dernière. Quelle est la taille du marché ? Quelles y sont les tendances observées ? Pourquoi ? Les ventes sont-elles en progression ou en déclin ? Pourquoi ?

   — L'analyse de l'environnement
   Quels sont les facteurs environnementaux qui influent sur votre marché (p. ex., la démographie, l'économie, les technologies, les facteurs politiques ou juridiques, sociaux et culturels) ? Déterminez les facteurs les plus pertinents par rapport à votre produit ou service. Il est normal que tous les facteurs n'aient pas un impact sur votre produit ou votre service, aussi concentrez-vous uniquement sur ceux qui ont un impact.

   — L'analyse concurrentielle
   Qui sont les principaux concurrents ? Quelle est leur part de marché ? Comment se positionnent-ils ? Quelles sont leurs forces et leurs faiblesses ? Quels produits et services, parmi ceux qu'ils offrent, sont en concurrence directe avec les vôtres ? Comment vos concurrents promeuvent-ils et distribuent-ils ces produits ? Quel prix en demandent-ils ? Comment vos concurrents sont-ils susceptibles de réagir à un nouveau concurrent ?

4. **Les objectifs de marketing**

   — Les objectifs à court terme
   — Les objectifs à long terme

5. **L'analyse par la segmentation et l'analyse du marché cible**

   Quel segment de marché clé ciblerez-vous ? Justifiez votre choix et **quantifiez-le** (combien de personnes ce segment représente-t-il ?). Quel pourcentage du segment de marché cible utilisera ou achètera votre produit ou votre service ? Attribuez un nom à votre segment de marché et dressez un profil détaillé des personnes qui en font partie ; songez à présenter leur comportement de consommateur.

6. **Le positionnement et le marketing mix**

   Positionnez votre produit ou votre service et élaborez un marketing mix (les quatre « P ») détaillé. Définissez clairement ce produit en précisant comment vous établirez son prix, le type de communication et sa distribution. Vous devez expliciter les stratégies de marketing qui vous permettront de saisir des parts de votre marché cible. S'il y a lieu, indiquez les principales menaces pouvant compromettre le succès de votre stratégie.

7. **L'analyse financière**

   Présentez des états financiers prévisionnels (pertes et profits) pour trois ans. Quel est le point mort en volume ? À partir de quelle année déclarerez-vous un profit ? Quelles sont vos projections de ventes et de parts de marché ? Justifiez le calcul de vos revenus, du coût des marchandises vendues, des dépenses et de la répartition de votre budget de marketing.

8. **L'organigramme du marketing**

   Présentez un organigramme montrant les personnes responsables de la mise en œuvre du plan marketing.

9. **L'évaluation du rendement**

   Comparez le rendement réel avec les objectifs projetés ou les objectifs courants ou périodiques. Déterminez les raisons des écarts de rendement, tant pour le surrendement que pour le sous-rendement.

PLAN MARKETING POUR SLAMKIK*

Table des matières

* Ce plan marketing a été préparé en 2007 par un groupe d'étudiants de l'Université Wilfrid Laurier, située à Waterloo, en Ontario, dans le cadre de leur cours de marketing. Il est présenté ici à titre d'exemple et aux fins de discussion sur les plans marketing en général. Les auteurs souhaitent remercier leurs étudiants — Dan Andrews, Alex Cole, Matthew English, Jaclyn Hougassian, Amit Sen et Jonathan Snively — de leur avoir permis d'utiliser leur travail.

RÉSUMÉ

SlamKik est une balle aki dotée d'une composante technologique audio qui enregistre les coups. Elle s'inscrit dans la tendance des jeux novateurs misant sur la technologie pour encourager l'activité physique chez les jeunes de 10 à 19 ans, et ce, dans une société affligée d'un taux d'obésité infantile croissant. Le produit offre en outre aux enfants une nouvelle activité physique interactive amusante. SlamKik se présente comme un concurrent sur deux marchés dans l'industrie de la balle aki. Le premier marché est celui de la balle aki traditionnelle sans composante technologique. Le second marché est celui des produits qui intègrent la technologie pour ajouter des caractéristiques particulières à la balle aki : lecture de signaux audio, voyant DEL, affichage à cristaux liquides, mémoire des scores les plus élevés. La concurrence comprend Irwin, Wham-O Inc., FunKix, Flying Clipper et Sipa Sipa.

Le marché cible initial du SlamKik se compose de 132 391 garçons âgés de 10 à 19 ans vivant en Ontario. Ces garçons sont issus de ménages à revenu moyen, ils ont un revenu disponible important et sont actifs. Notre objectif est de vendre nos produits sur le marché canadien d'ici trois ans.

Les activités de promotion consisteront principalement à distribuer des échantillons de nos produits aux marchés cibles dans les écoles, les centres commerciaux, les foires commerciales et quelques grands événements comme l'Exposition nationale canadienne. Une fois le produit bien établi sur le marché, nous emprunterons d'autres circuits de marketing par Internet, dont les sites de réseaux sociaux comme YouTube, MySpace et Facebook. Nous prévoyons une stratégie de distribution intensive auprès des petits détaillants locaux et des cyberdétaillants.

SlamKik enregistrera une perte nette durant les deux premières années d'exploitation et atteindra son seuil de rentabilité durant la troisième année, lorsque nous étendrons la distribution à l'échelle nationale, pour enregistrer un profit net de 309 006 $. Nous obtiendrons ainsi un profit net cumulatif de 226 466 $ au cours des trois premières années d'exploitation.

LA MISSION

La mission de SlamKik est de promouvoir un mode de vie actif chez les jeunes par la création de produits novateurs et amusants.

3. L'analyse de la situation

- *L'analyse FFOM*

→ Les forces et les faiblesses de l'entreprise et des produits

→ Les opportunités et les menaces observables dans l'environnement de l'entreprise

L'ANALYSE DE LA SITUATION

L'analyse FFOM

Forces	Faiblesses
SlamKik est un produit novateur qui offre un contenu technologique important et dont la pile a une longue durée de vie.	SlamKik est un nouvel acteur sur un marché passablement occupé, et la marque a une faible reconnaissance.
Opportunités	SlamKik n'a pas de réseau de distribution et devra mobiliser des ressources et des efforts de marketing considérables pour en créer un.
Il y a un problème croissant d'obésité et un appel de plus en plus pressant à l'adoption d'un mode de vie actif.	La sous-traitance de la fabrication pourrait réduire la capacité de SlamKik à garantir la haute qualité de ses jouets.
Le programme ParticipACTION, qui encourage l'activité physique, est renouvelé.	Il est nécessaire de constituer une équipe de gestionnaires expérimentée et d'établir un organigramme de marketing, une démarche qui demande du temps et des ressources.
L'industrie du jouet au Canada est en croissance.	SlamKik, qui est une entreprise en démarrage, dispose donc de ressources financières limitées.
On observe une plus grande demande de jouets qui combinent la technologie avec l'interactivité tout en favorisant l'activité physique.	**Menaces**
La technologie du SlamKik est accessible aux enfants et reconnue par eux.	Le marché est très concurrentiel ; les acteurs en place se livrent une guerre des prix.
Le SlamKik se prête au jeu à l'intérieur, et les enfants peuvent jouer en sécurité chez eux, ce qui correspond à une préoccupation grandissante chez les parents canadiens.	Les entreprises existantes qui le désirent n'auront aucune difficulté à enrichir le contenu technologique de leurs jouets.

- *L'analyse des tendances du marché*
→ Fournissez une description claire de votre industrie et une analyse statistique de cette dernière.
→ Quelle est la taille du marché ?
→ Quelles y sont les tendances observées ? Pourquoi ?
→ Les ventes sont-elles en progression ou en déclin ? Pourquoi ?

- *L'analyse de l'environnement*
→ Quels sont les facteurs environnementaux qui influent sur votre marché (p. ex., la démographie, l'économie, les technologies, les facteurs politiques ou juridiques, sociaux et culturels) ?
→ Déterminez les facteurs les plus pertinents par rapport à votre produit ou service.

L'analyse des tendances du marché

Selon l'Association canadienne du jouet, l'industrie canadienne du jouet se chiffre à 1,4 milliard de dollars[1]. En 2006, au Canada, les ventes de jouets en magasin ont atteint 3 232 800 000 $[2]. Les ventes de jouets ont augmenté à chaque trimestre et le dernier trimestre a vu la plus grosse augmentation, soit plus du double du trimestre précédent, en raison du temps des fêtes. (*Voir l'annexe 1, qui présente une ventilation des ventes trimestrielles.*) Pour augmenter les ventes, nous prévoyons lancer SlamKik au début de novembre, juste à temps pour Noël : c'est le cadeau idéal à mettre dans le bas de Noël.

La tendance en matière de nouveaux jouets consiste à enrichir des jouets classiques d'améliorations électroniques ou Web. On estime que ces jouets ont été les plus populaires de 2007 en Amérique du Nord[3]. Au Salon du jouet de 2007, dans toutes les catégories de jouets, on observait une nette tendance à une augmentation des composantes électroniques, de l'interactivité, de la technologie et de la personnalisation[4]. C'est le fer de lance de SlamKik. Une autre tendance semble pousser l'industrie du jouet vers des jeux vidéo plus interactifs physiquement, que l'on pense à Wii de Nintendo, à Guitar Hero ou à Dance Dance Revolution. Ces jeux visent à faire bouger leurs utilisateurs. Parmi les jeunes qui s'adonnent aux jeux vidéo, les petits consommateurs jouent jusqu'à 5 heures par semaine, alors que les gros consommateurs se livrent à leur passion jusqu'à 16 heures par semaine, voire plus[5]. Sous l'influence des médias électroniques—télévision, cinéma, ordinateurs et jeux vidéo —, les enfants passent plus de temps que jamais devant un écran et consacrent de moins en moins temps à interagir avec leurs semblables[6]. Les fabricants ont compris qu'il est important de rendre leurs jeux plus interactifs pour amener leurs utilisateurs à bouger sans renoncer à leurs jeux vidéo préférés. En 2006, les ventes mondiales de jeux et de jouets pour l'extérieur et le sport ont diminué de 5 %, alors que celles de jouets électroniques ont augmenté de 17 %[7]. Notre produit est à la fois un jouet sportif et un jouet électronique.

L'analyse de l'environnement

Les principaux facteurs environnementaux qui influent sur notre marché sont la technologie et les courants sociaux.

La technologie Toujours en évolution, la technologie est une composante importante dans nos efforts pour devancer les tendances et maintenir la pertinence de nos jouets sur le marché. SlamKik est une balle aki classique, qui intègre une composante technologique sonore comptant le nombre de coups. Cette technologie s'activera par la tension exercée sur la balle, cependant que des billes protégeront le mécanisme de l'impact des coups. La composante sonore rappelle la technologie Bop It de Hasbro[8]; on la trouve déjà dans d'autres balles aki.

Aux États-Unis, l'industrie du jouet électronique atteint 1,6 milliard de dollars[9] et continue sa progression. En 2006, les ventes de jouets électroniques destinés aux jeunes ont augmenté de 22 % par rapport à l'année précédente[10]. Il s'agissait de l'augmentation la plus importante de toutes les catégories de jouets, et l'on s'attend à ce que cette tendance à la hausse se maintienne.

Les courants sociaux Les enfants et les adolescents d'aujourd'hui ne sont plus aussi actifs que l'étaient leurs parents. En fait, le niveau d'activité physique des jeunes d'aujourd'hui est de 40 % inférieur à celui des jeunes d'il y a 30 ans[11]. On peut penser que le nombre croissant de jeux vidéo et de jouets électroniques offerts sur le marché est un facteur lié à l'inactivité physique, une préoccupation grandissante pour les parents soucieux de voir leurs enfants adopter un mode de vie actif et sain. Par ailleurs, le jeune Canadien moyen passe plus de 26 heures par semaine devant le téléviseur, lesquelles s'ajoutent aux quelque 30 heures qu'il écoule assis en classe[12]. Le Canada compte 1 716 269 garçons âgés de 12 à 19 ans; de ce nombre, 386 366 sont dits « inactifs »[13], ce qui représente 23 % de notre marché cible. Le SlamKik favorise l'activité physique chez les adolescents, un argument majeur pour les parents qui désirent que leurs enfants soient en bonne santé et qu'ils pratiquent régulièrement une activité physique. Cet argument reflète la culture ambiante qui promeut l'adoption d'un mode de vie sain et actif. Le gouvernement canadien clame aussi les bienfaits de l'activité physique en investissant des millions de dollars dans des programmes de promotion de l'activité physique et d'une saine alimentation. Il a également réactivé le financement de ParticipACTION, financement qui avait pris fin en 2001[14]. ParticipACTION vise à faire des Canadiens le peuple le plus actif physiquement au monde; l'organisme encourage les Canadiens à bouger plus et à devenir actifs[15].

- *L'analyse concurrentielle*
- → Qui sont les principaux concurrents ?
- → Quelles sont leurs forces et leurs faiblesses ?
- → Quelle est leur part de marché ?
- → Comment se positionnent-ils ?
- → Quels produits et services, parmi ceux qu'ils offrent, sont en concurrence directe avec les vôtres ?
- → Comment vos concurrents promeuvent-ils et distribuent-ils ces produits ? Quel prix en demandent-ils ?
- → Comment vos concurrents sont-ils susceptibles de réagir à un nouveau concurrent ?

L'analyse concurrentielle

Sur le marché de la balle aki, Wham-O Inc. est le meneur au chapitre des ventes de Hacky Sacks^MD, de lance-pierres, de cerceaux et de frisbees. En 2006, Wham-O enregistrait des ventes de 5 millions de dollars[16]. Dans l'industrie du jouet, 50 entreprises détiennent 75 % des parts de marché[17]. Parmi elles figurent des géants comme Mattel et Hasbro.

Le SlamKik se mesurera à des produits similaires sur deux marchés, soit celui des jouets traditionnels et celui des technologies. De nombreux concurrents occupent le marché traditionnel, notamment Irwin, Wham-O Inc., FunKix, Flying Clipper et Sipa Sipa[18]. Notre analyse portera principalement sur FunKix, en raison de sa présence sur le marché technologique, et sur Wham-O Inc., en raison de sa capacité à soutenir la concurrence sur le marché traditionnel.

FunKix FunKix a développé le marché de la balle aki traditionnelle. Les trois produits de l'entreprise (Digi, Sonic et Flash) intègrent la technologie au concept de la balle aki.

Le produit Digi est notre concurrent direct puisqu'il est doté d'un affichage à cristaux liquides qui enregistre le meilleur score. Les deux autres produits ont des voyants DEL qui s'allument à l'impact (Flash) et un enregistreur audio permettant de faire entendre des phrases en cours de jeu (Sonic)[19]. Ces trois modèles sont vendus au prix de 10 £ (19,60 $ CAN).

FunKix se positionne comme un fournisseur novateur, ce qui justifie ses prix plus élevés. La balle aki traditionnelle ne figure donc pas dans sa gamme de produits. (*Voir l'annexe 2, qui présente une carte perceptuelle*[20].) FunKix a tenté de surfer sur la vague Harry Potter en proposant une version aki du « vif d'or », à gagner dans un concours[21]. La faible durée de vie de la pile et la piètre durabilité du produit comptent parmi les faiblesses de FunKix sur le plan concurrentiel. Notre produit n'est pas à l'abri de telles préoccupations, mais nous les surmonterons en améliorant la conception de la balle et en utilisant des piles longue durée. Bien que FunKix propose un produit semblable au nôtre, sa principale faiblesse au point de vue de la concurrence est son emplacement. En effet, l'entreprise a établi ses opérations au Royaume-Uni, et bien qu'elle exporte ses produits outre-mer, leurs prix de détail dépassent les 17,50 $ auxquels se détaille notre produit, ce qui signifie que leurs prix sont fixés à l'extérieur de notre marché. Si l'entreprise se trouvait en Amérique du Nord, notre produit serait en concurrence directe avec les siens.

4. Les objectifs de marketing

- *Les objectifs à court terme*
- *Les objectifs à long terme*

5. L'analyse par la segmentation et l'analyse du marché cible

→ Quel segment de marché clé ciblerez-vous ?

→ Justifiez votre choix et **quantifiez-le** (combien de personnes ce segment représente-t-il ?).

→ Quel pourcentage du segment de marché cible utilisera ou achètera votre produit ou votre service ?

→ Attribuez un nom à votre segment de marché et dressez un profil détaillé des personnes qui en font partie ; songez à présenter leur comportement de consommateur.

Wham-O Inc. Wham-O est une entreprise privée mieux connue pour le Slip-N-Slide et le Hula Hoop. Wham-O a créé une marque déposée générique pour sa balle aki, soit le Hacky Sack^MD^. Ce dernier se décline en trois modèles, soit le Freestyle (6,49 $), le Striker et l'Impact (4,99$). Wham-O ne badine pas avec ses marques de commerce et rappelle volontiers l'importance de respecter sa propriété intellectuelle[22]. Cela signifie que notre produit ne doit faire aucune référence à la marque Hacky Sack, sans risque d'encourir des poursuites. Les activités de communication ont lieu par l'entremise de publicité dans les points de vente et l'utilisation de la marque générique Hacky Sack. Le produit est vendu en ligne et dans les magasins de détail partout en Amérique du Nord[23]. Wham-O se positionne comme un fournisseur traditionnel de jouets classiques, et apparaît comme tel dans la carte perceptuelle (*voir l'annexe* 2)[24]. Le souci de Wham-O de proposer une balle aki de facture traditionnelle attire peut-être davantage les joueurs puristes. Dans la mesure où Wham-O est une grosse société dont les nombreuses gammes de produits génèrent des revenus constants, tout laisse croire qu'elle ne nous laissera pas investir le marché facilement. L'entreprise pourrait lancer une guerre des prix dans l'espoir de nous évincer du marché. Nous devrons compter sur la force novatrice de notre produit pour nous garder d'entrer dans une telle guerre des prix. La faiblesse de Wham-O sur le plan concurrentiel réside dans l'absence d'innovation et le respect du concept traditionnel.

Voilà comment nous différencierons notre produit des siens et, souhaitons-le, comment nous pourrons nous emparer d'une part du marché de l'industrie.

LA DÉTERMINATION ET L'ÉVALUATION DES OCCASIONSD'AFFAIRES

L'analyse par la segmentation et le comportement d'achat du consommateur

Notre marché cible sera celui des « garçons *in* actifs ». Notre marché cible principal se compose de 132 391 garçons vivant en Ontario. Ils sont âgés de 10 à 19 ans et pratiquent une activité physique régulièrement. (*Voir l'annexe 3, qui présente la répartition du marché cible.*) Nous avons choisi ce marché cible parce qu'il est substantiel et présente le potentiel voulu pour générer des profits. Il y a aussi des possibilités de croissance pour développer le marché dans le reste du Canada. À mesure qu'augmenteront les ventes et que le produit fera sa place sur le marché, nous pourrons étendre nos activités à d'autres provinces en visant le même groupe d'âge en quête des mêmes avantages. Ce segment de marché est facile à rejoindre, puisque nous disposons de diverses façons de faire connaître les avantages de notre produit, notamment la publicité sur les sites Web, le bouche-à-oreille et le contact direct avec nos clients. Les jeunes garçons sédentaires du même groupe d'âge peuvent constituer un marché secondaire potentiel, puisque jouer au SlamKik est une activité sociale. Ce groupe secondaire porterait le marché cible total à 817 230 garçons. (*Voir l'annexe 4, qui présente le marché secondaire.*)

Les garçons de ce segment de marché jouissent d'un revenu disponible considérable, car leurs parents assument la majeure partie de leurs frais de subsistance. Ils reçoivent en outre de l'argent de poche, des cadeaux en argent à leur anniversaire ou de leurs grands-parents, en plus d'un salaire pour certains, comme camelots ou employés dans un restaurant-minute. En Ontario, les ménages ont dépensé en moyenne 4 089 $ en 2005 pour leurs activités récréatives[25], et les ventes de jeux et de jouets au Canada ont augmenté de 19,5 % depuis 2002[26]. (*Voir l'annexe 5, qui illustre la croissance des ventes de jouets de 2002 à 2006.*)

Les garçons *in* actifs ont un mode de vie actif, aiment jouer avec leurs amis et sont très compétitifs. Ils ont de l'énergie à revendre et aiment regarder des événements sportifs ou prendre part à ceux-ci. Ils ont l'occasion de jouer au SlamKik à l'école, à l'heure du lunch. Ils ont généralement des loisirs la fin de semaine et disposent de plus de temps pour participer à des activités récréatives. Ils suivent les modes et ont tous un baladeur et un téléphone cellulaire.

Les garçons de notre marché cible aiment ce qui est amusant, pratique et facile à utiliser. Le SlamKik leur permet de rester actifs, il est petit et loge facilement dans une poche ou un sac à dos.

Le marketing mix

Le produit Notre SlamKik est un jouet novateur intégrant une composante sonore dans une balle aki. Sa petite taille en fait un objet facile à emporter. Il se déclinera dans une variété de couleurs—bleu, vert, rouge et noir—et de modèles, soit à rayures, à damier et en deux couleurs. La balle aki traditionnelle existe sur le marché depuis 1972[27] et a présenté peu d'innovations, celles-ci se limitant au motif et à la taille de la balle. Avec SlamKik, la balle aki se met au goût (technologique) du jour. Notre produit aura sensiblement la même taille que la balle aki traditionnelle, soit un diamètre de 6 centimètres et un poids de

6. Le positionnement et le marketing mix

- → Positionnez votre produit ou votre service et élaborez un marketing mix (les quatre « P ») détaillé.
- → Définissez clairement ce produit en précisant comment vous établirez son prix, le type de communication et sa distribution. Vous devez expliciter les stratégies de marketing qui vous permettront de saisir des parts de votre marché cible.
- → S'il y a lieu, indiquez les principales menaces pouvant compromettre le succès de votre stratégie.

85 grammes, en plus de comprendre un mécanisme sonore qui compte les coups, mémorise les meilleurs scores et donne une nouvelle tournure amusante à la balle aki classique.

Le SlamKik sera notre technologie de pointage gagnante. Une simple pression suffit à activer la composante sonore. Celle-ci compte les coups consécutifs jusqu'à ce qu'un écart de quatre secondes indique que le jeu s'est arrêté ou que la balle est tombée au sol. On peut modifier la façon de compter les coups en exerçant différentes pressions, selon l'option choisie : un comptage à l'aide de sons ou de la voix, un résumé des coups pendant la partie ou l'émission du résultat à la toute fin de la partie. Les joueurs peuvent sélectionner une option et allumer le mécanisme par pression. Ce dernier s'éteindra automatiquement après cinq minutes d'inactivité, de façon à préserver la pile. La balle utilise une pile non remplaçable, mais dont la durée de vie est plus ou moins longue, selon la fréquence d'utilisation. Une fois la pile épuisée, le Slamkik fonctionnera comme une balle aki classique, sans composante technologique. Les utilisateurs pourront aussi acheter un autre SlamKik. Le produit sera vendu avec un feuillet d'instructions dans un emballage cartonné aux couleurs vives et attrayantes. Chaque boîte présentera un motif particulier, à l'image du modèle de SlamKik qu'elle contient. (*Voir l'annexe 6, qui présente une illustration du produit.*)

Le prix Quatre composantes déterminent le prix de notre produit, soit la pile, la technologie de comptage, les matériaux (billes et recouvrement de vinyle) et la main-d'œuvre (y compris l'emballage). Nous prévoyons impartir la production, ce qui portera le coût unitaire variable à 11,40 $. Nous avons l'intention de vendre le produit 14 $ aux détaillants, qui le majoreront de 25 %, à 17,50 $. Nous vendrons en outre le produit directement en ligne et par vente personnelle au même prix que les détaillants, soit 17,50 $. Notre produit est vendu à un prix supérieur au Hacky Sack de Wham-O, car il comporte plus d'options et de composantes technologiques. Notre prix est également supérieur à celui de nos autres concurrents, car nous offrons un produit plus novateur et plus interactif. Nous souhaitons maintenir le prix le plus bas possible, car la pile n'est pas remplaçable et les consommateurs doivent pouvoir acheter un jouet abordable.

Le positionnement stratégique

- Notre produit est conçu pour les « garçons *in* actifs », en quête de nouveaux jeux qui demandent une interaction physique.
- Ces garçons sont au fait des plus récentes tendances de la mode et de la technologie et recherchent des jeux interactifs novateurs et attrayants, qui sollicitent leur désir de contacts sociaux et d'activité physique.
- Le SlamKik est une balle aki électronique qui compte vos coups.
- Contrairement aux balles aki traditionnelles, le SlamKik permet aux garçons *in* actifs de s'amuser dans un environnement compétitif grâce à un mécanisme qui mémorise les meilleurs scores.

Les activités de communication Nous comptons promouvoir notre produit en contactant directement nos clients pour décrire les caractéristiques et les avantages du SlamKik. Au cours des premiers mois, nous donnerons gracieusement des SlamKik dans nos kiosques installés dans les centres commerciaux, les écoles, les foires commerciales, l'Exposition nationale canadienne et les événements sportifs en plein air, par exemple les parties de la Ligue de hockey de l'Ontario, afin que nos clients puissent essayer le produit. Le SlamKik sera offert en prix dans des concours. Les versions d'essai auront une pile à durée de vie limitée (une caractéristique clairement indiquée sur l'emballage afin que le consommateur comprenne bien qu'il s'agit d'une version d'essai), qui cessera de fonctionner après quelque 10 heures de jeu.

Nous espérons que cette visibilité du produit incitera les utilisateurs à acheter un SlamKik lorsque leur version d'essai aura épuisé sa pile. Ces cadeaux publicitaires feront connaître notre marque au sein de notre marché cible et susciteront de l'intérêt pour les caractéristiques du produit. Lorsque nous aurons rejoint de grandes régions du sud de l'Ontario par contact direct, nous prévoyons que le bouche-à-oreille contribuera largement à faire connaître la marque. Internet constituera aussi une avenue importante pour promouvoir le SlamKik, puisque notre marché cible est plus friand des technologies de l'information et de la communication et d'Internet que les générations qui l'ont précédé. De nombreux jouets ont un site Web élémentaire, composé d'une page d'accueil simple comportant peu d'informations ; nous prévoyons cependant créer un portail dynamique et interactif où les utilisateurs pourront créer un compte, adhérer à un programme de fidélisation pour recevoir des cadeaux publicitaires et accéder à des rabais en ligne, jouer à des jeux et utiliser une interface interactive pour créer un SlamKik personnalisé. Nous garderons le contact avec nos clients grâce à des alertes par courriel. Nous enrichirons notre base de données des coordonnées des consommateurs rencontrés dans les événements promotionnels. Nous fidéliserons ainsi nos clients les plus précieux, soit ceux qui sont les plus susceptibles d'acheter plusieurs SlamKik, tout en adoptant des démarches de marketing attrayantes et concrètes par contact direct. Nous pourrions aussi emprunter de nouvelles avenues de marketing en ligne dynamique, par exemple en investissant des réseaux sociaux comme YouTube—au moyen d'une vidéo montrant des professionnels utilisant le produit—ou Facebook, où nous pouvons acheter de la publicité qui cible des marchés de jeunes fréquentant l'école secondaire. Les clients peuvent soumettre une vidéo les présentant avec leurs amis en train de jouer au SlamKik ; ils peuvent aussi participer à un concours sur SlamKik.com pour courir la chance de gagner une séance privée avec des joueurs professionnels d'aki ou d'autres produits SlamKik.

La stratégie de distribution Nous prévoyons assortir notre vente d'une approche dynamique et personnalisée. En commençant par pénétrer le marché ontarien, nous souhaitons étendre ensuite nos opérations sur d'autres marchés canadiens, selon nos capacités et les occasions d'affaires. Notre principal champ d'action demeure l'Ontario, particulièrement le sud de la province, siège de la production et de la promotion de notre produit. Nous présenterons ce dernier au Salon du jouet canadien qui se déroule juste avant le temps des fêtes, afin d'avoir un premier son de cloche du milieu et des détaillants. Nous ne consacrerons cependant pas nos énergies à placer notre produit sur les étagères des grands détaillants de jouets comme Toys "R" Us ou Walmart ; nous adopterons une approche de vente plus directe. Il est peu probable que nous arrivions à placer notre produit chez les grands détaillants, particulièrement face à de grands concurrents comme Irwin, qui offre des balles aki électroniques similaires. Par conséquent, plutôt que de payer des frais d'insertion élevés, nous distribuerons notre produit surtout auprès de petits détaillants comme West49, les magasins de sports à roulettes et les boutiques locales de jeux, et par nos propres moyens.

La vente par Internet est l'une des approches de vente directe que nous privilégierons. En effet, cette méthode offre l'avantage de la personnalisation : pour un coût supplémentaire, le client pourra attribuer un motif personnalisé à sa balle aki. Lorsque nous aurons réussi notre expansion à l'échelle nationale, nous pourrons envisager la promotion de commandes en gros pour les entreprises ou les organismes qui souhaitent acheter de grandes quantités de balles portant leur logo. La vente en ligne réduit également nos coûts et ouvre la porte à des marchés difficiles à rejoindre. En plus de pouvoir personnaliser l'apparence de leur balle aki, les acheteurs en ligne auront la possibilité d'ajouter des caractéristiques de luxe offertes uniquement en ligne : voyants clignotant à l'impact, fonction musicale ajoutée ou remplissage différent pour les joueurs professionnels qui souhaitent donner à leur balle une texture particulière. (Les balles peuvent être remplies de sable, de billes de plastique ou de haricots, qui procurent tous un effet différent.)

La vente directe est une autre stratégie de distribution selon laquelle une « équipe de rue » formée de jeunes spécialistes du marketing visite les écoles ou les centres communautaires et donne des démonstrations de jeu avec le SlamKik. La démarche ne sert pas qu'à améliorer la reconnaissance de la marque : après avoir constaté les caractéristiques particulières du produit, les spectateurs pourront se le procurer au kiosque d'exposition installé à la suite de la démonstration. De plus, il y a de fortes chances que les écoles autorisent les démonstrations dans les cours d'éducation physique, puisque le produit met en avant une façon amusante de se maintenir en forme. Notre équipe de rue peut aussi installer un kiosque d'exposition dans un centre commercial ou un lieu public pour faire la démonstration du produit et le vendre à son marché cible.

Nous prévoyons aussi vendre notre produit auprès des petits détaillants. Le fait d'éviter les marchés à très grande surface nous permettra de cultiver un lien étroit entre notre produit et les consommateurs. Cet aspect prend une importance particulière dans les construits sociaux propres à la culture des planchistes et des joueurs d'aki, où la réputation et l'appartenance à la rue sont des valeurs chères aux consommateurs, naturellement méfiants à l'égard des grandes sociétés et des produits vendus partout. Nous serons en mesure de pressentir les petits commerces de jouets, les boutiques de sports à roulettes et même les boutiques de vêtements à la mode, qui peuvent vendre le produit à la caisse.

Au chapitre des menaces figure celle émanant d'autres entreprises qui pourraient voler notre idée et créer des versions génériques du produit à meilleur prix. Le coût de fabrication de notre produit constitue une autre menace. Nous souhaitons maintenir un prix de vente assez bas pour répondre aux habitudes de consommation de notre marché cible, mais les composantes sonores peuvent s'avérer coûteuses.

7. L'analyse financière

- → Présentez des états financiers prévisionnels (pertes et profits) pour trois ans.
- → Quel est le point mort en volume ?
- → À partir de quelle année déclarerez-vous un profit ?
- → Quelles sont vos projections de ventes et de parts de marché ?
- → Justifiez le calcul de vos revenus, du coût des marchandises vendues, des dépenses et de la répartition de votre budget de marketing.

L'aspect financier

La moitié de nos produits seront vendus par l'entremise de détaillants, et l'autre moitié par Internet et la vente directe. Au cours de la première année, nous prévoyons que 10 % des personnes de notre marché cible principal et 3 % des personnes de notre marché cible secondaire achèteront un SlamKik.

Au cours de la deuxième année, 14 % des personnes du marché cible principal et 4 % des personnes du marché cible secondaire achèteront notre produit. Au cours de la troisième année, 10 % des personnes de notre marché cible principal et 3 % des personnes de notre marché secondaire achèteront notre produit.

Nous prévoyons lancer notre produit dans le sud de l'Ontario durant la première année et maintiendrons nos efforts en Ontario durant la deuxième année. Nous devrions étendre nos activités partout au Canada au cours de la troisième année. Pour la première année, nous anticipons une perte de (62 330 $) et, pour la deuxième année, une perte de (20 210 $). La troisième année devrait nous procurer un profit de 309 006 $. (*Voir l'annexe 7, qui présente l'*état des résultats et *le* budget de publicité.)

Notre budget de communication pour la première année est élevé—il représente 25 % des ventes—parce que la nature de notre produit exige de faire beaucoup de publicité pour assurer sa notoriété sur le marché. Le budget de communication de la deuxième année demeurera élevé, puisqu'il correspondra à 20 % des ventes. Ainsi, nous réserverons assez d'argent pour tenir des activités de communication, par exemple des kiosques et des démonstrations dans les écoles en vue de favoriser la notoriété du SlamKik. Nous aurons beaucoup de frais de déplacement durant la troisième année, puisque nous avons l'intention de faire la promotion du SlamKik partout au pays.

Nous n'atteindrons pas notre seuil de rentabilité durant les deux premières années. Nous prévoyons accroître nos ventes durant la deuxième année et entreprendre notre expansion vers la fin de cette année-là, à temps pour Noël. Le budget de communication demeurera le même que durant la première année et les frais de R&D seront de 20 000 $. Au cours de la troisième année, nous étendrons notre marché cible—les garçons âgés de 10 à 19 ans—à la grandeur du pays et atteindrons le seuil de rentabilité. Notre budget de communication sera alors de 403 983 $ et celui de R&D, de 10 000 $. (*Voir l'annexe 8, qui présente l'analyse de rentabilité.*)

8. L'organigramme du marketing

→ Présentez un organigramme montrant les personnes responsables de la mise en œuvre du plan marketing.

L'organigramme du marketing

Organigramme de SlamKik

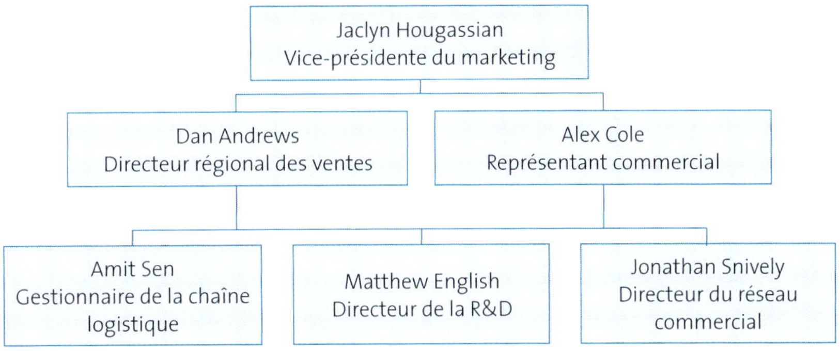

9. L'évaluation du rendement

→ Comparez le rendement réel avec les objectifs projetés ou les objectifs courants ou périodiques.

→ Déterminez les raisons des écarts de rendement, tant pour le surrendement que pour le sous-rendement.

L'ÉVALUATION DU RENDEMENT

Nous nous appliquerons principalement à comparer notre rendement réel avec les objectifs que nous nous sommes fixés. Nous tenterons également de cerner les raisons de notre rendement. Plus précisément, nous comparerons les ventes, les frais, la rentabilité et les parts de marché (réparties selon les circuits de distribution et les types de produits) réels avec les prévisions de ventes, de frais, de rentabilité et de parts de marché. Nous évaluerons ces aspects de façon continue pour nous assurer d'atteindre nos objectifs semestriels et annuels. Nous mesurerons l'efficacité de nos campagnes de communication ainsi que le degré de notoriété et d'acceptation de la marque sur le marché. Nous examinerons dans quelle mesure notre stratégie d'implantation nous a permis de maximiser les ventes tout en minimisant nos frais. Cette information nous permettra de déterminer les aspects de notre stratégie qui nécessitent des ajustements et d'apporter promptement les correctifs requis.

Annexes

Annexe 1 : Les ventes au détail de jouets en 2006

- 1er trimestre—484 700 000 $
- 2e trimestre—557 000 000 $
- 3e trimestre—569 800 000 $
- 4e trimestre—1 414 800 000 $ (Noël = occasion propice au lancement)
- 1er trimestre 2007—583 800 000 $

La tendance montre que les ventes de jouets augmentent chaque trimestre au Canada, et qu'elles augmentent depuis 2002.

Annexe 2 : La carte perceptuelle

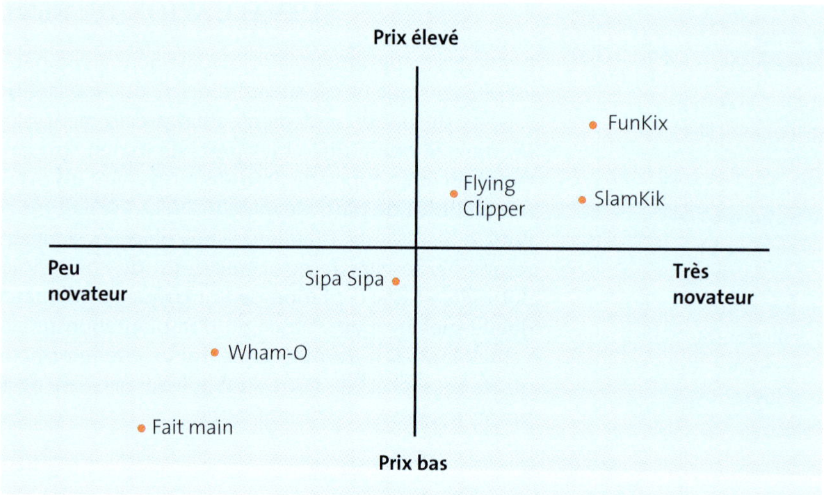

Annexe 3: La répartition du marché cible

Répartition	Population
Population du Canada	32 623 500[28]
Population de l'Ontario	12 687 000[29]
Population masculine de l'Ontario	6 262 100
Population masculine de l'Ontario âgée de 10 à 19 ans (13 %)	817 230
Population masculine de l'Ontario âgée de 10 à 19 ans pratiquant une activité physique régulière (54 %)	441 304

Nous estimons que 30 % des 441 304 garçons ontariens actifs âgés de 10 à 19 ans deviendront des utilisateurs de notre produit; notre marché cible compte donc 132 391 personnes.

Annexe 4: Le marché secondaire

Années 1 et 2
Population masculine de l'Ontario âgée de 10 à 19 ans et généralement sédentaire = 375 926

Année 3
Population masculine canadienne âgée de 10 à 19 ans et généralement sédentaire:
Garçons de 10 à 14 ans = 1 065 865
Garçons de 15 à 19 ans = 1 071 617
Marché secondaire total = 2 13 7482

Annexe 5 : Les ventes au détail—jeux et jouets

Année	Ventes	Pourcentage d'augmentation par rapport à l'année précédente
2002	2 531 500 $	–
2003	2 595 800 $	2,5 %
2004	2 642 700 $	2 %
2005	2 797 000 $	5,8 %
2006	3 026 300 $	8,2 %

On observe une tendance croissante de plus en plus marquée, pour une augmentation totale de 19,5 % des ventes, de 2002 à 2006.

Annexe 6 : Une illustration du concept

SLAMKiK

Schéma préliminaire du concept

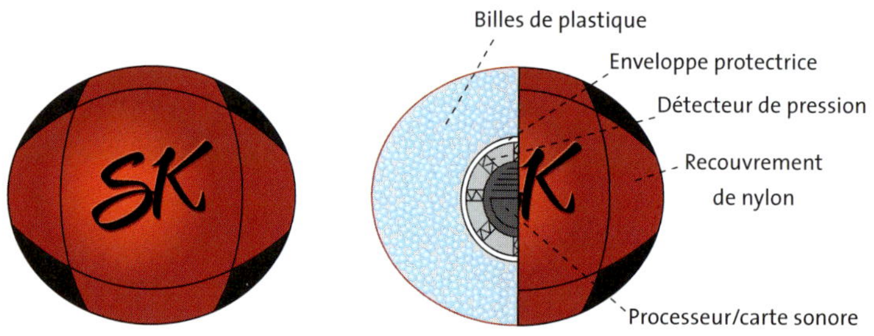

Modèle de base—rouge

Coupe transversale du modèle de base

Annexe 7 : L'état des résultats et le budget de communication

Division SlamKik
État des résultats
le 31 octobre 2008, 2009 et 2010

	2008	2009	2010
Ventes (note 1)	386 145 $	528 745 $	2 693 219 $
Coût des marchandises vendues (CMV)			
Conditionnement	24 517 $	33 571 $	170 998 $
Transport	3 768 $	5 036 $	25 650 $
Frais de main-d'œuvre	34 200 $	34 200 $	102 600 $
Matières premières	220 653 $	301 653 $	1 538 982 $
Total CMV	283 138 $	374 406 $	1 838 230 $
Marge brute	103 007 $	154 339 $	854 989 $
Coûts fixes			
Budget de communication (note 2)	96 536 $	105 749 $	403 983 $
Frais de bureau	28 800 $	28 800 $	72 000 $
Salaire du personnel de bureau	20 000 $	20 000 $	60 000 $
R&D	20 000 $	20 000 $	10 000 $
Total des coûts fixes	165 336 $	174 549 $	545 983 $
Revenu net	(62 330 $)	(20 210 $)	309 006 $

Note 1: Ventes
Les ventes pour chaque année se détailleront de la façon suivante:

Année	Total d'unités vendues	Total des ventes
1 – Détail (14 $)	12 258	171 612 $
1 – En ligne (17,50 $)	12 259	214 533 $
2 – Détail (14 $)	16 785	234 990 $
2 – En ligne (17,50 $)	16 786	293 755 $
3 – Détail (14 $)	85 499	1 196 986 $
3 – En ligne (17,50 $)	85 499	1 496 233 $

Note 2: Budget de communication

Budget total pour la 1re année = 386 145 $ x 25 % = **96 536 $**	
Démonstrations et promotions au cours d'événements (présentoirs, échantillons, YouTube, concours) = 80 %	96 536 $ x 80 % = 77 229 $
Site Web (publicité et conception) = 20 %	96 536 $ x 20 % = 19 307 $
Budget total pour la 2e année = 528 745 $ x 20% = **105 749 $**	
Démonstrations et promotions = 60 %	105 749 $ x 60 % = 63 449 $
Site Web = 40 %	105 749 $ x 40 % = 42 300 $
Budget total pour la 3e année = 2 693 219 $ x 15 % = **403 983 $**	
Démonstrations et promotions = 65 %	403 983 $ x 65 % = 262 589 $
Site Web (vidéos) = 35 %	403 983 $ x 35 % = 141 394 $

Annexe 8 : L'analyse de rentabilité

	Année 1	Année 2	Année 3
Prix de vente	15,75 $*	15,75 $*	15,75 $*
Coûts variables	11,40 $	11,40 $	11,40 $
Marge sur coûts directs	4,35 $	4,35 $	4,35 $
Coûts fixes	165 336 $	174 549 $	545 983 $
Point mort en volume	38 008	40 126	125 513
Ventes	598 631 $	631 988 $	1 976 834 $

* Prix moyen de 14 $ aux détaillants et de 17,50 $ par vente directe.

Bibliographie

About.com, « Hacky Sack », New York Times Company, http://inventors.about.com/library/inventors/blhackysack.htm (page consultée le 22 octobre 2007).

Agence de la santé publique du Canada, « Le nouveau gouvernement du Canada favorise la promotion de l'activité physique auprès des Canadiens », 26 septembre 2007, www.phac-aspc.gc.ca/media/nr-rp/2007/2007_10-fra.php (page consultée le 15 novembre 2007).

AllBusiness.com,« The NPD Group Reports U.S. Toy Industry Sales Showed Increases in 2006 », 6 février 2007, Business Wire, www.allbusiness.com/services/business-services/3970448-1.html (page consultée le 15 novembre 2007).

Belfry, John, « Canadian Children Face Activity and Fitness Crisis », Child and Family Canada, 1996, Canadian Child Care Federation, www.cfc-efc.ca/docs/cccf/00010_en.htm (page consultée le 15 novembre 2007).

Canadian Toy Association, « About Us », www.cdntoyassn.com/mabout.htm (page consultée le 20 octobre 2007).

cbc.ca, « Web Enhancements, Revamped Classic Toys Touted among Hot Holiday Trends », 1er novembre 2007, www.cbc.ca/cp/Home+Family/071101/U110124AU.html (page consultée le 15 novembre 2007).

Flying Clipper, « Footbags », 2005, www.flyingclipper.com/home/fly/smartlist_79 (page consultée le 15 novembre 2007).

Footbag Foundation, « Equipment : Footbags », Footbag Worldwide, 1998, www.footbag.org/footbags/ (page consultée le 13 novembre 2007).

FunKix, « Products », 2007, Wicked Vision, www.funkix.com (page consultée le 6 novembre 2007).

Hasbro, « Bop it-Sounds », Bop it Game, 2007, www.playbopit.com (page consultée le 23 octobre 2007).

Hoover's Inc., « Wham-O, Inc. », 2007, www.hoovers.com/wham-o/--ID__103900--/free-co-factsheet.xhtml (page consultée le 30 octobre 2007).

Mindbranch, « Toy Manufacture », Mindbranch Market Research, www.mindbranch.com/Toy-Manufacture-3470-766/ (page consultée le 1er novembre 2007).

NPD Group (The), « Amount of Time Kids Spend Playing Video Games Is on the Rise », 16 octobre 2007, www.npd.com/press/releases/press_071016a.html (page consultée le 13 novembre 2007).

ParticipACTION, « Our Mission », www.participaction.com (page consultée le 15 novembre 2007).

Research Buy, « Toys Market Research », Market Wikis, 9 novembre 2007, www.researchbuy.com/marketwikis/Toys_Market_Research (page consultée le 15 novembre 2007).

Schiller, Gail, « Toy Fair '07 Winds up with Feature Buzz », *AllBusiness*, 15 février 2007, www.allbusiness.com/services/motion-pictures/4771258-1.html (page consultée le 15 novembre 2007).

Statistique Canada, « Dépenses moyennes des ménages, par province et territoire (Ontario, Manitoba) », 1er août 2007, www40.statcan.gc.ca/l02/cst01/famil16d-fra.htmm (page consultée le 30 octobre 2007).

Statistique Canada, « Physical Activity, by Age Group and Sex », 30 avril 2007, www40.statcan.ca/l01/cst01/health46.htm (page consultée le 30 octobre 2007).

Statistique Canada, « Population selon le sexe et le groupe d'âge », 26 octobre 2006, www40.statcan.gc.ca/l02/cst01/demo10a-fra.htm (page consultée le 23 octobre 2007).

Statistique Canada, « Population selon le sexe et le groupe d'âge, par province et territoire », 26 octobre 2006, www40.statcan.gc.ca/l02/cst01/demo31a-fra.htm (page consultée le 23 octobre 2007).

Statistique Canada, « Ventes au détail en magasin pour certaines marchandises », 15 octobre 2007, www40.statcan.gc.ca/l02/cst01/trad52-fra.htm (page consultée le 30 octobre 2007).

Truce, « Toy Action Guides 2007-2008 », 2007, www.truceteachers.org/toyactionguide.html (page consultée le 15 novembre 2007).

Venture Outsource, « Electronic Toys and Research Techniques at CEA Industry Forum », Venture Outsource Trends and Observations, 19 octobre 2007, www.ventureoutsource.com/contract-manufacturing/trends-observations/2007/electronic-toys-and-research-techniques-at-cea-industry-forum (page consultée le 15 novembre 2007).

Wham-O Inc., « News »,www.wham-o.com/default.cfm?page=News (page consultée le 23 octobre 2007).

Wham-O Inc., « Where to Buy – USA », www.wham-o.com/default.cfm?page=WhereToBuyUSA (page consultée le 15 novembre 2007).

Wicked Vision, « FunKix Publicity », www.wickedvision.co.uk/harry.html (page consultée le 15 novembre 2007).

accord commercial (*trade agreement*) Accord économique conclu entre deux ou plusieurs pays dans le but de gérer et de promouvoir les échanges commerciaux entre les pays membres.

Accord général sur les tarifs douaniers et le commerce (AGETAC ou GATT) (*General Agreement on Tariffs and Trade [GATT]*) Mécanisme créé en vue de réduire les barrières commerciales qui freinent les échanges entre les pays signataires, notamment les tarifs douaniers élevés imposés sur les produits importés et la restriction du nombre et du type de produits qu'il est possible d'importer. Créée en 1947 aux États-Unis, elle a été remplacée par l'Organisation mondiale du commerce (OMC) en 1994.

achat d'espace média (*media buy*) Achat de temps d'antenne (à la radio ou à la télévision) ou d'espace publicitaire dans un média imprimé (journal, magazine, etc.).

achat spontané (*impulse buying*) Décision d'achat prise sur un coup de tête, non préméditée par le client.

acheteur professionnel (*buyer*) Membre du service des achats chargé des formulaires relatifs à l'achat d'un produit ou d'un service.

acheteurs précoces (*early adopters*) Deuxième groupe de consommateurs après les innovateurs, dans la typologie de l'adoption des innovations, à utiliser un produit ou un service innovateur. Généralement, ce groupe n'est pas prêt à prendre autant de risques que les innovateurs.

adepte tardif (*laggard consumer*) Consommateur qui évite le changement et se fie aux produits conventionnels jusqu'à ce qu'ils ne soient plus sur le marché. Il fait partie de la majorité tardive.

agent du fabricant (*manufacturer's representative*) (Voir *agent indépendant.*)

agent indépendant (ou agent de fabricant) (*independent agent*) Personne chargée de la vente de produits d'un fabricant sur une base forfaitaire, mais qui ne fait pas partie des employés de l'entreprise.

aînés (*seniors*) Individus âgés de 65 ans et plus. En Amérique du Nord, les aînés représentent la cohorte générationnelle qui connaît la croissance la plus rapide.

alignement sur la concurrence (*competitive parity*) Stratégie visant à fixer le prix d'un produit ou d'un service pour qu'il soit semblable à celui des principaux concurrents du secteur.

alliance stratégique (*strategic alliance*) Accord de collaboration entre des entreprises concurrentes ou complémentaires. L'accord se limite à une collaboration stratégique. Il n'y a pas d'investissement dans une nouvelle entreprise (coentreprise) ni de prise de participation directe d'une entreprise sur l'autre.

analyse de la situation (*situation analysis*) Deuxième étape du plan marketing qui consiste à analyser les forces et les faiblesses (environnement interne) ainsi que les opportunités et les menaces (environnement externe) propres à l'entreprise.

analyse du point mort (*break-even analysis*) Étude des liens qui unissent le coût, le prix, le revenu et les profits associés à un produit ou à un service à différents niveaux d'activité afin d'établir le seuil de rentabilité, aussi appelé « point mort ».

appel d'offres (AO) (*request for proposals [RFP]*) Procédure au cours de laquelle un organisme acheteur invite des fournisseurs à présenter une offre précise en vue de l'attribution d'un marché.

appel émotionnel (*emotional appeal*) Approche visant à satisfaire les désirs des clients plutôt qu'à leur vendre un bien qui a une fonction utilitaire.

appel informationnel (*informational appeal*) Approche visant à aider les consommateurs à prendre une décision d'achat en leur offrant des renseignements précis et des arguments convaincants sur les enjeux qui les touchent. Le but est de faire pencher le consommateur pour les avantages que présente le produit annoncé.

appel rationnel (*rational appeal*) Approche visant à aider les consommateurs à prendre une décision d'achat en leur offrant des renseignements précis et des arguments convaincants sur les enjeux qui les touchent. Le but est de faire pencher le consommateur pour les avantages que présente le produit annoncé.

apprentissage (*learning*) Changement du processus mental ou du comportement d'un individu issu d'une expérience. L'apprentissage se fait tout au long du processus décisionnel du client.

approche client (*customer orientation*) Approche qui consiste à tenir compte des clients et à établir le prix des produits en vue de répondre à leurs attentes.

argument publicitaire unique (*unique selling proposition [USP]*) Stratégie par laquelle l'attrait du produit présenté réside dans ses caractéristiques uniques. Le caractère unique devient souvent le thème général de la campagne publicitaire ou le slogan.

assortiment de produits (ou gamme de produits) (*product assortment*) Ensemble de tous les produits offerts par une entreprise.

attitude (*attitude*) État d'esprit d'une personne à l'égard d'un objet ou d'une idée ; l'attitude comprend des composantes affectives, cognitives et conatives.

attributs déterminants (*determinant attributes*) Éléments d'un produit ou d'un service qui sont importants aux yeux de l'acheteur et qui diffèrent d'une marque ou d'un magasin à l'autre.

autonomisation (*empowerment*) Dans un contexte de prestation de services, fait d'encourager les employés à prendre des décisions sur la façon d'offrir un service au client.

avancées technologiques (*technological advances*) Nouveautés technologiques qui ont grandement contribué à la production de biens et à la prestation de services de qualité au cours des dernières décennies.

avantage concurrentiel durable (*sustainable competitive advantage*) Situation de supériorité d'une entreprise qui lui permet de soutenir la concurrence.

avis préalable d'expédition (*advanced shipping notice*) Document, généralement électronique, par lequel le fournisseur avertit le client d'une expédition à venir et lui fournit des détails sur la nature et la quantité des marchandises.

baby-boomers (*baby-boomers*) Cohorte démographique née après la Seconde Guerre mondiale, soit entre 1946 et 1964.

Banque mondiale (*World Bank Group*) Banque de développement spécialisée dans les prêts, les conseils stratégiques, l'assistance technique et le partage du savoir. Cette organisation offre ses services aux pays à revenu faible ou intermédiaire dans le but de réduire la pauvreté dans les pays en développement.

besoin (*need*) Sensation de manque lié à la condition humaine (se nourrir, se vêtir, avoir un toit, être en sécurité, avoir des relations affectives, combler ses aspirations, etc.).

besoins d'accomplissement personnel (*personal needs*) Besoin ayant trait aux façons dont les individus se réalisent et s'épanouissent.

besoins de sécurité (*safety needs*) Besoins liés à un sentiment de protection et de bien-être physique.

besoins fonctionnels (*functional need*) Besoins relatifs à une fonction ou au rendement d'un produit ou d'un service.

besoins physiologiques (*physiological needs*) Besoins de base (se nourrir, boire, se reposer, avoir un toit).

besoins psychologiques (*psychological needs*) Besoins qui concernent le degré de satisfaction associé à un produit ou a un service par le consommateur.

besoins sociaux (*social needs*) Besoins que ressent un individu d'interagir avec les autres.

bien (*goods*) Produit physique, qui peut être touché.

blogue (*blog, weblog, Web log*) Site Web où un ou plusieurs blogueurs s'expriment périodiquement sous forme de billets. Les blogues d'entreprise constituent une nouvelle forme de communication commerciale.

bonus (*bonus*) Montant établi par le gestionnaire et remis au représentant s'il atteint certains objectifs. Habituellement, la prime est distribuée de façon périodique, à la fin de l'année, par exemple.

bouche-à-oreille négatif (*negative word of mouth*) Fait, pour un consommateur, de véhiculer une opinion négative à propos d'un produit, d'un service, d'un magasin ou d'une marque.

boucle de rétroaction (*feedback loop*) Dans le modèle de la communication, possibilité pour le récepteur de communiquer avec l'émetteur en vue de confirmer la réception et le décodage adéquats du message.

boycottage (*boycott*) Refus d'un groupe d'entretenir des relations commerciales avec une entreprise afin de protester contre ses politiques.

bruit (*noise*) Dans le modèle de la communication, toute interférence provenant du message d'un concurrent, tout manque de clarté du message ou tout ennui lié au média. Ce problème touche tous les modes de communication.

calendrier d'insertions continues (*continuous advertising schedule*) Calendrier qui s'étire sur toute l'année, donc adapté à des produits et à des services dont les consommateurs ont besoin sur une base relativement régulière et nécessitant ainsi une campagne publicitaire constante ou une publicité d'entretien.

calendrier d'insertions par vagues (*pulsing advertising schedule*) Combinaison de calendrier d'insertions continues et de calendrier d'insertions ponctuelles de manière à conserver un niveau de publicité de base et à en augmenter l'intensité pendant certaines périodes.

calendrier d'insertions ponctuelles (*flighting advertising schedule*) Calendrier d'insertions où des périodes très chargées en publicité sont suivies de périodes sans publicité.

calendrier publicitaire (*advertising schedule*) Calendrier où figurent les dates et la durée des annonces d'une campagne.

canal de communication (*communication channel*) Média utilisé pour transmettre un message (médias imprimés [journaux, magazines, etc.], médias électroniques [radio, télévision] ou hors média [Internet, affichage, etc.]).

capital de marque (*brand equity*) Actifs et passifs associés à la marque, lesquels ajoutent ou enlèvent de la valeur au produit ou au service offert.

carte perceptuelle (*perceptual map*) Reproduction de l'espace perceptuel, en deux ou trois dimensions, des produits ou des marques faisant partie de l'ensemble des marques traitées par le consommateur.

catégorie de produits (*product category*) Ensemble des articles que le client voit comme étant des produits de substitution.

centre de distribution (*distribution centre*) Installation conçue afin de recevoir de la marchandise, d'en entreposer et d'en redistribuer à un magasin de compagnie ou aux consommateurs. Le centre de distribution peut appartenir à un détaillant, à un fabricant ou à une entreprise spécialisée dans le domaine.

centre de distribution traditionnel (*traditional distribution centre*) Entrepôt où les camions sont déchargés et où la marchandise est entreposée sur des étagères ou des tablettes.

centre de transbordement (*cross-docking distribution centre*) Centre de distribution où le marchand achemine ses produits, lesquels sont préemballés et prêts à être vendus. La marchandise est donc dirigée vers une aire de transfert au lieu d'être entreposée. Une fois que les produits qui doivent être envoyés à un commerce en particulier sont tous à l'aire de transfert, ils peuvent être chargés dans un camion, puis prendre la direction du commerce en question. Ainsi, la marchandise passe du quai de déchargement au quai d'expédition.

chaîne logistique (*supply chain*) Ensemble des entreprises qui produisent et distribuent une série de biens et de services.

chaîne logistique indépendante (traditionnelle) (*independent [conventional] supply chain*) Coalition de plusieurs membres indépendants pour former une chaîne logistique (un fabricant, un grossiste et un détaillant). Chacun d'entre eux cherche à atteindre ses objectifs et à maximiser ses profits, et ce, souvent aux dépens des autres membres de la chaîne.

ciblage (*target marketing/targeting*) Évaluation des attraits de divers segments de marché en vue de tenter de percer l'un d'eux.

circuit de distribution (*distribution channel*) Réseau d'établissements par lequel transite un produit à partir du moment où il est fabriqué jusqu'à celui où il est utilisé par le consommateur.

climat éthique (*ethical climate*) Valeurs véhiculées au sein d'une entreprise ou d'une division de l'entreprise, lesquelles orientent les décisions qui sont prises et le comportement de chacun.

codage (*encoding*) Dans le modèle de la communication, conversion des idées de l'émetteur en un message, qu'il soit verbal, visuel ou l'un et l'autre.

code universel des produits (CUP) (*universal product code [UPC]*) Code à barres généralement imprimé sur tous les produits.

coentreprise (*joint venture*) Nouvelle entité créée lorsqu'une entreprise qui veut pénétrer un marché étranger met ses ressources en commun avec une entreprise locale. Dans ce type d'association, la propriété, le pouvoir et les profits sont partagés.

cohorte générationnelle (*generational cohort*) Groupe d'individus d'une même génération. Ils ont ordinairement les mêmes habitudes de consommation, car ils ont vécu les mêmes expériences et sont rendus à la même étape de leur vie.

collusion (*collusion*) Entente entre des entreprises afin de déterminer le prix de vente d'un produit ou d'un service plutôt que de laisser faire le jeu de l'offre et de la demande. Cette approche est illégale.

collusion horizontale sur les prix (*horizontal price fixing*) Connivence ou collaboration entre des entreprises produisant et vendant des biens concurrents afin de fixer les prix d'un bien, de sorte que le prix ne fait plus partie du processus décisionnel du client.

collusion verticale sur les prix (*vertical price fixing*) Situation survenant lorsque les acteurs à divers niveaux d'un réseau (p. ex., les fabricants et les détaillants) changent le prix de vente d'un produit ou d'un service d'un commun accord.

comarquage (*cobranding*) Pratique commerciale par laquelle deux entreprises ou plus s'allient pour la promotion d'un produit ou d'un service.

combinaison de supports (*media mix*) Ensemble composé des médias choisis et de la fréquence des annonces diffusées dans chacun de ces médias.

comité d'achats (*buying centre*) Groupe d'individus responsables de la prise de décision d'achat d'un produit ou d'un service au sein d'une entreprise.

comité d'achats autocratique (*autocratic buying centre*) Centre de décision en matière d'achats au sein duquel la décision d'achat est prise par une seule personne, même si l'unité de décision est composée de plusieurs participants.

comité d'achats consultatif (*consultative buying centre*) Centre de décision en matière d'achats qui formule un avis à l'intention du décideur.

comité d'achats démocratique (*democratic buying centre*) Centre de décision des achats au sein duquel les décisions sont prises en fonction de la majorité.

comité d'achats par consensus (*consensus buying centre*) Centre de décision en matière d'achats au sein duquel les membres doivent tous être d'accord en ce qui a trait à un certain achat.

commandite événementielle (*event sponsorship*) Soutien financier ou matériel d'un événement sportif ou culturel, en échange duquel une entreprise cherche à bénéficier d'une visibilité. Cette activité est très prisée en relations publiques.

commerce de contrepartie (*countertrade*) Opérations de troc, c'est-à-dire l'échange de produits excluant l'emploi de d'une monnaie forte.

commerce de détail (ou B2C) (*business-to-consumers*) Activité économique entre une entreprise et un consommateur.

commerce interconsommateurs (ou C2C) (*consumer-to-consumer*) Activité économique (vente de produits ou de services) entre deux consommateurs, comme on le voit souvent sur eBay, par exemple.

commerce interentreprises (ou B2B) (*business-to-business*) Activité économique (vente de produits ou de services) entre deux organisations.

commission (*commission*) Rémunération ou encouragement financier reçu par un vendeur dont le montant représente un certain pourcentage des ventes qu'il a conclues.

communication marketing intégrée (*integrated marketing communication [IMC]*) Stratégie de communication interne qui englobe des objectifs, des cibles, un message et les outils de communication choisis (publicité générale, vente personnelle, promotion des ventes, relations publiques, marketing direct, médias électroniques) et décrit les mesures de contrôle de ces activités.

comportement d'achat axé sur la recherche de variété (*variety-seeking buying behaviour*) Perception de différences importantes entre les marques, malgré une faible implication du client.

comportement d'achat axé sur la réduction de la dissonance (*dissonance-reducing buying behaviour*) Comportement par lequel un consommateur tente de se persuader d'avoir fait le bon choix, soit en réduisant l'importance attachée à une performance décevante, soit en cherchant des indications positives qui correspondent à ses attentes.

comportement d'achat complexe (*complex buying behaviour*) Comportement typique du consommateur qui est fortement impliqué dans la classe de produits et qui perçoit des différences importantes entre les produits des diverses marques qui lui sont offertes.

comportement d'achat routinier (*habitual buying behaviour*) Décision d'achat prise par un client sans qu'il y réfléchisse vraiment.

composante affective (*affective component*) Ensemble des attitudes qui reflètent ce qu'une personne ressent à l'égard d'un sujet précis, c'est-à-dire ce qu'elle apprécie et ce qu'elle n'apprécie pas.

composante cognitive (*cognitive component*) Ensemble des facteurs rationnels de formation des attitudes.

composante conative (*behavioural component*) Ensemble des actions prises par une personne à l'égard d'un sujet précis.

concept (*concept*) Brève description écrite d'un produit ou d'un service ; présentation de la technologie à laquelle

Références

Avant-propos

1. Euromonitor International
2. International Bottled Water Association, *Challenging Circumstances Persist: Future Growth Anticipated*, par John G. Rodwan Jr., U.S. and International Developments and Statistics, mai-juin 2010, www.bottledwater.org/files/2009BWstats.pdf.

Chapitre 1

1. Profil réalisé à partir des rapports annuels 2001 à 2007 de Research In Motion, accessible sur le site de l'entreprise, www.rim.net (Pages consultées le 19 novembre 2007).
2. Association canadienne du marketing, www.the-cma.org (Page consultée le 17 décembre 2007). Lire aussi les propos sur le marketing de Stephen L. Vargo et Robert F. Lusch, « Evolving to a New Dominant Logic for Marketing », *Journal of Marketing*, vol. 68, janvier 2004, p. 1–17 ; et ceux de George S. Day, John Deighton, Das Narayandas, Evert Gummesson, Shelby D. Hunt, C.K. Prahalad, Roland T. Rust et Steven M. Shugan, « Invited Commentaries on "Evolving to a New Dominant Logic for Marketing" », *Journal of Marketing*, vol. 68, janvier 2004, p. 18–27. Voir aussi W. Stephen Brown, Frederick E. Webster Jr., Jan-Benedict E.M. Steenkamp, William L. Wilkie, Jagdish N. Sheth, Rajendra S. Sisodia, Roger A. Kerin, Deborah J. MacInnis, Leigh McAlister, Jagmohan S. Raju, Ronald J. Bauerly, Don T. Johnson, Mandeep Singh et Richard Staelin, « Marketing Renaissance : Opportunities and Imperatives for Improving Marketing Thought, Practice, and Infrastructure », *Journal of Marketing*, vol. 69, n° 4, 2005, p. 1–25.
3. Le marketing mix est un concept de E. Jerome McCarthy, *Basic Marketing : A Managerial Approach,* Homewood, Ill., Richard D. Irwin, 1960. Voir aussi Walter van Watershoot et Christophe Van den Bulte, « The 4P Classification of the Marketing Mix Revisited », *Journal of Marketing*, vol. 56, octobre 1992, p. 83–93.
4. Statistiques tirées du site de Beverage Marketing Corporation, une entreprise de recherche et de conseil établie à New York, www.bottledwaterweb.com (Page consultée le 12 juin 2006).
5. D'après David Simchi-Levi, Philip Kaminsky et Edith Simchi-Levi, *Designing and Managing the Supply Chain : Concepts, Strategies and Case Studies*, 2e éd., New York, McGraw-Hill/Irwin, 2003 ; ainsi que Michael Levy et Barton A. Weitz, *Retailing Management*, 6e éd., New York, McGraw-Hill/Irwin, 2007.
6. Entrevue avec le président de The Country Grocer, Ottawa ; Lisa Morrison, Rapport de consultation, MBA pour cadres, Université d'Ottawa, 2006.
7. « "Seaweed" Clothing Has None, Tests Show », www.nytimes.com/2007/11/14/business/14seaweed.html (Page consultée le 17 décembre 2007).
8. Voyez www.lelait.com pour des exemples de cette campagne populaire.
9. George S. Day, « Aligning the Organization with the Market », *Marketing Science Institute*, vol. 5, n° 3, 2005, p. 3–20.
10. Dhruv Grewal, Kent B. Monroe et R. Krishnan, « The Effects of Price Comparison Advertising on Buyers' Perceptions of Acquisition Value and Transaction Value », *Journal of Marketing*, vol. 62, avril 1998, p. 46–60 ; Kent B. Monroe, *Pricing : Making Profitable Decisions*, 3e éd., New York, McGraw-Hill, 2004.
11. www.earth-policy.org/Updates/2006/Update51.htm (Page consultée le 17 avril 2007) ; www.finewaters.com/Bottled_Water/Canada/Index.asp (Page consultée le 17 avril 2007) ; www.aqua-store.com/AquaDistribution/_Voss.html (Page consultée le 17 avril 2007) ; www.vosswater.com/ (Page consultée le 17 avril 2007) ; www.brandchannel.com/features_profile.asp?pr_id=325 (Page consultée le 17 avril 2007) ; www.statcan.ca/Daily/English/070711/d070711b.htm (Page consultée le 17 avril 2007).
12. L'industrie canadienne de l'eau en bouteille, Agriculture et Agroalimentaire Canada : www4.agr.gc.ca/AAFC-AAC/display-afficher.do?id=1171644581795&lang=fra.
13. www.naya.com/en/accueil.html (Page consultée le 17 décembre 2007).
14. Shelley Emling « Low-cost Flying No Longer Just a U.S. Sensation », *Atlanta Journal*, 26 décembre 2003, p. F1.
15. En 2005, *Journal of Marketing* présentait un dossier entièrement consacré au marketing relationnel. Les articles suivants y figuraient : William Boulding, Richard Staelin, Michael Ehret et Wesley J. Johnston, « A Customer Relationship Management Roadmap : What Is Known, Potential Pitfalls, and Where to Go », *Journal of Marketing*, vol. 69, n° 4, 2005, p. 155–166 ; Jacquelyn S. Thomas et Ursula Y. Sullivan, « Managing Marketing Communications with Multichannel Customers », *Journal of Marketing*, vol. 69, n° 4, 2005, p. 239–251 ; Lynette Ryals, « Making Customer Relationship Management Work : The Measurement and Profitable Management of Customer Relationships », *Journal of Marketing*, vol. 69, n° 4, 2005, p. 252–261 ; et Martha Rogers, « Customer Strategy : Observations from the Trenches », *Journal of Marketing*, vol. 69, n° 4, 2005, p. 262–263.
16. Rajendra K. Srivastava, Tasadduq A. Shervani et Liam Fahey, « Marketing, Business Processes, and Shareholder Value : An Embedded View of Marketing Activities and the Discipline of Marketing », *Journal of Marketing*, vol. 63, numéro spécial, 1999, p. 168–179 ; R. Venkatesan et V. Kumar, « A Customer Lifetime Value Framework for Customer Selections and Resource Allocation Strategy », *Journal of Marketing*, vol. 68, n° 4, octobre 2004, p. 106–125 ; V. Kumar, G. Ramani et T. Bohling, « Customer Lifetime Value Approaches and Best Practice Applications », *Journal of Interactive Marketing*, vol. 18, n° 3, été 2004, p. 60–72 ; et J. Thomas, W. Reinartz et V. Kumar, « Getting the Most Out of All Your Customers », *Harvard Business Review*, juillet-août 2004, p. 116–123.
17. Hennes & Mauritz AB, www.hm.com (Page consultée le 4 octobre 2005).
18. Zara, www.zara.com (Page consultée le 4 octobre 2004).
19. Information tirée d'une entrevue avec David Blakely, vice-président du marketing, ImaSight. Site de l'entreprise, www.imasight.com (Page consultée le 29 mars 2007).
20. Royal Ford, « Automobila : Toyota Makes Emotional Appeal with Zippy New Line », *Boston Globe*, 13 mars 2003, p. E1 ; Zachary Rodgers, « Toyota Bows Web/Mobile Gaming Campaign for Scion », *Clickz*, 8 juillet 2004, www.clickz.com (Page consultée le 12 avril 2006) ; « Forehead Advertising Goes Mainstream with Toyota », *Adrants*, www.adrants.com (Page consultée le 8 avril 2004) ; et Jason Stein, « Scion National Launch Gets Offbeat Support », *Automotive News*, vol. 78, n° 6104, 2004, p. 18.

21. Exemple tiré de Loblaws Company Limited Supply Chain Management, www.acad.sheridanc.on.ca/syst35412/patenime/intro.htm (Page consultée le 29 mars 2007).

22. www.petro-canada.ca/en/socialresp/77.aspx (Page consultée le 6 juin 2007).

23. Calvert, « Corporate Responsibility and Investor Confidence Survey », 18 novembre 2003, www.harrisinteractive.com. Voir aussi The Trustees of Boston College, « The State of Corporate Citizenship in the United States : 2003 », juillet 2003. Luisa Kroll et Allison Fass, « The World's Billionaires », www.forbes.com (Page consultée le 29 mars 2007).

24. http://dictionary.reference.com/search ?q=Entrepreneurship (Page consultée le 16 mai 2005).

25. www.forbes.com/2007/03/07/billionaires-worlds-richest_07billionaires_cz_lk_af_0308billie_land.html (Page consultée le 17 décembre 2007).

26. Harpo Productions Inc., www2.oprah.com/about/press/about_press_bio.jhtml (Page consultée le 11 avril 2005).

27. Ce cas a été rédigé par Jeanne L. Munger en complément de la version étatsunienne du manuel des auteurs Dhruv Grewal et Michael Levy, aux fins de discussions en classe et non pour illustrer des pratiques de marketing plus ou moins efficaces. Jeanne Munger est professeure agrégée à la University of Southern Maine.

28. http://investor.ebay.com/downloads/sund_metrics.pdf ; http://investor.ebay.com/downloads/sund_revenue.pdf, (Pages consultées le 17 août 2006).

Chapitre 2

1. Disney, www.wdisneyw.co.uk/palmickey.html (Page consultée le 14 octobre 2004) ; Disney, « Mickey Mouse », http://disney.go.com/vault/archives/characterstandard/mickey/mickey.html ; Disney, *Fact Book and Annual Report*, http://disney.go.com/corporate/investors, 2003 ; Debra D'Agostino, « Walt Disney World Resorts and CRM Strategy », *eWeek.com*, 1er décembre 2003.

2. Donald Lehman et Russell Winer, *Analysis for Marketing Planning*, 5e éd., Burr Ridge, Ill., McGraw-Hill/Irwin, 2001 ; David Aaker, *Strategic Market Management*, 6e éd., New York, John Wiley, 2001.

3. www.marketingpower.com/live/mg-dictionary.php?SearchFor=marketing+plan&Searched=1 (Page consultée le 31 août 2006).

4. Andrew Campbell, « Mission Statements », *Long Range Planning*, vol. 30, 1997, p. 931–933.

5. Alfred Rappaport, *Creating Shareholder Value : The New Standard for Business Performance*, New York, Wiley, 1988 ; Robert C. Higgins et Roger A. Kerin, « Managing the Growth-financial Policy Nexus in Marketing », *Journal of Marketing*, vol. 59, no 3, 1983, p. 19–47 ; et Roger Kerin, Vijay Mahajan et P. Rajan Varadarajan, *Contemporary Perspectives on Strategic Market Planning*, Boston, Allyn & Bacon, 1991, chap. 6.

6. Coca-Cola, www2.coca-cola.com/ourcompany/mission_vision_values.htm (Page consultée le 2 septembre 2006) ; www2.heartandstroke.ca.

7. Cynthia Montgomery, « Creating Corporate Advantage », *Harvard Business Review*, vol. 76, mai-juin 1998, p. 71–80 ; Shelby Hunt et Robert Morgan, « The Comparative Advantage Theory of Competition », *Journal of Marketing*, vol. 59, no 2, 1995, p. 1–15 ; Kathleen Conner et C.K. Prahalad, « A Resource-based Theory of the Firm : Knowledge versus Opportunism », *Organizational Science*, vol. 7, septembre-octobre 1996, p. 477–501 ; David Collins et Cynthia Montgomery, « Competing on Resources : Strategy for the 1990s », *Harvard Business Review*, vol. 73, juillet-août 1995, p. 118–128 ; William Werther et Jeffrey Kerr, « The Shifting Sands of Competitive Advantage », *Business Horizons*, vol. 38, mai-juin 1995, p. 11–17 ; « 10 Quick Wins to Turn Your Supply Chain into a Competitive Advantage », http://marketindustry.about.com/library/bl/bl_ksa0112.htm?terms=competitive+advantage (Page consultée en janvier 2002) ; « Multi-Channel Integration : The New Market Battleground », Market Forward Inc. www.pwcris.com, mars 2001.

8. www.newswire.ca/en/releases/archive/April2007/23/c8051.html (Page consultée le 30 avril 2007).

9. Walt Disney Company, SWOT Analysis, Datamonitor, www.datamonitor.com/companies/company/?pid=8C7AE530-4ECC-4EF5-AC18-370E646FD097 (Page consultée le 17 décembre 2007).

10. *Ibid.*

11. www.cruiseindustrynews.com/cruise-news/3604-12010-clia-the-state-of-the-cruise-industry-in-2010.html.

12. Walt Disney Company, SWOT Analysis, Datamonitor, www.datamonitor.com/companies/company/?pid=8C7AE530-4ECC-4EF5-AC18-370E646FD097 (Page consultée le 17 décembre 2007).

13. *Ibid.*

14. Lisa D'Innocenzo, « Frito Lay Canada : Potato Chips… for Dinner? », *Strategy Magazine*, janvier 2007, p. 11.

15. www.statcan.gc.ca/daily-quotidien/070420/dq070420b-eng.htm.

16. www.leevalley.com (Page consultée le 30 avril 2007) ; « Conversations on working and well-being : Working by the Golden Rule : Lee Valley Tools », www.vifamily.ca/library/social/lee_valley.html (Page consultée le 30 avril 2007) ; Étude du cas de Lee Valley Tools, www.nerac.com/research-victories/lee-valley-tools-case-study (Page consultée le 30 avril 2007) ; « A Visit to Lee Valley Tools : A Company Built on Innovation and Customer Service », www.woodcentral.com/shots/shot643.shtml (Page consultée le 30 avril 2007).

17. www.leevalley.com (Page consultée le 30 avril 2007).

18. Entrevue avec le propriétaire de Country Grocer.

19. http://kickinghorsecoffee.com (Page consultée le 25 avril 2007).

20. http://contests.rogersconsumerpublishing.com/sears/contest.asp (Page consultée le 25 avril 2007).

21. Ned Desmond, « Google's Next Runaway Success : Adwords Select Kicks in a Network Effect for Online Advertising », *Business 2.0*, novembre 2002.

22. www.adstandards.com (Page consultée le 17 décembre 2007).

23. D'après un reportage de Georgie Binks, CBC New Viewpoint, www.cbc.ca/news/viewpoint/vp_binks/20051212.html (Page consultée le 30 avril 2007).

24. www.loblaw.ca/en/abt_corprof.html (Page consultée le 30 avril 2007). President's Choice, PC Financial et PC sont des marques déposées et utilisées avec l'autorisation de Loblaws Inc.

25. Cet exposé est adapté de Roger A. Kerin, Eric N. Berkowitz, Steven W. Hartley et William Rudelius, *Marketing*, 7e éd., Burr Ridge, Ill., McGraw-Hill/Irwin, 2003, p. 39.

26. Natalie Mizik et Robert Jacobson, « How Brand Attributes Drive Financial Performance », *Marketing Science Institute*, vol. 5, no 3, 2005, p. 21–40.

27. Étude du cas de Fairmont Hotels and Resort, www.accenture.com/Global/Services/By_Industry/Travel/Client_Successes/FairmontCrm.htm (Page consultée le 20 avril 2007).

28. Roger Kerin, Vijay Mahajan et P. Rajan Varadarajan, *Contemporary Perspectives on Strategic Market Planning*, Boston, Allyn & Bacon, 1991, chap. 6. Voir aussi Susan Mudambi, « A Topology of Strategic Choice in Marketing », *International Journal of Market & Distribution Management*, 1994, p. 22–25.

29. www.fairmont.com (Page consultée le 30 avril 2007).

30. Sharon Adams, « Hotels Sweeten the Pot for Travellers », *National Post*, 16 avril 2007, p. IS2.

31. www.fairmont.com (Page consultée le 30 avril 2007).

32. Hollie Shaw, « Forever 21 Targets Canadian Teens », *National Post*, 15 avril 2007, p. FP1.

33. « The Cisco Mobile Office Solution Power's Fairmont's Hotel E-Business Strategy for Mobile Professionals », www.cisco.com (Page consultée le 30 avril 2007) ; Jens Traenhart, « Fairmont's Award-winning Website Increases Online Bookings and Brand Awareness », www.blastradius.com (Page consultée le 30 avril 2007).

34. www.fairmont.com (Page consultée le 30 avril 2007).

35. Christina Valhouli, « Fairmont Hotel and Resorts », www.forbes.com/travel/2004/02/05/cx_cv_0205feat.html (Page consultée le 30 avril 2007).

36. D'après Jim McElgunn, « PROFIT W100 : Staying on A Kicking Horse », www.canadianbusiness.com ; Tuija Seipell, « Kicking Horse Coffee is Brewing up Growth », www.canadianbusiness.com et http://kickinghorsecoffee.com/index.php (Pages consultées le 30 avril 2007).

37. Michael Treacy et Fred Wiersema, *The Disciplines of Market Leaders*, Reading, Mass., Addison Wesley, 1995.

38. Gerrard Macintosh et Lawrence Lockshin, « Market Relationships and Store Loyalty : A Multi-level Perspective », *International Journal of Research in Marketing*, no 14, 1997, p. 487–497.

39. R. Venkatesan et V. Kumar, « A Customer Lifetime Value Framework for Customer Selections and Resource Allocation Strategy », *Journal of Marketing*, vol. 68, no 4, octobre 2004, p. 106–125 ; V. Kumar, G. Ramani et T. Bohling, « Customer Lifetime Value Approaches and Best Practice Applications », *Journal of Interactive Marketing*, vol. 18, no 3, été 2004, p. 60–72 ; J. Thomas, W. Reinartz et V. Kumar, « Getting the Most out of All Your Customers », *Harvard Business Review*, juillet-août 2004, p. 116–123.

40. Frederick Reichheld et W. Earl Sasser Jr., « Zero Defections : Quality Comes to Services », *HBR OnPoint*, 1er septembre 1990.

41. *Ibid.*

42. Jo Marney, « Bringing Consumers Back for More », *Marketing Magazine*, no 33, 10 septembre 2001 ; Niren Sirohi, Edward McLaughlin et Dick Wittink, « A Model of Consumer Perceptions and Store Loyalty Intentions for a Supermarket Marketer », *Journal of Marketing*, vol. 74, no 3, p. 223–247, 1998.

43. Rosemarky McCracken, « Rewards Have Their Own Virtues », *National Post*, 26 avril 2007, p. IS1.

44. Mary Jo Bitner, « Self Service Technologies : What Do Customers Expect? », *Marketing Management*, printemps 2001, p. 10–34 ; Mary Jo Bitner, Stephen W. Brown et Matthew L. Meuter, « Technology Infusion in Service Encounters », *Journal of Academy of Marketing Science*, vol. 28, no 1, 2000, p. 138–149 ; Matthew L. Meuter, Amy L. Ostrom, Robert I. Roundtree et Mary Jo Bitner, « Self-service Technologies : Understanding Customer Satisfaction with Technology-based Service Encounters », *Journal of Marketing*, vol. 64, no 3, 2000, p. 50–64 ; A. Parasuraman et Dhruv Grewal, « The Impact of Technology on the Quality-Value-Loyalty Chain : A Research Agenda », *Journal of the Academy of Marketing Science*, vol. 28, no 1, 2000, p. 168–174.

45. Virgin Atlantic, http://www.virgin-atlantic.com/en/gb/allaboutus/ourstory/history.jsp ; « Virgin Atlantic Airways Continues to Adhere to its Objective of Supplying Travelers in All Classes with the Best Travel Quality at the Lowest Cost Possible », *Travel Agent*, vol. 290, no 12, 1998, p. 34 ; « Virgin Atlantic's Customer-service Packages Include a Drive-through Check-in Service and an Improved Frequent-flier Program », *Air Transport World*, vol. 34, no 5, 1997.

46. S.A. Shaw et J. Gibbs, « Procurement Strategies of Small Marketers Faced with Uncertainty : An Analysis of Channel Choice and Behavior », *International Review of Market, Distribution and Consumer Research*, vol. 9, no 1, 1999, p. 61–75.

47. http://about.telus.com/investors/annualreport2009/financial_review/report_builder/.

48. « TELUS Consumer Solution : Smart Desktop », www.cipa.com/award_winners/winners_06/Telus.html (Page consultée le 30 avril 2007).

49. *BusinessWeek*, « The Top 100 Brands », www.businessweek.com/pdfs/2003/0331_globalbrands.pdf (Page consultée le 29 août 2006). *Report on Business & Interbrand*, « Best Canadian Brands 2006 », *BusinessWeek*, 4 août 2003, p. 72–76.

50. Lexus, www.lexus.com/about/history/index_1997_1983.html (Page consultée le 15 juin 2005).

51. « The Kellogg Way », *Businessline*, Chennai, Inde, 20 mars 2003, p. 1.

52. William Werther et Jeffrey Kerr, « The Shifting Sands of Competitive Advantage », *Business Horizons*, vol. 38, mai-juin 1995, p. 11–17.

53. www.newswire.ca/en/releases/archive/April2007/23/c8051.html (Page consultée le 30 avril 2007).

54. Ce cas a été rédigé par Stacy Biggar, en collaboration avec Shirley Lichti et Ajax Persaud, aux fins de discussions en classe et non pour illustrer des pratiques de marketing plus ou moins efficaces. Stacy Biggar est assistante à la recherche auprès de Shirley Lichti.

55. www.globesports.com/servlet/story/RTGAM.20070428.wspt-TorFC-loses-28/GSStory/GlobeSportsSoccer/home.

56. www.usatoday.com/sports/soccer/mls/2007-04-28-kansascity-toronto_N.htm.

57. www.citynews.ca/news/news_10409.aspx.

58. Entrevue réalisée avec Paul Beirne.

59. www.citynews.ca/news/news_10409.aspx.

60. Entrevue réalisée avec Paul Beirne.

61. http://toronto.fc.mlsnet.com/t280/about.
62. www.righttoplay.com/site/PageServer.
63. www.thestar.com/Sports/article/208302.
64. Entrevue réalisée avec Paul Beirne.
65. www.cbc.ca/sports/soccer/story/2007/05/12/mls-chi-tor.html.

Chapitre 3

1. Ajax Persaud (Université d'Ottawa) a rédigé ce cas d'après les sources indiquées ci-après, aux fins d'une discussion en classe et non pour illustrer des pratiques de marketing plus ou moins efficaces. « David Friend, Menu Foods President Says as a Pet Owner He's Angry over Poisoned Food », www.cbc.ca/cp/world/070323/w032377A.html, (Page consultée le 3 mai 2007) ; Colin Perkel, « Dog, Cat Deaths in U.S. Prompt $40M Recall from Canada's Menu Foods », http://health.mytelus.com/channel_health_news_details.asp?news_id=11895&channel_id=0 (Page consultée le 3 mai 2007) ; Steven Reinberg, « More Pet Food Recalled », www.cbc.ca/cp/HealthScout/070405/6040504AU.html (Page consultée le 3 mai 2007) ; Beth Gorham, « U.S. Senator Complains Canadian Pet Food Firm Didn't Move Fast Enough », www.cbc.ca/cp/world/070412/w041256A.html (Page consultée le 3 mai 2007) ; Colin Perkel, « Animal Death Reports Did Not Initially Trigger "alarm bells" : Pet-food CEO », www.cbc.ca/cp/health/070321/x032135A.html (Page consultée le 3 mai 2007) ; Allison Jones, « Some Animal Lovers Shun Once-trusted Brands in Wake of Pet Food Recall », www.cbc.ca/cp/business/070401/b040104A.html (Page consultée le 3 mai 2007) ; « Recalled Pet Food Varieties to Be Removed from Shelves, Regardless of Date Code », www.cbc.ca/cp/health/070326/x032602A.html (Page consultée le 3 mai 2007) ; Zena Olijnyk, « A Doggone shame », www.canadianbusiness.com/managing/strategy/article.jsp?content=20070409_85396_85396 (Page consultée le 3 mai 2007) ; « Menu Foods Struggling to Handle Recall of 89 Brands of Pet Foods », www.whatsnextblog.com/archives/2007/03/menu_foods_blowing_the_handling_of_recall_of_89_brands_of_pet_foods.asp (Page consultée le 3 mai 2007) ; « Menu Foods Income Fund Announces Precautionary Dog and Cat Food Recall », « Enhanced Website and Call Center for Precautionary Recall of Dog and Cat Food by Menu Foods Income Fund » ; « Menu Foods Income Fund : Progress in Search for Cause of Pet Illnesses » ; « Menu Foods Initiates Market Withdrawal of All Varieties of Recalled Wet Pet Food to Ensure Consumer Protection » ; « All Menu Foods Pet Food with ChemNutra Wheat Gluten Voluntarily Recalled », http://menufoods.com/recall/Press_Recall_03162007.htm (Page consultée le 3 mai 2007).
2. www.americanpetproducts.org/press_industrytrends.asp.
3. Theodore Levitt, *Marketing Imagination*, Detroit, The Free Press, 1983.
4. http://en.wikipedia.org/wiki/Business_ethics (Page consultée le 30 août 2006).
5. William L. Wilkie et Elizabeth S. Moore, « Marketing's Contributions to Society », *Journal of Marketing*, vol. 63, numéro spécial, 1999, p. 198–219.
6. www.gallup.com (Page consultée le 1er septembre 2006).
7. www.cmomagazine.com/info/release/090104_ethics.html (Page consultée le 1er septembre 2006).
8. www.bsr.org (Page consultée le 1er septembre 2006).
9. News Centre, www.ipsos-na.com/news/pressrelease.cfm?id=3054 (Page consultée le 26 avril 2007).
10. www.competitionbureau.gc.ca (Page consultée le 17 décembre 2007).
11. www.competitionbureau.gc.ca/epic/site/cb-bc.nsf/en/02518e.html (Page consultée le 18 décembre 2007).
12. « Corporate Social Responsibility (CSR) In Canada », Ipsos News Centre, www.ipsos-na.com/news/pressrelease.cfm?id=3054 (Page consultée le 26 avril 2007).
13. RBC, « Corporate Responsibility Report », 2006, p. 19, www.rbc.com/responsibility/reports/index.html (Page consultée le 26 avril 2007).
14. www.newswire.ca/en/media/details.cgi?EventID=155 (Page consultée le 5 mai 2007) ; www.youthaids-aldo.org (Page consultée le 26 avril 2007).
15. Nouvelles du site de Tim Hortons, http://www.timhortons.com/ca/en/about/news_archives.html (Page consultée le 26 avril 2007).
16. « GMability Education : Saturn Kidspace Playgrounds », www.gm.com/company/gmability/edu_k-12/partnerships/saturn_kidspace.html (Page consultée le 26 avril 2007).
17. Naresh K. Malhotra et Gina L. Miller, « An Integrated Model for Ethical Decisions in Marketing Research », *Journal of Business Ethics*, vol. 17, février 1998, p. 263–280 ; A. Parasuraman, Dhruv Grewal et R. Krishnan, *Marketing Research*, 2e éd., Boston, Houghton Mifflin Company, 2007, p. 44–49 ; J.R. Sparks et S.D. Hunt, « Marketing Researcher Ethical Sensitivity : Conceptualization, Measurement, and Exploratory Investigation », *Journal of Marketing*, avril 1998, p. 92–109 ; Allan J. Kimmel et N. Craig Smith, « Deception in Marketing Research : Ethical, Methodological and Disciplinary Implications », *Psychology & Marketing*, vol. 18, no 7, 2001, p. 663 ; Ralph W. Giacobbe et Madhav N. Segal, « A Comparative Analysis of Ethical Perceptions in Marketing Research : U.S.A. vs. Canada », *Journal of Business Ethics*, vol. 27, octobre 2000, p. 229–246.
18. www.eatwell.gov.uk/foodlabels/trafficlights (Page consultée le 2 mai 2007) ; « British Food Industry Opposes Traffic Light Labelling », *The Guardian* (R.-U.), 28 décembre 2006 (Page consultée le 2 mai 2007) ; http://findarticles.com/p/articles/mi_qn4158/is_20060310/ai_n16140493 (Page consultée le 2 mai 2007) ; « Consumers Misled by Food Labels – Report » ; www.guardian.co.uk/food/Story/0,,2013425,00.html (Page consultée le 2 mai 2007) ; « Canada's Obesity Epidemic Worsening, Study Finds », www.cbc.ca/health/story/2005/04/07/obesity-canada050407.html (Page consultée le 2 mai 2007).
19. www.generalmills.com/corporate/index.aspx (Page consultée le 29 août 2006).
20. www.newstarget.com/007572.html (Page consultée le 29 août 2006).
21. www.caru.org/news/2005/sparkle.pdf (Page consultée le 30 août 2006).
22. www.scu.edu/ethics/publications/iie/v7n2/fetzer.html (Page consultée le 26 août 2006).
23. www.scu.edu/ethics/publications/iie/v7n2/fetzer.html.
24. www.therecord.com/links/links_070410155331.html ; www.killercoke.org (Pages consultées le 2 mai 2007) ; http://thetyee.ca/News/2007/02/06/CokeOnCampus/ (Page consultée le 26 avril 2007).

25. www.drj.com/bookstore/drj502a.htm (Page consultée le 30 août 2006).
26. http://turnitin.com/static/company.html (Page consultée le 4 mai 2007); www.cbc.ca/radioshows/AS_IT_HAPPENS/20070410.shtml (Page consultée le 12 avril 2007); www.cbc.ca/aih/latestshow.html (Page consultée le 12 avril 2007).
27. http://edbrenegar.typepad.com/leading_questions/2005/05/real_life_leade.html (Page consultée le 30 août 2006).
28. www.ipsos-na.com/news/pressrelease.cfm?id=3054 (Page consultée le 26 avril 2007).
29. www.mec.ca/main/explore.jsp?FOLDER%3C%3Efolder_id=2534374302883315&bmUID=1177625954162 (Page consultée le 26 avril 2007).
30. *The Globe and Mail*, 23 avril 2007, p. B2.
31. www.ec.gc.ca/epr/inventory/en/DetailView.cfm?intInitiative=72 (Page consultée le 14 mai 2007).
32. www.cooperators.ca/en/homepage/homepageEnglish.html (Page consultée le 17 décembre 2007).
33. http://environment.about.com/od/recycling/a/harry_potter.htm (Page consultée le 9 mai 2007).
34. www.cmomagazine.com/info/release/090104_ethics.html (Page consultée le 1er septembre 2006).
35. Carolyn Hotchkiss, *Business Ethics: One Slide Cases*, Babson College, Wellesley, Mass., 2004; www.usatoday.com/news/nation/2004-03-23-tshirts_x.htm (Page consultée le 25 août 2006); www.marketingpower.com/live/mg-dictionary.php?SearchFor=direct+marketing&Searched=1 (Page consultée le 5 août 2005).
36. Bernadette Franjieh (Université d'Ottawa) a rédigé ce cas sous la supervision d'Ajax Persaud, à partir de sources d'information publiques et d'un documentaire d'Adrianne Arsenault, journaliste à la CBC, sur l'empreinte carbone; ce cas a été rédigé aux fins de discussions en classe et non pour illustrer des pratiques de marketing plus ou moins efficaces.
37. www.ec.gc.ca/climate/overview_science-e.html (Page consultée le 15 mai 2007).
38. www.carbonfootprint.com/carbon_footprint.html (Page consultée le 15 mai 2007).
39. www.cbc.ca/news/reportsfromabroad/arsenault/20070202./html (Page consultée le 15 mai 2007).
40. www.cbc.ca/news/background/consumers/carbon-footprints.html (Page consultée le 15 mai 2007).
41. www.cbc.ca/news/background/consumers/carbon-footprints.html (Page consultée le 15 mai 2007).
42. www.etravelblackboard.com/index.asp?id=65261&nav=2 (Page consultée le 6 juin 2007).
43. www.carbonneutral.com/pages/whatwedo.asp (Page consultée le 15 mai 2007).
44. Kerry Gillespie, « Province Targets Plastic », www.thestar.com/news/article/211921 (Page consultée le 15 mai 2007).

Chapitre 4

1. Selon une publicité pleine page de Loblaw publiée dans *The Record*, le 10 mai 2007 en page E3.
2. Laura Penny, « Bye-bye, Pooper-scooper. Hello, Eco-chic », *The Globe and Mail*, 21 avril 2007, p. F3.
3. Tralee Pearce, « Enviro Bags in Demand », *The Globe and Mail*, 19 mai 2007, p. L5.
4. *Ibid.*
5. Kerry Gillespie, « Campaign to Kick the Plastic-bag Habit », *The Globe and Mail*, 9 mai 2007, p. A1.
6. *Ibid.*
7. Peter F. Drucker, *The Essential Drucker*, New York, HarperCollins, 2001.
8. Michael Tchong, *Trendscape*, 2004, www.trendsetters.com.
9. Valerie Reitman, « Toyota Motor Shows Its Mettle after Fire Destroys Parts Plant », *The Wall Street Journal*, 8 mai 1997.
10. Matt Fish, « Silicon Belly: The Value of Competitive Intelligence », 10 novembre 2003, http://lexis-nexis.com (Page consultée le 6 septembre 2006).
11. « AHHA Fashion: Dussault Ink and Gene Simmons Money Bag », www.allhiphop.com/alternatives/?ID=485 (Page consultée le 5 mai 2007); www.dussaultink.com/docs/mar08_07/article.htm (Page consultée le 5 mai 2007); www.miw.com.sg/publish/sg/en/looking_good/brand_story/vancouver_raising.html; entrevues avec Urban Rush réalisées le 4 avril 2007 et le 22 mars 2007 au 969 City TV, Razer et Much Music, accessibles à l'adresse www.dussaultink.com (Page consultée le 15 mai 2007).
12. Matt Fish, *op. cit.*
13. Steve Mossop, « Companies Not Spending enough on Business Intelligence Activities », www.ipsos-na.com/news/pressrelease.cfm?id=2874 (Page consultée le 10 mai 2007).
14. Steven Gray, « Gillette in a Lather over Schick's Challenge for $1.7 Billion Razor Market », *Seattle Times*, 14 janvier 2004.
15. Jack Neff, « Gillette, Schick Fight with Free Razors, » *Advertising Age*, vol. 74, n° 48, p. 8.
16. Andrew Caffey, « Gillette Wins Legal Fight with Schick », *Knight Ridder Tribune Business News*, 30 avril 2005.
17. Jean Abelson, « For Fusion, Gillette Plans a Super Bowl Blitz », *Knight Ridder Tribune Business News*, 27 janvier 2006, p. 1.
18. « Air Canada, WestJet Settle Spying Lawsuit », www.cbc.ca/canada/calgary/story/2006/05/29/ca-westjet-settlement-20060529.html (Page consultée le 15 mai 2007).
19. « Orthodox », *American Demographics*, mai 2004, p. 35.
20. www.statscan.ca (Page consultée le 15 mai 2007).
21. www12.statcan.ca/census-recensement/2006/dp-pd/hlt/97–551/pages/page.cfm?Lang=F&Geo=PR&Code=01&Table=1&Data=Dist&Sex=1&StartRec=1&Sort=2&Display=Page
22. Social Welfare Research Institute, « Good Tidings for a New Year: The $41 Trillion Transfer of Wealth Is Still Valid », www.bc.edu/research/swri/meta-elements/ssi/wcvol3.html.
23. www40.statcan.gc.ca/l02/cst01/comm35a-fra.htm
24. Kristin Davis, « Oldies but Goodies; Marketers, Take Note: Baby boomers Have Lots of Money to Spend », *U.S. News & World Report*, édition de Washington, 14 mars 2005, p. 45.
25. Michael Weiss, « Chasing Youth », *American Demographics*, octobre 2002, p. 35–41.
26. www.statscan.ca (Page consultée le 15 mai 2007); James Tenser, « Ageless Aging of Boom-X », *Advertising Age*, 2 janvier 2006, vol. 77, n° 1, p. 18–19; Tabitha Armstrong, « GenX Family Values », *The Lane Report*, 1er janvier 2005, p. 41.

27. Lesley Young, « Portrait of the New Family », www.marketingmag.ca/magazine/current/feature/article.jsp?content=20040315_61585_61585 (Page consultée le 11 mai 2007).

28. www.statscan.gc.ca (Page consultée le 15 mai 2007).

29. Pamela Paul, « Getting Inside Gen Y », *American Demographics*, vol. 23, n° 9.

30. Noah Rubin Brier, « Move over Prime-Time ! », *American Demographics*, juillet-août 2004, p. 14–20; John Hoeffel, « The Next Baby Boom », *American Demographics*, octobre 1995, p. 22–31.

31. « 2005 YTV Tween Report », Solutions Research Group, A Corus Entertainment Inc. Company; www.corusmedia.com/ytv/research/index.asp (Page consultée le 15 mai 2007); J.K. Wall, « Tweens Get Retailers into Parents' Wallets », *Knight Ridder Tribune Business News*, 12 septembre 2003, p. 1. Recherche attribuée à WonderGroup, de Cincinnati.

32. Mindy F. Ji et James U. McNeal, « How Chinese Children's Commercials Differ from Those of the United States », *Journal of Advertising*, vol. 30, n° 3, automne 2001, p. 79–91.

33. « 2005 YTV Tween Report », Solutions Research Group, A Corus Entertainment Inc. Company; www.corusmedia.com/ytv/research/index.asp (Page consultée le 15 mai 2007).

34. Cynthia Cohe, présidente de Strategic Mindshare, a proposé le terme *Speeders* pour décrire ce groupe d'âge.

35. www4.hrsdc.gc.ca/.3ndic.1t.4r@-fra.jsp?iid=21

36. www.statcan.gc.ca/daily-quotidien/061213/dq061213c-fra.htm

37. www.statscan.ca (Page consultée le 29 mai 2008).

38. U.S. Bureau of the Census, www.census.gov/population/www/socdemo/educ-attn.html.

39. www.statscan.ca (Page consultée le 15 mai 2007).

40. Bethany Clough, « Home-improvement Store Empower Female Customers with Do-it-herself Tools », *Knight Ridder Tribune Business Service*, 20 mars 2005, p. 1; Fara Warner, « Yes, Women Spend (And Saw and Sand) », *The New York Times*, 29 février 2004, p. C1.

41. www.statscan.ca (Page consultée le 15 mai 2007).

42. www.statscan.ca (Page consultée le 29 mai 2008).

43. Cette partie s'inspire largement de Jacquelyn A. Ottman, *Green Marketing : Opportunity for Innovation*, Chicago, NTC Publishing, 1997, également accessible en ligne à l'adresse www.greenmarketing.com.

44. Kerry Gillespie, « Province Targets Plastic Bags », www.thestar.com/news/article/211921 (Page consultée le 15 mai 2007).

45. « Hackers put Winners, HomeSense Shoppers at Risk », www.ctv.ca/servlet/ArticleNews/story/CTVNews/20070118/fraud_hacker_070118?s_name=&no_ads= (Page consultée le 15 mai 2007).

46. www.statscan.ca (Page consultée le 15 mai 2007).

47. *Ibid.*

48. Martin Peers, « Buddy, Can You Spare Some Time? », *The Wall Street Journal*, 26 janvier 2004, p. B1, B3.

49. www.theglobeandmail.com/servlet/story/RTGAM.20071205.wcensusmain1005/BNStory/census2006/home (Page consultée le 18 décembre 2007).

50. www.statscan.ca (Page consultée le 15 mai 2007).

51. « Tapping into the Hot Chinese and South Asian Marketplace », *Ipsos Ideas*, www.ipsos-ideas.com/article.cfm?id=3391 (Page consultée le 15 mai 2007).

52. Rebecca Harris, « Skin Deep, Canada's Big Banks Have Taken Great Strides to Reach Newcomers to the Country. But, They Need to Look beneath the Surface to Truly Connect to Multicultural Consumers », *Marketing Magazine*, 29 janvier 2007.

53. *Ibid.*

54. *Ibid.*

55. Michael Solomon, *Consumer Behavior : Buying, Having and Being*, Upper Saddle River, N.J., Prentice Hall, 2006.

56. Rob Gerlsbeck, « Research : A Distinct Shopping Society, www.marketingmag.ca/magazine/current/quebec_rpt/article.jsp?content=20070625_69884_69884 (Page consultée le 25 juin 2007).

57. John Feto, « Name Games », *American Demographics*, 15 février 2003.

58. www.statscan.ca (Page consultée le 15 mai 2007).

59. YourDictionary.com, www.yourdictionary.com (Page consultée le 5 septembre 2006).

60. www.bankofcanada.ca/en/ (Page consultée le 15 mai 2007).

61. « Use your Computer to Make Cheap Long-distance Telephone Calls », VoIP Guru, www.aboutvoip.org/use-yourcomputer-to-make-cheap-long-distance-telephone-calls.php (Page consultée le 15 mai 2007); « Converged Communications : The Next Level for IP », http://backbonemag.com/Supplements/VOIP_Supplement.asp (Page consultée le 9 mai 2007).

62. www.statcan.gc.ca/daily-quotidien/080423/dq080423d-fra.htm

63. Cette méthode de création de scénarios est adaptée de celle utilisée pour la première fois par Royal Dutch/Shell au début des années 1970. Elle observe les étapes proposées par les consultants de Bain & Co., www.bain.com/bainweb/consulting_expertise/capabilities_detail.asp?capID=50. Voir aussi Michael D. Watkins et Max H. Bazerman, « Predictable Surprises : The Disasters You Should Have Seen Coming », *Harvard Business Review*, mars 2003, p. 5–12.

64. www.calreinvest.org/PredatoryLending/Top10PredatoryPractices7.2.html (Page consultée le 7 août 2005); « Class Action Certified in Payday Loan Case », www.cbc.ca/money/story/2006/05/12/rentcash.html#skip300x250 (Page consultée le 10 mai 2007); « How Much Will a Payday Loan Cost », www.fcac-acfc.gc.ca/eng/publications/PaydayLoans/PaydayLoans-5_e.asp (Page consultée le 10 mai 2007); Page d'accueil de l'Association canadienne des prêteurs sur salaire, www.cpla-acps.ca/english/home.php (Page consultée le 10 mai 2007); « B.C. Supreme Court Justice Blasts Payday Loan Predators », www.nupge.ca/news_2006/n17au06b.htm (Page consultée le 10 mai 2007).

65. « How Corporations Learn from Scenarios », *Strategy & Leadership*, vol. 31, n° 2, p. 5; Liam Fahey et Robert M. Randall, *Learning from the Future Competitive : Foresight Scenarios*, Hoboken, N.J., Wiley, 1998.

66. www.weston.ca/en/gwl_ar06e/bus_loblaw_review.html (Page consultée le 15 mai 2007).

67. www.loblaw.com/fr/pdf_fr/lcl09_arfullin_fr.pdf

23. Karl T. Ulrich et Steven D. Eppinger, *Product Design and Development*, 2e éd., Boston, Irwin/McGraw-Hill, 2000.

24. www.marketingpower.com (Page consultée le 18 septembre 2006).

25. Karl t. Ulrich et Steven D. Eppinger, *Product Design and Development*, p. 166.

26. Ely Dahan et V. Srinivasan, « The Predictive Power of Internet-based Product Concept Testing Using Visual Depiction and Animation », *Journal of Product Innovation Management*, vol. 17, 2000, p. 99–109.

27. www.marketingpower.com (Page consultée le 18 septembre 2006).

28. Karl T. Ulrich et Steven D. Eppinger, *Product Design and Development*.

29. Tonya Vinas, « P&G Seeks Alternatives to Animal Tests », *Industry Week*, vol. 253, no 7, juillet 2004, p. 60 ; « EU to Ban Animal Tested Cosmetics », www.cnn.com (Page consultée le 31 mars 2006) ; www.leapingbunny.org ; Gary Anthes, « P&G Uses Data Mining to Cut Animal Testing », www.computerworld.com (Page consultée le 6 décembre 1999).

30. Noriko Suzuki, « The Truth about the Body Shop », www.tsujiru.net/compass/compass_1996/reg/suzuki_noriko.htm (Page consultée le 12 juin 2007).

31. www.blackberrypearl.com (Page consultés le 12 juin 2007).

32. http://crunchgear.com/2007/01/29/blackberry-pearl-tel-enav-gps-hearts (Page consultée le 12 juin 2007).

33. http://72.14.205.104/search?q=cache:9lEQogzGu8J:www.internetnews.com/infra/article.php/630791+price+of+blackberry+pearl&hl=en&ct=clnk&cd=5&gl=ca (Page consultée le 12 juin 2007).

34. www2.acnielsen.com/products/crs_bases2.shtml (Page consultée le 20 septembre 2006).

35. Philip Kotler, *Marketing Management*, 11e éd., Upper Saddle River, N.J., Prentice-Hall, 2003.

36. Patricia Sellers, « P&G : Teaching an Old Dog New Tricks », *Fortune*, 31 mai 2004, p. 166–180.

37. Norma Ramage, « Testing, testing 1-2-3 », www.marketingmag.ca/magazine/current/in_context/article.jsp?content=20050718_69775_69775 (Page consultée le 12 juin 2007.

38. www.infores.com/public/us/analytics/productportfolio/bscannewprodtest.htm (Page consultée le 2 avril 2006).

39. J. Daniel Sherman et William E. Souder, « Managing New Technology Development », http://books.google.com/books?id=6p3hdSUXOlsC&pg=PA104&lpg=PA104&dq=kellogg+%22toast+ems%22&source=web&ots=xP30aQrfMe&sig=YAxE8134Djzngytp3DcC_H8g_FA (Page consultée le 12 juin 2007).

40. Lisa D'Innocenzo, « Frito Lay Canada : Potato Chips... for dinner? », www.strategymag.com/articles/magazine/20070101/biz.html (Page consultée le 12 janvier 2008).

41. Product Development Management Association, *The PDMA Handbook of New Product Development*, 2e éd., Kenneth K. Kahn (dir.), New York, John Wiley & Sons, 2004.

42. BestNewProducts.ca tient une liste des meilleurs nouveaux produits lancés chaque année. Les produits listés sont les gagnants de la quatrième remise de prix lors du Best New Product Awards, une compétition dont le jury est formé de 10 000 consommateurs canadiens d'un océan à l'autre, www.BestNewProducts.ca.

43. Ashwin W. Joshi et Sanjay Sharma, « Customer Knowledge Development : Antecedents and Impact on New Product Success », *Journal of Marketing*, vol. 68, no 4, octobre 2004, p. 47.

44. « BlackBerry Pearl 8130 smartphone », www.businessonthego1.com/english/wp_blackberry_bb8130.asp (Page consultée le 12 janvier 2008).

45. Yuhong Wu, Sridhar Balasubramanian et Vijay Mahajan, « When Is a Preannounced New Product Likely to Be Delayed? », *Journal of Marketing*, vol. 68, no 2, avril 2004, p. 101.

46. www.pdma.org (Page consultée le 15 septembre 2006).

47. Theodore Levitt, *Marketing Imagination*, New York, The Free Press, 1986.

48. Donald R. Lehmann et Russell S. Winer, *Analysis for Marketing Planning*, 6e éd., Boston, McGraw-Hill/Irwin, 2004.

49. Glen T. Urban et John R. Hauser, *Design and Marketing*.

50. Thomas K. Arnold, « VHS Is on Its Way to Becoming a Modern-day Dinosaur », *Video Store Magazine*, du 6 au 12 octobre 2002, p. 20 ; Erik Gruenwedel, « MPAA : Rising DVD Penetration at VHS Expense », *Video Store Magazine*, 28 mars – 3 avril 2004, p. 44.

51. Geoffrey Colvin, « Admit It : You, too, Are Paris Hilton », *Fortune*, 29 décembre 2003, p. 57.

52. Miriam Jordan et Jonathan Karp, « Machines for the Masses ; Whirlpool Aims Cheap Washer at Brazil, India and China ; Making Due with Slower Spin », *The Wall Street Journal*, 9 décembre 2003, p. A19.

53. Om Malik, « The New Land of Opportunity », *Business 2.0*, juillet 2004, p. 72–79.

54. Claire Briney, « Wiping Up the Market », *Global Cosmetic Industry*, vol. 172, no 4, avril 2004, p. 40–43.

55. Kara Swisher, « Home Economics : The Hypoallergenic Car ; Wave of Cleaning Products Caters to Finicky Drivers ; Premoistened Auto Wipes », *The Wall Street Journal*, 6 mai 2004, p. D.1.

56. www.toiletwand.com (Page consultée le 20 septembre 2006).

57. www40.statcan.ca/l01/cst01/arts28.html (Page consultée le 12 juin 2007).

58. « Vinyl Lovers Spur New Boom for Old Medium », www.cbc.ca/consumer/story/2007/01/03/vinyl-boom.html (Page consultée le 12 juin 2007).

59. *Ibid.*

60. Kevin J. Clancy et Peter C. Krieg, « Product Life Cycle : A Dangerous Idea », *Brandweek*, 1er mars 2004, p. 26 ; Nariman K. Dhalla et Sonia Yuseph, « Forget the Product Life-cycle Concept », *Harvard Business Review*, janvier-février 1976, p. 102 et suivantes.

61. Peter Golder et Gerard Tellis, « Cascades, Diffusion, and Turning Points in the Product Life Cycle », *MSI*, étude no 03–120, 2003.

62. Jay Bolling, « DTC : A Strategy for Every Stage », Pharmaceutical Executive, novembre 2003, p. 110–117.

63. Susan White Newell et Jeanne L. Munger ont rédigé ce cas en collaboration avec Dhruv Grewal et Michael Levy, les coauteurs étatsuniens du manuel, aux fins de discussions en classe et non pour illustrer des pratiques de marketing plus ou moins efficaces.

64. « Apple Unveils Video iPod, » *AppleInsider*, 12 octobre 2005, www.appleinsider.com/article.php?id=1315 (Page

consultée le 20 septembre 2006); « Video iPod Shocks Affiliates, Spawns New TV Industry », www.adrants.com/2005/10video-ipodshocks-affiliates-spawns-new.php (Page consultée le 17 octobre 2006); Kenhi Hall, « Sony's iPod Assault Is No Threat to Apple », *Business Week*, 13 mars 2006. p. 53; David Pogue, « Almost iPod, But in the End a Samsung », *The New York Times*, 9 mars 2006, www.nytimes.com (Page consultée le 20 septembre 2006); David Becker, « It's All about the iPod », *CNET Networks*, www.news.com, 18 avril 2005; Scott VanCamp, « They March to His Rhythm », *Brandweek*, vol. 45, n° 36, 11 octobre 2004, cahier spécial, p. M36-M40; Beth Snyder Bulik, « The iPod Economy », *Advertising Age*, vol. 75, n° 42, 18 octobre 2004, p. 1–2.

Chapitre 11

1. Eve Lazarus, « Trash Talk », www.marketingmag.ca/magazine/current/in_context/article.jsp?content=20070226_68767_68767 (Page consultée le 13 juin 2007).
2. Matt Semansky, « 1-800-Got-Junk? Makes a Beer Run », www.marketingmag.ca/daily/20070320/national2.html (Page consultée le 13 juin 2007).
3. Eve Lazarus, « Trash Talk », www.marketingmag.ca/magazine/current/in_context/article.jsp?content=20070226_68767_68767 (Page consultée le 13 juin 2007).
4. Leonard L. Berry et A. Parasuraman, *Marketing Services: Competing through Quality*, New York, The Free Press, 1991, p. 5.
5. Valerie A. Zeithaml, A. Parasuraman et Leonard L. Berry, *Delivering Quality Service: Balancing Customer Perceptions and Expectations*, New York, The Free Press, 1990.
6. C. Lovelock, J. Wirts, D. Lapert et A. Munos, Marketing des services, 6ᵉ éd., Toronto, Pearson Éducation, 2008, 620 p.
7. Alison Overhold, « Listening to Starbucks », *Fast Company*, n° 84, juillet 2004, p. 50–57.
8. Konrad Yakabuski, « The Greatest Canadian Company on Earth », *Report on Business Magazine*, septembre 2007, p. 57.
9. Tim Shufelt, « Immersive Drives a Long, Long, Long Path to Google's Door », www.theglobeandmail.com/servlet/story/LAC.20070531.RIMMERSIVE31/TPStory/Business (Page consultée le 14 juin 2007).
10. Dhruv Grewal, Gopalkrishnan R. Iyer, Jerry Gotlied et Micheal Levy, « Developing a Deeper Understanding of Post-purchase Perceived Risk and Repeat Purchase Behavioral Intentions in a Service Setting », 2006, document de travail non publié, Babson College; Mary Jo Bitner, Stephen W. Brown et Matthew L. Mueter, « Technology Infusion in Service Encounters », *Journal of the Academy of Marketing Science*, vol. 28, n° 1, 2000, p. 138–149; Jerry Gotlieb, Dhruv Grewal, Michael Levy et Joan Lindsey-Mullikin, « An Examination of Moderators of the Effects of Customers' Evaluation of Employee Courtesy on Attitude toward the Service Firm », *Journal of Applied Social Psychology*, vol. 34, n° 4, avril 2004, p. 825–847.
11. Choice Hotels, « Special Guest Policies », 2004, www7.choicehotels.com/ires/en-US/html/GuestPolicies?sid=hPTj.2R6oelpGw.7 (Page consultée le 10 septembre 2006).
12. www.clubmed.com (Page consultée le 17 juin 2007).
13. Jeff Bennett, « Technology Trends: More Shoppers Find Self-checkout Easy; Major Retailers Turn to Automation for Customers », *Detroit Free Press Business*, 1ᵉʳ mars 2003, www.freep.com/money/business/scan1_20030301.htm (Page consultée le 10 novembre 2004); www.ncr.com/products/pdf/hardware/fastlane_capabilities.pdf (Page consultée le 11 novembre 2004); Matt Pillar, « Self-checkout: Self-serving or Customer Centric? », *Integrated Solutions for Retailers*, juillet 2004, http://ismretail.com/articles/2004_07/040710.htm (Page consultée le 10 novembre 2004).
14. Rebecca Harris, « Confident Customers », www.marketingmag.ca/magazine/current/in_context/article.jsp?content=20060410_76174_76174 (Page consultée le 17 juin 2007).
15. Greg Michetti, « Webify Your Workout », www.backbonemag.com/Magazine/Hot_Tech_12310602.asp (Page consultée le 17 juin 2007).
16. Andrew Willis, « Sports Fan Munchies Fatten Cineplex's Bottom Line », www.theglobeandmail.com/servlet/story/LAC.20070104.RCINEPLEX04/TPStory/Entertainment (Page consultée le 17 juin 2007).
17. L'exposé sur le modèle des écarts et ses implications s'inspire largement de Michael Levy et Barton A. Weitz, *Retailing Management*, 6ᵉ éd., Burr Ridge, Ill., Irwin/McGraw-Hill, 2007, ainsi que sur Deon Nel et Leyland Pitt, « Service Quality in a Retail Environment: Closing the Gaps », *Journal of General Management*, vol. 18, printemps 1993, p. 37–57; Valerie A. Zeithaml, Leonard Berry et A. Parasuraman, *Delivering Quality Customer Service – Balancing Customer Perceptions and Expectations*, New York, The Free Press, 1990; Valerie A. Zeithaml, Leonard Berry et A. Parasuraman, « Communication and Control Processes in the Delivery of Service Quality », *Journal of Marketing*, vol. 52, n° 2, avril 1988, p. 35–48.
18. Kenneth Clow, David Kurtz, John Ozment et Beng Soo Ong, « The Antecedents of Consumer Expectations of Services: An Empirical Study across Four Industries », *The Journal of Services Marketing*, vol. 11, mai-juin 1997, p. 230–248; Ann Marie Thompson et Peter Kaminski, « Psychographic and Lifestyle Antecedents of Service Quality Expectations », *Journal of Services Marketing*, vol. 7, n° 4, 1993, p. 53–61.
19. Valerie A. Zeithaml, Leonard Berry et A. Parasuraman, *Delivering Quality Customer Service*.
20. Rebecca Harris, « Marketing 2.0 », www.marketingmag.ca/magazine/current/feature/article.jsp?content=20070430_69539_69539 (Page consultée le 17 juin 2007).
21. *Ibid.*
22. *Ibid.*
23. Leonard Berry et A. Parasuraman, « Listening to the Customer – The Concept of a Service-Quality Information System », *Sloan Management Review*, vol. 38, n° 3, 1997, p. 65–77; A. Parasuraman et Dhruv Grewal, « Serving Customers and Consumers Effectively in the 21st Century », document de travail, 1998, University of Miami, Coral Gables, Floride.
24. Rick Spence, « Canadian Beauty », www.canadianbusiness.com/entrepreneur/columnists/rick_spence/article.jsp?content=20070405_144036_5628 (Page consultée le 16 juin 2007).
25. Bernadette Morra, « Barry Slowly Breaking Barriers », www.thestar.com/article/189388, (Page consultée le 16 juin 2007).
26. www.benbarry.com/fashioningreality.htm (Page consultée le 16 juin 2007).
27. Teena Lyons, « Complain to Me-If You Can », *Knight Ridder Tribune News*, 4 décembre 2005, p. 1.
28. www.nwa.com/plan/index.html (Page consultée le 20 septembre 2006).

in E-Tailer Service Quality? », *Journal of the Academy of Marketing Science*, vol. 30, n° 4, 2002, p. 433–445 ; Michael D. Smith, « The Impact of Shopbots on Electronic Markets », *Journal of the Academy of Marketing Sciences*, vol. 30, n° 4, 2002, p. 446–454 ; Michael D. Smith et Erik Brynjolfsson, « Consumer Decision-making at an Internet Shopbot : Brand Still Matters », *The Journal of Industrial Economics*, vol. 49, décembre 2001, p. 541–558 ; Fang-Fang Tang et Xiaolin Xing, « Will the Growth of Multi-channel Retailing Diminish the Pricing Efficiency of the Web? », *Journal of Retailing*, vol. 77, n° 3, 2001, p. 319–333 ; Florian Zettlemeyer, « Expanding to the Internet : Pricing and Communications Strategies When Firms Compete on Multiple Channels », *Journal of Marketing Research*, vol. 37, août 2000, p. 292–308 ; Dhruv Grewal, Gopalkrishnan R. Iyer, R. Krishnan et Arun Sharma, « The Internet and the Price-Value-Loyalty Chain », *Journal of Business Research*, vol. 56, mai 2003, p. 391–398 ; Gopalkrishnan R. Iyer, Anthony D. Miyazaki, Dhruv Grewal et Maria Giordano, « Linking Web-based Segmentation to Pricing Tactics », *Journal of Product & Brand Management*, vol. 11, n° 4/5, 2002, p. 288–302.

26. Amy Verner, « Carried away with Eco-bags », www.theglobeandmail.com/servlet/story/LAC.20070623.BAG23/TPStory/?query=%22holt+renfrew%22 (Page consultée le 23 juin 2007).
27. Thomas T. Nagle et Reed K. Holden, *The Strategy and Tactics of Pricing*, 3e éd., Upper Saddle River, N.J., Pearson, 2002.
28. Dhruv Grewal et Jeanne Munger, « Carpet Pro Solutions », étude de cas non publiée, Babson College, 2005.
29. www.amazon.ca (Page consultée le 19 juin 2007).
30. Lisa E. Bolton, Luk Warlop et Joseph W. Alba, « Consumer Perceptions of Price (Un)Fairness », *Journal of Consumer Research*, vol. 29, mars 2003, p. 474–491 ; Margaret C. Campbell, « Perceptions of Price Unfairness : Antecedents and Consequences », *Journal of Marketing Research*, vol. 36, mai 1999, p. 187–199 ; Peter R. Darke et Darren W. Dahl, « Fairness and Discounts : The Subjective Value of a Bargain », *Journal of Consumer Psychology*, vol. 13, n° 3, 2003, p. 328–338 ; Sarah Maxwell, « What Makes a Price Increase Seem "Fair"? », *Pricing Strategy & Practice*, vol. 3, n° 4, 1995, p. 21–27.
31. A. Biswas, E.J. Wilson et J.W. Licata, « Reference Pricing Studies in Marketing : A Synthesis of Research Results », *Journal of Business Research*, vol. 27, n° 3, 1993, p. 239–256 ; A. Biswas, « The Moderating Role of Brand Familiarity in Reference Price Perceptions », *Journal of Business Research*, vol. 25, 1992, p. 251–262 ; A. Biswas et E. Blair, « Contextual Effects of Reference Prices in Retail Advertisements », *Journal of Marketing*, vol. 55, 1991, p. 1–12 ; Larry D. Compeau et Dhruv Grewal, « Comparative Price Advertising : An Integrative Review, » *Journal of Public Policy & Marketing*, vol. 17, automne 1998, p. 257–273 ; Rajesh Chandrashekaran et Dhruv Grewal, « Assimilation of Advertised Reference Prices : The Moderating Role of Involvement », *Journal of Retailing*, vol. 79, n° 1, 2003, p. 53–62 ; David M. Hardesty et William O. Bearden, « Consumer Evaluations of Different Promotion Types and Price Presentations : The Moderating Role of Promotional Benefit Level », *Journal of Retailing*, vol. 79, n° 1, 2003, p. 17–25.
32. Dhruv Grewal, Kent B. Monroe et R. Krishnan, « The Effects of Price Comparison Advertising on Buyers' Perceptions of Acquisition Value and Transaction Value », *Journal of Marketing*, vol. 62, avril 1998, p. 46–60.
33. Noreen M. Klein et Janet E. Oglethorpe, « Reference Points in Consumer Decision Making », dans *Advances in Consumer Research*, vol. 14, Melanie Wallendorf et Paul Anderson (dir.), Provo, Utah, Association for Consumer Research, 1987, p. 183–187.
34. J.E. Urbany, W.O. Bearden et D.C. Weilbaker, « The Effect of Plausible and Exaggerated Reference Prices on Consumer Perceptions and Price Search », *Journal of Consumer Research*, vol. 15, 1988, p. 95–110.
35. « About Giant Tiger – History », www.gianttiger.com/en/about_gt/history/index.php (Page consultée le 20 juin 2007).
36. « Facts and Questions », www.gianttiger.com/en/faq.php (Page consultée le 20 juin 2007).
37. *Ibid.*
38. « Community/Murals », www.gianttiger.com/en/community/murals/ (Page consultée le 20 juin 2007).
39. « The North West Company : Alberta », www.northwest.ca/BackOffice/DesktopDefault.aspx?tabindex=0&tabid=10080 (Page consultée le 20 juin 2007).
40. Michael Levy et Barton A. Weitz, *Retailing Management*, 6e éd., Burr Ridge, Ill., Irwin/McGraw-Hill, 2007.
41. Robert Schindler, « The 99 Price Ending as a Signal of a Low-price Appeal », *Journal of Retailing*, vol. 82, n° 1, 2006.
42. Merrie Brucks, Valerie A. Zeithaml et Gillian Naylor, « Price and Brand Name as Indicators of Quality Dimensions for Consumer Durables », *Journal of the Academy of Marketing Science*, vol. 28, n° 3, 2000, p. 359–374 ; William B. Dodds, Kent B. Monroe et Dhruv Grewal, « Effects of Price, Brand, and Store Information on Buyers' Product Evaluations », *Journal of Marketing Research*, vol. 28, août 1991, p. 307–319.
43. Merrie Brucks, Valerie A. Zeithaml et Gillian Naylor, « Price and Brand Name as Indicators of Quality Dimensions for Consumer Durables » ; Niraj Dawar et Philip Parker, « Marketing Universals : Consumers' Use of Brand Name, Price, Physical Appearance, and Retailer Reputation as Signals of Product Quality », *Journal of Marketing*, vol. 58, avril 1994, p. 81–95 ; William B. Dodds, Kent B. Monroe et Dhruv Grewal, « Effects of Price, Brand, and Store Information on Buyers' Product Evaluations » ; Paul S. Richardson, Alan S. Dick et Arun K. Jain, « Extrinsic and Intrinsic Cue Effects on Perceptions of Store Brand Quality », *Journal of Marketing*, vol. 58, octobre 1994, p. 28–36 ; Anthony Miyazaki, Dhruv Grewal et Ronnie Goodstein, « The Effect of Multiple Extrinsic Cues on Quality Perceptions : A Matter of Consistency », *Journal of Consumer Research*, vol. 32, juin 2005, p. 146–153.
44. Cette partie s'inspire de Michael Levy et Barton A. Weitz, *Retailing Management*, *op. cit.*
45. Sha Yang et Priya Raghubir, « Can Bottles Speak Volumes? The Effect of Package Shape on How Much to Buy », *Journal of Retailing*, vol. 81, n° 4, 2005, p. 269–281.
46. « Competition Bureau Investigation Leads to $1-Million Settlement with Suzy Shier Inc. », www.competitionbureau.gc.ca/internet/index.cfm?itemID=305&lg=e (Page consultée le 24 juin 2007).
47. Larry D. Compeau et Dhruv Grewal, « Comparative Price Advertising » ; Larry D. Compeau, Dhruv Grewal et Diana S. Grewal, « Adjudicating Claims of Deceptive Advertised Reference Prices : The Use of Empirical Evidence », *Journal of Public Policy & Marketing*, vol. 14, automne 1994, p. 52–62 ; Dhruv Grewal et Larry D. Compeau, « Comparative Price Advertising : Informative or Deceptive? », *Journal of Public Policy & Marketing*, vol. 11, printemps 1992, p. 52–62 ;

Larry Compeau, Joan Lindsey-Mullikin, Dhruv Grewal et Ross Petty, « An Analysis of Consumers' Interpretations of the Semantic Phrases Found in Comparative Price Advertisements », *Journal of Consumer Affairs*, vol. 38, été 2004, p. 178–187.

48. Joanna Grossman, « The End of Ladies Night in New Jersey », *Find Law's Legal Commentary*, 2004, www.writ.news.findlaw.com/grossman/20040615.html (Page consultée le 29 novembre 2005) ; Joyce Howard Price, « Ladies Night Ruled Discriminatory », *The Washington Times*, 2004, www.washingtontimes.com/national/20040602-111843-2685r.htm (Page consultée le 29 novembre 2005).
49. Larry D. Compeau a rédigé ce cas en collaboration avec Dhruv Grewal et Michael Levy, auteurs de la version étatsunienne du manuel, aux fins de discussions en classe et non pour illustrer des pratiques de marketing plus ou moins efficaces.

Chapitre 13

1. www.zara.ca (Page consultée le 4 mai 2007) ; Pankaj Ghemawat et Jose Luis Nueno, « Zara : Fast Fashion », Harvard Business School, cas n° 9-703-497, 1er avril 2003 ; www.inditex.com/english/home.htm (Page consultée le 20 juillet 2006) ; Guillermo D'Andrea et David Arnold, « Zara », Harvard Business School, cas n° 9-503-050, 12 mars 2003 ; www.gapinc.com/financmedia/financmedia.htm (Page consultée le 13 mars 2005) ; www.hm.com/us/start/start/index.jsp# (Page consultée le 4 juin 2005) ; www.benetton.com/press (Page consultée le 3 septembre 2006) ; Stephen Tierney, « New Look's Supply Chain Obsession », *Frontline Solutions*, vol. 12, n° 6, octobre 2003, p. 24–25 ; David Bovet et Joseph Martha, « E-Business and Logistics Unlocking the Rusty Supply Chain », *Logistics Quarterly*, vol. 6, n° 4, hiver 2000, p. 1–3 ; Jane M. Folpe, « Zara Has a Made-to-Order Plan for Success », *Fortune*, vol. 142, n° 5, septembre 2000, p. 80–82 ; Carlta Vitzthum, « Just-in-Time Fashion : Spanish Retailer Zara Makes Low-cost Lines in Weeks by Running Its Own Show », *The Wall Street Journal*, 18 mai 2001, p. B1.
2. Rebecca Harris, « Buy a Coffee, Remember a Veteran », www.marketingmag.ca/magazine/current/the_briefing/article.jsp?content=20041101_6478_64784 (Page consultée le 2 janvier 2008).
3. Shirley Lichti, « When it Comes to Packaging, it Pays to Be Different », www.marketingmagic.ca/articles/Packaging.htm (Page consultée le 2 janvier 2008).
4. www.marketingpower.com/live/mg-dictionary.
5. D'après David Simchi-Levi, Philip Kaminsky et Edith Simchi-Levi, *Designing and Managing the Supply Chain : Concepts, Strategies and Case Studies*, 2e éd., New York, McGraw-Hill/Irwin, 2003 ; Michael Levy et Barton A. Weitz, *Retailing Management*, 5e éd., New York, McGraw-Hill/Irwin, 2004.
6. www.marketingpower.com/live/mg-dictionary. Définition proposée par le Council of Logistics Management.
7. www.techflash.com/seattle/2010/03/forecast_for_online_retail_sales_steady_upward_climb.html.
8. *Ibid.*
9. Shirley Won, « Arctic Glacier Seeks to Ice Competition », *The Globe and Mail*, 29 mai 2007.
10. *Ibid.*
11. « Industry History », www.arcticglacierinc.com/history.htm (Page consultée le 27 juin 2007).
12. *Ibid.*
13. Shirley Won, « Arctic Glacier Seeks to Ice Competition », *The Globe and Mail*, 29 mai 2007.
14. Jon Pareles, « The Once and Future Prince », www.nytimes.com/2007/07/22/arts/music/22pare.html?ei=5124&en=b52b49b65411b345&ex=1342670400&adxnnl=1&partner=per&adxnnlx=1185567590-yTMSuMcGbwfz6rtKVoJjhw (Page consultée le 3 janvier 2008).
15. Thomas W. Gruen, Daniel S. Corsten et Sundar Bharadwaj, « Retail out of Stocks : A Worldwide Examination of Extent, Causes, and Consumer Responses », document de travail non publié, 7 mai 2002 ; Nirmalya Kumar, « The Power of Trust in Manufacturer-Retailer Relationships », *Harvard Business Review*, novembre-décembre 1996, p. 92–106 ; Mark E. Parry et Yoshinobu Sato, « Procter & Gamble : The Wal-Mart Partnership », University of Virginia, cas n° M-0452, 1996.
16. www.marketingpower.com/live/mg-dictionary.
17. Selon le Canadian Franchise Directory, www.franchisedirectory.ca (Page consultée le 28 juin 2007).
18. Pankaj Ghemawat et Jose Luis Nueno, « ZARA : Fast Fashion », *op. cit.*
19. Navi Radjou, Henry H. Harteveldt et Colin Teubner, « Airlines : Fix Your MRO Supply Chains to Save Big », *Forrester*, 4 février 2004.
20. www.marketingpower.com/live/mg-dictionary.
21. Sharyn Leaver, Joshua Walker et Tamara Mendelsohn, « Hasbro Drives Supply Chain Efficiency with BPM », *Forrester Research*, 22 juillet 2003.
22. Erin Anderson et Anne Coughlan, « Structure, Governance, and Relationship Management », dans *Handbook of Marketing*, B. Weitz et R. Wensley (dir.), Londres, Sage, 2002.
23. Erin Anderson et Barton Weitz, « The Use of Pledges to Build and Sustain Commitment in Distribution Channels », *Journal of Marketing Research*, vol. 29, février 1992, p. 18–34.
24. Cette partie s'inspire de Michael Levy et Barton A. Weitz, *Retailing Management*, *op. cit.*, chap. 10.
25. Larry Kellam, « P&G Rethinks Supply Chain », *Optimize*, octobre 2003, p. 35.
26. Jeanne L. Munger a rédigé ce cas en collaboration avec Dhruv Grewal et Michael Levy, auteurs de la version étatsunienne du manuel, aux fins de discussions en classe et non pour illustrer des pratiques de marketing plus ou moins efficace.
27. Mellissa S. Monroe, « Wal-Mart Is Rewriting Rules, Dominating World's Supply Chain », *Knight Ridder Tribune Business News*, 10 novembre 2003, p. 1.
28. Richard J. Schonberger, « The Right Stuff, Revisited », *MSI*, vol. 21, n° 9, septembre 2003, p. 26.
29. Staff, « Logisticstoday's 10 Best Supply Chains », *Logisticstoday*, décembre 2003, p. 20.

Chapitre 14

1. www.roots.com/index.php?/canada/content/view/26/70/lang.en (Page consultée le 24 juin 2007).
2. http://about.roots.com/on/demandware.store/Sites RootsCorporate-Site/default/Page-Show?cid=MSTR_COMPANY_FACT_SHEET.

3. Birte Pampel, « Behind the Brand: The Triumphs and the Tragedies », www.brandchannel.com/features_profile asp?pr_id=194 (Page consultée le 24 juin 2007).
4. www.roots.com/index.php?/canada/content/view/27/71/lang,en (Page consultée le 24 juin 2007).
5. Birte Pampel, « Behind the Brand: The Triumphs and the Tragedies », www.brandchannel.com/features_profile.asp?pr_id=194 (Page consultée le 24 juin 2007).
6. Geoffrey York, « Roots Plants the Flag in China », http://www.theglobeandmail.com/report-on-business/article784107.ece (Page consultée le 4 janvier 2008).
7. Kara Aaserud, Camilla Cornell, Jim McElgunn, Kim Shiffman et Richard Wright, « The Golden Rules of Growth: Michael Budman », www.canadianbusiness.com/entrepreneur/managing/article.jsp?content=20070419_095717_4492 (Page consultée le 24 juin 2007).
8. www.stores.org/pdf/GlobalRetail04.pdf.
9. www40.statcan.ca/l02/cst01/trad15a-fra.htm.
10. www.retailcouncil.org/news/media/profile/print/default.asp (Page consultée le 4 janvier 2008).
11. Pour en savoir plus sur le concept de roue du commerce, voir Stanley Hollander, « The Wheel of Retailing: What Makes Skilled Managers Succumb to the "Prosper, Mature, and Decay" Pattern? », *Marketing Management*, été 1996, p. 63–65; Stephen Brown, « Postmodernism, the Wheel of Retailing, and Will to Power », *The International Review of Retail, Distribution, and Consumer Research*, juillet 1995, p. 387–412; Arieh Goldman, « Institutional Change in Retailing: An Updated Wheel of Retailing », dans *Foundations of Marketing Channels*, A. Woodside, J. Sims, D. Lewison et I. Wilkenson (dir.), Austin, Tex., Lone Star, 1978, p. 193–201. Pour une description de la théorie de l'accordéon, voir Stanley C. Hollander, « Notes on the Retail Accordion », *Journal of Retailing*, vol. 42, été 1966, p. 20–40 et 54. Pour une description de la théorie du processus dialectique, voir Thomas J. Maronick et Bruce J. Walker, « The Dialectic Evolution of Retailing », dans *Proceedings: Southern Marketing Association*, Barnett Greenberg (dir.), Atlanta, Georgia State University, 1974, p. 147. Pour une description de la théorie de la sélection naturelle, voir A.C.R. Dreesmann, « Patterns of Evolution in Retailing », *Journal of Retailing*, printemps 1968, p. 81–96; Murray Forester, « Darwinian Theory of Retailing », *Chain Store Age*, août 1995, p. 8. On peut lire un résumé de ces théories dans Michael Levy et Barton A. Weitz, *Retailing Management*, 6e éd., Burr Ridge, Ill., Irwin/McGraw-Hill, 2007.
12. Michael Levy, Dhruv Grewal, Robert A. Peterson et Bob Connolly, « The Concept of the Big Middle », *Journal of Retailing*, vol. 81, no 2, 2005, p. 83–88.
13. Michael Treacy et Fred Wiersema, *The Disciplines of Market Leaders*, Reading, Mass., Addison Wesley, 1995.
14. Marina Strauss, « Struggling Saan Seeks Financing », www.reportonbusiness.com/servlet/story/LAC.20071213.RSAAN13/TPStory/?query=, – 79k (Page consultée le 4 janvier 2008).
15. Reuters, « Would You Like Fries with your Tiramisu? », www.theglobeandmail.com/servlet/story/LAC.20070628.RTICK28SEC/TPStory/Business (Page consultée le 28 juin 2007).
16. Paul Brent, « McLatte Anyone? », *Marketing Magazine*, 10 décembre 2007, p. 10.
17. Aaron Bernstein, « A Major Swipe at Sweatshops », *BusinessWeek*, 23 mai 2005, p. 98; « The Gap (Clothing Retailer) », www.wikipedia.org (Page consultée le 24 septembre 2006; « Landmark Workers' Rights Lawsuit Settled », 16 février 2003, www.cleanclothes.org (Page consultée le 20 septembre 2006); Don Tapscott, « Time of Transparency », *Intelligent Enterprise*, vol. 7, no 10, 12 juin 2004, p. 12–24; « Workers Sue Wal-Mart over Sweatshop Conditions », 13 septembre 2005, www.nosweat.org.uk//article.php?sid=1390 (Page consultée le 21 octobre 2005); « Disney in China: Making Children's Books at the Nord Race Factories », National Labor Committee, août 2005, www.nlcnet.org (Page consultée le 26 septembre 2006).
18. www.sa-intl.org (Page consultée le 26 septembre 2006).
19. « About Us », www.pleasemum.com/about_us.php (Page consultée le 25 juin 2007).
20. « Vancouver 2010 Brand and Image », www.vancouver2010.com/en/LookVancouver2010 (Page consultée le 25 juin 2007).
21. Wes Lafortune, « Concept Retailing Trend Costly But Growing », www.businessedge.ca/article.cfm/newsID/11401.cfm (Page consultée le 24 juin 2007).
22. Julie Baker, A. Parasuraman, Dhruv Grewal et Glenn Voss, « The Influence of Multiple Store Environment Cues on Perceived Merchandise Value and Patronage Intentions », *Journal of Marketing*, vol. 66, avril 2001, p. 120–141; Eric R. Spangenberg, Ayn E. Crowley et Pamela W. Henderson, « Improving the Store Environment: Do Olfactory Cues Affect Evaluations and Behaviors? », *Journal of Marketing*, vol. 60, avril 1996, p. 67–80; Michael K. Hui et John E.G. Bateson, « Perceived Control and the Effects of Crowding and Consumer Choice on the Service Experience », *Journal of Consumer Research*, vol. 18, septembre 1991, p. 174–184.
23. Leonard Berry, Kathleen Seiders et Dhruv Grewal, « Understanding Service Convenience », *Journal of Marketing*, vol. 66, juillet 2002, p. 1–17.
24. http://books.google.fr/books?id=bnxLr47KHT4C&pg=PA31&dq=category+killer&hl=fr&ei=clIvTbyJCYO8lQfxrb3UCw&sa=X&oi=book_result&ct=result&resnum=6&ved=0CEQQ6AEwBQ#v=onepage&q=general%20merchandise%20retailer&f=false.
25. « About The Frootique – Frequently Asked Questions », www.petesfrootique.com/faqs.asp (Page consultée le 25 juin 2007).
26. « Nutrition Center, » www.petesfrootique.com/LorieMcNeil.asp (Page consultée le 23 juin 2007).
27. « Meet Pete », www.petesfrootique.com/meet_pete.asp (Page consultée le 23 juin 2007).
28. « Our History », www.petesfrootique.com/our_history.asp (Page consultée le 23 juin 2007).
29. « Shoppers Drug Mart Opens its 1,000th Drug Store in Canada », www.shoppersdrugmart.ca/english/corporate_information/investor_relations/press_releases/articles/avril_26_2007.html (Page consultée le 25 juin 2007).
30. « An Industry that's Regaining Its Fighting Trim », *Chain Drug Review*, 7 juin 2004, p. 20.
31. The Canadian Marketing Association, www.the-cma.org (Page consultée le 24 juin 2007).
32. Ruth Stevens, « Crash Course in Direct Marketing », www.marketingprofs.com/premium/seminar_detail.asp?adref=semsrch&semid=104 (Page consultée le 25 juin 2007).
33. Canadian Media Directors' Council, « Media Digest », 2007.

34. « Marketing Research Group Fact Sheet : Canadian Consumer Attitudes to Direct Mail » (deuxième partie), www.canadapost.ca/business/prodserv/mdm/market-e.asp (Page consultée le 26 juin 2007).

35. Heart & Stroke Foundation of Canada, « About Us », ww2.heartandstroke.ca/Page.asp?PageID=88&CategoryID=10&Src=about (Page consultée le 26 juin 2007).

36. Fondation des maladies du cœur, rapport annuel 2006, ww2.heartandstroke.ca/Images/HSFC_AR_2006_eng.pdf (Page consultée le 26 juin 2007).

37. « Marketing and Selling Solutions : Catalogues », www.canadapost.ca/tools/pdf/getpdf.asp?pdf=/offerings/catalogue_mail/pdf/cat-e.pdf&lang=e (Page consultée le 26 juin 2007).

38. « Marketing Research Group Fact Sheet : Canadian Consumer Attitudes to Direct Mail » (deuxième partie), www.canadapost.ca/business/prodserv/mdm/market-e.asp (Page consultée le 26 juin 2007).

39. « Direct Response Television », www.direct-response-television.com (Page consultée le 26 juin 2007).

40. « Canadian Blood Services & Northern Lights to Present at Interactive Marketing Conference », www.nldrtv.com/news/CBS_CaseStudy_PressRelease.htm (Page consultée le 26 juin 2007).

41. « Northern Lights and Canadian Blood Services Capture Gold at CMA Awards », www.nldrtv.com/news/CMA_PressRelease.htm (Page consultée le 26 juin 2007).

42. Paul-Mark Rendon, « Virgin Builds on Buzz », www.marketingmag.ca/magazine/current/feature/article.jsp?content=20051212_73030_73030 (Page consultée le 26 juin 2007).

43. « About Rogers Centre », www.rogerscentre.com/inaround/visitors/policies/index.html (Page consultée le 26 juin 2007).

44. Cette partie s'inspire de Dhruv Grewal, Gopalkrishnan R. Iyer et Michael Levy, « Internet Retailing : Enablers, Limiters, and Market Consequences », *Journal of Business Research*, vol. 57, 2004, p. 703–713.

45. John M. de Figueiredo, « Finding Sustainable Profitability in Electronic Commerce », *Sloan Management Review*, vol. 41, printemps 2000, p. 41–52.

46. Jesse Kohl, « MuchMusic Puts Awards on Mobile-Live », www.mediaincanada.com/articles/mic/20070615/mmvas.html?word=music (Page consultée le 26 juin 2007).

47. « MuchShop », http://shopmobile.muchmusic.com (Page consultée le 26 juin 2007).

48. Dhruv Grewal, Gopalkrishnan R. Iyer et Michael Levy, « Internet Retailing », *op. cit.*

49. Jeanne L. Munger (University of Southern Maine) a rédigé ce cas en collaboration avec Dhruv Grewal et Michael Levy, coauteurs de la version étatsunienne de ce manuel, aux fins de discussions en classe et non pour illustrer des pratiques de marketing plus ou moins efficaces. Les auteurs remercient Max Ward, vice-président de Technology at Staples, pour sa précieuse collaboration à la préparation de ce cas. Ils soulignent également que des parties de ce cas reposent sur des renseignements fournis par W. Caleb McCann (en collaboration avec J.P. Jeannet, Dhruv Grewal et Martha Lanning), « Staples », dans *Fulfillment in E-Business*, Petra Schuber, Ralf Wolfle et Walter Dettling (dir.), Hanser, Allemagne, 2001, p. 239–252 (en allemand).

50. www.bizjournals.com/boston/stories/2004/03/01/daily53.html (Page consultée le 20 septembre 2006).

Chapitre 15

1. Keith McArthur, « Annoying but Successful. Whither the Beavers? », www.theglobeandmail.com/servlet/ArticleNews/freeheadlines/LAC/20070423/RBEAVERS23/business/ROB (Page consultée le 30 juin 2007).

2. Dave Scholz and Jean-Marc Léger, « Year of the Beavers », www.marketingmag.ca/magazine/current/top_mind/article.jsp?content=20060410_76142_76142 (Page consultée le 30 juin 2007).

3. David Brown, « The Year of Frank and Gordon », www.marketingmag.ca/magazine/current/feature/article.jsp?content=20061120_67344_67344 (Page consultée le 30 juin 2007).

4. Paul-Mark Rendon, « Working Overtime », www.marketingmag.ca/magazine/current/feature/article.jsp?content=20070312_68988_68988 (Page consultée le 30 juin 2007).

5. Keith McArthur, « Annoying but Successful. Whither the Beavers? », www.theglobeandmail.com/servlet/ArticleNews/freeheadlines/LAC/20070423/RBEAVERS23/business/ROB (Page consultée le 30 juin 2007).

6. Paul-Mark Rendon, « Working Overtime », www.marketingmag.ca/magazine/current/feature/article.jsp?content=20070312_68988_68988 (Page consultée le 30 juin 2007).

7. T. Duncan et C. Caywood, « The Concept, Process, and Evolution of Integrated Marketing Communication », dans *Integrated Communication : Synergy of Persuasive Voices*, E. Thorson et J. Moore (dir.), Mahwah, N.J., Lawrence Erlbaum Associates, 1996 ; http://jimc.medill.northwestern.edu/2000/pettegrew.htm.

8. Roger Parloff, « Talk Ain't Cheap : First Amendment Ruling against Nike », *Marketing Magazine*, 9 septembre 2002 ; Roberto Ceniceros, « Suit over Nike Public Statements Upheld », *Business Insurance*, 12 mai 2002 ; Eugene Volokh, « Nike and the Free Speech Knot », *The Wall Street Journal*, 30 juin 2003, p. A16 ; Anonyme, « Supreme Court Won't Hear Nike Speech Case », *The Quill*, vol. 91, n° 6, 2003, p. 6 ; Russell Mokhiber, « Nike's Come from Behind Win », *Multinational Monitor*, vol. 24, n° 10, 2003, p. 7.

9. www.cnn.com/2004/TECH/internet/04/26/godsend.controversy.reut/ (Page consultée le 5 septembre 2005).

10. Deborah J. MacInnis et Bernard J. Jaworski, « Information Processing from Advertisements : Toward an Integrative Framework », *Journal of Marketing*, vol. 53, n° 4, octobre 1989, p. 1–23.

11. Deborah J. MacInnis, Christine Moorman et Bernard J. Jaworski, « Enhancing and Measuring Consumers' Motivation, Opportunity », *Journal of Marketing*, vol. 55, n° 4, octobre 1991, p. 32–554 ; Joan Meyers-Levy, « Elaborating on Elaboration : The Distinction between Relational and Item-Specific Elaboration », *Journal of Consumer Research*, vol. 18, décembre 1991, p. 358–367.

12. Canadian Media Directors' Council, « Media Digest », 2007.

13. www.oxygen.com/basics/founders.aspx (Page consultée le 5 septembre 2006) ; www.oxygen.com/press (Page consultée le 6 septembre 2006) ; Nadine Heintz, « Thinking

Inside the Box », *Inc.*, vol. 26, n° 7, juillet, 2004, p. 90–95; Jon Lafayette, « Oxygen Turns to Its Stars », *TelevisionWeek*, vol. 24, n° 9, 28 février 2005, p. 3–4.

14. « Our Partners », www.quarry.com/who_we_are/partnership/alan_quarry.cfm (Page consultée le 29 juin 2007).
15. Cette méthode étonnante consiste à construire des profils d'utilisateurs fictifs avec leurs histoires, leurs envies, leurs habitudes par rapport au domaine et même une photo.
16. « Quarry to participate in Forrester Marketing Forum 2007 », www.quarry.com/who_we_are/news_and_events/pr/show_release.cfm?id=32 (Page consultée le 30 juin 2007).
17. www.onlinewbc.gov/docs/starting/glossary.html#d (Page consultée le 11 octobre 2004).
18. Carl Obermiller et Eric R. Spangenberg, « On the Origin and Distinctness of Skepticism toward Advertising », *Marketing Letters*, vol. 11, n° 4, 2000, p. 311.
19. Don Peppers, Martha Rogers et Bob Dorf, « Is Your Company Ready for One-to-One Marketing? », *Harvard Business Review*, vol. 77, n° 1, 1999, p. 151–161; www.managingchange.com/guestcon/highimp.htm (Page consultée le 26 septembre 2006).
20. Building Loyalty 2006, « KitchenAid Brand Cooking up Relationships in the Kitchen », www.marketingmag.ca/workingknowledge/images/BuildingLoyaltyHandbook_Eng.pdf (Page consultée le 2 juillet 2007).
21. « Seven Rules for Increasing Customer Value », www.realmarket.com/required/peppers1.pdf (Page consultée le 2 juillet 2007).
22. Building Loyalty 2006, « KitchenAid Brand Cooking up Relationships in the Kitchen », www.marketingmag.ca/workingknowledge/images/BuildingLoyaltyHandbook_Eng.pdf (Page consultée le 2 juillet 2007).
23. Building Loyalty 2007, « Loyalty and Relationship Marketing Can Work in the Mobile Channel », http://qml.quiettouch.com/files/publishing/marketing/roadshows/BuildingLoyalty_English.pdf (Page consultée le 2 juillet 2007).
24. www.yoplait.com/breastcancer_lids.aspx (Page consultée le 22 septembre 2006).
25. Jackie Huba, « A Just Cause Creating Emotional Connections with Customers », 2003, www.inc.com/articles/2003/05/25537.html.
26. www.yoplait.com/breastcancer_lids.aspx (Page consultée le 25 octobre 2004).
27. www.coneinc.com/Pages/buzz3.html (Page consultée le 22 octobre 2004).
28. « iUpload Takes Datamations First Blogging Win », 28 février 2006, www.itmanagement.eartweb.com (Page consultée le 19 avril 2006); Nicole Ziegler Dizon, « Corporations Enter into World of Blogs », *San Francisco Gate*, 6 juin 2006, www.sfgate.com (Page consultée le 26 septembre 2006); Mark Berger, « Annie's Homegrown : « Bernie's Blog » Case Study » www.backbonemedia.com (Page consultée le 26 septembre 2006); « Corporate Blogging Survey », www.backbonemedia.com (Page consultée le 26 septembre 2006).
29. Carey Toane, « U of M Using Student Blogs as Recruitment Tool », www.mediaincanada.com/articles/mic/20071129/recruitment.html (Page consultée le 5 janvier 2008).
30. « iUpload Takes Datamations First Blogging Win », 28 février 2006, www.itmanagement.eartweb.com (Page consultée le 19 avril 2006); Nicole Ziegler Dizon, « Corporations Enter into World of Blogs »; Mark Berger, « Annie's Homegrown : « Bernie's Blog » Case Study », www.backbonemedia.com (Page consultée le 24 septembre 2006); « Corporate Blogging Survey » www.backbonemedia.com (Page consultée le 24 septembre 2006).
31. www.consideryourselfwarned.com (Page consultée le 20 septembre 2006); www.childrennow.org/newsroom/news-04/cam-ra-05-03-04.cfm (Page consultée le 11 octobre 2004).
32. Michael Singer, « Microsoft, SINA Send SMS Message to China », 2004, http://internetnews.com/ent-news/article.php/1585181 (Page consultée le 25 septembre 2006).
33. Karen Mazurkewich, « Dove Story », www.strategymag.com/articles/magazine/20070101/dove.html?word=dove&word=story (Page consultée le 29 juin 2007).
34. David Brown et Chris Powell, « The Beauty of Evolution », www.marketingmag.ca/magazine/current/feature/article.jsp?content=20070212_68561_68561 (Page consultée le 29 juin 2007).
35. Matt Semansky et David Brown, « It's an Evolution at the Marketing Awards », www.marketingmag.ca/daily/20070330/topstory.html (Page consultée le 29 juin 2007).
36. Elizabeth Church, « Newsfeed Update : Universities Sign onto Facebook », *The Globe and Mail*, 26 décembre 2007, p. A14.
37. http://retailindustry.about.com/library/bl/q2/bl_um041701.htm (Page consultée le 26 septembre 2006).
38. www.inastrol.com/Articles/990601.htm (Page consultée le 26 septembre 2006).
39. http://advertising.utexas.edu/research/terms/index.asp#O (Page consultée le 26 septembre 2006).
40. Cette partie s'inspire de Michael Levy et Barton A. Weitz, *Retailing Management*, 6e éd., Burr Ridge, Ill., McGraw-Hill/Irwin, 2007.
41. Theodore Leavitt, *The Marketing Imagination*, New York, The Free Press, 1986.
42. George E. Belch et Michael A. Belch, *Advertising and Promotion : An Integrated Marketing Communications Perspective*, 7e éd., New York, McGraw-Hill/Irwin, 2007.
43. www2.kleenex.com/fr/antiviral/antiviral.html.
44. Bret A.S. Martin, Bodo Lang et Stephanie Wong, « Conclusion, Explicitness in Advertising : The Moderating Role of Need for Cognition and Argument Quality on Persuasion », *Journal of Advertising*, vol. 32, n° 4, 2004, p. 57–65.
45. Michael Petracca et Madeleine Sorapure (dir.), *Common Culture : Reading and Writing about American Popular Culture*, Upper Saddle River, N.J., Prentice Hall, 1998.
46. wps.prenhall.com/ca_ph_ebert_busess_3/0,6518,224378-,00.html.
47. Bureau de la télévision du Canada.
48. William F. Arens, *Contemporary Advertising*, 8e éd., New York, McGraw-Hill, 2003.
49. « Cassies Canadian Advertising Success Stories 2006 », http://cassies.ca/winners/2006Winners/winners_04.html (Page consultée le 4 juillet 2007).
50. www.kraftfoods.com/jello/main.aspx?s=&m=jlo_news_jun04.

51. Dean M. Krugman, Leonard N. Reid, S. Watson Dunn et Arnold M. Barban, *Advertising : Its Role in Modern Marketing*, New York, The Dryden Press, 1994, p. 221–226.

52. Stanford L. Grossbart et Lawrence A. Crosby, « Understanding Bases of Parental Concern and Reaction to Children's Food Advertising », *Journal of Marketing*, vol. 48, n° 3, 1984, p. 79–93 ; Brian M. Young, « Does Food Advertising Influence Children's Food Choices? A Critical Review of Some of the Recent Literature », *International Journal of Advertising*, vol. 22, n° 4, 2003, p. 441.

53. www.riger.com/know_base/media/understanding.html (Page consultée le 15 novembre 2004).

54. Tiré de la banque de données terminologiques et linguistiques Termium.

Chapitre 16

1. www.tsn.ca/auto_racing/story/?id=344864, communiqué de presse de septembre 2010.

2. Robert MacLeod, « NASCAR Roars Its Way into Canada », www.theglobeandmail.com/servlet/story/RTGAM.20060913.wxauto13/BNStory/Sports/home (Page consultée le 3 juillet 2007).

3. « Conservative Party Supports Canadian Tire NASCAR Series », www.dianefinley.ca/EN/5922/56716 (Page consultée le 2 juillet 2007) ; www.ledevoir.com/politique/canada/147837/le-parti-conservateur-s-affiche-en-nascar.

4. E.K. Strong, *The Psychology of Selling*, New York, McGraw-Hill, 1925.

5. John Philip Jones, « What Makes Advertising Work? », *The Economic Times*, 24 juillet 2002.

6. www.legamedia.net/lx/result/match/0591dfc9787c111b1b24dde6d61e43c5/index.php.

7. Jef I. Richards et Catherine M. Curran, « Oracles on "Advertising" : Searching for a Definition », *Journal of Advertising*, vol. 31, n° 2, été 2002, p. 63–77.

8. www.brandweek.com/bw/news/financial/article_display.jsp?vnu_content_id=1001615315 (Page consultée le 26 septembre 2006) ; « Global Ad Spending Expected To Grow 6% », *Brandweek*, 6 décembre 2005.

9. Raymond R. Burke et Thomas K. Srull, « Competitive Interference and Consumer Memory for Advertising », *Journal of Consumer Research*, vol. 15, juin 1988, p. 55–68 ; Kevin Lane Keller, « Memory Factors in Advertising : The Effect of Advertising Retrieval Cues on Brand Evaluation », *Journal of Consumer Research*, vol. 14, décembre 1987, p. 316–333 ; Kevin Lane Keller, « Memory and Evaluation Effects in Competitive Advertising Environments », *Journal of Consumer Research*, vol. 17, mars 1991, p. 463–477 ; Robert J. Kent et Chris T. Allen, « Competitive Interference Effects in Consumer Memory for Advertising : The Role of Brand Familiarity », *Journal of Marketing*, vol. 58, n° 3, juillet 1994, p. 97–106.

10. Anthony Bianco, « The Vanishing Mass Market », *BusinessWeek*, 12 juillet 2004, p. 61–68.

11. Robert Thompson, « Making the Green », *Marketing Magazine*, 27 août 2007, p. 11.

12. Selon un courriel de Doritos Canada intitulé « We Dare You to Try New Doritos Brand Fiery Habanero ! », envoyé le 8 mai 2007.

13. « The Screening Room », www.DoritosPlay.ca (Page consultée le 6 juillet 2007).

14. Matthew Shum, « Does Advertising Overcome Brand Loyalty? Evidence from the Breakfast Cereal Market », *Journal of Economics and Management Strategy*, vol. 13, n° 2, 2004, p. 77–85.

15. Rob Gerlsbeck, « The Military Draws Recruits by Putting Combat Life Front and Centre », *Marketing Magazine*, 26 novembre 2007, p. 22.

16. « Cashmere », *Strategy Magazine*, novembre 2007, p. 48.

17. http://advertising.utexas.edu/research/terms/index.asp#P (Page consultée le 15 novembre 2004).

18. www.grantstream.com/glossary.htm (Page consultée le 26 septembre 2006).

19. « The Battle to Ban Advertising », www.idrc.ca/en/ev-28820-201-1-DO_TOPIC.html (Page consultéele 2 juillet 2007).

20. Grant Robertson, « Tobacco Ban Stays, but Expect Ad Blitz Anyway », www.theglobeandmail.com/servlet/ArticleNews/freeheadlines/LAC/20070629/TOBACCO29/national/National (Page consultée le 2 juillet 2007).

21. http://advertising.utexas.edu/research/terms/index.asp#O (Page consultée le 26 septembre 2006).

22. Voir http://fr.wikipedia.org/wiki/Juin_2003 et http://en.wikipedia.org/wiki/Marc_Kasky.

23. Richard Kielbowicz et Linda Lawson, « Unmasking Hidden Commercials in Broadcasting : Origins of the Sponsorship Identification Regulations 1927–1963 », 2004, www.law.indiana.edu/fclj/pubs/v56/no2/Kielbowicz%20Finals%20round%20IV.pdf (Page consultée le 4 septembre 2005). D'autres cas et règlements détaillés dans IM.

24. « The Global Fund », www.joinred.com/globalfund (Page consultée le 4 juillet 2007).

25. www.joinred.com/red/#shopred.

26. « Letter to the Editor », www.joinred.com/archive/adage/ (Page consultée le 4 juillet 2007).

27. « Point/Counter Point », www.joinred.com/archive/adage/pcp.asp (Page consultée le 4 juillet 2007).

28. Ricardo Alleyne, www.marketingmag.ca/magazine/current/letters_to_editor/article.jsp?content=20070528_69658_69658 (Page consultée le 4 juillet 2007).

29. www.onpoint-marketing.com/stealth-marketing.htm (Page consultée le 20 septembre 2006).

30. The Influencers, « What We Do », www.theinfluencers.ca/whatwedo.php (Page consultée le 2 juillet 2007).

31. www.darefoods.com/Flavour.aspx?id=10&lang=fr.

32. www.marketingterms.com/dictionary/viral_marketing/ (Page consultée le 26 septembre 2006).

33. K. Onah Ha, « It's a Neopet World : Popular Site for Kids Stirs Controversy », *San Jose Mercury News*, 14 septembre 2004.

34. Christopher Reynolds, « Game Over », *American Demographics*, vol. 26, n° 1, 2004, p. 35–39.

35. Cette partie s'inspire de Tom Duncan, *Principles of Advertising and IMC*, 2e éd., Burr Ridge, Ill., Irwin/McGraw-Hill, 2005.

36. « Merger and Acquisition Activity Impacts Coupon Promotion Volume, Study Finds », *The Food Institute Report*, 5 mars 2001, p. 4.

37. www.pillsbury.com/bakeoff/index.asp (Page consultée le 25 mai 2007).

Sources iconographiques

Chapitre 1

Photos/publicités: p. 4, avec la permission de Research In Motion; p. 5, © Kelvintt/Dreamstime.com; p. 7, © Reuters/CORBIS; p. 8, avec la permission de Clearly Canadian; p. 9, Photo de Thos Robinson/Getty Images; p. 10, avec la permission de The Country Grocer; p. 11, avec la permission de Parasuco Jeans Ltd.; p. 12, www.peta.org; p. 13, H. Armstrong Roberts/Retrofile/Getty Images; p. 14, Annonceur: La fédération des producteurs de lait du Québec. Agence de publicité: Nolin BBDO.; p. 16, © VOSS USA Inc.; p. 18, CP PHOTO/Steve White; p. 19, avec la permission d'easyJet; p. 20, Avec la permission de Nestlé S.A.; p. 20, avec la permission de Honda North America Inc.; p. 20, avec la permission d'H&M, Hennes & Mauritz L.P.; p. 21, Dr Jan Bellows, All Pets Dental, Weston, Floride; p. 22, McGraw-Hill Companies Inc./Gary He, photographe; p. 23, avec la permission de Scion, Toyota Motor Sales, U.S.A., Inc.; p. 25, avec la permission de Research In Motion; p. 25, photo de Thomas Cooper/Getty Images; p. 29, page écran reproduite avec la permission d'e Bay Inc. © 2006 EBAY INC. TOUS DROITS RÉSERVÉS.

Chapitre 2

Photos/publicités: p. 31, Photo de Pascal Le Segrtain/Getty Images; p. 38, © Michael Hruby; p. 40, avec la permission de Frito-Lay Inc.; p. 41, avec la permission de SIRIUS Satellite Radio; p. 43, avec la permission de Lee Valley Tools Ltd.; p. 45, President's Choice, PC Financial, PC sont des marques déposées de Loblaws Inc., utilisées avec la permission de Loblaws Inc.; p. 46, avec la permission de Loblaw Inc.; p. 50, © Kristi J. Black/CORBIS; p. 51, avec la permission de Kicking Horse Coffee; p. 54, avec la permission de Crispin Porter & Bogusky/Miami; p. 55, Roger Tully/Stone/Getty Images; p. 56, avec la permission de Team One Advertising; p. 56, CP PHOTO/Richard Lam; p. 61, CP PHOTO/Toronto Sun/Dave Thomas.

Chapitre 3

Photos/publicités: p. 64, AP PHOTO/Reed Saxon, file; p. 70, THE CANADIAN PRESS/Tom Hanson; p. 70, © Dennis MacDonald/Photo Edit; p. 73, Aldo Group Inc.; p. 74, General Motors du Canada Ltd.; p. 78, © Rob Melnychuk/CORBIS; p. 79, © Thomas Perkins/iStockphoto; p. 79, Stephanie Colvey; p . 80, avec la permission de Brown-Forman Wines; p. 81, © 2007 Waterloo Region Record, Ontario, Canada; p. 85, © McGraw-Hill Ryerson.

Figures/encadrés: p. 67, figure 3.1, sondage Gallup, «Attitudes about the Ethical Standards of Various Professions,» utilisé avec permission; p. 73, figure 3.3, adapté avec l'aimable autorisation des auteurs Kate McKone-Sweet, Danna Greenberg et Lydia Moland, d'après «Approaches to Ethical Decision Making,» Babson College Case Development Center, 2003; p. 83, encadré 3.2, Tom Morris, *The Art of Achievement: Mastering the 7Cs of Success in Business and in Life*, Fine Communications, 2003. Utilisé avec la permission de l'éditeur.

Chapitre 4

Photos/publicités: p. 93, © McGraw-Hill Ryerson; p. 96, AP Photo/Al Behrman; p. 98, Dussault Apparel Inc.; p. 99, avec la permission de The Gillette Company; p. 99, avec la permission d'Energizer Holdings Inc.; p. 101, Jack Hollingsworth/Getty Images; p. 103, photo de Brian Bahr/Getty Images; p. 104, © Chuck Savage/CORBIS; p. 105, BananaStock/JupiterImages; p. 106, avec la permission de Hammacher Schlemmer, www.hammacher.com; p. 107, © Brent Jones; p. 107, CP PHOTO/Don Denton; p. 108, avec la permission de Ford Motor Company; p. 109, Archives Radio-Canada; p.110, AP Photo/Ric Feld; p. 110, Comstock/PictureQuest; p. 114, Kazhiba/Getty Images; p.118, © Ashley Cooper/CORBIS; p.120, CP PHOTO/Ryan Remiorz; p. 122, © Scott Houston/CORBIS; p. 122, CP PHOTO/Halifax Chronicle Herald-Ingrid Bulmer; p. 126, reproduit avec l'aimable autorisation de Sanjay Singhall/Simply Audiobooks.

Tableau: p. 104, tableau 4.1, «Gen Y and the future of mall retailing,» American Demographics, décembre 2002, vol. 24, n° 11, p. J1, avec l'aimable autorisation de Crain Communications.

Chapitre 5

Photos/publicités: p. 132, AP Photo/Jose F. Moreno; p. 134, © Bill Aron/PhotoEdit Inc.; p. 134, © James Leynse/Corbis; p. 135, The McGraw-Hill Companies Inc./John Flournoy, photographe; p. 137, avec la permission de la société Whirlpool; p. 138, © Spencer Grant/PhotoEdit Inc.; p. 139, © Royalty-Free/Corbis; p. 142, avec la permission de Léger Marketing; p. 147, © Chris Fertnig/iStockphoto; p. 148, avec la permission de Staples Inc.; p. 148, The McGraw-Hill Companies Inc./John Flournoy, photographe; p. 149, © 2006 le groupe LEGO; p. 152, The McGraw-Hill Companies Inc./John Flournoy, photographe; p. 155, avec la permission de Coinstar Inc.; p. 162, avec la permission de Iams.

Tableau: p. 151, tableau 5.4, A. Parasuraman, Dhruv Grewal et R. Krishnan, *Marketing Research*, 2e édition, © 2007, Houghton Mifflin Company. Données adaptées avec la permission de l'Éditeur.

Chapitre 6

Photos/publicités: p. 166 (à gauche), CP Photo/Don Denton; p. 166 (à droite), Comstock Images/Alamy; p. 169, AP Photo/Jennifer Graylock; p.170, AP Photo/Ann Johansson; p.172, © M. Hruby; p.172, Andrew Wakeford/Getty Images; p. 173, Getty Images; p.175, avec la permission d'Expedia Inc.; p. 176, avec la permission de General Motors du Canada Ltd.; p. 180, Saisie du site http://www.caa.ca/home-f.cfm; p.184, The McGraw-Hill Companies Inc./Andrew Resek, photographe; p.185, © Ron Kimball/Ron Kimball Stock, tous droits réservés; p. 186, © Alessandro Garofalo/Reuters/Corbis; p.186, Thinkstock/JupiterImages; p. 189, © Richards Cummins/Corbis; p.190, avec la permission de Zipcar; p.191, avec la permission d'Albertson's Inc.; p.195, avec la permission de smart GmbH; p.196, avec la permission de smart GmbH; p. 197, Chris Wattie/Reuters/Corbis.

Chapitre 7

Photos/publicité: p. 200, photo de Paul McConnell/Getty Images; p. 201, avec la permission de Corporate Couriers Logistics Ltd.; p. 202, reproduit avec la permission de MERX; p. 204, © Jovani Carlo Gorospe/Dreamstime.com; p. 204, © Bradcalkins/Dreamstime.com; p. 208, © Ron Kimball/Ron Kimball Stock – Tous droits réservés; p. 209, © Toyota Motor Engineering & Manufacturing North America; p. 209, © Worth Canoy/Icon SMI/Corbis; p. 213, © Custom Medical Stock Photo; p. 215, AP Photo/Fabian Bimmer; p. 219, AP Photo/Harry Cabluck.

Chapitre 8

Photos/publicités: p. 228, SUNSILK est une marque de commerce détenue ou utilisée sous licence par Unilever Canada, Toronto, Ontario M4W 3R2; p. 232, utilisées avec la permission de The Gillette Company; p. 233, © Benetton Group SPA; Photo d'Oliviero Toscani; p. 234, © Catherine Wessel/Corbis; p. 235, Ryan McVay/Getty Images; p. 235, Ryan McVay/Getty Images; p. 238, © Endostock/Dreamstime.com; p. 238, © Galina Barskaya/Dreamstime.com; p. 238, © Photographerlondon/Dreamstime.com; p. 239, Ed Taylor/Taxi/Getty Images; p. 242, La Senza Girl, page d'accueil du site, printemps 2008; p. 243, © Jerry Arcieri/Corbis; p. 243, The McGraw-Hill Companies Inc./Andrew Resek, photographe; p. 243, avec la permission de Carhartt Inc.; p. 246, © Digital Vision/Punch Stock, © Bananastock, © Bananastock/Punch Stock, Royalty-Free/CORBIS, Image State Royalty-Free/Alamy, © Digital Vision; p. 246, avec la permission de Kettleman Bagel Co.; p. 247, CP PHOTO/Peter McCabe; p. 248, avec la permission de BALMSHELL; p. 249, avec la permission de Lands' End; p. 253, avec la permission de Volvo Cars of North America, LLC; p. 257, photo fournie par MABE Canada Inc.; p. 258, ® Marque déposée de Whirlpool, U.S.A., Whirlpool Canada LP, fabricant autorisé au Canada. Marques déposées et photo utilisées avec la permission de la société Whirlpool; p. 263 et 264, avec la permission des Aliments M&M; p. 265, Saisie du site http://www.mmmeatshops.com/fr/products/indexProducts.asp?catID†=†3.

Figures/encadrés: p. 235, figure 8.2, SRI Consulting Business Intelligence, www.sric-bi.com/VALS/; p. 238, tableau 8.3, Pitney Bowes MapInfo PSYTE® Cluster Segmentation System; p. 239, Valeur ajoutée 8.1, reproduit avec la permission de LIMRA, une entreprise de conseil et de recherche en matière de services financiers.

Chapitre 9

Photos/publicités: p. 268, DOVE est une marque de commerce détenue ou utilisée sous licence par Unilever Canada, Toronto, Ontario M4W 3R2; p. 269, photos utilisées avec la permission de Colgate-Palmolive Company; p. 271, Cayenne, Porsche et le logo de Porsche sont des marques déposées, et les formes distinctives des voitures Porsche sont des marques déposées de Dr Ing. h.c.F. Porsche AG. Utilisés avec la permission de Porsche Cars North America Inc. Tous droits réservés. Toute reproduction sans la permission de Porsche Cars North America Inc. est interdite; p. 274, The Canadian Press/Richard Lam; p. 276, © American Honda Motor Co. Inc.; p. 277, © M. Hruby; p. 278, AP PHOTO/Mary Altaffer; p. 280, DOVE est une marque de commerce détenue ou utilisée sous licence par Unilever Canada, Toronto, Ontario M4W 3R2; p. 281, VANOC 2010; p. 282, © M. Hruby; p. 283, avec la permission de General Electric; p. 283, © 2006 Kellogg North America; p. 285, © M. Hruby; p. 286, photo de Stephane L'hostis/Getty Images ; p. 288 photos de Lacoste S.A ; p. 289, THE COCA-COLA COMPANY ; p. 290, © M. Hruby ; p. 290, CP PHOTO/Steve White ; p. 291, © Pure Fun Confections Inc. ; p. 295 © M. Hruby.

Figures/encadrés : p. 269, figure 9.1, L'assortiment de produits de Colgate-Palmolive, www.colgate.com ; p. 295, figure 9.3, Exemples de nouveaux produits Band-Aid®, www.bandaid.com.

Chapitre 10

Photos/publicités : p. 298, © Simon Greig/Dreamstime.com ; p. 298, © Petro Perutskyy/Dreamstime.com ; p. 300, © M. Hruby ; p. 302 photos © The Arbor Strategy Group Inc. ; p. 304, photo de Paul Thomas/Photodisc Green/Getty Images ; p. 306, © Michael Newman/PhotoEdit Inc. ; p. 307, AP PHOTO/Jim Mone, file ; p. 309, © Roxana González/Dreamstime.com ; p. 312, Ryan McVay/Getty Images ; p. 315, avec la permission de Petro-Canada ; p. 319, photo de Ryan McVay/Photodisc Blue/Getty Images ; p. 319, Comstock Images/Alamy ; p. 321, © M. Hruby ; p. 322, Gourmantra Foods Inc., Rachna Prasad, Mona Prasad et Retha Prasad, propriétaires ; p. 328, The McGraw-Hill Companies Inc./Lars A. Niki, photographe.

Chapitre 11

Photos/publicité : p. 332, CP Images ; p. 333, © Jose Fuste Raga/CORBIS ; p. 333, The McGraw-Hill Companies Inc./Andrew Resek, photographe ; p. 333, John A. Rizzo/Getty Images ; p. 333, © Charles Bowman/Alamy ; p. 333, © Photodisc ; p. 333, Brand X Pictures/Getty Images ; p. 334, Dynamic Graphics/Jupiter Images ; p. 335, photo de David McNew/Getty Images ; p. 335, Dynamic Graphics/Jupiter Images ; p. 337, avec la permission d'Enterprise Rent-A-Car ; p. 338, avec la permission de Club Med ; p. 339, avec la permission de NCR Corporation ; p. 340, © Buddy Mays/CORBIS ; p. 342, © Dan Holmberg/CORBIS ; p. 345, avec la permission de Ben Barry Agency Inc. ; p. 346, © Royalty-Free/CORBIS ; p. 350, CP Images ; p. 352, © Royalty-Free/CORBIS ; p. 353, © Michael Newman/PhotoEdit Inc. ; p. 357, avec la permission de Canadian Tire.

Chapitre 12

Photos/publicité : p. 360, ACE Bakery ; p. 362, Enrique Marcarian/Reuters/Corbis ; p. 364, avec la permission de Ryanair Holdings plc ; p. 365, photos reproduites avec la permission de Paradigm Electronics Inc. ; p. 366, © Andreu Dalmau/epa/Corbis ; p. 368, © Dennis MacDonald/PhotoEdit Inc. ; p. 368, © Bill Aron/PhotoEdit Inc. ; p. 369, CP Photo/Andrew Vaughan ; p. 370, © David Young-Wolff/PhotoEdit Inc. ; p. 373, CP Photo/Adrian Wyld ; p. 373, Inti St Clair/Photodisc Red/Getty Images ; p. 374, avec la permission de Columbian Coffee Federation Inc. ; p. 375, © FUJITSU 2000-2006 ; p. 378, photo de Mario Tama/Getty Images ; p. 379, avec la permission de Ferrari S.p.A. ; p. 380, © Apple Handout/epa/Corbis ; p. 383, photo de Kurt Vinion/Getty Images ; p. 384, avec la permission de Sears, Roebuck and Co. ; p. 385, avec la permission de Giant Tiger Stores Limited ; p. 386, © Jeff Greenberg/PhotoEdit ; p. 391, © M. Hruby ; p. 392, © Jeff Greenberg/PhotoEdit Inc. ; p. 394, © Tom Prettyman/PhotoEdit.

Chapitre 13

Photos/publicité : p. 402, photos utilisées avec la permission de Zara International Inc. ; p. 404, CP Photo/Ruth Bonneville ; p. 407, avec la permission de The Stanley Works ; p. 412, photo de Stephen Chemin/Getty Images ; p. 414, © Jeff Greenberg/PhotoEdit ; p. 414, © Susan Van Etten/PhotoEdit ; p. 416, © Tessuto E Colore srl ; p. 417, © Thinkstock/Alamy/Getty Images ; p. 418, avec la permission de Aliments M&M ; p. 420, © Gianni Giansanti/Sygma/Corbis ; p. 422, © Ray Stubblebine/Reuters/Corbis ; p. 423, avec la permission de Harry Rosen Inc. ; p. 425, David Buffington/Getty Images ; p. 425, Photodisc Red/Getty Images.

Figures : p. 413, figure 13.4, Wal-Mart, AP Photo/Mike Wintroath ; Loblaw's, CP Photo par BORIS SPREMO ; Shoppers Drug Mart, CP Photo/Steve White ; Zellers, CP Photo de BORIS SPREMO ; The Bay, CP PHOTO/Don Denton ; Sears, AP Photo/Carolyn Chappo ; Cartier, photo de Stephanie Paschal/Rex Features Cartier shop, Paris, France, août 2006 ; Tiffany & Co., Steve Levy/INFGoff.com Ref. : infusia-07.

Chapitre 14

Photos/publicité : p. 434, photo de Maclean's (stf/Peter Bregg) ; p. 435, © M. Hruby ; p. 438, © James Leynse/Corbis ; AP Photo/Rene Macura ; p. 439, avec la permission de Moores Vêtements pour hommes ; p. 395, AP Photo/Ted S. Warren ; p. 442, © 2008 de Shoppers Drug Mart Inc., Shoppers Drug Mart est une marque déposée de 911979 Alberta Ltd., utilisée sous licence ; p. 443, avec la permission de G.A.P. Adventures ; p. 444, Gracieuseté de Shoppers Drug Mart ; p. 447, AP Photo/Ric Feld ; p. 449, (poignée de main) Geostock/Getty Images ; (boîte à lettres) © Nicolas Loran/iStockphoto ; (catalogue) Christopher Kerrigan ; (télémarketing) Brand X Pictures/Punch Stock ; (infopublicité) photo de Time Life Pictures/Long Photography Inc./Time Life Pictures/Getty Images ; (guichet) Keith Brofsky ; (souris) PhotoDisc/Getty Images ; p. 450, avec la permission de la Fondation des maladies du cœur du Canada ; p. 450, Gracieuseté de Sears ; p. 451, INF Goff.com, Ref. : infsp-01 ; p. 452, AP Photo/Harry Cabluck ; p. 453, La Presse canadienne ; p. 454, avec la permission de MuchMusic.

Chapitre 15

Photos/publicité : p. 464, avec la permission de Bell Canada ; p. 467, avec la permission de The Home Depot Inc. ; p. 468, © M. Hruby ; p. 468, photos © 2006 Kellogg North America Company ; p. 471, avec la permission de Quarry Integrated Communications ; p. 472, © Katarzyna Jakubowska/Dreamstime.com ; p. 474, © General Mills ; p. 475, © Toronto Star Syndicate (2003) tous droits réservés ; p. 476, avec la permission de SYNNEX Canada Ltd. ; p. 476, © Tag Fragrance Co. ; p. 477, © Warner Bros. avec la permission de of Everett Collection ; p. 478, avec la permission de The Diamond Trading Company, agence J. Walter Thompson U.S.A. Inc. ; p. 480, Gracieuseté de TJX Companies inc. - Winners Canada ; p. 483, © société Kimberly-Clark ; p. 484, © société Kimberly-Clark ; p. 485, photo de Tim Mosenfelder/Getty Images ; p. 487, avec la permission d'IKEA ; p. 488, © Mitchell Gerber/CORBIS ; p. 495 (en haut), DOVE est une marque de commerce détenue ou utilisée sous licence par Unilever Canada, Toronto, Ontario M4W 3R2 ; p. 495 (en bas), Gracieuseté d'Unilever Canada Inc.

Chapitre 16

Photos/publicité : p. 498, La Presse canadienne/Peterborough Examiner - Mike Davies ; les marques de la série NASCAR Canadian Tire sont utilisées sous licence par Destination Motorsports LP et Canadian Tire Corporation Limited. SIRIUS Satellite Radio est une marque déposée de SIRIUS Satellite Radio Inc. ; p. 503, avec la permission de Frito Lay Inc. ; p. 504, © Proctor & Gamble, utilisée avec la permission de Proctor & Gamble et Gracieuseté de Noxell Corporation ; p. 504, AP Photo/Eugene Hoshiko ; p. 505, Annonceur : La fédération des producteurs de lait du Québec. Agence de publicité : Nolin BBDO. Photographe : Dominique Malaterre ; p. 506, Avec l'autorisation de la Fondation Marie-Vincent (www.marie-vincent.org) Photo: Pierre Manning ; p. 508, © Bill Aron/PhotoEdit Inc. ; p. 509, Tasos Katopodis/INF Goff.com, ref. : infusci-01 ; p. 510, © Bill Aron/PhotoEdit Inc. ; p. 513, avec la permission de Payless Shoe Source Inc. ; p. 514, photo de John M. Heller/Getty Images ; p. 515, © Michael Newman/PhotoEdit ; p. 516, AP Photo/Paul Sakuma ; p. 519, © Royalty-Free/Corbis ; p. 520, Thinkstock/JupiterImages ; p. 522, © 2011 Expedia Inc., tous droits réservés ; p. 524, © Royalty-Free/Corbis ; p. 524, photo d'Evan Agostini/Getty Images ; p. 534, avec la permission de West 49.

Chapitre 17

Photos/publicité : p. 538, La Presse canadienne/Richard Lam ; p. 487, STR/AFP/Getty Images ; p. 542, © JIM YOUNG/Reuters/Corbis ; p. 543, Gracieuseté de la Banque Mondiale ; p. 546, © Gail Mooney/CORBIS ; p. 547, © 2007 La Presse canadienne Images ; p. 548, © Digital Vision/Getty Images ; p. 553, © Royalty-Free/Corbis ; p. 554, © John Van Hasselt/CORBIS SYGMA ; p. 556, John Rowley/Digital Vision/Getty Images ; p. 557, © Ronen Zvulun/Reuters/Corbis ; p. 558, AP Photo/Greg Baker ; p. 560, avec la permission de YUM! Brands Inc. ; p. 560, avec la permission de Starbuck's Corporation ; p. 560, avec la permission de Yum! Brands Inc. ; p. 561, avec la permission de Star Alliance ; p. 562, avec la permission de Tesco PLC ; p. 564, © M. Hruby ; p. 565, avec la permission de Honda de Mexico S.A. de C.V ; p. 565, avec la permission d'American Honda MotorCo. Inc ; p. 567, Hoang Dinh Nam/AFP/Getty Images ; p. 569, AP Photo/Michele Limina ; p. 569, © Digital Vision ; p. 570, Digital Vision/Getty Images ; p. 574, Digital Vision/Getty Images.

Figures : p. 553, figure 17.5, © 2010 The Economist Newspaper Ltd. Tous droits réservés ; données reproduites avec permission de l'Éditeur. Toute autre reproduction interdite. www.economist.com ; p. 552, figure 17.6, www.nationmaster.com/red/graph/eco_hum_dev_ind-economy-human-development-index&int=1&b_map=1# ; p. 553, figure 17.7, www.prb.org/Content/NavigationMenu/PRB/Educators/Human_Population/Population_Growth/Population_Growth.htm, utilisée avec la permission du Population Reference Bureau ; p. 555, figure 17.8, données de Geert Hofstede, *Culture's Consequences*, 2e édition, Thousand Oaks, Sage, 2001, © Geert Hofstede, reproduite avec la per-

Index

D

E

N

Q

R

W

X

Y

Z

MW01715658

DISCARDED

50 BATAILLES

DE VALMY À KRAJINA

Les combats qui ont changé le cours de l'histoire moderne

Édition originale de cet ouvrage publiée en 2001
sous le titre ***Turning the Tide of War***
– 50 Battles that Changed the Course
of Modern History
par Hamlyn, une division de Octopus Publishing
Group Ltd, 2–4 Heron Quays, Londres E14 4JP

Copyright © Octopus Publishing Group Ltd 2001

Maquette : Kenny Grant
Cartographie : Andrew Thompson
Iconographie : Liz Fowler
Production : Louise Hall

Tous droits réservés. Aucune partie de ce livre
ne peut être reproduite sous quelque forme
ou par quelque moyen électronique ou mécanique
que ce soit, y compris des systèmes de stockage
d'information ou de recherche documentaire,
sans l'autorisation écrite de l'éditeur.

© 2002 Maxi-Livres pour l'édition française
Traduction de l'anglais : Pascal Aubin
Réalisation et coordination éditoriale : Belle Page,
Boulogne
Adaptation PAO : Critères, Paris

Imprimé en Italie

ISBN 2-7434-2391-9

Archambault
06/04
$36.95

355.42
NEW ✓

50 BATAILLES

DE VALMY À KRAJINA

Les combats qui ont changé le cours de l'histoire moderne

TIM NEWARK

[redacted]

TABLE DES MATIÈRES

INTRODUCTION

La bataille décisive est le Saint Graal des commandants militaires – une bataille gagnée en un jour leur apportant victoire et renommée – mais le combat est généralement bien plus pénible et compliqué que cela. La victoire d'un jour peut changer de camp le lendemain. La supériorité militaire peut être trahie par l'incompétence politique. Une victoire décisive n'apporte pas toujours une paix décisive. L'usure régulière due à la guérilla peut écraser un ennemi puissant.

Dans ce livre, les batailles décisives ont été choisies pour plusieurs raisons : parfois, elles marquent un point culminant dans une campagne victorieuse ou désastreuse ; dans d'autres cas, elles représentent un pas en avant décisif dans la technologie guerrière ; souvent, elles désignent non pas une bataille livrée en un jour, mais une opération couvrant plusieurs semaines ou mois. Toutes reflètent de grands moments de l'histoire, où le sacrifice d'innombrables soldats a changé notre façon de voir le monde.

L'ESSENCE DE LA VICTOIRE

Comment gagne-t-on ou perd-on une bataille ? Puissance écrasante et organisation précise sont les ingrédients les plus évidents d'une victoire décisive. L'Allemagne nazie, en 1941, savait exactement ce qu'elle faisait lors de l'opération Barbarossa. Elle appliqua sa tactique de guerre éclair (*Blitzkrieg*), déjà éprouvée, à très grande échelle, aidée par la confusion des Soviétiques et leur réticence à affronter l'inévitable menace d'invasion. L'armée soviétique était déjà ravagée par l'idéologie, du fait de la détermination politique avec laquelle Staline cherchait à la débarrasser de tous ses officiers dissidents.

Pearl Harbor, en 1941, fut un autre brillant exemple d'organisation, dans lequel une force écrasante était dirigée contre un ennemi non préparé ; de même en France en 1940, et à Singapour en 1942. Mais quand l'ennemi n'est plus surpris et contre-attaque avec sa propre expérience des batailles et sa propre organisation, alors le cours de la guerre se modifie de façon significative. Les victoires des alliés à El-Alamein, Midway, Stalingrad et Kohima ont montré comment même les forces militaires les plus impressionnantes au départ pouvaient être freinées et vaincues.

LA PLUS GRANDE ERREUR MILITAIRE

Sous-estimer l'ennemi est la plus grande erreur des militaires. L'Allemagne et le Japon, pendant la Seconde Guerre mondiale, se croyaient, sur le plan racial et militaire, supérieurs à leurs ennemis. Ils eurent du mal à accepter que leurs ennemis pouvaient les vaincre et gaspillèrent les vies de centaines de milliers de leurs soldats à cause de leur assurance excessive. Pendant la Bataille d'Angleterre, il paraissait couru d'avance aux yeux de l'aviation allemande qu'elle triompherait de la RAF anglaise, moins nombreuse et inexpérimentée. Les victoires allemandes en Pologne et ailleurs avaient affecté le jugement des Allemands, et lorsqu'ils furent confrontés à des pilotes extrêmement déterminés et bien entraînés, armés des technologies les plus récentes dans le domaine de l'aviation, ils durent affronter un défi beaucoup plus difficile.

L'arrogance impériale trouva sa fin à Gallipoli et à Isandlwana, réveillant les Britanniques et leurs collègues impérialistes occidentaux, en laissant présager les amers conflits coloniaux qui allaient suivre. À Diên Biên Phu, l'arrogance impériale française fut anéantie par les Vietnamiens.

Parfois, une technologie supérieure peut conférer une puissance redoutable sur le champ de bataille. À Omdurman et un siècle plus tard, pendant l'opération Tempête du désert, un armement extrêmement moderne a pu entraîner une bataille très inégale, permettant au vainqueur d'imposer sa volonté dans le monde entier sans opposition significative. En d'autres occasions, l'arrivée d'armements supérieurs permet tout juste de renverser la balance. En Afghanistan, les guérillas musulmanes ont su conserver leurs terres malgré la technologie militaire supérieure de leur adversaire. Avec l'arrivée des missiles anti-aériens portables, fournis à la guérilla par l'Occident, la puissance aérienne soviétique a été fatalement ébranlée.

LE COURAGE DES COMBATTANTS

Quand la technologie est mieux répartie, c'est souvent le courage des combattants et leur foi dans une cause qui peuvent jouer un rôle décisif. À Valmy, une armée révolutionnaire française a simplement impressionné ses opposants moins motivés, ouvrant une nouvelle ère de guerre idéologique. À Assaye, c'est l'agressivité pure, à l'ancienne mode, qui a entraîné la victoire.

Parfois, c'est le pouvoir dominant qui perd la foi dans sa propre cause. À Mogadiscio, l'armée américaine n'a pas jugé bon de forcer un pays, qui la considérait comme un agresseur, à accepter l'aide internationale. Parfois, les vainqueurs ne reconnaissent même pas leur propre succès. Pendant l'offensive du Têt, les journalistes occidentaux ont persisté à la décrire comme une victoire vietnamienne, en dépit du fait que les Vietnamiens avaient en réalité subi une défaite catastrophique face à l'armée américaine, tant était grand le préjugé de gauche au sein des médias de l'époque.

Certaines victoires représentent l'expression inévitable d'une influence internationale grandissante. À San Juan, les États-Unis se sont déclarés en tant que puissance militaire mondiale. À Geok Tepe, les Russes ont consolidé leur mainmise sur l'Asie centrale. À Trafalgar, la puissance navale britannique a atteint son zénith.

À d'autres moments, la victoire est dans la balance, et n'est obtenue que de justesse. À Waterloo, Napoléon approcha de la victoire, et ne fut vaincu que par la ténacité des Britanniques et de leurs alliés. À Cambrai, les tanks anglais prouvèrent leur capacité à emporter une bataille, mais virent leur succès renversé par les tactiques d'assaut nouvellement mises au point par les Allemands. L'inexorable puissance de l'organisation et des prouesses militaires est évidente pendant le débarquement de Normandie, à Inchon, pendant la guerre des Six Jours et lors de la capture de Port Stanley. Le simple professionnalisme manifesté dans ces exemples est presque insurpassable.

Parfois, les deux camps sont de force trop égale. Dans la Somme et à Ypres, les forces britanniques et allemandes se sont mutuellement harcelées, entraînant des dizaines de milliers de pertes humaines. Cette guerre d'usure a atteint son point de rupture lors du « jour de deuil » de l'armée allemande, avec l'effondrement du moral des Allemands. Les guerres d'usure n'ont pas de vainqueur.

LES LEÇONS DE LA GUERRE

Il y a de nombreuses leçons à tirer des conflits décrits dans cet ouvrage. Sans doute la leçon essentielle est-elle le besoin qu'a un pays d'être fort sur le plan défensif afin de ne pas encourager un rival à surestimer sa propre capacité de gagner une guerre contre lui. C'était parce que l'Allemagne et le Japon croyaient pouvoir aisément gagner leurs conflits qu'ils se sont embarqués dans des guerres mondiales. La politique de conciliation est inefficace ; elle ne fait qu'encourager l'excès d'assurance d'un ennemi agressif. Une nation ne doit jamais avoir peur de parler de la guerre ou de ses forces armées. Seule la faiblesse perçue par l'ennemi encourage la guerre. Une agressivité responsable la dissuade.

Dans la seconde moitié du XXe siècle, les États-Unis ont évité une troisième guerre mondiale en se comportant avec fermeté et agressivité dans leurs relations avec l'Union soviétique et ses alliés. On ne peut qu'espérer que les futurs politiciens n'ignoreront pas ces leçons de l'histoire. Les réapprendre intégralement coûterait extrêmement cher en vies humaines.

Tim Newark

VALMY, 1792

Valmy annonça une nouvelle ère guerrière, une ère dans laquelle l'idéologie « doperait » les conflits. Quand les révolutionnaires de « l'armée citoyenne » française, sans entraînement, se rangèrent face aux rangs bien entraînés des Prussiens, ce fut leur moral qui s'avéra le facteur décisif de la victoire – même si la bataille de Valmy fut une victoire plus psychologique que militaire.

Les armées citoyennes levées par les gouvernements révolutionnaires français livrèrent de nombreuses batailles et guerres, ce qui était quelque peu ironique pour un régime né de l'idéalisme et du désir de fraternité internationale. « Liberté, égalité, fraternité ou la mort » déclara un soldat français à Pontoise en 1794, slogan qui disait clairement que quiconque était en désaccord avec la révolution était considéré comme un ennemi. Les armées révolutionnaires françaises étaient censées « libérer de l'oppression » – mais elles le faisaient à la pointe de la baïonnette.

Précédemment, les guerres étaient généralement livrées en vue d'un avantage politique et d'un gain matériel. C'est également resté vrai dans les années 1790, mais à présent un facteur supplémentaire s'y ajoutait, celui de l'autosatisfaction idéologique. C'est cette conviction qui identifie les guerres de ce temps comme marquant le début de la « guerre moderne ». De plus, les gouvernements révolutionnaires successifs de la France devinrent de plus en plus extrémistes, à tel point que la guerre devint une méthode visant à maintenir leur prise de plus en plus désespérée sur le pouvoir. Dans ce sens, on peut affirmer que les campagnes militaires et idéologiques d'Hitler et de Staline trouvèrent leur origine dans les régimes révolutionnaires français des années 1790.

« SOLDATS CITOYENS »

Une révolution implique une rupture avec le passé, mais très souvent le nouveau gouvernement fait simplement un usage beaucoup plus efficace des structures du pouvoir mises en place par le régime précédent. Selon Alexis de Tocqueville dans son analyse de la Révolution française, « Le seul changement, c'est que la centralisation du pouvoir en France est devenue bien plus voyante maintenant que tous les vestiges du passé ont été élagués. » À partir du XVIIe siècle, la France s'était progressivement transformée en puissant état bureaucratique dirigé de Paris, l'État pouvait envoyer d'immenses armées sur le champ de bataille pour imposer sa volonté politique. Cet état de fait continua sous les gouvernements révolutionnaires, à un détail près : tandis que dans le passé les soldats étaient mercenaires ou forcés au service militaire, ils étaient à présent tous des « hommes libres » et devaient être persuadés de combattre – d'où la naissance du « soldat citoyen ».

« Je n'ai aucune pitié pour les ennemis de mon pays », écrivit un canonnier de l'armée révolutionnaire française à Caen, en 1793. « Ils ont répandu, et continuent à répandre, le sang de mes frères,

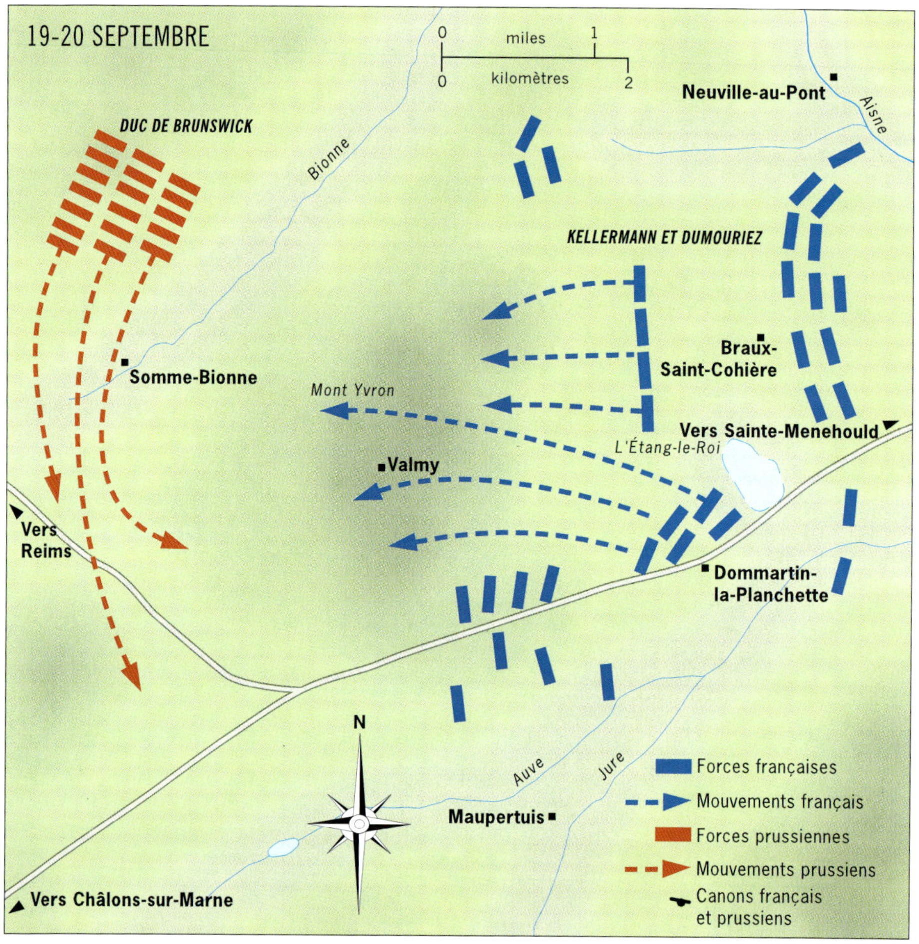

Ci-dessus :
Les manœuvres initiales des armées prussienne et française autour de Valmy en septembre 1792.

À gauche **: Le début de la guerre idéologique : une affiche révolutionnaire française de 1793 promet « Liberté, égalité, fraternité ou la mort ».**

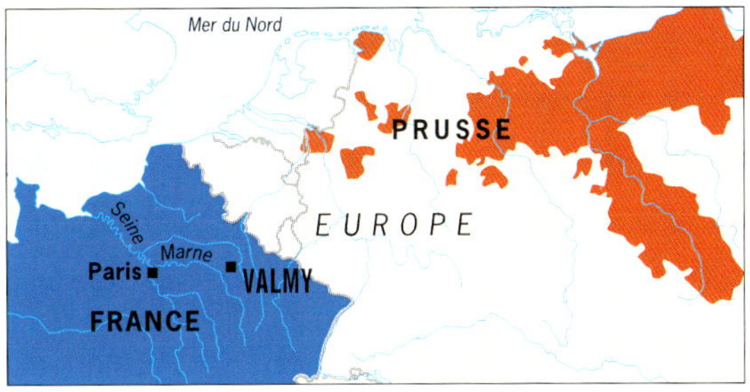

qui tous crient vengeance, et ceux qui ont joué le rôle de contre-révolutionnaires méritent de mourir entre des mains furieuses. » Vengeance et peur motivaient ces soldats politisés, et à leur tour ils soulevaient d'autres camarades, moins engagés sur le plan politique, jusqu'à ce que toute une nation se soulève dans la colère. Tout ce que le gouvernement avait à faire était de diriger ces hommes contre celui qu'il considérait comme son ennemi, et la furie de ces « soldats citoyens » ferait le reste.

LA ROUTE DE VALMY

Soupçonnant que le soulèvement révolutionnaire avait affaibli la France, certains pays voisins jugèrent le moment bien choisi pour venir en aide à la famille royale française. En août 1792, la Prusse et ses alliés germanophones envahirent le pays, menaçant les citoyens de Paris d'une terrible punition s'ils faisaient du mal à leur roi. La réaction de la foule parisienne fut d'investir le palais des Tuileries et de capturer la famille royale. Peur et colère dominaient dans les rues et les politiciens instigateurs du soulèvement considérèrent que les ennemis de l'intérieur devaient être les premiers à mourir. « Dans les villes », déclara Fabre d'Églantine, « que le sang des traîtres soit le premier holocauste à la Liberté, afin qu'en avançant à la rencontre de l'ennemi commun, nous ne laissions rien derrière nous qui puisse nous inquiéter. »

Quand la forteresse qui gardait la ville de Verdun tomba aux mains des forces dirigées par les Prussiens, les révolutionnaires déchargèrent leur colère sur plus de 1 000 prisonniers, aussi bien politiques que criminels, qui furent taillés en pièces lors de ce qu'on appela les « massacres de septembre ». Le Gouvernement parisien aurait pu reprendre confiance en croyant qu'une telle ferveur pouvait être dirigée contre ses ennemis étrangers, si l'armée des révolutionnaires ne s'était déjà avérée instable. Lors d'un précédent affrontement avec les Autrichiens, l'armée française, mal entraînée et désorganisée, avait fui. Des généraux révolutionnaires promus, avaient été ensuite traînés devant un tribunal, puis exécutés au milieu de démonstrations de paranoïa qui affligeraient aussi les armées totalitaires au XXe siècle.

Cependant, leur implication sur d'autres théâtres étrangers affecta l'armée prussienne et ses alliés. L'Autriche ne pouvait pas envoyer autant d'hommes qu'elle l'aurait voulu pour envahir la France, tandis que l'armée allemande n'était forte que de 80 000 hommes, la

Ci-dessous **: Les massacres de septembre à Paris – provoqués par la menace émise par la Prusse d'envahir la France et de punir les révolutionnaires – créèrent un climat de peur et de colère qui aida les soldats révolutionnaires à affronter l'armée professionnelle des Prussiens à Valmy.**

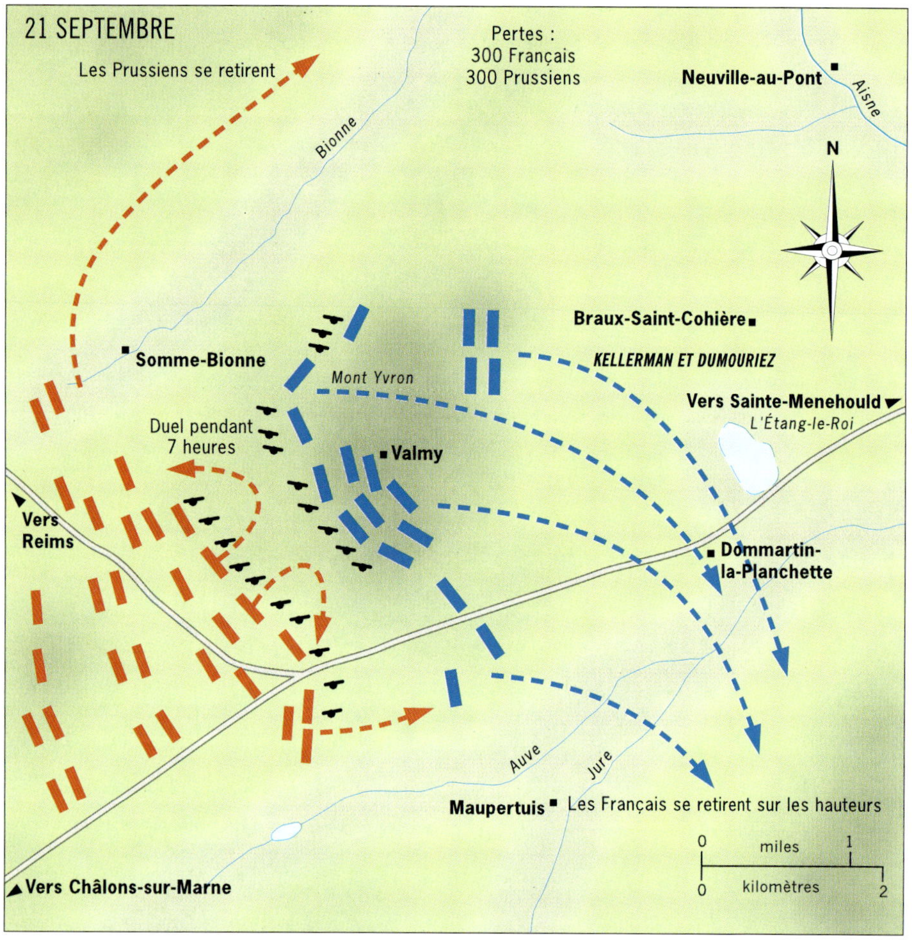

moitié de ce que son commandant, le duc de Brunswick, avait espéré, et leur nombre continua à diminuer pendant toute la campagne. Brunswick avait envisagé de retrouver d'autres armées à la frontière française, mais les nouvelles de Paris, et de l'anarchie sanglante qui y régnait, le persuadèrent de faire marcher son armée directement sur la capitale française.

Le général Dumouriez prit le commandement au milieu du chaos affligeant les défenses françaises et déplaça son armée du nord, l'éloignant de la frontière avec la Belgique et la dirigeant vers le sud en direction de Sedan, la forêt de l'Argonne lui fournissant une barrière naturelle entre son armée et les Prussiens. Mais Brunswick déjoua la manœuvre des Français, pénétra dans l'Argonne et força Dumouriez à prendre position dans la partie sud de la forêt. La prudence lente de Brunswick permit à Dumouriez de recevoir de nouveaux renforts, plus de 25 000 hommes sous le commandement de Kellermann, soit un total de 36 000 hommes. N'ayant que 34 000 soldats directement sous ses ordres, Brunswick voulut se joindre aux Autrichiens depuis le nord, mais un faux rapport lui indiquant que Dumouriez se retirait encouragea Brunswick à essayer de couper la retraite des Français sur la route de Châlons, et les forcer à combattre près du village de Valmy.

« VIVE LA NATION ! »

L'avant-garde de Brunswick se dirigea vers les Français à travers un épais brouillard. Le grondement d'une canonnade lui parvint à travers la brume. Les renforts français de Kellermann, sur la colline d'Yvron, se trouvaient sur la ligne de front contre les Prussiens. Malgré le feu d'artillerie, l'armée de Brunswick appuya en direction de la route, où elle se trouva sous le feu d'autres canons. Un duel d'artillerie s'ensuivit, mais sans effet décisif sur son avance. Tandis que le brouillard et la fumée des canons se dissipaient, Brunswick plaça le gros de ses troupes en face de Valmy, mais il eut alors une vision déplaisante. Les Français étaient fermement positionnés sur le champ de bataille. Ils ne ressemblaient pas à la populace anarchique à laquelle il s'était attendu.

Néanmoins, Brunswick ordonna à ses hommes d'entamer leur progression. Tandis qu'ils s'ébranlaient, Kellermann comprit que l'agressivité était peut-être la qualité que ses soldats possédaient par-dessus tout. Il accrocha son chapeau, portant la cocarde révolutionnaire, sur son épée, et cria « Vive la Nation ! » À ces mots, ses hommes se mirent à rugir sauvagement « Vive la Nation ! Vive la France ! Vive notre général ! » Ce fut un de ces moments décisifs où les armées se demandent si elles doivent combattre ou fuir. Les Français ne prirent pas la fuite, et Brunswick perdit courage et arrêta la progression de son armée. Un duel d'artillerie eut alors lieu, tandis que Brunswick se tourmentait pour savoir quelle décision prendre. En conseil avec ses officiers, il décida de ne pas poursuivre la bataille et, tandis que la nuit tombait, les Français quittèrent le champ de bataille encouragés par l'assurance d'avoir repoussé la grande menace étrangère par l'intimidation.

Ce fut une « victoire » curieuse, qui répandit peu de sang, mais son impact psychologique fut énorme. Elle démontra que le moral était sans doute l'aspect le plus important de n'importe quelle armée, plus encore même que l'entraînement ou l'armement, et l'armée révolutionnaire française en avait en abondance, ce qui

Ci-dessus, à gauche : **Les mouvements des troupes prussiennes et françaises le deuxième jour de bataille à Valmy.**

À gauche : **Les troupes françaises – commandées par le général Kellermann, portant les couleurs révolutionnaires sur son chapeau – mettent en fuite les soldats prussiens à la bataille de Valmy, le 20 septembre 1792.**

donna naissance à une nouvelle forme de guerre motivée par l'idéologie. Le poète Goethe était avec l'armée prussienne à Valmy et perçut l'importance des événements, consolant ses camarades découragés en ces termes : « À partir d'ici et d'aujourd'hui commence une nouvelle époque dans l'histoire du monde, et vous pourrez dire : j'y étais. » Le colonel prussien von Massenbach sentit lui aussi qu'il s'agissait d'un moment significatif : « Les révolutionnaires français ont subi victorieusement leur baptême du feu... Le 20 septembre a donné au monde une nouvelle forme. C'est le jour le plus important du siècle ! » Peut-être les Prussiens cherchaient-ils à honorer leur propre performance par l'hyperbole. Napoléon Bonaparte l'appela simplement « l'affaire de Valmy », affaire dans laquelle c'était l'artillerie qui avait prouvé sa valeur. « Lors des campagnes initiales de la guerre révolutionnaire », conclut-il, « la France a toujours excellé par son artillerie. »

Ce qui est clair, c'est qu'après Valmy, les révolutionnaires français se sentirent assez en sécurité pour procéder à l'exécution de la famille royale, puis s'embarquer dans une série de guerres avec l'étranger qui verraient la France conquérir la Belgique, les Pays-Bas et la Suisse, ainsi que certaines régions d'Allemagne et d'Italie, et établir une machine de guerre victorieuse dont Napoléon hériterait par la suite, et qu'il utiliserait pour devenir maître de l'Europe entière. Sans l'armée révolutionnaire française, il n'y aurait pas eu de guerres napoléoniennes. On ne peut pas dire, cependant, que toutes les batailles livrées ensuite par les Français furent victorieuses. Une armée idéologiquement motivée est forte dans la confrontation, mais si ses opposants ne bougent pas, son moral peut s'effondrer rapidement. Par exemple, à Hongen, en mars 1793, l'armée de Dumouriez fut mise en déroute, laissant plus de deux mille morts contre seulement quarante Autrichiens blessés.

Ci-dessus : Le principal affrontement près du moulin sur la colline d'Yvron, spectaculairement représenté par J.-B. Mauzaisse d'après une toile d'Horace Vernet, 1831.

LAUKHARD, OBSERVATEUR MILITAIRE PRUSSIEN À VALMY

PEUR ET COLÈRE

Peur et colère motivaient la première armée révolutionnaire française. La menace d'invasion étrangère ou de contre-révolution encouragea des dizaines de milliers d'hommes à se porter volontaires pour le service militaire en 1791 et 1792. Le cri de ralliement de 1789 était « Chaque citoyen doit être un soldat, et chaque soldat doit être un citoyen. » Un observateur militaire prussien nommé Laukhard prit note de ce dévouement : « Les volontaires n'étaient pas scrupuleusement honnêtes, comme l'étaient les Prussiens, et n'étaient pas aussi bien rodés, bien entraînés ou habiles à manier le fusil ou marcher au pas ; ils ne savaient pas non plus serrer leur ceinture autour de leur tunique comme les Prussiens, pourtant ils étaient dévoués corps et âme à la cause qu'ils servaient. Presque tous ceux que j'ai rencontrés à cette époque savaient pour qui et pour quoi ils combattaient, et déclaraient être prêts à mourir pour le bien de leur patrie. La seule alternative qu'ils connaissaient était la liberté ou la mort. »

Cité dans *The French Revolutionary Wars 1787-1802* de T. C. W. Blanning (Arnold, 1996).

ASSAYE, 1803

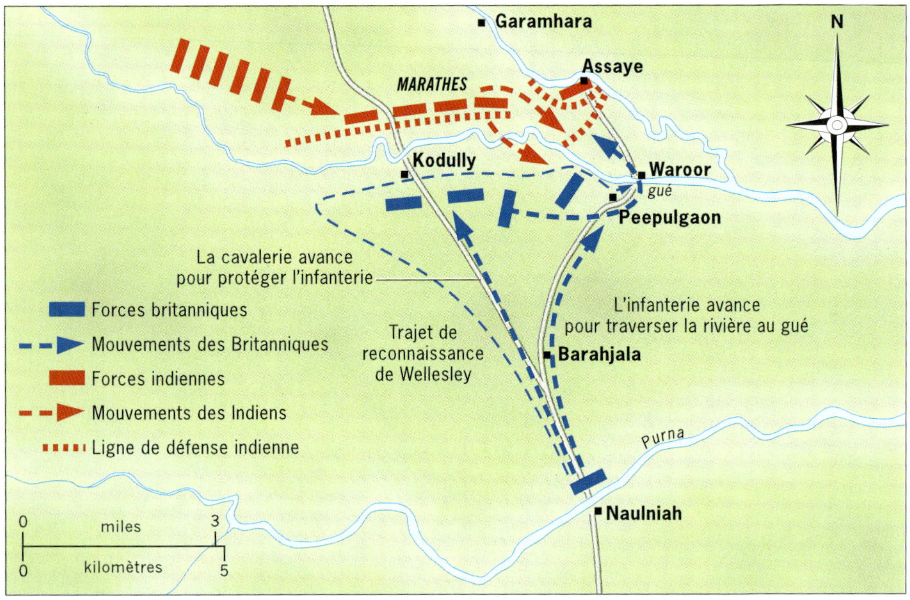

Ci-dessus **: L'avance des Britanniques contre l'armée marathe à Assaye, le 23 septembre 1803.**

À droite **: Un cavalier marathe. L'armée des Marathes était un mélange impressionnant de guerriers traditionnels en armure avec lances et épées, et d'infanterie entraînée par les Européens, armée de mousquets et soutenue par des canons.**

Considérée par le duc de Wellington comme sa plus belle victoire, la bataille d'Assaye fut un affrontement lors duquel une armée britannique, petite mais bien entraînée, combattit des forces autochtones bien équipées et formées dans les techniques de combat européennes. Remportée malgré une adversité écrasante, elle démontra le courage invincible des puissances coloniales lorsqu'elles affrontaient des opposants à l'armée sophistiquée. Assaye servit également de premier tremplin au duc de Wellington.

L'impérialisme européen trouva son réel départ au XVIe siècle avec la conquête des Amériques. Les soldats européens opérant dans le Nouveau Monde vainquirent les cultures autochtones avec une aisance surprenante. Un certain nombre de facteurs expliquait cette facilité, parmi lesquels leur organisation logistique et leur extraordinaire bravoure, au moyen desquelles des poignées de conquistadors espagnols furent en mesure de battre de grands royaumes comme celui des Aztèques. Un scénario similaire se répéta partout ailleurs dans le monde, les Européens confrontant les cultures locales, les trouvant mal préparées et beaucoup moins capables de résister aux premières techniques militaires modernes. Les Russes conquirent la Sibérie, tandis qu'en Inde les comptoirs commerciaux des marchands portugais, français et britanniques devenaient les pierres angulaires d'un empire.

LA GRANDE-BRETAGNE EN INDE

L'engagement de la Grande-Bretagne en Inde au cours du XVIIIe siècle avait atteint un point crucial avec la bataille de Plassey en 1757, où Robert Clive vainquit le *nawab* (gouverneur) du Bengale. L'armée du *nawab* était dix fois plus nombreuse que les forces de Robert Clive, constituée de 2 000 *sepoys* (soldats autochtones entraînés par les Britanniques) et de 900 Européens. Malgré ce déséquilibre écrasant, Clive fut victorieux et le *nawab* exécuté. Cette victoire conforta les possessions de la Grande-Bretagne dans le sous-continent et lui permit de tirer des revenus colossaux de la population locale, que les Britanniques utilisèrent ensuite pour augmenter encore leur présence militaire.

L'influence des Moghols, puissance jusque-là prédominante en Asie du Sud, était déclinante depuis 1707 avec la mort d'Aurangzeb. Les Britanniques étaient nettement sur la pente ascendante, mais contrairement à ceux des Amériques, où les cultures locales ne furent jamais vraiment à la hauteur de la menace posée par la puissance militaire européenne, les dirigeants de l'Inde comprirent la nature de la force qu'ils devaient affronter. Alors que les Britanniques se considéraient comme les successeurs des Moghols, il existait une force indigène, représentée par la confédération marathe, qui prétendait également diriger l'Inde. La confédération était un regroupement de divers chefs de clan influents, sous la direction d'un

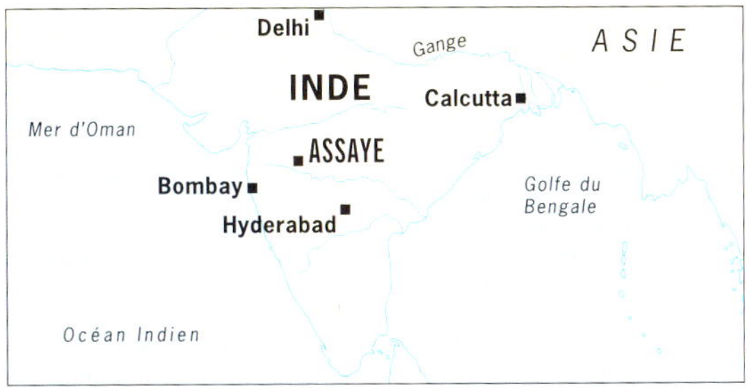

Ci-dessus **: Une gravure contemporaine montre les troupes britanniques avançant face à l'artillerie marathe pendant la bataille d'Assaye.**

peshwa (ministre principal) ; de temps à autre, les clans se combattaient mutuellement, particulièrement pour prendre la tête du mouvement, mais ils s'alliaient également en diverses coalitions pour résister aux Britanniques. En résultèrent trois guerres marathes en 1775-1782, 1803-1805 et 1817-1818.

Recrutant des conseillers militaires européens, fréquemment issus des puissances impériales rivales, comme les Français, les *peshwas* et chefs de clan transformèrent rapidement leurs armées féodales et équipèrent leurs soldats d'artillerie et de mousquets, les entraînant militairement à la manière occidentale. En un temps très court, ces armées autochtones purent compter sur deux fois plus de canons que les Britanniques. Le commandant Thorne, vétéran de nombreuses batailles dans la région, se plaignit des « changements qui se sont produits parmi les tribus guerrières de l'Inde par l'introduction de la tactique européenne et de la discipline française, qui, alliées à leur courage naturel, frisant souvent la frénésie enthousiaste, et à leur supériorité numérique, a rendu les conflits avec eux sanguinaires à l'extrême ».

À la fin du XVIIIe siècle, il n'était plus aisé pour la Grande-Bretagne d'intimider ses opposants en Inde. Et pourtant, si grande était leur convoitise pour la richesse qui pouvait être tirée de l'Inde que les Britanniques entreprirent des campagnes toujours plus difficiles et éprouvantes dans leur effort pour soumettre la population locale. Dans un tel contexte, la bataille d'Assaye émerge comme typique d'une période à laquelle les forces britanniques vainquirent – plutôt que de dominer – des armées autochtones.

Il est également intéressant de noter que les Britanniques étaient commandés par le jeune Arthur Wellesley, qui deviendrait plus tard duc de Wellington. Assaye démontra la force des techniques de combat anglaises face à une armée supérieure en nombre ; Wellington, lorsqu'on lui demanda quarante ans plus tard quelle avait été sa plus belle bataille, répondit d'un mot : « Assaye. »

LA GUERRE CONTRE LES MARATHES

Les Marathes, qui avaient remplacé la dynastie moghole en Inde centrale et du nord, vainquirent en 1779 les Britanniques à la bataille de Wadgaon, suite à la tentative anglaise de favoriser un candidat au poste de *peshwa*. Un nouvel affrontement se produisit en 1803. Cette fois, les Britanniques étaient déterminés à intervenir avec plus de force. Richard Wellesley, gouverneur général du Bengale, envoya son jeune frère Arthur offrir sa protection au *peshwa* Baji Rao II, qui avait été vaincu par le clan Holkar. D'autres clans émirent alors des objections face à l'intervention britannique. Wellesley pénétra en territoire marathe et tomba sur une armée à la jonction des rivières Juah et Kaitna. Une force impressionnante : quelque 30 000 cavaliers ; 10 000 fantassins, entraînés et équipés à la manière occidentale par des soldats français ; et 200 pièces d'artillerie. Tout ce que Wellesley avait sous son commandement était 4 500 soldats de métier, principalement des *sepoys*, et la moitié étaient des cavaliers. Malgré cela, Wellesley démontra efficacité et organisation. Les historiens ont plus tard loué les aptitudes logistiques de Wellesley.

Il est important de considérer comment les Britanniques soutenaient leurs armées en Inde, parce que ce soutien s'avéra fréquemment décisif dans leurs campagnes. Au cours de l'histoire, la plupart des armées avaient soutenu leurs troupes en prenant ce dont ils avaient besoin dans les pays qu'elles traversaient. Naturellement, cela leur aliénait les populations locales, qui réagissaient souvent violemment, et s'ajoutait aux difficultés d'une campagne militaire. Les forces britanniques en Inde, cependant, adoptèrent un système consistant à acheter nourriture et fournitures aux marchands qui venaient dans leurs campements. Cela n'eut pas seulement pour résultat de réduire les éventuelles escarmouches, mais leur assura également la bonne volonté de la population locale. Des renseignements stratégiques pouvaient également être obtenus dans ces bazars militaires, provenant de marchands jouant le rôle d'espions. Les Britanniques, relativement riches, profitèrent du soutien des marchands, qui s'empressaient d'exploiter leur générosité. Wellesley n'inventa pas ce système mais, avec son excellent sens du détail, il l'appliqua superbement, et cela lui donna un avantage supplémentaire sur ses opposants marathes.

Ayant laissé son train d'équipement dans le village de Naulniah, qu'il ordonna de fortifier, Wellesley partit inspecter la position de son ennemi à Assaye. Wellesley était expert en reconnaissance, se familiarisant avec le site de la bataille à venir afin d'être en mesure de l'utiliser à son avantage. Il découvrit un gué sur la Kaitna qu'il pourrait employer pour accélérer le transport de ses troupes sans les rendre vulnérables. Cela signifiait aussi qu'il pourrait surprendre l'ennemi. Wellesley mena son armée dans la rivière, mais tandis que ses troupes entraient dans l'eau, une partie de l'artillerie marathe fit feu. Heureusement pour lui, c'était un feu sans conviction, et il cessa quand Wellesley mit ses troupes en formation sur le rivage opposé.

Wellesley plaça ses *sepoys* de Madras entre deux unités de soldats de métier britanniques et entama son avance. La cavalerie marathe était annoncée comme ayant traversé la rivière plus à l'ouest et aurait pu menacer les arrières de Wellesley, mais son train d'équipement étant bien fortifié, peu lui importait de ne plus pouvoir communiquer avec tant que la bataille durerait. Les Marathes avaient perdu l'avantage de la protection qu'offrait la rivière à leurs troupes, mais ils possédaient toujours la supériorité numérique et de nombreux canons. Tandis que les deux lignes d'artillerie commençaient à s'affronter, Wellesley sut qu'il perdrait la bataille si elle se prolongeait et ordonna à ses hommes d'avancer, les troupes en kilt du 78e Highlanders à leur tête.

AGRESSIVITÉ PURE

L'agressivité pure était le seul moyen d'emporter cette lutte ; les Britanniques fixèrent leurs baïonnettes et chargèrent les troupes marathes bien entraînées. Les deux chefs militaires marathes, Berar et Scindia, n'avaient pas le courage de Wellesley et se retirèrent du combat, mais leur supérieur, le conseiller européen Pohlmann, un Hanovrien, resta au commandement des troupes indiennes. Le 78e Highlanders fit halte à 55 m, déchargea ses mousquets en feu roulant, puis chargea et plongea dans la mêlée avec ses baïonnettes.

***Ci-dessous* : L'artillerie marathe balaie les lignes des soldats britanniques à la bataille d'Assaye. Wellington considérait cette dernière comme l'une des batailles les plus difficiles de sa carrière.**

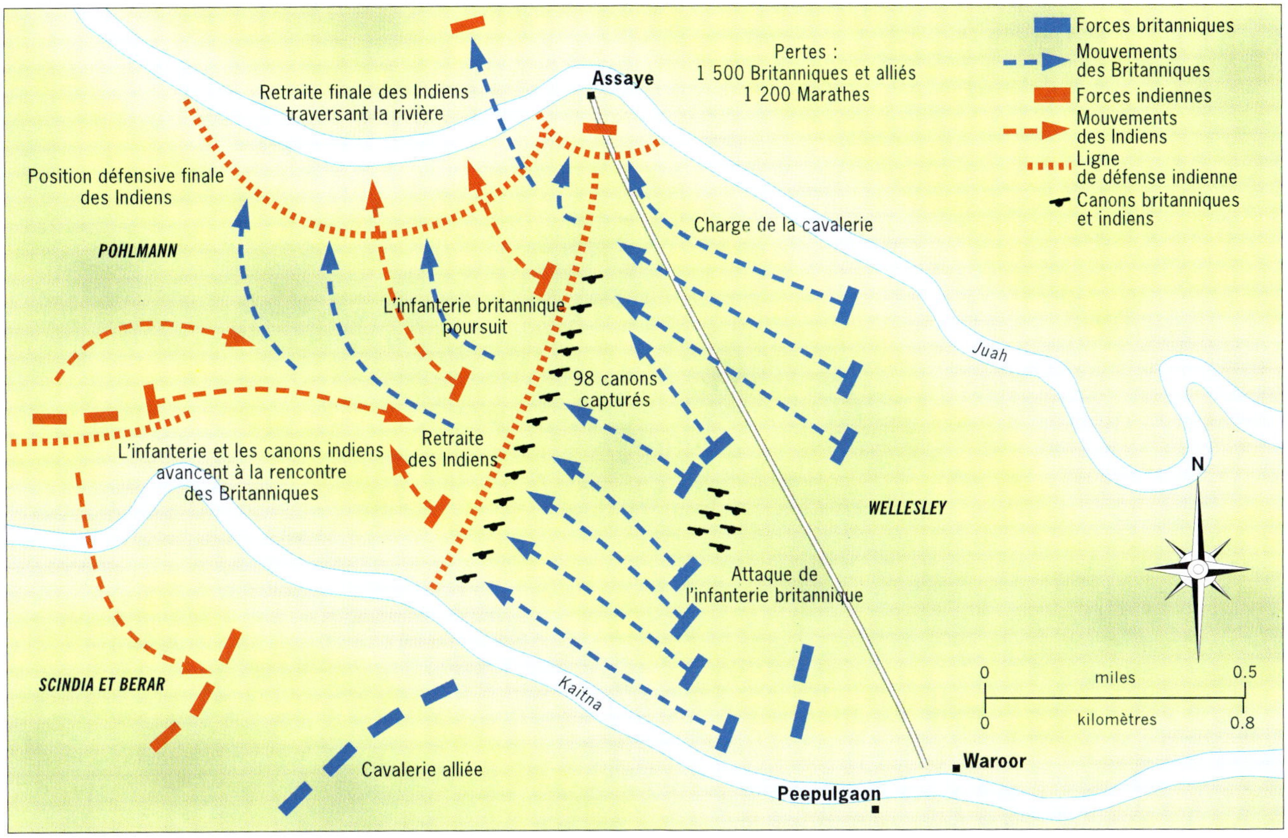

Ci-dessus **: Un soldat *sepoy* typique, armé d'un mousquet et portant un uniforme de style occidental. Ces hommes constituaient le pilier des armées coloniales britanniques à la fin du XVIIIe et au début du XIXe siècle.**

Ci-dessus, à droite **: le 23 septembre 1803, les troupes britanniques repoussèrent la ligne des troupes marathes et la brisèrent, les forçant à reculer dans Assaye, puis à traverser la Juah.**

C'était cette sorte de combat âpre et rapproché que les Britanniques préféraient, et qui ferait souvent reculer leurs ennemis, de l'Inde jusqu'en Espagne.

Ayant pris une ligne d'artillerie marathe, le 78e Highlanders tira une seconde bordée, qui brisa finalement les troupes de Pohlmann sur le flanc sud. Les *sepoys* de Madras prirent la suite de ce succès et brisèrent eux aussi la ligne des Marathes. Emportés par leur triomphe, cependant, certains des *sepoys* se désorganisèrent et devinrent vulnérables à la cavalerie marathe proche, mais la cavalerie britannique était là pour protéger leur flanc et les *sepoys* se regroupèrent. En première ligne, Wellesley eut son cheval tué sous lui. Sur le flanc nord, le 74e Highlanders subit un feu intense et dut former un carré défensif dont les remparts étaient composés des corps de leurs camarades morts. Ils tinrent la position assez longtemps pour que la cavalerie britannique les dépasse au galop et dégage le terrain devant le village d'Assaye. La ligne britannique tout entière pivota alors et repoussa les hommes de Pohlmann jusqu'à la Juah. Wellesley se retrouva dans la mêlée et un second cheval fut mortellement blessé sous lui. Sa bravoure dut inspirer ses hommes ; elle présentait certainement un contraste frappant avec celle des chefs marathes, qui semblaient plus concernés par leur sécurité personnelle. Face à une nouvelle attaque britannique, les Marathes décidèrent qu'ils en avaient assez et traversèrent la rivière, laissant derrière eux une grande part de leur équipement.

La victoire de Wellesley restreignit de façon décisive la puissance marathe en Inde centrale, mais ses pertes avaient été lourdes, avec quelque 1 500 morts et blessés – un taux de perte de plus de 27 %. Les Marathes avaient perdu au moins 1 200 morts et abandonné 98 canons sur le champ de bataille. Une nouvelle victoire britannique à Argaum mit fin à la guerre, mais les Britanniques avaient de nombreuses autres campagnes à livrer en Inde contre des opposants coriaces, et leur conquête finale du sous-continent fut une victoire très durement gagnée, qui ne se concrétisa qu'au milieu du XIXe siècle.

COLIN CAMPBELL, DU 78e HIGHLANDERS

UNE VICTOIRE TRÈS SERRÉE

« Le général était au cœur de l'action tout le temps. Personne n'aurait pu montrer un meilleur exemple. Je n'ai jamais vu un homme aussi calme et maître de lui… même si je puis vous assurer que, jusqu'à ce que nos troupes reçoivent l'ordre d'avancer, l'issue de la journée paraissait douteuse ; et si la nombreuse cavalerie de l'ennemi avait fait son devoir, je ne crois pas que nous aurions pu triompher. »

Cité dans *Wellington : A Personal History* de Christopher Hibbert (Harper & Collins, 1997)

TRAFALGAR, 1805

Une bataille navale vraiment décisive, au cours de laquelle le vice-amiral Horatio Nelson démontra sa maîtrise de la puissance de feu navale en brisant la ligne des vaisseaux français et espagnols, et mit fin une fois pour toutes à l'ambition qu'avait Napoléon de conquérir la Grande-Bretagne. L'action audacieuse de Nelson devint un modèle copié depuis lors par les commandants de marine. Cette victoire maritime assura à la puissance navale britannique la domination des océans du monde pour le siècle qui suivit.

La puissance navale a toujours été importante – en ce qu'elle protégeait les lignes commerciales maritimes – mais au XVIe siècle, à la suite de la découverte des Amériques, la puissance navale a revêtu une importance nouvelle pour un certain nombre de nations européennes. Les marines hollandaise, britannique, espagnole et française se combattaient pour s'assurer des colonies immensément profitables et le contrôle des routes maritimes qui y conduisaient. Ces combats en mer continuèrent pendant plus de deux

Ci-dessus **: Dernière phase de la bataille de Trafalgar : le vaisseau français *Redoutable (à gauche)* est sur le point de se rendre au vaisseau-amiral de Nelson, le *Victory*. La violence du combat rapproché est clairement soulignée,**

***Ci-dessus* : Horatio Nelson (1758-1805), un des plus grands commandants militaires britanniques, et le vainqueur de Trafalgar. Portrait de Lemuel Abbott, vers 1797.**

cents ans, aucun des acteurs principaux n'obtenant d'avantages bien définis sur les autres.

Une course aux armements maritimes conduisit à la création de vaisseaux plus grands et plus rapides, capables d'entretenir des batteries de canons plus puissantes. À la fin du XVIIIe siècle, la puissance de l'Espagne, du Portugal et des Pays-Bas avait décliné, de sorte que leur capacité à protéger leurs empires d'outre-mer s'était affaiblie et cela laissait la Grande-Bretagne et la France comme candidats principaux à la domination maritime mondiale. Si Napoléon songeait sérieusement à conquérir l'Europe puis le monde, il devrait gagner la guerre maritime. Trafalgar devint la bataille décisive sur ce front.

NELSON CONTRE NAPOLÉON

La France dominant la masse terrestre du continent, la Grande-Bretagne ne pouvait pas faire grand-chose pour limiter sa puissance sur ce terrain, mais en mer la Royal Navy était forte, et la Grande-Bretagne s'en servit pour contenir les ambitions maritimes de la France. Pendant les années 1790, la Grande-Bretagne affirma sa puissance navale en prenant un certain nombre de colonies françaises dans les Antilles. Cependant, un assaut plus ambitieux sur la Corse en 1794 échoua, et la Grande-Bretagne dut se retirer de la Méditerranée. Une tentative de l'Espagne pour joindre ses forces à la flotte française fut déjouée à la bataille du Cap Saint-Vincent en 1797.

En 1798, une flotte britannique sous les ordres du vice-amiral Horatio Nelson revint en Méditerranée et vainquit les Français lors de la bataille du Nil. Cette victoire rétablit le contrôle britannique sur la région et présenta une menace pour le port français de Toulon. De plus, la victoire de Nelson contribua à encourager les puissances centrales européennes à rejoindre une nouvelle coalition contre Napoléon. En 1804, Napoléon entreprit de se préparer à une invasion de la Grande-Bretagne. Avec l'Espagne comme allié, il avait la possibilité tentante d'établir enfin sa domination navale sur les Britanniques dans la Manche, par le biais d'une opération joignant les deux flottes sous le commandement de l'amiral Pierre Villeneuve. Les Français réussirent à sortir de Toulon, allant jusqu'à l'Atlantique et aux Antilles, mais furent harcelés par des vaisseaux britanniques qui les forcèrent à faire demi-tour et à se réfugier en sûreté dans le port de Cadix, où ils furent alors soumis à un blocus.

Vu la tournure prise par les événements, à l'été 1805 Napoléon avait renoncé à envahir l'Angleterre et déplacé son armée des côtes septentrionales de la France vers l'Europe centrale, où il porta un coup aux Autrichiens à Ulm (*voir Austerlitz, pp. 20-23*). La flotte française et espagnole à Cadix reçut alors un nouvel objectif : le rétablissement de la puissance française en Méditerranée. En octobre 1805, elle prit la mer en direction de l'Italie, mais fut interceptée au large du cap Trafalgar, près de Cadix, par la flotte britannique de Nelson.

Malgré sa très petite taille, le vice-amiral Horatio Nelson était un chef militaire qui inspirait chez ses subordonnés un dévouement absolu. Il était intrépide au combat et en conséquence avait été gravement blessé deux fois lors de batailles, détériorant la vue de son œil droit au cours de l'assaut contre la Corse en 1794 et perdant son bras droit lors d'un combat contre un vaisseau transportant des trésors espagnols près de Tenerife en 1797. Il discutait souvent de sa propre mort, choisissant « la pairie ou Westminster Abbey ! » avant la bataille du Nil. Après la bataille, il fut ravi de recevoir de ses capitaines un cercueil construit avec le bois d'un vaisseau amiral français.

« L'ANGLETERRE COMPTE SUR VOUS »

Quand il reçut de Napoléon l'ordre de convoyer des troupes jusqu'à Naples en Méditerranée, l'amiral Pierre Villeneuve savait que Nelson attendait en mer pour engager la bataille avec lui. Il prit donc la mer sur le *Bucentaure* et s'échappa de Cadix avec une force alliée de 33 vaisseaux (18 français et 15 espagnols). Nelson commandait 27 vaisseaux de guerre et était impatient de combattre. Le 21 octobre, Nelson rattrapa Villeneuve, qui essaya alors de rentrer à Cadix. Nelson plaça ses vaisseaux en deux colonnes et les lança à angle droit vers la ligne brisée des vaisseaux français et espagnols.

Le vaisseau amiral de Nelson, le HMS *Victory*, était en tête de la colonne, et il le dirigea vers le douzième vaisseau de la ligne ennemie, le vaisseau amiral de Villeneuve. Il ordonna à son signaleur de hisser des pavillons transmettant un message au reste de sa flotte : « L'Angleterre compte sur chaque homme pour faire son devoir. » Le capitaine Hargood du HMS *Belleisle* donna un ordre plein de bon sens à ses canonniers, probablement typique de ceux émis par les autres capitaines britanniques : « Mettez deux boulets puis la mitraille, et donnez-lui en. » Les boulets de canon servaient à briser la coque d'un navire à distance, et la mitraille, comme celle d'un fusil, était destinée au combat rapproché pour éliminer sur le pont toute résistance qui pourrait être opposée à un abordage. Nelson ordonna qu'un dernier message flotte en tête de mât : « Engagez l'ennemi de plus près. »

Tandis que les colonnes anglaises se refermaient sur la ligne française et espagnole, la bataille se déchaîna. Les vaisseaux espagnols et français lâchèrent des bordées contre l'ennemi et les marins britanniques se couchèrent sur leurs ponts. Ils devaient accepter ce premier assaut, car ils approchaient de front et ne pouvaient pas encore faire feu de leurs canons à l'unisson. Sous ce feu cinglant, les mâts se fendirent et les voiles s'effondrèrent. Des hommes furent mis en pièces, et les équipages s'impatientaient. « Ne devons-nous pas montrer le flanc et faire feu ? » demanda un officier du

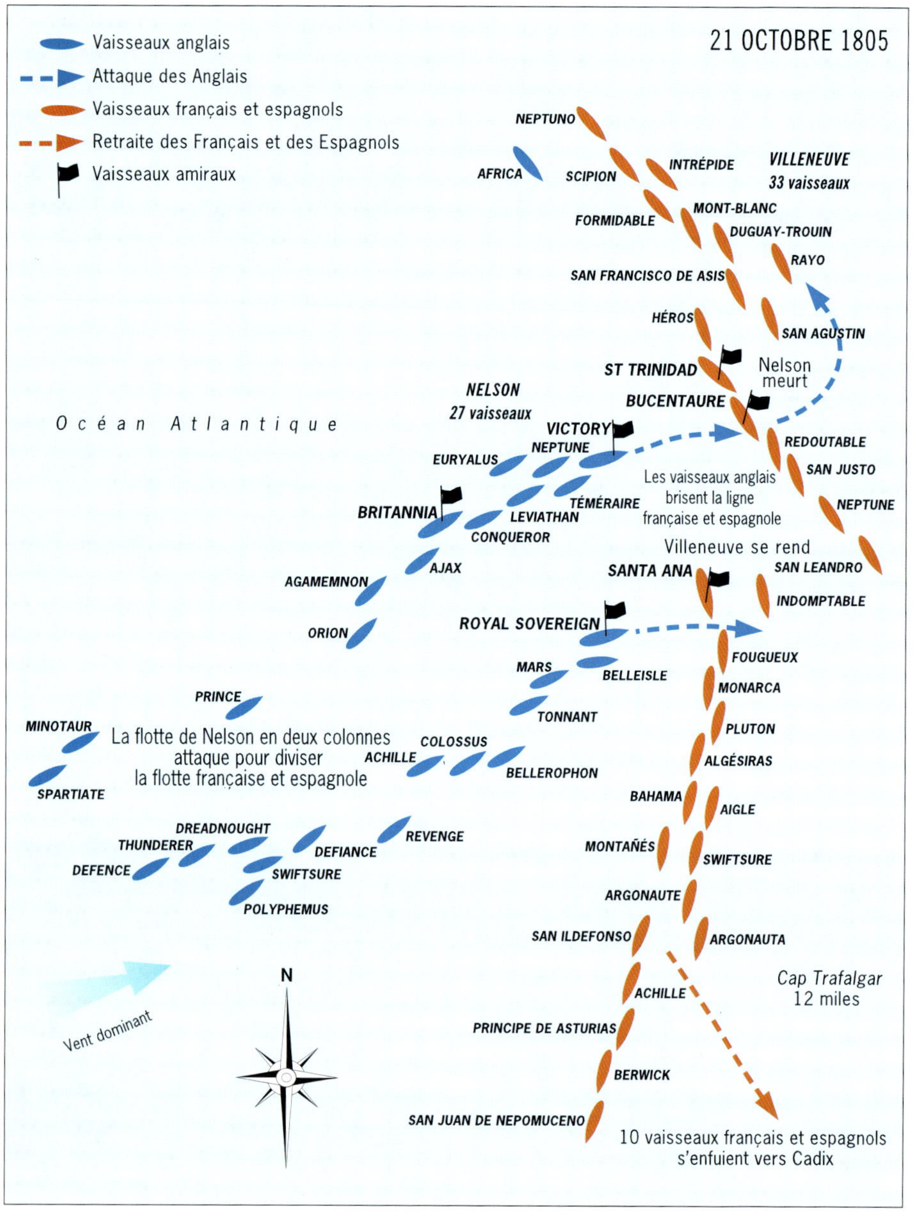

***Ci-dessus* : Nelson et ses vaisseaux anglais – en deux colonnes – brisant la ligne des vaisseaux français et espagnols pendant la bataille de Trafalgar, le 21 octobre 1805.**

Belleisle. « Non », répondit Hargood, « nous avons l'ordre de traverser la ligne, et il traversera, par Dieu ! » Le *Victory* souffrit particulièrement de l'attaque, étant le premier à pénétrer la ligne ennemie et en conséquence subissant le feu de tous côtés. Nelson et ses officiers, comme tous les bons officiers de marine de l'époque, faisaient froidement les cent pas sur les ponts, adressant des encouragements à leurs hommes.

LA LIGNE ENNEMIE FORCÉE

Une fois que les vaisseaux britanniques eurent pénétré la ligne ennemie et se furent approchés de leurs ennemis, ils lâchèrent leurs propres bordées, avec une efficacité maximale. La première bordée du *Victory* heurta violemment le *Bucentaure*, blessant instantanément 200 marins français et détruisant 20 de ses canons. Les fusiliers marins anglais ajoutèrent le feu de leurs propres mousquets à cette féroce volée. Les Français avaient placé des tireurs dans le gréement de leurs vaisseaux, mais Nelson dédaignait personnellement cette manœuvre, prétendant que leurs tirs pouvaient mettre le feu aux voiles, bien qu'en réalité il partageât l'opinion de la marine britannique selon laquelle l'objectif du commandant était de capturer un vaisseau ennemi sans tuer son équipage.

Ayant balayé le *Bucentaure* de son feu, le *Victory* vira doucement et s'approcha du *Redoutable*. Les deux vaisseaux firent lourdement feu l'un sur l'autre. L'équipage anglais fut choqué de voir les Français fermer soudain leurs sabords, mais le capitaine Lucas du *Redoutable* voyait dans cette manœuvre l'occasion d'aborder le vaisseau amiral de Nelson, et voulait que le combat soit livré par marins et fusiliers, armés de mousquets, grenades et sabres d'abordage. Nelson était particulièrement vulnérable dans ce genre de bataille à cause de son refus de se mettre à couvert – et effectivement, un tireur français le blessa tandis qu'il se tenait sur le pont, complètement exposé. Un quart d'heure à peine après le début du combat, les marins anglais durent transporter Nelson sur le pont inférieur.

Lucas crut tenir son moment de triomphe et était sur le point d'envoyer ses marins à bord du *Victory* quand le *Redoutable* fut heurté par le *Téméraire*, qui s'écrasa contre lui par l'autre bord. Pendant ce temps, le *Victory* continuait de canonner le *Redoutable*, le brisant sous les pieds de son capitaine. Les trois vaisseaux se coinçaient mutuellement, et dérivaient sans contrôle. Le *Victory* finit par se dégager et envoya une équipe d'abordage à bord du vaisseau français. Il coulait rapidement mais refusait de se rendre, Lucas menaçant d'y mettre le feu ainsi qu'au *Téméraire* si les Anglais ne l'aidaient pas à sauver son navire. Au même moment, sous le pont du *Victory*, Nelson mourait au moment de sa plus grande victoire.

Le combat continua pendant cinq terribles heures, les deux flottes se mitraillant, les vaisseaux immobilisés par leurs mâts brisés. Le *Belleisle* combattit le *Fougueux* jusqu'à ce que les deux vaisseaux coulent, le *Belleisle* perdant ses trois voiles. Le capitaine Hargood fut renversé par un éclat de bois qui le blessa du cou à la hanche, mais il resta sur le pont à encourager son équipage, recevant une bordée de mitraille avec son capitaine des fusiliers en plein combat.

Finalement, la tactique de Nelson prouva sa valeur, et la flotte française et espagnole commença à se désintégrer. En brisant la ligne ennemie avec ses colonnes, il avait créé une supériorité numérique locale au centre de la bataille. Villeneuve fut forcé de se rendre et dix de ses vaisseaux cessèrent le combat pour se diriger vers l'abri du port de Cadix. Les Anglais étaient maîtres de la mer, ayant capturé 17 vaisseaux ennemis et coulé l'un d'eux. Nombre de leurs propres vaisseaux étaient gravement endommagés, mais aucun d'eux n'avait été pris par l'ennemi. Le vent se leva après la bataille et empêcha les Anglais de prendre de nombreux vaisseaux ennemis, mais nul ne pouvait nier la victoire de feu Nelson, et il devint l'un des plus grands héros militaires britanniques.

Trafalgar ne mit pas fin au duel naval entre l'Angleterre et la France – Napoléon était toujours aussi déterminé à faire le blocus sur les exportations britanniques en Europe – mais cette bataille définit les frontières de la domination. Napoléon restait maître sur terre, avec une nouvelle victoire deux mois plus tard à Austerlitz, tandis que l'Angleterre contrôlait les mers. Aucune autre nation ne pouvait le contester, et la Grande-Bretagne utilisa sa puissance maritime au XIXe siècle pour créer et entretenir un empire mondial qui devint le plus important que le monde vit jamais.

Ci-dessus **: Ce tableau de Denis Dighton montre Nelson abattu par la balle d'un tireur français. Les capitaines anglais parcouraient régulièrement le pont de leur vaisseau, défiant le feu ennemi afin de maintenir le moral de leur équipage.**

UN TÉMOIN FRANÇAIS DE LA BATAILLE

Loin d'être un assemblage hétéroclite de marins impressionnés, la majorité des marins de Nelson étaient des hommes d'équipage professionnels qui se comportaient bien sous le feu. Un capitaine français présent à Trafalgar fut particulièrement impressionné par la rapidité avec laquelle les marins anglais se remettaient du traumatisme de la bataille :

« Le comportement qui me stupéfia le plus fut quand la bataille fut terminée. Arriva un coup de vent, et les Anglais se mirent immédiatement au travail pour réduire la voile et prendre un ris dans les huniers, avec autant de régularité et d'ordre que si leurs navires n'avaient pas combattu dans une terrible bataille. Nous étions tous stupéfaits, nous demandant de quoi les marins anglais pouvaient être faits. Tous nos matelots étaient ivres ou blessés et nous, les officiers, ne pouvions tirer d'eux aucun travail. Nous n'avions jamais été témoins de manœuvres aussi habiles auparavant, et je ne les oublierai jamais. »

Cité dans *The Oxford Illustrated History of the Royal Navy* de J.R. Hill (Oxford University Press, 1995)

AUSTERLITZ, 1805

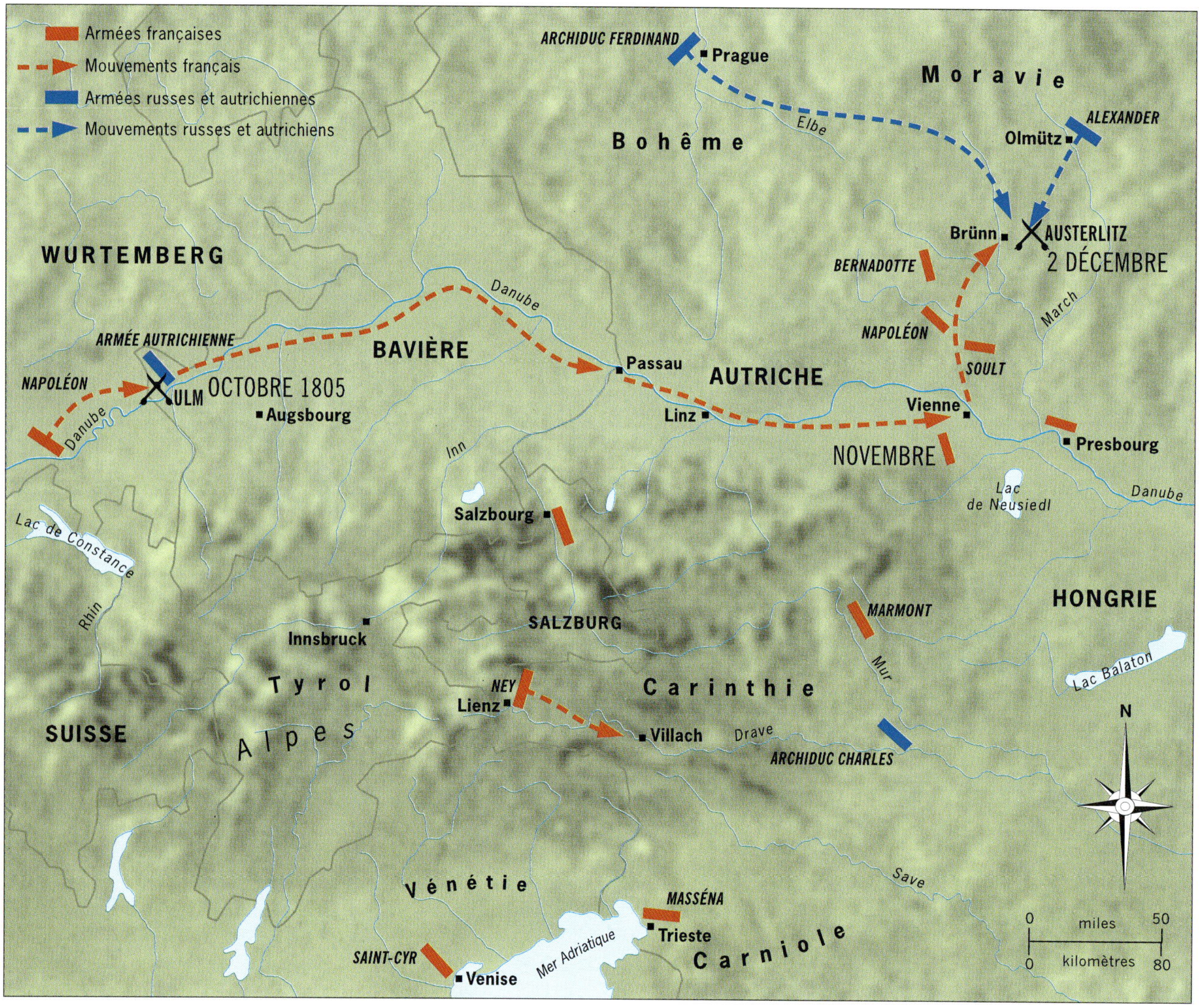

Ci-dessus **: Napoléon portant l'uniforme des grenadiers à pied de la garde impériale, sur un portrait de Paul Delaroche. La proximité de Napoléon avec ses soldats et le soin qu'il prenait d'eux ajoutaient à sa force en tant que commandant charismatique.**

À gauche **: Les mouvements stratégiques de Napoléon au début de décembre 1805, lorsqu'il affronta les forces des armées autrichienne et russe.**

La bataille d'Austerlitz, une des plus grandes victoires de Napoléon, montra qu'il était un maître de la manœuvre, ses forces s'en tirant plus brillamment que celles, plus importantes, des ennemis divisant ces dernières en deux moitiés. Cette réussite le laissa inattaquable en Europe occidentale et centrale. Il envahit ensuite la Russie et précipita l'écroulement de son empire. L'excès de confiance peut être le plus grand ennemi d'un commandant militaire.

Comme Jules César, Napoléon était avant tout un chef militaire charismatique. Ses troupes étaient persuadées que s'il était à leur tête, elles ne pouvaient pas échouer – il était un « homme du destin » opposé à de simples politiciens. Il prenait grand soin de ses hommes. « Notre bien-aimé empereur », écrivit le capitaine Coignet, « a fait tout ce qu'il a pu pour nous procurer des provisions. » « Je suis passé devant l'empereur », se rappelait le lieutenant Vossler. « Il m'a semblé un peu froid et distant. Peut-être avait-il compté sur une victoire plus retentissante. » En fait, Napoléon était malade, mais cette vision déçut visiblement Vossler. Même quand les choses commencèrent à ne plus aller en Russie, les soldats français restaient confiants dans leur commandant. « Il [Napoléon] est passé près d'un grenadier qui avait été blessé au pied », observa Heinrich von Brandt, « et cet homme courageux lui a lancé : " Oh, sire ! Pourquoi n'étiez-vous pas à notre tête hier ? Nous aurions écrasé les Russes. " »

DICTATEUR DE LA FRANCE

Napoléon se forgea une réputation militaire en Italie du nord en 1796-1797, où, conduisant l'armée française d'Italie, il remporta une série de victoires contre des armées plus importantes. Il

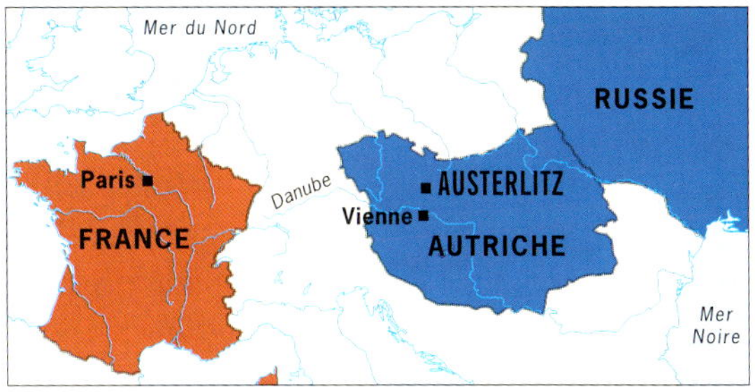

combinait une agressivité féroce sur le champ de bataille à d'habiles manœuvres stratégiques. La réussite sur le champ de bataille devenait rapidement l'accomplissement essentiel du Gouvernement révolutionnaire à Paris, et en 1797 un coup d'État introduisit le Directoire bonapartiste.

En 1798, la France envahit l'Égypte dans une tentative pour affaiblir le contrôle des Britanniques sur les mers. La défaite française lors de la bataille du Nil mit fin à cet espoir, mais Napoléon accrut encore sa prise sur le pouvoir politique en 1799 lorsqu'il réclama une reconnaissance personnelle pour ses divers succès militaires en remplaçant le Directoire par un Consulat. L'administration civile était maintenant fermement au service de l'armée, et Napoléon avait le champ libre pour concrétiser ses ambitions par la conquête.

La Grande-Bretagne étant le seul opposant de Napoléon, une paix internationale fut établie à Amiens en mars 1802. L'existence d'une dictature militaire en France fut confirmée en mai de la même année lorsqu'un vote populaire le confirma comme Premier consul à vie. Traité de paix ou non, il ne semblait y avoir aucune limite à son ambition et à son désir d'expansion pour la France. Il ne fut finalement dissuadé de ses plans d'envahir la Grande-Bretagne que par le contrôle de la Royal Navy sur les mers, confirmé de façon spectaculaire à Trafalgar en 1805 (*voir Trafalgar pp. 16-19*). La force avec laquelle il avait l'intention d'envahir l'Angleterre fut alors absorbée par la Grande Armée, un corps de quelque 200 000 hommes avec lequel il se proposait de concrétiser sa « légitime » hégémonie sur le reste de l'Europe. À cette époque, il semblait fréquemment que les succès militaires de la révolution poussaient Napoléon à poursuivre la guerre comme une fin en soi. Pendant ce temps, en mai 1804, Napoléon proclama un empire héréditaire, en partie pour saper les complots des royalistes contre son régime.

LES MANŒUVRES D'AUSTERLITZ

En 1805, le Premier Ministre de Grande-Bretagne, Pitt, avait assemblé la troisième coalition pour s'opposer à Napoléon. Ayant fait de récentes conquêtes en Italie et en Allemagne depuis 1802, Napoléon prenait maintenant l'initiative contre ses ennemis en

Ci-dessous : Le camp français, la veille au soir de la bataille d'Austerlitz, peint par Louis-François Lejeune (1775-1848) en 1808. Napoléon parle à ses généraux et encourage ses hommes.

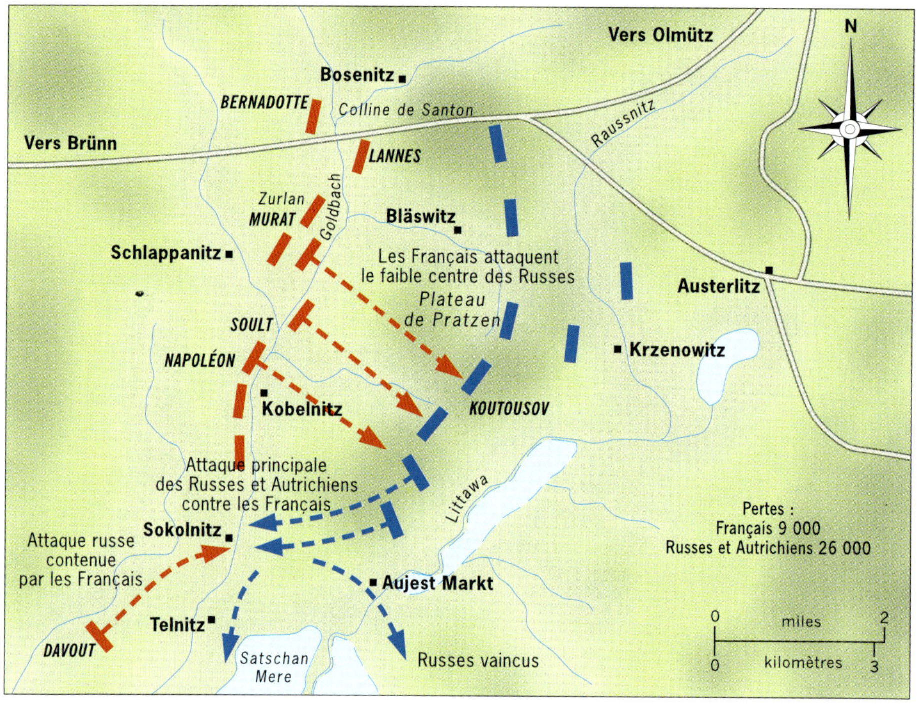

Ci-dessus **: L'assaut agressif de Napoléon contre le centre de la position russe et autrichienne à la bataille d'Austerlitz.**

Europe centrale, et en 1805 les prit à contre-pied. En octobre, il cerna une armée autrichienne de 30 000 hommes à Ulm et la força à se rendre. En novembre, Vienne était occupée, deux mois à peine après que les Autrichiens avaient tenté un mouvement contre la France. Avançant vers le nord depuis Vienne, il entreprit de concentrer son armée de 65 000 hommes près de Brünn.

Ses ennemis étaient complètement dispersés. L'archiduc Ferdinand, avec 18 000 hommes, était à Prague, tandis que les deux empereurs d'Autriche et de Russie, avec 90 000 hommes au total, étaient à Olmütz, et 80 000 hommes supplémentaires furent empêchés de les rejoindre en traversant les Alpes depuis l'Italie par une force de 20 000 Français sous le commandement de Ney. La force alliée austro-russe se déplaça la première, partant d'Olmütz vers le sud, espérant écraser le flanc droit de Napoléon et couper sa ligne de communication avec Vienne. Situé près du village d'Austerlitz, Napoléon fit délibérément paraître son armée vulnérable afin de provoquer une attaque des alliés.

LE PIÈGE DE NAPOLÉON

Comme prévu, le matin du 2 décembre, Russes et Autrichiens lancèrent leur principal assaut contre l'aile droite des Français. Les Français reculèrent en titubant, et les alliés envoyèrent d'autres hommes sur cette ligne pour exploiter leur avancée, mais c'était exactement ce que voulait Napoléon. Ses troupes étant au départ dissimulées par le brouillard hivernal et la fumée de leurs feux de camp, il contre-attaqua, le maréchal Soult conduisant un corps d'armée contre le plateau de Pratzen, action qui divisa en deux l'armée alliée. Soult vira ensuite pour attaquer le flanc gauche allié éparpillé. Surpris, Autrichiens et Russes prirent la fuite.

Deux autres corps français attaquèrent alors la droite des alliés, sur la route de Brünn à Olmütz. Les Russes résistèrent courageusement, mais dans ce combat acharné les vétérans de l'armée napoléonienne prouvèrent leur valeur. Ce fut également le moment où les qualités de chef charismatique de Napoléon devinrent un facteur décisif, parce que ses soldats voulaient le satisfaire en remportant la victoire. Coignet décrit la performance à Austerlitz de l'une des plus dévouées des unités de cavalerie de Napoléon, les exotiques Mamelouks. « Ces Mamelouks étaient de merveilleux cavaliers », observa Coignet. « Ils pouvaient faire tout ce qu'ils voulaient avec leurs chevaux. Avec leurs sabres incurvés, ils coupaient la tête d'un homme d'un seul coup, et leurs étriers pointus déchiraient les côtes des hommes qu'ils rencontraient. L'un deux revint trois fois vers l'Empereur, apportant un étendard russe. La troisième fois, l'Empereur voulut l'arrêter, mais il fonça de nouveau dans la mêlée, et ne revint plus. »

Napoléon se montra plus prosaïque à propos de la cavalerie française à Austerlitz : « Je ne pourrais pas recommander trop chaudement l'instruction de mes cuirassiers… Cette arme, qui m'a rendu de si importants services, a besoin d'être bien formée. On pourrait dire que c'est l'instruction qui fait tout. La cavalerie russe ne manquait pas de courage, et pourtant elle a été massacrée presque tout entière, et ma Garde n'a pas perdu un homme. »

Finalement, les Russes furent terrassés, et au crépuscule l'armée alliée s'était effondrée, supportant quelque 26 000 pertes contre seulement 9 000 chez les Français. « J'ai battu l'armée austro-russe commandée par les deux empereurs », écrivit Napoléon à son épouse Joséphine. « Je suis un peu las. Je campe en plein air depuis huit jours et autant de nuits glaciales. Demain, je pourrai me reposer au château du prince Kaunitz, et je devrais être en mesure d'y dormir deux ou trois heures. L'armée russe n'est pas seulement battue, mais détruite. »

MAÎTRE DE L'EUROPE

Austerlitz fut une des plus grandes victoires de Napoléon, et lui donna la maîtrise de l'Europe centrale une fois que l'empereur François d'Autriche fut contraint de se rendre sans condition. Les forces du tsar se retirèrent en Russie. Napoléon était au summum de sa réussite et considérait qu'il n'y avait rien qu'il ne pourrait accomplir. Cela fait d'Austerlitz une bataille décisive pour le reste de sa carrière, car ce fut à partir de ce point qu'il commença à se fixer des objectifs trop ambitieux. Il croyait pouvoir conquérir les États allemands et l'Europe de l'Est, et passa les dix ans qui suivirent à poursuivre cette ambition. En 1807, il écrasa la Prusse ; finalement, il chercha à contrôler la Russie, ce qui entraîna la catastrophe de 1812, lors de laquelle il fut forcé de se retirer de Moscou avec une armée désintégrée.

Ayant atteint des sommets étourdissants par de brillantes victoires telles qu'Austerlitz, Napoléon commit la même erreur que de nombreux dictateurs, en ce qu'il sous-estima la force et l'endurance de ses ennemis. « Comme pour Hitler en 1940 », écrivit Alistair Horne, « les vaincus étaient trop humiliés, le vainqueur avait un sentiment trop grand de sa supériorité, pour que l'avenir à long terme consolide la victoire. Si Austerlitz a hissé Napoléon à l'apogée de sa réussite, la bataille lui a aussi tourné la tête et l'a remplie de l'illusion qu'aucune force, ou combinaison de forces, ne pourrait maintenant l'empêcher de conquérir le monde. » À partir d'Austerlitz, les jours de Napoléon étaient comptés et les alliés se renforcèrent progressivement contre lui.

Ci-dessous **: Des artilleurs de la Garde de Napoléon. Lui-même entraîné comme officier d'artillerie, Napoléon était expert dans son utilisation sur le champ de bataille.**

Ci-dessus : Napoléon victorieux à la bataille d'Austerlitz, ayant vaincu deux empereurs. Ce fut le sommet de sa carrière militaire, qui le convainquit qu'il était irrésistible. Tableau de Mesnier.

CAPITAINE JEAN-ROCH COIGNET

LA VEILLÉE D'AUSTERLITZ

Le capitaine Coignet est remarquable pour deux aspects de sa biographie. D'abord, il servit comme soldat actif pendant toutes les campagnes de Napoléon, de 1799 à 1816, auxquelles il survécut, exploit remarquable ; et deuxièmement, il rédigea des mémoires sur les batailles qu'il avait vécues et nota un moment très émouvant entre Napoléon et ses soldats à la veille d'Austerlitz :

« Ce soir-là, l'Empereur sortit de sa tente, et montant son cheval, partit avec son escorte visiter les avant-postes. C'était le crépuscule, et les grenadiers à cheval portaient quatre torches allumées. Ce fut le signal d'un tableau charmant : la garde tout entière ramassa des poignées de paille de leurs bivouacs et y mit le feu. Un faisceau de paille dans chaque main, les hommes les allumèrent les uns aux autres, et tous s'écrièrent : « Vive l'Empereur ! » en les jetant en l'air. Le corps d'armée entier reprit ce geste, et je suis sûr que deux cent mille torches furent allumées. Les fanfares retentirent, et les tambours battirent l'appel aux armes. Les Russes, depuis leurs hauteurs, à plus de cent pieds au-dessus de nous, pouvaient voir sept corps d'armée, et sept lignes de feu en face d'eux. »

Extrait de L'histoire du capitaine Coignet : *Soldat de l'Empire*, (Chatto & Windus, 1897)

WATERLOO, 1815

La bataille qui marqua la fin de Napoléon démontra de manière classique comment un commandant plus pragmatique, tel que Wellington, pouvait vaincre un chef de guerre charismatique. Par sa compréhension brillante du terrain et l'usage qu'il en fit à la fois pour protéger et dissimuler ses troupes, Wellington conçut une formule triomphale qui renversa le plus grand des commandants militaires.

En 1812, l'univers napoléonien avait commencé à s'effondrer avec la désintégration de son armée pendant la désastreuse retraite de Russie. La Prusse reprit le dessus et joignit ses forces à celles de l'Autriche et de la Russie à la bataille de Leipzig en 1813. Lors de la guerre d'Espagne, en Espagne et au Portugal, à partir de 1808, les Britanniques, commandés par Wellesley, qui devint le « duc de fer » de Wellington suite à cette campagne, réduisirent encore la puissance militaire française. En 1814 les alliés envahirent la France et occupèrent Paris ; même battu, Napoléon avait démontré une fois de plus son génie en manœuvrant brillamment devant ses ennemis et en leur infligeant plusieurs défaites mineures. Contraint d'abdiquer, Napoléon fut exilé sur l'île d'Elbe et Louis XVIII monta sur le trône. Le reste de l'Europe était soulagé ; la longue lutte contre la France révolutionnaire, puis impériale, semblait terminée. Ils se trompaient lourdement.

LE RETOUR DE NAPOLÉON

Il ne fallut pas longtemps au peuple français pour oublier les horreurs que Napoléon avait infligées au reste de l'Europe, et ils aspiraient à le voir revenir. D'anciens soldats ne se rappelaient que les jours de gloire, et non les désastres de ses dernières campagnes. Le désordre économique ressenti en France exigeait un « homme fort » pour le redresser, et Napoléon saisit cette occasion. Moins d'un an après son exil à l'île d'Elbe, Napoléon prit la mer et accosta près de Cannes. Accompagné par un millier de ses gardes les plus proches, il traversa la France jusqu'à Paris, amassant des partisans partout où il passait.

Le reste de l'Europe fut horrifié. Tandis que Napoléon pénétrait dans la capitale et reprenait le contrôle du gouvernement français et de son armée, les puissances alliées se rencontrèrent au congrès de Vienne et le déclarèrent hors-la-loi. Le 1er juin, les alliés avaient levé un formidable déploiement d'armées : 95 000 Britanniques, Hollandais et Allemands, sous le commandement du duc de

Ci-dessus **: La cavalerie des Scots Grey charge les Français à la bataille de Waterloo dans ce tableau de Lady Butler.**

À droite **: Les mouvements initiaux des armées alliée, prussienne et française autour de Waterloo, en Belgique, du 17 au 18 juin 1815.**

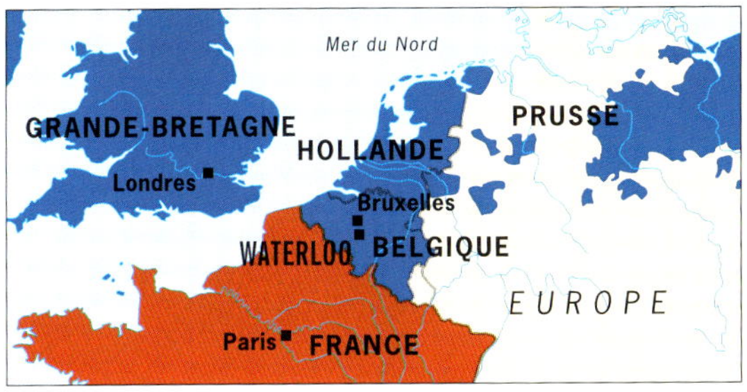

Ci-dessus **: Le duc de Wellington, par Goya (1812).**

Wellington, avaient été rassemblés en Belgique ; 124 000 Prussiens sous les ordres de Gebhard von Blücher marchaient à la rencontre de Wellington ; 210 000 Allemands étaient postés le long de la frontière du Rhin ; 75 000 Autrichiens étaient mobilisés en Italie ; et une armée russe de 167 000 hommes avançait lentement vers l'ouest. S'appuyant sur son charisme – le seul attribut qui ne lui fit jamais défaut – Napoléon réussit à lever une force de 280 000 soldats, dont 75 000 étaient des vétérans qui n'avaient pas besoin d'être forcés pour se joindre à leur ancien empereur.

Face à une alliance si écrasante, Napoléon savait que le seul moyen de vaincre ces armées était d'agir vite et de les vaincre une à une. C'était une de ses plus brillantes stratégies, et il l'appliquait habilement. Il avança rapidement vers le nord afin de vaincre les Prussiens et les Anglais séparément avant qu'ils n'aient le temps de joindre leurs forces. Le 16 juin, Napoléon entra en collision avec les Prussiens à Ligny. Son agressivité fut payante, et les Prussiens reculèrent. Entre-temps, le maréchal Ney attaqua une avant-garde britannique à Quatre-Bras, un carrefour utile sur le plan stratégique. Napoléon voulait l'aide de Ney pour achever les Prussiens, mais l'avant-garde anglaise s'avéra beaucoup plus difficile à combattre que prévu, ce qui donna à Wellington le temps d'assembler l'essentiel de ses troupes à Waterloo.

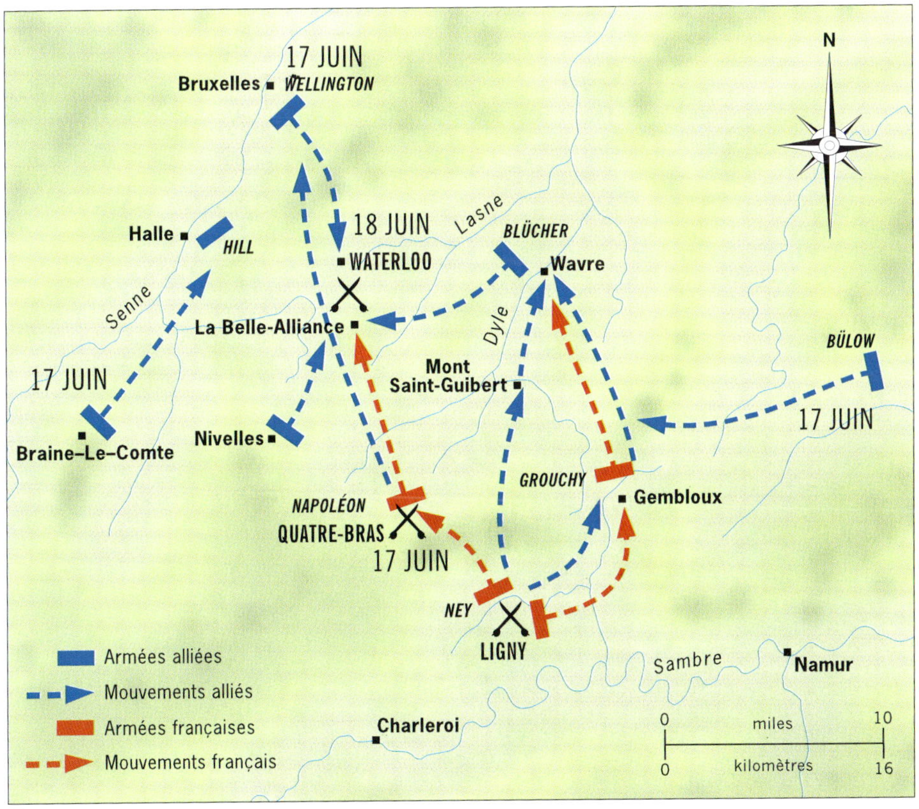

L'historien napoléonien Peter Hofschroer a supposé que Wellington avait par la ruse poussé les Prussiens à livrer bataille à Ligny, prétendant qu'il les soutiendrait, puis en ne le faisant pas, s'était donné du temps supplémentaire pour rassembler ses troupes. Si c'est vrai, on pourrait dire que cela démontre l'astuce politique de Wellington, et souligne sa compréhension supérieure des réalités de la guerre, qui l'aiderait par la suite à Waterloo. D'autres historiens ne sont pas de cet avis, et affirment que Wellington ne s'était engagé à les soutenir que s'il n'était pas attaqué, ce qui arriva à Quatre-Bras.

Cependant, Hofschroer émet une remarque judicieuse lorsqu'il souligne que Waterloo fut une bataille dans laquelle les Allemands formaient la majorité des forces alliées qu'affronta Napoléon. Quelque 25 000 hommes provenant de divers États allemands constituaient plus du tiers de l'armée du duc de Wellington. Mais c'était Wellington qui commandait cette armée, et ce fut la fermeté de nombreux régiments britanniques, maintenant leurs positions, qui en fit un combat si titanesque.

CHARISME CONTRE BON SENS

Ayant repoussé les Prussiens jusqu'à Wavre, le 18 juin Napoléon tourna son attention vers Wellington à Waterloo. Certains des généraux français qui avaient combattu les Britanniques en Espagne étaient plutôt anxieux quant à cette rencontre, particulièrement le maréchal Soult, mais Napoléon s'en prit à lui : « Parce que vous avez été battu par Wellington, vous le considérez comme un bon général, mais je vous dis que Wellington est un mauvais général et que les Anglais sont de mauvaises troupes. Toute l'affaire ne sera pas plus sérieuse qu'avaler son petit déjeuner. »

Wellington ne sous-estima pas son adversaire. Employant les méthodes de guerre pragmatiques qu'il avait apprises en Espagne et en Inde (*voir Assaye, pp. 12 à 15*), Wellington analysa le terrain de la bataille et plaça la majorité de ses régiments britanniques sur la pente opposée d'un plateau bas courant le long de la route d'Ohain, les dissimulant ainsi à l'ennemi et les protégeant de tout bombardement d'artillerie préliminaire. Il utilisa les fermes entourées de murs solides de Hougoumont, La Haye-Sainte et Papelotte comme positions fortifiées en avant de ses flancs et de son centre, brisant de cette façon la cohésion de toute avance ennemie. Par-dessus tout, Wellington se montrait prudent et choisissait une position défensive dans l'espoir de retenir les Français assez longtemps pour que les Prussiens de Blücher se joignent à lui, après quoi, ensemble, ils pourraient écraser les Français.

Dédaignant la prudence et confiant dans la passion qu'éprouvaient ses soldats pour leur dirigeant, Napoléon prit l'offensive à sa manière habituelle, mais ses capacités reconnues pour l'étude du champ de bataille semblent l'avoir abandonné ce jour-là.

À gauche **: Un fantassin du 69ᵉ Foot – typique des soldats qui combattirent pour Wellington à Waterloo – charge son mousquet « Brown Bess ».**

Commençant par un imposant tir de barrage de l'artillerie qui martela les lignes alliées, Napoléon envoya ses formations d'infanterie à l'assaut à midi. En colonnes denses, acclamant leur empereur, une telle avance était généralement suffisante pour disperser un ennemi timoré, mais les Britanniques y furent indifférents. En plus de cela, il avait fortement plu la nuit précédente, et les terres cultivées étaient boueuses, ce qui rendait difficile pour les soldats français de traverser le terrain et freinait leur élan. La boue retenait également les boulets de canon, les empêchant de rebondir dangereusement sur le sol. Malgré tout cela, les Français prirent Papelotte, et à 16 heures la ligne alliée était repoussée. Il était important d'entretenir la pression, car Napoléon voulait écraser l'armée alliée avant l'arrivée des Prussiens, et Ney prit sur lui d'ordonner une attaque massive de la cavalerie française. Napoléon considéra que cet assaut venait une heure trop tôt.

LES ANGLAIS TIENNENT BON

Tandis que la cavalerie française fonçait dans un bruit de tonnerre vers les lignes alliées, les Britanniques se mirent en formation carrée en hérisson dans lesquelles les soldats serraient leurs camarades et levaient leurs baïonnettes au bout de leurs mousquets. Les chevaux n'aiment pas charger ce genre d'obstacle, et leur charge se brisa, réduisant les cavaliers français à encercler les carrés et à agiter leurs épées à l'adresse des Anglais, qui répondirent par un feu roulant de leurs mousquets. Placés derrière la crête du champ de bataille, nombre de ces régiments britanniques avaient également réussi à échapper au tir de barrage de l'artillerie, mais les canons français furent amenés à l'avant pendant la bataille et utilisés pour établir un feu destructeur entre les assauts de la cavalerie.

« [Les Français] nous bombardèrent à la mitraille », se souvint Morris du 73ᵉ Highlanders, « qui s'avéra très destructrice, taillant des voies béantes entre nous ; et puis les cavaliers s'avancèrent pour s'engouffrer dans les ouvertures. Mais avant qu'ils nous atteignent, nous avions refermé nos rangs, jetant les morts à l'extérieur, et emportant les blessés à l'intérieur du carré ; et ils furent à nouveau forcés de se retirer. Ils n'allèrent cependant pas plus loin que les canons – attendant là l'effet que produirait une nouvelle bordée de mitraille. Nous vîmes la mèche allumée, et de nouveau, la mitraille nous tomba dessus comme une grêle. » C'était un combat brutal, du fait que les deux camps refusaient de céder.

À 18 heures, il fut évident que Wellington avait affronté la tempête. Ses troupes avaient tenu bon, et ce fut la cavalerie française qui céda. Mais le danger était toujours présent. Tandis que Napoléon se concentrait sur l'approche des Prussiens, Ney rallia ses hommes et dirigea un nouvel assaut courageux contre la ligne anglaise. Cette fois, ils balayèrent la ferme de La Haye-Sainte. Ayant réussi à contenir l'avance des Prussiens, Napoléon enchaîna par un coup final. Il enverrait ses troupes les plus loyales et expérimentées – la Vieille Garde.

Au lieu de la diriger contre le centre allié affaibli, Ney emmena la Vieille Garde à proximité du flanc droit des alliés, qui était couvert par la ferme de Hougoumont. Derrière la ferme étaient placées des batteries d'artillerie alliée, qui bombardèrent furieusement

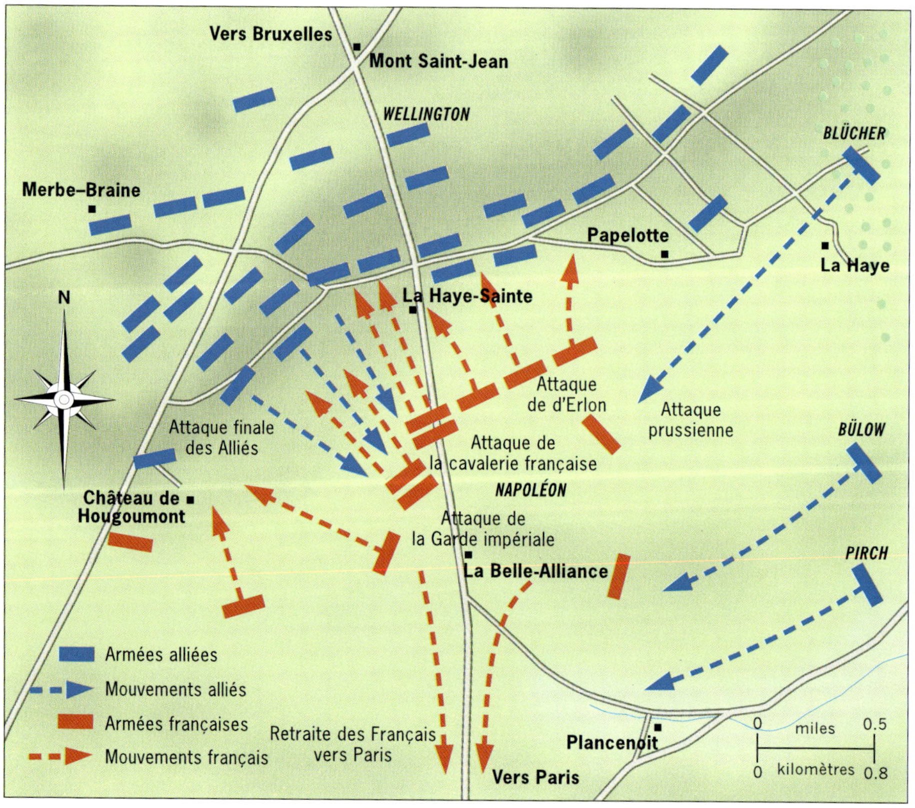

Ci-dessous **: L'avance des Français contre les lignes alliées à Waterloo, le 18 juin. Napoléon attaqua plusieurs fois, mais les alliés tinrent bon et leurs lignes ne se brisèrent pas sous l'assaut.**

Ci-dessus : **Avant Waterloo, les troupes anglaises continrent l'avance des Français au carrefour de Quatre-Bras. Ici, des soldats britanniques forment le carré qu'ils allaient utiliser à Waterloo pour se défendre contre les attaques de la cavalerie française. Tableau de Lady Butler.**

THOMAS MORRIS, 73e RÉGIMENT

COMBAT EN PREMIÈRE LIGNE

Certains des combats les plus durs de Waterloo furent vécus par l'infanterie britannique, qui se plaça en formation carrée avant les assauts de l'artillerie et de la cavalerie françaises. Thomas Morris, âgé de 19 ans, se trouvait dans un carré défensif à Waterloo où il servait dans le 73e régiment, et décrit son affrontement avec un cavalier français :

« Lorsque la cavalerie [française] chargea à nouveau, elle amena délibérément ses chevaux jusqu'aux pointes des baïonnettes ; et l'un d'eux, se penchant sur son cheval, chercha à m'atteindre avec son épée. Je ne pouvais pas l'éviter, et je fermai involontairement les yeux. Quand je les rouvris, mon ennemi était étendu juste devant moi, à ma portée, toujours tendant son épée vers moi. Il avait été blessé par un des hommes du rang situé derrière moi, et si c'était la douleur de sa blessure, ou le dépit d'avoir été vaincu, je ne sais pas ; mais il tenta de mettre fin à son existence avec sa propre épée ; mais comme elle était trop longue, il prit une de nos baïonnettes, qui gisait à terre, et se soulevant d'une main, il plaça la pointe de la baïonnette sous sa cuirasse, et tomba dessus. »

Tiré de *The Recollections of Sergeant Morris* édité par John Selby (Longman, Green, 1967)

les colonnes françaises à leur approche. Intrépide sous le feu, Wellington mena froidement son cheval sur la ligne de front pour soutenir ses troupes. Sa présence fut hautement appréciée. « Wellington arriva à cheval », se souvint un homme du 71e Highlanders. « Nous formâmes un carré, avec lui au centre, pour recevoir la cavalerie. Peu de temps après, l'armée entière reçut l'ordre d'avancer. Nous avançâmes en deux colonnes, profondes de quatre, les Français se retirant au même moment. Nous fûmes chargés plusieurs fois dans notre avance. Ce fut notre dernier effort ; rien ne pouvait nous arrêter. »

Il était plus de 20 heures. Les alliés avaient refusé de se laisser intimider par la Vieille Garde, et les Prussiens poussaient leur propre attaque ailleurs sur le champ de bataille. Wellington ordonna une avance générale. Des unités françaises isolées combattirent désespérément jusqu'au bout, mais d'autres avaient leur compte et quittèrent le champ de bataille en foule. Napoléon était vaincu. Il n'avait pas réussi à empêcher Britanniques et Prussiens de s'associer, et sa tactique fondée sur le charisme s'était avérée insuffisante pour vaincre un commandant tel que Wellington. Trois jours plus tard, Napoléon se rendit aux Anglais et fut exilé vers l'île éloignée de Sainte Hélène au milieu de l'océan Atlantique, où il mourut en 1821.

La bataille de Waterloo fut une immense victoire, mettant fin à la période révolutionnaire française et décourageant la réémergence de tout gouvernement déterminé à dominer l'Europe continentale. Napoléon vaincu, la compétition militaire en provenance de la France se tarit, permettant à la Grande-Bretagne de prospérer et d'étendre son empire dans le monde entier. Le XIXe siècle serait le « Siècle anglais ».

MEXICO, 1847

Point culminant de la lutte livrée par les États-Unis pour dominer le continent nord-américain, la bataille de Mexico fut une victoire décisive fondée sur une détermination opiniâtre et sur le professionnalisme militaire des Américains. Après avoir conquis leur indépendance en 1782, les États-Unis étaient déterminés à contrôler l'Amérique du Nord. Leur affrontement avec la Grande-Bretagne dans la guerre de 1812 n'avait pas eu d'issue satisfaisante sur le plan militaire, confirmant seulement la frontière avec le Canada, mais découragea toute intervention ultérieure des Anglais sur le continent. Bien plus fructueuse était l'avance régulière des États-Unis vers l'ouest, conduite par négociants et pionniers. Seul le Mexique contestait cette expansion territoriale.

En 1836, la déclaration d'indépendance de la République du Texas mit à l'épreuve la capacité du Mexique à maintenir sa prise sur les territoires lui appartenant au sud-ouest des États-Unis et en Californie. Le Mexique était défaillant, et il ne fallut pas longtemps aux États-Unis pour exploiter plus avant cette faiblesse. En 1845, les États-Unis annexèrent le Texas et des colons commencèrent à revendiquer des terres s'étendant au sud jusqu'au Rio Grande. Une armée de 3 500 hommes des troupes régulières américaines, sous les ordres du général Zachary Taylor, fut envoyée par le président Polk pour faire respecter ces revendications. Polk voulait également acquérir la Californie et le Nouveau Mexique (les États actuels de Californie, du Nevada, de l'Utah, de l'Arizona, et une partie du Nouveau Mexique, du Colorado et du Wyoming). Son offre financière rejetée, des troupes mexicaines traversèrent le Rio Grande pour affronter Taylor. C'était l'excuse dont Polk avait besoin, et en 1846 les États-Unis déclarèrent la guerre au Mexique.

UN CHAPELET DE VICTOIRES

Quelque 60 000 volontaires américains rejoignirent l'armée de Taylor au Texas, mais les Mexicains étaient confiants et possé-

Ci-dessous **:**
Les troupes américaines prennent les positions mexicaines pendant la bataille de Cerro Gordo, dans laquelle les Américains de Scott déjouèrent l'armée de Santa Anna, ouvrant la route vers Mexico.

daient une armée quatre fois plus importante. Malgré leur nombre, les Américains eurent le dessus dans le nord du Mexique avec une succession de victoires, aidés par leur artillerie légère. Ces victoires culminèrent avec la bataille de Buena Vista en février 1847, durant laquelle Taylor vainquit Santa Anna (le vainqueur de la bataille de Fort Alamo). Auparavant, une seconde armée américaine, dirigée par le colonel Stephen Kearny, avait marché vers l'ouest et revendiqué la Californie au nom des États-Unis en janvier 1847.

Bien qu'ayant subi un chapelet de défaites, les Mexicains refusèrent de se rendre et le président Polk ordonna à ses armées de marcher sur Mexico. Parce que l'approche par les terres couvrait 800 km, traversant un terrain difficile, une troisième armée de 9 000 hommes sous les ordres du général Winfield Scott fut envoyée par péniche à travers le golfe du Mexique jusqu'à Vera Cruz. La puissance navale mexicaine était négligeable et l'approche se fit donc sans contestation, Vera Cruz tombant en mars 1847. Les forces de Scott durent ensuite faire face à Santa Anna et à une armée de 13 000 hommes à Cerro Gordo, mais les Mexicains furent encerclés et vaincus. La route de Mexico était ouverte, et les Mexicains demandèrent un armistice. Présumant que les Américains avaient surexploité leurs ressources, ils employèrent ce temps à repositionner leurs troupes, et le 8 septembre reprirent les combats.

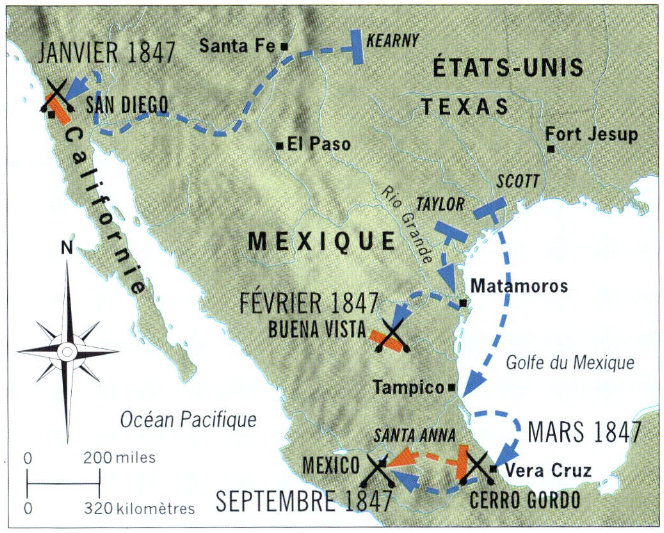

Ci-dessus **: Le général Winfield Scott commandait les troupes américaines qui prirent Mexico et mirent fin à la guerre contre le Mexique.**

Ci-dessus, à droite **: L'évolution de la guerre américano-mexicaine de 1846 à 1848. Tandis que des forces américaines envahissaient la Californie, le général Scott mena une armée jusqu'à la capitale mexicaine.**

LE PALAIS DE MONTEZUMA

Parallèlement aux capacités de commandement de Taylor et de Scott, l'armée américaine au Mexique fut considérablement aidée par un ensemble d'officiers talentueux formés à l'académie militaire des États-Unis, West Point. Parmi eux se trouvaient Robert E. Lee, Ulysses S. Grant, Thomas J. Jackson et George B. McClellan, de jeunes officiers qui deviendraient plus tard des commandants lors de la guerre civile américaine, dans les deux camps. Ulysses S. Grant était à cheval aux côtés de Scott pendant l'approche finale vers Mexico, et a laissé un récit concis de la bataille pour la prise de la capitale mexicaine.

Le gros de l'armée de Santa Anna était à l'intérieur de Mexico quand l'armistice fut rompu, mais un nombre significatif de ses hommes était également installé dans un proche moulin, à Molino del Rey, et dans la forteresse de Chapultepec. Grant affirme que Scott croyait qu'on fabriquait des armes à feu dans le moulin, mais c'était en fait une réserve de grain. Des aqueducs alimentant Mexico partaient également de ces deux points, ce qui les rendait d'une importance cruciale pour Santa Anna. Les grandes arches de pierre des aqueducs furent incorporées dans les défenses de la ville, des remparts étant élevés entre elles pour protéger l'artillerie.

Le général Worth, subordonné du général Scott, conduisit l'assaut sur Molino del Rey. Avançant pendant la nuit, les forces des États-Unis étaient en place au lever du jour le 8 septembre. Bien qu'à portée de feu de l'artillerie de Chapultepec, l'assaut américain fut un succès et les Mexicains furent chassés du moulin. « Si cette victoire avait été suivie rapidement, » se plaint Grant, qui s'est toujours montré très critique, « Américains et Mexicains auraient sans doute passé les défenses de Chapultepec si près les uns des autres que l'endroit serait tombé entre nos mains sans pertes supplémentaires. Les défenseurs des fortifications n'auraient pas pu tirer sur nous sans mettre en danger leurs propres hommes. » Les pertes subies par les Américains lors des combats de cette journée avaient été très considérables – plus de 750 morts, réduisant l'armée de Scott à moins de 7 500 hommes. Il se passerait encore cinq jours avant que la forteresse sur la colline soit attaquée.

Scott amena son artillerie et la laissa bombarder Chapultepec pendant une journée. Le matin du 13 septembre, deux colonnes, chacune de 250 volontaires, prirent des échelles d'assaut et attaquèrent la forteresse tenue par les Mexicains. Ce fut encore une lutte amère. Les fusiliers marins américains étaient parmi les premières troupes qui escaladèrent les murs de la forteresse, action qui figura plus tard dans le fameux hymne des Marines, inspirant le vers « Du palais de Montezuma aux rivages de Tripoli ». Les Marines impliqués dans le combat étaient si courageux que 13 de leurs 23 officiers reçurent des promotions. Le commandant Twiggs, commandant en chef des troupes d'assaut, porta son fusil de chasse favori à double canon au cœur de l'action, mais il ne survécut pas au combat. Les Mexicains n'étaient pas moins braves, et les défenseurs comprenaient cent jeunes cadets de l'académie militaire, qui était basée dans le château. Finalement, la forteresse fut prise et l'armée de Scott reporta son attention sur Mexico. L'organisation et la préparation militaire de l'armée américaine s'étaient avérées supérieures à celles des Mexicains.

ARCHE PAR ARCHE

Avançant arche par arche le long de l'aqueduc qui conduisait à la capitale, les Américains rencontrèrent une certaine résistance, sous la forme d'un feu d'artillerie mexicain. Grant conduisit une petite unité dans une tentative visant à déborder les troupes mexicaines sur la route de la ville en occupant le beffroi d'une église. « Cela nous obligea à traverser plusieurs fossés », se souvint-il, « où l'eau montait jusqu'à la poitrine, et envahis de plantes aquatiques. Ces fossés, cependant, n'étaient larges que de 2,5 m à 3 m. L'obusier fut démonté et porté par les hommes jusqu'à sa destination. Quand je frappai à la porte, un prêtre vint ouvrir qui, bien qu'extrêmement poli, refusa de nous laisser entrer. Avec le peu d'espagnol que je maîtrisais alors, je lui expliquai qu'il pourrait sauver des biens en ouvrant la porte, et ne serait pas fait prisonnier ; et que d'ailleurs, j'avais l'intention d'entrer avec ou sans sa permission. Il commença à voir son devoir sous le même jour que moi, et ouvrit la porte. » Le canon fut assemblé et placé dans le beffroi, d'où il tira parmi les Mexicains présents sur la route. Ce fut une action cruciale, diminuant encore la résolution des défenseurs.

Le 13 septembre au soir, des troupes américaines avaient dressé le camp dans des maisons, à l'extérieur des murs de la ville. Elles se mirent à tailler des passages à travers les maisons vers les murs, anticipant l'assaut contre la ville. Mais pendant la nuit, Santa Anna et son armée se retirèrent. Son dernier acte fut de libérer tous les occupants des prisons, espérant qu'ils poseraient des problèmes aux Américains. Des politiciens de Mexico approchèrent alors Scott, lui demandant de respecter les droits de leurs citoyens.

Le lendemain matin, les troupes américaines formèrent une colonne et s'avancèrent. « à notre entrée dans la ville, les détenus relâchés tirèrent sur les troupes, » rapporta Grant, « et peut-être aussi les déserteurs et des citoyens hostiles. Les rues étaient désertes, et l'endroit présentait l'apparence d'une « cité des morts », en dehors de ces coups de feu tirés par des personnes invisibles depuis les toits, les fenêtres, et aux coins des bâtiments. » Les soldats américains maîtrisèrent rapidement ces actes de guérilla et le général Scott s'installa dans le palais présidentiel, surnommé « Palais de Montezuma. » La guerre était pratiquement terminée, et les négociations de paix commencèrent.

La victoire contre le Mexique assura aux États-Unis la domination totale de l'Amérique du Nord. Ils n'avaient pas de rivaux sur le continent et, à partir de ce moment, devinrent une puissance mondiale. Un empire interne d'États fut complété par l'acquisition de territoires sur la Côte Pacifique et la stabilisation de sa frontière au sud avec le Mexique. Certains Américains voulaient que le président Polk annexe le Mexique, mais ce ne fut pas jugé nécessaire. Les États-Unis d'Amérique avaient déjà gagné 1 300 000 km^2 de territoires supplémentaires, dont les régions de Californie, du Nevada, de l'Utah, de l'Arizona, du Nouveau Mexique, et une partie du Colorado et du Wyoming. En retour, le gouvernement américain donna 15 millions de dollars aux Mexicains.

Cette remarquable conquête, cependant, ne s'était pas accomplie sans un coût élevé : quelque 100 millions de dollars de dépenses de campagne et la mort de plus de 13 000 hommes de troupe américains, la plupart des suites de maladies. Certaines voix s'élevèrent pour les critiquer. Ralph Waldo Emerson déclara : « Les États-Unis conquerront le Mexique, mais ce sera comme un homme avalant l'arsenic qui l'abat. Le Mexique nous empoisonnera. » Certains historiens ont affirmé que les tensions déchaînées dans les États du Sud à propos de l'extension de l'esclavage aux nouveaux territoires conduisirent à la guerre civile américaine.

***À gauche* : Deux soldats du 5e régiment d'infanterie américain pendant la guerre américano-mexicaine, un des premiers conflits à être fixé sur pellicule. Ils portent les amples vêtements non réglementaires typiques des volontaires pendant cette campagne.**

***Ci-dessous* : La dernière série de combats lors de l'assaut américain sur Mexico.**

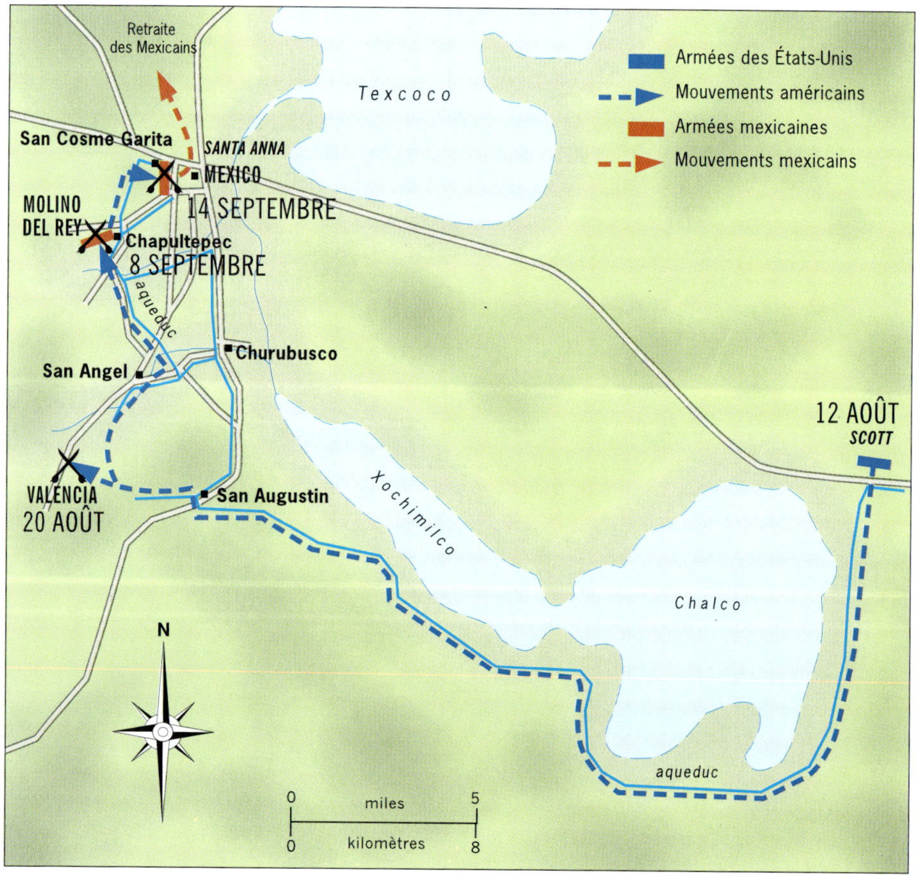

Ci-dessus **: Tableau d'Escalante représentant la bataille de Molino del Rey, l'un des combats livrés pendant l'approche de Scott vers Mexico.**

LIEUTENANT NAPOLEON J. T. DANA

VESTES ÉLÉGANTES

L'armée américaine qui entra dans Mexico n'était pas entièrement préparée aux rigueurs de la campagne. De nombreux volontaires avaient gonflé ses rangs et les uniformes variaient considérablement. Pendant l'été 1846, le lieutenant Napoleon J. T. Dana écrivit à sa femme tandis que l'armée avançait vers Monterrey, lui décrivant son apparence :

« Nous portons toutes sortes d'uniformes ici, chacun selon son goût, certains en manches de chemise, certains en blanc, d'autres en bleu, d'autres en vestes élégantes et toutes les couleurs de pantalons en cotonnade, certains en chapeau de paille et d'autres avec un chapeau de quaker. Je porte mon vieux chapeau de paille, ces pantalons à carreaux bleus, fabriqués par tes chères mains, qui sont déchirés aux deux jambes et plutôt usés, et cette veste ample que tu m'as faite, et qui, tu t'en souviens, est devenue blanche au lavage. Je ne crois pas qu'il y ait beaucoup de danger qu'un ranchero me tire dessus en me prenant pour un officier de haut rang. Les deux paires de pantalons à carreaux, je les ai pratiquement usées jusqu'à la corde. »

Cité dans *Mexican-American War 1846-1848* de Ron Field (Brassey's, 1997)

GETTYSBURG, 1863

La cause des Confédérés pendant la guerre civile américaine ne fut jamais mieux défendue que par le général Robert E. Lee, mais à Gettysburg, il mésestima son ennemi et subit une défaite cruciale. Sa détermination à briser le centre de la ligne de défense de l'Union culmina dans un assaut frontal courageux, mais voué à l'échec. Dès lors, les Confédérés furent sur la défensive.

Robert E. Lee, principal général de la Confédération, avait très bien retenu les leçons de Napoléon. Lee comprenait l'art de la manœuvre et l'impact que pouvait avoir l'agressivité stratégique et tactique. C'était ce dont le Sud avait besoin. Dans une guerre prolongée contre le Nord, qui était constitué d'États plus industrialisés et plus prospères, le Sud, plus agraire, ne pouvait pas s'attendre à gagner. Le Nord pouvait faire appel à une population de 22 millions d'habitants, tandis que les États du Sud n'avaient que 5,5 millions de blancs et 3,5 millions d'esclaves. Une voix plus prudente aurait recommandé une campagne défensive, mais Lee et le président des États confédérés, Jefferson Davis, tous deux formés à West Point, savaient que dans des circonstances similaires Napoléon aurait pris l'offensive. Des victoires précoces pouvaient donner au Sud une force d'appui politique dépassant de beaucoup sa force réelle. Elles pourraient aussi attirer un soutien de l'étranger, comme celui de la Grande-Bretagne.

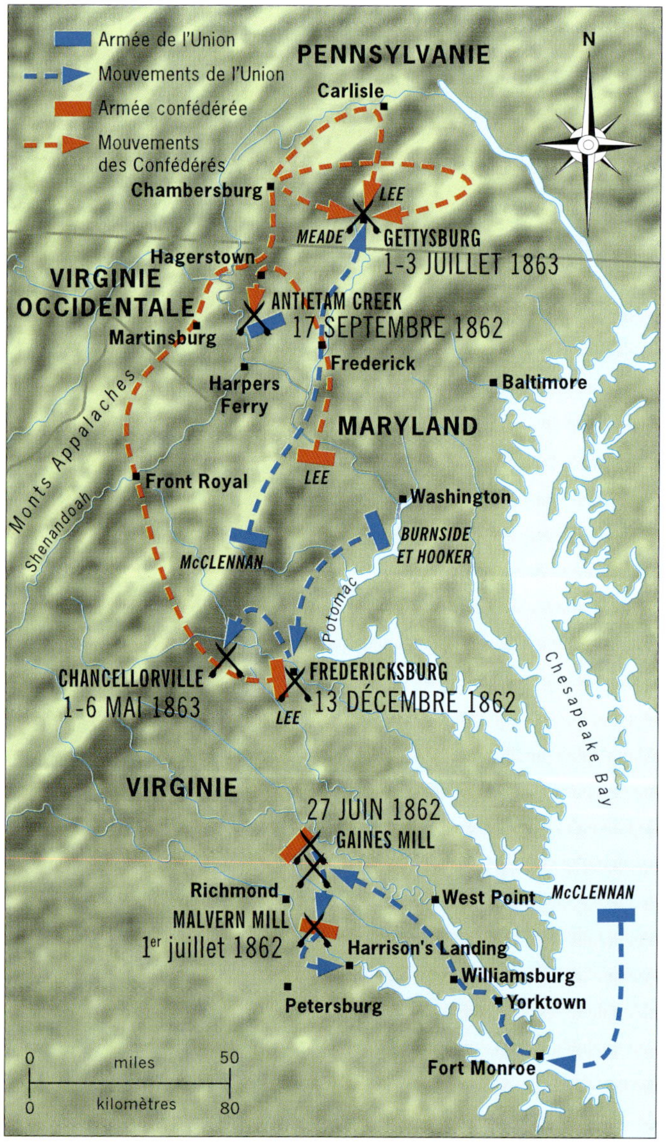

À gauche : **Les manœuvres et les principales batailles des armées de l'Union et des Confédérés en 1862-1863, qui culminèrent lors des trois jours d'affrontement à Gettysburg.**

En juin 1862, Lee détourna les troupes de l'Union de la capitale des Confédérés, Richmond, en envoyant une force de cavalerie menacer Washington D.C. En septembre 1862, Lee traversa le Potomac et envahit le Nord. Ses mouvements furent gênés par une armée de l'Union conduite par George B. McClellan, et Lee se retrouva coincé derrière Antietam Creek. Malgré cela, il livra une bataille si agressive qu'il infligea plus de pertes à ses opposants, et se retira invaincu. En mai 1863, Lee, en infériorité numérique, fut débordé à Chancellorsville, mais il refusa de livrer une bataille défensive et décida d'attaquer un flanc après l'autre, remportant ainsi une brillante victoire. À présent, les troupes de Lee étaient persuadées d'avoir à leur tête un génie, et considéraient qu'elles ne pouvaient pas échouer ; peut-être Lee le pensait-il lui-même. Pendant l'été 1863, Lee déferla sur la vallée de Cumberland afin de frapper la ville de Washington depuis le nord. Cependant, ses troupes rencontrèrent des soldats de l'Union à Gettysburg, et Lee dut planifier rapidement une bataille.

BATAILLE PAR ACCIDENT

À cette époque, pendant que les armées avançaient en territoire ennemi, elles envoyaient des groupes d'hommes chercher nourriture et fournitures. A. P. Hill, l'un des commandants de division de Lee, entendit dire qu'il y avait un bon stock de chaussures dans le bourg de Gettysburg, et envoya ses hommes les chercher. Quand les soldats confédérés entrèrent dans le bourg le 1er juillet, ils se trouvèrent face à deux brigades de cavalerie de l'Union, qui étaient en reconnaissance. Bien qu'en nette infériorité numérique, les forces de l'Union étaient armées de carabines à répétition, et cette puissance de feu supérieure maintint les Confédérés à distance. La nouvelle qu'un combat se livrait à Gettysburg parvint à Lee, qui décida de déployer ses troupes et de livrer bataille.

Un surcroît de troupes confédérées affluant dans Gettysburg, les brigades de l'Union reculèrent et prirent le contrôle des hauteurs dominant la petite ville. C'était un mouvement défensif, et cela encouragea Lee à croire qu'il avait l'avantage : que s'il se contentait de maintenir la pression de son attaque, alors les forces de l'Union finiraient par céder. Il pensait en termes napoléoniens, mais la puissance de feu de l'infanterie et l'artillerie avaient considérablement évolué depuis 50 ans. Des fusils à répétition et une

Ci-dessus : **Le général Robert E. Lee fut le plus grand des généraux confédérés, mais il laissa ses premiers succès encourager une attitude napoléonienne sur le champ de bataille, qui conduisit au désastre face à une meilleure puissance de feu.**

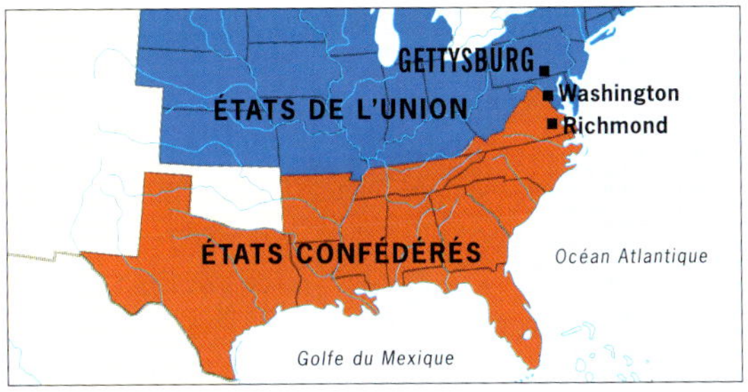

Ci-dessus **: Ce tableau de Thure de Thrulstrup montre la ligne de front de l'Union longeant Cemetery Ridge, et résistant aux assauts des Confédérés. Un attelage d'artillerie de l'Union se précipite pour soutenir la ligne d'infanterie.**

puissance d'artillerie plus dévastatrice avaient fait passer l'avantage de l'offensive à la défensive. Des troupes lançant une charge audacieuse pouvaient être annihilées avant d'atteindre la ligne opposée. Lee n'était pas pleinement conscient de ce fait, même après avoir vu s'allonger la liste des pertes, et continuait de croire à l'efficacité d'un commandement charismatique.

Le deuxième jour de la bataille, le général de division George Meade avait déployé efficacement ses troupes de l'Union le long du promontoire, qui s'étendait de Culp's Hill sur son flanc droit, le long de Cemetery Ridge au centre, jusqu'à Little Round Top sur sa gauche. L'armée de l'Union refusait de se laisser entraîner dans une attaque, et chaque heure que Lee laissait passer, de nouvelles troupes de l'Union arrivaient pour renforcer la position défensive. Lee avait perdu le possible avantage dû à son élan du premier jour, et fut forcé d'organiser ses troupes en face des positions de l'Union, mais sur un terrain moins élevé. Décidant qu'il ne pouvait plus attendre, Lee lança un assaut en fin d'après-midi.

LITTLE ROUND TOP

Lee avait pour but d'envelopper le flanc gauche de l'Union, et envoya le I Corps de Longstreet contre la position faiblement défendue de Little Round Top, dans le but de se retourner ensuite contre le centre. Un puissant barrage d'artillerie engagea la plus grande bataille jamais livrée sur le sol américain. Un assaut de diversion des Confédérés monta contre Culp's Hill. La ligne de défense convexe de l'Union rendait plus aisé de renforcer chacun des flancs de Meade, tandis que les communications étaient plus lentes le long des lignes concaves des Confédérés. Les troupes de Longstreet montèrent à l'assaut des pentes boisées menant à Little Round Top, où le colonel Joshua L. Chamberlain commandait le 20e régiment du Maine à l'extrémité du flanc gauche de l'Union. Ligne après ligne de troupes de l'Alabama se jetèrent sur les hommes du Maine, mais les troupes de l'Union tinrent bon.

Un an avant Gettysburg, Chamberlain avait été professeur de rhétorique et de langues modernes à Bowdoin College, où il avait succédé au mari de l'auteur de *La Case de l'oncle Tom*. C'était un ardent partisan du mouvement pour l'abolition de l'esclavage, et cette ferveur enflamma sa défense de Little Round Top. Pendant plus d'une heure, Chamberlain et ses hommes résistèrent aux assauts répétés des confédérés, mais avec plus d'un tiers de ses hommes morts ou blessés et les munitions venant à manquer, il dut faire face à ce qui semblait être l'attaque finale qui les écraserait. Faisant appel à tout son courage, il ordonna : « Baïonnette ! » Ses hommes savaient exactement ce qu'il attendait d'eux et fixèrent les baïonnettes à leurs fusils. Avec des hurlements féroces, 200 survivants du combat à balles se jetèrent au bas de la colline et chargèrent les forces des Confédérés. Épuisées par d'innombrables assauts vers le sommet de la colline, les troupes d'Alabama cédèrent ; certains se rendirent, tandis que d'autres reculaient. Little Round Top était sauvé, et le flanc gauche de l'Union en sécurité. Partout ailleurs, les attaques des Confédérés étaient également repoussées. Lee avait échoué dans son principal objectif.

LA CHARGE DE PICKETT

Au troisième jour de la bataille, aucun des deux camps n'était prêt à céder. Meade refusait de se laisser entraîner à passer à l'offensive, et cela obligea Lee à envisager une fois de plus l'assaut décisif qui abattrait son adversaire. Cette fois, il décida de couper l'armée de l'Union en deux, en lançant une attaque massive en son centre. C'était un geste napoléonien – mais à une époque de puissance de feu moderne. Lee assembla quelque 15 000 hommes pour cette attaque majeure, et bien que le général de division George E. Pickett n'ait été qu'un des trois commandants de division conduisant les soldats, son nom allait être à jamais associé à cette attaque. Comme ils annonçaient leurs intentions par un bombardement d'artillerie sur Cemetery Ridge qui dura deux heures, Meade riposta en ramenant des troupes supplémentaires de ses deux flancs pour renforcer le centre de sa position.

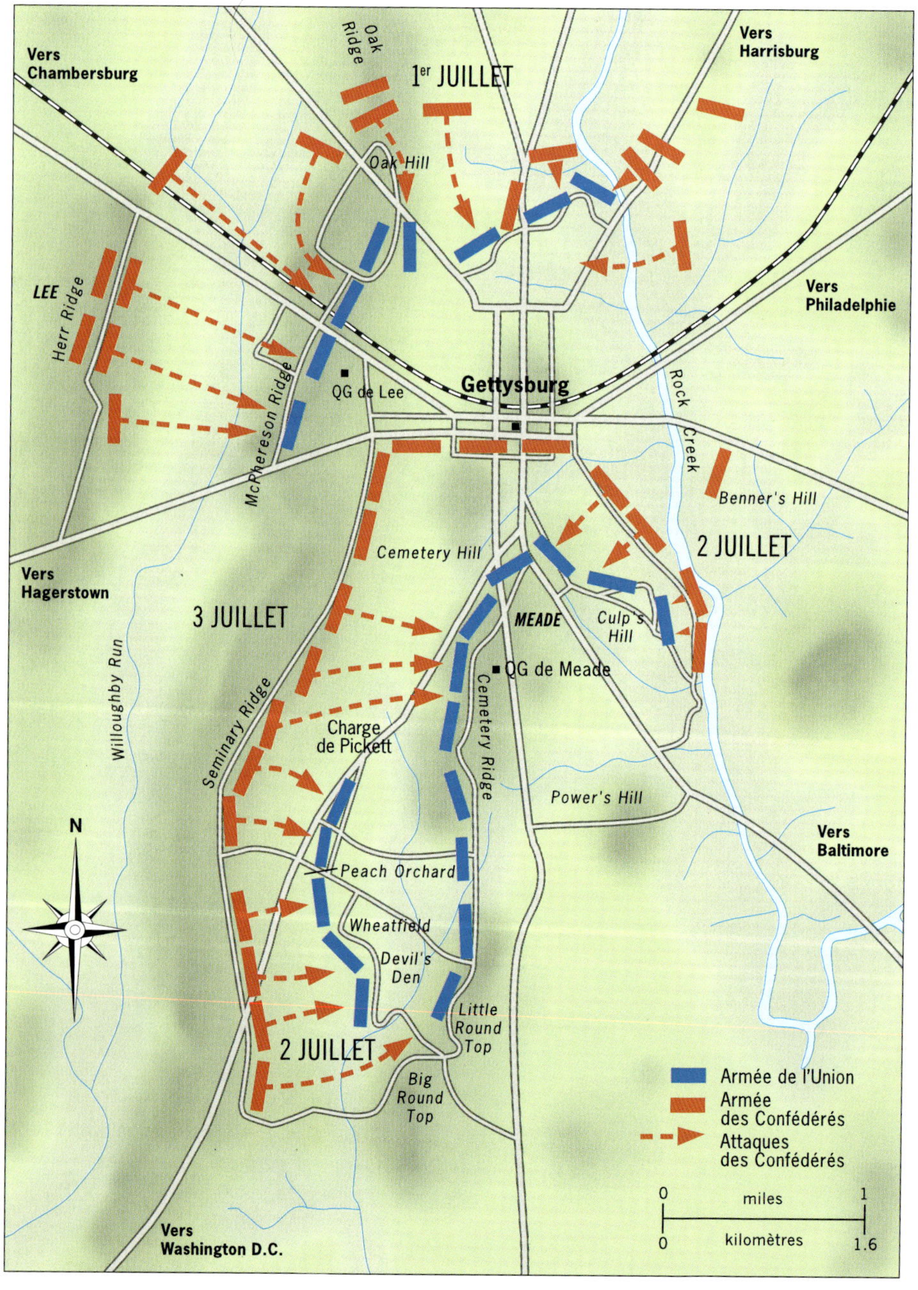

L'attaque principale des Confédérés commença au milieu de l'après-midi, des milliers des soldats de Lee avançant à travers les champs de blé vers les lignes de l'Union devant Cemetery Ridge. « à présent, les canons de l'ennemi se sont tus et nos têtes se lèvent par-dessus le parapet tout le long de la ligne, » se souvint Steven Allan Osborn, un soldat de l'Union appartenant à l'armée de Meade. « Puis le cri est lancé : "Ils arrivent !" Ce fut une vision grandiose, mais affreuse, de voir ces trois lignes déferlant vers une mort presque certaine. D'abord la détonation d'un canon solitaire [de l'Union] sur notre droite, rapidement suivi du terrible grondement irréel de quelque 60 fusils le long de notre ligne. À notre droite, leur ligne continuait d'avancer, mais en face de nous, il était clair qu'ils étaient ébranlés et cédaient du terrain, mais ils se ralliaient et progressaient. »

Meade avait déplacé son artillerie hors du trajet du bombardement des Confédérés, mais les poussa alors vers l'avant afin de balayer les Confédérés. Les troupes de Lee firent preuve d'une bravoure incroyable, poussant en avant à travers l'écrasante tempête de feu. Le général de brigade confédéré Lewis A. Armistead enfonça son épée dans son chapeau, la brandit, et cria : « Allez, garçons ! Donnez-leur de l'acier froid ! Qui va me suivre ? » À une époque plus ancienne, une charge déterminée à la baïonnette aurait pu tailler les lignes de l'Union, mais tandis que les Confédérés survivants approchaient à portée des mousquets et fusils de l'Union, ils furent ravagés par de nouvelles fusillades.

Armistead continua sa marche, son chapeau au bout de l'épée, et atteignit le mur de pierre qui faisait partie des défenses de l'Union, mais il n'était entouré que de quelques centaines d'hommes, parmi

À gauche **:**
Photographie d'Alexander Gardner : un tireur d'élite confédéré mort à Little Round Top, en juillet 1863.

En bas à gauche **:**
Les trois jours de bataille à Gettysburg. La charge de Pickett (au milieu) fut le combat tragique qui décida de l'issue de la bataille.

les 15 000 qui avaient commencé l'assaut. Ce fut un massacre, et Armistead lui-même fut tué au milieu des canons de l'Union. Meade contre-attaqua immédiatement et balaya les quelques troupes qui avaient pénétré ses lignes. Ceux qui avaient la chance d'être en vie retournèrent vers Lee, qui ne put rien faire d'autre que se retirer.

« La charge de Pickett » a été appelée « l'apogée » de la Confédération, parce qu'elle représentait la suprême bravoure et l'audace de ses troupes et de ses commandants, mais aucune armée ne pouvait soutenir un tel choc, et la réputation de Lee subit un coup sévère. Il avait amené la Confédération au bord de la destruction, et fut forcé désormais de mener une guerre de manœuvres défensives, n'étant plus capable de défier le Nord par d'audacieuses avancées. Les jours de la Confédération étaient comptés, même si sa reddition effective ne se fit qu'en 1865. Gettysburg représenta aussi la fin de l'approche napoléonienne de la guerre, et annonça le début de la guerre moderne, industrialisée, avec une montée en flèche de la puissance de feu, et en conséquence le besoin de positions défensives fortes et retranchées.

Gettysburg fut une bataille particulièrement sanglante : les pertes de l'Union pour les trois jours s'élevaient à 3 155 tués, 14 529 blessés et 5 365 disparus ; les pertes des Confédérés furent de 3 903 tués, 18 735 blessés et 5 425 disparus. Lors des guerres des époques précédentes, les cadavres étaient généralement laissés sur le champ de bataille pour être pillés puis jetés dans des fosses communes, mais un sacrifice à cette échelle pour l'unité d'une nation et au service d'idéaux politiques fut jugé digne d'un bien plus grand respect. Le président Abraham Lincoln visita le champ de bataille quatre mois plus tard, et associa le combat qui s'y était livré à la liberté politique de la nation. « De ces morts honorés, » déclara Lincoln dans son discours de Gettysburg, « nous tirons un dévouement accru à la cause pour laquelle ils ont donné la dernière mesure du dévouement ; et nous décidons ici que ces morts ne seront pas morts en vain. » Le champ de bataille fut préservé sous forme d'un Parc National et les morts enterrés dans un cimetière. Ce qui marqua le début d'une ère dans laquelle les vies des soldats d'une nation seraient tenues pour plus précieuses.

Ci-dessus **: Le général confédéré Armistead, son chapeau à la pointe de l'épée, conduit la dernière charge contre les canons des Fédéraux.**

Ci-dessus, à droite **:**
Le général de division George Meade, commandant de l'armée de l'Union à Gettysburg, utilisa brillamment sa position défensive pour exploiter les attaques de l'armée des Confédérés jusqu'à l'épuiser.

WALTER HARRISON, OFFICIER CONFÉDÉRÉ TÉMOIN DE LA « CHARGE DE PICKETT »

JOYEUX MAIS ANXIEUX

« Les Confédérés étaient joyeux, mais anxieux à cause du retard. Ils étaient tendus, avides de "monter les attaquer" ; avides de voir ce qu'ils savaient les attendre inévitablement commencer et finir… L'ennemi avait la portée exacte de notre ligne de bataille, et tirant juste plus loin que l'artillerie qui lui était opposée, ses balles et cartouches furent efficaces contre l'infanterie, exposée comme elle l'était sans le moindre couvert. C'était une situation plus éprouvante que la tranquille inactivité du matin. Nombre d'hommes, et plusieurs officiers de valeur, furent tués ou mis hors de combat bien avant qu'un mouvement soit ordonné : mais la ligne resta fermement établie. Notre artillerie continua de mitrailler efficacement pendant environ deux heures quand les batteries de l'ennemi relâchèrent leur feu. Puis l'ordre de charger fut donné à l'infanterie, et les hommes bondirent sur leurs pieds avec un cri de ravissement. »

Extrait de *Pickett's Men* de Walter Harrison (New York, 1870)

SEDAN, 1870

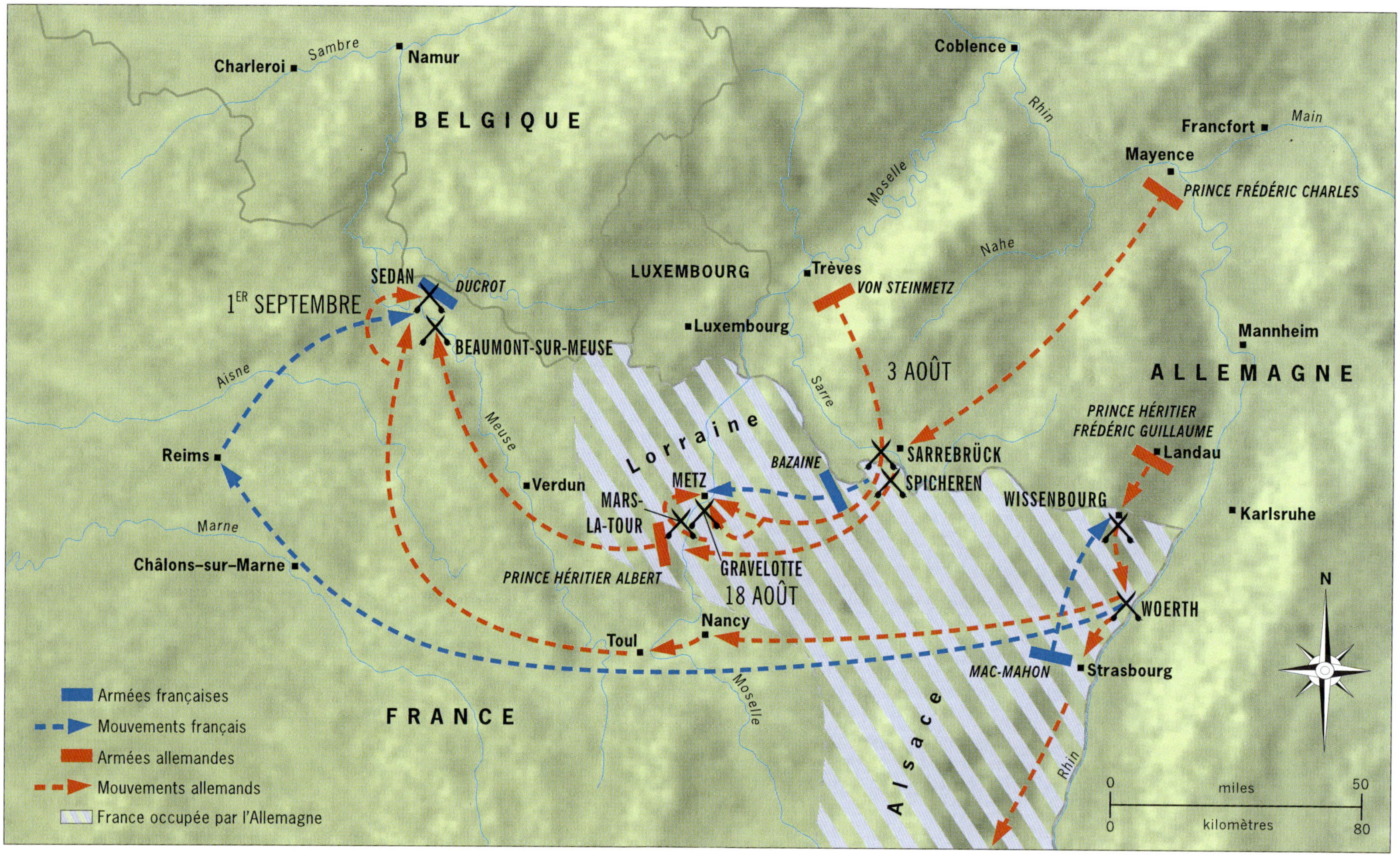

***Ci-dessus* : L'invasion prussienne de la France fut rapide, culminant dans l'encerclement de l'armée française et la défaite qui lui fut infligée à Sedan.**

Par sa victoire rapide et efficace contre la France, la Prusse démontra que son armée était la nouvelle puissance invincible en Europe. L'artillerie pilonna la ville de Sedan, et les charges de la fringante cavalerie française n'eurent aucun effet sur la supériorité d'une telle puissance de feu. Mais l'excès de confiance qui régnait parmi les vainqueurs encouragea par la suite l'Allemagne à s'embarquer dans deux guerres mondiales désastreuses.

La marche de l'Allemagne vers ces guerres mondiales commença avec les guerres d'agression de la Prusse dans les années 1860 et 1870. Otto von Bismarck, ministre des Affaires étrangères de la Prusse à partir de 1862, aspirait à unir la confédération libre d'États allemands sous la direction de la Prusse. En 1864, la Prusse et l'Autriche combattirent le Danemark pour s'assurer le contrôle du Schleswig et de l'Holstein. Bismarck supervisa alors la croissance de l'armée prussienne afin qu'elle puisse égaler celle de l'Autriche, qui revendiquait également la direction des États allemands. En 1866, cette rivalité se résolut en guerre, et la Prusse vainquit rapidement l'Autriche à la bataille de Königgrätz, faisant de la Prusse le chef incontesté des États allemands du nord. Bismarck savait que les états allemands du sud, qui n'étaient plus dans l'ombre de l'Autriche, devraient être mis au pas, et l'empereur Napoléon III lui fournit l'occasion dont il avait besoin.

LA GUERRE FRANCO-PRUSSIENNE

Un désaccord diplomatique naquit alors à propos d'une revendication, soutenue par la Prusse, du trône d'Espagne par les Hohenzollern. La France s'y opposa, et Bismarck harcela Napoléon, le poussant à déclarer la guerre en juillet 1870. Napoléon III était confiant dans sa décision, car sa dernière épreuve internationale majeure, en 1859, contre l'Autriche, s'était terminée par un triomphe. Ce fut une grave erreur.

L'organisation militaire française n'était pas à la hauteur de celle de la Prusse, et tandis que les Prussiens mobilisaient rapidement en utilisant des trains pour transporter leurs troupes, les Français

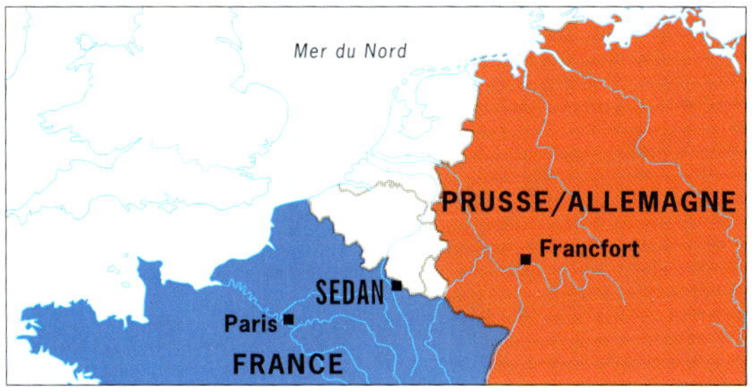

se montrèrent lents et incompétents dans leurs préparatifs de guerre. Les États allemands du sud se joignirent à la Prusse contre la France, et trois armées allemandes sous le commandement du général von Moltke se heurtèrent aux Français sur la frontière du Rhin.

Les Français étaient en infériorité numérique – quelque 224 000 hommes face aux 380 000 Allemands – et leurs manœuvres furent déjouées par l'état-major prussien, qui avait retenu les leçons que leur avait infligées Napoléon plus d'un demi-siècle auparavant. Cette confiance dans une guerre de mouvement porta énormément de fruits dans l'affrontement avec la France, et elle devint partie intégrante de la pensée militaire allemande au cours du siècle suivant ; en France, en 1870, la méthode prussienne réussit trop bien et trop vite, et leur excès de confiance dans cette méthode conduisit à l'impasse désastreuse de la Première Guerre mondiale et à des revers dramatiques dans la Seconde Guerre mondiale.

Après une rapide série de défaites, Napoléon III abandonna le contrôle de l'armée à ses généraux. Les résultats ne furent pas meilleurs et culminèrent le 18 août avec la bataille de Gravelotte-Saint-Privat, où malgré un combat acharné des Français, Moltke garda le contrôle du champ de bataille et étouffa une armée française à Metz.

Le général Mac-Mahon, un des généraux de Napoléon III en 1859, se précipita pour soulager ces forces meurtries en conduisant une armée de 120 000 hommes dans le nord de la France. Des affrontements avec les forces allemandes le long de la Meuse le forcèrent à prendre une position défensive dans un coude de la rivière, à Sedan.

Puis de nouvelles forces allemandes l'enveloppèrent soudain, entraînant une situation catastrophique. Napoléon III, qui voyageait avec l'armée, fit remplacer Mac-Mahon, blessé, par Ducrot. Les

Ci-dessous : **La cavalerie française attaque l'infanterie allemande pendant la guerre franco-prusienne, mais est écrasée par la puissance de feu allemande, scénario qui se répéta à Sedan.**

Français étaient adossés à la frontière belge, les 200 000 hommes de Moltke les pressant depuis le sud, l'ouest et le nord.

CAVALERIE CONTRE CANONS

La bataille de Sedan commença à 4 heures du matin le 1er septembre. Ce fut une bataille dans laquelle l'artillerie joua un rôle prédominant, et où l'artillerie allemande fut particulièrement acharnée. Disposée en demi-cercle sur les hauteurs surplombant Sedan, elle soumit la ville à un terrible bombardement qui dura toute la journée. Le romancier Émile Zola était présent à la bataille et considéra l'infériorité de l'artillerie française : « Les obus explosifs [allemands] éclataient presque tous à d'énormes distances, tandis que les français, à mèche, avaient une portée beaucoup plus courte et le plus souvent explosaient en l'air avant d'atteindre leur cible. Et il ne restait pas d'autre ressource que de se faire le plus petit possible dans le sillon où l'on se recroquevillait… Tout autour de Sedan, les huit cents pièces, une ceinture de bronze, tiraient en même temps, frappant le terrain dans un tonnerre continuel, et de toutes les hauteurs environnantes visant le centre, allaient brûler et pulvériser la ville en moins de deux heures. »

La situation était désespérée, et à midi les Français durent faire appel à leur cavalerie pour briser l'encerclement. Par quatre fois, la cavalerie française chargea les lignes allemandes. « La cavalerie chargerait-elle encore ? » s'interrogea Ducrot. « Aussi souvent que vous voudrez, » répondit Gallifet, commandant de la cavalerie, « tant qu'un de nous restera en vie. » Ce fut un effort vaillant, admiré même par les Allemands, mais la puissance de feu moderne traitait sans pitié une telle audace.

William Russell, le célèbre correspondant de guerre du *Times*, était présent à la bataille, l'observant depuis les positions de l'état-major prussien, qui était également accompagné de son roi, Guillaume Ier, et de Bismarck, l'architecte de cette guerre. Il décrivit l'impact qu'avaient les fusils d'infanterie allemands sur une des charges de la cavalerie française : « Le régiment de tête de la cavalerie [française] sortit de la cuvette au pas, qui se changea rapidement en trot. Les hommes montaient des chevaux blancs et gris, et avaient fière allure au soleil. Ils allaient charger. Comme ils atteignaient le sommet, le trot s'accéléra en galop, et en deux à trois secondes ils parurent fondre sur l'infanterie, comme pour l'annihiler. »

Ci-dessus **: Les zouaves français, en pantalon rouge, affrontent l'infanterie prussienne à Sedan.**

Ci-dessus **: L'infanterie prussienne avance pendant la bataille de Sedan.**

À une époque antérieure, une charge aussi impressionnante aurait décontenancé l'infanterie qui leur faisait face, mais l'avantage était maintenant du côté de l'infanterie, armée de puissants fusils. « Ce n'est que lorsque le front se fut approché à moins de deux cents mètres de l'infanterie [allemande] », se souvint Russell, « que nous parvint l'odeur et le grondement d'une bordée, qui fut soutenue comme le crépitement d'un soleil de feu d'artifice. Le résultat fut incroyable. L'escadron de tête fut dissout dans un amas de chevaux blancs et gris, parmi lesquels on voyait des hommes tenter de se dégager, tandis que d'autres levaient les mains comme pour éviter la charge de l'escadron qui les suivait… Le terrain présenta en un instant une apparence très singulière. C'était comme si quelqu'un avait semé sur un tapis des fragments de papier blanc, avec ça et là des points de couleur vive. »

HUMILIATION

À 17 heures, le bourg de Sedan était plein de civils paniqués et de soldats désespérés, tous encombrant les rues étroites dans un effort pour s'échapper. Napoléon III, malade mais maquillé pour se donner l'apparence de la santé tandis qu'il menait son cheval parmi ses soldats, réalisa que tenir bon contre les Allemands ne conduirait qu'à un plus grand massacre. Il ordonna de hisser un drapeau blanc et envoya un message chevaleresque, mais humble, à Guillaume Ier. « Monsieur mon cher frère, » écrivit Napoléon III, « n'ayant pas été capable de mourir au milieu de mes hommes, je ne puis que remettre mon épée entre les mains de Votre Majesté. Je suis le frère dévoué de Votre Majesté – Napoléon. » C'était là une tentative creuse pour rétablir l'amitié. Sedan fut une défaite humiliante et écrasante pour les Français, et qui aurait des effets durables pour l'Europe au XXe siècle.

En une seule journée, les Français avaient perdu 17 000 hommes, et plus de 100 000 soldats furent faits prisonniers. Les pertes allemandes n'étaient que de 9 000 hommes. La capture de Napoléon III entraîna l'écroulement immédiat de l'Empire français lorsqu'il signa sa reddition le 2 septembre. Une révolution s'ensuivit à Paris, et une nouvelle république fut proclamée. Les forces allemandes partirent ensuite assiéger la capitale, et les combats continuèrent jusqu'en 1871, un traité de paix étant finalement signé en mai.

Les termes du traité étaient durs pour la France, qui céda l'Alsace et la Lorraine, toutes deux d'importantes régions industrielles. Le reste des États allemands fut extrêmement impressionné par la direction de la Prusse et Bismarck obtint ce qu'il avait cherché quand en 1871, à Versailles, une Allemagne unie fut proclamée, Guillaume Ier en devenant empereur. Ce fut le début du second Reich. Ce fut également le début, pour l'Allemagne, d'une période d'excès de confiance dans ses propres capacités militaires. La France, cependant, n'oublierait jamais cette humiliation, et combattrait farouchement lors du retour des armées allemandes.

Ci-dessus **: Napoléon III (*à gauche*) et Bismarck, qui organisa la guerre contre la France, après la reddition du premier à Sedan. Tableau de Wilhelm Camphausen.**

WILLIAM RUSSELL, CORRESPONDANT DE GUERRE POUR LE *TIMES*

LES DÉCOMBRES DE L'EMPIRE

« Quels décombres un empire en ruine laisse derrière lui ! Il était presque impossible de traverser les rues à cheval, de peur de marcher sur des baïonnettes ou des sabres. Des amas de shakos, des tas d'armes à feu, toutes sortes d'équipements militaires, sacs à dos et ceintures, et des milliers d'aigles impériaux arrachés à des casquettes d'infanterie ou à des ceintures, étaient entassés ici et là… J'éprouvai un désir très intense de voir un homme, en particulier, exécuté sur place… Il titubait littéralement sous le poids d'un énorme sac sur ses épaules, en route vers la frontière [allemande] ; et j'appris par la suite que ce sac était rempli de montres et de porte-monnaies qu'il avait pris aux morts et aux mourants, et de broderies d'or et d'argent découpées sur les uniformes de ceux qui étaient tombés. »

Tiré de William Russell : *Special Correspondent of The Times*, édité par Roger Hudson (The Folio Society, 1995)

ISANDLWANA, 1879

Isandlwana fut l'un des coups les plus durs portés aux forces de l'impérialisme du XIXe siècle ; les événements qui s'y produisirent rappelèrent aux puissances coloniales de ne pas sous-estimer les capacités de l'opposition indigène. Au départ intimidés par la puissance de feu des Britanniques, les guerriers zoulous écrasèrent la ligne anglaise dans une vague sauvage de combat au corps à corps.

À la fin du XIXe siècle, la manière dont les Occidentaux menaient la guerre semblait inégalable. Les empires européens dominaient la plus grande partie du globe depuis l'Afrique jusqu'en Asie, et même les États-Unis peulés de colons européens étaient devenus la puissance dominante après une succession de guerres coloniales. Artillerie, fusils, mitrailleuses et une logistique solide étaient utilisés par les Européens partout dans le monde pour soumettre la résistance locale, qui souvent n'avait accès qu'à un armement d'un autre âge. Deux batailles des années 1870, cependant, ébranlèrent profondément ce sentiment de confiance.

***Ci-dessus* : Ce tableau de C. E. Fripp montre les soldats anglais livrant une dernière bataille désespérée contre les Zoulous à la bataille d'Isandlwana en 1879. L'annihilation des soldats anglais ébranla profondément l'empire.**

À gauche **: Le général de corps d'armée Lord Chelmsford, commandant britannique à Isandlwana.**

À droite **: L'avance des Zoulous sur la position anglaise à Isandlwana. Elle prit la formation de bataille traditionnelle des Zoulous appelée « cornes des bêtes ».**

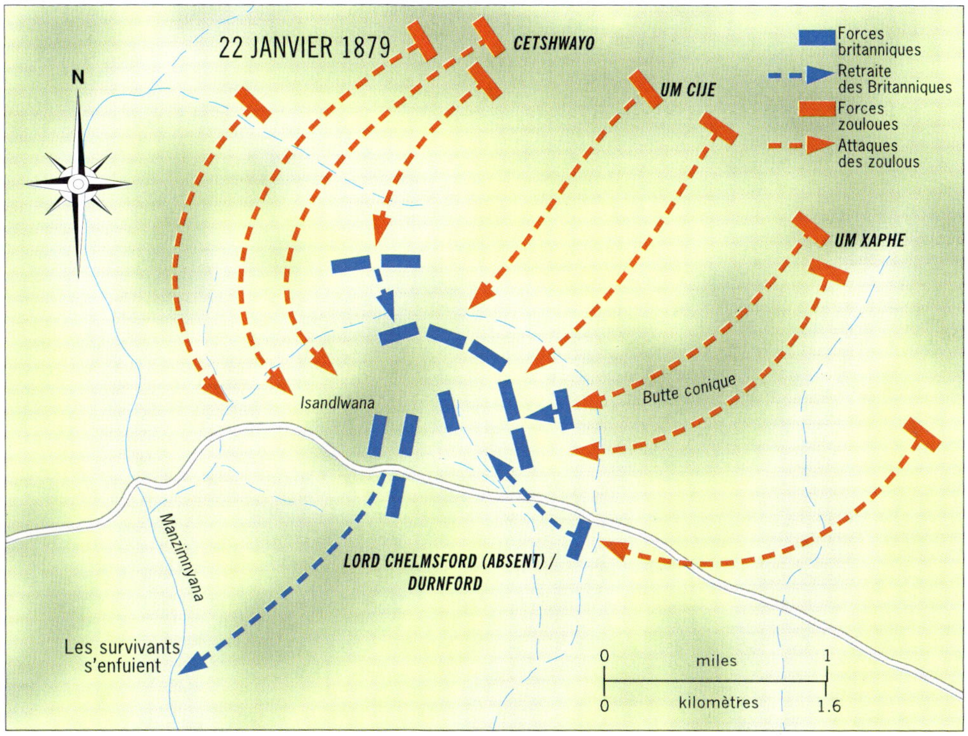

En juin 1876, à la bataille de Little Bighorn, le lieutenant-colonel George A. Custer et environ deux cents officiers et hommes du 7e régiment de cavalerie des États-Unis furent anéantis lors d'une attaque contre un campement sioux. On avait conseillé à Custer d'emporter des mitrailleuses avant son départ, mais il refusa, confiant dans la supériorité de ses hommes armés de fusils. Mais les Indiens étaient aussi armés de fusils et écrasèrent facilement cette force américaine mal préparée. Trois ans plus tard, un désastre encore plus grand attendait les soldats britanniques, les troupes qui avaient forgé un empire, en Afrique du Sud où ils affrontèrent des guerriers indigènes armés uniquement de lances.

RIEN À CRAINDRE

L'histoire de l'Afrique du Sud montre que l'arrivée d'Européens et la prise de territoires par la force n'avaient de nouveau que l'identité de ceux qui étaient responsables des annexions ; avant les activités des Anglais et des Hollandais, de nombreux peuples locaux avaient subi un destin similaire face aux Zoulous, peuple agressif qui avait conquis les tribus avoisinantes et formé un royaume puissant dans la région. Au Transvaal, les colons Boers disputaient la possession des terres au roi zoulou Cetshwayo. Au départ, la Grande-Bretagne soutint les revendications des Zoulous, mais quand l'Empire britannique prit le contrôle du Transvaal, il fut jugé avisé de défendre les droits des colons et de prouver que les Britanniques dominaient la région en défiant le groupe indigène le plus puissant. En décembre 1878, un ultimatum fut présenté à Cetshwayo, ultimatum dont les Anglais savaient qu'il ne pourrait pas l'accepter. Le mois suivant, une armée anglaise pénétra au Zoulouland.

Lord Chelmsford, comandant des forces britanniques en Afrique du Sud, conduisit quelque 5 000 soldats anglais et 8 000 auxiliaires indigènes au Zoulouland le 11 janvier 1879. Ses hommes étaient équipés des armes les plus récentes, et il avait peu de raisons de craindre un ennemi armé seulement de lances et de fusils démodés. Les fusils Martini-Henry anglais pouvaient tirer jusqu'à 12 coups par minutes, tandis que les mitrailleuses, roquettes et artillerie Gatling étaient encore plus destructrices. Cetshwayo avait une armée plus importante de 40 000 guerriers, mais pour avoir la moindre chance contre une armée moderne, elle devrait s'approcher le plus rapidement possible de la ligne de feu des Anglais.

Le plan de Chelmsford était de prendre la capitale de Cetshwayo, Ulundi, dans un vaste mouvement de tenailles, mais pour ce faire il divisa son armée en trois colonnes, diminuant sa force générale. Le 20 janvier, Chelmsford installa son campement, avec sa colonne centrale, à Isandlwana, à la base d'une montagne d'aspect distinctif appelée *nek*, à cause de sa ressemblance avec une selle. Ses éclaireurs lui annoncèrent que des Zoulous se rassemblaient à proximité, et il décida de les affronter avant l'aube deux jours plus tard.

Ci-dessus **: Une tentative désespérée pour sauver les couleurs de la reine après la défaite anglaise à Isandlwana.**

Ce fut une décision fatale. Laissant la moitié de ses hommes au campement – à peine 1 700, dont 700 fantassins du 24e régiment – il alla à la bataille avec l'autre moitié. Une force bien plus importante de 20 000 Zoulous contournait au même moment le flanc de Chelmsford et se dissimula dans la campagne ondulante à environ 8 km d'Isandlwana.

ATTAQUE ZOULOUE

Les Zoulous lançaient leurs attaques en formation de croissant, appelée « les cornes des bêtes », au sein de laquelle des attaques de flanc écraseraient l'ennemi. Tant que l'ennemi, dans le cas présent les Anglais, tenait le périmètre de sa position, il serait en sécurité, car les tirs de ses fusils et de son artillerie avaient un effet terrifiant sur les Zoulous. Un artilleur anglais décrit l'effet de leurs obus explosifs sur les Zoulous, se rappelant qu'ils « regardaient autour d'eux en se demandant d'où les balles venaient, ce qu'ils ne comprenaient pas, les *shrapnels* éclatant à 45 m d'eux et les balles sifflant à leurs oreilles, il n'est pas étonnant qu'ils aient été surpris, car voir une bordée tirée au milieu d'eux et ne pas savoir d'où elle venait était suffisant pour surprendre les plus courageux. » L'effet des fusils anglais n'était pas moins intimidant, car si les Zoulous avaient leurs propres fusils, ils étaient bien moins expérimentés et visaient souvent trop haut pour atteindre leur cible.

À Isandlwana, les Zoulous s'abritèrent dans les creux situés à la limite de la prairie plate entourant la montagne. Ils apprirent rapidement que quand les artilleurs anglais reculaient derrière leurs canons pour tirer, ils devaient se coucher pour éviter les obus. Tout en se cachant du plus gros de la fusillade, ils émettaient un bruit sourd comme le bourdonnement d'un essaim d'abeilles furieuses. Finalement, les commandants locaux de chaque groupe de Zoulous situé au centre se lassèrent de voir leurs guerriers se coucher et les raillèrent, leur disant de se lever et de combattre. Ils se mirent à avancer à pas lents, mais à une distance d'environ 120 m de la ligne anglaise, ils lancèrent leur cri de guerre : « uSuthu ! » et chargèrent. La vision était terrifiante. Les soldats paniqués se replièrent vers le campement, les Zoulous les rattrapant et brisant leurs formations. La confusion envahit tous les participants, et des Zoulous ne tardèrent pas à encercler chaque soldat, parfois si nombreux que tous les guerriers ne pouvaient pas atteindre leur victime.

Les soldats combattirent aveuglément et bravement, frappant tous ceux qui se trouvaient à leur portée. Un guerrier zoulou, *uMhoti* de la tribu des *uKhandempemvu*, nota la nature désespérée du combat : « J'ai alors attaqué un soldat dont la baïonnette a percé mon bouclier et tandis qu'il essayait de l'extraire, je l'ai frappé à l'épaule. Il a laissé tomber son fusil, m'a saisi autour du cou et m'a jeté à terre sous lui. J'avais l'impression que mes yeux éclataient, et j'étais presque étranglé quand j'ai réussi à attraper la lance toujours fichée dans son épaule et à l'enfoncer dans ses organes vitaux, et il a roulé à terre, sans vie. Mon corps était couvert de sueur et tremblait terriblement à cause de la suffocation que m'avait infligée cet homme courageux. »

Les deux camps s'infligèrent de lourdes pertes. Finalement, le nombre écrasant des Zoulous leur assura la victoire, et les Britanniques qui avaient survécu dans le campement tentèrent de fuir sur le sentier menant à la rivière à l'arrière d'Isandlwana. Ils y furent abattus par des Zoulous qui avaient encerclé la montagne, leur coupant la fuite. Aucun ne fut épargné, même s'il suppliait. Plus de 1 200 soldats blancs et leurs alliés indigènes furent massacrés, les Zoulous perdant au moins 1 000 hommes, et de nombreux autres gravement blessés.

Lord Chelmsford rejoignit son campement à la tombée de la nuit, mais ce n'est qu'au lever du jour que fut révélée la véritable horreur de la défaite. L'Empire britannique, à son apogée dans l'imagination populaire, avait été militairement humilié. Cette déroute fut vengée à la fin de l'année avec la défaite des Zoulous, mais ce fut un avant-goût de nouvelles luttes coloniales difficiles en Afrique du Sud.

À droite **: L'avance des guerriers zoulous à Isandlwana. Cette gravure de R. Caton Woodville montre de manière frappante la vitesse avec laquelle les Zoulous attaquèrent les lignes anglaises.**

LIEUTENANT EDWARD HUTTON

FACE AUX ZOULOUS

« Les masses d'hommes sombres, en ordre découvert et se pliant à une discipline admirable, se suivaient en succession rapide, courant d'un pas régulier à travers les hautes herbes. Ayant viré régulièrement de façon à se trouver exactement face à notre front, la plus grande portion des Zoulous se divisa en trois lignes, en petits groupes de cinq à dix hommes, et avança vers nous… Un groupe de cinq ou six se levait et filait à travers les hautes herbes, esquivant d'un côté et de l'autre la tête baissée, fusils et boucliers tenus bas et hors de vue. Ils disparaissaient soudain dans l'herbe, et seules des bouffées de fumée ondulante indiquaient encore leur situation. »

Cité dans *The Anatomy of the Zulu Army* de Ian Knight (Greenhill Books, 1995)

GEOK TEPE, 1881

Ci-dessus **: L'avance systématique de l'armée russe à travers l'Asie Centrale vers Geok Tepe, fin 1880 et début 1881.**

Culmination de la conquête de l'Asie centrale par la Russie, la prise de Geok Tepe montra la maîtrise qu'avaient les Russes de la guerre moderne, et leur détermination à briser une puissance militaire arrogante mais inférieure. Cette victoire décisive rapprocha les frontières de la Russie de l'Empire britannique en Inde, et menaça d'entraîner une domination encore plus grande des Russes en Asie.

« Ne publiez pas ça, », dit le général Skobelev avec un sourire, « ou je serai traité de barbare par la Société pour la Paix. Mais je tiens pour principe qu'en Asie, la durée de la paix est en proportion directe du massacre que vous infligez à l'ennemi. Plus vous les frappez durement, plus longtemps ils se tiendront tranquilles par la suite. Nous avons tué près de 20 000 Turkmènes à Geok Tepe. Les survivants ne sont pas près d'oublier cette leçon. » Skobelev prononça ces mots à Saint-Pétersbourg en 1882, et les sentiments sauvages qu'ils évoquent résonnent encore en Asie centrale plus d'un siècle après.

Pendant des siècles, la Russie avait souffert des invasions et des pillages des Mongols et des Turcs, mais au XVIe siècle elle commença à inverser ce processus. Adoptant les armes et l'organisation stratégique de l'Europe occidentale, les Russes firent les premiers pas vers la création d'un empire en vainquant les khanats tatars de Kazan et d'Astrakhan, et en envahissant la Sibérie pour y installer des places fortes commerciales.

L'armée russe crut en puissance au cours des deux siècles suivants, jusqu'à atteindre le point, au milieu du XIXe siècle, où le gouvernement se sentit assez confiant pour affronter les états turcs d'Asie centrale, ceux qui se trouvaient sur l'ancienne Route de la soie vers la Chine. La Russie souhaitait étendre ses débouchés commerciaux en vendant des biens manufacturés à ces peuples, et les marchands russes devaient par conséquent être respectés, ayant fréquemment été menacés d'asservissement dans le passé. De plus, les Russes avaient récemment subi l'humiliation de la guerre de Crimée, et voulaient rétablir leur prestige militaire, en particulier en donnant aux Britanniques un sentiment d'insécurité en Inde.

Dans les années 1860, des forces expéditionnaires russes pénétrèrent en Ouzbékistan et prirent les villes, capitales sur le plan commercial, de Tachkent et de Samarkand. Dans les années 1870, les Russes portèrent leur attention sur Khiva, capitale des Turkmènes, située au sud de la mer d'Aral à la frontière de l'Ouzbékistan et du Turkménistan. À la fin de ces campagnes, l'empire s'était étendu de 210 000 km^2, et la frontière russe avait avancé de 500 km vers le sud. Les Turkmènes n'avaient pas été complètement battus, cependant, et s'étaient simplement retirés dans le désert. C'est alors que les Russes eurent des difficultés.

LE DÉSERT NOIR

Karakoum signifie « désert noir », et sur des centaines de kilomètres ses dunes mouvantes de sable et de fossiles, alternant avec des étendues arides d'argile craquelée, traversent l'Asie centrale. C'était autrefois un fond marin, mais le soleil a évaporé l'eau il y a très longtemps et en a fait une terre morte. C'est dans ce désert que les Turkmènes se retirèrent. Deux armées russes partirent à leur poursuite, en 1878 et en 1879. Insolation, eau croupie et fièvres décimèrent leurs rangs. Même leurs chameaux moururent.

La première expédition abandonna et revint. La seconde expédition, malgré la mort de son général, continua jusqu'à Geok Tepe, la forteresse de terre capitale des Turkmènes. Les Russes bombardèrent le fort et massacrèrent hommes, femmes et enfants, mais lorsqu'ils en vinrent à le prendre d'assaut, les tribus exaspérées les repoussèrent. Tandis que les Russes battaient en retraite, les Turkmènes se jetèrent sur les traînards. Ce fut une défaite désastreuse pour une armée impériale qui avait pratiquement conquis les Turkmènes des années plus tôt, en 1873. De l'autre

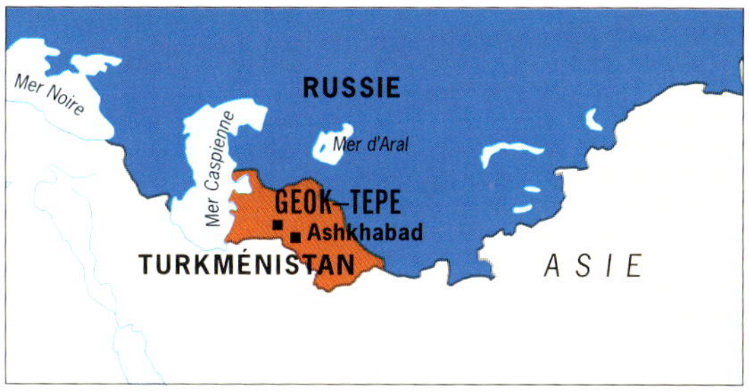

côté de la frontière nord-ouest en Inde, les Britanniques se demandèrent si la menace russe était vraiment si importante.

Le général Skobelev aimait les défis. Ses contemporains le considéraient comme une étoile montante. « Bien qu'il n'ait vécu que 35 ans, » écrivit un attaché de presse américain suivant l'armée russe, « son prodigieux génie militaire est tel que… l'histoire parlera de lui comme de l'un des grands soldats de ce siècle, aux côtés de Napoléon, Wellington, Grant et Moltke. » Produit de l'école supérieure de guerre russe, Skobelev avait observé les Prussiens en action et était un vétéran des campagnes des années 1870 en Asie centrale, où il avait été nommé gouverneur de l'Ouzbékistan. Il était déterminé à venger la défaite de 1879 et s'y attela avec une précision tenace.

La première mesure majeure de Skobelev fut de construire une ligne de chemin de fer à travers le désert afin de maintenir sa ligne de communication et de ravitaillement. Un télégraphe fut ensuite érigé le long de la ligne. Une fois son approvisionnement livré de l'autre côté de la mer Caspienne par des bateaux à vapeur, Skobelev était prêt, et ses troupes s'abattirent sur l'Asie centrale en avril 1880. Par la négociation, il écarta certaines des tribus turques qui s'étaient alliées aux Turkmènes à Geok Tepe, et elles lui fournirent des milliers de chameaux. Conduisant seulement un millier d'hommes

Ci-dessous **:**
Un Turkmène debout dans les ruines des remparts entourant Geok Tepe, pris d'assaut par les Russes en 1881.

armés d'une poignée d'artillerie, de mitrailleuses et de roquettes, Skobelev tenta de frapper rapidement Geok Tepe. L'assaut échoua, mais démontra sa détermination et le convainquit que la seule manière de prendre la ville était par un siège en règle. Il réclama alors 12 000 hommes et une centaine de canons pour renforcer son armée.

Les Turkmènes eux-mêmes ne manquaient pas d'audace, et leur commandant, Takma Sardar, conduisit personnellement un raid contre un détachement de cosaques et de chevaux de transport. Tous les chevaux furent capturés, y compris le cheval de bataille personnel de Skobelev. Takma Sardar fut blessé lors du raid, ce qui incita Skobelev à écrire à ses officiers : « Un ennemi dont le chef peut se jeter sur la baïonnette de son adversaire mérite sérieusement l'attention, et tous les commandants doivent garder cela à l'esprit et prendre toutes les précautions militaires en toute occasion… afin de ne pas se laisser surprendre. » Les Turkmènes firent appel à l'aide des Anglais en Inde, mais leur demande fut ignorée. Ils durent ne compter que sur eux-mêmes et quelque 30 000 guerriers mobilisés dans les tribus turques environnantes pour les aider.

ASSAUT FINAL

En novembre 1880, Skobelev entama son avance générale avec 8 000 soldats. Toutes les villes des peuples turkmènes tekke sur la route de Geok Tepe furent prises. Raids et contre-raids harcelaient les deux camps. Une fois en vue de la capitale, Skobelev arrêta son armée et effectua une reconnaissance minutieuse de l'ensemble de la zone. Il en déduisit que le fort proche de Yangi Kala fournissait son eau à la ville et décida d'attaquer le fort, le prenant rapidement.

Au lever du jour le 4 janvier 1881, les Russes firent une sortie de Yangi Kala et s'arrêtèrent à 730 m de Geok Tepe, où ils creusèrent la première tranchée parallèle du siège. Une bataille eut alors lieu, pendant laquelle les Turkmènes lancèrent une série d'attaques désespérées contre la ligne russe. En un point du flanc gauche des Russes, ils laissèrent plus de 300 cadavres. Le 7 janvier, la première tranchée parallèle était renforcée, et la seconde entamée à 365 m des remparts.

Au crépuscule, le 9 janvier, un nombre important de Turkmènes sortit en trombe de la ville, écrasa une force russe et prit la seconde tranchée. Skobelev envoya des renforts depuis Yangi Kala et l'attaque turkmène fléchit ; les Russes avaient repris leur tranchée et leur artillerie, mais seulement au prix de très nombreux morts. Cependant, une attaque simultanée contre le campement russe par des cavaliers turkmènes fut repoussée. Skobelev ordonna alors de creuser une troisième tranchée parallèle, et un bombardement des remparts sur le côté est de la ville commença de façon systématique.

Le 16 janvier, 12 000 guerriers turkmènes firent une dernière sortie de la ville et un combat terrible eut lieu, mais les Russes s'y étaient préparés et leur artillerie, accompagnée de charges à la baïonnette, força les Turkmènes à rentrer dans la ville avec de lourdes pertes. Skobelev ordonna ensuite à ses mineurs de se mettre à creuser des tunnels sous les remparts. Les Turkmènes se préparèrent à l'inévitable assaut.

La nuit du 23 janvier, des volontaires russes emportèrent de la dynamite dans les tunnels creusés sous le rempart est de la ville. Le lendemain matin, Skobelev ordonna l'assaut principal. À 7 heures, le colonel Gaidarov lança l'attaque contre les remparts sud avec 36 canons tirant de concert contre les murs de terre. Au même moment, la mine, contenant deux tonnes d'explosifs, fut mise à feu sous le rempart est, et une colonne de terre et de fumée s'éleva. Plusieurs centaines de défenseurs furent tués sur le coup. Nombre de Turkmènes crurent à un tremblement de terre et se mirent à paniquer, mais d'autres tinrent courageusement leur position tandis que les Russes fonçaient dans les brèches et se battaient baïonnette contre sabre.

À 13 h 30, Gaidarov franchit le rempart sud et entra dans la ville. Bientôt, les trois colonnes russes furent en ville, avançant dans les étroites ruelles. La dernière bataille des Turkmènes eut lieu autour de la colline sacrée de Geok Tepe, d'où la ville tirait son nom. Takma Sardar avait essayé de rallier ses propres hommes après l'explosion de la mine, mais même lui dut reconnaître sa défaite et s'enfuit dans le désert, tandis que ses derniers guerriers étaient fauchés par l'artillerie russe. Le général Skobelev entra alors dans la ville à la tête de ses dragons et cosaques.

À gauche **:**
Des guerriers d'Asie centrale tiennent la tête d'un Russe capturé. Les guerres entre tribus turques et Russes au XIXe siècle furent impitoyables, et aucun des camps ne pouvait s'attendre à la clémence s'il était capturé.

Ci-dessus **:**
Le général Skobelev, commandant de la force expéditionnaire russe qui affronta les Turkmènes en 1881 dans leur capitale, Geok Tepe.

LE GÉNÉRAL SKOBELEV, COMMANDANT DE LA FORCE EXPÉDITIONNAIRE RUSSE

Ci-dessus **: Des guerriers turkmènes armés d'antiques mousquets et de divers équipements archaïques, dont cottes de maille et boucliers. Bien que n'ayant pas l'armement plus moderne de l'armée russe, des guerriers comme ceux-ci causèrent beaucoup de problèmes aux Russes quand ces derniers envahirent leur pays.**

INVASION DE L'INDE PAR LES RUSSES

Malgré sa victoire écrasante sur les Turkmènes, le général Skobelev ne se laissa pas séduire par des projets plus grandioses. Le journaliste anglais Charles Marvin essaya de le pousser à une revendication sensationnelle concernant l'Inde, mais Skobelev garda son bon sens :

« Je ne pense pas que cela serait faisable. Je ne comprends pas les militaires qui en Angleterre écrivent dans l'*Army and Navy Gazette*, que je reçois et lis, à propos d'une invasion russe en Inde. Je n'aimerais pas être commandant d'une telle expédition. Les difficultés seraient énormes. Pour soumettre Akhal, nous n'avions que 5 000 hommes, et il nous a fallu 20 000 chameaux. Pour obtenir ce moyen de transport, nous avons dû réclamer des animaux à Orenbourg, à Khiva, à Bokhara, et à Mangishlak. Ce fut un très gros problème. Pour envahir l'Inde, nous aurions besoin de 150 000 hommes ; 60 000 avec lesquels entrer en Inde, et 90 000 pour garder les communications. Si 5 000 hommes ont eu besoin de 20 000 chameaux, combien en faudrait-il pour 150 000 ! Et où trouverions-nous les transports ? »

Cité dans *The Russian Advance towards India* de Charles Marvin (Londres, 1882)

Les Turkmènes avaient perdu 6 500 hommes dans la défense de leur ville et 8 000 pendant la poursuite par la cavalerie russe. Les pertes totales des Russes s'élevaient à un peu plus de 1 000. Malgré cette disparité dans les chiffres, les pertes de Skobelev pendant cette campagne furent plus importantes que celles de toutes les campagnes antérieures dans la conquête de l'Asie centrale depuis 1853. Cela dit, ce fut une victoire décisive, et les Turkmènes ne retrouvèrent jamais leur indépendance avant l'écroulement de l'Union soviétique, plus d'un siècle après. À partir de ce moment, l'Asie centrale resta une partie de l'Empire russe, et les communistes la conservèrent par la suite, malgré plusieurs révoltes sanglantes dans les années 1920.

SAN JUAN, 1898

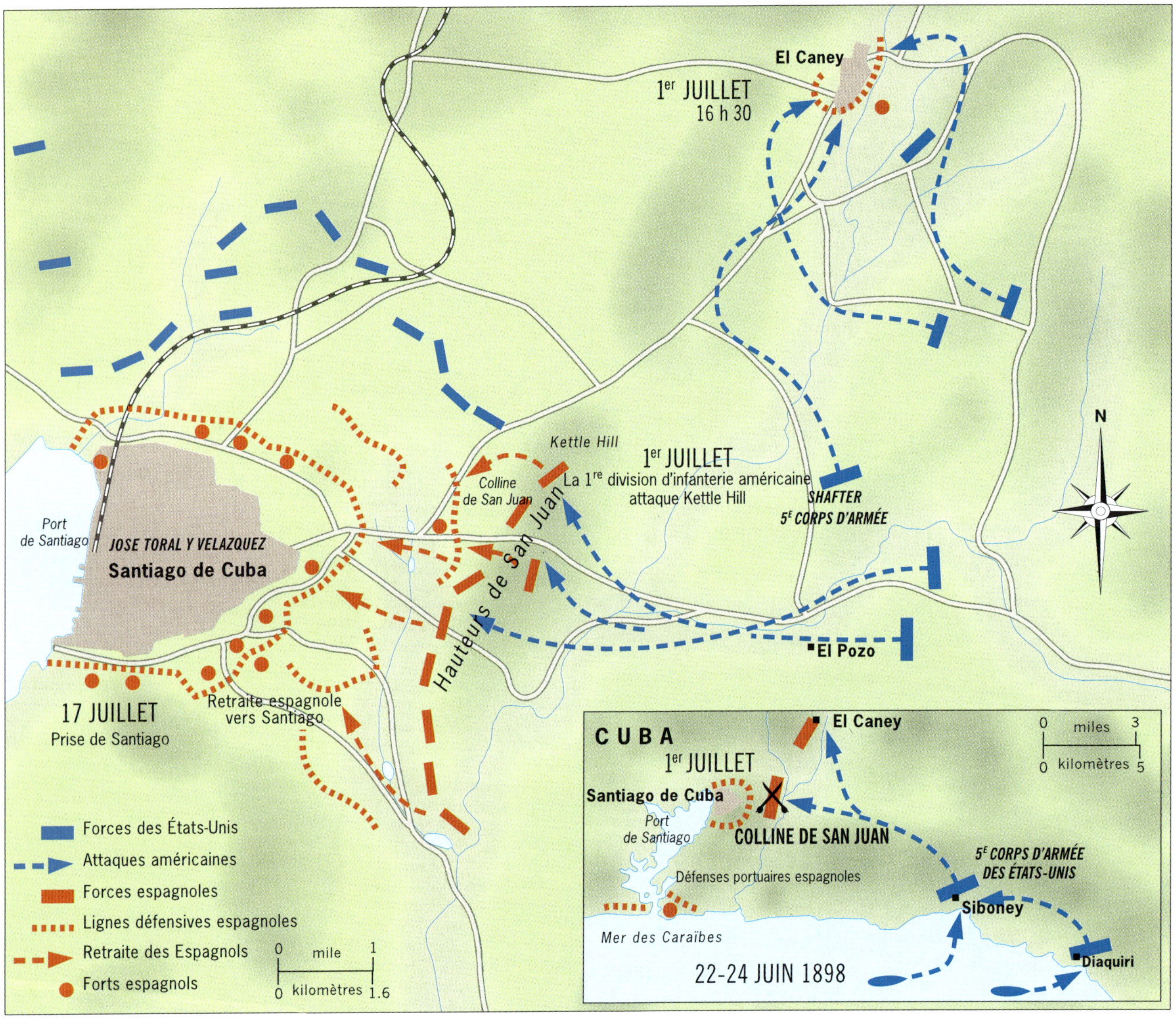

Ci-dessus **: Theodore Roosevelt en colonel du 1er régiment de cavalerie volontaire US, surnommés « *Rough Riders* ». Roosevelt tenait à la guerre contre l'Espagne et tira un grand profit de sa participation à la bataille de la colline de San Juan.**

Ci-dessus, à gauche **: L'avance américaine sur les hauteurs de San Juan força les Espagnols à se retirer dans la capitale cubaine, qui fut alors assiégée.**

Les États-Unis entamèrent leur ascension vers le statut de puissance mondiale avec la démolition, à Cuba, d'un vestige de ce qui avait été le puissant Empire espagnol du Nouveau Monde. Avec plus d'enthousiasme que d'adresse militaire, des soldats américains grimpèrent au sommet d'une colline sous le feu espagnol. Menant son cheval au cœur de l'action, Theodore Roosevelt utilisa cette victoire pour devenir président des États-Unis.

La guerre hispano-américaine et l'insurrection qui suivit aux Philippines, et dura jusqu'en 1902, entraînèrent l'absorption par les États-Unis des anciennes possessions espagnoles, contribuant à en faire une puissance impériale de poids. La guerre vit aussi la transformation de l'armée américaine, des hommes de troupe vêtus de bleu, en soldats à l'uniforme kaki, menant une guerre d'usure tropicale assez similaire à celles menées plus tard au cours de la Seconde Guerre mondiale et au Vietnam. Les événements de Cuba marquèrent également l'ascension d'un politicien, en la personne de Theodore Roosevelt, qui ne cachait pas ses ambitions impériales pour son pays, que ce fût la construction du canal de Panama ou son intervention comme médiateur dans la guerre russo-japonaise.

En décembre 1897, le cuirassé américain *Maine* fut envoyé à Cuba, officiellement pour protéger les droits des citoyens américains. Ancré dans le port de La Havane, le *Maine* explosa et 266 personnes furent tuées. On invoqua un sabotage, et l'incident fournit aux États-Unis l'excuse nécessaire pour persévérer dans leur attitude agressive, pressant l'Espagne de renoncer à sa souveraineté sur Cuba. En avril 1898, l'Espagne déclara la guerre aux

États-Unis, et le congrès américain annonça le début des hostilités. En juin 1898, le 5e corps d'armée américain, comptant quelque 17 000 hommes sous le commandement du général de division William Shafter, prit la mer à Tampa, en Floride, et débarqua sur la côte sud de Cuba, à environ 27 km à l'est de Santiago.

MISSION SANTIAGO

La cible du général Shafter était Santiago, où la flotte espagnole était amarrée dans la baie. La marine américaine voulait attaquer, mais leur force terrestre devait d'abord éliminer les batteries côtières des Espagnols. La principale ligne de défense espagnole à l'extérieur de Santiago était située sur une série de crêtes, qu'on appelait San Juan, et dans le village d'El Caney. Shafter voulait attaquer El Caney d'abord et couper l'approvisionnement en eau de Santiago. Cependant, le terrain défavorable empêcha l'attaque de progresser à temps, et le général de division Kent emmena ses troupes à l'assaut des hauteurs de San Juan.

Theodore Roosevelt était un jeune politicien ambitieux, qui avait levé sa propre unité de cavalerie volontaire, surnommés les *« Rough Riders »*. Malheureusement, dans la confusion de l'embarquement, la plupart de leurs chevaux avaient dû être abandonnés, et l'unité devait avancer essentiellement à pied. Le 1er juillet 1898, les *Rough Riders* rejoignirent des éléments non montés de la cavalerie américaine pour lancer l'attaque sur le premier objectif à San Juan, qui était Kettle Hill. L'avance se fit par un temps si chaud, que Shafter succomba à la chaleur et ne put pas prendre le commandement.

L'HEURE DE PRESSE

La confusion régnait sur le champ de bataille et finalement, le lieutenant-colonel Roosevelt prit les commandes, menant ses hommes en avant. Les troupes régulières le suivirent et l'attaque commença. Ils « n'avaient pas de baïonnettes étincelantes », écrivit Richard Harding Davis, le correspondant du *Times*, « ils n'étaient pas massés en ordre régulier. Il y avait quelques hommes à l'avant, groupés, et escaladant une colline escarpée et ensoleillée, dont le sommet grondait et montrait des éclairs de feu. » Ce n'était pas la fringante charge de cavalerie espérée par Roosevelt, mais ses hommes se hissèrent au sommet de la colline sous le feu espagnol.

Pendant ce temps, la 1re division d'infanterie monta les pentes les plus escarpées des collines de San Juan sous un tir de couverture efficace des mitrailleuses Gatling. Les Espagnols n'étaient que 4 500 contre 6 600 Américains, mais ils étaient armés du Mauser supérieur modèle 1893, fusil à culasse mobile qui tirait une cartouche sans fumée d'un magasin à cinq coups. Il s'avéra bien meilleur que le fusil Krag américain, ce qui mit fin à l'emploi de ce dernier dans l'armée des États-Unis. Le courage des Américains dans la bataille déconcerta cependant les Espagnols et les deux collines furent prises, les Espagnols battant en retraite vers Santiago.

El Caney fut finalement pris, lui aussi, et avec lui les défenses extérieures de Santiago s'écroulèrent complètement. Les Américains avaient perdu 205 tués et 1 177 blessés à la colline de San Juan, mais le résultat fut impressionnant. Les Espagnols craignaient maintenant que leur flotte ne soit capturée par l'armée qui progressait dans les terres et la sortirent du port, pour tomber nez à nez avec la flotte américaine qui l'attendait, et coula chaque vaisseau sans qu'un seul navire américain soit perdu. C'était une calamité, et elle mit fin à la présence espagnole dans les Caraïbes. L'attention des Américains se reporta alors sur la pacification des Philippines, campagne potentiellement beaucoup plus longue.

Roosevelt appela sa présence à San Juan son « heure de presse ». L'attaque n'avait pas, de loin, été brillamment exécutée, mais Roosevelt avait fait preuve de bravoure au combat, dirigeant l'assaut à découvert sur son cheval pendant que ses camarades avançaient à pied. La célébrité acquise grâce à cet exploit l'aida considérablement dans ses ambitions politiques, lui assurant la vice-présidence. Avec l'assassinat du président McKinley en 1901, il devint président et mena une campagne vigoureuse pour renforcer la puissance internationale des États-Unis.

Ci-dessous : **Un fantassin américain du type qui combattit durant la guerre contre l'Espagne, armé d'un fusil Krag-Jorgensen. Tableau de Frederic Remington.**

CAPITAINE WILLIAM « BUCKY » O'NEILL, DU 1ER RÉGIMENT DE CAVALERIE VOLONTAIRE DES ÉTATS-UNIS

MORT D'UN *« ROUGH RIDER »*

Dans l'attaque sur la colline de San Juan, les « Rough Riders » de Roosevelt perdirent 15 morts et 73 blessés. Parmi eux, le capitaine William « Bucky » O'Neill, ancien shérif et maire dans l'Arizona :

« La perte la plus sérieuse que le régiment et moi-même aurions pu subir se produisit juste avant notre charge. Bucky O'Neill se promenait de long en large devant ses hommes, fumant une cigarette… un officier ne devant jamais se mettre à l'abri… Ses hommes le supplièrent de se coucher, et un de ses sergents déclara : " Capitaine, une balle va sûrement vous atteindre. " O'Neill ôta sa cigarette, et soufflant un nuage de fumée de sa bouche, rit et répondit : " Sergent, la balle espagnole qui me tuera n'est pas encore fabriquée. " Un peu plus tard… comme il tournait les talons, une balle le frappa à la bouche et sortit à l'arrière de son crâne. »

Extrait de *The Rough Riders*, de Theodore Roosevelt (New York, 1899)

OMDURMAN, 1898

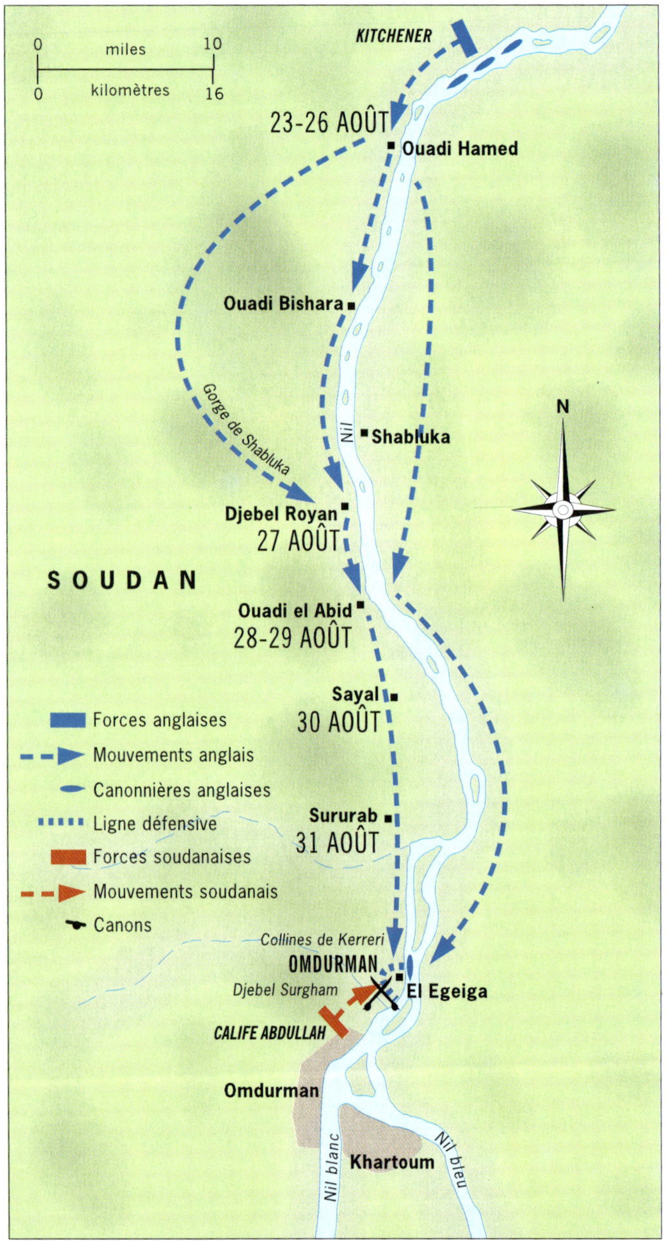

La défaite d'un nombre supérieur de rebelles soudanais, armés d'épées et de lances, face à des soldats britanniques et égyptiens armés de mitrailleuses marqua une étape violente dans l'évolution de la technologie militaire. Elle annonça une nouvelle ère effrayante de guerre industrialisée. La bataille d'Omdurman en fit la démonstration accablante. Mitrailleuses et fusils tuèrent et blessèrent plus de 20 000 membres des tribus du désert, tandis que les pertes anglaises s'élevaient à 500. L'attrait d'une telle puissance de feu était irrésistible, et les puissances coloniales occidentales utilisèrent la mitrailleuse et le fusil à répétition pour maintenir leurs vastes empires à la fin du XIXe et au début du XXe siècle. Toutefois pendant la Première Guerre mondiale ces mêmes armes seraient utilisées pour infliger toute l'horreur de la guerre industrialisée aux troupes occidentales elles-mêmes.

En 1898, l'Empire britannique était presque à son apogée. Depuis la défaite de Napoléon en 1815, il s'était élargi pour inclure toute l'Inde, d'immenses bandes de terres en Afrique, et de nombreux autres territoires dans le monde entier. Sur le plan économique, l'Empire britannique avait vu la fin de son âge d'or, les États-Unis et l'Allemagne lui opposant une forte compétition, mais il pouvait encore faire appel à d'énormes ressources financières et logistiques afin d'envoyer des forces militaires n'importe où dans le monde pour protéger ses intérêts.

En plus de l'attrait pour le commerce, une grande partie du peuple anglais était séduite par l'idée de l'empire comme moyen de répandre leur conception de la civilisation dans le monde entier. Négociants et soldats avaient été suivis par des missionnaires et des fonctionnaires. L'Empire britannique était considéré comme un agent du bien dans le monde, fier de l'abolition de l'esclavage et de l'établissement de fermes principes de loi et d'ordre dans des pays auparavant anarchiques. Mais dans l'opinion d'autres gens, cet empire demeurait une arme impitoyable servant à imposer la volonté britannique à tout peuple rechignant à accueillir de tels « bénéfices ». Quand le général de division Kitchener prit la mer jusqu'au Soudan pour venger la mort du général Gordon, tué à Khartoum, il souhaitait transformer le crâne du coupable en encrier !

VENGER GORDON

Le général Charles Gordon était une figure classique de l'Empire britannique. Croyant fervent et féroce opposant de l'esclavagisme, c'était aussi un brillant militaire qui avait dirigé l'armée toujours victorieuse, composée de paysans chinois, pendant la rébellion de Taiping (sans doute la guerre la plus sanglante du XIXe siècle) en Chine, jusqu'au moment où il fut consterné de voir les Chinois tuer les prisonniers qui étaient tombés entre ses mains. En 1884, il fut envoyé à Khartoum pour superviser l'évacuation des forces égyptiennes du Soudan, après un soulèvement féroce et victorieux du Mahdi, religieusement inspiré, Muhammad Ahmad de Dongola.

Les forces mahdistes assiégèrent Gordon à Khartoum. Il tint bon pendant près d'un an, mais les renforts envoyés ne réussirent pas à le sauver, et le général, avec sa garnison, fut massacré. L'opinion publique anglaise était indignée, et quand le Gouvernement britannique décida de reconquérir le Soudan dans les années 1890, le fantôme de « Gordon de Khartoum » planait sur l'expédition. En termes pratiques, le Gouvernement anglais était alarmé par l'ac-

À gauche **: L'avance de la force anglo-égyptienne le long du Nil vers le Soudan, où elle affronta les rebelles à Omdurman.**

Ci-dessous **: Un guerrier soudanais du type de ceux qui combattirent Anglais et Égyptiens à la bataille d'Omdurman.**

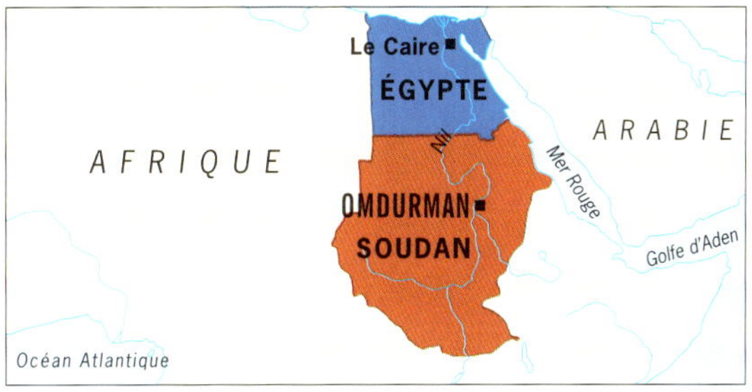

Ci-dessus **:**
Bien qu'incorrecte dans sa représentation des Britanniques vêtus de rouge (à cette époque, ils portaient déjà des uniformes kakis), cette affiche contemporaine montrant la bataille d'Omdurman évoque bien la colossale puissance de feu mise en œuvre par l'armée anglo-égyptienne.

croissement de l'intérêt colonial des Français et des Italiens dans la région, et souhaitait maintenir son influence sur la Vallée du Nil.

Le général de division Horatio Kitchener fut chargé de la campagne, et cette fois il prépara brillamment l'avance des Anglo-Égyptiens, pleinement conscient que dix ans plus tôt à peine, une armée entière de 10 000 Égyptiens sous commandement britannique avait été décimée à El Obied par des indigènes mahdistes. Remontant le Nil avec une flottille de canonnières, Kitchener fit construire une ligne de chemin de fer en bordure du fleuve pour amener l'approvisionnement. Il ajouta à son artillerie 20 mitrailleuses. Son armée – constituée moitié de soldats britanniques et moitié de troupes égyptiennes entraînées par les Anglais – s'avéra plus que capable d'affronter les tribus soudanaises menées par le calife Abdullah et Osman Digna, et les vainquit dans une succession de conflits sur une période de deux ans. Les rebelles soudanais décidèrent alors de concentrer leurs forces à Omdurman, près du Nil et juste au nord de Khartoum.

LA PUISSANCE DE FEU DÉCHAÎNÉE

Le matin du 2 septembre 1898, l'armée de Kitchener, forte de 26 000 hommes, affronta 40 000 membres des tribus dirigés par le calife Abdullah. La veille, la cavalerie anglaise avait combattu les Soudanais, et les troupes de Kitchener passèrent la nuit dans un camp fortifié appelé *zariba*, entouré par des clôtures de buissons

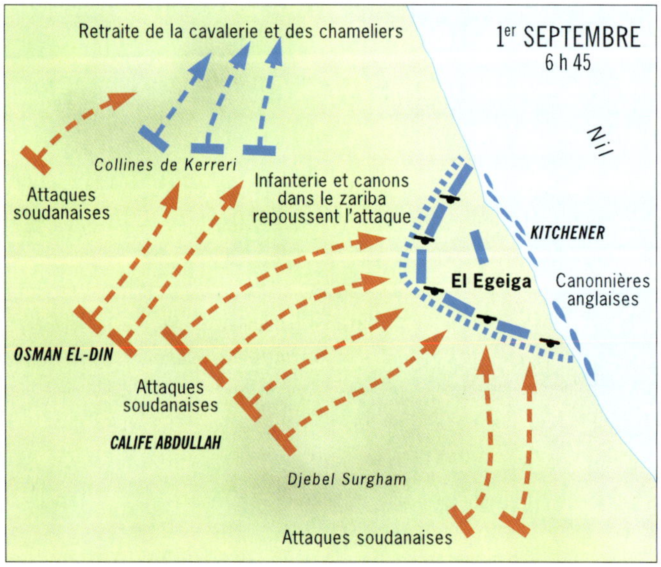

Ci-dessus **: Illustration par R. Caton Woodville de la charge du 21e lanciers, une des dernières grandes charges de cavalerie lancées par l'armée britannique. Winston Churchill était parmi les cavaliers.**

À gauche **: L'attaque soudanaise, à l'aube, contre la position anglaise.**

À droite **: La contre-attaque anglo-égyptienne.**

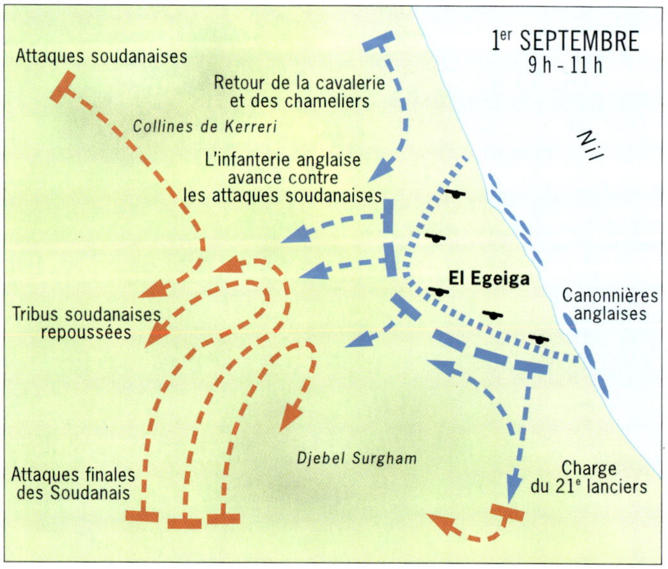

épineux. Les trompettes éveillèrent les troupes à 4 h 30 du matin, car Kitchener s'attendait à être attaqué au lever du jour. Sa cavalerie sortit du *zariba* et vit le nuage de poussière qui indiquait l'avance des guerriers du calife Abdullah. Winston Churchill était un jeune cavalier servant dans le 21e régiment de lanciers, et il décrivit l'approche de l'ennemi : « Ils avancent rapidement, acclamant Dieu, le Prophète et son Mahdi saint… ils pensent qu'ils vont gagner. » Le calife Abdullah montait un âne au milieu de son armée. Ses troupes étaient armées d'épées et de lances, mais possédaient quelques fusils, qu'elles utilisèrent, sans grand résultat.

Quand les tribus arrivèrent à 2 600 m des lignes anglaises, l'artillerie de Kitchener ouvrit le feu, accompagnée par les canonnières à proximité sur le fleuve. Elle tira des obus qui explosèrent au-dessus de l'ennemi, envoyant des éclats parmi les guerriers. « Certains éclataient en l'air, d'autres à leur face », se souvint Churchill. « Les drapeaux blancs basculèrent… et pourtant se relevèrent, tandis que d'autres hommes poussaient vers l'avant afin de mourir pour la cause sacrée d'Allah… C'était une vision terrible, car jusque-là ils ne nous avaient fait aucun mal, et l'avantage semblait injuste. »

Tandis que les guerriers passaient en courant la marque des 1 800 m, des bordées de feu anglais partirent des fusils à magasin Lee-Metford. Les Égyptiens se joignirent alors à eux avec leurs fusils Martini-Henry plus anciens, et les mitrailleuses Maxim commencèrent à tirer dans un grondement. Les meilleurs soldats anglais tiraient 12 cartouches à la minute. Courageux et téméraires, les Soudanais continuaient face à ce feu dévastateur, bondissant pardessus leurs camarades morts, mais aucun d'entre eux n'atteignit le *zariba*, tombant à plusieurs centaines de mètres de là. Seules 60 pertes purent être comptées chez les Anglo-Égyptiens, par contraste avec les milliers d'hommes morts et blessés étendus devant eux.

Ci-dessus **: Le général de division Kitchener de Khartoum, représenté en commandant de l'armée égyptienne. Il dirigea l'expédition envoyée pour réprimer la rébellion soudanaise dans les années 1890.**

LA DERNIÈRE CHARGE DE CAVALERIE DES ANGLAIS

Kitchener fit sortir ses troupes de leur *zariba* et avança vers Omdurman. C'était un pari risqué, et une force de réserve des guerriers du calife ne manqua pas de lancer deux assauts de plus contre la ligne anglo-égyptienne, mais les deux furent repoussés par le feu des fusils et des mitrailleuses. Au même moment, Kitchener lança la dernière charge de cavalerie. Ayant obtenu la victoire grâce à son infanterie en avance sur le plan technologique, il utilisa sa cavalerie pour mettre fin au conflit à l'ancienne mode.

Les hommes du 21e lanciers lancèrent leurs chevaux dans l'action et filèrent à travers le désert. Ce qu'ils ignoraient, cependant, c'est que la poignée d'hommes des tribus visible devant eux était soutenue par 2 000 guerriers cachés dans un lit de rivière à sec. Quand ces troupes apparurent d'un bond, la raison aurait voulu que les cavaliers mettent pied à terre et utilisent leurs carabines, mais l'élan de la cavalerie pour charger était trop important. « Tout le monde comptait sur nous pour charger, » se souvint Churchill. « Nous n'avions tous que cette idée en tête depuis que nous étions partis du Caire. Bien sûr qu'il y aurait une charge… » Le prestige de la cavalerie eut le dessus sur le bon sens militaire, et le 21e lanciers chargea, les officiers portant pistolets ou épées, tandis que le reste des hommes tenait des lances de bambou.

La charge prit 30 secondes et les cavaliers anglais plongèrent dans le fossé, où ils furent immédiatement encerclés par des hommes furieux qui les attaquèrent avec épées et lances. L'impact des chevaux chargeant avait renversé certains guerriers en arrière, mais d'autres tailladèrent les jambes des chevaux, essayant de désarçonner les soldats. Les cavaliers qui tombèrent furent immédiatement taillés en pièces. Ce fut un combat sauvage, et un quart des hommes qui entrèrent dans le fossé furent tués ou blessés – la plus grande perte en vies humaines du côté anglais sur le champ de bataille. Les survivants émergèrent du fossé et se rassemblèrent tandis que les Soudanais se retiraient, heureux d'avoir tiré un peu de sang à l'ennemi. Ce fut un acte de bravoure, mais qui ne mena pas à grand-chose. La bataille s'était déjà décidée ailleurs, grâce à la puissance de feu de l'infanterie.

Une charge finale de la cavalerie soudanaise suscita l'admiration par son audace, mais cet effort fut lui aussi sans résultat. La bataille était gagnée, et Kitchener entra dans Omdurman. La tombe du Mahdi, lieu sacré pour les Soudanais, fut détruite par les tirs d'artillerie, et le corps du saint homme jeté dans le Nil. On conserva sa tête, mais quand la reine Victoria entendit parler de ce que Kitchener comptait en faire, on lui conseilla de l'enterrer. Les soldats britanniques visitèrent les marches de Khartoum où Gordon avait été assassiné, et certains suggérèrent qu'on inscrivît sur une marche de pierre l'unique mot de « Vengé », mais ils se ravisèrent.

SOLDAT WADE RIX, DU 21E LANCIERS

LANCE CONTRE ÉPÉE

Le soldat Wade Rix était un commandant de troupe du 21e lanciers participant à la charge de cavalerie à Omdurman. Il se rappelle le combat brutal qui éclata quand la cavalerie plongea dans le lit de rivière à sec pour se retrouver entourée de guerriers soudanais furieux :

« Tandis que mon cheval sautait dans la profonde dépression, ma lance entra dans l'œil gauche d'une silhouette en tunique blanche qui avait levé son épée à double tranchant pour frapper. L'énorme impact et le poids du corps de l'homme brisèrent la lance, et je jetai les morceaux loin de moi. Je tirai vivement mon épée, juste à temps, car un autre homme pointait son pistolet à pierre ; je l'abattis et du sang éclaboussa sa tunique blanche. Puis ce fut une succession de parades et de coups d'épée tandis que j'éperonnais mon cheval à travers la mêlée. La chance était avec nous, le cheval escalada bravement la rive opposée, et nous passâmes sans une égratignure. »

Cité dans *The Last Charge* de Terry Brighton (Crowood Press, 1998)

TSUSHIMA, 1905

Ci-dessus **: Cette gravure japonaise montre un cuirassé russe démodé détruit par un torpilleur japonais, plus moderne et plus rapide.**

La victoire spectaculaire du Japon sur la marine impériale russe annonça la naissance d'une nouvelle puissance militaire en Asie. Les cuirassés modernes des Japonais étaient trop rapides et trop bien armés pour les vaisseaux démodés des Russes. C'était un sinistre avertissement pour les Empires occidentaux.

Tout comme la victoire sur la France en 1870 avait donné à la Prusse une suprême confiance dans son propre système militaire, le triomphe du Japon contre la Russie lui donna l'assurance nécessaire pour s'embarquer dans des campagnes contre les puissances occidentales au début du xxe siècle. Jusque-là, le Japon n'avait fait que tester ses capacités sans grand succès.

Le Japon avait d'abord connu des succès en 1895 dans sa guerre contre la Chine à propos de la Corée, mais la Russie était intervenue pour saisir des possessions gagnées par les Japonais et ces derniers n'avaient pas pu faire grand-chose pour l'en empêcher. Depuis 1902, cependant, la Grande-Bretagne était aussi soucieuse que le Japon de la présence russe en Mandchourie, et le Japon emporta une victoire diplomatique en signant une alliance dans laquelle l'Angleterre s'engageait à ne pas soutenir d'éventuelles interventions occidentales. Ce qui laissa le Japon libre de s'occuper de la présence russe en Mandchourie. Les deux pays avaient convenu d'un protectorat commun en Corée, mais en 1900, quand éclata la rébellion des Boxers en Chine, la Russie envoya d'importantes troupes en Mandchourie. « Si la Mandchourie devient propriété de la Russie, » déclara le ministre des Affaires étrangères du Japon en 1901, « la Corée elle-même ne pourra pas rester indépendante. C'est une question de vie ou de mort pour le Japon. »

LA GUERRE RUSSO-JAPONAISE

La tension entre les deux nations atteignit son paroxysme en février 1904, quand le Japon attaqua Port-Arthur, la base navale clé en Mandchourie pour les Russes. Comme Pearl Harbor, plusieurs dizaines d'années après, ce fut une attaque surprise lancée avant toute déclaration de guerre. Les vaisseaux russes furent sévèrement endommagés par les torpilleurs japonais, et le port fut bloqué.

Des troupes japonaises débarquèrent dans le nord de la Corée et allèrent jusqu'au fleuve Yalu pour fournir un soutien aux actions navales. Les troupes russes dépendaient du Transsibérien pour amener des renforts, mais cela prendrait du temps, et les commandants russes insistèrent imprudemment pour réagir immé-

diatement à l'invasion. En infériorité numérique, une force russe affronta les Japonais et fut complètement mise en déroute à la bataille du Yalu. Les Japonais continuèrent leur progression vers l'intérieur de la Mandchourie.

Avec l'arrivée de nouveaux soldats japonais, Port-Arthur fut soumis à un siège. Au départ, les Japonais essayèrent de le prendre d'assaut, mais subirent d'énormes pertes. L'artillerie et les mitrailleuses russes installées derrière tranchées et barbelés firent que le combat se réduisit à une succession d'attaques suicide par les Japonais, qui toutes échouèrent à forcer le passage dans le port. Elles donnèrent, cependant, un avant-goût des terribles effets d'une charge désespérée contre des forces retranchées, bien défendues par des mitrailleuses. Finalement, après presque un an, une marée humaine japonaise écrasa un avant-poste vital, et Port-Arthur fut contraint de se rendre en janvier 1905.

Partout ailleurs en Mandchourie, les armées japonaise et russe se heurtaient dans des batailles sanglantes mais peu concluantes. Des dizaines de milliers de pertes furent subies par les deux camps, évoquant ce que serait le combat sur le front de l'ouest pendant la Première Guerre mondiale. Même après une victoire japonaise à la bataille de Moukden en mars 1905, les forces terrestres russes refusèrent de se retirer de Mandchourie et cette impasse coûteuse sembla partie pour durer indéfiniment.

UNE BATAILLE NAVALE DÉCISIVE

En octobre 1904, la flotte russe de la Baltique prit la mer depuis ses ports d'attache sous le commandement de l'amiral

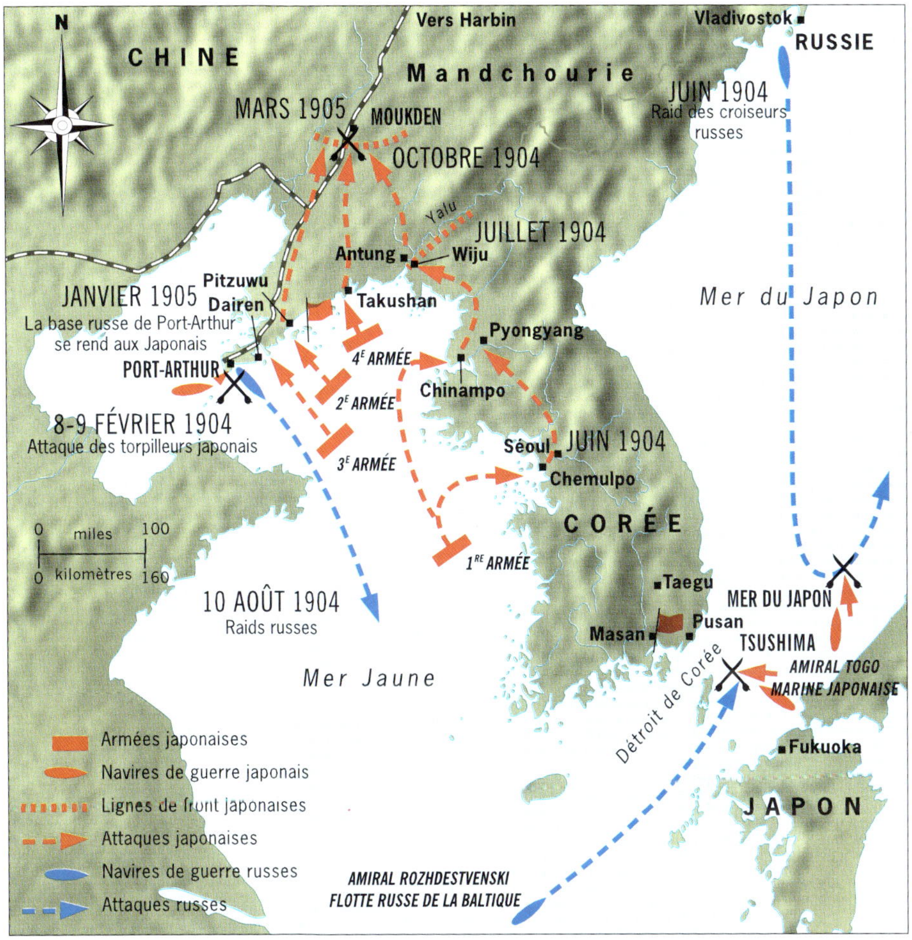

***Ci-dessus, à droite* : Positions stratégiques et mouvements des Russes et des Japonais en Mandchourie en 1904-1905.**

***Ci-contre* : L'amiral Rozhdestvenski, commandant de la flotte russe de la Baltique à la bataille de Tsushima.**

***À droite* : le pont avant du cuirassé japonais Mikasa, plus grand navire de guerre de la flotte japonaise et vaisseau amiral de l'amiral Togo.**

Rozhdestvenski. Il lui faudrait plus de six mois pour atteindre la Mandchourie et se joindre à la guerre contre le Japon. Bizarrement, pendant qu'elle traversait encore la mer du Nord, des rumeurs se répandirent concernant une attaque par des torpilleurs japonais, et les cuirassés russes réagirent en tirant sur des bateaux de pêche anglais près du Dogger Bank, tuant au moins sept pêcheurs. La Grande-Bretagne, indignée, envoya ses propres cuirassés filer la flotte russe tandis qu'elle traversait le Golfe de Gascogne.

Se divisant pour passer le canal de Suez et contourner le cap de Bonne-espérance, la flotte russe se réunit dans l'océan Indien et poursuivit sa route jusqu'à l'Indochine française, où elle s'arrêta une fois de plus pour se préparer à la bataille. Partant ensuite pour le port russe de Vladivostok, en Sibérie, la flotte de la Baltique approcha du détroit de Tsushima, entre la Corée et le Japon. Sur le papier, la flotte de Rozhdestvenski paraissait impressionnante, constituée de 8 cuirassés, 8 croiseurs, 9 destroyers et plusieurs vaisseaux plus petits, mais ces bateaux étaient vieux.

Par contraste, tout comme le Japon en pleine modernisation avait pris l'armée prussienne pour modèle de ses forces terrestres, sa marine avait été profondément influencée par la flotte britannique. Ses vaisseaux étaient construits selon les modèles anglais les plus récents et présentaient une protection accrue par blindage des canons, mais avec peu de poids supplémentaire, qui aurait affecté leur maniabilité et leur vitesse. La flotte japonaise comportait 4 cuirassés, 8 croiseurs, 21 destroyers et 60 torpilleurs, ces derniers ayant déjà fait leurs preuves lors des combats autour de Port-Arthur. Les hommes d'équipage du vice-amiral Togo étaient également extrêmement motivés et bien entraînés.

Pendant l'après-midi du 27 mai, tandis que la flotte russe naviguait en ligne avec le vaisseau amiral de Rozhdestvenski, le *Suvorov*, à sa tête, Togo tira le meilleur parti de la vitesse supérieure de ses

Ci-dessus **: Le cuirassé russe Oslabia de la flotte de la Baltique.**

Ci-dessous **:**
Des bateaux japonais, plus petits et plus rapides, coulent un croisé russe à Tsushima.

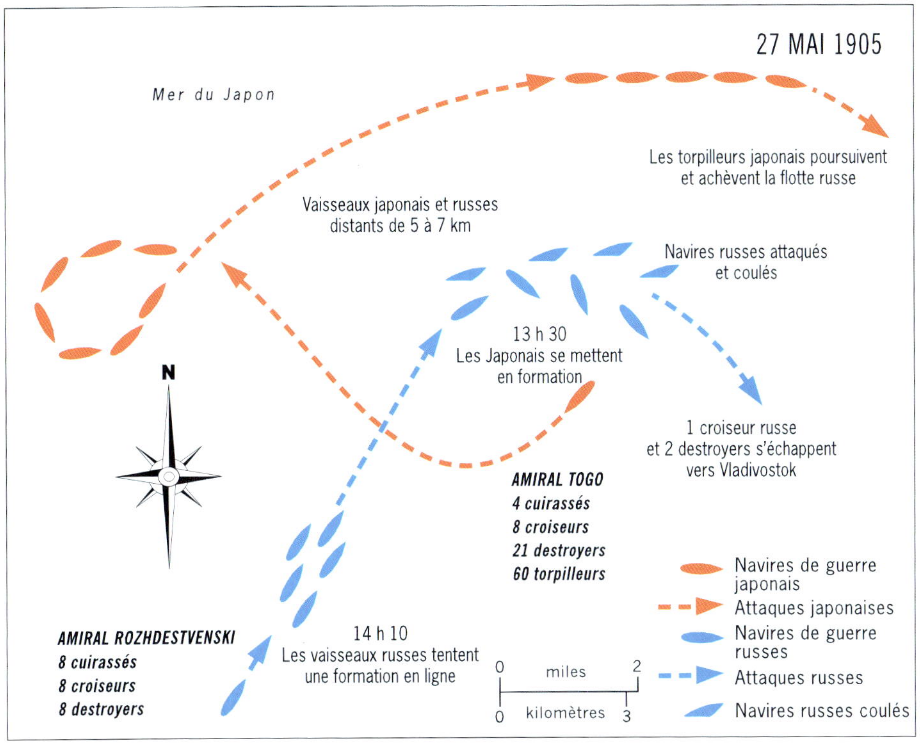

Ci-dessus **: La vitesse supérieure des bateaux japonais leur permit de traverser devant la flotte russe pour lui infliger sa puissance de feu dévastatrice.**

bateaux. Dans une manœuvre digne de Nelson, il traversa la tête de la flotte russe et la soumit à un feu roulant dévastateur. Ayant formé la barre du T, il tourna alors ses navires pour naviguer le long de son flanc et la soumettre à d'autres tirs. Les obus japonais pleuvaient sur les vaisseaux russes mal protégés.

La bataille continua jusqu'à la tombée de la nuit ; l'amiral Rozhdestvenski avait été blessé, et trois cuirassés russes avaient été coulés. La flotte de la Baltique, meurtrie, essaya alors de se retirer, mais Togo envoya ses torpilleurs, plus petits, achever les vaisseaux sévèrement endommagés des Russes, laissant tomber des mines devant eux tandis qu'ils tentaient de s'enfuir. Seuls un croiseur et deux destroyers russes réussirent à atteindre Vladivostok. Le reste de la flotte fut coulé ou capturé, et quelque 10 000 marins tués ou blessés. Contraste frappant, les Japonais avaient perdu à peine 1 000 hommes, et seulement trois torpilleurs.

LEÇONS APPRISES ET DÉSAPPRISES

Tsushima mit précipitamment fin à la guerre russo-japonaise. En septembre 1905, lors du traité de Portsmouth, la Russie accepta de se retirer de Port-Arthur et de Mandchourie. La Corée tomba dans la sphère d'influence du Japon et ce dernier maintint également un contrôle étroit sur la Mandchourie, mais elle ne ferait officiellement partie de l'Empire d'outre-mer du Japon qu'en 1931. Cette guerre, cependant, modela le monde du début du XXe siècle. La défaite de la Russie ébranla encore le gouvernement du tsar, et une révolution se produisit la même année. Si cette révolution échoua à renverser le régime tsariste, il ne faudrait pas longtemps avant qu'une autre le balaye complètement et conduise à l'établissement du régime soviétique.

La victoire du Japon lui permit de se considérer comme l'égal d'autres grandes puissances, et il exigea le droit d'établir son propre empire. La militarisation de la politique japonaise s'ensuivit, culminant dans l'attitude agressive du Japon dans les années 1930, qui entraîna la guerre dans le Pacifique. La défaite de la Russie encouragea également d'autres factions nationalistes asiatiques à croire que l'impérialisme occidental pouvait être combattu et vaincu. L'illusion de l'invincibilité militaire de l'Occident, établie pendant 200 ans, avait volé en éclats et cela porterait ses fruits notamment pendant la Seconde Guerre mondiale. La route qui mena à la guerre du Vietnam peut être considérée comme ayant un certain rapport avec les événements de Tsushima.

Sur le plan militaire, la guerre russo-japonaise révéla les terribles dégâts qui pouvaient être causés par la guerre retranchée moderne, aucun des deux camps n'obtenant d'avantage clair en dépit d'énormes pertes humaines. Des observateurs britanniques et allemands y avaient directement assisté, mais la conclusion qu'ils en tirèrent fut que toute guerre future devrait être gagnée dans les premiers mois. Ils croyaient que l'incompétence des Russes et le manque d'expérience des Japonais avaient conduit à l'impasse, erreurs que ne répéteraient pas les autres armées occidentales, qui utiliseraient mobilisation rapide et manœuvres initiales pour déjouer leurs adversaires avant de risquer d'être entraînés dans une guerre de tranchées. En d'autres termes, une telle catastrophe ne se reproduirait pas en Europe. Ils se trompaient lourdement.

LE PÈRE D'UN SOLDAT JAPONAIS TUÉ

SACRIFICE IMPÉRIAL

De même que le Japon devint un État moderne par ses propres efforts, il utilisa la religion d'État pour établir une forte loyauté envers la Nation. Les soldats avaient combattu pour leur région plutôt que pour la nation, mais en 1900 cette façon de voir changeait, et afin de renforcer l'importance du sacrifice pour la nation, le Gouvernement japonais établit des chapelles pour ses morts au combat, la plus notable étant la chapelle Yasukuni à Tokyo. Tandis que le nombre de morts croissait, ces chapelles devinrent le pivot de l'idée japonaise consistant à mourir pour l'empereur. Un père visitant le mémorial de son fils fit la déclaration suivante :

« Je me suis marié très jeune et pendant longtemps n'ai pas eu d'enfant. Mon épouse a finalement donné naissance à un fils, et elle est morte. Mon fils est devenu un homme sain et fort. Puis il a rejoint l'armée de l'empereur et est mort comme un homme dans le sud de Kyushu lors d'une grande bataille. Quand j'ai appris qu'il était mort pour l'empereur, j'ai pleuré de joie, car pour le guerrier qu'était mon fils, il ne pouvait pas y avoir de plus belle mort. »

Cité dans *The Undefeated* de Robert Harvey (Macmillan, 1994)

PREMIÈRE BATAILLE DE LA MARNE, 1914

Ci-dessus : **Des troupes allemandes avancent à travers un champ en Champagne vers les positions françaises sur la Marne.**

L'avance pleine d'assurance de l'Allemagne à travers la Belgique vers la France fut stoppée par la défense audacieuse et agressive opposée par les soldats français, dont certains avaient été déposés sur le champ de bataille par des taxis venus de Paris. Le « miracle de la Marne » fut le début de l'impasse sur le front ouest, et des horreurs de la guerre de tranchées qui suivirent.

Au début du XXe siècle, l'armée allemande avait prouvé son génie dans les précédentes campagnes contre l'Autriche et la France (*voir Sedan, p. 36*), et ses institutions étaient étudiées par de nombreux rivaux. Même l'Angleterre adressa un signe de reconnaissance à l'Allemagne en adoptant son casque à pointe, le *pickelhaube*, pour certains régiments.

La force de l'armée allemande reposait sur son organisation, depuis un état-major de commandants talentueux jusqu'à des unités extrêmement bien entraînées et motivées. La préparation était une dynamique cruciale, et les généraux jouaient à des guerres simulées pour évaluer leurs options et entreprenaient des voyages de reconnaissance pour étudier d'éventuels champs de bataille. Toutes les technologies les plus récentes étaient employées, y compris des trains pour conduire les soldats au front et des usines pour produire les armes les plus puissantes alors disponibles.

La plus grande faiblesse de cette nation était sa force. Depuis l'expérience de la Prusse et des autres États allemands dans les années 1860 et 1870, elle croyait non seulement qu'on pouvait gagner une guerre européenne, mais qu'on pouvait la gagner sans coût notable pour le reste de la société. Elle avait peu de considération pour les armées de la Russie ou de la France, et doutait que la Grande-Bretagne veuille vraiment s'impliquer dans une guerre sur le continent. Telle était la suprême assurance de l'Allemagne quand elle entra dans la Première Guerre mondiale. Lorsqu'elle dut faire face à la perspective d'une guerre sur les deux fronts est et ouest, l'Allemagne choisit d'agir rapidement contre la France afin de renforcer les frontières de sa région industrielle, la Rhénanie, avant de se tourner vers l'est pour se concentrer sur le problème potentiellement plus important que posait la Russie. Cette façon de penser se retrouva pendant la Seconde Guerre mondiale.

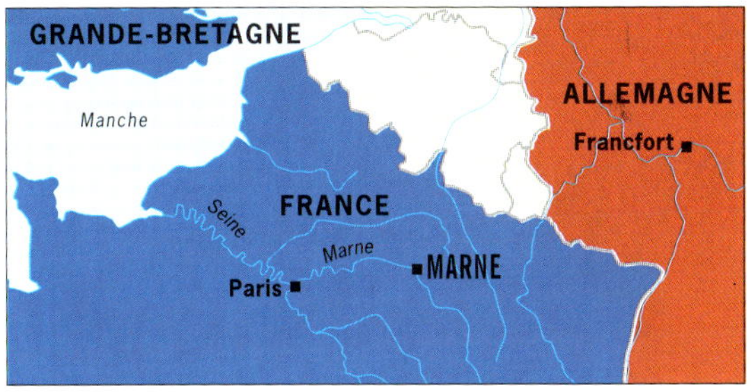

À droite **: Première bataille de la Marne, 1914. L'offensive initiale des Allemands à travers la Belgique, qui fut finalement stoppée à la Marne.**

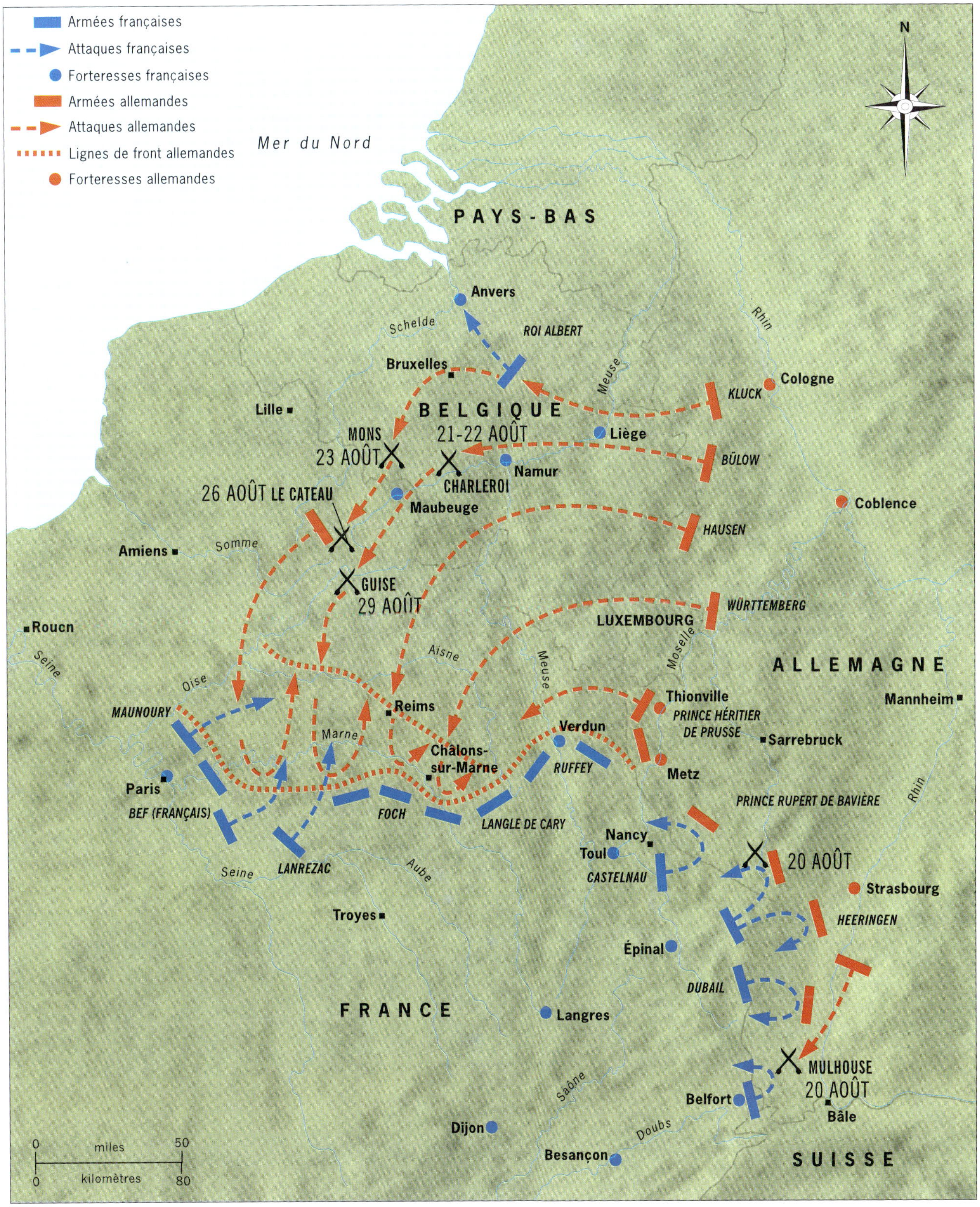

Ci-dessous **: Des forces anglaises prennent position près de Laferte pendant la première bataille de la Marne.**

ATTAQUEZ, ATTAQUEZ

Parce que la puissance de feu moderne était si efficace, beaucoup croyaient qu'une offensive rapide était le seul moyen de gagner une guerre. Les Allemands y croyaient de tout cœur, et leur chef d'état-major, Alfred von Schlieffen, conçut un plan dans lequel les forces allemandes, utilisant des trains pour atteindre le front, avanceraient rapidement à travers la Belgique, évitant ainsi les lignes défensives françaises, et attaqueraient Paris depuis le nord, encerclant par là-même les forces françaises situées dans le nord-est du pays. À la mort de Schlieffen, la continuité avec 1870-1871 se renforça quand son poste fut repris par Helmut von Moltke, neveu du célèbre maréchal Moltke.

Tout le monde n'était pas convaincu par une telle audace, et Ian Hamilton, un des principaux généraux de l'armée britannique, était revenu de Mandchourie (*voir Tsushima, pp. 54-57*) avec une vision différente de la guerre moderne : « Plusieurs des commandants furent entraînés dans un désastre pendant les grandes manœuvres, uniquement à cause de leur adhésion aveugle au principe consistant à attaquer à tout prix, car ils avaient si peur d'être rejetés sur la défensive par la moindre hésitation ou le moindre retard qu'ils ne s'arrêtèrent jamais pour effectuer une reconnaissance précise ou donner à leur cavalerie le temps de leur fournir des rapports. »

Quand la guerre survint, il fallut à peine 24 heures à une division allemande pour pénétrer au Luxembourg, le 1er août 1914. Douze jours plus tard, sept armées allemandes avaient traversé le Rhin et fonçaient à travers la Belgique vers la frontière française. Les Belges combattirent férocement, mais furent finalement écrasés par la puissance de feu supérieure des Allemands. La France prit cet assaut pour une diversion et s'en tint à son propre plan d'envahir l'Alsace et la Lorraine. Moltke avait prévu cette manœuvre et renforça ses propres armées sur le Rhin. Cela affaiblit sa ruée à travers la Belgique, mais les événements lui donnèrent raison quand il arrêta net l'avance française par une contre-attaque dévastatrice. Le temps que les Français réalisent qu'il s'agissait d'une force visant à les retenir, il était trop tard. Les Allemands déferlaient rapidement sur la frontière nord de la France.

Pendant ce temps, l'invasion allemande de la Belgique avait violé son traité avec la Grande-Bretagne, et une petite Force Expéditionnaire Britannique (BEF) fut envoyée pour aider les Belges. Avec un soutien réduit des Français, les Anglais n'arrivèrent pas à grand-chose et se joignirent à la retraite générale devant les armées allemandes. Croyant la menace anglaise éliminée, les Allemands abandonnèrent le plan Schlieffen et se concentrèrent sur l'encerclement des forces françaises à leur sud-est. Ce qui exposa le flanc droit allemand à une attaque lancée par une armée française à Paris, et Moltke perdit alors le contrôle de la situation, car il ignorait la présence d'une force française à Paris et ne savait pas jusqu'où ses troupes s'étaient avancées au sud. De plus, la mobilisation bien plus rapide que prévu de la Russie le força à se concentrer isolément sur ce front (*voir l'offensive Broussilov, pp 66-69*).

« LE MIRACLE DE LA MARNE »

Le général Gallieni, commandant des forces françaises à Paris, soutint fermement que le moment était venu d'attaquer les Allemands. Il eut le dessus à la fois sur son commandant en chef, le général Joseph Joffre, et le commandant anglais, le maréchal John French. Il en résulta la première bataille de la Marne, qui commença le 5 septembre 1914. Les Allemands, commandés par le général von Kluck, firent halte et se tournèrent face à l'assaut français. Gallieni envoya d'urgence d'autres renforts de Paris dans 600 taxis pour s'engouffrer dans l'espace ouvert entre l'armée allemande la plus avancée et celle qui la suivait. Les Allemands durent affronter leur première crise. Craignant d'être encerclés par les Français et les Anglais, les Allemands se retirèrent sur les deux rives de la Marne.

« Maintenant que nous avons rejoint la bataille dont dépend la sécurité de notre pays, » dit Joffre à ses hommes le matin du 6 septembre, « chacun doit se souvenir qu'il n'est plus temps de regarder en arrière. Tout doit être fait pour attaquer et repousser l'ennemi. Une unité qui se trouve dans l'impossibilité d'avancer doit, quel qu'en soit le prix, tenir sa position et être tuée sur place plutôt que de reculer. Dans les circonstances présentes, aucun échec ne sera toléré. » Et le coût fut élevé pour les Français : quelque 80 000 pertes à la première bataille de la Marne. Les Allemands ne rendirent jamais publique la liste de leurs pertes, mais 15 000 prisonniers furent pris. Les Anglais subirent 1 700 pertes.

Pour la première fois, les soldats allemands furent exposés à la pleine puissance de feu combinée des Anglais et des Français. La stratégie agressive de l'Allemagne était efficace quand elle s'opposait à des troupes plus faibles, mais lorsqu'elle fut confrontée à une force d'une résolution et d'une puissance égale, elle se retrouva prise dans un bras de fer destructeur (la recherche d'une alternative fut au cœur des progrès militaires à partir de 1916). Ce cauchemar devait hanter l'armée allemande pendant les deux guerres mondiales, et provoqua finalement sa perte, mais seulement après le sacrifice de centaines de milliers de soldats.

Les Allemands reculèrent jusqu'à l'Aisne, où ils creusèrent des tranchées et installèrent des positions défensives. Tandis que les

***Ci-dessous* :**
Des brancardiers français emportent les blessés de la bataille de la Marne.

Ci-dessus : La cavalerie française traverse la Marne, poursuivant les Allemands, sur un ponton construit en moins de trois heures.

LIEUTENANT JOHANNES NIEMANN, RÉGIMENT SAXON

FOOTBALL SUR LE CHAMP DE BATAILLE

À Noël 1914, une impasse s'était établie sur le front ouest, mais toute l'horreur de ce qui les attendait n'avait pas encore entamé le moral des soldats des deux camps. Comme ils étaient installés dans leurs tranchées, des sentiments de bonne volonté liés à cette fête prirent le dessus, et une trêve officieuse fut conclue, dans laquelle les deux camps émergèrent de leurs positions pour se serrer la main et échanger des souvenirs. Le lieutenant Johannes Niemann, d'un régiment saxon, décrivit les deux camps jouant au football lors d'un match improvisé :

« Soudain, un Tommy vint avec un ballon de foot, shootant déjà et s'amusant, et un match de football commença. Nous marquâmes l'emplacement des buts avec nos casquettes. Des équipes furent rapidement établies pour un match sur la boue gelée, et les Fritz battirent les Tommies 3 à 2. »

Cité dans *Christmas Truce* de Malcolm Brown et Shirley Seaton (Macmillan, 1994)

alliés avançaient vers eux, l'avenir de la guerre sur le front ouest devint clair. « Avec un serrement de cœur, je réalisai que notre ligne étendue faisait une excellente cible », se souvint le caporal-chef John Lucy des *Royal Irish Rifles* tandis qu'ils traversaient l'Aisne. « Les Allemands nous attendaient, retenant leur feu. Comme nous passions la crête, une pluie de missiles meurtrière nous balaya, tirée par un ennemi invisible. La ligne tituba sous ce féroce fracas de mitrailleuses, de tirs de fusils et d'obus, et je dirais que plus de la moitié de nos hommes tombèrent en avant face contre terre, tués ou blessés. Certains se retournèrent sur le dos, et d'autres labouraient convulsivement le sol. La gorge brûlante, le reste d'entre nous continua à progresser, car on ne stoppe pas une attaque sans en recevoir l'ordre. »

Les alliés ne réussirent pas à repousser les Allemands au-delà de l'Aisne, mais le plan Schlieffen était fini. L'avance allemande avait été stoppée. On vit Moltke pleurer lors d'un dîner de l'état-major, et il fut obligé de se faire remplacer par un officier subalterne nommé Hentsch. Ce fut Hentsch qui supervisa la retraite allemande. Moltke fut alors démis de son commandement le 14 septembre, et remplacé par Erich von Falkenhayn.

Les Français saluèrent la bataille comme « le miracle de la Marne », mais furent incapables de maintenir leur élan pour exploiter plus avant la retraite des Allemands. Des lignes défensives furent tracées, et la guerre de tranchées du front ouest prit forme. On chercha une percée ailleurs, et l'attention des militaires se reporta vers le nord et la Flandre (*voir Ypres, pp. 74-77*).

GALLIPOLI, 1915

À gauche **: Les troupes ANZAC débarquant à Gallipoli en avril 1915. Les commandants des navires se méfiant des récifs, les débarquements durent avoir lieu de jour, plutôt que sous le couvert de l'obscurité, rendant les troupes vulnérables aux tirs des Turcs.**

Ci-dessous **: Un soldat australien dans une tranchée utilise un périscope pour tirer sur l'ennemi.**

Une occasion d'ouvrir un nouveau front dans le sud-est de l'Europe fut gaspillée par les Britanniques lorsqu'ils sous-estimèrent leurs adversaires turcs. Les troupes alliées déferlèrent sur le rivage, pour se retrouver face à la résistance sévère opposée par des soldats ennemis, habilement positionnés dans un paysage difficile. L'horreur de Gallipoli découragea toute tentative ultérieure d'offensive amphibie.

Les armées allemandes et alliées étant retranchées face à face depuis la mer du Nord jusqu'en Suisse, il semblait y avoir peu d'occasions d'effectuer une percée en Europe de l'Ouest en 1915. Les stratèges militaires les plus imaginatifs envisageaient d'ouvrir un nouveau front, et le Premier lord de l'Amirauté, Winston Churchill, se joignit à d'autres pour suggérer d'employer la Royal Navy dans un assaut amphibie contre le plus faible allié de l'Allemagne, la Turquie ottomane.

En forçant le passage à travers les Dardanelles, la Royal Navy pourrait pénétrer dans la mer de Marmara et prendre Constantinople (aujourd'hui Istanbul). Une fois la Turquie éliminée de la guerre, la Russie serait alors libre de transférer des troupes depuis sa frontière sud pour renforcer ses armées combattant les Allemands. On pourrait aussi encourager des nations neutres comme la Roumanie, la Bulgarie et la Grèce à se joindre à la guerre contre l'Autriche, modifiant ainsi l'équilibre des forces contre les puissances centrales.

Rétrospectivement, Churchill a été très critiqué pour avoir soutenu ce plan, qu'il a lamentablement échoué. Les échecs, cependant, ne furent pas stratégiques mais tactiques, même si les Anglais se rendirent coupables d'une faute majeure : ils sous-estimèrent grossièrement les capacités de combat des Turcs.

FRAPPÉS PAR DES MINES

Au départ, le plan fonctionna très bien. Seize cuirassés anglais et français se dirigèrent vers les Dardanelles le 19 février. Pendant un mois, les Alliés bombardèrent les batteries turques des deux côtés de l'entrée du détroit, des dragueurs de mines à leur tête. La menace turque n'avait cependant pas été éliminée, et le 18 mars des mines coulèrent trois cuirassés et en avarièrent trois autres. Ce désastre changea complètement la nature de la campagne. La flotte alliée se retira et il fut décidé qu'une force expéditionnaire devrait débarquer sur la péninsule de Gallipoli pour permettre à la flotte un passage sûr à travers le détroit.

Les troupes furent amenées d'Égypte et comprenaient des Anglais, des Français, des Australiens et des Néo-Zélandais, les

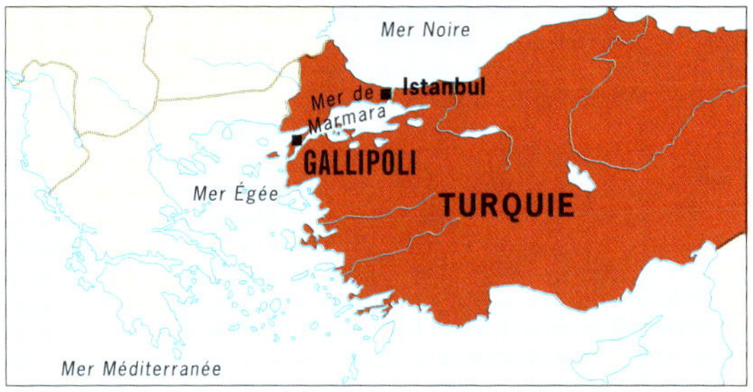

deux derniers groupes étant connus sous le nom d'ANZAC. Sous le commandement du général Ian Hamilton, la force comptait 78 000 hommes. Ce cliché de condamner les généraux anglais de cette période comme n'étant plus dans la course, sous-entendant que leur incompétence contribua à la mort de nombreux soldats, n'est pas vrai dans la plupart des cas. Hamilton était un soldat extrêmement respecté, qui avait fait l'expérience de la guerre en Afrique du Sud et en Mandchourie. Il connaissait la nature de la guerre moderne et savait qu'entreprendre et mettre à exécution un débarquement face à l'ennemi était un immense défi.

Malheureusement, il fallut un mois pour équiper et transporter les soldats de Hamilton, et les Turcs profitèrent de l'occasion pour préparer leurs positions défensives. Commandés par un Allemand, le général Liman von Sanders, les Turcs étaient 60 000, et bien équipés en artillerie et en mitrailleuses.

DÉBARQUEMENT

Hamilton était conscient de prendre des risques car ses soldats n'étaient pas entraînés aux attaques amphibies et connaissaient mal les terres qu'ils tentaient de saisir. Deux assauts principaux étaient prévus pour le 25 avril ; l'un au cap Helles, au bout de la péninsule, l'autre à Ari Burnu, sur son côté ouest. Deux autres attaques étaient destinées à faire diversion.

Une atmosphère d'assurance, et même de désinvolture, règnait parmi les troupes qui naviguèrent vers Gallipoli, comme le rapporte le capitaine Talbot, qui débarqua avec le 1er bataillon des Lancashire Fusiliers : « Je puis vous dire que la vision de la péninsule pilonnée par la flotte était grandiose avec le soleil se levant sur l'ensemble. Nous avons démarré juste devant les navires de soutien et nous sommes approchés assez rapidement pour nous placer juste sous les gueules des canons. Le bruit des canons de 10 pouces était assourdissant. Ils n'ont tiré aucun coup de feu sur nous jusqu'à ce que les rames soient en mouvement, et alors ils s'y sont mis pour de bon. La première balle qui a heurté l'eau a provoqué des acclamations chez nos hommes… Je ne crois pas que les hommes réalisaient à quel point les tirs étaient dangereux ; ils ont ri et plaisanté jusqu'au bout. » La confiance qu'avaient les soldats dans leur flotte était mal placée. Non seulement leurs gros canons échouèrent à anéantir la résistance turque, mais la marine avait averti l'armée de la présence de forts courants et de récifs. En conséquence, les troupes anglaises durent débarquer de jour sur les cinq plages du cap Helles, faisant d'elles-mêmes des cibles faciles pour les artilleurs turcs, qui infligèrent un feu mortel à trois des débarquements. Malgré cela, et des barbelés immergés qui les arrêtèrent tandis qu'ils pataugeaient vers le rivage, les braves soldats continuèrent d'avancer, le 1er Lancashire Fusiliers gagnant six *Victoria Crosses* avant la fin de la journée. En quittant la plage,

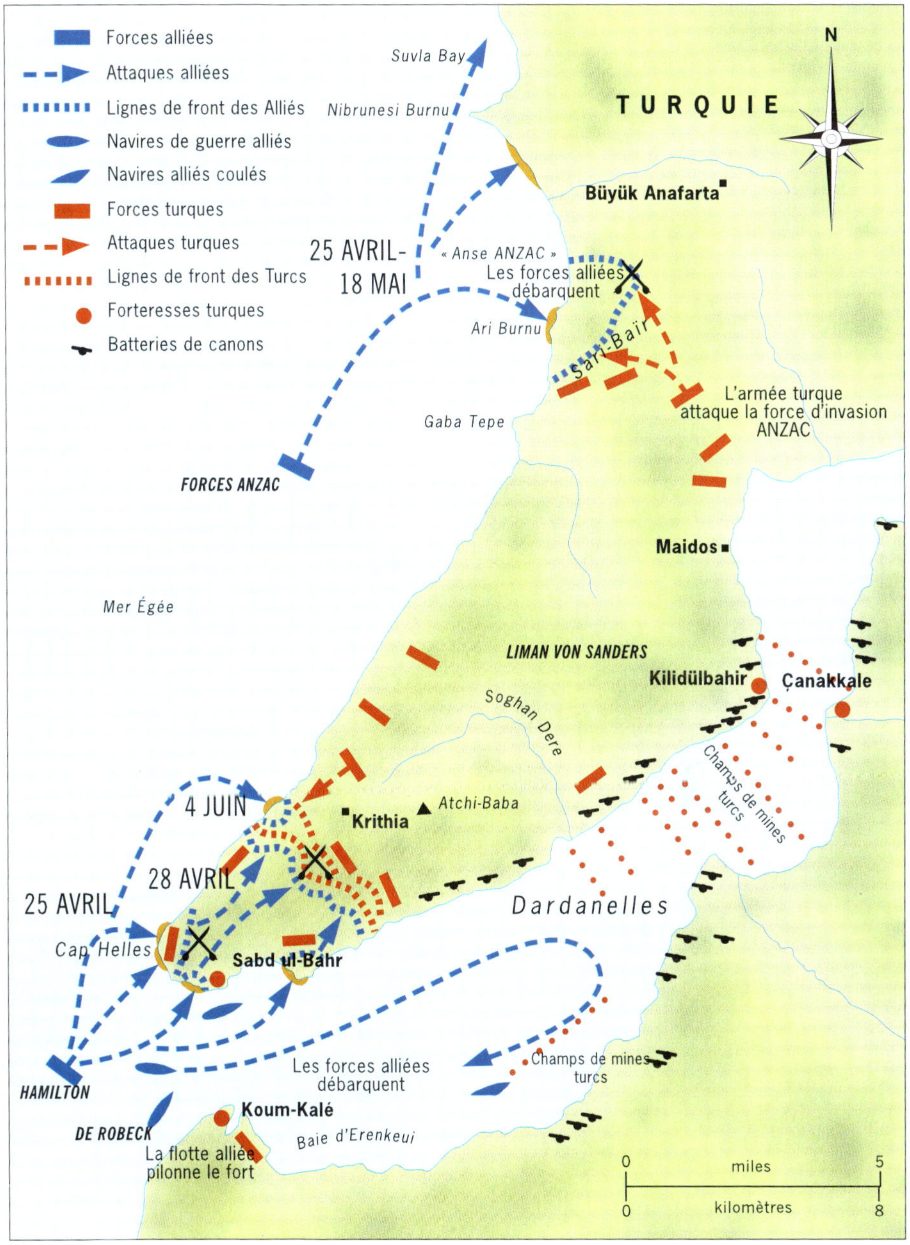

Ci-dessus **:**
Les débarquements alliés sur la péninsule de Gallipoli lors de la tentative pour assurer le passage à travers les Dardanelles.

des éléments de la 29e division prirent une colline appelée Atchi-Baba. En continuant, ils auraient peut-être renversé les lignes turques, mais en l'absence d'ordres fermes, ils s'arrêtèrent pour prendre le thé – laissant le temps aux Turcs de réoccuper le terrain surélevé et d'entourer de tranchées les têtes de pont. L'éventuel avantage initial avait été perdu.

Plus au nord, sur le côté ouest de la péninsule, les ANZAC manquèrent le site où ils devaient à l'origine débarquer, et se rassemblèrent en un lieu qui devint connu sous le nom d'« anse des ANZAC ».

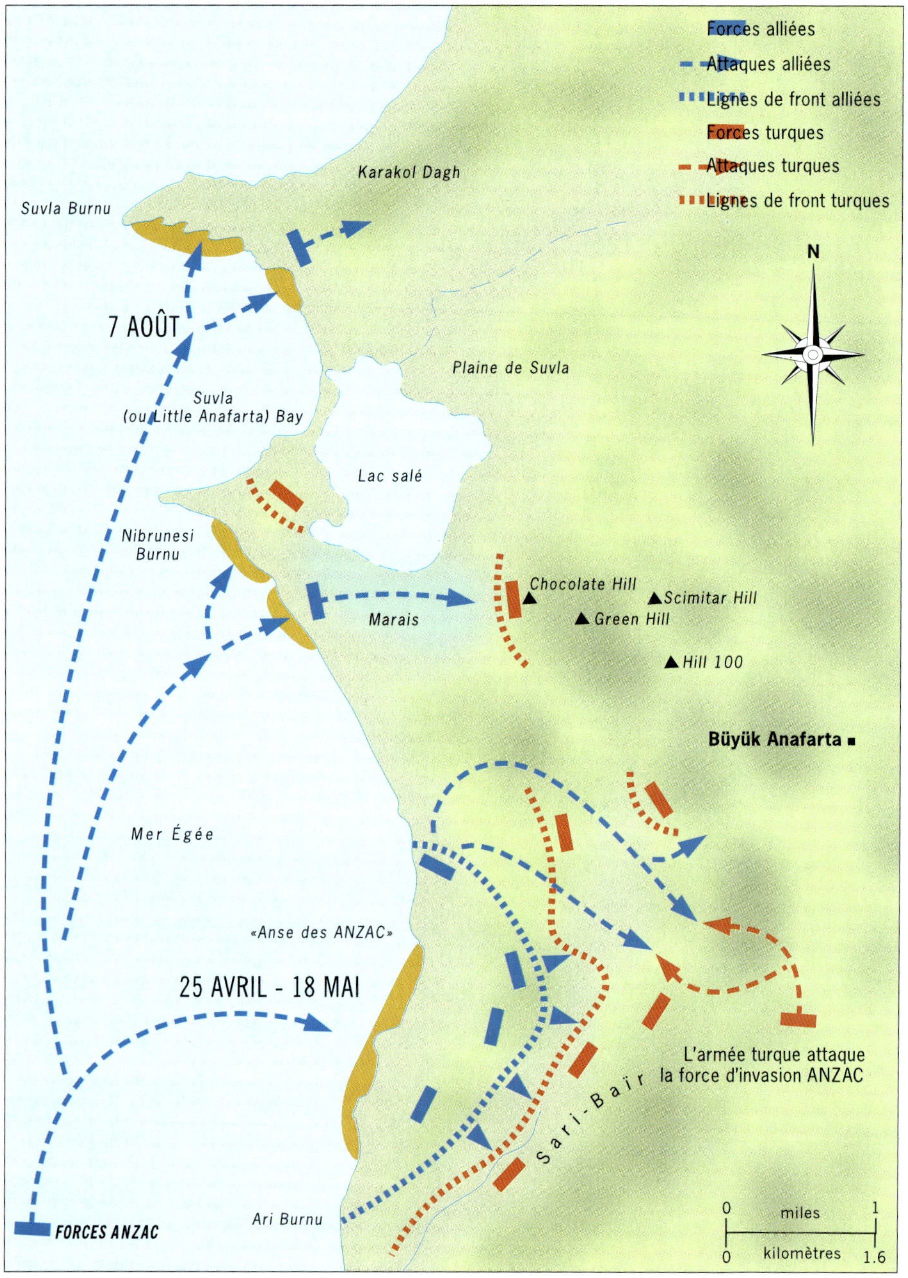

Cela leur épargna l'affrontement des défenses plus solides de Gaba Tepe, et ils avancèrent rapidement sur les pentes des plages, se dirigeant vers le terrain surélevé de Sari-Baïr. Malheureusement pour eux, les défenseurs turcs de la zone étaient commandés par un officier hautement qualifié nommé Mustafa Kemal, qui prendrait plus tard le nom de Kemal Atatürk et mènerait une brillante campagne pour devenir président fondateur de la République de Turquie. Par chance, Kemal était en train de mobiliser ses troupes pour un exercice anti-débarquement et occupait la totalité des hauteurs avant que les ANZAC ne puissent les atteindre. Il lança ensuite une contre-attaque féroce qui les repoussa jusqu'à la plage, leur infligeant quelque 5 000 pertes.

La situation était désespérée, et Hamilton reçut le message suivant à propos des ANZAC : « [ils] sont complètement démoralisés par les tirs d'obus auxquels ils ont été soumis toute la journée après l'épuisement et le travail héroïque de ce matin… si les troupes sont de nouveau soumises à des tirs d'obus demain matin, il y aura probablement un fiasco, car je n'ai pas de troupes fraîches pour remplacer celles qui sont dans la ligne de tir. » La réponse d'Hamilton fut inflexible : « Il n'y a rien d'autre à faire que de vous enterrer et tenir le coup… Vous avez traversé le plus difficile, maintenant vous n'avez qu'à creuser, creuser, creuser, jusqu'à être en sécurité. » Sur ce point, Hamilton se trompait : le plus difficile était à venir. Les Alliés ne pouvaient pas progresser à partir de leurs têtes de pont et, en plus des dangers évidents posés par les Turcs, durent endurer trois mois de sable brûlant et de dysenterie galopante.

SUVLA BAY

Hamilton fut direct à propos de son échec : « Je pourrais représenter la bataille comme une victoire, puisque les positions avancées de l'ennemi ont été enfoncées, mais en réalité le résultat a été un échec, car le principal objectif reste inaccompli. Les fortifications et leurs mitrailleuses étaient trop scientifiques et trop fortement tenues pour être forcées, bien que j'aie envoyé tous les hommes disponibles aujourd'hui. Nos troupes ont fait tout ce que chair et sang peuvent faire contre des ouvrages semi-permanents, et elles ne sont pas en mesure de les déplacer. » Mais le gouvernement anglais refusait d'abandonner. Quelque 22 000 cartouches

Ci-dessus, à gauche **: Les principaux débarquements des troupes ANZAC à Gallipoli. Malgré leurs débarquements réussis, les troupes ANZAC ne réussirent pas à briser les lignes défensives turques à l'intérieur des terres.**

LIEUTENANT JOHN HARDING, RÉGIMENT DE LONDRES

AFFREUSE DÉCOUVERTE

Beaucoup d'hommes des nouvelles troupes débarquant à Gallipoli en août 1915 furent déroutés par ce terrain inconnu. Le fait qu'ils devaient avancer de nuit ne les aida pas. John Harding, lieutenant du Régiment de Londres, se rappelle la confusion : « On nous dit que nous allions effectuer une attaque de nuit. Nous partîmes dans l'obscurité et marchâmes en colonne, nous arrêtant fréquemment… Nous paraissions avancer d'environ 100 m à la fois, puis faire halte […]. Nous étions guidés, de sorte que nous n'avions aucune idée de là où nous allions. Nous avons continué, je ne sais pas combien de temps, puis on nous a ordonné de faire halte et de nous coucher. Je me suis donc étendu, avec ma section, dans une petite dépression du sol au milieu des collines, et il y avait une affreuse puanteur, et nous n'avions aucune idée d'où elle venait. Cependant, nous nous sommes endormis, mais à notre réveil, le lendemain matin, à la lumière du jour, nous avons vu que nous étions couchés à côté de quatre ou cinq Turcs morts. Eh bien alors, on nous a dit de retourner à la plage. »

Cité dans *Defeat at Gallipoli* de Nigel Steel et Peter Hart (Macmillan, 1994)

En haut **: Les troupes anglaises avancent à Gallipoli.**

Ci-dessus **: Ce tableau d'Ellis Silas représente des troupes australiennes à Gallipoli.**

supplémentaires furent envoyées à Gallipoli, et en août trois autres divisions britanniques arrivèrent.

Une percée majeure fut préparée et les hauteurs de Sari-Baïr dominant « l'anse des ANZAC » furent prises pour cible afin de diviser les défenses de la péninsule. La nuit du 6 au 7 août, sans soutien naval, les nouvelles divisions débarquèrent à Suvla Bay, au nord des ANZAC. Cependant, on laissa le soin aux ANZAC d'entreprendre l'assaut principal contre Sari-Baïr. Le territoire surplombant l'anse était accidenté, comprenant une succession de crêtes et de creux. Dans l'obscurité, les ANZAC se perdirent et affrontèrent les Turcs dans de fréquents combats au corps à corps. Les nouvelles troupes eurent plus de chance, et rencontrèrent peu de résistance mais une fois de plus pendant qu'ils attendaient leurs ordres, les Turcs reprirent les hauteurs avec des renforts. Kemal lança une série de contre-attaques qui rejetèrent les Alliés sur les plages, avec des pertes s'élevant à 30 000 hommes.

Hamilton fut finalement démis de son commandement en octobre, et un nouveau général recommanda l'évacuation de toutes les troupes alliées de la péninsule. De retour à Londres, Hamilton et Churchill devinrent des boucs émissaires pour ce qui fut qualifié de scandaleux gaspillage de forces. En réalité, avec de plus grandes ressources et une meilleure préparation, l'assaut amphibie aurait pu réussir malgré l'opposition turque, mais Gallipoli n'aurait pu être de toute façon qu'un à-côté par rapport aux événements du front ouest, et échoua dans l'objectif qui lui avait été fixé. L'évacuation des troupes de Gallipoli s'effectua efficacement avec peu de nouvelles pertes humaines, mais il faudrait longtemps avant qu'une autre campagne amphibie ne soit suggérée par un commandant britannique.

OFFENSIVE DE BROUSSILOV, 1916

La victoire spectaculaire de la Russie sur les forces allemandes pendant l'offensive de Broussilov démontra comment devait s'effectuer une offensive en déplacement rapide. Méticuleusement planifiée et bien exécutée, l'avance russe écrasa les Allemands. Malheureusement, son début brillant ne fut pas suivi de fermeté à la fin, et cette victoire ne réussit pas à changer l'issue finale de la guerre sur le front est.

La Russie avait subi une défaite humiliante contre les Japonais en 1904-1905 (*voir Tsushima, pp. 54-57*), qui avait provoqué une révolution, dont le point culminant avait été de forcer le tsar à accepter un gouvernement constitutionnel. Une industrialisation forcenée s'ensuivit, et le gouvernement russe équipa en hâte ses forces de l'armement le plus récent. En 1907, la Russie entra dans une alliance avec la France et la Grande-Bretagne (la Triple Entente). La Russie pouvait faire appel à une main d'œuvre estimée à 25 millions d'hommes, et sa taille inquiétait beaucoup l'Allemagne et l'Autriche-Hongrie, ses principaux rivaux en Europe centrale. Cependant, les communications russes étaient mauvaises, et l'Allemagne pensait que la mobilisation russe serait si lente qu'elle aurait le temps de vaincre la France à l'ouest avant que les forces allemandes partent affronter la situation à l'est.

Quand la guerre éclata dans l'est de l'Europe en 1914, la Russie surprit tout le monde en mobilisant beaucoup plus rapidement que

À droite **: L'offensive russe en Pologne en 1916. Au départ couronnée de succès, elle ne parvint pas à briser la résolution des Allemands.**

Ci-dessus **: Des soldats allemands et une équipe de mitrailleurs tiennent une position improvisée sur le front est de la Pologne, au début de la guerre.**

À droite **: Soldats russes occupant une tranchée en Pologne. Après le mouvement initial de la guerre, le front de l'est devint une série de réseaux de tranchées tout comme à l'ouest, les deux camps cherchant à effectuer une percée.**

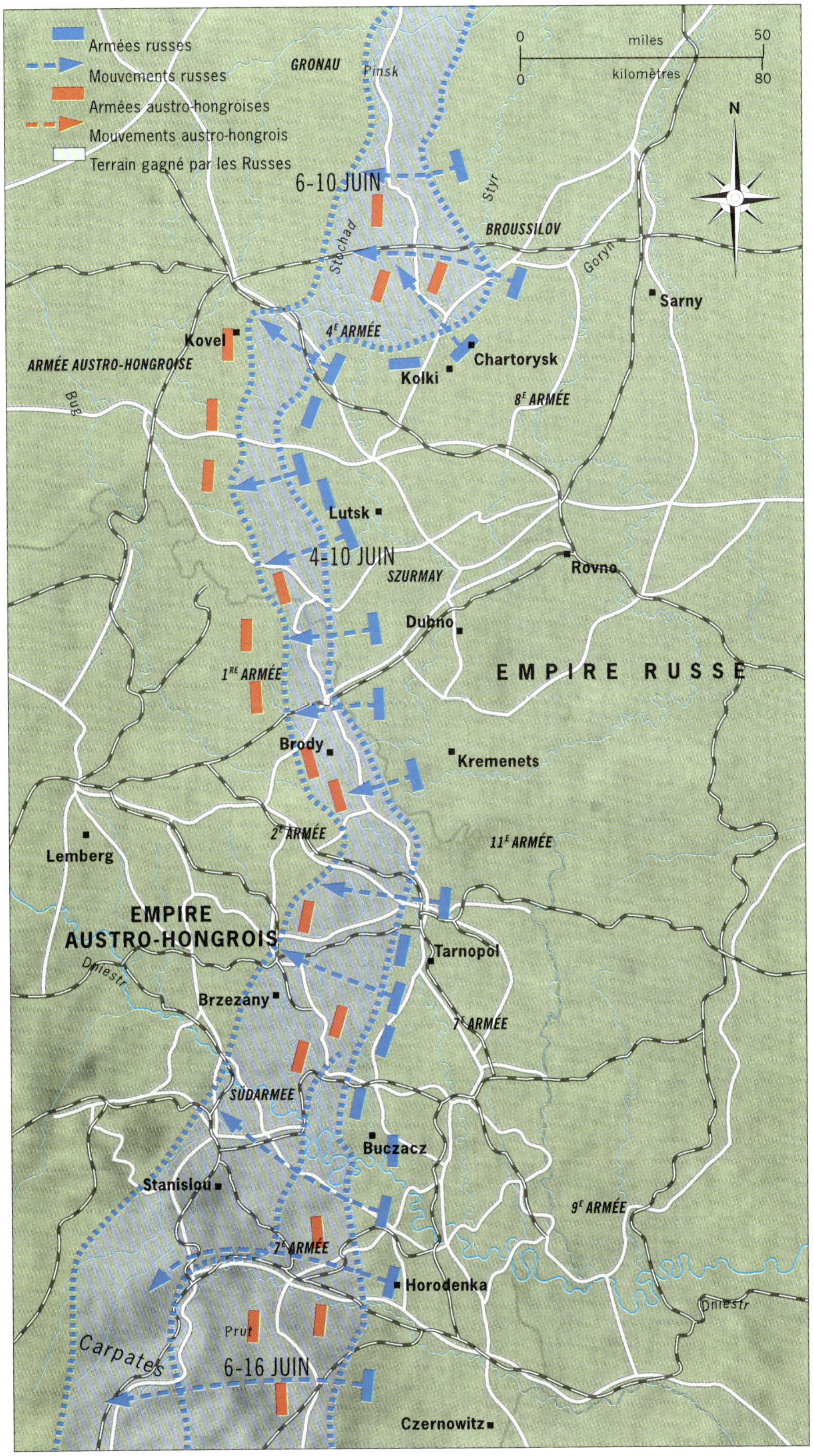

prévu. Des armées russes envahirent l'est de la Prusse et la Galicie, ce qui eut l'effet immédiat de paniquer Moltke, le poussant à ramener des troupes de l'ouest et affaiblissant l'attaque qu'il y menait (*voir la première bataille de la Marne, pp 58-61*). Les Allemands répliquèrent, cependant, et remportèrent une victoire à la bataille de Tannenberg. Et les Russes subirent une série de défaites en Pologne.

Les Russes eurent plus de succès contre les Austro-hongrois, mais en 1915, tous les belligérants se retrouvaient embourbés dans une guerre de tranchées, et l'armée russe avait perdu plus d'un million d'hommes. L'Allemagne et l'Autriche-Hongrie continuèrent leurs offensives, et à la fin de l'année, les armées russes se retiraient de Galicie et de Pologne. L'armée russe était en crise, et le tsar intervint pour prendre le commandement militaire. La production de munitions fut augmentée et au début de 1916, l'armée russe était en meilleure forme. L'assaut allemand à Verdun faisait peser une énorme pression sur les Français, et la Russie décida d'aider son allié en lançant une offensive au nord du Lac Naroch en mars 1916. L'attaque échoua, avec de lourdes pertes, et l'attention se tourna alors vers un des commandants les plus compétents de la Russie, le général Alexeï Broussilov.

UNE PRÉPARATION MÉTICULEUSE

Broussilov était un officier de cavalerie aristocratique, placé à la tête de la 8e armée. Son imagination, alliée à son sens du détail, firent de son commandement l'un des éléments les plus efficaces des forces russes en 1915. Promu au commandement général des armées russes à la frontière sud-ouest en 1916, il se prononça contre la tactique d'usure habituelle des Russes consistant à déborder l'ennemi par des vagues humaines, et choisit plutôt d'employer la surprise et l'efficacité tactique. Il rassura ses supérieurs en suggérant une attaque sur toute la longueur de la ligne de front austro-hongroise, mais dans son organisation, planifia méticuleusement quatre attaques simultanées par quatre armées sous son commandement (les 7e, 8e, 9e et 11e armées).

Broussilov avait pris note des événements sur le front ouest et utilisa des avions de reconnaissance pour lui fournir des informations. Il creusa ensuite des tranchées d'assaut en direction des positions austro-hongroises. La surprise était d'une importance capitale, et ses plans furent dissimulés à l'ennemi avec succès. Les Austro-Hongrois ne réussirent pas à perturber ses préparatifs, croyant leurs propres lignes de tranchées invulnérables. Les forces de Broussilov, 1 700 canons et 600 000 hommes, dépassaient à peine les 500 000 hommes de l'ennemi, et ce fait rassura également les Austro-Hongrois, leur faisant croire que les Russes ne préparaient pas d'attaque, parce que lorsqu'ils le faisaient, ils avaient tendance à inonder la zone de soldats.

Broussilov entama son offensive le 4 juin 1916 par des bombardements d'artillerie précis, fondés sur les informations obtenues par ses avions. Suivirent alors les attaques des quatre armées russes, qui forcèrent les Austro-Hongrois à utiliser leurs réserves. La propre armée de Broussilov, la 8e, lança un assaut spectaculaire au sud des marais de Pripet à Lutsk, détruisant la 4e armée austro-hongroise et prenant la ville en deux jours seulement. Plus au sud, la 11e armée écrasa les 1re et 2e armées austro-hongroises et franchit la ligne ennemie à Sopanov. Encore plus au sud se trouvait la 9e armée, qui s'empara du saillant austro-hongrois à Okna et prit 11 000 prisonniers.

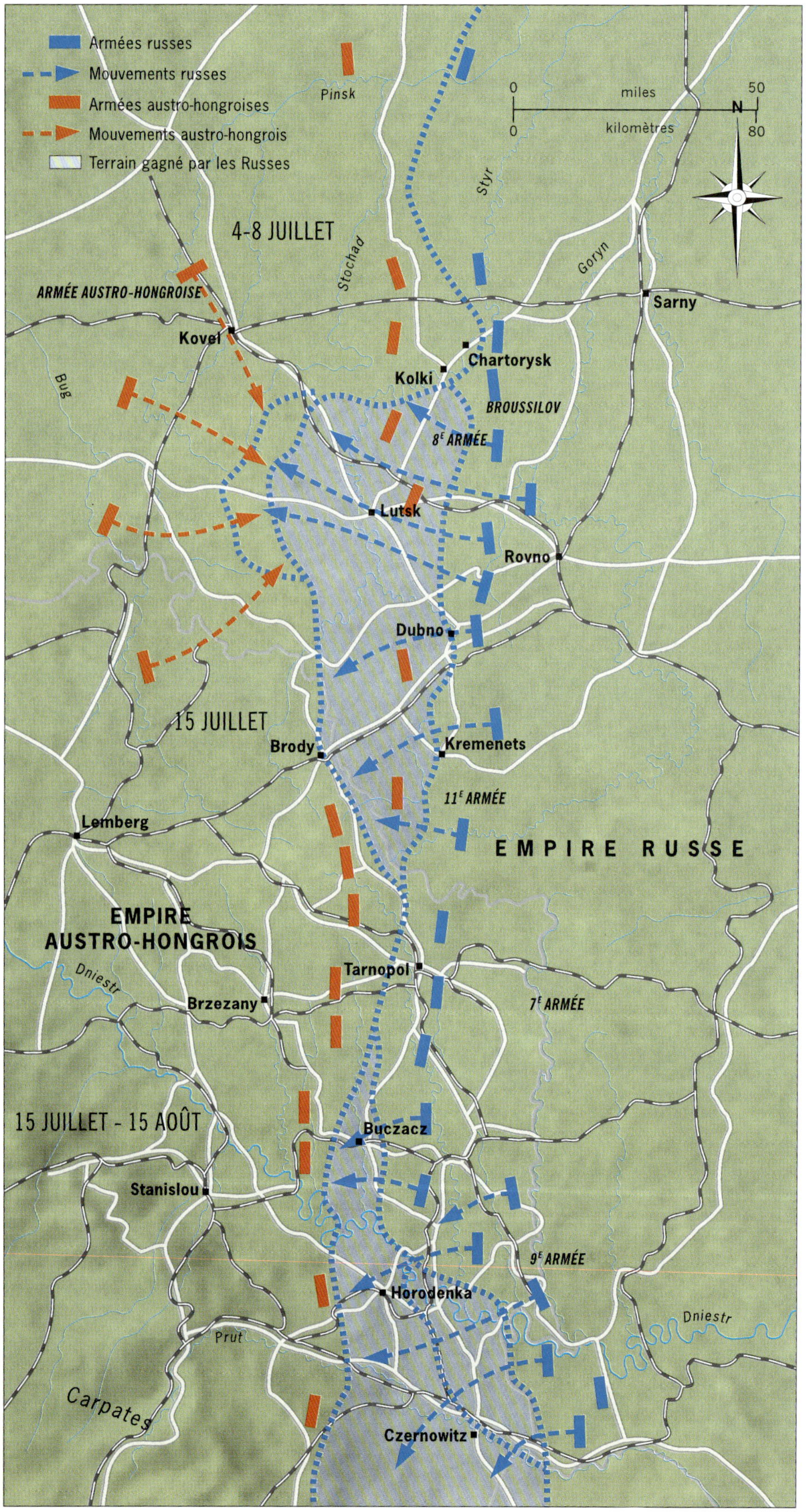

Ci-dessous **: Les étapes finales de l'offensive de Broussilov**

Une force de secours austro-hongroise, la 7e armée, fut forcée de battre en retraite devant la 9e armée russe, se scindant finalement en deux lorsque son système de transport s'effondra, et perdant quelque 100 000 hommes. À la mi-juin, les forces austro-hongroises en Galicie s'étaient virtuellement effondrées, et le haut commandement russe fut impressionné par la réussite de Broussilov. En tout, les soldats de Broussilov prirent quelque 200 000 prisonniers et plus de 700 canons. Ils avaient avancé sur 80 km, mais Broussilov n'avait pas les renforts nécessaires pour poursuivre l'ennemi plus avant, et dut mettre un terme à l'offensive. Ses propres pertes s'élevaient à 50 000 hommes.

LA DÉFAITE APRÈS LA VICTOIRE

La panique s'empara des commandements allemand et austro-hongrois. Les Allemands ne pouvaient pas envoyer de troupes supplémentaires, à cause de l'offensive sur la Somme, et les Austro-Hongrois étaient engagés dans leur campagne en Italie. Heureusement pour eux, l'excitation due à la réussite de Broussilov poussait maintenant le haut commandement russe à interférer quotidiennement, rendant la vie de Broussilov plus difficile en exigeant des victoires encore plus grandes. Une contre-attaque austro-allemande le 20 juin, conduite par Marwitz, ne réussit pas à entamer la ligne russe, et 40 000 hommes de plus furent perdus.

Broussilov reçut finalement 12 divisions supplémentaires et les utilisa pour reprendre son offensive le 23 juin. Les 9e et 11e armées russes repoussèrent les Austro-Hongrois plus loin, mais si les Allemands se retirèrent également, ils le firent en bon ordre. Falkenhayn rassembla des renforts allemands ramenés du front ouest, et les Austro-Hongrois rappelèrent leur offensive de Trentino. Grâce à leurs lignes de communication supérieures, en particulier leurs chemins de fer, au milieu de juillet Allemands et Austro-Hongrois avaient commencé à renverser l'équilibre en termes de puissance. Les Allemands fondirent sur le flanc nord, plus faible, de l'avance russe et poussèrent leurs contre-attaques. Au sud, les troupes russes parvinrent jusqu'aux Carpates, mais furent trahies par leurs mauvaises lignes d'approvisionnement. Au nord, les Allemands réussirent à stopper l'avance russe, et en septembre l'offensive victorieuse de Broussilov s'était immobilisée.

Les retombées de la bataille brillamment menée par Broussilov furent nombreuses. Pour les Allemands, elle avait entamé leurs effectifs sur le front ouest et Falkenhayn fut obligé de démissionner de son poste de commandant suprême des forces allemandes. Pour l'Autriche-Hongrie, les répercussions furent encore pires, car son armée s'était pratiquement effondrée en tant que puissance autonome, et ses troupes avaient été avalées dans la machine de guerre allemande. L'empire austro-hongrois ne survivrait pas au processus de paix qui suivit la guerre. La Roumanie avait été encouragée à entrer en guerre aux côtés des Alliés, mais sa participation s'avéra sans grande importance.

Pour la Russie, le résultat final fut catastrophique, ce qui peut sembler surprenant. Bien que cette grande victoire ait impressionné ses alliés, l'offensive de Broussilov avait drainé l'armée russe de ses meilleurs soldats ; à la fin de l'offensive, ses pertes s'élevaient à environ 500 000 hommes, presque égales à celles de ses ennemis. De plus, la Russie ne pouvait pas maintenir l'approvisionnement en nourriture et en armes nécessaire au fonctionnement de son armée. Ce fut, au bout du compte, un pur embrasement final qui montra ce qui aurait été possible si la Russie avait possédé un système militaire plus efficace.

Au même moment, le peuple russe s'était lassé de la guerre, et en février 1917 les pressions révolutionnaires s'étaient accumulées à tel point que l'armée russe était pratiquement paralysée. Des soldats refusaient d'obéir à leurs officiers et disparaissaient du front. Les Allemands contribuèrent à ce processus en renvoyant en Russie Lénine et d'autres révolutionnaires exilés. En novembre 1917, les Bolcheviques étaient au pouvoir, et ils déclarèrent un armistice le 16 décembre 1917. Le tsar fut alors exécuté et le régime communiste commença à exercer son contrôle du pouvoir. Et que devint Broussilov – le plus brillant des commandants russes pendant la guerre ? Il rejoignit l'Armée rouge en tant que général en 1920, et contribua à établir l'armée soviétique, mais parvint à éviter de se retrouver dans la lutte mortelle que devait être la guerre civile qui suivit.

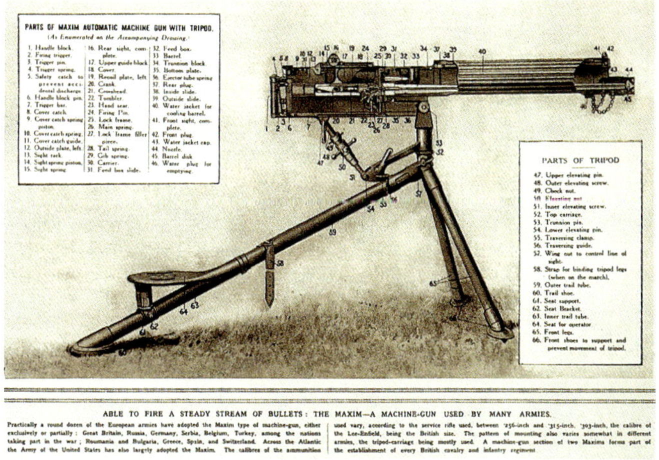
PARTS OF MAXIM AUTOMATIC MACHINE GUN WITH TRIPOD.
(As Enumerated on the Accompanying Drawing.)

1. Handle block.
2. Firing trigger.
3. Trigger pin.
4. Trigger spring.
5. Safety catch to prevent accidental discharge.
6. Handle block pin.
7. Trigger bar.
8. Cover catch.
9. Cover catch spring piston.
10. Cover catch spring.
11. Cover catch guide.
12. Outside plate, left.
13. Sight rack.
14. Sight spring piston.
15. Sight spring.
16. Rear sight, complete.
17. Upper guide block.
18. Cover.
19. Recoil plate, left.
20. Crank.
21. Crosshead.
22. Tumbler.
23. Hand sear.
24. Firing Pin.
25. Lock frame.
26. Main spring.
27. Lock frame filler piece.
28. Tail spring.
29. Gib spring.
30. Carrier.
31. Feed box slide.
32. Feed box.
33. Barrel.
34. Trunnion block.
35. Bottom plate.
36. Ejector tube spring.
37. Rear plug.
38. Inside slide.
39. Outside slide.
40. Water jacket for cooling barrel.
41. Front sight, complete.
42. Front plug.
43. Water jacket cap.
44. Nozzle.
45. Barrel disk.
46. Water plug for emptying.

PARTS OF TRIPOD

47. Upper elevating pin.
48. Outer elevating screw.
49. Check nut.
50. Elevating nut.
51. Inner elevating screw.
52. Top carriage.
53. Trunnion pin.
54. Lower elevating pin.
55. Traversing clamp.
56. Traversing guide.
57. Wing nut to control line of sight.
58. Strap for binding tripod legs (when on the march).
59. Outer trail tube.
60. Trail shoe.
61. Seat support.
62. Seat Bracket.
63. Inner trail tube.
64. Seat for operator.
65. Front legs.
66. Front shoes to support and prevent movement of tripod.

ABLE TO FIRE A STEADY STREAM OF BULLETS: THE MAXIM—A MACHINE-GUN USED BY MANY ARMIES.

Practically a round dozen of the European armies have adopted the Maxim type of machine-gun, either exclusively or partially: Great Britain, Russia, Germany, Serbia, Belgium, Turkey, among the nations taking part in the war; Roumania and Bulgaria, Greece, Spain, and Switzerland. Across the Atlantic the Army of the United States has also largely adopted the Maxim. The calibres of the ammunition used vary, according to the service rifle used, between ·256-inch and ·315-inch, ·303-inch, the calibre of the Lee-Enfield, being the British size. The pattern of mounting also varies somewhat in different armies, the tripod-carriage being mostly used. A machine-gun section of two Maxims forms part of the establishment of every British cavalry and infantry regiment.

Ci-dessus **: Des enfants soldats de l'armée russe pendant les dernières étapes de la Première Guerre mondiale, lorsqu'une succession d'offensives coûteuses eut épuisé les réserves de main-d'œuvre.**

Ci-dessus, À droite **: Une mitrailleuse Maxim. La Première Guerre mondiale fut dominée par les mitrailleuses, qui rendaient difficile l'assaut contre des positions retranchées.**

GÉNÉRAL DENIKEN

L'ARMÉE RÉVOLUTIONNAIRE

Avec l'échec de l'offensive de Broussilov à assurer la fin de la guerre sur le front est, l'armée russe devint la proie des idées révolutionnaires, et les soldats commencèrent à déserter. Le général russe Deniken décrit la situation à laquelle il assista en 1917 :

« Le parapet s'effrite. Personne ne prend la peine de le réparer ; personne n'est enclin à le faire, et il n'y a pas assez d'hommes dans la compagnie. Il y a un grand nombre de déserteurs ; on en a laissé partir plus de cinquante. De vieux soldats ont été démobilisés, d'autres sont partis en permission avec l'autorisation arbitraire du Comité [révolutionnaire]. D'autres encore ont été élus membres de nombreux comités, ou sont partis comme délégués. Enfin, par la menace et la violence, les soldats ont tant terrorisé les chirurgiens du régiment que ces derniers fournissent des certificats médicaux même à ceux qui sont en pleine santé. »

Cité dans *The Eastern Front 1914-1918* d'Alan Clark (BPC, 1971)

SOMME, 1916

Ci-dessus : Une énorme explosion de mine signale le début de l'assaut britannique sur la Somme. Bien que localement dévastatrices, ces explosions servaient aussi à avertir d'une attaque.

Symbolique du carnage sur le front ouest, la catastrophe de la bataille de la Somme obligea les commandants britanniques à des changements tactiques. Artillerie et mitrailleuses étaient si dominantes qu'elles rendaient difficile à l'infanterie de pousser jusqu'au bout une avance significative. La Somme fut un tournant dans la conduite de la Première Guerre mondiale, de nombreux commandants appliquant les leçons apprises à la suite des terribles erreurs qui y furent commises.

Le premier jour de la bataille de la Somme produisit les plus importantes pertes en un seul jour jamais subies par l'armée britannique dans toute son histoire – quelque 60 000 pertes, dont 19 000 étaient des morts. Quand l'affreuse nouvelle atteignit l'arrière britannique, elle aggrava encore le dégoût croissant du peuple anglais face à ces sacrifices. Que la cause fût valable n'était pas sérieusement mis en doute à l'époque – les enjeux étaient bien compris, et soutenus par la majorité de la population – mais en Grande-Bretagne, dans les années qui suivirent la guerre, les pertes sur la Somme en vinrent à incarner une tragédie qui, dans l'opinion, ne devrait jamais être autorisée à se reproduire. L'intérêt public fut responsable de l'élévation de monuments aux morts dans tout le pays ; le prestige de la guerre avait disparu pour de bon, et ne reviendrait jamais.

Des mythes se sont également développés autour de la première journée de la Somme : des images d'hommes en kaki, avançant épaule contre épaule à travers un *no man's land* vers une mort certaine, sont associées dans l'imagination populaire à la conviction que les généraux dépassés qui les dirigeaient étaient coupables. En réalité, très peu de compte-rendus d'unités de l'époque mentionnent des soldats avançant d'une manière aussi suicidaire ; la plupart d'entre eux avancèrent raisonnablement en ordre ouvert, exploitant au maximum le couvert disponible. D'autre part, les généraux eux-mêmes avaient averti les politiciens au départ qu'une guerre européenne à cette échelle – ne ressemblant à rien de ce qui s'était fait précédemment – serait extrêmement coûteuse en vies humaines. Il n'y avait aucune illusion là-dessus, seulement un manque d'expérience dans la manière de mener une telle guerre.

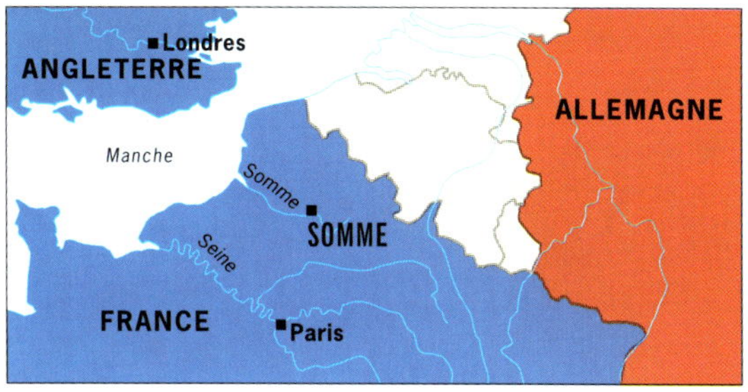

Ce qui causa d'énormes pertes le premier jour de la bataille fut l'échec de l'artillerie anglaise à préparer la bataille. Ce fait fut noté par les généraux, et de nouvelles tactiques d'assaut furent développées, transformant les combats dans la seconde moitié de la guerre. La première moitié de la guerre sur le front ouest avait été largement improvisée pendant que généraux s'efforçaient de comprendre la guerre moderne, mais en 1917 et 1918 une armée plus professionnelle émergeait, et la victoire fut sa récompense. La Somme fut par conséquent un tournant dans la compréhension, chez les Alliés, de la manière dont ils devaient mener la guerre.

Ci-dessous **: L'avance britannique du 1er juillet 1916 et la contre-attaque allemande qui suivit.**

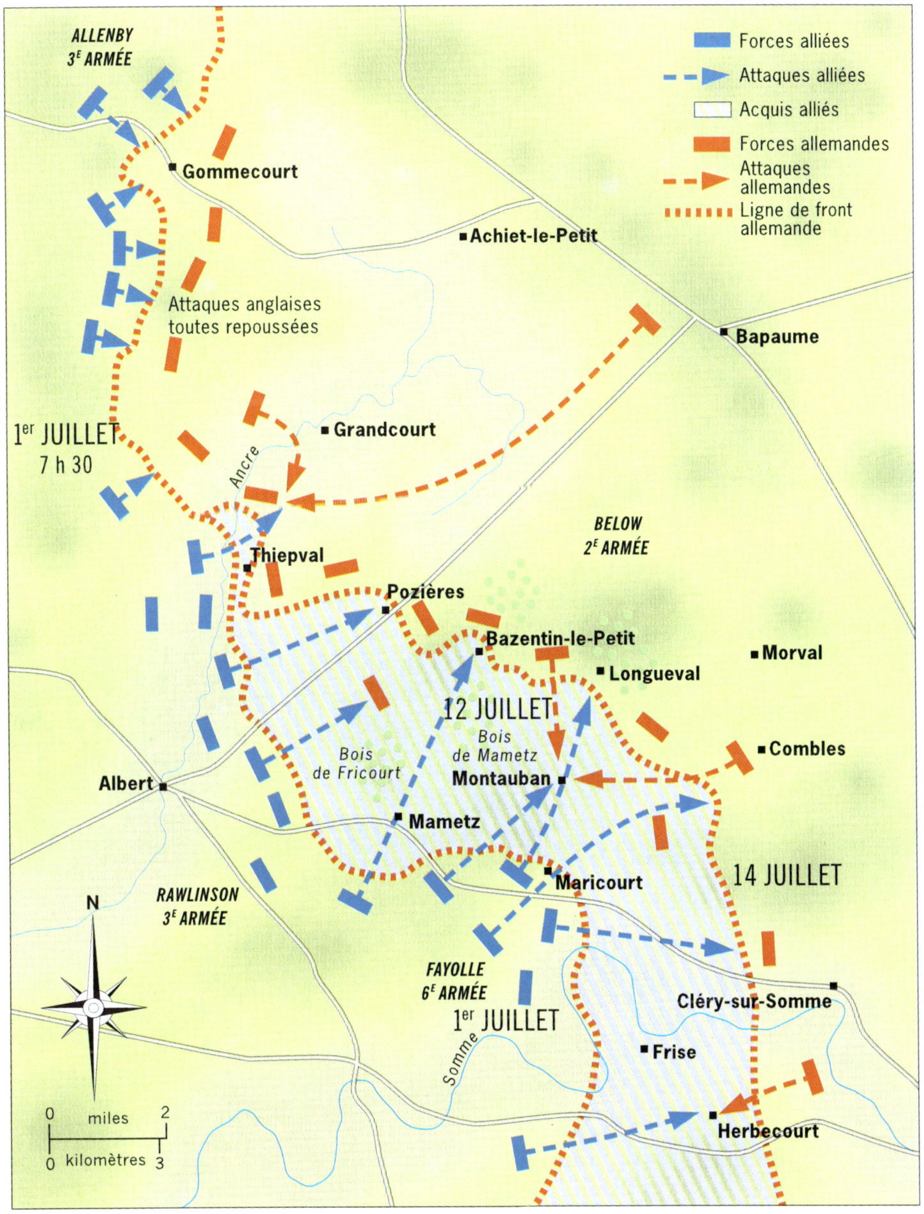

CE JOUR TERRIBLE

La bataille de la Somme fut livrée pour soulager la pression exercée sur les Français, dont les sacrifices dans les deux premières années de la guerre avaient fourni aux Alliés le répit vital dont ils avaient besoin pour arrêter l'avance allemande. Un assaut majeur sur Verdun, qui commença en février 1916, poussa les Français jusqu'à leurs limites. Une poussée anglaise au nord aiderait à détourner les troupes allemandes de Verdun. Le général Haig espérait une assistance significative des Français dans cette attaque de diversion, mais les exigences de Verdun étaient telles que la Somme devint en grande partie une offensive des Anglais et du Commonwealth, l'élément français constitué d'une armée seulement sur les quatre qui y participaient.

Le début de la bataille le 1er juillet fut précédé d'un bombardement d'artillerie massif dans lequel 1,7 million de salves fut tiré sur les lignes allemandes. La 4e armée britannique fut répartie entre Gommecourt au nord et Maricourt au sud, la Somme coulant le long de son flanc sud. Dans l'heure qui précéda l'attaque, quelque 224 221 obus pilonnèrent les Allemands positionnés sur les hauteurs situées à l'est, qui constituaient la cible des Alliés. Ce tir de barrage visait à écraser toute résistance allemande, permettant à l'infanterie anglaise d'avancer pour s'emparer des tranchées ennemies. Cette espérance était sérieusement erronée.

La plupart des obus d'artillerie n'avaient pas la puissance explosive nécessaire pour pénétrer les abris en ciment dans lesquels les Allemands se cachaient. Les obus labourèrent seulement la terre, ne réussissant même pas à trancher les barbelés placés devant les tranchées. Des pilotes qui survolaient la bataille ne virent que le paysage dévasté et rapportèrent à tort que le bombardement avait atteint son objectif, tandis qu'au sol, les rapports selon lesquels les barbelés n'avaient pas été coupés furent ignorés par les officiers supérieurs. Les bombardements anti-batteries n'avaient pas réduit au silence l'artillerie allemande. Haig ne savait pas grand-chose de tout cela, et pourtant il a subi tout le poids des critiques adressées depuis aux militaires.

NOUVELLES RECRUES

La plupart des soldats anglais à la bataille de la Somme étaient de nouvelles recrues et avaient eu peu de temps pour s'entraîner à des tactiques plus compliquées que d'escalader le parapet et d'avancer sur l'ennemi. Ce qu'ils firent avec une grande bravoure, mais tandis qu'ils avançaient à travers le *no man's land*, les Allemands sortirent de leurs abris et déchargèrent leurs mitrailleuses contre eux. Ce fut un bain de sang, les pertes anglaises atteignant 30 000 hommes dans la première heure de l'attaque.

Même l'utilisation de mines ne fut pas entièrement couronnée de succès. Des tunnels avaient été creusés sous la ligne allemande

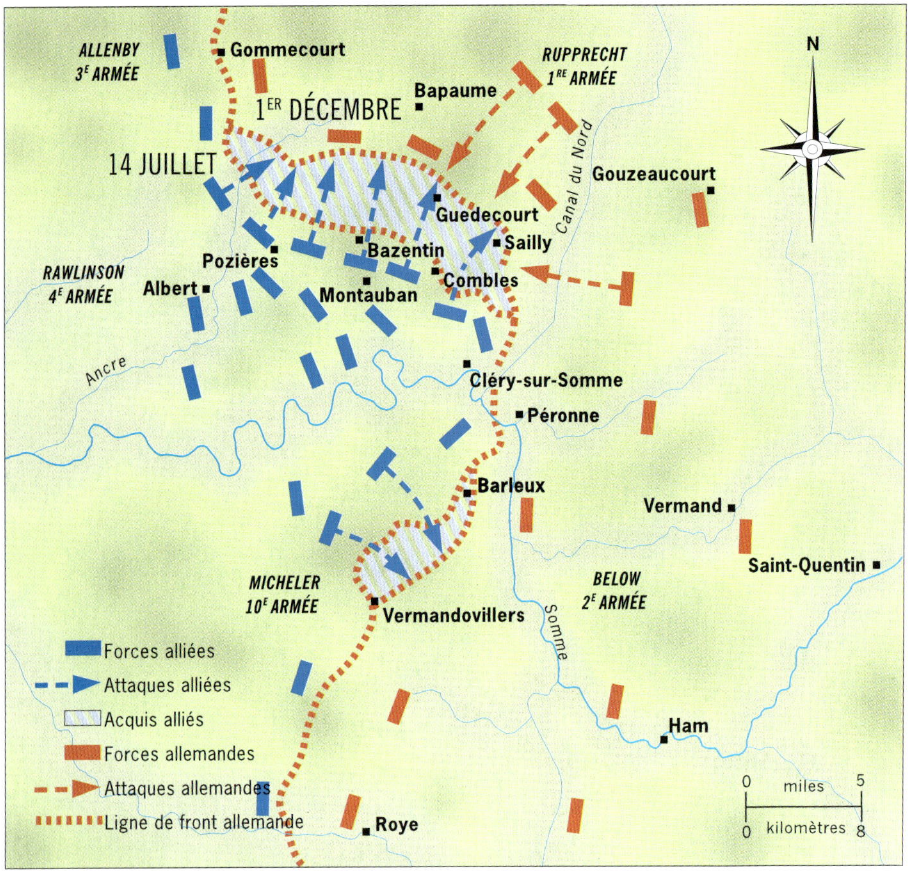

Ci-dessus **:**
Les dernières étapes de la bataille de la Somme dans la seconde moitié de 1916, entraînant peu de gains pour beaucoup de sang répandu.

À droite **: Un soldat anglais chanceux, un bandage autour du crâne, montre le trou percé par un éclat d'obus dans son casque. Son fusil est couvert pour le protéger de la pluie et de la boue du front ouest.**

et remplis d'explosifs brisants. Quand les mines furent mises à feu à « l'heure zéro », elles eurent l'effet de petits tremblements de terre et les Allemands situés juste au-dessus furent anéantis. Les nombreux autres qui ne furent pas tués considérèrent simplement cela comme un avertissement de l'attaque. « Cette explosion », déclare un rapport allemand, « était un signal de l'attaque d'infanterie, et chacun se tint prêt et se posta sur les marches inférieures des abris, fusil à la main, attendant que le bombardement cesse. En quelques minutes le pilonnage cessa, nous fonçâmes et prîmes position dans les cratères. Devant nous, vague après vague de troupes anglaises sortaient de leurs tranchées, et venaient vers nous au pas, leurs baïonnettes scintillant au soleil. »

Malgré cet échec et les lourdes pertes qui suivirent, le premier jour de l'offensive ne fut pas complètement inefficace. Dans la partie sud du secteur central, plusieurs positions allemandes furent prises, dont Montauban, Mametz et Grandcourt. Partout ailleurs, cependant, les attaques avaient été neutralisées.

L'AVANCE S'ENLISE

Le choc dû aux pertes du premier jour ne dissuada pas Haig de continuer ce qui devait devenir une bataille de cinq mois. Cependant, certaines leçons furent rapidement tirées et le général Rawlinson donna une indication de l'emploi de tactiques plus efficaces avec son assaut du 14 juillet contre la seconde ligne de défenses allemandes à la crête de Longueval. Ses troupes avancèrent à la faveur de l'obscurité. Un bref bombardement de cinq minutes précéda l'assaut, et il était dirigé sur une zone beaucoup plus réduite de la ligne ennemie, exerçant un tir de barrage cinq fois plus puissant que le premier jour de la Somme sur un front de 5 500 m. Les résultats furent immédiats, détruisant complètement la seconde ligne allemande et permettant à l'infanterie de briser rapidement la ligne entre Bazentin-le-Petit et Longueval. Malheureusement, Rawlinson ne put pas faire avancer la cavalerie pour exploiter la brèche, et l'avance s'enlisa.

Ailleurs, des combats acharnés permirent aux Alliés de prendre d'autres positions allemandes, mais à un prix énorme : les Australiens et Néo-Zélandais qui prirent Pozières subirent 23 000 pertes. Les Allemands avaient l'ordre de contre-attaquer chaque fois qu'ils perdaient une position, et cela leur coûta également cher. « Parmi les vivants sont étendus les morts », se souvint le lieutenant Ernst Jünger. « Tandis que nous nous enterrions, nous les trouvions en couches empilées les unes sur les autres. Une compagnie après l'autre avait été envoyée contre le feu battant et anéantie à chaque fois. » Le temps ajoutait aux souffrances, une pluie battante transformant le champ de bataille en un océan de boue. De trop nombreux assauts à petite échelle échouèrent à briser l'impasse et à endiguer la liste de plus en plus longue des pertes, les politiciens pressant en conséquence Haig d'entreprendre une action décisive.

C'est alors que Haig se tourna vers une nouvelle technologie, envoyée en France sous l'apparence de « réservoirs (*tanks*) d'eau » – d'où le tank devait tirer son nom. Haig fut immédiatement impressionné par les nouvelles plates-formes de tir blindées et sur rails, et il voulut qu'elles soient prêtes plus rapidement qu'il n'était

Ci-dessus **: Le général Haig, commandant des forces britanniques à la bataille de la Somme. Longtemps décrié comme un piètre commandant, il ne ménagea pas ses efforts pour développer nouvelles tactiques et nouvelles armes afin d'affronter les difficultés de la guerre sur le front ouest.**

Ci-dessus, à droite **: L'artillerie anglaise sur le front ouest. Son échec à détruire bunkers allemands et barbelés le premier jour de la bataille de la Somme entraîna les gigantesques pertes subies par l'infanterie britannique.**

possible. Les délais de fabrication firent que seules 32 de ces nouvelles armes furent prêtes en septembre. Néanmoins, Haig les envoya au combat, et bien qu'elles fussent affligées de défauts mécaniques, leur première apparition le 15 septembre suffit à semer la panique parmi les Allemands, qui n'étaient pas au courant de leur production. À Thiepval, seuls trois tanks furent nécessaires pour terrifier les Allemands et prendre le village. Ils ne suffisaient pas à ouvrir une percée, mais ils annonçaient un nouveau genre de guerre.

SAIGNÉS À BLANC

La bataille de la Somme prit fin en novembre, quand les Alliés prirent les défenses allemandes de Beaumont, Hamel et Beaucourt. Au total, les Britanniques avaient perdu 420 000 hommes, les Français en perdant 205 000. Les Allemands avaient été saignés à blanc, avec 680 000 pertes. Toute cette effusion de sang pour une avance alliée de 5 km.

Aucun des camps n'oublierait l'horreur de cette bataille, et les deux armées développèrent des tactiques qui se concentraient sur des objectifs mieux définis, utilisant divers véhicules et armes pour soutenir l'infanterie. Cela conduisit à la naissance des sections d'assaut ainsi qu'à l'utilisation du barrage rampant, dans lequel l'artillerie tirait un rideau de projectiles juste devant l'infanterie qui avançait. Cette bataille démontra aussi que les Allemands n'étaient pas invincibles, et de nombreux soldats anglais considéraient que même si elle avait été coûteuse, les Allemands seraient finalement battus. Une perte de confiance équivalente fut remarquée chez les forces allemandes. Le vent avait tourné.

ERNEST SHEPHARD, DU 1ER DORSETS

LE FEU DES MITRAILLEUSES

« à 6 h 30 du matin, notre artillerie bombardait intensément, un vacarme terrible. À 7 h 30, nous sommes passés à "l'attaque" par compagnies à des intervalles de 180 m… Nous recevions une dose terrible de tir de mitrailleuses qui nous balayait à travers le bois, on ne comprenait pas pourquoi… On nous a dit de traverser le plus vite possible. J'ai continué, Gray l'infirmier de la compagnie derrière moi, et la section n° 5 derrière lui. Comment je suis passé, je n'en sais rien, les balles fusaient et sifflaient tout autour de moi. Mes vêtements et mon équipement ont été troués par les balles à plusieurs endroits, et j'ai été touché au flanc gauche. Le sol était couvert de nos morts et de nos blessés… »

Cité dans *The Somme 1916* de Michael Chappell (Windrow & Greene, 1995)

YPRES, 1917

Ce qui aurait dû être une démonstration impressionnante des nouvelles tactiques et de la technologie adoptées par l'armée britannique se changea en un cauchemar boueux. Les avances furent freinées par une pluie excessive et le paysage des Flandres fut transformé en océan de boue. Si la bataille de la Somme avait été le traumatisme qui avait enfin incité l'armée britannique à développer de nouvelles tactiques pour affronter l'impasse du front ouest, alors sans doute la troisième bataille d'Ypres, lancée à l'été 1917, auraitelle dû porter les fruits de cette expérience durement acquise. Et pourtant, après cinq mois de combats qui culminèrent dans l'assaut contre Passchendaele, les Anglais subirent un tiers de million de pertes, et leur position stratégique fut à peine modifiée. Le nom de Passchendaele résonne presque aussi fortement que la Somme dans les annales des tragédies militaires du XXe siècle.

Ce paradoxe est encore plus surprenant lorsqu'on considère les événements survenus lors de deux batailles précédentes en 1917. À la bataille d'Arras et à la crête de Vimy en avril, plusieurs nouvelles tactiques et armes furent employées : un usage intensif mais précis de l'artillerie, le barrage rampant, des tirs de mitrailleuses concentrés, projections de gaz et tanks – tous soutenaient l'infanterie, qui avança vers la ligne de front à l'abri de tunnels, avec les circonstances favorables apportées par la pluie et la neige pour dissimuler leurs mouvements. Il en résulta une victoire rapide dans laquelle les objectifs furent pris avec des pertes minimales.

À la bataille de Messines en Juin, plusieurs mines déchiquetèrent la ligne de front allemande, et leur emploi fut accompagné d'un tir d'artillerie concentré et de l'aide du Royal Flying Corps. Là encore, tous les objectifs furent pris rapidement et le haut commandement allié commença à penser qu'une percée était possible en appliquant les mêmes leçons. Ce qui devait être accompli à Ypres.

UNE RÉUSSITE FREINÉE

En avril 1917, les Français avaient lancé une attaque majeure au nord de Reims, appelée offensive Nivelle, mais elle n'avait pas atteint son objectif et quelque 130 000 Français avaient été perdus dans les cinq premiers jours. Cet échec brisa net le moral durement éprouvé de l'armée française, et des mutineries éclatèrent. La France était au bord de la défaite et les Britanniques avaient besoin de lancer une nouvelle offensive pour distraire les Allemands. Avec les réussites d'Arras et de Messines derrière lui, le général Douglas Haig se tourna vers le bourg de Flandre appelé Ypres. La position anglaise était un saillant qui s'encastrait dans les lignes allemandes, avec Ypres à son arrière. Une crête de terrain surélevé à 11 km à l'est d'Ypres, qui contenait le village de Passchendaele, fut la cible choisie pour l'assaut de Haig.

Gardant à l'esprit les leçons des nouvelles tactiques, l'attaque commença bien le 31 juillet. Un bombardement d'artillerie massif lancé par trois mille canons envoya près de cinq tonnes d'obus sur chaque mètre de la ligne ennemie. La reconnaissance avait été effectuée par le Royal Flying Corps, qui réussit à maintenir sa suprématie aérienne au-dessus du champ de bataille. Résultat de cette coordination, l'infanterie alliée put foncer en avant et prendre nombre de ses objectifs dès le premier jour, y compris les crêtes de Bixschoote, Pilckem et Saint-Julien. Près de 2 km de la ligne de front allemande furent pris avec des pertes relativement légères.

Au milieu de cette réussite, cependant, il y avait des germes de discorde. Le général Gough était le principal commandant sur le champ de bataille, chargé de la 5e armée, mais son sens du détail dans les opérations était moins bon que celui de Plumer (le commandant victorieux de Messines) ou de Rawlinson, qui avait espéré ce poste. D'autre part, l'assaut avait été retardé de six semaines et avait manqué les conditions météorologiques favorables de l'été. Quand l'avance alliée commença à se heurter à une opposition déterminée des places fortes allemandes à l'intérieur des lignes, les pluies d'automne se mirent à tomber et ne s'arrêtèrent plus.

Les implications tactiques du mauvais temps à Ypres sont bien expliquées par un géologue qui a effectué une étude du paysage sur le front ouest. « La plaine des Flandres se compose essentiellement d'argile bleue, » déclare Peter Doyle. « Cette argile produit un sol lourd et très collant, bien connu de ceux qui ont un jardin à Londres. L'argile est imperméable, elle repousse l'eau, ce qui veut dire que la pluie qui tombe s'accumule à sa surface. »

Ci-dessus **: Des troupes anglaises dans des tranchées creusées à la hâte attendent le signal de l'attaque pendant l'offensive alliée de la troisième bataille d'Ypres. La peinture couvrant leurs casques est un camouflage improvisé.**

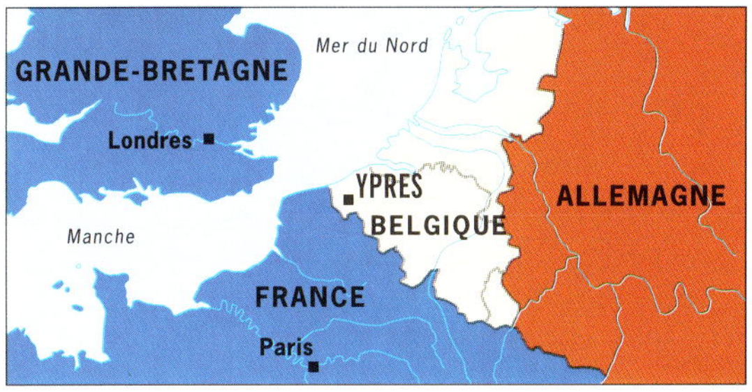

Ci-dessus **: Un tank détruit au milieu des cratères remplis de boue qui obligèrent l'offensive alliée à stopper. La pluie excessive ne parvenait pas à s'évacuer à travers l'argile des Flandres.**

À gauche **: Des troupes australiennes dans une tranchée à la bataille d'Ypres.**

INFIRMIÈRE MacFIE

CHEVEUX JAUNIS

Des femmes servaient sur le front ouest comme infirmières et étaient souvent exposées aux mêmes dangers que les hommes qu'elles soignaient. L'infirmière MacFie se rappelle l'effet qu'avaient les soins prodigués à des hommes exposés au gaz moutarde pendant la troisième bataille d'Ypres :

« Les pauvres garçons étaient immobilisés et les infirmières durent enlever ces uniformes, imprégnés de gaz, et faire de leur mieux pour soigner les garçons. Le lendemain, toutes les infirmières avaient des problèmes respiratoires et les yeux larmoyants à cause du gaz. Elles étaient étourdies et jaunes. Même leurs cheveux viraient au jaune, et elles étaient presque en aussi piètre état que les hommes, rien que d'avoir inhalé les vapeurs de leurs vêtements. Et pendant tout ce temps, bien sûr, les bombes tombaient, nuit après nuit. »

Cité dans *They Called It Passchendaele* de Lyn Macdonald (Michael Joseph, 1978)

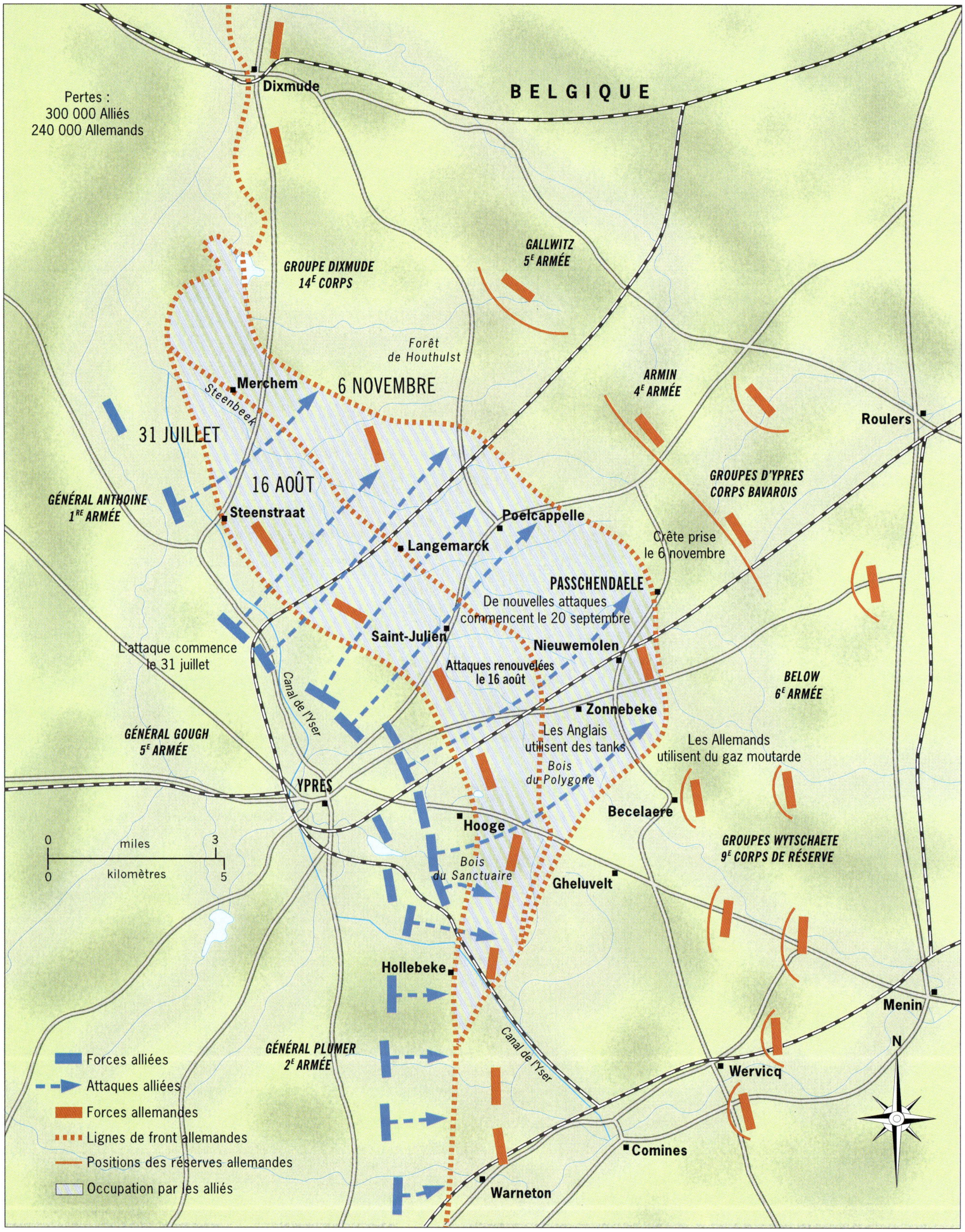

Ci-dessus **: Une carte postale peinte de l'époque montrant un soldat anglais à son poste d'observation sur le front ouest.**

À gauche **: L'offensive britannique dans les Flandres en 1917.**

Le drainage dans la région d'Ypres dépendait des canaux construits par les fermiers locaux, mais ce système fut détruit par les obus d'artillerie, qui avaient criblé le sol d'une myriade de cratères. Le résultat inévitable fut que tandis que la pluie continuait, le champ de bataille d'Ypres se transforma en paysage de boue, de troncs d'arbres éclatés et de trous d'obus remplis d'eau. Cette boue arrêtait la progression des hommes et des véhicules. Quelque 40 000 hommes furent portés disparus – on pensa qu'ils s'étaient noyés dans la boue des Flandres.

REPRISE DE L'ATTAQUE

Le déluge initial dura deux semaines et les Allemands employèrent cette accalmie pour renforcer leurs positions. Le 16 août, l'attaque alliée reprit et Langemarck fut pris. Mais il se remit alors à pleuvoir. Haig accepta le fait que l'offensive était obligée de s'immobiliser et voulut consolider ses gains. Des ingénieurs exploitèrent la faveur de la nuit pour construire des routes par-dessus l'océan de boue à l'aide de planches et de rondins, mais à la lumière du jour les Allemands les bombardaient et les routes devaient être sans cesse reconstruites. L'eau que fournissait la pluie était contaminée par des obus remplis de gaz et par des cadavres, et en conséquence on devait faire venir de l'eau potable chaque jour.

William Sharpe, un soldat du 8e Lancashire Fusiliers, donne une indication de ce qu'était l'avance à travers le réseau de « caillebotis » qui enjambait la boue dans les Flandres. « Sous la pluie battante, nous nous sommes mis à marcher vers les soutiens », se souvient-il, « sur une piste de caillebotis – car il n'y a pas un mètre de terrain devant Ypres qui ne soit pas creusé par un trou d'obus... Je n'oublierai jamais cette marche, la pluie battante, nous avons progressé assez loin jusqu'à ce que la nuit tombe, et puis des gars sont tombés des caillebotis dans les trous d'obus ; plus loin les caillebotis étaient cassés et toute la compagnie devait patauger dans la boue jusqu'à la taille et essayer de regagner les caillebotis. »

Haig remplaça Gough par le plus méticuleux Plumer, chargé de l'assaut sur les hauteurs entourant Passchendaele. Le changement de commandement et la réorganisation des troupes et de l'artillerie prirent trois semaines de plus, qui coïncidèrent avec une période sèche pendant laquelle la boue durcit et incitèrent à l'optimisme. Le 20 septembre, les troupes anglaises et australiennes reprirent leur avance en se dirigeant vers le Bois du Polygone et Gheluvelt au sud, et Zonnebeke au centre.

En traversant le plateau de Gheluvelt, les Australiens firent une expérience originale : ils furent pris dans une tempête de poussière provoquée par des obus allemands qui soulevaient la boue séchée. Expérience cruellement trompeuse, cependant, car au début d'octobre la pluie reprit et les soldats alliés durent marcher à travers 4 km de rails de bois pour approcher le village de Passchendaele. L'historien militaire Paddy Griffith décrit l'impact de la boue sur l'efficacité des nouvelles tactiques : « Les obus à explosifs brisants s'enterraient dedans et étaient étouffés. Lorsqu'ils pouvaient voler, les avions ne pouvaient pas distinguer amis ou ennemis, car les uniformes des deux camps avaient été également décolorés par la boue. Les socles des mortiers s'y enfonçaient à chaque fois qu'une bombe était tirée, et les tanks s'y embourbaient dès qu'ils quittaient les routes. Les petites armes étaient complètement bouchées par la boue moins d'une heure après avoir ouvert le feu – et les blessés s'y noyaient souvent. »

Les Allemands ripostèrent par de féroces contre-attaques et utilisèrent le gaz moutarde pour la première fois. Le gaz empoisonné stagnait dans les cratères boueux, menaçant la vie des soldats. « Des obus à gaz explosaient au-dessus de moi », se souvint un soldat canadien, « et je ne voyais pas où j'allais. D'un seul coup, mon pied a glissé sur la planche détrempée, et je suis tombé tout droit dans un trou plein de boue. J'étais dans la boue jusqu'au cou et je ne pouvais pas en sortir... Finalement, deux gars sont arrivés avec une corde, m'ont hissé hors du trou et m'ont étendu sur le sol boueux. Ensuite, on m'a jeté trois seaux d'eaux, et on m'a laissé là. Je suffoquais à cause du gaz, et je n'y voyais rien. »

Ce furent des soldats canadiens qui prirent finalement le point clé de Passchendaele le 6 novembre, forçant les Allemands à quitter la crête et emportant les hauteurs. La troisième bataille d'Ypres était sans aucun doute une victoire, mais les conditions météo désespérantes avaient ruiné les plans soigneusement établis de Haig et de ses généraux. La rapidité des victoires précédentes leur avait été interdite par le simple obstacle qu'était la boue.

En Angleterre, les améliorations tactiques développées par l'armée britannique eurent peu de poids pour les politiciens, qui étaient uniquement confrontés à une énorme liste de pertes de quelque 300 000 hommes. Les Allemands avaient perdu au moins 240 000 hommes, mais occupaient toujours la Belgique, et la guerre continuerait encore un an. C'était peut-être une victoire, mais qui pour beaucoup parut n'être qu'une défaite de plus.

Ci-dessous **:**
Une équipe de mitrailleurs allemands sur le front ouest.

Ci-dessous, à droite **:**
Soldats anglais couverts de boue sur le front ouest. Ils ont adapté leurs vetements afin d'affronter la boue.

CAMBRAI, 1917

Les Britanniques démontrèrent de manière décisive les nouvelles tactiques d'assaut à Cambrai par une percée conduite par des tanks, la première de l'histoire. Mais les contre-attaques allemandes conduites par des troupes d'assaut révélèrent une efficacité nouvelle dans la manière de combattre des Allemands sur le front ouest, qui menaçait de prolonger cette lutte titanesque.

On comprenait de plus en plus que la quantité, et non la qualité, était la clé de la réussite sur le champ de bataille dans la Première Guerre mondiale. Broussilov en avait fait la démonstration sur le front de l'est et les victoires anglaises au début de 1917 l'avaient confirmé. Liddell Hart, une des premières autorités sur la guerre de blindés, pensa que c'était particulièrement vrai de la bataille de Cambrai, « où l'utilisation de seulement 378 tanks et quelque 4 000 hommes à leur bord pour aider six divisions d'infanterie à peine, permit de gagner plus de terrain et produisit un choc plus grand sur l'ennemi, coûtant quelque 5 000 pertes, que l'utilisation de plusieurs douzaines de divisions n'avait accompli à Ypres dans un effort qui dura trois mois et coûta 400 000 pertes. »

« VAISSEAUX TERRESTRES »

L'idée d'une plate-forme de tir blindée, sur rails et mobile fut envisagée dès l'automne 1914. Divers prototypes furent essayés. Au sein de l'Amirauté, Churchill fut favorable à cette idée et encouragea son application. Finalement, le tracteur américain à chenille

Ci-dessus **: Les tanks anglais mènent l'avance matinale à Cambrai dans ce tableau de W. L. Wyllie.**

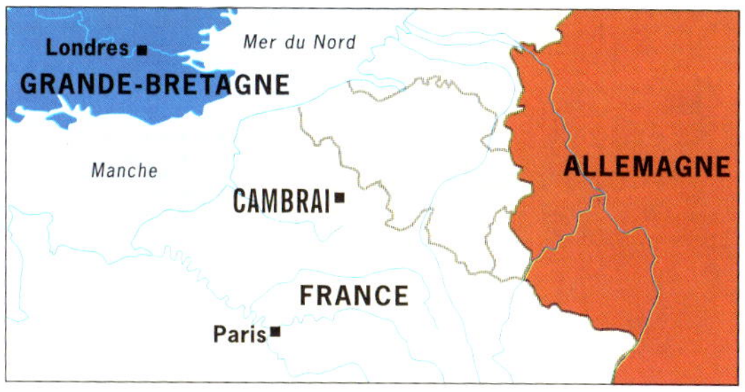

Holt fut choisi comme base pour le châssis, et le général Haig fut suffisamment impressionné pour demander qu'il soit mis en production. Le ministre anglais chargé des munitions, David Lloyd George, donna son feu vert et les tanks Mark I commencèrent d'arriver en France à l'été 1916, décrits comme des « réservoirs d'eau » afin de dissimuler leur véritable fonction (*voir p. 72*).

La performance sur le champ de bataille des premiers tanks fut constamment surestimée, en grande partie pour des raisons de propagande. Progressant à peine plus vite que l'infanterie, ils étaient extrêmement susceptibles de tomber en panne et se retrouvaient fréquemment coincés dans la boue du front de l'ouest. Leurs équipes étaient très vulnérables à l'empoisonnement au monoxyde de carbone, et le désir de les voir faire feu tout en se déplaçant s'avéra difficile à satisfaire en pratique. Cependant, l'enthousiasme resta inentamé parce qu'ils amélioraient le moral de troupes. Les journaux amplifièrent leur réputation dans ce but, et un corps de chars distinct fut établi pour renforcer leur image. Les tanks effectuèrent des tournées dans les villes d'Angleterre afin de collecter des fonds pour la guerre – ce fut peut-être leur campagne la plus utile jusqu'à ce qu'ils entrent en action à Cambrai.

À l'été 1917, des exemplaires supplémentaires du Mark IV amélioré avaient été produits et 190 furent déployés, bien que de façon décevante, à la troisième bataille d'Ypres. La boue environnante et la manière décousue dont on les utilisa furent mises en avant pour expliquer leur échec, et en novembre 1917 Haig fut suffisamment convaincu de leurs mérites pour décider de rassembler tous les tanks et les utiliser dans une attaque en masse sur un terrain solide à Cambrai. L'attaque était à l'origine conçue comme un assaut d'artillerie, et on a suggéré que la principale justification de la présence des tanks était de les utiliser pour briser les barbelés, évitant ainsi à l'artillerie d'entreprendre cette tâche. Si une percée devait se produire, alors ce serait la bonne vieille cavalerie qui l'exploiterait. Que cela soit vrai ou non, les commandants des tanks étaient en tout cas avides de prouver leur valeur une fois pour toutes.

SURPRISE MAXIMALE

Pour surprendre l'ennemi au maximum, le général Byng, commandant de la 3e armée britannique, se passa de l'habituel et dévastateur tir de barrage préliminaire, et le matin du 20 novembre ses tanks sortirent de leurs abris. La brume couvrit leur avance, et un barrage rampant tomba en pluie juste devant eux. Troublés par l'approche de ces monstres au grincement métallique, la majorité des Allemands fuirent leurs tranchées et la ligne de front fut pénétrée de 8 km en 10 heures à peine.

Les tanks travaillaient par équipes de trois, le premier défonçant les barbelés, puis s'arrêtant en face de la tranchée ennemie pour protéger les autres en balayant la tranchée du feu de ses mitrailleuses. Un second tank laissait ensuite tomber un fagot de branchages dans la tranchée et la mitraillait. Un troisième tank utilisait la fascine pour traverser la première tranchée, puis jetait sa propre fascine sur la tranchée de soutien et la mitraillait. Le premier tank traversait alors les deux tranchées et jetait sa propre fascine sur une troisième tranchée. De cette manière, les tranchées étaient toutes deux coupées et nettoyées. À Flesquières,

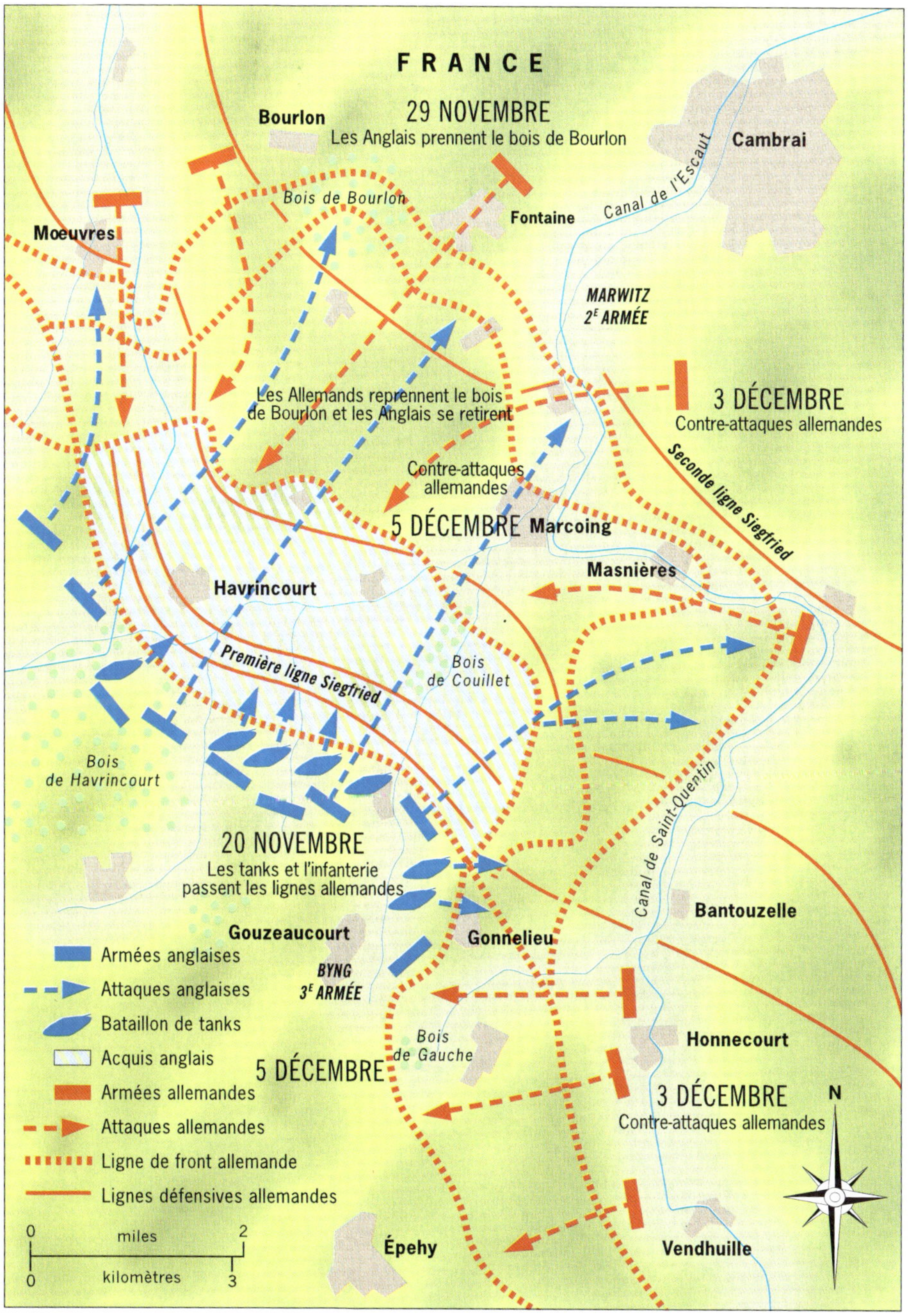

Ci-dessus **: L'offensive anglaise à Cambrai en novembre 1917, et les contre-attaques allemandes du mois suivant.**

cependant, une position d'artillerie allemande garda le courage et réussit à détruire sept tanks avant d'être envahie.

Mais qu'avaient réellement accompli les tanks ? Les positions allemandes étaient connues pour leur faiblesse à cet endroit, raison pour laquelle on avait choisi de les attaquer, et l'artillerie anglaise avait rapidement dominé les 34 canons allemands placés en face d'eux. Les Allemands choisirent aussi de défendre leur ligne de front en profondeur, avec des réserves à portée de main pour contenir toute éventuelle percée. Malgré des tanks qui commençaient à s'essoufler ou qui tombaient en panne ou restaient coincés, les Anglais poursuivirent leur attaque jusqu'au 28 novembre, date à laquelle ils avaient pris quelque 10 000 prisonniers et saisi 200 canons.

CONTRE-ATTAQUE ALLEMANDE

Les alliés ne profitèrent que brièvement de cette réussite. Le 30 novembre, les Allemands lancèrent une contre-attaque majeure qui reprit pratiquement tout le terrain gagné par l'assaut des tanks. Depuis 1916, les Allemands avaient appris qu'ils devaient développer de nouvelles tactiques. Une partie du résultat fut une défense flexible, ce qui signifiait qu'on apprenait aux soldats à ne pas tenir ou mourir, mais à mener une bataille plus mouvante, dans laquelle ils pouvaient battre en retraite devant un assaut allié pendant que les avant-postes de mitrailleuses formaient un réseau dans lequel les soldats alliés seraient piégés. Tandis que l'attaque ennemie était émoussée par ce feu croisé, les troupes allemandes les plus expérimentées et la majorité de l'artillerie étaient gardées en réserve pour l'effort principal que serait la contre-attaque.

Cette approche flexible fut étendue au développement de tactiques de troupes d'assaut, au moyen desquelles de petites unités d'hommes hautement entraînés, armés de grenades à main, mortiers, lance-flammes et mitrailleuses, étaient utilisées pour déborder les positions ennemies les plus faibles, en laissant la prise d'éventuelles places fortes à plus tard (ce qui évitait de ralentir l'élan d'une attaque). En tant qu'unités de spécialistes placées en tête de tout assaut, les troupes d'assaut commencèrent à être considérées comme une élite par le reste de l'armée, ce qui contribua à renforcer leur moral lorsqu'elles allaient au combat. Ce furent les troupes d'assaut qui menèrent les contre-attaques à Cambrai, et leur réussite fut remarquée par des généraux allemands, qui les utilisèrent abondamment dans les batailles qui suivirent en 1918.

Épuisés par les efforts dus à un assaut soutenu, les soldats alliés n'avaient souvent plus beaucoup de forces pour résister à une contre-attaque concertée des Allemands. Le capitaine Neville du 52e régiment d'infanterie légère décrivit l'impact d'un tir d'artillerie ennemi pendant la contre-attaque allemande à Cambrai : « Il n'y avait aucun moyen de fuir ; nous ne pouvions pas éviter cette brute, car nous manquions beaucoup trop de place. Avec un grondement déchirant et impressionnant, comme celui d'un train express hurlant à vitesse maximum à travers une gare fermée, elle s'écrasa dans la travée suivante, en plein milieu de ma section ! Je contournai précipitamment le mur et découvris une vraie pagaille. Elle était tombée pile au centre de la tranchée. »

À la fin de la contre-attaque allemande du 6 décembre, les deux camps avaient perdu environ 45 000 hommes et en étaient reve-

Ci-dessous, à gauche : **Troupes canadiennes sur le front de l'ouest. Les soldats de l'empire s'avérèrent une source inestimable de main-d'œuvre pour les Anglais, et s'attirèrent la considération pour leur performance au combat.**

Ci-dessous : **Des soldats d'assaut comme celui-ci menèrent la contre-attaque allemande à Cambrai. Portant les nouveaux casques d'acier contre les obus, ces troupes se servaient de grenades à main pour prendre d'assaut les tranchées ennemies.**

Ci-dessus **: Un tank anglais armé de mitrailleuses. Ces machines travaillaient par équipes de trois pour traverser les lignes ennemies, les mitraillant tandis que d'autres tanks comblaient les tranchées. Leur impact effrayant sur l'ennemi était mitigé par leurs fréquentes pannes.**

nus au point de départ. Les échecs d'Ypres et de Cambrai créèrent une atmosphère morose au sein du commandement allié, qui avait investi beaucoup d'efforts dans le développement d'une nouvelle méthode de guerre avec laquelle rompre le *statu quo* déjà ancien. Le bref triomphe des tanks à Cambrai servit plus comme succès de propagande que comme accomplissement stratégique réel. Il est remarquable de constater que malgré son enthousiasme pour les tanks, le haut commandement allié ne lança plus d'assaut de tanks en masse pendant l'année 1918. L'époque des tanks était encore à venir. Celle des troupes d'assaut, cependant, était arrivée, et les commandants allemands tirèrent beaucoup plus d'encouragements de leur contre-attaque à Cambrai, considérant que leur nouvelle tactique avait été perfectionnée au point qu'ils pouvaient se risquer à lancer une offensive majeure.

SOLDAT CHRIS KNIGHT, DU 6E DRAGONS

DES CHEVAUX PARMI LES TANKS

Malgré son empressement à exploiter l'usage d'armements nouveaux tels que les tanks, le haut commandement anglais s'appuyait aussi sur la mobilité d'unités plus traditionnelles comme la cavalerie. Chris Knight était soldat dans le régiment du 6e dragons à Cambrai, il décrit l'éventail de cavaliers merveilleusement désuet qui l'entoure :

« Je n'avais jamais vu tant de chevaux et d'hommes rassemblés pour une parade. C'était une vision impressionnante. Dragons, lanciers, hussards – ils étaient tous là, ainsi que des troupes montées indiennes. Le « Sellez » fut d'abord adressé à une brigade indienne. À ce moment, les bombardements étaient intenses. Tanks et infanterie étaient en marche vers la Ligne Hindenburg, la tranchée réputée imprenable… Enfin les ordres vinrent : « Demi-section droite, en marche ! Formez vos sections ! En tête, demi-tour gauche ! Sabre au clair ! Au trot ! Formez la troupe ! Formez colonne de demi-escadron ! Au galop ! » Le village était à environ 1 km. Nous avons galopé férocement jusqu'aux abords, avons rapidement formé nos sections et sommes montés sur la route, les troupes 1 et 2 entrant les premières dans le village au petit galop. Donelly, l'Irlandais, est devenu complètement enragé, donnant de sauvages coups d'épée aux Allemands qui battaient en retraite. »

Cité dans *Everyman at War* édité par C.B. Purdom (Londres, 1930)

« JOUR DE DEUIL DE L'ALLEMAGNE », 1918

À gauche **: Des troupes d'assaut allemandes avancent avec un lance-flammes et un tank pris aux Anglais.**

Ci-dessous **: Des troupes d'assaut allemandes équipées de mitrailleuses contre-attaquent sur le front de l'ouest en 1918.**

Quand la grande offensive finale des Allemands pendant la Première Guerre mondiale s'immobilisa, ce fut effectivement le jour le plus noir pour l'Allemagne. La tactique des troupes d'assaut ne réussit pas à briser la résistance des Alliés, et les troupes anglaises et du Commonwealth avancèrent dans des tanks derrière un tir de barrage rampant. C'en fut trop pour les Allemands, dont le moral s'effondra. C'était le début de la fin pour l'armée du Kaiser.

Si les Anglais n'avaient pas pu l'emporter à Ypres ou à Cambrai, quelle chance auraient-ils jamais d'effectuer une percée ? Lloyd George, à présent Premier Ministre britannique, ne vit pas l'intérêt de poursuivre des offensives encore plus coûteuses sur le front de l'ouest, et préféra déplacer ses ressources vers d'autres zones de combat ailleurs en Europe. De nouveaux soldats anglais furent envoyés sur le front italien, et le nombre des renforts dans les Flandres et en France fut réduit. Les Américains s'étaient joints à l'effort de guerre, et bientôt leurs troupes se joignaient aux Alliés. Entre-temps, ceux-ci absorberaient toute attaque allemande, tout comme les Allemands avaient auparavant freiné leurs assauts.

Le général Erich von Ludendorff, commandant suprême de l'armée allemande, se sentait plus assuré. Ses troupes avaient maintenant l'expérience de la nouvelle forme d'assaut, plus mouvante, conduite par les troupes d'assaut qui dépassaient les places fortes de l'ennemi et infiltraient ses lignes (*voir Cambrai, pp. 78-81*). Plus important, Ludendorff pouvait rappeler des trains entiers de soldats depuis le front de l'est, car la Russie ne participait plus à la

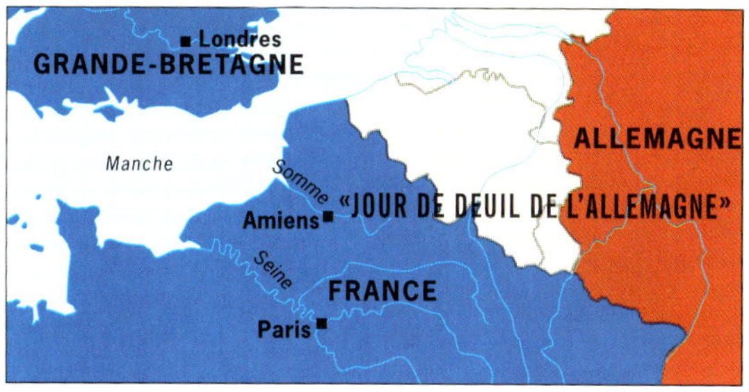

guerre, absorbée par la révolution. Il vit une occasion de frapper avant que les Américains ne soient entièrement impliqués dans les combats. En résultèrent les offensives du printemps 1918.

OFFENSIVES DE PRINTEMPS

Ludendorff choisit pour lieu de son attaque l'endroit où les armées anglaises et françaises étaient en position sur l'ancien champ de bataille de la Somme, entre Arras et La Fère. Les Anglais avaient pris la responsabilité d'une partie de la ligne de front française, et leurs soldats étaient dispersés. Comme les Anglais à Cambrai, les Allemands employèrent précision et surprise. Le 21 mars, un bombardement de 5 heures ouvrit les hostilités, et l'assaut se produisit à la faveur de la brume ainsi que de la fumée des gaz et des obus.

Menées par des unités d'assaut rapides, 65 divisions allemandes attaquèrent près de 100 km de la ligne de front anglaise. La 5ᵉ armée anglaise, trop dispersée, fut complètement écrasée,

À droite **: Les contre-attaques anglaises contre les lignes défensives allemandes sur le front de l'ouest en France en 1918.**

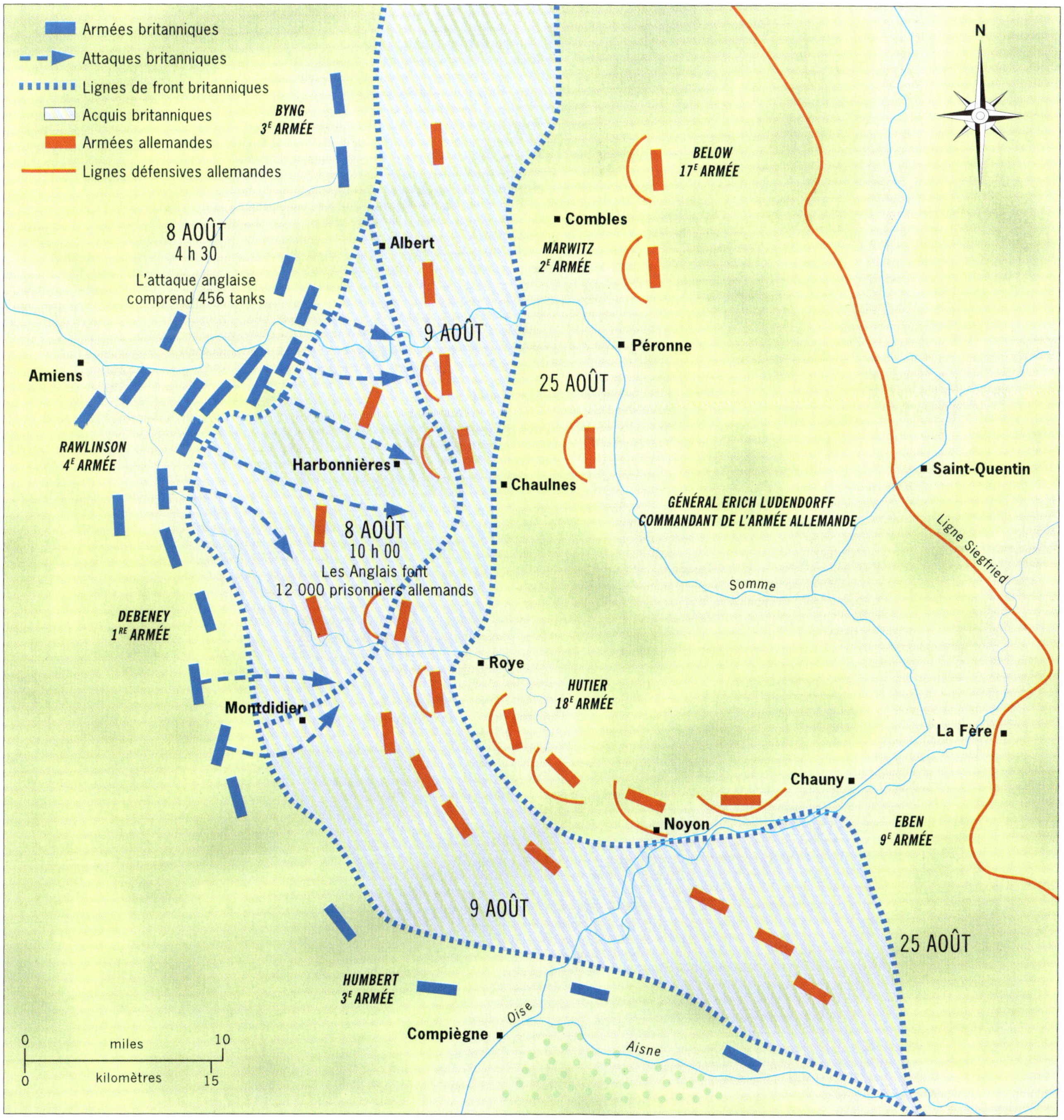

Ci-dessus :
Des prisonniers allemands capturés sur le front de l'ouest en 1918. De nombreux Allemands étaient soulagés de tomber entre les mains des Alliés. Leur moral avait été sévèrement entamé lors de l'échec de l'offensive du printemps en vue d'effectuer une véritable percée.

et contrairement à ses adversaires allemands, n'avait pas les ressources nécessaires pour affronter cette tempête. La brume ajoutait au sentiment de confusion et de peur. Au nord, la 3e armée anglaise avait de meilleures lignes défensives, et contint l'assaut allemand. Haig fit appel aux Français pour l'aider à combler la brèche, mais Pétain était plus intéressé par la défense de Paris, qui était maintenant soumis à une attaque d'artillerie à longue portée. Ayant forcé une poussée profonde de quelque 65 km en territoire allié, les armées allemandes commencèrent à épuiser leurs lignes d'approvisionnement et s'arrêtèrent. Bien que victorieuse, cette première offensive avait été coûteuse pour Ludendorff ; les Allemands avaient perdu 250 000 hommes, les Alliés un peu moins. La percée n'avait pas été décisive ; en fait, elle lui avait simplement coûté certaines de ses meilleures troupes d'assaut. Du côté anglais, les restes de la 5e armée furent absorbés par la 4e armée.

En avril, Ludendorff entama une nouvelle offensive près d'Ypres, visant à s'assurer les ports de la Manche et à couper les Anglais des Français. Les Allemands choisirent un autre point faible, cette fois tenu par des troupes portugaises, et percèrent une brèche dans les lignes alliées. Après d'autres assauts, tout le terrain perdu lors de la troisième bataille d'Ypres fut repris. Seul l'acharnement au combat des Anglais, des Belges et des Français réussit à empêcher l'offensive de devenir une percée majeure, et à la fin du mois cette força Ludendorff à y mettre un terme.

Le 29 mai, Ludendorff chercha à porter un autre coup aux Alliés, cette fois en choisissant les Français postés sur l'Aisne. Là encore, les Alliés s'effondrèrent devant eux, et les Allemands firent un saillant de 30 km de profondeur. En cette occasion, les Allemands furent retenus par une force nouvelle dans la région – les Américains. En juin, deux autres assauts allemands martelèrent les lignes alliées, mais furent contenus par des armées françaises et américaines qui étaient mieux organisées en profondeur. Les avions et l'artillerie alliés bombardèrent les ponts tenus par les Allemands et détruisirent ainsi leur ligne d'approvisionnement. Le temps pressait pour Ludendorff. Sur le plan tactique, les Allemands avaient prouvé leur force, mais une victoire stratégique leur échappait. Les pertes de Ludendorff étaient énormes. Pendant ce temps, 300 000 Américains arrivaient chaque mois.

« JOUR DE DEUIL »

« Le 8 août fut le jour de deuil de l'armée allemande », écrivit plus tard Ludendorff dans ses mémoires. « Tout ce que j'avais craint et dont j'avais si souvent averti était ici, en un seul lieu, devenu une réalité. Notre machine de guerre n'était plus efficace. » Au début d'août, Ludendorff avait cessé de prendre l'initiative. Elle était passée dans le camp des alliés, qui lancèrent une attaque-surprise en masse. La 4e armée anglaise et du Commonwealth de Rawlinson avait presque doublé ses rangs. Le secret avait été gardé en déplaçant les troupes de nuit, de sorte que même la plupart des Alliés ignoraient l'existence de l'attaque prévue.

Avant l'aube, le matin du 8 août, enveloppés dans une brume basse, quelque 456 tanks et des troupes anglaises, canadiennes et australiennes avancèrent derrière un tir de barrage rampant à travers les terres au sud de la Somme, à Amiens. Faiblement installée, la ligne allemande s'effondra et recula de 13 km. Démoralisés, les Allemands ripostèrent moins férocement cette fois, et 12 000 prisonniers furent capturés le premier jour, avec peu de pertes chez les Alliés. Le sergent Witherby du 20e Lethbridge Battery décrit l'humeur des Allemands qu'il rencontra : « La brume et la fumée se dissipaient rapidement à présent, et nous pouvions voir plus loin autour de nous – à notre droite était une tranchée peu profonde utilisée par les Allemands le matin, et quelques Allemands morts étendus. Des groupes de prisonniers arrivaient à travers la campagne, dans certains cas sans aucune surveillance, trop heureux d'échapper à la bataille. »

Ce fut cet aveu d'un courage déclinant au combat qui inquiéta le plus Ludendorff et le fit nommer ce jour « jour de deuil » de son pays. Parmi les milliers de soldats allemands qui abandonnèrent pendant l'attaque initiale, il y avait 281 officiers. Ils n'opposèrent qu'une résistance de principe, puis jetèrent simplement leurs armes.

Ils en avaient assez. La guerre des volontés avait été gagnée par le camp des Alliés.

Comme toujours, de telles avances semblent avoir surpris les deux camps, et elles ne s'arrêtèrent que parce qu'approvisionnement et communications ne pouvaient pas suivre les troupes les plus avancées. « Commandement et contrôle s'effondrèrent trop rapidement dans les deux camps », conclut Paddy Griffith, « une fois que la guerre ouverte eut remplacé les certitudes statiques de la vie dans les tranchées. L'artillerie, souvent, ne parvenait pas à garder le contact avec son infanterie ; les communications latérales entre formations avaient tendance à être coupées chaque fois qu'il y avait un mouvement. » Néanmoins, le coup avait été dur.

Le 21 août, la 3e armée anglaise enchaîna par une autre poussée plus au nord. La pression éliminée, la 4e armée reprit son avance. Des attaques se chevauchant par des forces alliées successives semblaient être la clé pour repousser les Allemands. Des tactiques d'infiltration furent employées par les Anglais aussi efficacement que par les Allemands. « Dans le doute, avancez », disait un manuel d'entraînement anglais. « Dans l'incertitude, faites ce qui tuera le plus d'Allemands. Ne craignez pas d'exposer votre flanc. » Une telle attitude garantissait le mouvement sur le champ de bataille.

Ci-dessus : **L'armistice est signé entre l'Allemagne et les Alliés, mettant fin à la Première Guerre mondiale le 11 novembre 1918, dans un wagon de chemin de fer à Rethondes, dans la forêt de Compiègne.**

LA GUERRE PREND FIN

Avec l'échec des derniers paris de Ludendorff, la contre-offensive alliée passa à l'action et lui porta des coups fatals. La 1re armée américaine, sous les ordres du général Pershing, prouva son professionnalisme et son courage dans un assaut sur la région de Meuse-Argonne en septembre. Les Français retrouvèrent un peu de leur fierté nationale lorsqu'ils reprirent Sedan, lieu de leur humiliation lors de la guerre franco-prussienne. Au nord, des troupes anglaises prirent d'assaut la Ligne Hindenburg et la pénétrèrent le 5 octobre.

Le haut commandement allemand était en pleine panique. Ludendorff était convaincu d'avoir été « frappé dans le dos » par un manque de soutien en Allemagne, légende qui devait se renforcer après la guerre, expliquant une partie du soutien donné à Hitler et aux Nazis. Les dirigeants allemands envisagèrent de demander un cessez-le-feu. Les Anglais entretinrent la pression par de nouvelles attaques en octobre, brisant les défenses allemandes sur la Selle. Les Allemands demandèrent alors au président des États-Unis, Wilson, une paix négociée, mais Wilson déclara qu'il ne négocierait pas avec une dictature militaire. Le 27 octobre, Ludendorff démissionna. Deux jours plus tard, la Flotte du Large allemande se mutina et des manifestations éclatèrent dans toute l'Allemagne – les civils souffraient de la famine depuis une mauvaise récolte en 1917.

Le gouvernement allemand n'avait pas d'autre choix que d'accepter la défaite. Dans les derniers mois de la guerre, l'Allemagne avait perdu 500 000 hommes de plus. Le kaiser abdiqua et s'enfuit aux Pays-Bas. L'Allemagne devint une république, et un armistice fut proclamé à la onzième heure le 11 novembre 1918 – moment depuis lors commémoré en Angleterre sous le nom de Jour du Souvenir. L'armée allemande se retira derrière ses frontières d'avant 1914 et la Première Guerre mondiale prit fin.

LIEUTENANT EDWIN TRUNDLE, 2e DIVISION AUSTRALIENNE

LEUR FLANQUER LA TROUILLE

« J'ai pris 8 Fridolins moi-même… J'ai vu ces types, vers 10 heures, qui s'enfuyaient… Je leur ai immédiatement crié après, et là-dessus ils ont levé les mains et ont couru vers moi en groupe. À ce moment, j'étais debout à la porte d'une tranchée-abri, et je me suis bientôt retrouvé à l'intérieur et seul, face à huit grands Boches imposants. Le premier a laissé retomber ses mains, peut-être pour se mettre au garde-à-vous en voyant que j'étais un officier, ou pour atteindre ses poches, je ne sais pas. En tout cas, ça m'a mis un peu mal à l'aise, parce que je n'avais même pas une saucisse de porc à braquer sur lui. Une pique était à mes pieds, je l'ai saisie et j'ai menacé de la lui enfoncer dans la caboche. Ce qui a eu l'effet de flanquer la trouille aux autres, et ils tous levé les mains, en tombant à genoux. »

Cité dans *1918 Year of Victory* de Malcolm Brown (Sidgwick & Jackson, 1998)

NANKIN, 1937

En prenant Nankin, capitale chinoise de l'époque, le Japon avait anéanti ses opposants, les nationalistes chinois, et s'était rendu maître de régions stratégiques du territoire chinois. Cependant, le comportement barbare des troupes japonaises choqua le monde entier. D'affreux récits de massacres et de viols annoncèrent une ère d'atrocités commises sur les prisonniers de guerre et sur les civils.

La Seconde Guerre mondiale commença en Asie, non avec Pearl Harbor, mais avec l'invasion japonaise de la Chine en 1937, phase culminante des campagnes du Japon pour s'agrandir. Ces campagnes avaient commencé avec la guerre sino-japonaise de 1894-1895 et continué pendant la guerre russo-japonaise de 1904-1905 et la Première Guerre mondiale, au cours de laquelle le Japon avait saisi des colonies allemandes.

La guerre civile avait dévasté la Chine pendant les années 1920, et le Japon avait exploité sa faiblesse en envahissant la Mandchourie en 1931. Un complot fut inventé de toutes pièces, appelé « incident de Moukden », visant à prétendre que la Chine voulait faire sauter la ligne de chemin de fer entre Moukden et Port-Arthur. Les Japonais se saisirent de la province et la nommèrent

Ci-dessus **: L'infanterie japonaise approche de la capitale chinoise, Nankin, à travers des terres inondées.**

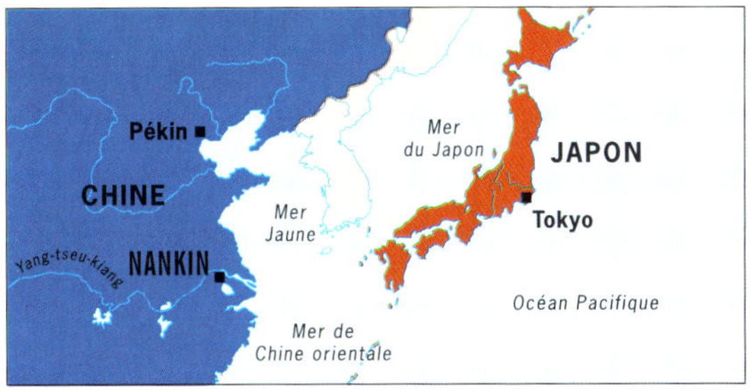

Mandchoukouo. Pu Yi, le dernier empereur de Chine, y fut alors installé comme dirigeant fantoche. La Chine réagit par un boycott efficace du commerce avec le Japon, et en représailles une armée Japonaise débarqua à Shanghai. Une bataille féroce s'ensuivit, la Chine acceptant finalement de mettre fin à son boycott.

En 1936, un groupe d'officiers de l'armée tenta de renverser le gouvernement et de relancer la conquête de la Chine. Le coup d'état fut écrasé, mais les rebelles n'eurent pas longtemps à attendre pour que leurs souhaits se réalisent.

L'INVASION DE LA CHINE

Le 7 juillet 1937, le Japon inventa un nouvel affrontement dans le nord de la Chine – au pont Marco Polo près de T'ien-tsin – pour lancer une invasion générale de la Chine. Le Japon était favorisé : c'était la puissance la plus moderne d'Asie, dotée d'une marine et d'une aviation extrêmement efficaces ; l'armée forte de 300 000 hommes était équipée des armes les plus récentes. L'énorme alliance chinoise rangée contre le Japon était mal équipée, mal entraînée, et ne possédait ni forces navales ni aviation. La principale armée chinoise était la force nationaliste dirigée par le général Tchiang Kai-chek, comptant 2 millions d'hommes, et basée autour de la capitale, à Nankin. Dans le nord-ouest de la Chine, il y avait une armée de guérilla de 150 000 hommes appartenant aux communistes. Les deux factions chinoises convinrent de s'unir contre le Japon, mais elles ne formaient qu'une alliance précaire.

À l'été 1937, les armées japonaises prirent Pékin et T'ien-tsin, puis marchèrent vers l'ouest et le sud, écrasant toute opposition chinoise. À l'automne, cependant, la résistance de la population chinoise ainsi que ses forces militaires avaient commencé à ralentir les Japonais, dont les lignes d'approvisionnement étaient trop étalées. Un second assaut contre Shanghai rencontra une forte résistance, et il fallut plusieurs mois d'attaques aériennes et de débarquements amphibies japonais pour nettoyer la ville. En septembre, une division japonaise fut vaincue par une division communiste dans le nord-ouest de la Chine, ce qui remonta nettement le moral des Chinois et consolida le pouvoir communiste dans cette partie du pays.

Les Japonais avaient cru que la conquête de la Chine serait aisée, mais ils eurent beaucoup plus de difficultés que prévu. Leur frustration et leur colère se déplacèrent vers l'ouest avec les conquérants de Shanghai, qui marchèrent sur la capitale nationaliste, Nankin.

CHUTE DU MORAL

En novembre 1937, trois armées japonaises fonçaient vers Nankin. Leur humeur était impitoyable, et ils annihilèrent les villages et les bourgs qui se trouvaient sur leur chemin. Par exemple, Suzhou était une ville historique sur la rive est du Lac Taihu, célèbre pour ses antiques canaux et ponts, qui lui avaient valu le nom de « Venise chinoise ». En entrant dans la ville, les Japonais massacrèrent ses habitants, brûlèrent ses monuments historiques et emmenèrent des milliers de femmes pour servir d'esclaves sexuelles aux soldats japonais. En quelques jours, la population se réduisit de 350 000 à moins de 500 habitants. Malheureusement, ce n'était qu'un début.

Le 7 décembre, les armées japonaises approchèrent de Nankin. L'armée chinoise de 300 000 hommes qui la défendait était

Ci-dessus **: Des équipes d'assaut japonaises forcent un passage à travers le mur entourant Nankin, la capitale nationaliste.**

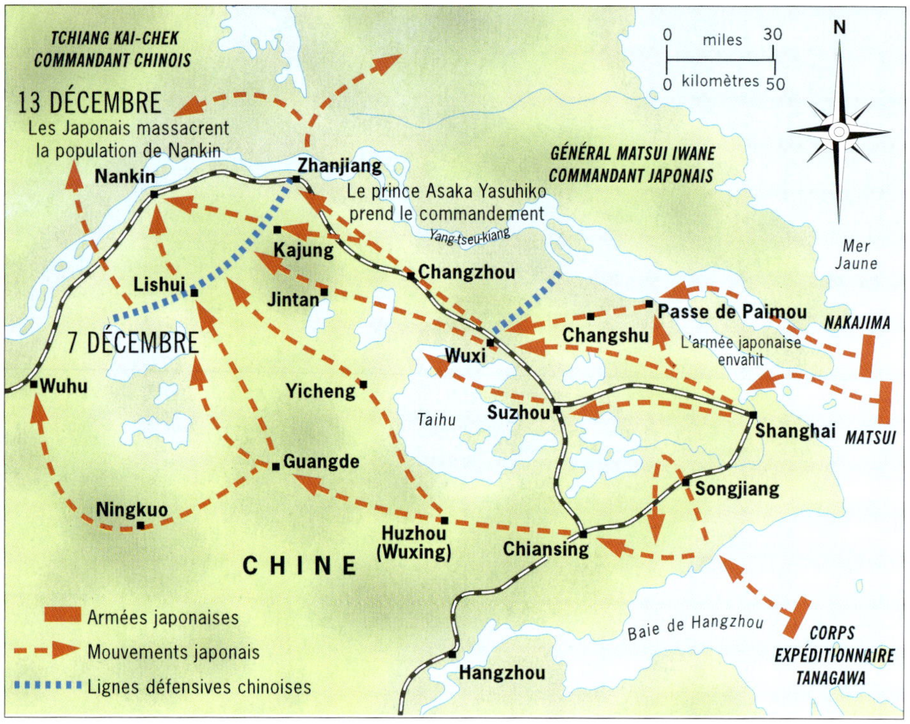

***Ci-dessus* : L'avance de la campagne japonaise de Shanghai à Nankin en 1937.**

bloquée par le fleuve Yang-tseu-kiang derrière la ville, et ne pouvait opposer de résistance décisive. Tchiang Kai-chek ordonna une retraite de dernière minute. Les pensées des soldats qui restaient dans la ville se tournèrent vers la reddition. Le général Matsui Iwane, qui avait le commandement général des forces japonaises dans cette région, voyait la conquête de la capitale comme le couronnement de sa carrière. Il la considérait comme une vitrine internationale pour l'armée japonaise, et donna des ordres stricts pour que l'entrée dans la ville se fasse avec une discipline qui impressionnerait les Chinois et le reste du monde. Pillage et comportements grossiers ne devaient pas être tolérés, et des gardes devaient être postés pour protéger les citoyens. Ses plans grandioses furent réduits à néant par sa propre maladie et par un changement de commandement.

L'empereur Hirohito plaça son oncle, le prince Asaka Yasuhiko, à la tête des forces japonaises à Nankin. En tant que membre de la famille royale, son autorité était supérieure à celle de tout autre commandant sur le terrain. Asaka était influencé par l'impitoyable général Nakajima, et un contre-ordre fut envoyé aux troupes, leur sommant d'exécuter tous les prisonniers de guerre. Avant l'aube du 13 décembre, à peine 50 000 soldats japonais franchirent les murs de Nankin, et se trouvèrent chargés de 90 000 soldats chinois et d'un demi-million de civils.

Pourquoi, surtout avec cette supériorité numérique, les Chinois ne manifestèrent-ils pas la résistance dont ils avaient fait preuve à Shanghai ? Il semble que l'armée chinoise de Nankin ait été épuisée par sa retraite de Shanghai, et les propositions d'un traitement équitable semblaient beaucoup plus séduisantes que plus tôt dans la campagne. De nombreux soldats jetèrent leurs armes et se constituèrent prisonniers. Il semble y avoir eu peu de coordination dans l'action des commandants chinois de la ville. Une chute de moral catastrophique avait donné aux Japonais leur plus grande victoire de la campagne. Tragiquement, les propositions de traitement équitable étaient mensongères, et les soldats chinois furent ligotés et conduits à leur exécution. Une victoire aussi facile et inattendue fit s'évanouir complètement le peu de respect que les militaires japonais pouvaient encore avoir pour leurs captifs chinois. Ce fut le début d'un holocauste.

LE « VIOL DE NANKIN »

Les soldats japonais, qui avaient craint les Chinois au début de la campagne, les méprisaient maintenant pour leur lâcheté. Largement inférieurs en nombre, les Japonais soumirent les Chinois en les divisant en petits groupes, leur liant les bras et les emmenant ensuite vers le lieu d'exécution. Serrés les uns contre les autres, les Chinois étaient alors massacrés à la mitrailleuse. Tant de soldats furent assassinés qu'il n'y avait pas assez de fosses pour les enterrer, et certains furent à demi brûlés ou jetés dans le fleuve.

Avec l'exécution des soldats chinois, l'armée japonaise afflua dans Nankin et infligea à ses civils une débauche démente de sauvagerie. Hommes, femmes et enfants étaient abattus au hasard. Quand les balles manquèrent, on employa épées et baïonnettes. Des piles de cadavres s'amassèrent dans toutes les rues. L'exécution des civils devint un sport, et les soldats concourraient pour voir qui pouvait en tuer le plus et le plus vite. Quand la tuerie devint ennuyeuse, des tortures hideuses furent inventées. De nombreux Japonais se prirent mutuellement en photo, tenant des têtes coupées et souriant, ravis des tortures et du massacre.

Les femmes de tous âges étaient soumises à des agressions sexuelles brutales par des bandes de soldats japonais, qui ensuite les mutilaient et les tuaient. Ces actions étaient écœurantes et barbares, mais elles continuèrent pendant des jours, les officiers encourageant leurs soldats.

Cette horreur se calma le 17 décembre quand le général Matsui quitta son lit de malade et entra dans la ville. Il fut choqué par ce qu'on lui dit du comportement de ses troupes, mais il était trop

***Ci-dessous* : Bombardements japonais sur Nankin frappant directement une réserve de munitions chinoise.**

Ci-dessus **: Les soldats japonais victorieux entrent en paradant à Nankin par la porte Chungsun. De terribles tortures et des massacres s'ensuivirent pour les citoyens chinois.**

NAGATOMI HAKUDO, SOLDAT JAPONAIS

EN SOURIANT FIÈREMENT

« Je me souviens d'avoir été mené en camion sur un chemin dégagé à travers des piles de milliers et de milliers de cadavres massacrés. Des chiens sauvages rongeaient la chair morte quand nous avons stoppé pour faire descendre un groupe de prisonniers chinois à l'arrière. Puis l'officier japonais m'a proposé de tester mon courage. Il a dégainé son épée, a craché dessus, et avec un mouvement puissant et soudain, l'a abattue sur le cou d'un jeune Chinois qui tremblait devant nous. La tête s'est détachée d'un coup et a rebondi sur le sol tandis que le corps s'affaissait en avant, le sang jaillissant en deux endroits du cou. L'officier a suggéré que j'emporte la tête chez moi comme souvenir. Je me souviens d'avoir souri fièrement quand j'ai pris son épée et commencé à tuer des gens. »

Cité dans *The Rape of Nanking* d'Iris Chang (Basic Books, 1997)

tard pour les 250 000 hommes, femmes et enfants chinois qui avaient été massacrés ou les 80 000 femmes violées. Malgré la désapprobation de Matsui, les atrocités continuèrent pendant encore des semaines.

Le « viol de Nankin » est l'une des grandes atrocités de guerre du XXe siècle. Le gouvernement japonais tenta d'enterrer l'incident et y réussit dans une certaine mesure, car l'horreur de ces événements ne s'est pas implantée dans les sensibilités occidentales comme l'on fait les atrocités des Allemands et des Russes. Les soldats impliqués n'ayant pas été punis, une telle barbarie fut considérée comme un comportement acceptable au sein de l'armée japonaise pendant le reste de la Seconde Guerre mondiale, ses soldats conquérants traitant civils et prisonniers de guerre de la manière la plus révoltante.

Pour les Chinois, la leçon était claire : ils ne pouvaient s'attendre à aucune clémence. Leur guerre de résistance devait continuer pendant de nombreuses années.

CAMPAGNE DE FRANCE, 1940

Ci-dessus : Une colonne allemande motorisée mène l'avance à travers un bourg français dévasté. Ces colonnes donnaient aux attaques des Allemands un élan énorme, mais leurs troupes de soutien n'arrivaient souvent qu'à la vitesse des chevaux qui tiraient leurs véhicules d'approvisionnement.

La rapide défaite de la France au début de la Seconde Guerre mondiale donna à Hitler son plus grand trophée. Ce fut une démonstration impitoyable de guerre éclair, dans laquelle des colonnes motorisées combinées à la puissance aérienne écrasèrent un ennemi plus statique. Mal équipés et mal dirigés, les Français furent à la fois surpris et débordés par une poussée de blindés à travers la Forêt des Ardennes. La Bataille de France fut le point culminant du *Blitzkrieg* d'Hitler en Europe de l'ouest.

Avec les décennies qui se sont écoulées depuis la fin de la Seconde Guerre mondiale, il est devenu plus facile de voir cette guerre terrible et extrêmement destructrice comme la phase culminante d'une série de conflits qui ont convulsé la première moitié du XXe siècle. Ces conflits – commencés par l'Allemagne en 1914 et ne se terminant qu'en 1945 avec la défaite totale des Allemands – ont été surnommés « seconde Guerre de trente ans ». Les deux guerres ont vu la répétition de stratégies basiques, l'Allemagne se tournant d'abord pour vaincre les puissances occidentales et fortifier son cœur industriel avant de se consacrer à l'affaire principale qu'était la conquête de l'Europe de l'est et la victoire sur la Russie.

En termes de technique militaire, les leçons apprises en 1916 et développées jusqu'en 1918 se prolongèrent dans les années 1930 et portèrent leurs fruits lors de ses rapides conquêtes de 1939 à 1941. Au cœur de ces victoires, on trouvait les troupes d'assaut, qui étaient nées dans les tranchées du front de l'ouest (*voir Cambrai, pp. 78-81*). Adolf Hitler lui-même avait combattu dans les tranchées, et considérait cela comme l'un des moments déterminants de sa vie. « Je ne me sentirais pas le droit d'exiger de chaque homme le sacrifice suprême », déclara-t-il plus tard en 1942, « si je n'avais pas moi-même vécu toute la guerre de 1914-1918 sur le front. » Et au départ, les Nazis avaient trouvé leur base politique parmi les vétérans mécontents de la première guerre.

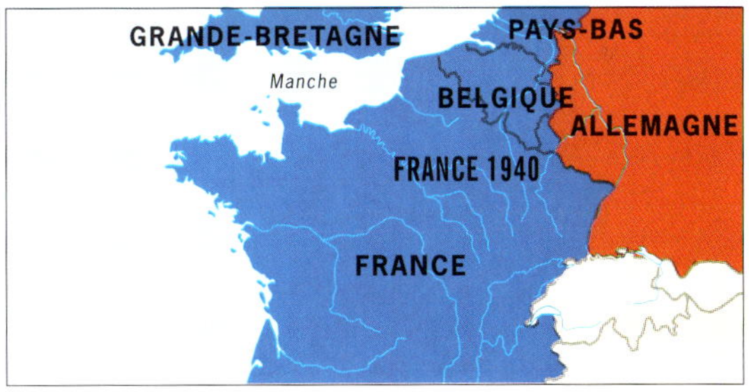

GUERRE ÉCLAIR

Le colonialisme de l'Allemagne nazie en Europe centrale et de l'Est commença avec l'annexion de l'Autriche en mars 1938, puis de la Bohême et de la Moravie le même mois. L'invasion de la Pologne par Hitler en septembre 1939 ne laissa pas d'autre choix à la France et à la Grande-Bretagne que de lui déclarer la guerre, et c'est ainsi que commença la Seconde Guerre mondiale. L'armée allemande pénétra en Pologne à grande vitesse, et prit Varsovie à la fin du mois. Cette victoire a été décrite comme le premier triomphe du *Blitzkrieg* allemand, établissant la légende de l'irrésistible système militaire de l'Allemagne. Ce n'est que partiellement vrai ; l'armée polonaise opposa une résistance féroce et arrêta les Allemands en plusieurs occasions, mais ces derniers avaient l'énorme avantage de les avoir envahis sans prévenir, et celui d'une plus grande force. S'ajoutait à cela le fait que l'armée soviétique avait honoré son pacte avec l'Allemagne nazie en envahissant l'est de la Pologne au milieu du même mois. Contre une telle adversité, la bravoure ne suffisait pas et la Pologne fut obligée de reconnaître sa défaite. À la suite de ce triomphe, tout le monde, Hitler compris, considéra que les Allemands étaient des génies militaires.

À droite **: Les bombardiers allemands comme ce Junkers Ju87 ouvrirent les campagnes éclairs de l'Allemagne en 1940, lâchant leurs bombes sur des points stratégiques.**

Ci-dessous **: L'avance dynamique des colonnes motorisées allemandes lors de leur assaut éclair contre la France en mars 1940.**

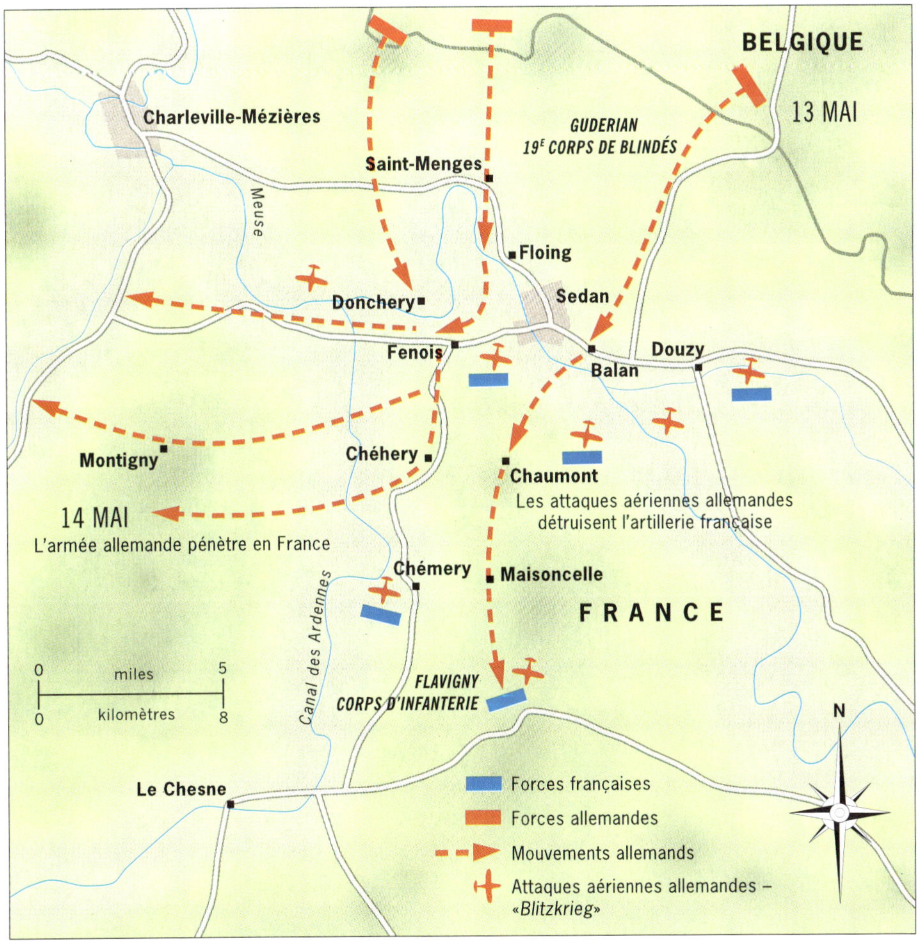

Stratégie et tactique allemandes dans les premières années de la Seconde Guerre mondiale se basaient sur les leçons apprises dans la seconde moitié de la Première Guerre mondiale. Les assauts combinés de plusieurs armes étaient la clé du succès. Avions de chasse et bombardiers dominaient rapidement l'espace aérien et bombardaient l'opposition. Des colonnes motorisées de blindés prenaient la suite, perçant des trous dans les lignes ennemies. Les tactiques d'infanterie étaient celles des troupes d'assaut, avec des groupes autonomes de soldats extrêmement entraînés et lourdement armés qui attaquaient leurs cibles par assauts rapides, se soutenant mutuellement jusqu'au moment où ils se rejoignaient,

Ci-dessus **: La conquête par Hitler des Pays-Bas et de la France, culminant dans l'évacuation des troupes alliées à Dunkerque et la prise de Paris le 14 juin.**

À droite **: L'infanterie allemande avance à travers un village à 40 km de Dunkerque.**

puis poussant sur les points faibles. Les progrès techniques de l'aviation et des blindés depuis 1918 amélioraient l'exécution de telles tactiques ; pourtant, nous ne devons pas surestimer le modernisme de l'armée allemande en 1939.

La grande majorité des transports militaires allemands étaient tirés par des chevaux. Chaque régiment avait 683 chevaux, contre seulement 73 véhicules motorisés. Un total de près de 3 millions de chevaux fut employé par l'armée allemande pendant toute la guerre. Si les films de propagande allemande aimaient à se concentrer sur le rôle des chars défonçant les lignes ennemies et les troupes filant derrière eux sur des motocyclettes, la majorité de ses forces avançaient à l'allure d'un cheval, tout comme les armées de la Première Guerre mondiale. Les tentatives pour se moderniser et surmonter cette lenteur inhérente n'étaient pas toujours couronnées de succès. Les parachutistes allemands tant vantés furent complètement vaincus en Norvège, et de lourdes pertes en Crète les réduisirent au rôle d'infanterie d'élite.

LA CONQUÊTE DE L'OUEST

Ayant conquis le Danemark et la Norvège afin de déborder la tentative de blocus maritime des Anglais, l'Allemagne se tourna enfin face à ses principaux ennemis de l'ouest, neuf bons mois après le début de la guerre. Entre-temps, pourquoi la France n'avait-elle pas attaqué la Rhénanie, cœur industriel de l'Allemagne ? Tout simplement parce que l'ombre de la Première Guerre mondiale planait lourdement sur les Alliés. Ni les Anglais ni les Français ne voulaient d'une autre guerre mondiale. Ils avaient trop souffert pendant la première, et firent tout sur le plan politique pour satisfaire les ambitions territoriales de l'Allemagne. Pendant l'entre-deux-guerres, ils n'avaient pas modernisé ni renforcé leurs armées au même degré qu'Hitler l'avait fait en Allemagne.

Si une guerre devait se produire, les Alliés s'attendaient à ce qu'elle soit une reprise du front de l'ouest, livrée à partir de défenses largement statiques. Dans ce but, la France avait investi d'importantes sommes dans une chaîne de fortifications appelées Ligne Maginot. Elle croyait que les lignes de défense allemandes, le Mur de l'ouest, étaient tout aussi imprenables et que le coût humain d'une invasion de la Rhénanie serait trop élevé. Ainsi, France et Grande-Bretagne décidèrent de mener une guerre défensive, employant le délai à réarmer leurs armées du mieux qu'elles pouvaient. Elles rejetèrent même l'idée d'un bombardement aérien de l'Allemagne, espérant ne pas intensifier la guerre. Les Alliés espéraient que la Belgique et les Pays-Bas se joindraient à eux dans une coalition défensive, mais ce souhait s'évanouit parce que les deux petits pays cherchaient eux aussi à ne pas provoquer Hitler. Malgré tout cela, le jour du jugement arriva en mai 1940.

Le 10 mai, des armées allemandes envahirent les Pays-Bas et la Belgique. Plutôt que de se retirer en direction des alliés, l'armée néerlandaise fut isolée dans le nord du pays. La principale ligne défensive au nord de la Belgique, ancrée à la forteresse d'Eben-Emael, fut écrasée après un rude combat. Un bombardement d'intimidation de Rotterdam convainquit ensuite les Néerlandais de capituler. La férocité de l'assaut contre la population civile soulagea les Alliés de toute retenue au cours de leurs futurs raids aériens, et en Grande-Bretagne Churchill devint Premier Ministre après la démission de Chamberlain. L'avance allemande à travers la Belgique conforta les Français dans l'idée que c'était une répétition de la stratégie de la Première Guerre mondiale, et qu'ils avaient raison d'attendre derrière leurs défenses. Mais c'était exactement ce qu'Hitler, qui supervisait la campagne militaire, voulait leur faire croire.

LA CHUTE DE LA FRANCE

« Il avait été habile d'attaquer Liège, » se souvint Hitler en 1941. « Nous devions leur faire croire que nous restions fidèles au vieux plan Schlieffen. » Avançant vers la frontière belge, les Français pris

Ci-dessus : Des soldats anglais et français prisonniers à Dunkerque.

Ci-dessous : Hitler le conquérant pose devant la Tour Eiffel après sa rapide victoire sur la France.

à contre-pied n'étaient pas préparés à une poussée des blindés du général Rundstedt à travers la forêt des Ardennes. Les Allemands traversèrent la Meuse et, aidés par les raids des bombardiers Stuka Ju87, enfoncèrent le flanc français. Les Allemands progressèrent alors jusqu'aux ports de la Manche et divisèrent les armées alliées. La force expéditionnaire britannique venue pour aider les Belges se trouva repoussée jusqu'à la Manche. Hitler retint ses troupes terrestres, prêtes à prendre les Anglais à Dunkerque, pour permettre à son aviation de les détruire sur les plages, mais cette action échoua et plus de 300 000 soldats anglais, français et belges furent évacués vers l'Angleterre. Coupées de leurs alliés, les forces belges n'eurent d'autre choix que de se rendre.

La conquête des Flandres accomplie et la Grande-Bretagne expulsée du continent, les armées allemandes frappèrent vers le sud. La Luftwaffe aida à perturber les liaisons ferroviaires et à ralentir le mouvement des troupes françaises. L'aviation française, par contraste, était mal équipée et ne pouvait pas égaler les Allemands dans les airs. Les plans des Français s'étaient avérés d'une faiblesse fatale : absorbés par une stratégie terrestre défensive le long de la Ligne Maginot, les Français devaient à présent assister à l'attaque principale des Allemands qui venait du nord, ignorant complètement leurs magnifiques forteresses.

Pris à découvert, les Français n'étaient pas des adversaires à la mesure de soldats allemands mieux équipés et plus déterminés qu'eux. Leur moral s'effondra, et le 9 juin les divisions panzer allemandes avaient atteint la Seine, à l'ouest de Paris. Quelques forces françaises résistèrent férocement et lancèrent des contre-attaques, mais dans l'ensemble n'arrivèrent pas à grand-chose et ne purent contenir l'avance allemande. Le 13 juin, Paris tomba et le gouvernement français partit vers le sud. Trois jours plus tôt, l'Italie s'était jointe à l'Allemagne et avait déclaré la guerre à la France, augmentant la pression qui pesait sur ses hommes politiques. Les divisions blindées allemandes continuèrent dans un grondement vers les ports côtiers de l'Atlantique et le centre de la France.

Le 17 juin, le Premier ministre français, Reynaud, refusa de se joindre à la Grande-Bretagne pour continuer de résister à l'Allemagne et démissionna. Remplacé par le général Pétain, vétéran de la Première Guerre mondiale, qui demanda un armistice aux Allemands. Le 21 juin, la capitulation de la France fut signée par le général français Huntziger, qui rencontra Hitler dans le wagon de la forêt de Compiègne où l'armistice avait été convenu en 1918. Pour l'Allemagne, c'était une revanche éclatante, et Hitler fit plus tard détruire le wagon pour empêcher tout acte symbolique ultérieur.

En moins d'un mois, la France avait été éjectée de la guerre. C'était une défaite humiliante, encore plus grande que celle de la guerre franco-prussienne (*voir Sedan, pp. 36-37*), qui convainquit le reste du monde que la machine de guerre allemande était invincible. En tout cas, l'Allemagne avait réalisé l'ambition, datant de 1870, de devenir maîtresse incontestée de l'Europe de l'Ouest, ce qui la laissa libre de se tourner vers l'est et de poursuivre ses ambitions territoriales. L'intervention britannique avait été complètement vaincue, et la facilité avec laquelle s'était déroulée l'opération poussa alors Hitler à envisager d'envahir la Grande-Bretagne. Son excès de confiance dans la guerre éclair provoqua également sa décision d'envahir la Russie en 1941.

LE GÉNÉRAL ALLEMAND BLUMENTRITT, CHEF DES OPÉRATIONS DE RUNDSTEDT PENDANT LA CAMPAGNE DE FRANCE

ILS ÉTAIENT BRAVES !

« Pendant la campagne de 1940, les Français combattirent bravement, mais ce n'étaient plus les Français de 14-18 – de Verdun et de la Somme. Les Anglais se battirent avec beaucoup plus de ténacité. Une partie des Belges combattit vaillamment ; les Néerlandais, seulement quelques jours. Nous avions la supériorité dans les airs, alliée à des chars plus récents que ceux des Français. Surtout, les équipages des tanks allemands étaient plus mobiles, plus rapides et meilleurs au corps à corps, et capables pendant leurs mouvements de tourner dans la direction exigée par leur commandant. Cela, les Français à cette époque étaient incapables de le faire. Ils n'étaient pas modernisés dans leur commandement ou dans le contrôle radio. Quand ils voulaient changer de direction en route, ils devaient d'abord s'arrêter, donner de nouveaux ordres, et seulement alors étaient en mesure de repartir. Leurs tactiques pour les chars étaient démodées – mais ils étaient braves ! »

Cité dans *The Other Side of the Hill* de B. H. Liddell Hart (Cassell, 1948)

BATAILLE D'ANGLETERRE, 1940

L'utilisation pleine de défi par la Grande-Bretagne de sa puissance aérienne pour bloquer le projet qu'avait Hitler d'envahir le pays est une remarquable étude de cas pour ce qui est de l'importance de la maîtrise des technologies militaires les plus récentes. Göring surestima la capacité de ses appareils à soumettre l'Angleterre par des bombardements, et ses pertes s'accumulèrent de jour en jour. L'avion de chasse Spitfire n'avait jamais eu de meilleure occasion de démontrer ses capacités. La bataille d'Angleterre stoppa le plan d'invasion d'Hitler et donna aux Anglais du temps pour riposter contre l'Allemagne dans l'Europe occupée.

La bataille d'Angleterre fut, comme le déclara Winston Churchill, l'heure de gloire du peuple britannique. Il devait affronter la menace très réelle d'une invasion par le conquérant militaire le plus redoutable d'Europe depuis Napoléon. Les armées allemandes avaient balayé l'Europe à l'est comme à l'ouest, et avec la technologie moderne dont elles disposaient, à l'été 1940, il semblait que ce n'était qu'une question de semaines avant qu'elles ne traversent la Manche.

Avant de pouvoir porter le coup final, Hitler devait maîtriser l'espace aérien de la Grande-Bretagne. Göring n'avait pas réussi à écraser l'armée anglaise à Dunkerque avec sa Luftwaffe, mais il promettait maintenant de livrer la Grande-Bretagne à Hitler lors d'une brève mais dévastatrice campagne aérienne. Il avait accès à tous les aérodromes de la côte de la mer du Nord, et pouvait donc envoyer tous ses appareils à portée des cibles anglaises. Par contraste, la Royal Air Force (RAF) anglaise ne pouvait rassembler que 650 avions de chasse.

Le conflit qui suivit a été représenté comme une lutte de David contre Goliath, mais des historiens récents ont remis cette légende en question et prouvé que la campagne de Göring était un exemple classique de l'excès de confiance des Allemands. Même si les rapports étaient inégaux, la RAF était professionnelle et qualifiée. Habitués aux avions peu performants de la Pologne et de la France, les Allemands mirent trop de foi dans leurs chasseurs bimoteurs à longue portée, alors que le Spitfire anglais, avec ses huit mitrailleuses, était réellement un exemple impressionnant de haute technologie.

LES BOUCS ÉMISSAIRES DEVIENNENT DES HÉROS

Au-dessus de Dunkerque, la RAF chercha à protéger les troupes anglaises en pleine évacuation des attaques de la Luftwaffe.

***Ci-dessus* : Des pilotes anglais courent vers leurs avions de chasse Spitfire à l'hiver 1940.**

***À droite* : Un gardien de l'ARP cherche des survivants dans une chambre dévastée après un bombardement. La décision des Allemands de déporter leurs attaques des aérodromes vers des cibles civiles sauva la RAF, mais plaça le peuple anglais en première ligne.**

« Il y a eu une victoire pendant la délivrance », dit Churchill au Parlement. « Elle a été remportée par la Royal Air Force. » Les troupes placées sur les plages voyaient cela d'un autre œil. Elles se plaignirent du peu de couverture par la RAF, et dans une certaine mesure, elles avaient raison. Le général de l'armée de l'air sir Hugh Dowding avait refusé de risquer tous ses appareils dans ce combat au-dessus de Dunkerque, de sorte que ceux qui furent envoyés étaient bien trop dispersés, mais les Spitfire ne s'en tirèrent pas trop mal, s'avérant plus efficaces que les Me109 et Me110 allemands. Les pilotes allemands commençaient à comprendre que la partie ne serait pas facile. « Les chasseurs anglais nous ont opposé une lourde résistance », se souvint le pilote de Stuka Ju87 Rudolf Braun.

Dunkerque donna aux pilotes anglais l'expérience du combat dont ils allaient bientôt avoir sérieusement besoin. Avec l'opération « Lion de mer », l'invasion de l'Angleterre, la campagne de Göring pour la suprématie aérienne commença le 10 juillet. La première étape fut le *Kanalkampf*, ou Bataille de la Manche, dans laquelle les appareils allemands attaquèrent les côtes anglaises et leurs navires marchands pendant trois semaines. Göring espérait attirer les avions anglais dans un traquenard, mais la RAF, démontrant son professionnalisme, abattit deux fois plus d'appareils qu'elle n'en perdit. Hitler avait espéré que cet étalage de puissance aérienne encouragerait les Britanniques à accepter la paix selon ses propres termes. En réalité, l'échec de la Luftwaffe lors de ces premiers affrontements encouragea Churchill à poursuivre, et Hitler dut ordonner un assaut aérien à l'intérieur des terres. Au total, la Luftwaffe pouvait faire appel à 860 bombardiers, 250 bombardiers plongeurs et 850 avions de chasse.

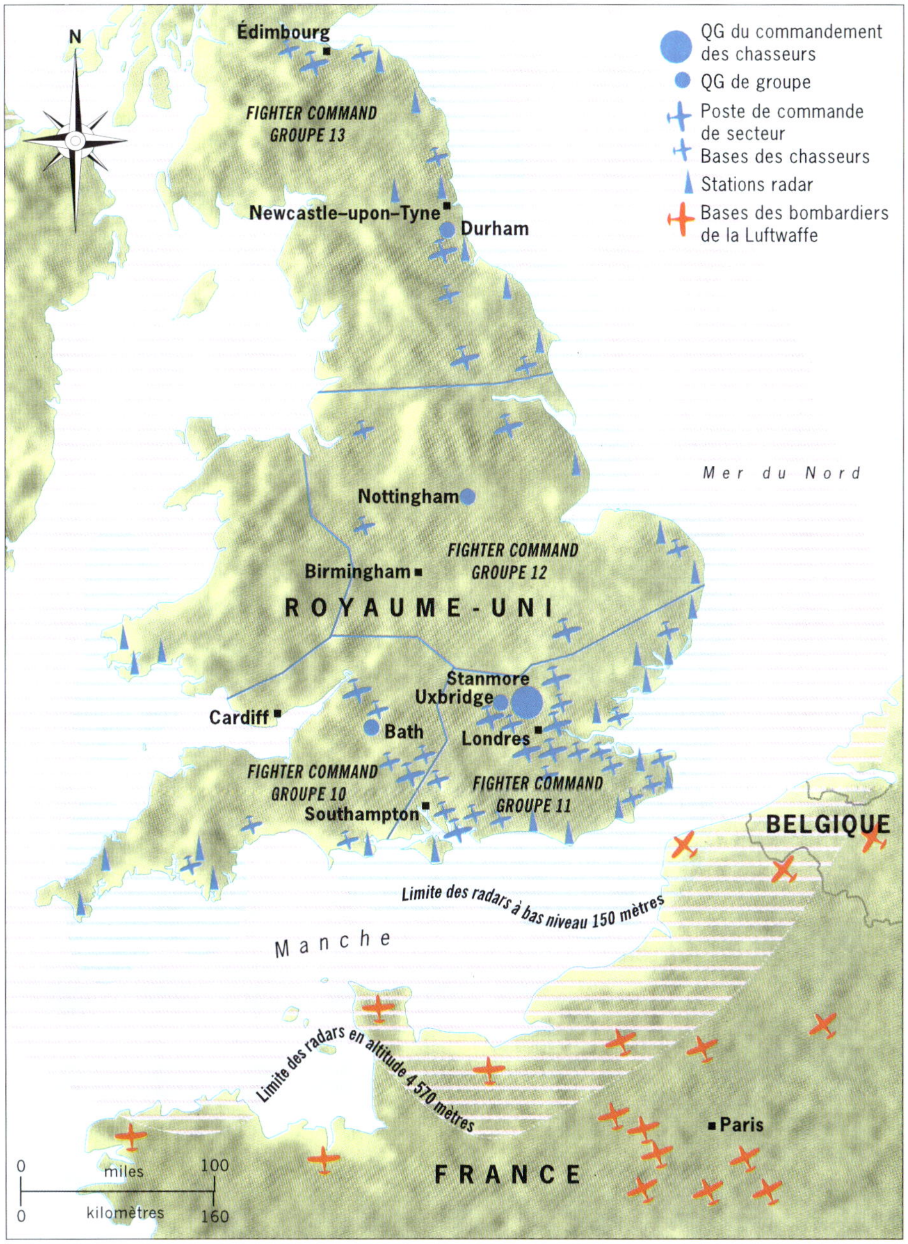

Ci-dessus **: Les bases aériennes allemandes et anglaises pendant la bataille d'Angleterre en 1940.**

Le jour de l'Aigle, le 13 août, fut la date choisie pour le coup fatal : 1 485 appareils allemands décollèrent en vrombissant et se dirigèrent vers les aérodromes de la RAF avec l'intention de détruire les appareils anglais au sol. Mais, un message radio adressé à l'escorte de chasseurs allemands les informa que les raids avaient été annulés et ils retournèrent à leur base. Cependant, personne n'informa les bombardiers qui continuèrent sans protection et la RAF abattit 45 appareils pour une perte de seulement 13 avions de chasse. Le lendemain, 70 avions allemands furent descendus contre une perte de 27 pour les Anglais. Deux jours plus tard, le ratio des pertes était le même. Toutefois de nombreux bombardiers allemands avaient pu détruire 16 appareils anglais au sol. Combattant pour la survie du pays, la réputation de la RAF monta en flèche, faisant des jours sombres de Dunkerque un distant souvenir. Quand Churchill transmit par radio sa phrase célèbre – « Jamais, dans le domaine des conflits humains, tant d'hommes n'en durent autant à si peu. » – tout le monde en convint de tout cœur.

LE DÉBUT DU « BLITZ »

Les pilotes de bombardiers allemands devaient être entraînés pendant deux ans, et leur perte dans la bataille d'Angleterre aurait un impact sur l'efficacité des bombardements allemands dans les futures campagnes. La production des avions allemands n'était pas aussi efficace qu'elle aurait pu l'être, et au plus fort de la bataille, les usines anglaises, de leur côté, produisaient 500 avions de chasse par mois, deux fois le nombre construit par les Allemands. D'autre part, les machines que les Allemands construisaient n'étaient souvent pas produites pour donner le maximum d'efficacité au combat.

Trois appareils bimoteurs pouvaient être produits pour deux bombardiers quadrimoteurs, et Göring adhéra à la conviction qu'Hitler « ne demandera pas quelle taille font les bombardiers, mais combien il y en a ». L'invention du radar, cependant, donnait l'avantage décisif aux défenses aériennes britanniques, car cela leur disait exactement où se trouvaient les Allemands de sorte que les chasseurs anglais, en nombre plus réduit, pouvaient être précisément dirigés sur les appareils approchant.

Les avions de chasse anglais opéraient de jour, tandis que les bombardiers attaquaient les soldats d'Hitler de nuit, pendant qu'ils attendaient dans leurs vedettes le signal de traverser la Manche. N'ayant pas réussi à abattre assez d'appareils anglais, Göring reprit son assaut contre les aérodromes de la RAF. Plusieurs bases d'avions de chasse furent mises hors d'état entre le 24 août et le 6 septembre, la RAF perdant 290 appareils. La Luftwaffe subissait toujours des pertes plus importantes, mais l'épuisement de la main-d'œuvre dans la RAF commençait à prendre des proportions inquiétantes, près d'un quart de ses 1 000 pilotes ayant été tués ou blessés. Les pilotes de remplacement étaient motivés mais inexpérimentés, ce qui les rendait plus vulnérables dans les airs.

C'était le moment où les défenses aériennes de l'Angleterre étaient au point le plus faible, et si Göring avait poursuivi cette stratégie, l'usure lui aurait peut-être bien assuré le succès. Mais il était impatient, et Hitler avait levé son interdiction de bombarder Londres. Les Anglais attaquèrent les villes allemandes en représailles, ce qui intensifia rapidement les événements, au point que Göring changea ses plans et ordonna des raids de bombardement en masse contre la capitale anglaise. En cessant de se concentrer sur les aérodromes, Göring fournit à la RAF le répit dont elle avait besoin. Ce fut une erreur décisive des Allemands.

Le premier raid aérien en masse eut lieu le 7 septembre quand 650 bombardiers lâchèrent plus de 670 tonnes d'explosifs sur les quais de Londres en bordure de la Tamise, tuant 458 civils. Les bombardements atteignirent leur point culminant le 15 septembre, quand plus de 1 000 bombardiers soumirent la ville à un formidable

Ci-dessous **: Les bombardiers Dornier de la Luftwaffe s'envolent de France pour attaquer l'Angleterre pendant l'été 1940.**

Ci-dessus : De jeunes pilotes de chasse des Hurricane de la RAF se reposent entre deux missions de combat.

LE CHEF D'ESCADRON GARVIN, PILOTE À LA BATAILLE D'ANGLETERRE

LE POINT DE RUPTURE

« La tension avait presque atteint son point de rupture. George, habituellement amical, était silencieux et irritable ; Colin, au visage mince par nature, avait les joues nettement plus creuses ; Desmond, qui avait tendance à prendre du poids, avait retrouvé des proportions raisonnables ; et moi, même si je n'avais aucun moyen de savoir comment j'apparaissais aux autres, j'étais sur les nerfs et je faisais pratiquement des bonds quand quelqu'un criait soudain dans la radio. Mais nous continuions quand même d'opérer – il n'y avait pas d'autre choix. »

Cité dans *The Most Dangerous Enemy* de Stephen Bungay (Aurum Press, 2000)

raid. Cela coûta cher aux Allemands, la RAF abattant 56 avions et ne perdant que 26 appareils. C'en était assez et la Luftwaffe refusa d'entreprendre d'autres raids de jour, préférant la protection de l'obscurité nocturne. Les bombardements continuèrent dans ce que les Londoniens appelèrent le « Blitz », expérience terrifiante pour la population civile, qui se cachait dans des abris anti-aériens creusés dans leurs jardins, ou dans les abris plus profonds que constituaient les stations de métro. Mais Hitler en avait assez, lui aussi. L'hiver s'annonçait avec son temps moins clément, et le 17 septembre, il remit l'opération Lion de mer aux calendes grecques. La bataille d'Angleterre était gagnée, et la menace d'invasion éliminée, mais les bombardements d'intimidation continuèrent, amenant les civils anglais sur la ligne de front de la guerre pendant presque toute l'année 1941. Un total de 43 000 civils mourut lors des raids sur Londres et sur d'autres villes anglaises. Cela constituait un tribut sanglant, vengeant ainsi l'échec des Allemands, qui ne parvenaient pas à briser la détermination de la résistance britannique.

CRÈTE, 1941

L'attaque allemande contre l'île de Crète fut le premier grand assaut aéroporté de l'histoire. Des milliers de parachutistes allemands très bien entraînés descendirent sur les positions de l'armée britannique. Ce fut une remarquable démonstration de puissance aérienne, qui força les Anglais à quitter l'île et à se replier en Afrique du Nord, mais le grand nombre des pertes subies par les Allemands les obligea à ne plus jamais tenter une opération de ce genre.

En 1941, comme Hitler préparait l'opération Barbarossa (*voir pp.100-103*), il éprouva le besoin de renforcer le flanc allemand dans le sud de l'Europe. Un accord, en mars 1941, avec le prince Paul, régent de Yougoslavie, permettant à son pays de se joindre à l'Axe avec la Roumanie et la Hongrie avait été cassé quelques jours plus tard par un coup d'État, qui rejetait toute alliance de ce genre et visait à préserver la neutralité de la Yougoslavie. L'arrivée de troupes britanniques en Grèce menaçait elle aussi le contrôle d'Hitler sur les Balkans, et il décida d'envahir la Yougoslavie, puis la Grèce. Les deux opérations furent effectuées brillamment par ses troupes en moins d'un mois, avec peu de pertes et d'énormes gains. La résistance yougoslave et grecque croîtrait au fil des ans, mais le résultat immédiat de ces deux conquêtes fut d'accroître grandement la foi d'Hitler dans ses propres capacités et celles de ses soldats.

Un peu plus de 15 000 soldats anglais se retirèrent de Grèce vers la Crète. Bien que vaincue, cette force représentait encore une menace pour le contrôle allemand des Balkans, et Hitler avait besoin de frapper un coup final contre les Alliés pour les chasser d'Europe du sud. Pour cela, il utiliserait un nouveau genre de combat, qui avait fait ses preuves en Europe de l'ouest pendant la campagne victorieuse de 1940 : l'assaut aéroporté.

À droite **:**
Les parachutistes allemands sautent des transports aériens Junkers Ju52 pendant l'invasion aérienne de la Crète.

Ci-dessous **: L'assaut aérien allemand sur la Crète en mai 1941.**

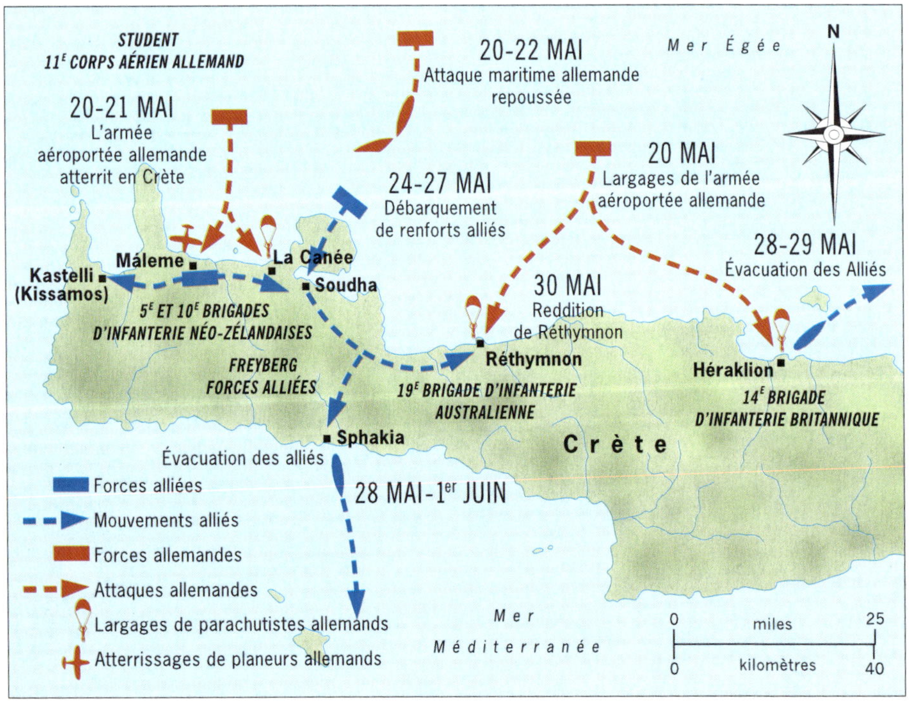

L'ÉLITE AÉROPORTÉE

Les troupes aéroportées d'Hitler étaient l'une de ses unités d'élite. Extrêmement bien entraînés et très motivés, les parachutistes avaient rencontré des succès spectaculaires en 1940 pendant l'invasion allemande de la Belgique et des Pays-Bas. Ils avaient atterri sur l'énorme place fortifiée belge d'Eban-Emael et l'avaient prise après un rude combat, frappant un grand coup contre les défenses alliées dans cette région. Des raids aéroportés similaires furent plus tard effectués avec succès contre des positions stratégiquement importantes aux Pays-Bas.

L'opération d'Hitler contre la Crète portait le nom de code Merkur (Mercure). Le but était de prendre les bases aériennes de l'île. Elle était prévue comme un assaut purement aérien, avec quelque 10 000 parachutistes, sous le commandement du général Kurt Student, transportés dans 75 planeurs et 500 avions de transport, protégés par bombardiers et chasseurs. L'invasion se ferait en deux phases, la première vague descendant sur Máleme, La Canée et la baie de Soudha. Les avions de transport retourneraient ensuite charger les troupes de la seconde phase pour un assaut contre les bases aériennes de Réthymnon et d'Héraklion. Les troupes anglaises et alliées en Crète furent rejointes par 12 000 renforts

venus d'Égypte, et une garnison grecque forte de 14 000 hommes. Ils étaient commandés par le général néo-zélandais Bernard Freyberg. Malheureusement, les raids aériens allemands forcèrent les quelques appareils de la RAF présents sur l'île à se retirer, laissant les Alliés sans couverture aérienne. C'était une grave erreur.

Suite à un intense bombardement aérien, l'invasion commença à l'aube le 20 mai 1941. « J'ai atteint la porte », se rappelait l'*Oberjäger* Lingg. « Le courant du sillage de l'avion m'a coupé le souffle. J'ai sauté, culbutant deux ou trois fois pendant que je tombais vers le sol, jusqu'au moment où mon parachute s'est ouvert avec une brusque secousse. « Dieu merci ! », c'est tout ce que j'ai pu dire. Jusque-là, ça allait. Mais le pire était encore à venir. » Le parachutiste avait raison, car sous lui, des soldats alliés étaient prêts et les attendaient. Grâce aux interceptions des signaux codés allemands, les Alliés avaient eu connaissance de l'invasion allemande à venir et s'y étaient préparés. Avertis du début de l'attaque par les raids aériens qui l'avaient précédée, les troupes alliées en position tirèrent vers le ciel, visant les soldats aéroportés qui descendaient. Des centaines de parachutistes furent tuées avant de toucher le sol ; certains se perdirent en mer sans même atteindre l'île.

PLUS JAMAIS

À la fin de la première journée, l'assaut aéroporté n'avait pas réussi à prendre une seule des bases aériennes alliées, mais quelques défenses périphériques autour de Máleme avaient été prises. Malgré les pertes accablantes, Student persista dans ses attaques, et un nouveau lâcher de parachutistes le second jour lui permit de prendre le contrôle de l'aérodrome de Máleme. Des renforts étaient maintenant envoyés, constitués de la 5e division alpine, mais nombre de leurs avions s'écrasèrent pendant l'approche. Il y eut toutefois assez de survivants pour tenir Máleme.

D'autres renforts furent envoyés par avion les jours suivants, et bien que subissant de nouvelles pertes, la force allemande étendit lentement mais sûrement son contrôle sur l'île. Le ciel restait le seul moyen d'accès en Crète, parce que la Royal Navy contrôlait la mer, anéantissant deux tentatives d'envoyer des renforts par mer. Le 27 mai, la plupart des troupes alliées avaient évacué l'île, et les parachutistes allemands prirent le dernier aérodrome à Héraklion. Le reste des forces anglaises et grecques se rendit.

Le prix de cette victoire allemande fut élevé. Au moins un parachutiste sur quatre avait été tué, et beaucoup plus blessés – un total de quelque 5 670 pertes. Student qualifia la Crète de « tombeau des parachutistes allemands ». Hitler lui-même fut choqué par les pertes subies par ses soldats favoris. « La Crète a montré que le temps des parachutistes est terminé », dit-il à Student en lui remettant une médaille. « Les parachutistes sont une arme de surprise, et le facteur surprise a été surexploité. » Plus jamais Hitler n'ordonnerait de lancer un important assaut aérien. La majorité des parachutistes allemands fonctionnerait maintenant comme infanterie d'élite sur les fronts de l'est et de l'ouest.

***Ci-dessous* :**
Des soldats anglais sont capturés par les parachutistes allemands pendant l'invasion de la Crète.

GÉNÉRAL KURT STUDENT, COMMANDANT DES FORCES AÉROPORTÉES ALLEMANDES

SOUVENIRS AMERS
Ce commandant se souvient :
« Pour moi, qui commandais les forces aéroportées allemandes, le nom même de Crète évoque des souvenirs amers. J'avais mal calculé en proposant cette opération, et mon erreur n'a pas seulement provoqué la perte de très nombreux parachutistes – que je considérais comme mes fils – mais, à long terme, a conduit à la disparition de l'arme aéroportée allemande que j'avais créée. »
Cité dans *Hitler's Green Devils* d'I. M. Baxter (Military Illustrated, 2001)

BARBAROSSA, 1941

Si l'invasion de l'Union soviétique fut le pari le plus risqué d'Hitler, ce fut aussi le point culminant de sa carrière politique. Il considérait la guerre à venir non seulement comme un moyen de s'emparer de vastes étendues du *Lebensraum* (« espace vital ») pour le peuple allemand, mais aussi comme une croisade contre le peuple slave « bolchevique ». « La sécurité de l'Europe ne sera pas assurée tant que nous n'aurons pas repoussé l'Asie au-delà de l'Oural », déclara-t-il à des amis en 1941. « Aucun État russe organisé ne doit être autorisé à exister à l'ouest de cette ligne. Ce sont des brutes, et ni bolchevisme ni tsarisme ne font de différence – ce sont des brutes à l'état de nature. » Il s'imaginait que la destruction de la Russie par l'Allemagne nazie serait son cadeau au reste de l'Europe, et en conséquence s'attendait à être soutenu par tous les autres États. Et dans une certaine mesure, son idée d'une armée pan-européenne se concrétisa.

Le jour où l'Allemagne envahit l'Union soviétique, l'Italie honora ses obligations par traité envers l'Allemagne et lui déclara également la guerre. La Roumanie se joignit ensuite au conflit, de même que la Hongrie et la Finlande, toutes envoyant de nombreuses divisions armées. L'Espagne leva une force expéditionnaire et une légion étrangère de volontaires fut recrutée en Norvège, au

Ci-dessus **: Des blindés allemands font halte dans les steppes russes lors de l'invasion de 1941.**

À droite **: Un fantassin allemand, armée d'un fusil Kar 98k, avance pendant l'opération Barbarossa.**

L'opération Barbarossa était l'invasion, depuis longtemps attendue par Hitler, de l'Union soviétique, et elle faillit atteindre ses objectifs. L'opération déclencha la guerre la plus destructrice et la plus brutale du xxe siècle, livrée par les deux superpuissances idéologiques dominantes de l'époque. Les divisions blindées allemandes foncèrent en avant et encerclèrent un nombre impressionnant de soldats russes ébahis, dont des dizaines de milliers se rendirent. Staline était anéanti, mais la réussite initiale de l'Allemagne fut contrecarrée par le climat russe et une résistance militaire accrue de la part de l'armée soviétique.

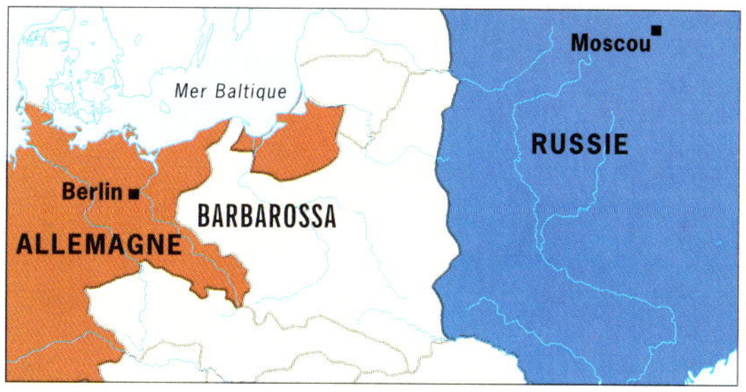

Danemark, aux Pays-Bas, en Belgique, en France et en Yougoslavie. Contrairement aux campagnes précédentes de la guerre, des jeunes gens idéalistes considéraient celle-ci comme une guerre légitime contre le communisme. Même le Pape, Pie XII, prêta son soutien au combat, qui avait pris des allures de croisade médiévale. Dans ces circonstances, le nom de code choisi par Hitler pour l'opération était tout à fait approprié : celui de Barbarossa (Frédéric Ier Barberousse), roi croisé allemand du Moyen-Âge.

UN AUTRE GENRE DE GUERRE

L'armée qu'assembla Hitler fut une des plus grandes jamais vues, et la guerre sur le front de l'est fut la plus destructrice du XXe siècle. Plus de 3 millions de soldats et 3 000 tanks furent rassemblés le long d'une frontière de 1 700 km s'étendant de la Baltique à la mer Noire. L'attaque commença avant l'aube le 22 juin 1941. Hitler avait instruit ses généraux du comportement qu'il attendait dans cette campagne : « Le combat sera très différent des combats à l'ouest. À l'est, la dureté est un service rendu à l'avenir. Les dirigeants doivent exiger d'eux-mêmes le sacrifice consistant à surmonter leurs scrupules. » Ce discours sous-entendait un bain de sang.

Derrière l'armée allemande en marche suivaient les *Einsatzgruppen*, des soldats spécialisés dans l'extermination des juifs et des « bolcheviques ». Ne voulant pas prendre de risques avec les « scrupules » de ses généraux, Hitler plaça ces escadrons de la mort sous le commandement distinct de Heinrich Himmler, qui avait déjà prouvé qu'il était capable d'une brutalité efficace en Allemagne et en Pologne. Ce furent les *Einsatzgruppen* qui exécutèrent l'ordre tristement célèbre du 6 juin dans lequel Hitler identifiait les commissaires politiques de l'Armée Rouge comme « auteurs de méthodes de combat asiatiques barbares » qui « capturés dans la bataille ou la résistance doivent, par principe, être éliminés immédiatement au fusil. » La guerre à l'est devait être une guerre sans merci.

Sous la couverture d'un gigantesque bombardement aérien, trois principaux groupes armés s'avancèrent à travers le territoire soviétique. Leurs trois principaux objectifs étaient les villes de Leningrad, Moscou et Kiev, avec l'intention d'établir une frontière allemande d'Arkhangelsk au nord jusqu'à la mer Caspienne au sud. Les divisions panzer pénétrèrent profondément en Union soviétique, avance qui partagea l'Armée Rouge et permit à l'artillerie et à l'infanterie, au mouvement plus lent, d'achever toute résistance. La vitesse et l'efficacité tactique des forces allemandes choqua les Soviétiques. « Ils tiraient sur nos lignes arrières, » se souvint un soldat russe, « ce qui a eu un gros effet sur notre moral. Nous avons réalisé que nous étions encerclés. Nos soldats criaient : « Nous sommes encerclés ». Comme ils commençaient à tirer à la mitrailleuse, les tanks allemands sont arrivés. Dans la confusion, nos officiers s'accrochaient aux véhicules qui passaient, alors qu'ils étaient complètement bondés. Nous nous sommes retrouvés dans une situation sans commandement, et nous ne pouvions rien faire. »

Quand les troupes allemandes étaient entrées dans les États baltes soviétiques, elles avaient été accueillies comme des libérateurs. À Riga, des soldats de la résistance lettone apparurent pour

Ci-dessous **: L'invasion initiale par les Allemands du territoire russe pendant l'opération Barbarossa.**

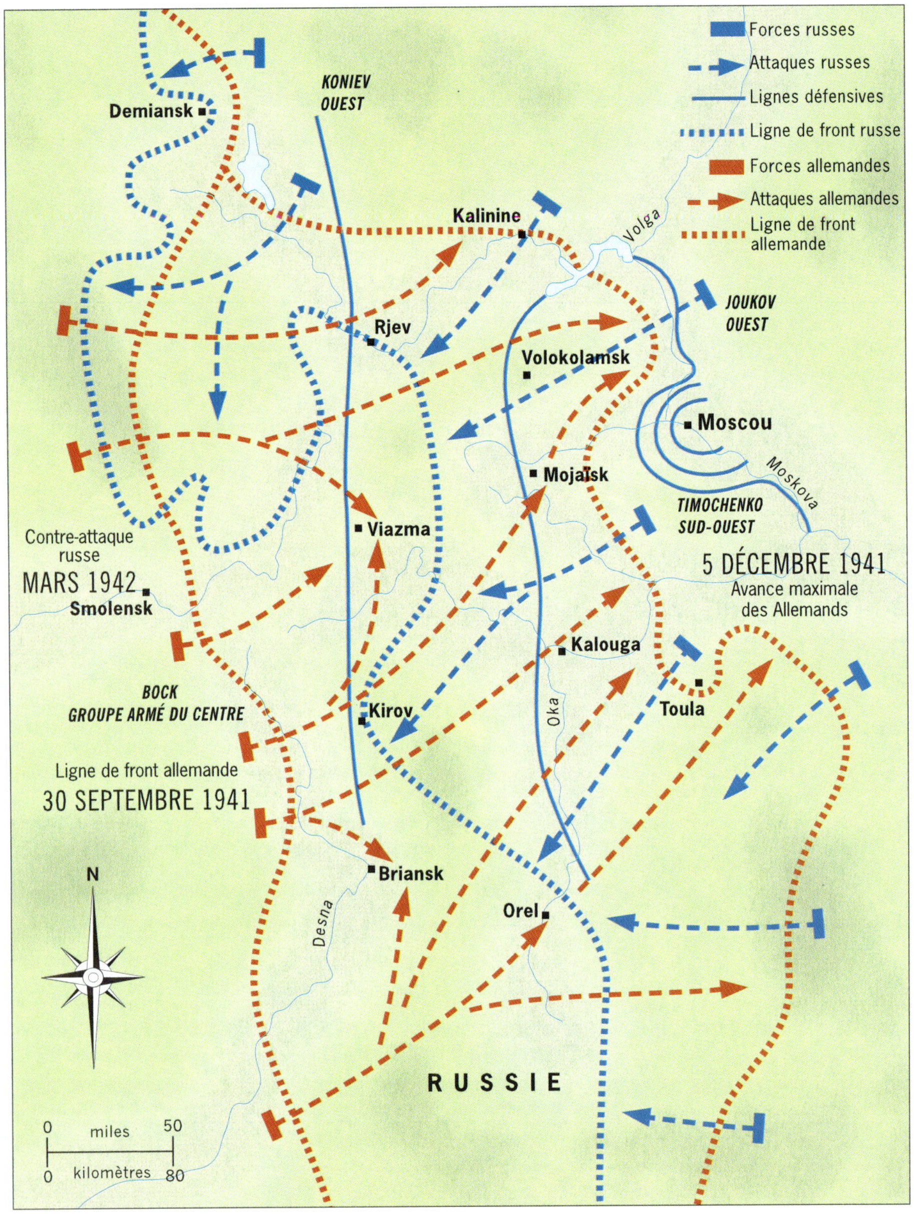

Ci-dessus **: La dernière étape de l'opération Barbarossa ; pendant que les troupes allemandes s'arrêtaient devant Moscou, les armées soviétiques emploieraient l'hiver à préparer une contre-attaque.**

À droite **: Un convoi allemand de transports motorisés et de chevaux avance à travers un village russe.**

livrer des batailles de rue avec les troupes de l'Armée Rouge. En Estonie, des groupes anti-communistes profitèrent de l'occasion pour frapper un coup contre l'Armée Rouge lors de son départ. Quelques semaines après le début de l'occupation nazie, de nombreux peuples baltes tournèrent aussi leur colère contre les populations juives locales et commirent massacres et atrocités avec la pleine connivence des Allemands. En Ukraine, des paysans accoururent vers les chars allemands, les acclamant et applaudissant, heureux d'être libérés par des « guerriers chrétiens ».

L'ÉLAN VERS MOSCOU

Au milieu de juillet, le Groupe armé du centre allemand avait pris Minsk et saisi quelque 290 000 prisonniers et 2 500 chars soviétiques. Continuant leur avance vers Smolensk, les divisions panzer ramassèrent encore 100 000 prisonniers et 2 000 chars. Les deux groupes de flanc, cependant, avaient plus de difficultés dans leur avance, les énormes distances drainant les provisions ainsi que l'endurance des divisions blindées. Hitler arrêta le Groupe armé du centre et en détacha des divisions pour les transférer à d'autres groupes armés. Cela aida le Groupe armé du sud, mais frustra celui du centre, qui dut, point capital, retarder son avance sur Moscou. Le 26 septembre, sur le front sud, cinq armées russes furent coincées dans un coude du Dniepr près de Kiev, en conséquence de quoi 665 000 soldats soviétiques se rendirent. Plus au sud, des troupes allemandes atteignirent la Crimée.

Le Groupe armé du nord assiégea Leningrad en octobre. La Luftwaffe avait le contrôle de l'espace aérien, abattant quelque 4 500 avions de l'armée de l'air soviétique et ne perdant elle-même que moins de la moitié de ce chiffre. Le Groupe armé du centre avait reçu l'ordre de reprendre sa marche sur Moscou, et était arrivé à moins de 65 km de la capitale soviétique avant de rencontrer une résistance plus solide. Les pluies d'automne changèrent alors les routes en boue, ce qui ralentit l'avance allemande. Bientôt, la pluie se changea en neige, l'hiver commençant à s'installer. Le maréchal Gueorgui Joukov dirigeait la défense de Moscou, et une contre-attaque russe réussit à Rostov. Des contre-offensives plus massives suivirent en décembre, utilisant cent nouvelles divisions soviétiques. Kalinine fut repris le 15 décembre, et l'offensive allemande s'immobilisa. Hitler était furieux contre ses généraux et démit nombre d'entre eux de leur commandement, prenant le contrôle direct de la campagne depuis Berlin par radio.

PANIQUE SOVIÉTIQUE

L'opération Barbarossa avait jeté l'Union soviétique dans la panique. Ses armées avaient subi plus de 3 millions de pertes, dont la moitié était des prisonniers si mal traités que la plupart ne survécurent pas. Staline était face à la plus grande crise de son existence, mais

s'il était ébranlé par la rapide avance des Nazis, il ne voulut pas quitter sa capitale, pour montrer sa fermeté.

Hitler avait sans aucun doute eu les yeux plus grands que le ventre. Les avances initiales des armées allemandes avaient été aidées par le fait que nombre des États qu'elles traversaient considéraient les soldats allemands comme des libérateurs les sauvant du régime soviétique, mais tandis que l'occupation nazie devenait plus répressive, ce soutien disparut. Le coût de l'opération Barbarossa avait été important, privant Hitler de quelque 800 000 hommes. Il avait parié sur l'effondrement de l'État soviétique face à l'assaut allemand, tout comme s'étaient effondrées la Pologne et la France. Mais l'Union soviétique était trop vaste, et les Russes en particulier trop déterminés, prêts comme ils l'étaient à affronter l'anéantissement plutôt que de se rendre. Les hommes d'Hitler n'étaient absolument pas préparés à une guerre se prolongeant pendant l'hiver. Ils gelaient dans leurs uniformes d'été et leurs chars furent immobilisés par la glace. Barbarossa se changeait maintenant en guerre d'usure, qui au bout du compte drainerait l'armée allemande de sa main-d'œuvre et laisserait l'Empire continental d'Hitler vulnérable aux contre-attaques des Alliés.

Ci-dessus : **Tandis qu'arrive le dur hiver russe, les troupes allemandes essaient de se réchauffer. Comptant sur une victoire rapide, de nombreux soldats n'avaient pas de vêtements d'hiver.**

Ci-dessus :
De nombreux soldats russes furent rapidement encerclés et capturés par les troupes allemandes pendant l'offensive initiale de l'opération Barbarossa.

CURZIO MALAPARTE, JOURNALISTE ITALIEN

ENTERRER LES MORTS

« Les troupes soviétiques battant en retraite n'abandonnent pas leurs morts sur le champ de bataille, et ne les enterrent pas sur place. Elles les emportent. Elles les enterrent à 20 ou 30 km plus à l'est, au cœur d'un bois, ou dans les profondeurs d'une vallée. Elles les enterrent dans d'immenses fosses communes : et sur les tombes elles ne plantent pas de croix, et ne laissent aucune marque d'identification. Elles piétinent la terre fraîchement retournée et la couvrent de feuilles, d'herbes, de branches d'arbre, parfois de tas de fumier, afin que personne ne puisse violer ces tombes secrètes. »

Extrait de *La Volga prend sa source en Europe* de Curzio Malaparte (Birlinn, 2000)

PEARL HARBOR, 1941

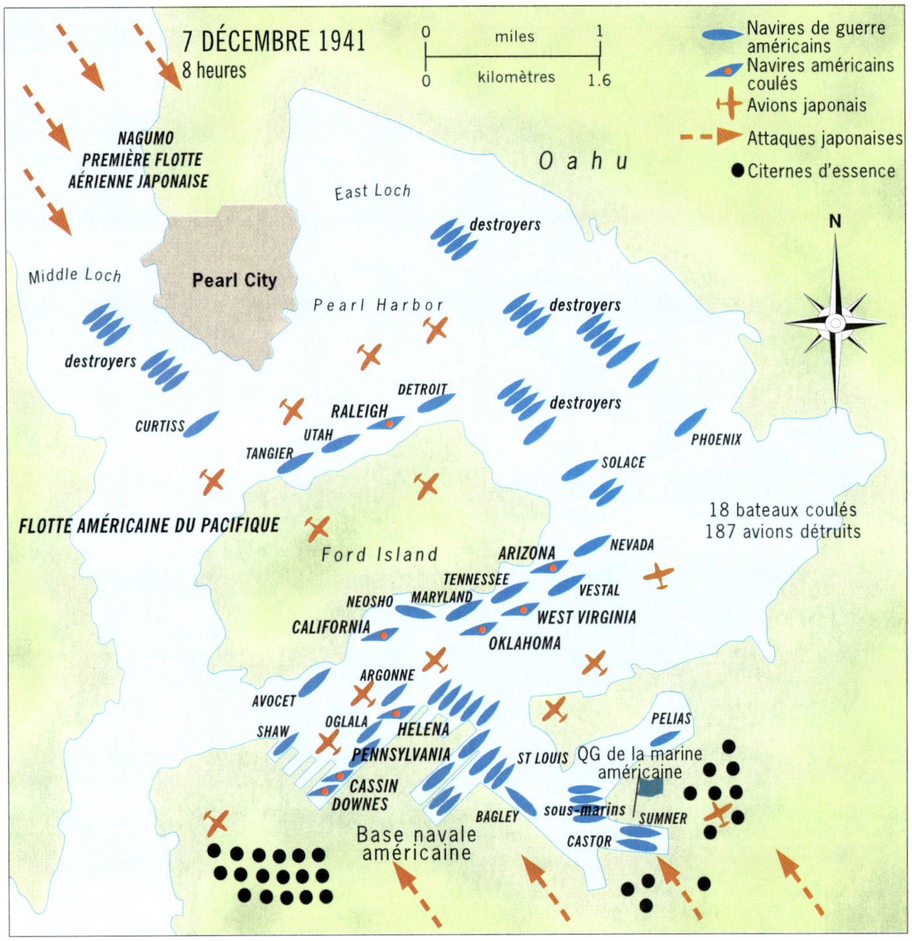

Ci-dessus **: L'assaut aérien japonais contre les cuirassés américains ancrés autour de Ford Island à Pearl Harbor, le 7 décembre 1941.**

L'attaque surprise du Japon contre les États-Unis fut un assaut anticipé parfaitement exécuté, aux résultats dévastateurs. Des nuées d'avions japonais bombardèrent et torpillèrent les cuirassés américains à quai. Mais les porte-avions américains n'étaient pas présents, et l'attaque japonaise ne réussit pas à détruire la puissance navale américaine. Celle-ci ne découragea pas les États-Unis de déclarer la guerre au Japon, provoqua le soulagement chez les Alliés occidentaux, car les États-Unis étaient maintenant impliqués dans la guerre et pourraient les aider à vaincre le Japon et l'Allemagne.

En 1940, le gouvernement militariste du Japon sentait que la guerre avec les États-Unis était inévitable. En septembre, il avait convenu d'une alliance au sein de l'Axe avec l'Allemagne et l'Italie, l'Allemagne donnant au Japon la possibilité de reprendre toutes ses anciennes colonies dont les Alliés avaient pris le contrôle après la Première Guerre mondiale. Les Japonais pensaient avoir assez d'approvisionnement, y compris d'essence, pour avancer vers le sud et pour combattre les États-Unis. Leur relation avec l'Allemagne les aiderait à résoudre tout éventuel problème avec l'Union soviétique, qui avait battu le Japon à plates coutures lors d'une brève guerre en 1939, et plus tard, quand la situation en Europe changea, le Japon signa un pacte de non-agression avec l'Union soviétique en avril 1941, qui convenait parfaitement aux deux partis.

À la fin septembre 1940, des troupes japonaises commencèrent à occuper le nord de l'Indochine, profitant de la faiblesse française sur place. Ce fut fait malgré des avertissements des États-Unis déclarant que le Japon ne devait pas s'y impliquer, et il en résulta un embargo sur l'envoi d'acier au Japon. L'occupation japonaise en Indochine se prolongeant, les États-Unis furent forcés en juillet 1941 de geler les biens japonais sur leur territoire. En septembre, le gouvernement américain donna son accord tacite à la formation d'un groupe de pilotes américains volontaires qui partirent, sous le nom de *Flying Tigers*, soutenir les Chinois dans leur guerre contre le Japon.

La tension montait, et les ambassadeurs des deux camps cherchèrent à la désamorcer, mais en octobre le général Hideki Tojo devint chef du gouvernement à Tokyo, et il n'était pas d'humeur à accepter des compromis. Il engagea des plans de guerre japonais contre les États-Unis et les colonies européennes. Face aux exigences des Américains réclamant leur retrait de Chine et d'Indochine, Tojo ne voyait pas d'alternative à la guerre.

L'ASSAUT ANTICIPÉ

L'acte d'agression non annoncé du Japon contre la base navale américaine de Pearl Harbor n'était pas nouveau. Le Japon avait frappé le premier dans sa guerre contre la Russie en 1904, ses torpilleurs coulant la flotte russe à Port-Arthur avant toute déclaration de guerre formelle.

Le contre-amiral Isoroku Yamamoto était le cerveau qui avait conçu cet assaut. Il savait que l'avenir de la guerre navale dépendait des porte-avions, et fut l'instigateur d'un programme de construction de porte-avions au Japon dans les années 1930. Il encouragea aussi la construction de l'avion de chasse Mitsubishi A6M2 Zéro. Yamamoto avait servi comme attaché militaire à Washington, et connaissait parfaitement la force des États-Unis. Il s'opposait à l'idée d'une guerre contre les États-Unis, mais quand la décision fut prise, il sut qu'il fallait porter un coup fatal.

Minoru Genda s'occupa des détails de l'attaque, prenant pour modèle le raid anglais sur Tarente en novembre 1940, où des bombardiers anglais avaient décollé de porte-avions et coulé des navires italiens. Il travailla en collaboration avec le commandant Mitsuo Fuchida, un des aviateurs les plus expérimentés du Japon, qui conduirait l'attaque en personne. Genda dessina de nouvelles torpilles et bombes pour cette mission.

La Première flotte aérienne du Japon, qui comprenait six porte-avions ainsi que des cuirassés et des sous-marins de soutien,

prit la mer sous le commandement du vice-amiral Nagumo le 26 novembre 1941. Les plans de guerre du Japon étaient connus des services secrets américains, qui avaient déchiffré les codes japonais, mais on s'attendait à ce que le coup soit porté contre la Malaisie ou contre les Philippines. Les dispositifs de surveillance des codes américains perdirent la trace de la flotte de Nagumo.

Ci-dessous : L'amiral Isoroku Yamamoto, commandant de la flotte japonaise, qui lança l'attaque aérienne contre Pearl Harbor.

TORA ! TORA ! TORA !

Le matin du 7 décembre 1941, la flotte de Nagumo se rendit en un point situé à 440 km au nord d'Oahu à Hawaii, qui abritait la base de l'US Navy de Pearl Harbor. La puissance à laquelle pouvait faire appel Nagumo était impressionnante : 104 bombardiers à torpilles Nakajima B5N2, 135 bombardiers plongeurs Aichi D3A1 et 81 avions de chasse Mitsubishi A6M2 Zéro. À 6 heures, la première vague d'appareils décolla vers Oahu. « Tora ! Tora ! Tora ! » hurlaient les pilotes – *tora*, qui signifie « tigre », était le nom de code de l'attaque. Deux heures plus tard, tandis que les équipages de la marine américaine s'éveillaient pour leur journée de travail, les avions japonais commencèrent à lâcher leurs bombes sur les cuirassés à l'ancre autour de Ford Island.

À bord de l'USS *Nevada*, Oden McMillan dirigeait un orchestre de marines quand les avions japonais attaquèrent, criblant le navire de projectiles autour de lui. Refusant la réalité, McMillan continua de diriger. « Ses années d'entraînement avaient pris le dessus », écrivit plus tard Walter Lord dans *Day of Infamy*, « il ne lui vint jamais à l'esprit qu'une fois qu'il avait commencé à jouer l'hymne national, il lui était possible de s'arrêter. Une autre bordée éclata. Cette fois, McMillan marqua une pause tandis que le pont éclatait autour de lui, mais il s'empressa de reprendre... Pas un homme ne rompit la formation avant la note finale. Alors, tout le monde se mit à courir éperdument pour se mettre à couvert. »

Les torpilles spécialement conçues de Genda avaient été modifiées pour fonctionner dans l'eau peu profonde du port, et il n'y avait aucun filet défensif pour les intercepter. La destruction qui en résulta fut énorme. Fuchida, qui conduisait l'attaque, survola la flotte amarrée autour de Ford Island et eut du mal à en croire ses yeux. « Même pendant la paix la plus absolue », se souvint-il, « je n'ai jamais vu de tels navires amarrés à une distance de moins de 450 à 900 m les uns des autres. Le tableau sous mes yeux était difficile à assimiler. »

À droite : Des avions japonais se préparent à décoller d'un porte-avions. Les porte-avions transformèrent la guerre dans le Pacifique, permettant aux chasseurs et aux bombardiers de frapper n'importe où, sans avoir besoin de bases terrestres. Tableau contemporain.

À droite **: Photographie japonaise prise pendant l'assaut aérien sur Pearl Harbor, montrant Ford Island et les cuirassés américains ancrés à proximité.**

Ci-dessous **: La première phase de l'attaque japonaise détruisit pratiquement les défenses aériennes américaines, laissant la flotte complètement vulnérable.**

Le *Nevada* d'Oden McMillan fut frappé par une torpille qui perça un énorme trou dans sa proue à bâbord. Il essaya de s'échapper en sortant du port, mais son capitaine dut prendre la difficile décision d'échouer le navire plutôt que de le voir couler et bloquer l'entrée du port. L'*Arizona* fut frappé par torpilles et bombes, explosant comme un feu d'artifice. Le *West Virginia* coula au fond du port. L'*Oklahoma* chavira. Le *Maryland* et le *Tennessee* étaient protégés des torpilles par les autres navires amarrés à côté d'eux, mais des bombes les frappèrent d'en haut et le feu se communiqua de l'*Arizona* au *Tennessee*. Le *California* fut touché deux fois et le *Pennsylvania* reçut une bombe alors qu'il était en cale sèche. En tout, huit cuirassés avaient été anéantis.

L'attaque matinale prit les défenses aériennes américaines complètement au dépourvu. Les appareils rangés sur les cinq aérodromes d'Oahu furent pratiquement tous détruits, de sorte qu'il ne restait rien pour contester la maîtrise du ciel au-dessus du port. 45 minutes plus tard, une deuxième vague d'avions japonais lâcha des explosifs sur les bateaux. La fumée de la flotte incendiée gênait la vision des pilotes, de sorte qu'ils visaient moins bien, mais plus de 3 000 militaires américains furent tués lors de l'attaque, et un total de 18 bateaux et de 187 avions fut perdu. Du point de vue des Japonais, c'était un raid brillamment exécuté, qui avait été effectué à grande distance des bases de la flotte, et pourtant avait pris la flotte américaine du Pacifique complètement au dépourvu. Plus jamais les Américains ne soutiendraient que les pilotes japonais ne valaient rien parce qu'ils portaient des lunettes !

La flotte américaine du Pacifique fut neutralisée pendant six mois après l'attaque, ce qui laissa le Japon libre d'attaquer Hong Kong,

Ci-dessus :
Les cuirassés américains brûlent et coulent pendant l'attaque japonaise.

JOHN CHARMLEY, HISTORIEN

LE SOMMEIL DES BIENHEUREUX

Si l'attaque sur Pearl Harbor choqua les États-Unis et leur donna l'impression d'être vulnérables, de l'autre côté de l'Atlantique il y eut un sentiment de soulagement. L'historien John Charmley décrit la réaction de Winston Churchill à cette nouvelle : « Une fois que Churchill eut digéré le fait que les Japonais avaient attaqué la flotte américaine à Pearl Harbor, il ordonna qu'on téléphone à Roosevelt. Au bout de quelques minutes, Roosevelt était en ligne, et Churchill lui demanda : " Monsieur le président, qu'est-ce que c'est que cette histoire à propos du Japon ? " " C'est tout à fait vrai, répondit-il, ils nous ont attaqués à Pearl Harbor. Nous sommes tous dans le même bateau, à présent. " Roosevelt lui dit qu'il allait demander au Congrès de déclarer la guerre le lendemain, et Churchill s'engagea à faire la même chose à la Chambre des communes… Churchill alla se coucher et, " saturé et gavé d'émotions et de sensations, dormit du sommeil des bienheureux " ».

Tiré de Churchill – *The End of Glory* de John Charmley (Hodder & Stoughton, 1993)

la Malaisie et les Philippines avant la fin de l'année. Même si le coup parut dévastateur à l'époque, l'attaque sur Pearl Harbor fut malgré tout bénéfique à la cause des Alliés. Les États-Unis étaient maintenant en guerre, ce qui fut un grand soulagement pour la Grande-Bretagne. Leur participation à la guerre fut renforcée quand Hitler déclara la guerre aux États-Unis peu de temps après. Le raid lui-même ne fut pas aussi destructeur qu'il le parut d'abord. Heureusement, les trois porte-avions américains étaient absents du port au moment de l'attaque, et ils devaient constituer des armes cruciales dans la guerre du Pacifique. De plus, seuls deux des cuirassés endommagés ne navigueraient plus jamais : les autres furent tirés des eaux peu profondes et réparés. Les États-Unis avaient été poussés à la colère et étaient prêts à faire une guerre sans merci au Japon et à l'Allemagne. À long terme, le Japon avait mal évalué sa capacité à mener une guerre contre les États-Unis.

SINGAPOUR, 1942

La conquête de Singapour et la défaite britannique face aux Japonais furent une humiliation, et signalèrent la fin de la suprématie occidentale en Extrême-Orient. Les soldats japonais traversèrent la jungle, réputée impénétrable, pour prendre d'assaut des positions où la plupart des canons importants étaient pointés dans la direction opposée. Des milliers de soldats britanniques et du Commonwealth furent condamnés à des années de souffrances comme prisonniers de guerre des Japonais.

Si Pearl Harbor fut le coup le plus important asséné par les Japonais aux Américains dans la Seconde Guerre mondiale, alors la chute de Singapour fut le plus important revers pour les Anglais. Churchill, la qualifia du « pire désastre » et de la « plus importante capitulation de l'histoire britannique ». Singapour suivit de près Pearl Harbor, dissipant définitivement tout préjugé, selon lequel l'armée japonaise n'était pas efficace. Ce fut le point culminant de l'entreprise japonaise de modernisation militaire qui avait commencé dans la dernière partie du XIXe siècle, et finalement l'aura d'invincibilité de l'impérialisme occidental fut anéantie, ouvrant la voie à de nombreuses autres puissances asiatiques pour le défier.

Ci-dessus **: Des soldats australiens affectés en Malaisie furent envoyés renforcer la garnison alliée à Singapour.**

À gauche **: Une gravure japonaise contemporaine montre les troupes d'assaut du Japon en action, le soutien naval posté à proximité.**

« *BLITZKRIEG* » JAPONAIS

Quelques jours après Pearl Harbor, des armées japonaises balayèrent l'Asie du Sud-Est. Le 8 décembre, les forces japonaises pénétrèrent sur l'île de Hong Kong et dès le 25 décembre, la ville était soumise après avoir été bombardée. Le 8 décembre également, une armée japonaise de 100 000 soldats, commandée par le général Tomoyuki Yamashita, exécuta une invasion amphibie du nord de la Malaisie, alors colonie anglaise. Le général Percival commandait une force de 100 000 soldats anglais, australiens et indiens dont le but précis était de défendre Singapour, base navale vitale et centre commercial situé à la pointe sud de la Malaisie. Rejetant de côté les forces britanniques peu nombreuses dans le nord de la Malaisie, les Japonais avancèrent rapidement à travers le pays, descendant vers le sud et vers Singapour.

Le cuirassé anglais *Prince of Wales* et le croiseur cuirassé *Repulse* partirent vers le nord pour attaquer la flotte japonaise qui soutenait l'invasion, mais les vaisseaux anglais furent repérés par des avions japonais, et coulés le 10 décembre par bombes et torpilles. À l'exception des trois porte-avions américains qui avaient survécu à Pearl Harbor, les Alliés n'avaient à présent plus aucun cuirassé important dans la région de l'Asie et du Pacifique. Ce qui signifiait également que Singapour n'avait aucune protection navale.

Les forces japonaises continuèrent leur avance, et les défenseurs dirigés par les Anglais reculèrent devant eux, leur moral s'effondrant tandis que les soldats japonais expérimentés les écrasaient dans des combats de jungle, débordant et infiltrant leurs positions. En janvier 1942, l'armée anglaise et du Commonwealth assigna des hommes à une ligne défensive à 40 km à peine au nord de

***Ci-dessus* : Une équipe de mitrailleurs du régiment de Manchester s'entraîne avant la bataille de Singapour.**

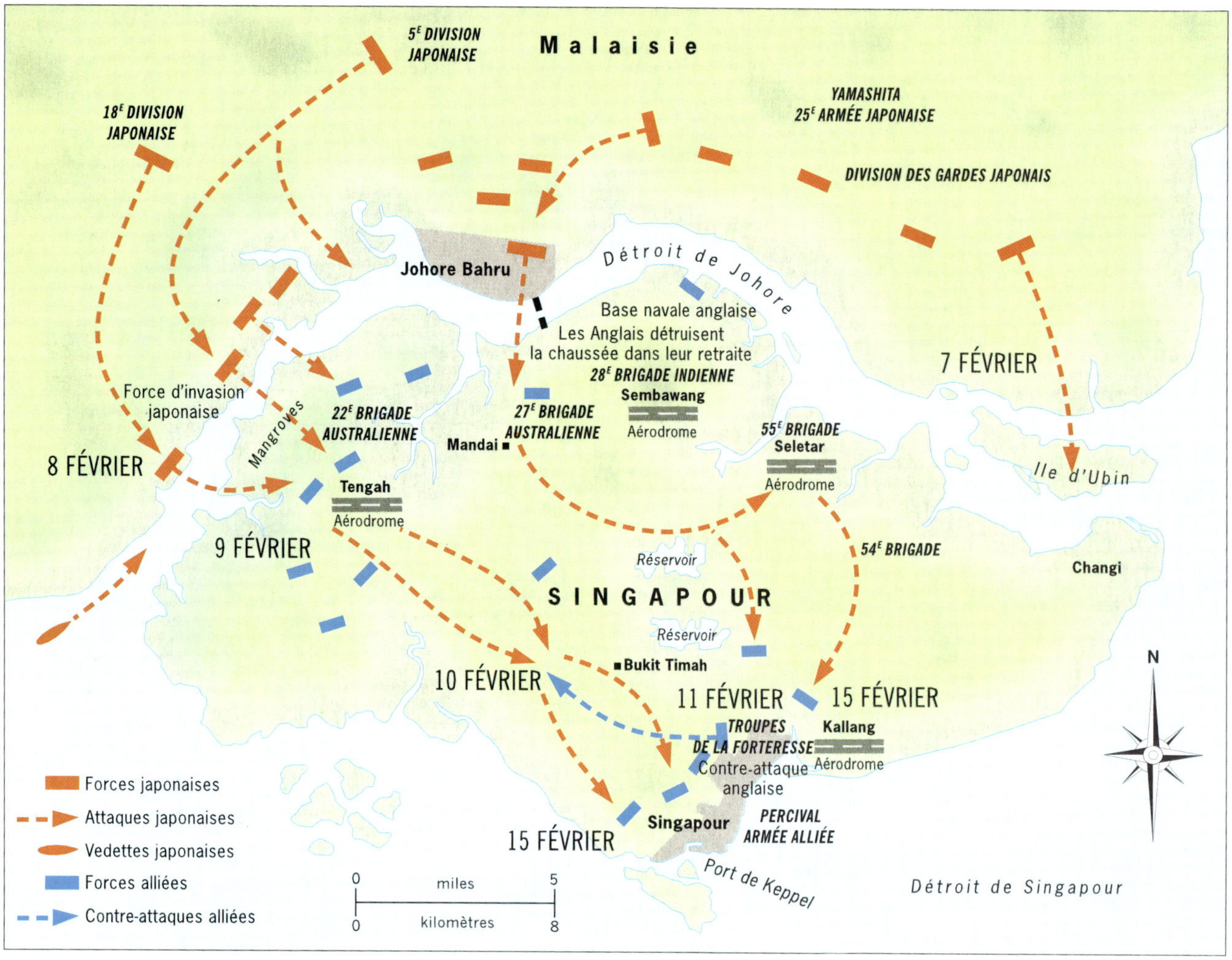

Ci-dessus **:**
L'assaut japonais contre la garnison de l'île à Singapour. Les Anglais ne s'attendaient pas à voir une attaque majeure venir des terres à travers la jungle.

Singapour. Le 15 janvier, cette position fut enfoncée et les Anglais se retirèrent à l'intérieur de Singapour, traversant le détroit de Johore et démolissant la chaussée derrière eux.

FORTERESSE IMPRENABLE

Suite à la réussite du Japon dans la guerre russo-japonaise (*voir Tsushima, pp. 54-57*), le gouvernement britannique considérait à juste titre que la seule menace qu'il affrontait en Extrême-Orient était celle de la marine impériale japonaise. En conséquence, les Anglais décidèrent de faire de Singapour leur principale base navale fortifiée en Asie. La construction ayant lieu dans les années 1930, un éventail de 29 canons de gros calibre fut installé autour de la base, pointés vers la mer. La base terminée, les Anglais étaient assurés que leur position était imprenable. Les canons n'étaient pas installés vers le nord, car la jungle était considérée comme impénétrable par une armée. Bien entendu, les Japonais devaient démontrer le contraire, mais la légende selon laquelle les gros canons de Singapour ne pouvaient pas être braqués vers le nord est injustifiée, et nombre des canons furent retournés pour faire face aux envahisseurs japonais.

Malheureusement, en 1941 de nombreux autres objectifs monopolisaient les ressources de la Grande-Bretagne. Comme l'a dit Peter Elphick dans *Singapore : The Pregnable Fortress* : « Du jour au lendemain, l'Extrême-Orient glissa de la troisième position dans la liste des priorités défensives de Churchill à la quatrième ; il passait maintenant après la Grande-Bretagne elle-même, le Moyen-Orient, et la Russie. » Ce qui impliquait que les forces anglaises en Malaisie n'étaient pas équipées ni alimentées correctement. Quelque 676 avions et 446 chars avaient été envoyés en Russie dans les six mois précédant l'assaut sur Singapour, et s'ils avaient été dirigés vers l'Asie, ils auraient certainement été d'une grande aide, mais l'assaut japonais fut si soudain que de telles décisions d'approvisionnement n'auraient pas pu être prises à temps. Cela dit, la force de défense à Singapour était encore largement plus nombreuse que les 30 000 soldats que Yamashita pouvait rassembler pour son assaut final sur la ville. Yamashita n'avait que 200 pièces d'artillerie contre les 400 canons de Singapour. Si les Japonais avaient l'avantage sur le plan du moral et de l'entraînement, ils ne possédaient pas la supériorité numérique en hommes ou en armement, et Yamashita n'était pas très assuré face à la tâche qui l'attendait.

L'ATTAQUE COMMENCE

Percival ne savait pas exactement où les Japonais attaqueraient, et il étala ses forces le long de la côte nord de Singapour. Son point le plus faible était une étendue de mangroves au nord-ouest. C'est là que les Japonais attaquèrent la nuit du 8 février, où seuls trois bataillons australiens se trouvèrent attaqués par seize bataillons japonais. Les Australiens infligèrent de lourdes pertes aux Japonais, mais une troisième vague réussit à prendre pied sur l'île.

Le colonel Tsuji était l'un des commandants japonais chargés de préparer l'assaut sur Singapour, et il décrit un exemple de la déter-

***Ci-dessus* :**
Mère et fille pleurent dans la rue après avoir été prises dans un raid aérien japonais pendant l'attaque contre Singapour.

mination japonaise pendant ce premier assaut : « Le chef de troupe première classe Yamamoto, debout à la proue d'un radeau fait de trois vedettes attachées ensemble, était continuellement trempé d'eau projetée par les obus ennemis frappant la mer autour des bateaux. Alors qu'ils étaient chargés à plein d'hommes de la seconde ligne des troupes d'assaut, un obus éclata sur le plat-bord des vedettes qui composaient le radeau, tuant les deux autres barreurs et endommageant sévèrement leurs bateaux. Yamamoto fut le seul homme restant capable de conduire les vedettes, qui avaient 50 hommes à leur bord. Il les mena sur le rivage ennemi, puis s'écroula comme un arbre qui tombe. Quand le commandant d'escouade le souleva dans ses bras, il vit ses poumons qui lui sortaient entre les côtes. »

Les Japonais utilisèrent leur suprématie aérienne pour bombarder l'île, mais subirent un revers quand l'essence en flammes des citernes détruites s'écoula dans la mer, et incinéra les soldats japonais se trouvant sur son passage. Jusque-là, les défenseurs faisaient mieux que de tenir bon. Si les Japonais avaient pris une tête de pont, ils subissaient des pertes élevées, mais c'est alors que le commandant australien, Bennett, transmit un message à ses officiers dans lequel il expliquait le plan de réserve de Percival pour une retraite vers une ligne défensive au nord de la ville. Ses troupes prirent ceci pour un ordre de retraite, et les soldats alliés se retirèrent, permettant aux Japonais de traverser le détroit. La chaussée fut réparée, et les chars japonais la traversèrent.

Les Japonais prirent rapidement le contrôle de la plus grande partie de l'île, mais des combats acharnés éclatèrent autour des réservoirs d'eau de la ville. « Réalisant que c'était un combat pour achever l'armée anglaise qui défendait Singapour », se souvint Tsuji, « nous mîmes toutes nos forces dans la bataille. » Les gros canons de la base navale ne purent pas faire grand-chose pour arrêter les Japonais, car leurs obus étaient conçus pour couler des navires, et non pour arroser l'infanterie de shrapnel. Quand les réservoirs tombèrent, les Japonais entourèrent la ville.

La panique se saisit de Singapour, et on assista à des scènes scandaleuses lorsque des déserteurs australiens s'enivrèrent et se mirent à piller. On évacuait les civils, et quelques soldats ivres se servirent de leurs fusils pour forcer le passage vers les bateaux afin de s'échapper. Percival reçut de Churchill l'ordre de combattre jusqu'à la mort, mais la prise des réservoirs pesait lourdement sur lui. Il pensait n'avoir plus de réserves d'eau que pour 24 heures. Ceci le poussa à abandonner la bataille finale et à approcher Yamachita pour demander une trêve.

À ce moment, le commandant japonais était en infériorité numérique par 3 contre 1 et commençait à manquer de fournitures, avec seulement assez de munitions pour combattre encore quelques heures. Si Percival avait poursuivi le combat, il aurait pu renverser l'équilibre, mais sa faiblesse encouragea les Japonais à persister. Yamashita continua son bluff, et Percival se rendit sans conditions le 15 septembre. Ce fut une décision terrible et injustifiée, condamnant des dizaines de milliers de soldats anglais et alliés à des années d'une horrible captivité, où ils furent affamés et tués à force de travail et de tortures. Ce fut l'heure la plus sombre de l'Angleterre pendant la Seconde Guerre mondiale, et elle mit fin à deux siècles de respect pour son empire et ses faits d'armes.

PETER ELPHICK, HISTORIEN

L'HÔPITAL ATTAQUÉ

Quand les Japonais entrèrent dans Hong Kong, leurs troupes déchaînèrent une orgie de violence contre ses habitants. À Singapour, les civils craignaient le même traitement et l'historien Peter Elphick note un incident de ce type :

« Pendant les combats de la journée [le 13 février] un groupe de soldats indiens, reculant devant l'ennemi et tirant toujours des coups de feu, pénétra sur le terrain de l'Hôpital militaire Alexandra. Les Japonais utilisèrent ce prétexte pour commettre l'une de leurs pires atrocités. Attaquant l'hôpital, ils tuèrent à la baïonnette un certain nombre de membres du personnel et de patients, y compris un patient étendu sur la table d'opération. Puis ils emmenèrent 150 patients et membres du personnel dans un bâtiment adjacent, et les massacrèrent le lendemain matin. »

Extrait de *Singapore : The Pregnable Fortress* (Hodder & Stoughton, 1995)

MIDWAY, 1942

Ci-dessus **: L'amiral Chester W. Nimitz, commandant en chef de la Flotte américaine du Pacifique.**

À gauche **: Un bombardier à torpilles Grumman TBF Avenger de la marine américaine attaque des bateaux japonais dans ce tableau de Bud Parke.**

À la bataille de Midway, les États-Unis obtinrent leur première revanche pour Pearl Harbor. Les cuirassés japonais furent pilonnés par des avions américains dans une bataille où les porte-avions étaient les armes les plus importantes. Ce fut une victoire américaine décisive, qui signala le début de l'avance américaine à travers le Pacifique. La bataille de Midway démontra que les États-Unis étaient capables de riposter avec succès contre le Japon.

Pearl Harbor (*voir pp. 104-107*) signifia le début d'une nouvelle sorte de combat naval. Le Japon avait démontré par cette action que le porte-avions pouvait remporter des victoires en mer sans que les cuirassés se rencontrent même jamais. Des nuées d'avions lancées depuis les ponts des porte-avions étaient capables d'écraser les défenses de n'importe quel navire de guerre. Et heureusement pour la marine américaine, ses trois porte-avions étaient absents pendant le raid dévastateur de Pearl Harbor.

Pour le moment, le vice-amiral Nagumo dominait les mers au large de l'Asie du Sud-Est, et il frappa ensuite à Darwin, en Australie, avec 188 avions qui causèrent de tels dommages à la base militaire que l'Australie craignit une invasion imminente. De là, Nagumo se rendit dans l'océan Indien, où ses cinq porte-avions attaquèrent trois porte-avions de la Royal Navy britannique. Ses avions étant en infériorité numérique, la Royal Navy se défendit bien mais perdit un porte-avions et fut forcée de se retirer en Afrique orientale. La flotte japonaise paraissait invulnérable et son commandant en chef, l'amiral Yamamoto, était déterminé à éliminer tout opposant. Il comptait obtenir cette victoire aux îles Midway, au milieu du Pacifique, près des îles hawaiiennes.

AFFRONTEMENT DANS LA MER DE CORAIL

Avant de pouvoir agir contre Midway, Yamamoto devait s'emparer de la péninsule orientale de Papouasie-Nouvelle-Guinée et des îles Salomon. Il présuma que cela attirerait l'intérêt des Américains et fit des préparatifs pour entreprendre la première bataille de porte-avions contre porte-avions. Les Alliés, cependant, avaient un avantage majeur : ils avaient déchiffré le code secret des Japonais, et par conséquent savaient à l'avance quels mouvements les Japonais entreprendraient. Le contre-amiral américain Frank Fletcher fut envoyé dans la mer de Corail avec deux porte-avions. La mauvaise

météo dégrada la visibilité dans le conflit initial, et les deux camps perdirent du temps. Le 8 mai, la bataille principale eut lieu, et l'inexpérience des Américains fit que sa flotte s'en tira moins bien, avec un porte-avions coulé. Yamamoto restait par conséquent confiant, sûr qu'il pourrait frapper un coup fatal à Midway.

Bien qu'ayant gagné la bataille en mer, les Japonais avaient décidé de ne pas débarquer à Port-Moresby, en Papouasie-Nouvelle-Guinée, et la disparition de cette menace permit à l'amiral Nimitz, commandant en chef de la Flotte américaine du Pacifique, de retirer ses navires de la zone et d'affronter la nouvelle menace à Midway. Yamamoto avertit intentionnellement de son attaque contre l'île, parce qu'il voulait attirer la marine américaine dans une défaite décisive. Le *Yorktown* avait survécu à la bataille de la mer de Corail, et les avions qui avaient été à bord du *Lexington* coulé furent réaffectés. La marine américaine surmonta partiellement son infériorité en avions de chasse en faisant venir des Wildcats F4F améliorés, à ailes pliantes. Yamamoto était trop sûr de lui, et il décida de se rendre à Midway avec seulement quatre porte-avions. C'était encore l'armada la plus importante qu'on ait vue dans le Pacifique, avec 165 navires de guerre et 18 sous-marins.

Yamamoto prévoyait secrètement une invasion simultanée des îles Aléoutiennes au nord de Midway, et il envoya trois petits porte-avions chargés de 90 avions pour accomplir cette tâche. Nimitz présuma qu'il s'agissait d'une attaque de diversion et l'ignora presque totalement. Les déchiffreurs alliés informèrent Nimitz que Nagumo devait attaquer Midway depuis le nord-ouest. Nimitz plaça donc ses porte-avions *Enterprise* et *Hornet*, sous les ordres du contre-amiral Spruance, et *Yorktown*, sous ceux de Fletcher, au nord-est.

JOURNÉES DÉCISIVES

La première phase de la bataille de Midway commença tôt le matin du 4 juin, quand Nagumo lança une attaque de 108 avions contre Midway en vue d'un débarquement. Il était si sûr de l'absence de tout porte-avions américain qu'il changea les armements d'une seconde vague d'appareils, ôtant leurs bombes anti-navires et les remplaçant par des armes contre des cibles terrestres.

Les avions américains décollèrent des terrains d'atterrissage de Midway, mais ils étaient trop lents pour combattre les chasseurs japonais, et furent abattus en grand nombre, incapables de toucher les porte-avions japonais. Comme les Japonais préparaient une autre attaque sur l'île, un appareil de reconnaissance repéra la flotte américaine au nord-est. Nagumo modifia la direction de sa flotte pour affronter cette nouvelle menace et essaya en hâte de rétablir les armements d'origine de ses avions.

Les avions américains décollèrent alors de leurs trois porte-avions et attaquèrent les porte-avions japonais – mais sans grand succès. Comme dans la mer de Corail, l'inexpérience américaine était manifeste, car les bombardiers plongeurs manquaient leurs cibles et les bombardiers à torpilles attaquaient sans escorte d'avions de chasse, presque tous étant aisément abattus sans réussir à toucher leur cible. Nagumo crut la victoire à portée de main et continua de réarmer ses avions pour riposter contre les porte-avions américains. Mais les bombardiers plongeurs, eux, réussirent à atteindre leurs cibles. À 10 h 25, trois porte-avions japonais étaient en flammes.

Le porte-avions japonais survivant envoya ses avions contre le *Yorktown* et le frappa avec trois bombes. Des bombardiers à torpilles réarmés frappèrent également le *Yorktown*, et Fletcher dut abandonner son vaisseau qui donnait trop de bande. En représailles,

Ci-dessus **:**
Tableau de G.B. Coale : les bombardiers plongeurs américains attaquent les porte-avions japonais.

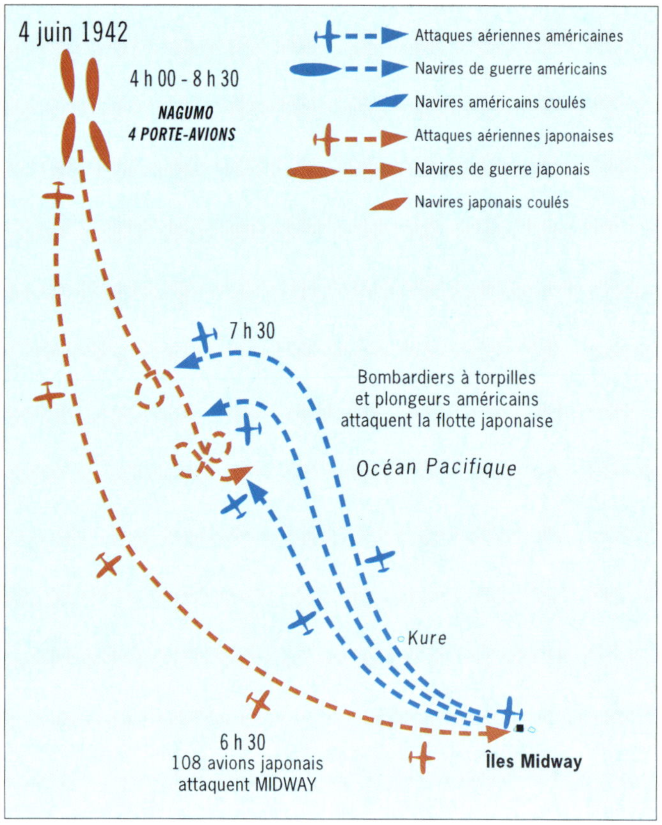

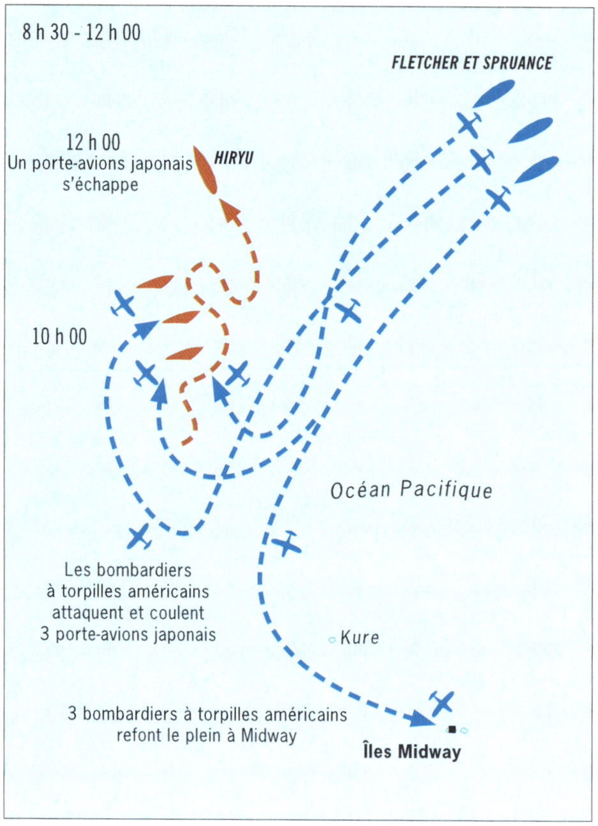

À gauche : Les premières phases de la bataille – l'attaque japonaise contre les îles Midway et la première contre-attaque visant les porte-avions japonais.

Ci-contre : En milieu de matinée, la seconde vague d'avions américains avait réussi à détruire trois des navires japonais.

Ci-dessous : Le porte-avions américain USS *Yorktown* commence à couler après avoir été touché par des bombardiers japonais.

Ci-contre **:**
Dans l'après-midi du 4 juin, les appareils du porte-avions japonais restant, le *Hiryu*, avarièrent l'USS *Yorktown*. Les avions américains trouvèrent ensuite le *Hiryu* et le neutralisèrent.

À droite **:**
Les cuirassés japonais restants suivirent la flotte américaine, puis réalisèrent qu'ils ne pouvaient pas la rattraper. Les navires américains firent alors demi-tour et les poursuivirent.

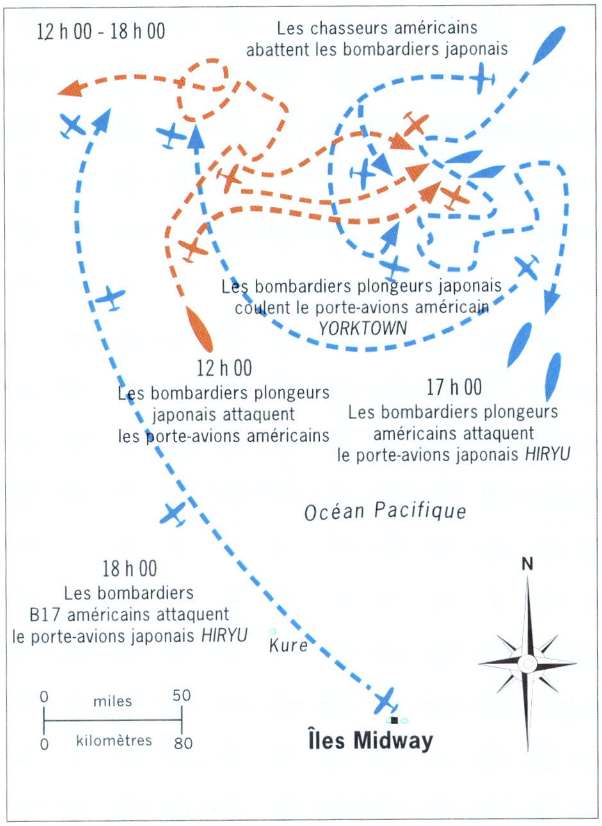

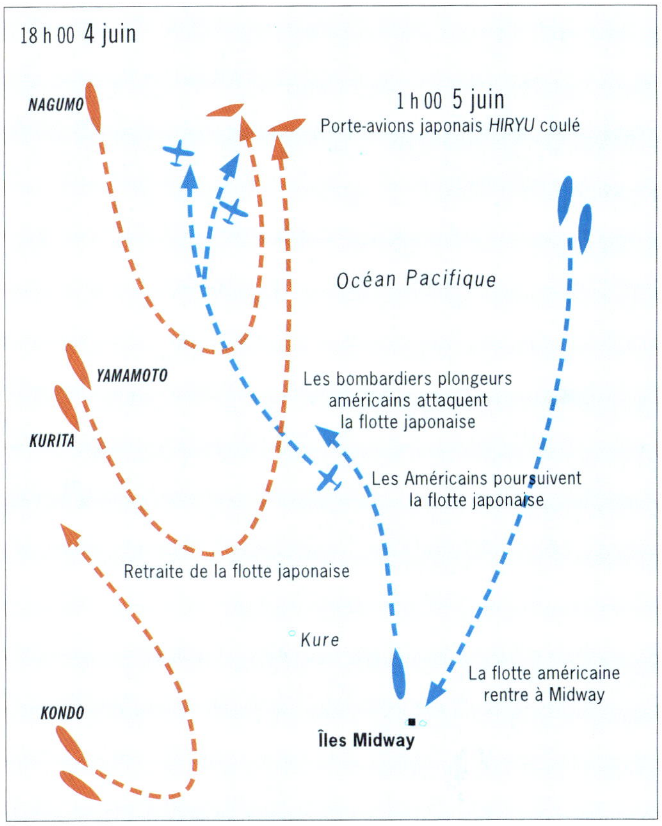

24 bombardiers plongeurs américains trouvèrent le porte-avions japonais restant et le soumirent à une attaque sans relâche jusqu'à ce que lui aussi soit en flammes. À la fin de l'après-midi, la flotte japonaise avait perdu ses quatre porte-avions, tandis que la flotte américaine en avait encore deux en service.

Yamamoto envoya alors ses impressionnants cuirassés contre la flotte américaine plus réduite, mais Spruance réalisa le danger et éloigna ses porte-avions vers l'est. Admettant qu'il ne pouvait pas rattraper la flotte américaine, Yamamoto décida finalement de se retirer vers l'ouest. La flotte américaine fit demi-tour et poursuivit la flotte japonaise pendant deux jours, lui infligeant des dommages supplémentaires. Le *Yorktown* fut remorqué vers Pearl Harbor, mais repéré, fut coulé. Avec le destroyer qui l'accompagnait, ce fut la principale perte des Américains, contre 4 porte-avions japonais et un destroyer lourd. Les États-Unis avaient perdu un total de 132 avions, mais les pertes japonaises étaient de plus du double, avec 275 avions détruits et 3 500 hommes tués.

Midway fut une bataille vraiment décisive dans la mesure où les Japonais s'y étaient engagés en tant que puissance navale dominante dans le Pacifique, pour se voir soudain réduits à l'état d'une marine privée de porte-avions. À partir de là, la marine japonaise fut sur la défensive, donnant aux États-Unis un énorme avantage dans leur désir de reconquérir le Pacifique. La décision fatale de Nagumo consistant à réarmer ses avions au milieu de la bataille avait encombré ses ponts d'appareils vulnérables, faisant d'eux des cibles faciles pour la contre-attaque américaine. Les pertes en avions pouvaient être remplacées, mais les pertes de pilotes de navires talentueux et expérimentés affaiblirent plus sérieusement la puissance navale japonaise. Les Américains avaient été bien aidés, c'est le moins qu'on puisse dire, par leur maîtrise des codes japonais, qui leur avait fourni l'élément de surprise. Cette bataille leur apporta aussi une expérience précieuse des combats entre porte-avions. Le vent de la guerre dans le Pacifique avait tourné, mais les Alliés avaient besoin d'une victoire similaire à l'ouest.

SNELLING ROBINSON, ENSEIGNE DE L'USS *COTTEN*

UN AVION ENNEMI APPROCHE

« À 11 h 55 je vis un unique bombardier plonger vers l'*Enterprise*... Le pilote ennemi lâcha sa bombe, qui explosa dans l'eau près de la proue, puis cessa sa plongée et approcha du *Cotten*, tentant de s'échapper à grande vitesse. Un instant plus tard, il arriva à portée, et Sky I ordonna : "Avion ennemi approchant du quart bâbord. Commencez à tirer quand il sera dans la mire !" Nos canonniers ouvrirent le feu, tirant 76 cartouches de 40 mm et 300 projectiles de 20 mm tandis que l'avion sifflait tout près sur notre côté bâbord. Quand il fut perpendiculaire à notre bord, à quelque 900 m de nous, un obus toucha son aile droite ; elle se détacha immédiatement, il entama une plongée vers nous en tournoyant et en brûlant, s'écrasa dans l'eau et explosa à environ 1 800 m de notre tribord avant. »

Cité dans *200,000 Miles* de C. Snelling Robinson (Kent State University Press, 2000)

STALINGRAD, 1942

Ci-dessus **: Le général Gueorgui Joukov était responsable de la défense de Stalingrad. Plutôt que d'interférer politiquement, Staline le laissa conduire seul la bataille.**

À gauche **: Des soldats russes en uniforme d'hiver luttent aussi bien contre le froid extrême que contre les Allemands dans les décombres de Stalingrad.**

Staline refusa de céder la ville du sud de la Russie qui portait son nom, et les Allemands furent encerclés dans un mouvement de tenailles écrasant. Une armée allemande se retrouva coincée dans les décombres de la ville, menant une âpre bataille. Ce fut le début de la fin pour la guerre d'Hitler contre l'Union soviétique.

La machine de guerre allemande s'était immobilisée devant Stalingrad, et l'Union soviétique avait commencé à prendre l'initiative dans la guerre la plus terrible du XXe siècle.

La lutte pour Stalingrad a souvent été considérée comme la bataille la plus décisive de la Seconde Guerre mondiale. Avant elle, les armées allemandes avaient conquis presque toute l'Europe, et semblaient décidées à achever la conquête de l'est, qu'Hitler désirait depuis longtemps. Dans les ruines de Stalingrad, cependant, l'Armée Rouge arrêta l'avance allemande et affaiblit tant la résolution de l'armée d'Hitler qu'à partir de ce moment, elle fut plus ou moins en retraite vers Berlin.

Un aspect décisif de cette bataille fut qu'elle révéla les limites du pouvoir politique. Elle démontra à deux des plus grands dictateurs du XXe siècle que la guerre ne pouvait pas être menée par les politiciens. Mais seul un de ces dictateurs devait en tirer la leçon.

L'ÉCHEC DES DICTATEURS

Jusque-là, dans l'immense affrontement entre les régimes nazi et soviétique, chaque dirigeant avait cru que sa propre volonté politique suffirait à apporter la victoire à ses armées. Hitler et Staline étaient convaincus d'en savoir plus que leurs généraux. Afin d'assurer sa mainmise sur le pouvoir, Staline avait fatalement affaibli l'Armée Rouge par des purges visant ses officiers, et l'avait placée directement sous influence politique. Une fois que la guerre eut éclaté, une défaite humiliante sur tous les fronts fut le résultat de ses efforts paralysants, et lorsqu'il fut confronté à l'annihilation en 1942, Staline fut forcé de concéder le commandement de la

campagne de Stalingrad à l'un de ses généraux, Gueorgui Joukov, et de le laisser la terminer.

Hitler, quant à lui, était enivré par ses victoires. Il considérait ses généraux comme trop timorés et les poussait constamment en avant. Quand deux de ses généraux protestèrent, ils furent démis de leur commandement et Hitler prit directement le contrôle des combats dans le sud de la Russie. Les généraux restants étaient trop effrayés pour contrer les ordres d'Hitler, et des centaines de milliers de soldats furent sacrifiés avec eux à la vanité du Führer. Après Stalingrad, Hitler ne dîna plus avec son haut commandement.

HITLER PREND LE COMMANDEMENT

Au début de 1942, les Russes lancèrent une contre-offensive hivernale, mais les Allemands étaient trop forts pour en être affectés, et maintinrent leurs lignes de Finlande jusqu'en Crimée. Au printemps, les armées allemandes poussèrent vers l'avant, forçant les Russes à la défensive une fois de plus.

Les généraux d'Hitler recommandèrent que les armées allemandes et celles de l'Axe se combinent dans une puissante poussée vers le sud, le long des vallées du Don et du Donets, afin de prendre Rostov et Stalingrad, puis d'entrer dans le Caucase pour prendre le contrôle de ses immenses réserves de pétrole. Hitler était cependant impatient, et décida de lancer des poussées simultanées contre Stalingrad et le Caucase. Cela impliquait de diviser ses armées et de créer un vide considérable entre les deux forces. Les généraux d'Hitler se plaignirent de ce que la pression serait trop grande sur leurs capacités de combat et d'approvisionnement.

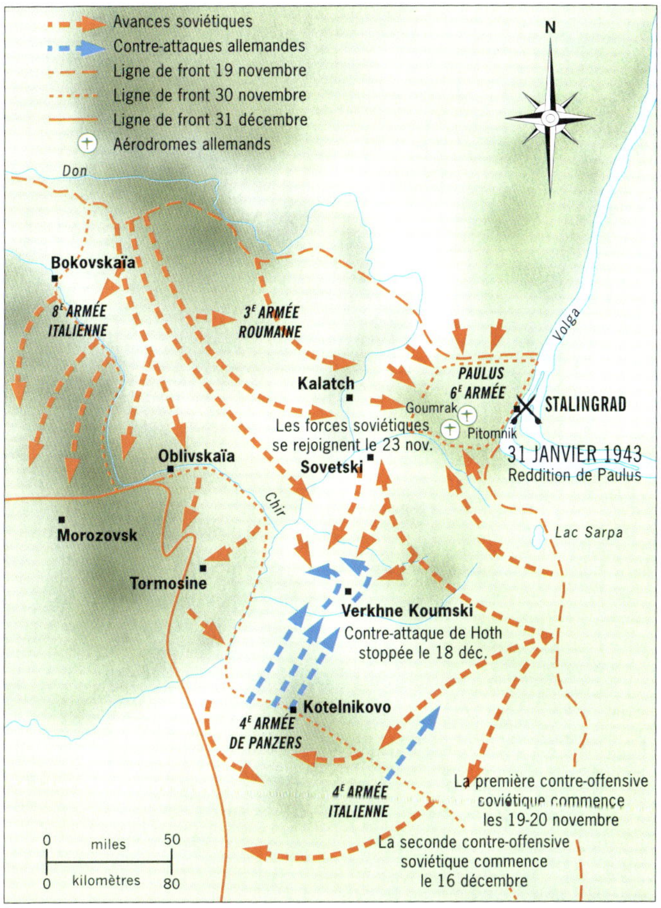

À droite **: Les avances progressives des forces soviétiques lorsqu'elles pénétrèrent et encerclèrent les troupes allemandes combattant dans Stalingrad.**

Ci-dessous **: Des soldats russes en camouflage de neige avançant à travers une usine en ruines au cœur des combats.**

Hitler renvoya deux de ses généraux et prit le commandement direct du Groupe armé A, lui communiquant ses ordres depuis son quartier général de Prusse orientale, à 1 900 km de là.

En août 1942, Hitler concentra ses troupes afin de prendre la ville de Stalingrad qui enjambait la Volga. Il donnait ses ordres au général Friedrich Paulus et à sa 6e armée, qui subit tout le poids des combats. Pendant ce temps, le Groupe armé B tenait la ligne au nord de Stalingrad, tandis que le groupe armé A dirigeait la ligne du sud, avec un écart de 380 km entre les deux, maintenu par une seule division motorisée allemande et quelques alliés peu fiables.

Gueorgui Konstantinovitch Joukov avait survécu aux purges de Staline dans les années 1930 pour émerger comme son principal général, ayant été récompensé du titre de Héros de l'Union soviétique pour sa bataille victorieuse contre les Japonais en Mandchourie. Staline comptait maintenant sur lui pour défendre Stalingrad et, pour une fois, laissa son général s'occuper de la situation sans interférence politique. Joukov se livra à une analyse très juste de la situation, certain, comme les généraux d'Hitler l'avaient eux-mêmes affirmé, que les forces allemandes autour de la ville

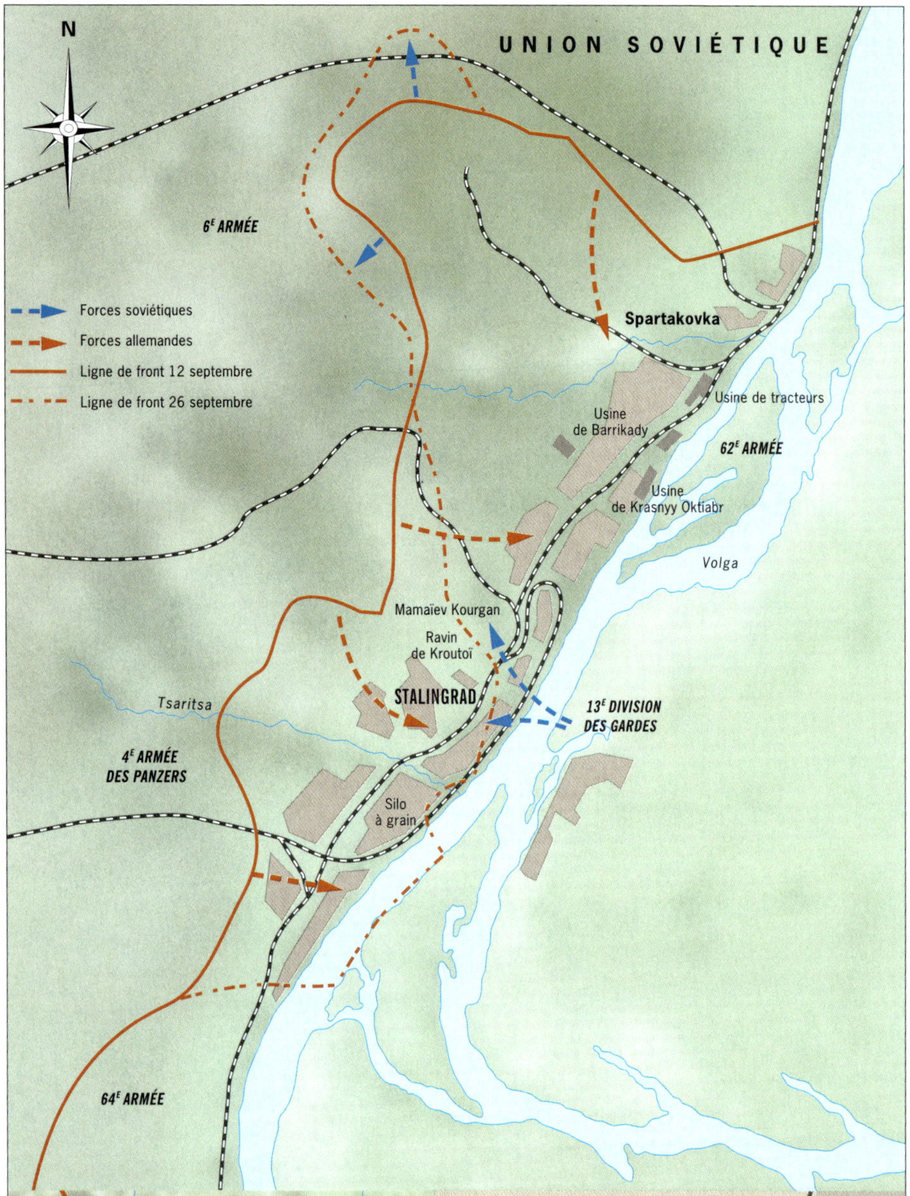

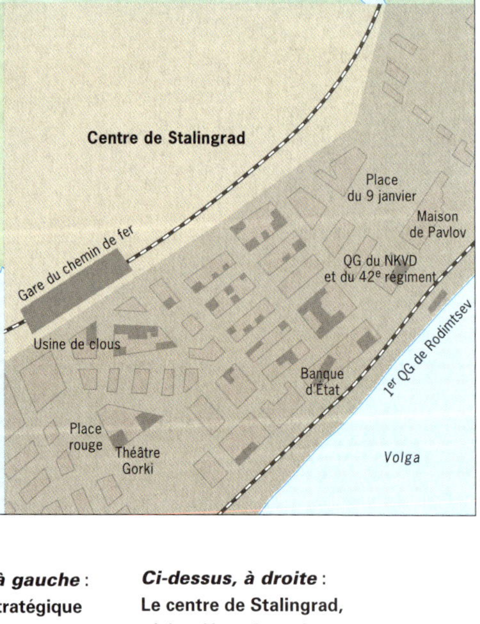

En haut **: Pendant la bataille pour la prise de la ville, chaque camp gagnait du terrain un jour pour le reperdre le lendemain.**

Ci-dessus, à gauche **: L'offensive stratégique allemande dans la région du Caucase obligea les troupes d'Hitler à s'étaler dangereusement.**

Ci-dessus, à droite **: Le centre de Stalingrad, où les décombres des bâtiments bombardés ralentirent l'avance allemande vers la Volga.**

étaient beaucoup trop dispersées. Joukov observa également que les flancs de la poussée allemande vers Stalingrad étaient protégés par des troupes italiennes, roumaines et hongroises, des hommes moins bien armés que les Allemands et moins dévoués à leur cause. Le plan de Joukov était de tenir Stalingrad jusqu'au moment où il pourrait rassembler assez de forces pour lancer des contre-attaques contre les flancs plus faibles des Allemands.

COMBATS DE RUE

Les âpres combats à l'intérieur de Stalingrad se prolongèrent pendant des mois et jusqu'à l'hiver 1943. La 62e armée soviétique était encerclée dans le centre de la ville, mais refusait de céder. Une seconde armée soviétique, la 64e, entretenait une petite tête de pont sur la Volga, par laquelle des fournitures pouvaient être envoyées aux défenseurs désespérés. L'artillerie et les avions soviétiques basés de l'autre côté du fleuve maintenaient un tir de barrage sans relâche contre l'attaque des Allemands.

Les décombres engendrés par les combats empêchaient les chars d'avancer rapidement et entraînèrent des combats au corps à corps. Des tireurs embusqués prirent position dans les nombreux bâtiments détruits. La pression quotidienne sur les deux camps était énorme, et des soldats affamés, frigorifiés, effrayés et épuisés se trouvèrent réduits à l'état d'animaux aux abois, s'accrochant à un désir primitif de survivre.

Le général Vasilii Chuikov, robuste fils de paysan, se chargea de la terrible tâche consistant à batailler avec les hommes de Paulus dans la ville en ruines. Paulus était moins résistant, et sa santé commença à se détériorer pendant ces mois de combats. Le moral de ses troupes avait lui aussi considérablement baissé. « Stalingrad, c'est l'enfer sur terre, » écrivit un officier allemand en septembre. « Nous attaquons chaque jour. Si nous prenons 20 mètres le matin, les Russes nous repoussent à nouveau le soir. »

Bien que moins bien armés, les soldats soviétiques combattirent pour chaque mètre carré de la ville. Bâtiment par bâtiment, ils furent repoussés vers la Volga, mais ce fut une victoire coûteuse pour les Allemands. Et tandis que les Allemands peinaient, Joukov rassemblait ses forces pour une contre-attaque à l'extérieur.

JOUKOV FRAPPE

Le 19 novembre, Joukov déclencha son attaque. Plus d'un million d'hommes, avec près de mille tanks, frappèrent au nord et au sud de Stalingrad, prenant les Allemands complètement par surprise. Joukov avait parfaitement jugé l'opposition : les armées roumaines des flancs et les réserves allemandes s'effondrèrent devant cette offensive déterminée, et beaucoup se rendirent rapidement. Les chars soviétiques effectuèrent des avances rapides, tout comme les Allemands le leur avaient appris lors de batailles précédentes, et encerclèrent rapidement la 6e armée allemande dans Stalingrad. Le 22 novembre, les forces soviétiques s'étaient rejointes. Réalisant le danger de cet encerclement, Paulus voulut sortir ses hommes de Stalingrad et effectuer une percée pour les mettre à l'abri, mais Hitler était obsédé par l'idée de battre Staline et refusa à Paulus la permission de se retirer. La 6e armée était prise au piège.

La nouvelle de cet événement coïncida avec la victoire alliée en Afrique du Nord contre Rommel à El-Alamein. Un moment, Hitler fut frappé d'incertitude. La Luftwaffe promettait de soulager les soldats piégés en leur livrant 500 tonnes de fournitures par jour, mais en réalité pouvait à peine en transporter 100 tonnes. Les avions soviétiques mirent en place un blocus de la ville. Les divisions panzer tentèrent de forcer le passage, mais se heurtèrent à la résistance acharnée des équipages des chars soviétiques. Partout ailleurs, les armées italiennes et hongroises s'effondraient sous d'autres attaques soviétiques. L'Armée Rouge avait enfin appris à coordonner ses éléments et à concentrer sa puissance contre les points faibles de l'ennemi.

Près de 250 000 soldats allemands restaient dans Stalingrad, mais à la fin décembre, ils étaient en triste état. Ils manquaient de nourriture, de fournitures médicales et de munitions. Usés par les constants bombardements soviétiques, les soldats allemands commencèrent à perdre la volonté de résister. Le 10 janvier, Joukov rassembla ses forces pour écraser l'opposition qui subsistait. La féroce résistance qu'ils rencontrèrent surprit les soldats de l'Armée Rouge, car le nombre d'Allemands laissés dans la ville avait été grossièrement sous-estimé. Les Allemands combattaient maintenant avec la même énergie du désespoir qui avait été caractéristique des Soviétiques. Malgré tout, le courage des Allemands finit par tomber, et le 31 janvier Paulus se rendit à Joukov avec son armée. La veille, Hitler avait promu Paulus au rang de maréchal ; aujourd'hui, le 1er février, Hitler le condamnait pour trahison.

Stalingrad fut une défaite coûteuse. Au moins 147 000 soldats allemands étaient morts et 91 000 prisonniers, dont beaucoup ne reviendraient jamais. Des milliers de chars, d'avions et de canons allemands avaient été détruits. Les alliés de l'Allemagne avaient subi un traumatisme qu'ils n'oublieraient pas. Le moral des Soviétiques remonta en flèche : la dépression de leurs défaites précédentes était oubliée, et il avait été démontré qu'ils avaient tiré les leçons de la guerre. Les Soviétiques pensaient maintenant pouvoir gagner cette lutte titanesque. Staline reprit le contrôle de la guerre, mais se montra plus ouvert aux conseils de ses généraux. Même Hitler semble avoir été intimidé par l'étendue de sa défaite, et il permit à ses généraux de planifier les contre-attaques à partir de 1943.

***Ci-dessus, à droite* : Les chars T43 soviétiques en action contre les Allemands dans le sud de la Russie.**

***Ci-dessus* : Un soldat russe lève le drapeau rouge comme signal de victoire tandis que l'armée allemande se rend dans Stalingrad.**

GUY SAJER, DIVISION « GROSSE DEUTSCHLAND »

UNE GUERRE CRUELLE

Toutes les guerres sont amères et cruelles, mais l'invasion allemande de l'Union soviétique en 1941 déclencha une guerre d'une brutalité absolue, dans laquelle atrocités et massacres étaient monnaie courante, les civils souffrant autant que les soldats. Guy Sajer était un membre français de la division « Grosse Deutschland » postée sur le front de l'est, et se rappelle son expérience de cette brutalité routinière :

« Tout prisonnier [russe] surpris à piller un cadavre allemand était immédiatement abattu. Il n'y avait aucun peloton d'exécution officiel. Un officier tuait simplement le coupable sur place, ou le remettait à deux ou trois durs à qui ce genre de tâche était régulièrement confié. Un jour, horrifié, je vis une de ces brutes attacher les mains de trois prisonniers aux barreaux d'un portail. Une fois ses victimes attachées, il fourra une grenade dans la poche d'un de leurs manteaux, tira la goupille, et courut se mettre à l'abri. Les trois Russes, dont les tripes étaient arrachées, supplièrent en hurlant qu'on les épargne jusqu'au dernier moment. »

Extrait de *Le Soldat oublié* de Guy Sajer (Cassell, 1999)

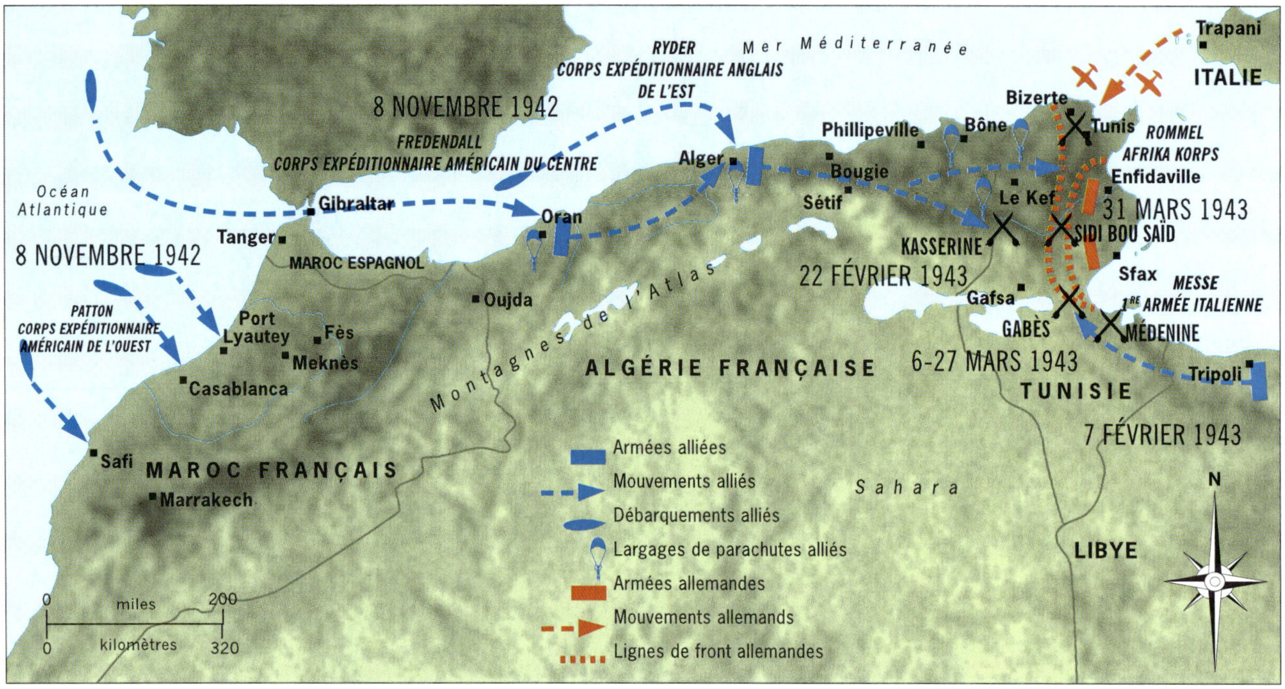

Ci-dessous **: Des chars Crusader anglais avancent en colonne. Les lignes qui se retiraient étaient souvent trop étalées lors des rapides avances à travers de longues distances dans le désert.**

Ci-dessus **: La victoire de Montgomery à El-Alamein en octobre 1942 permit aux troupes alliées de débarquer et de réoccuper l'Afrique du Nord lors d'une offensive appelée Opération Torch. Cela leur donna une base à partir de laquelle attaquer l'Italie.**

Vingt minutes plus tard, une attaque de diversion se fit près de la dépression de Kattara, mais l'assaut principal se produisit dans le nord, où le Corps des blindés alliés frappa le flanc gauche plus faible de l'Axe, défendu par des forces italiennes. L'infanterie anglaise ouvrit deux couloirs à travers les champs de mines, par lesquels les chars pourraient avancer. Les Italiens combattirent plus sérieusement que prévu, et une contre-attaque des panzers allemands faillit arrêter l'avance. Stumme, le commandant allemand, mourut d'une crise cardiaque. Rommel reprit le commandement le 25 octobre.

Le 26 octobre, Montgomery arrêta son attaque de diversion dans le sud et mit tous ses efforts dans la poussée le long de la côte. La 9e division australienne retint la 164e division allemande contre le rivage, tandis que les chars bataillaient les uns contre les autres pendant une semaine. Mais leur supériorité aérienne aida énormément les Alliés et, leurs avions et leurs tanks pilonnant les panzers allemands, la puissance blindée dont disposait Rommel déclina rapidement. Rommel ne parvenait pas à suivre la demande en essence, en munitions et en nouveaux véhicules. Son approvisionnement avait été difficile dès le départ, et atteignait à présent son point de rupture. Les Australiens encerclant presque la 164e division allemande, il retira ses troupes vers une nouvelle ligne défensive le 1er novembre.

LA PERCÉE

Cette fois, Montgomery ne prit pas le temps de se reposer, sachant que l'élan était important à ce stade de la bataille. Il regroupa rapidement ses soldats et plongea en avant au sud de la crête de Kidney, employant un barrage rampant pour protéger la 2e division néo-zélandaise tandis qu'elle se taillait une route à travers les champs de mines pour que d'autres chars la suivent. Les panzers livrèrent une ultime bataille pour stopper l'avance, mais avec seulement 35 chars restant à la fin de la journée, ils ne purent pas faire grand-chose. Les bombardements aériens alliés et le feu de leur artillerie réduisirent au silence les autrefois meurtriers canons antitanks de 88 mm des Allemands. Rommel voulait se retirer, mais Hitler insista pour qu'il affronte les Anglais.

Deux jours supplémentaires de combat saignèrent l'Afrika Korps à blanc, et les forces de Montgomery effectuèrent finalement une percée à la crête de Kidney, ne laissant pas d'autre choix à Rommel que d'ignorer Hitler et battre en retraite, en laissant les Italiens derrière lui. Retrouvant sa prudence, Montgomery fit halte, mais la bataille était terminée et la résistance allemande avait été vaincue. Quelque 59 000 Allemands et Italiens furent tués, blessés ou capturés, et plus de 500 chars et 400 canons avaient été détruits. Les pertes de Montgomery s'élevaient à 13 000 hommes, avec 432 chars détruits. Il avait pris soin de ne pas gaspiller ses hommes dans une usure inutile, mais ne s'était pas montré timoré quand l'agressivité avait été nécessaire.

Bien que les combats en Afrique du Nord aient été secondaires en comparaison de la lutte colossale qui se livrait sur le front de l'est, la bataille d'El-Alamein fut une victoire décisive, car elle mit fin à l'agression de l'Axe en Méditerranée.

Ce fut un tournant pour les Alliés, qui permit à des troupes de débarquer en Afrique du Nord en prélude à l'invasion de l'Italie, et à l'ouverture du très nécessaire deuxième front contre Hitler (soulageant ainsi la pression qui pesait sur l'Armée Rouge). Elle eut aussi un effet énorme sur le moral des Alliés, et Churchill affirma, ce qui n'était pas tout à fait exact : « Avant Alamein, nous n'avions jamais de victoire. Après Alamein, nous n'avons jamais eu de défaite. » Le vent avait tourné pour les Alliés, et Hitler était sur la défensive.

Ci-dessus : Des soldats anglais de la 8e armée tirent sur les Allemands qui battent en retraite.

Ci-dessus, à droite : Une moto de l'Afrika Korps. S'ils étaient bien équipés, les Allemands ne purent pas remplacer leurs pertes assez vite pour éviter la défaite.

HEINZ WERNER SCHMIDT, LIEUTENANT DE L'AFRIKA KORPS

DES ARBRES DE NOËL MEURTRIERS

« Nous traversions de nuit la région de Sidi Barrani. La piste était sablonneuse, et par endroits presque impraticable. Plusieurs fois, nous faillîmes renverser camions et canons. Une heure ou deux avant minuit, les premières balises parachutées s'allumèrent au-dessus de nous. Je ne les vis pas, mais elles me semblèrent émerger de l'obscurité avec un air de triomphe presque idiot. En quelques minutes, le ciel fut rempli d'« arbres de Noël », le paysage était éclairé comme par des projecteurs, et les bombes tombèrent dans un bruit de tonnerre des avions volant à basse altitude. Par moments, nous courions comme des fous au milieu des grondements et des éclairs. Si nous faisions halte et nous jetions à terre, les avions attaquaient même des soldats solitaires qu'ils surprenaient debout : leurs ombres grotesques dansaient d'une façon révélatrice sur le terrain tandis que les balises descendaient au sol. Non couchés, nous étions visibles. »

Extrait de _With Rommel in the Desert_ de Heinz Werner Schmidt (George Harrap & Co., 1951)

BATAILLE DE L'ATLANTIQUE, 1943

Une seconde « bataille d'Angleterre » se livra entre 1939 et 1945, et elle eut lieu sous les vagues de l'océan Atlantique. « La bataille de l'Atlantique », déclara Churchill, « a été le facteur dominant pendant toute la guerre. Pas un instant nous n'avons pu oublier que tout ce qui se passait ailleurs, à terre, en mer ou dans les airs, dépendait au bout du compte de son résultat. » Cette bataille dans laquelle les sous-marins U-boot allemands menaçaient de couper les lignes commerciales reliant l'Angleterre et l'Amérique du Nord, fut un brillant exemple de la manière dont collaboraient les forces aériennes et maritimes des Alliés. Habitués à une maîtrise des mers, les U-boot allemands allaient être abattus par des attaques aériennes et des grenades sous-marines lancées par les navires.

En 1939, la Royal Navy avait monté un blocus efficace de l'Allemagne en mer du Nord. L'Allemagne riposta en envoyant des

Ci-dessous **: Le** ***Prince Robert,*** **un croiseur de la Royal Canadian Navy, lance des grenades sous-marines contre un U-boot immergé.**

À gauche **: Le principal trajet suivi par les convois alliés à travers l'Atlantique.**
Les attaques des U-boot exploitaient toujours les limites de la couverture aérienne pouvant être fournie par des avions basés sur le continent.

U-boot attaquer les navires marchands anglais qui naviguaient entre l'Amérique et la Grande-Bretagne. Dans la première année du conflit, l'Allemagne coula 677 navires marchands, pour un total de près de 4 600 000 tonnes. Si de telles pertes continuaient, l'Angleterre serait privée de nourriture, d'armes et de fournitures importantes, ce qui étranglerait sa capacité à continuer la guerre. Le commerce était la force vitale de la Grande-Bretagne, et sans lui elle ne pouvait pas gagner la guerre. Churchill en était conscient.

En 1940, suite à la chute de la France, l'Allemagne obtint des ports sur l'Atlantique et construisit des abris à l'épreuve des bombes pour ses sous-marins. L'activité des U-boot augmenta alors de façon spectaculaire. Rien qu'en 1941, quelque 3 760 000 tonnes de cargaison furent coulées, et les Alliés ne semblaient pas pouvoir faire grand-chose pour riposter contre cet ennemi insaisissable. Les sous-marins allemands pouvaient parcourir jusqu'à 19 000 km, et quand les États-Unis entrèrent en guerre, leurs navires marchands devinrent les cibles des U-boot qui chassaient au large de la côte est des États-Unis. En 1942, près de 500 navires furent coulés. La situation devenait critique pour les Alliés, qui ne pouvaient pas produire assez de marchandises pour compenser leurs pertes.

ATTAQUEZ ! AVANCEZ ! COULEZ !

Le 1er mai 1943, la plus grande flotte de sous-marins allemands rassemblée pendant la guerre pénétra dans l'Atlantique – quelque 134 U-boot. Leurs ordres étaient simples : « Angreifen ! *Ran ! Versenken !* » (« Attaquez ! Avancez ! Coulez ! »). Dans les 20 premiers jours de mars 1943, les U-boot allemands avaient coulé 72 navires, dont 60 au sein de convois protégés par la Royal Navy. Les émissions de radio allemandes s'en vantèrent comme de la plus grande bataille de convois de tous les temps, en particulier parce que seul un sous-marin avait été perdu. Les fonctionnaires de l'Amirauté britanniques furent alarmés, déclarant plus tard que les « Allemands n'ont jamais été aussi près d'interrompre les communications entre le Nouveau Monde et l'Ancien que dans les 20 premiers jours de mars 1943 ». Si le système des convois, qui avait prouvé sa valeur dans la Première Guerre mondiale, échouait à protéger les cargaisons alliées, que pouvait faire la Royal Navy ?

Les pertes auraient été encore pires si les navires s'étaient dispersés et avaient navigué indépendamment. La Royal Navy avait lentement amélioré sa capacité à détecter les U-boot et à les détruire. Il y avait eu des avancées dans plusieurs domaines : par exemple, la couverture aérienne et l'armement. La couverture aérienne s'était améliorée de façon spectaculaire, et en avril 1943 le Commandement côtier de la RAF avait ajouté des bombardiers à longue portée Liberator B-24 à son stock d'hydravions Sunderland et Catalina. Ces Liberators pouvaient couvrir toutes les zones du trajet des convois et transportaient une nouvelle arme secrète : la mine Mark 24. C'était plus une torpille qu'une mine ; la Mark 24 était pourvue d'un dispositif d'autoguidage qui suivait le bruit émis par l'hélice d'un sous-marin, et poussait les sous-marins effrayés

Ci-dessous :
Un convoi allié traverse l'Atlantique vers l'Angleterre en 1943. Ce type d'approvisionnement était vital pour l'Angleterre en guerre, mais immensément vulnérable aux attaques des U-boot.

MAI NOIR

Le 1er mai 1943, le convoi ONS.5 fut pris dans le mauvais temps alors qu'il se rendait d'Angleterre en Amérique du Nord. La formation commença à se séparer, mais le commandant Peter Gretton resta auprès des navires marchands et les rassembla, continuant vers l'ouest. Le 4 mai, 42 U-boot se regroupèrent pour lancer un assaut en masse. Ils attaquèrent de nuit, et six passèrent à travers la flotte d'escorte et coulèrent sept navires. Apparemment, l'histoire allait se répéter.

Le lendemain, les déchiffreurs alliés interceptèrent des ordres allemands demandant aux U-boot de renouveler leurs attaques. Ce qui indiqua la position du *U-192*, et il fut rapidement coulé par le HMS *Pink*. Trois énormes bulles d'air éclatèrent à la surface de la mer, signe d'un sous-marin coulé, suivies de nombreuses petites bulles, donnant l'impression que la mer était en ébullition. « L'eau dans le voisinage [était] considérablement gazéifiée en apparence, et verte et blanche comme une eau peu profonde », rapporta le capitaine Newfoundland du HMS *Pink*. « Une preuve tangible de destruction fut recherchée avidement, mais on ne vit rien de plus. On se rendit compte que mon petit convoi s'éloignait et se trouvait maintenant à quelque distance en avant, et sans protection, mais je décidai de prendre le risque et de continuer la chasse. »

Onze U-boot entrèrent alors dans la bataille et coulèrent trois autres navires marchands, mais trois des attaquants furent eux aussi touchés et coulés. Le HMS *Pelican* se joignit au combat et détecta l'*U-438* sur son radar. Comme le U-boot plongeait, le sloop le coula avec des grenades sous-marines.

Ci-dessus **: Les attaques des U-boot contre les convois dans l'Atlantique ouest sur une période de cinq jours en mai 1943.**

À droite **: La vue depuis le kiosque d'un U-boot naviguant en surface.**

à plonger. Des torpilles pouvaient alors être lâchées dans l'océan pour se diriger sur les U-boot, avec un résultat dévastateur.

Trois nouveaux porte-avions d'escorte furent introduits sur le théâtre de l'Atlantique en avril 1943. Ils furent ajoutés aux groupes de soutien dirigés par l'amiral sir Max Horton, qui filaient jusqu'au lieu des attaques et combattaient les U-boot pendant que les convois continuaient leur route. Les navires d'escorte étaient armés de nouvelles armes comme le Hérisson, qui projetait 24 bombes, piégeant les U-boot dans un anneau de feu. Les renseignements sur les attaques des U-boot furent grandement améliorés par le déchiffrage de leurs codes, ainsi que l'introduction du radar centimétrique et des appareils de radiogoniométrie, qui localisaient exactement les groupes de sous-marins. Cette combinaison de puissance aérienne et maritime améliorée aurait soudain des résultats spectaculaires en mai 1943.

À droite **: Les nouveaux U-boot allemands alignés pour une inspection en 1943 avant de livrer combat dans l'Atlantique.**

Ci-dessous **: Un PB4Y de la marine américaine bombarde un U-boot qui a fait surface dans le golfe de Gascogne. Les attaques aériennes et navales coordonnées contre les sous-marins allemands furent décisive dans la bataille de l'Atlantique. Tableau de Dwight Shepler.**

Le HMS *Spey* surprit un autre U-boot à la surface et le bombarda, puis lui lança des grenades sous-marines alors qu'il essayait de s'enfuir en plongeant. À la fin de la bataille, 6 U-boot avaient été coulés, 5 autres gravement avariés et 12 autres encore endommagés. Pour la perte de seulement 12 navires marchands, c'était un très mauvais résultat du point de vue allemand.

L'amiral Horton était exubérant. Il déclara que cela marquait un « tournant dans la bataille de l'Atlantique ». Le moral des équipages d'U-boot chuta et les sous-marins se retirèrent. Tandis que le temps s'éclaircissait, des Liberators, accompagnés d'avions s'envolant des porte-avions, leur infligèrent de nouveaux dommages. À la fin mai, 41 U-boot avaient été détruits et 37 autres endommagés. Pour l'Allemagne, c'était le « mai noir ». Dans son rapport à Hitler, l'amiral Dönitz attribua la défaite aux avions et aux radars alliés, affirmant : « Nous ne savons même pas sur quelle longueur d'onde l'ennemi nous localise ». Il concluait : « Nous devons conserver notre force, sans quoi nous jouerons le jeu de l'ennemi. »

Les attaques de sous-marins continuèrent dans l'Atlantique, mais les Allemands n'avaient plus l'avantage sur les convois, et l'importance de leurs attaques diminua. Ce n'était plus une question de vie ou de mort pour les Alliés.

HERBERT APEL, HOMME D'ÉQUIPAGE DU *U-439*

UN SUNDERLAND APPROCHE

« Un jour, il y a eu une alarme à cause d'un avion, un hydravion Sunderland. Le type a réussi à nous forcer à rester immergés pendant sept heures. Il lâchait une bombe toutes les dix minutes à la seconde près, et toujours près de nous. Nous ne pouvions pas faire surface. Soit c'était le même appareil, bien que je ne le croie pas, soit il était régulièrement relevé. Un Sunderland. Au milieu de l'Atlantique Nord. Nous étions environ à mi-chemin entre l'Amérique du Nord et l'Irlande. Toutes les dix minutes exactement, il lâchait une bombe. Ce démon nous pistait même depuis les airs. C'est une découverte entièrement nouvelle des Anglais, et je ne sais pas si nous en sommes informés, en tout cas elle nous était complètement inconnue… »

Cité dans *Black May* de Michael Gannon (Aurum, 1998)

KOURSK, 1943

Ci-dessus : **L'infanterie soviétique lance une attaque depuis des positions retranchées à Koursk en 1943.**

Célèbre pour avoir été la plus grande bataille de chars jamais livrée, Koursk écrasa l'offensive allemande en Union soviétique une fois pour toutes. Des milliers de chars s'affrontèrent, l'impressionnant char Tiger des Allemands s'avérant une féroce machine de combat. Mais les T34 soviétiques prouvèrent eux aussi leur valeur dans des assauts presque suicidaires. À partir de ce point, les forces d'Hitler battirent en retraite.

La machine de guerre d'Hitler avait peut-être été ébranlée par ses immenses pertes en hommes et en matériel à Stalingrad, mais elle était loin d'être vaincue. Six mois après avoir perdu plus de 200 000 hommes à Stalingrad (*voir pp. 116-119*), l'Allemagne assembla suffisamment de forces pour tenter d'encercler et de briser l'Armée Rouge à Koursk, dans le sud de la Russie. Staline venait de voir ses soldats vaincus à Kharkov et était assez las pour ne pas risquer d'offensive d'été en 1943. Il attendait que les Alliés de l'ouest ouvrent leur second front en Méditerranée, et appliquerait plutôt une stratégie défensive.

Un réseau d'espionnage soviétique appelé « Lucy » avertit Staline des intentions de l'Allemagne de lancer une offensive à Koursk, nom de code *Zitadelle* (Citadelle). Cela donna largement le temps aux Russes de fortifier le saillant de Koursk en profondeur, et au cours des trois mois suivants, plus de 500 000 wagons de fournitures y furent envoyés. Le retard avec lequel Hitler commença l'offensive les aida aussi, mais se produisit parce qu'il attendait l'arrivée de ce qu'il espérait être une nouvelle génération de « supertanks » victorieux : les Panther et les Tiger. À Koursk, les Russes construi-

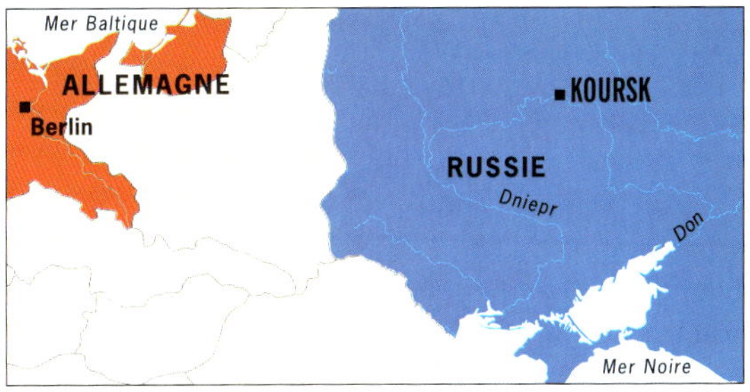

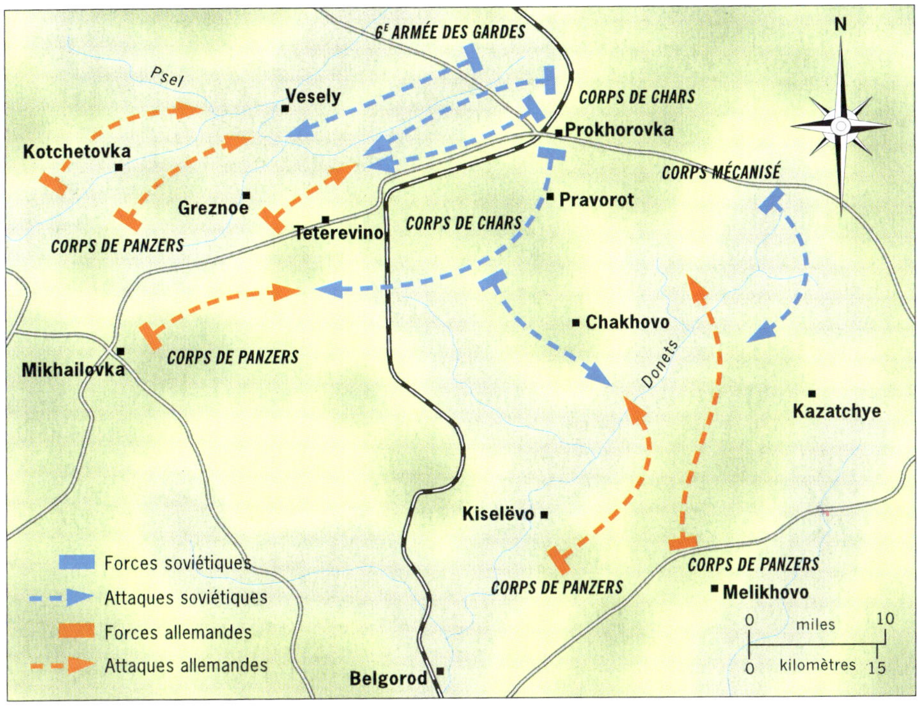

Ci-dessus **: La bataille de blindés intensive autour de Prokhorovka, sur le front sud de Koursk, à la mi-juillet 1943.**

À droite **: Une affiche soviétique de 1943 montrant l'Armée Rouge vengeresse dans sa contre-attaque contre les Allemands, à la suite de ses victoires de Stalingrad et de Koursk.**

sirent trois principales lignes fortifiées, qui étaient protégées par des fossés antichars, des champs de mines, des emplacements dissimulés de canons antichars, des chars T34 retranchés, des pièges à chars, des lance-flammes et des batteries d'artillerie. Le but était de canaliser les blindés allemands vers un réseau de tirs de flanc. Quelque 6 000 km de tranchées furent creusés, avec plus de 48 000 positions de mortier et d'artillerie. On posa en moyenne 1 500 mines par kilomètre. Un déploiement de chars T34 était tenu en réserve entre les lignes fortifiées pour effectuer des contre-attaques. C'était le plus grand piège à chars jamais construit, et les forces d'Hitler se dirigeaient droit dessus.

ATTAQUE DES TIGER

L'opération *Zitadelle* était simple et directe, avec une attaque sur deux fronts depuis le nord et le sud du saillant, qui se rejoindraient à Koursk. La bataille commença le 5 juillet 1943, un total de 6 000 chars et 4 000 avions étant engagés dans les deux camps. L'as des chars allemand Michael Wittmann commandait les nouveaux chars Tiger sur lesquels Hitler comptait tant. Ses 13 compagnies du 1er régiment de panzers SS opéraient dans le sud, avec le 2e SS Panzer Korps. Le premier jour, les Tiger traversèrent les tranchées soviétiques, mais ils avançaient vers un piège et des canons antichars russes camouflés ouvrirent le feu sur eux. Les Tiger fortement blindés soutinrent ce premier assaut, détruisant plusieurs des canons. Leur adversaire suivant était une unité de T34.

Tandis que les Tiger avançaient à la rencontre des T34, un char allemand fut touché par un tir de canon venant de l'arrière, typique de la confusion que les Soviétiques essayaient de créer. Les Tiger ignorèrent le canon et engagèrent le combat avec les T34. Leur armement supérieur s'avéra décisif, et plusieurs chars soviétiques furent détruits. Continuant jusqu'à la seconde ligne défensive, Wittmann devait avoir à son actif en fin de journée la destruction de huit T34 et sept canons antichars. Des pionniers allemands dégagèrent des chemins à travers les champs de mines et couvrirent les fossés antichars, mais ce n'était que le début du labyrinthe de défenses prévu par les Soviétiques.

L'avance allemande cala devant les positions soviétiques lourdement fortifiées à la colline 220.5, ayant dû affronter un ensemble de fossés, de mines, de canons cachés et de tanks retranchés dont seules les tourelles étaient visibles. Soutenus par des avions et les grenadiers des panzers, il fallut aux chars Tiger près de 5 heures de combats féroces pour prendre la colline. C'était une petite

Ci-dessus **: Le général de l'Armée Rouge Malinine fume une cigarette devant son bunker au saillant de Koursk.**

À gauche **: Des soldats russes se hissent sur un char pendant l'avance soviétique. Une grande part des combats étaient rapprochés, l'infanterie attaquant les chars.**

Ci-dessous **: Les T34 soviétiques roulent vers la bataille à Koursk.**

victoire pour les Allemands, mais elle fut très coûteuse, car elle avait réduit le nombre de leurs troupes et endommagé leurs précieux chars. Ces combats d'usure se répétèrent sur tout le champ de bataille, prouvant que même si les pertes des Soviétiques allaient être lourdes, ils avaient créé une impressionnante position défensive en profondeur, qui épuiserait l'assaut allemand.

BATAILLE DE CHARS À PROKHOROVKA

Ayant enfoncé les deux premières lignes de défense et pénétré à quelque 50 km à l'intérieur du saillant, les Allemands se préparaient à une poussée finale vers Koursk. Les Soviétiques envoyèrent alors leurs réserves pour une contre-attaque à Prokhorovka, espérant isoler et détruire la tête des blindés allemands. La contre-attaque soviétique vint avant l'aube le 12 juillet, sous forme d'une attaque frontale en masse conduite par la 5e armée blindée des gardes, contrôlant quelque 830 chars et canons autopropulsés. Les Allemands assemblèrent 500 chars et canons d'assaut, les Tiger menant les formations d'attaque. Le paysage était une plaine en pente douce, parfaite pour d'importantes formations de chars, et le décor était ainsi planté pour la plus grande bataille de blindés.

Le combat commença par des attaques aériennes et des barrages d'artillerie. La 5e armée blindée des gardes percuta alors les

panzers tandis qu'ils préparaient encore leur attaque. Le spécialiste des blindés Renato Niemis décrit ce qui arriva à Wittmann et à ses Tiger : « Au départ, Wittmann et ses Tiger purent abattre des chars à distance, mais tandis que l'espace se refermait rapidement, le danger des chars et de l'infanterie russe augmenta, et Wittmann dut ordonner aux Tiger d'avancer droit à la rencontre de cette menace… Il s'ensuivit une danse de mort entre les chars antagonistes, chacun tentant de déjouer les plans de l'autre dans un nuage de fumée opaque. Pour éviter les chars ennemis, Wittmann se servit de l'expérience acquise avec les Stug III, ordonnant à son chauffeur de tourner le Tiger sur place, changeant rapidement de direction pour dérouter l'ennemi et braquer sur lui son canon, et tirant tout en se déplaçant plutôt que de présenter une cible immobile. »

La rencontre fut d'une extrême violence. Le général de corps d'armée Rotmistrov, commandant de la 5e armée blindée des gardes, donne son point de vue sur le combat : « Le champ de bataille paraissait trop petit pour les centaines de blindés. Des groupes de chars avançaient sur la steppe, s'abritant derrière les bosquets et les vergers isolés. Les détonations des canons se fondaient dans un grondement continu et assourdissant. Les chars soviétiques foncèrent sur les formations avancées des Allemands à pleine vitesse et pénétrèrent l'écran de chars allemands. Les T34 faisaient sauter les Tiger à bout portant, car leurs puissants canons et leur blindage épais ne leur donnaient plus l'avantage en combat rapproché. Les chars des deux camps s'affrontaient du plus près possible… Souvent, quand un char était touché, ses munitions et son carburant explosaient, et des tourelles arrachées étaient projetées dans les airs sur des dizaines de mètres. »

À la fin de la journée, les Allemands avaient perdu plus de 60 chars. Les Soviétiques en avaient perdu 328, mais les deux camps avaient échoué dans leurs objectifs. La férocité de la bataille arrêta l'avance allemande, et il n'y aurait pas de percée vers Koursk. Les nouveaux chars Panther et Tiger avaient prouvé leur valeur, mais ils avaient aussi des points faibles. Deux jours avant la bataille de chars à Prokhorovka, les Alliés de l'ouest avaient réussi à débarquer en Sicile. Ceci, combiné à une autre offensive soviétique à Orel, convainquit Hitler qu'il devait annuler l'assaut de Koursk, même si ses généraux pensaient arracher la victoire. Avec cette bataille, les Allemands avaient perdu l'initiative sur le front de l'est, et l'armée soviétique allait commencer à les repousser vers Berlin.

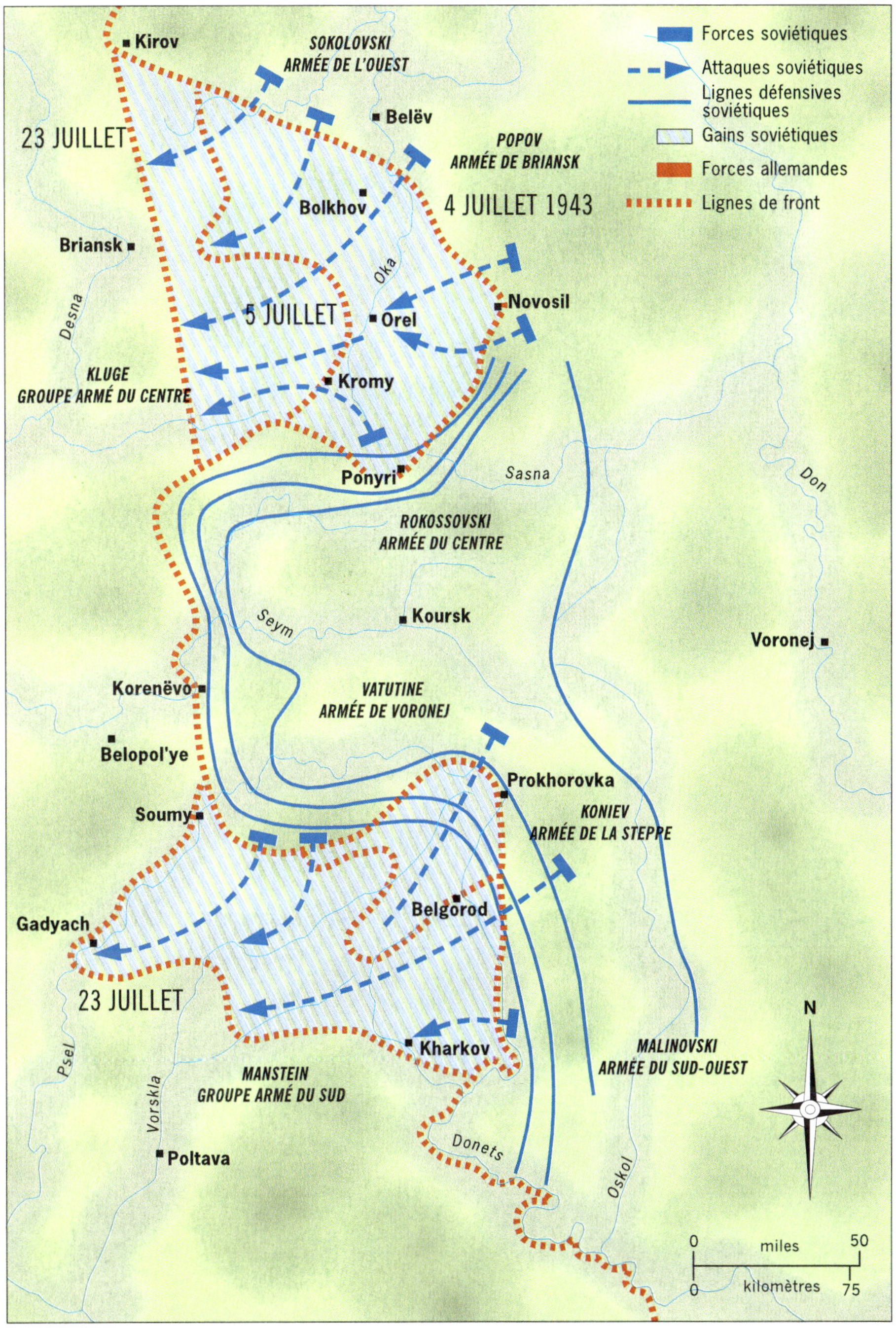

Ci-dessus **: Les combats autour du saillant de Koursk en juillet 1943, montrant les contre-attaques saisissantes des Soviétiques contre les positions allemandes, et leurs gains remarquablement rapides.**

GÉNÉRAL HEINZ GUDERIAN

DES CHARS IMPARFAITS

« J'ai eu un aperçu du cours que prenaient les événements, du manque d'expérience de nos hommes dans l'attaque et de la faiblesse de notre équipement. Mes craintes concernant l'utilisation prématurée des Panther étaient justifiées. De plus, les 90 Tiger Porsche, qui opéraient avec l'armée du maréchal Model, étaient incapables de combattre à bout portant, car ils n'avaient pas assez de munitions pour leurs canons, et cette défaite a été aggravée par le fait qu'ils ne possédaient pas de mitrailleuses. Une fois qu'ils ont pénétré dans la zone de l'infanterie ennemie, ils ont littéralement dû tirer au petit bonheur avec leurs canons. Ils n'ont pas réussi à neutraliser, sans parler de détruire, les fusils et les mitrailleuses ennemis, de sorte que l'infanterie n'a pas pu prendre le relais derrière eux. Le temps d'atteindre l'artillerie russe, ils se sont retrouvés seuls. »

Extrait de *Panzer Leader* de Heinz Guderian (Michael Joseph, 1952)

TARAWA, 1943

L'assaut contre Tarawa, une des batailles les plus sanglantes de l'histoire militaire américaine, fut une bataille clé dans l'offensive d'île en île de la guerre du Pacifique. Des Marines américains débarquèrent face à une lourde résistance japonaise, acte de bravoure qui fut une dure leçon dans le domaine de l'assaut frontal, et qui permit d'apprendre de nombreuses choses, et de les utiliser ailleurs, plus tard, avec efficacité.

Un an après Pearl Harbor, la marine et l'armée américaines se préparaient à la contre-offensive contre le Japon dans le Pacifique. Troupes, navires et avions s'amassaient dans des bases à Hawaii, aux îles Fidji et aux Nouvelles-Hébrides. L'amiral Nimitz commandait la 5e flotte des États-Unis et avec elle une énorme force amphibie constituée de plus de 100 000 soldats. Sa cible était les îles Gilbert. Ce devait être la première étape dans une campagne d'île en île qui amènerait la puissance aérienne américaine de plus en plus près du Japon. Une fois les îles Gilbert prises, des bases aériennes y seraient construites pour l'assaut sur les îles Marshall, et ainsi de suite.

Les Japonais comprenaient cette stratégie et avaient lourdement fortifié les îles Gilbert par des ouvrages défensifs majeurs dans les atolls de Makin et de Tarawa – des groupes d'îles entourés de récifs de coraux. L'assaut commença par un bombardement

Ci-dessus **:**
Les Marines américains sont immobilisés sur le rivage de Tarawa sous le feu intensif des Japonais.

aérien des positions japonaises, du 13 au 17 novembre. Il fut suivi d'un tir de barrage naval substantiel avant que les forces de débarquement ne quittent leurs navires. Le 20 novembre, l'infanterie américaine écrasa rapidement les 250 soldats japonais de Makin, mais des sous-marins japonais contre-attaquèrent et coulèrent un porte-avions d'escorte. Makin, cependant, était pris, et l'attention des Américains se tourna vers Tarawa. Ils s'attendaient à une opération aussi facile, mais un terrible choc les attendait.

DÉBARQUEMENT DES MARINES

Tarawa était une forteresse à la fois naturelle et construite par l'homme. Le récif de corail entourant l'île était une formidable barrière pour les navires, et les ouvertures qu'il comportait avaient été remplies de mines par les Japonais. À l'intérieur, les plages étaient couvertes de barbelés, et des esclaves coréens avaient été forcés de construire plus de 400 emplacements de canons et bunkers en béton. Ces défenses avaient l'effet de canaliser les troupes attaquantes vers un assemblage terrifiant d'artillerie lourde, qui comprenait des canons de défense côtière de 20 mm pris à Singapour, ainsi que des canons de campagne dissimulés et des chars retranchés. Le contre-amiral Shibasaki commandait une garnison de 4 836

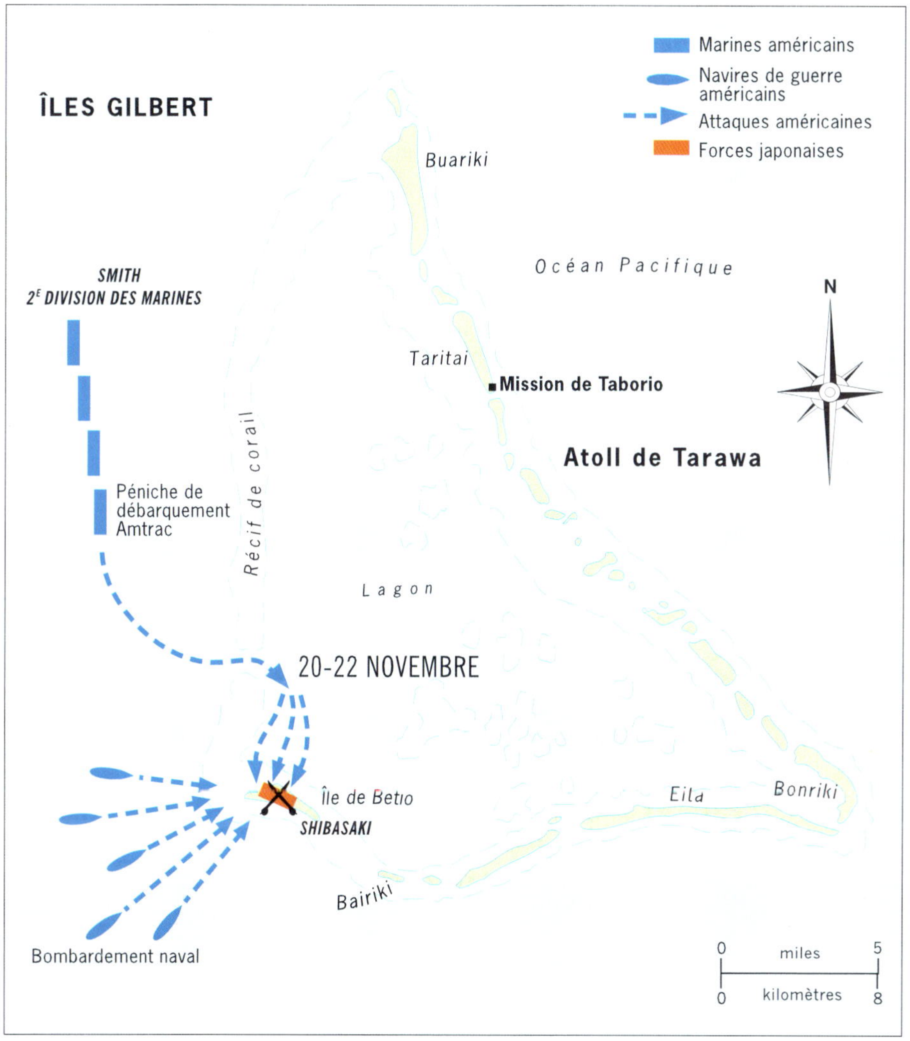

Ci-dessus **: Le trajet de l'assaut amphibie américain sur l'île de Betio.**

À gauche **: Les soldats américains de la 2e division des Marines blottis sur la plage de Tarawa. Ils furent soumis à un feu intensif car il n'y eut aucun bombardement préliminaire avant le débarquement.**

gardes de la marine, dont la moitié était des troupes d'élite spéciales de débarquement naval.

La surprise fut considérée comme le meilleur moyen de vaincre les défenses japonaises à Tarawa, et un bombardement préliminaire par la marine fut donc refusé. Une idée similaire selon laquelle l'artillerie pourrait être débarquée sur une île proche inoccupée fut également rejetée. Cela signifiait que les troupes débarqueraient sans le moindre affaiblissement des défenses ennemies. L'unité choisie pour l'attaque sur l'île de Betio, dans le coin sud-ouest de l'atoll de Tarawa, fut la 2e division des marines, commandée par le général de division Julian Smith. Les Marines américains étaient des maîtres en matière de guerre amphibie, et décidèrent que les premières vagues d'assaut devaient être transportées par des tracteurs amphibies (*Amtrac*), mais 125 seulement étaient disponibles. Les autres troupes devraient donc être envoyées par bateau, et si

leurs bateaux se prenaient dans les récifs de corail, ils devraient traverser à pied les eaux du lagon sous le feu de l'ennemi ! Le général Holland Smith déclara plus tard de ces Marines qui débarquèrent : « Leur unique armure était une chemise kaki ! »

L'attaque commença le matin du 20 novembre 1943 par un assaut sur le rivage nord de l'île de Betio. Les soldats descendirent dans leurs Amtracs et les moteurs se mirent à ronfler, les propulsant à travers le récif de corail. Un tir de barrage naval de dernière minute n'avait pas réduit au silence l'artillerie japonaise, et des obus commencèrent à tomber parmi les péniches de débarquement, forçant les navires de soutien à s'éloigner et laissant les Marines livrés à eux-mêmes. Quand leurs Amtracs approchèrent de la plage, les Américains eurent soudain conscience que leur bref tir de barrage naval n'avait pas fait grand-chose pour émousser les défenses japonaises. Obus d'artillerie et tirs de mitrailleuses balayèrent les troupes qui débarquaient. Le soldat Reder de la 2e division de Marines décrit les instants qui précédèrent leur arrivée sur la plage : « Les dernières minutes dans l'Amtrac furent un fouillis de sensations : mortier et tirs d'artillerie secouant l'Amtrac avec des geysers d'eau ; l'Amtrac rebondissant par-dessus le récif de corail ; des balles de mitrailleuses ricochant sur ses flancs blindés ; bombardiers à torpilles et Hellcats filant au-dessus de nos têtes pour bombarder et mitrailler l'île, et puis le cri : « Allons-y ! » »

Ci-dessus **: Les Marines sautent d'un Amtrac coincé sur un récif de corail pour traverser, sous un feu constant, les eaux du lagon de Tarawa vers la plage. Tableau de Tom Lovell.**

À gauche **: Un Marine américain à Tarawa fait une pause près d'une tranchée où gît un soldat japonais mort.**

SANGLANT TARAWA

Le premier bataillon de Marines perdit 10 % de ses troupes avant même d'atteindre la plage, tandis que les bataillons qui le suivaient eurent environ 20 % de pertes. Quand les survivants eurent atteint la plage, ils durent affronter les tirs de canons placés juste au-dessus d'eux. Certains Marines les attaquèrent courageusement, les détruisant avec des grenades et des explosifs. Le sergent-chef William Bordelon en détruisit quatre et sauva deux camarades blessés avant de se faire tuer, actes héroïques qui lui valurent de recevoir à titre posthume la médaille d'Honneur du Congrès.

Les Amtracs ayant tous été utilisés, les vagues de troupes suivantes utilisèrent des bateaux, mais furent prises dans les récifs de corail et durent s'en extraire pour patauger à travers une eau qui leur montait jusqu'à la poitrine. À midi, les Marines étaient toujours immobilisés sur une bande de plage large d'à peine 6 m. Certains conducteurs d'Amtrac firent courageusement faire demi-tour à leurs machines, sous le feu ennemi, pour aller au secours de soldats pris dans les récifs. Lentement mais sûrement, les renforts s'accumulèrent sur la plage, et 5 000 hommes avaient débarqué à la tombée de la nuit. Les soldats américains rampèrent alors par-dessus la digue pour détruire les emplacements des canons avec explosifs et lance-flammes. Le débarquement avait coûté 1 500 pertes – proportionnellement, une des batailles les plus sanglantes vécues par les forces armées américaines. Heureusement, les Japonais ne contre-attaquèrent pas, et les Marines profitèrent de l'obscurité pour faire débarquer l'artillerie pièce par pièce.

Le lendemain, un second débarquement américain fut soumis à un feu écrasant, mais des troupes de plus en plus nombreuses débarquaient, et avec l'artillerie américaine qui pilonnait les bunkers japonais, la bataille serait bientôt gagnée. Deux autres jours de combat assurèrent la prise de l'île, mais plus de 1 000 Américains étaient morts pendant l'assaut – une nouvelle qui choqua la nation. Malgré la grande force des Américains en nombre d'hommes et en matériel, il n'y aurait pas de victoire facile contre les Japonais. De tels assauts frontaux devaient être plus soigneusement soutenus par les bombardements navals et aériens, et plus d'Amtrac devaient être mis à leur disposition. Ce furent quelques-unes des précieuses leçons qui aidèrent les Marines américains à prendre de nombreuses autres forteresses insulaires.

Ci-dessus, à droite :
Des Marines et un soldat japonais prisonnier. L'animosité entre les deux camps était telle que peu de prisonniers étaient pris vivants.

LIEUTENANT DE MARINES NYGREN, COMMANDANT D'AMTRAC

AIR BRÛLÉ

« Les officiers de liaison navale et les gens de la Naval Air Force nous avaient dit qu'il ne resterait aucune opposition. Je les trouvais trop optimistes. Il faisait très clair à présent. Les couleurs étaient vives et nettes. Nous étions à 900 m de l'île, dans une eau bleu foncé. Je ne voyais que des restes de palmiers dépasser d'une étendue de terres basses. Des feux brûlaient tout le long du rivage. Une fumée noire s'élevait. L'air était plein de volutes de poudre brûlée provenant de nos fusils amphibies. L'air avait une odeur de brûlé. Le soleil tapait, et il commençait à faire très chaud… Les tracteurs faisaient des embardées tandis que nous passions les massifs de coraux. Les troupes étaient secouées en tous sens. Nos trois lignes bien nettes devinrent désordonnées, car nous étions ballottés en traversant péniblement le récif. Des tirs de mortier venus du rivage commencèrent à exploser autour de nous. »

Cité dans *Marine* de Ron Field (Military Illustrated, 1999)

CASSINO, 1944

***Ci-dessus* :**
Des parachutistes allemands défendent les ruines de Monte Cassino.
Le bombardement allié du monastère de Cassino fut un désastre, car il créa une position défensive encore plus difficile à prendre d'assaut.

Le monastère de Cassino se dresse sur la route de Rome. Les Alliés devaient le prendre, mais en le bombardant, ils en firent une formidable place forte. Des parachutistes allemands cachés parmi les décombres résistèrent, attaque après attaque, jusqu'à ce que des soldats polonais en escaladent les pentes, forçant un passage vers la victoire.

La Grande-Bretagne et les États-Unis ouvrirent un second front en Europe en juillet 1943 lorsqu'ils envahirent la Sicile. Presque immédiatement après le débarquement, le peuple italien renversa son dirigeant fasciste, Mussolini, qui les avait embarqués dans une guerre complètement infructueuse. Son successeur engagea des négociations avec les Alliés, et un armistice secret fut signé en septembre. Les Allemands se retrouvaient maintenant seuls pour contenir l'avance des Alliés, et des renforts furent envoyés en Italie dans ce but.

RÉSISTANCE FANATIQUE

Au départ, les Allemands n'occupaient pas l'ancien monastère, non à cause de son ancienneté, mais parce qu'il était considéré comme

***Ci-dessous* : L'avance alliée sur le bourg de Cassino et son monastère au début de 1944.**

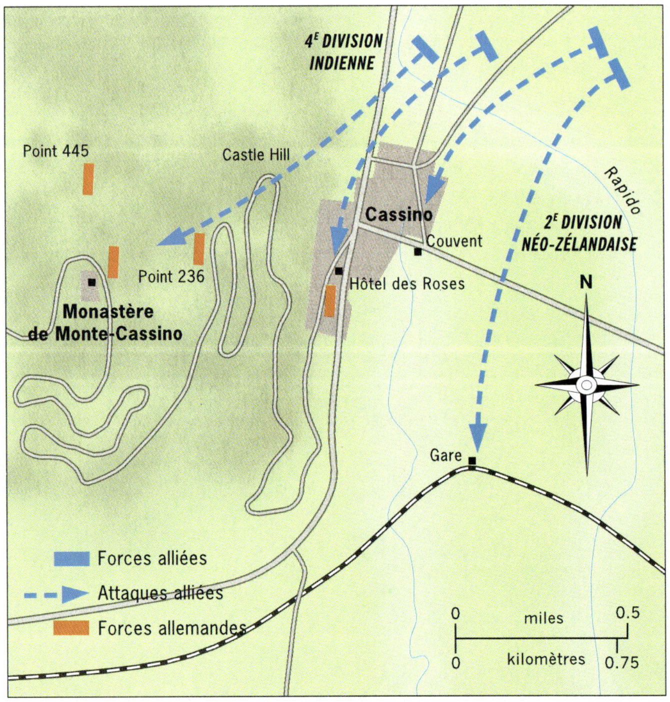

une cible trop évidente (bien que le général von Senger ait émis un point de vue différent pendant sa captivité ; (*voir encadré page suivante*). Senger avait le commandement du 14e Panzer Korps et positionna ses hommes à des emplacements camouflés au pied de la colline. L'hiver était rude, et les Alliés étaient épuisés en se frayant un chemin vers l'intérieur à coup de batailles. « Les hommes tombent endormis sous les obus, » se souvint le général René Chambre, « au milieu des mines et des balles. Ils sont tués presque avant de s'en rendre compte. Seules les blessures les réveillent. » La 34e division d'infanterie américaine mit plusieurs jours à déplacer ses chars à travers la boue collante. Et finalement, en atteignant Cassino, les Américains rencontrèrent une opposition si forte qu'ils durent se retirer.

Un second assaut contre le bourg eut lieu en février, comportant cette fois des divisions d'infanterie néo-zélandaise, indienne et anglaise. Les Allemands reçurent les renforts de parachutistes combattant comme fantassins d'élite. Freyberg, le commandant du New Zealand Corps, voulait ouvrir l'assaut par un bombardement intensif du monastère, mais le général de corps d'armée Clark, qui commandait la 5e armée américaine, déclara que c'était

Ci-dessus **: Les murs en partie détruits de Monte Cassino. Le bombardement allié en fit une formidable forteresse de décombres dissimulant des tireurs embusqués allemands.**

un site culturel important et crut les Allemands qui l'assuraient qu'ils ne l'occuperaient pas. Freyberg, cependant, n'était pas convaincu et considérait que tous les trésors de Cassino ne valaient pas la vie d'un soldat allié.

Son opinion prévalut, et une fois les moines et tous leurs trésors évacués, les Alliés lâchèrent des centaines de tonnes d'explosifs sur le monastère, le réduisant à des ruines. Cette action se retourna contre les Alliés, car les Allemands se précipitèrent alors pour occuper un site qui fournissait une excellente couverture à leurs hommes.

Les feux croisés de ces nouvelles positions ravagèrent les attaques initiales de Freyberg. La nuit du 16 février, des soldats du Royal Sussex Regiment prirent d'assaut les pentes du monastère, mais, bizarrement, un parachutiste allemand tira trois fusées vertes

Ci-dessus, à gauche : **Le crâne d'un parachutiste allemand tué pendant la défense de Monte Cassino.**

Ci-dessus, à droite : **Des soldats américains portant plusieurs couches de vêtements contre le temps rigoureux qui affecta les Alliés en Italie en 1943-1944.**

GÉNÉRAL VON SENGER

UN BASTION DÉFENSIF

Au moment du bombardement allié sur le monastère de Monte Cassino, une déclaration fut émise selon laquelle les Allemands l'avaient déjà occupé, ce qui en faisait une cible légitime. Le général von Senger nia le fait lors d'une entrevue avec Basil Liddell Hart :

« Le maréchal Kesselring avait donné l'ordre formel qu'aucun soldat allemand ne pénètre dans le monastère, afin d'éviter de donner aux Alliés le moindre prétexte pour le bombarder. Je ne peux pas témoigner personnellement que cette décision fut communiquée aux Alliés, mais je suis sûr que le Vatican trouva le moyen de le faire, car il était directement intéressé au destin de Monte Cassino. Non seulement le maréchal Kesselring interdit aux soldats allemands d'entrer dans le monastère, mais il plaça également une garde à l'entrée pour s'assurer que ses ordres étaient suivis… [Après le bombardement] comme le sait quiconque a une expérience des combats de rue, ce n'est que lorsque des bâtiments sont démolis qu'ils sont convertis de pièges à rat en bastions défensifs. »

Cité dans *The Other Side of the Hill* de Basil Liddell Hart (Cassell, 1948)

– le signal convenu de la retraite pour les Anglais – de sorte que les soldats anglais abandonnèrent consciencieusement leurs acquis. Quand l'erreur fut connue, une autre attaque échoua à prendre la position. Des Néo-Zélandais tentèrent de prendre le bourg au pied de la colline, mais les chars allemands les repoussèrent. Après trois jours de combats, Freyberg dut annuler l'attaque.

Un troisième assaut majeur contre la ville fut prévu pour mars. Les divisions néo-zélandaise et indienne joignirent leurs forces et l'assaut fut précédé d'un bombardement en masse, le 15 mars, qui ne laissa pas un bâtiment debout. Les Alliés poussèrent leur attaque sous une pluie torrentielle, et se retrouvèrent face à une défense fanatique des parachutistes allemands, qui avaient survécu au bombardement et tiraient sur les attaquants depuis chaque fente des murs.

La seule quantité de décombres laissés par le bombardement rendait impossible aux unités blindées de soutenir l'infanterie alliée dans son avance. Une fois de plus, le bombardement avait créé plus de problèmes qu'il n'en avait résolus. Les combats au corps à corps permirent d'emporter quelques positions, mais le 23 mars, Freyberg dut à nouveau reconnaître sa défaite.

ENVOYEZ LES POLONAIS

Au printemps, le temps s'était amélioré dans la région et une offensive majeure fut lancée contre la Ligne Gustav allemande, dans laquelle Cassino était un point fort important. La nuit du 11 mai, un énorme barrage d'artillerie éclata, suivi par des divisions alliées qui avancèrent le long d'une ligne allant de Cassino à la mer. Des troupes nord-africaines effectuèrent la percée vers la vallée du Liri, et la Ligne Gustav fut enfoncée.

À Cassino, on laissa au 2e corps polonais le soin de prendre le monastère. Forte de 50 000 hommes, cette unité était dirigée par le général de corps d'armée Wladyslaw Anders et se composait de soldats polonais qui avaient échappé au partage de leur pays entre nazis et Soviétiques. Ils étaient avides de se venger des Allemands, et déterminés à prendre la position.

Le matin du 12 mai, les Polonais escaladèrent les pentes semées de cratères d'obus. Ils prirent quelques positions, mais furent retenus à d'autres par les parachutistes allemands tout aussi déterminés. Il fallut 5 jours d'âpres combats rapprochés avant que les Polonais puissent pousser vers le sommet et occuper toutes les positions entourant le monastère. Le matin du 18 mai, une unité de lanciers polonais se hissa enfin dans les ruines du monastère. Il était vide, en dehors de quelques Allemands blessés. Les parachutistes en avaient finalement eu assez, et s'étaient retirés.

Les Polonais savourèrent leur victoire, qui mettait fin à cinq mois de combats. Au moins 45 000 soldats avaient été perdus au total. Tout au long de la Ligne Gustav, les Allemands retirèrent leurs forces, et les Alliés pouvaient maintenant se concentrer sur la libération de Rome.

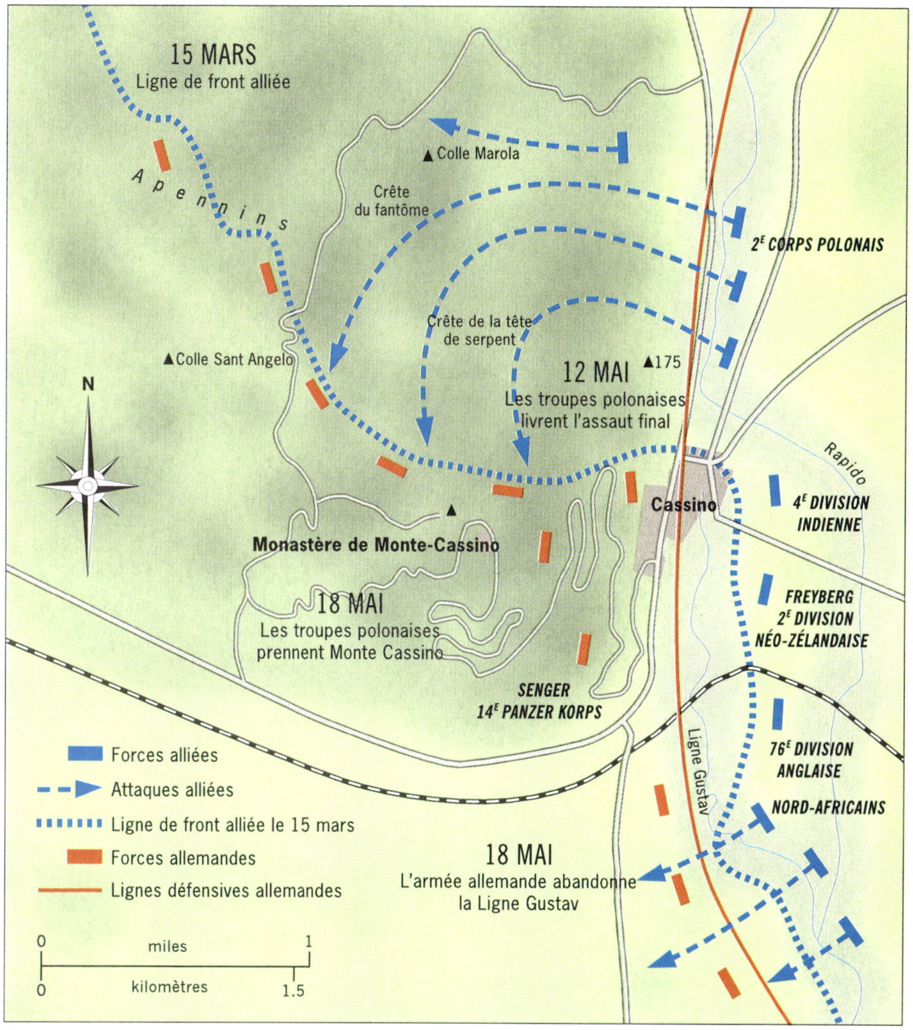

Ci-dessus **: L'assaut final contre Monte Cassino, conduit par le 2e corps polonais, mit six jours à prendre le monastère.**

À gauche **: La couverture du magazine *Yank* montrant les ruines de l'abbaye de Monte Cassino.**

KOHIMA, 1944

Surnommée « Stalingrad de la jungle », la bataille de Kohima arrêta l'avance japonaise vers l'Inde. Un combat féroce livré par des troupes anglaises et indiennes épuisa les Japonais, et les força à se retirer à travers la Birmanie devant l'avance des Alliés.

La Birmanie était la porte de l'Inde, et en la prenant, les Japonais menaçaient le cœur de l'empire britannique en Orient. L'invasion japonaise de la Birmanie commença en janvier 1942, lorsque les Japonais attaquèrent depuis la Thaïlande et prirent Rangoon. Leurs lignes d'approvisionnement coupées, les troupes anglaises et chinoises furent forcées de quitter la Birmanie avant le mois de mai. Pendant près de deux ans, les Japonais occupèrent le pays. En 1943, des troupes anglaises, dirigés par le général Orde Wingate, revinrent et menèrent une guérilla derrière les lignes ennemies. En 1944, une importante armée britannique fut assemblée sous les ordres du général William Slim le long de la frontière indienne avec le nord de la Birmanie. Les Japonais anticipèrent ce renforcement en attaquant les centres de communication d'Imphal et de Kohima.

Le général de corps d'armée Renya Mutaguchi commandait la 15e armée japonaise, constituée de trois divisions et d'un total de

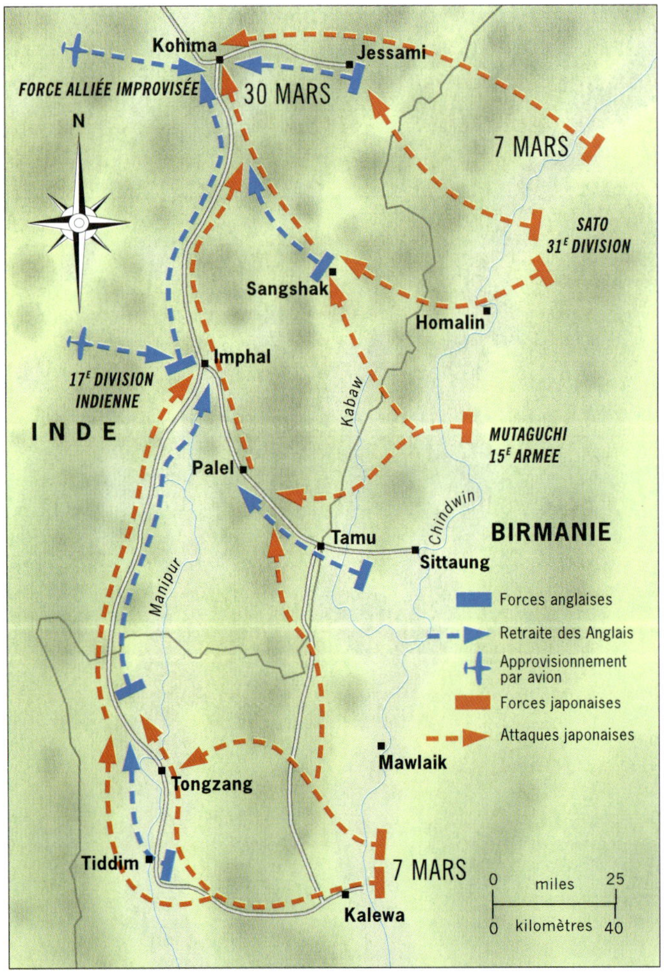

100 000 hommes. Il avait combattu les Anglais en Malaisie et à Singapour, et avait une piètre opinion de leur courage au combat. Il n'anticipait donc pas une forte résistance de leur part en Birmanie. Plus de deux tiers de la force anglaise étaient constitués de soldats indiens, dont beaucoup venaient du Punjab. Ils protégeaient leur patrie contre une invasion, et les Japonais devaient découvrir une attitude très différente de celle qu'ils imaginaient.

Ci-dessus : Des soldats anglais livrent une rude bataille contre les Japonais en Birmanie. Aucun des camps ne pouvait se permettre de céder, et Kohima a été qualifié de « Stalingrad de la jungle ».

À gauche : L'avance japonaise vers l'Inde à travers la Birmanie en mars 1944, et les lignes de retraite alliées.

LE SIÈGE

L'offensive japonaise commença la nuit du 7 mars et avança si rapidement de l'autre côté de la rivière Chindwin que la 17e division indienne, située à Imphal, fut pratiquement isolée. Une autre attaque depuis le nord d'Imphal fut tenue en respect par la 20e division indienne, mais la route de Kohima, au nord, était coupée. Les combats étaient particulièrement féroces, car aucun des deux camps ne pouvait se permettre de céder : les Japonais avaient besoin de l'approvisionnement d'Imphal pour survivre, tandis que les troupes anglaises et indiennes savaient qu'une défaite laisserait l'Inde ouverte à une invasion. Des ponts aériens de la RAF larguèrent des fournitures aux Anglais coincés à Imphal, et une guerre de siège suivit, qui dura 86 jours.

Pendant ce temps, la petite station de montagne de Kohima était attaquée le 5 avril par 12 000 hommes de la 31e division japonaise, commandée par le général de corps d'armée Sato. Le général Slim fut pris au dépourvu par cette attaque, l'attendant plus au nord au centre ferroviaire de Dimapur, où il avait envoyé un nombre important d'hommes pour organiser une défense. Une force défensive

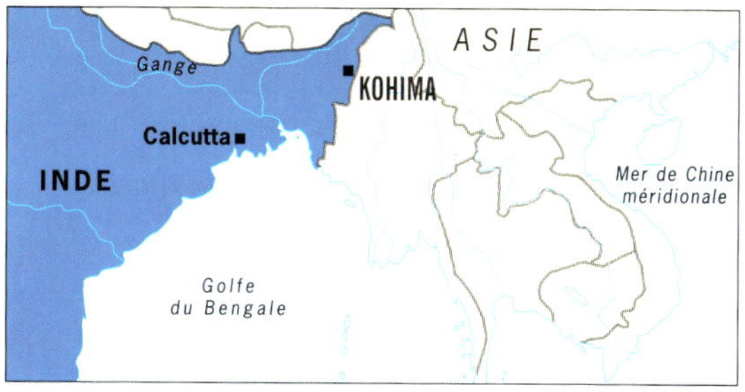

À droite **: Les Chindits anglais livrèrent une guérilla derrière les lignes japonaises en Birmanie. Se considérant comme maîtres de la jungle, les Japonais furent surpris par la maîtrise qu'avaient les Anglais de ce terrain difficile.**

Ci-dessus **: Le général William Slim, commandant de la 14e armée britannique en Birmanie. Ayant arrêté l'offensive japonaise à Kohima et à Imphal, il poursuivit ensuite les Japonais à travers la Birmanie.**

plus réduite avait été postée à Kohima, sous le commandement du colonel Hugh Richards, et avait reçu l'ordre de défendre la position jusqu'au dernier homme. Et c'est exactement ce qu'elle fit.

La force défensive de 1 500 hommes était constituée de soldats du Royal West Kents, des Assam Rifles, du 7e Rajput et des Burma Rifles. Ces derniers comprenaient des Gurkhas d'origine birmane, descendants de soldats qui avaient combattu pour les Anglais au XIXe siècle et avaient reçu en récompense des terres en Birmanie. Les défenseurs fortifièrent les collines basses entourant le bourg du mieux qu'ils purent, mais quand les Japonais arrivèrent, ils prirent rapidement les positions dominantes et resserrèrent lentement leur prise sur le village, l'encerclant complètement et utilisant le terrain surélevé pour tirer sur les défenseurs. Les tireurs japonais rendaient tout mouvement de jour presque impossible. Progressivement, le périmètre anglais fut réduit à 36 m à peine.

L'eau devint un problème, car les Japonais coupèrent l'approvisionnement principal, et dut être rationnée à 25 cl par homme et par jour. Les soldats blessés étaient exposés à un feu constant. Les deux camps étaient si proches que l'artillerie ne pouvait pas toujours être utilisée, mais les mortiers l'étaient, et leurs explosions parmi les arbres projetaient de terribles éclats de bois. Malgré les tirs des Japonais au sol, la RAF réussit à larguer des munitions pour les défenseurs, mais ce fut leur courage au combat qui les fit tenir face à de constants assauts rapprochés.

John Wright était un jeune officier du génie pendant la bataille de Kohima ; il fait l'éloge des nombreux Indiens qui combattirent sous ses ordres, dont les Rajputs et les « Musulmans du Punjab qui ont combattu sous mes ordres en Birmanie et sont flegmatiques, loyaux et pondérés. » Selon lui, la médiocrité des officiers fut responsable d'une panique parmi les Gurkhas à Kohima. « Ils coururent tous, les 730 soldats, à travers nos rangs quand ils reçurent des tirs de mortier », se souvient-il, « et subirent probablement beaucoup plus de pertes que nous pendant la dizaine de jours que durèrent les attaques continues. » Par-dessus tout, « personne n'arrive à la cheville du 4e Royal West Kents, un bataillon de réservistes volontaires qui, 13 fois moins nombreux, ont quand même battu les Japonais à Kohima. »

Ci-dessus **: Des troupes japonaises s'abritent pendant une attaque contre un village birman près de Kohima en 1944.**

Treize officiers et 201 hommes du Royal West Kents furent tués ou blessés en résistant à 25 assauts d'infanterie lancés par les Japonais. Le 1re classe John Harman reçut la Victoria Cross à titre posthume pour avoir sauvé sa section d'un mitraillage en courant vers une équipe de mitrailleurs japonais, et en les tuant avec une grenade à main. Il rapporta l'arme sur ses épaules. Il chargea ensuite à nouveau pour tuer le personnel d'une seconde mitrailleuse avec son fusil et sa baïonnette. En revenant tranquillement, il fut tué par une troisième mitrailleuse, disant à ses hommes dans son dernier souffle : « Je les ai eus ; ça valait le coup. »

LA BATAILLE DU COURT DE TENNIS

Le 14 avril, une force de secours anglaise faillit atteindre Kohima. En attendant des renforts, les Japonais lançaient des attaques suicidaires contre les défenseurs, qui se terminaient en combats au corps à corps. Plusieurs avant-postes furent pris, mais la ligne principale tenait toujours. Le 20 avril, des forces anglaises passèrent enfin, et les héroïques soldats du Royal West Kents et des troupes indiennes furent relevés. Mais le combat n'était pas terminé, car Slim envoya d'autres troupes vers Kohima pour empêcher les Japonais d'apporter le moindre soutien à leurs forces d'Imphal.

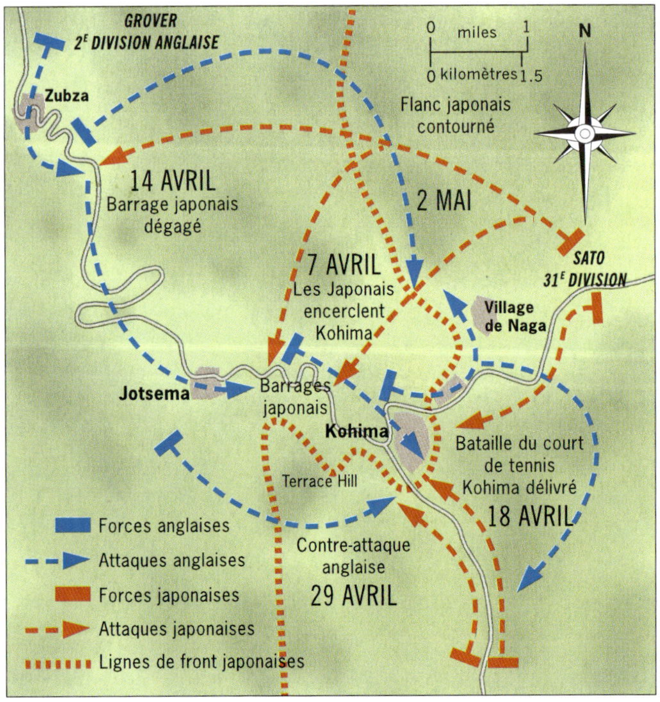

À gauche **: Les assauts japonais d'avril 1944 contre Kohima, suivis des contre-attaques anglaises.**

Ci-dessus **: Des soldats anglais du régiment du Royal West Kents viennent voir les tombes de leurs camarades tués à Kohima.**

À la fin du mois, la mousson arriva, et pluie et boue ajoutèrent au malheur de la bataille. Des combats rapprochés désespérés continuèrent, les deux camps luttant pour chaque bout de terrain. Finalement, sa logistique trahit Sato, et ses fournitures s'épuisèrent. Les Japonais commençaient à mourir de faim ; Anglais et Indiens eurent le dessus. Les Alliés prirent des positions cruciales, y compris lors d'une bataille célèbre pour le court de tennis appartenant au sous-préfet, au cours de laquelle un char fut hissé sur la colline pour tirer à bout portant sur les bunkers japonais.

A la fin mai, des frappes aériennes dévastatrices intervinrent, et le général Sato abandonna. Il replia ses soldats épuisés et affamés à Imphal, où les commandants de la 15e armée japonaise réalisèrent que leur offensive avait échoué. Les Anglais et les Indiens s'étaient avérés des adversaires bien plus coriaces que prévu. Le 8 juillet, les Japonais repartirent, effondrés, vers la Birmanie, plus de 60 000 d'entre eux ayant été tués ou blessés. Anglais et Indiens avaient subi 17 587 pertes. Le général Slim avait conservé ses positions et pouvait maintenant préparer son offensive en Birmanie.

COMMANDANT WATERHOUSE, DU 2E RÉGIMENT D'INFANTERIE LÉGÈRE DE DURHAM

ATTAQUE À MINUIT

« Les Japs ont attaqué avec environ deux compagnies. Les hommes de tête portaient des sacs pleins de grenades, mais pas d'arme. Ils sont encore passés, uniquement grâce à leur nombre, sont montés sur le plateau, courant en tous sens et criant « Tojo ! Tojo ! » [leur chef militaire] avant de s'enterrer. Les Durhams ont contre-attaqué au petit jour, conduits par le capitaine « Conky » Greenwell, qui soufflait dans un cor de chasse... Un grand bruit, et ils ont surpris les Japs... ils ont remballé et ont couru se mettre à l'abri dans notre propre fumée, qui enveloppait Kuki Picquet. Le tir de soutien était de première classe... les 3.7, les canons de 25, nos propres mortiers ont tiré 1 300 cartouches et leur infligé de lourdes pertes. »

Cité dans *The Unforgettable Army* de Michael Hickey (Spellmount, 1992)

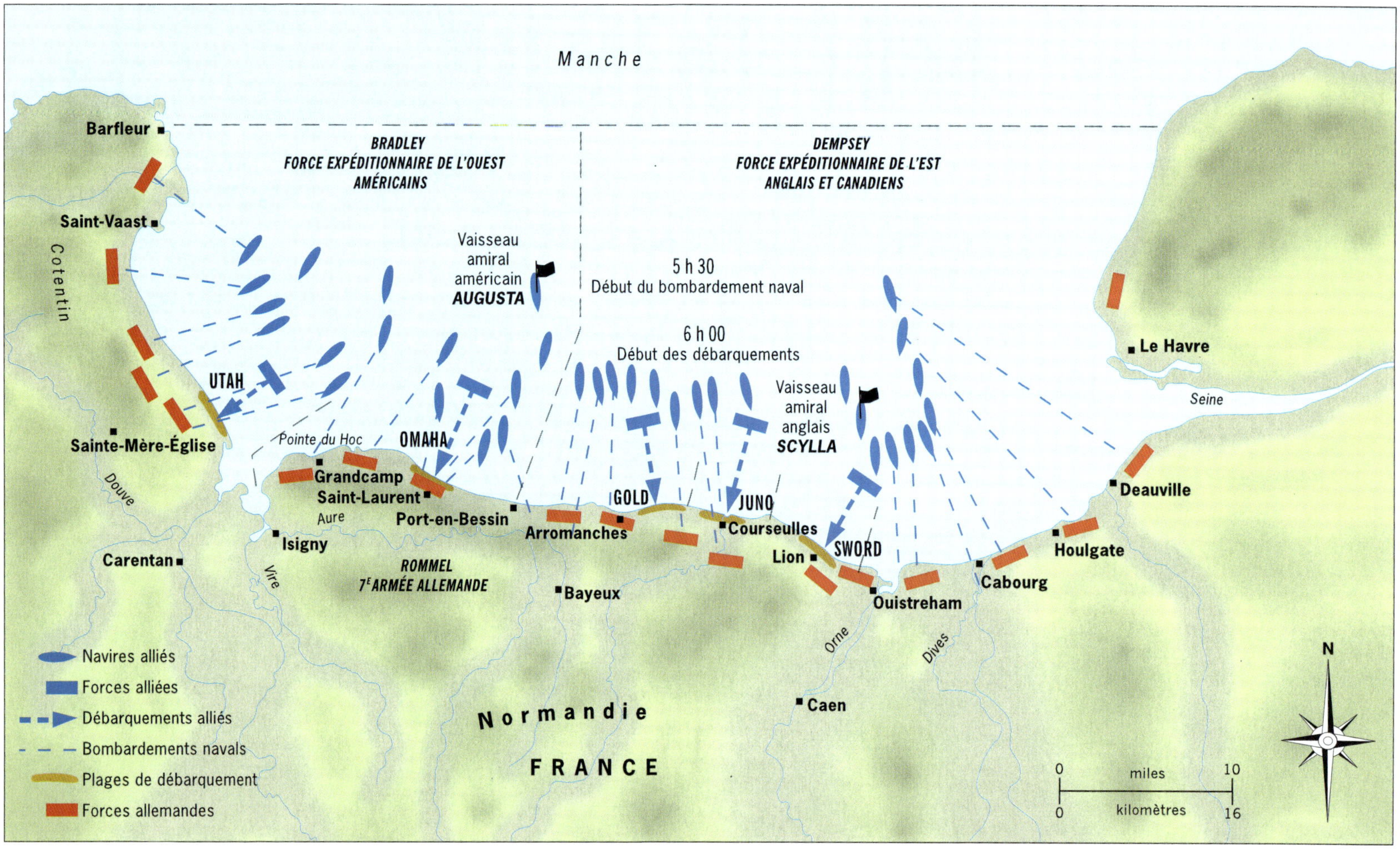

choisie pour le débarquement était constituée des plages à l'est du Cotentin : cinq points de débarquement reçurent les noms de code d'Utah, Omaha, Gold, Juno et Sword. Les troupes américaines, anglaises et du Commonwealth devaient affronter la 7e armée allemande, un mélange de vétérans allemands et d'alliés de l'Axe moins efficaces. Le général américain Eisenhower était commandant suprême des Alliés, tandis que le général anglais Montgomery commandait les forces terrestres. La 1re armée des États-Unis sous les ordres du général Bradley devait débarquer à Utah et Omaha, pendant que la 2e armée britannique commandée par le général Dempsey, avec un corps canadien, devait débarquer à Gold, Juno et Sword. Au total : un million de soldats alliés.

L'ARRIVÉE SUR LES PLAGES

Les débarquements furent précédés d'un lâcher de parachutistes derrière les lignes ennemies et d'un bombardement en masse par les avions et navires alliés. Une grande part du bombardement préliminaire, cependant, tomba derrière les défenses allemandes des plages, et cet échec fut cruellement ressenti à Omaha. Tandis que les navires américains approchaient des plages d'Omaha, une mer démontée inonda nombre des chars amphibies et les tira au fond de la mer, leurs équipages toujours coincés à l'intérieur. Seuls 6 des 33 chars restaient pour soutenir les troupes sur le rivage. Des soldats américains se noyèrent dans les eaux houleuses, et ceux qui réussirent à atteindre le rivage eurent à faire face courageusement à une tempête de feu tirée par les mitrailleuses et l'artillerie allemandes, qui traversait la plage droit sur eux.

Le sergent américain John Slaughter n'avait que 19 ans quand il débarqua sur la plage d'Omaha, où il fut accueilli par une scène terrible : « Il y avait des morts flottant dans l'eau, et il y avait des hommes vivants qui faisaient le mort, laissant la marée les porter vers le rivage. J'étais accroupi, dans l'eau jusqu'au menton, quand j'ai vu des obus de mortier s'abattre au bord de l'eau. Le sable a commencé à se soulever, projeté par le feu de tireurs dans les collines. Il devenait évident qu'il était temps de traverser cette fichue plage. Je ne sais pas combien de temps nous sommes restés dans l'eau avant d'avancer, mais je crois que ça a duré près d'une heure. » Le débarquement américain à Omaha se changea en désastre, avec plus de 3 000 soldats perdus à la tombée de la nuit.

Une autre initiative courageuse mais chaotique fut le raid audacieux des Rangers américains à la pointe du Hoc, surplombant Omaha Beach. Des batteries de canons allemands avaient été identifiées dans les bunkers qui gardaient cette partie de la côte. Le 2e bataillon des Rangers, commandé par le colonel Jim Rudder, reçut la tâche impressionnante consistant à escalader ces falaises et à mettre hors de combat les batteries de canons. À 4 h 15, au jour J, les Rangers approchèrent du rivage rocheux sous les falaises de 30 m dans leurs péniches et furent immédiatement soumis à un feu intensif en arrivant sur la plage. Une fois à terre, ils tirèrent des fusées vers les falaises, qui étaient censées accrocher des

Ci-dessus **:**
Les débarquements alliés du 6 juin 1944 sur les cinq plages de Normandie portant un nom de code.

grappins au sommet, mais les cordes ne s'étendirent pas à plus de 15 m, car elles avaient été mouillées pendant le débarquement.

Avec seulement des échelles et des poignards, les Rangers s'attaquèrent courageusement aux rochers, escaladant la falaise sous le feu ennemi. Au bout d'une demi-heure, cent hommes avaient grimpé et s'avançaient pour détruire leur cible : les canons de 155 mm dans les bunkers. Mais il n'y avait pas de canons ! Les renseignements alliés s'étaient trompés. Rudder envoya des patrouilles pour trouver les canons, qui n'avaient pas encore été placés dans les bunkers, puis les détruisit une fois qu'ils furent localisés. Les soldats allemands contre-attaquèrent alors, forçant les Rangers isolés à mener une bataille féroce qui dura deux jours. Lorsqu'on vint enfin à leur secours, les pertes finales étaient de 135 tués ou blessés sur un total de 225 hommes débarqués, un taux de perte de 60 %.

UN SUCCÈS COÛTEUX

Les Anglais affrontèrent des problèmes similaires à Gold Beach, où la mer houleuse et les fortes défenses gênèrent leur débarquement. Des chars spécialement conçus vinrent à leur secours, utilisant des fléaux pour faire exploser les mines et permettre aux troupes anglaises de pousser en avant, bien qu'elles aient perdu mille hommes. Les Canadiens atteignirent le rivage de Juno Beach pour tomber sur des corps et un équipement déchiquetés, mais ils étaient motivés par l'idée de venger la mort de leurs compatriotes à Dieppe, et avancèrent plus loin vers l'intérieur des terres que tout autre force alliée. Eux aussi subirent un millier de pertes.

Le débarquement à Sword Beach faucha encore 1 000 soldats, mais les troupes réussirent à briser les défenses allemandes et avancer un peu vers l'intérieur. À Utah Beach, un débarquement sur la mauvaise plage évita aux soldats américains d'affronter une partie plus lourdement défendue de la côte, qui aurait pu leur coûter des pertes similaires à celles subies à Omaha.

À la fin de la journée, les troupes alliées étaient sur le rivage et déterminées à y rester, en dépit des féroces contre-attaques allemandes. Les Alliés avaient tiré les leçons des opérations amphibies précédentes à Dieppe, en Afrique du Nord et en Italie, et leur organisation s'avéra parfaitement maîtrisée. Les jours suivants, de plus en plus d'hommes débarquèrent sur les plages et renforcèrent les ressources alliées. Le défi consistait maintenant à effectuer une percée hors de la zone de débarquement.

***Ci-dessus, à droite* : Eisenhower, commandant suprême des Alliés au jour J, rend visite à la 82e division aéroportée américaine avant leur largage derrière les lignes allemandes.**

***Ci-dessus* : Des soldats anglais prennent le canon Hindenburg et déclarent un « changement de propriétaire ».**

COLONEL PATRICK PORTEOUS

COLONEL PATRICK PORTEOUS
Un débarquement effrayant

« Un des officiers subalternes se leva [dans la péniche] pour sortir, et fut renversé par un tir de mitrailleuse et taillé en pièces. C'était extrêmement effrayant. Et puis un char à fléau sur la plage, juste devant nous, fut touché par un obus ou je ne sais quoi et sauta, et il y avait des tirs de mitrailleuses tout autour de nous, et des cadavres baignant dans l'huile de moteur au bord de l'eau, et des hommes agenouillés dans l'eau essayant de tirer, et qui se faisaient tuer. »

Cité dans *D-Day – Those who were there* de Juliet Gardiner (Collins & Brown, 1994)

SAINT-LÔ, 1944

Suite aux débarquements du jour J le 6 juin 1944 (*voir pp. 144-147*), les forces alliées devaient forcer un passage hors de Normandie, et l'emploi du plus grand bombardement concentré à ce jour servit à effectuer une percée à Saint-Lô. Une telle destruction si près de leurs propres lignes provoqua des morts chez les Alliés, mais les Allemands furent anéantis et leurs lignes se brisèrent.

Le débarquement lui-même était une réussite, avec cinq divisions à terre avant la tombée de la nuit. Les jours suivants, d'impressionnantes quantités d'hommes, de véhicules et de fournitures furent acheminées par une série de ports artificiels mis en place le long des plages normandes. Hitler croyait toujours qu'une autre attaque arriverait par le Pas-de-Calais, et la contre-attaque allemande fut freinée par son insistance. Le territoire situé au-delà des plages du débarquement s'avéra un obstacle inattendu pour l'avance alliée, la nature du bocage normand forçant les Alliés à combattre de haie en haie. Les Anglais se dirigèrent sur Caen, qui s'avéra difficile à prendre. Les Américains remontèrent la péninsule du Cotentin pour prendre Cherbourg le 27 juin. Au début de juillet, un million d'hommes et 150 000 véhicules avaient débarqué.

Le général Rommel était chargé de la contre-attaque allemande, et amassa lentement les divisions blindées dont il avait besoin. Montgomery et les Anglais furent retenus par 7 divisions de panzers et 2 divisions d'infanterie, ne réussissant finalement à prendre la ville en ruines de Caen que le 13 juillet. 7 divisions de panzers s'opposaient à l'avance de la 1re armée américaine, et le général Bradley poussa lentement vers Saint-Lô, perdant 11 000 hommes en route. Rommel fut blessé par une attaque aérienne le 17 juillet, et le maréchal Gunther von Kluge prit sa place. Une opération en masse était nécessaire aux Alliés pour effectuer une percée, et ils lui donnèrent le nom de code Cobra.

SUPRÉMATIE AÉRIENNE

La partie américaine de l'opération Cobra portait sur l'ouest de Saint-Lô. Les Alliés jouissaient d'une complète domination de l'espace aérien, et Bradley décida de l'utiliser pour briser les forces allemandes. Il savait par des photographies de reconnaissance qu'il possédait un nombre supérieur d'hommes, et que les routes situées derrières les lignes allemandes étaient vides de renforts, tandis que derrière sa 1re armée se trouvait la 3e armée du général Patton, prête à exploiter toute percée. Mais Bradley ne pouvait pas continuer à grignoter les divisions de panzers avec son infanterie. La route de Saint-Lô à Périers était nettement discernable par les avions alliés, et Bradley décida de l'utiliser comme repère pour un bombardement aérien concentré des positions allemandes.

Une discussion éclata à propos de l'endroit où devraient se trouver les unités américaines par rapport à la route de Saint-Lô. Bradley les voulait à moins de 800 m, afin de tirer immédiatement profit du bombardement, mais l'aviation elle-même n'était pas aussi confiante que lui dans sa précision. Elle voulait une zone tampon d'au moins 3 km. À contrecœur, Bradley accepta le compromis de 1 200 m, qui obligeait son infanterie à reculer et abandonner un

À gauche **: La prise par l'armée américaine de la ligne allemande à l'ouest de Saint-Lô permit aux Alliés de sortir de la zone des débarquements en Normandie. Un peu plus d'un mois après, ils atteignaient Paris.**

Ci-dessous **: Une fois franchie la ligne défensive allemande sur la route de Saint-Lô à Périers, l'armée américaine progressa rapidement à travers la campagne normande, malgré les contre-attaques des Allemands.**

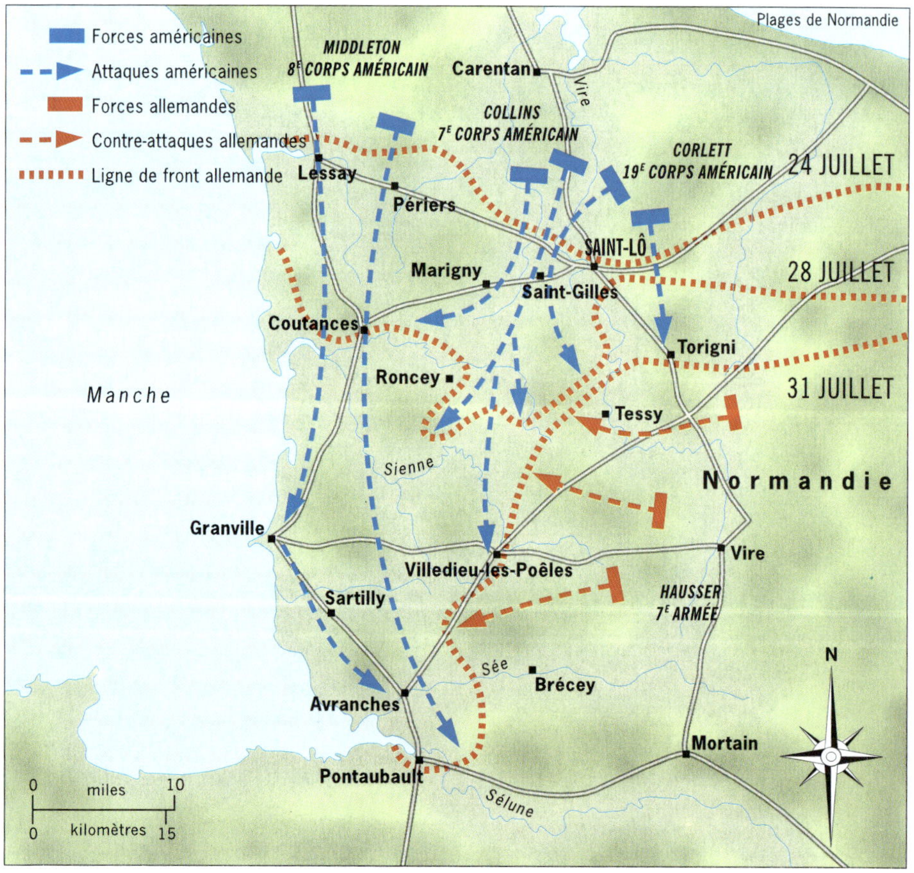

terrain durement gagné. Le 24 juillet, la pluie cessa et on décida que c'était un bon jour pour faire décoller les bombardiers Alliés.

Tandis que les forteresses volantes B-17 décollaient, l'ordre fut annulé, mais un tiers des appareils avait déjà quitté le sol et ils approchaient de la route qui constituait leur cible perpendiculairement, et non parallèlement comme l'avait ordonné Bradley. L'aviation prétendait que c'était l'approche la plus sûre pour les avions, parce qu'ils pouvaient voler en formation plus large que l'étroit couloir qu'exigeait le fait de suivre la route. Mais certaines des bombes tombèrent trop court et provoquèrent des pertes dans la 30e division américaine. Bradley était furieux, mais l'aviation persistait à dire que c'était la meilleure approche pour ses appareils.

UN TAPIS DE BOMBES

Le 25 juillet, le ciel était dégagé, et 550 chasseurs-bombardiers Thunderbolt P-47 approchèrent des lignes allemandes en tirant des roquettes et en larguant des bombes de 227 kg. Ils visèrent avec précision, provoquant des explosions en chaîne sur une ligne située à 300 m à peine de l'infanterie américaine. Après eux vinrent 1 800 bombardiers B-17. C'était une scène impressionnante. « Un nouveau bruit se mit progressivement à ronfler à nos oreilles, » se souvint le journaliste Ernie Pyle, « la gigantesque montée, au loin, d'un son apocalyptique. C'étaient les bombardiers lourds… Leur avance à travers le ciel était lente et étudiée. Je n'ai jamais rien vu qui dégageât une atmosphère aussi terrible. » Ils lâchèrent des bombes pendant une heure entière, et le résultat pour les Allemands fut catastrophique : le général Bayerlein perdit 70 % de ses hommes.

Tragiquement, le fait de lâcher des bombes à 3 660 m et d'utiliser la ligne de fumée comme repère empêchait les bombardiers de viser précisément, et tandis que le vent dominant poussait la fumée vers les positions alliées, les bombes commencèrent à tomber sur des troupes américaines. Une panique s'ensuivit, et 11 soldats furent tués et 490 blessés. Le plus gradé parmi les morts fut le général McNair. Les tirs d'artillerie soutenaient les bombardiers en visant les canons anti-aériens allemands. En guise de coup final, les P-47 réapparurent pour lâcher du napalm sur les lignes allemandes. En tout, 16 250 tonnes de bombes avaient été larguées lors de ce qui fut l'emploi d'explosif le plus concentré de l'histoire américaine jusque-là.

Lorsque le tir de barrage cessa, infanterie et chars de la 30e division américaine avancèrent. Ils avaient espéré une absence totale de résistance, mais les Allemands survivants sortirent des décombres, redressèrent leurs fusils et créèrent des poches de résistance féroce. Les Américains étaient déçus, et à la tombée de la nuit, le bombardement intensif n'avait pas donné grand-chose. Le maréchal von Kluge insistait pour que les Allemands tiennent la ligne, mais le général Bayerlein savait que ce n'était qu'un effort de principe, déclarant : « Pas un seul homme ne quitte son poste. Ils sont étendus, silencieux, dans leur terrier de renard, car ils sont morts. » Sa division était écrasée, et le second jour après l'assaut aérien, le 27 juillet, sa résistance désespérée fut finalement brisée et les Américains traversèrent la ligne.

L'opération Cobra avait réussi, et tandis que les Allemands battaient en retraite, les Alliés les pilonnèrent sans pitié. La 3e armée américaine pouvait maintenant prendre la suite, et ses colonnes entièrement motorisées dépassèrent les divisions allemandes meurtries, qu'elle encercla dans un mouvement de tenailles. Une féroce contre-attaque désespérée allemande eut lieu à Avranches. Le 25 août, les Alliés avaient atteint Paris et libéré la ville.

Ci-dessus **: Des troupes américaines accompagnées d'un char Sherman traversent la ville dévastée de Saint-Lô, pendant la percée alliée pour sortir de Normandie. Tableau d'Ogden Pleissner.**

COMMANDANT JOACHIM BARTH, CHEF DE BATAILLON ANTICHARS

PAS DE FEUILLES AUX ARBRES

« Quand le bombardement cessa enfin, je regardai hors de mon bunker. Le monde avait changé. Il n'y avait plus de feuilles aux arbres. Nous avions des blessés, nous avions besoin d'infirmiers, mais aucune ambulance ne pouvait venir. Nos gros canons avaient été renversés. »

Cité dans *Citizen Soldiers* de Stephen E. Ambrose (Simon & Schuster, 1997)

GOLFE DE LEYTE, 1944

Plus grande bataille navale de la Seconde Guerre mondiale, le golfe de Leyte ouvrit la voie à la reconquête américaine des Philippines. Ce fut aussi l'une des batailles navales les plus compliquées jamais livrées. Il y eut plusieurs étapes d'attaque et de contre-attaque, les porte-avions prouvant une fois de plus qu'ils étaient l'élément décisif, lançant des assauts aériens destructeurs dans les deux camps.

En 1942, le général Douglas MacArthur fut contraint de fuir les Philippines, la force américaine se rendant derrière lui aux Japonais. En Australie, il déclara : « J'y retournerai ! » Il fallut deux ans et demi de combats féroces, mais en octobre 1944, il pataugea jusqu'au rivage de l'île de Leyte aux côtés du président des Philippines.

MacArthur s'était engagé à libérer les Philippines, bien que d'un point de vue stratégique, l'amiral Nimitz voulût continuer vers Formose puis la Chine, d'où les Américains pourraient soumettre le Japon à force de bombardements. Les Japonais furent eux aussi distraits par la défense des Philippines, espérant livrer une bataille décisive contre les Américains et arrêter leur reconquête de la région du Pacifique. Tandis que des forces américaines débarquaient dans le golfe de Leyte, les Japonais décidèrent de leur asséner par la mer un coup fatal.

Ci-dessus **: Le moment final : un avion kamikaze attaque un cuirassé américain.**

À gauche **: Pilotes kamikazes portant une épée de samouraï. Les pertes sévères entraînèrent un déclin rapide de la qualité des pilotes japonais pendant la guerre.**

Ci-dessus **: Des soldats américains se mettent à couvert sur la plage pendant les débarquements sur l'île de Leyte.**

À droite **: Les mouvements des flottes et les affrontements qui occupèrent les trois jours de la bataille du golfe de Leyte.**

ATTAQUE EN TENAILLES SUR LE GOLFE DE LEYTE

La force amphibie américaine assemblée dans le golfe de Leyte était impressionnante, constituée de quelque 700 vaisseaux et 200 000 hommes. Elle était soutenue par 6 cuirassés ayant survécu à Pearl Harbor, 5 croiseurs lourds, 4 croiseurs légers et 66 destroyers, tous sous le commandement du contre-amiral Oldendorf. Une flotte de soutien aérien de 9 destroyers, 16 porte-avions d'escorte et 11 destroyers d'escorte était commandée par le contre-amiral Sprague. La 3e flotte américaine se tenait à proximité, et 4 sous-marins américains croisaient sous la surface.

Les débarquements sur l'île de Leyte commencèrent le 20 octobre après un bombardement naval intensif. Les Japonais réagirent en mettant en œuvre leur *Sho*, ou « Plan de victoire ». Il consistait à utiliser quelques-uns de leurs navires pour détourner l'attention des porte-avions américains, pendant que le gros de la flotte japonaise attaquerait les navires de soutien amphibie, isolant par là même les soldats américains sur le rivage.

Un tel assaut, cependant, dépendait d'une puissante force aérienne, que les Japonais n'avaient pas. Néanmoins, les Japonais concentrèrent leurs navires en trois flottes et naviguèrent vers les Philippines. La Force du nord, avec les 4 porte-avions japonais restants, 2 cuirassés et 3 croiseurs, menaça Luzon et servit d'appât pour la 3e flotte américaine, qui partit à sa rencontre ; la Force du centre, qui comprenait 5 cuirassés, 12 croiseurs et 15 destroyers, pénétra dans le détroit de San Bernardino ; tandis que la Force du sud, avec 2 cuirassés, un croiseur lourd et 4 destroyers, traversait le détroit de Surigao, dans le but d'écraser la force de débarquement américaine dans le golfe de Leyte entre ces deux flottes.

Le 23 octobre, deux sous-marins américains, le *Darter* et le *Dace*, interceptèrent la Force du centre tandis qu'elle passait au large de l'île de Palawan en direction du centre des Philippines et du détroit de San Bernardino. Leurs torpilles coulèrent deux croiseurs lourds japonais et en endommagèrent un troisième. L'alarme fut donnée et la 3e flotte américaine alertée, tandis que les Japonais continuaient à travers la mer de Sibuyan. Des appareils américains décollèrent de leurs porte-avions et soumirent la flotte japonaise à deux jours de bombardements, coulant le *Musashi*, un de ses principaux cuirassés. La flotte japonaise fit demi-tour et la 3e flotte américaine pensa à une retraite, mais des avions japonais basés à terre ripostèrent, coulant un porte-avions et endommageant un croiseur. À la nuit, la Force du centre reprit son avance à travers le détroit.

FRAPPES FINALES

En une seule ligne droite, la Force du sud entra dans le détroit de Surigao le 24 octobre. L'amiral Oldendorf affronta ces navires avec ses destroyers, qui coulèrent le cuirassé *Fuso* et quatre destroyers.

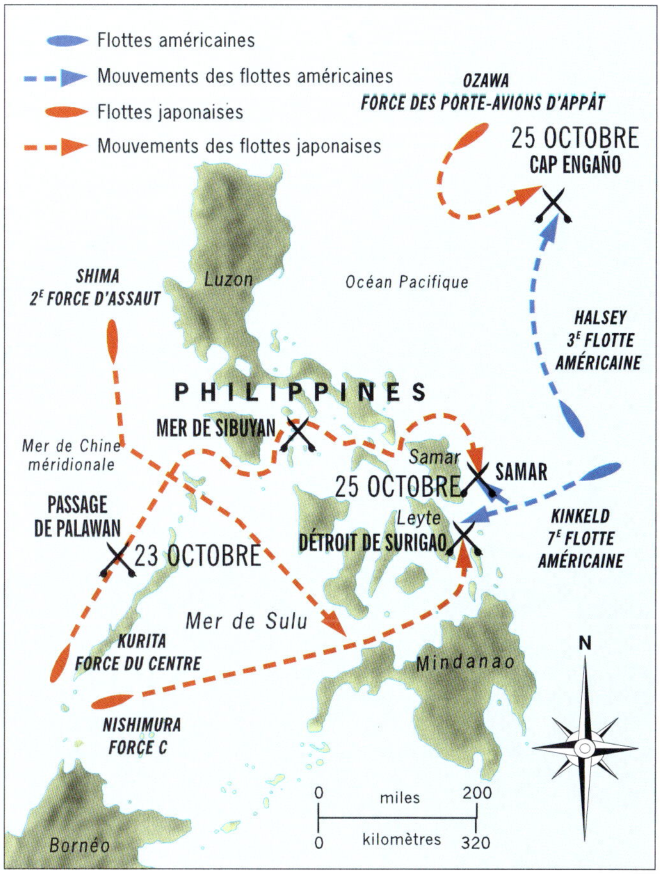

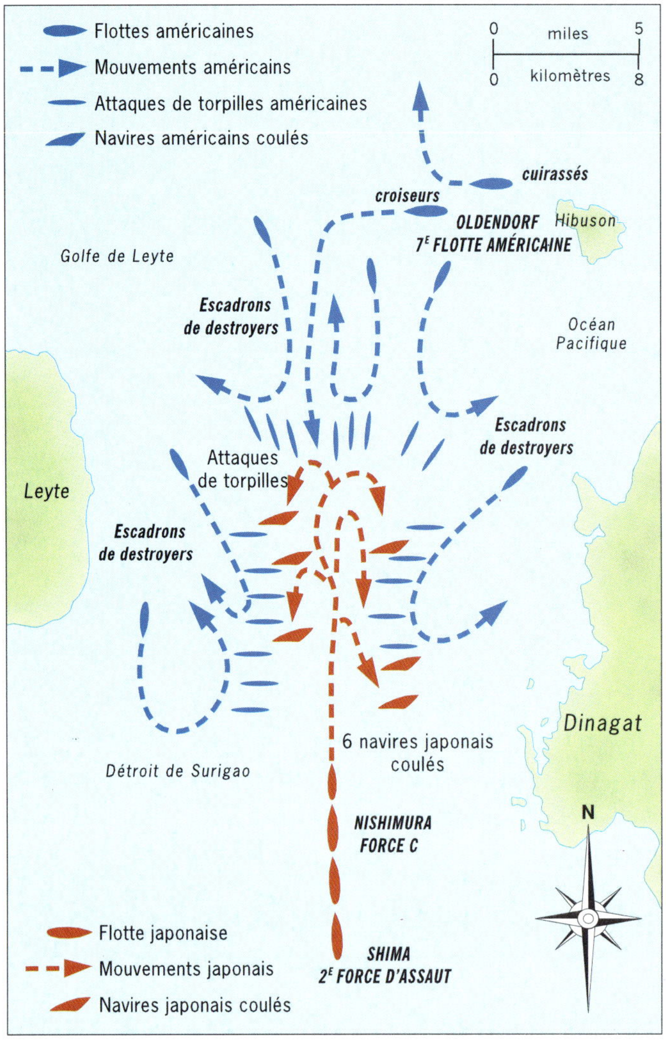

Il manœuvra ensuite pour croiser le T japonais, et des canons navals et des torpilles américaines dévastèrent la flotte japonaise, coulant tous les destroyers sauf un. L'amiral Nishimura coula avec son vaisseau amiral. Rejoint par les avions des porte-avions de Sprague, Oldendorf poursuivit alors les Japonais à travers le détroit de Surigao, coulant un autre croiseur.

Bien que la tenaille sud ait été détruite, la Force du centre, commandée par le vice-amiral Kurita, poursuivit l'assaut prévu à travers le détroit de San Bernardino. Une partie du plan japonais semblait même fonctionner, car si la 3e flotte américaine avait détruit la Force du sud, elle était maintenant détournée vers le nord par la Force du nord comme on l'avait espéré au départ. Le 25 octobre, le contre-amiral Sprague fut complètement surpris par l'apparition de la Force du centre – et dominé par elle. Les navires japonais, plus lourds, pilonnèrent les bateaux de soutien amphibie américains. Même les avions de Sprague étaient armés de bombes à fragmentation conçues pour des attaques terrestres, et non pour être utilisées contre des cuirassés blindés (étrange rappel du scénario de Midway, *voir pp. 112-115*). Un porte-avions américain fut coulé, avec deux destroyers, mais les navires de Sprague combattirent bravement et audacieusement, et tinrent la position jusqu'à ce que des avions venus d'autres porte-avions américains soient arrivés en masse dans la zone. Le courage de Kurita l'abandonna, et il craignit une nouvelle attaque de la 3e flotte américaine. On lui avait également communiqué la nouvelle de la défaite de la Force du sud.

La Force du centre se retira par le détroit de San Bernardino, harcelée par les avions américains pendant tout le trajet. La bataille n'était cependant pas terminée, et des avions japonais basés à terre attaquèrent la flotte d'Oldendorf au détroit de Surigao pendant qu'elle revenait de la bataille, coulant l'USS *Saint-Lô*. Les pilotes suicidaires kamikazes (« vent divin ») firent alors leur première appa-

À gauche **:**
Le 24 octobre, la Force du sud japonaise fut interceptée et pratiquement détruite par la 7e flotte américaine dans le détroit de Surigao.

Ci-dessous, à gauche **:**
Lors d'un des affrontements du 25 octobre, la Force du centre batailla contre une partie de la 7e flotte américaine.

Ci-dessous **:**
Un croiseur lourd japonais essaie de manœuvrer pour échapper à des bombardiers américains s'envolant de porte-avions proches. Le croiseur fut finalement rattrapé et coulé.

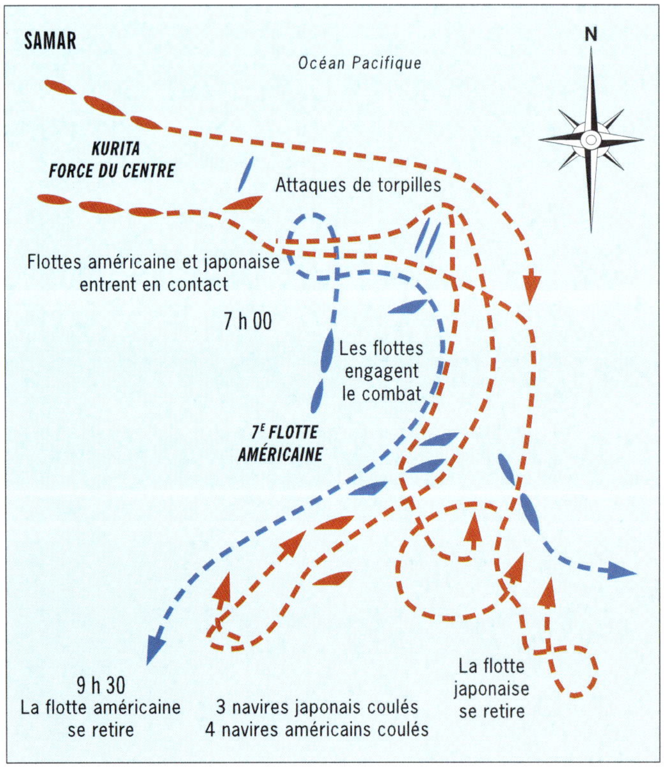

Ci-dessus **:**
L'USS *Saint-Lô* explose à la suite d'une attaque de kamikazes au large de Samar, le 25 octobre.

PETER PADFIELD, HISTORIEN

ATTAQUE DE SOUS-MARINS

Les sous-marins portèrent le premier coup à la bataille du golfe de Leyte, et l'historien Peter Padfield décrit leur première rencontre avec la Force du centre japonaise : « Les deux sous-marins suivaient leur piste, poussant en avant pour s'immerger et attaquer juste avant l'aube, McClintock [dans le *Darter*] prenant la colonne bâbord, le capitaine Bladen Claggett dans le *Dace* prenant celle de tribord. McClintock tira le premier, envoyant six torpilles au croiseur de tête, qui était en fait le navire amiral de Kurita, l'*Atago*, puis pivotant pour faire feu de ses cylindres de poupe sur le second de la file. Quatre des premières salves touchèrent l'*Atago*, détonnant avec de sourdes explosions pendant qu'il se livrait à ses dernières observations pour la deuxième salve contre ce qui s'avéra être le croiseur *Takeo*. Deux de ces dernières le touchèrent. Il ordonna de plonger et, tournant à nouveau le périscope vers la première cible, vit qu'elle sombrait par l'avant, émettant de vives flammes et de la fumée. »

Extrait de *War beneath the Sea* de Peter Padfield (John Murray, 1995)

rition, plongeant avec leurs avions vers les ponts des navires américains. Dans le nord, au large de Luzon, la 3e flotte américaine rattrapa les Japonais de la Force d'appât du nord, et les pilonna consciencieusement par des attaques aériennes. La plupart des avions des porte-avions japonais avaient été envoyés à terre, et ils n'avaient pas grand-chose pour riposter. La flotte d'appât paya le prix lourd pour sa tromperie, ses 4 porte-avions étant coulés, plus trois autres navires.

La tactique japonaise avait partiellement fonctionné, la Force du centre manquant d'endommager gravement la flotte de soutien amphibie, mais son manque de puissance aérienne, ajouté à la défaite écrasante de sa tenaille sud, avait résulté en une défaite décisive. Pratiquement tous les navires avaient été endommagés, et nombre de ses vaisseaux coulés ; quelque 500 avions avaient été perdus, et plus de 10 000 marins et pilotes japonais tués. Le Japon était à présent complètement sur la défensive.

ARDENNES, 1944

Le dernier pari d'Hitler en Europe de l'ouest visait à assurer la paix avec les Alliés, afin de concentrer ses ressources dans le combat contre l'Union soviétique. Des chars et des troupes allemands émergèrent de la forêt des Ardennes, couverts par le brouillard et la neige, et prirent les Alliés au dépourvu. Mais les Américains se reprirent et conservèrent leur position à Bastogne.

À l'automne 1944, Hitler menait une guerre dévastatrice sur deux fronts. C'était ce que les planificateurs militaires allemands avaient craint le plus depuis qu'ils avaient conçu le plan Schlieffen, avant la Première Guerre mondiale. Les Alliés de l'ouest avaient effectué une percée hors de Normandie et avançaient régulièrement vers le Rhin. À l'est, l'Armée rouge avait surmonté ses précédentes défaites et avançait, brisant toute opposition, à travers l'Europe vers Berlin. Hitler devait neutraliser un des fronts afin de se concentrer sur l'autre. Il était trop tard pour négocier la paix avec Staline, ce qui aurait peut-être été possible en 1943. Les forces soviétiques étaient trop triomphantes à présent, et leur soif de vengeance était trop forte.

Les Alliés de l'ouest représentaient la seule chance pour Hitler de conclure un marché qui pourrait lui éviter une défaite complète et préserver quelque chose du Troisième Reich. Pour réussir, Hitler devait prouver aux puissances occidentales que combattre jusqu'au Rhin n'en valait pas la peine, et que les Allemands avaient encore assez d'énergie pour rendre cette avance trop coûteuse pour être justifiable.

C'était le raisonnement qui sous-tendait l'offensive allemande dans les Ardennes à la fin 1944 – le dernier pari d'Hitler dans la guerre sur le front ouest.

Ci-dessus : **L'infanterie allemande avance, traversant une route des Ardennes encombrée de véhicules alliés endommagés.**

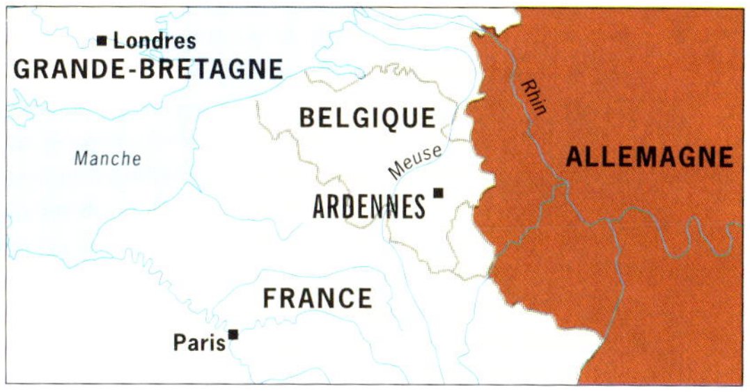

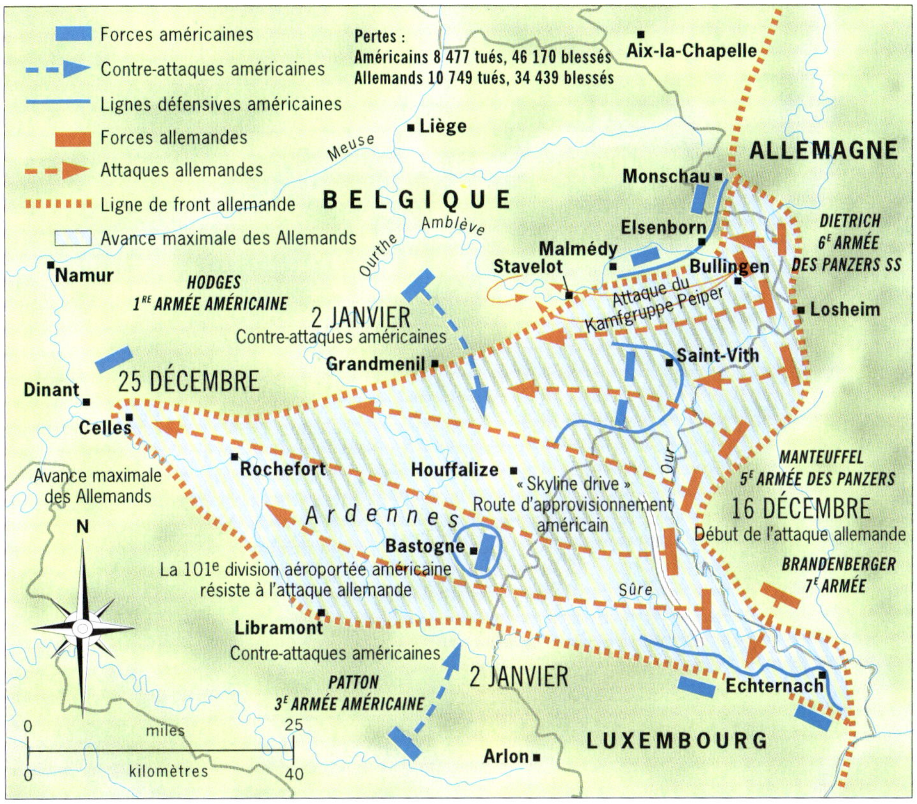

Ci-dessus **: l'offensive allemande de décembre 1944 à travers les Ardennes, créant le saillant dans les lignes alliées qui lui donna son nom anglais.**

À droite **: Des troupes américaines avancent sur une route des Ardennes, portant des draps en guise de camouflage de neige improvisé.**

UNE ATTAQUE-SURPRISE

La forêt des Ardennes s'étend à la frontière de la Belgique et de l'Allemagne. Le paysage densément boisé et les routes de campagne étroites ne constituent pas un terrain favorable à une attaque contre des colonnes motorisées, et c'est exactement pour cette raison que les Allemands choisirent ce lieu pour leur assaut inattendu vers l'ouest. Les Allemands reproduisirent la stratégie qui avait pris les Français par surprise en 1940 (*voir pp. 90-93*). Le 16 décembre, trois armées de panzers, constituées de 24 divisions, dont 10 blindées, se lancèrent contre des unités épuisées de l'armée américaine et créèrent un saillant dans les lignes alliées (d'où son autre nom anglais : *Battle of the Bulge*).

Les unités blindées allemandes étaient équipées du formidable char Tiger, avec un canon de 88 mm à grande vitesse dont la portée excédait de loin celle de tous les chars alliés. Jochen Peiper, as des chars et commandant de la 1re division des panzers SS, une troupe d'élite, prit la tête de l'attaque. Partant de Blakenheim le 16 décembre à 2 h 00, les unités de panzers de Peiper avancèrent rapidement sur les petites routes forestières. Quand il rencontrait des poches de résistance américaine, il les contournait, laissant les conflits secondaires être résolus plus tard par les troupes d'infanterie. L'intention de Peiper était d'atteindre Anvers et de diviser les Alliés en deux. Les Américains furent complètement pris de court. Le ciel des Ardennes était couvert, ce qui limitait sérieusement le soutien aérien des Alliés. Le brouillard enveloppait le paysage belge, réduisant la visibilité à un maximum de 90 m. Une boue épaisse embourbait les camions alliés, et quand la neige tomba, elle ajouta encore au chaos des troupes et du matériel en mouvement autour du champ de bataille. Des unités avancées d'Allemands parlant anglais et vêtus d'uniformes américains parachevaient la confusion. Les 106e et 28e divisions de l'armée américaine s'effondrèrent avant l'assaut. Au nord du saillant, le V Corps tint bon, tandis que dans le sud la 4e division américaine restait ferme, elle aussi.

Les Américains furent si surpris par l'assaut allemand que Peiper entra dans Honsfeld en se joignant à une colonne de véhicules de l'armée américaine qui battait en retraite. Ses détours pour éviter l'opposition lui avaient cependant coûté cher en carburant, et

Ci-dessus :
Des soldats américains guettent les parachutages de matériel pendant la défense de Bastogne.

DWIGHT D. EISENHOWER, COMMANDANT SUPRÊME DES ALLIÉS

UN RISQUE DÉSESPÉRÉ

« Mon QG et le 12e Groupe armé sentaient depuis quelque temps qu'une contre-attaque à travers les Ardennes était possible, car les forces américaines étaient très dispersées dans la région afin de fournir des troupes pour attaquer ailleurs, et parce que le maréchal von Rundstedt avait progressivement placé dans ce secteur tranquille six divisions d'infanterie, nombre plus important que celui qui était nécessaire à une sécurité raisonnable. Cependant, nous ne considérions pas comme très probable que von Rundstedt essaierait, en hiver, d'utiliser cette région pour y lancer une contre-offensive à grande échelle, certains que nous pourrions affronter toute tentative et que le résultat serait finalement désastreux pour l'Allemagne… Afin de bien apprécier le risque désespéré que prenait l'ennemi dans cette entreprise, on doit comprendre que son coup visait, par-dessus tout, la volonté du Commandement allié. S'il pouvait affaiblir notre détermination à poursuivre cette offensive violente et acharnée qui, quelle que soit sa réaction, nous avait menés des plages à la Ligne Siegfried, ses sacrifices ne seraient pas complètement futiles. »

Extrait de *Report by the Supreme Commander to the Combined Chiefs of Staff on the Operations in Europe of the Allied Expeditionary Force* (HMSO, 1946)

l'avaient retardé par rapport à son programme d'origine. Une fois que ses chars eurent refait le plein, Peiper fonça vers Ligneuville, où son unité vainquit une colonne américaine et captura de nombreux soldats. Étant des Waffen SS, les soldats allemands avaient une attitude particulièrement impitoyable envers les prisonniers, et dans un champ proche du carrefour de Baugnez, une centaine d'Américains désarmés furent rassemblés et abattus. On ignore si Peiper lui-même était au courant de ce fait, mais en tant que commandant, il doit sans aucun doute être tenu responsable de ce crime de guerre.

Peiper poussa jusqu'à Stavelot, à la limite nord du saillant dans les lignes alliées. Seuls 13 soldats américains défendaient cette position, mais leur résistance courageuse arrêta la colonne allemande et gagna un temps précieux, permettant à d'autres renforts alliés d'atteindre la zone. Peiper prit Stavelot, mais les Américains l'encerclèrent et coupèrent sa ligne d'approvisionnement, attirant 2 000 soldats et 200 véhicules dans une poche dont ils ne pouvaient pas s'échapper. Forcés de reculer dans Stavelot, Peiper et ses hommes combattirent courageusement, mais peu échappèrent aux Américains. Peiper fut capturé, et le fer de lance de l'assaut allemand brisé. L'attention se porta alors sur Bastogne et la défense américaine de cette position, au cœur du saillant.

RÉSISTANCE AMÉRICAINE

Le commandant suprême des Alliés, le général Dwight D. Eisenhower, engagea ses réserves afin de stopper l'avance allemande. La 101e division aéroportée arriva dans le bourg de Bastogne pour affronter la 5e armée des panzers, et la 82e division aéroportée renforça le flanc nord. Dans le sud, le général Patton tourna sa 3e armée pour attaquer le flanc sud des Allemands. Quelque 18 000 soldats américains remplirent le périmètre de Bastogne. Hitler était déterminé à prendre le petit bourg belge, mais les Américains se montraient tout aussi résolus à s'y accrocher, en dépit du fait qu'ils étaient encerclés par les Allemands.

Le 22 décembre, des officiers allemands agitèrent un drapeau blanc et remirent une note au général de brigade McAuliffe, qui commandait la défense de Bastogne. La note exigeait la reddition de McAuliffe. « Ah, des clous ! » répondit-il, et après une conversation avec son état-major, il fut convenu que la réponse officielle des Américains serait : « Des clous ! » Ce qui provoqua un féroce assaut des Allemands, qui commença la veille de Noël par un bombardement intensif. Vint ensuite une attaque de chars déterminée contre le secteur ouest du bourg. Le combat fut féroce, mais les Américains tinrent bon contre les troupes de vétérans allemands. « Brouillard, neige, pluie glacée, » se souvint le soldat Bill Butler de la 106e division américaine, « J'étais tout seul dans un trou à rats. Je n'avais personne pour me souhaiter un Joyeux Noël. »

Au sud de Bastogne, Patton ordonna à la 4e division blindée de « mener un train d'enfer ». Entre-temps, le ciel s'était dégagé au-dessus de Bastogne, et les avions alliés purent bombarder les lignes d'approvisionnement allemandes. Ce fut un moment crucial dans la bataille, où les Alliés purent enfin faire intervenir leur suprématie aérienne. Le 2 janvier, les Américains dans Bastogne avaient tenu bon contre la tempête, et la bataille était pratiquement terminée. Des forces anglaises et américaines contre-attaquant au nord, et Patton fonçant en avant au sud, Hitler fut forcé de retirer ses divisions panzer épuisées. Son dernier pari avait échoué. Les pertes américaines dans la bataille comprenaient 8 477 tués, 46 170 blessés et 20 905 prisonniers. Les pertes allemandes étaient de 10 749 tués, 34 439 blessés et 32 487 prisonniers ou disparus. La route de Berlin était ouverte, et les forces alliées, en conséquence, traversèrent le Rhin.

Ci-dessous :
Un obusier de 105 mm américain est utilisé pendant la contre-attaque alliée à la bataille des Ardennes.

Ci-dessous, à droite :
Des soldats SS allemands, fumant des cigarettes prises aux Américains, devant un camion blindé américain détruit.

OKINAWA, 1945

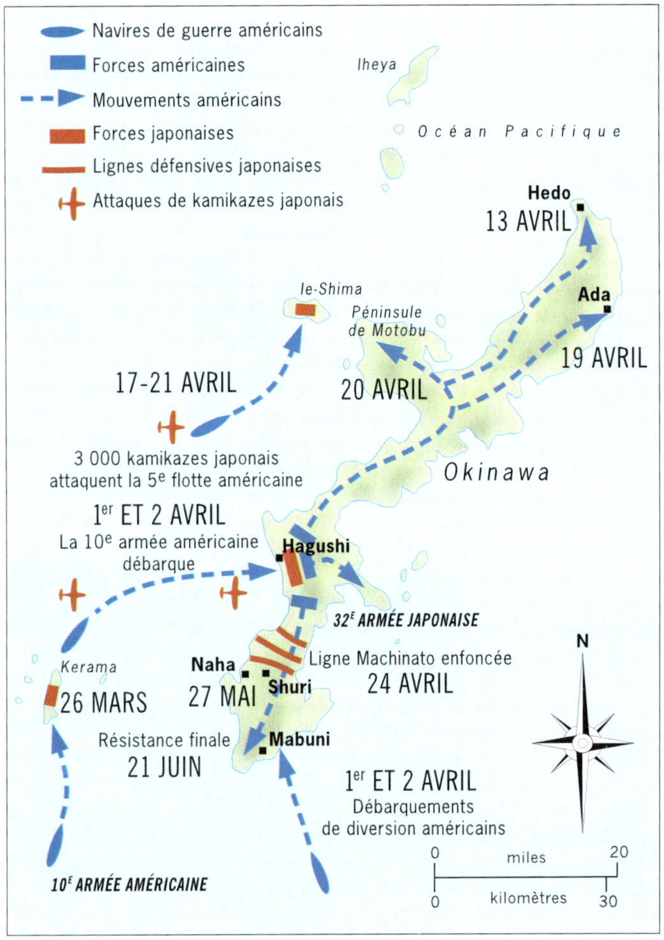

La dernière conquête d'une île par les forces américaines dans la guerre du Pacifique fut l'occasion d'horribles démonstrations d'attaques suicides par les Japonais. Des avions kamikazes prirent pour cible les navires américains, et des civils japonais se tuèrent dans une panique provoquée par leurs propres soldats. Le taux de pertes subies à Okinawa encouragea les Américains à utiliser la bombe atomique plutôt que d'attaquer les îles principales du Japon.

Même si, au début de 1945, il était inévitable que le Japon soit vaincu par les Alliés occidentaux, on craignait que le refus des Japonais d'admettre leur défaite ne fasse encore durer la guerre plusieurs années. Malgré des revers dans le Pacifique, le Japon tenait encore une grande partie de l'Asie du Sud-Est, et avait mené une campagne victorieuse en Chine en 1944. On pensa même que le commandement japonais pourrait continuer la guerre depuis des bases en Corée, en Mandchourie et en Chine.

Avançant à travers l'océan Pacifique depuis l'est dans leur campagne d'île en île, les Américains atteignirent Iwo Jima en mars 1945. Leur cible suivante était les îles Ryukyu, à mi-chemin entre Formose et Kyushu, l'île méridionale du Japon. La plus grande île de cet archipel était Okinawa. Elle ferait une excellente base aérienne à partir de laquelle frapper le Japon et fournirait un site de lancement pour une invasion du Japon proprement dit.

OPÉRATION ICEBERG

Les Américains nommèrent l'opération Iceberg, et la 5e flotte de l'amiral Nimitz était au cœur de cette opération, transportant quelque 180 000 hommes de la 10e armée américaine. Le groupe de porte-avions américains fut rejoint par celui des Anglais, comportant quatre porte-avions et un cuirassé. Malgré leur suprématie navale, les Américains craignaient toujours les attaques aériennes des Japonais. Formose et Kyushu étaient toujours entre les mains ennemies, et les Japonais se consacraient de plus en plus à des attaques de kamikazes qui lançaient sur eux des avions chargés d'explosifs. Okinawa était défendu par 130 000 soldats japonais, et la population locale fut poussée par la terreur à commettre des actes désespérés, croyant le suicide préférable à la soumission aux américains.

***Ci-dessus* : Des Marines américains se reposent un peu entre les combats acharnés visant à prendre des positions japonaises enfouies dans les rochers de l'île.**

***Ci-dessus, à gauche* : La progression de l'avance américaine à travers Okinawa et les îles avoisinantes depuis leurs points de débarquement entre le 26 mars et le 21 juin 1945.**

L'opération américaine commença par des frappes aériennes contre des bases aériennes à Kyushu et à Formose, dans une tentative pour neutraliser la menace aérienne pesant sur la flotte d'invasion. Des vagues de kamikazes ripostèrent alors en attaquant les principaux porte-avions américains, endommageant si gravement l'USS *Franklin* qu'on dut le remorquer ailleurs. Les porte-avions britanniques, à pont d'acier, survécurent mieux aux attaques que les Américains, dont le pont était en bois. La puissance aérienne américaine, cependant, réussit à arrêter les assauts japonais, et l'US Navy se prépara à attaquer Okinawa. Un tir de barrage précédant l'invasion fut lancé par les navires d'escorte. La prise de l'île de Kerama fournit un ancrage sûr à la flotte d'invasion. Sur l'île, ils découvrirent une variante effrayante du kamikaze : 350 bateaux-suicides bourrés d'explosifs, tous destinés à être utilisés contre la flotte d'invasion. Leur prise élimina une menace majeure contre les vaisseaux alliés.

Les débarquements commencèrent le 1er avril, une force d'assaut servant d'appât pour détourner l'attention des défenseurs japonais sur la côte sud-est, tandis que la véritable flotte d'invasion et ses péniches de débarquement filaient vers les plages de la côte

À droite **: Un avion suicide japonais effectue une attaque sur l'USS *Sangamon* pendant la bataille d'Okinawa. L'avion ne manqua le bateau que de 7 m 50.**

Ci-dessous **: Un Marine braque son fusil Tommy sur un tireur japonais à la crête de Wana, près du bourg de Suri à Okinawa.**

ouest de Hagushi avec 60 000 hommes. Le débarquement proprement dit ne rencontra pas d'opposition, car les Japonais prévoyaient de défendre leur île plus à l'intérieur. Tandis que les Américains renforçaient leur tête de pont, les Japonais envoyèrent quelque 355 avions kamikazes. Le soldat Townsend du 2e US Marines décrit l'impact de ces attaques : « Les moteurs de l'avion déchirent le LST [bateau de débarquement] et explosèrent dans le secteur des Amtracs, tuant et blessant les Marines qui y dormaient... Je n'oublierai jamais ce jour, ni les jours suivants des attaques de kamikazes. Mon LST en réchappa de peu deux ou trois fois. Je crois sincèrement qu'il n'y a rien de plus terrifiant que de voir un homme, déterminé à se suicider, guider vers vous son bombardier ailé. J'ai vécu les attaques banzaï, mais celles-là, nous pouvions les contrôler. Nous n'avions aucun contrôle sur le "Vent Divin" ».

La flotte américaine perdit deux destroyers et quelques autres navires mineurs dans l'assaut des kamikazes, mais riposta en attaquant le *Yamato*, le plus grand cuirassé construit jusque-là, finissant par le couler après quatre heures de bombardements aériens, ainsi que quatre destroyers et un croiseur.

DÉFENSES DÉSESPÉRÉES

En avançant vers l'intérieur des terres, les Américains parvinrent à la Ligne Machinato, série impressionnante d'emplacements fortifiés reliés entre eux et creusés dans le roc. Nettoyer position après position entraîna des combats rudes et épuisants, et les pluies torrentielles ne firent rien pour aider le moral des Américains. Les Marines effectuèrent le plus gros de l'action : ils combattirent sur deux fronts, en avançant vers le nord de l'île et vers le sud. La Ligne Machinato fut finalement enfoncée le 24 avril, mais ensuite un nouvel assaut dut être entrepris contre le château de Shuri, dont partait un labyrinthe de tunnels souterrains. Il fut finalement pris le 28 avril par des attaques de flanc, et le 21 juin, la résistance dans le sud était enfin écrasée. Le 27 mai, la capitale de l'île fut prise. Pendant tout ce temps, les Américains durent affronter des attaques constantes des kamikazes, quelque 3 000 sorties suicidaires en tout, qui épuisèrent la force aérienne des Japonais mais détruisirent aussi un total de 21 navires américains.

Les pertes japonaises dans cette bataille furent incroyablement élevées, reflétant la nature de plus en plus suicidaire de leurs défenses. Au moins 107 500 hommes furent tués, et peut-être 20 000 de plus enterrés vivants dans des cavernes par les soldats américains qui préférèrent emmurer les défenseurs plutôt que de risquer leur vie en tentant de les capturer. Quelque 4 000 avions japonais furent détruits. La 10e armée américaine perdit 7 374 tués et 32 056 blessés, tandis que l'US Navy perdait 5 000 tués et 4 600 blessés.

Ci-dessous : Des navires de débarquement américains attendent au large d'Okinawa tandis que les navires de soutien tirent un barrage dévastateur de 1 000 roquettes à la minute. Les forces japonaises ne s'opposèrent pas aux débarquements sur les plages, mais combattirent obstinément à l'intérieur des terres.

Ci-dessus **:**
Un soldat japonais se rend aux Marines pendant les combats désespérés d'Okinawa.

EUGENE SMITH, DU 5E US MARINES

FRAPPÉ D'HORREUR

« Quand les obus d'artillerie ennemis explosaient dans la zone, les projections de terre et de boue découvraient des morts précédemment enterrés par les Japonais et des morceaux de cadavres éparpillés. Comme la zone entourant nos fosses à canons, la crête était un tas de compost puant. Si un Marine glissait et dévalait la pente arrière de la crête boueuse, il risquait d'atteindre le fond en vomissant. J'ai vu plus d'un homme perdre pied et glisser tout le long de la pente jusqu'au fond, pour se redresser, frappé d'horreur en voyant, incrédule, des vers gras tomber des poches pleines de boue de sa combinaison. Puis, aidé par un copain, il les secouait ou les grattait avec un couvercle de boîte à munitions ou la lame d'un couteau. »

Cité dans *Marine* de Ron Field (Military Illustrated, 1999)

Ç'avait été une victoire coûteuse, et les Japonais avaient anéanti leur propre force aérienne. Les bombardements aériens des Américains contre le Japon s'intensifièrent, provoquant d'énormes dégâts dans l'industrie japonaise et dans la population civile. Okinawa démontra avec quelle énergie du désespoir les Japonais étaient prêts à défendre leur patrie, ce qui décida les Américains à employer des bombes atomiques pour mettre fin à la guerre. Selon leur raisonnement, les énormes pertes entraînées par une invasion terrestre du Japon excéderaient de loin celles qu'infligeraient les bombes atomiques. En tout cas, cela coûterait cher en vies américaines. C'est ainsi que le lâcher de deux bombes atomiques sur Hiroshima et Nagasaki, en août, mit finalement un terme à la guerre du Pacifique, sans qu'une invasion du Japon dans le style de celle d'Okinawa fût nécessaire.

BERLIN, 1945

Ci-dessus **:**
Un char IS-2 russe avance à travers les rues en ruines de Berlin.

Bataille finale de la Seconde Guerre mondiale en Europe, la bataille de Berlin en 1945 fut un assaut en masse contre la capitale des nazis, et un moment capital dans l'histoire du monde. Les commandants soviétiques rivalisèrent pour l'atteindre au milieu de combats qui furent brutaux et sans merci. La victoire soviétique fut le plus grand moment de Staline : le Troisième Reich avait été détruit pour de bon. Mais ce fut aussi le début de la « guerre froide », nouvelle confrontation dans laquelle l'Est communiste affronterait l'Ouest capitaliste pendant près de cinquante ans.

Tandis que l'Armée Rouge avançait vers Berlin en avril 1945, Hitler était fermement décidé à voir son peuple tomber en combattant. Sa capitale était prête, avec trois lignes de défense massives, comprenant des fossés antichars et des emplacements de canons sur une ligne longue de 300 km depuis la mer Baltique jusqu'à la frontière tchèque. La position défensive était les hauteurs de Seelow, juste en face de Berlin, où les Soviétiques étaient attendus.

Eisenhower et les Alliés de l'ouest auraient pu atteindre Berlin avant l'armée soviétique, mais il semble probable qu'ils craignaient que la résistance désespérée promise par Hitler n'entraîne un sacrifice trop important pour être justifié aux yeux de l'opinion publique occidentale. Il y avait aussi la possibilité d'affrontements avec l'Armée Rouge elle-même, car la politique de la guerre froide à venir était déjà évidente dans les déclarations de Staline.

L'ARMÉE DE LA VENGEANCE

Le maréchal Joukov, commandant de l'Armée Rouge, présenta son plan d'attaque à Staline le 8 mars 1945. Il était simple et direct. Le 1er Front biélorusse de Joukov lancerait son assaut à partir de têtes de pont sur l'Oder, et attaquerait la ville depuis les hauteurs de Seelow comme Hitler l'avait prédit. Un mouvement de flanc distinct en provenance du nord décrirait une courbe et attaquerait la ville depuis l'ouest. Le 1er Front ukrainien du général Koniev complé-

Ci-dessus **: Les avions russes Sturmikov Ilyuchine IL-2 d'attaque terrestre prennent part à un bombardement de Berlin.**

Ci-dessus **: Des soldats russes passent en courant devant un soldat allemand mort. De nombreux Allemands, civils et soldats, se suicidèrent plutôt que de se rendre aux Russes.**

terait l'encerclement de la ville par un mouvement depuis le sud. Staline approuva d'autant plus ce plan qu'il encourageait entre les deux commandants soviétiques la rivalité à propos de qui entrerait le premier dans la ville.

Deux semaines étaient nécessaires pour positionner les 29 armées soviétiques en vue de l'attaque finale contre Berlin. On s'attendait à une dernière résistance féroce, car il restait deux millions de personnes dans la ville, tous craignant la vengeance que les soldats de l'Armée Rouge déchaîneraient contre eux. C'était en effet une armée vengeresse qui approchait la périphérie de Berlin. Un million d'hommes allemands étaient prêts à sacrifier leur vie pour arrêter les Soviétiques. À côté des troupes fatiguées du front, qui étaient armées de 1 500 chars et de 9 000 pièces d'artillerie, il y avait de nombreux volontaires jeunes et vieux de la milice citoyenne connue sous le nom de *Volkssturm*. Hitler était dans la ville, enterré dans son bunker. De formidables barricades étaient érigées partout. L'Armée Rouge ne pouvait pas risquer le moindre revers, et rassembla sa propre force impressionnante de plus de 2 millions d'hommes, avec des milliers de canons, de chars et de lance-roquettes.

L'assaut sur Berlin commença avant l'aube du 14 avril, annoncé par un tir de barrage massif de l'artillerie, des roquettes et des avions. Le bombardement fut si intense que les soldats soviétiques eurent des difficultés à avancer sur le sol retourné. Quand ils atteignirent la première ligne défensive allemande, ils la trouvèrent abandonnée. Les véhicules étaient coincés dans la boue, et un nuage dense de poussière et de fumée contrariait l'avance. Les chars ne pouvaient pas faire grand-chose dans le sol mou des hauteurs de Seelow, et devinrent des cibles faciles pour les contre-attaques allemandes. Les pertes soviétiques s'accumulaient, et tous leurs efforts ne rencontraient guère de succès. C'était tout ce que Staline avait craint, et il pressa Koniev de prendre la ville depuis le sud.

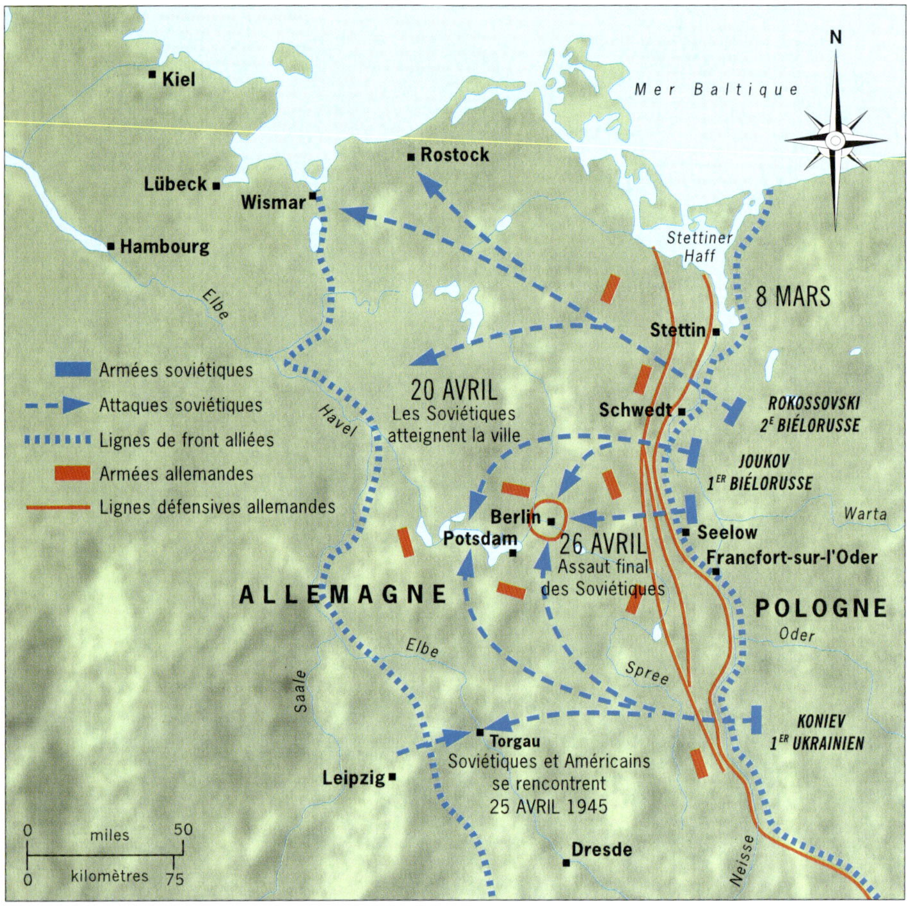

Ci-dessus **: Les mouvements finaux des Soviétiques encerclant Berlin avant de l'envahir.**

Pendant ce temps, les hommes de Joukov, lentement avaient atteint la banlieue nord de la ville le 20 avril.

COUP FINAL

Le 20 avril était l'anniversaire d'Hitler, et un plan prévoyait qu'il s'échappe, immédiatement après une réunion d'amis pour l'occasion, afin de créer une redoute nazie dans les Alpes bavaroises. Himmler et Göring quittèrent Berlin, mais Hitler décida de rester, convaincu qu'une contre-attaque finale des Allemands pouvait lui donner une remarquable victoire de dernière minute. C'était une illusion grotesque. Le gaz et l'électricité étaient coupés dans toute la ville, et les Berlinois étaient épuisés et terrifiés.

Le coup final des Soviétiques vint le 26 avril, précédé d'un autre bombardement aérien massif. La 8e armée des gardes du général Chuikov fut la première unité soviétique à entrer dans la ville, et combattit carré par carré pour atteindre le centre. Elle fut accueillie par de jeunes Allemands et des hommes âgés, tirant des roquettes antichars *Panzerfaust*. Les Soviétiques improvisèrent rapidement des défenses pour leurs chars en y attachant des sacs de sables ou de minces feuilles de fer inclinées afin de dévier les roquettes. Ailleurs, les troupes de Koniev se frayaient un chemin vers le centre depuis le sud, à la grande irritation de Joukov. Il semblait que Koniev allait remporter la course vers le centre de la ville.

Les soldats de Koniev eurent une entrée plus facile dans Berlin, conduisant un assaut amphibie à travers la Neisse et la Spree, protégés par un écran de fumée. Koniev dirigea ses chars vers le Reichstag, mais on lui dit d'arrêter de tirer, car il touchait des soldats soviétiques. Les deux principaux commandants soviétiques étaient maintenant dans le centre de Berlin, et Joukov avait le dessus. Koniev dut céder et laisser Chuikov et la 8e armée des gardes, sous les ordres de Joukov, prendre le cœur de la ville.

Une indication de la crainte et du désespoir éprouvés par les Allemands tandis que les Soviétiques se refermaient sur eux est donnée par Vladimir Abyzov, un soldat de l'Armée Rouge, se rappelant son attaque sur un club SS dans le centre ville : « Le souffle coupé par la course et l'excitation, nous nous ruâmes dans l'escalier montant au premier et au deuxième étage. Des Allemands nous tiraient dessus depuis le sommet. Mais nous étions trop nombreux pour eux. Dans la salle de billard, des bougies brûlaient. Affalé sur le tissu vert de la table, au milieu des boules de billard jaunes, il y avait le cadavre d'un général, un pistolet à la main. Il s'était tiré une balle dans la tête. »

De nombreux Allemands, hommes et femmes, se suicidèrent plutôt que d'affronter la vengeance des Soviétiques. Ces pensées suicidaires imprégnaient aussi le bunker d'Hitler, enterré profondément sous la Chancellerie du Reich. Le Führer reprochait à son propre peuple de l'avoir abandonné dans cette épreuve finale, et n'eut aucune pitié pour la destruction et l'horreur dont ce peuple était maintenant victime. Il ne voyait aucune échappatoire. Il semble que Hitler et sa maîtresse Eva Braun se soient suicidés. Ne voulant pas que leurs cadavres soient pris par les Soviétiques, les domestiques d'Hitler obéirent à ses derniers ordres et les brûlèrent dans une tombe peu profonde à l'extérieur, dans le jardin. Hitler mort, la guerre était presque finie, et la garnison allemande essaya de négocier un armistice avec les commandants soviétiques, mais ces derniers ne s'intéressaient qu'à une reddition sans conditions.

ON HISSE LA FAUCILLE ET LE MARTEAU

Tandis que les combats continuaient, encore plus désespérés, les troupes soviétiques furent informées que quiconque hisserait l'emblème soviétique, le drapeau rouge portant la faucille et le marteau,

Ci-dessous **: Soldats américains et russes se rencontrent à Torgau.**

Ci-dessus :
Des véhicules militaires détruits dans le centre de Berlin après la prise de la ville par l'armée soviétique. La Porte de Brandebourg est à l'arrière-plan, cet ancien symbole du militarisme allemand montrant à présent ironiquement où celui-ci avait entraîné son peuple.

CORNELIUS RYAN, ÉCRIVAIN

UNE PEUR COUPABLE

L'auteur de best-sellers Cornelius Ryan interrogea de nombreux vétérans des deux camps pour sa description épique de la bataille de Berlin. Il a reconstitué l'effet qu'eurent les bombardements russes :

« Le bombardement sans merci ne suivait aucun plan. Chaque jour, il augmentait d'intensité. Les mortiers et le hurlement grinçant des Katuskhas tirant des roquettes ajoutèrent bientôt au vacarme. Les Berlinois étaient terrés dans les caves, les abris antiaériens, les bunkers des batteries antiaériennes et les stations de métro. Ils perdaient toute notion du temps. Les jours devenaient flous au milieu de la peur, de la confusion et de la mort qui les entouraient. Ceux qui avaient tenu des journaux méticuleux jusqu'au 21 avril se mirent soudain à mélanger les dates… Leur terreur des Russes était souvent intensifiée par leur conscience coupable… »

Extrait de *The Last Battle* de Cornelius Ryan (William Collins, 1966)

sur le Reichstag serait décoré comme Héros de l'Union soviétique. Cet honneur échut à des hommes de la 150e division de fusiliers de Joukov, qui lancèrent une poussée suicidaire à travers le feu cinglant des Allemands. Un petit groupe d'infanterie entra de force dans le Reichstag et combattit au corps à corps pour s'assurer le bâtiment étage par étage. Après huit heures de combat, les troupes soviétiques atteignirent enfin le toit du bâtiment, où ils émergèrent près du dôme détruit et agitèrent triomphalement leur drapeau national le 30 avril.

Les combats à Berlin prirent fin le 2 mai. Plus de 200 000 citoyens et soldats allemands moururent dans la défense de leur capitale, mais les Soviétiques avaient aussi perdu beaucoup d'hommes et ils n'étaient pas d'humeur à se montrer cléments, brutalisant et violant les civils survivants. Ce fut une victoire sanglante, que les Berlinois ne devaient pas oublier pendant près de 50 ans, car leur ville allait rester divisée entre les forces d'occupation soviétique et celles des Alliés de l'ouest jusqu'à la chute du mur de Berlin en 1989.

INCHON, 1950

La guerre de Corée fut le premier conflit important de l'époque de la guerre froide. Des superpuissances détenant l'arme nucléaire se combattirent dans un troisième pays en soutenant les camps opposés dans la guerre civile qui le déchirait. Le brillant débarquement américain à Inchon brisa l'avance des Nord-Coréens et plaça les Américains au cœur du conflit. Il eut l'effet secondaire indésirable de pousser les Chinois à intervenir directement.

Quand l'Union Soviétique accepta la reddition des Japonais dans la moitié nord de la Corée en 1945, le pays fut divisé en deux par une ligne suivant le 38ᵉ parallèle. Au nord, le communisme était l'influence dominante ; au sud, les Américains. En 1950, après une longue et féroce guerre civile, les communistes avaient triomphé en Chine, créant une superpuissance capable de rivaliser avec l'Union soviétique. Enhardi par ce changement, le régime communiste de Corée du Nord, entraîné et approvisionné par l'Union soviétique, envahit la Corée du Sud en juin 1950 dans une tentative pour réunifier le pays sous la domination communiste.

Les Nations unies (ONU) nouvellement créées appelèrent à un arrêt de l'agression communiste, et une force de l'ONU, dans laquelle les États-Unis s'attribuèrent le rôle principal, fut envoyée pour aider l'armée de la République de Corée du Sud à résister à l'invasion. Le général Douglas MacArthur fut nommé commandant en chef de la force de l'ONU, mais au départ elle n'était pas assez forte pour résister aux envahisseurs et fut repoussée vers l'extrémité sud de la Corée, à Pusan. L'ONU avait besoin de riposter par un coup décisif – et ce coup serait porté à Inchon.

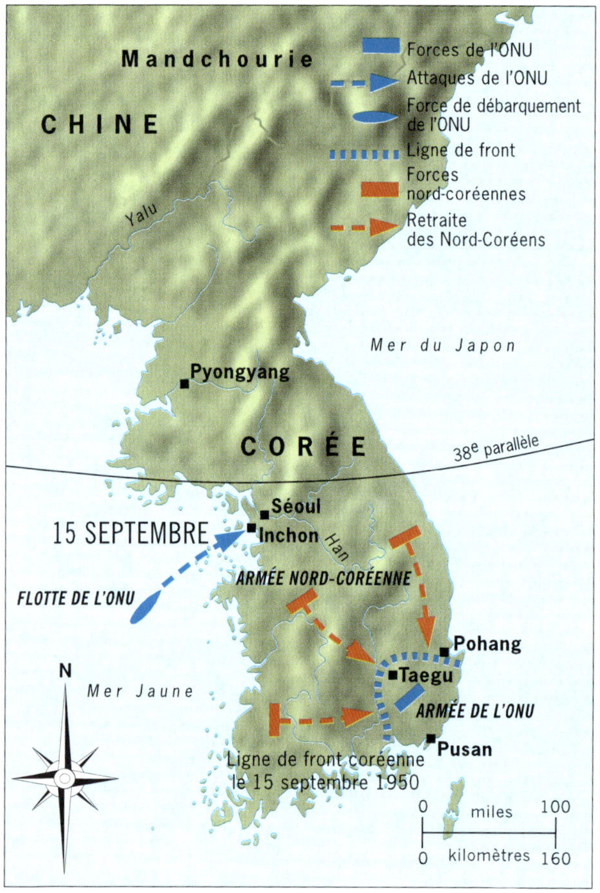

***À gauche* :**
Les débarquements de l'ONU à Inchon en septembre 1950 visaient à couper l'approvisionnement des forces de Corée du Nord positionnées autour des forces de l'ONU à Pusan.

***Ci-dessous, à gauche* :**
Le général Douglas MacArthur, commandant en chef de l'armée des Nations unies en Corée et principal architecte des débarquements d'Inchon, rend visite au 1ᵉʳ régiment de Marines près de la ligne de front.

ASSAUT AMPHIBIE

La 8ᵉ armée américaine du général Walker s'accrochant désespérément en opposition aux Nord-Coréens à Pusan en août 1950, le temps pressait lorsque MacArthur réfléchit à sa prochaine action. La mission de l'ONU était face à une défaite totale, et l'armée américaine à une humiliation ; la Corée tout entière était près de tomber aux mains des communistes. En un mois à peine, MacArthur et son commandement préparèrent un assaut ingénieux visant le centre de la Corée. Une attaque amphibie serait lancée vers le rivage d'Inchon, à l'ouest de Séoul et non loin du 38ᵉ parallèle. L'assaut apparaîtrait donc à l'arrière de la principale force nord-coréenne, et couperait sa ligne d'approvisionnement. C'était un projet brillant, mais l'ONU n'avait pas le temps de le préparer avec précision. La région d'Inchon était considérée par certains comme un site peu favorable, de sorte que ce serait un pari extrêmement risqué. Malgré les réticences, l'assaut fut lancé le 15 septembre 1950.

La marée exceptionnellement haute permit aux péniches de débarquement de passer en sécurité les dangereuses laisses d'Inchon, et une flotte de 260 navires de l'ONU profita au maximum des conditions pour se faufiler à travers d'étroits chenaux et

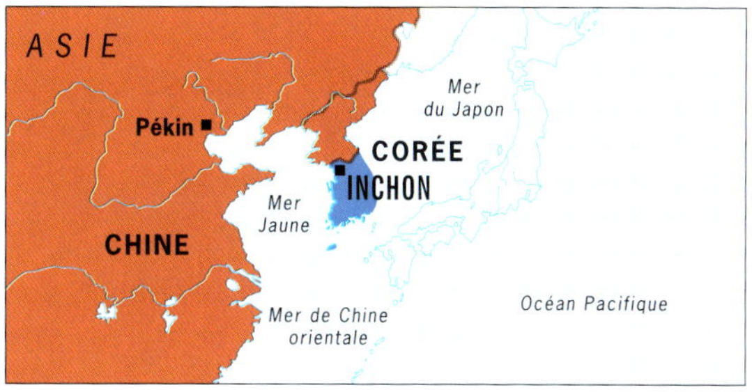

***Ci-dessus* :**
Les Marines se servent d'échelles pour escalader une digue sur la plage d'Inchon.

entre de nombreuses petites îles. La couverture aérienne était fournie par les Corsairs F4-U Vought des 214e et 323e escadrons de chasseurs des Marines américains. La 1re division de Marines pouvait compter sur l'importante expérience tactique durement acquise dans la campagne d'île en île de la guerre du Pacifique *(voir Tarawa, pp. 132-135)*. C'était le premier assaut amphibie important effectué par des troupes américaines depuis Okinawa, en 1945.

Malgré les risques de l'approche vers une côte tenue par l'ennemi, les Marines américains surprirent complètement les Nord-Coréens. La première île prise fut Wolmi-do, qui gardait le port. Le drapeau américain fut hissé juste après 7 h 00 quand l'île voisine de Sowolmi-do fut également prise par les Marines. Plus de 200 Nord-Coréens furent tués ou capturés, mais 100 autres refusèrent de se rendre et furent emmurés par les bulldozers des Marines dans les cavernes où ils s'étaient réfugiés.

L'attaque principale pouvait maintenant être lancée sur les plages, et la première vague de Marines débarqua à Red Beach, mais se retrouva face à une digue qui dut être escaladée avec des échelles. Derrière, il y avait des tranchées et des bunkers pleins de soldats ennemis. Dans un féroce échange de coups de feu, les Marines subirent leurs premières pertes. Les troupes débarquant à Blue Beach durent aussi escalader une digue, puis découvrirent certains de leurs objectifs masqués par la fumée du champ de bataille. Dans l'ensemble, cependant, les Marines subirent des pertes légères, et poussèrent à l'intérieur des terres vers la nationale menant d'Inchon à Séoul. Le 16 au petit matin, les Américains avaient pris possession de leur zone de débarquement. Ce fut une réussite remarquable pour MacArthur – d'autant plus qu'elle avait été préparée très rapidement – et avec elle, la situation des forces de l'ONU en Corée fut transformée.

AVANCE SUR SÉOUL

Au cours des cinq jours suivants, les Marines se rapprochèrent de Séoul, prenant l'aéroport de Kimpo en cours de route. Les Corsairs continuaient à leur fournir une couverture aérienne, détruisant les chars T-34 nord-coréens au napalm et forçant les soldats coréens à s'enfuir. La prise de Kimpo priva les Coréens de soutien aérien, et permit à l'armée américaine d'étendre ses frappes aériennes. Le 26 septembre, Séoul était encerclé et les forces de l'ONU libérèrent la ville. Entre-temps, en coordination avec l'assaut d'Inchon, la 8e armée américaine avait effectué une sortie de Pusan. Comme prévu, l'armée nord-coréenne encerclant les Américains avait vu ses lignes d'approvisionnement coupées et était menacée par l'arrière. Elle s'effondra à la suite de la percée américaine de Pusan, et les forces américaines rejoignirent bientôt leurs camarades à Séoul ; quelque 125 000 soldats nord-coréens furent capturés.

Les forces de l'ONU avancèrent rapidement pour profiter de la défaite nord-coréenne. Traversant le 38e parallèle et prenant le contrôle de la plus grande part du pays, ils poussèrent à l'intérieur

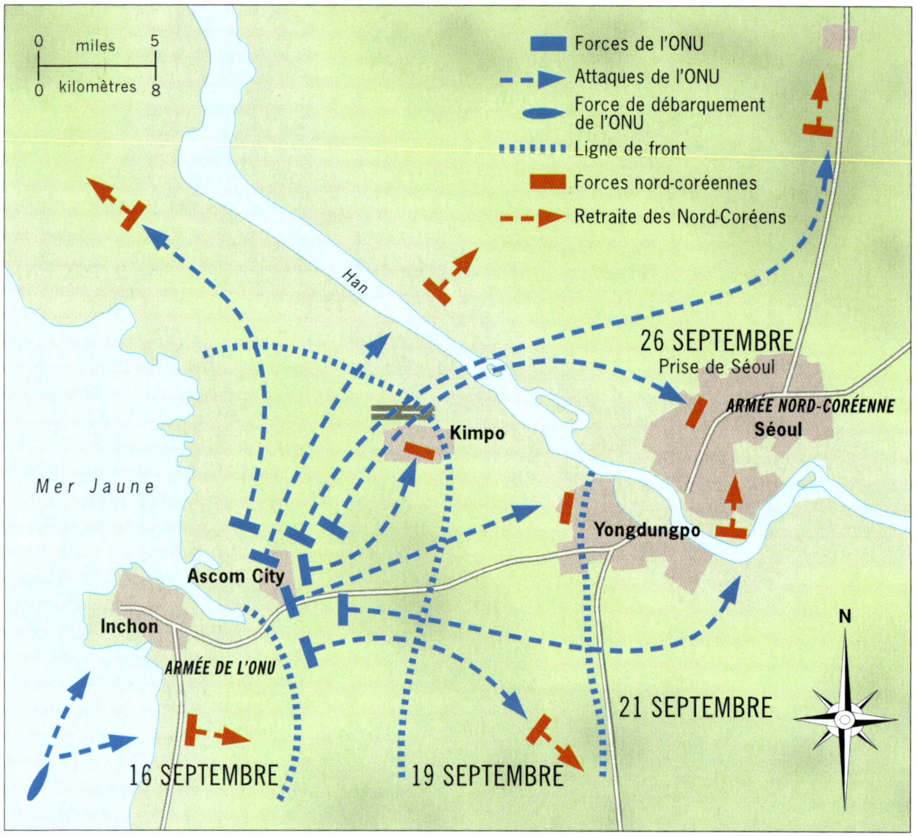

Ci-dessus **: Après leur débarquement réussi à Inchon, il ne fallut que 10 jours aux forces de l'ONU dirigées par les Américains pour prendre Séoul.**

À gauche **: Des troupes communistes chinoises en route pour affronter les forces de l'ONU en 1950, en réaction à l'intervention des Nations unies à Inchon.**

Ci-dessus :
Des soldats de l'Armée Rouge chinoise se rendent à des soldats de la 1re division des Marines américains lors de la guerre de trois ans qui suivit le débarquement de l'ONU à Inchon.

CAPORAL-CHEF CHEEK, US MARINE

MONEGAN LE TUEUR DE CHARS

Après le débarquement d'Inchon, les Marines durent livrer quelques rudes combats sur la route de Séoul. Le caporal-chef Cheek se rappelle l'action d'un soldat de 19 ans nommé Walter C. Monegan Jr : « Nous sommes descendus de la colline, nous sommes blottis derrière un réservoir d'eau un moment pour charger le lance-roquettes, et Monegan a tiré dans le mille au premier essai. Nous étions à environ 90 m des chars, mais ils ne savaient pas où nous étions… Le 1re classe Robert Perkins est arrivé avec des munitions supplémentaires et a chargé le lance-roquettes, et Monegan les a encore touchés. Puis, à la troisième tentative, nous avions apparemment été repérés, car il y eut une rafale de mitrailleuse, et Monegan a été touché… On a plus tard estimé qu'en tout, nous avions probablement tué 400 ennemis ce matin-là, parce que nous avions de bonnes positions tactiques des deux côtés de la route, et le dessin de la route en faisait une sorte de stand de tir. Perkins et l'infirmier ont reçu la Silver Star ; moi-même la Bronze Star, et Monegan la médaille d'Honneur à titre posthume pour cette action. Le capitaine m'a dit plus tard qu'il pensait que la destruction des chars avait sauvé la position du bataillon. »

Cité dans *All Hell Broke Loose* de Ron Field (Military Illustrated, 2000)

de la Corée du Nord jusqu'à la frontière avec la Mandchourie sur le fleuve Yalu. La capitale de Corée du Nord fut prise le 20 octobre. La vitesse et l'étendue de ce succès militaire plongèrent le monde communiste dans la panique. La Chine fut en état d'alerte ; elle avait menacé d'intervenir si le 38e parallèle était franchi, et réagit en massant des troupes en Mandchourie.

L'armée du général MacArthur fut frappée par une riposte massive des Chinois le 26 novembre 1950. Deux armées chinoises, plus de 300 000 hommes au total, repoussèrent les forces des Nations unies, entamant certains des combats les plus durs de la guerre. Cela réduisit à néant les accomplissements spectaculaires résultant d'Inchon, et la guerre devait continuer jusqu'en 1953.

DIÊN BIÊN PHU, 1954

Diên Biên Phu présente un exemple classique d'excès de confiance militaire. Espérant attirer le Viêt-minh dans une bataille décisive qui serait le triomphe des armes occidentales, les Français se retrouvèrent encerclés par une force supérieure. Les parachutistes français livrèrent une bataille désespérée pour la survie, contre vague après vague d'attaques vietnamiennes.

Le bourg de Diên Biên Phu, dans le nord-ouest du Vietnam, est entouré par la jungle. Il n'est pas facile de l'atteindre, mais tout visiteur qui en prend la peine est récompensé par la vue d'un champ de bataille bien conservé, bunkers, chars et pièces d'artillerie éparpillés à sa surface pour rappeler aux visiteurs la rencontre épique qui s'y produisit. Pour les Vietnamiens, c'est le site d'une de leurs plus grandes victoires dans la lutte pour la libération nationale ; pour l'Occident, la bataille de Diên Biên Phu a marqué la défaite la plus spectaculaire infligée pendant le déclin de l'empire en Asie qui suivit la Seconde Guerre mondiale.

Quand les Japonais eurent vaincu les Anglais, les Américains, les Français et les Néerlandais dans le Sud-Est asiatique pendant la Seconde Guerre mondiale, leur victoire encouragea les mouvements nationalistes locaux à défier leurs gouvernements coloniaux une fois la guerre terminée. Ces mêmes puissances occidentales espéraient reprendre leurs empires après 1945, mais leur autorité avait été profondément entamée. En 1947, la Grande-Bretagne se retira rapidement d'Inde, et à partir de 1948 elle mena également une guerre longue, mais finalement victorieuse contre la guérilla communiste en Malaisie, mais le pays finit par obtenir son indépendance. Les Néerlandais mirent fin à leur contrôle de l'Indonésie en 1949. En Indochine française, Hô Chi Minh du Front pour l'Indépendance du Vietnam « Viet Nam Doc Lap Dong Ming Hoi » ou « Viêt-minh » avait proclamé la république le 2 septembre 1945. Cela entraîna une série de guerres et des combats militaires les plus longs et les plus féroces de la deuxième moitié du XXe siècle.

Ci-dessus **: Les troupes communistes du Viêt-minh, camouflées pour les combats dans la jungle, s'assemblent derrière le drapeau de leur unité. Au départ méprisés et considérés comme des guérilleros opportunistes, ces soldats prouvèrent à Diên Biên Phu leur capacité à livrer bataille dans un affrontement préparé d'avance.**

À gauche :
Hô Chi Minh, président communiste du Nord-Vietnam de 1954 à 1969, dirigea les combats contre les Français et les Américains.

À droite : **L'avance sans relâche des forces du Viêt-minh sur les positions françaises autour et à l'intérieur de Diên Biên Phu, de mars à mai 1954.**

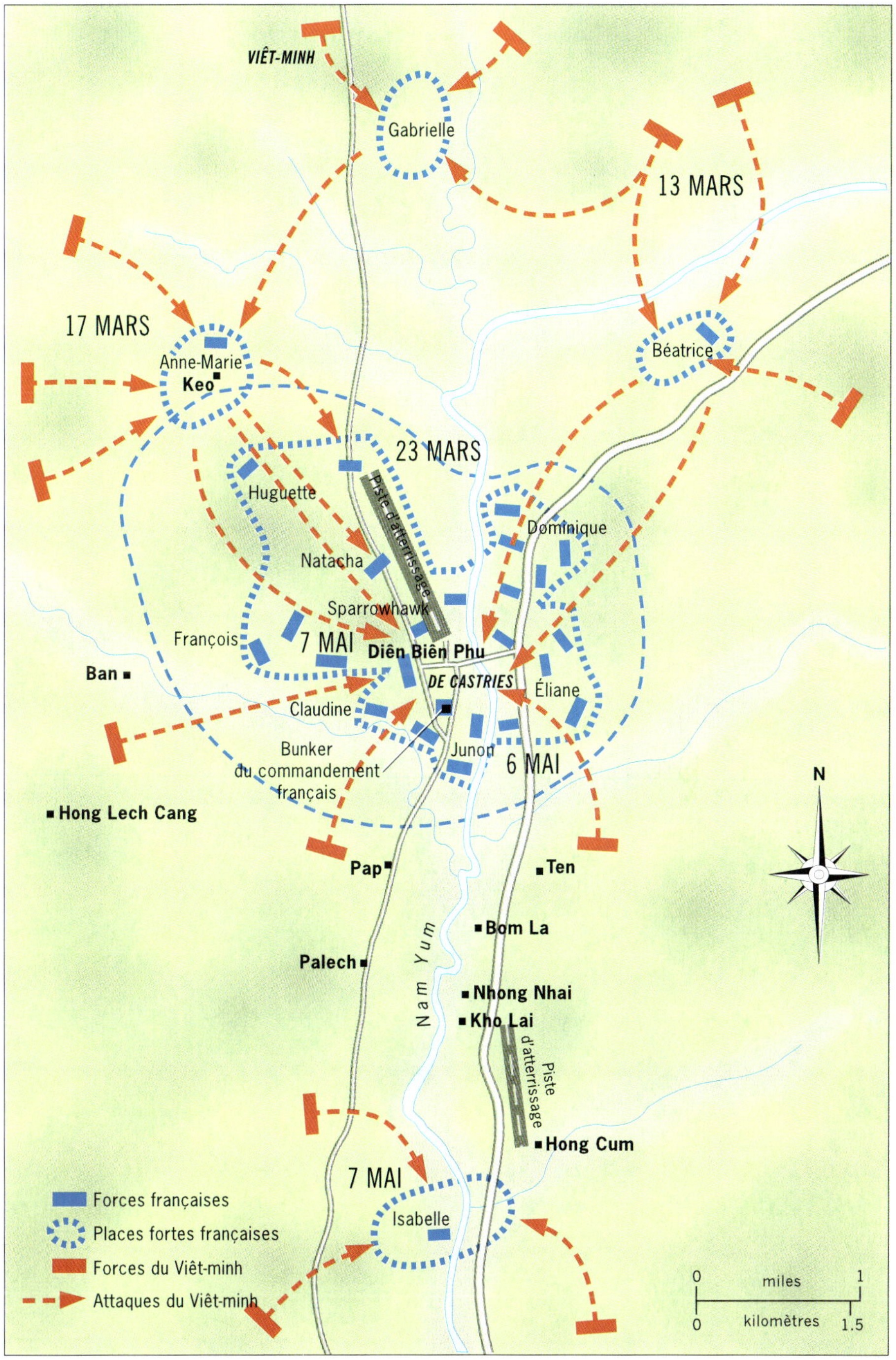

Les Français ne souhaitaient pas perdre leurs colonies dans la région, et en 1946 ils agirent contre le mouvement d'indépendance en bombardant Haiphong, contrôlé par les communistes vietnamiens. Ce fut le début de la première Guerre d'Indochine.

Encouragé à partir de 1950 par les communistes chinois et russes, le Viêt-minh devait infliger plusieurs défaites aux Français quand la guerre s'intensifia. En décembre 1950, le maréchal Jean de Lattre de Tassigny prit le commandement des forces françaises en Indochine et restaura le contrôle français, mais le Viêt-minh continua sa rébellion. En janvier 1953, des navires français détruisirent un certain nombre de bases du Viêt-minh, et les Français, à présent dirigés par le général Henri Navarre, décidèrent de lancer une attaque écrasante à Diên Biên Phu.

AFFRONTEMENT DANS LA JUNGLE

Diên Biên Phu fut le point choisi pour l'affrontement, un village situé près de la frontière du Laos. Les Français voulaient attirer les guérilleros du Viêt-minh, commandés par Vo Nguyen Giap, dans une bataille conventionnelle, où les Français étaient assurés que leur armement et leur logistique épuiseraient un ennemi plus habitué à des tactiques d'attaque éclair. Une piste d'atterrissage située au centre de Diên Biên Phu était cruciale pour cette stratégie, et permettrait aux Français de rester bien approvisionnés pendant le combat. Une tactique similaire avait réussi au Vietnam 70 ans plus tôt quand une garnison française avait résisté à un assaut de la guérilla locale, et ce modèle suranné donna confiance aux Français lorsqu'ils prirent position en novembre 1953.

La force française, commandée par le général de brigade Christian de la Croix de Castries, comptait un peu plus de 10 000 hommes. Il y avait parmi eux des hommes de la Légion étrangère française, des soldats d'élite habitués à combattre dans les points chauds du monde entier. Quelque 28 obusiers et 10 chars légers M-24 furent

À gauche **: Les troupes françaises et leurs alliés vietnamiens reçoivent des fournitures par parachute. La piste centrale de Diên Biên Phu était censée fournir des renforts et un approvisionnement constants par la voie des airs, mais fut rapidement prise, laissant les Français isolés et vulnérables.**

Ci-dessous **: La dévastation dont souffrit Diên Biên Phu est nettement visible sur cette photographie prise pendant la première vague d'attaques à la mi-mars 1954.**

placés autour des places fortes. Loin d'être intimidés par ces défenses, les hommes du Viêt-minh assemblèrent une force beaucoup plus importante : 37 000 hommes et 200 pièces d'artillerie. Les Français avaient très mal évalué leurs adversaires.

Après plusieurs mois de préparation, le Viêt-minh fit débuter son principal assaut, le 13 mars, par un féroce bombardement de la place forte française nommée Béatrice. Les légionnaires tinrent courageusement pendant plus de huit heures, avant que De Castries leur ordonne de se retirer. Ensuite, le Viêt-minh attaqua la place forte Gabrielle, tenue par des soldats algériens et une unité de mortier de la Légion étrangère. De Castries ordonna une contre-attaque par des parachutistes, des soldats indochinois et des chars M-24. Elle atteignit la rivière Nam Yum, mais fut soumise à un feu d'artillerie intensif, et les Indochinois battirent en retraite. Les légionnaires continuèrent à combattre, déterminés à voler au secours de leurs camarades à Gabrielle, mais ils étaient trop peu nombreux et la place forte dut être abandonnée. Le Viêt-minh contrôlait maintenant le terrain surplombant Diên Biên Phu, et dirigea ses canons sur toutes les places fortes françaises entourant la piste d'atterrissage.

LE CERCLE SE RESSERRE

Une autre place forte tomba le 17 mars, quand les défenseurs d'Anne-Marie désertèrent en masse. La bouée de sauvetage de la

position française était la piste d'atterrissage, mais quand elle fut prise le 23 mars, cela marqua le début de la fin. La plupart des largages par avion tombaient entre les mains de l'ennemi, malgré le soutien aérien français payé cher, avec 62 avions abattus. Les renforts de parachutistes largués de nuit étaient tués avant d'atterrir. La piste abandonnée, les Français se replièrent vers les quelques places fortes qui leur restaient. En avril, une bataille féroce se livra autour d'Isabelle, et les légionnaires combattirent pendant un mois les vagues d'assauts du Viêt-minh. Leurs camarades nord-africains désertèrent, mais les légionnaires tinrent bon jusqu'au moment où courage et munitions furent épuisés. Éliane était attaquée depuis mars, mais tint jusqu'au 6 mai. Huguette et Claudine furent elles aussi soumises à de violentes attaques. La supériorité numérique et la puissance de feu dominante de Giap étaient irrésistibles, et De Castries sortit finalement de son bunker de commandement le 7 mai pour se rendre. Isabelle tomba le soir même.

Ce fut une victoire retentissante pour Giap, et qui mit fin de façon spectaculaire à la domination française au Vietnam. Giap avait déjoué les plans de son ennemi, et retourné l'affrontement en sa faveur en utilisant Diên Biên Phu comme une enclume sur laquelle écraser les Français. Mais la victoire avait été très coûteuse : au moins 8 000 Vietnamiens étaient morts et 15 000 blessés. Les Français perdirent 4 000 morts dans la bataille, et beaucoup d'autres moururent comme prisonniers aux mains du Viêt-minh.

Ci-dessus :
Vue aérienne de la piste d'atterrissage de Diên Biên Phu, qui devait permettre aux forces françaises de rester bien approvisionnées mais fut rapidement prise par le Viêt-minh.

ROBERT BARR SMITH, OFFICIER DE L'ARMÉE AMÉRICAINE

ERREUR FATALE

Tandis que le Viêt-minh s'approchait des places fortes françaises de Diên Biên Phu, les combats devinrent de plus en plus désespérés. L'ancien officier de l'armée américaine Robert Barr Smith décrit la situation à Gabrielle :

« Certains des survivants français forcèrent une sortie à coups de feu pour rejoindre les paras vietnamiens vers 8 h 30. La poignée qui ne put pas, ou ne voulut pas, quitter la colline combattit jusqu'à la dernière cartouche dans les ruines de ses positions. Gabrielle était perdue pour de bon, et l'extermination du bataillon avait commencé. Ce même jour, le colonel manchot Piroth réalisa qu'il ne pouvait pas repousser l'artillerie Viet. Pleurant, il fit le tour des postes de commande de l'infanterie, tentant pitoyablement de s'excuser pour l'échec des canons. Puis, désespéré, il serra une grenade contre sa poitrine, tira la goupille, et paya son erreur de la seule manière qu'il connaissait. »

Extrait de *To the Last Cartridge* de Robert Barr Smith (Avron Books, 1994)

GUERRE DES SIX JOURS, 1967

Bien que qualifié de guerre, ce conflit opposant Israël aux Arabes fut une bataille livrée sur plusieurs jours. C'est un exemple classique de frappe anticipée, démontrant l'importance de la puissance aérienne et des attaques de chars, et il influença les tactiques aussi bien de l'OTAN que de l'Union soviétique.

Avec le déclin de la puissance impériale britannique au Moyen-Orient après la Seconde Guerre mondiale, la création de l'état juif indépendant d'Israël en 1948 rencontra l'hostilité de ses voisins arabes. Les habitants arabes de l'ancienne Palestine considéraient les nouveaux venus comme des envahisseurs. Tandis que la guerre froide s'intensifiait, l'Union soviétique eut tendance à favoriser les États arabes et à leur fournir des armes, tandis que les nations occidentales, en particulier les États-Unis, venaient en aide à Israël.

En 1966, le président d'Égypte Nasser conclut une alliance avec la Syrie. L'année suivante, il déplaça plusieurs divisions, les rapprochant de la frontière israélienne dans l'est du Sinaï. En mai 1967, il bloqua le détroit de Tiran, ce qui enfermait le port israélien d'Eilat. Plus tard dans le mois, Nasser signa un traité d'assistance mutuelle avec la Jordanie. Israël était maintenant entouré d'États arabes agressifs, et mobilisa son armée, l'armée de Défense d'Israël ou Tsahal. Avec un personnel de 230 000 personnes, Tsahal était bien entraînée et possédait des avions de grande qualité. En face, cependant, il y avait une armée arabe combinée de 400 000 hommes, également équipée d'avions et de chars modernes.

PREMIÈRE FRAPPE

Le 5 juin 1967, Israël lança une attaque anticipée, par air et par terre, contre les forces égyptiennes dans le Sinaï. Commandée par le chef de l'état-major, le général Itzhak Rabin, ce fut une réussite spectaculaire. L'aviation israélienne survola la Méditerranée, puis plongea vers le sud pour frapper tous les terrains d'aviation égyptiens, détruisant d'un seul coup les capacités aériennes de l'Égypte. Des raids similaires, plus tard dans la journée, infligèrent des dommages substantiels aux aviations de la Jordanie, de la Syrie et de l'Irak. Les forces terrestres poussèrent vers le nord contre la Syrie sur le plateau du Golan, et affluèrent en Cisjordanie et dans la Bande de Gaza. Au sud, des chars israéliens traversaient le Sinaï et repoussaient les forces égyptiennes vers le canal de Suez.

Le deuxième jour, l'Égypte avait capitulé dans la Bande de Gaza. Des divisions de Tsahal continuèrent à presser une force égyptienne sévèrement démoralisée par l'ordre, donné par son propre commandant, de se retirer derrière le canal de Suez. La retraite se changea en déroute. L'avance foudroyante des Israéliens dépassait toute attente, et certains véhicules se trouvèrent à cours de carburant et de munitions, permettant aux Égyptiens qui battaient en retraite de leur infliger des dommages mineurs. Le 8 juin, la péninsule du Sinaï tout entière était aux mains des Israéliens.

À droite : Un camion de prisonniers égyptiens quitte la zone d'El Arich lors de l'avance des Israéliens vers le Désert du Sinaï.

LES PARACHUTISTES PRENNENT JÉRUSALEM

Lors de sa poussée vers l'ouest, Tsahal fut tentée de prendre à la Jordanie la région de Cisjordanie, et de s'assurer le contrôle de la ville sainte de Jérusalem. Après un tir de barrage de l'artillerie jordanienne, les Israéliens envoyèrent une brigade de parachutistes contre Jérusalem. Avions et chars écrasèrent la résistance des Jordaniens, et la ville fut prise le 7 juin, avec Bethléem, Hébron et Etzion. De rudes combats eurent aussi lieu lors d'une attaque sur Naplouse, mais finalement les Jordaniens se replièrent derrière le Jourdain, et un cessez-le-feu fut signé entre les deux nations.

Les combats sur le plateau du Golan contre la Syrie consistèrent en duels d'artillerie à longue distance. Quand un cessez-le-feu de l'ONU fut violé par de nouveaux combats le 9 juin, les Israéliens prirent l'initiative et montèrent sur le plateau du Golan, enfonçant la première ligne des défenses syriennes. Le 10 juin, les Israéliens occupèrent de nouvelles terres, aidés par l'arrivée de renforts depuis le front jordanien.

Tous les combats cessèrent le 10 juin. Les Israéliens avaient perdu 679 tués et 2 440 blessés. Les Égyptiens perdaient 11 500 tués et 15 000 blessés, la Jordanie subissant le plus de pertes

PETER DARMAN, ÉCRIVAIN

BLUFF ISRAÉLIEN

« Eitan donna alors l'ordre d'avancer vers le carrefour de Rafah. Cependant, ses chars avaient des problèmes. Certains n'avaient plus qu'une heure de carburant dans leurs réservoirs, d'autres n'avaient plus de munitions. Imperturbable, il ordonna aux chars qui manquaient d'essence d'avancer aussi loin qu'ils pourraient, et ceux qui n'avaient pas de munitions reçurent l'ordre de ne pas tirer ! L'armée et ses cinq chars montèrent à la charge. Le résultat fut stupéfiant : des centaines de soldats égyptiens s'enfuirent vers l'ouest. »

Extrait de _Surprise Attack_ de Peter Darman (Brown Books, 1993)

après l'Égypte, avec 2 000 tués et 5 000 blessés. C'était une défaite humiliante pour les Arabes, et elle redessina la carte du Moyen-Orient. Elle encouragea chez les Israéliens un excès de confiance, qui serait ébranlé par la meilleure performance des Égyptiens pendant la guerre du Kippour en 1973. Dans l'ensemble, elle souligna à quel point une attaque anticipée, exécutée par des soldats bien entraînés, peut être efficace et dévastatrice.

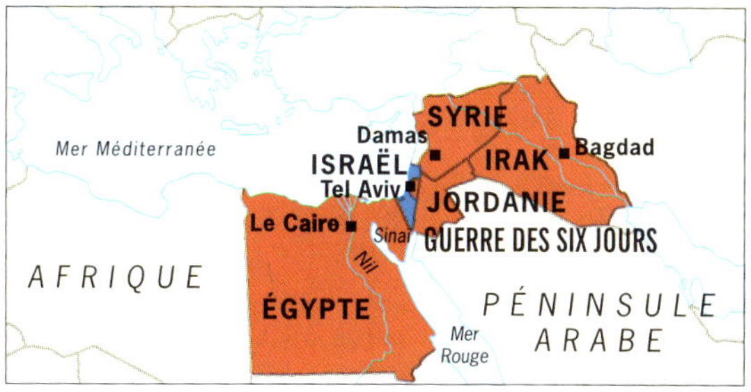

À droite **: Les attaques israéliennes de juin 1967 contre les forces arabes en Palestine, en Syrie et en Égypte furent soigneusement préparées et coordonnées, puis efficacement exécutées.**

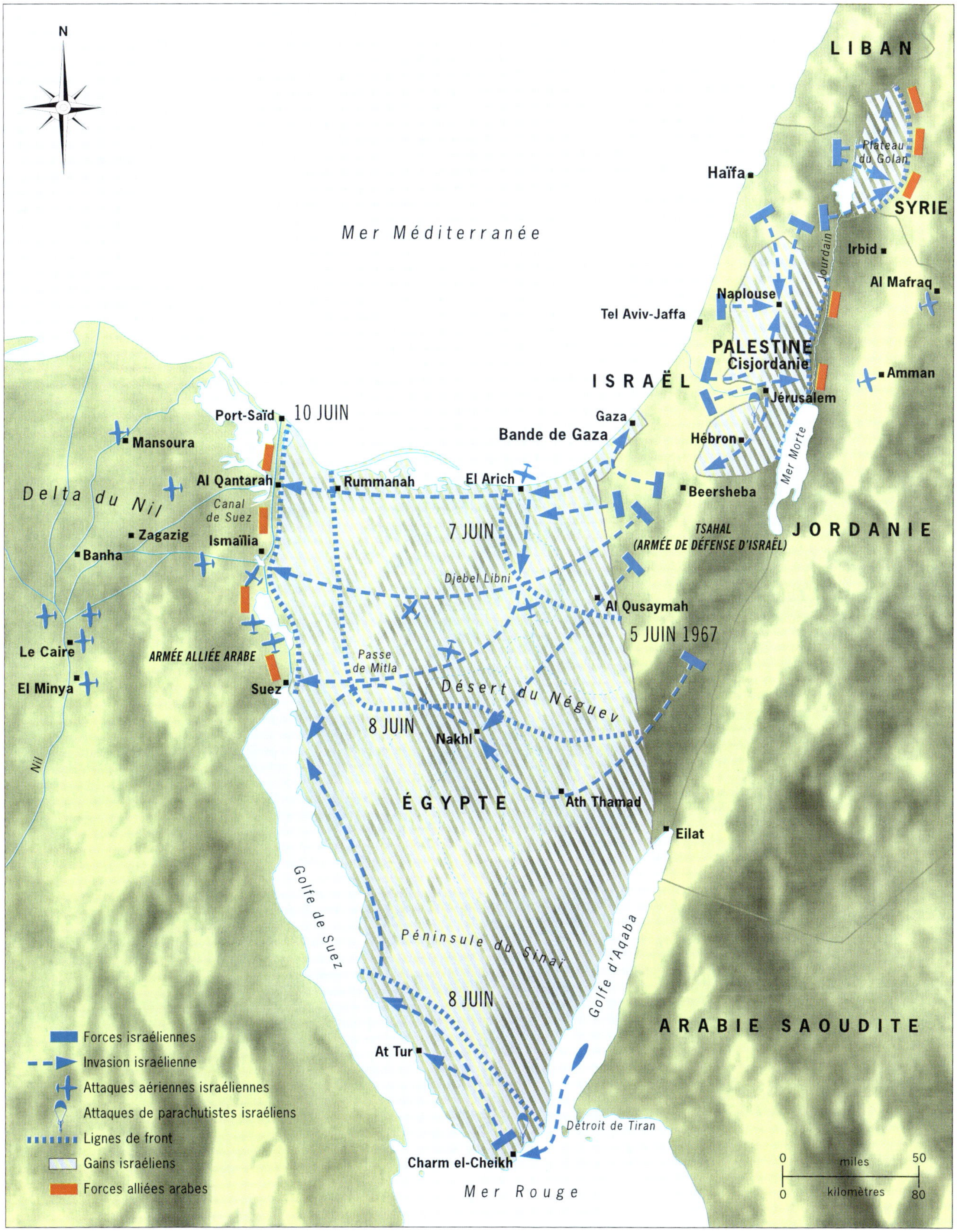

Ci-dessus **: Des soldats israéliens avancent pendant les combats de la guerre des Six Jours. Les troupes bien entraînées et l'excellent équipement des Israéliens leur permirent d'écraser les armées de leurs voisins.**

JOURNALISME SÉLECTIF

Pendant l'attaque nord-vietnamienne initiale contre la ville historique de Huê, les soldats américains postés dans la ville étaient en infériorité numérique écrasante, et livrèrent une héroïque bataille de résistance. Vo Nguyen Giap, le commandant nord-vietnamien vétéran et vainqueur de Diên Biên Phu, engagea neuf bataillons pour prendre la ville. Des renforts d'US Marines foncèrent vers le nord pour aller au secours de leurs camarades à Huê, mais ils n'étaient que 80, plus quelques soldats sud-vietnamiens et une petite colonne de quatre chars M-48 des US Marines. Le petit groupe de secours fut pris dans une embuscade de l'ANV, mais continua de pousser en avant sous un feu intensif pour essayer d'atteindre l'enceinte américaine. D'autres Marines les rejoignirent, et finalement la colonne meurtrie parvint jusqu'aux Américains assiégés. Une bravoure aussi obstinée aurait été prétexte à célébration nationale au XIXe siècle, mais en 1968, il n'était pas dans la mentalité de l'époque de s'enorgueillir d'un tel héroïsme.

Partout ailleurs dans Huê, les Viêt-congs infligeaient de terribles souffrances aux civils sud-vietnamiens. « Le cinquième jour de l'occupation communiste », note Mark W. Woodruff, « les Viêt-congs vinrent à la cathédrale de Phu Cam et rassemblèrent 400 hommes et garçons. Certains avaient été identifiés par leur nom qui figurait sur leurs listes, d'autres parce qu'ils étaient en âge de combattre, et d'autres encore simplement parce qu'ils paraissaient en bonne santé. On les vit pour la dernière fois alors qu'ils étaient entraînés de force vers le sud. Deux ans plus tard, trois transfuges du Viêt-cong conduisirent des hommes de la 101e division aéroportée vers le lit d'un ruisseau situé dans la jungle dense, à 15 km de Huê. Étalés sur cent mètres, ils virent les ossements des hommes et des garçons de Phu Cam. Un total de 2 810 corps fut finalement retrouvé dans des fosses communes peu profondes ; 1 946 personnes restaient introuvables. »

Les médias occidentaux ne mirent pas en exergue ce massacre communiste, et pourtant My Lai, un peu plus d'un mois après l'offensive du Têt, où des soldats américains tuèrent 200 civils vietnamiens, devint un événement relaté dans le monde entier qui, à juste titre, choqua et écœura de nombreux Occidentaux. De tels événements étaient cependant rares, et les actes des communistes au Vietnam furent bien pires. Pendant toute la guerre du Vietnam, les médias occidentaux, et les intellectuels qui les soutenaient par leur littérature pacifiste et leurs manifestations, semblèrent avoir adopté une sorte de vision unilatérale, dans laquelle les soldats occidentaux étaient vilipendés et les atrocités des guérillas communistes largement ignorées. Dans les années 1970, certains journalistes commencèrent à réaliser qu'ils n'avaient peut-être pas donné une image juste de la guerre, ayant été trop influencés par leur vision étroite et leurs propres préjugés. « Le journalisme de guerre contemporain », admit un reporter du *Washington Post* quelque neuf ans après le Têt, « s'est rarement avéré, rétrospectivement, aussi loin de la réalité. »

Ci-dessus, à gauche **: Des fantassins américains transportent un prisonnier du Viêt-cong blessé vers un hélicoptère UH1-D pendant les opérations de 1968. Les hélicoptères apportèrent une nouvelle flexibilité aux forces terrestres pendant la guerre du Vietnam.**

Ci-dessus **: Des soldats de la 1re division de cavalerie américaine préparent leur obusier de 105 mm pour le combat.**

***Ci-dessus, à droite* : Des civils vietnamiens fuient les combats en traversant la rivière des Parfums à Huê, mais beaucoup seraient massacrés par les communistes du Viêt-cong, qui plus tard détruisirent le pont.**

Cela devait arriver trop tard pour l'armée américaine en février 1968. Si l'offensive de Giap avait été repoussée de façon décisive, les médias américains continuèrent de décrire le Têt comme une victoire pour le Nord-Vietnam. Une telle pression politique poussa les États-Unis à assister à des négociations de paix à Paris en mai 1968, et en 1969 le nouveau président, Richard Nixon, annonçait des plans pour un retrait américain du Vietnam. L'offensive du Têt contribua aussi à détourner l'attention des Nord-Vietnamiens d'une attaque contre les positions sud-vietnamiennes, pour infliger plutôt des pertes aux forces américaines, sachant que cela encouragerait les tendances défaitistes des médias. Ce fut une bonne leçon pour les futurs gouvernements occidentaux, qui ont depuis essayé de maintenir un contrôle plus serré de la façon dont les médias rapportent les événements en temps de guerre.

COLONEL TRAN VAN TRA

AFFRONTER LA TEMPÊTE

Depuis la fin de la guerre du Vietnam, les commandants nord-vietnamiens se sont montrés très directs à propos de leurs échecs pendant l'offensive du Têt. Le colonel Tran Van Tra conclut :

« Pendant le Têt de 1968, nous n'avions pas correctement évalué l'équilibre spécifique des forces entre nous-mêmes et l'ennemi, nous ne réalisions pas que l'ennemi avait encore des capacités considérables et que les nôtres étaient limitées... Pour cette raison, même si cette décision était sage, ingénieuse, et venait à point nommé, et bien que son application ait été bien organisée et audacieuse... tout le monde s'est comporté très bravement, a sacrifié sa vie, et même si cela a entraîné un tournant stratégique significatif au Vietnam et en Indochine, nous avons fait d'importants sacrifices et subi d'importantes pertes en main-d'œuvre et en matériel, en particulier des cadres à l'échelon local, et cela nous a nettement affaiblis. Par la suite, non seulement nous avons été incapables de conserver ce que nous avions acquis, mais nous avons dû surmonter une myriade de difficultés en 1969 et 1970 pour que la révolution puisse tenir bon dans la tempête. »

Cité dans *Têt 1968 : Understanding the Surprise* de Ronnie E. Ford (Frank Cass, 1995)

PORT STANLEY, 1982

Lors de la guerre des Malouines, la Grande-Bretagne a montré qu'il était possible de mener une campagne coloniale dans le style du XIXe siècle à l'âge de la guerre moderne. La reprise efficace de Port Stanley par les forces britanniques a encouragé les autres puissances occidentales à intervenir dans les crises étrangères. La force expéditionnaire anglaise opéra avec efficacité, sans base terrestre, au bout d'une ligne d'approvisionnement maritime de 13 000 km.

La guerre des Malouines commença le 2 avril 1982 quand des troupes argentines prirent la capitale des îles, Port Stanley, et les revendiquèrent comme possession de l'Argentine. Le lendemain, les troupes argentines prirent aussi South Georgia. Les Malouines étaient une possession anglaise depuis 1833, et fournissaient un poste de ravitaillement stratégique dans l'Atlantique sud.

Dans le sillage de la guerre du Vietnam, de nombreuses puissances occidentales doutant de leur capacité à intervenir à l'étranger, il aurait été facile à la Grande-Bretagne d'accepter la situation, et d'éviter une guerre coûteuse et risquée. Mais la plupart des habitants des Malouines se considéraient comme Anglais, et le Premier Ministre Margaret Thatcher éprouvait une forte aversion pour les États tyranniques. Cependant, les îles étaient situées à 13 000 km, de l'autre côté du globe. L'Argentine en était très proche. Ce serait un pari très risqué.

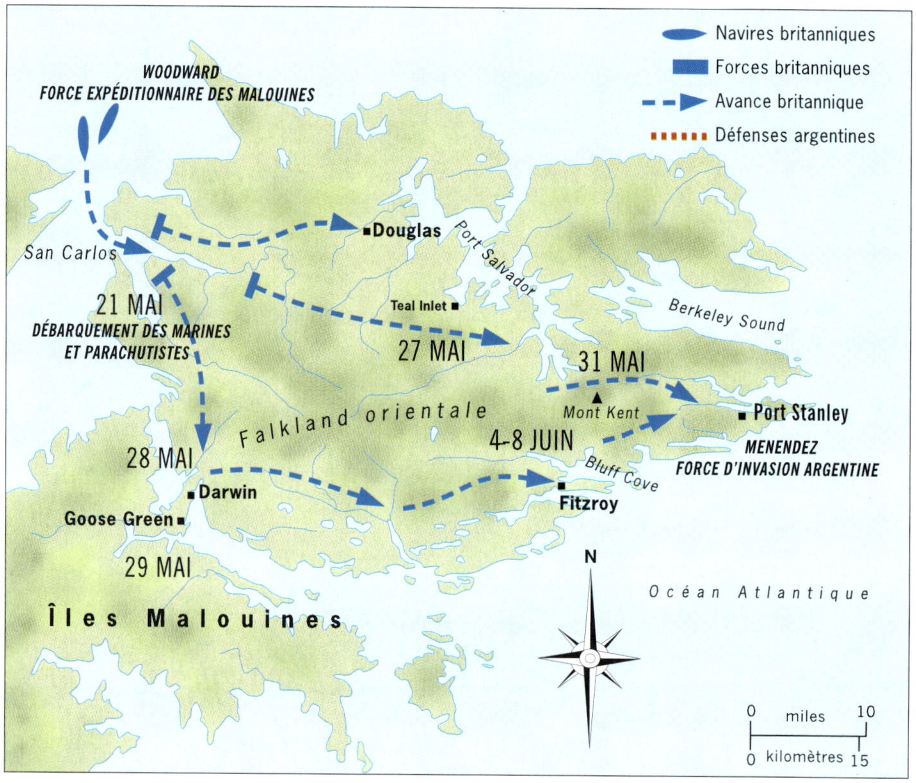

ATTAQUE SUR LES MALOUINES

L'Argentine ayant été déclaré agresseur par les Nations unies, la Grande-Bretagne assembla une force expéditionnaire, qui prit la mer le 5 avril 1982. Commandée par le contre-amiral sir John Woodward, elle comprenait deux porte-avions légers, le HMS *Hermes* et le HMS *Invincible*, et 28 autres navires. Une force amphibie de 4 000 *Royal Marine Commandos* et du *Parachute Regiment* fut plus tard renforcée par 1 000 hommes supplémentaires, dont les Scots Guards, les Welsh Guards et les Gurkhas. Des détachements du Special Air Service (SAS) et du Special Boat Service (SBS) étaient également actifs. Le soutien aérien était fourni par 22 avions à décollage vertical Sea Harrier, décollant des porte-avions. L'île d'Ascension, au milieu de l'océan Atlantique, fournit un poste vital pour le réapprovisionnement par des avions venant d'Angleterre. Face à cette armée, 15 000 soldats argentins occupaient les îles, dirigés par le général Mario Menendez. L'aviation argentine, opérant depuis le continent et équipée de missiles guidés modernes, était forte, et ses cuirassés se trouvaient à proximité.

Une reconnaissance des défenses des îles fut effectuée par le SAS et le SBS à partir du 18 avril, et le 25 avril South Georgia fut repris, fournissant à la Royal Navy une base terrestre à proximité. Une zone d'exclusion de 320 km fut déclarée autour des îles, et la Grande-Bretagne la renforça quand un sous-marin coula le cuirassé argentin *General Belgrano*. Les forces anglaises commencèrent ensuite des préparatifs pour un assaut terrestre en bombardant les aérodromes des îles. La puissance aérienne des Argentins était cependant intacte, et des avions de chasse armés de missiles Exocet réussirent à couler sept navires anglais et en endommager gravement six autres. Mais un raid nocturne du SAS sur Pebble Island endommagea sérieusement l'aérodrome et détruisit 11 appareils.

Le principal débarquement anglais commença le 21 mai à San Carlos, Royal Marine Commandos et parachutistes établissant une tête de pont. Dans la lutte pour la suprématie aérienne au-dessus

***Ci-dessus* :** **Les débarquements britanniques à San Carlos et leur avance à pied à travers l'île Falkland orientale vers Port Stanley, du 21 mai au 8 juin.**

***À gauche* :** **Des hommes du Royal Marine Commandos occupent une tranchée à San Carlos lors des débarquements anglais aux Malouines.**

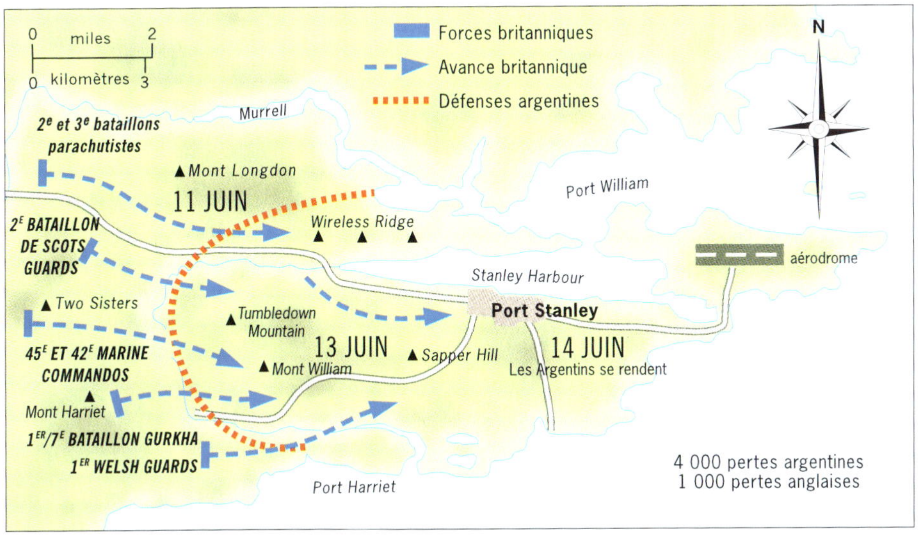

d'eux, les Harriers abattirent 15 avions argentins et n'en perdirent qu'un. Les jours suivants, quelque 5 000 hommes furent débarqués et commencèrent à avancer vers l'intérieur. Un échange de tirs féroce eut lieu à Goose Green, dans lequel les Anglais prirent d'assaut les positions argentines. Leurs flancs sud étant assurés, les Anglais pouvaient maintenant avancer vers Port Stanley.

LA BATAILLE DE STANLEY

Le général de division Jeremy Moore était responsable des opérations terrestres contre Port Stanley. Pendant que des unités des Royal Marine Commandos et des parachutistes se chargeaient de la tâche difficile consistant à traverser à pied les terres marécageuses, le SAS et les Royal Marine Commandos furent largués par hélicoptère sur le mont Kent, à 16 km à l'ouest de Stanley, d'où ils pouvaient observer les défenseurs argentins postés dans la capitale. D'autres avances des troupes anglaises suivirent, mais un débarquement à Bluff Cove, au sud de Stanley, fut bombardé par des avions argentins et de nombreux hommes furent perdus.

Les derniers combats de la bataille de Port Stanley se livrèrent dans les collines surplombant la ville. La nuit du 11 juin, les Royal Marine Commandos prirent trois positions clés des Argentins sur le mont Longdon, à Two Sisters et au mont Harriet. Un jour plus tard, le 2e bataillon de parachutistes, vainqueur à Darwin et à Goose Green, prit Wireless Ridge lors d'une attaque nocturne le 13 juin. À leur sud, les Scots Guards combattaient des Marines argentins pour la prise de Tumbledown Mountain. Les Gurkhas avancèrent sur le mont Williams, à 6 km à l'ouest de Stanley. Le commandant argentin à Port Stanley comprit que sa situation était périlleuse. Le 14 juin, le général Menendez se rendit, et l'Union Jack fut hissé à Stanley. Les Malouines étaient à nouveau anglaises.

Bien que couronnée de succès, l'opération des Malouines ne fut pas parfaite, et certains aspects de la campagne ont été critiqués. La Royal Navy avait sous-estimé les capacités de l'aviation argentine et perdu plusieurs navires sous ses missiles. Les communications entre les commandants en Angleterre et ceux qui se trouvaient sur le terrain étaient mauvaises, et le SAS avait tendance à agir avec trop d'indépendance. Quelque 255 soldats anglais furent tués, et 777 blessés. Les Argentins perdirent 1 000 tués et 3 000 blessés, et 11 400 furent faits prisonniers.

Dans l'ensemble, compte tenu du fait que l'Angleterre n'avait pas organisé un tel assaut combiné depuis Suez en 1956, et des grandes distances impliquées, la reprise de Port Stanley fut une remarquable démonstration de prouesse militaire. La victoire eut sa récompense politique en ce qu'elle raffermit la confiance des dirigeants occidentaux dans leur capacité d'intervention à l'étranger. Si les Malouines n'avaient pas été une réussite, il est peu probable que Margaret Thatcher se serait montrée si sûre d'elle lorsqu'elle recommanda au président Bush de s'opposer à l'invasion du Koweït par l'Irak en 1990 *(voir pp. 186-189)*.

En haut **: L'assaut final des Anglais sur Port Stanley, suite à leur prise du terrain surplombant la ville.**

Ci-dessus **: Les Royal Marine Commandos attendent d'être conduits par un hélicoptère Sea King du pont du HMS *Hermes* pour débarquer aux Malouines.**

LIEUTENANT CEREZO, DE L'ARTILLERIE ARGENTINE

LES LARMES DE LA DÉFAITE

« Les Anglais avançaient rapidement, et la menace contre notre position grandissait. Nous ne nous sommes pas inquiétés des tirs anti-batterie, mais avons continué à tirer. Il semblait que la situation devenait de plus en plus irréversible à chaque minute. Nous tirions entre 1 500 et 2 000 mètres, mais nous avons reçu l'ordre de tirer sur des cibles visibles. Un petit nombre d'hommes a formé une défense locale… à 9 heures du matin, le commandant m'a ordonné de cesser le feu. Tout semblait s'être calmé, mais il faisait froid et il neigeait. Vers 11 h 30, j'ai vu l'ennemi avancer et le commandant m'a ordonné d'ouvrir le feu, mais un obus était enfoncé dans la culasse et le bloc est tombé. Le commandant nous a ordonné de laisser les canons et de nous replier dans Stanley. À 16 heures, il nous a dit que nous nous étions rendus. Cela nous a fait pleurer de douleur – nous étions impuissants face à la défaite. »

Cité dans *Nine Battles to Stanley* de Nicholas van der Bijl (Pen & Sword, 1999)

KABOUL, 1988

À droite **: L'invasion de l'Afghanistan par les Soviétiques prit la forme d'une attaque en tenailles des principales capitales, mais une grande partie du pays resterait hors de leur atteinte.**

À l'extrême droite **: Les guerriers moudjahidin afghans sont vêtus de façon traditionnelle, mais reçurent de plus en plus d'armes occidentales sophistiquées pendant leur guerre contre l'Union soviétique.**

Ci-dessus **: Un char des moudjahidin pointe son canon au-dessus de Kaboul, repris aux forces soviétiques.**

Le retrait des Russes de Kaboul en 1988 fut l'action finale dans une campagne qui entraîna une défaite décisive pour l'Union soviétique. Il ne fut pas provoqué par une bataille spécifique, mais fut le résultat d'années de guérilla qui avaient tué toute volonté russe de continuer l'occupation. Les moudjahidin armés par l'Occident s'étaient avérés des adversaires redoutables pour les forces soviétiques et leur technologie de pointe. Moins de deux ans après leur retrait d'Afghanistan, l'Union soviétique s'effondra.

Les Russes considéraient depuis longtemps les États musulmans situés au sud comme des régions présentant pour eux un intérêt militaire légitime. Au XIXe siècle, ils avaient conquis les États turcs d'Asie centrale *(voir Geok Tepe, pp. 44-47)* et ce processus continua au XXe siècle sous le gouvernement soviétique. En 1979, quand les forces soviétiques envahirent l'Afghanistan, l'entreprise devint compliquée, car à cause de la guerre froide, les États-Unis et d'autres puissances favorables aux Occidentaux soutenaient les rebelles qui rejetaient le régime soviétique. Cela devint le dernier conflit majeur de la guerre froide.

L'approche soviétique de l'invasion de l'Afghanistan n'était pas héritée des expériences antérieures de la Russie au XIXe siècle, ni de celle des forces coloniales britanniques en Afghanistan ; elle était basée sur leurs succès pendant la guerre froide en Europe de l'est. « à l'aide des mêmes techniques qu'ils avaient employées pendant l'invasion de la Tchécoslovaquie », écrit l'analyste Lester Grau, « les Soviétiques prirent rapidement les principales villes, stations de radio et sièges du pouvoir. Ils exécutèrent Amin et mirent un exilé communiste afghan, Babrak Karmal, au pouvoir. Ils écrasèrent la résistance de l'armée afghane. Les Soviétiques ne tardèrent pas à découvrir que l'Afghanistan n'allait pas être une répétition de leur expérience en Tchécoslovaquie. » Beaucoup le qualifieraient de « Vietnam soviétique ».

INVASION DE NOËL

Les chars soviétiques pénétrèrent en Afghanistan le jour de Noël 1979. Trois divisions aéroportées entrèrent dans le pays, rejointes par quatre divisions de fusiliers motorisées qui l'envahirent par le

nord. Une division aéroportée rencontra une forte résistance à Kaboul, la capitale, mais réussit à vaincre des éléments de l'armée afghane et à encercler et tuer le président Amin dans son palais. Une fois le président qu'ils avaient eux-mêmes choisi aux commandes, les Soviétiques cherchèrent alors à pacifier le pays, mais l'opinion du peuple était contre eux.

Plus tôt dans la décennie, quand les Soviétiques avaient manifesté pour la première fois un grand intérêt pour l'Afghanistan, et soutenu un programme de modernisation de l'éducation et de droits accrus pour les femmes, les traditionalistes musulmans s'y étaient opposés. Ces mêmes rebelles formèrent à présent les moudjahidin, une armée de guérilla qui combattrait la domination soviétique pendant les dix ans à venir. Un soulèvement à Kaboul en février 1980 fut écrasé par les troupes soviétiques, et 500 Afghans furent tués.

Au départ, l'Union soviétique exploita sa supériorité en armes modernes avec succès, faisant intervenir une puissance aérienne dévastatrice, sous la forme de frappes aériennes et d'hélicoptères de combat, pour écraser les bases de la guérilla et sauver des soldats assiégés. Les Soviétiques réussirent à nettoyer les vallées habitées, forçant les rebelles à fuir dans les collines, mais l'approvisionnement des positions soviétiques et des villages était constamment entravé par les embuscades de la guérilla. En 1984, les Soviétiques avaient consacré plus de 100 000 hommes à la guerre, mais aucune victoire générale n'était encore en vue. De plus en plus désespérés, les Soviétiques, a-t-on présumé, se mirent à utiliser des armes chimiques et biologiques.

EFFONDREMENT DES SOVIÉTIQUES

Bien que réussissant à refuser aux Soviétiques le contrôle de leur pays, les rebelles afghans n'étaient pas au mieux de leur forme. Il n'y avait aucune structure de commandement unifiée, et les diverses factions se combattaient souvent entre elles. Au milieu des années 1980, cependant, les moudjahidin reçurent des armes sophistiquées, acheminées par le Pakistan et surtout fournies par les États-Unis ; les missiles antiaériens à main s'avérèrent d'une efficacité dévastatrice. En 1987 et 1988, on a affirmé que les missiles abattaient en moyenne un avion soviétique par jour. De telles pertes ne pouvaient pas être supportées indéfiniment, mais déjà des changements plus profonds au sein de l'Union soviétique affectaient sa capacité à continuer la guerre.

Dans les années 1980, le président Reagan entreprit un réarmement agressif au sein des États-Unis et un plan de défense antimissiles fut suggéré – surnommé populairement « guerre des étoiles » – pour protéger les États-Unis d'éventuelles attaques nucléaires. Cela bouleversa l'équilibre des pouvoirs dans la guerre

À gauche **:**
Une roquette des moudjahidin explose en touchant un faubourg de Kaboul. Les missiles antiaériens à main s'avérèrent meurtriers pour l'aviation soviétique pendant la guerre d'Afghanistan.

froide. L'Union soviétique devait réagir au défi de Reagan par sa propre augmentation des dépenses consacrées aux nouvelles technologies militaires, mais l'économie soviétique était en faillite. Le communisme n'avait pas fourni une économie riche et dynamique à son peuple, et il ne pouvait pas financer un tel programme. Le dirigeant soviétique, Mikhaïl Gorbatchev, réalisa qu'il était nécessaire d'entreprendre des réformes économiques et politiques si l'Union soviétique devait survivre. Mais les événements allaient trop vite pour qu'il les contrôle.

En 1986, Reagan augmenta la pression en demandant un budget record pour la défense : 320 milliards de dollars. L'année suivante, quelque 630 millions de dollars furent dépensés en Afghanistan – la plus grande action militaire secrète financée par les États-Unis depuis la Seconde Guerre mondiale. L'Arabie Saoudite et d'autres riches états musulmans y contribuèrent aussi en fournissant de l'argent et des armes aux rebelles. Pendant ce temps, le régime politique plus ouvert de Gorbatchev faisait que les médias soviétiques couvraient la guerre en Afghanistan avec plus de sincérité, rapportant la mort et la destruction vécues par les soldats ordinaires, et osant même exprimer les demandes de retrait de la population russe. Gorbatchev voyait que la guerre drainait ses ressources économiques et politiques, et espérait inclure le retrait comme atout dans ses négociations avec Reagan, mais les Américains n'étaient pas intéressés par un marchandage pour le retrait, heureux de voir que l'armée soviétique était si occupée.

Suite à l'accord de Genève du 14 avril 1988, l'Union soviétique s'engagea à retirer ses troupes d'Afghanistan. La retraite commença par phases et prit plusieurs mois, les forces soviétiques

Ci-dessus :
Des véhicules blindés soviétiques se retirent d'Afghanistan. Deux ans après, l'Union soviétique s'effondrerait.

À gauche : **Le retrait des Soviétiques de Kandahar et de Kaboul en 1988 fut pratiquement l'image inverse de leur invasion, neuf ans plus tôt.**

se retirant d'abord de leurs positions aux frontières sud, à Djalalabad et à Kandahar. Puis ils sortirent du centre de l'Afghanistan entre l'automne 1988 et février 1989. À Kaboul, les Soviétiques laissaient derrière eux un régime qualifié de République démocratique d'Afghanistan, sous la présidence de Muhammad Najibullah. Des 640 000 Soviétiques qui avaient combattu, quelque 15 000 furent déclarés morts ou disparus, 415 932 autres tombant victimes de maladies comme l'hépatite et la typhoïde. On pense que plus d'un million d'Afghans ont perdu la vie pendant cette guerre.

Le régime de Najibullah ne survécut pas à la guerre civile entre nationalistes afghans et fondamentalistes musulmans. Najibullah s'enfuit en 1991, et un régime fondamentaliste prit sa place. Le soutien militaire occidental avait inondé le pays d'armes, le militarisant et contribuant à la mort d'innombrables Afghans dans une guerre intestine. À la fin de 1991, l'Union soviétique s'était effondrée. Gorbatchev, dernier dirigeant soviétique, était remplacé par Boris Eltsine, et des nations indépendantes apparurent à la place de l'ancienne Union. Les leçons tirées par l'armée soviétique en Afghanistan aidèrent l'armée russe à mener des guerres victorieuses contre les séparatistes tchétchènes en Asie centrale. La guerre froide était terminée, et une nouvelle ère de conflits avait commencé.

A.N. CHISKOV, PREMIER ASSISTANT DU RESPONSABLE SOVIÉTIQUE DES OPÉRATIONS AÉRIENNES

TROUPES FACTICES

Bien que la guérilla afghane se soit généralement avérée insaisissable, il était parfois possible de l'épingler. En 1987, A.N. Chiskov était premier assistant du responsable soviétique des opérations aériennes, et il décrit un important assaut contre une forteresse moudjahidin à la passe de Satukandav :

« Le 28 novembre, suite à des négociations infructueuses, les divisions et régiments de la 40e armée, plus les régiments afghans, lancèrent l'attaque. Le général Gromov avait décidé de déterminer la position des systèmes armés ennemis [en particulier la défense aérienne, fournie par l'Occident] et simula donc un largage aéroporté en utilisant 20 mannequins imitant des parachutistes. L'ennemi tira sur ces "parachutistes", ce qui permit à la reconnaissance de l'artillerie de situer exactement les places fortes et les positions de tir de l'ennemi. L'armée et l'aviation d'assaut frappèrent alors ces positions. Les frappes aériennes furent suivies d'un tir de barrage d'artillerie de quatre heures. »

Extrait de *The Bear Went Over the Mountain* édité par Lester W. Grau (Frank Cass, 1998)

TEMPÊTE DU DÉSERT, 1991

L'opération Tempête du désert fut une offensive, entreprise par une coalition de pays occidentaux et arabes, et visant à répondre à une infraction d'envergure internationale. Considérée comme un pari très risqué à l'époque, elle démontra l'impressionnante puissance militaire des armes modernes faisant appel à une technologie de pointe. Missiles de croisière, bombardements de précision, hélicoptères de combat et chars équipés de vision nocturne s'associèrent pour vaincre les forces terrestres irakiennes.

Avec la fin de la guerre froide et la désintégration de la puissance soviétique *(voir Kaboul, pp. 182-185)*, les États-Unis demeuraient l'unique superpuissance du monde. Leurs capacités militaires dépassaient de loin celles de n'importe quelle autre nation et leur permettaient d'assumer à présent le rôle de « gendarme du monde » s'ils le désiraient. Cependant, cette grande démocratie s'est toujours méfiée d'une participation à toute guerre d'outre-mer non strictement liée à la « défense nationale ».

Ceux qui soutiennent cette opinion, appelés « isolationnistes », n'aiment pas voir des Américains mourir à l'étranger. À cause de cela, les États-Unis s'étaient montrés réticents à participer aux deux guerres mondiales, et à la fin du XXe siècle cette prudence avait augmentée à la suite de la guerre du Vietnam. Les événements du Vietnam avaient aussi entamé la confiance des États-Unis dans leur capacité à mener une guerre décisive contre un ennemi qui possédait peut-être un armement de qualité inférieure, mais pouvait compter sur sa motivation et sur un paysage inhospitalier pour le soutenir et le protéger. Cette prudence fut remise en question, en 1990, quand l'Irak envahit le Koweït.

BOUCLIER DU DÉSERT

Le 2 août 1990, des forces irakiennes traversèrent la frontière séparant l'Irak du Koweït et entreprirent d'occuper le minuscule État pétrolier. Le dirigeant irakien, Saddam Hussein, revendiquait

Ci-dessous **: L'artillerie égyptienne bombarde les forces irakiennes pendant la phase de combats terrestres de la guerre du Golfe connue sous le nom de Tempête du désert.**

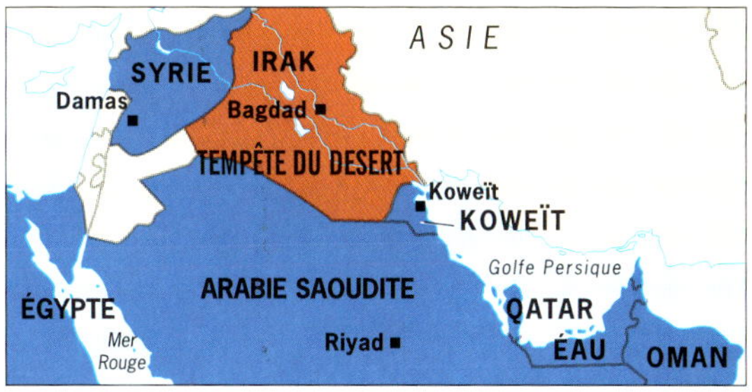

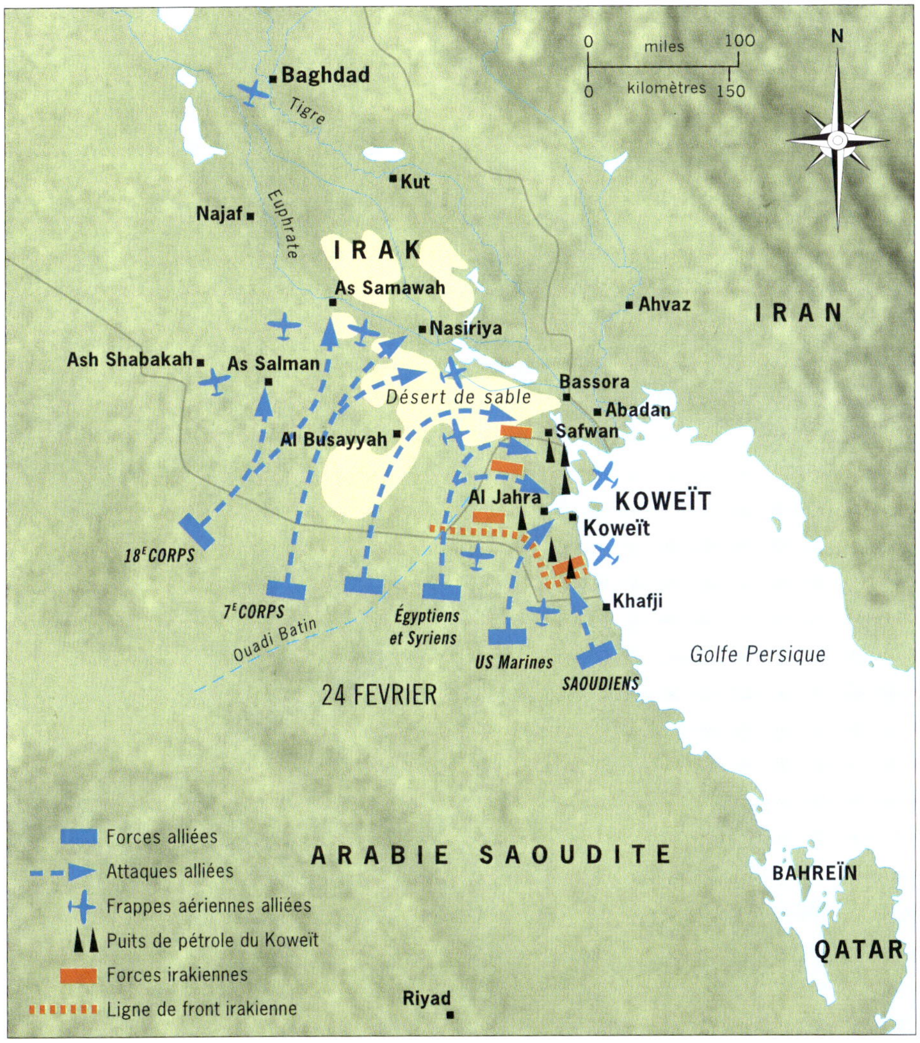

Ci-dessus **: L'avance fluctuante des alliés pendant l'opération Tempête du désert déborda complètement les forces irakiennes.**

À droite **: Saddam Hussein, dirigeant d'Irak pendant la guerre du Golfe, est représenté en défenseur de son peuple sur cette fresque à Bassora.**

ses droits sur les puits de pétrole de la frontière, mais les Nations unies condamnèrent cette invasion et pressèrent l'Irak de se retirer. L'Arabie Saoudite craignait que cette action ne conduise à une tentative de l'Irak pour contrôler toute la production pétrolière de la région. Cette ambition possible inquiéta les nations occidentales, qui dépendaient du pétrole arabe. L'armée de l'Irak était bien armée et expérimentée depuis sa guerre de 1980 à 1988 contre l'Iran. Elle avait même reçu un soutien secret de l'Occident parce que les révolutionnaires iraniens étaient perçus comme une puissance déstabilisante pour la région. Mais à présent, Saddam Hussein défiait ouvertement l'Occident, et tous les regards se tournèrent vers les États-Unis.

Pendant les semaines de crise qui précédèrent la décision en 1990, le Premier Ministre anglais, Margaret Thatcher, rendit visite au président Bush à Washington, et l'encouragea à s'opposer au dictateur irakien. Selon ses propres termes : « Ce n'était pas le moment de flancher ». La Grande-Bretagne avait déjà montré qu'une puissance occidentale pouvait mener une guerre à grande distance contre un agresseur étranger, et la gagner *(voir Port Stanley, pp. 180-181)*. Avec le soutien d'autres alliés occidentaux, dont l'Angleterre et la France, et d'un certain nombre d'États arabes, Bush envoya une importante force américaine en Arabie Saoudite, rassemblée le long de la frontière de l'Arabie Saoudite avec l'Irak. Au total, 18 nations fournirent quelque 600 000 hommes pour l'armée de coalition, dont 532 000 Américains. L'Irak pouvait faire appel à 550 000 hommes et 4 200 chars. Une fois les forces de coalition en place à la frontière, empêchant toute nouvelle agression par Saddam Hussein, la première phase de l'opération contre l'Irak, appelée Bouclier du désert, était terminée.

LA GUERRE AÉRIENNE

La seconde phase consistait à expulser les forces de Saddam Hussein du Koweït – l'opération Tempête du désert. Le commandement général des forces alliées était aux mains du général américain Norman Schwartzkopf. Face à une armée irakienne aussi nombreuse, l'Occident était nerveux, et de nombreux commentateurs prédirent une catastrophe. La situation se présentait mal. Conscients des risques qu'impliquait une invasion terrestre, et éprouvant le besoin d'éviter de lourdes pertes pour conserver le soutien des médias, les États-Unis décidèrent de faire débuter Tempête du désert par une guerre aérienne. Les investissements américains dans les nouvelles technologies militaires pendant les années 1980 avaient là l'occasion de prouver leur efficacité. Le 16 janvier 1991, missiles de croisière et bombardiers furtifs commencèrent l'attaque aérienne et s'avérèrent remarquablement efficaces, frappant et détruisant des centres vitaux de communi-

cation et de défense aérienne. Plutôt que d'affronter l'assaut, la majorité des pilotes de l'aviation irakienne s'enfuirent en Iran. Des raids de bombardements conventionnels suivirent ces premières frappes dans une guerre ininterrompue de 24 heures.

La principale crainte des Occidentaux était que Saddam Hussein ne tente d'élargir le conflit en attaquant Israël avec des missiles Scud. Si Israël ripostait, alors les éléments arabes de la coalition risquaient de se sentir obligés de se retirer, entraînant l'écroulement de la coalition et rendant la victoire contre Hussein plus difficile. Pour aider Israël à défier cette menace des missiles, les États-Unis lui fournirent des missiles antimissiles Patriot. Au bout du compte, ils ne s'avérèrent pas aussi efficaces que promis, mais en évitant l'entrée en guerre d'Israël, leur impact politique fut utile. Entre-temps, des unités des Forces spéciales, dont le Special Air Service (SAS) anglais, furent envoyées derrière les lignes irakiennes pour trouver et détruire ces missiles. Finalement, les attaques limitées des missiles irakiens ne suffirent pas à provoquer Israël.

ATTAQUE TERRESTRE

Une suprématie aérienne totale au-dessus de l'Irak ayant été établie, l'étape suivante de l'opération Tempête du désert consistait à éjecter la force d'occupation irakienne hors du Koweït. Dans ce but, Schwarzkopf prépara un mouvement d'encerclement en masse. Des attaques de diversion furent lancées sur Koweït City, mais l'assaut principal vint de la frontière saoudienne, se déplaçant vers le nord, puis vers l'est. Le 24 février 1991, l'assaut terrestre commença par un bombardement en masse des forces aériennes et de l'artillerie contre les lignes de front irakiennes. Puis la 101e division et le 17e corps américains, ainsi que la 6e division Daguet française, pénétrèrent profondément en Irak. À côté d'eux, le 7e corps américain, comprenant la 1re division blindée anglaise, pivota vers l'est en direction du Koweït. Enfin, les US Marines et les forces terrestres arabes avancèrent directement à travers la frontière du Koweit, vers la capitale.

Le bombardement initial des alliés fut si intense que de nombreux soldats irakiens furent enterrés vivants dans leurs bunkers, tandis que d'autres étaient si ébranlés qu'ils se rendirent immédiatement. La vision nocturne et les obus à tête en uranium appauvri donnaient aux blindés occidentaux un avantage sur les chars soviétiques plus anciens utilisés par les Irakiens, et le peu de résistance rencontré fut rapidement écrasé. La redoutable Garde républicaine – le noyau d'élite de l'armée de Hussein – fut vite encerclée et soumise par des bombardements. La guerre terrestre se termina le 28 février, et le Koweït fut libéré.

Les médias occidentaux commencèrent à décrire cette victoire décisive comme un « tir aux pigeons », ce qui, ajouté à l'intention des États-Unis de s'en tenir à son objectif limité, la libération du Koweït (gardant à l'esprit les dérives du Vietnam qui avaient coûté cher), fit que la guerre ne se prolongea pas en Irak. Une guerre pour renverser Saddam Hussein et libérer son peuple aurait bien

Ci-dessus :
**Des équipiers américains postés près d'un lanceur de missiles Patriot en Arabie Saoudite.
Les missiles Patriot visaient à neutraliser les attaques de missiles irakiens, et contribuèrent à éviter la participation d'Israël aux combats.**

pu se retourner contre l'Occident, qui serait alors perçu comme l'agresseur. C'était risquer de perdre le soutien du monde et des Arabes, pour un gain très médiocre. Le point de vue américain voulait que ce soit au peuple irakien de se libérer de Saddam Hussein. Bien qu'il y eût quelques rébellions, celles-ci ne parvinrent pas à renverser son régime tyrannique. Dans une vision froide et analytique de la situation, on pourrait avancer que les puissances occidentales étaient heureuses de voir le régime irakien demeurer un pouvoir fort mais isolé, afin de contrer les ambitions régionales de l'Iran et de la Syrie, et la paix relative et l'équilibre des pouvoirs évidents dans cette région au cours de la décennie suivante feraient paraître sage cette décision.

Au total, un peu plus de 400 soldats de la coalition furent tués, et 1 000 blessés, dans la guerre du Golfe. On estime que les Irakiens perdirent 100 000 morts et 300 000 blessés. Cette disparité dans les pertes fit de la guerre du Golfe une démonstration décisive et convaincante de la supériorité de la technologie militaire occidentale. Cette guerre précipita l'effondrement de l'Union soviétique en tant que rival militaire, et laissa les États-Unis maîtres incontestés du champ de bataille.

***Ci-dessus* : Un groupe de chars Challenger anglais dans le désert, pendant l'opération Tempête du désert.**

COLONEL BARRY HORNE, DE L'ARMÉE AMÉRICAINE

DES VICTIMES CHEZ LES CHAUVES-SOURIS

Les avions furtifs F-117A furent des armes cruciales lors des frappes aériennes initiales contre l'Irak dans l'opération Tempête du désert. Le colonel américain Barry Horne décrit le moment où il apprit que leur technologie à l'épreuve des radars fonctionnerait : « Les chauves-souris furent la première preuve visuelle qui me persuada que la furtivité était vraiment efficace. Nous avions déployé trente-sept F-117A à la base aérienne du Roi Khalid… Les Saoudiens nous donnèrent une excellente base de chasseurs munie de hangars renforcés, et la nuit, les chauves-souris sortaient pour se nourrir d'insectes. Le matin, nous retrouvions des cadavres de chauves-souris tout autour de nos avions. Les chauves-souris utilisent une sorte de sonar pour "voir" la nuit, et elles s'écrasaient aveuglément sur nos queues transversales à l'épreuve des radars. »

Cité dans *Skunk Works* de Ben R. Rich et Leo Janos (Little, Brown 1994)

MOGADISCIO, 1993

Pour une superpuissance, l'opération paraissait simple : les États-Unis devaient aider à étouffer une guerre tribale en Somalie, dans l'est de l'Afrique. Les Forces spéciales américaines prirent d'assaut le centre de la ville de Mogadiscio à la recherche de chefs rebelles, mais leurs hélicoptères s'écrasèrent, et ils furent soudain encerclés par des citoyens hostiles. Les pertes humaines qui en résultèrent choquèrent l'opinion publique américaine, et mirent fin au rôle de « gendarme du monde » joué par les États-Unis.

La guerre civile faisait rage en Somalie, à la pointe de la Corne de l'Afrique, depuis 1974, quand le général de division Siyad Barre avait pris le pouvoir et entamé une longue guerre avec l'Éthiopie. Quand les combats avec l'Éthiopie cessèrent en 1988, une guerre tribale éclata en Somalie. En janvier 1991 les combats avaient atteint leur intensité maximale, des rebelles des tribus lançant d'importantes attaques et le gouvernement répliquant par des ratissages militaires impressionnants, au cours desquels quelque 50 000 personnes moururent. Le 27 janvier, le général Barre avait fui la capitale, Mogadiscio, et la Somalie avait été réduite au chaos. Les citoyens mouraient de faim. Cette crise humanitaire poussa les Nations unies (ONU) à s'impliquer, et en décembre 1992 les États-Unis envoyèrent des troupes.

Pour de nombreuses personnes, cela parut être un exemple parfait de l'utilisation de la puissance militaire à des fins bénéfiques. Les images télévisées de femmes et d'enfants affamés ajoutaient au sentiment d'urgence. Les États-Unis, travaillant main dans la main avec l'ONU, venaient de remporter une immense victoire

Ci-dessus **: Des soldats américains s'entraînent au combat depuis des bâtiments somaliens, entraînement qui devint vital plus tard lors d'un échange de coups de feu au cœur de Mogadiscio.**

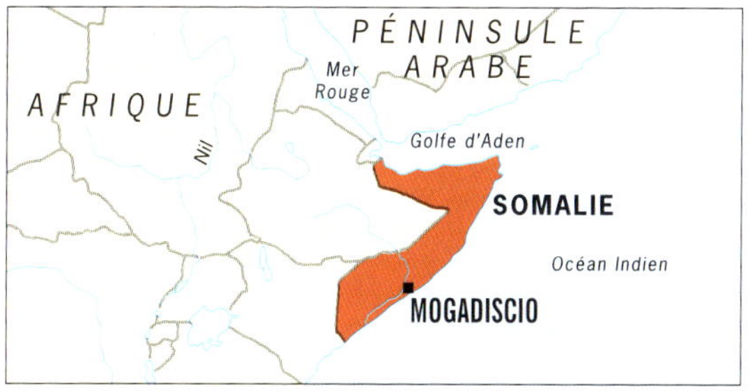

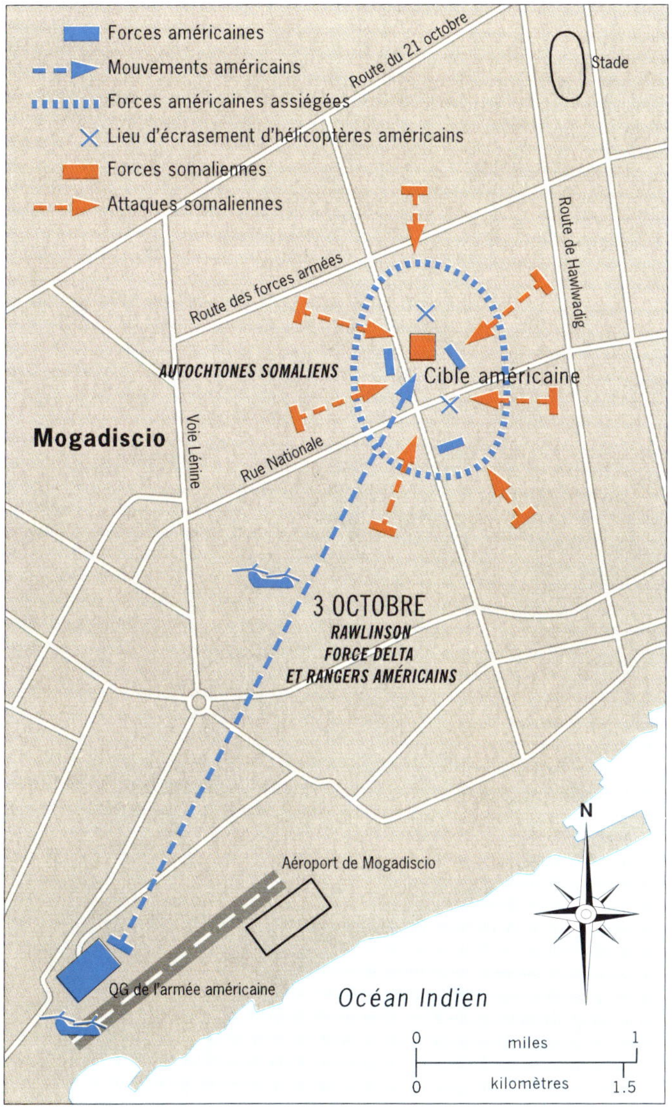

À l'extrême gauche **: L'opération héliportée américaine, en octobre 1993, visant à prendre les chefs rebelles dans le centre de Mogadiscio.**

À gauche **: Des soldats américains en tenue de camouflage appellent le soutien aérien pendant un exercice militaire en Somalie en 1993.**

Ci-dessous **: Un hélicoptère américain tire des missiles lors d'un exercice. Les hélicoptères américains s'avérèrent vulnérables quand ils étaient frappés par des missiles à main, et plusieurs furent abattus dans le centre de Mogadiscio.**

dans la guerre du Golfe, et un nouveau président occupait la Maison Blanche. Bill Clinton était avide de prouver que l'armée américaine pouvait avoir une dimension morale, en aidant à rétablir la paix et à nourrir des innocents.

Cependant, le secrétaire général des Nations unies, Boutros Boutros-Ghali, qui fut à l'origine de l'intervention, avait été auparavant diplomate égyptien et avait travaillé contre l'un des principaux clans, celui que commandait le général Mohamed Aïdid. Les Somaliens qui soutenaient Aïdid considéraient Boutros-Ghali comme un ennemi qui continuait à leur faire la guerre en utilisant l'ONU et l'armée américaine. Cette histoire personnelle compromettait toute l'opération, et aurait dû soulever des questions dès le début. Quand l'armée américaine et ses alliés de l'ONU, le Pakistan, l'Australie

et le Nigeria, débarquèrent en Somalie, ils furent considérés non comme des sauveurs mais comme une autre armée à combattre.

FAUCON NOIR ABATTU

La plupart des journalistes ne mettent pas en doute les effets à long terme d'une intervention internationale. Le journaliste américain P. J. O'Rourke se rendit en Somalie, et s'interrogea sur les effets d'une si importante aide alimentaire fournie par les organisations humanitaires. « Mais faire un peu de bien à court terme vaut mieux que ne jamais faire le moindre bien, » écrivit-il plus tard dans *All the Troubles in the World.* « Cependant, cela vaut-il toujours mieux ? La Somalie était inondée d'aides alimentaires. Le seul moyen de résoudre le problème des vols était de rendre la nourriture trop bon marché pour qu'elle ne soit pas volée. Le riz se vendait 10 cents la livre en Somalie, le riz le moins cher du monde. Étions-nous venus dans une Somalie où certaines personnes mouraient parfois de faim pour quitter une Somalie où tout le monde serait affamé à jamais ? »

Ci-dessus :
Des miliciens somaliens assis dans un « technique », une des jeeps armées qu'ils utilisaient pour se combattre et terroriser la population locale.

MARK BOWDEN, JOURNALISTE

EN SUEUR ET TERRIFIÉ

« Ils se dirigeaient toujours vers le nord. Certains des hommes étaient au bord de la crise de nerfs. Dans le même Humvee que Burns, le soldat Jason Moore vit certains de ses camarades rangers baisser la tête derrière les sacs de sable. Certains des matamores les plus exubérants de l'unité étaient parmi eux. Gosse costaud de Princeton, New Jersey, Moore avait une tache de tabac à priser sous la lèvre inférieure et une salive brune coulait sur son menton mal rasé. Il était en sueur et terrifié. Une GPR (Grenade Propulsée par Roquette) était passée au-dessus du véhicule et avait explosé dans un craquement assourdissant contre un mur. Des balles claquaient autour de lui. Il résista à l'envie de se coucher… Il tomberait au combat. »

Extrait de *Black Hawk Down* de Mark Bowden (Bantam Press, 1999)

De telles questions ne préoccupaient pas les troupes qui travaillaient à soutenir l'ONU à Mogadiscio. Leur rôle était de réduire l'anarchie créée par les clans en guerre. Poursuivant cet objectif, le 3 octobre 1993, 140 soldats d'élite de la Delta Force et des Rangers américains effectuèrent un raid héliporté au cœur de Mogadiscio pour capturer deux figures clés du clan du général Aïdid. L'opération aurait dû être simple, accomplie rapidement et efficacement par ces mêmes troupes américaines bien armées qui s'étaient montrées si victorieuses contre les Irakiens.

En lieu de quoi, les Américains ne réussirent pas à capturer leurs cibles et furent encerclés au cœur de la ville par des Somaliens furieux, certains armés de fusils automatiques et de grenades, d'autres leur jetant simplement des bâtons et des pierres. Pendant une nuit entière, les soldats américains livrèrent bataille contre les habitants dans une course-poursuite.

Finalement, le lendemain, les soldats américains réussirent une percée qui les mit en sûreté, mais 18 d'entre eux avaient été tués et 70 blessés. La puissance de feu américaine s'était avérée meurtrière – responsable de plus de 500 tués et 100 blessés somaliens – mais le bénéfice de la technologie de pointe avait paru nettement moins écrasant quand, en combat rapproché, des hélicoptères combattant d'une rue à l'autre pouvaient facilement être abattus par des roquettes à main.

« CE TRUC EST NUL »

Une petite défaite était déjà contrariante, mais ce qui fut bien plus dur à encaisser pour les Américains fut que le pilote d'un hélicoptère abattu fut traîné à travers les rues par la foule en liesse. L'image de son cadavre, mutilé et insulté par la foule somalienne, fut diffusée dans le monde entier. Ce qui poussa les Américains à se demander pourquoi leurs troupes, censées effectuer une opération humanitaire pour aider les Somaliens affamés, étaient traitées avec tant de haine et de dérision par le peuple même qu'elles étaient venu aider. Comme le déclara succinctement un lieutenant américain, cité par O'Rourke : « Ce truc est nul – aider des gens qui n'en ont rien à foutre. »

Le résultat de cette opération, et d'autres tout aussi futiles, qui échouèrent à capturer Aïdid ou étouffer les combats, fut que toute l'opération en Somalie fut reconsidérée. Lors de l'opération Quickdraw le 31 mars 1994, les Américains se retirèrent en hâte. Les États-Unis avaient retenu la leçon, et l'abandon de l'utilisation de forces militaires dans un but humanitaire fut ressenti au Rwanda en 1994. Dans une guerre civile qui fut un génocide, plus d'un million de Rwandais furent assassinés. Journalistes et faiseurs d'opinion demandèrent à l'Occident d'intervenir, mais cette fois les États-Unis et l'ONU refusèrent d'envoyer des armées. L'expérience de Mogadiscio avait décisivement entamé leur bonne volonté.

***Ci-dessous* :** **Les soldats américains avancent sur la route de Mogadiscio dans un véhicule blindé Humvee.**

KRAJINA, 1995

Ci-dessus **: L'offensive majeure des Croates contre les forces serbes autour de la Krajina, d'août à octobre 1995.**

L'opération Tempête fut la plus grande offensive militaire en Europe depuis la Seconde Guerre mondiale. En cinq jours, la Croatie détruisit l'illusion de la suprématie militaire des Serbes, et assura la liberté à son peuple. Mais l'efficacité militaire des forces croates fut suivie par une terrible persécution des Serbes.

L'État-Nation de Yougoslavie fut inventé en 1918 par les artisans de la paix, lors du règlement de la Première Guerre mondiale. C'était une entité fédérale composée des États de Slovénie, de Croatie, de Serbie et de Bosnie-Herzégovine. Après 1945, sous la direction de Tito, la Yougoslavie devint un pays communiste, indépendant du bloc soviétique. À la fin de la guerre froide, avec l'effondrement de l'Union soviétique et de ses régimes satellites en Europe de l'est, les pressions ethniques indépendantistes conduisirent à l'éclatement de la Yougoslavie.

La Slovénie fut la première à faire sécession en 1990, puis la Croatie et la Bosnie-Herzégovine suivirent. La Serbie voyait de plus en plus ces mouvements vers l'indépendance comme des déclarations d'agression la visant. Des combats éclatèrent quand l'armée yougoslave, qui était sous contrôle serbe, entrait en collision avec Croates et Bosniaques. Une animosité ethnique vieille de plusieurs siècles entre Croates catholiques, Bosniaques musulmans et Serbes orthodoxes alimentait ces atrocités. À partir de 1992, les troupes de maintien de la paix travaillant au nom des Nations unies s'engagèrent dans un effort pour pacifier la région, mais les combats continuèrent, et à la fin de 1994 on estimait que quelque 400 000 vies humaines avaient été perdues. En 1995, la Croatie décida de mettre fin une fois pour toutes à sa guerre contre la Serbie en lançant une offensive majeure dans la région de la Krajina.

OPÉRATION TEMPÊTE

La Krajina, une langue de terre qui dépassait de la Bosnie à l'est en direction de la côte dalmate de la Croatie, était contrôlée depuis 1991 par les Serbes locaux. La Croatie voulait affirmer sa propre domination de cette région, et forgea une alliance temporaire avec les forces bosniaques pour affronter les Serbes. L'offensive commença le 25 juillet 1995 à Bosanko Grahovo, quand les Croates envoyèrent leurs chars à travers la ligne de front serbe, suivis par des troupes d'assaut. La Krajina paraissait maintenant vulnérable, et les Croates y concentrèrent une force impressionnante de plus de 100 000 soldats, des centaines de chars et de pièces d'artilleries, et des douzaines d'hélicoptères et d'avions de combat. Face à eux, il y avait moins de 50 000 Serbes de la Krajina. Les Croates la nommèrent opération Tempête.

Ci-dessous **: Soldats et policiers croates tenant un drapeau serbe enlevé à l'ennemi. Les forces paramilitaires croates combattirent aux côtés de leur armée.**

TIM RIPLEY, JOURNALISTE

PILLAGE

« Le 5ᵉ corps fit des virées de pillage dans la Krajina, des colonnes de voitures revenant à Bihac chargées d'articles ménagers et d'équipement agricole. L'équipement militaire abandonné par l'ARSK [les Serbes] était également considéré comme butin légitime par les troupes du général Atif Dudakovic, qui acquirent plus de 20 chars M-84 et T-55 ainsi que des douzaines de pièces d'artillerie lourde, des camions et des milliers de cartouches… Les soi-disant disciplinées Brigades des gardes ne rechignaient pas à piller, le commandant de la 7ᵉ Brigade des gardes, le général de division Ivan Korade, étant réputé pour avoir utilisé l'équipement mécanique et les transports de son unité afin de vider entièrement de son contenu une usine d'engrais de Bosanko Grahovo, pour le vendre au marché noir à Split. »

Extrait de *Operation Deliberate Force* de Tim Ripley (Lancaster University, 1999)

Ci-dessus **: Des soldats de l'ONU observaient l'activité militaire en Bosnie, mais ne purent pas faire grand-chose pour arrêter l'offensive majeure des Croates.**

À droite **: Dommages de guerre pendant des combats en Bosnie. Les civils des deux camps souffrirent terriblement des mauvais traitements infligés par les soldats, qui laissèrent leur désir de vengeance l'emporter sur leur devoir professionnel.**

L'opération Tempête commença le matin du 4 août par un bombardement massif d'artillerie et de roquettes sur les lignes serbes. Knin, la capitale de la Krajina, était une des cibles principales, et quelque trois cents obus plurent sur elle dans la première demi-heure. Le but du bombardement croate était de répandre la peur au sein de la population civile, et la pousser à s'éloigner de la nouvelle ligne de front. Les soldats serbes étant des miliciens chargés de famille, ils désertèrent eux aussi la ligne de front. Les tirs d'artillerie continuèrent toute la journée, tuant de nombreux civils et soldats. Des avions de chasse américains survolèrent la région pour observer l'attaque, mais furent pris pour cible par les défenses aériennes serbes et furent obligés de répliquer.

LA CHUTE DE KNIN

Les Croates poussèrent vers l'avant en trois attaques distinctes. Le colonel Ante Gotovina, ancien membre de la Légion étrangère française, dirigea l'attaque sur Knin. Son assaut était mené par des Brigades des gardes croates, armées de chars T-55 de fabrication soviétique. Les avances croates contre le sud de Knin furent soumises à des contre-attaques des Serbes de la Krajina, et les Brigades des gardes jugèrent plus facile d'approcher par l'est. Pendant ce temps, des milliers de réfugiés sortaient de la ville vers le nord. Quand les commandants serbes de la Krajina apprirent qu'ils ne recevraient aucun renfort de Serbie, ils ordonnèrent à leurs troupes de se replier en Bosnie, et les défenses entourant Knin tombèrent rapidement. Le 5 août, des chars Croates étaient dans la ville, et les troupes de maintien de la paix de l'ONU ne purent rien faire pour empêcher les Croates indisciplinés de pourchasser les Serbes pour les tuer. Dans la campagne, les maisons serbes furent aussi pillées, et des civils assassinés. Les Croates montrèrent qu'ils pouvaient procéder au nettoyage ethnique d'une région aussi efficacement et impitoyablement que les Serbes, qui avaient pratiqué cette politique les premiers au cours de la guerre.

Une fois Knin prise, la résistance s'effrita ailleurs dans la Krajina à la frontière nord, mais les défenseurs serbes y combattirent avec plus d'acharnement qu'à Knin. Une Brigade de gardes croate vit 40 % de ses chars détruits dans un assaut frontal contre des positions serbes. Le 6 août, quelque 180 000 réfugiés serbes évacuaient la région, mais de nombreux civils furent tués par l'artillerie et les frappes aériennes croates. Le 7 août, les Nations unies réussirent à négocier un cessez-le-feu, et les réfugiés purent s'échapper.

L'opération Tempête fut une victoire décisive pour la Croatie. Elle débarrassa la Krajina de toute résistance serbe et changea l'équilibre des pouvoirs dans la région, poussant les Serbes, jusque-là dominants, à la défensive. La Croatie ne perdit que 409 morts et 2 460 blessés parmi ses soldats, mais ce triomphe fut gâché par les nombreuses atrocités commises par son armée, actions qui sont restées en grande partie ignorées, parce que les médias du monde entier concentraient leur attention sur les crimes de guerre des Serbes.

REMERCIEMENTS

CRÉDITS PHOTOGRAPHIQUES DANS L'ORDRE DES SOURCES :

AKG, LONDON faux-titre, 94, 96, 103 bas, 128, 130 bas, 142, 172 bas, 173, /Archiv fur Kunst und Geschichte, Berlin 161, /Musée historique, Palais de Versailles. Copie de J.-B. Mauzaisse d'après un tableau de Horace Vernet (1883) 11 /tableau de Louis-Francois Lejeune. Musée du Château, Versailles 21 bas

CORBIS 60, 152, 159 en haut à droite, 169, 179 droite, /Robin Adshead 189, /Bettmann 59 gauche, 61, 86, 87, 88, 89, 106 bas, 109, 143, 151 centre, 159 bas, 174 centre droite, /Howard Davies 184, /Yves Debay 186, /Stephen Dupont 183, /Hulton-Getty 58, 108 haut, 110-111, 181, /Vittoriano Rastelli 174 en haut à droite, /Peter Turnley 192

MARY EVANS PICTURE LIBRARY 13

HULTON GETTY PICTURE COLLECTION 39 haut, 127 haut

IMPACT PHOTOS/Alex MacNaughton 182

MAGNUM PHOTOS/S. Franklin 185

TOPHAM PICTUREPOINT 168, 188, /Associated Press 134 bas, 135 /D. Visnjic 194

Toutes les autres photographies fournies par Peter Newark's Military Pictures, ont été sélectionnées par Tim Newark.

Merci à l'*U.S. Department of Defense* pour les photos des pages 190, 191 haut et bas, et 193 ; et à Tim Ripley pour les photos de la page 195. *Bataille de Gettysburg* tableau de Thure de Thrulstrup 33 centre, / *Charge des Scots Greys* de Lady Butler titre, 24, / *L'aube du 20 novembre 1917* tableau de W.L. Wyllie 78, / *La mort de Nelson* tableau de Denis Dighton 19, / *Le Duc de Wellington* tableau de Goya, 1812 25 centre gauche, / *Quatre-Bras* de Lady Butler 27, / *Débarquement de Tarawa* tableau de Tom Lovell 134 haut, /tableau de Wilhelm Camphausen 39 bas, /Alexander Gardner 34 haut, /illustration de R. Caton Woodville 43, 52, /Ivan Shagin 163 en haut à droite, /tableau de Lemuel Abbott 17 gauche, /tableau de C. Escalante 31, /tableau de C. E. Fripp 40, /tableau de Mesnier 23, /tableau de Delaroche 20 droite, /tableau d'Ellis Silas 64 bas

L'éditeur est reconnaissant d'avoir eu la permission de reproduire les textes suivants :

p. 11 *The French Revolutionary Wars 1787–1802*, T.C.W. Blanning, Arnold, Londres, reproduit avec la permission d'Edward Arnold (Publishers) Limited ; p. 15 *Wellington : A Personal History*, Christopher Hibbert, HarperCollins Publishers, Londres ; p. 19 *The Oxford Illustrated History of the Royal Navy*, édité par J. R. Hill, Oxford University Press, Oxford ; p. 23 *The Narrative of Captain Coignet*, traduit par M. Carey, Chatto & Windus, Londres ; p. 27 *The Recollections of Sergeant Morris*, édité par John Selby, Longman & Green, Londres ; p. 31 *The Mexican-American War*, Ron Field, Brassey's, Londres, reproduit avec la permission de Chrysalis Books Plc ; p. 35 *Pickett's Men*, Walter Harrison, New York ; p. 39 *William Russell : Special Correspondent of the Times*, édité par Roger Hudson, The Folio Society, Londres ; p. 43 *Anatomy of the Zulu Army*, Ian Knight, Greenhill Books, Londres, reproduit avec la permission de Greenhill Books ; p. 47 *The Russian Advance to India*, Charles Marvin, Londres ; p. 49 *The Rough Riders*, Theodore Roosevelt, New York ; p. 53 *The Last Charge*, Terry Brighton, The Crowood Press, Wiltshire, reproduit avec la permission de The Crowood Press ; p. 57 *The Undefeated*, Robert Harvey, Macmillan, Londres ; p. 61 *Christmas Truce*, M. Brown et S. Seaton, Macmillan, Londres ; p. 64 *Defeat at Gallipoli*, N. Steel et P. Hart, Macmillan, Londres ; p. 69 *The Eastern Front 1914–1918*, Alan Clark, BPC, Londres ; p. 73 *A Sergeant Major's War*, édité par Bruce Rossor, The Crowood Press, Wiltshire, reproduit avec la permission de The Crowood Press ; p. 75 *They Called It Passchendaele*, Lyn Macdonald, Michael Joseph, Londres ; p. 81 *Everyman at War*, édité par C. B. Purdom, Londres ; p. 85 *1918 Year of Victory*, Malcolm Brown, Sidgwick & Jackson, Londres ; p. 89 *The Rape of Nanking*, Iris Chang, Basic Books, Londres ; p. 93 *The Other Side of the Hill*, B. H. Liddell Hart, Cassell & Co., Londres ; p. 97 *The Most Dangerous Enemy*, Stephen Bungay, Aurum Press, Londres, reproduit avec la permission d'Aurum Press ; p. 99 *Hitler's Green Devils*, I. M. Baxter, reproduit avec la permission de Military Illustrated ; p. 103 *The Volga Rises*, Curzio Malapate, Brown Books, Londres ; p. 107 *Churchill – The End of Glory*, John Charmley, Hodder and Stoughton, Londres, reproduit avec la permission de Hodder and Stoughton Limited ; p. 111 *The Pregnable Fortress*, Peter Elphick, Hodder and Stoughton, Londres, reproduit avec la permission de Hodder and Stoughton Limited ; p. 115 *200,000 Miles*, C. Snelling Robinson, Kent State University Press, Kent, reproduit avec la permission de Kent State University Press ; p. 119 *The Forgotten Soldier*, Guy Sajer, The Orion Publishing Group Ltd, Londres, reproduit avec la permission de the Orion Publishing Group Ltd ; p. 123 *With Rommel in the Desert*, Heinz Walter Schmidt, Eric Dobby Publishing Ltd, Kent ; p. 127 *Black May*, Michael Gammon, Aurum Press, Londres, reproduit avec la permission d'Aurum Press ; p. 131 *Panzer Leader*, Heinz Guderian, Michael Joseph, Londres ; p. 135 *Marine*, Ron Field, reproduit avec la permission de Military Illustrated ; p. 138 *The Other Side of the Hill*, Basil Liddell Hart, Cassel & Co., Londres ; p. 143 *The Unforgettable Army*, Michael Hickey, Spellmount Publishers, Kent, reproduit avec la permission de Spellmount Publishers ; p. 147 *D-Day – Those Who Were There*, Juliet Gardiner, Collins & Brown, Londres, reproduit avec la permission de Collins & Brown ; p. 149 *Citizen Soldiers*, Stephen E. Ambrose, Simon & Schuster, Londres ; p. 153 *The War Beneath the Sea*, Peter Padfield, John Murray, Londres, reproduit avec la permission de John Murray ; p. 156 *Report by the Supreme Commander to the Combined Chiefs of Staff on the Operations in Europe of the Allied Expeditionary Force*, Her Majesty's Stationary Office, Norwich, reproduit avec la permission de Her Majesty's Stationary Office ; p. 161 *Marine*, Ron Field, reproduit avec la permission de Military Illustrated ; p. 165 *The Last Battle*, Cornelius Ryan, HarperCollins, Londres, reproduit avec la permission de HarperCollins Publishers ; p. 169 *All Hell Broke Loose*, Ron Field, reproduit avec la permission de Military Illustrated ; p. 173 *The Last Cartridge*, Robert Barr Smith, Avon Books, Londres ; p. 174 *Surprise Attack*, Peter Darman, Brown Books, Londres ; p. 179 *Tet 1968 : Understanding the Surprise*, Ronnie E. Ford, Frank Cass Publishers, Londres, reproduit avec la permission de Frank Cass Publishers ; p. 181 *Nine Battles to Stanley*, Nicholas van der Bijl, Pen & Sword Books Limited, Yorkshire, reproduit avec la permission de Pen & Sword Books Limited ; p. 185 *The Bear Went Over the Mountain*, édité par Lester W. Grau, Frank Cass Publishers, Londres, reproduit avec la permission de Frank Cass Publishers ; p. 189 *Skunk Works*, B. R. Rich et L. Janos, Little & Brown, Londres, reproduit avec la permission de Little, Brown and Company (UK) ; p. 192 ©Mark Bowden. Extrait de BLACK HAWK DOWN de Mark Bowden, publié par Corgi, une marque de Transworld Publishers, division de Random House Group Ltd. Tous droits réservés ; p. 194 *Operation Deliberate Force*, Tim Ripley, Lancaster University Press, Lancaster.

Malgré tous nos efforts pour retrouver et contacter les ayants-droit avant la publication, cela n'a pas toujours été possible. S'il en est informé, l'éditeur rectifiera avec plaisir toute éventuelle erreur ou omission à la première occasion.